ISLAND

Jens Willhardt
Christine Sadler

INHALT

Gerhard Falk, Astridstr. 34, D-33335 Gütersloh

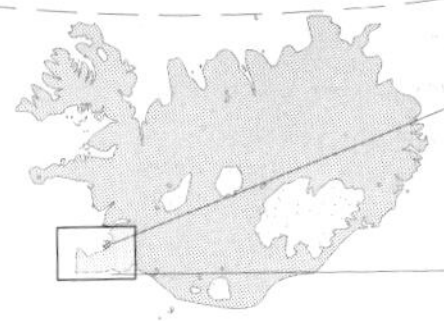

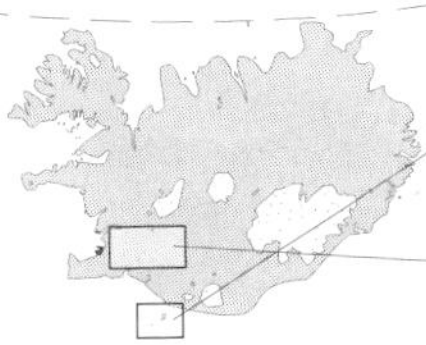

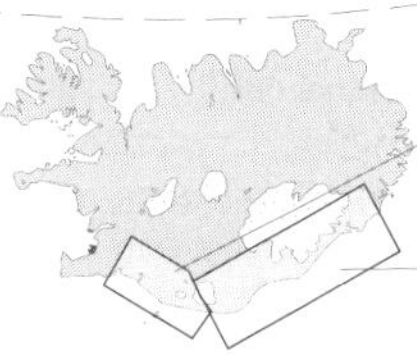

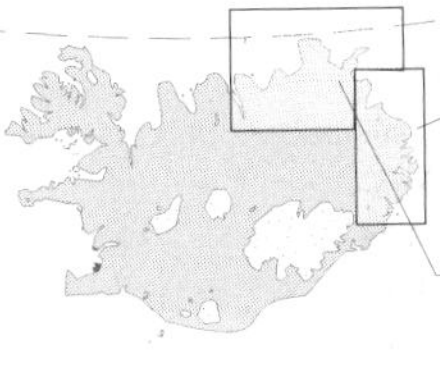

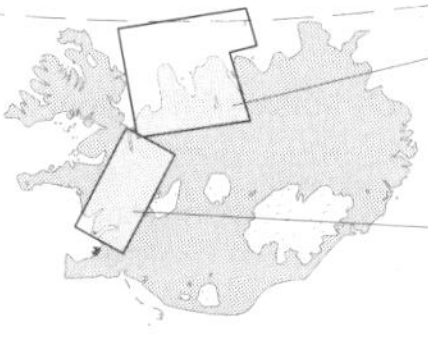

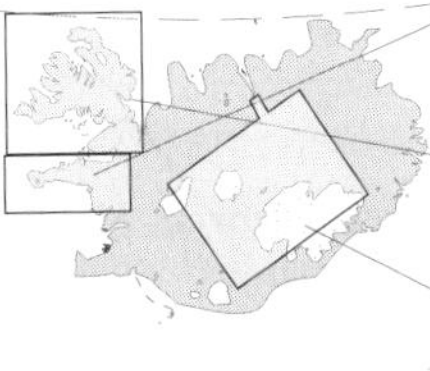

Text und Recherche: Christine Sadler und Jens Willhardt

Lektorat: Sabine Beyer

Redaktion und Layout: Dirk Thomsen

Karten: Astrid Wölfel, Anja Frieß, Susanne Handtmann, Günther Grill

Cover: Karl Serwotka

Jens Willhardt: geb. 1973, Liebhaber Islands und seiner Literatur. Studierte Geographie und Germanistik. Radelte 1995 um die Insel. Veröffentlichte 2000 eine Studie zum Islandbild in Reiseberichten.

Christine Sadler: geb. 1968, studierte Kulturwissenschaften und arbeitet als Reisejournalistin, Lektorin und Übersetzerin. Als passionierte Radfahrerin begann sie ihre Islanderkundungen 1995 mit einer Radtour um die Insel und reist seither nie ohne Fahrrad nach Island. Sie veröffentlichte u. a. einen Reiseführer über Kanada.

Hochland: Tobias Bolch, Nachrecherche Jens Willhardt, Andreas Seibert, Udo Bramsemann

Westfjorde: Christine Sadler, 1. und 2. Auflage Tobias Bolch

GPS-Trekkingtouren: Tobias Bolch (Hornstrandir und Snæfell-Lón)

Mit Beiträgen von: N. Aufdermauer, T. Brademann, A. Brachem, P. Gapski, S. Idelberger, A. Jentsch, M. Schmolz, Elísabet Sverrisdóttir, W. Pagel, T. Oelmann und U. Weierich.

Fotonachweis: Die meisten Aufnahmen stammen von den Autoren, einige von M. Grönewäller, A. Seibert (AS), T. Bolch (TB), A. Schulz, A. Becker, Einar Sigurðsson (ES) und A. Jentsch (AJ).

Titelmotive: Szene aus der Hákonar Saga (Árni-Magnússon-Institut), Þórsmörk (M. Grönewäller)

Die in diesem Reisebuch enthaltenen Informationen wurden von den Autoren nach bestem Wissen erstellt und von ihnen und dem Verlag mit größtmöglicher Sorgfalt überprüft. Dennoch sind, wie wir im Sinne des Produkthaftungsrechts betonen müssen, inhaltliche Fehler nicht mit letzter Gewissheit auszuschließen. Daher erfolgen die Angaben ohne jegliche Verpflichtung oder Garantie der Autoren bzw. des Verlags. Beide übernehmen keinerlei Verantwortung bzw. Haftung für mögliche Unstimmigkeiten. Wir bitten um Verständnis und sind jederzeit für Anregungen und Verbesserungsvorschläge dankbar.

ISBN 3-89953-115-9

3. aktualisierte und überarbeitete Auflage 2003

Die Eiswelt im Südosten 337

Die Ostfjorde 363

Mývatn und der Nordosten 396

Akureyri und der Nordwesten 438

Verzeichnis der Wanderungen/Touren

Kartenverzeichnis

Zeichenerklärung für die Karten und Pläne

Asphaltstraße
Piste
Wanderweg
Fähre
Gletscher
Gewässer
Verlassene Farm
Krater
Berggipfel

Kirche/ Kapelle
Flughafen/ -platz
Campingplatz
(F) Furt
(T) Tankstelle
Hütte
JH Jugendherberge
Leuchtturm
Vogelfelsen
13 T13 Wander-/ Trekkingroute

Information
P Parkplatz
Post
BUS Bushaltestelle
M Museum
Apotheke
Supermarkt
Heiße Quellen
Wasserfall

Sarah Kirsch:

Am Walfjord

Die Schafe am Walfjord sahen
Wie meine Moorschafe aus
Überlebenskünstlerinnen und Künstler
Und als der Eiswind die Vliese kämmte
Die Tiere über die Klippen des
Felsjochs sprangen bis an den
Flutsaum geschah es dass ich ihre
Sprache verstand: Der Sommer ist
Kurz der Sommer ist
Schön wenn wir im Schafspelz
Spazierngehn. Danach
heulten sie dass mir das
Herze rotierte. Hast du was
Neues gehört? fragte ich meinen
Ausgeblichenen Übersetzer der jedenfalls
Nichs von meiner verborgenen
Bösartigkeit ahnte er warn
Hübscher einäugiger König tippte
Auf seinen Taschencomputer sagte:
Noch einen Winter dann gibt es
Bier für Islands furchtlose
Söhne! Ähnliches sprachen die
Bauern als sie die
Schafe und Schäfchen im Lenz
Ausschwärmen ließen. Die letzten
Kehren niemals zurück sondern werden
Von Trollen als lebende Öfen in
Unterirdische Kammern gestellt.

Gletscher und Vulkane, Elfen und Geächtete

Tosende Wasserfälle und blubbernde Schwefelquellen, bizarre Lavafelder und aufbrausende Geysire, spitze Aschekegel, nebelverhangene oder sonnendurchflutete Fjorde, von zahllosen Vögeln bevölkerte Vulkaninseln, einsame Frostschuttebenen, frostige Gletscherkappen, karge Hochlandöde und reine, glasklare Luft, die an schönen Tagen den Blick bis zum Horizont freigibt: All das ist Island.

Aber nicht nur. Hart am Polarkreis schmiegen sich bunte Häuschen an 1.000 m hohe Fjordflanken, im grünen Flachland liegen verträumte Kirchlein verstreut im saftigen Weidegebiet, grasen Tausende Pferde und Schafe. In jedem noch so kleinen Ort sind Künstler aufzuspüren, nicht zu reden von den versteinerten Trollen und den Elfen...

Das alte Island hat viele Geschichten zu erzählen – von Geächteten, Wettkämpfen und von der See, von den Unbarmen der Natur, denen sich die Menschen hier immer wieder stellen mussten.

"Das trotzige Ende der Welt" ist ein Paradies für Wanderer, Angler, Reiter, Radler, Abenteurer und Literaturliebhaber. Aktivurlaub wird hier groß geschrieben. Und bei aller Rauheit der Landschaft: Vergessen Sie nicht die Badehose für geothermale Schwimmbäder oder die winzigen natürlichen Heißwasserpools!

Tipps zur ersten Orientierung

Feuer, Eis und Wasserfälle: Vulkanlandschaften um den See Mývatn im Norden, der Geysir, der Gletscherpark Skaftafell, die Wasserfälle Gullfoss und Dettifoss, das schillernde Geothermalgebiet Landmannalaugar, der Eisbergsee Jökulsárlón, die Allmännerschlucht.

Bergbesteigungen: "Das Tor zur Hölle" Hekla im Süden, der Vulkan am Gletscherrand Snæfell im östlichen Hochland, der "Eingang zum Mittelpunkt der Erde" Snæfellsjökull auf der gleichnamigen Halbinsel, der Hausberg von Akureyri "Súlur".

Wandern und Trekken: Die "Standardroute" Landmannalaugar-Skógar, die verlassenen Buchten von Hornstrandir in den Westfjorden, im einsamen Svarfaðardalur, in der Lónsöræfi, auf der verlassenen Halbinsel Langanes, im farbenfrohen Fjord Borgarfjörður eystri, auf der schwarzen Halbinsel Reykjanes.

Das alte Island: Museumsgehöfte Keldur, Skógar, Stöng, Glaumbær, Grenjaðarstaður, Laufas, Bustafell, Árbær in Reykjavík. Versammlungsort Þingvellir, Auswanderermuseum Hofsós, Heringsmuseum Siglufjörður.

Einsamkeit und Fjordidylle: Seyðisfjörður, Húsavík, Vopnafjörður, Siglufjörður, Ísafjarðardjúp, Arnarfjörður.

Hochlandabenteuer: Zwischen den Gletschern auf den Pisten Kjölur und Sprengisandur, Pisten zu den Vulkanen Askja und der "Königin" Herðubreið.

Das moderne Island: Nachtleben in Reykjavík, Kunst in Akureyri, Skulpturen von Einar Jónsson und Ásmundur Sveinsson.

Außergewöhnliche Unternehmungen: Kajak fahren in den Lagunen der Melrakkaslétta oder in der Wildnis von Hornstrandir, Kanufahrt auf dem Mývatn, Rafting auf der Jökulsá, Bootsfahrt auf die Pfaffeninsel Papey (Ostfjorde), Walbeobachtung in Húsavík und im Breiðafjörður, Mitternachtssonne auf der Insel Grímsey, Wandertour ab Núpsstaður im Südosten.

Der Basaltfelsen Hvítserkur im Nordwesten ist beliebter Nistplatz

Land und Natur

Feuer und Eis – das sind die gewaltigen Naturkräfte in Island. Heiden, Hochebenen, Wiesen, Wüsten, Gletscher, Geysire, Buchten, Berge – das sind die Elemente der isländischen Natur. Vor allem aber sind es die Kontraste und Farbspiele, die die Faszination der Insel am Rande der bewohnbaren Welt ausmachen. Mal ist es neblig, mal gleißend hell, mancherorts sandigschwarz oder saftiggrün, mal brettflach, mal steil und schroff.

Das einsame Eiland im Nordatlantik ist die zweitgrößte europäische Insel nach Großbritannien und geologisch das jüngste Land Europas. Gleichzeitig ist seine Entstehung noch nicht zum Abschluss gekommen. Die vorgelagerte Insel *Surtsey* beispielsweise, nach dem mythologischen Feuerriesen *Surtur* benannt, tauchte in den sechziger Jahren nur wenig südlich von Island entfernt an der Meeresoberfläche auf. Mit etwa 103.000 qkm ist die Insel etwa so groß wie Bayern und Baden-Württemberg zusammen (bei einer Einwohnerzahl von Augsburg!). Zum europäischen Festland ist es ein Stückchen weiter, die Entfernung Island–Norwegen beträgt 970 km, zum vereisten Grönland ist es nur ein Katzensprung von 290 km, die benachbarten Färöer-Inseln sind 420 km weit und Schottland ist 800 km entfernt.

Entstehung: Auf halbem Weg zwischen Moskau und New York türmte sich durch das Auseinanderdriften zweier Erdplatten auf dem "mittelatlantischen Rücken" Land auf: Island. Es ist beiden Erdplatten zuzurechnen: Mitten durch die Insel verläuft der trennende Graben zwischen Amerika und Europa, verbunden mit einem heißen Magmareservoir in der Tiefe, das immer wieder Vulkanausbrüche nährt.

Island in Zahlen

Gesamtfläche: 103.100 qkm, vegetationslos: 62 %. Mit Fischereigrenze: 758.000 qkm

Kultivierte Fläche: 1,5 %, Weide 1,3 %, Seen 2,9 %, Wald 1 %, Lava 11 %, Gletscher 12 %

Höhenstufung: Gebiete <200 m: 24 %, 200–700 m: 49 %, > 700 m: 26 %

Größe: etwa 500 x 300 km

Küstenlinie: über 6.000 km

Höchster Berg: 2.119 m Hvannadalshnjúkur

Längster Fluss: Þjórsá, 230 km

Einwohnerzahl: 287.000, Großraum Reykjavík 180.000, Einwohnerdichte: 2,8 EW/qkm

Koordinatenposition: Nord-Süd: Rifstangi 66°32' n.B. (Insel Kolbeinsey 67°07'), Kötlutangi 63°23' n.B. (Insel Surtsey 63°17') Ost-West: Bjarnartangar 24°32' w.L., Gerpir 13°30' w.L. (Insel Hvalbakur 13° 16').

Die Landschaften Islands

Die Gestalt Islands ist das Ergebnis des ständigen Ringens von Feuer und Eis. Von den Wäldern und Fluren mitteleuropäischer Art ist es ein weiter Schritt zur unruhigen Natur der Insel. Dort kann man sich vorstellen, wie es in Mitteleuropa gegen Ende der Eiszeit vor einigen tausend Jahren ausgesehen hat, dort lassen sich die geomorphologischen Vorgänge in Zusammenhang mit Vergletscherung, wie sie sich zwischen Nordsee und Alpen abspielten, in der Gegenwart beobachten – und manchmal direkt miterleben.

Die Vulkaninsel liegt auf demselben Breitenkreis wie Alaska oder Sibirien. Dennoch sind die Temperaturen bei weitem nicht so extrem wie dort. Das ozeanische Klima und der Golfstrom bringen den Küstenbereichen moderate Temperaturen. Nicht nur Vulkane, Gletscher und unwirtliche, gleichwohl geheimnisvolle Lavaformationen bedecken die Insel, sondern auch Weide- und Ackerland. Tiefe Fjordarme zergliedern die Küste im Osten und Norden, von hoch aufragenden Bergen eingerahmt. Daneben bedecken Moorlandschaften ein Zehntel der Fläche. Knapp 12 % des Landes sind vereist.

Die Hraunfossar im Westen Islands

Die Tiefländer: Die landwirtschaftliche Hauptbedeutung kommt auf Island den Tiefländern zu, die größtenteils von Flüssen aufgeschüttet wurden. Ihr fruchtbarer Boden erlaubt Weidehaltung und bescheidenen Gartenbau (v. a. Kartoffeln). Größere Gebiete befinden sich im Süden Islands, zwischen dem Zentrum Selfoss und der Treibhausstadt Hveragerði oder um Borgarnes nördlich von Reykjavík ("mýrar"). Der nasse Boden der Feuchtwiesen wurde an vielen Stellen durch Anlegen von Entwässerungskanälen nutzbar gemacht.

Fjordlandschaften: Die mächtigen "**Flutbasalte**", die im Laufe der Jahrmillionen durch ausgeflossene Lava aufgeschichtet wurden, bilden insgesamt etwa die Hälfte der Oberfläche Islands. Gletscher schliffen sich ein, sodass Fjorde entstanden, ähnlich wie in Norwegen. Die Gipfel erreichen im Ostland über 1.000 m Höhe. Die Entdeckung fossilführender Kohleschichten (isl. **surtarbrandur**) in den Westfjorden führt zu dem Schluss, dass die Eruptionen, die die Flutbasalte im Laufe vieler Millionen Jahre ausströmen ließen, in gewissen Abständen erfolgten und dazwischen eine ansehnliche, sogar warm-gemäßigte Vegetationsschicht das junge Land erobern konnte.

Das Hochland: Das unbewohnte Hochland bildet das Zentrum der Insel – unwirkliche, schwarze Wüsten aus Lava. Ob man sie nun als unheimlich, trostlos oder abenteuerlich empfindet, die Stille der übermächtigen Natur ist auf jeden Fall beeindruckend. Meere aus Felsstücken wechseln sich ab mit Schuttflächen und angewehten Sand- und Aschehügeln. Dunkle Felsen, Grate, Bergrücken, durch weiße Eiskappen und manchmal von rötlichen Schlacken aufgelockert. An Niederschlag mangelt es meist nicht, allerdings versickert das Wasser durch das poröse Lavagestein schnell in den Untergrund. Andernorts entspringen dann außergewöhnlich klare Quellen – das Wasser wurde auf seinem Weg durch die Gesteinsritzen wie durch Filter gereinigt. Auch die Ringstraße durchquert im Nordosten ein solch geheimnisvolles Gebiet.

Tundra/"heiði"-Landschaften: Der Begriff "Tundra" muss für viele Landschaften herhalten. Im Lexikon allgemein als Vegetation jenseits der polaren Baumgrenze gefasst, ist es hier eher ein Sammelbegriff für baumlose Vegetationsformen, die im Isländischen "heiði" heißen.

Böden, Verwitterung und Abtragung

Nicht nur vulkanische Aktivität mit allerlei imposanten Nebenerscheinungen wie heißen Quellen, Geysiren und fauchenden Dampfquellen prägen die Landschaft, nicht nur Gletschertätigkeit, sondern auch Wind- und Wassererosion sowie Bergstürze, Muren und andere Massenbewegungen führen zu markanten Formen. Die Zersetzung von Gestein geht unter den extremen klimatischen Bedingungen schnell vonstatten. Einige Erscheinungen der Verwitterung sind besonders augenfällig. Im Landesinneren kann der Wind den vegetationslosen Untergrund leicht angreifen und abtragen. Die Verwitterung aber nur als Zerstörung zu werten wäre verfehlt, sie ist eine Voraussetzung für die Bildung von Boden. Dessen Alter ist durchgängig jünger als 10.000 Jahre: Erst nach der Eiszeit konnte sich Boden herausbilden. Erwartungsgemäß sind Frost und damit Bodenfrost wegen der hohen nördlichen Lage typisch. Die gestaltende Wirkung von Temperaturen um den Gefrierpunkt ist an zerbrochenem Gestein und den charakteristischen Buckelwiesen (Bülten, isl. **þúfur**) oft eindrucksvoll beobachtbar.

Frostsprengung: Genügend Wasser und um 0 °C schwankende Temperaturen sind die Grundvoraussetzung für diese auffällige Erscheinung **zersplitterter Steine**. Die Eigenschaft des Wassers, sich bei Abkühlung auszudehnen, versetzt den Frost in die Lage, Gestein zu sprengen. Die poröse Struktur isländischer Laven macht es dem Wasser zudem leichter, in Ritzen einzudringen. Im gefrorenen Zustand vergrößert sich das Wasservolumen und wirkt mit starker Kraft auf die Porenwände. Wiederholt sich der Vorgang des Auftauens und Gefrierens oft genug, führt dies zum Brechen des Gesteins, wobei kleine Schutthalden aus Bruchstücken mit scharfen Kanten entstehen.

Frostmusterböden (Polygone): Bei häufigem Frostwechsel wandern im Boden größere Gesteinsstücke nach oben; darunter sammelt sich feineres Material an. Das Gestein wird also an der Oberfläche sortiert. Dieser Vorgang ist nur bei nicht zu wasserarmen Böden beobachtbar.

Die Erklärung: Im Winter gefrierendes Bodenwasser drückt bei der damit verbundenen Volumenvergrößerung die Partikel des Bodens nach oben, der Boden hebt sich. Taut er wieder auf, schmelzen die Eisstücke, kleinere Gesteinskörner können zuerst nachsacken. Nach vielen Vorgängen dieser Art hat sich ein typischer Frostboden gebildet, größere Steine und Kiesel drückt es an die Oberfläche, wo sie auf der hügeligen Aufwölbungsform seitlich abgleiten und großflächig in einem ringförmigen Muster angeordnet erscheinen. Leichte Hangneigung lässt daraus ein Streifenmuster entstehen. In flachen, aber windigen Gebieten können ganze Steinebenen entstehen. Auffällig ist ein drittes Phänomen: Feinkörnige Böden mit hohem Grundwasserspiegel und einer Vegetationsdecke als Auflage wandeln sich durch Eisbildung in den oberen Schichten häufig in eine Landschaft aus kleinen Grashügeln, Buckelwiesen oder **Bülten**. Auf den trockeneren Erhebungen wachsen auffallend andere Pflanzenarten.

Bodenfließen ("Solifluktion"): Bereits 2° Hangneigung reichen aus, um im Sommer auftauenden Boden ins Rutschen zu bringen. Doch warum? Bei geeigneten Temperaturen tränkt sich auftauender Boden mit Wasser; dies geschieht aber nur an der Oberfläche, da es nicht tiefer in den dauergefrorenen Untergrund dringen kann. Der Boden an der Oberfläche bzw. der wasserreiche Boden-Gestein-Brei gleitet schließlich auf den gefrorenen Bereichen hangabwärts.

Bodenabtragung: Wind weht eigentlich immer über Island, nicht selten stürmt es kräftig – und das hat Folgen für den Boden. In unseren Breitengraden sorgt normalerweise die Vegetationsdecke für den Zusammenhalt des Bodens. Der geringe Bewuchs weiter Regionen Islands erlaubt es dem Wind, ungeschützten Boden anzugreifen und Bodenpartikel wegzuwehen **("Deflation")**. Nicht zu unterschätzen ist dabei die Wirkung von **Flugsand**. Wie ein Sandstrahlgebläse vermag er sogar Gestein auszuhöhlen und abzuschmirgeln.

"Trollbrot" – eine Folge des Frostes

Flüsse, Seen und Wasserfälle

Ausgenommen in den trockeneren Gebieten im Hochland und im Norden kann man sich in Island über mangelnden Niederschlag wahrlich nicht beklagen. Unzählige Rinnsale, Bäche und Flüsse durchziehen das Land. Sie werden von Regen und vom Schmelzwasser der Gletscher gespeist.

Die Wirkung der fließenden Gewässer auf die Landschaft ist enorm: Schon kurze Wasserläufe schneiden sich in die steinigen und kargen Hänge tief ein. Schiffbar ist allerdings keiner der Flüsse, die Strömung und das Gefälle sind zu stark. In Island unterscheidet man drei Flusstypen: Gletscherflüsse (isl. *jökulsá*), Quellflüsse (isl. *lindá*) und Wildwasserflüsse (isl. *dragá*).

- **Gletscherflüsse**: Beladen mit allerlei Material, Schlamm, Erde und zerkleinertem Gestein vermögen es insbesondere die Gletscherflüsse, ganze Ebenen aufzuschütten. An der Südküste entstanden auf diese Weise ausgedehnte dunkle und kahle Flächen. Das isländische Wort hierfür, **sandur,** ist als Sander in die geologische Fachsprache übernommen worden. Viele Kilometer reichen diese Schotterflächen ins Meer hinaus. Wenn man weiß, dass diese immensen

Gesteinsmengen zu einem Gutteil erst nach der letzten Eiszeit aufgeschüttet wurden, bekommt man eine Vorstellung von den Massen, die Wasser transportieren kann. Derzeit ändert sich die Küstenlinie nur noch geringfügig (Vulkanausbrüche wie der von 1996 ausgenommen). Abtragung und Aufschotterung durch das Meer halten einander die Waage. Der Vegetation sind die Bedingungen auf den Schotterflächen zu widrig, das Gletscherwasser ist zu kalt, die Strömung zu stark und die Lage der Flüsse veränderlich. Die **Wasserführung** schwankt mit der Temperatur, nachmittags wird der höchste Wasserstand erreicht. Nicht nur bei starker Wasserführung schlängeln sich reißende und früher kaum passierbare Bäche durch die Sandstrecken des Südens. Gletscherflüsse führen naturgemäß im Sommer viel und mit allerlei Stoffen befrachtetes Wasser, im Winter weniger und klares Wasser, manchmal nur ein Zehntel der Sommermenge. Im Sommer dominiert dann farblich ein schlammiges Grau oder milchiges Weiß (z. B. *Hvítá* = der weiße Fluss). Unangenehmer Schwefelgeruch strapaziert mancherorts die Nase: Den *Fúlilækur* (Südisland) benannte man schonungslos nach den ihm entweichenden Gasen "Gestankfluss".

- **Sonderform Gletscherläufe (isl. jökulhlaup)**: Mindestens so verheerend wie glutheiße Lavaströme sind gefürchtete Gletscherläufe mit Abflussmengen bis über 100.000 m^3/Sek. Bricht ein Vulkan unter einer Eisdecke aus, vermag der Druck, den die Mengen an neu entstandenem Schmelzwasser ausüben, den Eispanzer zu heben. Das kochend heiße Wasser strömt dann die Vulkanhänge hinab. Solch ein starker Wasserabfluss reißt alles, was im Weg steht, mit sich und Flutwellen aus Schlamm, Geröll und Eisbrocken bahnen sich ihren Weg. Welche ungeheure Wirkung ein Gletscherlauf haben kann, führte 1918 die "alte Hexe" *Katla* im Süden Islands vor: Die Naturkatastrophe schwemmte Material mehrere Kilometer weit weg, die Küstenlinie wurde um einige Kilometer meerwärts versetzt. *Grænalón*, ein See am *Vatnajökull*, entleert sich von Zeit zu Zeit auf diese Weise, bis 2.000 m^3/Sek. Wasser (manche Schätzungen halten mehrere 10.000 m^3/Sek. für möglich) gurgeln dann zum Meer. Der letzte größere Gletscherlauf fand 1996 am Skeiðarársandur statt.

- **Quellflüsse und Wildwasserflüsse**: Das ganze Jahr gleich viel Wasser führen die Quellflüsse, da der jahreszeitliche Einfluss marginal ist. Wildwasserflüsse hingegen, wie z. B. die *Fnjóská* in Nordisland, haben je nach Niederschlag eine höchst unregelmäßige Wasserführung.
  Die Wasserqualität ist nur in den mineralienreichen Bächen zweifelhaft, ansonsten kann man getrost aus kleinen Rinnsalen Trinkwasser schöpfen. Wasseruntersuchungen an kohlensäurehaltigen Quellen erlauben sogar eine Zuordnung zu Heilwässern. Die Bäche in Feuchtwiesen plätschern meist auf rotem Grund, dessen Färbung auf Ausfällungen von Eisenverbindungen zurückgeht. Die Energie der Flüsse wird an vielen Stellen zur Stromerzeugung genutzt und ist zur Deckung des Stromverbrauchs mehr als ausreichend.

- **Seen**: Sie sind typisch in Heidelandschaften und feuchten Ebenen. Im Hochland hingegen versickert das Wasser schnell im lockeren Untergrund. Viele der stehenden Gewässer blieben klein und namenlos, allerdings gibt es auch Seen von der Größe des Chiemsees, wie das *Þingvallavatn* und das *Þórisvatn* nördlich des Vulkans Hekla.

Verschiedene Prozesse können für die Bildung eines Sees verantwortlich sein, wesentlich sind Austiefung und Abdämmung. Das *Þingvallavatn* entstand entlang einer geologischen Bruchlinie. Den Grund des langen und schmalen *Lögurinn* (111 m tief) bei Egilsstaðir im Osten Islands und die Eintiefungen der Seen der Arnarvatnsheiði haben Eismassen ausgeschliffen. Moränenwälle begrenzen im Gebiet der Gletscherzunge so genannte *Zungenseen*. Ein Sonderfall und äußerst fotogener See ist der *Jökulsárlón* südwestlich von Höfn. Gemächlich treiben dort Eisberge auf das Meer zu, in einem See, dessen Grund viele Meter tiefer als der Meeresspiegel liegt! Natürliche Stauseen bilden sich auch, wenn Lavaströme, wie im Falle des *Mývatn*, den Wasserabfluss blockieren. Auch Bergstürze können Flüsse eindämmen, allerdings sind diese oft recht klein und kurzlebig. Eine andere Gruppe sind die Küstenseen, die vom Meer nur durch Sandablagerungen getrennt werden. Ohne den Vulkanismus gäbe es eine weitere Spielart nicht, die Krater- oder Calderaseen. Bekannteste und von faszinierender Farbgebung sind der 12 qkm große und 217 m tiefe *Öskjuvatn* des Vulkans Askja im nördlichen Hochland und das *Víti* der Krafla nahe des Mývatn.

▸ **Wasserfälle**: Wasserfälle bringen es in Island bis zu Fallhöhen von 200 m. "Nur" 44 m tief stürzt der fotogene *Dettifoss* über eine Stufe hinab – er ist dafür der mächtigste Wasserfall Europas. Verschiedene Erscheinungen führen zur Bildung eines Wasserfalls, die klassischen Voraussetzungen sind unterschiedlich harte Gesteinsschichten und tektonische Absätze: Geologische Bewegungen im Untergrund äußern sich auf der Oberfläche oft in Spaltenbildung oder Einbrüchen und Aufwölbungen. Der *Ófærufoss* im Hochland, der kürzlich sein Aussehen änderte (siehe Kap. Hochland), fällt an einer geologischen Spalte hinab in die Tiefe. Als sich die vom Eispanzer entlastete Insel nach der letzten Kälteperiode anhob, lag an der Mündung mancher Bäche eine Stufe bzw. die Steilküste. Beispiele hierfür sind der *Seljalandsfoss* und der *Skógafoss* im Süden von Island.

Wasserfall	Fallhöhe
Dettifoss	42 m
Goðafoss	12 m
Hraunfossar	1–2 m
Skógafoss	62 m
Svartifoss	ca. 8 m
Gullfoss	32 m
Glymur	190 m
Háifoss	122 m
Hengifoss	110 m
Seljalandsfoss	65 m

In Island gibt es noch zwei weitere Typen, hervorgerufen durch Vulkanismus oder Vergletscherung. Harte Basalte bilden Geländestufen, die vom Wasser nur langsam abgeschliffen werden. *Dettifoss* und *Gullfoss* (beide mit einer beeindruckenden Schlucht) gehören zu dieser Sorte.

Poröse Lava gibt den *Hraunfossar* im Westen der Insel in idyllischer Landschaft die Gelegenheit, aus einer Steilstelle einer Wand zu entspringen. Fotogene Basaltsäulen umrahmen *Svartifoss* im Skaftafell-Nationalpark und *Aldeyjarfoss* in Zentralisland.

Fjallfoss und *Hengifoss* verdanken ihre Existenz zurückweichendem Eis: Gletscher, die aus einem Seitental in den Gletscherhauptstrom münden, schliffen ein Tal von geringerer Tiefe aus als das Haupttal. An der Stelle, an der der

Nebengletscher dazustieß, fällt das Seitental stufenartig ab. Nach dem Abschmelzen des Gletschers verfolgt ein Wasserlauf aus solch einem seitlichen Tal als Wasserfall seinen Weg in die Tiefe.

Es gibt übrigens auch einen **Gletscherfall** (im Nationalpark Skaftafell), bei dem von Zeit zu Zeit Eis über eine Geländestufe hinabpoltert.

Geologie: Feuer und Eis

Die Geburt der Insel begann vor etwa 25 Mio. Jahren. Island liegt auf der geologischen Naht zwischen Europa und Amerika und wird jährlich um 1 bis 2 cm breiter! Vulkankatastrophen, die Macht der Gletscher, der raue Wind und Erdbeben verändern das Aussehen der Insel ständig. Quer durch die Insel verlaufen aktive Vulkanzonen.

Island liegt nicht per Zufall dort, wo es liegt: Eine geologische Dehnungszone zieht sich hier durch den Ozean zwischen Amerika und Europa. Aus dem Erdinneren aufquellende Lava hat genau in dieser Dehnungszone ein Gebirge, den *mittelatlantische Rücken,* aufgetürmt, das eindrucksvolle Gräben und Spalten durchziehen – was in Island direkt zu sehen ist! Die *Plattentektonik* erklärt diese Dehnungszone: Die beiden Platten in der "Erdkruste" mit den Kontinenten Amerika und Europa treiben auseinander. Eine geologische Preisfrage war es lange, warum ausgerechnet an der Stelle Islands das sonst untermeerische Basaltgebirge so hoch aufgetürmt ist. Island, so erklären die Geologen, liegt an einer Stelle, an der besonders viel Material aus dem Erdmantel nach oben strömt, an einem "*hot spot*".

In insgesamt drei aktiven Zonen dringt in Island immer wieder Magma empor, das sich als Lava auf der Erdoberfläche verteilt. Im Westen erstreckt sich eine solche Zone von der Halbinsel Reykjanes in nordöstlicher Richtung bis Zentralisland und weiter in Richtung der Insel Jan Mayen als *Kolbeinsey-Rücken,* eine andere von den Vestmannaeyjar im Süden bis nach Nordisland. Hinzu kommt drittens die Halbinsel Snæfellsnes.

Erdgeschichte: Amerika und Europa trennen sich

Der mittelatlantische Rücken: "Die Entstehung der Kontinente und Ozeane" – diesen Titel trug das 1915 erschienene Werk des Geologen *Alfred Wegener.* Wie auf Wasser schwimmende Eisberge stellte sich Wegener das Driften der Kontinente auf den tieferen Erdschichten vor. Er rekonstruierte einen ursprünglich zusammenhängenden Kontinent und nannte ihn Pangäa. Den Anstoß zur Theorie gab die gute Passform zwischen den Erdteilen beiderseits des Atlantiks. Einige Unstimmigkeiten und fehlende Begründungen verhinderten die verdiente Anerkennung seiner Hypothese der Kontinentalverschiebung. Die Tücke liegt hierbei im Detail, selbst heute sind viele Erklärungsversuche pure "Geopoesie".

Der Beweis: Die Idee der Kontinentalverschiebung wurde erst viele Jahre nach Wegener wieder aufgegriffen, als man mit neuen Methoden Belege hierfür gewann. Untersuchungen der magnetischen Ausrichtung im ozeanischen Gestein (z. B. von Magnetitmineralen) bewiesen, dass der Ozean zwischen den

Kontinenten tatsächlich im Lauf der Zeit breiter wird ("sea-floor-spreading"): Beim Abkühlen ausdringender Lava richten sich bei einer bestimmten Temperatur die Minerale nach dem Erdmagnetfeld aus, das sich, und das ist der Clou, in der Erdgeschichte ständig umpolt! Auf dem Meeresgrund ergibt sich somit ein magnetisches Streifenmuster, je nach Alter des Gesteins. Datierungen durch Vergleich der magnetischen Ausrichtung von Gesteinen bekannten Alters belegten eine Zunahme des Gesteinsalters mit größerer Entfernung vom Scheitel eines untermeerischen Gebirges, womit Wegeners Idee bewiesen ist. Es bildeten sich also zwischen Amerika und Europa immer neue ozeanische Krusten.

Eine Gletscherzunge

Doch warum? Bewegungen des unter hohem Druck stehenden und flüssigen Gesteins im Erdmantel sind vermutlich verantwortlich. Im oberen Bereich des Mantels kühlen sich dessen Gesteinsmassen ab, im unteren Bereich dagegen werden sie erwärmt. Heißes Material steigt auf, teilt sich an der harten Kruste und sinkt abgekühlt wieder hinab. Wie in einem Wasserkocher entsteht ein "Konvektionsstrom", der die so genannten "Lithosphärenplatten", zu denen unsere Kontinente gehören, auseinanderschiebt. Die ozeanische Kruste dehnt sich dabei an vielen Stellen, bricht irgendwann auf, in den Riss strömt Magma aus dem Erdinneren nach und füllt Spalten und Risse im Meeresboden. Auf diese Weise bildet sich laufend neuer Meeresboden, an den Rändern driftet der vorhandene Boden (bzw. die "Erdplatten") ab und der Ozean wird immer breiter. Da die Erde eine Kugel ist, tauchen dafür an anderen Stellen Platten in den Erdmantel ein, wie an der Westküste Amerikas, oder werden aufeinandergeschoben und bilden dabei Gebirge, immerhin 9 km hoch im Himalaya.

Das Ergebnis: Die heutige Erdoberfläche besteht zu 34 % aus kontinentaler Kruste, im Durchschnitt etwa 35 km mächtig, und zu 66 % aus der viel dünneren ozeanischen Kruste. Der mittelatlantische Rücken erhebt sich als Gebirge bis 2.500 m über dem Meeresboden, die Breite liegt meist bei 500–2.000 km. Der Scheitelgraben, einige hundert Meter tief, durchzieht den Rücken. Weltweit erstrecken sich die mittelozeanischen Gebirgszüge auf über 60.000 km Länge auf dem Meeresgrund der Ozeane, mit Breiten bis 4.000 km und Höhen bis 3.000 m vom Meeresgrund. Nur an wenigen Stellen auf der Erde kann man den tektonischen Graben des ozeanischen Rückens wie in Island an Land direkt betrachten, besonders gut in Þingvellir in Südwestisland, wo man an

Ein wilder Gletscherfluss bahnt sich seinen Weg

verschobenen Schollen und Rissen im Erdboden die geotektonischen Prozesse hautnah erleben kann: Der Graben erweitert sich jährlich um die erwähnten 1–2 cm, was allerdings nicht kontinuierlich geschieht, sondern in Dehnungsperioden, die mit Vulkantätigkeit verbunden sind. Auch an anderen Stellen ragt der mittelatlantische Rücken über den Meeresspiegel (u. a. *Jan Mayen* nördlich von Island, *St. Helena* oder bei den *Azoren* westlich von Portugal). Von den Gebirgen des Festlandes unterscheiden sich die mittelozeanischen Rücken u. a. durch einen Grabenbruch und das Auftreten von auffälligen Querverwerfungen, die mechanisch bei den Bewegungen der Platten entstehen.
Zurück zu Wegener: Das von ihm konzipierte Pangäa existierte tatsächlich, aber ein Urkontinent war es nicht, der Superkontinent entstand vielmehr aus Plattenbewegungen vor 400–300 Mio. Jahren. Der heutige Atlantik weitete sich vor 200 Mio. Jahren, als die Kontinente auseinanderzudriften begannen: Nordamerika und Afrika trennten sich, Afrika und Südamerika sowie Europa und Nordamerika folgten vor 120 bzw. 100 Mio. Jahren. Als sich Grönland von Europa in der Zeit der Oberkreide (vor 65 Mio. Jahren) löste, war der Platz für Island geschaffen.

▸ **Die Entstehung Islands über einem Hot Spot**: Der Graben, der den mittelatlantischen Rücken durchzieht, verläuft also genau durch Island. Fälschlicherweise sah Wegener Island noch als einen Überrest des Urkontinents Pangäa an, der dort blieb, wo sich Europa und Amerika auseinanderbewegten. Das geringe Alter der Insel schließt diese Vorstellung aus: Als das Auseinanderdriften in Gang kam, existierte Island sicherlich noch nicht. Heute erklärt die *Hot-Spot-Theorie* die Existenz der Insel als übermeerischen Teil des Rückens. Man versteht unter einem Hot Spot ein Gebiet mit besonders hoher Temperatur im

Erdmantel, folglich bildet sich unter der Erdplatte eine Aufschmelzungszone des Krustenmaterials. An der Erdoberfläche tritt an dieser Stelle vermehrt vulkanische Tätigkeit auf. Die Vulkane Hawaiis beispielsweise verdanken ihre Existenz allein diesem Phänomen. Ein solcher "heißer Fleck" ist ortsfest und ändert seine Position kaum. Im Falle Islands treffen als Besonderheit ein Hot Spot und die Dehnungszone des mittelatlantischen Rückens zusammen! Man nimmt an, dass sich vor 25 Mio. Jahren die Dehnungszone verlagerte und nun genau über dem Hot Spot zu liegen kam. Gewaltige Lavamengen formten einen Basaltsockel auf einem Querrücken zum mittelatlantischen, nach einem schottischen Ozeanforscher des 19. Jh. *Wyville-Thomson-Rücken* genannt. Das Alter dieser "Thule-Basalte" schätzt man auf 60 Mio. Jahre. Dieses Gestein wurde auch in Irland, Grönland und Schottland nachgewiesen. Die Mächtigkeit beträgt bis zu 10 km! Vor 17–20 Mio. Jahren, erdgeschichtlich gesprochen im Jungtertiär (frühes Miozän), war dann die Stunde einer neuen Insel gekommen: Die ersten Gesteine erstarrten über dem Meeresspiegel und die Geschichte Islands begann.

Gesteine, Minerale und Lavaformen

Bei einem Vulkanausbruch fließt Lava mit etwa 1.000–1.250 °C aus Kratern und Spalten. Island ist zu 90 % aus vulkanischem Gestein aufgebaut. Mit fast 80 % dominiert basaltisches, d. h. kieselsäurearmes Gestein, die restlichen Anteile entfallen auf kieselsäurereiches Gestein und Sedimentite, die aus verwitterten, transportierten und abgelagerten Gesteinspartikeln verfestigt wurden.

▸ **Gesteine**: Da Island in einer geologischen Dehnungszone liegt, steigt immer wieder *Magma* (griech. Teig), heiße, flüssige und gashaltige Gesteinsschmelze, an die Oberfläche und erstarrt zu *Lava*. Entscheidend für die Art des Ausbruchs ist der Kieselsäuregehalt (SiO_2): Rhyolitisch nennt man sie ab einem Gehalt größer als 65 %, kieselsäurearm unterhalb von 52 %, dazwischen intermediär. Farblich hebt sich für jeden erkennbar kieselsäurereiches Gestein durch eine hellere Tönung von den grau-schwarzen, kieselsäurearmen Basalten ab. Basaltische Laven sind gasarm und dünnflüssig und ergießen sich in relativ ruhigen Fluss über die Landschaft (*effusiver* Ausbruch), rhyolitische hingegen sind gasreich und zähflüssig. Solch viskoser Magmabrei verstopft den Förderkanal und ein immenser Druck kann sich aufbauen, der sich wie bei einem aus einer Sektflasche springenden Korken entladen kann. Bei solchen *explosiven* Ausbrüchen werden vor allem zu Lockermaterialien (*Tephra*) zersplitterte Lava in die Luft gejagt. Oft sind Vulkanausbrüche in Island gemischt, explosiv und effusiv.

Magmatite nach Erstarrungsort:	basaltisch	intermediär	rhyolitisch
Vulkanite (Erdoberfläche)	Basalt	Andesit	Rhyolith
Plutonite (Erstarrung in der Tiefe)	Gabbro	Diorit	Granit

Basalte: Typisch für Basalt sind die eckigen Säulen, die keineswegs nur ein isländisches Kuriosum sind. Viel zitierte Vorkommen sind am Svartifoss im Skaftafell Nationalpark, wo ein Bach etwa 10 m von einer Basaltsäulenwand hinabplätschert, Arnarstapi auf Snæfellsnes, Kirkjubæjarklaustur (der berühmte "Kirchenfußboden"), am

Aldeyjarfoss oder im Tal der Jökulsá á Fjöllum (Nordisland). Die Säulen stehen in Abkühlungsrichtung, also in der Regel senkrecht zur Fließrichtung. Für ihre Bildung ist eine Volumenverkleinerung im erkaltenden Lavagestein verantwortlich. Erstarrt Lava in Hohlräumen mit gerundeteten Wänden oder als Kissenlava (s. u.) im Wasser, besitzen die Säulen eine "radialstrahlige" Anordnung.

Sonderform Hyaloklastit (griech. *hýalos* = Glas und *klásis* = Zerbrechen): Durch Kontakt basaltischer Lava mit Wasser, sei es aus einem Calderasee oder Schmelzwasser eines Gletschers, kommt es zur Entstehung eines glasigen Materials: Da die Abkühlung des heißen Magmas schnell vorangeht, kann das Gestein nicht auskristallisieren und es erstarrt vorher zu Glas.

Sonderform Palagonit (abgeleitet vom Fundort Palagonia auf Sizilien) ist ein aus Hyaloklastit durch den Prozess der Entglasung hervorgegangenes Gestein: Mit der Hyaloklastitentstehung sind meist kleine Explosionen verbunden, die das Glas zertrümmern. Im Laufe der Zeit, auch unter dem Einfluss geothermaler Aktivität, verfestigen sich die Gesteinsteile zu so genanntem Palagonittuff oder mit gröberen Bestandteilen zu Palagonitbrekzie (isl. Þursaberg), ein braunes oder schwarzes, manchmal scharfkantiges Gestein. In Island ist hierfür die Bezeichnung *móberg* gebräuchlich, ursprünglich bezog sich der Ausdruck eher auf die bräunliche Oxidationsfarbe des zuvor schwarzen Glases.

Als **Gabbroauftreten** ist an erster Stelle das Eystra- und Vestrahorn bei Höfn in Südisland zu nennen. Die dortige dunkle Gesteinsfärbung verleiht den Bergen ein gespenstisches Aussehen. Es kann auch grüngrau oder weißgrau sein.

Rhyolith ("Fließstein"), erdgeschichtlich jung, Vorkommen werden oft auch Liparit genannt): Seine gelbgraue, grüne, rötliche oder weißliche Färbung hebt sich besonders gut von tiefschwarzen Lavaflächen ab (Hauptmineralien: Palioglas, Quarz, Kalifeldspat). Aus diesem Gestein bilden sich einerseits manchmal Quellkuppen, andererseits zähflüssige Lavaströme. Rhyolithberge sind häufig zu sehen, z. B. die Berge bei Borgarfjörður (eystri/Nordostisland), der Ljósufjöll (= Hellberg), die Smjörfjöll (= Butterberge) oder Erhebungen bei Landmannalaugar. Besonders an Zentralvulkanen ist Rhyolith oft zu finden. Die Isländer verzieren gerne ihre Häuser mit Platten aus diesem Gestein, die durch Verwitterung abgespalten wurden.

Sonderform Obsidian (isl. *Hrafntinna* = Rabenstein): meist schwarzes, scharfkantiges und glattes Glas, das zugleich ein Halbedelstein ist, aus kieselsäurereicher, rhyolithischer Lava bei schneller Abkühlung entstanden. Die Oberfläche sieht oft muschelförmig aus. Fundorte sind Hrafntinnuhraun bei Landmannalaugar und der Hrafntinnuhryggur in der Nähe des Mývatn.

Andesit hat seinen Namen von den Anden in Südamerika, in Island förderte die Hekla solche intermediären Materialien in Tuffform. Die Andesite Islands werden in der Literatur häufig auch als Islandite geführt.

Granite (von lat. granum "Korn"), die in kontinentaler Kruste oft vorkommen, sind in Island selten zu finden.

▶ **Minerale**: Beim Erkalten der heißen Lavaströme kommt es zum Auskristallisieren verschiedener Minerale, die Wasser dann wieder lösen kann. Da im Gestein beim Abkühlen Risse und Hohlformen entstehen, kann ins Gestein mineralienangereichertes Wasser eindringen und es können sich in den Hohlräumen so genannte *Drusen* (bei partieller Füllung des Raumes) und *Mandeln* (bei vollständiger Raumausfüllung) bilden. Es entstehen beispielsweise auch Pyrit und Quarz in verschiedenen Varietäten, Kalkspat wie in Helgustaðir bei Eskifjörður und Zeolith wie am berühmtern Fundort Teigarhorn bei Djúpivógur.

Ausstellungen Ansehnliche Mineraliensammlungen sind zu bewundern bei Petra in Fáskrúðsfjörður, bei einem Sammler in Eskifjörður, im Museum in Neskaupsstaður und bei der Firma Álfasteinn im Borgarfjörður eystri.

▶ **Asche, Lapilli, Schlacken und Bomben**: Ausgeworfene Gesteinsfragmente unterteilt man je nach Partikelgröße in Asche (Gesteinsstaub bis 2 mm Durchmesser), Lapilli (2–64 mm) und Blöcke/Bomben (über 64 mm). Über der Hekla wurde beispielsweise 1766 eine Aschensäule von 5.000 m Höhe beobachtet.

Das staubige Material wird vom Wind weit weggetragen. Norwegen, Schottland, Holland und auch Deutschland bekamen schon die Auswirkungen isländischer Vulkanausbrüche zu spüren. Die Aschen bilden nach rascher Verwitterung relativ fruchtbaren Boden. Bomben sind im Flug abgekühlte und verformte Lavafetzen, die wie Birnen, Eier oder manchmal wie Kanonenkugeln aussehen. Im Inneren tragen sie Farbabstufungen, die die Abkühlung von außen nach innen widerspiegeln. Schlacken sind glasige und poröse Magma und entstehen, wenn Lava fontänenartig in die Luft gejagt wird. Fallen sie vor ihrer Erstarrung zu Boden, verbacken sie zu "Schweißschlacken".

In der Lónsöræfi

Thoroddsen berichtet: "Bei dem Ausbruch der Hekla wurde 1510 ein Mann in Skálholt 45 km von der Ausbruchsstelle erschlagen. Derselbe Vulkan warf am 5. April 1766 drei- bis vierpfündige Lavastücke 22,5 km weit. Am 29. Juli ergoss sich von der Kraterreihe des Laki ein Regen von glühenden Bomben über Fljótshverfi (20–30 km entfernt) und am 26. Juni desselben Jahres schleuderte dieser Vulkan viele glühende Schlacken ungefähr 90 km weit, bis nach Þórsmörk. Am 14. Oktober 1845 spie die Hekla Schlacken und Bomben 3.000 m hoch in die Luft."

- **Tuffe, Ignimbrite und Bimsstein**: Ausgeworfene Lockermaterialien (*Tephra*) schichten sich am Boden auf. Durch Zementierung entstehen daraus dann Tuffe. Vom lateinischen *ignis* (Feuer) und *nimbus* (Wolke) abgeleitet sind die hellen Ignimbrite. Vorausgegangen ist eine Glutwolke, die entsteht, wenn eine von zähen Lavamassen verstopfte Austrittsöffnung eines Vulkans durch den aufgestauten Gasdruck frei gesprengt wird. Das heiße Gas strömt aus und reißt Gesteinspartikel mit sich. Dieses Gas-Partikel-Gemisch rauscht die Hänge des Vulkans herab und hinterlässt eine Spur der Zerstörung. Der Hvítserkur bei Borgarfjörður eystri besteht aus solchen Ignimbriten. Gasblasen im Eruptionsmaterial schaffen ein leichtes und poröses Lavagestein, den Bimsstein, der so leicht ist, dass er auf Wasser schwimmt. Im Umkreis der Hekla und der Katla (Mýrdalssandur) bildeten sich Tuffe aus Bims. Deren Farbskala reicht von Weiß bis Grau.
- **Lava**: Knapp ein Zehntel des Landes ist von Lava der Nacheiszeit bedeckt. Lavafeld ist nicht gleich Lavafeld. Block- oder Brockenlava (isl. *apalhraun*) und Fladen- oder Schollenlava (isl. *helluhraun*) sind die Hauptarten. Welche Form ausgebildet wird, hängt von der chemischen Zusammensetzung, der

Stricklava der Lakispalte

Temperatur und den daraus resultierenden Fließeigenschaften ab. Je höher der Kieselsäureanteil und je niedriger die Lavatemperatur ist, desto zähflüssiger verhält sie sich. Die Geschwindigkeit eines Lavastroms kann bei starker Hangneigung und geringer Viskosität (d. h. basisches Magma) bis zu 100 km/h erreichen.

Fladenlava besteht aus basischen, gasarmen, dünnflüssigen und besonders heißen Schmelzen, deren Erstarren relativ lange andauert, bis die heiße Gesteinsschmelze bei etwa 700 °C hart wird. Sie breitet sich flächig aus und erstarrt mit glatter Oberfläche. Werden durch nachfolgende Laven die Fladen zusammengeschoben, werden sie zu Schollen zusammengedrückt. In solcher Schollenlava finden sich unter Aufwölbungen oft Hohlräume. Eine Sonderform ist *Seil-* oder *Stricklava*. In Lava, die an der Oberfläche schon am Erkalten ist, erzeugen Bewegungen wulstige Muster verdrehter Falten (vgl. Bild). Blocklava ist 10–30 m mächtig und entsteht v. a. bei Spalteneruptionen. Diese Lavaströme sind im Gegensatz zu Schollenlava uneben und schwierig zu begehen – das beim Erkalten entwichene Gas hinterlässt eine blockartige, scharfkantige Oberfläche.

Sonderform Kissenlava: Unter Seen, im Meer oder unter Eis wird austretende Lava gleichsam abgeschreckt. Die Temperatur sinkt rasch. Wenn das Wasser gleichzeitig unter hohem Druck steht, etwa in großer Wassertiefe oder durch einen dicken Eispanzer, können die Gase nicht entweichen und es bilden sich Lavakissen (Pillowlava). Beim Kontakt mit dem Wasser bekommt die Lava einen glasigen Überzug, der irgendwann an einer Stelle zerspringt, an der dann neues Gestein herausfließen kann und neue Kissen herauswachsen – so als drückte man immer wieder Zahnpasta aus einer Tube, vergleicht der isländische Geologe Þorleifur Einarsson. iIn der Regel messen solche Kissen 0,5–1 m im Querschnitt.

Lavatunnel und -höhlen: Ähnlich wie der kilometerlange Túnel de Atlántida auf Lanzarote sind Lavatunnel auch auf Island bekannt. Voraussetzung hierfür ist, dass ein gering viskoser Lavastrom an der Oberfläche schnell abkühlt, während die Schmelze darunter noch fließt. Wenn keine Lava mehr nachströmt, bleiben röhrenartige Tunnel und Höhlen zurück. Oft haben sich aus Gesteinstropfen an der Tunneldecke Lavastalaktiten gebildet. Die "Lebensdauer" der Hohlräume ist auf der geologisch aktiven Insel nicht allzu groß; Erdbeben bringen die Hohlräume leicht zum Einsturz. Teilweise sind die Höhlen erst durch das stete Nagen der Erosion zugänglich geworden. Manche Hohlräume und Wölbungen verdanken ihre Existenz aber auch der Brandung, Bergstürzen oder tektonischen Bewegungen, die Erdschollen zusammenschieben und verkeilen. In Westisland kann man in die beiden bekannten und sagenumwobenen Höhlen Surtshellir und Stefánshellir nordwestlich vom Langjökull einsteigen. Sie sind Teil eines mehrere Kilometer langen Tunnels. In Südisland kann man sich auf dem Weg nach Þorlákshöfn in einem Lavafeld an die Raufarhólshellir heranwagen. Die isländischen Höhlen sind stark einsturzgefährdet; oft ist in den Gängen Schnee, Eis und Wasser. Begehbar ist die Lofthellir am Mývatn.

Vulkanismus und Vulkantypen

Etwa 200 Vulkane in etwa dreißig Vulkansystemen hat man insgesamt in Island gezählt. In den drei aktiven Vulkanbereichen registrierte man seit der Besiedlung ungefähr 500 Ausbrüche, die in der Nacheiszeit ausgeworfene Lavamenge wird auf 500 km³ geschätzt. Durchschnittlich kommt es alle fünf Jahre zu einer Eruption. Größere Ausbrüche gibt es freilich nicht so oft, zuletzt war es 1996 unter dem Vatnajökull der Vulkan Bárðarbunga. Das war zwar die viertgrößte Eruption des 20. Jh. in Island, von den Eruptionsmassen gelangte aber nur ein Bruchteil in die Luft.

Wie die Gestalt eines Vulkans letztlich aussieht, hängt von mehreren Faktoren ab: der Art des Magmaaufstiegs, d. h. der Form des Förderschlotes, der Gestalt der Ausbruchsstelle, von der Menge, Temperatur (bis etwa 1.250 °C), der Ausbruchshäufigkeit und Art der vulkanischen Förderprodukte, neben silikatischen Oxiden Wasserdampf, Kohlendioxid, Schwefel, Ammoniak, Eisen, Phosphor u. a. Vulkane, die einen festen Förderschlot aufweisen, werden *Zentralvulkane* genannt. Die andere Erscheinungsform ist der lineare Vulkanismus, bei dem aus Spalten Lava empordrängt (*Spaltenvulkanismus*). Man unterscheidet in den aktiven Zonen etwa dreißig Vulkansysteme, die in Form einer dieser beiden Typen tätig werden. Gase, Lockergestein und flüssige Lava werden dort gefördert.

Spaltenvulkanismus: Eldgjá, Mývatn, Lúdent & Co.

Das flüssige Gestein strömt nicht immer auf der ganzen Linie aus, sondern an mehreren Stellen entlang der Spalte. Kleine Krater entstehen, die häufig zusammengewachsen sind und ineinander übergehen. In Island häufen sich wegen der Lage in einer Dehnungszone typischerweise die Spalteneruptionen; auf diese Weise sind die Basaltdecken der Fjorde (Flutbasalte) entstanden.

Beispiele: Die auf 40 km Länge ausgedehnte Eldgjá (Feuerspalte) nördlich des Mýrdalsjökull oder die Insel Heimaey. Folgenreich waren auch die Spaltenergüsse des Lúdent-Þrengslaborgir-Systems am Mývatn. Als am schicksalsträchtigsten für die Geschichte der Insel ist die aschefördernde Eruption der Lakispalte in Südisland bekannt: 1783/84 riss hier die Erde auf 32 km Länge auf. Über 14 km3 Lava strömten aus hundert Kratern über das Land und verwüsteten es.

Zentralvulkanismus: Ritterschilde und Aschekegel

Effusif entstandene Schildvulkane (isl. dyngja): Flach geneigte Hänge geben dem Vulkanbau das Aussehen eines niedergelegten Ritterschildes. Sie können so gering geneigt sein, dass man sie in der Landschaft fast nicht erkennt. Wiederholte oder über lange Zeit andauernde effusive Eruptionen lassen diesen Vulkantypus entstehen. Kennzeichnend ist eine punktförmige Austrittsstelle dünnflüssiger Lava, die einen symmetrischen Kegel formte. Die bekanntesten Vulkanbauten dieses Typus sind die hawaiischen Schildvulkane Mauna Kea und Mauna Loa, die 9.000 m über Meeresboden aufgetürmt sind!

Vorkommen Über die Insel Island verteilen sich über 20 nacheiszeitliche Schildvulkane, z. B. Skjaldbreiður

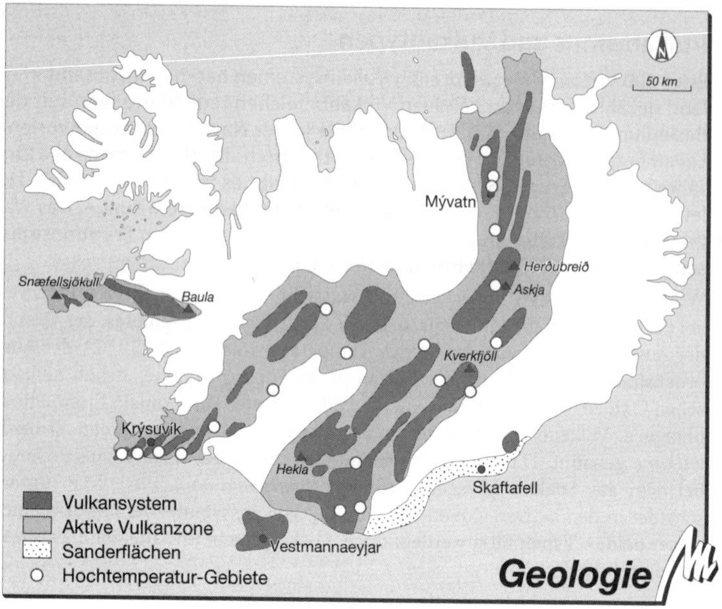

Effusiv entstandene Lavaringwälle (isl. eldborg): Miniaturausgabe des Schildvulkans, entstanden in nur einer einzigen effusiven Eruption. Um die Ausbruchstelle eines solchen "Feuerrings" baut sich ein Ring aus vulkanischem Gestein auf, in dessen schüsselförmiger Mitte sich Wasser an der steilwandigen Ringwand sammeln kann.

Vorkommen Lavaringe sind auf Snæfellsnes (Eldborg im Hnappadalur) u. bei Krísuvík zu finden.

Explosiv entstandene Ringwall-Vulkane (öskugígur): Musterfall dieser Formenfamilie ist der berühmte *Hverfell* am Mývatn mit 1 km Durchmesser. Der Krater wird von Lockermaterial gebildet. Ein Stück weiter ragt die "Hrossaborg" zwischen Grímsstaðir und dem Mývatn aus einem Lavafeld. Anzumerken ist, dass dieser Typ auch auf Spalten auftritt: Die Vatnaöldur sind eine Reihe von Kratern in Südzentralisland nördlich der Hekla auf einer Spalte, die um 870 aktiv war, gerade als Island besiedelt wurde. Die Lakagígar und Gebilde im Berserkjahraun (eine alte Kegelreihe auf einer berüchtigten Eruptionsspalte) gelten als weitere explosive Kegel.

Stratovulkane: häufigste Vulkanform auf der Erde. Sie sind aus wechselnden Lagen von Lava und Lockergestein aufgebaut, wie der italienische Vesuv oder der Fujijama in Japan. Ein solcher "geschichteter" Vulkan bildet sich bei gemischten Eruptionen, die über ein längeres Zeitintervall sowohl effusiv als auch explosiv ablaufen. Die Kegel des Schichtvulkans sind wesentlich steiler als die des Schildvulkans, auf Island verbergen sie sich oftmals unter einer Eiskappe.

Vorkommen Stratovulkane sind der Eyjafjallajökull, Tindfjallajökull, Öræfajökull, der mythische Snæfellsjökull und als geologische Besonderheit die gefürchtete, rückenförmige Hekla (sie stellt allerdings einen besonderen Typus dar, nämlich einen Stratovulkan auf einer Spalte).

Schlackenkegel (isl. klepragígar): Kurz andauernde fontänenartige Ausbrüche erzeugen diese vulkanische Form, bei der sich ausgeworfene Lavafragmente nach dem Erkalten in der Luft ringförmig am Boden um die Ausbruchstelle anhäufen. Treffen die emporgeschleuderten Lavafetzen in nahezu flüssiger Form auf den Boden auf, schichten sich die flach geformten Schlacken langsam auf und verbacken dabei. Man spricht in diesem Fall auch von Schweißschlackenkegeln (isl. *gjallgígur*). Beim Herabfallen erstarrte Schlackestücke formten Kegeltürme, z. B. Búðaklettur oder Rauðakúlur, aber auch die Kegelreihe Grábrókargígar.

Vulkanausbrüche in Island seit 1961

1961	26. Okt. – 7. Dez.: **Askja**-Ausbruch, 11 qkm werden von Lava bedeckt
ab 1963	Mit **Surtsey** entstand eine neue Insel vor der Südküste
1970	5. Mai – 5. Juli, **Hekla**-Eruption mit ca. 200 m^3 Auswurfvolumen
1973	23. Januar–Juli: Auf der Westmännerinsel **Heimaey** fördert eine Eruptionsspalte 240 Mio. m^3 Lava, Asche und Bimsstein, begräbt den halben Ort Vestmannaeyjar und vergrößert die Insel um 2,2 qkm
1975	Die **Leirhnjúkur**-Spalte am Mývatn ergießt 0,5 qkm Lava
1977	27. April: Neue Krater entstehen im Bereich der **Krafla**-Caldera 8. Sept.: Aktivitäten im **Kraflagebiet**, ein unterirdischer Lavafluss kann durch ein Bohrloch bis an die Erdoberfläche dringen
1980	16. März: Eine Kraterspalte an der **Krafla** tut sich für einige Stunden auf 10. – 18. Juli und 18. – 24.Okt.: **Krafla** – zwei 6 und 7 km lange Spalten 17. – 22. Aug.: Ein **Hekla**-Ausbruch bedeckt 24 qkm Fläche mit Lava
1981	30. Jan. – 4. Feb.: Ein neuer Krater an der **Krafla** auf 2 km Länge 10. – 14. April: **Hekla** stößt wiederum einige Millionen cm Lava aus
1983	29. Mai – 4. Juni: **Grímsvötn**-Ausbruch unter dem Vatnajökull
1984	4. – 18. Sept.: **Krafla** speit Lavaströme von einer 10 km langen Spalte aus
1991	17. Jan. – 11. März: **Hekla** begräbt 20 qkm Fläche unter frischer Lava
1996	30. Sept. – 13. Okt.: **Barðabunga** unter dem Vatnajökull bricht nach einem Erdbeben der Stärke 5 aus. Die Ringstraße wird durch einen Gletscherlauf an einigen Stellen weggewaschen !
1998	18. – 28. Dez.: **Grímsvötn** unter dem Vatnajökull bricht aus auf einer 1,3 km langen Spalte. Ein Aschepilz reicht 10 km hoch in den Himmel.
2000	26. Feb. – 8. März: **Hekla** eruptiert, eine 7 km lange Spalte öffnet sich und 18 qkm werden mit Lava bedeckt (0,11 kkm).

Vermutlich haben sich einige weitere schwieriger zu registrierende Ausbrüche in dieser Zeit unter Eisschilden oder unter der Meeresoberfläche abgespielt.

Vulkane unter Eis und unter Wasser

Subglaziale Vulkane: Ausbrüche unter einer Eisdecke (subglaziale Eruptionen) wirken besonders verheerend: Schlammige Gletscherläufe schwellen an, wenn sich die weniger dichte Eismasse abhebt und das angesammelte Wasser unter dem Gletscherschild abfließt (s. o.).

Vorkommen Zu den gefürchtetsten Vulkanen unter Gletschern zählen die Grímsvötn (Ausbruch 1983), Katla (1918) unter dem Mýdalsjökull und der zuletzt in den 20er Jahren des 18. Jh. ausgebrochene Eyjafjallajökull (1821–23) westlich davon.

Tafelberge: Die Spezialität der isländischen Landschaft. Sie entstanden bei Eruptionen unter einem mächtigen Eispaket. Das berühmteste Beispiel ist die Herðubreið (1.682 m), die man auf der Reise im östlichen Hochland und Nordisland sofort an ihren steil aufragenden Felswänden erkennt, die den Göttersitz über der Lavawüste abstützen.

Weitere Beispiele Der Eiríksjökull (1.675 m, Westisland) ist wahrscheinlich der größte dieser Eruptionsart. Hlöðufell (Südisland), Bláfjall (Nordisland) und vermutlich auch der 1.350 m hohe Þórisjökull südlich des Eiríksjökull gehören ebenfalls dazu.

Submarine Vulkane: Stoßen die heißen Materialien durch Wasser hindurch an die Oberfläche, wie 1963 auf der Insel Surtsey, vollzieht sich ein gewaltiges Schauspiel: Treffen Lava und Meerwasser zusammen, bewirkt der Temperaturunterschied von 700–1.250 °C explosionsartige Reaktionen. Dampfwolken stehen über dem Vulkan (ebenso bei subglazialen Ausbrüchen). An den Küsten Islands stößt man häufig auf Ruinen alter Meeresvulkane, die aus den grauen Schotterflächen herausragen.

Vorkommen Submarine Tuffberge sind z. B. an der Südküste zu finden: von West nach Ost Dyrhólaey, Pétursey, Hjörleifshöfði und Ingólfshöfði.

Pseudokrater, Maare und Calderas

Pseudokrater: Eine eigenartige Spezies, sie sind nämlich keine Vulkankrater. Fließt Lava über Wasserflächen wie Moore, Seen, Sümpfe oder Bäche, verdampft das Wasser beim Kontakt mit der heißen Masse sofort. Es kommt zu kleinen Explosionen, wenn der Wasserdampf durch die Lava nach oben drängt. Als Ergebnis bilden sich bizarre kegelförmige Krater, die es auf 400 m Durchmesser bringen können.

Vorkommen am Mývatn (z. B. *Skutustaðir, Insel Geitey*) und auf dem gleichen Lavastrom im *Laxárdalur* und *Aðaldalur* (zwischen Húsavík und Mývatn), *Rauðhólar* im Elliðaár-Lavafeld bei Reykjavík sowie *Alftaver* und das große Pseudokraterfeld der *Landbrotshólar* auf der Eldgjá-Lava von 930 n. Chr. im Südosten.

Maare: entstehen, wenn Grundwasser mit Magma in Verbindung kommt und explosiv nach oben schießt. Das dabei ausgeworfene Material verteilt sich großräumig und ein tiefes Loch bleibt zurück. Ein Maar ist also kein Teil eines Zentralvulkans, um es herum findet man keine frischen Lavaprodukte, sondern nur mitausgeschleudertes Material.

Beispiele das *Grænavatn* ("Grünwasser") bei Krísuvík, die Maarreihe *Valagjá* nördlich der Hekla, das viel bestaunte *Víti*-Maar der Krafla, das Víti der Askja sowie Ljótipollur bei Landmannalaugar. Ein weiteres Exemplar ist *Kerið* im Süden.

Caldera (span. Kessel): Eine solche runde Eintiefungsform in einem Vulkan entsteht, wenn nach einem Ausbruch die Spitze oder die obere Region einer Magmakammer zusammensackt und in der Folge auch der obere Teil des Vulkans einstürzt.

Die Größenverhältnisse sind dabei bisweilen erstaunlich: Auf 5 km Durchmesser kommt der Öræfajökull, auch an der Askja ist der Krater eingesackt. Bekannt ist auch die Caldera-Entstehung 1875 am Dyngjufjöll; es bildete sich ein See, mit 217 m der tiefste Islands.

Heiße Quellen und Geysire

Sie finden Island grausam kalt? Dann sollten Sie schnurstracks in einer heißen Quelle, etwa in der *Grettislaug* oder in *Landmannalaugar*, plantschen! Leider sind diese Naturbäder nicht überall zu finden und manche Quellen sind kochend heiße blubbernde Schlammlöcher, die dafür ein besonderes Naturschauspiel sind. In Geothermalgebieten entweicht auch fauliger Schwefelgeruch dem Boden, schießen Fumarolen Wasserdampf in die Luft. Am berühmtesten ist freilich das Geysirgebiet Haukadalur, in dem alle 5–10 Minuten heißes Wasser als Fontäne etwa 20 m in die Höhe jagt.

Beim Blick auf die Landkarte stößt man nicht selten auf Orte mit Namensbestandteilen wie "*hver*" (heiße Quelle), "*laug*" (warme Quelle), "*reykur*" (Rauch, Dampf), "*volgra*" (lauwarme Quelle) und "*varm*" (warm). Recht einfallsreich zeigten sich die alten Isländer auch bei der Bennung der Quellen selbst (vgl. Kap. Geysir und Hveragerði).

Die Geothermalgebiete spielen besonders in der Energiewirtschaft eine wichtige Rolle, vor allem zur Versorgung der Bevölkerung mit Heizwärme. Mehr als 85 % der Isländer sind an geothermales Heißwasser angeschlossen und so wachsen am Polarkreis sogar Tomaten, denn die heißen Quellen versorgen auch die Gewächshäuser von Hveragerði oder bei Reykholt mit Wärme. An weiteren Ideen zur Nutzung der Wärme mangelt es keineswegs; sie ist einsetzbar in Betrieben als Prozesswärme, zur Hausheizung, zur Heutrocknung, zur Beheizung von Schwimmbädern, in Wollwaschanlagen und zum Trocknen von Fisch.

Was passiert im Untergrund?

Die Temperatur der Erdkruste nimmt mit der Tiefe durchschnittlich um 3 °C pro 100 m zu, doch Islands vulkanischer Untergrund bewirkt eine Steigerung der Temperaturzunahme auf wesentlich höhere Beträge, bei Krísuvík 35 °C je 100 m, abseits des Dehnungsbereichs etwa 10–15 °C. Die Wissenschaft unterscheidet Nieder- und Hochtemperaturgebiete. Als Grenzmarke zur Einteilung hat man den Wert 150 °C in 1 km Tiefe festgesetzt. In den 250 Niedertemperaturgebieten herrschen Quellen basischen Charakters (oft mit Sinterablagerungen) vor, hingegen in den über 20 Hochtemperaturgebieten saure, schwefelige Quellen.

Niederschlagswasser, das im Untergrund aus Basalt versickert, bewegt sich durch Gesteinsporen oberhalb Wasser stauender Schichten. Ein paar Jahrzehnte bis zu mehreren tausend Jahren kann es dauern, bis das Wasser nach vielen Kilometern Weglänge, auf denen es Wärme aufgenommen hat, an der Erdoberfläche als Quelle wieder auftaucht. Bevor das Wasser oder der Wasserdampf an der Oberfläche erscheint, konnten sich auf dem Weg durch das Gestein verschiedene chemische Substanzen lösen. In der Mehrzahl sprudeln schwefelhaltige Quellen an die Oberfläche, auch eine Vermischung mit salzhaltigem Meerwasser kann eintreten – so in der beliebten Blauen Lagune bei Keflavík. Die pro Sekunde 180 Liter mit 97 °C fördernde *Deildartunguhver* bei Reykholt zählt wegen ihres hohen Stickstoff- und Sauerstoffgehalts zu den alkalischen Quellen. Auch kohlensäurehaltige Quellen hat man ausfindig gemacht, im Hengill-Gebiet, in Südostisland nahe Höfn und in Lýsuhóll auf Snæfellsnes. Wegen ihres Geschmacks trägt Letztere die aufschlussreiche Bezeichnung "ölkelda", was soviel wie "Bierquelle" bedeutet...

- **Fumarolen und Solfataren**: Schleier, Fahnen, Wirbel und Wolken aus Dampf liegen über Quellen, wenn sehr heißes Wasser gasförmig der Erde entweicht. Solche Dampfquellen, so genannte Fumarolen (lat. *fumus* = Rauch), trifft man nur in den Hochtemperaturgebieten in der aktiven Vulkanzone an. Chemische Verbindungen aus Schwefel und Eisen erzeugen die graublaue Farbtönung von brodelnden Schlammquellen. Fauliger Geruch streicht in der Nähe von Solfataren (lat. *sulfur* = Schwefel) um die Nase, es riecht wie in Teufels Küche. Der Sauerstoff der Luft reagiert mit dem Schwefelwasserstoff im Wasserdampf (Oxydation), dabei entsteht Schwefel, dessen Kristalle eine gelbe Kruste um die Austrittsstelle bilden. Der Boden ist meist sehr zerlöchert und dünn, Warnschilder und Sicherheitsmaßnahmen sind durchaus ernst zu nehmen. Sorglosigkeit führt zu Verbrennungen!

Die bekanntesten Solfatarenfelder Hengill bei Hveragerði, Krísuvík auf Reykjanes, Námaskarð und Leirhnjúkur am Mývatn, des Weiteren Dyngjufjöll, Torfajökull, Svartsengi und Þeistareykir.

▸ **Geysire**: Während manche Quellen vor sich hin brodeln, andere nur ein paar Blasen werfen, schießt eine Springquelle Wasser in rhythmischer Abfolge tosend in die Luft. Das isländische Wort für "springen" gab Wasser auswerfenden Erscheinungen die Bezeichnung "Geysir", inzwischen weltweit als Fachausdruck gebräuchlich (auch die Amerikaner nennen ihren "Old Faithful" im Yellowstone Nationalpark so). Im Haukadalur faucht der Strokkur, zwischen Mývatn und Húsavík der Ystihver, selten hingegen Grýta bei Hveragerði. Die Aktivität des Geysirs ist ein wunderliches Phänomen, fast jeder, der eine Eruption sieht, kommt ins Grübeln über die Hintergründe für die Ausbrüche. Im 17. Jh. sah Bischof Þorlákur Skúlason im Verbrennen unterirdischen Schwefels den Grund für die hohe Temperatur des Wassers und vermutete, dass Winde es an die Oberfläche schleuderten. Realistischer ging *Robert Bunsen* die Erscheinungen an, die er nach seiner Islandreise von 1846 mit einer plötzlichen Druckentlastung einer über 100° heißen Wassersäule erklärte: Schwappe etwas Wasser durch das Entweichen von Wasserdampf über die Ränder des Geysirbeckens, dann sei der auf der Wassersäule noch auflastende Wasserdruck geringer als zuvor. Das unter Druck stehende Wasser in der Tiefe sei nun überhitzt und fange, da es ja über 100° warm sei, sofort das Kochen an, was zu einer Eruption führe. Heutige Erklärungen begründen die Druckentlastung mit Gasen, die im Wasser gelöst waren, bei steigenden Temperaturen jedoch entweichen. Eine wichtige Rolle scheint auch die Form des "Geysirschlotes" zu spielen: Biegungen ermöglichen die Ansammlung größerer Dampfmengen; die explosionsartige Ausdehnung ist dadurch gewaltiger. Nach der Eruption strömt das Wasser in die Erdröhren zurück – Druck für einen neuen Ausbruch kann sich aufbauen. Die Lebensdauer von Geysiren wird durch Erdbeben begrenzt. Andererseits können Springquellen nach seismischer Tätigkeit wieder aktiv werden. Ökologisch eher eine zweifelhafte Angelegenheit ist die künstliche Wiederbelebung mittels Zufuhr immenser Men-

Eruption des Strokkur

gen Schmierseife. Den Großen Geysir im Haukadalur brachten, bevor Umweltschützer es unterbanden, nur Unmengen von Seife wieder zur Explosion; seit dem Erdbeben von 2000 ist er wieder zum Leben erweckt (siehe Kap. Goldener Zirkel, S. 289).

Erdbeben

Bei allen gefährlichen Naturkräften, Vulkanausbrüchen, brühheißen Wasserdämpfen – schwere Erdbeben sind in Island nicht so häufig, dass man sich davor fürchten müsste. Ein Wanken der Erde von geringerer Stärke zeigt normalerweise keine Menschen bedrohenden Auswirkungen: Einige Berghänge kommen ins Rutschen, Quellen erscheinen an anderen Orten, versiegte sprudeln wieder, möglicherweise tun sich Erdspalten auf. Seit der Besiedelung wurde erst von etwa fünfzig größeren Erdbeben berichtet, die auch Gebäude zerstörten. In Island ereignen sich Beben hauptsächlich in der aktiven Vulkanzone, die stärksten vornehmlich in der Tjörnes-Bruchzone im Norden und in Südisland. Im 18. Jh. verlegte man aus diesem Grund den Bischofssitz von Skálholt nach Reykjavík. Nach einem größeren Erdbeben am Þingvallavatn 1789 berichtete man über 4 m lange Risse, zudem soll sich der Boden um einen halben Meter gesenkt haben. Ein 15 km langer Riss entstand 1896 in Südisland. 1934 ereignete sich ein starkes Beben bei Dalvík (Stärke 6,25), 1976 waren fast alle Häuser in Kópasker beschädigt (Stärke 6,5). 2000 war es wieder soweit: In mehreren Serien bebte in Südisland die Erde mit einer Stärke von 6,6.

Aktuelle Info http://hraun.vedur.is, Erdbeben der vergangenen 48 Std., alle 2 Min. aktualisiert.

Gletscher

11 % der Fläche Islands sind unter Gletschern begraben – problemlos würden sie ganz Zypern (9.851 qkm) bedecken. Alleine der Vatnajökull dehnt sich auf einer unermesslich großen Fläche von 8.050 qkm aus. Der größte Alpengletscher, der mächtige Aletsch, wirkt dagegen geradezu niedlich. Island wird seinem Ruf unter Geologen als Lehrmeister aller Phänomene auch auf glazialem Gebiet gerecht. Alle Gletschertypen lassen sich auf der Insel finden, die Spuren der Vereisung, Gletscherschrammen, Moränen, Abschmelzhohlformen usw., sind allerorten gegenwärtig.

Gletscher	Fläche (qkm)
Vatnajökull	8050
Langjökull	950
Hofsjökull	910
Mýrdalsjökull	600
Drangajökull	160
Eyafjallajökull	80
Tungnafellsjökull	40

Entstehung: Gletscher bilden sich dann, wenn der Schnee im Sommer nicht abschmilzt. Die *Schneegrenze* liegt am Vatnajökull bei 1.000–1.400 m Höhe. Tauen und gefrieren abgelagerte Schneemassen wiederholt, findet eine Verdichtung zu Firn und in 20–30 m Tiefe weiter zu Eis statt. Dieses Eis hat durch den auflastenden Druck eine besondere Kristallstruktur, anders als Eis auf Flüssen oder Seen, das eher geradlinig aufgebaut ist. Ist der Gletscher 30–50 m mächtig, beginnt er wegen seines eigenen Gewichts hangabwärts zu kriechen. Dabei bricht das gleitende Eis Gesteinsstücke aus dem felsigen Untergrund, der dadurch langsam abgetragen wird. Gletscherschrammen

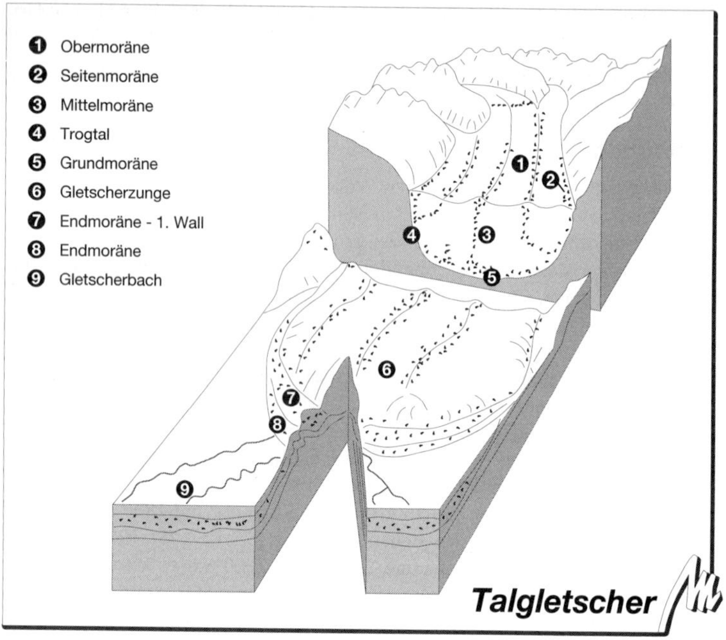

sind der sichtbare Beweis. Im Gegensatz zu Wasser bewegt Eis Gesteinsmaterial, ohne dass es nach Größe sortiert wird. So kann man Hügel mit unsortierten Gesteinsstücken oft als vom Gletscher hinterlassene "Moräne" identifizieren. Die Geschwindigkeit, mit der sich die Eismasse talwärts schiebt, ist recht unterschiedlich. Werte von 1 m am Tag bis 25 m (!) wurden gemessen. Treffen Feuer und Eis aufeinander, muss das nicht unbedingt zu einer Katastrophe wie einem ungeheuren Gletscherlauf führen. Im Bereich heißer Quellen schmilzt das kochende Wasser beim Bahnen eines Weges unter dem Eis, in dem weißen Kristallschild des Gletscher kommt es zu faszinierenden *Eishöhlen*, wie am *Kverkfjöll* am Nordrand des Vatnajökull.

Gletschertypen

Plateaugletscher: Flächenhaft begraben sie die Landschaft, ausgenommen nur ein paar vom Eis nicht überzogene Gipfel, die mit dem grönländischen Begriff *Nunataks* bezeichnet werden. Das Eis des Vatnajökull erreicht 1.000 m Dicke, immer wieder genährt von den extremen Niederschlagsmengen am Südteil der Gletschermassen. Die Eiskappen des Lang-, Hof-, Mýrdals-, Dranga- und Ejyafjallajökull zählen mit sehr viel kleineren Ausmaßen als der Vatnajökull ebenfalls zum Plateautypus. In Grönland sind übrigens fast 90 % der Insel von 2.000–3.000 m dickem Eis überdeckt.

Talgletscher: Von Plateaugletschern fließen *Eiszungen* in Tälern ins Vorland hinab. Meist nehmen die langsamen Ströme die Breite des gesamten Tals ein. Bestes Beispiel sind die Eiszungen, die sich vom Vatnajökull ins Tal erstrecken. Eis verhält sich an der Oberseite eines Gletschers spröde, anders die unter dem Eigendruck des Eises stehenden unteren Lagen, sie reagieren zähflüssig. Fließt der Gletscher über ein Hindernis oder drücken ihn Talwände zusammen, wird die Oberfläche in Eisbruchstücke zerlegt und *Gletscherspalten* reißen auf. Querspalten ergeben sich über

Unebenheiten oder einem Gefällesprung. Zerrungen im Eis durch Reibung des Gletschers am Talrand erzeugen Randspalten. Längsspalten treten dort auf, wo der Glet scher Gelegenheit hat, sich zu den Seiten auszudehnen, und sich verbreitert.

Kare: Sind die Bedingungen zur Firn- und Eisbildung gegeben, bilden sich an hoch gelegenen Hängen oder Mulden *Kargletscher*. Schließlich bleibt nach dem Abschmelzen des Eises eine wannenförmige Hohlform übrig. In ihnen vermuten die Isländer Wohnsitze der Trolle! In der Realität sammelt sich hier leicht Regenwasser als so genannter *Karsee* an.

Was hinterlässt der Gletscher?

Als Bildhauer der Natur schleifen und bearbeiten Gletscher stetig das Gestein, transportieren Gesteinsmaterial und lagern es an anderen Stellen wieder ab. Ein 1.000 m dicker Gletscher drückt mit 90 kg auf jeden Quadratzentimeter Untergrund, errechnete der Geologe Þorleifur Einarsson. Sie hinterlassen einen reichen Formenschatz an Erosions- und Akkumulationsformen.

Erosionsformen: Die abschmirgelnde Wirkung des Eises auf sämtliche Hindernisse wegen der gewaltige Drucklast eines Gletschers schufen typische V-förmige **Trogtäler**. An den Rändern der Eismassen erkennt man meist gut die Trogschulter, die nicht selten von herabrauschenden Wasserfällen und Bächen verziert wird. Manchmal bleiben **Inselberge** bestehen wie *Kirkjufell* auf Snæfellsnes oder der *Akrafjall*.

Gletscherschrammen geben als Abschliffe an Felswänden oder am Untergrund die Richtung der Gletscherbewegung in ehemals vergletscherten Gebieten Aufschluss.

Rundhöcker (isl. hvalbak) sind vom Eis abgeschliffene Felsen, die buckelartig geformt wurden, vorzufinden z. B. im Borgarfjörður, Ejyafjörður oder dem Fljótsdalur. Auf der Leeseite sind diese Formationen steiler als auf der Luvseite.

Akkumulationsformen: Moränen. Am Talende eines Gletschers, der Gletscherzunge, sammelt sich Schutt als Endmoräne an. Im Eis mitgeführtes Material, bis zur Größe von Felsbrocken liegt wie von Geisterhand verteilt nach Zurückziehen des Gletschers auf dem Untergrund. Das an den Wänden des Tales abgetragene und mitfließende Gesteinsmaterial bildet die so genannte

Auf dem Gletscher Kverkfjöll im Hochland

Seitenmoräne. Fließen zwei Gletscher zusammen, formen die aufeinanderzulaufenden Seitenmoränen eine **Mittelmoräne**, die nach dem Abschmelzen noch zu sehen ist.

Häufig bleiben vom Eis transportierte Felsbrocken auf dem Grundmoränengeschiebe als **Findlinge** zurück. Schließlich bleiben noch die zahlreichen **Toteislöcher** zu erwähnen, die im Landschaftsbild als Mulden erscheinen. Diese verdanken ihre Existenz Eisblöcken, die von Schuttmaterial umschlossen abschmelzen und eine solche kesselförmige Einbuchtung des Grundes hinterlassen.

Die **Schmelzwasserflüsse** führen eine immense Fracht an Material mit sich. Im Vorland des Gletschers häufen die Bäche das Gestein an – je weiter weg vom Gletscher, desto feiner, die großen Brocken können nicht so weit mitgeschleppt werden. Die aufgeschütteten Ebenen südlich des Vatn- und im Bereich des Mýrdalsjökull, so genannte **Sander** (isl. sandur), bestehen aus nach Korngröße sortierten Gesteinsbrocken.

Es war schon wärmer...

Nacheiszeit ("Holozän"): Zur Eiszeit war die Insel noch vom Eis überdeckt. Das weltweite Zurückweichen der Eismassen vor 10.000 Jahren im Zuge der Klimaerwärmung ließ den Meeresspiegel ansteigen und das Land begann sich nach der Befreiung von den schweren Eispaketen zu heben. Das heute hauptsächlich besiedelte Gebiet in Küstennähe lag damals also größtenteils unter Wasser. In vielen Metern Höhe sind ehemalige Brandungsterrassen gut erkennbar und in 100 m Höhe tauchen zum Beweis an vielen Stellen versteinerte Muscheln und Fischknochen auf. Vor 9.000 Jahren konnten sich allmählich Birken auf Island ausbreiten, das Auftreten von Moosen und Mooren 2.000 Jahre später lässt auf ein relativ feuchtes Klima zu dieser Zeit schließen. Vermutlich wurde es so warm, dass vor 3.000 Jahren gar keine Gletscher mehr existierten und erneut Birken günstige Wachstumsbedingungen vorfanden. Die klimatisch besseren Bedingungen schwenkten vor 2.500 Jahren (im so genannten Subatlantikum) um. Kälteres und feuchteres Klima dominierte, der Wald wurde zurückgedrängt, die heutigen Gletscher entstanden und breiteten sich aus.

Zur Zeit der Besiedlung befand sich Island wieder in einer wärmeren Phase. Der Vatnajökull war kleiner als heute, der Ok mit seiner Eiskappe scheint bei seiner Namensgebung eisfrei gewesen zu sein; heute würde man ihn wohl Okjökull nennen. In manchen Landesteilen war Getreideanbau möglich, auch konnte Holzwirtschaft getrieben werden. Dann verschlechterte sich das Klima, es trat eine kühlere Periode ein. Im 19. Jh. erreichten die Gletscher eine maximale Ausdehnung, seitdem ziehen sie sich zurück und seit Mitte des 20. Jh. befindet sich das Klima in einer besonders warmen Periode. In den Westfjorden verkleinerte sich der Drangajökull; der benachbarte Gláma, der zu Beginn des 20. Jh. noch 200 qkm maß, verschwand im Laufe der letzten Jahre ganz !

Wolkenverhangene Berge sind der Normalfall

Klima und Wetter

Nomen ist nicht unbedingt Omen – eiskalt ist Islands Klima bei weitem nicht überall. Das Meer sorgt für geringe Temperaturschwankungen und der Golfstrom ist verantwortlich für milderes Klima, als es die nördliche Lage vermuten lässt. Im Vergleich zu Mitteleuropa sind die Sommer kurz und kühl, die Winter an der Küste hingegen eher mild.

Die Niederschläge sind nicht einheitlich verteilt, der Norden ist meist trocken, im Süden erreichen die Werte tropische Größenordnungen – mit dem Unterschied, dass es nicht nur zwei Stündchen am Tag regnet. Das Wetter ist sehr wechselhaft, das berüchtigte Islandtief beschert Regen, Niesel, Nebel, Graupel oder Schneefall in allen Varianten. Bei schönem Wetter erlaubt die klare Luft eine weite Sicht, die auf Island nur Wolken und Nebel, aber keine Häuser und Wälder verstellen. Die Sonnenscheindauer variiert von 1.249 Stunden im Jahr in Reykjavík zu 962 Stunden in der "Hauptstadt des Nordens" Akureyri. Windig ist es fast immer. Es ist nicht unwahrscheinlich, dass Sie auch ein paar stürmische Tage erwischen, an denen Zelten nicht zur Diskussion steht. Wenn Sie dann allerdings bei einem Isländer über das Wetter klagen, wird er Ihnen höchstwahrscheinlich nur wortkarg entgegenhalten, das sei doch noch gar nichts.

Sonnenauf- und -untergang	10.6.	21.6.	15.7.	29.7.	19.8.	26.8.
Reykjavík	3.03 23.53	2.55 0.04	3.41 23.24	4.25 22.41	5.31 21.29	5.53 21.04
Akureyri	1.58 0.29	1.26 1.01 (22.)	2.56 23.37	3.51 22.43	5.07 21.23	5.30 20.56

Quelle: University Almanac 1996

Monat	Reykjavík Tages-max. °C	Reykjavík Tages-min. °C	Reykjavík Nie-derschl. in mm	Akureyri Tages-max. °C	Akureyri Tages-min. °C	Akureyri Niederschl. in mm
Jan.	1,9	-3,0	75,6	0,9	-5,5	55,2
Feb.	2,8	-2,1	71,8	1,7	-4,7	42,5
März	3,2	-2,0	81,8	2,1	-4,2	43,3
April	5,7	0,4	58,3	5,4	1,5	29,2
Mai	9,4	3,6	43,8	9,5	2,3	19,3
Juni	11,7	6,7	50,0	13,2	6,0	28,2
Juli	13,3	8,3	51,8	14,5	7,5	33,0
Aug.	13,0	7,9	61,8	13,9	7,1	34,1
Sept.	10,1	5,0	66,5	9,9	3,5	39,1
Okt.	6,8	2,2	85,6	5,9	-0,4	58,0
Nov.	3,4	-1,3	72,5	2,6	-3,0	54,2
Dez.	2,2	-2,8	78,7	1,3	-5,1	52,8

Daten: Meteorologisches Büro, Reykavík. Mittelwerte für die Messperiode 1961–1990

Die Tage sind im Sommer sehr lang, für die Pflanzenwelt ein kleiner Ausgleich für die Kürze des Sommers. Aber auch Reisende profitieren davon: Im Hochsommer ist der nahende Abend kaum ein Grund, Quartier zu nehmen. Es wird nicht richtig dunkel, ab 23 Uhr ist es nur dämmrig. Vom 14. bis 28. Juni scheint im Norden Islands die Sonne ohne Unterbrechung. Zwar steht sie nicht ganz über dem Horizont, aber ein Teil der Scheibe spitzt über dem Horizont (ansonsten verteilt die Lichtbrechung und Streuung in der Atmosphäre ein diffuses, dämmriges Licht). Für zwei Wochen also kann man die *Mitternachtssonne* bewundern, die "echte" lässt sich auf der Insel Grímsey am Polarkreis erleben. Erschreckend kurz ist die winterliche Tagesdauer: 3 Std. 5 Min. in Akureyri, 2 Std. 13 Min. auf Grímsey.

Die instabilen *Witterungsverhältnisse* in Island werden von der Lage der so genannten Polarfront, die die kalten Luftmassen des Nordens von den feuchtwarmen Luftmassen des Südens trennt, und dem aktuellen Zustand der Tiefdruckgebiete bestimmt. Im Süden dieser Klimascheide herrschen feuchte und warme, nördlich davon trockene und relativ warme Sommer. Liegt die Polarfront für längere Zeit stabil südlich der Insel, herrschen kühle Temperaturen vor, im umgekehrten Fall steht ganz Island unter dem Einfluss der südlichen Luftmassen. Die Höhenzüge im Süden der Insel sind die entscheidende Barriere für die feuchte Luft. Befindet sich die Polarfront nördlich davon, regnen sich die Luftmassen an den Bergen aus, der Norden ist von Trockenheit geprägt. Liegt die Front südlich, bleibt der Sommer an der Südküste trocken, während die polaren Luftmassen dem Norden relativ geringe Niederschläge bringen. Generell lässt sich feststellen, dass Südisland das mildere Klima besitzt, wogegen der Norden kühlere Temperaturen aufweist. Zentralisland ist nicht mehr so stark vom Meer beeinflusst, die Winter halten mit sieben Monaten länger an, es ist kälter als in der Küstenregion. In den Fjorden weichen die Wetterverhältnisse oft etwas von der allgemeinen Wetterlage ab, ebenso muss

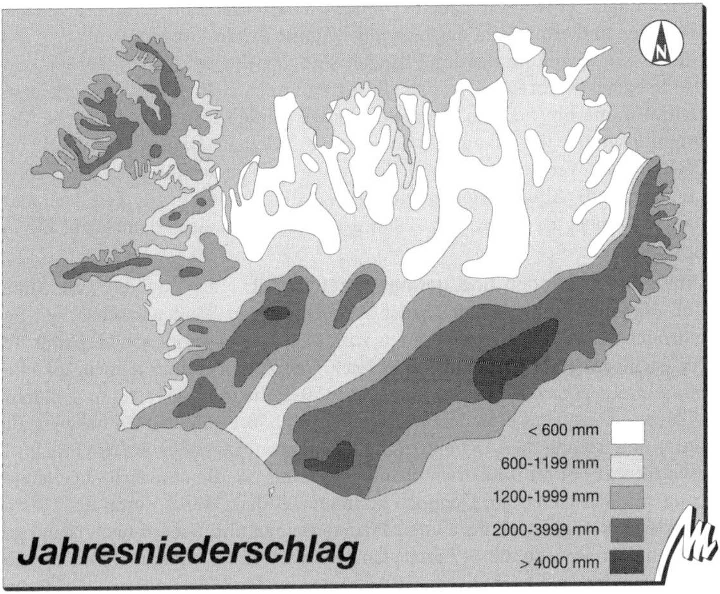

man in der Nähe von Gletschern mit eisigen Temperaturen rechnen. Andererseits können föhnartige Winde erstaunlich hohe Temperaturen herbeiführen.

Schnee kann selbst im Sommer fallen. In der Regel meldet sich der erste Schneefall in Süd- und Westisland Anfang Oktober. Die Tage mit geschlossener Schneedecke (die besonders im Norden schon mal 2 m Dicke erreichen kann) gehen normalerweise Anfang April bis Ende Mai zu Ende. Blitze und Donner wird man kaum beobachten können, Gewitter sind sehr selten.

Das Spektakel der *Aurora Borealis*, der Nordlichter, bringt mit seinen fantastischen Irrlichtern die winterliche Landschaft in gespenstische Beleuchtung. Auch im August kann man diese Erscheinung bestaunen, bei der geladene Teilchen im Bann des Erdmagnetfeldes zu den Polen hin treiben und durch Ionisierung in der Atmosphäre zum Leuchten gebracht werden.

Wetterinformation ✆ 9020600 (Durchwahl 44). Internet: www.vegagerdin.is.

Vegetation

Die moos- und flechtenbewachsenen Lavafelder um den Flughafen Keflavík erwecken den Anschein, als sei Island für Pflanzen gänzlich unwirtlich. Tatsächlich gibt es weite Areale ohne flächendeckenden Bewuchs, zwei Drittel der Inselfläche erscheinen zunächst als karges Ödland.

Das restliche Drittel umfasst kleine Wälder, Sümpfe und die Weideflächen der Niederungen. In den kargen Hochlandwüsten finden sich arktische Spezialisten – blühende Kräuter, die geschickte Anpassungsstrategien an die harten

Bedingungen entwickelt haben. Die schüttere Vegetation erfordert genaues Hinsehen und ermöglicht zugleich ungewohnte Entdeckungen.
Die in Island vorkommenden Pflanzen sind vorwiegend in Nordeuropa oder der Subarktis verbreitet. Nahezu alle Arten wachsen auch in Norwegen, zwei Drittel immerhin noch in Grönland. Einige wenige haben ihre östliche Verbreitungsgrenze in Island (*Carex lyngbyei* oder *Epilobium latifolium*, das Breitlättrige Weidenröschen mit den roten auffälligen Blüten an Flussläufen im Hochland). Alten Berichten zufolge war die Vegetation zur Zeit der Landnahme üppiger als heute, bis zu 30 % der Inselfläche waren damals mit Birken bestanden.

Umweltbedingungen und geringe Artenvielfalt: Nicht nur das raue Klima und die vulkanische Aktivität, auch Abholzung und Weidewirtschaft seit Beginn der Besiedlung Islands führten zum heutigen Vegetationsbild. Unter Berücksichtigung der eingeführten Arten ("Neophyten") kommt man auf über 600 höhere Pflanzenarten, darunter ca. 470 einheimische Farne und Blütenpflanzen. Dazu sind etwa 550 Moosarten und 580 Flechtenarten bekannt, die unter den isländischen Extrembedingungen leben. Die *isolierte Lage* im Nordatlantik war ein oft unüberwindbares Hindernis für die natürliche Einwanderung von Pflanzenarten. Dennoch konnten mit dem Wind, durch das Wasser oder durch Vögel nach der Eiszeit Pflanzensamen und Sporen nach Island gelangen. Der Mensch führte Futterpflanzen und Getreidesaatgut ein und brachte dabei ungewollt auch diverse Wildkräuter mit, z. B. Brennnessel, Feldspark (*Spergula arvensis*) und Echter Kümmel (*Carum carvi*).

Die abgeschiedene Randlage wird durch ungünstige *klimatische Bedingungen* verschärft: Niedrige Durchschnittstemperaturen, starke Temperaturschwankungen im Hochland, kräftiger Wind und die kurze Vegetationsperiode (selten länger als zwei Monate) nach langen, dunklen Wintern erschweren die Existenz der Pflanzen. Bodenbildung findet im Hochland nur unzureichend statt. Mikroorganismen und Bodenlebewesen zur Zersetzung von abgestorbenen Pflanzenteilen entfalten ihre Aktivität erst bei gemäßigteren Bodentemperaturen. So bleibt die mineralienreiche Vulkanasche weitgehend von Pflanzen ungenutzt. Die *vulkanischen* Aktivitäten tragen ein übriges zur Härte der Lebensbedingungen bei: Lavaströme, Gletscherläufe, vulkanische Ascheregen und giftige Schwefeldämpfe bergen eine gewaltige Zerstörungskraft in sich. Auch die häufige Verlagerungen von Flussläufen verhindert eine geschlossene Vegetationsdecke. Ein Drittel Islands wird als vulkanische Wüste bezeichnet.

Höhenstufen: Die natürliche Vegetation beschränkt sich auch in den begünstigten Niederschlagsgebieten im Süden und Südwesten nur auf eine schüttere Pflanzendecke. Die Grünländer der Niederungen werden als Weideland genutzt. Der Küstensaum trägt dichten Bewuchs, bei salzigem Gischteinfluss insbesondere die *Salzmiere (Honkenia peploides)*. An geschützten Stellen des Landes gedeihen auf alten Laven Birkengehölze und Sträucher, die in windexponierter Lage oftmals mit der *Bärentraube* vorkommen: eine typische Pionierpflanze auf trockenem Untergrund. Die Baumgrenze ist schon bei 300–500 m über dem Meeresspiegel erreicht, an einigen Stellen kommen die charakteristischen Birken jedoch noch über 600 m vor. Die *Vegetationsgrenze* liegt

Wollgrasfeld

im Allgemeinen bei einer Höhe von 700 m, vereinzelt reicht die geschlossene Vegetationsdecke noch einige hundert Meter darüber hinaus. Einige Pflanzen, wie die Kriech- und Krüppelweiden (*Salix*-Arten) sowie die Krähen- und Rauschebeere, sind bis zu 900 m Höhe anzutreffen, beides Sammelfrüchte und noch heute wichtige Vitaminlieferanten.

Es gibt nur wenige höhere Pflanzen im relativ niederschlagsarmen Hochland, vor allem Moose und Flechten wachsen hier oben. Alte Kraterränder werden von dem Grauen Zackenmützenmoos gesäumt: grün bei Regen, grau bei Trockenheit. An windgeschützten Stellen finden sich einige Kräuter und in höher gelegenen Schneetälern sind die frisch abgetauten Bereiche weiß mit dem *Moosglöckchen* gesprenkelt (*Cassiope hypnoides*). Auf dem wasserdurchlässigen Lavageröll des Hochlandes sind die reichlichen Niederschläge kaum pflanzenverfügbar. An ständig feucht durchrieselten Hängen bilden sich dennoch gelbgrün leuchtende Quellfluren aus. Nur an wenigen Flecken und Nischen erobert die Pflanzenwelt größere Refugien. Klassisches Beispiel ist das Areal *Herðubreiðalindir*, die "Quellen am Herðubreið", mit der charakteristischen *Engelwurz* (*Angelica archangelica*). Ebenso wie der genügsame Arktis-Mohn erträgt auch sie extremere Einschränkungen bei Wasser- und Nährstoffversorgung. Die Engelwurz stellte in der frühen Besiedlungszeit eine wichtige Nutzpflanze für die Vitaminversorgung der Menschen dar. Die als Gemüse genutzte, bis zu 2 m hohe Staude ist empfindlich gegen Beweidung, hat sich aber im Hochland, auf Inseln und Vogelfelsen, wo sie durch die Düngewirkung des Guano gefördert wird, gut gehalten.

Flechten, Moose, Gräser: Flechten überziehen in Island die ausgedehnten Lavafelder im Hochland. Sie sind an extreme Lebensbedingungen angepasste

"Organismen", die meist aus in Symbiose lebenden Schlauchpilzen und Grün- oder Blaualgen bestehen. Der gegenseitige Nutzen besteht darin, dass der Pilz sowohl den festen Körper, als auch Wasser und Mineralsalze zur Verfügung stellt, während die Alge mit ihren Pigmenten Fotosynthese betreibt und so dem Pilz die lebenswichtigen Assimilationsprodukte liefern kann. Beide Lebewesen können auf diese Weise gemeinsam an Standorte vordringen, die keines von beiden alleine besiedeln könnte. Besonders verbreitet ist die *Bartflechte.* Auch das *Islandmoos* ist eigentlich eine Flechte (*Cetraria islandica*, isl. *fjällagrös*) – im feuchten Zustand eine sehr vitaminreiche Nahrung.

Aufgrund ihrer speziellen Anpassungsstrategien sind auch die ca. 500 echten *Moosarten* in Island weit verbreitet: Sie können die reichen Niederschläge der Hochlandwüsten in ihren weitlumigen Zellen und den dichten Polstern gut speichern und sind daher in geringerem Maße von der Wasserspeicherkapazität des Bodens abhängig. Moose haben keine weitverzweigten, leistungsfähigen Wurzelsysteme wie die höheren Pflanzen. Auch ihre Ausbreitung geschieht mit Hilfe des Niederschlagswassers.

Leben in brodelnden Töpfen

Eine ganz besondere Situation bietet die nähere Umgebung der heißen Quellen. Hier kommen durch die erhöhte Bodentemperatur selbst in Hochlagen zahlreiche Pflanzen vor, die sonst nur in tieferen Lagen angesiedelt sind. So finden sich z. B. in Landmannalaugar das Sumpfblutauge (*Comarunum palustre*), das Sumpfweidenröschen (*Epilobium palustre*) und sogar ausgedehnte Kleeteppiche (*Trifolium*). Aber selbst in diesen brodelnden Schlammtöpfen und Schwefelquellen leben **Kleinstlebewesen** (Algen und Bakterien), die farbenprächtige, blühende Ökosysteme bilden, so z. B. an extreme Hitze angepasste (thermophile) Bakterien (*Sulfolobus*), deren Herkunft sich bis in die Frühzeiten der Erdgeschichte zurückverfolgen lässt. Ihr Stoffwechsel und ihre Vermehrungsstrategie sind gänzlich auf Solfatare und kochend heiße Quellen angewiesen. Es sind so genannte autotrophe *Archaebakterien*, die aus anorganischem Material (Wasserstoff, Kohlendioxid und Schwefel) organische Biomasse produzieren und meist in einem sauerstofffreien Milieu leben. Sie gelten als die primitivsten Lebewesen überhaupt und spielen bei der Entstehung des Lebens auf der Erde eine entscheidende Rolle. Sie liefern organische Materie, auf die alle weiteren, heterotrophen Organismen zum Leben angewiesen sind.

Für Fortgeschrittene: Islands Vegetationseinheiten

Die Beschaffenheit des Bodens erlaubt unter Berücksichtigung des Wassergehalts, der Nährstoffverhältnisse und vieler weiterer lokaler Umweltfaktoren (Höhe, Klima, Exposition, Hangneigung) eine Einteilung der Vegetationsdecke in verschiedene Vegetationstypen.

Reine Moosheidegesellschaften: Die flechtenbedeckten, moosgepolsterten Lavazüge sind wohl die abweisendsten und beeindruckendsten Erscheinungen des Landschaftsbildes. Dabei sind Rhyolith- und Obsidianlaven äußerst vegetationsarm, während die nährstoffreicheren Basaltlaven mit auffallend dicken Moosteppichen überzogen sind. Die Erstbesiedlung geht im wesentlichen von kleinen Poren in der Lava aus, in denen sich das Niederschlagswasser sammelt und Aschestaub angereichert wird. Hier finden Flechten und Moose eine Lebensgrundlage. Es handelt sich im wesentlichen um verschiedene Arten der Zackenmützenmoose, die die hohe Luftfeuchtigkeit trotz relativer Bodentrockenheit gut nutzen können und bereits bei niedrigen Temperaturen zur Photosynthese fähig sind. Weit verbreitet sind das *Wollige* und das *Graue* Zackenmützenmoos *(Rhacomitrium)*. Manche Lavafelder sind mit bis zu 10 cm dicken Schichten überzogen. In geschützten Klüften mit hoher Luftfeuchtigkeit siedeln dann der Zerbrechliche Blasenfarn (*Cystopteris fragilis*) und der Alpenhelm (*Bartsia alpina*). Dazwischen findet sich vereinzelt auch schon die arktisch tertiäre Krähenbeere (*Empetrum nigrum*), bei älteren Laven auch der arktische Thymian (*Thymus praecox arcticus*) oder vereinzelt die anspruchslose Grasnelke (*Armeria maritima*).

Tundrenvegetation: Gebiete, in denen immer Eiskerne im Boden bleiben, sind in Island nicht typisch. Einige Stellen im Hochland entsprechen jedoch in ihrer Artenzusammensetzung dem mit diesem Begriff verbundenen Vegetationstyp. Tundrenvegetation hat sich z. B. im Bereich Þjorsáver südlich des Hofsjökull oder in Nähe des Lang- oder Vatnajökull ausgebildet. Dort liegen die idyllischen Täler der Þúfur-Erdhöckerlandschaften mit Bultentundra. Typische Arten für trockenere Bereichen sind Gamsheide (*Loiseleuria procumbens*) und die Silberwurz (*Dryas octopetala*), an feuchteren Bereichen die gelb leuchtende Sumpfdotterblume (*Caltha palustris*), das weiß blühende Sumpfherzblatt (*Parnassia palustrus*), das Sumpfveilchen (*Viola palustris*) sowie das Gemeine und das Fleischfressende Fettkraut (*Pingiucula*), das seinen Stickstoffbedarf durch das Fangen und Verdauen von Insekten an der klebrigen Blattrosette deckt. In staunassen, schlecht belüfteten Böden herrscht oft Stickstoffmangel. Diese schütteren Pflanzendecken können bisweilen ein hübsches, vielseitiges Blütenspektrum aufweisen. Am auffälligsten ist wohl der hell wehende Fruchtstand der Silberwurz (*Dryas octopetala*). Vegetationsarme Palagonitrücken sind meist mit Quellmoosadern durchzogen. An exponierten Stellen, wo sich der Schnee lange hält, leuchten der Gelbling (*Sibbaldia procumbens*) und das Zwergruhrkraut (*Gnaphalium supinum*) hervor. All diese Arten sind speziell an die kalten Temperaturen angepasst. So kann der Gletscherhahnenfuß (*Ranunculus glacialis*) bei Wetterverschlechterung einen Teil seiner gespeicherten Stärke schützend in die unterirdischen Wurzeln verlagern. Dieser faszinierende Vorgang ist bei einer Temperaturerhöhung wieder rückgängig zu machen. Andere Pflanzen entwickeln frostresistente Blütenorgane und ledrige oder behaarte Blätter als Verdunstungsschutz gegen den ständigen Wind. Charakteristisch sind außerdem dicke Wurzeln mit Speicherfunktion und eine Anpassung an die Windbestäubung, da Insekten zu selten sind. Einjährige Pflanzen wie das Läusekraut (*Pedicularis*) versorgen sich als Halbparasiten zusätzlich mit Nährstoffen von anderen, besser angepassten Arten.

Melur-Vegetation: Die auf Lavasand- und Kiesflächen verstreut anzutreffende, offene Vegetation heißt auf isländisch *melur*. Sie ist besonders im Hochland mit seinem wasserdurchlässigen Bodentypisch. Mit nur ca. 18–20 höheren Pflanzenarten, die vereinzelt stehen, ist diese Vegetationsbedeckung charakteristisch für weite Landstriche Islands. Hier kann man auch die oft nur handtellergroße Zwergweide (Salix herbacea) entdecken, welche der Naturforscher Linne als den kleinsten Baum der Welt bezeichnete.

Auf **Kiesschotterflächen** blühen neben weißem Alpenhornkraut (*Cerastium alpinum*) und rotem Steinbrech (*Saxifraga oppositifolia*) die gemeine Grasnelke (*Ameria maritima*) und das blaugrüne Rispengras (*Poa glauca*).

In den schwarzen **Sandwüsten** finden sich neben dem künstlich eingebrachten und zur Bodenbefestigung mit Flugzeugen ausgesäten Strandroggen (*Elymus hordeaceus*) nur noch vereinzelte Exemplare des Gemeinen Leimkrautes (*Silene vulgaris*) und der Gemeinen Grasnelke (*Armeria maritima*). Werden diese Gebiete von feuchtigkeitsspendenden Quellen und Bachläufen durchzogen, so fällt der schöne, gelbgrüne Teppich des Quellmooses (*Philonotis fontana*) ins Auge, der diese Bereiche säumt und im tiefschwarzen Sand aufleuchtet. Auch das Arktische Weidenröschen (*Epilobium latifolium*) ist besonders an nass durchrieselten Stellen in hübschen, violett leuchtenden Pulks angesiedelt.

Engelwurz

"Wie hoch die Engelwurz früher im Werte gestanden hat und wie beliebt sie als Speise war, kann man daraus ersehen, dass die Kirche von Sauðlauksdalur am Patreksfjörður eine alte Verschreibung besitzt, worin zu dieser Kirche jährlich soviel von der *Archangelica* des nahen Cap Látrabjarg (wo sie in einer bedeutenden Menge wachsen und so groß werden sollen, dass ein Mann seinen Arm in die Höhlung des abgeschnittenen Stängels stecken kann) gegeben wird, als sechs Männer in einem Tage abschneiden können. Von der Beliebtheit der *Archangelica* auf Island zeugt auch, dass sie schon in den alten Rätseln der Isländer eine Rolle spielte und dass nach ihr nicht wenige Ortsnamen auf der Insel wie: mehrere Hvanneyri, mehrere Hvanndalir, ein Hvannavallagil usw. gebildet sind (auch mehrere Hvannár begegnen uns)"

(Ein Reisender des 19. Jh.)

Zwergstrauchheide: An Berghängen, an denen Birken gerodet wurden und Schafhaltung ein Nachwachsen verhindert, wachsen Zwergstrauchheiden. Sie sind durch kulturelle Nutzung der Landschaft entstanden und weisen sowohl viele Arten der Tundrenvegetation als auch der Pionierwälder auf. Erste verholzte Zwergsträucher und Krüppelbirken treten auf. Man kann von einer Flechten-, über eine Moos- und Grasheide bis hin zu einer Zwergstrauchheide mit Erika und Preiselbeeren (*Vaccinium vitis-idea*) differenzieren. Hier kann man mit etwas Glück die schöne und ursprüngliche Mondraute (*Botrychium lunaria*) entdecken. In feuchteren Bereichen wächst die Krähenbeere, während die Bärentraube trockeneren Untergrund bevorzugt. Sie wird als Heilpflanze gesammelt. Erste Weidenarten leiten zu potentiell bewaldeten Regionen über (Arktische Grauweide, Wollige und Grüne Weide). In tieferen Lagen kommen zahlreiche Kräuter hinzu, von denen der gelbe Bergfrauenmantel (*Alchemilla alpina*) das augenfälligste sein dürfte. Bis in den Herbst hinein sieht man auch die Blüten- und Fruchtstände der Nördlichen Kuckucksblume (*Limnorchis hyperborea*), einer Orchidee, die auf Island weit verbreitet ist.

Moore und Feuchtwiesen: Sümpfe und Moore bedecken etwa ein Zehntel Islands. Ihre Entstehung ist durch das kühl-feuchte Klima und die weitgehend fehlende Bodenzersetzung stark begünstigt, sodass aus Rohhumusauflagen Torfschichten entstehen können. Die Wasserversorgung spielt hier die entscheidende Rolle für die Ausprägung der Bodenverhältnisse und der Artenzusammensetzung. Dabei sind auf Island keinerlei Hochmoorflächen bekannt, sondern es handelt sich um grundwasserangeschlossene Niedermoore und Kleinseggenrieder mit geregelter Nährstoffversorgung. So genannte Floí-Moore entstehen durch Verlandung von Seen, Hallamýri-Moore verdanken ihre Existenz einem hoch anstehenden Grundwasserspiegel. Feuchte Niederungen, meist Grasland, heißen auf isländisch *myrar*.

Moore sind europaweit gefährdet. Schon seit Jahrhunderten wurden sie trockengelegt und Torfplaggen abgestochen, um damit Häuser und Gehöfte gegen die Kälte zu isolieren. Dies ist heutzutage glücklicherweise nicht mehr üblich. Ausgedehnte Sumpfgebiete leuchten weit sichtbar durch silberweiße Wollgrasbüschel. Ein typisches Merkmal des verbreiteten Schmalblättrigen Wollgrases (*Eriophorum angustifolium*) sind die drei bis sieben Wollbüschelchen am Ende jeden Halmes, die Fruchtstände des Grases. Scheuchzers Wollgras (*Eriophorum scheuchzeri*) dagegen trägt nur ein rundes Wollbüschel an eines jeden Halm. Auch dominieren in diesen staunassen Bereichen bei zunehmender Verlandung verschiedene Sauergräser wie z. B. die Seltenblühende Segge (*Carex rariflora*) oder das Grönländische Moor-Reitgras (*Calamagrostis stricta groenlandica*). Das bei uns vom Aussterben bedrohte Sumpfherzblatt (*Parnassia palustris*) ist eine arktische Reliktart, die in Island noch weit verbreitet ist und zu den ständigen Begleitern der Niedermoorvegetation gehört. Die Stiele diverser Riedgräser und die des "im Winde wogenden" Wollgrases (isl. fífa) dienten den frühen Siedlern als Tranlampendocht.

Küstenbewuchs und Strandvegetation: Die Küstenlinie hat durch viele Fjorde eine große Ausdehnung. Noch weit entfernt vom Meer gedeihen salzwasserverträgliche Pflanzenarten, die sich auch ohne Salzeinwirkung gegen die Konkurrenz durchsetzen können. Die eigentlichen *Salzpflanzen* (Halophyten) aber gedeihen auf Standorten, an denen aufgrund des hohen Salzgehaltes keine anderen Arten existieren können. Diese Pflanzen haben spezielle Mechanismen entwickelt, um den Salzgehalt im eigenen Gewebe herabzusetzen. Der Meersenf (*Cakile maritima*) oder die Strandsalzmiere (*Honkenya peploides*) besitzen dickfleischige Blätter (Sukkulenten), in denen sie Wasser zum Herabsetzen des "osmotischen Druckes" speichern. Andere Arten haben Drüsen an ihren Blättern entwickelt, mit deren Hilfe sie aufgenommenes Salz aktiv wieder ausscheiden können.

In Island unterscheidet man zwischen kalkarme Strandvegetation (kaum zerriebene Muschelschalen), Spülsaum- und Dünenvegetation, Wattenvegetation (an der Westküste mit überwiegend felsigem Untergrund) und Felsküstenvegetation. An den spritzwasserbeeinflussten Felsküsten leben salztolerierende (halophile) Moosgesellschaften und stickstoffanzeigende Flechtenarten, die auf den durch Vogelkot gedüngten Felsflächen siedeln.

Wälder: Stürme und Winde zwingen Birke, Eberesche und Weide, die schon der Strauchschicht zugerechnet werden, in eine krüppelhafte Gestalt. Nur in äußerst begünstigten und geschützten Gebieten wie Hallormstaður in Ostisland, Vaglaskógur bei Akureyri, in der Felsschlucht Ásbýrgi (in der Nähe des Dettifoss) und im Nationalpark Skaftafell wachsen einige Bäume, üppig ausgebildeten Wäldern begegnet man auf Island fast gar nicht mehr. Lediglich das Gebiet Þórsmörk ist ausgedehnt mit Moorbirken (*Betula pubescens*) und vereinzelt auftretenden Ebereschen (*Sorbus aucuparia*) bestanden, die von Zweifarbiger Weide (*Salix phylicifolia*) und Wolliger Weide (*Salix lanata*) ergänzt werden. Darunter blühen die Steinbeere (*Rubus saxatilis*), die auch in den Zwergstrauchheiden vorkommt, der Waldstorchschnabel, die Waldengelwurz an feuchten,

Mondraute (Botrychium lunaria)

lichten Stellen und der Scharfe Hahnenfuß, der auch große Wiesenflächen einnehmen kann. Die bewaldete Fläche zählte einst 17 %, heute ist es nur noch 1 %. Mitverantwortlich für das Verschwinden der Wälder auf der restlichen Insel ist allerdings der Mensch. Im Süden, wo man sich mancherorts in alten Zeiten noch den Weg durchs Gestrüpp bahnen musste, sind der Wald und die Buschvegetation längst verschwunden. Lediglich einige Orts- und Flurnamen auf "-skog", "-mörk" und "-holt" (= Wald) erinnern an grünere Zeiten. Seit etwa 100 Jahren bemüht man sich, mittels vieler tausend Jungpflanzen verlorenes Gebiet wieder aufzuforsten.

• *Literatur zu Pflanzen* Hörður Kristinsson. Die Blütenpflanzen und Farne Islands. Reykjavík 1998.

Fossilien und Surtarbrandur

Die relativ warme Klimaphase des Tertiärs erlaubte es zunächst Pflanzen, die ausgesprochen feucht- und warmgemäßigtes Klima bevorzugen, Rebenarten, Fenchelgehölzen, Tulpenbäumen und anderen Laubbäumen, auf der noch fjordlosen Insel zu gedeihen. Dass Island damals reichlich mit Niederschlägen gesegnet war, beweist die Existenz von **Torf**. Vor etwa 7 Mio. Jahren überwogen in einem abgekühlten Klima Nadelbäume (wie Fichte und Kiefer), Weiden, Erlen und Birken. Drei Millionen Jahre später (Moränen sind für diese Zeit nachgewiesen, und damit Gletscher) nahmen deren Stelle allmählich Gräser und Weiden ein, die Birken konnten sich unter kühlen Gegebenheiten behaupten. In Mooren, die zu Braunkohleflözen verdichtet wurden, sind Überreste dieser Millionen Jahre alten Vegetation erhalten geblieben. Die Torfe, die sich später chemisch umwandelten und die durch den Druck der aufliegenden Schichten entwässert wurden, konservierten Blätter, Samen, Pollen und Pflanzenbestandteile. An fossilen Tieren fand man bisher nur die (auch in Amerika bekannte) Hickory-Laus und in einer Sedimentschicht eine einsame Mücke. Die erhaltenen **Braunkohleschichten** (die schwarz und oftmals glänzend sind und in denen Pflanzenreste erstaunlich gut erkennbar sind) nennt man auf Isländisch Surtarbrandur. Taufpate für diese Gesteinsschichten Namen ist also wieder einmal der Feuerriese Surtur. Im so genannten Surturbrandsgil-Tal sind Blätter von Tulpenbäumen (Magnolia), Fenchel, Birken, Ulmen, Mammutbäumen Sequoia, Eichen und den Wärme liebenden Weinreben in fossiler Form zwischen anderen Gesteinschichten gelagert. Etwa 50 fossile Arten sind heute bekannt..
Die Frage nach der Herkunft der Pflanzenarten drängte sich auf. Eine nahe liegende, aber immer wieder in Zweifel gezogene Idee war die einer Landverbindung vom Kontinent nach Island: die Thule-Brücke, eine Landbrücke, die Island mit Grönland oder Europa verbunden haben soll.

Fossil-Fundorte tertiäre Fossilien: Selárdalur, Steingrímsfjörður, Mókollsdalur; eiszeitliche Fossilien: Tjörnes, Bakkabrúnir, Mýrdalur, Búlandshöfði, Stöð, Snæfellsnes, Svínafellsfjall und nahe Reykjavík.

Islandpferde

Die Bedeutung des Pferdes wird bei der Fahrt durch das Land schnell deutlich: Im Sommer gehören große Herden grasender Islandpferde aller Farbvarianten ebenso zur Landschaft wie die zahllosen Schafe. Insgesamt leben rund 80.000 dieser robusten, kleinen Pferde auf der Insel, teilweise halbwild, größtenteils als Reitpferd gezüchtet.

Die freundlichen, charakterfesten Islandpferde stammen direkt von den stabilen und muskulösen Fjordponys ab, mit denen die ersten Siedler die Insel erreichten. Sagabewusste Isländer halten sie sogar für Nachkömmlinge des achtbeinigen Rosses Sleipnir, auf dem der Dichtergott Óðin ritt. Andere Pferde sind nie auf die Insel gekommen; schon im 10. Jh. erließ das Alþingi zum Schutz der Rasse ein Importverbot. Dieses besteht noch heute und geht so

Reitausflug nördlich der Hekla

weit, dass kein Pferd, das einmal die Insel verlassen hat, wieder zurück darf. Die isländischen Reiter haben deshalb bei internationalen, im Ausland ausgetragenen Turnieren schlechte Karten – ihr bestes Pferd steht mit Sicherheit zu Hause im Stall. Abgesehen vom arabischen Vollblut gibt es aufgrund des Importverbots keine andere derart rein gezüchtete Pferderasse wie die am Nordpolarkreis. Durch die fast tausendjährige Isolation bewahrte das Islandpferd einige Besonderheiten, die dem Pferd im übrigen Europa im Laufe der letzten Jahrhunderte abgezüchtet wurden. Eines der bedeutendsten Charakteristika ist die Beherrschung von fünf anstelle von drei Gangarten, die es als Reitpferd so interessant macht. Neben Schritt, Trab und Galopp läuft das Islandpferd auch im Pass und im *Tölt.* Im Pass springt es von einem gleichseitigen Beinpaar auf das andere, was bei hohem Tempo von Vorteil sein kann. Das Beste aber ist der Tölt, eine anmutige und für den Reiter äußerst bequeme Gangart, die in jedem Tempo geritten werden kann. Die Fußfolge ist die gleiche wie beim Schritt, doch statt zu schreiten, läuft das Pferd. Durch den gleichmäßigen Vierertakt wird der Reiter nicht durchgeschüttelt wie beim Trab, sondern sanft und gleichmäßig getragen – wie auf dem Sofa, weshalb die Pferde auch "Sofatölter" genannt werden.

Der Ausbruch der Laki-Spalte 1782–83 gefährdete den Pferdebestand in Island – durch die giftigen Vulkangase verendeten in vielen Gegenden die Weidetiere, von den ursprünglich 30.000–40.000 Pferden blieben nur 8.000 übrig. Von den 3.000 Stuten darunter stammen alle heutigen Islandpferde ab. Vorübergehend waren die Tiere in der Folgezeit kleinwüchsiger als normal, heute haben sie mit einem durchschnittlichen Stockmaß von 136 cm wieder ihr Gardemaß erreicht. Jeep, Trecker und Mähmaschine ersetzten das Pferd, und heute hat es nur noch die Aufgabe, im Herbst den Abtrieb der Schafe von den Hochweiden ins Tal zu begleiten. Aber auch dabei wird es bereits von Flugzeugen unterstützt.

Das Backenpferd

Das Pferd fand Erwähnung in den Eddas und in zahlreichen Sagas, prägte Gedichte und Erzählungen und sogar die isländische Sprache. Zahllose Sprichwörter und Redensarten beziehen sich auf das Pferd: Ein Mensch, der hoch hinauswill, aber doch nichts zustande bringt, ist jemand "der im Passgang reiten wollte". Ein risikofreudiger Isländer "reitet gern über die Furt" – früher wurden Flüsse zu Pferd oder watend überquert und das war mitunter lebensgefährlich. Ein Schulkind, das sitzen geblieben ist, "lahmt sich" aus der Klasse, gute Schüler hingegen sind "Pferde im Schreiben" oder in einem anderen Fach. In Island gibt es auch keine Leseratten, sondern "Lesepferde" und statt einer Backpfeife bezieht man hier ein "Backenpferd".

Die Isländer haben ihren einst unentbehrlichen Helfer als Reitpferd wieder entdeckt; über das ganze Land verstreut liegen mittlerweile 50 Reitvereine mit insgesamt mehr als 10.000 Reitern. Im Gegensatz zu den **Herdenpferden**, die nicht geritten werden, verbringen die **Reitpferde** die Zeit von Dezember bis Juni im Stall. Die Herdentiere werden im Herbst in die Nähe des Hofes getrieben, wo sie bis zum Frühjahr bleiben, wenn es zurück auf die grünen Hochlandweiden geht. In strengen Wintern erhalten sie Heu als Zufutter und – als typisch isländische Feinschmecker – Salzhering, reich an Vitaminen, Eiweiß und Fett. Islandpferde sind spätreif und langlebig. Erst mit sieben Jahren gelten sie als ausgewachsen, sind dafür aber noch mit über 20 Jahren einsatzfähig. Weil sie auch im Ausland die Herzen der Pferdefreunde eroberten, werden Islandpferde seit 1960 exportiert. Jährlich gelangen rund 2.000 nach Mitteleuropa, Skandinavien und Nordamerika. Allein in Deutschland leben mittlerweile über 30.000 Islandpferde.

Turniere **Landsmót** ist ein von 1950 bis 1998 alle vier, seither alle zwei Jahre an einem anderen Ort in Island stattfindendes Großturnier. Vier bis fünf Tage lang werden die besten Reit- und Zuchtpferde vorgestellt sowie Rennen und Wettbewerbe abgehalten. Mittlerweile nehmen rund 1.000 Pferde am Turnier teil, bis zu 15.000 Zuschauer aus dem In- und Ausland reisen an. Das nächste Turnier wird 2004 stattfinden. Bei der traditionellen **Gæðingakeppni** werden Pferde auf einer 300-m-Ovalbahn vorgestellt. Die Internationale Föderation der Islandpferdefreunde (FEIF) mit 16 Mitgliedsstaaten in Europa und Nordamerika organisiert alle zwei Jahre die **Weltmeisterschaft**, die in einem der FEIF-Länder (außer Island) stattfindet.

Wild und Wale

Der Polarfuchs (Alopex lagopus) schweift weiß, grau, rötlich, gelblichbraun oder bläulich gefärbt auf der Insel umher. Zwei Varianten haben hier ihren Lebensraum, der Blaue und der Weiße Polarfuchs, die sich allerdings untereinander vermischen. Vermutlich kam der Polarfuchs einst ähnlich den Eisbären auf Eisschollen herangetrieben. Als Nahrung dienen ihm Beeren, Eier, Schneehühner, verschiedene Vögel oder Kadaver von Seehunden, Robben und Rentieren. Bei den isländischen Bauern ist der Fuchs verständlicherweise äußerst unbeliebt, bedroht er schließlich die Schafherden und Eiderenten. Ausrottungsversuche schlugen bisher fehl; im Verkauf von Fellen sah man bisher den einzigen Nutzen der Füchse, sodass Ende der 70er Jahre damit begonnen wurde, sie mit anderen Fuchsarten in Farmen zu züchten. Die einsame **Melrakkaslétta**, die "Polarfuchsebene" im Nordosten der Insel, ist eines ihrer Hauptreviere – wo sie sich knapp am Polarkreis im Winter in der Tat "Gute Nacht" sagen dürften. **Eisbären** (Ursus maritimus) wurden sofort bei Ankunft in Island getötet. Ihr Auftreten ist nur in Jahren mit strengen Wintern zu befürchten, wenn Treibeisschollen die Küste erreichen. Spuren hinterließ der weiße Bär nicht nur in Pferde- und Schafherden, sondern auch in Namen wie **Bjarnarfjord** – Bärenfjord. Ausgestopft sind Eisbären u. a. im Heimat- und Naturkundemuseum von Húsavík oder in Ólafsfjörður zu besichtigen.

Whale watching im Fjord

Rentiere und Moschusochsen: 1771 wurden vom Menschen 13 Rentiere (Rangifer tarandus) eingeführt, die die harten Winter und die karge Landschaft nicht überdauerten. Weitere Einbürgerungsversuche folgten 1777, 1783 und 1787. Die Ansiedelung des Rentieres glückte schließlich, das Jagdgesetz von 1849 gab sogar die Jagd auf Rentiere frei. Inzwischen hat sich die Zahl der Tiere bei etwa 3000 – vornehmlich im Norden des Vatnajökull – stabilisiert, eine gewisse Anzahl darf jährlich zwischen Anfang August und Mitte September erlegt werden. 1905 ließ man sich darauf ein, eine neue Tierart in Island anzusiedeln: den Moschusochsen (Ovibus moschatus). Der Versuch, ihn anzusiedeln (1905–1930), blieb erfolglos.

Mit dem Schwanz zuerst

Wale sind faszinierende Lebewesen. Pottwale wie Moby Dick können 2.000 m tief tauchen. Fast 10 m hoch ist die Blasfontäne der Blauwale. Allein ihre Zunge wiegt über 6.000 Kilo! Wale schlafen nie und einige Arten werden 90 Jahre alt. Sie unterhalten sich mit Tönen und Gesängen. Island ist für sie vor allem ein reicher Fischgrund. Auf über 15.000 schätzt man allein die Zahl der Finnwale vor Islands Küste. Zwergwale soll es sogar 50.000 geben. Die Paarung findet bei vielen Arten in der Karibik oder vor Afrika statt. Um nicht während der Geburt zu ertrinken, werden die jungen Wale mit dem Schwanz zuerst geboren. Immer wieder stranden Wale, manchmal ganze Herden, z. B. wenn das Leittier erkrankt und die anderen ihm in den Tod folgen.

Seehunde und **Robben** vermehren sich vor Islands Küsten in zwei Arten. Diese (insgesamt betrachtet kleiner werdende) Populationen schätzt man auf knapp 30.000 Exemplare. 15–20 **Walfischarten** tummeln sich in isländischen Gewässern, u. a. Finn-, Sperm-, Zwerg- und Buckelwal.

Walbeobachtung u. a. von Húsavík, Dalvík, Vestmannaeyjar und Keflavík, daneben in kleinerem Maßstab von Djúpivogur und Vopnafjörður.

Vögel und Vogelfelsen

Mit Vögeln übervölkerte Klippen und Vogelkolonien auf verschiedenen Inseln locken Vogelkundler zu weltbekannten Beobachtungsplätzen. Der Látrabjarg in den Westfjorden zählt zu den größten Vogelfelsen der Erde und besonders am Mývatn ist die Zahl der Vögel bemerkenswert. Tausende von Enten brüten in den Buchten des Sees und auf den Inseln. Wer Island besucht, sollte also unbedingt ein Fernglas mitnehmen.

Die Einzigartigkeit der Inselvogelwelt hat im Wesentlichen zwei Gründe: Zum einen liegt das Eiland ungefähr in der Mitte zwischen der Alten und der Neuen Welt und beherbergt deshalb Vogelarten beider Kontinente, allerdings wesentlich mehr "Europäer" als "Amerikaner". Von Letzteren brüten eigentlich nur drei, dafür aber sehr interessante Arten in Island, nämlich *Eistaucher, Kragenente* und *Spatelente.* Zum anderen treffen in Island Vögel der Hocharktis, der Niederarktis, der borealen Zone (d. h. der Waldzone) und des atlantischen Bereichs aufeinander. Die Ornithologen konnten in Island und in den umgebenden Küstenbereichen 296 Arten feststellen, allerdings viele nur als seltene Durchzügler und Irrgäste. Das ist, verglichen mit tropischen, aber auch noch mit mitteleuropäischen Ländern, sehr wenig, doch darf man nicht vergessen, dass man sich hier am Rand der für Tiere günstig zu besiedelnden Welt befindet. Aber in Island ist nicht die Vielfalt an Arten, sondern die ungeheure Menge sowie die Schönheit und Seltenheit vieler Arten das Herausragende.
Noch karger präsentiert sich mit weniger als 90 Arten die Liste der *Brutvögel* Islands, wobei diese allerdings durch Einwanderung neuer Brutvögel immer noch geringfügig anwächst. So wurden 1938 für Island nur 66 Brutvogelarten erwähnt, wobei Arten wie der Haussperling oder der Star noch nicht aufgeführt sind. Diese verhältnismäßige Brutvogelarmut ist dadurch erklärbar, dass während der letzten Eiszeit wohl die meisten, wenn nicht gar alle Vogelarten von Island verschwunden waren und die Neubesiedlung – erstaunlicherweise hauptsächlich von Europa ausgehend – nur sehr langsam voranging. Weitere Gründe sind in den besonderen ökologischen Gegebenheiten (Klima, Vergletscherungen, Vulkanismus, Böden) und nicht zuletzt in der Waldlosigkeit der Insel zu finden. Es verwundert deshalb nicht, dass rund drei Viertel der isländischen Brutvogelarten an der Küste und an Gewässern leben.

Die schier unvorstellbar großen Vogelmassen haben für Island schon immer eine wirtschaftlich bedeutende Rolle gespielt. Während früher das Fleisch vieler Seevögel oder deren Eier eine willkommene Bereicherungen des eher kärglichen Speiseplans der Inselbewohner darstellten, Fette und Öle zum Beispiel als Brennstoffe genutzt wurden oder die Federn eine zusätzliche Einnahmequelle bildeten, erfüllen die Vögel heute eine wichtige Funktion als touristische Attraktion. Glücklicherweise sind die Zeiten der intensiven Vogeljagd – noch 1900 erlegte man zu Speisezwecken 59.830 Eissturmvögel – vorüber, heute beschränkt sich die wirtschaftliche Nutzung im Wesentlichen auf die Gewinnung der Daunen der *Eiderente*. Mit den Daunen, gut isolierendem Kleingefieder, polstert die Ente ihr Nest aus. Diese massige, bis zu 2,8 kg schwere Tauchente, bei der die Männchen zur Balzzeit schwarz-weiß, die Weibchen ähnlich unseren Stockenten unauffällig braun gefärbt sind, hat ein auffällig flaches Kopfprofil und kommt mit einem Bestand von mehreren zehntausend Paaren an den Küsten der Insel vor. Wer weitere Entenarten sehen will, sollte unbedingt das Mývatn, den "Mückensee", im Nordosten der Insel aufsuchen.

Vogelfelsen und Seevogelkolonien

Die riesigen Seevogelkolonien, deren Gesamtbestände oft in die Millionen gehen, ziehen Besucher magisch in ihren Bann. Das vielfältige Stimmengewirr, das ständige Kommen und Gehen und der Geruch nach *Guano* stellen ein Naturerlebnis ganz besonderer Art dar. Dicht gedrängt sitzen die Seevögel im Fels, an dem man verschiedene Stockwerke unterscheiden kann, die jeweils von bestimmten Arten bevorzugt besiedelt werden.

Ganz unten, sozusagen im Erdgeschoss, sowie auf kleinen vorgelagerten Inselchen brütet die *Gryllteiste*, ein zur Brutzeit fast ganz schwarzer, taubengroßer Vogel mit weißem Flügelfeld, der zu den Lummen gehört. Etwas oberhalb mischen sich die Nester der *Krähenscharbe* unter die am tiefsten gelegenen Nester der *Dreizehenmöwe*. Die Krähenscharbe ist nah mit dem Kormoran verwandt, dem sie in Statur und Färbung auch weitgehend ähnelt, doch ist sie etwas kleiner, hat auf dem Kopf eine kleine Federhaube und auch eine abweichende Gesichtszeichnung. Nun beginnt eine breite Zone im Felsen, die gänzlich von den Dreizehenmöwen eingenommen wird. Sie kleben ihre Nester aus Tang, Seegras oder anderem Pflanzenmaterial, vermengt mit Schlamm und Kotmasse, förmlich an den Felsen. Diese mittelgroße Möwe hat schwarze Füße und nur drei Zehen (die vierte, direkt an der Ferse sitzende Zehe ist stark verkümmert). Sonst ist sie weiß mit grauem Mantel, schwarzen Flügelspitzen und gelbgrünem, ungezeichnetem Schnabel. Die Jungvögel haben ein auffälliges schwarzes Zickzackband auf der Flügeloberseite sowie eine ebenso gefärbte Schwanzbinde und ein Nackenband. Auf etwas breiteren Felsenbändern brüten die pinguinähnlichen *Lummen*, die mit sechs Arten vertreten sind. Mit den flugunfähigen, hauptsächlich die kalten Zonen der Südhalbkugel bewohnenden Pinguinen sind die Lummen übrigens nicht näher verwandt – Anpassung an einen annähernd gleichen Lebensraum und entsprechende Lebensweise haben im Laufe der Evolution im äußeren Erscheinungsbild ähnliche Formen entstehen lassen. Neben der Gryllteiste kommen in diesem Bereich des Felsens *Trottel-* und *Dickschnabellummen* sowie *Tordalke* vor. Alle drei Arten legen ein einziges Ei auf den nackten Fels. Wird das Ei einmal verlassen, verhindert seine birnenförmige Gestalt ein Hinabrollen. Zur Bebrütung wird es auf die Schwimmhäute der Beine gelegt und in relativ aufrechter Körperhaltung gewärmt. Die noch nicht flugfähigen Jungen werden im Alter von 3–4 Wochen von den auf dem Meer rufenden Eltern ins Wasser gelockt. Dann folgt der so genannte "Lummensprung", der Sprung der kleinen Lummen in die Tiefe, dem dann eine längere Zeit auf dem Meer folgt. Da die Jungen noch für etwa drei Wochen flugunfähig sind, können sie nicht mehr auf den Brutfelsen zurückkehren. Der Bestand an Trottellummen wird auf 1–2 Millionen Paare geschätzt, das entspricht etwa 40 % der Weltpopulation, während mit ebenfalls etwa 1–2 Millionen Brutpaaren ca. 30 % des Weltbestands der Dickschnabellummen in Island brüten. Ganz oben und bereits nicht mehr im eigentlichen Fels nistet in selbst gegrabenen oder von Kaninchen oder Sturmtauchern übernommenen Höhlungen der farbenfrohe *Papageientaucher*. Sein herausragendes Kennzeichen ist der mächtige, fast dreieckige Schnabel, der in den Farben Gelb, Schwarz und Orange-Rot leuchtet. Sein Bestand in Island beträgt mehrere Millionen Paare. Sein Fleisch galt früher als Delikatesse (1856 wurden 331.000 Exemplare erlegt).

Die sechste Lummenart ist der kleine *Krabbentaucher*, der einen auffällig kurzen

Nistplatz gesucht!

Schnabel besitzt und in Island an den Südrand seiner Verbreitung stößt. Er ist der seltenste und gefährdetste Vertreter der isländischen Lummen und kommt nur noch in sehr wenigen Exemplaren auf Grímsey vor. Einer siebten, früher heimischen Lummenart, dem *Riesenalk*, widerfuhr das, was mit vielen flugunfähigen Vogelarten passierte: Sie wurde ausgerottet.

Der mit den Albatrossen verwandte und mit diesen zu den "Röhrennasen" zählenden *Eissturmvogel* zieht sein für gewöhnlich einziges Junges in einer selten mit Pflanzenmaterial ausgelegten Mulde auf Felssimsen mit Deckung groß. Er hat etwa die Färbung der Möwen (weißer Körper, graue Flügel), doch heben ihn seine Körperproportionen – relativ plumper Körper, großer Kopf und schmale, brettartige Flügel – deutlich von diesen ab. Wenn man ihn eine Weile beobachtet, wird man feststellen, dass er wie seine großen Vettern Probleme beim Landeanflug hat.

Schwarzschnabelsturmtaucher, *Wellenläufer* und *Sturmschwalbe* sind weitere Vertreter der Röhrennasen, doch kommen sie anders als der allgegenwärtige Eissturmvogel als Brutvögel nur auf den Westmänner-Inseln vor. Sie gehören zu den atlantischen Arten Islands und brüten in bis zu 2 m langen, selbst gegrabenen Höhlen oder in natürlichen Lücken und Spalten. Auf flacheren Felsen oder auf den Plateaus kleiner Vogelinseln brütet Islands größter Seevogel, der überwiegend weiße *Basstölpel*, der im Alterskleid nur am Kopf ockerfarben ist und schwarze Handschwingen besitzt. Die Jungvögel erhalten erst nach 4–6 Jahren das Alterskleid und sind anfangs ganz braunschwarz. Auffallend sind auch seine schmalen Flügel und der aerodynamische Körper sowie sein Verhalten: Beim Fischfang stürzen sich die Tölpel aus 40–60 m Höhe mit angewinkelten Flügeln ins Wasser und tauchen bis zu 15 m ein.

Große Faszination geht auch von den Kolonien der *Küstenseeschwalbe* aus, fast reinweißen, möwenähnlichen Vögeln mit Gabelschwanz, schwarzer Kappe und blutrotem Schnabel, die jeden Angreifer und Eindringling in die Brutgebiete aufs heftigste attackieren und auch vor dem Menschen nicht Halt machen. Wer sich also keinen wunden Kopf holen möchte, sollte Küstenseeschwalben-Kolonien nicht durchqueren und Abstand halten. Auch sonst ist die Küstenseeschwalbe sehr bemerkenswert: Sie ist möglicherweise der reiselustigste Vogel überhaupt. Ihre Brutgebiete befinden sich in arktischen Gewässern, ihre Überwinterungsplätze liegen hingegen in der Antarktis. Das sind einige 10.000 km jährlich.

Auch die in Island brütenden Möwenarten kommen hauptsächlich in Kolonien vor: Neben der bereits erwähnten *Dreizehenmöwe* sind dies von den Großmöwen *Mantelmöwe* mit schwarzem Rücken und Flügeloberseiten (= Mantel), *Heringsmöwe* mit schiefergrauem Mantel, *Silbermöwe* mit grauem Mantel und schwarzen Flügelspitzen sowie *Eismöwe* als arktisches Relikt im Norden der Insel. Bei ihr ist der Mantel hellgrau, die Flügelspitzen sind ungezeichnet. Junge Großmöwen, die allesamt braun gescheckt und schwer zu identifizieren sind, bevölkern die Häfen und folgen den Schiffen. Von den kleinen Möwen siedeln die *Lachmöwe* mit ihrem zur Brutzeit schokoladenbraunen Kopf und die Sturmmöwe in Island. Letztere besitzt einen grüngelben Schnabel ohne roten Fleck, sieht sonst aber einer kleinen Silbermöwe nicht unähnlich.

Eine interessante Gruppe, die auf den Plateaus der Vogelfelsen, aber auch an flachen Küsten und im Landesinnern brütet,

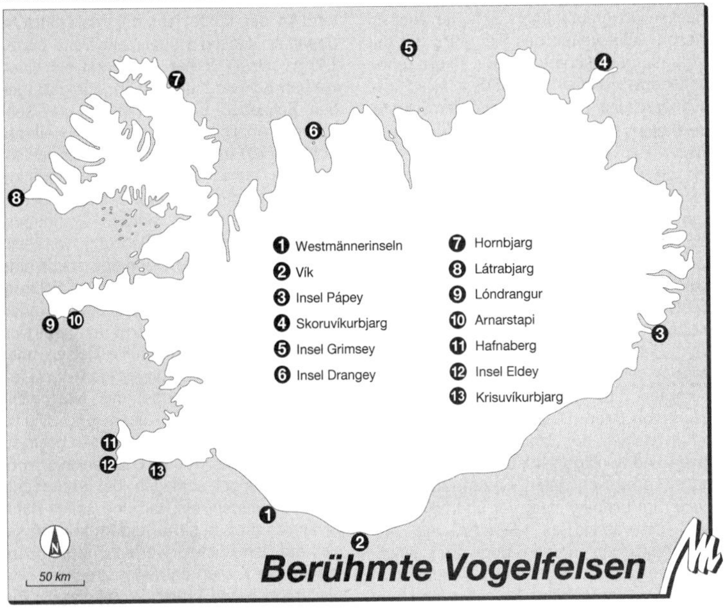

ist die Familie der *Raubmöwen*. Ihren Namen haben sie von ihrer räuberischen Lebensweise: Sie verfolgen andere Meeresvögel, die gerade erfolgreich aus den Jagdgründen zurückkehren, und zwingen diese, ihre Beute fallen zu lassen oder wieder auszuwürgen. Die *Skua* (oder Große Raubmöwe) geht dabei noch einen Schritt weiter: Sie begnügt sich oftmals nicht mehr mit der fallen gelassenen Nahrung, sondern erbeutet gleich den ganzen Vogel. Während die eigentlichen Möwen meist sehr hell gefärbt sind – weiße Körper und graue, bisweilen schwarze Flügel –, fallen die Raubmöwen durch eine dunklere, oft braune Färbung auf. Die *Schmarotzerraubmöwe* kommt in einer hellen und in einer dunklen Variante vor. Bei der hellen Art sind weite Bereiche des Bauchs, des Halses und des Hinterkopfs verwaschen weiß, der übrige Körper braungrau, die dunkle Art ist gänzlich braun. Die unterschiedliche Gestaltung der verlängerten mittleren Schwanzfedern ist ein wichtiges Kriterium bei der Bestimmung der Art. Allerdings fehlen diese den Jungvögeln und Altvögeln (oder sind bei diesen zumindest verkürzt). Die Tatsache, dass die meisten dieser Kleider braun sind, lässt sie zu einem der schwierigsten Bestimmungsprobleme für Ornithologen werden. Weitere in Island zu beobachtende Raubmöwen sind *Falkenraubmöwe* (keine dunkle Variante) und *Spatelraubmöwe* (helle und selten dunkle Variante), wobei beide nur als mehr oder weniger seltene Durchzügler zu erwarten sind.

Vögel im Landesinneren

An kleinen Seen in ödem Gelände, oft in der Nähe eines Flusses, zieht die *Kurzschnabelgans* ihre Jungen groß. Sie ist kleiner als unsere *Graugans* und hat ein düster-braunes Gefieder. Ihr kurzer Schnabel trägt eine rosa Binde, und ihre Beine sind ebenso gefärbt, was ihr die englische Bezeichnung "pink-footed goose" einbrachte. Ihren Verbreitungsschwerpunkt in Island hat sie mit etwa 10.000 Paaren in der "Þjorsárver-Oase" am Rande des Hofsjökull. Dieses Brutgebiet gilt als das größte der Welt. Überhaupt nicht ans Wasser gebunden ist das *Alpenschneehuhn*, das extrem gut an seine Umwelt angepasst ist: Im Sommer ist es braungrau gemustert, allein die weißen Flügel und ein roter Überaugenwulst heben sich ab. Im Winter hingegen ist es reinweiß mit schwarzen Schwanzaußenkanten. In Herbst und Frühjahr lassen weiße

Flecken im graubraunen Gefieder auch in diesen Jahreszeiten das Tier völlig mit der Umgebung verschmelzen. Bis an die Zehen befiederte Füße verhindern – wie Schneeschuhe – ein Einsinken in den Schnee.

Limikolen: Limikolen sind eine Gruppe von Wattvögeln, die, wie der Fachname andeutet, die Grenze (lat. limes) zwischen Land zu Wasser bewohnen (lat. colere). Nicht von ungefähr leben demzufolge von den elf Limikolenarten, die in Island ansässig sind, fast alle an der Küste oder an Gewässern im weiteren Sinne. *Alpenstrandläufer*, *Goldregenpfeifer* und *Regenbrachvogel* wohnen in der Tundra, in Mooren und Heiden, *Rotschenkel*, *Uferschnepfe* und *Bekassine* an feuchteren Stellen, also in Sümpfen und Feuchtwiesen sowie an Ufern von Seen. Der *Meerstrandläufer* nistet an felsigen, der *Sandregenpfeifer* an kiesigen und sandigen Küsten. Der *Austernfischer* kommt an vielen Küsten, aber auch weiter im Landesinnern vor und fällt durch sein schwarzweißes Gefieder mit den fleischfarbenen Beinen und dem leuchtend-orangeroten Schnabel auf, außerdem durch sein umtriebiges Verhalten und sein ständiges Trillern.

Eine besonders bemerkenswerte Gruppe innerhalb der Limikolen stellen die *Wassertreter* dar, bei denen die sonst eher schlichter und weniger bunt gezeichneten Weibchen kontrastreicher als die Männchen gefärbt sind. Das Männchen übernimmt nach dem Ende der Beteiligung des Weibchens am Brutgeschäft das Bebrüten der Eier und das anschließende Führen der Jungen. Außerdem fällt die markante Art und Weise der Nahrungsaufnahme auf: Durch kreisende Bewegungen des Körpers und Treten mit den Füßen (daher der Name) werden Organismen, die am Boden des Gewässers leben, losgetreten und an die Oberfläche gestrudelt, wo sie schließlich aufgepickt werden. In Island bevölkern das *Thorshühnchen* (oder Rostroter Wassertreter) und das *Odinshühnchen* (Halsbandwassertreter) kleine Seen und Teiche mit Verlandungszonen.

Greifvögel: Schroffe Felsen im Landesinnern sind das Domizil des *Gerfalken* (auch Islandfalke) vor, der meist eine helle, oft sogar eine weißliche Grundfärbung aufweist. Nachdem er früher in großem Ausmaß von Falknern als Jagdvogel für Königshäuser begehrt wurde, ist die Art nun streng geschützt und selbst das Fotografieren verboten. An der Küste jagt der majestätische *Seeadler*, dessen Flügelspannweite bis zu 2,45 m misst. Er hat im Alterskleid einen weißen Schwanz und einen klobigen, gelben Schnabel. Einen seltenen und sehr schönen Anblick stellt die sehr hell gefärbte *Schnee-Eule* dar. Die Männchen sind fast reinweiß und besitzen nur wenige schwarze und graue Punkte, die Weibchen haben auf ebenfalls weißem Grund eine dichtere grauschwarze Fleckung, vor allem auf dem Rücken und Oberkopf, sowie eine Bänderung auf dem Bauch. Die Schnee-Eule ist trotz ihrer hellen Zeichnung auch im Sommer sehr gut getarnt und hebt sich oft nur schwer gegen helle Felsen oder Schneereste ab. Ihre Jungen zieht sie in felsiger Tundra auf, wobei das Nest nicht mehr als eine spärlich ausgelegte Mulde auf dem Boden ist. Die Jungeulen besitzen ein dichtes blaugraues Daunenkleid, größere Jungvögel schlagen bei Bedrohung mit ihren Flügeln ein Rad und sehen dann gefährlich groß aus. Außerdem können sie sich auf den Rücken werfen und dem Angreifer ihre Krallen entgegenstrecken. Eine weitere in Island brütende Eulenart ist die überwiegend braun gefärbte *Sumpfohreule*, die mit der auch in Mitteleuropa vorkommenden Waldohreule nah verwandt ist und dieser auch recht ähnlich sieht. Allerdings hat die Sumpfohreule kürzere Federohren und ein geringfügig anders gezeichnetes Gefieder. Man sieht sie oft in niedrigem Gaukelflug über Heide und Tundra fliegen.

Singvögel: Ein Charaktervogel der mit Birken, Weiden und Buschwerk bestandenen Biotope ist der *Birkenzeisig* und die Rotdrossel. Ein weiterer erwähnenswerter, im Ödland zwischen Felsen und Geröll sowie in ähnlichen Biotopen von der Küste bis ins Gebirge verbreiteter Singvogel ist die *Schneeammer*, deren Flügel im Flug weiß leuchten. Die Männchen sind im Prachtkleid kontrastreich schwarzweiß gefärbt, die Weibchen braunbeige mit ebenfalls viel Weiß.

• *Literatur* Jóhann Óli Hilmarsson: Isländischer Vogelführer. Reykjavík 2000.

Þórsteinn Einarsson, Guide to the birds of Iceland. Reykjavík 1991.

Hjálmar R. Bárðarson, Vögel Islands, Reykjavík 1986.

Helgi Guðmundsson und Jón Baldur Hlíðberg, Naturführer Islands Vögel. Reykjavík 1997.

Fuglakort Íslands von Mál og Menning, Poster mit Vogelarten im Landkartenformat.

Fischerkleidung aus Schafhaut war jahrhundertelang das Nonplusultra

Geschichte und Politik

Ultima Thule und seine frommen ersten Bewohner

Den frühesten Hinweis auf eine weit im Norden gelegene Insel Thule oder Ultima Thule gab der griechische Seefahrer und Geograf Pytheas von Massalia, dem heutigen Marseille, nachdem er von seiner um 325 v. Chr. unternommenen Forschungsreise nach Britannien zurückgekehrt war.

"Ultima Thule" hatte bei den damaligen Kosmographen eher metaphorische denn topographische Bedeutung und galt als das nördliche Ende der Welt, furchterregend und unüberwindbar. Mit seinen Feuer speienden Vulkanen, Massen an Eis und Schnee und langen Monaten der Finsternis entsprach Island diesen Vorstellungen nur zu gut. Untersuchungen ergaben jedoch, dass es Pytheas wohl eher an die Küsten Mittelnorwegens als nach Island verschlagen hat und er sich irrtümlich auf einer Insel glaubte. Für diese Annahme sprechen sowohl seine mit isländischen Gegebenheiten z. T. so gar nicht in Einklang zu bringenden Landschaftsbeschreibungen als auch die Tatsache, dass er Thule bewohnt vorfand. Da der Originalbericht Pytheas' verloren gegangen ist, wird eine abschließende Beurteilung erschwert. Die Bezeichnung Thule wurde aber später tatsächlich auf Island übertragen und bis ins Mittelalter hinein als Name für die Insel benutzt.

Auch drei jüngst bei Ausgrabungen in Südostisland zu Tage beförderte römische Kupfermünzen aus der Zeit kurz vor 300 n. Chr. lassen keine sicheren Schlüsse auf frühen menschlichen Besuch auf der Insel zu. Da bei den Münzen

Gegenstände normannischer Herkunft gefunden wurden, handelt es sich bei den Kupfertalern wahrscheinlich um Beutestücke, die im Gepäck der Wikinger im 9. oder 10. Jh. ihren Weg nach Island fanden. Fragen werfen auch die im 9. Jh. niedergeschriebenen Berichte über die Reisen des heiligen Brendan auf. Diesen zufolge verschlug es ihn und andere Geistliche um 520 n. Chr. auf der Suche nach einem verschollenen Mitbruder auf eine kahle Vulkaninsel mit Geysiren im Nordatlantik. Hiermit kann nur Island gemeint sein, doch ist die Authentizität der Berichte fraglich. Damit bleibt vieles über mögliche frühe menschliche Aktivitäten in Island im Dunkeln.

Gesichert ist, dass die Insel seit der zweiten Hälfte des 8. Jh. gezielt aufgesucht und zumindest vorübergehend bewohnt wurde. Der irische Mönch Dicuilus erzählte 825 in seinem Buch "Liber de mensura orbis terrae" von irischen Priestern, die sich im Jahr 795 von Februar bis August auf einer Insel namens Thule aufgehalten hätten. Ihren Berichten zufolge war es dort zur Mittsommerzeit auch nachts so hell, dass man noch um Mitternacht Läuse aus seinen Gewändern klauben konnte. Tatsächlich machten sich irische Mönche im Mittelalter in lederbespannten Booten aus Weidengeflecht, den "curraghs", über den Atlantik in Richtung Westen auf, um Orte der Abgeschiedenheit zu finden, an denen sie ungestört Gott dienen könnten. Zuerst ließen sie sich auf den Färöern nieder, bevor die Fahrt nach Island bzw. Thule weiterging, das sie spätestens Ende des 8. Jh. erreichten.

Ob die Iren in Island feste Niederlassungen gründeten, ist ungewiss. Wahrscheinlich kamen sie sporadisch und nur wenige versuchten, sich unter den rauen Bedingungen eine Existenz aufzubauen. Sicher ist jedoch, dass sich Mönche in Island aufhielten, als im 9. Jh. die ersten Wikinger an der Südküste anlegten. Von ihrer Begegnung mit den Norwegern berichtete *Ari Þorgilsson* der Weise (1067/68–1148) im 12. Jh. in seinem Isländerbuch (*Íslendingabók*), das die früheste Geschichte des Landes nachzeichnet. Hiernach verließen die von den nordischen Neuankömmlingen *papar* ("Pfaffen") genannten Iren recht bald nach deren Ankunft das Land. Doch scheint ihr Aufbruch überstürzt und fluchtartig erfolgt zu sein, denn es heißt, sie hätten wertvolle irische Bücher, Glocken und Krummstäbe zurückgelassen. Dies deutet darauf hin, dass sie von den Wikingern vertrieben wurden. Als einzige Spuren erinnern heute Ortsnamen wie Papey oder Papafjörður an die frommen Gäste. Ihr flüchtiger Aufenthalt im Land fand außerdem Erwähnung im Prolog des Landnahmebuches, der Besiedlungsgeschichte Islands aus dem 13. Jh.

Die Wikinger – kühne Seefahrer und Namensgeber

Vom 8. bis 11. Jh. zogen die Wikinger als Seeräuber, als Landnehmer oder Staatsgründer durch die europäischen Gewässer. Dabei kamen sie auch nach Island.

Mit ihren hochseegängigen Schiffen waren die Wikinger ihren Gegnern weit überlegen und starteten zu immer kühneren Überfällen. Während die Kriegszüge der Schweden vorwiegend in den Ostseeraum und nach Russland führten und sich die Dänen dem Kontinent zuwandten, segelten die Norweger zu den Britischen Inseln und weiter gen Westen. Nicht erstaunlich also, dass

Stilisiertes Wikingerboot – heute in Reykjavík zu sehen

Naddoður, der erste Wikinger, der bekanntermaßen nach Island kam, ein Norweger war. Im Jahr 860 verlor er auf dem Weg zu den Färöern im Unwetter die Orientierung und fand sich in den Fjorden Ostislands wieder. Neugierig erkundeten er und seine Leute das Land, bevor sie wieder in See stachen und Naddoður die Insel *Snæland,* Schneeland, taufte. Wenig später steuerte der Schwede Garðar Svárvarsson Island an, offensichtlich in der Absicht, das Land näher zu erkunden. Er umsegelte die Insel und überwinterte am Fjord Skjálfandi im Norden. Die Stelle, an der er und seine Leute einige Häuser errichteten, heißt bis heute *Húsavík,* "Hausbucht". Nach seiner Inselumrundung segelte Garðar fort und gab dem Land selbstbewusst den Namen *Garðarshólmi,* die "Insel von Garðar".

Der erste Wikinger, der 860 mit Sack und Pack lossegelte, um sich in Island niederzulassen, war der Norweger *Flóki Vilgerðarson.* Laut Landnahmebuch nahm er drei Raben mit, die er mit übernatürlichen Kräften versehen hatte und die ihm als Wegweiser dienen sollten. Einen nach dem anderen ließ er los – der erste verschwand wieder in Richtung Norwegen, der zweite kehrte zum Schiff zurück, der dritte aber flog voraus und geleitete Flóki und seine Leute sicher nach Island. Ein fruchtbarer Fjord im Nordwesten wurde als zukünftiges Zuhause gewählt. Dort erwartete die Neuankömmlinge so ein Fisch- und Vogelreichtum, dass sie den Sommer nur damit verbrachten, zu fischen und Eier zu sammeln und darüber die Heuernte für das Vieh vernachlässigten. Die Tiere verhungerten im folgenden, harten Winter und Raben-Flóki war gezwungen, im nächsten Frühjahr nach Norwegen zurückzukehren. Als er vor der Abreise auf einen Berg stieg und von dort aus nur einen Fjord voller Packeis entdeckte, gab er dem Land in seiner Enttäuschung seinen endgültigen Namen – Island.

Die kurze, friedliche Landnahmezeit

Das Jahr 874 gilt offiziell als der Beginn der isländischen Besiedlung. Die Zeit der so genannten Landnahme begann.

Der Norweger Ingólfur Arnarson und sein Eidbruder Hörleifur Hróðmarsson waren in der Heimat wegen Streitigkeiten mit dem Verlust ihres Landbesitzes bestraft worden. Nach einer kurzen Erkundungsfahrt nach Island beschlossen sie, hierhin auszuwandern und verließen mit Familie, Vieh und Hausstand endgültig ihre Heimat. Dem alten Asenglauben verhaftet, vertraute Ingólfur sein Schicksal den Göttern an: In der Nähe von Island warf er die mitgeführten Hochsitzpfeiler seines Hauses in Norwegen, ein Paar mit Götterbildern verzierte Pfosten, ins Meer und gelobte, sich dort anzusiedeln, wo sie nach dem Willen der Götter an Land gespült würden. Vorerst ließ er sich im Südosten nahe des heutigen Nationalparks Skaftafell nieder, während Hörleifur weiter gen Westen segelte. Drei Jahre sollte es dauern, bis Ingólfur endlich seine angeschwemmten Hochsitzsäulen in einer kleinen Bucht an der Südwestküste fand. Aus heißen Quellen stieg weißer Dampf auf und so nannte Ingólfur sein neues Zuhause *Reykjavík*, "Rauchbucht".

Die Periode zwischen 870 und 930 gilt als die Epoche der Besiedlung. In dieser Zeit soll der größte Teil des bewohnbaren Landes zu Siedlungszwecken aufgeteilt worden sein. Ausgrabungen auf den Westmännerinseln ergaben allerdings, dass sich dort bereits im 7. oder 8. Jh. Einwanderer aus Südwestnorwegen niedergelassen hatten. Über sie gibt es keine Informationen, auch im wichtigsten Quellenbericht über die Besiedlung Islands, dem *Landnahmebuch* (siehe Kap. "Literatur"), werden sie nicht erwähnt. Vielleicht passten sie nicht in dieses Verzeichnis von 430 frühen Siedlern – hier fanden, angefangen mit Naddoður, nur die Namen der vornehmsten Neuankömmlinge Aufnahme, jeweils mit Erläuterungen zu Abstammung, Familie und dem ausgewählten Siedlungsplatz.

Darüber, woher die Einwanderer kamen, sagt das Landnahmebuch so gut wie nichts. Vorherrschend ist die Annahme, dass die meisten aus dem westlichen und südwestlichen Norwegen stammten und z. T. längere Zeit in Irland, England oder auf den Färöer-Inseln verbracht hatten. Der Grund für den Exodus aus Norwegen war die Politik des Königs *Harald Schönhaar*, der Ende des 9. Jh. versuchte, das vor allem im Westland in zahlreiche unabhängige Kleinkönigreiche zersplitterte Norwegen unter seiner Herrschaft zu vereinen. Viele mächtige Norweger, Adlige und Großbauern, sahen in der Flucht die einzige Möglichkeit, der Unterdrückung und Entmachtung zu entgehen. Nach Harald Schönhaars Feldzug nach Britannien boten auch die Britischen Inseln keinen sicheren Unterschlupf mehr. In Island aber gab es Land und Freiheit im Überfluss und so segelten die Nordmänner mit keltischen Sklaven und Dienstleuten weiter gen Westen.

Diese Besiedlungsgeschichte passt den Isländern gut – wer ist nicht gerne königlicher Abstammung. Ausgrabungen in verschiedenen Landesteilen deuten aber darauf hin, dass das Land gleichermaßen – wenn nicht hauptsächlich – von Menschen aus dem Norden Norwegens besiedelt wurde. Beispielsweise findet man sowohl bei der Bauart der Gehöfte als auch bei der von den ersten Siedlern angewendeten Bestattungsform, die anhand von 300 bisher entdeckten, quer über das Land verteilten Gräbern aus der Wikingerzeit untersucht werden konnte, starke Parallelen zu Nordnorwegen.

Ingólfur Arnarson

Zu Beginn der Besiedlung hatte jeder das Recht, sich so viel Land zu nehmen, wie er wollte. Die Form der Besitzergreifung bestand darin, dass man sich das ausgewählte Gebiet auf irgendeine Art mit Feuer für den eigenen Gebrauch "heiligte" oder "weihte". Das Landnahmebuch berichtet von einem Siedler, der einen Brandpfeil über einen Fluss schoss und sich so das am anderen Ufer gelegene Land aneignete. Da Maßhalten nicht gerade zu den Tugenden der Wikinger zählte, teilten sich schon bald vier mächtige Familien fast ein Drittel des gesamten Landes. Nach altem Recht aber galt unbewirtschaftetes Land als herrenlos und durfte von neuen Siedlern noch einmal "geheiligt" werden. Weil keine der vier Familien ihren gesamten Besitz bearbeiten konnte, wurde dieser deshalb ohne viel Zank und Streiterei mit den zahlreichen Neuankömmlingen geteilt. Um allzu großen Landaneignungen vorzubeugen, durften Männer bald nur das Land besiedeln, das sie innerhalb eines Tages mit in Sichtweite voneinander in den Boden gesteckten Fackeln eingrenzen konnten. Frauen kam nur das Gebiet zu, um das sie eine junge Kuh von Sonnenaufgang bis Sonnenuntergang herumführen konnten.

Die fruchtbaren Küstenstriche des Landes unter 200 m waren bald aufgeteilt, sodass die Besiedlung auch auf höher gelegene Täler oder Fjordabschnitte überging. Es ist nicht bekannt, wie viele Menschen am Ende der Landnahmezeit in Island wohnten, die Schätzungen schwanken zwischen 30.000 und 60.000. In jedem Fall eine hohe Zahl, denn die Siedler brachten Familie, Freunde, Verwandte, Dienstleute und Sklaven mit. Die Neuankömmlinge führten anfänglich ihre von Norwegen her gewohnten Lebens- und Wirtschaftsaktivitäten weiter, rodeten das damals noch weitgehend bewaldete Land, bauten Gerste an und hielten Vieh. Bald schon wurde klar, dass das raue Klima einige Anpassung erforderte: Wegen der kurzen Vegetationsperiode kam es häufig zu Missernten und abgesehen vom genügsamen Schaf eignete sich aufgrund des kargen Futterangebots kaum ein Tier für die Viehzucht. An die später eingegangenen Wirtschaftszweige Ackerbau und Schweinezucht erinnern heute nur noch Ortsnamen wie *Akranes* ("Ackerlandzunge"), *Svínadalur* ("Schweinetal") usw. Als Entschädigung boten die Gewässer vor allem Lachs und Forellen im Überfluss. Der Lachsfang wurde noch Jahrhunderte später in einem solchen Umfang betrieben, dass das Gesinde darum gebeten haben soll, diesen Fisch nur sechsmal die Woche essen zu müssen, und die Hunde sich verkrochen, wenn sie merkten, dass Lachs auf den Tisch kam. Für etwas Abwechslung auf dem Speiseplan sorgten Vögel und Eier. Die schwierigen Lebensbedingungen stellten an alle Siedler neue Anforderungen und führten allmählich zur Herausbildung eines Volkes mit eigener Identität.

Der Freistaat und seine Verfassung

Da die Siedler zu unterschiedlichen Zeiten und von verschiedenen Orten nach Island kamen und sich nach Belieben auf der Insel verteilten, gab es nur eine regellose Streuung von Einwandererhaufen, aber keine übergeordnete soziale und politische Ordnung.

Mancher der wohlhabenderen Siedler baute nach seiner Ankunft einen Tempel (*hof*). Indem dieser Zulauf von Leuten aus der Nachbarschaft erhielt, bildeten sich Tempelgemeinden heraus, wie sie aus Norwegen bekannt waren. Die Tempelbesitzer oder Häuptlinge, Goden (*goði*), kümmerten sich zunächst nur um die Pflege des Tempels und die Leitung des den Göttern gewidmeten Opferdienstes. Bald übernahmen sie auch weltliche Funktionen, setzten Grundregeln für ihre Gebiete fest, leiteten das Gerichtswesen und sorgten für Frieden in der Gegend. So entstand mit der Zeit eine Reihe kleiner, mehr oder weniger unabhängiger Godentümer (*goðorð*), die jedoch rechtlich keine geografisch geschlossenen Bezirke darstellten: Jeder war frei in der Wahl seines Goden und konnte in einen anderen Bezirk überwechseln, mochte dieser noch so weit entfernt liegen. So blieb die Macht des Goden kontrollierbar und abhängig von seiner Fähigkeit, im Sinne der Gemeinde zu regieren.

Die politischen Funktionen der Goden erforderten Volksversammlungen. Die einzelnen Bezirke beriefen deshalb lokale *Things* ein, auf denen sich die Mitglieder der Godentümer über Gesetze und Regeln einigen konnten. Die unterschiedliche Rechtsprechung in den verschiedenen Gemeinden führte unvermeidlich zu zahllosen Streitigkeiten und so wurden bald die Vorteile einer landeseinheitlichen Gesetzgebung erkannt. Zum "Gesetzholen" schickten die Goden 927 den weisen, aus einer rechtskundigen Familie stammenden *Úlfljótur* nach Norwegen, damit er die dortige Rechtsordnung studiere. Nach drei Jahren kehrte er mit einer ausführlichen, an die Lebensbedingungen in Island angepassten Gesetzessammlung zurück. Daraufhin kam es zum Zusammenschluss aller über das Land verstreuten Thingbezirke zu einem Hauptthing, dem *Alþingi*. Als Ort des neuen Parlamentes waren die Þingfelder (*Þingvellir*) nordöstlich von Reykjavík ausgewählt worden; vom dortigen Gesetzesfelsen (*lögberg*) verkündete Úlfljótur im Juni 930 zum ersten Mal isländisches Recht. Hiermit war zum Ende der Landnahmezeit der unabhängige isländische Freistaat gegründet.

Da die sorgfältig ausgearbeitete Verfassung Machtmissbrauch verhindern sollte, gab es keine zentrale Staatsmacht. Das Parlament setzte sich aus den 36 Goden als stimmberechtigten Mitgliedern zusammen. Im Jahre 965 stieg ihre Zahl auf 39, später auf 48. Die Goden waren an bestimmte Regeln gebunden. Sie verloren ihr Amt, wenn sie dem Alþingi unentschuldigt fernblieben oder auch nur unpünktlich erschienen und mussten nach jeder Abstimmung eine Erklärung über ihr Wahlverhalten abgeben. Vorsitzender des Alþingi und einzige Amtsperson des Staates war – allerdings nur während der beiden Wochen im Jahr, in denen das Parlament tagte – der Gesetzessprecher. Ihm fiel die Aufgabe zu, in seiner dreijährigen Amtszeit die Gesamtheit der Gesetze, also bei jeder Parlamentssitzung ein Drittel, vom *lögberg* aus zu verkünden und in Rechtsfragen zu beraten. Er hatte die mächtigste Position im Alþingi inne: Ließ er Gesetze aus, ohne dass jemand dem Beachtung schenkte, galt das Gesetz als nicht mehr rechtsgültig. Seine Hauptaufgabe erübrigte sich erst 1117 mit der Niederschreibung des Gesetzestextes *Grágás*.

Das Alþingi bestand aus zwei Abteilungen, der richterlichen und der gesetzgebenden. Die Goden hatten in beiden ihren Sitz. Im Rechtsausschuss (*lögrétta*) saßen neben den Häuptlingen auch beratende Beisitzer und, in christlicher Zeit, ein Bischof und später ein zweiter. Die endgültige Mitgliederzahl belief sich auf 147. Die *lögrétta* war zuständig für die Verabschiedung von Gesetzen und ihre Auslegung. Zur Ausübung der juristischen Gewalt wurde in jedem Landesviertel eine lokale Gerichtsbarkeit mit jeweils 36 Richtern eingesetzt. Für die Behandlung der Fälle, die an den regionalen Gerichtshöfen nicht gelöst werden konnten, wurde im Jahr 1004 ein Oberstes Gericht als "Fünftes Recht" eingerichtet.

Auf eine Exekutive wurde bewusst verzichtet. Eine Bedrohung von außen schien nicht gegeben und ein Rechtsstreit im Lande wurde als Privatsache betrachtet. Jeder musste zusehen, wie er zu seinem Recht kam – es lag in der Hand des Klägers, ein auf dem Alþingi gesprochenes Urteil selber zu vollstrecken. Letzteres lautete im harmlosesten Fall auf Geldstrafe, im schlimmsten auf zeitlich begrenzte oder lebenslängliche Verbannung. Dazwischen gab es nichts.

Ausgestoßen...

Die Acht hieß auch "Waldgang" (*skóggangur*), was darauf hindeutet, dass sie den Isländern von Norwegen her bekannt war, wo der Geächtete in den großen Wäldern untertauchte. Bei der Vollstreckung der Acht halfen sämtliche Bürger mit. Wer einem Friedlosen Schutz gewährte, machte sich mitschuldig. Die Verbannten waren folglich dazu verurteilt, sich durch Überfälle und Diebstahl am Leben zu halten, und fristeten, ausgestoßen aus der Gesellschaft, Jahre oder gar den Rest ihres Lebens in abgelegenen Gebieten des Hochlandes, wenn es ihnen nicht möglich war, die Insel zu verlassen.

Häufig kam der Streitfall aber gar nicht vor das Alþingi, weil der Kläger es vorzog, das Urteil selber zu bestimmen. Sonst musste er sich nämlich bis zur nächsten Thingsitzung gedulden und die Unmengen ausgeklügelter, geradezu

Harald Blauzahns Eroberungspläne und das Wappen der Republik

Skandinavische Könige waren von Beginn der Besiedlung Islands an darauf aus, die Insel im Atlantik zu unterwerfen. Einer von ihnen war Harald Blauzahn, im 10. Jh. dänischer Monarch. Über dessen gescheitertes Unternehmen berichtet Snorri Sturluson in seiner im 13. Jh. verfassten *Ólafs saga Tryggvasonar*. Danach war Harald Blauzahn rasend vor Zorn, weil die Isländer Spottverse auf ihn gedichtet hatten, nachdem schiffbrüchige isländische Seefahrer in Dänemark schlecht behandelt worden waren. Der König entschied, Kriegsschiffe nach Island zu entsenden und das Land endgültig unter das Joch zu zwingen. Zuerst schickte er einen Zauberer, der die Landeplätze der Insel erkunden sollte. In Gestalt eines Wals schwamm dieser zur isländischen Küste, doch wo immer er an Land gehen wollte, stießen ihn die Schutzgeister der Insel zurück: Im Osten fauchte ihn ein Drache an, im Norden fiel ein Geier über ihn her, im Westen verwehrte ihm ein Furcht erregender Ochse den Zutritt und im Süden stellte sich ihm ein Riese mit einem Eisenstab in der Hand in den Weg. Diese vier Schutzgeister, die Harald Blauzahn zur Aufgabe seiner Eroberungspläne zwangen, schmücken heute das Wappen der Republik.

grotesk anmutender Formalitäten der Prozessführung in Kauf nehmen, die das Gesetz vorschrieb. All dies entfiel bei einem Fehdezug. Hierbei zeigten sich die Isländer dann nicht selten als die wahren Söhne des hammerschwingenden Gottes Þór und entschieden sich für eine blutige Rache.

Auch nach der Gründung des Alþingi blieben die weitgehend autonomen Godentümer bestehen und in jedem Landesviertel wurde jährlich an drei Stellen ein Frühjahrsthing abgehalten. Nur Fälle, die auf diesen Versammlungen nicht erledigt werden konnten, kamen im Sommer vor das Alþingi. Die Fahrt dorthin unternahmen die Goden nicht allein. Jeder von ihnen hatte Anspruch darauf, von jedem Zehnten derjenigen seiner Thingleute begleitet zu werden, denen die Reise aufgrund ihrer wirtschaftlichen Lage zugemutet werden konnte. Die anderen neun, die zu Hause blieben, mussten einen Teil der Reisekosten des Goden tragen. Jeder wohlhabende freie Mann im Land konnte sich also zum Alþingi melden. Ein Herbstthing in den einzelnen Bezirken diente der Bekanntmachung all dessen, was auf dem Alþingi geschehen und beschlossen worden war.

Hinter dem Freistaat stand die Idee von gleichem Recht und gleichen Chancen für alle. Nachdem gegen 1100 die Sklaverei abgeschafft worden war, hatte Island tatsächlich fast den Status einer klassenlosen Gesellschaft erreicht. Die freigelegten Gräber aus der Wikingerzeit bestätigen dies: Niemand wurde aufwändiger oder prunkvoller als andere bestattet. Die Grundschicht der freien Bauern war aber zweigeteilt in die Gruppe derer, die aufgrund ihres Wohlstandes das Recht und die Pflicht hatten, sich an den Alþingifahrten zu beteiligen, und die Gruppe der Ärmeren, die ausgeschlossen blieben. Zudem gab es die

Knechte und Arbeiter, die wie kleine, selbstständige Bauern geachtet wurden, und als unterste Stufe der Gesellschaft die Höker und Händler, die mit ihrer Ware durchs Land zogen, sowie Herumtreiber und Bettler, denen niemand so recht traute. Insgesamt lässt sich vermuten, dass es sich bei dem isländischen Freistaat um die zur damaligen Zeit letzte Bastion in Europa handelte, in der das Volk noch Einfluss, wenn nicht gar die Macht hatte.

Vom Donnergott zum Christentum

Über den Götterkult vor der Christianisierung ist wenig bekannt. Viele isländische Quellen berichten über die heidnische Götterwelt, doch stammen diese Dokumente größtenteils aus dem 13. Jh., als Island lange schon christianisiert war. Der Spielraum für die Interpretation mündlich überlieferten Wissens über die Religion der Vorväter war also groß.

Die frühen Isländer waren dem Glauben an das gewaltige nordische Göttergeschlecht der Asen verhaftet. Dem mächtigen *Þór*, Gott des Donners, der Winde und der Wolken, und anderen Göttinnen und Göttern wurde in Tempeln gehuldigt. Über die Kultfeiern ist wenig bekannt. Geopfert wurden wohl vornehmlich Pferde, mit deren geheiligtem Blut die Wände der Tempel besprengt wurden. Das Fleisch der vom Goden oder Priester geschlachteten Tiere wurde anschließend gemeinsam verspeist. Insbesondere Þór fand kultische Verehrung. Als Schutzherr der Bauern, der im Gewitter die Fruchtbarkeit schenkte, waren die Isländer bemüht, ihn zu loben und sanft zu stimmen; sein Hammer Mjölnir wurde als Amulett um den Hals getragen. Sogar einige Orte wurden nach Þór benannt, z. B. Þórsmörk und Þórshöfn. Óðin als Gott der höchsten Weisheit und Lenker von Kriegsgeschick wurde von Dichtern in schriftlichen Quellen verehrt. Hohe Ehre erwiesen die Isländer auch den Fruchtbarkeitsgöttern Freyr und Njörd sowie der zauberkundigen Liebesgöttin Freya von der Götterfamilie der Wanen. Insgesamt war der Götterglaube in Island wohl wenig institutionalisiert; jeder einzelne konnte sich seinen individuellen Schutzgott erwählen und ihm im eigenen Tempel huldigen.

Unter den Siedlern, insbesondere den über Irland und die Hebriden eingewanderten, fanden sich auch Christen. Ein Fjord in Nordwestisland trägt schon seit frühester Zeit den Namen des großen Heiligen Irlands, St. Patrick: Patreksfjörður. Viele der Christen, die sich mitunter ihre eigene kleine Kirche bauten, glaubten aber auch nach ihrer Bekehrung weiterhin an die Asengötter und verehrten sowohl Christus als auch Þór. Es konnte schließlich nur von Vorteil sein, sich die Stärken verschiedener Gottheiten zunutze zu machen, die nach Vorstellung vieler Skandinavier verschiedene Einflussbereiche hatten. Das Landnahmebuch berichtet von Helgi dem Mageren, "welcher zwar die Taufe empfangen hatte, und an den Christ zu glauben behauptete, ja sogar einen Hof nach ihm Kristnes benannte, aber doch in Nothfällen, und zumal wenn es sich um die Seefahrt handelte, den Þór anrief, und von ihm sich den Ort seiner Niederlassung anweisen ließ." Nach der Gründung des Freistaates scheinen sich viele Christen wieder dem Asenglauben zugewandt zu haben, offensichtlich jedoch mehr aus einer allgemeinen Hinwendung zur Tradition als aufgrund wirklicher religiöser Überzeugung. Die Machtstruktur der neuen

Föderation bevorzugte den alten Glauben, zumal die politisch mächtige Stellung der Goden Ergebnis ihrer anfänglich ausschließlich religiösen Bedeutung war. Da der Götterglaube keine feste Organisation kannte und eher Sache eines jeden einzelnen war, konnte er sich aber nicht gegen die mit Macht in Nordeuropa einziehende christliche Religion behaupten.

Im Jahr 995 bestieg Wikingerhäuptling *Ólafur Tryggvason* in Norwegen den königlichen Thron. Als guter Christ sorgte er nicht nur erbarmungslos für die Bekehrung seines Volkes, sondern schickte auch Missionare über das Meer. Die Christianisierung Islands bot ihm die Aussicht, endlich der Godenherrschaft auf der Insel ein Ende zu bereiten. Die Missionare schafften es zwar, in Island einige vornehme Häuptlinge zur Taufe zu überreden, wurden aber wegen Mordes oder anderer Verbrechen immer recht schnell wieder des Landes verwiesen. König Ólafur drohte deshalb tobend, jeden in Norwegen angetroffenen heidnischen Isländer zu verstümmeln oder zu töten. Dies konnten zwei junge Isländer verhindern: *Gissur der Weise* und *Hjalti Skeggjason*, bereits getaufte Häuptlinge, beruhigten den König und versprachen, in ihrem Land das Christentum zu predigen. Neben ihrer religiösen Überzeugung und der Furcht vor der Umsetzung der Massakerpläne waren für dieses Versprechen kommerzielle Gründe ausschlaggebend: Für erfolgreichen Handel war Island auf gute Kontakte zu Norwegen angewiesen.

Im Juni 1000 präsentierten Gissur und Hjalti ihre Forderung nach Übernahme des Christentums auf dem Alþingi. Eine große, aufgebrachte und in zwei kompromisslose Lager gespaltene Volksmenge hatte sich in Þingvellir eingefunden. Man kündigte Recht und Frieden förmlich auf und rüstete sich für den blutigen Kampf. Die heidnische Partei beschloss gar, ihren Göttern zwei Menschen aus jedem Landesviertel zu opfern, um sich ihre Hilfe zu sichern. Die Christen wollten daraufhin zwei der besten Männer aus jedem Viertel zu einem heiligen Leben weihen lassen. In dieser für isländische Verhältnisse ungewöhnlich feindseligen Situation, in der die Aufkündigung der Gesetze und damit der Zusammenbruch des Staates drohte, behielten einige Männer einen klaren Kopf und suchten nach einer friedlichen Lösung. Letztendlich wurde dem weisen heidnischen Gesetzessprecher *Þorgeir von Ljósavatn* die Entscheidung über den Streit überlassen. Unter der Last dieser Bürde zog sich Þorgeir bis zum folgenden Tag zum Nachdenken zurück. Dann verkündete er seinen Entschluss, der eine Einmischung des fanatischen norwegischen Königs abwenden sollte. Vom Gesetzesfelsen aus erklärte er in einer eindringlichen Rede, dass die Einheit der Nation durch einen Kompromiss bewahrt werden müsse. Der Heide erklärte das Christentum zur Staatsreligion und hielt alle Isländer an, sich taufen zu lassen. Doch durften sie weiterhin ihren alten Göttern heimlich opfern, außerdem sollte das kirchliche Verbot des Essens von Pferdefleisch nicht gelten. Kinder sollten weiterhin unmittelbar nach ihrer Geburt ausgesetzt werden dürfen, wenn die Eltern nicht wussten, wie sie ihr Kind ernähren sollten. Waren die Heiden über Þorgeirs Schiedsspruch auch nicht glücklich, so erkannten sie ihn doch murrend als Landesgesetz an. Viele ließen sich auf der Stelle in heißen Quellen nahe Þingvellir taufen, nachdem das Wasser des Þingvallavatn hierfür als zu kalt befunden worden war.

Graben für die Nation – hier in Gásir

Tausend Jahre und ein Millionenfonds

30.000 Isländer nahmen an den ersten beiden Julitagen 2000 in Þingvellir am aufwändig inszenierten Nationalfest teil. Mit Musik und Theater, Vorträgen und Gottesdiensten feierten sie das tausendjährige Jubiläum des Christentums. Das ganze Jahr hindurch fanden auf der Insel Konzerte, Ausstellungen und Veranstaltungen zum Thema statt.

Wenn man auf der Reise durchs Land in den nächsten Jahren immer wieder auf archäologische Ausgrabungsstätten trifft, hat das ebenfalls mit den tausend Jahren Christentum zu tun: Anfang 2001 richtete die isländische Regierung aus Anlass des Jubiläums einen Fonds in Millionenhöhe ein, mit dem fünf Jahre lang die Erforschung und Vermittlung des kulturellen und religiösen Erbes Islands gefördert und ein Ideenaustausch zur Zukunft der Nation, zu ihren Werten, Visionen und Plänen angeregt werden sollen. Zu den wichtigsten Ausgrabungsorten gehören die Bischofssitze Skálholt und Hólar, der ehemalige Handelsort Gásir und Þingvellir.

Die Epoche des Friedens

Während der ersten Jahrzehnte war die Kirche schwach. Es fehlte an Priestern und Gotteshäusern sowie an einem angepassten Kirchenrecht. Da die Annahme des christlichen Glaubens ein politischer Akt gewesen war, blieben Staatsform und Rechtsgrundlage die alten.

So änderte sich auch nicht viel, als die Goden begannen, die Tempel auf ihren Höfen abzureißen und Kirchen zu errichten, und Missionsbischöfe aus dem Ausland kamen, um Priesterschulen einzurichten. Das politische Geschick lag weiterhin ausgeglichen in den Händen der Häuptlinge, die nun eben von

Asenpriestern zu christlichen Priestern geworden waren. Die isländische Kirche wurde keine selbstständige Macht im Staate, sondern eine weltlich dominierte Volkskirche, die den Landesgesetzen unterstand. Der Papst in Rom war weit weg; einige christliche Regeln, vor allem das Zölibat, fanden noch keinerlei Beachtung – einem Geistlichen werden dreißig, einem anderen gar fünfzig Kinder nachgesagt. Die Priester blieben Bauern und Fischer und lebten ohne Sonderrechte unter den gleichen Bedingungen wie die übrige Bevölkerung.

Wie Ólafur Tryggvason, der im Jahre 1000 in einer Schlacht fiel, waren auch die nachfolgenden norwegischen Könige darauf aus, den isländischen Freistaat zu zerschlagen und seine Bevölkerung unter norwegische Herrschaft zu bringen. König Ólafur Haraldson setzte bereits 1016 das Verbot des heimlichen Opferns und der anderen auf dem Alþingibeschluss vereinbarten Ausnahmen durch. Dass die Isländer dies akzeptierten, zeigt, dass sie mit dem Wechsel zum Christentum zufrieden waren. In ihren Vorstellungen hatte der christliche Gott gegen Þór gesiegt und es galt, sich mit dem mächtigen neuen Gott gut zu stellen. Norwegische Versuche, die Isländer vom Nutzen eines Beitritts zum Königreich zu überzeugen, fruchteten jedoch nicht. 1022 kam es daraufhin zu einem Pakt zwischen Norwegen und Island, der die gegenseitigen Rechte und Pflichten der beiden Länder ordnete.

Anschließend herrschte in Island innen- und außenpolitisch erst einmal Ruhe, weshalb die Zeit bis 1120 als Epoche des Friedens bezeichnet wird. Die christliche Religion, von vielen angesehenen Goden unterstützt, schlug dauerhaft Wurzeln. 1056 übernahm mit dem in Herford zum Priester ausgebildeten *Ísleifur* der erste isländische Bischof sein Amt. Weil es noch keinen Bischofssitz gab, ließ er sich auf dem Hof seiner Familie in Skálholt nieder, wo er ein theologisches Seminar gründete. In seinen schonungslosen Versuchen, auch den letzten seiner Landsleute zu bekehren, musste Ísleifur Kritik von denen einstecken, die an traditionellen Bräuchen festhielten. Nach Ísleifurs Tod im Jahre 1080 übernahm sein Sohn *Gissur* die Nachfolge. Dieser muss außerordentlich beliebt gewesen sein, denn 1097 gelang ihm mit Unterstützung einiger Goden die Einführung des Kirchenzehnten. Damit waren die Isländer, lange vor ihren Nachbarn in den anderen nordischen Ländern, zum ersten Mal zur Zahlung einer Steuer verpflichtet.

Mit der Zeit entstanden im ganzen Land zahlreiche Kirchen und Kapellen aus Torf und Grassoden, bis jedes Tälchen ein Gotteshaus besaß. Als Gegenstück zum Bistum in Skálholt wurde 1106 in Hólar im Norden Islands ein zweites Episkopat eingerichtet. Das Bischofsamt übernahm dort Jón Ögmundsson, der in Hólar eine Kathedrale errichtete und ein weiteres Priesterseminar gründete. Als ein Mann der Reformen benannte er die Wochentage um, damit sie nicht mehr an die heidnischen Götter erinnerten. Auf seine Bemühungen hin kam es im 12. Jh. zur Einrichtung zahlreicher Klöster. Sie sollten großen Anteil am Aufblühen der isländischen Kultur haben (siehe Kap. "Literatur").

Langsam begann die von Gissur eingeführte Abgabenpflicht die Machtstrukturen im Land zu verändern. Die Steuereinnahmen gingen zu je einem Viertel an den Bischof, die Kirche, die Priester und die armen Leute. Besitzer der Kirchen waren die Goden, die häufig auch das Priesteramt innehatten. Weil sie zudem den für die Armen bestimmten Anteil kontrollierten, fiel ihnen der größte Teil der Abgaben zu. Das leicht verdiente Geld legten sie in Landbesitz an, den sie an Bauern verpachteten. Die Thingleute gerieten damit als Pächter oder Arbeiter in eine bis dahin unbekannte Abhängigkeit von den Goden. Die Zeit, in der Häuptling und Anhänger aufeinander angewiesen waren und sich im alltäglichen Leben durch nichts unterschieden, ging zu Ende. Im 12. und frühen 13. Jh. wurde die Konzentration der Macht offensichtlich. Die Godentümer waren von jeher nicht nur vererbbar, sie konnten auch verliehen oder verkauft werden. Mit dem aus Kirchenzehnt und Pachteinnahmen angehäuften Reichtum brachten einzelne Goden mehr und mehr Godentümer in ihre Gewalt. Auf dem Alþingi kämpften die mächtigen Persönlichkeiten mit allen Mitteln um die Durchsetzung eigener Interessen, ohne sich um das Wohl der Föderation und die Aufrechterhaltung der einst gleichmäßigen Machtverteilung unter den Goden zu scheren. So beherrschten im 13. Jh. einige wenige, heftig rivalisierende Familien das gesamte Land.

Die blutige Sturlungenzeit

Während in Island eine Zeit der Bürgerkriege und blutigen Fehden anbrach, stabilisierte sich in Norwegen die Monarchie. Im Jahrhundert zuvor war Islands skandinavischer Nachbar hauptsächlich mit innenpolitischen Angelegenheiten beschäftigt gewesen. Jetzt aber konnte der norwegische König seine Aufmerksamkeit wieder auf die Ausdehnung seines Herrschaftsbereiches in Richtung Westen lenken.

Unterstützung fand er bei der Kirche, die sich endlich die unabhängigen isländischen Geistlichen unterordnen wollte. Der Weg war schon geebnet, da Bischof Guðmundur von Hólar alle Auseinandersetzungen zwischen weltlichen und geistigen Autoritäten in Island dem Urteil des Erzbischofs von Niðaros in Norwegen unterstellt hatte – von kirchlicher Seite wurde bereits der Rat von außen gesucht. Als 1237 beide Bischofssitze in Island vakant waren, besetzte der Erzbischof sie unter Nichtbeachtung der isländischen Tradition, nach der das Alþingi für die Nominierung zuständig war, kurzerhand mit zwei Norwegern. Sie forderten die Trennung der kirchlichen von den weltlichen Machthabern – in einem Land, in dem es sich bei diesen meist um ein und dieselbe Person handelte.

Der norwegische König *Håkon Håkonarson* machte sich die durch Fehden und Zersplitterung gekennzeichnete politische Situation in Island zunutze. Von alters her war es Brauch, dass vornehme junge Isländer nach Norwegen gingen, um sich für eine gewisse Zeit in die Gefolgschaft des Königs aufnehmen zu lassen. Nach ihrem Ausscheiden blieb lediglich ein Vertrauensverhältnis, aber keine Verpflichtung. Håkon führte eine neue Regelung ein, indem er von diesen Isländern einen Treueid auf Lebenszeit schwören ließ. So abgesichert, unterstützte er einzelne isländische Mächtige und verpflichtete sie im Gegenzug, ihr Land mit allen Kräften der Macht des Monarchen zu unterstellen. Der erste dieser Gefolgsmänner war *Snorri Sturluson* aus dem Clan der *Sturlunger*, der mächtigsten Familie im Land, die der Epoche ihren Namen gab. Da er seiner Aufgabe, Island unter norwegische Herrschaft zu bringen, offensichtlich wenig Beachtung schenkte, wurde er 1241 im Auftrag des Königs von einem anderen isländischen Gefolgsmann ermordet (siehe Kap. "Der Westen", S. 514). Schon zuvor war der Großteil der mächtigen Sturlungerfamilie 1238 in der Schlacht von Örlygsstaðir umgebracht worden, in der verfeindete Goden mit großen Scharen ihrer Thingleute aufeinandert rafen.

König Håkon spielte die führenden Goden noch zwei Jahrzehnte gegeneinander aus. Nach zahlreichen Gefechten waren fast alle führenden Isländer, die er als Gefolgsmänner ausersehen hatte, um sein Bestreben nach Vorherrschaft durchzusetzen, tot. Gissur Þorvaldsson, als einziger unter ihnen noch am Leben, erhielt 1258 von Norwegen den Titel eines Herzogs und übernahm als Untertan des Königs die Macht im Land. Als er nichts tat, um die Vorherrschaft der Krone zu sichern, zwangen norwegische Abgeordnete Gissur mit Unterstützung der Bischöfe dazu, die politische Vormacht und Steuerhoheit in norwegische Hände zu geben. Die Isländer hatten keine Wahl mehr, zumal sie, mittlerweile wegen des Holzmangels ohne eine eigene Flotte, im Import wie im Export stark von Norwegen abhängig waren. 1262 überredete Gissur vor dem Alþingi die führenden Goden, dem König den Treueid zu schwören. Bis 1264 hatten sich alle Goden der norwegischen Krone unterworfen. Damit war der Freistaat zerbrochen. Die Ursache lag im Fehlen einer Exekutivgewalt: Zuerst war es nicht möglich, die Machtkonzentration bei einzelnen Goden zu verhindern, und als anschließend während der Fehden keine der führenden Persönlichkeiten stark genug war, die für die Rückkehr zum Frieden erforderliche Macht zu etablieren, wurde sie außerhalb gesucht. Geregelt wurde das Verhältnis zwischen den beiden Ländern 1264 im Alten Pakt (*gamli sáttmáli*). Herzog Gissur wurde als isländischer Gouverneur, dem König treu ergeben, eingesetzt. Die Isländer verpflichteten sich, den norwegischen Monarchen als ihren Herrscher anzuerkennen und ihm jährlich Steuern zu zahlen. Als Gegenleistung wurde ihnen versprochen, mit ihren isländischen Gesetzen im Lande in Frieden gelassen und jeden Sommer mit mehreren Schiffsladungen lebenswichtiger Waren beliefert zu werden. Für die Isländer wichtiger Bestandteil des Vertrages war das Recht, die Verbindung aufzulösen, sollten die Landesrechte von norwegischer Seite verletzt werden.

Snorri Sturluson, Gode und Poet

Dunkle Jahrhunderte brechen an...

Mit dem Beginn der Fremdherrschaft markiert das Jahr 1262 einen Wendepunkt in der isländischen Geschichte. In vielerlei Hinsicht sollte sich nun für mehrere Jahrhunderte alles zum Schlechten umkehren.

Trotz des Alten Paktes griff Norwegen in die inneren Angelegenheiten des Landes ein. Als erstes wurden die isländischen Gesetze unter König Magnús Håkonarson einer gründlichen Revision unterzogen und 1271 und 1281 die ersten Gesetzbücher des Landes herausgebracht. Sie enthielten im Wesentlichen norwegisches Recht. So wurde beispielsweise die seit frühester Zeit ausgeübte Blutrache verboten, vor allem jedoch wurde die gesetzgeberische Macht des Alþingi beschränkt. Der König löste die ihm unliebsamen Godentümer auf und ersetzte sie durch territorial geschlossene Verwaltungsbezirke. An die Spitze des ganzen Landes setzte er einen Gouverneur, manchmal auch mehrere, bei denen es sich zuweilen um Norweger handelte. Ab 1354 verpachtete der damalige König Magnús Eiríksson Island gar mitsamt der dazugehörenden Einkünfte an seine Gouverneure. Auch Macht und Einfluss der Kirche steigerten sich beträchtlich, als diese gegen Ende des 13. Jh. den weltlichen Großbauern jede Kontrolle über den geistlichen Bereich absprach. Der Bischof von Skálholt, Árni Þorláksson, auf dessen Drängen bereits 1275 ein neues, den weltlichen Gesetzen übergeordnetes kanonisches Recht eingeführt worden war, setzte 1297 durch, dass alle Güter, auf denen Gotteshäuser errichtet waren, in den Besitz der Kirche übergehen sollten. Dies ermöglichte es den Bischöfen, große Reichtümer in Form von Landbesitz und Kirchen anzuhäufen; zusätzlich floss die Kirchensteuer nun direkt in ihre Hände. Aus den Grundbesitzern und Erbauern der Gotteshäuser wurden Pächter der Kirche, die Priester unterstanden fortan den Bistümern. Das Vermögen der Kirche wuchs beständig an – im 16. Jh. gehörte ihr fast die Hälfte des isländischen Grundbesitzes. Verschlimmert wurde die Lage dadurch, dass der Papst die Bischofssitze mit Ausländern besetzte, die weniger an ihren geistlichen Pflichten als am Gewinn interessiert waren.

Im Jahr 1387 geriet Island mit Norwegen unter dänische Herrschaft, womit die Eingriffe in isländische Angelegenheiten noch zunahmen. Zudem hatte das Land unter Naturkatastrophen zu leiden. Durch Vulkanausbrüche, wie den der Hekla 1341, wurden ganze Landschaften zerstört, sodass viele Bauern ihren gesamten Besitz verloren und ihre Höfe verlassen mussten. Klimaveränderungen brachten extrem strenge Winter, immer öfter drang Treibeis bis an die isländischen Küsten vor. Missernten und Hungersnöte waren die Folgen. Seuchen wie Pocken und die Pest rafften Tausende von Menschen dahin – im Lauf des 14. Jh. nahm die Bevölkerung um etwa zwei Drittel ab. In Geschichten aus damaliger Zeit heißt es, die Pest hätte sich so rasch verbreitetet, dass von fünfzehn Besuchern einer Beerdigung nur vier oder fünf wieder nach Hause zurückkamen. Bettler und Heimatlose überschwemmten die Insel, Gesetzesübertretungen aller Art waren an der Tagesordnung.

Stockfisch und das englische 15. Jh.

Der Fischfang hatte bis zum 15. Jh. lediglich für die Selbstversorgung der Isländer Bedeutung. Seinen Weg über das Meer fand Fisch nur als Proviant auf Handelsfahrten. Häute und aus Schafwolle hergestelltes, grobes Tuch waren die einzige Ausfuhrware des Landes.

Fischtrockengestell

Als durch die Klimaänderung der Getreideanbau zurückging, kam es notgedrungen zu einer Intensivierung der Fischerei als einem wesentlichen Zweig der Ernährung. Im Frühjahr versammelten sich Bauern und Knechte am Strand, um mit offenen Booten und primitiven Gerätschaften auf das Meer hinauszuziehen und bis zur Heuernte soviel Fisch wie möglich an Land zu ziehen. In der Ausweitung des Fischfangs wurde eine Möglichkeit erkannt, den in der krisengeschüttelten Zeit fast zum Erliegen gekommenen Handel durch das neue Exportgut Fisch, insbesondere Stockfisch und Lebertran, wieder zu beleben. Neben der Unze Silber und der Elle Tuch erlangte der Fisch infolgedessen auch als Werteinheit an Bedeutung. Noch im 18. Jh. wurde der Preis für Bücher in Fischen angegeben. Im 13. und 14. Jh. hatte sich Norwegen den Monopolhandel mit Island gesichert und das Land in vollkommene Abhängigkeit gebracht. Von 1413 an bauten auch die Engländer Handelsbeziehungen mit der Insel auf. Sie brachten bessere und billigere Waren mit und waren deshalb als neue Handelspartner gern gesehen. Vor allem aus dem Westen und Süden des Landes strömten Menschen zu den Küsten, um sich als Fischer zu verdingen und von dem neuen Wirtschaftswachstum zu profitieren. Die Engländer kontrollierten bald den gesamten Islandhandel, zumal sie begannen, selber in den reichen isländischen Gewässern zu fischen. Schon 1428 waren 150 englische Schiffe vor der Küste beschäftigt. Dies wurde in Island weniger gerne gesehen, doch stellten die Engländer auf ihren Schiffen auch Isländer an und zahlten gute Löhne. Ihr Einfluss wurde so groß, dass zeitweise sogar beide Bischofssitze mit Engländern besetzt waren. Die Dänen waren beunruhigt und versuchten, der englischen Präsenz in Island einen Riegel vorzuschieben. Auf Weisungen und Verbote reagierten die englischen Kaufleute jedoch mit Plünderungen ganzer Küstenorte und brachten im Kampf 1467 sogar einen Repräsentanten des Königs um.

Bei deutschen Hansekaufleuten fanden die Dänen Unterstützung. Um den Engländern im Stockfischhandel das Ruder aus der Hand zu nehmen, wandten sie ihre Aufmerksamkeit von Bergen in Norwegen nach Island. Insbesondere die Hamburger Kaufleute wurden schnell zu ernst zu nehmenden Konkurrenten der Engländer. In der Folgezeit kam es immer wieder zum offenen Handelskrieg zwischen England und der Hanse. Nun durch die deutsche Stärke im Islandhandel beunruhigt, erteilte der dänische König 1490 England und Holland die Handelserlaubnis. Während die Holländer wenig Interesse zeigten, kam es zwischen den Engländern und den Deutschen von 1486 bis 1532 noch zu acht heftigen Zusammenstößen. Der dänische König Christian II. befand sich zu dieser Zeit in großen finanziellen Nöten. Kurz vor seinem Fall 1523 versuchte er deshalb zweimal, Island zu verkaufen. Sowohl Amsterdam als auch England lehnten jedoch dankend ab. Ihr Interesse an Island beschränkte sich auf den Fisch.
Der Gefechte müde, zog sich England von der isländischen Küste zurück und gab 1558 seine letzte Fischereistation auf Heimaey auf. Die deutschen Kaufleute setzten ihre Geschäfte mit Island fort, bis Dänemark zu Beginn des 17. Jh. die vollständige Kontrolle über den Handel an sich riss.

Die Reformation und ein Märtyrer

Nachdem Martin Luther 1517 in Deutschland mit seinem Protest gegen den Ablasshandel die Reformation eingeleitet hatte, erreichte der Protestantismus bald die skandinavischen Länder.

1536 bestieg Christian III. den dänischen Thron und setzte das Luthertum in Dänemark, Norwegen und auf den Färöern durch. Für ihn war die neue Kirchenordnung vorteilhaft – indem sie ihn zum Oberhaupt der Kirche erhob, steigerte sie seine Macht, und weil ihm die Kontrolle über sämtliche Besitztümer der Kirche zufiel, brachte sie ihm auch Reichtum. In Island wurde der neue Glaube als Ketzerei angesehen und konnte nur mit Waffengewalt durchgesetzt werden. Dem dänischen König kam es gelegen, dass der Bischofssitz in Skálholt 1541 neu zu besetzen war. Nachdem der letzte Bischof sich mit aller Macht dagegen gewehrt hatte, dass Klöster geräumt und Mönche vertrieben wurden, war sein Nachfolger *Gissur Einarsson* ein Anhänger Luthers, der in seiner kurzen Amtszeit alles tat, um den Protestantismus im Land zu verbreiten. Der Bischof in Hólar, *Jón Arason,* widersetzte sich jedoch und bat den König, seinem alten Glauben treu bleiben oder mit all seinen Besitztümern auswandern zu dürfen. Dem Süden des Landes stand daraufhin ein protestantischer Bischof, dem Norden weiterhin ein katholischer vor. Einige Jahre war der Frieden gewahrt.

Als Gissur Einarsson 1548 starb, startete Jón Arason die Gegenreform. Der König erklärte ihn deshalb für vogelfrei, was den überzeugten Katholiken jedoch nicht daran hinderte, den neuen Bischof in Skálholt gefangen zu nehmen und zum Parlament zu reiten, um sich die Erlaubnis abzuholen, auch der Diözese Skálholt vorzustehen. Anschließend etablierte er das aufgelöste Kloster in Viðey wieder. Für seinen unermüdlichen Kampf gegen den neuen Glauben und für seinen Widerstand gegen den König genoss Jón Arason bei den Isländern große Bewunderung und Verehrung und ging als Nationalheld in die Geschichte ein. Er war auch auf kulturellem Gebiet aktiv, gilt als einer der besten Poeten seiner Zeit und brachte nach einem Besuch in Hamburg um 1530 die erste Druckerpresse nach Island. Sein Versuch, den katholischen Glauben zu retten, misslang jedoch – 1550 wurde er im Auftrag des Königs gefangen genommen und mit zweien seiner Söhne in Skálholt enthauptet. Aus Rache tötete eine Gruppe Nordisländer alle Dänen, die mit der Exekution zu tun hatten. Das Luthertum wurde jetzt im ganzen Land durchgesetzt, sämtliche Klöster wurden aufgelöst und katholische Zeugnisse und Kunstwerke mit Bann belegt oder zerstört. Der dänische König konfiszierte die Güter der Kirche, wodurch die Isländer etwa ein Fünftel ihres Grundbesitzes verloren.

Das dänische Handelsmonopol

Bis Ende des 16. Jh. kontrollierten deutsche Hansekaufleute den Islandhandel. Dann lief ihnen die dänische Konkurrenz den Rang ab. 1602 setzte sie ein Handelsmonopol durch, das bis 1787 Bestand hatte und die rücksichtslose Ausbeutung Islands mit sich brachte.

Nur Handelsbevollmächtigten waren jetzt Geschäfte mit Island erlaubt. Eine königliche Verordnung legte zwanzig Häfen mit dazugehörigen festen Marktbereichen fest, in denen die Monopolinhaber für die "ausreichende Zufuhr guter und unverfälschter Handelsware zu sorgen und sie zu den üblichen Preisen" zu verkaufen hatten. Die dänischen Kaufleute, nur an der fetten Beute der isländischen Fischer interessiert, nahmen es mit ihren Pflichten nicht so genau. Sie legten die Preise für eingeführte Waren willkürlich fest, verkauften Produkte von schlechter Qualität und ließen mit dringend benötigten Gütern wie Korn, Mehl und Salz, Kupfer und Eisenwaren, Tauwerk und Angeln auf sich warten. Die Isländer standen dem machtlos gegenüber. Da sie sich mit dem Verkauf des Fisches innerhalb des Marktbezirkes zu halten hatten, waren sie dem jeweiligen Händler mit Haut und Haar preisgegeben; für den Handel an fremden Fjorden waren hohe Geldbußen ausgesetzt. Doch viel besser sah es da ohnehin auch nicht aus und auf geheimen Handel mit Ländern wie Holland, England oder Deutschland standen noch höhere Strafen. Deutsche Hansekaufleute bemühten sich aus Leibeskräften, alte Handelslizenzen zurückzuerlangen. Als Dänemark durch den Krieg mit Schweden 1643–45 in arge Geldnot geraten war, boten Hamburger Kaufleute König Christian IV. "zwey oder drey Tonnen Goldes gegen Verpfändung der Provinz Ißland" an – vergebens.
Nicht nur wirtschaftlich war Island auf Gedeih und Verderb von Dänemark abhängig, auch politisch verlor es den letzten Einfluss, als König Frederik III. 1662 die absolute Monarchie einführte. Unter Zwang und, wie es heißt, unter Tränen unterschrieben die Isländer die Anerkennung der neuen Regierungsform, womit der Alte Pakt von 1262 aufgehoben und die nationalen Gesetze unwirksam wurden. Die klimatischen Bedingungen sorgten mit Eis an den Küsten und schlechtem Pflanzenwuchs für eine Verschärfung des schon aufgrund der Handelsbedingungen akuten Nahrungsmangels. Es kam so weit, dass sich Ende des 17. Jh. im Ostland eine ganze Gemeinde aufmachte, um mit dem Pfarrer an der Spitze betteln zu gehen.

Skúli Magnússon

Der König erkannte, dass etwas unternommen werden musste, um der Not in Island Einhalt zu gebieten – und damit nicht zuletzt die dänischen Einkünfte zu sichern. So bekamen die Kaufleute 1702 den Befehl, gerechter mit der Bevölkerung umzugehen. Eine zweiköpfige Kommission wurde entsandt, die Situation auf der Insel zu erfassen und Verbesserungsvorschläge auszuarbeiten. Diese erste Volkszählung, die insgesamt zehn Jahre dauern sollte, deckte auf, dass 4.059 bewohnten Hofstellen etwa 3.000 wüstgefallene Höfe gegenüberstanden und die Bevölkerung auf nur noch 50.358 Einwohner gesunken war. Während die Kommissionäre noch damit beschäftigt waren, dänische Kaufleute zu gerechterem Verhalten anzuhalten und juristische Fehler zu berichtigen, kam es 1707 zu einer Pockenepidemie, die etwa 18.000 Menschen dahinraffte.

Für Veränderungen sorgte der 1749 als erster Isländer mit dem Amt des Vogtes betraute *Skúli Magnússon*. Er sah im Handelsmonopol die Hauptursache für den katastrophalen Zustand des Landes und erkannte, dass der einzige Ausweg aus Unterdrückung und wirtschaftlicher Stagnation in der Übernahme der Handelskontrolle durch Isländer und dem Verbleib der Gewinne im Land lag. Er initiierte die Gründung einer Teilhabergesellschaft, die 1752 mit Zustimmung des Königs Manufakturen einzurichten begann: Spinnereien, Webereien, Färbereien, Gerbereien, Seilereien für die Fischerei sowie Salz- und Schwefelanlagen. Neue Maschinen und Geräte wurden importiert, z. B. ersetzte das Spinnrad nun die Handspindel. Auch für die Landwirtschaft und den Fischfang wurden effektivere Methoden entwickelt bzw. von Norwegen oder Dänemark übernommen, die ersten seetüchtigen Deckschiffe ersetzten offene Ruderboote. Diese kleine industrielle Revolution lief zwar gut an, doch weigerten sich die dänischen Kaufleute, die in den Manufakturen hergestellten Waren bei ihren Handelsgeschäften zu berücksichtigen. Sie spürten, dass die Reformen nur auf ihre Kosten Erfolg haben konnten. Zudem fehlte es der Teilhabergesellschaft trotz tatkräftiger Unterstützung des Königs stets an Mitteln, sodass sie 1764 hoch verschuldet von der dänischen Monopolgesellschaft übernommen wurde, die den Islandhandel kontrollierte und die dänischen Kaufleute in ihrem Boykott unterstützte. In den folgenden Jahrzehnten gerieten die Manufakturen langsam wieder in Vergessenheit.

Das Interesse des Königs, die Zustände in Island zu verbessern, führte 1770 wieder zur Entsendung eines mit der Erarbeitung von Vorschlägen beauftragten Komitees auf die Insel. Nur wenige der vorgebrachten Anregungen, wie Verbesserungen im Straßen- und Brückenbau, Restauration und Neubesiedlung verlassener Höfe und Ausbau der Schifffahrt, wurden aber umgesetzt, so 1776 die Gründung des Postdienstes. Außerdem wurden 1771 aus Norwegen Rentiere eingeführt. Die Isländer lernten jedoch nie, diese Tiere als Haustiere zu züchten, und noch heute leben einige Tausend wild im Hochland und im Osten der Insel.

Auch in diesen miserablen Zeiten verschonte die Natur Island nicht. Ausbrüche der Vulkane Katla 1755 und Hekla 1766 verwüsteten viele Höfe und ganze Landstriche. Erdbeben verursachten besonders im Süden des Landes starke Schäden; in Skálholt stürzten 1784 mit Ausnahme der Kathedrale alle Gebäude ein. Mit Abstand die schlimmste Katastrophe aber war der Ausbruch der Vulkanspalte Laki 1783. Eine gigantische Menge glühender Lava strömte aus den Kratern ins Hochland und dann in die Niederungen, wo sie sich zum größten Lavafeld ausbreitete, das je in historischer Zeit durch einen einzigen Ausbruch entstand. Giftgase traten aus und beeinträchtigten die Vegetation, was weitere Missernten und eine erneute dramatische Hungersnot in fast allen Landesteilen zur Folge hatte. Scharen von Bettlern durchstreiften das Land und es wird geschätzt, dass allein zwischen 1783 und 1784 neun- bis zehntausend Menschen verhungerten. Die Situation in Island war so verzweifelt, dass der König in Erwägung zog, die Insel zu evakuieren und die Bevölkerung nach Dänemark umzusiedeln. So weit kam es nicht, doch war das Elend Anlass genug, 1787 das ohnehin nur noch Verluste einbringende Handelsmonopol zu lockern. Es heißt manchmal, dass von all den Plagen, die Island in den dunklen Jahrhunderten heimsuchten, das dänische Handelsmonopol die schlimmste war.

Aufbruch zur Unabhängigkeit

Ende des 18. Jh. war vom Glanz des alten Parlamentes Alþingi in Þingvellir nicht mehr viel übrig geblieben. 1798 trat es zum letzten Mal auf den Þingfeldern zusammen, bevor es im selben Jahr nach Reykjavík umsiedelte. Eine Zeit des Umbruchs begann.

1800 schafften der dänische König und führende Isländer das Alþingi mit der Begründung, es sei unnütz geworden, ganz ab und etablierten dafür ein Oberstes Gericht. Um die gleiche Zeit wurden der Bischofssitz in Hólar aufgelöst und das Episkopat und Seminar von Skálholt nach Reykjavík verlegt. Eine Zeit des Umbruchs begann. Das erste Viertel des 19. Jh. blieb weiterhin schwierig. Die isländische Bevölkerung brauchte Zeit, um sich von den zahlreichen Katastrophen zu erholen, und hatte unter dem infolge der napoleonischen Kriege stark reduzierten Schiffsverkehr zu leiden. Es kam erneut zu einem drastischen Mangel an allen importierten Bedarfsgütern.

In dieser Zeit schwappte die Welle des neuen romantischen Denkens von Westeuropa nach Island über. Nach den sorgenvollen Jahrhunderten formte

sich nun das Bewusstsein über den Wert nationaler Traditionen – des mit alten Sagas, Balladen, Heldendichtungen, Legenden und Geschichtsschreibung so reichen literarischen Erbes, der lediglich von gebildeten Leuten zugunsten des Dänischen abgelegten, ansonsten aber in ihrer ursprünglichen Form lebendig gebliebenen isländischen Sprache, der natürlichen Schönheiten des Landes. Die Kunst des Schreibens fand wieder Anhänger, so z. B. *Magnús Stephensen*, der eine große Anzahl philosophischer Veröffentlichungen hervorbrachte und als die kulturelle Leitfigur der Epoche gilt. Seit dem 13. Jh. hatte Island nicht mehr eine vergleichbare Blütezeit literarischer Schöpfung erlebt. Ein wichtiges Ereignis war 1816 die Gründung der *Isländischen Literarischen Gesellschaft (Hið íslenzka bókmenntafélag)* durch den dänischen Linguisten Rasmus Christian Rask.
Das mit der romantischen Bewegung Europas eng verbundene Nationalbewusstsein erwachte auch in Island und verstärkte den Wunsch nach der Unabhängigkeit des Landes. Genährt wurde dieses Bestreben von den Ausläufern der bis auf die Insel vordringenden, liberalen Strömungen nach der Julirevolution in Frankreich 1830. Eine Gruppe politisch engagierter isländischer Studenten setzte in Kopenhagen die Neuetablierung des Alþingi durch. Im Bewusstsein, zur Leitfigur der neuen Bewegung berufen zu sein, nahm der Pastorensohn *Jón Sigurðsson* (1811–79) die Zügel in die Hand. Da das neue Parlament nie so sein würde wie das historische Alþingi, sollte es nicht in Þingvellir tagen, sondern in Reykjavík, dem zukünftigen Zentrum des politischen und nationalen Lebens des Landes. Das Alþingi trat daraufhin 1845 in der Lateinschule in Reykjavík als beratende Versammlung mit zwanzig öffentlich gewählten und sechs durch den König ernannten Mitgliedern neu zusammen.

Mit Jón Sigurðsson begann der eigentliche Kampf um die Unabhängigkeit Islands. Nachdem der dänische König 1848 seine absolute Machtposition aufgegeben und die konstitutionelle Monarchie eingeführt hatte, forderte der Freiheitskämpfer eine Verfassung, die volle politische Rechte für Island im Rahmen einer Personalunion mit Dänemark garantierte. Diese revolutionären Ziele stießen in Dänemark, das in Island einen Teil seines Königreiches sah, auf starken Widerstand. Alle Verhandlungen blieben vorerst fruchtlos. Nach dem verlorenen Krieg gegen Preußen ging Dänemark 1864 gar so weit, Island dem preußischen Minister Bismarck als Gegengabe für einen dänisch bevölkerten Teil Schleswigs anzubieten. Jón Sigurðsson konnte zunächst im ökonomischen Bereich Erfolge verbuchen: Gegen die heftige Opposition der dänischen Kaufleute wurde 1854 das Handelsmonopol aufgehoben. Nach zweieinhalb Jahrhunderten wirtschaftlicher Unterdrückung war der Weg für den Handel mit jeder beliebigen Nation freigegeben. Langwierige Verhandlungen und eine unnachgiebige Haltung führten auch zu einem politischen Durchbruch: Während der Feierlichkeiten zum tausendjährigen Jubiläum der Besiedlung Islands 1874 überreichte der dänische König – der erste Regent, der je seinen Fuß auf isländischen Boden setzte – den Isländern eine Verfassung. Dem Alþingi wurde wieder die legislative und finanzielle Hoheit zugesichert, wenn auch alle Gesetze dem König zur Zustimmung vorgelegt werden mussten. Die Rechtsprechung wurde isländischen Gerichten übertragen, die allerdings dem Obersten Gerichtshof in Kopenhagen unterstanden. Der König behielt sich die Exekutive vor, wobei der Islandminister des dänischen Kabinetts und der königliche Gouverneur in Island die meisten Angelegenheiten in seinem Namen regeln sollten. Die Verfassung erfüllte damit zwar nicht alle Wünsche und Forderungen der Isländer, war aber ein wichtiger Schritt auf dem Weg zur Unabhängigkeit.

Jetzt kam Bewegung in das Volk. 1885 öffnete die erste Bank, die einen großen Teil zur Entwicklung von Industrie und Gewerbe beitrug. Der Fischfang erlebte einen Auftrieb, als effektivere Fanggeräte eingeführt wurden und 1902 das erste motorisierte Boot nach Island kam. Nach Kabeljau wurde nun der Hering zu einem wichtigen Exportgut. An den Küsten entstanden kleine Fischerdörfer, das Land erlebte einen Bauboom: Volksschulen und weiterführende Bildungsinstitutionen wurden gegründet, die ersten Krankenhäuser eingerichtet, der Straßen- und Brückenbau vorangetrieben. Die Bevölkerungszahl nahm rapide zu. Nachdem Island 1801 noch ca. 47.000 Einwohner gezählt hatte, waren 1900 schon 79.000 zu verzeichnen, obwohl in den Jahrzehnten nach 1870 bis zu 20.000 Isländer den Problemen auf der Insel entflohen und nach Nordamerika auswanderten. Parallel dazu setzte mit der Stagnation der Landwirtschaft eine Abwanderung vom Land in die Fischerdörfer und Städte ein. Hatte Reykjavík 1801 nur etwa 300 Einwohner, so stieg die Zahl bis 1901 auf über 5.000 an.

Bis 1904 war die Zeit politisch durch engagierte Debatten über das zukünftige Regierungssystem gekennzeichnet. Nach Jón Sigurðssons Tod 1879 bildeten sich im Alþingi zwei Richtungen heraus: Die eine plädierte lediglich für die Übernahme der inneren Angelegenheiten durch einen im Land ansässigen Gouverneur, die andere forderte die Besetzung des Ministeramtes für Island mit einem Isländer, der mit Amtssitz in Kopenhagen dem isländischen Parlament verantwortlich sein sollte. Die liberale Regierung in Dänemark überließ die Entscheidung den Isländern, die sich 1903 in allgemeinen Wahlen für die Ernennung eines isländischen Ministers aussprachen. Am 1. Februar 1904 übernahm der Jurist, Politiker und Dichter *Hannes Hafstein* als erster Isländer dieses Amt. Neben vielen anderen Modernisierungen ist ihm vor allem die Einführung des Telegrafen zu verdanken. Es heißt, dass erst hiermit das Mittelalter in Island endgültig zu Ende ging. Eine Vielzahl neuer Produktionsmaschinen wurde eingeführt und erste kleine Wasserkraftwerke nahmen den Betrieb auf. Die Fischindustrie gewann durch die Übernahme des Trawlers weiter an Bedeutung. Auch das Bildungswesen wurde reformiert und 1907 die Schulpflicht eingeführt. 1911 kam es zur Gründung der ersten Universität in der Hauptstadt Reykjavík.

In den Auseinandersetzungen um die zukünftige Beziehung zu Dänemark gründete sich 1908 die Unabhängigkeitspartei, die sich für eine kompromisslosere Haltung gegenüber dem dänischen Nachbarn einsetzte als die Selbstverwaltungspartei. Mit dem rapiden Wachstum in der Fischindustrie und anderen Gewerbezweigen kam es zur Entstehung einer Arbeiterschicht und daraufhin 1915 zur Gründung der ersten sozialistischen Partei. Ein Jahr später

Freiheitskämpfer Jón Sigurðsson

Café Paris

spaltete sich hiervon ein Flügel als Sozialdemokratische Partei ab und im selben Jahr formierte sich als Vertreterin für die Interessen der Bauern die Fortschrittspartei. Im Parlament wurde viel gestritten und debattiert, doch wurden auch einige wichtige Verfassungsänderungen durchgesetzt, z. B. 1915 die Einführung des Frauenwahlrechts oder 1918 die Annahme der blau-weiß-roten Flagge als Nationalflagge.
Die konstitutionelle Einschränkung der dänischen Macht ließ noch bis 1918 auf sich warten. Während des Ersten Weltkrieges war Island auf sich selbst gestellt, die Verbindung zu Dänemark durch militärische Aktivitäten auf See beschnitten. Als logische Folge dieser Entwicklung kam es nach Kriegsende zur Unterzeichnung eines Unionsvertrages, der Island vom 1. Dezember 1918 an zum freien, unabhängigen Königreich erklärte, das mit Dänemark nur noch in Personalunion verbunden blieb. Nach Ablauf von 25 Jahren sollten beide Länder entscheiden, ob sie eine weitere Verlängerung des Vertrages wünschten.

Die stürmische Übergangszeit

Schritt für Schritt übernahmen die Isländer die Zuständigkeit für alle Angelegenheiten, die aufgrund des Unionsvertrages noch vorübergehend in dänischer Hand lagen, wie z. B. die Außenpolitik. Ein wichtiger Grundsatz des neuen Staates war die weltweite Neutralität bei allen militärischen Konflikten.

Mit dem Ende der Auseinandersetzungen mit Dänemark verlagerte sich die politische Zielsetzung jetzt vorwiegend auf die innen- und wirtschaftspolitische Zukunft. Dies führte zur Spaltung oder Auflösung der alten Parteien. Ihre Überbleibsel und andere Splittergruppen schlossen sich zu neuen Parteien zusammen, viele verschiedene Gruppierungen entstanden, keine Regierung blieb lange im Amt. 1929 beruhigte sich die Lage, als sich Konservative und die liberalen Parteien zu einer neuen Unabhängigkeitspartei formierten, die seitdem ungebrochen die stärkste isländische Partei ist. Ein Jahr später feierten die Isländer mit großen Festlichkeiten das tausendjährige Jubiläum des Alþingi.
Nach einigen Jahren des wirtschaftlichen Wachstums durch technischen Fortschritt in Fischindustrie und Landwirtschaft und damit verbundene infrastrukturelle Verbesserungen wurde auch Island nach 1930 Opfer der Weltwirtschaftskrise. Exportmärkte erwiesen sich als instabil, Firmen machten Bankrott und die Arbeitslosigkeit stieg. In diese Zeit fällt die Gründung einer Nationalsozialistischen Partei in Reykjavík im Jahr 1933, einer lauten, nicht sehr großen Gruppe.

Im Zweiten Weltkrieg war Island wegen seiner Lage mitten im Nordatlantik von großem strategischem Interesse. Nachdem die deutsche Wehrmacht am 9. April 1940 in Dänemark einmarschiert war, fürchteten die Briten die Gründung deutscher Militärbasen auf der Insel und landeten am 10. Mai unverhofft in Reykjavík. Noch einen Monat zuvor hatte ihnen die isländische Regierung die Einrichtung von Militärbasen untersagt. Der heftige Protest gegen die Missachtung der isländischen Neutralität verhallte unbeachtet. So wurde begrüßt, dass die Briten versprachen, das Land so bald wie möglich wieder zu verlassen. Ihre Anwesenheit zeigte allerdings auch rasch positive Konsequenzen: Es gab bei dem Bau von Gebäuden, Flugplätzen, Straßen, Baracken und anderen Einrichtungen so viel zu tun, dass die Arbeitslosigkeit sank, die Löhne stiegen und die Industrie wieder aufblühte.

Im Juli 1941 lösten die Amerikaner mit Einverständnis des Alþingi die Briten auf der Insel ab – den Isländern erschien es vorteilhafter, durch ein neutrales Land beschützt als durch ein in den Krieg verwickeltes besetzt zu sein. Mehr noch als ihre Vorgänger brachten die Amerikaner Arbeit und Geld ins Land und das Verhältnis der Bevölkerung zu den Streitkräften war in einigen Gegenden recht gut. Man traf sich in den Restaurants und Cafés, die wie Pilze aus dem Boden schossen, und die Soldaten kamen auch auf die Gehöfte, um Fleisch aus Konservenbüchsen, Früchte, Bonbons und andere – in isländischen Augen – Luxusartikel gegen Milch, Eier, Brot und Fisch einzutauschen. Bisweilen waren 45.000 amerikanische Soldaten und weitere aus Kanada, Großbritannien, Norwegen, Polen und Südafrika in Island stationiert, und das bei einer Bevölkerungszahl von 121.500 im Jahr 1940. Die große Zahl ausländischer Militärangehöriger brachte jedoch auch soziale Probleme, führte zu Neid und Missgunst. Die Bevölkerung blieb gespalten in ihrer Haltung gegenüber der Stationierung ausländischen Militärs auf der Insel. Deren Sinn verdeutlicht sich darin, dass in den isländischen Gewässern während des Krieges mehr deutsche U-Boote versenkt wurden als irgendwo anders in der Welt. Durch die Versenkung zahlreicher Handelsschiffe verloren aber auch 225 Isländer ihr Leben.

Mit der deutschen Besetzung Dänemarks war jeder Kontakt zu Island unterbrochen worden. Dass die königlichen Pflichten daraufhin von den Isländern übernommen werden mussten – ab 1941 wählte das Alþingi zu diesem Zweck ein als Souverän wirkendes Staatsoberhaupt – verstärkte die Absicht, den Unionsvertrag mit Dänemark nach seinem Auslaufen 1943 nicht zu erneuern. Zwar wurden einige Stimmen laut, dass es höflicher wäre, mit dieser gewichtigen Entscheidung zu warten, bis Dänemark wieder frei sei, Anfang 1944 aber beschloss das Parlament die Aufhebung des Vertrages. Nachdem sich in der folgenden Volksabstimmung über 97 % der isländischen Bevölkerung für diese Entscheidung ausgesprochen hatten, konnte am 17. Juni 1944, dem Jahrestag des Geburtstages von Jón Sigurðsson, im historischen Þingvellir vor einer Menge von 25.000 Menschen feierlich die Republik Island ausgerufen werden. Erster Präsident wurde der frühere Botschafter *Sveinn Björnsson* (1881–1952), der 1941 schon das Amt des Staatsoberhauptes übernommen hatte. Mit der Ausrufung der Republik wurde schlagartig eine rasante Entwicklung in Politik und Wirtschaft, Bevölkerung, Gesellschaft und Kultur in Gang gesetzt. Der isländische Lebensstil hatte sich bereits durch den ausländischen Einfluss während des Krieges stark verändert, neue Produkte und Geld waren ins Land gekommen. Nun aber fanden in bisher ungeahntem Tempo überall Veränderungen statt. Man sagt, Island sei mit einem Satz von der Wikingerzeit in die Gegenwart gesprungen oder direkt vom Pferderücken in den Düsenjet.

Die Republik Island und die Welt

Als der Krieg 1945 zu Ende ging, zeigten die Amerikaner keine Neigung, ihre Streitkräfte wie versprochen von der Insel abzuziehen. Nach viel Hin und Her sind sie heute noch immer da und Island hat seinen festen Platz auf der internationalen Bühne.

Zunächst überließ die isländische Regierung den Amerikanern die Nutzung des Flughafens nur bis 1947, damit sie ihre Flugzeuge zur Versorgung der Alliierten auftanken könnten. Im Oktober 1946 baten die USA darum, über einen Zeitraum von 99 Jahren Land für eine Militärbasis pachten zu dürfen, um weiterhin die strategischen Lagevorteile Islands im Atlantik nutzen zu können. Unter der Bevölkerung brach eine starke Protestwelle aus. Die Militärbasis wurde als überflüssig angesehen und eine fremde Großmacht im Land war eben nach der Erlangung der Souveränität unerwünscht. Ministerpräsident Ólafur Þórs von der Unabhängigkeitspartei verlangte den Abzug aller amerikanischer Kräfte und von 1947 bis 1951 war die Insel frei von jeglicher militärischer Präsenz. 1946 trat Island den Vereinten Nationen bei und war 1948 Gründungsmitglied der OEEC (heute OECD) sowie ein Jahr später des Europarates. Ebenfalls 1949 erfolgte – nach heftigen Debatten im Parlament, Protesten in der Bevölkerung und dem bisher einzigen öffentlichen Aufruhr – der Beitritt zur NATO. Trotz Drängens der Beitrittsgegner, zur alten Neutralität zurückzukehren, strebte die konservative Regierung die Mitgliedschaft in einem Verteidigungsbündnis an. Als sich Dänemark und Norwegen für die NATO entschieden und damit keine Hoffnung mehr auf ein nordisches Verteidigungsbündnis bestand, folgte Island den beiden skandinavischen Nachbarn in den Nordatlantikpakt. Bedingung war, dass es keine eigenen Truppen aufstellen müsste und dass zu Friedenszeiten keine ausländischen Truppen im Land stationiert würden. Doch es kam anders: 1950 brach der Koreakrieg aus und die USA forderten im Namen der NATO die Zustimmung zur Verlegung von Truppen auf die Insel mit der Begründung, der Weltfriede sei gefährdet und das unbewaffnete Island nicht in der Lage, sich zu verteidigen. Im Verteidigungsvertrag von 1951 stimmte die isländische Regierungskoalition aus Fortschritts- und Unabhängigkeitspartei der Stationierung von US-Soldaten auf dem Flughafen Keflavík und dem Ausbau dieses Luftstützpunktes zu; die USA übernahmen im Gegenzug die militärische Verteidigung des Landes. Damit war der einst so hoch postulierten Neutralität ein Ende gesetzt.

1952 wählte Island die Mitgliedschaft im Nordischen Rat, einem Beratungsorgan aller nordeuropäischen Staaten, das sich für die Festigung der wirtschaftlichen, sozialen und kulturellen Zusammenarbeit engagiert. Später schloss sich die Nation dem Internationalen Handelsabkommen GATT und der UNESCO an. In der NATO ist Island aktiver geworden, seit sich in den achtziger Jahren 80 % der Bevölkerung für die Mitgliedschaft in der Allianz aussprachen. Seit 1985 unterhält Reykjavík einen Vertreter im Brüsseler Hauptquartier und im isländischen Außenministerium besteht ein kleines Verteidigungsbüro. Im Oktober 1986 geriet das Land mit einem Schlag ins Zentrum der Weltöffentlichkeit, als sich Michail Gorbatschow und Ronald Reagan in Reykjavík, sozusagen auf halber Strecke zwischen Moskau und Washington, zu Abrüstungsverhandlungen trafen. Der Anfang vom Ende des Kalten Krieges wurde absehbar. 1991 trat Island in der weltpolitischen Arena noch einmal in den Vordergrund, als es als erstes Land die Souveränität Estlands, Litauens und Lettlands anerkannte. Die Unabhängigkeitsbestrebungen der drei baltischen Staaten hatte man in Erinnerung an die eigene Geschichte mit regem Interesse verfolgt und unterstützt.

Zur Stärkung ihrer Position im nordischen Raum schlossen sich Island, Grönland und die Färöer-Inseln 1985 zu einem parlamentarischen Komitee zusammen, das sich seit 1997 West-Nordischer-Rat nennt. Dessen Ziele sind, nach Aussage des Vorsitzenden Ísólfur Pálmason, "Schutz von Umwelt und Fischbestand, verbesserte Kommunikations- und Handelsverbindungen, gleiche Möglichkeiten und kulturelle Zusammenarbeit mit Schwerpunkt auf der notwendigen Bewahrung des einzigartigen Erbes einer jeden Nation".

England und Island im Kabeljaukrieg

Die Amerikaner hatten sich zur Verteidigung Islands verpflichtet, die Verhinderung der Kabeljaukriege aber stand nicht in ihrer Macht.

Schon seit dem frühen 15. Jh. hatten sich Fischer aus anderen Ländern aufgemacht, um in den reichen isländischen Gewässern auf Fang zu gehen. Auch ohne klar definierte Fischereizone hatten sie es akzeptiert, nicht näher als bis auf 16 Meilen an die Küste vorzudringen – eine Übereinkunft, die mit den stärker werdenden Fangaktivitäten immer mehr an Bedeutung gewonnen hatte. 1901 jedoch hatte Dänemark die Hoheitszone um Island auf nur drei Meilen festgelegt. Mit dieser Regelung sah sich das Land auch nach dem Zweiten Weltkrieg noch konfrontiert, als Hochseetrawler aus England, Deutschland und anderen Ländern begannen, konsequent die isländischen Fischgründe zu

Moderne Fischer bei der Arbeit

entleeren. Den Isländern missfiel hieran nicht nur die starke Konkurrenz, schon bald zeigte sich, dass ihre bedeutendste Rohstoffquelle und wichtigste Wirtschaftsstütze hoffnungslos überfischt wurde; ein drastischer Rückgang der Kabeljaubestände zeichnete sich ab. Also dehnte Island die Fischereizone 1952 auf vier Seemeilen aus und schloss zum Schutz der Laichgebiete Buchten und Fjorde für Trawler. Alle Länder erkannten die neuen Grenzen an, nur England protestierte scharf und boykottierte für die folgenden Jahre isländische Fischprodukte. Die Lage verschärfte sich 1958, als Island ausländische Trawler hinter eine Grenze von zwölf Meilen verbannte und England die Regelung als einziges Land nicht beachtete.

Vorsichtshalber von britischen Marineeinheiten begleitet, fischten die Engländer beharrlich weiter innerhalb der Grenze; der erste Kabeljaukrieg begann. Die Auseinandersetzungen gingen so weit, dass ein britisches Marineschiff die Mannschaft eines isländischen Küstenschiffes gefangen nahm, um so die Verhaftung der englischen Trawlermannschaft zu verhindern. Drei Jahre sollte es dauern, bis die Engländer nach Aushandlung eines Kompromisses, der ihnen in den kommenden zwei Jahren noch begrenzten Fischfang in den Hoheitsgewässern gestattete, die 12-Meilen-Zone anerkannten. Wie wichtig eine Beschränkung des Fischfanges war, zeigte sich besonders krass Ende der sechziger Jahre, als die Überfischung zu einem Zusammenbruch des atlantisch-skandinavischen Heringsstammes und der Heringsindustrie führte. Dennoch ging der Streit wieder los, als die neue isländische Koalitionsregierung die Fischereizone 1972 auf 50 Meilen ausdehnte. Neben Großbritannien protestierte jetzt auch Deutschland mit dem Argument, dass Islands Entscheidung ohne eine Zustimmung des Internationalen Gerichtshofes ungültig sei. Beide Länder ignorierten die neue Grenze. Der zweite Kabeljaukrieg brach aus, als die britische Regierung Fregatten entsandte, um ihre Fischereiflotte vor der "Geheimwaffe" der Isländer zu schützen: Die Besatzungen der Küstenwachschiffe hatten damit begonnen, den illegalen Fischern innerhalb der 50-Meilen-Zone kurzerhand die Netze zu kappen. Die gewalttätigen Auseinandersetzungen in den Hoheitsgewässern, bei denen Fischer- und Wachboote gerammt und ein britischer Trawler gar manövrierunfähig geschossen wurden, fanden erst ein Ende, als die isländische Regierung im September 1973 androhte, ihren Botschafter aus Großbritannien abzuziehen.

Diesmal hielt der Friede nur zwei Jahre. 1975 dehnte Island die Fischereizone auf 200 Meilen aus. Wieder kam es zu gewaltsamen Auseinandersetzungen, woraufhin Island 1976 seine diplomatischen Beziehungen zu Großbritannien abbrach und mit der Kündigung seiner NATO-Mitgliedschaft drohte. Die NATO betrachtete diesen dritten Kabeljaukrieg mit äußerster Sorge, weil sie nicht den strategisch günstigen Militärstützpunkt in Kevlavík aufgeben wollte. England hatte aber keine andere Wahl, als den isländischen Beschluss anzuerkennen, denn 1977 dehnte die Europäische Gemeinschaft ihre eigenen Fischereigrenzen auf 200 Seemeilen aus. Heute haben isländische Fischer innerhalb der 200-Meilen-Zone das alleinige Nutzungsrecht. Mit Fangquoten wird über den Erhalt der Fischbestände – noch immer Lebensgrundlage und wichtigste Einnahmequelle der Nation – gewacht.

Regierungsform und die turbulente politische Szene

Mit der bis heute nur wenig veränderten Verfassung von 1944 wurde Island eine parlamentarisch-demokratische Republik.

- **Der Präsident**: An der Spitze der Republik steht ein direkt vom Volk gewählter Präsident, der vornehmlich repräsentative Pflichten wahrnimmt und das Land nach außen vertritt. Zu seinen Aufgaben zählt die Ernennung und Entlassung der Kabinettsmitglieder und Regierungsbeamten. Der Präsident kann mit Zustimmung des Premierministers das Parlament auflösen, nach Billigung durch das Alþingi Notverordnungen erlassen sowie vom Parlament beschlossene Gesetze ablehnen und einem Volksentscheid unterwerfen. Folglich besitzt er für kaum eine Amtshandlung, die das partei- oder tagespolitische Geschehen beeinflusst, die alleinige Entscheidungsbefugnis. Die Verfassung verpflichtet ihn zudem, sich politischer Äußerungen strikt zu enthalten. Eine Amtsperiode beträgt formal vier Jahre, doch ist es ein ungeschriebenes Gesetz, dass jeder Präsident so lange im Amt bleiben kann, wie er will. So sah die Republik in ihrer mittlerweile über fünfzigjährigen Geschichte erst vier Präsidenten. Unter ihnen war auch eine Frau, *Vigdís Finnbogadóttir* (geb. 1930), die das Amt von 1980 bis 1996 innehatte. Die Isländer sind stolz darauf, dass die in Grenoble und Paris ausgebildete Philologin, die vor ihrer Wahl als Französischlehrerin, Fremdenführerin und Leiterin des Stadttheaters Reykjavík tätig war, die erste Frau in Europa war, die vom Volk zum Staatsoberhaupt bestellt wurde. 1996 wurde *Ólafur Ragnar Grimsson* (geb. 1943) zum fünften Präsidenten der Republik gewählt. Der Vorsitzende der sozialistischen Volksallianz, der in Großbritannien studiert und als erster Isländer in Politikwissenschaft promoviert hat, galt in den achtziger Jahren als führende Figur der isländischen Linken. Der ehemalige Chefredakteur von *Þjóðviljinn* ("Der Volkswille") hatte einen Lehrstuhl an der Universität Reykjavík inne und machte sich 1988–1991 als Finanzminister mit starken Sparambitionen einen Namen. Als Präsident möchte er engen Kontakt zum Volk pflegen und nach außen drei Hauptcharakteristika der Nation bekannt machen: ihre Neugier und den Abenteuergeist, ihr Interesse an Genealogie und den damit verbundenen, starken Familienzusammenhalt sowie das Leben im Einklang mit der Natur. Im Mai 2000 wurde er für vier weitere Jahre in seinem Amt bestätigt.
- **Das Parlament**: Das Alþingi besteht seit 1991 aus einer Kammer mit 63 Abgeordneten, die nach dem Verhältniswahlrecht für jeweils vier Jahre gewählt werden. Wahlberechtigt sind alle Isländer über 18 Jahre. Das Land ist in acht Wahlkreise eingeteilt, von denen Reykjavík vierzehn, Reykjanes acht und die verbleibenden sechs Wahlkreise je fünf bzw. sechs Abgeordnete stellen. Die verbleibenden neun Mandate werden, abhängig von der Anzahl der Wähler bei den vorherigen Wahlen, unter den Wahlkreisen aufgeteilt. Das Alþingi hat die gesetzgebende Gewalt inne.
- **Die Exekutive**: Die ausführende Gewalt liegt in den Händen der aus einem Ministerpräsidenten und zehn Ministern zusammengesetzten Regierung. Da das Kabinett dem Parlament verantwortlich ist, können nur parlamentarisch gewählte Politiker ins Kabinett berufen werden. Zurzeit gibt es vierzehn

Ministerien. Den Posten des Ministerpräsidenten übernahm im Mai 1999 ein drittes Mal der ehemalige Bürgermeister von Reykjavík, *Davið Oddsson* von der Unabhängigkeitspartei. Kein isländischer Premier war je so lange im Amt wie er. Oddsson ist als vielseitiger Mann mit künstlerischen Fähigkeiten bekannt und hat sich auch als Journalist und Verfasser von Theaterstücken einen Namen gemacht. Auf regionaler Ebene liegt die ausführende Gewalt jeweils bei dem höchsten Beamten der 27 Verwaltungsbezirke (*sýslur*), in die das Land aufgeteilt ist. Diese so genannten *sýslumenn* (Kreisrichter) gibt es schon seit dem 14. Jh., bis vor kurzem oblag ihnen neben der Exekutive auch die Judikative.

- **Die Judikative**: Für die Recht sprechende Gewalt sind die acht regionalen Gerichte und der Oberste Gerichtshof in Reykjavík zuständig. Im Gegensatz zu den meisten anderen europäischen Ländern gibt es also nur zwei juristische Ebenen und zudem nur wenige Sondergerichte für spezielle Rechtsfragen. Die Richter des Obersten Gerichts werden vom Präsidenten auf Empfehlung des Justizministers ernannt. In der Hauptstadt gibt es noch einen Strafgerichtshof, einen Gerichtshof für Zivilrechtsfragen und die Sondergerichte, z. B. für Seerecht oder Tarifstreitigkeiten. Das Gerichtswesen ist relativ einfach strukturiert, ein umfassenderes Gesetzeswerk als das von 1281, die Jónsbók, ist nie wieder herausgegeben worden.
- **Politisches Leben**: Das politische Leben in Island ist turbulent und unbeständig, im Alþingi stehen die Zeichen immer auf Sturm. Die Schriftstellerin *Kristín Steinsdóttir* bezeichnete Island als das Land der kleinen Könige. Und da jeder König nun mal immer Recht hat, werden sich die Isländer gerade im Parlament nur selten einig. Bisher blieben die wenigsten Regierungen für die gesamte Legislaturperiode im Amt, vor allem in den 70er und 80er Jahren kam es durch Parteispaltungen und Neugründungen mehrfach zu Regierungskrisen. Bis heute schaffte es auch noch keine Partei, die absolute Mehrheit zu erhalten, sodass immer wieder Koalitionen mit bis zu vier Parteien die Regierungsgeschäfte übernehmen. Da bei der Regierungsbildung die Einzelpersonen eine wichtigere Rolle spielen als die Ideologien, ist jede Koalition möglich. Die Links- oder Rechtsorientierung der Parteien sollte ohnehin nicht überbewertet werden, im Wirtschaftsdenken orientieren sich alle mehr oder weniger an den internationalen Trends. Divergenzen gibt es jedoch bei der Bereitschaft, das Land stärker nach außen zu öffnen. Ein immer wiederkehrender Diskussionspunkt im Parlament ist eine mögliche Mitgliedschaft Islands in der EU. Der mit verminderter Truppen- und Flugzeugstärke auch nach dem Ende des Kalten Krieges aufrechterhaltene amerikanische Luftwaffenstützpunkt sorgte jahrzehntelang für hitzige Debatten, das Thema hat aber an Brisanz verloren.

Um sich den Absatzmarkt für Fisch im Ausland zu sichern, entschied man sich zwar 1970 für den Beitritt Islands zur EFTA und 1972 für die Unterzeichnung eines Freihandelsabkommens mit der damaligen EG. Bis heute will man es aber nicht riskieren, durch einen Anschluss an die EU die hart erkämpfte 200-Meilen-Zone um die Insel anderen EU-Fischern zu öffnen bzw. die Kontrolle über die Fischereizone an die Ländergemeinschaft abzugeben und damit die eigene Wirtschaft zu gefährden. "Kann sich irgendjemand wirklich vorstellen, dass wir uns bei einem Club bewerben, der darauf besteht, die Verwaltung unserer einzigen Ressource zu übernehmen?", formulierte es der isländische Außenminister Halldór Ásgrímsson im Frühjahr 2002. Zu den ökonomischen Bedenken kommt die Furcht vor einer Überfremdung der isländischen Kultur und Gesellschaft durch die Öffnung des Kapital- und Arbeitsmarktes. Neben der Schweiz ist Island deshalb das einzige EFTA-Land, das noch keinen Antrag auf Mitgliedschaft in der EU gestellt hat. Dies entsprach lange dem Willen der isländischen Bevölkerung, von der sich 1995 rund 56 % gegen den Beitritt zur EU aussprachen. Einer 2002 durchgeführten Umfrage zufolge würden jetzt aber zwei Drittel der Isländer Beitrittsgespräche ihrer Regierung begrüßen. Derartige Gespräche, so der Außenminister, wären nur dann vorstellbar, wenn Island einen Sonderstatus innerhalb der EU zugesichert bekäme, d. h. wenn die Verwaltung seiner Fischereizone alleine in isländischer Hand bliebe. Nach langwieriger Aushandlung eines Kompromisses über Fangquoten mit den EU-Staaten sicherte sich die Atlantikinsel im Januar 1993 wenigstens den Zugang zum europäischen Wirtschaftsraum (EWR) und damit den zollfreien Absatz von Fisch und Fischprodukten. Island übernahm so auch 80 % der Gesetze des EU-Binnenmarktes und leistet zudem als einziges Nicht-Mitgliedsland Beiträge in einen Finanzfonds zur Förderung weniger wohlhabender Regionen Europas. Im März 2001 trat Island gemeinsam mit den vier skandinavischen Nachbarn dem Schengener Abkommen bei und schaffte damit die Grenzkontrollen für Bürger aus EU-Ländern ab.

Die Furcht vor einer Isolierung innerhalb Europas wird dadurch gemindert, dass sich auch Norwegen gegen die EU ausgesprochen hat. Jedoch sind drei Mitgliedstaaten des Nordischen Rates, also die Mehrzahl, mittlerweile der EU beigetreten und setzen sich dafür ein, die Kooperation unter den nordischen Staaten stärker an EU-Interessen anzupassen.

▸ **Die Parteien**: Im Alþingi sind seit den Wahlen im Mai 1999 fünf Parteien vertreten. Die Regierungsgeschäfte liegen wie zuvor in den Händen der Unabhängigkeitspartei mit 40,7 % – das beste Ergebnis seit 1974 – und der Fortschrittspartei mit 18,4 % der Wählerstimmen. Das Wahlergebnis, bei dem die Unabhängigkeitspartei um 3,6 Prozentpunkte und einen Sitz gegenüber 1995 zulegte, lässt sich vor allem auf *Davið Oddssons* wirtschaftspolitische Verdienste zurückführen: Bereits in seiner ersten Legislaturperiode war es ihm gelungen, die Inflationsrate auf ein Rekordtief von 2,4 % zu senken. Anschließend stand sie lange konstant bei der Marke von 2,5 %. Erst 2001 stieg die Inflation durch Kursverluste der Krone wieder auf 6,7 % an, doch wird für 2003 ein Rückgang auf 3,1 % erwartet. Die Arbeitslosigkeit sank während des 1995–2000 andauernden – und dann u. a. durch stark reduzierte Fanquoten beendeten – Booms auf bestenfalls unter 1 %, das Bruttoinlandsprodukt wuchs im selben Zeitraum um fast 33 %. 2000 gehörte Island zu den wohlhabendsten Ländern der Erde. Oddsons Erfolgsrezepte hießen Privatisierung, wirtschaftliche Liberalisierungen, Haushaltskonsolidierung und die verstärkte Einbindung in europäische Strukturen.

Die *Unabhängigkeitspartei*, seit Jahrzehnten stärkste Fraktion im Alþingi, ist eine breit gefächerte, rechtsliberale Partei mit Rückhalt in allen gesellschaftlichen Schichten, vor allem jedoch in den Bereichen Industrie und Handel. Sie vertritt generell einen Europa-freundlichen Kurs und befürwortete von jeher die NATO-Mitgliedschaft und die amerikanische Militärbasis in Keflavík. Anders die bäuerlich-liberale *Fortschrittspartei*: Als agrarisch-liberale Partei steht sie sowohl der EU als auch der Militärbasis negativ gegenüber. Obwohl sich die traditionelle Wählerschaft der Partei, die Bauern, zahlenmäßig mittlerweile auf ein Minimum reduziert hat, konnte die Fortschrittspartei ihre zweitstärkste Position im Alþingi dadurch behaupten, dass sie mit der Zeit ging und sich den mit Industrialisierung und Verstädterung einhergehenden Problemen stellte. Drittstärkste Partei im Alþingi ist mit 26,8 % die 1999 – zur Herausforderung der konservativen Regierung – neu gegründete *Linke Allianz*: ein Zusammenschluss der post-kommunistischen *Volksallianz*, der *Sozialdemokratischen Partei*, dem linkspopulistischen *Volkserwacher* und der *Frauenliste (Kvennalistinn)*. Mit Ausnahme der Sozialdemokraten, die als erste und einzige isländische Partei 1994 den EU-Beitritt des Landes forderten, nehmen die anderen Parteien des Bündnisses eine negative Haltung gegenüber EU und amerikanischer Militärpräsenz im Land ein. Die Frauenliste machte sich vor dem Parteien-Zusammenschluss durch ihren konsequenten Feminismus einen Namen: Seit 1981 kämpft die bislang in der Welt einmalige, nur Frauen zugängliche Partei für die Befreiung der Frau. Hierzu gehört z. B. die Forderung nach Anerkennung der Arbeit von Frauen in Familie und Beruf und nach besseren Schulen und Kindergärten. Vor allem aber geht es der Partei ohne Hierarchie und Parteiführung und mit Mitgliedern aus verschiedenen politischen Lagern um die gleichberechtigte Berücksichtigung der "weiblichen Werte" und "besonderen Erfahrungen der Frauen" in der Politik. Seit 1983, als sie auf Anhieb 5,5 % der Stimmen und drei Parlamentssitze erstritt, ist die "feministische Ausgabe der Grünen" ununterbrochen im Alþingi vertreten. Nach ihrem Glanzjahr 1987, als sie 10 % der Stimmen erhielt, verlor sie jedoch kontinuierlich an Popularität und Sitzen im Parlament. Die Gründe sind mannigfach. Manche nennen ihr Versäumnis, eine konventionelle politische Partei zu werden, andere die ständige Ämterrotation innerhalb der Partei, die möglichst vielen Frauen den Zugang zur Politik ermöglichen sollte. Jetzt vertreten die Frauen, die sich nie auf rechts oder links festlegen wollten, ihre Ziele innerhalb der *Linken Allianz*. Wegen interner Differenzen konnte sich diese Oppositionspartei keinen stärkeren Platz im Parlament sichern als 17 der 63 Mandate, d. h. sechs Sitze weniger, als die Parteien 1995 einzeln erringen konnten. Bei Kommunalwahlen im Mai 2002 sicherte sich die *Linke Allianz* jedoch die Macht in Reykjavík, bis dahin Bastion der Unabhängigkeitspartei. Viertstärkste Partei im Alþingi wurde 1999 mit 9,1 % die *Grüne Linke*, eine Splittergruppe der Volksallianz. Überraschend zogen auch die *Liberalen* mit 4,2 % der Stimmen ins Parlament ein.

Im Mai 2003 sind wieder Parlamentswahlen. Trotz seiner wirtschaftlichen Erfolge und seines Charismas ist der bislang hoch geschätzte Ministerpräsident Oddsson nicht mehr unumstritten. Viele werfen ihm vor, dass er als vehementer Gegner eines Beitritts Islands zur EU die Stimmen in seiner eigenen Partei ignoriert, die sich für die EU aussprechen. Außenminister Halldór Ásgrímsson sieht in der Beitrittsfrage das bedeutendste Wahlkampfthema.

Am Torfgehöft Bustafell

Gesellschaft

Gut 287.000 Menschen leben auf der Insel am Nordpolarkreis. Mit einer Bevölkerungsdichte von knapp 2,8 Einwohner pro Quadratkilometer ist Island das am dünnsten besiedelte Land Europas.

Da rund 60 % der Isländer im Raum Reykjavík leben und aufgrund der naturräumlichen Gegebenheiten nur ca. 15 % der Landesfläche bewohnbar sind, sagt dieser Mittelwert jedoch nicht viel aus – die Siedlungsstandorte konzentrieren sich in der Hauptstadtregion, im südwestlichen Tiefland, in den Tallandschaften und entlang eines schmalen Küstenstreifens rund um die Insel. Das Landesinnere über einer Höhe von 200 m hingegen ist menschenleer.

▸ **Bevölkerungsentwicklung**: Nachdem Island in der Landnahmezeit vornehmlich von norwegischen Wikingern und deren keltischen Sklaven und Dienstleuten besiedelt worden war, kamen keine Einwanderer mehr. Das isländische Volk entwickelte sich frei von fremden Einflüssen und ist deshalb durch eine außergewöhnlich starke ethnische Homogenität gekennzeichnet. Auch wenn Kelten und Norweger sich schnell vermischten, blieb ein ethnisches Bewusstsein der einstigen Verschiedenheit lange bestehen; es lässt sich wohl teilweise auf die ständischen Unterschiede zurückführen. In der alten isländischen Literatur tauchen deshalb nur selten Berichte über die Kelten auf, deren Anteil an den ersten Inselbewohnern, Blutuntersuchungen zufolge, sehr hoch gewesen sein muss: 30 % der Isländer stammen von Kelten ab – eine Erklärung dafür, warum der dunkelhaarige Typ in Island prozentual häufiger vorkommt als in Norwegen. Es wird auch angenommen, dass die vom isländischen Volk im

Mittelalter hervorgebrachten, bemerkenswerten kulturellen Leistungen auf diese Vermischung der keltischen mit der nordischen Rasse zurückzuführen sind. Nur wenige Orte erinnern an die frühen keltischen Einwanderer, z. B. die Írá, der Irenfluss, im Süden des Landes.

Nach ständigen Rückschlägen durch die harten Lebensbedingungen nahm die Bevölkerung erst ab 1850 mit dem Einsetzen der ersten technisch-industriellen Entwicklung rasant zu. Zwischen 1825 und 1925 verdoppelte sich die Einwohnerzahl auf 100.000, schon 1967 wurde die 200.000 überschritten. Die Erklärung liegt in der in Westeuropa nur von Irland übertroffenen Geburtenrate von über 14, während die Sterbequote zu den niedrigsten, die Lebenserwartung mit 77 Jahren für Männer und 82 Jahren für Frauen zu den höchsten der Welt zählt. Diese Extremwerte, verbunden mit einer äußerst geringen, nur von Schweden unterbotenen Kindersterblichkeit, erklären auch den hohen Anteil junger und alter Menschen – 23 % der Isländer sind jünger als 15 Jahre und 12 % älter als 65. Für die hohe, bei den Männern nur von den Japanern übertroffene Lebenserwartung nennen die Isländer alle möglichen Gründe – von der sauberen Umwelt und den starken Familienbanden über ihren aktiven Lebensstil und das Schwimmen in den geothermalen Freibädern bis zu ihrem Glauben an das Übernatürliche. Vielleicht ist sie genetisch bedingt – 2002 isolierte die Biotechnologie-Firma deCODE das Gen "Methuselah", das ihren Vergleichsstudien zufolge für die Langlebigkeit der Isländer verantwortlich sein soll.

▸ **Das Problem der Landflucht**: Mit dem wirtschaftlichen Aufschwung setzte ein Wandel auf dem beruflichen Sektor ein: Der Anteil der in der Fischerei und mehr noch in der Landwirtschaft Beschäftigten sank ständig, während im industriellen Bereich und in jüngster Zeit besonders im Dienstleistungsgewerbe ein beträchtlicher Anstieg zu verzeichnen war. 1940 waren 32 % der Isländer in der Landwirtschaft tätig, 2000 nur noch 4,4 %. Parallel dazu begann eine Wanderungsbewegung in die Städte, welche die Sozialstruktur nachhaltig veränderte: 1910 lebten 67 % der Isländer auf Einzelhöfen und in geschlossenen Siedlungen bis 200 Einwohner, 2000 waren es nur noch knapp 8 %. Der Landflucht sucht die Regierung mit Förderprogrammen für die kleineren städtischen Zentren entgegenzuwirken. Dennoch entfielen 1984 bis 1994 ca. 98 % des Bevölkerungswachstums auf den Großraum Reykjavík, der seither als einzige Region im Land überhaupt noch einen Einwohnerzuwachs verbuchen kann. Vor allem in den Nordwestfjorden, aber auch in Ost-, Nord- und Westisland stößt man immer wieder auf verlassene und wüstgefallene Gehöfte. 2002 waren 2.150 der 6.400 Höfe in Island verlassen.

Isländer und Nicht-Isländer

Durch die sich seit Jahren verstärkende Diskrepanz zwischen der Zahl an Ein- und Auswanderern war der Bevölkerungszuwachs 1995 mit knapp 0,4 % so gering wie seit 1900 nicht mehr; 2002 sah er mit 0,5 % nicht viel besser aus. Der Regierung gibt vor allem der Exodus der Isländer zu denken, der u. a. an dem für kinderreiche Familien ungünstigen isländischen Steuersystem und der niedrigen Kaufkraft liegt. Die relativ niedrige Zahl an Immigranten liegt an der restriktiven isländischen Einwanderungspolitik. Sie hat historische Ursachen.

Bei der Arbeit nicht wählerisch: asiatische Einwanderer

Da ist einmal die jahrhundertelange Isolation. Von Kriegen verschont und auf ihrem Eiland hoch im Norden geographisch von anderen Nationen abgeschnitten, machten die Isländer bis in die jüngste Vergangenheit hinein so gut wie keine Erfahrung im Umgang mit Fremden. Die wenigen Kontakte, die man zu Ausländern hatte, waren nach der langen dänischen Fremdherrschaft von Misstrauen geprägt oder schürten – wie die Piratenüberfälle im 16. und 17. Jh. (siehe Kap. "Westmännerinseln") – die Furcht vor Fremden. Bis zur Ankunft britischer Streitkräfte im Zweiten Weltkrieg, die manchmal als die "zweite Entdeckung" Islands seit Ingólfur Arnarson bezeichnet wird, mussten sich die Isländer nie wirklich mit anderen Kulturen auseinandersetzen. Unsicherheit diesen gegenüber war die Folge. Ein weiterer Grund ist das ausgeprägte Nationalbewusstsein. Die Isländer haben in den Jahrhunderten gelernt zusammenzuhalten, um sich gegen die Widrigkeiten der Natur und gegen mächtigere Nationen zur Wehr zu setzen. Das gemeinsame Erdulden und Überstehen von Katastrophen und der Abhängigkeit unter Fremdherrschaft sowie der lange Unabhängigkeitskampf und der Stolz auf das kulturelle Erbe förderten die Entstehung eines starken Wir-Gefühls. Dies erschwert die Integration alles Fremden in die Gemeinschaft. Der Anteil der Ausländer an der Bevölkerung beträgt lediglich 3 %. Das ist aber immerhin fast doppelt so viel wie 1990, als außerdem ein Drittel der Zugewanderten Skandinavier mit ihrer ähnlichen Kultur waren. Heute stammt die Hälfte der Einwanderer aus anderen europäischen Ländern, vor allem Osteuropa, speziell Polen. Mehr als verdreifacht hat sich seit 1990 zudem die Zahl der asiatischen Bürger, beispielsweise von den Philippinen oder aus Thailand. Die meisten dieser Einwanderer arbeiten in der Fischindustrie. Dadurch halten sie auch kleine, von der Abwanderung der

Isländer hart getroffene Orte lebendig. In einigen Fischerdörfern in den Westfjorden besteht bis zu ein Viertel der Bevölkerung aus Polen.

▸ **Touristen willkommen**: Gastfreundschaft und Großzügigkeit waren schon immer zwei ausgeprägte Charakterzüge der Isländer. Jahrhundertelang galt es als das schlimmste Verbrechen, einen Reisenden nicht bei sich aufzunehmen und kostenlos zu bewirten und zu beherbergen. Die den Isländern gelegentlich nachgesagte Verschlossenheit wird verwechselt mit Zurückhaltung – keinem Isländer würde es einfallen, sich aufzudrängen. Wer etwas möchte, kann sich schließlich bemerkbar machen. Und geht man auf die Menschen zu, trifft man auf überwältigende Hilfsbereitschaft, Aufgeschlossenheit und Flexibilität. Wenn sie irgendwie können, tun die Isländer alles, um anderen zu helfen. Kaum einem Gästehausbesitzer würde es einfallen, Touristen im Regen stehen zu lassen, nur weil das Haus voll ist. Zur Not räumen manche sogar das eigene Bett. Die Anwesenheit von reiselustigen Ausländern, die von Jahr zu Jahr in größerer Zahl die Insel aufsuchen, ist mittlerweile selbstverständlich geworden, kaum jemand stört sich daran. Schließlich folgen auch die Isländer jedes Jahr ihrem alten Wikingerinstinkt und machen sich auf die Reise in ferne Länder – bevorzugt zu sonnigen Zielen wie Portugal, Mallorca oder Kreta. Sie reisen sogar öfter ins Ausland als andere Europäer.

Eine große Familie...

Der Zusammenhalt der Familie ist in Island von größter Bedeutung. Im Zug der Landflucht geht der Trend zwar zur Kernfamilie, aber auch wenn man nicht mehr mit drei Generationen unter einem Dach lebt, kümmert man sich umeinander und verbringt so viel Zeit wie möglich miteinander. Die Isländer sind ausgesprochen kinderlieb – die hohe Geburtenziffer in diesem aufgeklärten Land lässt sich nach neuesten Studien tatsächlich nur auf den Wunsch nach Sprösslingen zurückführen. Drastisch angestiegen ist seit den 70er Jahren allerdings die Zahl an Abtreibungen unter sehr jungen Frauen; in diesem Zusammenhang wird kritisiert, dass die Antibabypille in Island deutlich teurer ist als in anderen Ländern.

Keinen kümmert es, dass mittlerweile mehr als die Hälfte der Kinder unehelich zur Welt kommen. Da Heiraten wieder in Mode ist, treten mehr und mehr Paare ohnehin nach der Geburt ihrer Kinder den Gang zum Standesamt an. Im Mai 2000 verabschiedete Island als zweites Land der Welt nach Dänemark ein Gesetz, das es in gleichgeschlechtlicher Ehe lebenden Isländern ermöglicht, das Kind des Lebenspartners als Stiefkind zu adoptieren. 2001 wurde auch das Gesetz zum Erziehungsurlaub geändert. Seither können Väter drei Monate berufliche Auszeit nehmen, um Zeit mit dem Neugeborenen zu verbringen. Die Mütter können dann entweder sechs Monate Erziehungsurlaub nehmen oder nach drei Monaten in den Beruf zurückkehren und die Betreuung des Babys dem Partner überlassen.

Fast genauso wichtig wie die Familie sind den Isländern die Freunde. Schon in der Älteren Edda findet sich in den Reden des Hohen ("Hávamál") der Ratschlag, gute Freunde oft aufzusuchen, "denn Strauchwerk grünt und hohes Gras auf dem Weg, den niemand wandelt."

▶ **Die Bäume Islands sind Stammbäume**: Die häufig zitierte, scherzhafte Behauptung, in Island sei jeder mit jedem verwandt, ist bei der Überschaubarkeit der isländischen Gesellschaft gar nicht so abwegig. Nach Aussage eines amerikanischen Gelehrten könnte fast jeder Isländer beweisen, dass er von dem letzten katholischen Bischof Jón Arason abstammt, der bei seinem Tod im Jahr 1550 neun uneheliche Kinder hinterließ. Die Isländer können ihre Ahnenkette tatsächlich oft bis ins 16. Jh. und weiter zurück verfolgen. Sie wissen über ihren Stammbaum bestens Bescheid und kommen selbst den entferntesten Verwandten aus längst vergangenen Zeiten auf die Spur. Lernen sich zwei Isländer kennen, wird erst mal nach gemeinsamen Vorfahren gesucht.

Dieses auffallende Interesse an der Genealogie hat vielleicht seinen Grund in dem Fehlen von Familiennamen auf der Insel. Nach altgermanischem Brauch trägt der Isländer als Nachnamen den durch die Silbe *-son* bei Söhnen und *-dóttir* bei Töchtern erweiterten Vornamen des Vaters oder, in Ausnahmefällen, der Mutter. Heißt der Vater beispielsweise mit Vornamen Jón, so heißt Sohn Ólaf mit Zunamen Jónsson, Tochter Anna Jónsdóttir. Da die Frau bei der Heirat ihren Vaternamen nicht aufgibt, können in einer Familie bis zu vier verschiedene Nachnamen vorkommen.

Als es noch nicht so einfach war wie heute, die Vaterschaft eines Kindes festzustellen, musste manchmal der Name Hansson (oder -dóttir) als Ausweg herhalten: Neben einem Männernahmen ist das Wort Hans in Island auch ein Pronomen, das so viel bedeutet wie "von ihm". Blieb der Erzeuger im Dunkeln, war das Kind einfach vage ein "Sohn (bzw. eine Tochter) von ihm".

Das ist Island: kinderlieb und modern

Bei einem Blick in die größte isländische Tageszeitung *Morgunblaðið* verstärkt sich der Eindruck, dass alle Isländer derselben Familie angehören: Mit ihren minutiösen Berichten über die alltäglichsten Vorkommnisse im Land und ihren endlosen Beiträgen von isländischen Bürgern, die sich hier über Gott und die Welt auslassen, wirkt sie wie ein öffentliches Familientagebuch. Geburtstags-, Todes- und Jubiläumsanzeigen füllen täglich bis zu zehn Seiten. Fast jeder besprochenen Person wird ein mindestens halbseitiger Artikel mit ausführlichen

Angaben zu ihrem Leben gewidmet – so als wüssten alle Leser, um wen es geht. Auch das Telefonbuch erscheint Nicht-Isländern wie eine Auflistung von Mitgliedern einer Familie oder Sippe: Aufgrund des Fehlens von Familiennamen erfolgt die Anordnung alphabetisch nach den Vor- oder besser Eigennamen.

Ein Volk auf der Gen-Datenbank?

Die Idee hatte Kári Stefánsson, Neurologe und 20 Jahre lang Professor in Harvard: die einzigartige Homogenität der isländischen Gesellschaft zu genetischen Forschungszwecken zu nutzen. Hierfür hängte er seinen Job in den USA an den Nagel und gründete 1996 in Reykjavík die Biotechnologie-Firma *deCODE Genetics*. Weitere Gründe für den Entschluss: dass jeder Isländer seinen Stammbaum jahrhunderteweit zurückverfolgen kann, dass Kirchenbücher mit Aufzeichnungen von Todesfällen und ihren Ursachen über die Jahrhunderte erhalten geblieben sind und dass bereits seit 1915 innerhalb des zentralen Gesundheitssystems Patientendaten säuberlich gesammelt und archiviert werden. Weil somit bestimmte Krankheitsbilder mit Hilfe der Generationen zurückreichenden Datensammlung auf ihre genetischen Ursachen hin erforscht werden können, verspricht sich deCODE ein besseres Verständnis der Entstehung von Krankheiten. Seine Feuerprobe bestand das Unternehmen mit der Entdeckung eines Gendefekts, der eine vererbbare Zitterkrankheit auslöst. Bereits im Februar 1998 unterzeichnete deCODE einen 200-Mio.-Dollar-Vertrag mit dem Pharmakonzern Hoffman-La-Roche, der zukünftige Forschungsergebnisse zur Herstellung von Medikamenten verwenden will.

Das Thema sorgte für viel Aufruhr und so hitzige Debatten wie kaum eines zuvor – in 700 isländischen Zeitungsartikeln, 120 Radio- und Dutzenden von Fernsehsendungen wurde es diskutiert. 75 % der Bevölkerung befürworteten das Projekt. Erkrankte Menschen hoffen auf bessere Behandlungsmöglichkeiten, z. B. bei Krebs. Immerhin erkranken in Island so viele Frauen an Brustkrebs wie in keinem anderen OECD-Land. Andere Bürger verweisen auf die Schaffung von Arbeitsplätzen für Wissenschaftler. Skeptische Stimmen warnen jedoch vor mangelndem Datenschutz, vor einem "gläsernen Volk" und Missbrauch.

Im Januar 1999 unterzeichneten Kári Stefánsson und Gesundheitsministerin Ingibjörg Pálmadóttir einen Vertrag, der deCODE für zwölf Jahre exklusive Rechte zur Erstellung einer Gesundheitsschutz-Datenbank durch Sammlung der genetischen Daten aller Isländer sowie zu ihrer Nutzung einräumt.

Mittlerweile ist deCode längst nicht mehr die einzige Firma, die oben genannte Vorteile zu Forschungszwecken nutzt; die Biotechnologie-Branche hat in den letzten Jahren einen regelrechten Boom erfahren.

▸ **Die klassenlose Gesellschaft**: Vielleicht liegt es an der Namensregelung, durch die viele Isländer gleiche Namen tragen, dass eine Vorliebe für Kose- und Spitznamen besteht. Außerdem ist das Duzen üblich; mit Ausnahme des Bischofs werden alle mit dem Vornamen angeredet. Dies ist Ausdruck des Gemeinschaftsgefühls unter den Isländern. Sie bezeichnen ihre Gesellschaft gerne als klassenlos. Und gibt es hier auch, wie überall, Einkommensunterschiede und neben dem Leben in Reichtum das in Armut, so sind die Klassenunterschiede tatsächlich relativ gering, ist das isländische Volk eine weitgehend egalitäre, liberale und familiäre Gesellschaft ohne Platz für gesellschaftlichen Dünkel und Hochmut. Jeder ist greifbar, wie berühmt er auch sein mag. Selbst der Präsident steht jedem für ein Interview zur Verfügung, der darum bittet.

In dieser Gesellschaft, in der das Geschichtsbewusstsein ein wichtiger Stützpfeiler der nationalen Identität ist, gilt es als die größte Ehre, sich auf irgendeine Art und Weise einen Namen zu machen und selber in die Geschichte einzugehen. In dieser kleinen Gemeinschaft, in der jeder wichtig ist, kann man ziemlich leicht berühmt werden, zumal keine sehr engen Moralvorstellungen darüber vorherrschen, was zu diesem Zweck "erlaubt" ist und was nicht. Mit ihrer individualistischen Art stehen die Isländer Gesetzen und Vorschriften eher distanziert gegenüber, verabschiedeten allerdings selber schon manch extravagante Bestimmung: Seit 1924 ist es verboten, in Reykjavík einen Hund zu halten – nach dem Ausbrechen einer Hundekrankheit wurde beschlossen, dass der Vierbeiner nicht ins Stadtleben passt. Erst seit 1984 lässt die Stadt in Ausnahmefällen Hundehaltung zu. Bis vor wenigen Jahren gab es donnerstags kein Fernsehen und mittwochs keinen Alkoholausschank. Von 1908 bis 1989 herrschte ein Bierverbot, das erst aufgehoben wurde, als es ohnehin durch Gemische findiger Kneipiers, das Angebot ausländischen Biers auf dem Flughafen Keflavík und den Verkauf von Heimbrau-Sets ausgehöhlt war.
Vielleicht liegt es daran, dass es als Ehre empfunden wird, zu dieser Gemeinschaft zu gehören, dass die Kriminalitätsrate in Island verschwindend gering ist. Wenn sie betrunken sind, schlagen die Isländer zwar Krawall und es kommt zu Raufereien. In Reykjavík nehmen die Delikte zu, ernsthafte Verbrechen gibt es jedoch kaum. Die steigende Selbstmordrate bereitet viel größere Sorgen. Die Isländer sind grundsätzlich ein friedliches Volk und Reykjavík gilt als eine der sichersten Hauptstädte der Welt.

...und Konsumgesellschaft

Die Isländer sind ausgesprochen konsumfreudig. Computer und alle möglichen elektronischen Geräte gehören zur Standardausstattung eines jeden Haushalts. 70 % der Bevölkerung hat Zugang zum Internet, womit Island die pro Kopf höchste Zahl an Internetbenutzern der Welt hat. Weltoffen integrieren die Isländer immer wieder neue Produkte in ihren Lebensalltag und können dann nicht mehr auf sie verzichten, seien es Autotelefone oder Handys – über 80 % aller Isländer haben ein Handy – , Whirlpools, Vierradmotorräder oder Campinganhänger. Alle paar Jahre gibt es einen neuen Trend, dem man folgen "muss", wenn man dazugehören will. Der Schriftsteller Sigurður A. Magnússon verglich seine Landsleute mit unreifen Jugendlichen, die der Welt stets voller Neugierde und Erfahrungshunger gegenüberstehen und deshalb – wie ihre Wikingervorfahren – ständig nach neuen Entdeckungen Ausschau halten.

Ihren Wohlstand tragen die Isländer auch mit ihren Autos zur Schau. Der Nutzen des fahrbaren Untersatzes ist bei den großen Distanzen unbestritten, nach amerikanischem Vorbild werden aber selbst die kürzesten Wege mit dem Kraftfahrzeug zurückgelegt. Als gelte es, den vielen rechtlichen Bestimmungen zum Schutz der Umwelt zu trotzen, kommen in Island auf 1.000 Einwohner 560 Autos – diese Relation wird von keinem OECD-Land übertroffen. Ein hochgelegter Superjeep ist nicht nur wichtig für die Mobilität im Winter und im Hochland, er ist auch eine Art Statussymbol und gehört für die Isländer fast zu den Notwendigkeiten des täglichen Lebens, egal, wie hoch sie sich dafür verschulden.

Auch auf kulturellem Gebiet wird nicht gespart: Häufiger als irgendeine andere Nation der Welt gehen die Isländer in die Oper oder ins Theater (für eine gute Shakespeare-Aufführung wird sogar ein Flug nach London gebucht) und besuchen eifrig Konzerte, Museen und Galerien. Vom hohen Lebensstandard, einem der höchsten in Europa, zeugt auch die Wohnsituation. In knapp 50 % aller Wohnhäuser wohnt nur eine Familie, der größte Teil des Wohnraums befindet sich in privater Hand. Die Häuser werden immer größer und großzügiger gebaut und mit allen modernen Annehmlichkeiten ausgestattet, denn die Isländer legen großen Wert auf die eigenen vier Wände. Sie verbringen viel Zeit zu Hause und brauchen Platz für die Kinder, zudem sind die Winter hier lang und dunkel.

Widersprüchlichkeiten

Während die Isländer jede Anstrengung unternehmen, um ihre Sprache vor fremden und neuzeitlichen Einflüssen zu bewahren, und stolz an ihre Vergangenheit erinnern, geben sie sich in ihren Lebens- und Konsumgewohnheiten kosmopolitisch und modern. Dieses widersprüchliche Verhalten scheint zum Land zu gehören wie die Gegensätze in der Natur. Denn verhalten sich die Isländer auch wie eine große Familie, so liefern sie sich doch mit Vergnügen hitzige Diskussionen und neigen in der Politik zu Aggression. Sie sind zugleich leidenschaftliche Patrioten und überzeugte Pazifisten. Ihr Maskottchen ist der Papageientaucher, doch haben sie keine Scheu, ihn genüsslich zu verspeisen.

- **Arbeitswut**: Wie können sich die Isländer diesen Wohlstand leisten, in einem Land, wo alles etwa doppelt so teuer ist wie in Deutschland, der Durchschnittslohn aber bei etwa 2.000 EUR liegt? Ganz einfach: Sie arbeiten von früh bis spät. Viele haben einen zweiten Job nebenbei, Überstunden sind an der Tagesordnung, wer kann, verdient im Sommer auch noch als Reiseleiter etwas dazu. Die wöchentliche Arbeitszeit bei ganztags Beschäftigten ist mit durchschnittlich 54 Stunden für Männer und 44 für Frauen die längste in Europa. Der Anteil berufstätiger Frauen liegt zudem mit 79 % sehr hoch; von den 25- bis 64-jährigen Frauen haben 88 % einen Job. Diese Arbeitswut geht nicht nur auf Kosten der Pünktlichkeit, sondern vor allem zu Ungunsten des Familienlebens. Über 20 % der Kinder unter zwei Jahren und fast alle Drei- bis Fünfjährigen sind in Kindergärten untergebracht, davon jeweils die Hälfte ganztags. Auch Tagesmütter oder Familienangehörige kümmern sich um die Kin-

Ein Sommerjob in Reyðarfjörður

der und das ganze Jahr hindurch werden zahlreiche Sport- und andere Freizeitaktivitäten angeboten. Für das Familienleben bleibt jedoch wenig Zeit – mit irgendetwas muss der hohe Lebensstandard schließlich bezahlt werden. Immerhin fast die Hälfte aller berufstätigen Frauen ist ganztags beschäftigt.

Schon früh wird mit dem Geldverdienen angefangen, erst spät wieder aufgehört: In den Sommermonaten arbeiten im ganzen Land Schüler und Studenten in Grünanlagen, Hotels, Geschäften, Touristenbüros und Tankstellen, überall dort, wo Aushilfskräfte gebraucht werden. Mit 67 Jahren ist zwar das Rentenalter erreicht, wer möchte, kann aber noch drei Jahre weiterarbeiten. Und das tut die Hälfte aller Beschäftigten im Rentenalter.

Autokorso

Freitagabends starten die isländischen Jugendlichen ihren Autokorso, *das* Wochenendvergnügen überhaupt und die beste Möglichkeit, das Jahr zwischen dem 17. und 18. Geburtstag zu überbrücken, in dem man zwar schon Auto fahren, aber noch nicht in Bars gehen darf. Stundenlang fahren sie gemächlich in Dörfern und Städten im Kreis, immer die gleichen Strecken, um zu sehen und gesehen zu werden, mit Cola bewaffnet, die Musik auf volle Lautstärke gedreht.

Die Isländer neigen nicht unbedingt dazu, für morgen vorzusorgen, sie leben lieber heute. Und weil selbst mehrere Jobs nicht das für die hohen Ansprüche nötige Geld einbringen, zahlt hier jeder mit Kreditkarte und hat hohe private Schulden. Die Arbeit dient aber nicht nur der Teilhabe am Wohlstand, sondern auch der Selbstachtung. In diesem Land, wo man früher zum Überleben hart arbeiten musste, ist das Nichtstun verpönt. Es würde gegen die Ehre verstoßen, keinen vollen Arbeitseinsatz zu zeigen oder vielleicht sogar den Staat zu schröpfen. Für den Aufbau der Republik war die Arbeitsmoral jahrzehntelang nützlich; es gab reichlich zu tun und noch 1988 lag die Arbeitslosenquote bei lediglich 0,6 %. Heute ist es nicht immer einfach, mehrere Jobs zur gleichen Zeit zu finden, denn Konjunkturschwankungen gehen auch an Island nicht vorbei. Nachdem die Arbeitslosenrate 1997 4,4 % betrug und bis 2000 wieder auf unter 1 % gesenkt werden konnte, lag sie 2002 bei 3,2 %.

Die Stellung der Frau

Zu Beginn des Freistaates war die Rolle der Frau durch Selbstständigkeit und Verantwortung gekennzeichnet: Während die Männer monatelang zum Fischfang auf See waren, hatten die Frauen auf den Höfen die alleinige Entscheidungsgewalt und Zuständigkeit für alle anfallenden Arbeiten. Mittelalterliche Gesetzbücher trugen der Stellung der Frau Rechnung – z. B. durften sich Frauen jederzeit rechtskräftig vom Ehegatten scheiden lassen; hierfür bedurfte es weder einer Rechtfertigung noch der Anwesenheit eines Richters, sondern lediglich einer Erklärung in Gegenwart von Zeugen. Sie durften über eigenen Landbesitz verfügen und das Godenamt übernehmen. Jedoch waren sie vor dem Recht nicht mündig und nur sie konnten des Ehebruchs bezichtigt werden. Von Gleichberechtigung kann deshalb nicht gesprochen werden. Nach der Einführung des Christentums wurden sie dann auch fast vollständig aus dem öffentlichen Leben zurückgedrängt.

Fast jede(r) hat schon früh irgendeinen Job

Der anhaltende Kampf: So blieb auch den isländischen Frauen der Emanzipationskampf nicht erspart, der Ende des 19. Jahrhunderts begann. Bald ließen sich erste Erfolge verbuchen: 1882 erhielten zumindest Witwen und unverheiratete Frauen über 25 Jahre das Kommunalwahlrecht, 1908 wurde das Stimmrecht dem der Männer angeglichen. Im selben Jahr errangen Frauen vier von 15 Sitzen im Stadtrat von Reykjavík. 1911 erhielten Frauen das Recht auf höhere Bildung und die Übernahme öffentlicher Ämter, 1918 das allgemeine Wahlrecht. Fünf Jahre später schaffte die erste Frau den Einzug ins Parlament. Dann wurde es still um die Frauen.

Anfang der siebziger Jahre nahm die linke Frauenbewegung "Rotsocken" den Kampf um Gleichberechtigung wieder auf. Durch die Umstrukturierung der Wirtschaft mit deut-

Isländische Kinder und "American culture"

lichem Rückgang der landwirtschaftlichen Produktion arbeiteten mittlerweile 70 % der Isländerinnen außer Haus, ihre Löhne aber lagen durchschnittlich um mehr als die Hälfte unter denen der Männer. Neben Lohnangleichung wurde größere Beteiligung der Frauen in Politik und Wirtschaft gefordert sowie höhere Achtung vor der Doppelbelastung durch Beruf, Haushalt und Kindererziehung. Am 24. Oktober 1975 versuchten 25.000 Isländerinnen, mit einem großen Generalstreik den Stein ins Rollen zu bringen: Sie verweigerten die Arbeit und legten das ganze Erwerbsleben lahm. Auf die Lohntüten wirkte sich das aber genauso wenig aus wie ein weiterer Streik 1985. Bis heute verdienen Frauen im Schnitt 18 % weniger als Männer und finden sich so gut wie nie unter den Spitzenverdienern. Die Frauenarbeitslosigkeit übersteigt die der Männer bei weitem. Umstritten ist auch, inwieweit die gesetzliche Regelung von 1986, dass Frauen bei der Vergabe von Arbeitsplätzen im Fall gleicher Qualifikation bevorzugt eingestellt werden sollen, als Schritt zur Gleichberechtigung gesehen werden kann. Auch im politischen Bereich liegt noch manches im Argen, wenngleich seit den achtziger Jahren, als Vigdís Finnbogadóttir zum ersten weiblichen Staatsoberhaupt der Welt gewählt wurde, einige positive Entwicklungen eintraten: Frauen übernahmen den Vorsitz von Alþingi und Oberstem Gericht, die Frauenliste wurde gegründet. Von 63 Abgeordneten im Alþingi sind heute immerhin 22 Frauen, also mehr als ein Drittel. Und während in den letzten drei Jahrzehnten keine Regierung mehr als eine Ministerin hatte, liegen seit 1999 vier von elf Ministerien in weiblicher Hand.

Ein positives Signal setzte die evangelische Kirche, als 1998 erstmals eine Frau den Vorsitz der Priestergemeinschaft übernahm. Am ehesten aber ist die Gleichberechtigung wohl im sozialen Bereich verwirklicht. So werden die zahlreichen allein erziehenden Mütter nicht abschätzend behandelt, sondern eher bewundert. Kaufen können sich die Frauen von dieser Bewunderung allerdings nichts. Deshalb stehen sie vor dem Problem, dass sie mit einem schlecht bezahlten Teilzeitjob nicht über die Runden kommen und deshalb ganztags arbeiten und die Erziehung der Kinder in andere Hände legen müssen.

- **Queen of the World**: Isländische Frauen kämpfen nicht nur um Gleichberechtigung, sondern auch um Schönheitspreise. Seit 1954 wird jedes Jahr aus den Bewerberinnen der einzelnen Landesteile eine "Miss Iceland" ausgewählt, die dann an internationalen Wettbewerben teilnimmt. Während der Rotsocken-Bewegung kam unter den engagierten Frauen zwar Protest gegen die Schönheitswettbewerbe auf, aber ohne Erfolg – 1985 und 1988 fuhren Isländerinnen den Titel "Miss World" ein. Zahlreiche andere junge Frauen wurden anschließend zur "Miss Scandinavia" oder "Miss Young" o. Ä. gekürt und im Jahr 2002 konnte sich die 20-jährige Íris Árnadóttir bei den "Miss World"-Wahlen gegen 36 internationale Konkurrentinnen durchsetzen und landete auf Platz Eins.

Bildung und Sozialwesen

Die Isländer sind ein Volk mit hohem Bildungsstand und verfügen über ein relativ gut ausgebautes Sozialsystem.

Den ersten isländischen Siedlern wird ein hoher Bildungsstand nachgesagt und seit etwa 1800 gibt es in Island kein Analphabetentum mehr. Die Forderung nach Schulen und besseren Ausbildungsmöglichkeiten war ein wichtiger Bestandteil des Unabhängigkeitskampfes und resultierte 1907 in der Einführung der allgemeinen, vierjährigen Schulpflicht. Nach mehrmaliger Verlängerung der Mindestausbildungszeit schnallen sich seit 1991 alle Kinder zwischen 6 und 16 Jahren den Schulranzen auf den Rücken. Nach Beendigung der zehnjährigen Grundschulzeit stehen ihnen verschiedene weiterführende Schulen offen. Möglich ist der vierjährige Besuch des Gymnasiums oder eine drei bis vier Jahre dauernde, berufsbezogene Weiterbildung, die erst in der Fachschule und dann im Betrieb stattfindet. Außerdem gibt es noch Colleges für die Fachausbildung in Landwirtschaft, Kunst, Seefahrt usw. Bei der Pisa-Studie 2000 schnitt Island sehr viel besser als Deutschland ab und landete insgesamt auf Platz 12. Das beste Resultat erzielten die Schüler beim Lesen, nämlich ebenfalls den 12.

Nicht jeder Hof hält mit der Technik Schritt

Ein Riss in der Erde nördlich des Mývatn ▲

In Moos verpackte Lava ▲▲

Lava hat viele Gesichter: Stricklava ▲

▲▲ Zwergweide, Salix herbacea (AJ)
▲ Gelber Bergfrauenmantel, Alchemilla alpina (AJ)

▲ Sumpfblutauge, Potentilla palustris (AJ)

Nördliche Kuckucksblume, Limnorchis hyperborea (AJ) ▲▲

Läusekraut, Pedicularis (AJ) ▲▲

Arktisches Weidenröschen, Epilobium latifolium (AJ) ▲

▲▲▲▲ Skúas (AS)
▲▲▲ Dreizehenmöwe (AS)
▲▲ Austernfischer (AS)
▲ Trottellumme (AS)
▲▲▲▲ Papageientaucher (AS)
▲▲▲ Odinshühnchen (AS)
▲▲ Kormorane (AS)
▲ Basstölpel (AS)

Rang. Was die Ausgaben für Bildung angeht, liegt Island im OECD-Vergleich auf Platz 4. Führend ist es in Bezug auf die Zahl der Internetanschlüsse – fast alle Schulen sind verkabelt. Außerdem hat es in Relation zur Einwohnerzahl die meisten Abiturienten der Welt.

Leseratten und Bücherwürmer

Der hohe Stand der Kultur wurde im Mittelalter an der Produktion literarischer Werke deutlich. Die Tradition wird fortgesetzt: Dem Schriftstellerverband gehören 300 Autoren an, die je mindestens zwei Bücher veröffentlicht haben. Isländer greifen gerne zu Feder und Tinte; jeder Zehnte von ihnen bringt im Laufe seines Lebens eine Schrift heraus. Wer etwas zu Papier gebracht hat, kann sein Werk problemlos in einem der fast fünfzig isländischen Verlage drucken lassen. Schlimmstenfalls trägt er die Kosten für den Druck selber. Genauso groß wie das Schreibvergnügen ist die Leselust. Nirgendwo in der Welt wird jährlich eine höhere Anzahl Buchtitel pro Kopf der Bevölkerung produziert und konsumiert als in Island – und das, obwohl sich die Zahl derer, die in ihrer Freizeit nie ein Buch lesen, während des vergangenen Jahrzehnts verdoppelt hat. Jährlich kommen bis zu 1.900 neue Bücher auf den Markt, davon ein Fünftel Übersetzungen. Die meisten Werke erscheinen pünktlich im November und Dezember, denn Bücher, insbesondere Belletristik, sind eines der beliebtesten Weihnachtsgeschenke. Neben Büchern sind drei Tages- und 101 weitere Zeitungen sowie 1.020 Fachzeitschriften, Unterhaltungs- und Kulturmagazine gerade genug, um den Bildungshunger der Isländer zu stillen.

Schriftsteller Einar Már Guðmundsson ist davon überzeugt, dass die Liebe der Isländer zur Literatur ihre Ursache in Natur und Klima des Landes hat. Die Vorfahren hätten im Dunkeln gesessen und sich Geschichten erzählt. Sein Kollege Arthúr Bollason meint, das Leben als Isländer sei "eine poetische Leistung", die sozusagen zum Dichten inspiriere. Schriftsteller werden in Island gefördert. Ein Teil der Mehrwertsteuer aus dem Verkauf von Büchern wandert in einen Fonds, mit dem Stipendien für Autoren gezahlt werden. Jeden Monat erhalten die Förderungswürdigen ein Gehalt, unabhängig von dem Verkauf ihrer Werke. Ein solches Stipendium gibt es für mindestens sechs Monate und höchstens drei Jahre, auf Antrag ist aber eine Verlängerung möglich.

An der Universität in Reykjavík haben die Studenten die Wahl zwischen neun verschiedenen Fakultäten, von denen die geisteswissenschaftliche die größte ist, gefolgt von der sozialwissenschaftlichen. Seit 1987 gibt es auch in Akureyri im Norden der Insel eine kleine Universität mit vier Fachbereichen, darunter Fischerei- und Meereswissenschaften. An der Universität von Reykjavík studieren etwa 200 ausländische Studenten. Das Auslandsstudium ist auch bei den Isländern beliebt und die einzige Möglichkeit, an den heimischen Hochschulen nicht angebotene Fachrichtungen zu belegen, zu promovieren oder sich in bestimmten Berufszweigen zu spezialisieren. Am liebsten gehen sie nach Dänemark, in die USA, nach Großbritannien oder Deutschland. Hier macht es sich bezahlt, dass alle Schüler in Dänisch und Englisch unterrichtet werden und an weiterführenden Schulen eine dritte Fremdsprache, meist Deutsch oder Französisch, Pflicht ist. Der Auslandsaufenthalt junger Menschen wird stark gefördert. Das Wort für dumm ist auf Isländisch *heimskur*, streng übersetzt "Stubenhocker" – *heimskur* ist derjenige, der zu Hause sitzt und nichts von der Welt gesehen hat. Die meisten jungen Isländer zieht es in die Welt hinaus; viele verbringen Jahre weit weg von zu Hause. Aber sie kommen fast alle zurück.

- **Der isländische Sozialstaat**: Die soziale Lage sah jahrhundertelang miserabel aus. Dies änderte sich erst langsam seit der Mitte des vorigen Jahrhunderts. 1936 kam es zur Verabschiedung eines Sozialversicherungsgesetzes, das 1947 seine heutige Form erhielt. Durch die Zahlung gesetzlich festgelegter Beiträge sind die Isländer seither umfassend abgesichert; obligatorisch ist auch die Entrichtung so genannter Mütter- und Witwengelder sowie eines Familienzuschlags. Seit 1957 ist eine Arbeitslosenunterstützung, seit 1964 ein Jahresurlaub von 24 Tagen gesetzlich gewährleistet. Für die Konsultation eines Arztes muss ein festgesetzter Betrag gezahlt werden, die Kosten für zahnärztliche Behandlung tragen die Patienten komplett selbst.
Fast alle Arbeitnehmer sind in einer der unzähligen Gewerkschaften organisiert. Diese riefen einst häufig zum Streik auf: 1977 war das Rekordjahr mit knapp 300 Streiks. Heute bleibt es normalerweise bei weit unter zehn Arbeitsniederlegungen im Jahr, einige Jahre sehen gar keinen Streik. 2001 aber gingen die Gymnasiallehrer für zwei Monate nicht zur Schule – kaum verwunderlich, war doch gerade bekannt geworden, dass ihre Löhne innerhalb der OECD nur noch von Ungarn und der Tschechei unterboten werden. Vorrangige Aufgabe der Gewerkschaften ist die Verwaltung der knapp achtzig Rentenfonds, die eingerichtet wurden, um die mageren staatlichen Rentenbezüge aufzubessern. Die Einzahlung in eine der Rentenkassen ist für alle Arbeitnehmer verbindlich.

Kirche und Religion

Die Isländer bezeichnen sich größtenteils als religiös und gottesgläubig, drücken ihre Frömmigkeit aber nicht durch regelmäßigen Kirchenbesuch aus.

Neugeborene übernehmen automatisch die Religionszugehörigkeit der Mutter. In den häufigsten Fällen werden sie damit zu Mitgliedern der evangelisch-lutherischen Staatskirche, die 92 % der isländischen Bevölkerung auf sich vereint. Seit 1874 herrscht in Island völlige Religionsfreiheit und so gibt es noch zahlreiche andere Religionsgemeinschaften. Die größte ist – nach der lutherischen Freikirche mit 3 % – die katholische Kirche mit knapp 1 % der Isländer als Mitglieder. Diese bekamen 1989 hohen Besuch: Papst Johannes Paul II. reiste für einen Tag an. Knapp 4 % der Isländer gehören nicht eingetragenen religiösen Gruppen an oder sind konfessionslos – Letztere müssen als Ersatz für die Kirchensteuer einen Betrag in derselben Höhe an die Universität Reykjavík entrichten.
Die Beteiligung am Kirchenleben erschöpft sich meist in der Zahlung der Kirchensteuer. Die Isländer sind alles andere als eifrige Kirchgänger; einer Studie

Islands moderne Kirchen sind häufig auch Konzertsäle

zufolge halten sich aber drei Viertel für religiös, 85 % glauben an Gott. Dies deutet darauf hin, dass man sich mit seiner religiösen Überzeugung lieber im Privaten hält (in die Bibel schauen aber auch zu Hause nur 8 % der Isländer). Religion ist weder im alltäglichen noch im politischen Leben ein Thema und auch ethische Fragen werden ohne Bezugnahme zur Religion diskutiert. Dies darf nicht als Gleichgültigkeit missverstanden werden – das Interesse für religiöse Erfahrungen, für das Leben nach dem Tod usw. ist grundsätzlich groß. Lediglich die Bedeutung des institutionalisierten Glaubens ist gering.

Anfang der 70er Jahre sorgte der Dichter und Schafzüchter Sveinbjörn Beinteinsson (1924–93) aus Borgarfjörður für eine Wiederbelebung des Heidenkults. Seither werden in Island auch wieder die altgermanischen Asengötter wie Ódin und Þór verehrt. Mehrere Hundert Isländer, Tendenz steigend, sind Anhänger dieser kleinen Glaubensgemeinschaft *ásatrúarfélagið*, die seit 1973 offiziell anerkannt ist. Der Hohepriester (*allsherjargoði*) – seit 1993 Jörmundur Ingi Hansen aus Reykjavík – ist berechtigt, Paare zu trauen und Beisetzungen vorzunehmen. Schmunzelnd erzählen Isländer die Geschichte der beiden jungen Leute, die sich im Spaß nach durchzechter Nacht in Reykjavík von Sveinbjörn trauen ließen. Als der Alkoholspiegel gesunken war, gab es kein Zurück mehr, die Ehe war rechtskräftig. Erst ein Jahr später konnte die Scheidung erwirkt werden.

Für die Finanzierung des *ásatrúarfélagið* sorgen Mitgliedsbeiträge in Höhe der staatlichen Kirchensteuer. So können Opferfeste abgehalten werden, auf denen den Göttern im Gegensatz zum Mittelalter aber keine Pferde mehr geopfert werden – Schlachten ist heute nur noch in Schlachthäusern erlaubt. Man rezitiert alte Lieder und trinkt selbst gebrauten Met; ansonsten muss improvisiert werden, da in den Sagas keine Einzelheiten über die alten Rituale zu finden sind. Nach Aussage eines Asengläubigen besteht aber auch gar nicht die Absicht, den alten Kult einfach nachzuahmen. Man übernehme lediglich seine äußere Form, gebe ihm aber neue Inhalte. Wichtiges Kennzeichen des Glaubens ist wie damals der Respekt vor der Natur. Dem Christentum fehle die nötige Sensibilität für den Schutz der Natur, da es den Menschen zu sehr in den Mittelpunkt stelle. Wie den früheren Asengläubigen erscheint aber auch den heutigen eine Kombination zweier Religionen sinnvoll: Die meisten modernen Heiden ziehen es vor, sich auf heidnische und auf christliche Art beerdigen zu lassen, um doppelt abgesichert zu sein. Hohepriester Sveinbjörn ließ sich 1993 sogar ausschließlich christlich beisetzen.

Das unsichtbare Volk – Elfen, Feen, Trolle und Geister

Wer sich wundert, dass die Straße plötzlich aus scheinbar unerklärlichen Gründen einen großen Schlenker macht, kann sicher sein: Im Felsbrocken am Straßenrand wohnen Elfen.

Nach Aussage des Volkskundlers Árni Björnsson ist jeder 500. Einwohner Islands ein Geist. Da sind z. B. die Wiedergänger, Geister der Verstorbenen. Sie steigen aus ihren Gräbern und treiben ihr Unwesen, weil zu ihren Lebzeiten eine Angelegenheit nicht geklärt wurde oder weil sie ohne eine lieb gewonnene Sache nicht aus dem Leben scheiden wollten. Oder auferstandene Tote mit zweimal so viel Kraft wie normale Sterbliche, die von lebenden Menschen angerufen und losgeschickt werden, um einen Feind zu bestrafen. Aber es gibt nicht nur Geister – über 150 Seiten füllt das Lexikon "*Íslenskt Vættatal*" von Árni Björnsson, eine Auflistung der auf der Insel lebenden übernatürlichen Wesen wie Trolle, Elfen und Gnome.

Die *Elfen* wohnen am liebsten in Steinen und Hügeln. Überall im Land erinnert die in Orts- und Straßennamen zu findende Silbe *álf* ("Elfe") an ihre Präsenz. Man sagt, dass sie wie ihre menschlichen Nachbarn Rinder und Schafe züchten, und es kommt vor, dass ein Farmer für seine unsichtbaren Kollegen etwas Heu auf dem Feld liegen lässt. Im Fall, dass Letztere unter dem Feld wohnen, wird um den "verzauberten Ort" herumgemäht, um die Elfen nicht zu stören. Elfen sind gerne in der Nähe der Menschen und versuchen manchmal, einen von ihnen in ihre Welt zu locken. Kommt es zu intimen Kontakten zwischen Elfen und Menschen, entstehen *huldufólks* ("versteckte Leute"), Mischwesen, die ungefähr einen Kopf kleiner sind als Menschen, aber fast genauso aussehen. Auch riesige *Trolle* sollen in den weiten Lavawüsten und in den Bergen zu Hause sein. Sie sind die Kinder der Nacht – werden sie von der Morgensonne überrascht, verwandeln sie sich in Stein. Von vielen merkwürdigen Gesteinsformationen wird deshalb gesagt, sie seien Trolle, die zu lange draußen geblieben sind. Trolle gelten als dumm und hässlich, aber auch als ehrlich. Im Isländischen gibt es deshalb das Adjektiv *tröll tryggur*, "trollehrlich", um jemanden zu beschreiben, dem man vertrauen kann.

Noch zahlreiche andere Wesen leben im Verborgenen: Licht- und Blumenfeen mit zarten Flügeln, Zwerge und Gnome, in Gebüschen tanzende Liebliche, Nymphen und Luftgeister sowie die bis zu mehrere hundert Meter großen Berggeister. Der Glaube der Isländer in all die unsichtbaren Mitbewohner hat

seine Wurzeln in der heidnischen Tradition. Der Grund für seine große Bedeutung wird besonders in den auf der Insel waltenden Naturkräften gesehen, die sich für die Menschen jahrhundertelang jeder rationalen Erklärung entzogen. In den unberechenbaren Vulkanen, den zischenden Solfataren und fauchenden Geysiren sowie in den endlosen Lavafeldern vermuteten die Isländer übernatürliche Wesen am Werk. Daneben trugen die Isolation der Insel, das Leben auf den abgeschiedenen Höfen und die langen, dunklen subarktischen Winter zur Aufrechterhaltung des Glaubens bei. Den Ergebnissen einer Umfrage der Universität Reykjavík zufolge verneinen noch heute nur 10 % der Bevölkerung die Anwesenheit übernatürlicher Wesen. Denn selbst wenn sie noch keinen begegnet sind oder nicht einmal wirklich an sie glauben, so gefällt den Isländern der Gedanke, dass ihre Insel nicht so unbewohnt ist, wie sie scheint, und sie sehen keinen Anlass, die Existenz anderer Wesen in Zweifel zu ziehen.
Die Isländer sind im Allgemeinen stolz auf ihr verborgenes Volk, behandeln es mit Rücksicht und Respekt und überlassen ihm bereitwillig Platz auf der Insel. Hin und wieder kommt es jedoch unfreiwillig zu Zusammenstößen. Bei den Bagger- oder Sprengarbeiten zum Bau von Straßen gingen schon manches Mal Pressluftbohrer und Baggerschaufeln zu Bruch, so z. B. beim Álfshólfsvegur ("Elfenhügelweg") in Kópavogur. Jedes Mal wurde der Schluss gezogen, dass man sich gerade an einem "verzauberten Ort" zu schaffen machte und sich die in den Felsen und Steinen wohnenden Wesen der Zerstörung ihrer Behausungen widersetzten. Man entschied sich dafür, sie in Ruhe zu lassen und einen Schlenker in die Straße einzubauen – traditionell droht demjenigen Unglück, der den verborgenen Wesen in die Quere kommt. Um solche Zwischenfälle und die dadurch entstehenden Kosten zu vermeiden, wird vor Beginn großer Bauarbeiten häufig in alten Sagas und mythischen Erzählungen geblättert, ob vielleicht etwas über Elfenwohnstätten an dem zur Baustelle auserkorenen Ort überliefert ist. Dann kann man von vornherein den Ärger vermeiden bzw. die Wesen zum Umzug bitten. Für den Bau der Ringstraße wurde das Medium Zophanias Pétursson eigens dafür eingestellt, die übernatürlichen Wesen aufzufinden und sie zu bitten, die Fahrbahn zu räumen. Hätten sie sich widersetzt, wäre die Straße umgelegt worden.
In Hafnarfjörður ist kein Zweifel mehr darüber möglich, wo sich die Zwerge und Elfen aufhalten könnten. Auf einem eigens erstellten Stadtplan hat das Medium Erla Stefánsdóttir alle Wohnstätten übernatürlicher Wesen eingezeichnet, die sich hier in besonders großer Zahl niedergelassen haben sollen. Die Tatsache, dass der Stadtplan vom Tourismuskomitee der Stadt herausgegeben und in der Touristeninformation in Hafnarfjörður erhältlich ist, macht deutlich, dass die Bewahrung des Glaubens an das unsichtbare Volk auch durch das Interesse ausländischer Touristen unterstützt wird. Dieses Interesse ist so groß, dass es seit 1994 in Reykjavík eine Elfenschule gibt, die Islandbesuchern einen Nachmittagskurs in Sachen unsichtbares Volk anbietet (siehe Kap. "Reykjavík", S. 204/205).

Wer die verborgenen Wesen und die Natur als ihren Lebensraum nicht respektiert, dem mangelt es nach Erla Stefánsdóttir auch an Respekt vor sich: "Die Menschen ... zerstören damit auch etwas in sich selbst."

Kunst und Kultur

Sprache – das Juwel der Nation

Das Isländische gehört zu den nordgermanischen Sprachen und ist mit dem Altwestnorwegischen verwandt. Im Laufe der Jahrhunderte hat es sich so wenig geändert, dass die Isländer die mittelalterliche Edda und andere alte Schriften ohne Schwierigkeiten im Original lesen können.

Wer vor Auslandsreisen einen kleinen Sprachkurs absolviert, um sich vor Ort wenigstens ab und an mal in der Landessprache verständlich machen zu können, stellt sich beim Isländischen einer unbarmherzigen Herausforderung. Die Sprache könnte grammatisch kaum komplizierter sein und weist ein faszinierend verwirrendes Flexionssystem auf, das selbst vor der Beugung von Namen nicht Halt macht. Eine weitere Hürde ist die Aussprache – ein Lob dem, der bei seiner ersten Islandreise den Ort Kirkjubæjarklaustur richtig aussprechen kann. Ein Glück also, dass man sich mühelos mit Englisch durchschlagen kann; insbesondere die jüngeren Isländer verfügen über ausgezeichnete Fremdsprachenkenntnisse. Jemanden zu treffen, mit dem man Deutsch reden kann, kommt vor, ist aber nicht selbstverständlich. Grundsätzlich kann nur die Verständigung mit älteren Menschen manchmal schwierig werden. Aber auch wenn die Sprache schwierig ist, sollte man sich vor der Reise etwas mit ihr beschäftigt haben, um isländische Hinweisschilder wenigstens sinngemäß zu verstehen (siehe Sprachführer im Anhang).

▸ **Sprachgeschichte**: Die im Altnorwegischen verwurzelte Sprache geht, wie alle skandinavischen Sprachen außer dem Finnischen, auf das Nordgermanische zurück. Seit 1530 hat sich die isländische Sprache nicht mehr nennenswert verändert. Die ersten Siedler brachten unterschiedliche Dialekte aus Norwegen mit. Wegen der großen Mobilität auf der kleinen Insel und insbesondere durch die allsommerliche Alþingiversammlung, zu der Bewohner aller Landesteile anreisten, verschwanden sie jedoch schnell und die Sprachentwicklung verlief dann über das ganze Land auffallend einheitlich.
Bis Mitte des 11. Jh. wurde im gesamten nordischen Raum das Altnordische gesprochen. Dann begann eine Spaltung in die ost- und westnordische Sprachgruppe; zu letzterer gehören neben der isländischen die färöische und die westnorwegische Sprache. Nun setzte eine von den anderen nordischen Sprachen unabhängige Entwicklung des Isländischen ein, das sich als außergewöhnlich konservativ erwies, weshalb fast von einer Nicht-Entwicklung gesprochen werden muss: Vereinfachungen, die sich in anderen nordischen Sprachen durchsetzten, gab es in Island nicht. Ein kleines Beispiel sind die Laute *hl*, *hr* und *hn*, die nicht, wie im Dänischen und Schwedischen, zu *l*, *r* und *n* verkürzt wurden: Brotlaib heißt in Island noch immer *hleifur* und Ring *hringur*. Als wesentlicher Grund für die außerordentliche Stabilität der isländischen Sprache muss die Abgeschiedenheit der Insel gesehen werden; daneben

Handschrift der Gesetzessammlung Jónsbók aus dem 16. Jh.

diup ad fioru og kome þa flot upp vr sio. Ef m kaup reka af landi
nz ad logmale riettu og skilia fra þ e giort. En suo þa a landeigande
fioru þke annarlong biefle aull og þan af smærre. En reka m
ar vid allan o telgdan þn e þ rekr upp ⁊ suo huale þa alla e þar
upa hunk a land nema m valldi. og suo a hn þa huale alla e þ rekr
. Sa madr er land a. a þar þa allan og fugla alla ⁊ rostunga
la alla og suo ef m drepr þar sel. Hann a þar og hausur allar ⁊ ha
unga ⁊ fiska alla nema þar reki fleire senn a land en .v. þa a reka m
ndeigande a þ og flunnungar allar ⁊ vogrek allt og huale þa alla
þ mun hlaupa a land upp og verd allar J netlogum ⁊ J fiorune. Ef
or flytr J netlogum þa a reka m þn. En ef viar er vidr ⁊ ma þo sia
af a borde þa a sa m er iord a og allt þ er þar flytr. En fioru madr
allt þ s J netlogum flytr huart s net er lagt af landi edr skre. Ef
edr eyiar liggia þ land milz þa a sa þ og reka þn allan er þuni fylg
meginlond a næst nema mz logum sie fra komit. vm hual ad festa
þ hual rekr a fioru mnz þa sk sa er a land byr þar næst. festa hual
þn huart s fioru a og hafi slikt f starf sitt s fyr skilur leigulida
þott landz drottinn bue sialfr a iordu. Hann sk festa hual þm þeim
o e sie o skerfe en reip þau .x. ad tueggia m afle halde huart o sie
a hornm annar enda vm stock edr stein. Riett er hm ad skera festar
af sialfum hualnum. og ef suo e fest þa abyrgizt hn e þo ad vt taki
hualinn ef sumr er festar slitr a landi en sumr J hual þa a sa hua
n e adr atte þo ad a annars fioru kome. Hann sk J burt flytia hua
n huort s hn vill a skipi edr eykium og neyta þar einkis nema vatz
g hafa. En ef vi skynsamir m sanna þ mz eidi ad hualr sie vr festr
n nu var talt þa a sa ei J þo ad vt taki og abyrgizt ad aullu
ef annar a hual. Hann a þegar e hualr e kominn ad senda mann þri e
nare fullum dagleidum þm er reka a. En landbue sk skera hual til fiord
ungs ⁊ þr m er hm fara til þar til er reka m kiemr e hs loghgr vm
bods m þa sku þr rada þm e o skorinn e. En ef fleire m eiga þ J
reka þa sk þm ord giora er mest a J. en hina hlut sk hn vardueita
a s hn eigi sialfr. og abyrgizt vid handuomum sinum. Nu sk m

übte die von der Bevölkerung hoch geschätzte altisländische Literatur einen normierenden Einfluss aus. Änderungen setzten sich lediglich in der Aussprache durch; sowohl bei Vokalen als auch bei Konsonanten kam es vor 1530 zu Lautveränderungen. Das alte Isländisch würde heute kaum mehr verstanden werden. Da die Sprache ansonsten aber praktisch unverändert geblieben ist, bereitet das Lesen der mittelalterlichen Sagas im Original keine Probleme.

Die Sprache erhielt über das letzte Jahrtausend zahllose Begriffe für jedes mögliche geografische Detail im Land und ist reich an islandtypischen, durch die Vergangenheit geprägten Ausdrücken. Wenn etwas nicht gut ist, ist es "nicht viele Fische wert", nach übermäßigem Alkoholkonsum ist man "betrunken wie ein Schaf" und wer allein und auf sich selbst gestellt ist, ist "alleine in einem Boot".

- **Sprache und Schrift**: Mit dem Christentum übernahmen die Isländer das lateinische Alphabet, die ersten Bücher wurden zu Beginn des 12. Jh. verfasst. In der Überzeugung, dass das Lesen und Schreiben "bequemer werden muss", gab ein unbekannter Verfasser um 1150 den *Ersten Grammatischen Traktat* heraus, eines der ersten heute noch erhaltenen Prosawerke. Hiermit erhielten die Isländer ein ihrer Sprache angemessenes Alphabet: Einige nicht benötigte Konsonanten (*c, q, w, z*) wurden aus dem lateinischen Alphabet herausgenommen, vor allem aber andere Konsonanten und Vokale hinzugefügt, um den besonderen isländischen Lauten einen Buchstaben zuzuweisen. Dies ist der Grund, warum zwei Runenzeichen im isländischen Alphabet weiterleben: *ð/Ð* und *þ/Þ*, die wie ein stimmhaftes bzw. stimmloses englisches *th* gesprochen werden.
- **Isländisch heute**: Obwohl die keltischen Siedler, das Christentum, dänische und norwegische Herrschaft und Handelskontakte das Isländische von Beginn an mit neuen Wörtern und Begriffen konfrontierten, wurden über die Jahrhunderte hinweg nur wenige Elemente und Lehnwörter aus anderen Sprachen übernommen. Reste keltischen Sprachguts sind noch in einigen wenigen Orts- und Personennamen erkennbar (z. B. *Papós*). Typische Lehnwörter, die im Zuge der Christianisierung aufkamen, sind *biskup*, *prestur* und *klaustur* (Bischof, Pfarrer und Kloster). Nach der Reformation aber schlichen sich aus der Verwaltungssprache Dänisch etliche dänische Begriffe in den Wortschatz ein. Hier setzten im 19. Jahrhundert die Freiheitskämpfer an. Im Zuge der Unabhängigkeitsbewegung sorgten sie für eine Rückbesinnung auf die isländische Sprache und Kultur; es begann das Bemühen um eine Reinigung der Sprache von ausländischen Einflüssen. Mit Erfolg: Dänische Lehnwörter wurden fast komplett beseitigt und durch isländische Begriffe ersetzt; wo es keinen isländischen Ausdruck gab, wurde durch bildhafte Umschreibung und mit Fantasie einer geschaffen.

  Seit 1964 wacht das isländische Sprachkomitee offiziell über Veränderungen der Sprache und nötige Anpassungen. Ziel ist es, Fremdwörter aus dem Wortschatz auszumerzen und aus alten isländischen Wörtern neue zu bilden, die den heutigen Erfordernissen gerecht werden. Denn was soll man mit all den Gegenständen machen, die es im Mittelalter nicht gab, die aber einen Namen brauchen, nur bitte keinen ausländischen? Jeder Bewohner der Republik, die sich *lyðveldi* (Volksmacht) nennt, kann Vorschläge unterbreiten, aus denen das

Komitee auswählt. Der isländisch-eigentümliche Wortschatz ist groß: Der Faden *síma* wurde zum Telefon *sími*, Elektrizität heißt *rafmagn* und damit Bernsteinkraft (eine Batterie ist folglich *rafhlaða*, ein Bernsteinbehälter), die Polizei ist der Gesetzesregler *lögregla*, das Radio *útvarp*, also Auswurf, und wer eine CD hören möchte, legt einen *geisladiskur* ein, einen Strahlenteller. Die Übersetzung für Computer ist *tölva*, was so viel heißt wie Zahlenwahrsagerin – das Wort ist ein Derivat aus *völva*, Wahrsagerin, und *tölur*, Zahlen. Die sprachbewussten Isländer sind eifrige Benutzer der *tölva* und so verklagten sie Bill Gates für seine Weigerung, bei Windows-Programmen die isländische Sprache zu berücksichtigen – mit Erfolg. Bei manchen Begriffen benutzen die Isländer trotz Sprachpurismus die international gebräuchlichen Ausdrücke neben den isländischen Neuschöpfungen. Sie fahren mit dem Taxi oder *leigubíll*, auf Deutsch Mietauto, sowohl ins Konzert als auch ins Tonspiel oder Liedervergnügen und lauschen dort zugleich der Schlagharfe und dem *píanó*. Andere ausländische Wörter haben sich entgegen aller Bemühungen ganz durchgesetzt, z. B. *video* und *mínúta*, *rómantískur* und *hippi*.

Angesichts der geringen Bevölkerungszahl und zunehmenden Internationalisierung der Geschäfts- und Medienwelt ist die Besorgnis der Isländer um ihre Sprache zu verstehen, gilt diese doch als ein Schlüssel für das Überleben der Nation und für das Bewusstsein einer reichen Vergangenheit mit einer selbstständigen Kultur. Ihre Sprache, so die 1996 aus dem Amt geschiedene Präsidentin Vigdís Finnbogadóttir, sei für die Isländer das Juwel ihrer Identität.

• *Sprachkurse* **Tómstundaskólinn Mímir**, Reykjavík, Grensásvegur 16a, ✆ 5887222, www.mimir.is, bietet Abendkurse für Anfänger und Fortgeschrittene.

Námsflokkar Reykjavíkur, Fríkirkjuvegur 1, Reykjavík, ✆ 5512992/5514106, ℻ 5629408, www.namsflokkar.is, unterrichtet morgens und abends Anfänger und Fortgeschrittene, ebenso **Fullorðinsfræðslan/The School of Icelandic**, Krókháls 5a, Reykjavík, ✆ 5571155. **Endurmenntunarstofnan H.Í./The University of Iceland**, Department of Continuing Education, Dunhagi 7, ✆ 5254923, ℻ 5254080, www.endurmenntun.hi.is, unterrichtet 2- mal die Woche 3–4 Std. Grammatik, Lesen und Sprechen auf drei Niveaus.

Ungewohnt ist der Wechsel der Endung der Straßenbezeichnungen bei *Adressenangaben*. Hier wird meist der Dativ des Ortes verwendet. So wird *gata* zu *götu*, *stígur* zu *stíg*, *holt* zu *holti* und *tún* zu *túni*, *vegur* zu *vegi* und *vogur* zu *vogi*. Außerdem muss man darauf gefasst sein, dass sich *Ortsnamen* durch Flexion stark verändern. Um dem Leser Verwirrungen zu ersparen, wird im vorliegenden Buch weitgehend der Nominativ verwendet.

Literatur

Die Edda-Dichtung und die Sagas, die im Island des Mittelalters entstanden, werden zu den erstaunlichsten literarischen Leistungen der Welt gezählt und gehören heute zum höchsten kulturellen Erbe der isländischen Nation.

Der Grund dafür, dass es auf der abgeschiedenen Insel zu einer im skandinavischen Raum einzigartigen literarischen Blüte kam, liegt wohl gerade in dieser Isolation. Sie ermöglichte es den Isländern, sich ungestört von Unruhen und Kriegen den Büchern zu widmen; durch die Seeverbindungen mit Skandinavien bestand trotzdem Kontakt mit anderen Kulturen.

Jahrhundertelang waren Götter- und Heldengeschichten, Berichte über historische Ereignisse und die altgermanische Dichtung von Generation zu Generation mündlich weitergegeben, aber kaum schriftlich festgehalten worden. Dies änderte sich im Jahre 1000 mit der Übernahme des Christentums: Bischöfe und weltliche Gelehrte fuhren zur Ausbildung nach Deutschland, England oder Frankreich und brachten Kenntnisse der fremden Kultur und Gelehrsamkeit sowie Bücher mit auf die Insel. Das lateinische Alphabet löste die Runenschrift ab und die Isländer begannen, selber Bücher zu schreiben. Die kirchlichen Institutionen, allen voran die Bischofssitze in Skálholt und Hólar und im 12. Jh. die Klosterschulen, wurden zu Zentren der Bildung und des literarischen Schaffens. Auch die Pfarrhöfe mächtiger Goden, wie Oddi oder Haukadalur, entwickelten sich schnell zu wichtigen Kulturstätten des Landes. Kirchliche und weltliche Bildung gingen hierbei Hand in Hand.

Kleine Götterfigur aus Bronze, wahrscheinlich Donnergott Þór

Geschrieben wurde mit Gänsefedern auf Pergament aus Schafs- oder Kälberhaut. Für die Flateyjarbók, das umfangreichste isländische Manuskript, wurden die Häute von 113 Kälbern benötigt. Die erste bekannte Schrift in isländischer Sprache war die Gesetzessammlung *Grágas*, die vermutlich 1118 abgeschlossen war. Eine Abschrift aus dem 12. Jh., der *Codex Regius*, ist bis heute erhalten. Kirchliche Werke wurden aus dem Lateinischen übersetzt, daneben entstanden Schriften über weltliche einheimische Themen, insbesondere zu erzieherischen Zwecken. Mitte des 12. Jh. entwickelten sich zwei weitere Arten von Literatur: Geschichtswerke und Genealogien.

▸ **Ari Þorgilsson der Weise**: Der bemerkenswerteste Geschichtsschreiber der damaligen Zeit war *Ari Þorgilsson* (1067/68–1148). Er wählte für seine nach 1122 geschriebene Geschichte des isländischen Volkes von der Landnahme bis zum Anfang des 12. Jh., die *Íslendingabók*, als erster Historiker seine Muttersprache und stellte so die Weichen für die isländische Geschichtsschreibung. Die zuvor von Aris Förderer, *Sæmundur Sigfússon* der Gelehrte (1056–1133), der als der erste isländische Autor gilt, verfasste Geschichte über das Leben der norwegischen Könige war noch in Latein geschrieben. Ein anderes bedeutendes Werk war die *Landnámabók*, das Buch der Landnahme, das von Herkunft und Landbesitz etwa 430 früher Siedler erzählt. Vom Landnahmebuch sind drei Fassungen erhalten, die alle im 13. Jh. entstanden, sich aber auf ältere, verlorene Fassungen stützen. Der ursprüngliche Text bestand fast ausschließlich aus – wahrscheinlich zuverlässigen – Genealogien. Zur Belebung fügten ihm die späteren Verfasser Anekdoten bei, die den literarischen, nicht aber den historischen Wert erhöhen. Dennoch hat wohl kaum ein anderes Land so detaillierte Informationen über seine frühen Siedler. Man nimmt an, dass ein großer Teil der ersten Version, von der heute jede Spur fehlt, die aber den nachfolgenden Werken als Hauptquelle diente, im 11. oder 12. Jh. von Ari Þorgilsson verfasst wurde.

Die Sagas

Saga heißt "Geschichte" – ein für Form und Inhalt passender Name: Es handelt sich um eine Erzählung dessen, was einst geschehen ist. Gemeinsame Merkmale der Sagas sind die Sprache und der Stil. Vom Stoff her lassen sie sich in verschiedene Untergruppen unterteilen, von denen die Königssagas und die Isländersagas die wichtigsten sind.

Die *Königssagas*, von denen die erste wohl in der ersten Hälfte des 12. Jh. entstand, hatten vor allem die Geschichte der norwegischen Monarchen zum Thema. Während einige Verfasser sich an die Tatsachen hielten, wurden die Monarchen in anderen Sagas nach dem Vorbild der Heiligenlegenden als christliche Helden dargestellt. Das Glanzstück ist die zu Beginn des 13. Jh. von *Snorri Sturluson* (1178–1241), dem wohl berühmtesten isländischen Sagaverfasser, geschriebene "Heimskringla", so genannt nach ihren ersten Worten "der Kreis der Welt". Diese stilistisch hervorragende Geschichte der norwegischen Könige besteht aus sechzehn einzelnen Sagas.

▸ **Die heldenhaften Isländersagas**: Die Königssagas treten in ihrer Beliebtheit und Bedeutung hinter den zwischen 1200 und 1350 entstandenen *Isländersagas* zurück. Diese erzählen Geschichten aus dem ersten Jahrhundert des Freistaates. Die Zeitspanne zwischen 930 und 1030 wird deshalb auch Sagazeit genannt. Über den Ursprung der Isländersagas, und damit auch über ihren historischen Wahrheitsgehalt, herrscht Unklarheit. Im Gegensatz zu den Königssagas sind sie allesamt anonym überliefert, man weiß nicht, wie viel an den Geschichten während der jahrhundertelangen mündlichen Weitergabe verändert worden ist. Dafür, dass die Wahrheit mit der Zeit zumindest leicht verfälscht wurde, sprechen u. a. die vielen Verklärungen und Übertreibungen und die Tatsache, dass Sagas unterschiedlich von dem gleichen Ereignis berichten.

Das Thema der meisten heute noch erhaltenen knapp vierzig Isländersagas sind Streitigkeiten und Fehden. In der blutigen und chaotischen Sturlungenzeit, die mit der Unterwerfung unter die norwegische Krone endete, und kurz danach niedergeschrieben, erinnern sie wehmütig an die Zeit, in der das isländische Rechtssystem noch funktionierte und man nicht um Macht kämpfte, sondern um Ehre. Im Mittelpunkt der Erzählungen stehen Männer oder Frauen aus den führenden Geschlechtern und dem wohlhabenden Bauerntum. Der Stil der Sagas ist kurz und knapp, die Ereignisse folgen fast verwirrend rasch aufeinander. Um den Erzählungen Leben zu verleihen, haben die Verfasser kunstvoll direkte Rede und Dialoge in ihre Werke eingebaut, besonders an den Stellen, an denen die Handlung sich zuspitzt. Dies war das stilistische Mittel,

Gedanken und Gefühle der Charaktere zu vermitteln, von denen die Schreiber ja nichts wissen konnten. Schließlich musste der Schein unbedingter Sachlichkeit gewahrt bleiben. Die Sprache der Isländersagas hat nichts mehr mit dem einst aus dem Ausland übernommenen Gelehrtenstil zu tun. Sie lesen sich wie mündliche Überlieferungen.

Die längste und berühmteste Isländersaga ist die *Njáls saga*, die vom weisen Njáll und seinem ritterlichen Freund und "lichten Helden" Gunnar von Hlíðarendi berichtet (siehe Kap. "Der Südwesten"). Zu den beliebtesten und romantischsten Sagas gehört die *Laxdæla saga*, in deren Mittelpunkt die stolze und leidenschaftliche Guðrún Ósvífursdóttir steht, die ihren Liebsten, den sie fälschlich für untreu hielt, umbringen ließ (siehe Kap. "Der Westen"). Eine Anzahl Sagas hat das Schicksal Geächteter zum Thema; die wichtigste von ihnen ist die *Grettis saga* (siehe Kap. "Akureyri und der Nordwesten"). Lieblingsheld ganzer Generationen war Egill Skallagrímsson, dessen Leben in der *Egils saga* wiedergegeben wird (siehe auch Kap. "Westen" und "Snæfellsnes"): Der größte Skalde Islands hatte so lobenswerte Charakterzüge wie Treue und Mut und besaß hervorragende dichterische Fähigkeiten, war aber auch trink- und kampfsüchtig, habgierig und grausam. Aufgrund eines Streits mit dem Wikingerkönig Erik Blutaxt zum Tode verurteilt, konnte er nur mit einem in der Nacht vor seiner Hinrichtung verfassten Lobgedicht auf den König sein Leben retten. Mit hoher Wahrscheinlichkeit wurde die Egils saga von Snorri Sturluson verfasst. Sie ist die einzige Isländersaga, bei der sich Hinweise auf den Autor finden lassen.

Im späten 13. Jh. begann allmählich der Verfall der Sagaschreibung. Je größer die Zeitspanne zwischen den wiedergegebenen Ereignissen und ihrer Niederschrift wurde, desto mehr nahm die Zuverlässigkeit der Informationen ab. Zu den letzten großen Erzählungen gehört das um 1300 zusammengestellte Sammelwerk der *Sturlunga saga*, das die Auseinandersetzungen der isländischen Goden und damit den Zerfall des Freistaates behandelt. Das Kernstück der Sturlunga saga, die *Íslendinga saga*, wurde von Snorris Neffen Sturla Þórðarson verfasst.

▶ **Die Sagas heute**: Die Sagaliteratur spielt im Bewusstsein der heutigen isländischen Bevölkerung eine bedeutende Rolle. Es ist eine Selbstverständlichkeit, wenigstens mit den wichtigsten Erzählungen und Charakteren vertraut zu sein. Man ist stolz auf die literarischen Überlieferungen und identifiziert sich mit den unbezähmbaren Sagahelden, an die immer wieder gerne erinnert wird – ein kraftvoller Sekundenkleber trägt den Namen "Grettistak", die größte Limonadenmarke Islands ist "Egils". Einige Aussprüche sind zu geflügelten Wörtern geworden, z. B. Gunnar von Hliðarendis Seufzer "*fögur er hliðin*" ("wie schön sind die Berge"), den er aussprach, als er beschloss, seinem Verbannungsurteil nicht zu folgen, und der im Unabhängigkeitskampf des 19. Jh. zu einem patriotischen Schlagwort wurde. Die Bemerkung Njálls, "*með lögum skal land byggja*" ("mit Gesetzen erbauen wir unser Land"), steht auf jedem isländischen Polizeiauto. Die Sagas sind heute beliebter Stoff für Romane, Filme und Theaterstücke. 2002 startete eine umfangreiche Verfilmung der *Njáls saga*.

Edda und Skaldik

Um 1220 verfasste Snorri Sturluson die Edda, sein berühmtes Handbuch der Poesie. Auf eine zuvor verfasste Sammlung von Götter- und Heldenliedern wurde später derselbe Name übertragen, weshalb es zwei Eddas gibt.

Warum dieser Name für Snorris Werk gewählt wurde – "Edda" bedeutet "Urgroßmutter" –, weiß man nicht. Einige Wissenschaftler vermuten seine Herkunft im lateinischen edo "ich veröffentliche, ich verfasse".

▸ **Snorris Prosa-Edda**: Die von Snorri verfasste Edda besteht aus drei Teilen. Der erste, *Gylfis Betörung*, gibt einen umfassenden, unterhaltsamen Einblick in die nordische Mythologie. Snorri präsentiert die Asen als ein unter Óðins Führung aus Asien nach Skandinavien eingewandertes Volk, das im Norden wegen seiner Zauberkräfte als Götterfamilie verehrt wird. Asien ist bei Snorri gleichbedeutend mit Asenland. Diese Einwanderungsfabel hat keine sehr alten Wurzeln, die Beschreibung der mythologischen Götterwelt ist eindeutig von christlichem Einfluss geprägt. Gylfi empfängt Offenbarungen einer heidnischen Dreieinigkeit, Óðin erscheint als eine Art Gottvater. Das dominierende Thema ist der Kampf der Asen gegen die Riesen, also der Streit zwischen Gut und Böse. Þór, der stärkste der heidnischen Götter und ihr Beschützer, ist immer wieder gen Osten unterwegs, um Zwerge, Riesen und Trolle zu bekämpfen.

Der zweite Teil der Edda ist *Die Dichtersprache*, eine Einführung in die Kunst der Skaldik. Snorri versuchte hier vergebens, die skaldische Dichtung in ihrer ursprünglichen Form, die nun endgültig vor dem Verfall stand, zu retten. Den dritten Teil bildet das Strophenverzeichnis *Háttatal*, ein skaldisches Preislied zum Ruhme des norwegischen Königs, bei dem der Stil im Vordergrund steht: Das Gedicht hat 102 Strophen und ebenso viele Metren, die im Anschluss an jede Strophe erklärt werden.

Warum der Lachs am Schwanz spitz zuläuft...

Loki, der listige Gott des Feuers, war von zwiespältigem Charakter. Er konnte wohltätig und auch zerstörerisch sein und säte ständig Zwietracht unter den Göttern. Seine schlimmste Tat beging er, als er auf heimtückische Weise Baldur, den von allen geliebten Gott der Sonne und weisen, barmherzigen Sohn Óðins, umbringen ließ und damit den Untergang des Asenreiches einläutete. Um sich vor den aufgebrachten Göttern in Sicherheit zu bringen, baute er ein Haus mit vier Türen, aus dem er in alle Himmelsrichtungen schauen konnte. Auf seinem Hochsitz Hlidskjalf, von dem er die ganze Welt überblicken konnte, erspähte Óðin das Haus schnell. Als er sich ihm mit den anderen Göttern näherte, verwandelte Loki sich in einen Lachs und sprang in den nahen Wasserfall Fránangursfoss. Hier versteckte er sich zwischen den Steinen und entschlüpfte so dem von den Göttern ausgeworfenen Netz. Als er aber gerade darüber hinwegspringen wollte, gelang es Þór, Loki am glitschigen Schwanz zu erwischen und durch kräftiges Zudrücken festzuhalten. Snorris Edda zufolge ist der Lachs seitdem am Schwanz so schmal.

Árni Magnússon und die isländischen Pergamente

Nach den Verwüstungen der Klöster durch die Reformatoren waren die Pergamente im ganzen Land verstreut und befanden sich in übelstem Zustand auf den Bischofssitzen und Pfarrhöfen oder in Privatbesitz. Schlimmstenfalls schimmelten sie unachtsam zusammengeknüllt als Pergamentfetzen in den feuchten Hütten vor sich hin und wurden in der größten Not zum Flicken von Schuhen und Hosen verwendet oder gar gegessen. Im 17. Jh. gelangten viele Manuskripte nach Dänemark und Schweden, wo ein reges Interesse an der mittelalterlichen Geschichte der nordischen Länder erwacht war.

Dass zu Beginn des 18. Jh. so gut wie alle Schriften vor dem Verschwinden gerettet wurden, ist dem isländischen Professor für Geschichte und Geografie an der Universität von Kopenhagen und Kustos im königlichen Archiv, Árni Magnússon (1663–1730), zu verdanken. Er begann früh mit dem Sammeln isländischer Handschriften, um sie den nachfolgenden Generationen zu erhalten. Letztendlich widmete er dieser Aufgabe mit Hingabe und Sorgfalt sein ganzes Leben. Er stöberte und sammelte, kaufte Manuskripte aus dem Ausland zurück, schrieb diejenigen ab, die er nur ausleihen konnte und bemühte sich, die Geschichte einer jeden Handschrift zurückzuverfolgen. Als er zu Beginn des 18. Jh. zehn Jahre lang von Hof zu Hof reiste, um die erste Volkszählung Islands durchzuführen, konnte er auch in den entlegensten Winkeln nach fehlenden Handschriften suchen. Für ihren Transport zum Hafen waren am Ende dreißig Packpferde notwendig. Mit dem Schiff gelangten die Schätze nach Dänemark und in der Bibliothek von Kopenhagen arbeitete Árni bis an sein Lebensende an der Sammlung.

1728 zerstörte der große Brand von Kopenhagen einen Großteil der Universitätsbibliothek. Die Mehrzahl von Árnis Büchern und Aufzeichnungen wurde ein Raub der Flammen. Die meisten der ältesten und kostbarsten Stücke – Sagahandschriften und Gesetzbücher – konnten zwar gerettet werden, Árni Magnússon aber kam über die Tragödie nicht hinweg und starb zwei Jahre nach dem großen Brand. Seine Handschriftensammlung vermachte er auf dem Totenbett der Universität in Kopenhagen. Die Manuskripte verblieben über 250 Jahre in Kopenhagen, fanden aber nach 1971 ihren Weg zurück auf die Insel, wo sie im Árni-Magnússon-Institut in Reykjavík sorgfältig verwahrt und studiert werden (siehe Kap. "Reykjavík"). Die Leidenschaft, mit der Árni Magnússon dem Sammeln der Handschriften nachging, kann man in der "Islandglocke" von Halldór Laxness nacherleben: Eine der Hauptfiguren des Romans, Arnas Arnaeus, geht auf Árni Magnússon zurück.

▸ **Skaldik**: Die Skaldik ist wahrscheinlich aus dem Nordwesten der Britischen Inseln mit den Einwanderern nach Island gelangt, wo sie rasch ihren Höhepunkt erreichte: Der erste isländische *Skalde*, Egill Skallagrímsson (900–983), gilt auch als der beste. Schon seit der Mitte des 10. Jh. trugen am norwegischen Königshof hauptsächlich isländische Skalden ihre Preisgedichte vor, erzählten von Schlachten und Wikingerzügen, lobten oder verspotteten Könige und andere Herrscher. Form und Stil der Skaldendichtung waren, was das Versmaß und die Reime angeht, äußerst kompliziert und ihre Beherrschung war eine schwere Kunst. Vom Skalden wurde auch Kreativität erwartet, v. a. in der Verwendung von *Heitis* und *Kenningar*. Heitis, poetische Synonyme von Wörtern aus der Umgangssprache, waren noch relativ einfach einzusetzen. Kenningar hingegen, bildliche Umschreibungen von Begriffen durch mehrere substantivische Elemente, stellten sowohl an den Skalden als auch an den Zuhörer mitunter die größten Anforderungen. Als Umschreibung für eine Schlacht konnte man "Sturm des Rabenweins", also "Blutsturm", finden, aber auch "schauderhafter Sturm der Planke von Skögul" – hier musste der Zuhörer dann schon wissen, dass es sich bei Skögul um eine Walküre handelt, deren "Planke" ein Schild ist. Bei einigen Kenningar hatten die Zuhörer Anhaltspunkte, bei anderen mussten sie sich auf ihr Wissen und ihre Kombinationsgabe verlassen. Die Skalden durften keine Kenningar gebrauchen, die schon von einem anderen Dichter verwendet worden waren. Sie erfuhren hohe Wertschätzung und es verwundert nicht, dass heute 400 von ihnen mit Namen bekannt sind. Von der skaldischen Dichtung sind nur einzelne Strophen überliefert, die in Sagas oder in Snorris Edda zitiert wurden.

▸ **Die Liederedda**: 1643 fielen Bischof Brynjólfur Sveinsson Pergamente mit einer anonym überlieferten Liedersammlung in die Hände. Er war davon überzeugt, dass es sich hierbei um eine zu Beginn des 12. Jh. von Sæmundur Sigfússon verfasste Edda handele, die Snorri für seine Edda als Quelle gedient habe. Tatsächlich enthält diese Handschrift viele Gedichte, die Snorri im ersten Teil seiner Edda zitiert oder erwähnt hat. Dass aber Sæmundur der Verfasser ist, gilt als unwahrscheinlich. Einige der Lieder sind vermutlich schon im 8., die meisten wohl im 10. und 11. Jh. entstanden und damit teilweise lange vor Sæmundurs Zeit.

Heute wird die Sammlung *Poetische Edda* oder *Liederedda* genannt oder, im Gegensatz zu Snorris Jüngerer Edda, die *Ältere Edda*. Der größte Teil umfasst die Götter- und Heldenlieder. Die Götterlieder sind didaktische oder dramatische Werke mit mythologischem Inhalt. Am Anfang steht die *Völuspá* ("Der Seherin Weissagung"), trotz vieler Unklarheiten eines der angesehensten Eddalieder, das die Geschichte des ganzen Universums und der Götter erzählt und mit dem Weltuntergang *ragnarök* endet. Das längste Götterlied ist *Hávamál*, die altertümlichste und sittengeschichtlich bedeutsamste aller germanischen Spruchsammlungen, die mit allerhand Ratschlägen und Warnungen aufwartet. So wird beispielsweise zur Gastfreundschaft gemahnt, von Schwatzhaftigkeit und ungezügeltem Biergenuss abgeraten und die Pflege von Freundschaften angeraten – Letzteres schon im Hinblick auf die nächste Fehde. Die Heldenlieder gehören zu den Sagen germanischer Herkunft und berichten über Helden, die in der Völkerwanderungszeit auf dem europäischen Festland ihre Taten vollbrachten.

Rittersagas und Rímur, Romantik und Realismus

Nach 1350 entstanden keine Isländersagas mehr. Der Geschmack hatte sich geändert, dazu war das Land durch Naturkatastrophen und Fremdherrschaft geschwächt – die Voraussetzungen für kulturelle Glanzleistungen waren dahin. Damit war die Blüte der isländischen Literatur vorbei.

Von Norwegen angeregt, übersetzten die Isländer seit Mitte des 13. Jh. französische Ritterromanzen und verfassten nach 1300 *Rittersagas*. In diesen Erzählungen, die mitunter in fernen, exotischen Ländern spielten und deren Hauptthema die Liebe war, wurde dem historischen Wahrheitsgehalt nur wenig Bedeutung beigemessen. So kommen auch klassische Märchenmotive wie böse Stiefmütter oder Verzauberungen vor. Noch unglaubwürdiger lesen sich die "Sagas der alten Zeiten", die seit Mitte des 13. Jh. aufgezeichnet wurden und von Ereignissen der frühen Wikingerzeit berichten. Die Handlungen wurden mit der Zeit so fantastisch, dass viele Sagas aus dem Spätmittelalter heute unter dem Begriff *Märchensagas* zusammengefasst werden.

- **Sagas in Versform**: Vom 14. Jh. an entstanden *rímur*, lange epische Lieder mit kompliziertem Versmaß, die von der Skaldik die Verwendung von Heitis und Kenningar übernahmen und als umgestaltete Sagas mehr oder weniger wahrheitsgetreu von vergangenen Ereignissen berichten. Musikalisch vorgetragen, stellten sie an langen Winterabenden und in den Zeiten der Armut eine willkommene Zerstreuung dar und erfreuten sich bis ins 19. Jh. hinein großer Beliebtheit. Im späten Mittelalter verfassten die Isländer fast nur noch Literatur in Versform. Neben rímur schrieben sie weitere weltliche Gedichte, deren Themen hauptsächlich Volkserzählungen und Märchen waren, vor allem aber entstanden fromme Werke. Das berühmteste isländische religiöse Gedicht aller Zeiten ist das im 14. Jh. wahrscheinlich von *Bruder Eysteinn* verfasste Werk "Lilja". Dieses großartige Drama mit hundert Strophen über die Auseinandersetzung zwischen Gut und Böse, zwischen Christus und seiner Mutter und dem alten Feind Satan, beeindruckte die Isländer damals so sehr, dass es hieß, jeder Dichter hätte es gerne verfasst. Der berühmteste Autor religiöser Gedichte in der vorreformatorischen Zeit war der letzte katholische Bischof *Jón Arason*. Die protestantischen Bischöfe wandten sich gegen rímur und weltliche, unterhaltsame Literatur. Nach der Reformation wurden deshalb hauptsächlich geistliche Schriften, Lieder und Gedichte verfasst und übersetzt. In den grellsten Tönen wurden mit Vorliebe die Sündhaftigkeit der Menschen geschildert und die Qualen der Hölle ausgemalt.
- **Wiederaufleben der Literatur**: Die von Jón Arason um 1530 ins Land gebrachte Druckerpresse erwarb Bischof *Guðbrandur Þorláksson* und druckte hiermit 1584 in Hólar die von ihm ins Isländische übersetzte Heilige Schrift. Die Guðbrandsbibel, das zweite Buch in isländischer Sprache, das im Lande selbst gedruckt wurde, gilt als Markstein für den Beginn der neuisländischen Literatur. Im 17. Jh. kam es zu einem Wiederaufleben wissenschaftlicher Studien und, in bescheidenem Rahmen, der Geschichtsschreibung: *Arngrímur Jónsson* der Gelehrte (1568–1648) beispielsweise verfasste einige Werke über das Land und seine Geschichte. Der herausragende Dichter des 17. Jh. war der Pfarrer *Hall-*

grímur Pétursson (1614–74), der durch seine klangvollen Passionslieder über die Grenzen Islands hinaus bekannt wurde.

Im 18. Jh. erreichte die Not in Island ihren Höhepunkt. Dass dennoch einige bemerkenswerte Schriftsteller und Poeten hervortraten, zeigt, wie sehr die Literatur dem Volk Trost und Hoffnung bedeutete. Die größte wissenschaftliche und literarische Leistung dieses Jahrhunderts erbrachte *Eggert Ólafsson* (1726–1768). Er reiste jahrelang als Student der Naturwissenschaften mit seinem Kommilitonen *Bjarni Pálsson* (1719–1779) durch Island, um die natürlichen Ressourcen sowie Kultur und Bräuche der Bevölkerung zu erforschen. Die Ergebnisse fasste er in einem langen Reisebericht zusammen, der in mehrere Sprachen übersetzt wurde und bis heute eine wichtige Quelle über das Island des 18. Jh. darstellt. Eggert Ólafsson betätigte sich auch als Poet unter dem Einfluss der Aufklärung, die Island in der zweiten Hälfte des 18. Jh. erreichte. Wichtigster Förderer der Aufklärung war der Präsident des Obersten Gerichts in Reykjavík, *Magnús Stephensen* (1762–1832), der Bücher über die rationale Philosophie verfasste. Der Pfarrer *Jón Þorláksson* (1744–1819) gilt als der größte damalige Dichter.

▶ **Über die Romantik zur Moderne**: Im 19. Jh. kam es zu einer Rückbesinnung auf die Edda und die alten Sagas. Im Zuge des Unabhängigkeitskampfes entwickelte sich eine von romantischem Denken und Nationalismus beeinflusste Dichtung, die sich hauptsächlich mit den Schönheiten des Landes, der Reinheit der Sprache und dem neu aufkeimenden Nationalgefühl beschäftigte. Eine der Leitfiguren war der naturalistische Dichter *Jónas Hallgrímsson* (1807–1845). Im 19. Jh. diente die Dichtkunst immer mehr der Verherrlichung des Unabhängigkeitskampfes. Zu den berühmtesten Dichtern dieser Epoche gehört der Pfarrer *Matthías Jochumsson* (1835–1920), der zum tausendjährigen Jubiläum der Besiedlung des Landes 1874 den Text für die Nationalhymne schrieb. Um die Jahrhundertwende machte die Romantik dem Realismus Platz. Zu seinen Vorreitern gehörte der spätere Islandminister *Hannes Hafstein* (1861–1922), der als Dichter hochgeschätzt war, als er die politische Szene betrat. Ein anderer realistischer Dichter war *Einar Benediktsson* (1864–1940).

Moderne isländische Literatur

In der isländischen Gegenwartsliteratur bietet sich, u. a. durch das Zusammenwirken verschiedener Generationen von Schriftstellern, eine nie gekannte Vielfalt an Formen und Themen.

Zu Beginn des 20. Jh. verließen viele junge Isländer ihre Heimat, weil sie sich im Ausland bessere Bedingungen erhofften. Die meisten gingen nach Dänemark und schrieben dort in dänischer Sprache über isländische Themen, wie *Jóhann Sigurjónsson* (1880–1919), der vor allem mit seinem später verfilmten Drama "Eyvindur aus den Bergen" internationale Aufmerksamkeit auf sich zog. *Guðmundur Kamban* (1888–1945) behandelte in seinen Novellen und Schauspielen zum einen historische isländische Themen, zum anderen übte er Kritik an der modernen Zivilisation. *Gunnar Gunnarsson* (1889–1975) wurde durch seine von Nationalstolz gekennzeichneten Romane und Novellen berühmt. In mehr als dreißig Sprachen wurden die in Deutsch geschriebenen Kinderbücher *Jón Sveinssons* (1857–1944) übersetzt (siehe Kap. "Akureyri"). In Island selbst kam es nach der Unabhängigkeit von Dänemark zu einem Wiederaufblühen kultureller Aktivitäten. Einer der hervortretenden Schriftsteller war *Þórbergur Þórðarson* (1889–1974), der 1924 mit "Brief an Laura" das – stilistisch gesehen – erste moderne Buch Islands schrieb. Er griff geistreich und humorvoll in Essays, Anekdoten und autobiographischen Erzählungen die bestehende Ordnung in Island an. Kein anderer moderner Schriftsteller aber hat die literarische Welt Islands so nachhaltig beeinflusst wie *Halldór Laxness* (1902–1998). Seine häufig gesellschaftskritischen Romane folgen mit ihrem knappen Stil der Tradition der Saga-Literatur, wobei sich die Sprache bewusst an das Isländisch der ärmsten Leute hielt, denn nur dieses, so Laxness, sei etwas wert. Von Mitte der zwanziger bis Mitte der sechziger Jahre dominierte Laxness die literarische Szene, 1955 erhielt er den Nobelpreis für Literatur.

In der Sprache der Sagas: Halldór Laxness

Im April 1902 wurde Halldór Guðjónsson im damals dörflichen Reykjavík geboren und wuchs auf dem nahen Bauernhof Laxness auf, dessen Namen er später übernahm. Nach kurzem Besuch des Reykjavíker Gymnasiums schrieb er mit 17 Jahren unter dem Einfluss Knut Hamsuns seinen ersten Roman "Kinder der Natur". Dann zog es ihn für Jahre in die Welt hinaus. Er reiste nach Skandinavien, setzte sich in Deutschland mit dem Expressionismus auseinander, konvertierte zum Katholizismus und lebte 1922–23 in einem Benediktinerkloster in Luxemburg. Nach einem Aufenthalt in Italien beschäftigte er sich in Frankreich zwei Jahre mit dem Surrealismus. In den USA erlebte er den Beginn der Großen Depression und wurde, unter dem Eindruck der bedrückenden Lebensumstände der ausgebeuteten Schicht und durch seine Bekanntschaft mit Upton Sinclair, zum überzeugten Sozialisten. Seine vielfältigen persönlichen Erfahrungen hatten starken Einfluss auf Laxness' schriftstellerische Laufbahn. Sein erster bedeutender, stark autobiographischer Roman "Der große Weber von Kaschmir" (1927), ist noch von seiner katholischen Überzeugung geprägt. Ein Isländer entflieht der bürgerlichen Enge seiner Heimat, stürzt sich in die europäischen Metropolen und entscheidet sich nach einem Klosteraufenthalt für die Hinwendung zu Gott. Das expressionistische Werk galt aufgrund seines Stils als Bruch mit der traditionellen isländischen Prosa. In der 1929 in Amerika verfassten Essaysammlung "Das Buch des Volkes" verdeutlichte sich der Übergang Laxness' zum Sozialismus. Auch die nachfolgenden Werke waren sozialkritisch. Aus Amerika zurückgekehrt, schrieb Laxness in den dreißiger Jahren drei Romane über die Armut in Island: "Salka Valka" (1931/32), "Sein eigener Herr" (1934–36) und "Weltlicht" (1937–40). Wie in den meisten späteren Romanen gab Laxness seinen Charakteren zeitlose und universelle Gültigkeit, indem er sie als Symbole für den Kampf um mehr Menschlichkeit darstellte. Laxness war immer auf der Seite der kleinen Leute. 1943–46 entstand die Trilogie "Die Islandglocke", der bislang beste historische isländische Roman und Laxness' berühmtestes Werk, vom isländischen Volk als Nationalepos aufgenommen und mittlerweile in 16 Sprachen übersetzt. Es erzählt von einem verarmten Bauern, der sich in Islands dunkelster Zeit, um die Wende zum 18. Jh., jahrzehntelang in einem Mordprozess verantworten muss, von einem Gelehrten, der sein Leben dem Sammeln und Bewahren isländischer Handschriften opfert und dafür der Liebe und menschlichem Glück entsagt, und von der schönen Bischofstochter Snæfríður, der "Islandsonne".

In der politischen Satire "Atomstation" (1948) kritisierte Laxness die Stationierung des amerikanischen Militärs in Keflavík – ein Buch gegen den Krieg, ebenso wie der nachfolgende, auf der mittelalterlichen "Schwurbrüdersaga" aufbauende und sie ins Gegenteil verkehrende Roman "Die glücklichen Krieger" (1952). Hierin interpretiert Laxness das Heldentum der Wikingerzeit als blutrünstige Mordlust, als Gier nach Macht und Besitz. Das Buch – sozusagen eine Anti-Saga – kam bei den Isländern gar nicht gut an. Sie änderten ihre Meinung erst, als Laxness 1955 mit dem Nobelpreis ausgezeichnet wurde. Die nachfolgenden Romane "Das Fischkonzert" (1957) und "Das wiedergefundene Paradies" (1960) ließen keine politische Tendenz mehr erkennen. Nach der Niederschlagung des Aufstands in Ungarn durch die Sowjets kehrte Laxness sich endgültig vom Sozialismus ab. Über die Gründe für seine einstige politische Überzeugung schrieb er 1963 in seinen selbstkritischen autobiographischen Aufzeichnungen "Zeit zu schreiben". Nach "Das wiedergewonnene Paradies" folgten mehrere Theaterstücke und 1968 "Am Gletscher", ein hintergründiges Buch über einen seltsamen Pastor am Snæfellsjökull.

Laxness schrieb 62 Werke in 68 Jahren – Romane, Kurzgeschichten, Essays, Memoiren, Theaterstücke. Dazu kamen Zeitungsartikel über jedes erdenkliche Thema. Seine Bücher wurden in 43 Sprachen übersetzt. Es verwundert nicht, dass bei seiner Beerdigung am 8. Februar 1998 gesagt wurde, das 20. Jahrhundert in Island sei das Jahrhundert von Halldór Laxness gewesen.

▸ **Moderne Dichtung**: *Steinn Steinarr* (1908–58) war der erste Dichter, der sich von den metrischen Regeln abwandte und in seinen Gedichten soziale Missstände und Schattenseiten des Lebens aufdeckte. Damit bereitete er wie *Jón úr Vör* (geb. 1917), der als erster ein ganzes Buch mit Gedichten in freien Rhythmen veröffentlichte, den Boden für die "wahren Revolutionäre" moderner isländischer Dichtung. Mit der Ausrufung der Republik 1944 kam es zu einer Öffnung des Landes nach außen, die für frische Impulse auch in der literarischen Szene sorgte. Die jungen Dichter, beeinflusst von ausländischen Poeten wie den französischen Surrealisten oder T. S. Eliot, entfernten sich von Romantik, Realismus und strengen Versformen. Es wurde nicht mehr patriotisch das agrarische Island heraufbeschworen, vielmehr reflektierten die Gedichte die tiefgreifenden Umwälzungen im Land und die Probleme der modernen Industriegesellschaft. Die fünf Vorreiter der neuen Lyrik, *Hannes Sigfússon, Einar Bragi, Stéfan Hörður Grímsson, Sigfús Daðason* und *Jón Óskar*, die alle ihren eigenen Stil verfolgten, wurden zunächst als "Atomdichter" verspottet, angelehnt an einen Versager in Halldór Laxness' Roman "Atomstation". Ihr Einfluss auf die Dichtkunst Islands aber war enorm. Bis heute ist die Lyrik durch eine faszinierende Vielfalt gekennzeichnet. Seit den siebziger Jahren sind das Großstadtleben und der Kontrast zwischen Stadt und Land beliebtes Thema. Zu den Größen der poetischen Moderne zählt *Baldur Óskarsson* (geb. 1932), dessen Lyrik sich u. a. durch einen vieldeutigen Wortschatz und Bezugnahme auf kulturelle Mythen auszeichnet. Ein weiterer wichtiger Name ist *Snorri Hjartarson* (1906–1986).

- **Die Prosa der Republik**: Die moderne isländische Literatur entdeckte zum einen in der Vergangenheit, in der Aufarbeitung von Sagas, eine reizvolle Quelle für Romanhandlungen, zum anderen in der Suche des Einzelnen nach einer Identität und in der Frustration über die post-moderne Welt zum Ende des 20. Jh. Die Beziehung zwischen Mensch und der bedrohlichen Natur nimmt nach wie vor eine wichtige Rolle ein, Humor wird groß geschrieben. Auch Großstadtromane sind populär.

Thor Vilhálmsson (geb. 1925) und *Guðbergur Bergsson* (geb. 1932) verdrängten in den späten sechziger Jahren die episch-realistische, seit Jahrzehnten durch Halldór Laxness bestimmte Literatur im Sagastil. Guðbergur Bergsson legte 1966 mit "Tómas Jónsson Bestseller" den ersten experimentellen Roman Islands vor. 1968 folgte Thor Vilhjálmsson mit der Novelle "Schnell schnell sagte der Vogel", die sich wie alle folgenden Romane des Autors durch sprachliche und formale Raffinesse auszeichnete. Mit seinem 1988 mit dem Literaturpreis des Nordischen Rates ausgezeichneten Kriminalroman von 1986, "Das Graumoos glüht", machte sich Thor Vilhjálmsson auch über die Grenzen Islands hinaus einen Namen. 1999 erhielt er für sein neustes Buch "Morgenlied in Halmen" – ein historischer Roman über das Schicksal Islands an der Wende vom Freistaat z. T. Norwegens – den isländischen Literaturpreis. Guðbergur Bergsson, der in seinen Prosawerken wie "Das Herz lebt noch in seiner Höhle" oder "Liebe im Versteck der Seele" außergewöhnlich nuancenreich das Zwischenmenschliche behandelt, gilt für den tschechischen Autoren Milan Kundera als einer der "großen europäischen Romanciers".

Die modernen Schriftsteller behandeln meist aktuelle, sozialkritische Themen. Zu nennen ist hier *Svava Jakobsdóttir* (geb. 1930), die vor allem über die Stellung der Frau in der Gesellschaft schreibt und auch historische Sagathemen wieder aufnimmt. Ähnliche Themen wählt *Frída Á. Sigurðardóttir* (geb. 1940), die 1992 für ihre Familienchronik "Ninas Geschichte" mit dem Literaturpreis des Nordischen Rates ausgezeichnet wurde. In den siebziger Jahren kam es zu einem Neorealismus in Dichtung und Prosa. Reykjavík wurde jetzt zur wichtigsten Bühne der Romanhandlungen. Beispiele dafür sind die Werke von *Pétur Gunnarsson* (geb. 1947) und *Einar Már Guðmundsson* (geb. 1953). Letzterer schaffte 1982 mit "Die Ritter der runden Treppe" mit faszinierendem Erzählstil seinen Durchbruch und sammelte seither zahlreiche Preise. 1995 erhielt er für "Engel des Universums" den Literaturpreis des Nordischen Rates. Dieser Roman, der die Geschichte des schizophrenen Páll im Island der Moderne erzählt, verkaufte sich in den ersten fünf Jahren 30.000-mal und wurde 1999 verfilmt. Einar Már Guðmudsson mit seinem poetischen und humorvollen, dramatischen und packenden Stil ist der meistübersetzte isländische Nachkriegsautor – seine Bücher sind in 15 Sprachen zu lesen – und laut einer 1999 durchgeführten Umfrage in Island nach Halldór Laxness der beliebteste

Schriftsteller. Auch *Einar Kárason* (geb. 1955) zählt zu den populärsten isländischen Autoren. Seine Werke verkaufen sich ebenfalls in Auflagen von mehreren Zehntausend. Kárason wurde nach 1983 durch seine tragikomische Romantrilogie über eine isländische Großfamilie in einem Barackenviertel in Reykjavík während der Besatzungszeit bekannt. Diese Familiensaga, die durch die meisterhafte Abbildung von menschlichen Beziehungen begeistert, wurde 1997 verfilmt. Andere folgten. Erwähnung verdienen auch *Steinunn Sigurðadóttir* (geb. 1950), die poetisch, humorvoll und ideenreich in Lyrik und Prosa über das Leben und die Liebe schreibt, und *Vigdís Grímsdóttir* (geb. 1953), die mehrfach für ihr Werk ausgezeichnet wurde und sich in Deutschland durch ihren experimentellen Roman "Das Mädchen im Wald" einen Namen machte. *Ólafur Jóhann Ólafsson* (geb. 1962) gelang mit dem fesselnden Roman "Vergebung der Sünden" der Sprung zum Bestsellerautoren. Der produktivste nach 1960 geborene Schriftsteller ist *Gyrðir Elíasson* (geb. 1961). Er veröffentlichte bisher zehn Gedichtbänden und fünf Prosawerke und erhielt 2000 für sein Buch "Gula húsið" ("Das gelbe Haus") den Halldór-Laxness-Literaturpreis. Mit seinem ganz eigenen Stil, einer Mischung aus lyrischer Fantasie und ideenreichem Realismus, gilt er als einer der interessantesten jungen Schriftsteller der heutigen Zeit.

"Es ist möglich", schrieb Friðrik Rafnsson, Chefredakteur des größten isländischen Verlages Mál og menning, "dass der europäische Leser in den zeitgenössischen isländischen Romanen etwas Exotisches, Unschuldiges, Primitives, Naives und Niedliches findet. Wenn das so ist, irrt er sich jämmerlich."

Architektur

Bis ins 18. Jh. hinein gab es in Island keine Dörfer, geschweige denn Städte. Das Leben spielte sich in Gehöften auf dem Lande ab, wo sich eine islandtypische Architektur entwickelte.

Die naturräumlichen Bedingungen, die schwierigen Lebensverhältnisse und die zur Verfügung stehenden Baumaterialien ließen jahrhundertelang keine architektonischen Meisterwerke zu. Die Städte sind jung und können schon deshalb nicht mit imposanten historischen Gebäuden aufwarten. Verstreut im Land findet man jedoch reizvolle Denkmäler isländischer Baukunst.

Das isländische Gehöft

Die früheste Siedlungsweise brachten die Neuankömmlinge im 9. Jh. aus Norwegen mit. Während sich dort jedoch in weiten Teilen des Landes die Holzbauweise durchsetzte, musste in Island aufgrund des knappen Holzangebots weiterhin auf Torf, Bruchstein und Grassoden zurückgegriffen werden. Diese Baustoffe standen in Hülle und Fülle zur Verfügung. Die Siedlungsform war der Einzelhof, da die Völker der Germanen keine miteinander verbundenen Wohnsitze kannten. So setzten die Siedler jedes Gehöft für sich alleine bevorzugt auf kleine Anhöhen und in die Nähe von ganzjährig fließendem Wasser.

▶ **Das Beispiel Stöng**: Über die Bauweise der Torfhäuser in der Zeit des Freistaates geben die freigelegten Grundmauern des 1104 bei einem Hekla-Ausbruch

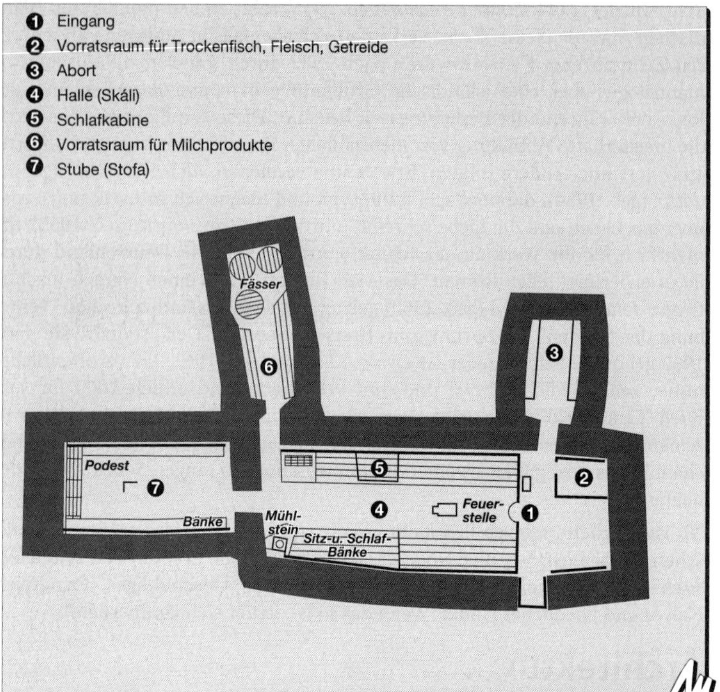

Ausgrabungsstätte Stöng im Þjorsárdalur

verschütteten Bauernhauses *Stöng* im Þórsá-Tal Aufschluss. Das Hauptgebäude war ein in zwei Teilhäuser untergliederter, rund 30 m langer Bau mit drei Räumen, zu dem durch eine seitlich versetzte Außentür in der Vorderfront Zutritt bestand. Anders als bei den Gehöften der allerersten Siedler waren an die Rückwand im rechten Winkel zwei kleine Seitenhäuser angefügt. Wichtigster Raum war die zentrale, große, mit festgestampftem Lehmboden ausgestattete Halle (*skáli*), die sowohl als Aufenthaltsraum und Küche als auch als Schlafraum diente. Entlang der Seitenwände verliefen hölzerne Plattformen, auf denen man tagsüber sitzen und nachts schlafen konnte, in der Mitte des Raumes befand sich die steingesetzte Feuerstelle. Den abgeteilten Wohnraum (*stofa*) mit Tischen und Bänken nutzten die Frauen zu Arbeiten wie Spinnen und Nähen. Von den kleinen, durch schmale Gänge abgetrennten Seitenhäusern diente eins als Abort, das andere als Vorratsraum und Milchkammer (*búr*). Belüftet wurde der Hof durch Öffnungen in den Dächern und Türen, durch die auch ein wenig Licht eindringen und der Rauch der Feuer abziehen konnte. Die Wände hatten keine Fenster. Das Gehöft Stöng wurde 1974 im Þjórsá-Tal rekonstruiert, wo es heute als Museumshof zu besichtigen ist (siehe Kap. "Der Goldene Zirkel", S. 307).

▸ **Das typische Gehöft**: Aus der Bauweise des Stöng-Hofes entwickelte sich eine zweckmäßigere Gehöftsform: der "Korridor-Bauernhof". Der Eingang wurde in die Mitte des Gebäudes verlagert und an die Stelle des großen, schwer beheizbaren Hallenbaus mit komplizierter Dachkonstruktion trat ein Komplex kleiner, von einem Korridor abzweigender Räume. Der Grund für diese neue Bauweise waren das kalte Klima und das Fehlen von Brennholz – man musste andere Wege finden, um sich warm zu halten, deshalb wurde das Haus in kleinere Räume aufgeteilt. Beim Hausbau schichtete man dicke, niedrige Wände auf, die in früher Zeit im Süden aus Bruchstein und Torf, im Norden nur aus Torf bestanden. Dann wurde die Dachkonstruktion aus Treibholz und Birkenknüppeln gezimmert und mit Grassoden bedeckt. Je wohlhabender die Bauern waren, desto mehr Räume gruppierten sich um den zentralen, langen Korridor.

Die baðstofa des Museumshofes Glaumbær

Wichtiger Teil eines jeden Anwesens war die *baðstofa*. Als Badestube, in der es wärmer sein sollte als im Rest des Hauses, war die baðstofa höher gelegt als die anderen Räume, lag am weitesten vom Eingang entfernt und besaß eine eigene Feuerstelle. Dies machte man sich zunutze und verlagerte mit der Zeit sämtliche Aktivitäten in diesen Raum – die baðstofa entwickelte sich zur Wohnstube und ersetzte den skáli. Hier wurde gegessen, hier saß man während der langen Winterabende beisammen, um beim Licht einer kleinen Öllampe Wolle und Seile herzustellen. Es gab Gehöfte mit Schlafkammern, normalerweise aber schliefen alle Bewohner in der baðstofa, die sie mit ihrer eigenen Körperwärme beheizten. Die bis zu 2 m dicken Torfwände waren ideal, um die Wärme zu speichern. Mit ihrer Bedeutung nahm auch die Größe der baðstofa zu, bis sie zum größten Raum des Gehöfts wurde. Im 19. Jh. wurde der Baustil noch einmal verändert: An der Vorderfront wurden links und rechts vom Eingang nach Frontgiebel-Bauweise mehrere kleine Häuser angefügt, zu denen nur von außen Zugang bestand. Auf wohlhabenden Höfen mit einer Holzverschalung herausgeputzt, machte diese Reihe Torfhäuschen einen fast eleganten Eindruck.

Das Torfhaus hielt die Kälte ab, konnte normalerweise Erdbeben widerstehen und trotzte schlechtem Wetter. Es musste aber alle fünfzig Jahre renoviert werden, sonst konnte es selbst in Gebieten mit geringem Niederschlag keine hundert Jahre überdauern. Das Leben in den feuchten, dunklen Hütten wird auch nicht allzu vergnüglich gewesen sein. Man lebte dicht gedrängt beieinander und die schlechten hygienischen Verhältnisse leisteten der Ausbreitung von Krankheiten und Seuchen Vorschub. Im späten 19. Jh. fielen dann doch viele Torfgehöfte Erdbeben zum Opfer und nach dem Zweiten Weltkrieg waren fast alle verlassen oder abgerissen worden; Beton und Wellblech ersetzten Torf und Gras. Manche der alten Wohnhäuser wurden zu Ställen und Scheunen umfunktioniert und sind noch heute, halb zerfallen, vereinzelt auf Feldern zu finden. Einige Torfgehöfte sind zu musealen Zwecken restauriert worden und lohnen unbedingt einen Besuch. Die bekanntesten sind Glaumbær, Laufás, Grenjaðarstaður, Árbær und Bústafell.

In Dörfern und Städten

Für den Bau von reinen Wohnhäusern verlor Torf bereits gegen Mitte des 18. Jh. an Bedeutung und wurde von Holz, seltener von Stein, abgelöst. Es fehlte an Ziegeleien und Kalk, und weil die Steinbauweise aufgrund der ständigen Erdbebenbedrohung ohnehin wenig sinnvoll war, gab es auch keine Maurer. Nur unter Zuhilfenahme dänischer Architekten, Arbeitskräfte und Baumaterialien konnte deshalb 1752–55 auf der Insel Viðey als erstes Steingebäude des Landes eine Residenz für den Landvogt Skúli Magnússon errichtet werden, das damals größte und heute älteste erhaltene Wohnhaus Islands. Neben fünf Kirchen entstanden in dieser teuren Bauart im 18. Jh. nur noch die Residenz des Landarztes auf Nes (Reykjavík), das ehemalige Zuchthaus in Reykjavík (heute Regierungsgebäude) und der Königshof von Bessastaðir, seit 1941 Residenz des isländischen Präsidenten.

Größere Verbreitung fand die Holzbauweise. Ende des 18. Jh. begannen dänische Kaufleute, an den isländischen Handelsplätzen aus importiertem Holz schlichte Wohnhäuser, Geschäfte und Speicher zu bauen; die besten Beispiele hierfür finden sich heute in Ísafjörður. Als zu Beginn des 19. Jh. isländische Arbeitskräfte an die Küste zogen, begannen sie ebenfalls mit dem Bau von Blockhäusern. Um die Wende zum 20. Jh. tauchten Holzfertighäuser auf, die norwegische Herings- und Walfänger aus der Heimat mitgebracht hatten. Der Import dieser größeren und besseren Häuser war noch kostspieliger als die Einführung von Bauholz, also bauten isländische Bauherren sie anhand von Katalogen einfach nach. So entstanden Anfang des 20. Jh. große, helle, hübsch ornamentierte Holzgebäude, von denen noch einige in Akureyri zu sehen sind. Nach mehrmaligen großen Bränden wurde die Holzbauweise 1914 durch neue Baugesetze untersagt.

▶ **Das Betonzeitalter**: Recht früh griff man auf Beton als zweckdienlichstes Baumaterial zurück. Die ersten isländischen Betongebäude entstanden 1876–81 in Gardar in Akranes und schon Anfang des 20. Jh. war diese Bauweise gang und gäbe, entstanden in Reykjavík Betonbauten beträchtlicher Größe. Lange Zeit musste der Zement importiert werden, erst seit 1958 kommt er aus einer Zementfabrik in Akranes. Zuerst unterschieden sich die Häuser in Struktur und Aussehen kaum von den vorher gebauten Holzhäusern. Dann entstanden neben nüchternen Bauten eigenwillige, aber stilvolle Gebäude. Der einstige Staatsarchitekt *Guðjón Samuélsson* (1887–1958) versuchte, seinen Gebäuden eine typisch isländische Note zu verleihen, indem er die Frontgiebel-Bauweise der Torfgehöfte mit Beton wieder aufleben ließ und Berggipfel und Basaltsäulen in Betonform in Gebäude integrierte. Auf Guðjón Samuélssons Zeichenbrett entstanden unter anderem das Nationaltheater und die Universität in Reykjavík. Um 1930 kam der Funktionalismus nach Island, der nach dem Zweiten Weltkrieg von verschiedenen Trends und Stilen abgelöst wurde. Der rücksichtslosen Demontage alter Bausubstanz wurde Ende der 60er Jahre erstmals Einhalt geboten. Viele Gebäude stehen seither unter Denkmalschutz.

Zum Schutz vor der Witterung wird den Häusern in Island schon seit Ende des 19. Jh. vielfach ein buntes Wellblechkleid verpasst. Dabei muss es nicht stillos zugehen – häufig wurden die Wellblechfassaden in der Art des Neoklassizismus und Jugendstils verziert. Mit bunten Anstrichen versehen, bringt das Wellblech Farbe in die Häuserlandschaft. Besonders eindrucksvoll wird dies bei einem Blick vom Turm der Hallgrímskirkja in Reykjavík auf das Häusermeer der "Stadt der bunten Dächer" deutlich. In ihr finden sich auch die auffälligsten nicht-sakralen modernen Bauwerke, die das seit den achtziger Jahren verstärkte Bemühen widerspiegeln, der kleinen Hauptstadt etwas weltstädtisches Flair zu verleihen. Zu diesen Gebäuden gehören das elegant-luxuriöse Einkaufszentrum Kringlan, das gläserne Drehrestaurant Perlan auf dem Öskjuhlíð-Hügel oder das postmoderne, aufgeständerte Rathaus am Seeufer. Weiterhin lassen sich die Architekten gerne von der grandiosen isländischen Natur inspirieren. Mit der Einführung eines Architekturstudiengangs soll es in Zukunft erstmals möglich sein, eine Ausbildung im eigenen Land zu erhalten.

Kirchen und Kathedralen

Von den Gotteshäusern, die bis ins 17. Jh. errichtet wurden, ist keines erhalten. Aus schriftlichen Quellen und alten Abbildungen lässt sich entnehmen, dass es zahlreiche, den norwegischen Stabkirchen ähnelnde Holzkirchen gegeben haben muss. 1998 wurde der Beweis geliefert, als bei Ausgrabungen in der Nähe von Seyðisfjörður an der Ostküste die Reste einer Stabkirche ans Tageslicht kamen.

Auch beim Kirchenbau wurde notgedrungen auf im Land verfügbare Baumaterialien zurückgegriffen. So entstanden winzige, aus Torfsoden und Steinen erbaute und mit Grassoden bedeckte Saalkirchen, deren Gebälk aus Treibholz gefertigt wurde. Mit selten mehr als 5–6 m Länge und 3–4 m Breite boten diese *Torfkirchen* nur etwa 25 Menschen Platz. Sechs dieser jetzt unter Denkmalschutz stehenden Kirchen, von denen drei noch als Pfarrkirchen dienen, finden sich heute im Land verstreut. Bei ihnen handelt es sich allerdings um Holzkirchen, deren Seitenwände und Dächer mit Torf und Steinen geschützt werden. Bei dieser Bauweise ließ sich auch schlechtes Holz von alten Kirchen oder Treibholz verwenden. Die Torfkirchen ducken sich demütig ins Gras und weisen sich nur durch das Kreuz am Giebel oder, wie in Saurbær am Eyjafjörður, durch eine Glocke als Gotteshäuser aus. Die mit 6 x 2,5 m kleinste Torfkirche steht in Núpsstaður am Skeiðarársandur, die jüngste, von 1887, etwa 60 km östlich in Hof. Weitere schöne Beispiele sind die Kirchen Gröf und Víðimýri im Nordwesten sowie Árbær im Freilichtmuseum Árbæjarsafn in Reykjavík.

Die kleinste Torfkirche Islands – Núpsstaður

Im 18. Jh. wurden unter größten Schwierigkeiten fünf bis heute erhaltene *Steinkirchen* errichtet. Die erste entstand 1757–63 auf dem Bischofssitz in Hólar, eine 20 m lange und 9 m breite Kathedrale aus rotem Sandstein. Es folgten die Landakirkja auf Heimaey, die Kirche vor dem Königshof Bessastaðir, die auf der Insel Viðey und die Kathedrale in Reykjavík. Mitte des 19. Jh. besserten sich die Lebensverhältnisse. Die Torfkirchen verschwanden, verstärkt wurde wieder Holz verwendet. Nachdem zuerst kleine, mit Teer bestrichene Gotteshäuser entstanden, die sich lediglich im Baumaterial von den Torfkirchen unterschieden, änderte sich allmählich der Baustil; u. a. wurden die Gebäude größer und erhielten einen Turm. Zu den schönsten Holzgotteshäusern dieser Zeit gehört die vom ersten isländischen Architekten *Rögnvaldur Ólafsson* (1874–1917) entworfene und 1906/07 gebaute, kreuzförmige Kirche in Húsavík. Ende des letzten Jahrhunderts wurden zwei der bemerkenswertesten Kirchen aus Stein gemauert: in Hvalsnes auf Reykjanes und in Þingeyrar am Húnafjörður.
Zu Beginn des 20. Jh. verdrängte auch bei den Sakralbauten Beton das Holz als Baumaterial. Wie bei seinen weltlichen Bauten arbeitete *Guðjón Samuélsson* in die Kirchen islandtypische Elemente hinein. Nach seinen Entwürfen entstanden z. B. die mehrere Stilarten vermischende Eiskathedrale von Akureyri und die katholische Landakotkirkja in Reykjavík. Guðjóns größtes und letztes Werk, die Hallgrímskirkja in Reykjavík, soll mit ihren hoch aufragenden Reihen von Betonsäulen am Turm und dem abgestuften Dach an zerklüftete Berge und Gletscher erinnern, während das hohe, schlichte, weiße Kirchenschiff die kargen Weiten des Landes symbolisiert. Seit einigen Jahrzehnten entstehen nur noch spektakulär aufgemachte, auffallend große Kirchen, ungeachtet dessen, dass die Isländer kaum mehr in die Kirche gehen. Es ist deshalb

kein Zufall, dass sich viele dieser modernen Kirchen ihrer guten Akustik rühmen – die isländischen Bauherren bauen jetzt häufig Kirchen und Konzertsäle in einem. Das beste Beispiel ist die Kirche in Blöndúos, andere finden sich in Ólafsvík, Stykkishólmur, Ytri-Njarðvík und Skagaströnd.

Bildende Kunst

Seit Beginn des 20. Jh. machen isländische Maler und Bildhauer mit hervorragenden Werken auf sich aufmerksam. Aber auch in den Jahrhunderten zuvor hatte sich, ungeachtet der schwierigen Lebensbedingungen, eine bemerkenswerte gegenständliche Kunst entwickelt.

Große Bedeutung hatte seit Beginn der Besiedlung die *Holzschnitzerei,* was sich an der Fülle der Ausstellungsstücke im Nationalmuseum ablesen lässt. Ein großer Teil der damaligen Haushaltsgegenstände und Möbelstücke wurde aus Holz hergestellt und kunstvoll mit verschlungenen romanischen Ranken verziert. Eine Besonderheit war das "Bettkantenbrett", das nachts – zwischen Bett und Matratze gesteckt – das Bettzeug stramm hielt. Neben Ornamenten trug es als Schnitzwerk ein Gebet, das vor dem Schlafengehen stumm hergesagt wurde. Die Isländer entwickelten für die Schnitzkunst ihr eigenes, dekoratives und für Laien kaum entzifferbares Alphabet (*höfthaletur*). Die besten Schnitzer stellten für die Kirchen Kruzifixe, Heiligenbilder, Madonnenfiguren und meisterhafte Kirchenbänke her. Mit der Holzknappheit im 18. Jh. setzte der Niedergang der Schnitzkunst ein. Das bemerkenswerteste erhaltene Kunstwerk aus Holz ist die im Nationalmuseum ausgestellte Kirchentür von Valþjófsstaðir aus der Zeit um 1200.

Ein weiteres Zeugnis für die frühe Volkskunst sind die im Mittelalter gefertigten *Textilarbeiten.* Für die Kirchen webten die Frauen prächtige Wandteppiche, bestickten Altardecken und Messgewänder. Für den Hausgebrauch entstanden kunstvoll verzierte Decken, Kissen, Bänder und Volkstrachten. Heute sind aus der Zeit vor 1900 keine Stücke mehr erhalten. Beachtlich war auch die *Gold- und Silberschmiedekunst.* Meist wurden Schmuck, Tabakdosen und Verzierungen für Trachten hergestellt, seit dem Jahr 1000 auch Trinkkelche, Altarkrüge und andere kirchliche Gegenstände. Als während der Reformation viele Kirchen geplündert wurden, kam ein großer Teil dieser Kunstwerke nach Dänemark.
Auch die Wurzeln der *Malkunst* reichen bis ins Mittelalter zurück, als auf Pergament geschriebene Handschriften mit prachtvollen Illustrationen geschmückt wurden. Diese Bilder sind stark vom gotischen Einfluss geprägt, doch fand dieser auch Ergänzung durch einen romanisch-isländischen Stil. Eines der schönsten Beispiele ist die *Flateyjarbók* von 1390. Die Abschnittsinitialen sind häufig mit Formen verziert, die sich, entlang der Seitenränder fortgeführt, im unteren Teil der Seite mit einer bunten Zeichnung vereinen. Dargestellt sind Pflanzen- und Tiermotive und Szenen aus der jeweiligen Saga. Ab dem 15. Jh., als das Pergament an Bedeutung verlor, kam die Malkunst für fast die gesamte Kolonialzeit zum Erliegen.

▸ **Moderne Malerei**: Mit der nationalen Aufbruchstimmung ab Mitte des 19. Jh. begannen sich auch die Bildenden Künste allmählich wieder zu beleben. Ihren

wahren Aufschwung aber nahm die Malerei erst mit Beginn des 20. Jh. Mehrere ausgezeichnete, hauptsächlich in Kopenhagen ausgebildete Maler traten nun hervor. Fast alle mussten vorher als Knechte oder Matrosen Geld verdienen, um die teure Ausbildung an der Kunstakademie bezahlen zu können. In ihren Bildern setzte sich diese Künstlergeneration hauptsächlich mit der isländischen Landschaft und den ihr innewohnenden übernatürlichen Mächten auseinander.
Einer der frühen Wegbereiter war *Þórarinn B. Þorláksson* (1867–1924), nachhaltiger aber wurde die isländische Kunstwelt von *Ásgrímur Jónsson* (1876–1958) geprägt. Beeinflusst von den französischen Impressionisten, malte er lichtdurchflutete Landschaften und wundersam anmutende Bilder mit Motiven aus Sagas und Volksmärchen. Im Stil des Expressionismus widmete sich auch *Jón Stefánsson* (1881–1963) in seinen späteren Bildern der Landschaftsmalerei, woraufhin 1929 sein wohl berühmtestes, die Kulisse des Herðubreið einfangendes Werk "Sommernacht" entstand.
Der beliebteste Avangardist in der modernen Malerei war *Jóhannes Sveinsson Kjarval* (1885–1972). Ungewohnt realistisch fing er die isländische Natur ein. Er entwickelte einen eigenen, unverwechselbaren Stil, zugleich impressionistisch und abstrakt. Aus der realen Landschaft ließ Kjarval Visionen entstehen, Fantasiegestalten aus alten Volkssagen, und verlieh seinen Werken damit etwas verträumt mystisches. In der Kunstgalerie Kjarvalsstaðir in ist heute der Großteil der Werke Kjarvals ausgestellt (siehe Kap. "Reykjavík").
Fantasievolle Illustrationen isländischer Märchen zeichnen *Guðmundur Þorsteinsson* (1891–1924) aus, besser bekannt als *Muggur*. Sagas und Volksmärchen illustrierte auch *Gunnlaugur Scheving* (1904–72), seine Hauptmotive aber waren der arbeitende Mensch und die Seefahrt: Der Künstler wurde berühmt für seine monumentalen Ölgemälde im kubistischen Stil, die Fischer bei ihrer täglichen, harten Arbeit zeigen.

Als nach dem Ersten Weltkrieg die Öffnung des Landes nach außen begann, schlug sich dies in der Malerei durch einen stärkeren Einfluss der internationalen Kunstströmungen nieder. Auch die abstrakte Malerei gelangte auf die Insel. Ihr großer Vorreiter in Island und Skandinavien war *Svavar Guðnason* (1909–88). Auch die wohl bekannteste isländische Künstlerin *Nína Tryggvadóttir* (1913–68) wechselte in der Malerei mit der Zeit vom Expressionismus zur Abstraktion. Internationale Anerkennung erlangte sie für ihre abstrakten Glasmalereien; 1958 schuf sie vierzehn Glasfenster für die romanische Kirche in Langweiler. *Kristján Davíðsson* (geb. 1917) war der erste Künstler, der zur Ausbildung in die USA anstatt nach Kopenhagen, Oslo oder Paris ging. Vom abstrakten Impressionismus wechselte er in den 60er Jahren zum Expressionismus. Mit seinen Bildern voller Spontaneität und Farbkraft, die er mit meterlangen Pinseln aus Birkenholz malt, gilt er heute als der größte noch lebende Maler seiner Generation.

Nach dem Zweiten Weltkrieg begann mit dem wirtschaftlichen Aufschwung eine Blüte von Kunst und Literatur. Der einzige moderne isländische Künstler, der schon früh internationale Berühmtheit erlangen konnte, ist *Guðmundur Guðmundsson* (geb. 1932), besser bekannt als *Erró*. Seine Bilder im surrealisti-

Hölzerner Löffelkasten aus dem Jahr 1649

schen, von Pop Art beeinflussten Stil stellen hauptsächlich das postmoderne, von Maschinen und Technik geprägte Zeitalter in seiner Unmenschlichkeit dar. 1965 gründeten einige Künstler den Verband junger Künstler, *SÚM*, um neue Ideen wie Fluxus und Pop Art verstärkt umzusetzen. Neben Malern schlossen sich dieser Gruppe auch Konzeptkünstler, Graphiker, Architekten und Tänzer an. Erste Anerkennung erfolgte anlässlich des Kunstfestivals 1972. SÚMs Bedeutung nahm aber bald ab, als eine neue Künstlergeneration hervortrat, die sich im Rahmen eines neuen Expressionismus bewegte. 1978 sorgten Künstler wie *Helgi Þorgils Friðjónsson* (geb. 1953) dafür, dass sich die Avantgarde-Aktivitäten von der SÚM-Galerie in die Suðurgata 7 verlagerten. Hier hielt z. B. *Halldór Ásgeirsson* (geb. 1956) seine erste Einzelausstellung ab. Der in Paris ausgebildete Künstler machte sich vor allem mit seinen originellen Werken aus geschmolzener Lava einen Namen. Ebenfalls 1978 gründeten Künstler *The Living Art Museum* (LAM), das sich das Sammeln, Katalogisieren und Ausstellen der Kunst der sechziger und siebziger Jahre zur Aufgabe machte. Trotz chronischer Geldnöte hat das LAM bis heute eine Sammlung von 5.000 Kunstwerke aufgebaut.

Helgi Þorgils Friðjónsson stellte in seinen Werken alltägliche und banale Themen verzerrt und absurd verfremdet dar und läutete damit eine neue Richtung ein. Die postmoderne Haltung setzte sich durch – alles war jetzt möglich, alles erlaubt. Zu den anerkannten zeitgenössischen Künstlern zählt *Sigurður Árni Sigurðsson* (geb. 1963), der abstrakte Gärten und Landschaften gemalt und das Logo für die Kulturhauptstadt Reykjavík 2000 entworfen hat. Auf seinen neuen Bildern passiert real nicht viel, aber durch die Assoziation, die sie auslösen, scheint alles mögliche zu passieren. *Georg Gudni* (geb. 1961) mit seinen mystisch anmutenden, geometrischen Ölbildern mit imaginärer Landschaft Islands als Motiv war 2002 einer von 25 für den "Carnegie Art Award" nominierten skandinavischen Künstlern. Dieser 1998 zur Förderung zeitgenössischer nordischer Malerei gegründete, jährlich an drei Künstler vergebene Preis schließt immer eine Wanderausstellung mit Werken der Finalisten ein, die 2002 in Reykjavík eröffnet wurde. Nominiert waren auch *Katrin Sigurðardóttir* (geb. 1967), die ihre dreidimensionalen Kunstwerke als "scenography" bezeichnet, und *Kristín Gunnlaugsdóttir* (geb. 1961), in deren Bildern das Heimweh und die Trennung der Menschen von Gott zentrale Themen sind. 2000 war bisher das einzige Mal, dass ein isländischer Künstler einen "Carnegie Art Award" erhielt: *Hrein Friðfinnsson* (geb. 1943) gehört zu den Gründern von SÚM und erhielt den Preis für seine konzeptuelle, poetische Kunst. Bestimmt die postmoderne Sichtweise die isländische Malerei auch bis heute, so doch nicht ausschließlich. Die monumentalen Gemälde des erfolgreichen Künstlers *Jón Óskar* (geb. 1954) z. B. gehören nicht dazu.

- **Isländische Bildhauerkunst**: In der *Bildhauerei*, die aufgrund des Fehlens von brauchbarem Steinmaterial ebenfalls erst im 19. Jh. begann, finden sich nur wenige herausragende Künstler. Der erste bemerkenswerte isländische Bildhauer war *Einar Jónsson* (1874–1954). Er schuf eine große Anzahl der Bronzeskulpturen, die heute Reykjavík schmücken, u. a. den ersten Siedler Ingólfur Arnarson und die Dichter Jónas Hallgrímsson und Hannes Hafstein. Nach der Jahrhundertwende waren Einar Jónssons zugleich realistisch und verträumt romantische Skulpturen häufig von den nordischen und isländischen Sagas, aber auch von der griechischen Mythologie geprägt. Das bekannteste Werk aus dieser Zeit, das den Einfluss Auguste Rodins aufweist und den künstlerischen Durchbruch brachte, ist die Skulptur "Der Geächtete" von 1901 nahe der Eiskathedrale in Akureyri. Viele seiner Arbeiten sind in seinem ehemaligen Atelier und Wohnhaus in Reykjavík, dem Einar-Jónsson-Museum, ausgestellt (siehe Kap. "Reykjavík").

"Der Geächtete" von Einar Jónsson

Der bedeutendste moderne Bildhauer ist *Ásmundur Sveinsson* (1893–1982). Er setzte sich in seinen häufig monumentalen Skulpturen viel mit der Na-

Bestickte Altarbekleidung, wahrscheinlich aus dem 16. Jahrhundert

tur und den arbeitenden Menschen auseinander. Bezeichnend hierfür sind seine Standbilder in Reykjavík wie "Die Wasserträgerin" auf dem Hügel Öskjuhlíð oder "Der Schmied" an der Snorrabraut. Aber auch in den Sagas, in der Bibel und in der Technologie fand der Künstler Quellen der Inspiration. Das vor der Universität aufgestellte Werk "Sæmundur und der Seehund" ist das beste Beispiel für die bildhauerische Umsetzung isländischer Legenden. Einen umfassenden Überblick über Ásmundur Sveinssons Arbeiten erhält man im Ásmundarsafn, dem früheren Wohnhaus und Atelier des Künstlers, und dem dortigen Skulpturengarten (siehe Kap. "Reykjavík").

Ein weiterer ausgezeichneter isländischer Bildhauer war *Sigurjón Ólafsson* (1908–82), dessen expressionistische Werke bevorzugt aus isländischem Basalt entstanden. Der Großteil seines Schaffens ist im Sigurjón-Ólafsson-Museum in Reykjavík zu besichtigen. Sigurjón Ólafsson war der frühe Lehrmeister von *Gerður Helgadóttir* (1928–75), die als Bildhauerin, Mosaikbildnerin und Glasmalerin wirkte und internationale Anerkennung fand. Zu ihren herausragenden Arbeiten gehören die bunten Glasfenster der Kirche zu Skálholt, dem einstigen Bischofssitz. Zu Ehren der Künstlerin erhielt die 1994 in Kópavogur eröffnete Kunstgalerie, die im Besitz von 1360 ihrer Arbeiten ist, den Namen Gerðarsafn. Eine der führenden zeitgenössischen Bildhauerinnen ist *Steinunn Þórarinsdóttir* (geb. 1955), von der in Island über zwanzig Werke an öffentlichen Plätzen zu sehen sind. Bei ihren Figuren, Köpfen und Büsten, die immer Fragen nach der Situation des Menschen aufkommen lassen, konzentriert sie sich stilistisch auf das Wesentliche.

Musik

Jahrhundertelang tat sich in der isländischen Musikszene nur wenig. Auf den Gehöften wurde die traditionelle Volksmusik gepflegt, in der Kirche sang man religiöse Lieder. Erst mit der Aufbruchstimmung im 19. Jh. widmete man sich der Weiterentwicklung der Musik.

Lange Zeit kannten die Isländer als musikalische Begleitung nur den ein- und zweistimmigen Gesang. Der *tvísöngur*, ein kräftiger, langsamer, zweistimmiger Männergesang, geht wahrscheinlich auf die Rezitationsform skaldischer Gedichte zurück. Daneben gab es die *rímnalög*, komplizierte Rezitationsgesänge mit Stabreim, die in schwungvollem Tempo von historischen Begebenheiten berichteten. Ihr Zweck war offensichtlich, die Arbeitsgeräusche in der *baðstofa* zu übertönen. Irgendwann tauchten zwei einfache Begleitinstrumente auf: *fiðla* und *langspil*, Saiteninstrumente mit zwei bis vier Saiten. Im Jahr 1000 fand mit dem Christentum die Kirchenmusik ihren Weg auf die Insel. Die Orgel setzte sich nicht durch, verbreiteter war das Harmonium – es konnte nicht nur leichter erlernt, sondern auf dem Pferd oder mit dem Schlitten auch besser transportiert werden. 1594 gab Bischof Guðbrandur Þorláksson die *Graduale* heraus, eine Sammlung evangelischer Kirchenlieder, die bis ins 19. Jh. hinein das wichtigste Gesangbuch blieb.

▸ **Klassik bis heute**: Mit dem nationalen Aufbruch Mitte des 19. Jh. änderte sich die Musikszene schlagartig. Isländische Komponisten studierten nun im Ausland und brachten romantische Einflüsse, neue Musikinstrumente und europäische Kompositionen ins Land. 1878 wurde die erste Blaskapelle gegründet. Um zu verhindern, dass die alte isländische Volksmusik in Vergessenheit geriet, sammelte der Geistliche *Bjarni Þorsteinsson* (1861–1938) die traditionellen Lieder, schrieb sie auf und veröffentlichte sie in seinem Werk "Íslenzk Þódlög" ("Isländische Volksmusik"). Komponist *Sveinbjörn Sveinbjörnsson* (1847–1927) widmete als erster Isländer sein Leben vollständig der Musik. Von ihm stammt die Melodie zur Nationalhymne "Ó, guð vors lands!", die auf der Eintausendjahrfeier der Besiedlung 1874 zum ersten Mal gesungen wurde. Komponist und Organist *Páll Ísólfsson* (1893–1974), der 1930 die Festkantate zum tausendjährigen Jubiläum des Alþingis schrieb, war fast ein halbes Jahrhundert die Leitfigur des isländischen Musiklebens und 1950 Mitbegründer des isländischen Symphonieorchesters.

Pionier der isländischen Gegenwartsmusik war der in Leipzig ausgebildete Dirigent und Komponist *Jón Leifs* (1899–1968), der den größten Teil seines Lebens in Deutschland verbrachte. Seine Orchester- und Kammermusik baut auf traditioneller Volksmusik und den Liedern der Älteren Edda auf, so die "Isländische Ouvertüre", die "Liebeslieder der Edda" oder die von Franz Liszts Faust-Symphonie beeinflusste "Saga-Symphonie", die fünf große Sagas musikalisch porträtiert. Mit seiner schroffen, abrupten und schwer zugänglichen Musik machte sich Jón Leifs unter dem isländischen Publikum anfänglich nicht unbedingt Freunde. Doch haben seine Kompositionen eine fast magische Anziehungskraft und werden heute in In- und Ausland mit wachsender Begeisterung aufgenommen. Auch andere Komponisten, wie *Jón Ásgeirsson* (geb. 1928) und *Atli Heimir Sveinsson* (geb. 1938), die sich mit ihren Opern einen Namen machten, sorgen für eine kreative Umsetzung und Wiederbelebung traditioneller Sprache und Kultur in der Musik.

Wichtiger Bestandteil des öffentlichen isländischen Musiklebens sind die zahlreichen Chöre, das isländische Ballett, die Oper und das isländische Symphonieorchester, das größere Konzerttourneen ins Ausland unternimmt. Der Tenor *Kristján Jóhannson* (geb. 1947) tourt von einem großen Opernhaus zum anderen, darunter die Mailänder Scala und die Metropolitan Opera in New York.

In Island ist jeder ein Popstar

▸ **Ice-Pop**: Im Bereich der Rock- und Popmusik gelang Island in den 1980er Jahren der internationale Durchbruch. Neben "Mezzoforte" mit ihrem Mix aus melodischen Harmonien, Funk und Rhythm muss hier die Jazz-Punk-Formation "Sugarcubes" erwähnt werden. Die in London lebende Sängerin *Björk* feiert inzwischen schon lange mit ihrem von unkonventionellem Pop bis Jazz reichenden Repertoire Erfolge: Bereits ihr 1993 erschienenes Album "Debut" wurde millionenfach verkauft, sie erhielt zahlreiche internationale Auszeichnungen und machte auch aus ihren folgenden Alben Verkaufsschlager. Ihre sechste und bisher letzte Solo-CD war 2001 "Vespertine" mit ausgeklügelten Arrangements, die sofort zum Bestseller wurde. Björk, die in einer Hippiegemeinde in Island aufwuchs und in ihrer Jugend in Punkbands sang, gelingt es, Popmusik zu machen, die zugleich experimentell und zugänglich ist. Sie schreibt ihre Lieder, als schreibe sie "ein persönliches Tagebuch". 2000 erhielt Björk auch den Preis als beste europäische Schauspielerin für ihre Rolle in Lars von Triers Film "Dancer in the Dark".

Björk singt mittlerweile fast ausschließlich in Englisch. Anders das Quartett *Sigur Rós,* das sich seit seinem Debüt-Album "Ágætis byrjun" ("Guter Beginn") – im Jahr 2000 Islands erfolgreichste Platte – zur populärsten isländischen Band emporgeschwungen hat, zur Leitfigur der Musikszene, und bereits durch Europa, die USA, Japan und Südamerika getourt ist. Sänger Jón Birgisson singt die Texte zu der seidenen, sphärischen Musik, die isländische Landschaften widerzuspiegeln scheint, in Isländisch oder der eigens kreierten Sprache "Hopelandic" – einer Mischung aus Isländisch und Englisch. Die Musik ist gekennzeichnet durch sehr lange Songs, die sich wie Geschichten weiterspinnen von einem Stück zum nächsten, durch Klanglandschaften immenser Weite.

Sich bewusst an der isländischen Sprache und Kultur zu orientieren und nicht im musikalischen Einheitsbrei von internationalen Trends mitzumischen, auch wenn der Erfolg im Ausland dann auf sich warten lassen kann oder niemals kommt – diese Stärke zeichnet heute viele isländische Musiker aus. Ein weiteres Beispiel: die aus einer Schülerband erwachsene Band *Stuðmenn*, ebenfalls eine der beliebtesten Gruppen des Landes. Ihr von verschiedensten musikalischen Einflüssen geprägtes, 1976 erschienenes Debüt-Album "Sumar á Sýrlandi" wird als Beginn einer eigenständigen isländischen Musikszene gesehen und ist bis heute ein Klassiker. Die melodische Popmusik gilt als verrückt und intelligent zugleich; anfangs geprägt durch Unbekümmertheit und Naivität, behandeln die Texte heute auf ironische Art die Eigenheiten der isländischen Nation. 2001 waren die Musiker, die 1986 als erste westliche Band durch China tourten und fast alle auch solo Karriere machten, in Deutschland zu sehen.

Den Sprung zum internationalen Erfolg schafften 1997 die neun Mitglieder von *GusGus* mit ihrem Debüt-Album "Polydistortion", das sich bereits innerhalb des ersten halben Jahres 130.000 Mal verkaufte. Die aus Filmemachern, Songwritern, Schauspielern und anderen Künstlern bestehende Truppe wurde berühmt mit ihren musikalischen Multimedia-Shows und ihrem mit Pop angereicherten, tanzbaren Elektrosound. Nach Verkleinerung der Gruppe kam 2002 die neueste CD "Attention" heraus, die jedoch etwas die ursprüngliche Originalität vermissen lässt.

Zu den populärsten isländischen Musikern gehört auch Popsänger *Páll Óscar*. Sein neuster Stil: romantisch-melancholisch. Erwähnung verdient zudem *Emiliana Torrini*, die 2000 mit dem isländischen Musikpreis der "Sängerin des Jahres" gekürt wurde und deren CD "Love in the time of science" in Europa viel gelobt wurde.

Film

Filmregisseurin Kristín Jóhannesdóttir stellte die Besonderheit des isländischen Films heraus: Es sei diese "Spannung zwischen Gegenwart und Vergangenheit, zwischen Land und Stadt, zwischen der Insel und der Welt draußen, zwischen Zauber und Materialismus, zwischen Mensch und den Naturkräften."

Auch wenn bereits 1906 das erste Kino in Reykjavík eröffnet wurde, begann die Filmgeschichte der Insel eigentlich erst 1979 mit dem "Filmfrühling". Die Gründung des Isländischen Filmfonds ermöglichte die Produktion der ersten rein isländischen Spielfilme, die 1980 auf die Leinwand kamen: Mit "Land og synir" ("Land und Söhne") von *Ágúst Guðmundsson* und "Óðal feðranna" ("Das Ahnenhaus") von *Hrafn Gunnlaugsson*, die beide in Form eines Familiendramas das Problem der Landflucht in den dreißiger Jahren behandeln, sowie dem Kinderfilm "Veiðiferðin" ("Der Angelausflug") von *Andrés Indriðason* beginnen die isländischen Kinospielfilme.

Wegen des schmalen Budgets des Filmfonds wird vorzugsweise in oder nahe bei Reykjavík gedreht und müssen immer wieder durch Co-Produktionen Gelder von außerhalb gesucht werden. Häufig werden Themen aus isländischer Geschichte und Gegenwart aufgegriffen. *Ágúst Guðmundsson* (geb. 1947) verfilmte 1981 mit "Utlaginn" ("Der Geächtete") die Gísli saga; den Stoff zu seinem 1984 gedrehten Streifen "Gullsandur" ("Goldener Sand") stellte die Stationierung amerikanischer Truppen in Keflavík.

Gerne auf die Leinwand gebracht werden auch isländische Romane, z. B. von Halldór Laxness. *Þorsteinn Jónsson* (geb. 1946) verfilmte 1984 "Atómstöðin" ("Atomstation"), Laxness' Tochter *Guðný Halldórsdóttir* (geb. 1954) drehte 1989 den Film "Kristnihald undir jökli" ("Am Gletscher"), der mehrere internationale Preise erhielt, und 1999 "Ungfrúin góða og húsið" ("Die gute Jungfrau und das Haus"), eine Familiensaga über zwei ungleiche Schwestern, Liebe und Doppelmoral.

Grandiose Filme gelangen *Friðrik Þór Friðriksson* (geb. 1954) 1997 mit "Devil's Island", der Verfilmung von Einar Kárasons Roman "Die Teufelsinsel" über das verrückte Leben einer Familie in einer Barackensiedlung am Rande von Reykjavík in den 50er Jahren, und 1999 mit "Englar alheimsins" ("Engel des Universums") nach dem gleichnamigen Roman von Einar Már Guðmundsson, der auch das preisgekrönte Drehbuch schrieb. "Engel des Universums" über Einar Már Guðmundssons an Schizophrenie leidenden Bruder Páll ist in Island der erfolgreichste Film aller Zeiten und erhielt auch im Ausland große Beachtung. Schon lange zuvor hatte der Autodidakt Friðrik Þór Friðriksson auf sich aufmerksam gemacht: 1992 erzählte er auf einfühlsame Weise in "Börn náttúrunnar" ("Kinder der Natur") von zwei alten Leuten, die sich aufmachen, um ihre letzten Tage am Ort ihrer Jugend in den Westfjorden zu verbringen. Der Film wurde mit 23 internationalen Preisen ausgezeichnet und für den Oscar für den besten ausländischen Film nominiert. 1994 schuf Friðriksson "Bíódagar" ("Kinotage") über die Kindheit eines Isländers in den sechziger Jahren. Im selben Jahr kam "Cold Fever" auf die Leinwand, ein amüsantes *road movie* über die Abenteuer eines jungen japanischen Geschäftsmannes im winterlichen Island. 2002 drehte der erfolgreichste isländische Regisseur "Falken", über ein Paar, das Falken nach Deutschland schmuggelt.

Baltasar Kormákur, der in "Engel des Universums" mitgespielt hat, schaffte 2000 mit "101 Reykjavík" seinen erfolgreichen Einstieg als Filmproduzent. In der Verfilmung des gleichnamigen Romans von Hallgrímur Helgason geht es um Hlynur Björn, der mit Ende 20 noch bei seiner Mutter wohnt, durch den Tag gammelt und von Sozialhilfe lebt. Abends tourt er durch die Clubs von 101 Reykjavík. Ein Typ, wie er Islandbesuchern auf den ersten Blick nicht auffällt, nach Aussage des Hlynur-Darstellers Hilmir Snær Guðnason gibt es davon aber auch hier auf der Insel mittlerweile eine ganze Menge. Kormákur setzte seine Filmproduktion 2002 fort, als er in Neskaupstaður "Hafið" ("Das Meer") drehte: einen düsteren Film über einen alten Fischer im Ruhestand, der vor dem Hintergrund der Fischereiindustrie mit ihrer Quotenregelung das Familienerbe regeln muss.

Ágúst Guðmundsson wurde 2002 auf den Nordischen Filmtagen in Lübeck für seine Verfilmung des Romans "Mávahlátur" ("Möwengelächter") von Kristín Marja Baldursdóttir ausgezeichnet.

Hobbyfischer in den Ostfjorden

Wirtschaft:
Island und der Fisch

Fischfang ist *der* Wirtschaftszweig Islands. Gesalzener, gefrorener und getrockneter Fisch wird in alle Welt exportiert. Islands Wirtschaft boomt seit einigen Jahre im Tourismus, in der Bauwirtschaft, in der Aluminiumindustrie und im Dienstleistungsbereich. Wie auch in anderen nordischen Ländern liegt der Lebensstandard über dem europäischen Durchschnitt.

Lange Zeit war das Gegenteil der Fall. Erst nach einer Periode, in der die Landwirtschaft (860–1900) dominierte, und mit der bereits um 1800 nach Beendigung des dänischen Handelsmonopols einsetzenden Ära des isländischen Fischfangs folgte in der Nachkriegszeit die Zeit des Wohlstands. In neuerer Zeit wird wie in anderen Ländern auch der Weg in die Dienstleistungsgesellschaft beschritten. Großes Entwicklungspotenzial haben die noch lange nicht ausgenutzten immensen Ressourcen an geothermaler Energie und Wasserkraft.

Im vorletzten Jahrzehnt noch war Island als *das* Inflationsland bekannt; man konnte damals nur staunen, wie das Land im Atlantik seelenruhig mit Inflationsraten bis zu 100 % lebte. Diverse Gründe führten in diese missliche Lage; entscheidend waren neben zu schnell steigenden Löhnen nach guten Fangergebnissen (1982 mussten die Löhne eine vierteljährliche Anpassung erfahren) eine hemmungslos expandierende Fischereiflotte die immensen Einfuhren von Gütern, die den Lebensstandard hoben. Island war bereits seit einiger Zeit im Konsumrausch, egal was es kostete. "...es ist generell teuer, ein Isländer zu sein..." war Halldór Laxness' lapidare Antwort bei der Nobelpreisverleihung 1955 in Stockholm auf die Frage eines Journalisten, ob es nicht ein wenig teuer sei, einen amerikanischen Luxuswagen auf den schlechten Straßen zu fahren.

Wirtschaftsdaten 2000/2001

Bruttosozialprodukt: 27.969 US $/Kopf
Beschäftigte: 160.100
BSP-Wachstum: +3 %
Aluminiumproduktion: 219.000 t
Exporte: 149.000 Mio. ISK
Zementproduktion: 131.000 t
Importe: 203.000 Mio. ISK
Private Neubauten: 1.260
Fischfang: 1,8 Mio. t
Stromproduktion 7,7 GWh
Beschäftigte in Landwirtschaft und Fischfang/Industrie und Bau/Dienstleistung: 8,3 % / 23 % / 68,7 %
Schiffe: 1.067
Davon Trawler: 84
Landw. Betriebe: 4.638 (2000)
PKWs/1.000 Einw.: 562
Touristen: 300.000 (davon 32.664 Deutsche)/ 1,2 Mio. Übernachtungen
Beerverbrauch/Einw. (über 15 Jahre): 60,5 l

Bei der Bedeutung des Fischfangs verwundert es nicht, dass im Morgunblað, der ersten Tageszeitung Islands, die aktuellen Fischmarktpreise ausführlichst abgedruckt vorzufinden sind. Was der Dow Jones-Index in New York ist, sind Fangquoten und Fischpreise in Reykjavík. Das Übergewicht der Fischerei im isländischen Wirtschaftsleben birgt freilich auch Gefahren; die Erträge sind nicht konstant und keineswegs exakt vorhersagbar. Die Regierung ist also bemüht, andere Erwerbsquellen zu erschließen und fördert vom Fischfang unabhängige Wirtschaftsbereiche. Immerhin sank der Exportanteil der Fischerei durch Industrieansiedelung von nahezu 100 % auf etwa 70 %. Dies sind 5 % am Weltgesamtfischereiexport. Zwar ist die Fischerei und Fischverarbeitung weiterhin der dominante Wirtschaftszweig, gefolgt von der Industrie, mit rationelleren Arbeitsweisen werden aber immer weniger Menschen benötigt. Nur noch 10–11 % der Erwerbstätigen oder 15.000 Menschen sind aber in der Fischwirtschaft beschäftigt.

Dorthin, wo die anderen sind!

Seit den 1990ern vollziehen sich mit rapider Geschwindigkeit Veränderungen in der isländischen Wirtschafts- und Siedlungsstruktur. Die meisten Orte verlieren an Bevölkerung, derzeit gewinnt der Großraum Reykjavík 2 % der ländlichen Bevölkerung pro Jahr, in zehn Jahren also über 10 %! Ein Hauptgrund ist, dass die hochtechnisierte, effizienzorientierte Fischwirtschaft nicht mehr all die kleinen Hafenorte braucht, die in den letzten sozialpolitisch orientierten Jahrzehnten mithilfe staatlicher Gelder mit einer exzellenten Infrastruktur ausgestattet wurden. Reykjavík ist zugleich ein Magnet mit starker Anziehungskraft: Hier werden im Vergleich zur Schufterei in einer Fischfabrik bessere Jobs angeboten, das gesamte Angebot an Waren und Kultur ist verlockend. An einer wirksamen Gegensteuerung zeigen sich Bevölkerung und Regierung wenig interessiert. Die Entvölkerung ganzer Regionen wird in Kauf genommen.

Vor dem Festschmaus: Papageientaucher werden gerupft

Die größten Firmen im Land sind die Energieunternehmen, die Gefrierfabriken, die Banken, die großen Handelsketten, der fast überall präsente Containerriese Eimskip und Icelandair, "die größte Fluggesellschaft der Welt im Vergleich zur Einwohnerzahl ihres Heimatlandes".

Fangflotte: Ca. 6.000 Seeleute fahren zur See; meist landen sie ihre Fänge zur Weiterverarbeitung in Fischfabriken an, die so manchen Fjordort mit gewöhnungsbedürftiger Duftnote überlagern. Auf den großen Trawlern werden die Fänge sofort zu Gefrierfisch verarbeitet. In Fischfabriken zu arbeiten ist alles andere als einen Traumjob; hauptsächlich Frauen schuften hier und versuchen die Monotonie mittels Walkman zu übertönen.
Die Trawler (heute haben Hecktrawler die Seitentrawler abgelöst) sind hochtechnisiert ausgestattet und verfügen über Echolotgeräte, die den Meeresgrund abtasten und die Geschwindigkeit sowie den Standort des ausgelegten Netzes aufzeichnen. Die ausfahrenden Trawler gehören meist Gesellschaften oder sind in Gemeindebesitz, auf denen die Fischer zu festen Löhnen und Bezahlung nach Fanganteilen arbeiten. Kutter sind trotz Modernisierung nicht selten geworden oder ausgestorben; von kleiner dimensionierten Häfen aus operieren immer noch Boote unter 100 t.

Die **Fangmenge** stieg im Laufe der Jahre auf heute durchschnittlich über 1,5 Mio. t Fisch an. Umgerechnet bedeutet dies, dass pro Kopf über 200 Tonnen Fisch gefangen werden, so viel wie nirgends in der Welt (selbst im benachbarten Norwegen bringt man es nur auf über 50 t). Wirtschaftlich interessant sind nur gut zwei Dutzend der insgesamt über 150 in den nahen Gewässern vorkommenden **Fischarten**. Kabeljau (234.000 t in 2000) war schon immer ein bevorzugter Fangfisch, dazu Makrele, Seezunge, Seehecht, Steinbutt, Hering (seit den 60ern des letzten Jahrhunderts; nach einer Krise in den 1970er Jahren nun wieder über 250.000 t/Jahr) und Lodde (besonders in den 1970ern, auch Kapelan genannt, 892.400 t in 2000). Die Ladungen der Netze enden als Schellfisch, Schollen, Krabbenschale, Eisfisch, Gefrierfisch, Salzfisch, Stockfisch, Leberöl, Lebermehl, Fischmehl und Rogenpackungen.

Nicht jeder Fjordort jagt denselben Meerestieren hinterher, man ist spezialisiert (was die derzeitige Quotenregel in gewisser Weise fördert). Ísafjörður beispielsweise hat einen Namen als Zentrum der Garnelenverarbeitung und im Hummerfang. **Walfang** begann in Island um 1880, wurde 1915 beendet und später erneut wieder aufgenommen, spielt heute nach offizieller Beendigung des Fanges aber keine Rolle mehr (siehe Kap. Hvalfjörður, S. 529). Ab und zu strandet ein Wal an der Küste (wie 1996 bei Sandgerði) und bringt Gourmets wieder in den Genuss dieses Fleisches.

Neueres Kind der Fischerei ist die Zucht von Lachs in Bassins an Land oder in Käfigen vor der Küste – Bankrotts sind aber auch hier schon vorgekommen.

Trockenfisch oder Stockfisch (isl. *harðfiskur*) kann nur mit bestimmten Fischen hergestellt werden; bei fettreichen Arten würde das Fett recht schnell unangenehm ranzig werden. Stockfisch spielt heute nur noch eine geringe Rolle, andere Methoden zur Haltbarmachung verdrängten das ehemalige Hauptexportprodukt – und damit auch die typischen Trockengestelle, an denen die Fische "zum Himmel stanken".

Salzfisch: (isl. *saltfiskur*) früher auf Klippen (daher die andere Bezeichnung Klippfisch), heute industriell getrocknet.

Das Dilemma des Fischereiwesens – Meilen und Quoten

Die Gewässer um Island sind sehr fischreich. Kein Wunder, denn der warme Golfstrom, der um Island zirkuliert und sich mit kühleren, sauerstoffreichen Wassermassen mischt, sowie die geringe Meerestiefe auf dem Schelfsockel schaffen günstige Voraussetzungen zur Vermehrung der Meeresfauna. Doch lange Zeit war der Fischfang im Nordatlantik ein gefährliches Unterfangen – die kleinen Holzboote waren dem unruhigen Meer kaum gewachsen. Besserung brachte der Einsatz von Segelschiffen im 19. Jh. Das Augenmerk richtete sich nun auf den im Norden entdeckten Hering. Aber bald waren mit dem Aufkommen von motorgetriebenen Trawlern ab 1905 innerhalb kurzer Zeit auch die Segelboote verdrängt. Nach dem Ersten Weltkrieg ermöglichte es der Einsatz von Kühlschiffen, frischen Fisch auf Eis gelagert (isl. *ísfiskur*) zu transportieren. Nach dem Zweiten Weltkrieg setzte sich tiefgefrorener Fisch im Handel durch und ausgeklügelterer Fang- und Verarbeitungsmethoden modernisierte die isländische Fischerei.

Mit der Phase der Technisierung weitete sich auch der Radius der Fischerei aus und der Nordatlantik wurde so zu einem "Kriegsgebiet", in dem um Rechte und Territorien hartnäckig verhandelt wurde. Für Island, das jahrhundertelang seine eigenen Ressourcen als dänischer Untertan nicht nutzen konnte, kam die Frage der Meilen und der Fangquoten eine existentielle Bedeutung zu. Vor allem mit England wurde im Zeitraum von 1958 bis 1976 um den Kabeljau gerangelt. Das Ergebnis: von 1975 bis heute dehnt sich das Fischterritorium von den ursprünglichen 3 bzw. 12 auf 200 Seemeilen oder 758.000 qkm aus, also die siebenfache Landesfläche.

Die 1950er und 60er waren die großen Zeiten des Heringsfangs. Die Fjordorte waren das isländische Klondyke, die Häfen zum Bersten mit Schiffen und Salzfässern belegt. Doch die Fanggewinne waren teuer erkauft: die Gewässer wurden katastrophal überfischt. Ein Quotensystem war die politische Antwort. Die Fangquoten wurden an Schiffe gebunden und sind somit verkaufbar. So sind letztendlich die kleinen Häfen die großen Verlierer dieses Strukturwandels.

So wichtig der Fischfang für Island ist (und vorerst auch noch bleibt), man ist auch heute nicht die einzige Fischereination im Nordatlantik. So kommt es immer wieder zu mehrmonatigen zähen Verhandlungen über die festzusetzenden Fangquoten, bei denen die emotionalen Wellen naturgemäß hochschlagen.

Einzelgehöfte sind typisch für die isländische Landwirtschaft

Landwirtschaft: Milch und Lammfleisch

Das kühle Klima und die Natur Islands erlauben Landwirtschaft nur in geringem Umfang; ihre wirtschaftliche Bedeutung sank während des letzten Jahrhunderts zu Gunsten der Fischerei beträchtlich. Heute trägt die Agrarproduktion weniger als 2 % zum Bruttosozialprodukt bei. Die Wiesen und Weiden werden zur Schaf- und Rinderhaltung genutzt. Auf spärlichen 1,5 % der Bodenfläche wird Ackerbau betrieben. In der kurzen viermonatigen Vegetationsperiode gedeihen freilich kaum andere Nutzpflanzen als Kartoffeln, Kohl und Rüben. So verwundert es nicht, dass die einheimische Bevölkerung von der Landwirtschaft nur in Teilen ausreichend versorgt werden kann; immerhin ist Island unabhängig bei Fleisch, Geflügel, Eiern und Milch und es kann sich zu einem guten Teil mit eigenem (Treibhaus-)Gemüse versorgen; Getreide freilich muss eingeführt werden.
Möglich ist die Landwirtschaft im Wesentlichen in den Küstenbereichen, insbesondere in den Tiefländern im Südwesten und Norden sowie an den Säumen der Fjorde. Die isländischen Farmer sind eingebunden in ein System von staatlichen Regulierungen (wiederum ein Quotensystem) und Unterstützungsmaßnahmen. Viele strecken ihre Fühler aus nach neuen Erwerbsquellen wie Fisch- und Nerzzucht, Versuchen mit der Straußenzucht oder, weitaus tragfähiger, nach lukrativen Gästebeherbergungen im Sommer.
Bevor zu Beginn des Jahrhunderts die Fischerei ausgeweitet wurde, lebten noch 80 % der Bevölkerung auf dem Lande. Um einen Hof herum war der Bereich des "tún" angelegt, der Hauswiese. Es kostete einige Mühen und Anstrengungen, einen solchen Bereich einzuzäunen und der frostbedingten Bu-

ckelbildung entgegenzuwirken. Im Verhältnis zum gesamten Grundbesitz macht sich die Hauswiese eher klein aus, der Hauptertrag an Heu, von dem es abhing, wie viel Vieh den Winter überdauern konnte, wurde und wird hier erbracht. 1998 lebten weniger als 4 % der Isländer von der Landwirtschaft – die Agrarwirtschaft wandelt sich auch in Island durch Technisierung der Landgewinnung und Mechanisierung der Bearbeitung.

Das Bonmot "Unterhalte dich mit einem isländischen Bauern niemals über die Ernte, das Heu oder das Wetter, sondern über Shakespeare, Goethe und Einstein" wirft überspitzt ein Licht auf den hohen Bildungsstand im ländlichen Sektor: An die 30 % der Farmer genossen eine Ausbildung oder Fortbildungstage in einem landwirtschaftlichen College wie Hólar im Norden oder Hvanneyri im Borgarfjörður.

Rinderhaltung und Molkereiwirtschaft: 106 Mio. l Milch werden jährlich verarbeitet. Etwa 70.000 Rinder, davon 26.500 Milchkühe, weiden auf den Wiesen; die isländische Kuh hat eine erstaunliche Milchleistung von 4.650 kg, die fast ohne Gabe von Kraftfutter erreicht wird. Rechnet man die staatliche Unterstützung für Farmer auf einen Liter Milch, der ISK7 9 kostet, kommt man auf eine Förderung von 35 Kronen.

Schafe: Der Bestand von 780.000 Schafen Anfang der 70er Jahre, als etwa dreimal so viele Schafe wie Menschen die wenigen grünen Landstricke bevölkerten, reduzierte sich 1991 auf 550.000 und liegt inzwischen unter 500.000. Die drückende Sorge vor Überweidung durch die Tiere milderte sich in der Folge.

Treibhäuser: Die Wärme der Erde gestattet es, in Gewächshäusern Anbau zu betreiben. Hier gedeihen Obst und Gemüsesorten, die sonst nicht in Island wachsen würden. Die vielzitierten Glashäuser des Ortes *Hveragerði* bringen Südfrüchte, Blumen, Kürbisse, Bananen, Weintrauben und allerlei Gemüse wie Paprika und Tomaten hervor. Mit den Preisen von Importgemüse kann man dennoch nicht mithalten.

Industrie

Erst viele Jahre nach der industriellen Revolution in den größten europäischen Ländern gewann die Industrie im fernen und rohstoffarmen Island an ökonomischer Kraft. Die bedeutenden Werke in dem kleinen Staatswesen sind trotzdem noch an einer Hand abzuzählen – zu klein ist der lokale Absatzmarkt. Produziert wird neben Zement für den Fischfangsektor und Dünger für die Landwirtschaft. Konkurrenzlos günstige Energiepreise sind es, die stromintensive, exportorientierte Betriebe anlockten. Das größte Schwerindustrie-Unternehmen ist die Aluminiumschmelze in Straumsvík; eine weitere große Alu-Fabrik ist in Reyðarfjörður geplant.

Energie

Island hat das Glück, dank der heißen "Erdkruste" immense Energievorräte zu besitzen. Ökonomisch sinnvoll verfügbar zu machen wären durch natürliche Ressourcen etwa 50 TWh/Jahr. Warum also teures Heizöl importieren? Fast 90 % der isländischen Bevölkerung heizen mit Erdwärme, fossile Brennstoffe stellen nur ein Drittel des gesamten Energieverbrauchs. Schwimmbäder und Gebäude werden an vielen Orten des Landes umweltfreundlich mit geothermischer Energie beheizt. Der Einfluss der Erdwärme geht so weit, dass in entsprechenden Orten die Lage der heißen Quelle den Standort von Gebäuden bestimmt; besonders Schulhäuser mit vielen zu heizenden Räumen wurden nahe an Quellen errichtet. Auch die gewaltigen Reserven an Wasserkraft, Islands zweitem emissionsfreiem Energielieferant, werden noch kaum genutzt. Erst 10 % der potentiell nutzbaren geothermischen Energie und der Wasserkraft nutzen jeweils zur Hälfte die Bevölkerung und die großen Werke für Aluminium und Düngemittel. Beim Pro-Kopf-Stromverbrauch leistet man es sich, weltweit an fünfter Stelle zu stehen – die dunklen Winternächte wollen mit hohen Wattzahlen erhellt werden.

Geschichte: Viel mehr Nutzen als zum Wäsche waschen zog man früher aus dem heißen Wasser nicht. 1904 arbeitete dann das erste Geo-Kraftwerk in Hafnarfjörður bei Reykjavík. das Heizen mittels der Erdwärme begann dann 1933. Erst als ausgefeiltere Bohrtechniken bereit standen – das erforderliche Bohrloch ist 1–2,5 km tief –, konnte die neue Energieform konsequent genutzt werden.

Kraftwerke: Das Kraftwerk Svartsengi auf Reykjanes, das die Umgebung mit heißem Wasser versorgt, ist unter einem anderen Namen bekannt geworden: Seine Abwasser speisen die Blaue Lagune auf der Halbinsel Reykjanes. Weiteres berühmtes Kraftwerk ist das geothermale Krafla-Kraftwerk am Mývatn.

Da die Flüsse im Norden und Nordosten zu weit von den Siedlungszentren entfernt sind, kamen im Wesentlichen nur die großen Wasserläufe des Südwestens (Hvitá, Tungnaá und Þjorsá) zur Nutzung in Frage, die an vielen Standorten den unsteten Kräften von Eis, aktiven Vulkanen und sandigem Untergrund trotzen müssen.

Tourismus – ein neues Klondike?

Ein Traumland für Abenteurer war die Insel schon im 19. Jh. Hatte man die mühevolle Schiffspassage hinter sich gebracht, brach man als Forschungsreisender oder Lustreisender zu den geheimnisvollen Merkwürdigkeiten der Insel mit den "feuerspeyenden Bergen" auf. Zu Fuß oder im Sattel erkundeten die Reisenden den "Sneffel", den Geysir "Strokker" oder die dampfenden Quellen. Die Zeiten einer einsamen Islandreise sind vorbei. Fast jedes Jahr nach den kurzen Sommermonaten kann das statistische Büro einen neuen Rekord der Besucherzahl vermelden. Die Statistik zählt 250 Beherbergungsbetriebe, eine Verdoppelung seit 1990. Die Zahl der Betten stieg in diesem Zeitraum von knapp 7.000 auf über 12.000. Viele Isländer haben sich vom Boom anstecken lassen und spekulieren, in wenigen Jahren im Tourismus als Vermieter oder Touranbieter reich zu werden. Nicht wenige verkalkulieren sich dabei. Die Saison ist einfach zu kurz.

Abenteuerurlaub in Island

Island aus der Vogelperspektive – Blick auf Pseudokrater am Mývatn

Anreise

Mit dem Flugzeug

Aus der Luft erreicht man Island von deutschen Flughäfen aus nach drei bis vier Stunden. Mitten in einem eintönigen, oft wolkenverhangenen Lavafeld landet man auf dem Flughafen Keflavík, etwa 50 Kilometer von der Hauptstadt entfernt.

Die Preise für ein Rückflugticket reichen von 200–300 € für einen Last-Minute-Flug außerhalb der Hochsaison bis 1.000 €. In der Regel wird man einen Flug für 400–500 € finden. Es lohnt sich, Angebote im Internet zu prüfen. Linienflüge bietet Icelandair nonstop ab Frankfurt und Amsterdam an, mit Umsteigen ab Hamburg, Berlin, Düsseldorf und München. Weitere Flüge offerieren die Chartergesellschaften LTU und Aero Lloyd. Seit 2003 fliegt erstmals auch die Condor im Rahmen von Charterflügen nach Island (in der Zeit vom 5.6. bis 4.9.) Abflugorte sind Frankfurt und München.

- *Flughafensteuer* etwa 50–60 €.
- *Kinder-/Jugendermäßigungen* Kinder unter 2 Jahren zahlen i. d. R. 10 %, von 2–11 Jahren je nach Linie 40–66 % und von 12–21 Jahren (bei Aero Lloyd auch Studenten bis 24 Jahre) 21 % des regulären Tarifs. Icelandair bietet zudem einen Jugendtarif von 530 € an.
- *Gabel-/Anschlussflüge* Bei allen Airlines möglich, evtl. gegen Aufpreis.
- *Fluglinien* **Aero Lloyd**, ✆ 06171/625200 (Mo–Fr 6–22, Sa/So 8–20 Uhr), 📠 625219, fliegt Mitte Juni bis Ende August mit einer reinen Airbusflotte von Frankfurt, München und Berlin-Tegel, immer Do für ca. 400–450 €, Gepäckmenge 20 kg, ab 29 Tagen Aufenthalt 30 kg. Golfgepäck bis 30 kg kostenfrei.

LTU, ✆ 0211/9418888, 📠 9418881, fliegt Mitte Juni bis Anfang September 3-mal die Woche von Düsseldorf und 2-mal die Woche ab München nach Keflavík sowie seit 2002 auch Fr nach Egilsstaðir in Nordisland (ab 310 €). Gepäckmenge 20 kg, ab 29 Tagen

Aufenthalt 30 kg. LTU hat auch in Reykjavík eine Vertretung: Terra Nova, Stangarhylur 3a, P.O. Box 9088, ✆ 5871919.

Icelandair, ✆ 069/299978, 📠 290557, fliegt für 340–740 € ganzjährig nach Keflavík. Die Hauptsaison ist Mitte Juli bis Mitte August. Das Angebot der Abflughäfen variiert von Jahr zu Jahr; in Kooperation werden auch andere deutsche Abflughäfen angeboten, allerdings ist dann ein Zwischenstopp (etwa in Kopenhagen) nötig. Gepäckmenge: 20 kg.

Air Atlanta operiert nicht mehr. Mit **Atlantic Airways,** ✆ 0298/341000, kann man über die Färöer von Dänemark und England aus nach Reykjavík fliegen.

• *Anschlussflüge* Nötig ist ein Flughafenwechsel von Keflavík nach Reykjavík. Infos bei Air Iceland (siehe Kap. "Unterwegs").

• *Fahrradmitnahme* Keine Fluglinie befördert Drahtesel noch gratis, bei Icelandair müssen 25 € pro Strecke hingeblättert werden, bei Aero Lloyd und LTU einmalig 30 €. Erfahrungsgemäß ist die Verpackung in einem Fahrradtransportkarton sinnvoll, ansonsten sollte man wenigstens empfindliche Teile mit Pappe umwickeln. Oft kommen aber auch gänzlich unverpackte Räder ohne Schäden am Zielflughafen an. Egal, wofür man sich entscheidet, in jedem Fall ist der Reifendruck abzusenken. Bei unverpackten Rädern empfiehlt es sich, die Pedale abzunehmen und den Lenker quer zu stellen.

Ankunft am Leifur-Eiríksson-Flughafen Keflavík

Das Terminal ist in den Farben Rot für Feuer und Weiß für Eis sowie bunten Glasfenstern ausgeschmückt. Weitaus auffälliger sind allerdings die im Jahr 1987 außerhalb des Flughafengebäudes aufgestellten Kunstwerke "Regenbogen" und "Düsennest".

Der internationale Flughafen ist gut ausgestattet: Post, Bank (die gleich hinter den Gates tauscht erheblich günstiger als die am Ausgang; mit der EC-Karte Geld abheben kann man ausschließlich am Geldautomaten beim Ausgang), Autovermietungen, Restaurant und Informationsschalter, außerdem zwei Duty-Free-Shops, in denen auch bei der Ankunft eingekauft werden kann. Wer einen kleinen Alkoholvorrat mit auf die Reise nehmen möchte, sollte hier vorsorgen. Unterkünfte sind am Flughafen bisher nicht verfügbar, aber für die Zukunft anvisiert. Transportmittel zum und vom Flughafen ist der Zubringerbus (Fly Bus), der für etwa ISK 1.000 pro Erwachsener in 30 Min. das Scandic Hótel Loftleiðir am südlichen Rand der Hauptstadt Reykjavík erreicht. Anschließend werden alle größeren Hotels, der Campingplatz und die Jugendherberge angefahren.

Mit dem Schiff

"Es gibt keinen gewaltigeren Anblick als Island, wie es aus dem Meer emporsteigt", schrieb Halldór Laxness in der Islandglocke. Wer mit dem Schiff anreist, braucht jedoch ein bisschen Zeit.

▶ **Mit der Fähre**: Die 2002 vom Stapel gelaufene, neue *MS Norröna* der *Smyril Line* ersetzt ab 2003 die gleichnamige alte Fähre von 1973. Sie verkehrt von Mitte Mai bis Mitte September einmal wöchentlich zwischen Hanstholm in Dänemark und Seyðisfjörður an der isländischen Ostküste. Die Überfahrt dauert ein paar Tage, zudem wird auf der Hinfahrt auf den Färöer-Inseln ein zweitägiger Zwischenstopp eingelegt. Der Vorteil ist neben der Mitnahmemöglichkeit des eigenen Fahrzeugs die langsame Annäherung an das Reiseziel. Die Tage auf den Färöern können als wunderbare Einstimmung auf Island genutzt werden.

• *Fahrplan* Abfahrt ist Sa 20 Uhr. Mo 5 Uhr legt die Fähre in Tórshavn auf den Färöern an. Hier werden alle Passagiere für zwei Tage ausgespuckt und die Fähre macht sich über Lerwick auf den Weg nach Bergen an der Westküste Norwegens, wo sie Di 12 Uhr für drei Stunden festmacht, um weitere Passagiere aufzusammeln. Mi 15 Uhr ist sie zurück in Tórshavn, nimmt die anderen Fahrgäste wieder an Bord und um 18 Uhr

Kurs auf Seyðisfjörður, das Do früh um 8 Uhr erreicht wird. Die Anreise beinhaltet fünf Übernachtungen, davon zwei auf den Färöern. Letztere fallen zu Lasten der Passagiere. Die Rückfahrt geht etwas schneller, da in Tórshavn nur 2,5 Stunden gehalten wird. Die Fähre verlässt Seyðisfjörður Do 12 Uhr, kommt Fr 5 Uhr in Tórshavn und Sa 15 Uhr in Hanstholm an.

• *Preise und Ermäßigungen* Es gibt 2-, 3- und 4-Bettkabinen (alle mit WC und Dusche) sowie Liegen in 6er- und 9er-Kabinen. Die Preise liegen zwischen 248 € in der NS für eine Liege (HS3 36 €) und 592 € pro Pers. für die Luxuskabine (HS7 92 €). Ein Platz in der 4-Bettkabine (innen) kostet in der HS4 24 €. PKW ab 208 € (HS2 78 €), Motorrad 82 € (HS1 10 €), Fahrrad immer 10 €. Ermäßigungen für Kinder, Schüler und Studenten bis 26 Jahre sowie Senioren.

• *Anfahrt mit dem Bus* Zwischen Flensburg und Hanstholm besteht ein auf die Abfahrts-/Ankunftszeit der Fähre abgestimmter Bustransfer für ca. 50 € pro Strecke, Fahrradmitnahme je 11 €. Ab Flensburg Sa 10.45 Uhr, ab Hanstholm Sa 16.30 Uhr. Die Fahrt dauert ca. 5,5 Std., Reservierung ist dringend erforderlich (bei der Reservierungsstelle beim Ticketkauf gleich mitbuchen).

• *Flug-/Schiffkombination* Wer nicht die Zeit hat, nach Island und zurück mit der Fähre zu fahren, kann auf die von *Smyril Line* und *Icelandair* arrangierte Kombination aus Flug- und Schiffsreise zurückgreifen (Flug von/nach Hamburg, Amsterdam, Frankfurt, München, Düsseldorf). Wem die Schifffahrt auch wegen des Zwischenstopps auf den Färöern am Herzen liegt, sollte bedenken, dass die Norröna hier nur auf der Hinfahrt einen längeren Halt einlegt.

• *Buchungen* **Deutschland**: *J. A. Reinecke GmbH & Co.*, Jersbeker Str. 12, 22941 Bargteheide, ✆ 04532/6519, 📠 24143, www.smyril-line.fo.

Island: *Norröna*, Laugavegur 3, 101 Reykjavík, ✆ 354/5626362, 📠 5529450. *Austfar*, Fjarðargata 8, 710 Seyðisfjörður, ✆ 0354/4721111, 📠 4721105.

Färöer: *Smyril Line Faroe Islands*, J. Bronckgöta 37, P.O. Box 370, FR-110 Tórshavn, ✆ 0298/15900, 📠 5707.

Überfahrt mit der neuen Norröna

Die 164,5 m lange und 30.000 PS starke *MS Norröna* tritt im März 2003 ihre Jungfernfahrt an und zieht dann mit einer Geschwindigkeit von 21 Knoten über die See. So schafft sie die Fahrt zweieinhalb Stunden schneller als die vorherige Fähre. Letztere maß 12.000 Bruttoregistertonnen, die neue kommt auf 36.000. Etwa 800 Autos und knapp 1.500 Fahrgäste kann sie in ihrem Bauch unterbringen. Für die Reisenden ist mit Restaurant, Cafeteria und Laden gut gesorgt; dennoch ist es ratsam, auch Verpflegung mitzubringen: Die mit insgesamt gut 50 Stunden sehr lange Überfahrt wird sonst teuer. Das Autodeck wird während der Reise verschlossen, man sollte also nichts Wichtiges im Auto liegen lassen, z. B. die Reisetabletten – es kann stürmisch werden auf dem Nordatlantik – oder den Schlafsack, wenn man die Nächte auf einer Liege verbringt. Bettzeug kann gegen Pfand entliehen werden. In einer Kabine sind sechs bis neun Liegen untergebracht, sodass die stickige Luft schon nach der ersten Nacht viele Leute mit ihrem Schlafsack auf den Gang treibt. Wer schlecht schläft, hat aber vielleicht das Glück, in den frühen Morgenstunden zu sehen, wie Island aus dem Meer emporsteigt. Wer es verpasst, tröste sich damit, die ebenfalls beeindruckenden Färöer gesehen zu haben: Zwei Stunden vor Ankunft in Tórshavn beginnt eine faszinierende Fahrt durch die Inselwelt.

Als Alternative zur Anreise mit Zwischenstopp auf den Färöer-Inseln bietet Smyril-Line in Zusammenarbeit mit Color Line zwei so genannte Kombi-Tickets an, mit denen man nach einer Fährfahrt nach Norwegen die MS Norröna in Bergen erreicht. Es geht entweder von Hirtshals am Skagerrak im Norden Dänemarks mit der Fähre nach Kristiansand in Norwegen oder ab Kiel mit der Fähre nach Oslo. In beiden Fällen müssen in Norwegen über 300 km auf dem Landweg nach Bergen zurückgelegt werden. Wer eine dieser beiden Möglichkeiten wählt, hat auf den Färöern nur vier Stunden Aufenthalt. Von Nachteil ist die hohe Kilometerzahl, die in Norwegen zurückgelegt werden muss, um von einem Fähranleger zum nächsten zu gelangen. Vielleicht lohnt sich die Variante am ehesten für Reisende, die etwas Zeit in Norwegen verbringen möchten – hier kann die Fahrt für bis zu zwei Wochen unterbrochen werden.

Ankunft in Seyðisfjörður

Im Hafen von Seyðisfjörður dauert es im schlimmsten Fall zwei Stunden, bis man den Zoll passiert hat und losfahren kann. Noch in der Warteschlange wird gecheckt, wer mit einem Dieselfahrzeug angereist ist. Für dieses muss pro angebrochene Woche Islandaufenthalt eine Dieselsteuer hingeblättert werden (siehe "Einreise"). Außerdem wird nach mitgebrachter Angelausrüstung gefragt (siehe "Einreise"). Dann geht es zur Zollabfertigung, wo durch Fragen und Stichproben kontrolliert wird, ob es etwas zu verzollen gibt, auch, ob zu viele Lebensmittel eingeführt werden.

Mit dem Containerschiff: Die beiden isländischen Reedereien Samskip und Eimskip nehmen Fahrzeuge von Reisenden auf ihren Containerschiffen mit, die zwischen Island und Deutschland verkehren, Eimskip je Schiff auch drei Fahrgäste. Der entscheidende Vorteil dieser Schiffsverbindungen besteht darin, dass sie das ganze Jahr über aufrecht erhalten werden. Diese Transportmöglichkeit bietet sich auch für die an, die nicht selber Tage und Nächte auf hoher See verbringen, aber gerne ihr eigenes Auto in Island zur Verfügung haben möchten. Nachteile sind die Kosten, die lange Transportzeit und ein wenig Papierkram (hierüber informieren die Reedereien). Ist das Auto an seinem Bestimmungsort angekommen, dauert es noch ein bis zwei Tage, bis die Container gelöscht und die Autos abholbereit sind.

- *Reederei Samskip* Ein Containerschiff der Reederei Samskip verkehrt einmal wöchentlich zwischen Rotterdam und Reykjavík. Dabei läuft es **Cuxhaven** an, von wo aus die Fahrt jeden Mi innerhalb von sieben Tagen über Århus nach Reykjavík weiter geht. Ein Motorrad kostet retour 600 €, ein PKW bis 20 m³ retour 1.500 €, über 20 m³ 1.700 €. Eine einfache Fahrt kostet 900 bzw. 1.000 €.

Deutschland: *Samskip* GmbH, Flughafenallee 15, 28199 Bremen, ✆ 0421/30470, 📠 3047212.

Island: *Samskip*, Holtabakka v/Holtavegur, 104 Reykjavík, ✆ 5698300, 📠 5698327.

- *Reederei Eimskip* Auf seinen im Herbst 2000 in Dienst gestellten Containerschiffen *Goðafoss* und *Dettifoss* nimmt auch Eimskip einmal wöchentlich Fahrzeuge mit. Jeden Di ab **Hamburg** über Århus, Göteborg, Frederikstad und Tórshavn nach Reykjavík, wo das Schiff am folgenden Di ankommt. Die Reise von Reykjavík nach Hamburg beginnt Do und führt über Tórshavn und Rotterdam nach Hamburg, das am Di erreicht wird. Eimskip ist die größere Reederei und beim Transport von Kleinwagen etwas günstiger als Samskip. PKW bis 29 m³ und bis 5,90 m Länge und 2,39 m Höhe kosten retour 1.400 €, PKW bis 34 m³ und 6,9 m Länge 1.525 €, Motorräder 502 €. Einfache Fahrt je 30 % billiger. Abholung der Fahrzeuge in Hamburg nur Mo–Fr 7–15 Uhr.

Deutschland: *Eimskip*, Brandsende 6, 20095 Hamburg, ✆ 040/323330-52, 📠 32333060.

Island: *Eimskip*, Pósthússtræti 2, 101 Reykjavík, ✆ 5699300, 📠 5697179.

Passagierplätze kann man nur über das Reisebüro *Island Tours* buchen, Raboisen 5, 20059 Hamburg, ✆ 040/336657, 📠 324214. Auf jedem Schiff befinden sich 3 Kabinen, zwei für 1, eine für 2 Pers.; aufgrund von Sicherheitsbestimmungen ist die maximale Anzahl mitreisender Passagiere jedoch auf insges. 3 Pers. beschränkt. Die Fahrt Hamburg–Reykjavík kostet 885 € in der Einzelkabine, 620 € in der Doppelkabine. Für die Rückfahrt fallen 665 bzw. 465 € an. Die Preise beinhalten Frühstück, Mittag- und Abendessen.

Nie in der Busspur fahren!

Unterwegs in Island

Das natürliche Fortbewegungsmittel war jahrhundertelang das Pferd. Noch vor 100 Jahren gab es nennenswerte Straßen nur im Bereich der Hauptstadt. Frühere Beschwerlichkeiten wie das Warten, bis bei Ebbe der Fjord passierbar ist, Flussüberquerungen in Kisten an Seilen oder Fährpassagen über reißende Gletscherflüsse sind passé. Trotzdem sei, egal ob man motorisiert reist oder mit Muskelkraft das Land erkundet, davor gewarnt, sich zu viele Kilometer pro Tag vorzunehmen. Die Wetterverhältnisse und der Zustand der Straßen machen schnell einen Strich durch die Rechnung. Eine Eisenbahn gibt es in Island übrigens nicht.

Mit Auto und Motorrad

In Island werden kontinuierlich neue Wegstrecken asphaltiert und Brücken fertig gestellt, die die Strecke verkürzen oder über schwer passierbare Stellen helfen. Dies gilt vor allem für die Ringstraße und ist eine enorme Leistung für ein Land mit so wenigen Einwohnern.

Die Länge des Straßennetzes wird offiziell mit 10.000 km angegeben. Seit 1974 umrundet die Ringstraße (*Hringvegur*) auf etwa 1.400 Straßenkilometern die Insel; dabei spart sie die großen Halbinseln und die meisten Fjorde aus. Sie ist zwar noch nicht vollständig asphaltiert, trotzdem aber problemlos für alle Fahrzeugtypen befahrbar. Die einzigen vierspurigen Straßen im Land sind die Ausfallstraßen Reykjavíks. Ein Großteil des Straßennetzes besteht aus

Schotterstraßen, deren Schlaglöcher und "Wellblech"-Partien keine hohen Geschwindigkeiten erlauben. Frisch aufgeschottert sind sie ein Gräuel für Radler. Die Verbindungen durch das Hochland sind ausschließlich Pisten, die unterschiedlich schwierig zu befahren sind. Die längsten und bei Touristen beliebtesten Pisten sind die *Kjölur*, deren Flussläufe inzwischen zum Bedauern der "Allradfahrer" überbrückt sind, und die legendäre *Sprengisandur*. Abgelegene Pisten sind nicht mit Orientierungsstäben markiert.
Viele (Neben-)Straßen sind im Winter geschlossen, manchmal auch länger, je nach Zustand der Piste. Die Brücken im Land sind oft nur einspurig angelegt und in diesem Fall mit Schildern angekündigt. Sie zweispurig auszubauen hat im Straßenbau keine Priorität; wegen des verhältnismäßig geringen Verkehrsaufkommens kommt es kaum zu Kollisionen. Im Tunnelbau unternimmt Island in den letzten Jahren gewaltige Anstrengungen, um die Erreichbarkeit abgelegenerer Ecken zu verbessern. Seit 1998 ist der 5,7 km lange Tunnel unter dem Hvalfjörður nördlich von Reykjavík offen; zu den geplanten Projekten gehören beispielsweise ein Tunnel zwischen Ólafsfjörður und Siglufjörður auf der Halbinsel Tröllskagi und einer zwischen Reyðarfjörður und Fáskrúðsfjörður in den Ostfjorden.

Wer genug Zeit für die Anreise mit der Fähre hat und horrende Mietwagenpreise vermeiden will, kann problemlos sein eigenes Auto mitbringen. Die Frage ist aber, ob man seinem Auto die isländischen Straßenverhältnisse zumuten will und kann. Mit einem normalen PKW ist mittlerweile das Hochland auf der Kjölur durchquerbar. Will man aber sein Fahrzeug nicht innerhalb eines Urlaubs um Jahre altern lassen, sind einem viele Nebenstraßen und alle Pisten ins Landesinnere versperrt.

- *Nummerierung* Die Straßen sind nach Region und Qualität bzw. Funktion nummeriert. Die Ringstraße darf sich mit der "1" schmücken, die anderen Hauptverkehrswege tragen zweistellige Nummern. Im Gegensatz zur Ringstraße sind die zweistelligen Straßen zumeist nur teilweise geteert, Schotter und Schlaglöcher, "Wellblech" und Spurrillen prägen diesen Typ noch auf weiten Strecken. Noch eine Kategorie schlechter sind die Pisten mit dreistelliger Nummer. Steht gar ein "F" davor, ist ein Durchkommen (mit selten überbrückten Bächen und Flüssen) meist nur im Sommer und mit einem geländegängigen Fahrzeug gewährleistet. Die niedrigste Kategorie sind die nicht-nummerierten Wege, die vom Staat nicht betreut werden.
- *Fahren im Winter* Nach Schneefall werden die Straßen geräumt – allerdings nicht alle und nicht immer. Eine Klassifikation legt fest, ob eine Straße täglich oder nur an einigen Tagen in der Woche geräumt wird. Die nicht berücksichtigten Straßen müssen die Farmer in eigener Regie räumen oder den Staat damit beauftragen. Priorität haben große Ansiedlungen, Häfen und Schulorte.
- *Informationen* Informationen zu den Straßen können landesweit unter ✆ 1777 bzw. im Internet unter www.vegagerdi.is eingeholt werden.
- *Tanken* Die Dichte des Tankstellennetzes ist i.d.R. ausreichend, wenngleich jedes Jahr zahlreiche kleine Tankstellen schließen. Versorgungslücken bestehen im Hochland und in entlegenen Regionen. Diesel ist für ca. 0,5 €/Liter zu haben, Super und Bleifrei kosten etwa 1 €. Zapfsäulen in abgelegeneren Gegenden werden häufig von Farmern betrieben (auf der 1:500.000er-Karte sind die saisonalen Tankstellen eingetragen). Auf Anlagen mit dem Hinweisschild "Sjálfafgreiðsla", Selbstbedienung, kann mit Hilfe von Geldautomaten getankt werden. Außerhalb der Öffnungszeiten per Kreditkarte zu tanken, ist nur an einigen Tankstellen möglich, funktioniert aber auch nicht immer. In Orten mit über 800 Einwohnern hat meist eine Tankstelle bis 23.30 Uhr offen.
- *Pannenhilfe und Verhalten bei einem Unfall* Sollte man in einen Unfall verwickelt sein, ist zunächst die Polizei zu informieren; der

Unfallort sollte möglichst nicht verändert werden. Als nächstes kontaktiert man, den isländischen Automobilclub *Félag Íslenskra Bifreiðaeigenda* (Borgartún 33, Reykjavík, ✆ 5629999), danach die Versicherung. Der ADAC bietet in seinem Euro-Schutzbrief Erstattung für Pannenhilfe und Abschleppen.

• *Ersatzteile/Ausrüstung* Auf jeden Fall dabeihaben sollte man Abschleppseil, Benzinschlauch, Dichtungsmasse für Treibstoff- und Wassertank (sehr wichtig), Ersatzreifen, Scheibenreiniger, Wagenheber, Werkzeugkasten, Zündkabel, Zündkerzen. Für abgelegene Hochlandgebiete: Glühkerzen für Dieselfahrzeuge, Keilriemen, Metallschellen, Notproviant, Öl, Luftpumpe, Notraketen, Reservekanister, Schaufel, Schrauben, Sicherungen, Starthilfekabel, Unterbrecherkontakt, Zündverteilerkappe, Notscheinwerfer, Unterlegkeile, Kühlwasser.

Sinnvoll sind Schutzgitter für die Scheinwerfer und eine Folie als Windschutzscheibenersatz. Wer sein Fahrrad außen am Auto mitführt (aufgrund der rauen Straßenverhältnisse ist ein solider Heckgepäckträger das einzig vernünftige), sollte an eine Schutzplane denken. Wind und Wetter lassen den Drahtesel schnell rosten.

▸ **Pisten**: Abseits der Hauptverkehrsstraßen und im Hochland gibt es nur Pisten. Sie sind meist ausschließlich mit Allradfahrzeugen – oftmals nur mit Geländewagen – oder Zweirädern passierbar. Es ist ratsam, auf sehr abgelegenen und schwierigen Strecken mit zwei Fahrzeugen zu reisen, um sich gegenseitig helfen zu können. Die Fahrbedingungen sind naturgemäß nicht beständig und wechseln mit dem Wetter und dem Gang der Jahreszeiten. Fahrräder wie Motorfahrzeuge müssen auf Pisten immer wieder auf lockere Schrauben oder gebrochene Teile überprüft werden. Die Strecken in Zentralisland werden jedes Jahr zu neu festgelegten Zeiten freigegeben.

• *Fahrweise* *Schotterstraßen* erfordern besonnenes Fahren; mit der Bodenhaftung geht leicht auch die Kontrolle über das Fahrzeug verloren, jährlich passieren viele Unfälle mit Touristen, die ihr Fahrzeug überschätzen. Insbesondere für den, der es nicht gewohnt ist, sich auf dem losen Kiesmaterial zu bewegen, geben manche Einheimische mit ihrem rasanten Tempo kein gutes Vorbild ab. Die Geschwindigkeit

Kein Kinderspiel – das Furten

muss an Wege mit *Schlaglöchern* angepasst sein. Begegnen sich zwei Fahrzeuge auf unbefestigter Straße, hält reduzierte Geschwindigkeit den Schaden durch hochgeschleuderte Steine gering. *Wellblechpisten* sind der Feind jedes Stoßdämpfers.

Ein Farbwechsel der Straße deutet oft auf einen anderen Belag hin, der grundsätzlich durch Schilder angekündigt wird. Manchmal ist es auch nur ein plötzlich auftauchendes versandetes Wegstück. Nach langen *Regenfällen* ist es ratsam, sich nicht zu sehr am Rand der Straßen und Wege zu bewegen, das Bankett könnte teilweise weggerissen oder unterspült sein. *Überholen* kündigt der Isländer häufig durch Hupen an. Das Schild "Blindhæðir" markiert unübersichtliche Kuppen und fordert dazu auf, sich rechts zu halten und langsam auf den Hügel zuzufahren.

- *Tiere auf der Fahrbahn* In besiedelten Gegenden muss immer mit Tieren auf der Fahrbahn gerechnet werden. Dann heißt es stehen bleiben oder langsam weiterfahren. Nachts sollte man vorsichtig sein – es können immer Schafe auf der Straße stehen. Rechtlich gesehen hat der Farmer die besseren Karten: Es ist Pflicht, für Viehschäden aufzukommen.

- *Viehgitter* Die Eisenroste in der Straße sollen vor allem Schafe daran hindern, die Straße als Schlupfloch aus ihrem eingehegten Weidegebiet zu benutzen. Die Gitter in gemäßigter Geschwindigkeit anzugehen erspart gelegentlich das unangenehme Einbrechen in Schlaglöcher, die sich mit Vorliebe davor und dahinter bilden. Es kann auch sein, dass einzelne Rohre beschädigt sind oder Lücken im Gitter bestehen.

- *Wichtige Regeln zum Furten* Eines vorweg – Flüsse in Island sind in den seltensten Fällen reguliert; Wasserstand und Kraft verändern sich je nach Tages- und Jahreszeit und Wetter. Kleinere Gletscherflüsse führen morgens sehr viel weniger Wasser als abends. Damit Sie nicht als stecken gebliebener Abenteurer zum Schnappschussobjekt werden: 1. Vor dem Befahren einer Straße mit schwierigen Furten immer den Wasserstand der Flüsse erfragen. 2. Vor dem Überqueren die Tiefe des Flusses und den Zustand des Untergrundes untersuchen. Niemals blindlings alten Reifenspuren folgen! 3. Kleinere Personenwagen, bei denen die Maschine nicht ausreichend geschützt ist (besonders die Luftansaugung muss hoch liegen, die Elektrik und die Bremsen könnten ebenfalls vehement Einspruch erheben) sind ungeeignet! 4. Um nicht abzutreiben, fährt man reißende Flüsse (mit ausreichender Geschwindigkeit!) schräg von oberhalb an, mit gutem Augenmaß kommt man dann an der richtigen Stelle an. Niemals gegen den Fluss ankämpfen! 5. Die beste Stelle ist nicht unbedingt da, wo der Fluss am schmalsten ist und schon gar nicht, wo alle entlangfahren (die Furt ist hier meist ausgetieft).

Versicherungen zahlen in der Regel keine Schäden, die beim Furten entstehen. Jedes Jahr bleiben in Island einige Dutzende Fahrzeuge in Flüssen stecken, die von Touristen z. B. besonders gerne in der Krossá/Þórsmörk.

- *Verkehrsregeln* Rechtsverkehr. **Fahren abseits der Straßen und Pisten ist verboten**. Die Promillegrenze beträgt 0,5 ‰. Es besteht Gurtpflicht und auch tagsüber muss mit Abblendlicht gefahren werden. Höchstgeschwindigkeiten: Im Ort 50, auf Schotterpisten 80, auf Asphalt 90 km/h.

- *Strafen* Geschwindigkeitsüberschreitung ISK 7.500–150.000.

- *Reifendruck* Auf Sand (ebenso wie für die Spezialjeeps auf dem Gletschereis) ist es ein alter Trick, den Reifendruck zu erniedrigen; das frisst zwar Energie, verbessert aber die Traktion.

Mietfahrzeuge: Ein Überblick über das Angebot führt schnell zu zwei Erkenntnissen: Die Auswahl an Vermietern ist groß, gleichzeitig scheint keine gnadenlose Konkurrenz zu herrschen. Das Preisniveau ist mit 70-130 € für Pkws und bis zu 350 € am Tag für Geländefahrzeuge hoch. Wochenangebote sind nur wenig billiger. Lassen Sie sich nicht eilfertig auf maximal 100 km/Tag ein, Sie werden sich schnell ärgern. An Fahrzeugtypen ist – außer Cabrios – fast alles zu haben. Zwar kann man auch mit einem Ford Fiesta die Insel umrunden, wer aber Hochlandabenteuer erleben möchte, ist auf ein vierradgetriebenes, hochbeiniges Fahrzeug angewiesen. Im Sommer ist wegen der großen Nachfrage eine zeitige Vorausbuchung noch von der Heimat aus anzuraten,

Island wird am besten auf eigene Faust erkundet

entweder direkt beim Autoverleih oder übers Reisebüro. Bisweilen haben Reiseveranstalter spezielle Offerten im Angebot. Eine bei längerem Aufenthalt möglicherweise lohnende Alternative zum Mietwagen ist der Autokauf vor Ort. In Reykjavík gibt es zahllose Gebrauchtwarenhändler, bei denen mit etwas Glück ein reisetaugliches Auto preisgünstig zu erwerben ist. Schwieriger ist der Verkauf, wenn es schnell gehen muss. Für eine Zeitungsannonce bleibt kaum Zeit und die Autohändler arbeiten nur auf Provisionsbasis.

- *Adressen im Großraum Reykjavík* **Atlas Car Rental**, Dalshraun 9, Hafnarfjörður, ✆ 5653800, www.atlascar.is, ist ein sehr kundenfreundlicher Autoverleih mit viel gelobtem Service und dem ersten umweltfreundlichen Leihwagen. **Á.G. Car Rental**, Tangarhöfði 8–12, ✆ 5875544, www.ag-car.is, verleiht neben neuen Fahrzeugen auch ältere "Discount Cars" zu günstigeren Preisen.
- *Weitere Adressen* **Aka**, Vagnhöfði 25, ✆ 5674455; **ALP**, Vatnsmýrarvegur 10 (am BSÍ-Terminal), ✆ 5626060, www.alp.is; **Átak**, Smiðjuvegur 1, Kópavogur, ✆ 5546040, www.atakcar.com; **Atlantis**, Grensásvegur 14, ✆ 5880000, www.atlantis.is; **Arco**, Drangahraun 4, Hafnarfjörður, ✆ 5659900, www.arco.is; **AVIS**, Knarrarvogur 2, ✆ 5904000, www.avis.is; **Berg Car Rental**, Tangarhöfði 6, ✆ 8629195, www.carrental-berg.com; **Budget/Bónus**, Malarhöfði 2, ✆ 5678300, www.budget.is; **Hasso**, Álfaskeið 115, Hafnarfjörður, ✆ 5553330, www.hasso.is; **Hertz/Icelandair**, Flugvallarvegur, ✆ 5050600, www.hertz.is; **Iceland Car Rental**, Barónstígur 2, ✆ 5451300, www.carrental.is; **S.S. Car Rental**, Keflavík, ✆ 4214220, www.isholf.is/carrentalss; **Terra Nova Car Rental**, Stangarhylur 3a, ✆ 5678545, www.terranova.is.

▶ **Trampen**: Trampen ist möglich, aber weder eine zuverlässige Art der Fortbewegung noch eine bequeme, selbst wenn man wind- und wasserdicht eingepackt am Straßenrand wartet. Im Bereich der touristischen Hauptattraktionen und auf der Ringstraße stehen die Chancen laut Leserauskünften am besten. Abseits gilt so etwas wie das "Gesetz der Wüste": Herrscht äußerst wenig Verkehr, sind die Fahrer (vor allem Touristen, wenn sie nicht zu sehr mit Gepäck beladen sind) am ehesten bereit, anzuhalten und jemanden mitzunehmen.

Mit dem Bus

Das isländische Überlandbusnetz ist für die dünne Besiedlung sehr gut ausgebaut, obgleich einige Linien in entlegene Regionen in letzter Zeit eingestellt wurden. Im Sommer fahren "hochhackige" Spezialbusse auch über die Hochlandrouten.

Busfahren in Island ist bequem und einfach. Es muss nicht im Voraus gebucht werden und das Aussteigen ist so gut wie jederzeit und überall möglich. Gezahlt wird immer der Preis bis zum nächsten offiziellen Halt. Oftmals genügt auch ein Handzeichen, um den ankommenden Bus auf freier Strecke zum Anhalten zu bringen. Busfahren ist allerdings nicht ganz billig, zumindest, solange nicht die günstigen Buspässe und Ermäßigungen genutzt werden. Ein Beispiel: Die einfache Fahrt von Reykjavík nach Akureyri (389 km) kostet etwa ISK 5.300 (68 €). Es gibt mehrere Busgesellschaften; die Dachgesellschaft *Destination Iceland* (ein Zusammenschluss von drei Firmen, darunter die frühere Dachgesellschaft *BSÍ*) in Reykjavík ist für einen landesweiten Busfahrplan verantwortlich. Er ist in der mit zahlreichen Tourangeboten gefüllten Broschüre "Individuelles Reisen" zu finden, die an Busbahnhöfen und in Touristeninformationen kostenlos und in drei Sprachen ausliegt. Achtung: Sommer- und Winterfahrplan unterscheiden sich erheblich. Einige Linien werden im Winter komplett eingestellt. Die in diesem Buch verzeichneten Angaben zu den Busverbindungen in den einzelnen Regionen beziehen sich auf den Sommerfahrplan.

Die Busfahrer sind bekannt für Hilfsbereitschaft und Flexibilität

• *Buspässe* Es gibt verschiedene Pässe, zu kaufen in *Reykjavík*: BSÍ-Busbahnhof, Vatnsmýrarvegur 10, ✆ 5911020, und in der Jugendherberge, Sundlaugavegur 34, ✆ 5538110; in *Egilsstaðir*: Ferðamiðstöð, Kaupvangur 6, ✆ 4712320; in *Seyðisfjörður*: Austfar, Fjarðargata 8, ✆ 4721111; in *Akureyri*: Umferðamiðstöðin (Busbahnhof), Hafnarstræti 82, ✆ 4624442; in *Selfoss*: Touristeninformation, Fossnesti, ✆ 4821266; in *Höfn*: Touristeninformation, ✆ 4781701.
Inhaber von Buspässen erhalten 5 % Preisnachlass auf bestimmte von Destination Iceland angebotene Touren.

Tímamíði (Omnibuspass): Ganzjährig erhältlicher Buspass für 1, 2, 3 oder 4 Wochen (ISK 21.100–43.700), gültig für fast alle Linienbusse, Beginn am jedem Wochentag möglich. 1.10.–30.4. kostet 1 Woche nur ISK 12.400.

Hringmiði (Rundreisepass): Der Pass ohne Zeitlimit (aber nur 16.5.–30.9.) erlaubt für ISK 19.300 eine Umrundung der Insel auf der Ringstraße (eine Fahrtrichtung).

Hringmiði/Westfjorde (Rundreisepass): Diese Variante für ISK 28.600 gewährt im Zeitraum 15.6.–31.8. zusätzlich eine Umrundung der Westfjorde, leider ohne Abstecher nach Látrabjarg, aber inkl. Fähre von Stykkishólmur nach Brjánslækur.

Free & Easy: Kombinationsangebot aus einem der drei Buspässe und je mindestens 7 Unterkunftsgutscheinen für etwa 80 Quartiere an der Strecke, entweder Schlafsackunterkünfte allgemein oder auf Bauernhöfen bzw. in Jugendherbergen. Auch mit Campinggutscheinen möglich.

• *Fahrradmitnahme* In den Bussen ist jeweils Platz für etwa 3 bis 5 Fahrräder (manchmal ist vor Ort eine Anmeldung nötig, damit nicht der kleine Bus kommt – der kann nämlich schon mit Paketen beladen sein!). Die Hochland-, aber auch einige normale Busse verfügen über eine spezielle Fahrradaufhängung unter der Windschutzscheibe oder am Heck. Bei schlechtem Wetter und tiefen Furten erhalten die Drahtesel eine Schlammdusche, werden aber wenigstens nicht zerkratzt. Das kann in den anderen Bussen passieren, wo sie in den Gepäckraum wandern. An radelnde Fahrgäste gewöhnt, behandeln Busfahrer die Räder jedoch grundsätzlich sehr pfleglich, legen kein Rad auf die Schaltung, versuchen es aufrecht zu verstauen usw. Kostenpunkt: ca. 12 €. Einige Busgesellschaften nehmen Räder umsonst mit, häufig kommt es einfach auf den Busfahrer an, ob und wie viel der Transport kostet.

• *Information* Alle Infos zum Busfahren in Island unter www.dice.is.

Inlandsflüge / Aussichtsflüge

Das Flugzeug ist eine wesentliche Säule des isländischen Verkehrswesens und ein durchaus übliches Verkehrsmittel, z. B. um vom Norden nach Reykjavík (und sei es nur zum Einkaufen) zu gelangen. Beliebtester Inlandsflug bei Touristen ist der von Bakki nach Vestmannaeyjar.

Das Gepäck ist auf 20 kg beschränkt, zusätzlich zum Flugpreis sind ISK 165 Flughafensteuer fällig. Ein Problem, das sich im schlimmsten Fall stellen wird, ist das Weiterkommen vom Flughafen/Landeplatz, der oft in gottverlassenen Gegenden liegt.

Zusätzlich zu den Linienflügen haben mehrere Fluggesellschaften Aussichtsflüge im Programm. Bei schönem Wetter und guter Sicht bescheren Rundflüge ein unnachahmliches Erlebnis. Gerade in Island ist es überwältigend, die vielfältigen Landschaftsformen aus der Luft zu sehen, z. B. die Regionen um das Mývatn und den Nationalpark Skaftafell. Weitere Informationen zu Anbietern und Flügen in den Ortsbeschreibungen.

• *Preise* Der Flug Reykjavík-Akureyri kostet ISK 5.700. Air Iceland bietet verschiedene Pässe an, mit denen vergünstigt geflogen werden kann.

• *Adressen* **Air Iceland**, Reykjavíkurflugvöllur, ✆ 5703030, www.airiceland.is. **Íslandsflug**, Reykjavíkurflugvöllur, ✆ 5708090, www.islandsflug.is. Flüge nach Vestmannaeyjar siehe dort.

• *Flug+Bus* **Air Iceland** und **Destination Iceland**, ✆ 5911000, bieten mehrere Kombitickets für Touren ab Reykjavík (z. B. nach Akureyri, Höfn, Ísafjörður, Vestmannaeyjar) und zurück. Hierbei wird eine Strecke geflogen, die andere gefahren; die Busfahrt kann mehrmals unterbrochen werden.

Mit dem Fahrrad

Wer die Herausforderung sucht und Island hautnah erleben möchte, kann die Insel auch mit dem Fahrrad erobern. Zähe Kämpfe gegen Wind und Regen sind an der Tagesordnung. Im Hochland sind die Bedingungen klimatisch und im Hinblick auf die Straßenverhältnisse noch um einiges härter. Die Reiseplanung sollte sich weniger auf die Tageskilometer als auf die Ausrüstung konzentrieren.

Radler sind nahezu überall in Island anzutreffen, insbesondere bei deutschen Bikern ist die Umrundung der Insel beliebt. Nicht nur mit dem asiatischen

Leitspruch "Der Weg ist das Ziel" überlebt man die rauen Bedingungen, oft entschädigt die Eindringlichkeit der Natur für alle Anstrengungen. Auf höheren Energieverbrauch sollte man sich einstellen, die Kälte und der Wind werden ihren Tribut fordern, doch keine Sorge: Spaghetti gibt es überall zu kaufen. In größeren Orten (und das kann in Island eine Siedlung mit 300 Einwohnern sein) deckt man sich am besten immer so ein, dass die Verpflegung auf jeden Fall bis zum nächsten Ort reicht. Lieber etwas mehr mit sich herumschleppen, wer weiß, wie der nächste Laden bestückt ist! Der Kraftaufwand, den der Wind kostet, lässt sich verringern, wenn man zu zweit ist und im Windschatten des Vordermannes fährt. Auch der überzeugteste Einzelkämpfer wird in Island geneigt sein, einem Kollegen ein Stück gemeinsamer Wegstrecke anzubieten. Besonders in den Fjorden erlebt man den Wind einmal als Segen, auf der anderen Seite als grausamen Bremser. Ein Biker berichtete, ihm sei in einem Fjord so starker Gegenwind entgegengestürmt, dass er sein Rad nicht mehr s c h i e b e n konnte. Auf windstillere Tage zu warten, ist meist die falsche Taktik. Am besten kultiviert man die Einstellung, dass es Tage geben wird, an denen man frierend, hungrig, auf der Suche nach einer Waschmöglichkeit in Regen und bei starkem Gegenwind über schlechte Straßen holpert – dann ist man fast hochlandtauglich und es wird keine Enttäuschungen geben, getreu der Devise: Es kann nur besser werden. Um einiges wertvoller werden einem die Tage mit Sonnenschein, Trockenheit und vielleicht sogar 20 °C erscheinen. Strecken, die frisch aufgeschottert sind, stellen ein ärgerliches Hindernis dar, mühsam und zäh geht es über scharfkantiges, grobes Material.

• *Das Fahrrad* Ein Mountainbike ist in Island das geeignetste Rad – was nicht heißt, man könne nicht auch mit einem 28-Zoll-Tourenrad um die Insel gondeln. Dann sollte man jedoch sehr sorgfältig überlegen, ob man sich ins Hochland wagen will – die nächste Werkstatt kann sehr weit entfernt sein. Auf keinen Fall sollte man die Fähigkeiten seines Materials überschätzen. Empfindliche Teile sind schnell abgebrochen. Zahlreichen Radfahrern brach auf den Schotterpisten schon der Lowrider. Bei Brüchen von Streben und Trägern ist man in abgelegenen Gebieten auf sich allein gestellt und muss sich zumindest provisorisch zu helfen wissen. Deshalb gilt die oberste Devise des Radlers, Gewicht zu sparen, keinesfalls für Werkzeug!

• *Werkzeug und Ersatzteile* Luftpumpe, Konusschlüssel, Speichendreher, Flickzeug; Zahnkranzabzieher, Maul- und Inbusschlüssel, Ersatzmantel, Speichen (hierbei auf verschiedene Längen achten, sowohl vorne/hinten als auch hinten links/rechts bestehen Unterschiede), Klebeband, Draht, Öl und Kugellagerfett, Brems- und Schaltzug, Ersatzschrauben und -muttern, evtl. Kettennietenzieher (feine Aschen, Sande und Überlastung können zum Reißen der Kette führen).

• *Fahrrad-Club* **Icelandic Mountain Bike Club**, P.O. Box 5193, 125 Reykjavík, ✆ 5562099, 📠 5562099.

• *Literatur* **Körtzinger, Arne**, Allein durch Island per Fahrrad, Stuttgart 1988; **Helfgen, Heinz**, Ich radle um die Welt, Gütersloh 1957. Klassiker für alle Radler; **Rieck, Jürgen**, Der Wind kommt immer von vorn. Mit dem Fahrrad auf Reisen, Neuenhagen 1993; **Hermann, Helmut** (Hg.), Fahrrad Welt Führer, Markgröningen 1993. Äußerst brauchbare Tipps in allen Radlerlebenslagen, leider ohne Island-Teil.

• *Gruppenreisen* Geführte Touren in der Region um Reykjavík sowie andere nach Vereinbarung bietet **Blue Biking**, Stekkjarhvammur 60, 220 Hafnarfjörður, ✆ 5652089, 📠 5652089. **West Tours**, Aðalstræti 7, 400 Ísafjörður, ✆ 4565111, www.vesturferdir.is, bietet Radtouren in den Westfjorden.

Deutsche Reiseveranstalter haben mitunter auch Radreisen im Programm.

Wissenswertes von A – Z

Alkohol

"Falls ein Schiff hier an der Küste strandet, das Alkohol an Bord hat, oder wenn solche Gegenstände an Land treiben, soll der Gemeindevorsteher im Verhinderungsfalle des Polizeidirektors die Alkoholbehälter sofort unter Verwahrung nehmen und sie unter Siegel legen." (1928/30)

Bis 1989 war Island "trockengelegt", dann aber kam es zur Lockerung der ehemals harschen Regelungen und Gesetze. Für teures Geld wird heute getrunken, was beliebt. Alkoholika dürfen erst an Erwachsene ab zwanzig Jahren verkauft werden und sind nur in lizenzierten Bars, Restaurants und eigens dafür eingerichteten staatlichen Monopolläden, abgekürzt *ÁTVR*, erhältlich. Wer in Island auf Wein oder starkes Bier nicht verzichten möchte und über 20 Jahre alt ist, kauft den gestatteten Anteil (siehe "Einreise und Zoll") besser zu Beginn der Reise zollfrei auf der Fähre oder am Flughafen Keflavík; in den Monopolläden ist eine Flasche Wein oder ein Sixpack Bier unter ISK 1.000 kaum zu haben. Empfehlenswerte Biermarken sind *Víking* und *Egils gull*. Die Bezugnahme auf Egill Skallgrímsson ist nicht zufällig, ersäufte der trinkfeste Sagaheld doch Kummer und Sorgen grundsätzlich mit Unmengen von Gerstensaft und dichtete kraftvolle Verse gegen die Abstinenzler. Zwei Drittel der Isländer haben sich dafür ausgesprochen, dass Bier in Zukunft auch im Supermarkt erhältlich sein soll. Dort bekommt man bisher nur das etwas günstigere Leichtbier mit 2,25 % Alkoholgehalt.

In den grünen Flaschen mit schwarzem Etikett brodelt eine traditionelle isländische Spezialität, die mit Vorsicht zu genießen ist: *Brennivín* (Branntwein), eine Art Schnaps aus Kartoffeln, mit Kümmel gewürzt. Der Spitzname "Schwarzer Tod" (*svarti dauði*) kommt nicht von ungefähr, selbst leichter *brennivín* kann qualvolle Nachwirkungen haben... Nach dem Genuss von *hákarl* (siehe "Essen") ist *brennivín* allerdings das beste Verdauungsgetränk.

Alles ändert sich!

Die Isländer sind mobil. Nicht nur, dass es mittlerweile im Land mehr Autos als Führerscheine gibt. Alle zwei Jahre seinen Job zu wechseln ist durchaus nicht ungewöhnlich. Oder man probiert spontan, nebenbei ins Tourismusgeschäft einzusteigen und als Tourenanbieter, mit einem Zeltplatz oder einer Kunstgalerie etwas Geld zu verdienen. Das klappt noch eher als die Eröffnung eines Gästehauses in abgelegener Region oder die eines neuen Restaurants. Letzteres versuchen viele Isländer, doch fehlt dafür leider häufig der Bedarf und der mit hohen Investitionen verbundene Laden wird schnell wieder verkauft (entweder vom Besitzer selber oder, im Falle von Insolvenz, vom Staat). Mit dem Besitzer wechselt der Name, wechselt die Telefonnummer, wechselt die Speisekarte, schlimmstenfalls jedes Jahr. Touristeninformationen ziehen um, Hotels schließen sich einer Kette an, um zwei Jahre später wieder auszusteigen, kleine, gemütliche Gästehäuser auf dem Lande werden – im Falle hoher Auslastung – zu unpersönlichen Sommerhotels umgebaut oder – im gegenteiligen Fall – geschlossen, Campingplätze mit neuen Einrichtungen versehen. Auch bei den Geschäften ist nicht unbedingt Bestand; Supermärkte werden aufgekauft, ändern Namen und Öffnungszeiten, die Post verschwindet in der Bank, kleine Läden können sich nicht halten, Apotheken schließen sich zu Ketten zusammen. Derzeit sind viele abgelegene Tankstellen inklusive Raststätte und Lebensmittelshop am Verschwinden oder werden ersetzt durch Automaten, an denen man nur noch gegen Kreditkarte oder spezielle Tankkarte Treibstoff zapfen kann. Angenehm ist es, dass die Isländer jetzt häufig Cafés statt Pommesbuden eröffnen und traditionelle Feste wieder aufleben lassen. Außerdem haben sie begonnen zu wandern, was zu einer besseren Markierung der Wege beiträgt.

Angeln

Island mit seinen unzähligen klaren und sauberen Lachs- und Forellengewässern in unberührter Natur ist ein Angelparadies. Angeln ist neben Golf und Reiten die typische Freizeitaktivität; im Winter wird Eisfischen immer populärer. Der Fischfang ist reglementiert, Angler benötigen eine Lizenz. Die Flussläufe sind Lebensraum von fünf Fischarten. Diese sind nicht alle "echte" Süßwasserfische, manche wandern zeitweise ins Meer. Die vorkommenden Arten sind *Lachs* (Atlantic salmon), *Forelle* (brown trout), *Wandersaibling* (Arctic char), *Flussaal* (European eel) und *Stichling* (stickleback). Beste Zeit für den Lachsfang ist Mitte Juni bis Mitte September, Forelle fischt man – mit regionalen Unterschieden – von April/Mai bis Ende September/Oktober. Für eingeführte Angelausrüstung gelten strenge Desinfektionsbestimmungen (siehe "Einreise").

• *Lizenzen* Sie können unterwegs meist an Tankstellen, ausgeschilderten Bauernhöfen oder bei der Touristeninformation erworben werden. Die Preise beginnen bei etwa ISK 1.000 pro Tag für den Forellenfang und enden bei bis zu ISK 80.000 pro Tag für den Lachsfang in Spitzenflüssen wie der Laxá á Ásum. Hier muss bereits ein Jahr im Voraus gebucht werden, Forellenfang ist spontan möglich.

• *Beliebte Reviere* **Sog-Fluss** 65 km östl. von Reykjavík, **Hvolsá** am Beginn der Westfjorde, **Laxá í Dölum** nördlich von Snæfellsnes, **Grimsá** westlich des Langjökull, **Breiðdalsá** in den Ostfjorden, **Rangá** in Südisland, **Miðfjarðará** in Nordwestisland, **Víðidalsá** in Nordwestisland, **Langá** bei Borgarnes, **Laxá** beim Mývatn.

• *Adressen* **Veiðihornið**, Hafnarstræti 5, 101 Reykjavík, ✆ 5516760, 📠 5614801, www.veidihornid.is; **Angling Club Laxá**, Vatnsendablettur 181, 203 Kópavogur, ✆ 5576100, 📠 5576108, www.lax-a.is; **Federation of Icelandic River Owners/ Icelandic Fishing Association**, Bolholt 6, im Hótel Saga, 105 Reykjavík, ✆ 5531510, 📠 5684363 www.arctic.is/angling/. **Icelandic Farm Holiday** (siehe "Übernachten"), **Angling Club of Reykjavík**, Háaleitisbraut 68, 103 Reykjavík, ✆ 5686050, www.svfr.is.

• *Verleih* **Veiðimaðurinn**, Hafnarstræti 5, ✆ 5516760.

• *Literatur* **Iceland Fishing Guide (Veiðiflakkarinn)** ist ein Verzeichnis von etwa 70 Lachs- und Forellenflüssen und Seen. Zu erstehen bei Icelandic Farm Holiday (siehe "Übernachten"); umsonst, wenn mind. zehn "Veiðiflakkarinn"-Angelgutscheine gekauft werden.

Loftur Atli Eiríksson, **Flyfishing in Iceland**, Muninn Verlag Hafnarfjörður.

Ausrüstung

Mit Temperaturen unter dem Gefrierpunkt und schlechtem Wetter muss in Island immer gerechnet werden. Ein winddichter und wasserfester Anorak ist deshalb nötig, Mütze, Stirnband, Handschuhe, Windschutz, warme Unterwäsche, gutes Schuhwerk bzw. feste Wanderschuhe (evtl. Schuhe zum Wechseln und/oder zur Flussdurchquerung) sollten mit von der Partie sein. In Hütten und Herbergen ist das Tragen der Wanderschuhe nur selten gestattet. Wanderstöcke sind für Vulkanbesteigungen sinnvoll, aber nicht unbedingt nötig. Sie können jedoch auch gut bei Vogelangriffen eingesetzt werden. Wer Mütze und Handschuhe einpackt, denkt kaum an Badesachen – zu Unrecht, denn was wäre ein Islandaufenthalt ohne den Besuch eines der zahllosen geothermal beheizten Schwimmbäder oder einer natürlichen Quelle! In Island sind Ausrüstungsgegenstände recht kostspielig. Adressen von Geschäften sind im Kapitel "Reykjavík" angeführt.

Nehmen Sie ein Handtuch mit auf Wanderung!

• *Campingausrüstung* **Kocher**: Gänzlich abzuraten ist von den Esbitkochern, deren Brennstofftabletten immer trocken gehalten werden müssen und deren Leistung höchstens für das Wärmen der Hände ausreichend sind. So hat man drei Möglichkeiten: Seit Spiritus für etwa ISK 600 die Flasche in den meisten Tankstellen erhältlich ist, ist ein Spirituskochen ein guter Begleiter; die Sturmkocher sind absolut verlässlich. Auch ein Benzinkocher leistet in jeder Situation gute Dienste, allerdings meist erkauft mit lästigem Düsenputzen in unregelmäßigen Abständen. Gaskocher sind zwar bei Temperaturen unter dem Gefrierpunkt wenig tauglich, werden aber ansonsten von Islandreisenden gelobt.

Zelt: Das Zelt muss auf jeden Fall wasserdicht und sehr windstabil sein; schon mancher Zeltplatz erinnerte nach einem typisch isländischen Sturm an einen Scheiterhaufen.

Sonstiges: Eine gute **Isomatte** muss wegen der Kälte auf jeden Fall mit. Zum Beobachten von Vögeln, Seehunden und Walen sollte ein **Fernglas** ins Gepäck. Auf eine **Stirnlampe/Taschenlampe** kann man im Hochsommer verzichten, ab August weiß man sie aber spät abends schon wieder zu schätzen.

• *Reiseapotheke* Die besonderen Anforderungen an die Reiseapotheke halten sich in Grenzen. Sonnenschutzmittel sind nötig wegen der Abstrahlung der Gletscher und des Ozonlochs. Der nahezu immer wehende Wind, verbunden mit lang anhaltendem Nieselregen, erhöht die Gefahr von Erkältungen. Fiebermittel gehören ins Gepäck, Vitamintabletten (Salat ist teuer und rar!) können ebenso wenig von Schaden sein wie Mittel gegen Mückenstiche. Verletzungen beim Wandern und Radfahren sind immer möglich; zur Grundausstattung der Reiseapotheke zählen Desinfektionsmittel, Wundheilsalben und natürlich Verbandsmaterial. Radlern seien Kniewärmer und durchblutungsfördernde Mittel (Finalgon, Mobilat usw.) gegen Probleme an Gelenken, Sehnen und Bändern angeraten; in der Kälte kommt es leicht zu Entzündungen.

Behinderte

Als Behinderter in Island zu reisen ist möglich, aber schwierig, und bedarf einer gründlichen Vorausplanung. Die kleinsten Probleme stellen sich im dicht besiedelten südwestlichen Tiefland; beispielsweise ist der Besuch des Nationalparks Þingvellir oder des Geysir auch für Rollstuhlfahrer möglich. Seit 1976 müssen alle öffentlichen Gebäude für Rollstuhlfahrer zugänglich sein. Die meisten Gebäude aber entstanden vor 1976 und so fehlen die entsprechenden Einrichtungen fast immer. Kaum ein Geschäft, Kino, Theater, Restaurant und kaum eine Bank haben einen Eingang ohne Stufe, allenfalls größere Supermärkte sind behindertengerecht eingerichtet. Bei der Reiseplanung kann die isländische Behindertenorganisation mit Informationen behilflich sein.

• *Auskunft* Ansprechpartner für alle Fragen ist die isländische Behindertenorganisation **Sjálfsbjörg Landssamband Fatlaðra**, Hátún 12, 105 Reykjavík, ✆ 5529133, www.sjalfsbjorg.is

• *Unterkünfte* Von den größeren Hotels sind viele behindertengerecht eingerichtet, am schwierigsten ist die Unterbringung im Hochland und in entlegenen Regionen. Eine Auflistung von behindertengerechten Unterkünften und Restaurants ist beim isländischen Fremdenverkehrsamt erhältlich.

• *Fortbewegung* Kein Linienbus ist so eingerichtet, dass Rollstuhlfahrer ohne fremde Hilfe einsteigen können. Man ist also auf die – glücklicherweise vorhandene – Hilfsbereitschaft der Isländer angewiesen. Genauere Informationen zu den Bussen bei BSÍ in Reykjavík, ✆ 5911000, www.dice.is.

Diplomatische Vertretungen und Konsulate

• *Deutsche Auslandsvertretungen* **Deutsche Botschaft**, Laufásvegur 31, 101 Reykjavík, betreut die 600 Deutschen in Island, Mo–Do 8–16.30, Fr 8–15 Uhr, Publikumsverkehr 9–12 Uhr, Rufbereitschaft 24 Uhr unter ✆ 5301100 (aktuelle Mobilnummer auf einem Anrufbeantworter).

Deutsche Honorarkonsuln: **Akureyri**: Hofsbót 4, ✆ 4624510/4625338, 📠 4624510; **Seyðisfjörður**: Langitangi 5, ✆ 4721402/4721339, 📠 4721241; **Ísafjörður**: Seljalandsvegur 73, ✆/📠 4504500.

• *Österreichisches Generalkonsulat* Austurstræti 17, 101 Reykjavík, ✆/📠 5524016, auch ✆ 5575464.

• *Schweizerisches Honorarkonsulat* Laugavegur 13, 101 Reykjavík, ✆/📠 5517172, auch ✆ 5615427.

- *Isländische Botschaften und Konsulate* Isländische Botschaft, Rauchstraße 1, 10787 Berlin, ✆ 030/50504000, 📠 030/50504300, www.botschaft-island.de, Mo–Fr 9.30–17.30 Uhr. Konsulate in Bremerhaven, Cuxhaven, Düsseldorf, Frankfurt/M., Hamburg, Hannover, Köln, Lübeck, München, Rostock und Stuttgart. Generalkonsulat in Wien: Naglergasse 2, 1010 Wien, ✆ 01/5332771, 📠 01/5332774, und Honorarkonsulat in Salzburg. Konsulat in Bern, Münzgraben 6, ✆ 031/3262728, 📠 031/3262719; Generalkonsulate in Genf, 8, rue du Mont de Sion, ✆ 022/7035656, 📠 022/7035666, und in Zürich, Bahnhofstr. 44, ✆ 01/2151260, 📠 01/2151200.

Einkaufen

▶ **Lebensmittel**: Kleine Supermärkte und Läden gibt es in jedem Ort, außerdem verkaufen viele Tankstellen zumindest die Grundnahrungsmittel. Wochenmärkte gibt es so gut wie keine. An Lebensmitteln ist alles zu haben, lediglich das Angebot an Obst und Gemüse ist verständlicherweise nicht so üppig wie in Mitteleuropa, die Ware kommt entweder von weit her oder aus dem Gewächshaus und ist teuer. Es ist deshalb nicht ungewöhnlich, halbe Gurken und halbe Salatköpfe angeboten zu bekommen – kein Wunder, dass die Isländer beim Verzehr von Gemüse im Vergleich mit anderen OECD-Ländern ganz unten auf Platz 30 liegen. Wer es gewohnt ist, Schwarzbrot zu essen, muss in Island zumeist mit Graubrot vorlieb nehmen; der Regelfall ist sündhaft teueres Toastbrot. Fisch und Fleisch findet man in kleineren Geschäften meist nur tiefgefroren, in größeren Supermärkten auch frisch. Durchschnittlich sind Lebensmittel mindestens etwa doppelt so teuer wie in Deutschland; vergleichsweise am günstigsten sind Milchprodukte und Nudeln. Wer viel aus Deutschland mitnehmen möchte, sei an die Zollvorschriften erinnert (siehe "Einreise und Zoll").

Isländische Wollwaren sind beliebte Mitbringsel

- **Souvenirs**: *Das* Souvenir überhaupt sind *Wollwaren* mit typisch isländischen Mustern: insbesondere der Islandpullover, aber auch Westen, Jacken, Socken, Handschuhe, Mützen, Decken usw. Im ganzen Land gibt es Kunsthandwerksläden und Galerien, in denen Bewohner aus der Umgebung ihre selbst gefertigten Produkte von häufig hoher Qualität anbieten. Das Angebot in Reykjavík ist oft teurer als auf dem Land. Am einfachsten lässt sich die Qualität von Wollwaren durch das Hochnehmen des Ärmels feststellen: Gehen die Maschen im Achselbereich auseinander, wird der Pulli nicht sehr viel Freude bereiten.
  Auch handgearbeiteter *Silberschmuck* ist ein beliebtes Mitbringsel. Im Osten des Landes werden *Steine* und *Mineralien* angeboten, aus denen zudem Schmuck und Ziergegenstände hergestellt werden. Ein islandtypisches Souvenir ist *Keramik aus Lava* (z. B. Kerzenständer). Es ist bemerkenswert, wie die Isländer aus natürlichen Materialien wunderschönes Kunstwerke herzustellen verstehen. Ihrer Kreativität sind dabei keine Grenzen gesetzt und so stößt man beim Herumstöbern in Läden und Galerien auf so manches originelle Produkt, seien es in Fischhaut gebundene Tagebücher oder kunstvoll bemalte Treibholzplanken. Seit einigen Jahren wird auch sehr viel getöpfert.

  Geruchssicher eingeschweißt lässt sich sogar isländischer *Fisch*, v. a. Lachs, mit nach Hause nehmen.

- **Zollfreier Einkauf**: In zahlreichen Geschäften, durch das Zeichen "tax-free-shopping" zu erkennen, kann zollfrei eingekauft werden. Der Tourist bekommt dann bei der Ausreise ca. 15 % des Kaufpreises erstattet, vorausgesetzt, er führt die Ware spätestens dreißig Tage nach Kaufdatum aus. Einschließlich Mehrwertsteuer muss der Einkauf pro Geschäft allerdings die Summe von ISK 4.000 übersteigen. An der Kasse des Geschäfts wird ein Tax-Free-Cheque ausgestellt, der zwecks Rückerstattung zusammen mit dem Reisepass und der (außer Wollpullovern) originalverpackten Ware bei der Abreise am Flughafen Keflavík bei der Bank vorgelegt wird. Zuvor müssen alle Waren außer Wollprodukte dem Zollbeamten vorgezeigt werden, der den Scheck abstempelt. Wer das Land mit der Fähre verlässt, schickt die Quittung an unten stehende Adresse und bekommt den entsprechenden Betrag in Form eines Schecks zurückerstattet.
  Adresse **Global Refund**, Kaplahraun 15, 220 Hafnarfjörður, www.globalrefund.com

Einreise und Zoll

An Reisepapieren ist lediglich ein gültiger Personalausweis oder Reisepass erforderlich. Seit Island dem Schengener Abkommen beigetreten ist, entfällt bei der Ankunft am Flughafen die Passkontrolle. Will man länger als drei Monate in Island bleiben, ist eine Aufenthaltserlaubnis in Island zu beantragen, was bei jeder Meldebehörde oder Polizeistelle möglich ist. Ein Nachweis über finanzielle Unabhängigkeit wird hierzu verlangt.

- *Einfuhrbeschränkungen/Zollvorschriften*
Pro Person dürfen **Lebensmittel** im Wert von ISK 4.000 und weniger als 3 kg Gewicht zollfrei eingeführt werden. Eier und Milchprodukte sind hiervon ausgeschlossen, die Einfuhr von frischem oder geräuchertem Fleisch, Geflügel und Wurst ist nur in Dosenform gestattet. Die Einfuhr **alkoholischer Getränke** ist nur für Reisende ab 20 Jahren erlaubt. Zollfrei sind hierbei 1 l Spirituosen bis 47 % und wahlweise 1 l Wein, ein anderes alkoholisches Getränk bis 21 % Alkoholgehalt oder 6 l ausländischen Bieres. Reisende ab 15 Jahren können 200 Zigaretten

oder 250 g anderer **Tabakwaren** einführen. Der zollfreie Einkauf ist auf der Fähre nach Seyðisfjörður, für Flugreisende bei der Ankunft im Duty-Free-Shop Keflavík möglich. Die Einfuhr von **lebenden Tieren** ist nur mit besonderer Genehmigung des isländischen Landwirtschaftsministeriums erlaubt.

Angel- und Reitausrüstungen müssen entweder neu oder nachweislich frisch desinfiziert sein (10 Minuten in zweiprozentiger Formaldehydlösung). Die Angelausrüstung wird sonst gegen eine Gebühr beim isländischen Zoll desinfiziert. Zweck dieser Aktion ist es, die isländischen Gewässer vor eingeführten Fischkrankheiten schützen. Der Betrieb von **CB-Funkgeräten** ist nur mit einer bei der Botschaft einzuholenden Genehmigung möglich, die Einfuhr von **Jagdwaffen** ist ohne besondere Genehmigung der isländischen Polizeibehörden strikt verboten.

- *Devisenvorschriften* Für die Einfuhr isländischer und ausländischer Währung bestehen keine Beschränkungen. Bei der Ausreise darf die gleiche Summe, die bei der Einreise mitgebracht wurde, wieder ausgeführt werden.
- *Fahrzeug* Das Fahrzeug kann bis zu drei Monate zollfrei eingeführt werden. Es darf nicht zu gewerblichen Zwecken benutzt oder an Dritte verliehen werden. An Papieren sind **Führerschein**, **Kraftfahrzeugschein** und die **grüne Versicherungskarte** erforderlich. Für das Auto wird ein Erlaubnisschein ausgestellt, der besagt, wie lange es im Land bleiben darf. Verkauft werden kann das Fahrzeug nicht ohne Zahlung von Einfuhrzöllen. Kraftstoff darf nicht in Reservekanistern eingeführt werden, der Tank darf aber mit bis zu 200 l Benzin gefüllt sein. Für **Dieselfahrzeuge** wird bei der Einfuhr eine Dieselsteuer erhoben, pro Woche je nach Fahrzeuggewicht zwischen ISK 1.800 und 4.200.
- *Adresse* **Isländisches Zollamt**, Tollstjórinn, Tryggvagata 19, 101 Reykjavík, ✆ 5600300, www.tollur.is

Essen und Trinken

Lavasuppe? Geysirbrühe? Seetang? Wikingermus und Berserkersoße? Gibt's natürlich nicht. Widderhoden schon. Zugegeben, "wenn es auch keine große Wollust sein kann, sich mit der Art und Weise, wie die Isländer ihre Speisen zubereiten, zu beschäftigen" (U. v. Troil, 1779), gibt es neben tatsächlich schwer einzuschätzenden Gerichten doch auch äußerst schmackhafte Speisen: "Verði þér að góðu" – es möge gut bekommen!

Wer beim Lesen der Speisekarte das Gefühl hat, das eine oder andere Angebot würde sein Leben eher verkürzen, kann gleich in die Offensive gehen und ein Glas "Schwarzen Tod" (Branntwein) zu sich nehmen. Was fängt man an mit halben, schwarz gesengten Schafsköpfen, mit eingegrabenem Haifisch, ungeklopftem Hartfisch, sauer eingelegtem Speck oder Papageientauchern? Vielleicht hält man sich doch lieber an die reichhaltige Auswahl an Fisch- und Lammgerichten, die im ganzen Land in den Restaurants angeboten werden. Als Beilage gibt es fast ausschließlich Kartoffeln und meistens eine Handvoll Erbsen und Wurzelgemüse. Für Vegetarier herrschen bei dem spärlichen Angebot an Obst und Gemüse keine paradiesischen Zustände; die Produkte aus dem Treibhaus sind mit unter freiem Himmel gewachsenen nicht zu vergleichen, zudem kommt der größte Teil des Angebots aus dem Ausland. Die Essgewohnheiten in Island haben sich in den letzten Jahren etwas geändert, es wird weniger Lamm und mehr Schwein und Geflügel gegessen, zu einem geringen Prozentsatz auch Pferdefleisch. In der Gastronomie geht der Trend zudem leider vielerorts hin zu Pizza und Fastfood.

Schleckermäuler können sicher den in jeder Bäckerei und allen Supermärkten zu findenden Kleinur viel abgewinnen, süßem, länglich geformtem Schmalzgebäck, oder auch den Snuður, großen Schnecken mit Schoko- oder Karamellguss.

Preise: Viele Restaurants bieten ein täglich wechselndes Tagesgericht, zumeist Fisch oder Fleisch nach Wahl, dazu eine Suppe vorweg und einen Kaffee hinterher, ab ca. ISK 1.300. Ansonsten kann man für ein Hauptgericht leicht ISK 2.000 ausgeben, umgerechnet immerhin 25 €! Nur eine Tagessuppe mit *refill*, frischem Brot und Butter bekommt man für ISK 500–600, manchmal ist auch hier ein Kaffee inklusive. Pizza bekommt man überall, meistens in mehreren Größen und mit frei wählbaren Zutaten, ca. ISK 500–2.000. Hamburger und Sandwiches sind ebenfalls überall zu haben und kosten um ISK 400. In einigen Orten bieten Lokale mittags für die Arbeiter der Gegend günstig ein reichhaltiges Menü an (ca. ISK 1.200), an dem man sich auch als Tourist für den Rest des Tages ausreichend stärken kann. Ein gutes Preis-Leistungsverhältnis weisen die in einigen Restaurants angebotenen Büfetts, Salat- und Pastabars auf, an denen man sich mittags für um die ISK 1.000–1.200 satt essen kann. Kaffeehäuser bieten meist leckere, selbst gebackene Kuchen an, es sind aber schon mal ISK 200 für ein Stück hinzublättern. Frische Waffeln mit Blaubeeren und Sahne sind beliebt und kosten um ISK 450.

Das Volk der Kaffeetrinker

Die Isländer sind das Volk der Kaffeetrinker. Sie trinken den schwarzen Muntermacher immer und überall; selbst in Supermärkten, Banken oder Postämtern steht nicht selten eine große Kaffeekanne zur kostenlosen Selbstbedienung für die Kunden bereit. In Restaurants und Cafés gibt es nach nordamerikanischer Sitte *refill* – man wird nicht mit einer kleinen Tasse abgefertigt, sondern bekommt nachgeschenkt oder gleich eine ganze Kanne auf den Tisch gestellt. Dass auf den Tischen normalerweise ein Zuckertopf mit Raffinade und einer mit Würfelzucker steht, hat seinen Grund: Der Großteil der Isländer rührt nach alter Tradition keinen Zucker in den Kaffee, sondern steckt ein Zuckerstück zwischen Zunge und Gaumen und trinkt das starke Gebräu "durch den Zucker". So bleibt der Kaffeegeschmack besser bewahrt (diese Angewohnheit gab übrigens der Rockgruppe *The Sugarcubes* ihren Namen). Der Zuckerkonsum ist hoch – kein Land in Europa verbraucht im Jahr mehr körnige Süße als Island. Auch wenn der Kaffee zum Alltag gehört, ist er das auserwählte Getränk, um in den engen Tälern und Fjorden nach dem dunklen Winter die Rückkehr des Sonnenlichts zu feiern. Früher konnte man sich nichts anderes leisten als eine Tasse heißen Kaffee und Pfannkuchen, um erleichtert die ersten Sonnenstrahlen des Jahres zu begrüßen. Einst feierte man im Stillen, heute trifft man sich in großer Runde zum *Sólarkaffi* – dem Sonnenkaffee.

- **Fastfood**: Isländer mögen es fettig. Die beliebten Hamburger und Sandwiches werden mit zahlreichen Soßen garniert, die zurzeit sehr populären, frittierten "Cheese Sticks" triefen vor Fett und zu Pizza kann man überall noch ein Schälchen Knoblauchöl verlangen.
- **Trinkwasser**: Bedenkenlos können Sie Wasser aus kleinen Bergbächen schöpfen. Für Geothermalgebiete gilt das allerdings nicht. Leitungswasser ist überall

Fisch gibt es in großer Vielfalt und originell zubereitet

genießbar und von guter Qualität. Schmecken Sie warmes Leitungswasser vorher ab, nicht dass es aus einer heißen Quelle kommt und Ihr Tee ein wenig schwefelig schmeckt.

▸ **Traditionelle Gerichte und Getränke**: "Eine der wichtigsten Speisen auf Island ist ungesalzener, getrockneter Fisch, der roh, nur auf dem Stein mürbe geschlagen, mit Butter, am liebsten ungesalzen und in Gärung übergegangen, als Mittagsmahl verzehrt wird", schrieb Poestion 1885.

Hangikjöt ist die Lieblingsspeise vieler Isländer und das traditionelle Weihnachtsgericht. Es handelt sich um geräuchertes Lammfleisch, das ohne Salzzugabe bei niedriger Temperatur ca. 1,5 Stunden gekocht und dann warm oder kalt gegessen wird, z. B. mit Kartoffeln, Béchamelsoße und grünen Erbsen. In Scheiben geschnitten ist Hangikjöt auch als Aufschnitt beliebt, v. a. auf Fladenbrot.

Harðfiskur (Trockenfisch, nicht zu verwechseln mit Stockfisch) ist luftgetrockneter Schellfisch, Kabeljau oder Katfisch. Weil Trockenfisch direkt aus der Packung gegessen werden kann, z. B. mit Butter, ist er als Imbiss sehr beliebt. Man bekommt ihn auch tiefgefroren in kleinen Stücken.

Svið ist etwas besonders Ausgefallenes: gesengter Lammkopf. Die Lammköpfe werden gut gesäubert 1,5–2 Stunden in Salzwasser gekocht und dann warm oder kalt gegessen, z. B. mit Kartoffeln oder Kartoffelpüree. Isländer halten diese Speise für einen praktischen Reiseproviant; es gibt gesengte Lammköpfe auch in Dosen und als Kopfsülze.

Saltkjöt ist gepökeltes Lammfleisch, das ohne Salzzugabe 1,5 Stunden gekocht und warm oder kalt mit Kartoffeln, Steckrüben oder Erbsensuppe gegessen wird.

Dem Nicht-Isländer vertrauter ist **Lax** (Lachs). Frischer Wildlachs ist in den meisten Ortschaften von Mai bis September erhältlich, Zuchtlachs und gefrorenen Lachs gibt es das ganze Jahr. Der Lachs wird gekocht, gebraten, geräuchert oder vom Grill gegessen. Auch **Silungur** (Forelle) gibt es frisch oder geräuchert als Aufschnitt.

Slátur sind in Magenhäute eingenähte Schafswürste, die während der Schlachtzeit im September/Oktober hergestellt werden. Es gibt zwei Arten: *blóðmör* (Blutwurst) aus Blut, Mehl, Nierenfett und Gewürzen und *lifrarpylsa* (Leberwurst), die

Fast wie am Mittelmeer – Straßencafé in Reykjavík

statt Blut gehackte Lammleber enthält. Schafswürste werden drei Stunden gekocht und mit Kartoffel- oder Steckrübenpüree verspeist.

Hákarl (fermentierter Haifisch) dürfte nicht jedermanns Sache sein, die Isländer aber lieben es, ihn wie eine Süßigkeit zu knabbern. Nur der Grönlandhai ohne Nieren kann für diese islandtypische Delikatesse verarbeitet werden, denn nur er hat den begehrten Ammoniakgeschmack. Der frische nierenlose Hai ist allerdings zum menschlichen Verzehr nicht geeignet. Also wird er seit alters in Streifen geschnitten und einen Winter lang am Strand vergraben oder einfach 2–3 Monate in Holzkisten gesteckt und so "entgiftet". Anschließend wird das vergorene Fleisch für 4–6 Monate im Freien zum Trocknen aufgehängt, um dann, außen braun und innen weiß, in kleine Würfel geschnitten und in Einmachgläsern verwahrt zu werden. Der Hai wird von den Isländern zu besonderen Anlässen genossen, die ihn allerdings selber ohne einen Schluck *brennivín* kaum zu verdauen mögen.

Ebenso ungewöhnlich für Außenstehende sind die gesäuerten Widderhoden **Hrútspungar**. Besonders zum Fest Þorrablót werden sie gerne verzehrt.

Bjúgu ist geräucherte Fleischwurst, die warm oder kalt gegessen und als Reiseproviant beliebt ist.

Skyr ist eine sehr schmackhafte Spezialität: eine quarkähnliche, sehr fettarme Milchspeise, die entweder ganz ohne Zutaten oder aber mit Milch bzw. Sahne gegessen wird; dazu gibt es Zucker oder Beeren. Man bekommt Skyr im Handel schon mit Früchten oder Beeren gemischt.

Moostee: Eine kleine Menge Moos waschen und 5–10 Minuten kochen; evtl. Zucker zugeben. Geduldige 30–40 Minuten ziehen lassen, dann entfaltet der Tee seine volle Wirkung gegen einen rauen Hals.

Moosmilch: In köchelnde Milch kleine Menge gewaschenes Moos geben, 2–3 Minuten aufkochen. Eine Messerspitze Salz und Zucker hinzufügen.

Feste, Feiertage und andere Ereignisse

Neben den christlichen Festen, die häufig mit heidnischen Bräuchen vermischt wurden, gibt es in Island eine Anzahl Feiern ohne festes Datum, die

Norwegische Architektur in Seyðisfjörður (Ostfjorde) ▲▲
Einsames Gehöft auf der Halbinsel Tröllaskagi ▲

▲▲ Torfkirche Víðimýri im Nordwesten
▲ Im Torfmuseum Glaumbær

▲ Am Hafen von Eskifjörður (Ostfjorde)

Gehöft auf der Halbinsel Snæfellsnes ▲▲
Alte Holzhäuser in Akureyri ▲

▲▲ Historische Holzkirche Búðir auf Snæfellsnes
▲ Moderne Betonkirche in Skagaströnd

mit der Arbeit, der Jahreszeit oder dem Klima in Verbindung stehen. Das am weitesten verbreitete Fest dieser Kategorie ist *Þorrablót*, ein Mittwinterfest, von dem schon in der Sagaliteratur berichtet wird. Nach alter isländischer Zeitrechnung beginnt zwischen dem 19. und 25. Januar der Monat Þorri, der vierte Wintermonat. Sein Anfang markiert die Mitte des Winters. Þorri wurde bis ins 19. Jh. hinein in Gedichten als alter Mann personifiziert, schlecht gelaunt und harsch, der freundlich zu empfangen war, sonst rächte er sich mit schlechtem Wetter. In der Mitte des 19. Jh. war es deshalb üblich, dass der Hausherr zu Beginn des Monats Þorri – nur mit einem Bein in der Hose und das andere Hosenbein hinterherschleifend – ums Haus sprang, um Þorri willkommen zu heißen. *Þorrablót* wurde später, als alte heidnische Bräuche romantisiert wurden, als gute Gelegenheit zum Feiern und Dichten wieder entdeckt. Im 20. Jh. dann entwickelte sich *Þorrablót* in verschiedenen Regionen des Landes zu einem geselligen Abendessen – der Übergang zur urbanen Gesellschaft ließ das Interesse für alte Esstraditionen wieder aufleben und so wurde aus der einstigen Bitte um gutes Wetter ein Schmaus mit *Þorramatur*: traditionellen Gerichten wie geräuchertem Lammfleisch und gesengtem Lammkopf sowie in Salzlake konservierten Köstlichkeiten wie Salzfleisch, Walspeck, Blut- und Leberwurst; dazu gibt's Fisch, Geselchtes, Flachbrot und natürlich *brennivín*. Zahlreiche Vereine und Gesellschaften im ganzen Land richten alljährlich ihr *Þorrablót*-Fest aus, selbst im Ausland, wo in den isländischen Gemeinden in den USA und Kanada gefeiert wird.

Am dritten Donnerstag im April ist **Sumardagurinn fyrsti**, Sommeranfang. Die Rückkehr des kleinen Brachvogels und der Schnepfe kündigt den Sommer an. Es gilt als gutes Omen, wenn Winter und Sommer durch Frost in der Nacht "zusammenfrieren". Das kann leicht passieren, denn sommerlich ist es im April noch lange nicht. Noch im 19. Jh. überreichte man sich zum Sommeranfang Geschenke – das Schenken zum Sommer war weitaus wichtiger als zu Weihnachten. Heute wird der Sommeranfang wie Karneval gefeiert und die warme, helle Jahreszeit mit Umzügen, Straßenfesten und Strandpartys begrüßt.

Gesetzliche Feiertage

1. Januar	Neujahr
März oder April	Gründonnerstag Karfreitag Ostersonntag/-montag
3. Do im April	Sommeranfang
1. Mai	Tag der Arbeit
im Mai	Himmelfahrt Pfingstsonntag/-montag
17. Juni	Unabhängigkeitstag
1. Mo im Aug.	Angestelltenfeiertag
24. Dezember	Heiligabend
25. Dezember	1.Weihnachtstag
26. Dezember	2. Weihnachtstag

Sjómannadagurinn, Seemannstag, ist ein nationales Ereignis Anfang Juni zu Ehren der Seemänner; gefeiert wird mit Schwimm- und Ruderwettbewerben, Tauziehen und Umzügen. In einigen Küstenorten ist dies das größte Fest des Jahres.

Am 17. Juni ist **Unabhängigkeitstag**, an dem insbesondere in Reykjavík mit Umzügen, Straßenmusik und -tanz sowie Straßentheater und anderen Vergnügungen der Ausrufung der Republik am 17. Juni 1944 in Þingvellir gedacht wird.

Am längsten Tag des Jahres feiern die Isländer **Mittsommer**. Der Tradition nach hat der Mittsommernachtstau magische Heilwirkung; nackt in ihm hin- und herzurollen soll so ziemlich alle Gesundheitsprobleme beheben. Wer's versuchen will, sollte nicht vergessen, dass es im Mittsommer nie dunkel wird!

Ein Ereignis, das die meisten Touristen miterleben, ist **Verslunarmannahelgi**, das wegen des Feiertags für Banken und Handel am ersten Montag im August verlängerte Wochenende. Alle Isländer sind an diesen drei Tagen unterwegs, kommen zusammen, zelten und feiern ausgelassen mit Barbecues und Alkohol, v. a. in den Nationalparks. Mitunter geht es ziemlich wild zu – besonders beliebte Gebiete wie Skaftafell und Þórsmörk oder den Zeltplatz in Akureyri sollte man vielleicht besser meiden. Die Westmännerinseln haben an diesem Wochenende ihr eigenes Fest, die weithin bekannte **Þjódhátíð Vestmannaeyjar**, die zahlreiche junge Isländer auf die Inseln zieht.

Ohne Feierlichkeiten beginnt zwischen dem 21. und 27. Oktober mit **Vetrakoma** der Winter. Von Anbeginn an feierten die Isländer die Wintersonnenwende; der Name für das Fest war **Jól**. Mit der Übernahme des Christentums ersetzte das Weihnachtsfest die Feier der Sonnenwende, der Name Jól aber blieb erhalten. St. Nikolaus in seiner Funktion als Weihnachtsmann wurde erst im 20. Jh. aus Deutschland und Dänemark importiert. Jahrhundertelang glaubten die Isländer an mindestens neun Weihnachtsmännchen, heute machen sich in der Adventszeit 13 Weihnachtsmännchen mit Namen wie Löffellecker oder Schüsselkratzer auf den Weg von den Bergen ins Tal. Die Weihnachtsmännchen verwandelten sich mit der Zeit drastisch. Von kinderfressenden Unholden wurden sie zu schelmischen Burschen, die zu den Menschen kommen, um zu naschen oder den Kindern Geschichten zu erzählen. In den 50er Jahren begannen sie, dem Weihnachtsmann zu gleichen, als sie anfingen, sich rot zu kleiden. Heute lassen die isländischen Kinder in den 13 Nächten vor Weihnachten einen Schuh im Fenster. Nachts kommt eines der Weihnachtsmännchen, und war das Kind artig, hinterlässt er eine Leckerei, war es unartig, nur eine Kartoffel. Am Weihnachtsabend werden dann unter dem Weihnachtsbaum Geschenke überreicht. Einige kulinarische Traditionen werden aufrechterhalten: Viele Isländer essen am Weihnachtsabend das saftige Schneehuhn (*rjúpa*) und am ersten Weihnachtstag das nach altem Rezept geräucherte Lammfleisch. An **Silvester** begrüßen die Isländer mit Mitternachtsfeuerwerk das neue Jahr. Die Weihnachtszeit dauert bis zum 13. Tag nach Weihnachten, dann ist auch das letzte Weihnachtsmännchen in die Berge zurückgekehrt. Mit einem Elfentanz wird nun die Zeit des Elfenkönigs und seiner Königin eingeläutet, bevor der Alltag wieder einkehrt.

Fotografieren

• *Ausrüstung* Normalerweise wird ein 100 ASA Film völlig ausreichen. Für Personenfotos empfehlen wir einen lichtempfindlicheren Film. Eine Ersatzbatterie sollte wegen der Wirkung niedriger Temperaturen auf jeden Fall im Gepäck sein. Filme sind in Island sehr teuer, man sollte sich also zu Hause ausreichend eindecken. Grundsätzlich ist es besser, doppelt so viele Filme einzupacken, wie man zu brauchen glaubt – ist das Wetter gut, kann man wegen des hervorragenden Lichts gar nicht mehr aufhören zu fotografieren!

• *Vorsichtsmaßnahmen* Neben staubiger Luft und Regen sind in Island die heißen Wasserdämpfe in den geothermalen Gebieten nebst ihren aggressiven schwefeligen Entgasungen Gefahren für das Material. Unterwegs schützen Objektivköcher und Schutztaschen die Linsen vor zu starken Vibrationen auf holperigen Wegen. Filme sind vor zu großer Kälte zu bewahren.

• *Fotogeschäfte/Filmentwicklung/Reparatur* Entwicklungsstellen finden sich vor allem in den größeren Orten. Für Reparaturen führt kaum ein Weg an Reykjavík vorbei, die Kamera kann zur Not mit dem Flugzeug hingeschickt werden. Weil das viel Zeit und Geld kostet, sollte man keine Mühe scheuen, an Ort und Stelle jemanden ausfindig zu machen, der Kameras reparieren kann. Das kann der Mechaniker und Hobby-Fotograf in der Tankstelle sein oder der Fotograf im Privatatelier. Vor Ort fragen lohnt sich immer! Fachadresse in Reykjavík: Hans Petersen, Suðurlandsbraut 4, ✆ 5707500, ca. 10 Läden, verteilt über die Stadt.

Geld und Umtausch

Die isländische Währungseinheit ist die Isländische Krone (*króna*, Abk. ISK). Die heute gültigen Münzen und Scheine gibt es zum größten Teil seit der Währungsreform 1981, als 100 Kronen auf 1 Krone reduziert wurden, um die Inflation in den Griff zu bekommen. Münzen sind zu 1, 5, 10, 50 und 100 Kronen im Umlauf. Die silbernen und bronzenen Geldstücke erzählen vom Land: Auf der Rückseite sind die vier Schutzgeister der Insel abgebildet – Riese, Ochse, Drache und Adler – und auf der Vorderseite die Grundlage der isländischen Wirtschaft: Fische. Banknoten werden im Wert von 500, 1000, 2000, 5000 und 10.000 Kronen ausgegeben. Wir empfehlen, eine Kreditkarte nach Island mitzunehmen (Visa- oder Mastercard).

- *Umtausch* Der Umtausch ist in Island sehr viel günstiger als zu Hause. Da sowohl am Flughafen als auch am Fähranleger Banken zum Zeitpunkt der Ankunft geöffnet haben und hier zusätzlich Geldautomaten zur Verfügung stehen, ist es nicht nötig, Kronen von daheim mitzubringen. Die meisten Banken in Island sind mittlerweile mit Geldautomaten ausgestattet, an einigen lässt sich Geld mit der EC-Karte abheben.
- *Kreditkarte* Selbst für die kleinsten Beträge wird in Island auf die Plastikkarte zurückgegriffen, man kann sogar einen Liter Milch mit der Kreditkarte bezahlen, ohne verdutzt angesehen zu werden. Nur in Alkoholläden wird sie nicht akzeptiert. Hinweis: American Express kann man fast nie zum Einsatz bringen. Mietwagenfahrer sollten eine Kreditkarte bei sich haben, um sich eine Barzahlung (Pfand) von 500–600 € zu ersparen Die Autovermietungen notieren sich nämlich die Kreditkartennummer für den Fall, dass unerwartete Kosten durch Tickets für Falschparken, Reparaturen o. Ä. anfallen.
- *Trinkgeld* ist in Island grundsätzlich in allen Preisen inbegriffen. Extragelder werden nicht erwartet und sind unüblich. Ausgenommen sind Reiseleiter und Fahrer von Pauschalreisegruppen und Sightseeingtouren, bei ihnen ist ein Trinkgeld angemessen.
- *Geldüberweisung in Notfällen* Über die Bank kann Geld aus dem Heimatland beschafft werden. Beim so genannten S.W.I.F.T.-Verfahren ruft man seine Hausbank an und bittet um Überweisung eines Geldbetrages an die Landsbanki Íslands (Kennung: LAISISRE), was bestenfalls nur einen Tag dauert. Garantiert schnell, aber teurer sind die Dienste des "Western Union Money Transfer", das verspricht, innerhalb weniger Minuten Geld auszuzahlen (Informationen unter ✆ 5529860). Sind selbst für ein Telefongespräch keine Münzen mehr in der Tasche, kann man ein "Deutschland-Direkt-Gespräch" mittels einer Vermittlungsstelle (✆ 8009049) führen, bei dem der Angewählte die Kosten trägt – falls er das Gespräch annimmt.
- *Adressen und Nottelefone* Landsbanki Íslands, Austurstræti 11, Reykjavík, ✆ 5606000, ℻ 5621586, www.lais.is. Eurocard/MasterCard, Ármúli 28, 108 Reykjavík, Nottelefon 5331400. Diners Club, Engjateigur 9, ✆ 5686111, oder Ármúla 6, ✆ 5637496. Visa, Álftabakki 16, 109 Reykjavík, Nottelefon 5252000.

Wechselkurs – in Island (Ankauf): 1 € = ISK 82

Gletschertouren und Skifahren

Ausflüge mit Motorschlitten oder den mit überdimensionalen Reifen ausgestatteten Superjeeps hinauf auf einen der Gletscher erfreuen sich wachsender Beliebtheit. Mit Lärm und Gestank ziehen die Fahrzeuge in die majestätische weiße Höhe, deren große Faszination doch eigentlich gerade von ihrer Unberührtheit und Stille abseits menschlicher Aktivitäten und Zivilisation ausgeht. Dessen sind sich einige Anbieter bewusst und so ist auch der Aufstieg auf Schusters Rappen unter fachkundiger Leitung möglich. Das Öffnen der Gletscherspalten im Sommer legt eine Tour in dieser Zeit nahe (Juli–September); unter Schneebedeckung sind sie nicht einmal zu erahnen. Eine zusätzliche, wenn auch reizvolle Erschwernis sind die hohen Windgeschwindigkeiten, Eishöhlen im Bereich heißer Thermalgebiete, Schmelzwasserströme und die Brüche im Eis um Nunataks. Wegen der Gefahren sollte man sich, zumal bei großen Gletschern, immer einer geführten Tour anschließen. Einige Veranstalter bieten auch Skiwandertouren quer über den Vatnajökull an. Außerdem sind Gletschertouren mit dem Hundeschlitten möglich.

Skifahren ist in Island ein beliebter Wintersport. Insgesamt 90 Skilifte bringen Abfahrtsski-Begeisterte die Berge hinauf; das mit elf Pisten größte Skigebiet ist Bláfjöll südlich von Reykjavík, als das Beste gilt jedoch die bergige Region um den Eyjafjörður bei Akureyri. Hier hat jeder Ort seine eigene Skistation. Gern ziehen die Isländer auch auf Langlaufskiern durch die verschneite Landschaft. Hier bieten sich ideale Bedingungen für alle, die mit Crosscountry- oder Telemarkskiern jenseits von Loipen und Pisten ihren eigenen Weg im unberührten Schnee laufen wollen – sei es im Hochland, auf den vergletscherten Vulkanen im Süden oder auf der von alpinen Tälern durchzogenen, bergigen Halbinsel Tröllaskagi im Norden. Hier können Bäume weder die Sicht noch den Weg versperren, es heißt einfach, Skier gerade stellen und los. Die Saison für Abfahrtski beginnt zu Neujahr, wenn die Sonne wieder höher steht, und dauert etwa bis Mai, abhängig von der Schneedecke. Die Öffnungszeiten der Skilifte variieren stark und sollten jeweils erfragt werden; Ausrüstung kann meistens entliehen werden. Die besten Bedingungen für Crosscountry bieten sich von März bis Juli, für Abfahrtski *off-piste* Mitte Februar bis Juni. Am Kerlingarfjöll kann derzeit auch im Sommer Ski gefahren werden. Anders als in den Alpen ist das Skifahren in Island kein kommerzialisierter Massensport. Alles geht noch recht ursprünglich zu und für das Après-Ski geht es immer zurück in den nächstgelegenen Ort. Dort wartet dann bestimmt ein dampfender Hot Pot. Winterurlaub mit Skisport soll in Zukunft auch im Ausland vermarktet werden.

• *Wandern/Skifahren* **Íslenska Alpaklúbburinn**, The Icelandic Alpine Club, www.isalp.is, gibt zuverlässige Infos zu Skiwanderungen, *off-piste* Abfahrtski, Ski auf Gletschern und Eisklettern im gesamten Land. **Öræfaferðir**, Hofsnes, 785 Fagurhólsmýri, ✆ 8996488, www.hofsnes.com, bietet Aufstieg auf Öræfa- und Vatnajökull. **Íslenskir fjallaleiðsögumenn**, P. O. Box 886, 121 Reykjavík, ✆ 5879999, www.mountainguide.is (anzutreffen am Campingplatz Skaftafell), bietet u. a. Aufstieg auf Svínafellsjökull. **Snjófell**, Arnarstapi, 355 Snæfellsbær, ✆ 4356783, 📠 4356795, www.snjofell.is, organisiert Skilauf auf dem Snæfellsjökull. **Ultima Thule Expeditions**, ✆ 5678978, 📠 5678958, www.ute.is, bietet mehrtägiges Skifahren auf den Vulkanen in Südisland. **Jöklarannsóknafélag**, Isländische Glaziologische Gesellschaft, P. O. Box 5128, Reykjavík, ✆ 8930743, www.jorfi.is; die Gesellschaft besitzt Hütten auf den Eispanzern.

• *Mit Jeep/Motorschlitten* Touren werden z. B. am Snæfells-, Mýrdals-, Vatna- und Langjökull angeboten, siehe in den einzelnen Regionen.

• *Mit dem Hundeschlitten* **Dog Steam Tours**, ✆ 4877747/8638864, 📠 4875412, www.dogsledding.is, bietet von Mai bis September etwa einstündige Ausflüge mit dem Hundeschlitten auf Gletscher im Süden des Landes. Auf das Eis hinauf geht es mit Jeep oder Glacier Truck, dann beginnt die Schlittenfahrt, ISK 6.500. Im Winter finden die Touren im Hochland statt oder, bei genug Schneefall, auch um Reykjavík. Neben den kurzen Touren auf Anfrage auch lange Expeditionen.

Golf

Der Golfsport erfreut sich in Island wachsender Beliebtheit. Jedes Jahr werden neue Golfplätze eingerichtet und bestehende erweitert. Mittlerweile gibt es 55 Anlagen, die zumeist gegen eine Gebühr von ISK 1.000 bis 5.000 pro Tag auch für Touristen offen stehen. Die Ausrüstung kann häufig entliehen werden.

Einige Plätze sind auf reizvolle Art in die formenreiche Lavalandschaft eingebettet, so v. a. der 18-Loch-Golfplatz im *Hérjolfsdalur* auf der Westmännerinsel Heimaey. Neben zahlreichen Anlagen mit 9 und einigen mit 8 oder 6 Löchern gibt es noch acht weitere mit 18. Die mit 5.963 m längste Spielstrecke ist auf dem ältesten Golfplatz des Landes, dem *Grafarholtsvöllur* bei Reykjavík, zurückzulegen. Das anspruchsvollste Terrain bietet der am Nordwestende der Halbinsel Reykjanes gelegene *Hólmsvöllur* in Leira bei Keflavík. In der Lava und mit Meerblick spielt man in *Hafnarfjörður*. Weltweite Berühmtheit erlangte der *Jadarsvöllur* in Akureyri, der nördlichste 18-Loch-Golfplatz der Welt, wo jeden Sommer die "**Arctic Open**" stattfinden, ein internationales Turnier, bei dem im Glanz der Mitternachtssonne der Golfschläger geschwungen wird.

- *Adresse* **Golfvereinigung Islands**, Enjavegur 6, 104 Reykjavík, ✆ 5144050, 📠 5144051, www.golf.is

Denksport

Bei dem großen Angebot an Outdoor-Aktivitäten kann leicht übersehen werden, dass die Isländer auch "indoor" mit Begeisterung mancher Freizeitbeschäftigung nachgehen, z. B. Schach. Das Spiel, das schon Schulkinder mit Eifer ausüben, hat in Island eine lange Tradition. In der Sagasammlung Heimskringla aus dem frühen 13. Jh. findet sich der erste Hinweis. Das Spiel war kurz zuvor von einem Bischof aus England mit zurück auf die Insel gebracht worden und entwickelte sich nun rasch zum Nationalspiel. 1939 errang erstmals ein isländisches Team bei internationalen Meisterschaften einen Titel, der Höhepunkt der Schachgeschichte aber war 1972, als das "Match des Jahrhunderts" zwischen Weltmeister Boris Spassky aus der UdSSR und dem amerikanischen Herausforderer Bobby Fischer in Reykjavík ausgetragen wurde. Diese Partie löste ein wahres Schachfieber aus und schien die Isländer regelrecht zu inspirieren, denn zahlreiche Spieler machten sich in der Folgezeit einen Namen. Zurzeit besitzt das Land neun Großmeister und mehrere internationale Meister und jedes Jahr findet in Reykjavík eines der international bestbesetzten Turniere statt. Kaum weniger beliebt als Schach ist Bridge, v. a. seit das isländische Team 1992 den Weltmeistertitel geholt hat.

Informationen/Internet

Fremdenverkehrsamt: City Center, Frankfurter Str. 181, D-63263 Neu-Isenburg, ✆ 06102/254484, 📠 06102/254570, www.icetourist.de, ist zuständig für Deutschland, Österreich und die Schweiz. Kostenlose Katalogbestellung über das Internet möglich, hier auch zahlreiche Infos zu Land und Reisemöglichkeiten, Adressen und Links von Veranstaltern etc.

WorldWideWeb: Links zu Regionen, Institutionen und Tourenanbietern finden sich auf der Internetseite unseres Verlages unter michael-mueller-verlag.de.

Vereine: Gesellschaft der Freunde Islands e. V., Raboisen 5, 20095 Hamburg, ✆ 040/336696, 📠 331347; Deutsch-Isländische Gesellschaft e. V., Apostelnstraße 7, 50667 Köln, ✆ 0221/2573717 und -18.

Landkarten

In Island sind in Touristenbüros, Souvenirläden oder Tankstellen die gängigen Karten erhältlich, und das umgerechnet weitaus billiger als in Deutschland. Landkarten werden von Landmælingar Íslands (www.lmi.is), dem geodätischen Institut, herausgegeben, neuerdings auch vom Verlag Mál og menning (www.malogmenning.is). Auf dessen Karten ist die Schattierung zur Darstellung der Topografie recht gelungen. Bei der Kartenauswahl darauf achten, dass Schwimmbäder, Tankstellen und andere Einrichtungen verzeichnet sind.

Die klassische Karte ist die **Touristenkarte** 1:500.000, auf der Entfernungen, die verschiedenen Straßenverhältnisse und die wichtigsten infrastrukturellen Einrichtungen (Tankstellen, Zeltplätze, Gästehäuser, Schwimmbäder, Museen usw.) verzeichnet sind. Mál og menning hat eine 1:600.000er Konkurrenzkarte im Angebot, daneben vier 1:300.000er Blätter, insgesamt nicht mit so vielen infrastrukturellen Details. Landmælingar ist zurzeit dabei, seine veralteten Kartensätze im Maßstab 1:250.000 und 1:100.000 zu überarbeiten. Von Letzteren ist nach wie vor die Karte Þórsmörk/Landmannalaugar nützlich. Für das Lóngebiet gib es eine neue Wanderkarte von Mál og menning, allerdings sind nicht alle darauf verzeichneten Wege leicht zu finden oder für jedermann geeignet. Landmælingar hat neuerdings eine CD-Rom im Angebot, auf der sich verschiedene Karten (darunter die Touristenkarte und eine Vegetationskarte) und eine Software befinden, mit der die Karten u. a. beschrieben und Distanzen vermessen werden können.

Literatur

Ben Gurion, Staatsmann des wie Island auf seine Buchtradition stolzen israelischen Volkes, zollte den Isländern mit einem Kompliment angemessenen Respekt – er meinte, die Juden seien wohl das Volk des Buches, die Isländer aber das Volk der Bücher. Neben der beeindruckenden mittelalterlichen Literatur sollten nicht die bemerkenswerten modernen isländischen Schriftsteller vergessen werden, deren Werke mehr und mehr in die deutsche Sprache übersetzt werden und bei uns im Buchhandel erhältlich sind. Auch ist die Annahme falsch, die moderne isländische Literatur sei nur mit dem Namen Halldór Laxness, dem renommierten Nobelpreisträger, in Verbindung zu bringen – zahlreiche jüngere Autoren haben sich bereits nach ihm auch im Ausland einen Namen gemacht. Einar Már Guðmundsson, einer der zwanzig isländischen Schriftsteller, die von der Schreibe leben können, hält seine Heimat gar, was Literatur angeht, für "eine Weltmacht". Die übersetzten Romane kauft man besser vor der Reise in Deutschland, in Island sind sie fast dreimal so teuer wie hier.

• *Mittelalterliche Literatur* Der Diederichs Verlag legt seit 1996 in ansprechender Aufmachung in der Reihe **Bibliothek der altnordischen Literatur** die isländischen Sagas neu auf; alle Bände mit Kommentaren, Anmerkungen, Nachworten, Bibliographien. Bei Diederichs gibt es auch eine dreibändige Sagasammlung (**Island Sagas**, 1995) in teilweise älteren Übersetzungen und mit nur kurzen Anmerkungen. Am preiswertesten sind die bei Reclam verlegten Sagas. **Die Edda des Snorri Sturluson**, Reclam 1997. Die Prosa-Edda des mächtigen Goden.

Snorri Sturluson: Prosa-Edda. Altisländische Göttergeschichten, Manesse 1990.

Die Edda. Götter- und Heldenlieder der Germanen, 4. Aufl., Manesse 1992. Dies ist die einzige textgenaue Übersetzung, zusammen halb so teuer sind aber die bei Reclam erschienenen Büchlein **Die Heldenlieder der Edda** (1993) und **Die Götterlieder der Älteren Edda** (1991). 1997 erschien die Edda auch preiswert in Diederichs Gelber Reihe: **Die Edda**. Götterdichtung, Spruchweisheiten und Heldengesänge der Germanen.

• *Isländische Literatur der Gegenwart Anthologien* **"die horen"**, Zeitschrift für Literatur, Kunst und Kritik, Band 143: Island – wenn das Eisherz schlägt. Isländische Nachkriegsliteratur, Kunst und Kultur, hg. v. Franz Gíslason, Sigurður Á. Magnússon u. Wolfgang Schiffer, 3. Aufl., Bremerhaven 1990. Eine Anthologie mit Texten von mehr als 70 isländischen Schriftstellern und Lyrikern und einem literaturhistorischen Abriss. Gilt inzwischen als Standardwerk zur literarischen Vorbereitung der Islandreise. Das Nachfolgewerk ist **Wortlaut Island. Is-**

ländische Gegenwartsliteratur von denselben Hg., erschienen 2000, diesmal kein Sonderheft, sondern ein richtiges Buch mit Texten von 71 Autoren (geb. zwischen 1908 und 1977). Reizvoll: das Nebeneinander von modernen Klassikern und Debütanten. Der Schwerpunkt liegt eindeutig auf den letzten Jahren. Eine weitere sehr lohnende Anthologie.

Flügelrauschen, hg. v. Kolbrún Haraldsdóttir u. Hubert Seelow, Steidl 2000. Sieben zeitgenössische Autoren (geb. zwischen 1931 und 1973) erzählen auf ganz unterschiedliche Art vom Leben in Island, mal spannend, mal nachdenklich, mal vergnüglich. Übersetzt von Studenten der Uni Erlangen, empfehlenswerte Reiselektüre.

• Romane **Einar Kárason**: *Die Teufelsinsel*, btb 1997, *Die Goldinsel*, btb 1997, u. *Das gelobte Land*, btb 1999. In dieser "Island-Trilogie" geht es um das Leben einer Großfamilie am Rande der Gesellschaft in einem heruntergekommenen Barackenviertel in Reykjavík in den 50er Jahren.

Einar Kárason: *Törichter Männer Rat*, Paul Zsolnay Verlag 1998. Die bunte Geschichte der vielköpfigen Familie des Schrotthändlers Sigfús in der Zeit des Wirtschaftswunders in den 60ern ist gleichzeitig mit Humor vorgetragene Gesellschaftskritik.

Einar Már Guðmundsson: *Die Ritter der runden Treppe*, btb 1999. In diesem Roman schildert ein sechsjähriger Junge einige Tage seines Lebens inmitten einer grauen Betonwüste am Rande von Reykjavík; die kindliche Perspektive wechselt immer wieder unversehens mit der des Erwachsenen.

Einar Már Guðmundsson: *Engel des Universums*, btb/Goldmann 2000. Aus der faszinierenden Perspektive seines geisteskranken Bruders Páll beleuchtet Guðmundsson Islands überstürzten Aufbruch in die Moderne.

Einar Már Guðmundsson: *Fußspuren am Himmel*, Carl Hanser Verlag 2001. Der Autor erzählt vom Leben seiner Großeltern – seines Großvaters Ólafur, Seemann und Trinker, und dessen Frau Guðný – und ihrer zehn Kinder.

Fríða Á. Sigurðardóttir: *Ninas Geschichte*, Steidl 2000. Familienchronik, die von sechs Generationen isländischer Frauen handelt. Während Nina, jung, selbstbewusst und desillusioniert, am Sterbebett ihrer Mutter wacht, verliert sie sich in der Vergangenheit. Die alten Geschichten lassen sie mehr und mehr an ihrer Selbstgewissheit zweifeln.

Guðbergur Bergsson: *Das Herz lebt noch in seiner Höhle*, Kleinheinrich 1990. Der bizarre Großstadtroman berichtet mit ironischem Unterton von der 24-stündigen Odyssee eines frisch geschiedenen Psychologen, der von seiner Frau nicht loskommt, durch das winterliche Reykjavík.

Guðbergur Bergsson: *Liebe im Versteck der Seele*, Steidl 2000. Ein von der Ehe frustrierte Mittvierziger mietet sich ein Kellerzimmer in Reykjavík unter dem Vorwand, dort schriftstellerisch arbeiten zu wollen. Tatsächlich trifft er sich hier heimlich mit seinem Liebhaber. Ein Roman in Tagebuchform.

Guðbergur Bergsson: *Der Schwan*, Steidl 2000. Ein 9-jähriges Mädchen wird wegen Diebstahls von ihren Eltern für einen Sommer zum Arbeiten aufs Land geschickt. Ein feinfühliger Roman über Einsamkeit, Sehnsucht, Trauer, Angst und unbeantwortete Fragen.

Gyrðir Elíasson: *Papierbooteregen*. Erzählungen, Kleinheinrich 1997. Die mit Liebe zum Detail und viel Sorgfalt geschriebenen Geschichten behandeln immer wieder das Thema Tod. Menschen ertrinken. Ein Flugzeug stürzt im Nebel auf eine Bergkette. Ein verstorbener Großvater kommt als "Wiedergänger" zurück.

Gyrðir Elíasson: *Das Blueshorn*, Kleinheinrich 2001. Mit Aquarellen ausgestattete Prachtausgabe mit sehr kurzen Erzählungen, in denen die Grenzen zwischen Realität und Irrealität oftmals nicht existieren.

Von **Halldór Laxness** sind zahlreiche Romane in deutscher Sprache gebunden und als Taschenbuch erhältlich (erschienen vor allem im Steidl Verlag). Die pünktlich zu seinem 100. Geburtstag 2002 von Steidl herausgegebene, neue, limitierte Werkausgabe umfasst 11 Bände mit den bekanntesten Werken, zusammen 295 EUR. Von **Halldór Gudmundsson** erschien 2002 bei Steidl die erste deutschsprachige Biografie über Halldór Laxness.

Jón Kalman Stefánsson: *Der Sommer hinter dem Hügel*, Lübbe Verlag 2001. Die ersten zwei Bände einer Trilogie über das Leben in einem Dorf weitab von Reykjavík, in dem jeder ein skurriler Sonderling zu sein scheint; voller Wortgewalt und Ideenreichtum.

Kristín Marja Baldursdóttir: *Möwengelächter*, W. Krüger Verlag 2001. Unterhaltsamer Kriminalroman und eine Geschichte weiblicher Auflehnung aus der Sicht der 11-jährigen Agga. Deren Tante Freya, die vom Dorf weg nach Amerika geheiratet hatte, kommt verwitwet nach Hause zurück. Bald geschehen merkwürdige Dinge im Dorf, darunter mysteriöse Todesfälle.

Ólafur Jóhann Ólafsson: *Vergebung der Sünden*, Steidl 1998. Als Peter Peterson spürt, dass er bald sterben wird, legt er seine Lebensbeichte ab: zwei gescheiterte Ehen, Kinder, die er verabscheut, ein Leben voller Hass im Schatten eines furchtbaren Verbrechens...

Ólafur Jóhann Ólafsson: *Der Weg nach Hause*, Knaus 2002. Disa wohnt in England und leitet ein angesehenes Hotel. Seit sie vor 20 Jahren hierher zog, meidet sie den Gedanken an die Vergangenheit. Erst als sie erfährt, dass sie bald sterben wird, bricht sie noch einmal in ihre isländische Heimat auf und durchlebt erneut Glück und Tragödien ihrer Jugend.

Steinunn Sigurðardóttir: *Herzort*, Ammann Verlag 2001. Harpa, 31 Jahre, macht sich mit ihrer 15-jährigen Tochter und ihrer besten Freundin von Reykjavík auf in die Ostfjorde, ihre Heimat. Anlass: Die drogenabhängige Tochter soll durch Ortswechsel wieder auf die gerade Bahn gebracht werden. Für Harpa selber wird die Reise eine Fahrt zur Selbsterkenntnis.

Thor Vilhjálmsson: *Das Graumoos glüht*, Kleinheinrich 1991. Ein literarisch hochwertiger historischer Kriminalroman. Ein Bauernmädchen und ihr Halbbruder werden Ende des 19. Jh. in einem Prozess beschuldigt, ein Inzestverhältnis unterhalten und ihr gemeinsames Kind sofort nach der Geburt getötet zu haben.

Vigdís Grímsdóttir: *Das Mädchen im Wald*, Steidl 2000. Experimenteller Roman über die missgestaltete Ich-Erzählerin Gudrun, die von einer schönen Unbekannten zum Kaffee eingeladen wird. Die möchte Gudruns gute Seele und schleicht sich in ihren Körper.

• *Moderne isländische Lyrik* In den aufgelisteten Gedichtbänden finden sich sämtliche Gedichte sowohl in deutscher als auch in isländischer Sprache.

Baldur Óskarsson: *Tímaland/Zeitland*, Kleinheinrich 2000. Das Lebenswerk des, so ein Rezensent, "Grandseigneurs der isländischen poetischen Moderne". Geheimnisvolle Lyrik, in der Gegensätze wie Anfang und Ende, Kindheit und Alter, Zeit und Ewigkeit poetisch umgesetzt wurden. Mit vielen Aquarellen angereichert.

Snorri Hjartarson: *Brunnin flygur álft/Brennend fliegt ein Schwan*, Kleinheinrich 1997. Mit Aquarellen versehene Gedichte des Lyrikers, der Inspiration aus der Natur holte und Themen und Form der Edda in seinem Werk verarbeitete.

Stéfan Hörður Grímsson: *Geahnter Flügelschlag*, Kleinheinrich 1992. Anthologie einer der fünf "Atomdichter", die in der Nachkriegszeit die isländische Lyrik reformierten. Auswahl an Gedichten aus fünf zwischen 1951 und 1989 erschienenen Lyrikbänden.

Stein Steinarr: *Tíminn og vatnið – Die Zeit und das Wasser*, Kleinheinrich 1987. Der 1948 erstmals erschienene, letzte Gedichtzyklus des Vorreiters moderner isländischer Lyrik. Skepsis und Zweifel sind der dominierende Grundton.

Ich hörte die Farbe Blau. Poesie aus Island, hg. v. Gregor Laschen u. Wolfgang Schiffer, edition die horen 1992. Umfangreiche Auswahl an Gedichten sechs moderner isländischer Lyriker.

Medien

1913 kamen die beiden ersten, heute noch existierenden Tagezeitungen heraus: *Morgunblaðið* und *Vísir*. Letztere vereinte sich 1981 mit dem *Dagblaðið* zu dem Nachmittagsblatt *DV*. Das *Morgunblaðið*, ehemals Sprachrohr der konservativen Unabhängigkeitspartei, mittlerweile aber unpolitisch, ist mit einer Auflage von über 52.000 die größte Tageszeitung der Insel. Seit 1996 erscheint täglich als drittes landesweites Blatt *Dagur-Tíminn*. Alle isländischen Printmedien zusammen – Zeitungen, Zeitschriften, Magazine usw. – ergeben die stattliche Zahl von 1.020. Touristen finden in vielen Buchgeschäften auch deutschsprachige Zeitungen.

• *Englischsprachige Zeitschriften* Bei **Iceland Review**, Suðurlandsbraut 12, 108 Reykjavík, ✆ 5222000, 📠 5222022, www.icelandReview.com, erscheint seit 1963 viermal jährlich die auf Glanzpapier gedruckte Zeitschrift *Iceland Review*. Hierin finden sich mit hervorragenden Fotos bereicherte Reportagen über landschaftliche, kulturelle und historische Aspekte des Landes, leider auch viel Werbung. Ein Jahresabonnement kostet weltweit US$ 29.50. Zusätzlich gibt Iceland Review das Magazin *Iceland Bu-*

siness mit neuesten Informationen zur Wirtschaft im Land heraus.

Bei **Íslandskynning**, P.O. Box 5121, 105 Reykjavík, erscheint seit Juli 2002 die Zeitschrift *Icelandic Geographic*, ISK 900, die in ausführlichen Reportagen interessante Themen aus der isländischen Natur und dem Zusammenspiel zwischen Mensch und Natur behandelt. Geplant ist eine Ausgabe pro Jahr.

- *Radio* Das Radio eroberte nach Verabschiedung des ersten Rundfunkgesetzes 1928 die Insel. Die staatliche Rundfunkgesellschaft begann 1930, vier Stunden am Tag auszustrahlen. Die Isländer waren von dem neuen Kommunikationsmittel begeistert. Seit 1983 gibt es zwei öffentliche Sender, *Stöð 1* und *Stöð 2*. Ersterer sendet vorzugsweise Berichte und kulturelle Informationen. Verantwortlich für beide ist das Bildungsministerium, vielleicht deshalb wird bei beiden wenig Musik ausgestrahlt und viel gesprochen. Anders bei den seit 1986 aufkommenden privaten Sendern, die sich am amerikanischen Rundfunk orientieren. Sie können am besten im Raum Reykjavík, außerhalb nur schlecht und in abgelegenen Gebieten gar nicht empfangen werden. Das erste Programm des öffentlichen Rundfunks (FM9 2,4/93,5) strahlt vom 1.6. bis 31.8. tgl. 7.30 Uhr eine Nachrichtensendung in Englisch aus. *BBC World Service* findet man rund um die Uhr auf FM9 0,9.

- *Fernsehen* Zum Fernsehen kamen die Isländer über die Amerikaner. Die hatten seit 1955 ihre eigene Fernsehstation auf der Militärbasis in Keflavík. 1961 wurde die Station ausgebaut, sodass auch ein großer Teil der isländischen Bevölkerung das Programm empfangen konnte. Das stieß nicht überall auf positive Resonanz. Es wurde befunden, dass Island es nicht nötig habe, auf das Fernsehprogramm eines anderen Landes angewiesen zu sein, noch dazu auf das der USA – man fürchtete sich vor Volksverdummung und war auf die USA wegen des umstrittenen Militärstützpunktes ohnehin nicht gut zu sprechen. Also bekamen die Isländer 1966 ihren eigenen staatlichen Fernsehsender *Ríkisútvarpið Sjónvarp (RÚV TV)*, der zunächst nur drei Abende die Woche ausstrahlte. 15 Jahre lang blieb der ganze Juli fernsehfrei. Mittlerweile aber kann das ganze Jahr und jeden Tag ferngesehen werden. 1986 nahm der erste Privatsender, *Stöð 2*, seine Arbeit auf, seit 1995 gibt es weitere Privatsender. Seither kommen amerikanische Filme wieder in die isländischen Wohnzimmer. Sie werden nicht übersetzt; in Island läuft alles mit Untertiteln. Wie populär die Filme bei den Kids sind, erkennt man an deren Englischkenntnissen. Vor allem in der Umgangssprache sind sie fit. Per Satellit können auch ausländische Programme empfangen werden.

Medizinische Versorgung/Gesundheit

Die medizinische Versorgung gewährleisten etwa 50 Krankenhäuser und zahlreiche Gesundheitszentren (*Heilsugæslustöðvar*), Gemeinschaftspraxen mit den wichtigsten Fachärzten. Island hat nur mit skandinavischen Ländern ein Sozialversicherungsabkommen, eine private *Reisekrankenversicherung* ist deshalb unbedingt vor Antritt der Fahrt abzuschließen. Sie kostet nicht viel, macht sich aber schon beim kleinsten Arztbesuch bezahlt. Wichtig ist es, sich für die Versicherung beim Bezahlen der ärztlichen Dienste eine Quittung mit Name, Anschrift, genauer Leistungsaufstellung und Diagnose ausstellen zu lassen. Bezahlt wird in bar oder mit der Kreditkarte. *Medikamente* bekommt man nur in der Apotheke (*apótek*), die sich in so gut wie jedem Ort findet. Neuerdings gibt es zwei pharmazeutische Ketten, *lyf og heilsa* und *lyfja*. *Krankenhäuser* sind auch in Island durch ein rotes Kreuz symbolisiert (siehe auch "Notfälle").

Naturschutz und Ökologie

Insel der frischen Luft, des sauberen Wassers, der heilen und unberührten Natur – die Reisebroschüren preisen Islands Umwelt seitenweise. Die Isländer sind zu Recht stolz auf ihre Gletscher, Moosteppiche, Schwefelberge, Wasserfälle und alle anderen, mancherorts schon zerstörten Refugien der "ursprünglichen Natur".

Vom sorgsamen Umgang mit der Natur

Müll darf nicht vergraben werden, die Erosion trägt den Boden zu rasch ab; das Material wird im isländischen Klima nur allmählich zersetzt.

Treibholz gehört den Bewohnern und ist nach strengen Regeln aufgeteilt.

Feuermachen ist auf bewachsenem Untergrund verboten.

Pflanzen sind auf Wanderwegen und Jeeppisten schnell beschädigt; vermeiden Sie, die Vegetation zu schädigen, und pflücken Sie keine Blumen.

Sintersteine bedürfen der Schonung, um erhalten zu werden.

Fahren abseits von Wegen leistet der Erosion Vorschub! Spuren im Hochland erhalten sich oft jahrelang, bis die Natur sie weggewischt hat.

Mineralien und Fossilien dürfen nicht zu kommerziellen Zwecken gesammelt werden; Hammer und Meißel dürfen nicht verwendet werden, um Mineralien abzuschlagen; in Schutzgebieten darf keines der verlockenden Minerale entfernt werden.

Lavastalaktiten stehen unter Naturschutz.

In den **Vogelschutzgebieten** gelten besonders strenge Bestimmungen; der Zugang in der **Brutzeit** ist an einigen Stellen untersagt.

Aber auch Island hat seine Umweltvergehen im Sündenregister stehen. Die moderne Lebensweise greift in die Natur ein – die dichte Besiedlung um Reykjavík nimmt problematische Dimensionen an, immer mehr Touristen bringen wachsende Müllberge, zunehmenden Verkehr etc. mit sich. Auch die wenigen isländischen Industrieanlagen arbeiten nicht schadstofffrei. Jedoch kann der Tourismus die natürliche Schönheit Islands, die Gletscher und die Lavawüsten, nicht zerstören und Urlaubsbetonburgen finden bei Islandreisenden keinen Zuspruch. Bei der Häufigkeit von Vulkanausbrüchen "regeneriert" sich die Natur immer wieder.
Probleme bereiten Zerstörungen bei den meistbesuchten Zielen und uneinsichtige Hochlandfahrer. Am Mývatn werden Müll und die Zerstörung von Vulkankratern beklagt. Eines der schwierig zu handhabenden Probleme ist nach wie vor die *Bodenerosion* durch Wind und Wasser. Jahrelang bleiben die Spuren sichtbar, die ein Jeep in die steinigen Wüsten gräbt, hier können die Kräfte des Windes und Wassers ansetzen.

Der Schutz von Vegetation und Tierwelt hat eine lange Tradition. 1882 trat ein Gesetz über den Schutz von Vögeln und Rentieren in Kraft; 1928 richtete man den ersten Naturpark – *Þingvellir* – ein. Stand hierbei noch eher die historische Bedeutung des Ortes im Vordergrund, verfolgte man im Laufe der Jahre eine zielgerichtete ökologische Politik zum Schutz der Natur. Derzeit sind über siebzig Areale als schützenswert eingestuft, die einen ansehnlichen Anteil an der Gesamtfläche haben. Die verschiedenen Schutzgebiete ordnete man den fünf Kategorien Nationalparks, Reservate, Naturdenkmäler, Naturparks und andere Schutzgebiete zu. Zudem stehen verschiedene Pflanzenarten unter Schutz. Der Naturschutz wird vorbildlich betrieben: 9.800 qkm stehen unter Protektion. Schwierig sind immer wieder die Verhandlungen mit den Farmern, denen das Land gehört. Sie müssen überzeugt werden, dass gefährdetes Land und Naturwunder unter Schutz gestellt werden müssen. In der Praxis mündet das in einen Vertrag, in dem ein Status quo festgeschrieben wird – die Verantwortung für den Erhalt der Landschaft wird dem Farmer abgenommen. Er hat sich dann nicht um Toiletten, Wege und Vorsorge vor Unfällen zu kümmern. Die Nationalparks hingegen sind Landbesitz des Staates.
Eine Gesetzesnovelle sieht rigidere Maßnahmen im Falle zu stark in Anspruch genommener Areale vor: Das Ministerium

Basstölpel

kann solche Gebiete kurzerhand für gesperrt erklären. Mehr Schutz bedürfen in jedem Fall das Gebiet von Núpsstaður, die Askja-Caldera im Hochland und die Vulkane im Süden, beispielsweise Hekla, Katla, Lakagígar und der Eyjafjallajökull. Neuere Überlegungen der Umweltschützer zielen auf die Einführung des Verursacherprinzips und auf eine finanzielle Belastung der Reisenden gemäß dem Schaden, den sie hervorrufen. Ein vernünftiger Ansatz, dessen Instrumente im Einzelnen noch nicht ausdiskutiert worden sind. So reichen die Vorschläge von Eintrittspreisen in Naturparks über die Erhebung eines Wegezolls im Hochland bis zu einer Extrasteuer für Allradfahrzeuge.

Notfälle

- *Gesundheit* In jedem Ort gibt es einen medizinischen **Notdienst**, zumindest über Mobiltelefon erreichbar. 24 Std. Notdienst im Krankenhaus Reykjavík (Sjúkrahús), ✆ 5251700.
- *Lebensrettung* **Landsbjörg/Slysavarnafélag Íslands**, Verband isländischer Rettungsmannschaften, Stangarhylur 1, Reykjavík, ✆ 5627111.
- *Passverlust* Bei Passverlust ist das Vorgehen relativ einfach, solange man in Reykjavík ist. Deutsche Staatsbürger benötigen zwei Passbilder (Automat z. B. am BSÍ-Terminal), um bei der deutschen Botschaft einen "Reiseausweis zur Rückkehr in die BRD" für umgerechnet 8 €, zu zahlen in ISK, zu erhalten. Ein vorläufiger Reisepass kostet umgerechnet 13 €.

Notruf (Polizei, Krankenwagen, Feuerwehr): ✆ 112

Öffnungszeiten

- *Behörden und Ämter* Mo–Fr 9–17 Uhr, Juni–August häufig 8–16 Uhr.
- *Geschäfte* Mo–Fr 9–18 und Sa 10–13, teilw. bis 16 Uhr. Größere Supermärkte haben häufig sieben Tage in der Woche und bis spät in den Abend hinein geöffnet, zuweilen bis 23 Uhr. Souvenirgeschäfte und Kunsthandwerksläden öffnen ebenfalls häufig auch sonntags.

• *Museen* Die Mehrzahl der Museen außerhalb Reykjavíks hat nur im Sommer reguläre Öffnungszeiten, zumeist tgl. 10–17 Uhr; einen "museumsfreien Tag" wie in Deutschland gibt es nicht. Typisch ist bei der Angabe von Öffnungszeiten der Zusatz "und nach Vereinbarung". Meistens genügt ein Anruf, um auch im Winter die Ausstellung besichtigen zu können.

• *Post* Abgesehen von den Postämtern in kleinen Dörfern mit kürzeren Öffnungszeiten (bei den Ortsbeschreibungen angegeben) normalerweise Mo–Fr 9–16.30 Uhr, in größeren Orten 8.30–16.30 Uhr. Länger als üblich haben einige Postämter in Reykjavík geöffnet.

• *Bank* Gewöhnlich Mo–Fr 9.15–16 Uhr; abweichende Öffnungszeiten sind bei den Ortsbeschreibungen angegeben. Die Bank am Flughafen Keflavík hat immer nach Landung der Flugzeuge geöffnet. Außerhalb der Bankzeiten Geldwechsel in der Touristeninformation in Reykjavík, 1.6.–31.8. tgl. 8.30–18 Uhr, sonst Mo–Fr 9–17, Sa 10–14 Uhr.

• *Tankstellen* Tankstellen haben sehr lange Öffnungszeiten; sie öffnen zwischen 7 und 9 Uhr (bzw. am Wochenende 10 Uhr) und schließen oft erst um 23.30 Uhr.

Post (Póstur)

Seit einigen Jahren werden viele Postämter in Island wegrationalisiert. In den betroffenen Orten bekommt die Post häufig einen Schalter in der Bankfiliale zugeteilt, manchmal auch im Supermarkt. Bisweilen verschwindet sie ganz.

• *Gebühren* Ein normaler Inlandsbrief (20 g) kostet derzeit ISK 45, nach Europa ISK 60, nach Amerika ISK 85. Für Postkarten gelten dieselben Preise. Luftpost wird mit blauen Aufklebern kenntlich gemacht, Schiffspost mit grünen. Luftpostbriefe sind innerhalb von drei bis fünf Tagen in Westeuropa.

• *Geldwechsel* Das Postsparbuch wurde durch die Postbank Sparcard ersetzt, mit der Geld an Automaten (Visa plus) abgehoben werden kann.

• *Postlagernde Briefe oder Päckchen* (Poste restante): Kann man sich an jedes Postamt der Insel schicken lassen und unter Vorlage des Ausweises abholen.

• *Adressen für Philatelisten* **Frímerkjahúsið**, Bókhlöðustígur 2, ✆ 5511814, Mo–Fr 10–18 Uhr, nahe der Touristeninformation; **Frímerkjamiðstöð**, Skólavörðustígur 22, ✆ 5521170.

Preise

Island ist teuer. Wenn man nicht gerade drei Wochen lang mit ein paar Kilo Reis durchs Hochland wandert, wird man an dieser Erfahrung nicht vorbeikommen.

• *Beispiele* Die Preise für Artikel des täglichen Bedarfs sind etwa doppelt bis dreimal so hoch wie bei uns, nicht zuletzt durch eine Mehrwertsteuer von 24,5 %. Man muss sich darauf einstellen, im Supermarkt für ein paar Grundnahrungsmittel wie Brot, Milch, Käse und Joghurt 10 €, für eine simple Pizza in einem Imbisslokal 13 € hinzulegen. Ein Abendessen für zwei Personen im Restaurant kann leicht mit 75 € zu Buche schlagen. Es fällt auch nicht leicht, für ein Doppelzimmer auf einem einfachen Hof ohne viel Service 80 € zu zahlen, von den Hotelpreisen ganz zu schweigen. Da kann eine Nacht für zwei Personen schon 150 € kosten. 1l Milch kostet ISK 90, 1l Cola ISK 170, Toastbrot ISK 250, ein Hot Dog ISK 180, ein Hamburger ab ISK 400. Man tröste sich damit, dass die Kosten fürs Telefonieren und für Schwimmbäder überraschend niedrig sind.

Rafting und Kajakfahren

In einem Land mit so ungezähmten Flüssen wie Island sind River Rafting und Kajaktouren beliebte Freizeitaktivitäten. Bei den Anbietern gehören gründliche Einweisung und Trockenübungen genauso zum Programm wie die Bereitstellung von Outfit und Ausrüstung. Mitzubringen sind warme Schuhe inkl. lange Unterhosen und Schuhe zum Wechseln. An einigen Orten können mittlerweile auch Kajaks für Touren auf eigene Faust entliehen werden.

Angebote und Adressen

• *Rafting* **Icelandic Adventure**, Tangarrhöfði 7, 110 Reykjavík, ✆ 5691000, ℻ 5691012, www.adventure.is. Die ehemals eigenständig operierenden Rafting-Veranstalter The Boat People gehören nun zu Icelandic Adventure – weiterhin ein dynamisches Team mit langjähriger Erfahrung. Von April bis September in Nord- und Südisland Touren unterschiedlicher Länge und Schwierigkeit. In Südisland erfolgen die Wildwasserausflüge und Kajaktouren auf der Hvítá (siehe Kap. "Goldener Zirkel", S. 299). Im Norden geht es zum Raften auf die Gletscherflüsse Jökulsá Austari (nur für erfahrene Paddler) und Jökulsá Vestari (siehe Kap. "Akureyri und der Nordwesten", S. 466). Geboten werden Übernachtungsmöglichkeiten, Verpflegung und Transport.

Activity Tours (Ævintýraferðir), P. O. Box 75, 560 Varmahlíð, ✆ 4538383, ℻ 4538384. Von Varmahlíð zu Vestari-Jökulsá und Austari-Jökulsá, auch Fahrten auf der sanfteren Blanda (siehe Kap. "Akureyri und der Nordwesten", S. 467).

Tindfjoll rafting, Freyvangur 22, 850 Hella, ✆ 4875557, ℻ 4875587, www.tindfjoll.is. Rafting auf dem Markarfljót in bezaubernder Szenerie (Südisland nahe Þórsmörk).

Arctic rafting, P. O. Box 19, 700 Egilsstaðir, ✆ 8990410, ℻ 4711526, www.nett.is/arcticraft, bietet Touren auf Eyvindará und Grimsá in Ostisland.

• *Kajaking* **Ultima Thule Expeditions**, ✆ 5678978, ℻ 5678958, www.ute.is, bietet Kajaktouren von 2–4 Tagen (im Breiðafjörður), 6 Tagen (Hornstrandir) sowie 3 Std. "sunset paddling" in Reykjavík. Außerdem 1 Tag Kajakkurs.

West Tours, Aðalstræti 7, Ísafjörður, ✆ 4565111, ℻ 4565185, www.vesturferdir.is, täglich mehrstündige Kajaktouren im Fjord um die Stadt.

Reisezeit

Die Monate Juni, Juli und August sind die Hauptreisezeit. Warme Tage sind nicht unbedingt garantiert, dafür aber die beeindruckende nächtliche Helligkeit: Im Norden des Landes geht die Sonne im Juli und August gar nicht unter, im Süden lediglich für einige Stunden. Am 31. August schließen viele touristische Einrichtungen und Mitte September scheint das Land nach dem Abtrieb der letzten Schafe langsam in Winterschlaf zu verfallen. In diesen kurzen Wochen des Herbstes nimmt die Vegetationsdecke auf den Lavafeldern leuchtende Gelb-, Rot- und Goldtöne an. Der Großteil der Touristen ist abgereist, der Sommer wirkt noch nach – für Wanderer und Radfahrer lohnt es sich, das Land für kurze Zeit in einem anderen, glühenden Licht zu sehen.

In der zweiten Septemberhälfte beginnt häufig schon der Winter. Zwar können die kommenden Monate auch im Dämmerlicht recht reizvoll sein, aber das Vorankommen wird zum einen durch äußerst eingeschränkten Busverkehr erschwert, zum anderen ist die Fortbewegung mit dem eigenen Fahrzeug nach starkem Schneefall nur noch mit Allradantrieb möglich und selbst das nur mit Mühen. Das touristische Angebot ist stark reduziert, bedeutende Preisnachlässe bei der Anreise und in den noch geöffneten Übernachtungsbetrieben machen den Islandurlaub im Winter aber günstiger als im Rest des Jahres. Verstärkt versuchen die Isländer, ihr Land den Touristen auch in der dunklen Jahreszeit schmackhaft zu machen. Ein Kurztrip nach Reykjavík, Skitouren über die Gletscher und durchs Hochland, Klettern am vereisten Wasserfall, Hundeschlittentouren – an Möglichkeiten mangelt es nicht und fern von Massenandrang und Kommerz hat der Wintersport in Island einen besonderen Reiz. Wo in der Welt gibt es zudem wie hier die Möglichkeit, nach einem langen

Tag auf Skiern in der kalten Winterluft in einen dampfenden Hot Pot zu steigen und die müden Glieder zu strecken? Dennoch steckt der Wintertourismus noch in den Kinderschuhen, auch wenn mittlerweile fast alle deutschen Reiseveranstalter Wintertouren im Programm haben und Icelandair mit Sonderangeboten lockt.

- *Kunst und Kultur* Die Museen haben Sept.–Mai nur eingeschränkte Öffnungszeiten, dies ist aber die Spielzeit von Theater und Oper.
- *Sport* Mountainbiken: Juli–Sept., Reiten: Frühjahr bis Herbst, Wandern: Frühjahr bis Herbst, *Wintersport* am besten in den Weihnachts- und Osterferien, am Vatnajökull und Kerlingarfjöll auch im Sommer (siehe auch "Gletschertouren und Skifahren").
- *Verbindungen* Der Fährbetrieb wird auf vielen Strecken außerhalb der Sommermonate eingestellt, der Busfahrplan radikal umgestellt, Hochlandpisten und einige Passstraßen sind gesperrt.
- *Übernachten* Siehe weiter unten.

Reiten und Reiterferien

Man sagt, keine Sportart passe besser zu den isländischen Wetterverhältnissen als das Reiten – bei sommerlicher Hitze und winterlicher Kälte, bei Regen, Sturm und Schnee kann geritten werden. Denn das Islandpferd, das zwei Drittel des Jahres ein zottiges Winterfell aus dichtem Woll- und langem Dickhaar trägt, ist wind- und wetterfest. Zudem ist keine Fortbewegungsart besser geeignet als der Ritt auf dem Islandpferd, um beim Reisen die Kultur und Tradition der Isländer kennen zu lernen. Das Pferd gehört fast ebenso zum Land wie die Vulkane und Wasserfälle und verfügt über Eigenschaften, die auch Ungeübten unvergessliche Reittouren ermöglichen. Reiten ist in Island keine elitäre Angelegenheit, es gehört fast so zum Leben wie das Schwimmen. Die Isländer verbindet ein tiefes Zusammengehörigkeitsgefühl mit ihrem Pferd,

Neugierige Islandpferde

ohne das für sie ein Leben auf der unwirtlichen Insel wohl niemals möglich gewesen wäre. Es symbolisiert Freiheit und Lebenslust, Unabhängigkeit und Ausdauer. Die vielen im Land angebotenen Reittouren folgen häufig historischen Pfaden, wie einst geht es an den Stränden die Küste entlang, werden abseits der Straßen Berge und Hügel bezwungen, Flüsse und unwegsames Hochland durchquert. Die Isländer meinen, dass, wer nicht wenigstens einmal auf dem Pferderücken durch die Landschaft geritten ist, ihr Land nicht kennen gelernt habe.

Wohl kaum ein Ross eignet sich auch für den Ungeübten besser als das Islandpferd. Zum einen trägt es den Reiter im Tölt (siehe Kap. "Islandpferde") sanft und bequem auch über das schwierigste Gelände, zum anderen hat es sich in den harten Jahrhunderten seit der Besiedlung viele gute Eigenschaften zugelegt: Es ist ausdauernd und widerstandsfähig, anpassungsfähig und geduldig. Es ist freundlich, wenn auch manchmal recht temperamentvoll, zuverlässig, aufmerksam und anspruchslos. Es verfügt über ein ausgezeichnetes Orientierungsvermögen; auch bei Dunkelheit und Nebel weiß es immer, wo es langgeht. Verbürgten Geschichten zufolge fanden schon Pferde, die per Schiff an andere Orte des Landes gebracht wurden, Hunderte von Kilometern vom Hof entfernt, ihren Weg zurück nach Hause. Die Pferdeverleiher bemühen sich, für Ungeübte gutmütige Tiere herauszusuchen, sodass zumindest kurze Ausritte problemlos möglich sind. Lange Touren hingegen sollten allein von den Ansprüchen an die reiterliche Kondition her nicht unterschätzt werden.

Möglich sind sowohl ein- bis mehrstündige Ausflüge als auch Reittouren von bis zu vierzehn Tagen. Zumeist wird abseits der Straßen durch die unbezwungene, gewaltige Natur geritten, wo nicht mit viel Komfort gerechnet werden kann. Die Unterbringung erfolgt in Berghütten, Gästehäusern, Gemeindehäusern oder im Zelt. Geritten wird mit einem bis mehreren Handpferden, die von den Reitern am Zügel mitgeführt werden. Auf längeren Touren ist es üblich, dass etwa jede Stunde das Pferd gewechselt wird. Mit von der Partie sind auch Packpferde. Die Verpflegung besteht aus kräftiger Hausmannskost.

Die Reithauptsaison dauert von Ende Juni bis Anfang September, mittlerweile werden aber auch vereinzelt kleinere Wintertouren angeboten. Von Oktober bis Dezember haben die Pferde allerdings "Reitferien" und ihnen werden die Hufeisen abgenommen. Auch das Winterreiten hat seinen Reiz: In Begleitung tanzender Nordlichter geht es durch das verschneite Land, über winterlich karge Strände und bei Frost kann über die vereisten Seen geritten werden.

Zum Schutz der Pferde vor ansteckenden Krankheiten darf kein gebrauchtes Sattelzeug mit auf die Insel gebracht werden. Wer eigene Reitkleidung und Stiefel mitbringt, muss nachweisen, dass sie desinfiziert worden sind.

• *Veranstalter* Zahlreiche Bauernhöfe bieten geführte, zumeist kurze Reitausflüge in die Umgebung an. Der einstündige Ausritt kostet um ISK 1.800. Adressen im Reiseteil; Gesamtauflistung der Höfe erhältlich bei **Icelandic Farm Holidays**, Síðumúi 13, 108 Reykjavík, ✆ 5702700, 5702799, www.farmholiday.is.

Die großen Veranstalter organisieren mehrstündige bis mehrtägige Reittouren in ganz Island, immer mit Englisch, manchmal auch mit Deutsch sprechender Begleitung. Bei der Buchung einer mehrstündigen Tour sollte bedacht werden, dass nie die gesamte Dauer einer Tour geritten wird; die Zeit im Sattel reduziert sich je nach Vorbereitung, Ziel und sonstiger mit dem Ausflug verbundener Aktivitäten (Mahlzeit, Besuch eines Schwimmbades etc.). Die größten Veranstalter sind:

Íshestar, Sörlaskeið 26, 220 Hafnarfjörður, ✆ 5557000, 5557001, www.ishestar.is. Mit 60–70 Pferden der größte Reittouren-Veranstalter Islands. Im Sommer einige kurze und 12 längere Reittouren zwischen 2 und 11 Tagen (z. B. nach Landmannalaugar, über die Kjölur und zu den Attraktionen des Goldenen Zirkels). Ganzjährig mehrstündige

Touren, z. B. zur Blauen Lagune. Im Herbst 2001 erhielt Íshestar für sein 2000 eröffnetes, neues Reitzentrum sowie für seine Touren und seine Firmenphilosophie den Umweltpreis des Icelandic Tourist Board. Wem übrigens nach dem Reiten der eine oder andere Muskel schmerzt, der kann sich im Mecca Spa im Hótel Saga in Reykjavík die spezielle Íshestar Massage gönnen.

Eldhestar, Vellir, Box 90, 801 Hveragerði, ✆ 4834884, 📠 4865577, www.eldhestar.is. Im Sommer zahlreiche längere Reittouren zwischen 2 und 9 Tagen, z. B. auf der Halbinsel Snæfellsnes, im Hochland und im Norden. Ganzjährig mehrstündige Ausflüge.

Hestasport, P.O. Box 75, 560 Varmahlíð, ✆ 4538383, 📠 4538384, www.riding.is. Im Sommer 5 längere Reittouren zwischen 5 (Pferde- und Schafabtrieb) und 10 Tagen (Sprengisandur und Mývatn). Zusätzlich kurze Ausritte und im Winter 8 Tage Reiten im Schnee.

Viele deutsche Reiseveranstalter haben Reittouren in ihrem Islandprogramm.

• *Einige schöne Reiterhöfe* **Polar Horses**, Grýtubakki II am Eyjafjörður, ✆ 4633179, 📠 4633144, www.nett.is/polar; **Laxnes** bei Þingvellir, ✆ 5666179, 📠 5666797, www.laxnes.is; **Leirubakki** bei Hella, ✆ 4876591, www.leirubakki.is; **Hóll** bei Ásbyrgi, ✆ 4652270; **Brekkulækur** am Miðfjörður, ✆ 4512938, 📠 4512998, www.geysir.com/Brekkulækur; **Húsatoftir** nahe Selfoss, ✆/📠 4865560; **Syðra-Langholt** bei Flúðir, ✆ 4866674, 📠 4866674; **Lýtinsstaðir** südlich von Varmahlíð, ✆ 4538064, www.lythorse.com; **Steinsholt** im Þjórsárdalur, ✆ 4866069.

Schaf- und Pferdeabtrieb

Mitte bis Ende September werden die Schafe von den Weiden im Hochland hinab ins Tal getrieben – es ist Abtrieb, *réttir*. Um die in alle Himmelsrichtungen verstreuten Tiere zusammenzusuchen, machen sich große Trupps von Reitern mit Hunden auf in die Berge, von wo aus sie die Schafe hinunter in die Pferche der Region treiben. Hier werden sie nach Besitzern getrennt. Der Schafabtrieb hat den Charakter eines Volksfestes, das innerhalb von zwei Wochen von einer Region des Landes zur nächsten zieht; traditionelle Lieder werden gesungen und im Radio gespielt und nach der Rückkehr ins Tal wird bis in die Nacht hinein gefeiert. Mittlerweile können auch Touristen an dem Ereignis teilnehmen, ebenso am Abtrieb der Herden wilder Pferde in der letzten Septemberwoche. Alle großen Reittourenveranstalter und die meisten kleinen haben den Abtrieb in ihrem Programm. Die Termine sind in den Touristeninformationen zu erfragen, wo man sich auch anmelden kann.

Schwimmbäder und Hot Pots

Dank der geothermalen Energie hat fast jeder noch so kleine Ort sein Schwimmbad, *Sundlaug*. Schwimmen ist *der* Nationalsport überhaupt, weil jeder ihn ausüben kann. In Reykjavík mit seinen nur 115.000 Einwohnern verzeichnen die Schwimmbäder insgesamt 1,7 Mio. Besucher pro Jahr. Schon seit 1941 ist Schwimmen Pflichtfach in isländischen Schulen. Die dampfenden Thermalbäder, zumeist Freibäder, sind 28–30 C warm, verfügen häufig über Sauna, Solarium und Whirlpool und so gut wie immer über Heißwasserbecken, die 37–45 C warmen *Hot Pots*. Hier trifft man sich nach Feierabend und klönt, egal, ob sich am Beckenrand der Schnee türmt oder es gerade mal wieder regnet. Mit Kaffeetasse macht man es sich gemütlich und tauscht Neuigkeiten aus; bisweilen finden sogar geschäftliche Zusammenkünfte im Hot Pot statt. Das hat eine lange Tradition: Im 13. Jh. ließ sich Dichter und Staatsmann Snorri Sturluson in Reykholt einen Hot Pot anlegen, die *Snorralaug*, die zehn Leuten Platz bot und in der Snorri sich mit seinen Männern zu Besprechungen traf. Dieser historische Badeplatz ist heute noch in Reykholt zu besichtigen. Er ist der einzige aus alter Zeit, denn früher mieden die Isländer die natürlichen heißen Quellen. Diese Plätze waren ihnen unheimlich und sie hatten Angst um ihr Vieh. Heute sind die natürlichen Badeplätze bei ihnen genauso hoch geschätzt wie bei erschöpften Radlern und Wanderern. Die Isländer sind zudem davon überzeugt, dass gerade das Zusammenspiel aus kalter Luft und heißem Wasser einen ausgesprochen positiven Einfluss auf die Gesundheit hat. Garantiert ist, dass Schwimmbäder der beste Platz sind, um Einheimische kennen zu lernen. "Den Engländer trifft man im Pub, den Franzosen im Café und den Isländer im Schwimmbad", heißt es. Ein Bad im geothermalen Wasser gilt auch als bestes Rezept gegen einen Kater. Ein Badeerlebnis eigener Art bietet die berühmte Blaue Lagune, ein blau-milchiger See, den das Kraftwerk auf der Halbinsel Reykjanes inmitten der eintönigen Lavafelder hervorgezaubert hat.

Eintritt ISK 200–270, Kinder die Hälfte. Es ist Pflicht, sich vorher gründlich mit Seife zu duschen (ohne Badekleidung!).

Wellness in Spa City

Eine heiße Lavastein-Massage, bei der Öl aus isländischen Kräutern in den Körper gewalkt wird – Mecca Spa macht's möglich. Der dem Hotel Saga in Reykjavík angeschlossene Wellness-Tempel verwöhnt seine Gäste zwischen Fitness-Studio, Dampfbad und Jacuzzi mit einer Vielzahl an Massagen und exklusiven Anwendungen auf der Basis von Algen oder Kräutern. Vier dieser modernen Bäder gibt es mittlerweile in der Hauptstadt, die im Sommer 2000 offizielles Mitglied des Europäischen Heilbäderverbandes wurde und sich seither Spa City nennt – Thermalbadestadt. 55 Millionen Tonnen des gesundheitsfördernden Wassers vulkanischen Ursprungs werden jährlich aus der heißen Erde in die kleine Hauptstadt gepumpt. Ein Teil davon speist die sieben Schwimmbäder und die Gesundheitsoasen, zu denen z. B. auch Planet City mit ägyptischem Dekor mitten in der Stadt gehört. Das Wasser soll nicht nur ein wahrer Jungbrunnen sein, sondern hat nachweislich positive Auswirkungen auf Gesundheitsprobleme wie Arthritis, Herz- und Lungenerkrankungen und Asthma. Und auf die Psyche – es entspannt Körper und Seele und lässt Stress und Anspannung dahinschwinden.

Adresse **SPA City Reykjavík**, Fríkirkjuvegur 11, 101 Reykjavík, ✆ 5106600, 📠 5106610, www.spacity.is.

Sicherheit

Island hat eine verschwindend geringe Kriminalitätsrate. Ein isländischer Autor meinte einmal, dass Meteorologen die Einzigen wären, die auf der Insel gefährlich leben – stimmen ihre Vorhersagen nicht, bekämen sie von den Bauern Morddrohungen. Ansonsten kann sich jeder sowohl in der Stadt als auch in den endlosen Weiten der isländischen Natur sicher fühlen. Die amerikanische Zeitschrift "Blue" setzte Island 2002 an die Spitze der sichersten Reiseziele der Welt, vor Patagonien, Neuseeland, Alaska und Kanada. Die Zahl der Delikte nimmt in der Stadt allerdings zu. Die geringe Kriminalität sollte auch kein Anlass zu Unachtsamkeit sein. Wertgegenstände lässt man selbstverständlich nicht achtlos offen herumliegen, Geld und Papiere trägt man am besten in einer Geldkatze fest am Körper. Die Isländer schließen häufig ihre Häuser oder Autos nicht ab, selbst wenn sie auf monatelange Reisen gehen. Diesem Beispiel sollte man nicht unbedingt folgen; mancher Islandbesucher hat bereits eine böse Überraschung erlebt. Eine Garantie auf Sicherheit gibt es auch in Island nicht.

Strom

Die elektrische Spannung beträgt die bei uns üblichen 220 Volt und nur in Ausnahmefällen trifft man auf eine unbekannte Stecker-/Steckdosenart.

Telefonieren

Island verfügt über ein modernes Telekommunikationsnetz, das Direktwahl über Satellitenfunk in alle Welt einschließt. Seit 1998 ist der Telefonbereich von der Post getrennt; die Preise blieben die niedrigsten aller OECD-Länder. Die Isländer nutzen ihre Fernsprecher mit Leidenschaft. Kaum ein Auto ohne Autotelefon, ein Haus ohne Anrufbeantworter, ein Mensch ohne Handy. (Das GSM-Netz ist leider nur innerhalb von Ortschaften sendestark genug; das NMT-450-Netz aber landesweit verfügbar). Dass jeder so gut wie immer erreichbar ist, ist auch für die Touristen von Vorteil – wenn sie ein Telefon finden, denn Telefonzellen stehen häufig nur bei den Postämtern. Öffentliche Fernsprecher gibt es aber in den meisten Restaurants, Tankstellen und Hotels. Im *Telefonbuch* stehen nicht nur Rufnummern; es erteilt auch Auskunft darüber, wie man sich bei Vulkanausbrüchen, Orkanen und Erdbeben zu verhalten hat. Die Auflistung der Teilnehmer nach Vornamen erscheint wunderlich, hat aber eine ganz einfache Erklärung (siehe Kap. "Gesellschaft", S. 89).

- *Telefonzellen* Bei den Postämtern und in großen Tankstellen. Kartentelefone sind weit verbreitet. Karten zu ISK 500 und 1.000 gibt es in den Postämtern sowie am Busbahnhof in Reykjavík, im Flughafenhotel und am Campingplatz in Reykjavík. Telefonieren von Münzfernsprechern ist beschwerlich, wenngleich an einigen Telefonen mittlerweile auch mit 100-Kronen-Münzen möglich. Einige Telefone akzeptieren auch Kreditkarten.
- *Vorwahlen* Nach Island 00354, von Island nach Deutschland 0049, nach Österreich 0043, in die Schweiz 0041. Von den deutschen Vorwahlen dann die erste 0 weglassen!

Übernachten

Noch im 19. Jh. boten Reisenden nur die Kirchen Unterschlupf für die Nacht, heute wird an Übernachtungsmöglichkeiten alles geboten: Hotels der Mittel- und Spitzenklasse, private Gästehäuser, Ferien auf dem Bauernhof, Schlafsackunterkünfte, Campingplätze. Die Bettenzahl ist jedoch begrenzt und unterschiedlich über das Land verteilt. Im Sommer kann es zudem an einigen viel besuchten Orten eng werden, z. B. in Reykjavík, Akureyri, Þingvellir und am Mývatn sowie mittwochs und donnerstagsin Seyðisfjörður und Egilsstaðir (Ankunft und Abfahrt der Fähre *Norröna*). In diesen Orten sollte auf alle Fälle vorgebucht werden. Auch sonst empfiehlt es sich, in Hotels und Gästehäusern

In Island kann man sein Gästehaus nicht verfehlen

anzurufen und sicherzustellen, dass noch ein Zimmer frei ist. Am Busbahnhof in Reykjavík oder bei ausländischen Reisebüros kann das "Open Voucher System" gebucht werden, bei dem man zu günstigem Preis eine Kombination aus einem der Buspässe (siehe Kap. "Unterwegs", S. 148) und mindestens sieben Übernachtungsgutscheinen für Sommerhotels, Jugendherbergen, Bauernhöfe, Gästehäuser, Berghütten (immer Schlafsackunterkunft) oder Campingplätze erhält. Die Preise für das "Open Voucher System" liegen bei 270–500 EUR, je nach Unterkunftsart (entweder ein Mix aus allen oder nur Jugendherbergen oder Bauernhöfe bzw. Campingplätze) und Buspaß. Zu beachten ist, dass das gewünschte Quartier mindestens 24 Stunden im Voraus gebucht werden muss.

Viele Hotels und Gästehäuser sind auch im Winter geöffnet, die Unterkünfte auf dem Bauernhof werden ebenfalls meist ganzjährig angeboten; die Preise sind in der Regel reduziert. Die jährlich neu aufgelegte Broschüre "Áning – Übernachtungsorte in Island", herausgegeben von Þórður Sveinbjörnsson, informiert jedes Jahr über mehr als 300 isländische Gästehäuser und 110 Zeltplätze (sowie die meisten Schwimmbäder). Da die Betriebe für einen Eintrag in die Broschüre bezahlen müssen, fehlt der ein oder andere.

Im Reiseteil dieses Buches ist ein Einzelzimmer mit EZ, ein Doppelzimmer mit DZ und ein Dreierzimmer mit TZ abgekürzt. SSU bedeutet Schlafsackunterkunft.

• *Adresse* **Áning – gisthihandbók ehf.**, Breiðvangi 3, 220 Hafnarfjörður, ✆ 5552405, ℻ 5552419, www.gisting.is

Icelandic Tourist Board, Lækjargata 3, 101 Reykjavík, ✆ 5355500, ℻ 5355501, www.icetourist.is

• *Klassifizierung* Seit dem Jahr 2000 haben alle Übernachtungsbetriebe die Möglichkeit, sich vom Icelandic Tourist Board bewerten und einer Kategorie (1 bis 5 Sterne) zuteilen zu lassen. *1 Stern*: Alle Zimmer mit Waschbecken, mind. 1 Bad für 10 Zimmer, öffentl. Telefon im Haus, Frühstück, 24 Std. Zugang ins Haus. *2 Sterne*: Zusätzlich werden Erfrischungen angeboten, Speiseraum im Haus, Zimmer evtl. mit eigenem Bad. *3 Sterne*: Zusätzlich haben alle Zimmer privates Bad, Telefon, TV, Radio und Tisch. Servicetresen am Tag geöffnet, Kreditkarten werden akzeptiert, Fahrstuhl, falls Gästezimmer 3 oder mehr Etagen über der Rezeption. *4 Sterne*: Zusätzlich u. a. Zimmerservice, Minibar, Satelliten-TV, Restaurant à la carte, Reinigungsservice. *5 Sterne* bedeuten absoluten Luxus, diese Kategorie hat aber bisher kein Hotel erreicht.

▸ **Hotels**: Hotels der Spitzenklasse, häufig zu Ketten zusammengeschlossen, finden sich längst nicht mehr nur in Reykjavík, Keflavík und Akureyri. Ergänzt werden sie durch Mittelklassehotels. Die verstreut auf der Insel liegenden Häuser haben unterschiedliche Standards, sind aber durchgängig sauber und gepflegt und können oft mit einer familiären Atmosphäre aufwarten. Die Preise variieren nach Region und Ausstattung, für ein DZ ohne Bad in einem Mittelklassehotel müssen mindestens ISK 6.000 gezahlt werden, bei besseren Hotels kostet ein DZ mit Bad bis zu ISK 15.000.

▸ **Edda-Hotels**: In den Schulferien von Anfang Juni bis Ende August werden 14 Internatsschulen des Landes als Sommerhotels betrieben. Die Ausstattung der Zimmer ist zweckmäßig. Meist handelt es sich um Doppelzimmer mit getrennten Betten, Tisch, Schrank und Waschbecken, manchmal haben die Zimmer ein eigenes Bad. Wo die Internate vergrößert werden, wie zurzeit in Akureyri, wird das Edda-Hotel ausschließlich um topmoderne Zimmer mit Bad bereichert. Dem Hotel ist häufig ein Schwimmbad angeschlossen, die Kantine der Schule dient im Sommer als Restaurant, in dem es vergleichsweise günstig typisch isländische Gerichte gibt. Die Hotels haben oft eine sehr freundliche Atmosphäre.

• *Preise* Für alle Hotels Einheitspreise: DZ mit Waschbecken/Bad ISK 5.800/9.800; EZ mit Waschbecken/Bad ISK 4.700/7.800, Frühstück ISK 800. In vielen Edda-Hotels werden auch Schlafsackunterkünfte angeboten, auf Matratzen im Klassenzimmer ISK 1.000, in Betten in Zimmern mit/ohne Waschbecken ISK 1.900/1.400.

• *Adresse* **Hótel Edda**, Hlíðarfótur, 101 Reykjavík, ✆ 5050910 (zentrale Reservierung für alle Hotels), 5050915, www.hoteledda.is

▸ **Sommerhotels**: In den Sommerferien werden auch andere als Internate betriebene Bildungseinrichtungen zu Hotels umfunktioniert. Sie werden privat betrieben und gehören nicht zum Verband der Edda-Hotels, bieten deshalb auch nicht immer deren Leistungen (z. B. Restaurant, Schwimmbad). Die Preise liegen zumeist etwas unter denen der Edda-Hotels. Auch einige Studentenheime sind im Sommer für Touristen geöffnet.

▸ **Ferien auf dem Bauernhof**: 120 Bauernhöfe vermieten Zimmer mit insgesamt 2.700 Betten an Touristen. Hier zu übernachten ist wohl die beste Möglichkeit, als Reisender Einblick in das Leben einer isländischen Familie zu erhalten. Bei der Ausstattung der Zimmer und Häuser gibt es große Unterschiede. Manchmal haben die Gäste eine ganze Etage oder gar ein Haus für sich, manchmal liegen die Zimmer verstreut im Wohnhaus. Auf manchen Gehöften sind die Räume großzügig mit allen Annehmlichkeiten ausgestattet, auf anderen wiederum eher einfach eingerichtet. Mal haben die Gäste Zugang zu einer Küche, mal nicht. Fast überall aber wenden die Gastgeber viel Mühe und Liebe auf. Morgens wird ein zumeist reichhaltiges Frühstück angeboten, das in der Regel mit der Familie und den anderen Gästen zusammen eingenommen wird.

Viele Familien bieten nach Vorbestellung auch Mittag- und Abendessen an. Auf vielen Gehöften werden zusätzlich Angellizenzen verkauft oder Ausritte angeboten; manchmal gibt es für Gäste einen besonderen Tarif. Die Bewohner kennen sich gut in der jeweiligen Gegend aus und können oft wertvolle Tipps zu Wanderungen oder zur Reiseplanung geben. Die zum Dachverband *Icelandic Farm Holidays* gehörenden Höfe, die sich zur Einhaltung bestimmter Qualitätsstandards – darunter seit neuestem auch ökologische – verpflichtet haben, sind in diesem Buch mit (FH) gekennzeichnet.

• *Preise* Für die Zimmer gibt es drei Kategorien, die Preise beginnen bei ISK 2.500 pro Bett und ISK 1.500 für eine Schlafsackunterkunft. In größeren, komfortablen Häusern kostet ein DZ mit/ohne Bad ISK 6.800/7.500 oder mehr. Frühstück ISK 700–800.

• *Adresse* Dachverband **Ferðáþjónusta bænda (Icelandic Farm Holidays)**, Síðumúli 13, 108 Reykjavík, 5702700, 5702799, www.farmholidays.is. Hier sind auch zwei Informationsbroschüren mit Auflistung bzw. genauen Beschreibungen der einzelnen Bauernhöfe zu beziehen.

▸ **Gästehäuser**: Die Gästehäuser sind im Ort das, was die Bauernhofunterkünfte auf dem Land sind. Auch sie unterscheiden sich erheblich in Ausstattung und Komfort. Wie auf den Höfen, so ist auch in den Gästehäusern in der Regel sowohl das Übernachten in Betten als auch im Schlafsack möglich. Die Preise variieren stark, Frühstück hier ebenfalls ISK 700–800.

▸ **Sommerhäuser**: Sommerhäuser werden teilweise von den Touristenbüros vermittelt. Ansonsten bieten zahlreiche Übernachtungsbetriebe Betten in Sommerhäusern an; die Unterbringung in gemütlichen Blockhäusern ist im ganzen Land beliebt. Teilweise gehören auch sie zu Icelandic Farm Holidays und haben deren Qualitätsstandards zu erfüllen.

Adresse **Úrval-Útsýn**, Lágmúli 4, 108 Reykjavík, 5854000, hat verschiedene Sommerhäuser in ganz Island im Angebot.

Nothütte in der isländischen Wildnis

Begegnung im Hochland

▸ **Jugendherbergen**: Es gibt 24 Jugendherbergen in Island. Zehn haben das ganze Jahr über geöffnet; die anderen nehmen frühestens ab April und nicht länger als bis Oktober, bisweilen auch nur für die drei Sommermonate Gäste auf. Zumeist handelt es sich um gemütliche, bunte Häuser. Die kleinste Herberge hat nur 7 Betten, die größte in Reykjavík 184; der Schnitt liegt bei 40 Betten. Oft schlafen nur zwei bis vier Personen in einem Raum. Es gibt keine Altersbeschränkung, die Vorlage eines Jugendherbergsausweises ist nicht erforderlich, wenngleich aus finanziellen Gründen empfehlenswert.

• *Preise* Für eine Übernachtung im Schlafsack ISK 1.850 ohne und ISK 1.500 mit Ausweis. Dieser einheitliche Preis gilt jedoch nur, wenn man beim zentralen JH-Verband bucht, ansonsten hat jede Herberge ihre eigenen Preise, normalerweise zwischen ISK 1.600 und 1.950 für Nicht-Mitglieder und ISK 1.350–1.650 für Mitglieder. Mit ISK 2.100 für Nicht-Mitglieder am teuersten ist die JH in Hveragerði. Bettlaken kosten zumeist ISK 500 extra, das Frühstück ISK 700. Eine Broschüre mit Beschreibung der Jugendherbergen gibt es bei unten genannter Adresse.

• *Adresse* **Bandalag Íslenskra Farfugla (Isländischer Jugendherbergsverband)**, Sundlaugavegur 34, 105 Reykjavík, ✆ 5538110, 📠 5889201, www.hostel.is

▸ **Schlafsackunterkünfte (SSU)**: Für den, der unter einem schützenden Dach schlafen möchte, aber weder Komfort braucht, noch viel Geld ausgeben möchte, sind die Schlafsackunterkünfte genau das Richtige. Sie fallen sehr unterschiedlich aus: Zum einen kann in Edda-Hotels, Jugendherbergen und der Mehrzahl der Gästehäuser und Bauernhöfe mit dem eigenen Schlafsack ohne Bettwäsche im Bett geschlafen werden, zum anderen gibt es im Sommer in Klassenzimmern von Schulen und in zahlreichen Gemeindehäusern (Félagsheimili) die Möglichkeit, auf Matratzen auf dem Boden zu schlafen. Dementsprechend variieren auch die Preise, sie liegen meist zwischen ISK 1.000 und 1.900.

▸ **Camping**: Zelten ist die populärste Übernachtungsmöglichkeit auf der Insel und zugleich die günstigste. Einschließlich der Zeltmöglichkeiten in Nationalparks gibt es etwa 120 offizielle Campingplätze verschiedener Ausstattung, die sich allerdings sehr ungleich im Land verteilen; die meisten liegen im südwestlichen Tiefland. Geöffnet sind sie in der Regel von Anfang Juni bis Ende August. Häufig kostet die Nacht ISK 400–500 pro Person. In abgelegenen Orten ist der Campingplatz manchmal kostenlos. Duschen befinden sich häufig im Schwimmbad nebenan. Überhaupt sind die Plätze – verglichen mit dem durchschnittlichen europäischen Standard – sehr einfach. Fast keiner hat eine Rezeption. Entweder kommt abends jemand vorbei, um das Geld einzusammeln, oder man wirft es in einen hierfür aufgehängten Briefkasten. Genaue Angaben über die einzelnen Zeltplätze im Reiseteil.

- *Private Campingplätze* Neben diesen offiziellen Zeltplätzen gibt es noch die privaten, die häufig einem Gästehaus angeschlossen sind. Es wird immer beliebter, einen Zeltplatz zu eröffnen, manchmal fehlen sanitäre Einrichtungen anfänglich komplett. Im Hochland unterhält der isländische Bergverein Zeltplätze. Bisher ist es noch im gesamten Land außerhalb der Nationalparks gestattet, wild zu zelten. Befindet man sich dabei offensichtlich auf Privatland oder ist ein Gehöft in der Nähe, muss selbstverständlich um Erlaubnis gefragt werden. Sie wird in der Regel ohne Zögern gegeben. Auf allen Plätzen, vor allem beim Zelten in der empfindlichen Vegetation des Hochlands, ist großer Wert auf die Reinhaltung und den Schutz der Natur zu legen!

▸ **Berghütten**: Der isländische Wanderverein *Ferðafélag Íslands* und die ihm angeschlossenen regionalen Vereine unterhalten in abgelegenen, häufig landschaftlich reizvollen Regionen insgesamt 34 Berghütten, die vornehmlich von Mitgliedern genutzt werden, aber zu einem höheren Preis (ISK 1.000–1.500) auch anderen Gästen offen stehen. Die Hütten bieten ganzjährig Platz für 6 bis 120 Personen; nur die größten sind in der Hochsaison bewirtschaftet. Die Ausstattung ist normalerweise einfach, aber Kochmöglichkeiten sind meistens vorhanden. Lebensmittel hat man natürlich mitzubringen. Es versteht sich auch von selbst, dass die Hütte in ordentlichem Zustand hinterlassen und die Übernachtungsgebühr in den hierfür vorgesehenen Kasten gelegt wird. Da es vorkommt, dass eine Hütte durch Vereinsmitglieder belegt ist, sollte man sich vorher mit dem Verein in Verbindung setzen und nachfragen. Weitere Hütten gehören anderen Gesellschaften oder sind in Privatbesitz. Der *Útivist Touring Club* beispielsweise besitzt vier Hütten an häufig frequentierten Plätzen wie der Eldgjá und Þórsmörk. Mit den Berghütten nicht zu verwechseln sind die orangefarbenen Schutzhütten an kritischen Stellen im Hochland, an Bergpässen und an menschenleeren Stränden, die nur im Notfall betreten werden dürfen, z. B. wenn aufgrund extrem schlechter Wetterverhältnisse kein Vorankommen mehr möglich ist. In den Hütten befinden sich Telefon, Funkgerät, Lebensmittel und Brennmaterial. Wer in einer Schutzhütte übernachten muss, hat selbstverständlich die aufgebrauchten Vorräte zu ersetzen.

Adressen **Ferðafélag Íslands**, Mörkin 6, 108 Reykjavík, ✆ 5682533, 📠 5682535, www.fi.is
Útivist, Laugavegur 178, 105 Reykjavík, ✆ 5621000, 📠 5621001, www.utivist.is.

Umgangsformen

Auf den ersten Blick fallen Unterschiede im zwischenmenschlichen Umgang kaum auf. Man merkt lediglich schnell, dass die Isländer zurückhaltend sind und sich nie aufdrängen. Wer sie kennen lernen will, muss den ersten Schritt tun. Dann trifft er auf überwältigende Gastfreundschaft. Einige Dinge sollte man jedoch wissen. Die Isländer sind nicht so penibel auf *Pünktlichkeit* bedacht wie die Deutschen. Sie wissen, dass einem unvorhersehbare Ereignisse wie ein Wetterumschwung leicht einen Strich durch die Rechnung machen können und dass eine exakte Vorausplanung nicht immer möglich, aber auch nicht zwingend notwendig ist.

Die Isländer sind gern zu Hause, das Leben nach Feierabend spielt sich wenig in der Öffentlichkeit ab. Wird man zu Isländern nach Hause eingeladen, sollte man darauf achten, beim Betreten des Hauses die Schuhe ausziehen. (Diese Sitte wird auch in Jugendherbergen, Schwimmbädern und anderen Einrichtungen gepflegt, normalerweise macht ein Schild darauf aufmerksam.) Mehrmaliges und höfliches *Bedanken* ist eine Selbstverständlichkeit. Dasselbe gilt für den Eintrag ins Gästebuch. Die Isländer haben diese mit Danksagungen, Episoden und Unterschriften gefüllten Bücher überall ausliegen, es gehört zum guten Ton, sich darin zu verewigen. Eines sollte man jedoch unbedingt unterlassen: sich im Gästebuch über den isländischen Wald lustig zu machen.

Deutsche haben den schlechten Ruf, sich in Restaurants und Cafés üppig Kaffee nachzuschenken, statt sich auf zwei Tassen zu beschränken – hier ist, wie anderswo auch, Zurückhaltung angebracht. In manchen Cafés stellen die Besitzer in der Touristensaison keinen Würfelzucker mehr auf den Tisch, obwohl er für Isländer ja zum Kaffeetrinken dazugehört (siehe S. 158), weil der Zuckerverbrauch sonst unrealistische Ausmaße annimmt, die weißen Stückchen kiloweise das Lokal verlassen. Gästehausbesitzer bitten darum, beim Frühstücksbüfett nicht "den Tisch mitzuessen". Es ist eine Unsitte von Touristen, das Büfett auszunutzen, um sich mit Reiseproviant einzudecken. Ein belegtes Brötchen zum Mitnehmen kostet eigentlich ISK 500.

Wandern und Klettern

Für Wandervögel ist Island ein Paradies. Ob kurze Ausflüge oder Touren über ganze Wochen, alle Wanderungen bieten eine wunderbare Gelegenheit, die vielfältige, weitgehend unberührte Landschaft abseits der Zivilisation zu erkunden. Aufgrund der großen Wanderbegeisterung der Touristen werden verstärkt Wanderkarten mit großem Maßstab einzelner Regionen herausgegeben und die Zahl der markierten Wanderwege nimmt von Jahr zu Jahr zu. In den häufig frequentierten Nationalparks und anderen Schutzgebieten sind die Wege durchgehend gekennzeichnet. Dazu gibt es zahlreiche historische Reit- und Postwege quer über die ganze Insel, die seit urlanger Zeit mit Steinmännchen markiert sind und bisher von Touristen noch kaum entdeckt sind. Die meisten Wege sind (noch) nicht mit Pflöcken oder Steinmännchen kenntlich gemacht. Häufig können sich Isländer gar nicht vorstellen, dass man für bestimmte Strecken einen markierten Weg braucht, kennen sie doch die Gegend vom Schafabtrieb in- und auswendig.

Das **Klettern** in losem Felsgestein ist nicht ungefährlich; nur an wenigen Orten sind hartes Granitgestein, Basaltklippen oder erstarrte Lavasäulen zu finden. Die isländischere Klettervariante ist das **Eisklettern**. Ihre Hochzeit ist von November bis April, wenn bis zu 200 m hohe Wasserfälle gefrieren. Mit Eispickel, Seil und Steigeisen ist Eisklettern ganzjährig an Gletschern wie dem Sól-

Warten auf den Bus ins Hochland

heimajökull, Tindfjallajökull und Eyjafjallajökull für Geübte möglich. Vor gefährlichen Touren sollte man sich bei der Wacht *Landsbjörg* (siehe "Notfälle") registrieren lassen.

Magnetische Abweichung: Der magnetische Nordpol der Erde fällt nicht mit dem geografischen zusammen. Vielmehr zieht der Pol im Norden der Erde das Nordende eines magnetischen Materials, wie z. B. eine Kompassnadel, an. Im Norden befindet sich also paradoxerweise der magnetische Südpol; dieser liegt ein wenig abseits vom geografischen Nordpol. Der magnetische Pol hat keine konstante Position. Unregelmäßige Strömungen im Erdinneren rufen Unregelmäßigkeiten im Feld hervor, wodurch die Abweichungen aus der Lage des magnetischen Poles verstärkt oder abgeschwächt werden. Störungen treten in Island insbesondere in den Fjorden auf. Die Abweichung resultiert aus der magnetischen Ausrichtung des Gesteins: Eisenhaltige Gesteinspartikel richten sich in flüssiger Lava nach dem Magnetfeld der Erde aus. Im erstarrten Zustand ändert sich diese Ausrichtung nicht mehr, wohl aber das Magnetfeld. Diese Missweisung kann in Island bis zu etwa 20–25° betragen.

- *Naturschutz* Um das empfindliche Pflanzenkleid der Insel zu schützen, sollte, wenn irgend möglich, auf Schafpfaden und nicht einfach querfeldein gewandert werden. Siehe auch Kap. "Naturschutz und Ökologie".
- *Sicherheit* Eine Wanderung im Gletschereis (Spalten) oder eine Lavafeldbegehung (scharfkantige Lavastücke) erfordern besondere Wachsamkeit. Lockeres Gestein, Vulkanasche oder sandiger Untergrund sind rutschig und sollten nur mit knöchelhohen Schuhen mit fester Sohle betreten werden. Auch beim Durchwaten von Bächen oder Flüssen ist Vorsicht geboten, Wanderstöcke sind hier sehr hilfreich.
- *Organisierte Wandertouren* **Ferðafélag Íslands**, "FÍ", Iceland Touring Association, Mörkin 6, 108 Reykjavík, ✆ 5682533, 📠 5682535, www.fi.is, 1- bis 14-tägige Wandertouren. **Útivist**, Laugavegur 178, 105 Reykjavík, ✆ 5621000, 📠 5621001, www.utivist.is

• *Berghütten* FÍ, Útivist und andere Vereine unterhalten im Hochland und in manchen Fjorden Hütten. In der Regel sind sie in der Zentrale vorzubuchen, per Internet oder Telefon. Kosten: SSU ISK 1.000–1.500 (siehe auch "Übernachten").

• *Ausrüstung* Feste Schuhe, Sandalen zum Furten, Regenzeug, evtl. Wanderstöcke, Gamaschen für feuchte Wiesen, eine Mütze, ein dicker Pulli, ausreichend Verpflegung, ein Erste-Hilfe-Set, evtl. eine Trillerpfeife, Sonnenmilch und eine Plastiktüte für Abfälle müssen auf jeden Fall mit. Für Weiteres siehe "Ausrüstung".

• *Literatur/Infos* Ari Trausti Guðmundsson, **Mountaineering in Iceland**, Reykjavík 1995. Das Büchlein behandelt Bergsteigen, Klettern, Skifahren und gibt neben einem kurzen Überblick über die Geschichte des Bergsports in Island Informationen zu einzelnen Gipfeln und Kletterfelsen, dazu Tipps zu Ausrüstung und Gefahrenvermeidung.

Íslenska Alpaklúbburinn, The Icelandic Alpine Club, www.isalp.is

Zeit

"Die Sonne sinkt nicht mehr unter den Horizont, weil sie immer da ist, ist sie kein Zeitmaß mehr" – empfand ein Islandfahrer die Tagesstruktur. Die Uhren zeigen hier das ganze Jahr hindurch *Greenwich Mean Time* (GMT) an. Im Winter ist die Uhr deshalb für Mitteleuropäer eine Stunde zurückzustellen, im Sommer wegen der mitteleuropäischen Sommerzeit zwei Stunden. Zu Tageslängen siehe Kap. "Klima".

Nobody is sad

Zwanzig Minuten Sonne und vier Stunden mattes Dämmerlicht – so sieht es am kürzesten Tag des Jahres in Reykjavík aus. In den von hohen Fjorden umrahmten Bergen des Nordwestens lässt sich die Sonne im Winter gar nicht sehen. Dennoch kommt die durch den Mangel an hellem Licht ausgelöste Winterdepression "Seasonal Active Disorder" (SAD) in Island nicht häufiger vor als beispielsweise in New York. Die Isländer schlafen einer Studie zufolge erstaunlicherweise im Winter nicht einmal mehr als im Sommer. Die dunkle Jahreszeit ist die Zeit der Besinnung, der Bücher, des Kunsthandwerks. Und der Vorfreude auf die langen, hellen Sommernächte, die dafür sorgen, dass die durchschnittliche tägliche Sonnenscheindauer im ganzen Jahr immerhin 12,8 Stunden beträgt.

Giebel des Museumshofes Laufás

Panorama Reykjavik

Reykjavík

"Im Frühling zog Ingólfur hinunter über das Hochland und nahm sich dort eine Baustelle, wo seine Hochsitzsäulen angetrieben waren. Er siedelte sich in Reykjavík an. Dort stehen die Hochsitzsäulen noch in einem Küchenhaus".

(Aus der Landnámabók)

Bunte Dächer zieren das Zentrum der "nördlichsten Hauptstadt der Welt", in deren Großraum die Hälfte der isländischen Bevölkerung lebt. Die Stadt ist weit entfernt von Torfhütten und Schafspferchen. Internationaler Standard gibt den Ton an, man ist up to date. Die Innenstadt bewahrt dennoch auch das Alte; das Parlament und die alte Kirche erzählen von früheren Tagen, als die Stadt noch ein Nest am Nordmeer war.

Der Charme dieser Hauptstadt erschließt sich nicht auf den ersten Blick; Reykjavík ist eine geschäftige Stadt, die dennoch Bescheidenheit und Schönheit ausstrahlt. Es sind vielmehr die Atmosphäre und das Zusammenleben der Menschen, deren Lebensstil einen ganz eigenen Charakter hat und deren Welt doch immer die Geschichten längst vergangener Zeiten in sich birgt. Obwohl Isländer ihre Hauptstadt eher als kühl empfinden, was das Knüpfen neuer Kontakte anbelangt, ist der Umgang miteinander so unverkrampft, dass man an der Tür des Präsidenten klingeln könnte, ohne vorher von Sicherheitsbeamten oder Warnsystemen abgehalten zu werden.

Warum hierher kommen, wenn Mývatn, Geysir und der Nationalpark Skaftafell so unglaublich fesselnd wirken? Ganz einfach – weil hier die andere Hälfte von Island zu sehen ist. Zum Land gehören inzwischen für Reisende nicht mehr nur Wasserfälle, Gletscherzungen und Lavabrocken: Der Aufenthalt in Reykjavík rundet eine Island-Reise ab, auch wenn hier keine antiken Sehenswürdigkeiten abzuhaken sind. Galerien, Cafés und Pubs gruppieren sich in der Innenstadt, einige Museen wachen über die Schmuckstücke des Landes. Am Freitag- oder Samstagabend in Reykjavík ziellos herumzustreunen hinterlässt einen besonderen Eindruck – auch auf die Gefahr hin, nach einer Reise durch einsame Hochlandwüsten vielleicht sogar einen kleinen Kulturschock zu erleiden, wenn dieses vermeintlich abgeschlagene nördliche Zentrum voller Leben ist und pulsiert. Alle wichtigen und steuernden Funktionen des Landes sind in Reykjavík konzentriert. In Sachen Kultur – Oper, Theater, Galerien, Konzerte, Kunstausstellungen – ist die Hauptstadt mit 115.000 Einwohnern, deren Großraum 180.000 Menschen bevölkern, ebenso Mittelpunkt der Insel wie natürlich in Bildungsangelegenheiten mit höheren Schulen und der Universität.

Die von den Bergen *Esja, Hengill,* den südlichen Lavafeldern und der Bucht *Faxaflói* eingefasste Stadt erfuhr im Lauf der Jahre einen kräftigen Strukturwandel. Heute, nach vielen Jahren als kaum ernst genommene Hauptstadt am Rande Europas, wird Reykjavík mit neuem Selbstbewusstsein beworben als "conference city on top of the world".

Geschichte

▸ **Ingólfurs Landnahme**: Um das Jahr 870 hatte *Ingólfur Arnarson,* wie es Brauch war, seine mit geschnitzten Götterabbildungen verzierten Hochsitzpfeiler in die Meeresfluten geworfen. Die Strömung trieb sie westwärts in die karge Bucht mit den rauchenden Quellen beim Esja-Massiv – hier sollte der norwegische Wikinger und offiziell der erste Besiedler seinen Hof errichten, nachdem sein Knecht die Holzbalken hier gefunden hatte. Ingólfur gab dem neuen Zuhause den Namen "Rauchbucht", obwohl der Recke wohl eher Dampf als Rauch erblickte. Heute thront sein Denkmal auf dem *Arnarhóll,* als Zeugnis der norwegischen Landnahme im Jahre 874 n. Chr. Der Bericht des Landnahmebuchs wird archäologisch gestützt. Bei Grabungen konnten die Grundmauern eines nordischen Langhauses in der Nähe des Sees *Tjörnin* entdeckt werden. Holzkohlereste aus dem 9. Jh. wurden im Bereich der Aðalstræti zutage gefördert. Von geschichtlicher Bedeutung war der Ort lange Zeit nicht – es gab wohl drei Bauernhöfe in *Nes,* auf der heutigen Halbinsel *Seltjarnarnes, Reykjavík* und *Laugarnes.*

▸ **Vom Bauernhof zum Bischofssitz**: Die dänische Krone, die im 13. Jh. in den Besitz von *Bessastaðir, Gufunes* und später in den von *Nes* kam, dessen Anwesen mit der Insel Hólmur zur Handelsstation wuchs und damit für Dänemark von Interesse war, verleibte sich im 17. Jh. den wichtigen Hof Reykjavík ein – nicht mit den feinsten Methoden. Er sollte bis 1786 zur Krone gehören. Eine wichtige Rolle in Wirtschaft und Politik spielte die Rauchbucht damals freilich noch nicht.

Skúli Magnússon, der heute als "Vater der Stadt" gilt, betrat 1749 als damaliger Landvogt mit Residenz in *Bessastaðir* (siehe Kap. "Reykjanes", S. 246) die politisch-ökonomische Szene. Er bewirkte zahlreiche Entwicklungen, die zum Aufschwung des Ortes führten. Skúli vertrat vor dem König seine Pläne und engagierte sich für das Wohlergehen der Isländer in der Zeit des entwicklungshemmenden dänischen Handelsmonopols. Wenig später konnte der Betrieb von Fell- und Wollverarbeitung aufgenommen werden. Der Gewerbeaufseher, der fachkundige Arbeitskräfte nach Island holte und so die Weiterentwicklung förderte, blickt von seinem Denkmalsockel in der Aðalstræti (ein Werk *Guðmundur Einarssons* von 1951).

Die dänischen Monopolisten stellten sich einem solchen, für sie schädlichen Einsatz natürlich vehement entgegen und wussten geschickt das Aufblühen einer eigenen isländischen Wirtschaft zu verhindern. Der restriktive dänische Umgang mit Island änderte sich besonders nach der Laki-Katastrophe von 1783, um der Not entgegenzuwirken und eine neue Handelspolitik umzusetzen. Von Skúlis Anstrengungen war zwar nicht viel übrig geblieben, aber immerhin wurde in seiner Zeit der Stadtkern angelegt.

Mit der Verleihung des Stadtrechts 1786 ernannte der dänische König den Ort mit dreißig Wohnungen und 167 Einwohnern zum "*kaupstaður*" – aus dem Bauernhof war eine Handelsstadt geworden. Nicht nur im Bereich der Fischerei steigerte sich allmählich die Bedeutung der Stadt, sondern auch mit der Verlegung des Bischofssitzes und der Lateinschule 1784 von Skálholt in die Rauchbucht und mit der Übersiedlung des Recht sprechenden *alþingi.* Dänische Kaufleute, die nicht unbedingt gern gesehen waren, übten jedoch weiterhin ihren Einfluss aus.

E Essen & Trinken

12 Sommelier
13 Bæjarins beztu Pylzur
28 Hornið
29 Naust
30 First Vegetarian Restaurant
37 Caruso
40 Lækjarbrekka
42 Ómmukaffi
43 Café Cozy
44 Café Opera
46 Littlí Ljóti
47 Humarhúsið
48 Shalimar
53 Skólabrú
55 Salatbarinn
58 Við Tjörnina

Weiterhin schwierig blieb die Versorgung Reykjavíks auf dem Landwege. Lavafelder und die Berge des Hochlandes waren große Hindernisse auf dem Weg zu anderen Zentren und den landwirtschaftlich genutzten Gebieten. Die Entwicklung schritt langsam weiter. 1842 verbot die Verwaltung der Stadt den Bau von Torfhäusern. Zehn Jahre nachdem das dänische Handelsmonopol aufgehoben worden war, richtete man 1864 das Parlament wieder hier ein. Die Stadtentwicklung konnte mit dem Aufbau eines ausgebauten Wegenetzes ihren Aufschwung nehmen.

Reykjavík
Karte hinterer Umschlag u. S. 190/191

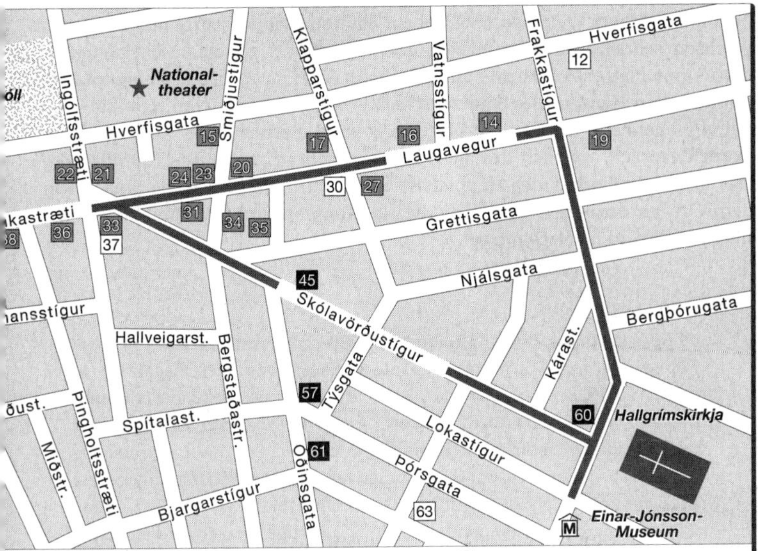

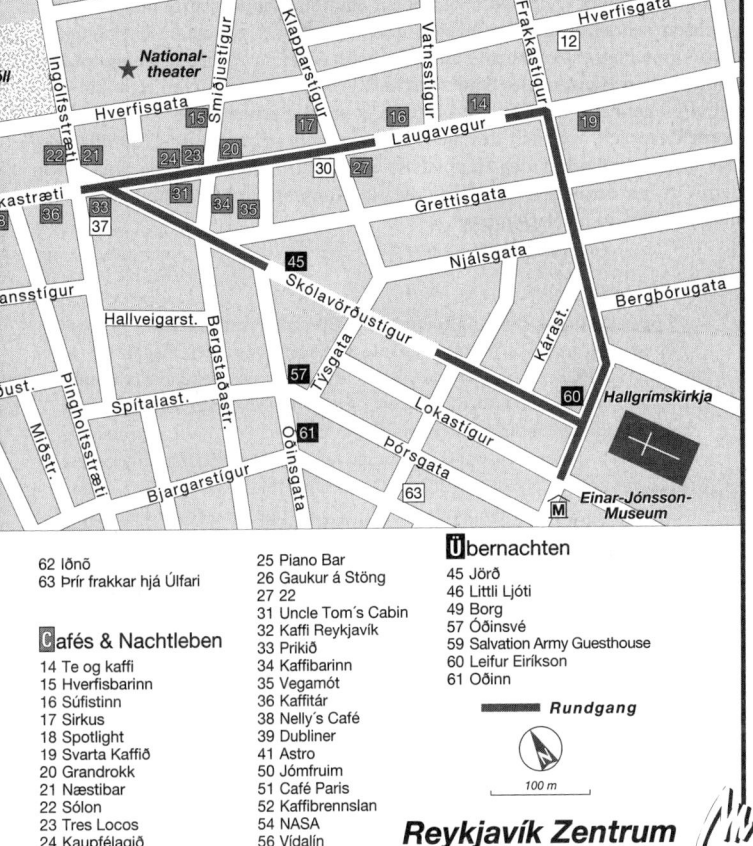

62 Iðnó
63 Þrír frakkar hjá Úlfari

Cafés & Nachtleben

14 Te og kaffi
15 Hverfisbarinn
16 Súfistinn
17 Sirkus
18 Spotlight
19 Svarta Kaffið
20 Grandrokk
21 Næstibar
22 Sólon
23 Tres Locos
24 Kaupfélagið
25 Piano Bar
26 Gaukur á Stöng
27 22
31 Uncle Tom´s Cabin
32 Kaffi Reykjavík
33 Prikið
34 Kaffibarinn
35 Vegamót
36 Kaffitár
38 Nelly´s Café
39 Dubliner
41 Astro
50 Jómfruim
51 Café Paris
52 Kaffibrennslan
54 NASA
56 Vídalín

Übernachten

45 Jörð
46 Littli Ljóti
49 Borg
57 Óðinsvé
59 Salvation Army Guesthouse
60 Leifur Eiríkson
61 Oðinn

Rundgang

100 m

Reykjavík Zentrum

▸ **Das moderne Reykjavík**: Die Einwohnerzahlen stiegen im Zuge der Technisierung der Fischwirtschaft an, innerhalb der ersten zehn Jahre des 20. Jh. konnten sich diese auf knapp 12.000 verdoppeln. "Eine merkwürdige Stadt", es gebe "kein Militär, keine Droschken und keine Trambahn und nur drei Polizisten", krittelte 1923 der Reisende Pudor. Dass es einmal einen großen Flughafen geben würde, konnte er nicht ahnen, mit den Schienenfahrzeugen sollte er allerdings Recht behalten. Das Zeitalter der Wellblech-Architektur ging zu Ende, der Hafen wurde ausgebaut, die Insel wurde ans Telegrafennetz angeschlossen, die Universität und die isländische Schifffahrtsgesellschaft *Eimskip* wurden gegründet. Die britische Besatzung in Reykjavík löste ab Mai 1940 einen Nachfrage- und Modernisierungsschub aus, der ein wesentlicher Motor für die Stadtentwicklung war.

Der konkurrenzlose Aufstieg Reykjavíks verhalf inzwischen nicht nur zu hauptstädtischem Flair: Wohnviertel am Stadtrand und Vororte im Großraum wuchsen schnell und dehnen sich noch immer als gesichtslose Hochhausblocks mit Plattenbaucharme aus. Das mag nicht so recht zusammenpassen mit den alten Häusern des Stadtzentrums. Andererseits besitzen viele Einwohner ein Eigenheim mit Garten – Reykjavík ist eine grüne Stadt. Neuerdings ist es im Gespräch, westlich des alten Hafens Land aufzuschütten (*landfylling*)! Das Selbstverständnis der Hauptstadt lautet pointiert: "Reykjavík wurde von dem Ort, an dem die Pfeiler eines Mannes anschwemmten, zum Pfeiler, der nun die isländische Nation trägt."

Warmwasser gratis

Rund 50 Bohrlöcher, die durchschnittlich 500–2.000 m tief reichen, versorgen Reykjavík mit Warmwasser. Professionelle Bohrungen begannen in Reykjavík ab 1928 im Laugardalur, 14 Liter Wasser pro Sekunde mit einer Temperatur von 87 °C wurden gefördert. 1930 wurde das erste Gebäude, eine Schule, mit dieser natürlichen Energieform beheizt. Seit 1970 sind nahezu alle Wohnhäuser der Stadt mit Heißwasser versorgt. Das geothermal erhitzte Wasser stammt hauptsächlich aus der Umgebung. Den Rest der Versorgung deckt das Hengill-Hochtemperaturgebiet. Das dortige Wasser wird aufgrund seiner aggressiven Mineralien und Gase nicht direkt ins Rohrleitungsnetz gespeist, sondern zur Erwärmung kalten Wassers verwendet.

Information/Internet

Vier Broschüren kann man in der Touristeninformation und an anderen Orten erhalten. Sehr nützlich ist der Stadtplan mit Busroutenverzeichnis. "Information for Tourists. Your Pocket Guide" heißt die jährlich publizierte Broschüre mit verschiedensten Informationen vom Festivitätenkalender bis zu praktischen Informationen über Galerien. Daneben erscheinen im Sommer monatsweise die Stadtmagazine "Reykjavík this month" und "What's on in Reykjavík" mit Veranstaltungskalender und allgemeinen Informationen. Montags verlangen einige Museen keinen Eintritt.

- *Information* **Tourist Information Centre**, Bankastræti 2, soll verlegt werden in die Aðalstræti 2 am Ingólfstorg, ✆ 5623045, Fax 5623057, tgl. 8.30–19 Uhr. Weitere Anlaufstellen sind die **Jugendherberge**, der **Campingplatz** und das **BSÍ-Busterminal**.
- *Internet* in der Stadtbücherei (*borgarbókasafn*), Tryggvagata 15, Mo–Do 10–20, Fr 11–19, Sa/So 13–17 Uhr; in der Jugendherberge, am BSÍ-Terminal, in manchen Reiseagenturen und in vielen Geschäften. Kostenpunkt: im Durchschnitt ISK 250/30 Min.

Bus und Taxi

- *Stadtbus* Derzeit fahren die Busse auf knapp 20 Routen mit den Knotenpunkten **Lækjartorg** im alten Stadtkern, **Hlemmur** etwas östlich davon und im Osten **Grensás**, **Mjódd** sowie **Ártún**.

Die meisten Busse fahren von 7–24 Uhr alle 20 oder 30 Minuten. Das Ticket kostet ISK 200 (passender Betrag!), ein 10er-Schein ISK 1.500. Will man umsteigen, muss man ein je nach Route 30–45 Min. lang gültiges Linienwechselticket (isl. *skiptimiði*) kaufen. Ansonsten gibt es 2- und 4-Wochenpässe.

- *Bustransfer zum internationalen Flughafen* Busse verschiedener Größe bringen Reisende ab dem Hotel Loftleiðir, ✆ 5621011, für ISK 1.000 2 Stunden vor Abflügen zum Flughafen nach Keflavík ("Flugbus"). Auf Wunsch ist auch die Mitnahme ab einem anderen Hotel oder von der Jugendherberge möglich. Fahrradmitnahme auf Anmeldung. Außerdem ein regulärer Bus vom BSÍ (www.sbk.is).

- *Taxi* ab ISK 400 in der Stadt, z. B. mit **Hreyfill**, ✆ 5885522.
- *Überlandbusse:* Nahe dem See Tjörnin am Vatnsmýrarvegur 10, ✆ 5911000, liegt der Busbahnhof der Gesellschaft **BSÍ**, Schalter tgl. 7.30–22 Uhr, Anfahrt mit Stadtbus Nr. 6 oder 7 vom Lækjartorg. Infobroschüre "Iceland Summer/Destination Iceland". Auto- und Zeltverleih, Gepäckaufbewahrung, Passbildautomat, Kiosk, Self-Service-Restaurant, Internet. Zur Blauen Lagune 4-mal tgl., ISK 850. Weiteres in den Kapiteln A–Z, Unterwegs und den Regionskapiteln.

Tourist Card, viele Museumseintritte, Busfahren und Schwimmbadeintritt inklusive. Für 1, 2 oder 3 Tage, ISK 1.000, 1.500 oder 2.000. Erhältlich in der Touristeninformation, am Campingplatz oder den Busterminals.

Versorgung

- *Apotheke* Wer **Notdienst** hat, ist erfragbar unter ✆ 5524045.
- *Arzt* Notarzt im Krankenhaus Fossvogur ✆ 5251000. **Notfalltelefon** 1770 (24 Std.). **Zahnarztnotdienst** ✆ 5750505.
- *Bäckereien* Einen guten Ruf haben die "Sandholt" im Laugavegur 36 und nahe am Camping die Bäckerei i. d. Straße Laugalækur.
- *Banken* in der Innenstadt z. B. am Hlemmur oder in der Bankastræti. Weitere Möglichkeit im Hótel Loftleiðir. Die Wechselstube in der Touristeninformation handelt zu ungünstigen Kursen.
- *Gepäckaufbewahrung* am BSÍ-Terminal, Mo–Fr 7–22 Uhr. ✆ 5911000. Ab ISK 300/Tag.
- *Polizei* Tryggvagata 19, ✆ 5699025.
- *Post* **Hauptpost**, Pósthússtræti 5, ✆ 5801101, Mo–Fr 9–16.30, Sa 10–14 Uhr.

Übernachten/Camping (siehe hinterer Umschlag u. S. 190/191)

Die Übernachtungskapazitäten sind in Reykjavík nicht nur während Messen oder Konferenzen schnell ausgelastet, eine **Reservierung** ist im Sommer in jedem Fall nötig. Falls man keinen Platz mehr findet, hilft die Touristeninformation gerne weiter. Die Unterkünfte im Folgenden sind alphabetisch geordnet. Preise ohne Frühstück, falls nicht anders erwähnt.

- *Hotels* **Borg (49)**, Pósthússtræti 11, ✆ 5511440, 📠 5511420, komfortables Hotel seit 1930 mit individuell ausgestatteten Räumen in zentraler Lage. DZ ISK 20.900 mit Frühstück.

Esja (8), Suðurlandsbraut 2, ✆ 5050950, 📠 5050955, DZ ab ISK 18.600 mit Frühstück. Soll zum größten Hotel Islands erweitert werden. Tipp: Frühstück ist für jedermann möglich, ISK 900. Bus Nr. 5.

Grand Hótel Reykjavík (3), Sigtún 38, ✆ 5689000, ruhig am Park gelegen, dafür etwas außerhalb. 100 jüngst renovierte Zimmer und das Extraklasse-Restaurant "Sieben Rosen" mit reichhaltiger Auswahl stehen zur Verfügung. DZ ca. ISK 20.000 mit Frühstück.

Leifur Eiríkson (60), einen Katzensprung vom Portal der Hallgrímskirche gelegen am Skólavörðustígur 45, ✆ 5620800, 📠 4620804. Nett eingerichtete Zimmer, DZ mit Frühstück ISK 15.500.

Loftleiðir (10), Flughafen Reykjavík, ✆ 5050900, 📠 5050905. Flughafenhotel mit 220 geschmackvoll eingerichteten Zimmern, drei Restaurants und zehn Konferenzsälen. Solarium, Fitnessclub, Whirlpool, Sauna und Schwimmbad. DZ ab ISK 18.600 mit Frühstück. Bus Nr. 7.

Óðinsvé (57), ✆ 5116200, am Óðinstorg in sehr schöner Umgebung, 40 Zimmer, DZ mit Frühstück ISK 21.000. Viele Stammgäste.

SAS Hótel Island (9), ✆ 5957000, 📠 5957001, Ármúli 9, 119 DZ für ca. ISK 20.000 mit Frühstück. Tipp: nur Frühstück ISK 800. Bus Nr. 2 und 5.

SAS Hótel Saga (4), Hagatorg, ✆ 5259900, 📠 5259909, in der Nähe zum Universitäts-Campus, offeriert insgesamt 216 Zimmer, DZ ab ISK 18.900. Im Gebäude zwei bekannte Restaurants: "The Grill" (im 8. Stock mit schöner Aussicht) und "Skrúður", hübscher Wintergarten mit Büfett. Samstags im Ballsaal Entertainment. Bus se Nr. 4, 5, 6.

Reykjavík
Karte hinterer Umschlag u. S. 190/191

• *Gästehäuser* **Baldursbrá (5)**, Laufásvegur 41, ✆ 5526646, 8 gemütliche, freundliche DZ und ein EZ in Tjörnin-Nähe, deutsche Besitzer. Im Aufenthaltsraum lässt es sich abends angenehm in Island-Reiseführern schmökern, DZ ISK 8.800 mit Frühstück.

Flókagata 1 (6), Adresse gleichlautend, ✆ 5521155, DZ ISK 9.500 mit Frühstück, SSU 2.500. 14 Zimmer mit Kühlschrank und TV. Kochzelt mit alten Sofas neben dem Haus. Weitere 15 Zimmer werden vermietet in der **Flókagata 5**.

Hólaberg, Hólaberg 80, ✆ 5670980, ✆ 5573620, Internet, Waschmaschine, im Ortsteil Breiðholt. DZ ohne Bad ISK 6.700, SSU 2.100. Empfehlenswert!

Jörð (45), Skólavörðustígur 13a, ✆ 5621739, 6 DZ und 2 EZ im Zentrum, familiäre Atmosphäre bei Erla, netter Aufenthaltsraum mit Panoramascheibe. DZ ISK 5.500.

Littli Ljóti (46) ("Entlein"), Lækjargata 6b, ✆ 552981, 12 Zimmer mitten in der Altstadt, DZ ISK 5.900.

Oðinn (61), Oðinsgata 9, ✆ 5522313, 11 angenehme DZ im Privathaus der Theaterleute Arnar und Þórhildur.

Salvation Army Guesthouse (59), Kirkjustræti 2, ✆ 5613203. Küche, großer Aufenthaltsraum, 58 ordentliche Zimmer. DZ ISK 5.500, SSU 1.800, Frühstück 800.

Snorri (7), ✆ 5520598, Snorrabraut 61, bei Magnús und Kristín. In einer ehemaligen Bäckerei. Küche. DZ mit Frühstück ISK 7.500, SSU 2.000, im DZ 2.500/Pers.

Sunna, Þórsgata 26, ✆ 8965070, 12 hübsche DZ zu ISK 6.300 nahe Hallgrímskirche.

• *Außerhalb* Leser empfahlen speziell für Familien die Unterkunft **Elliðahvammur** (FH), am Elliðavatn, 6 km außerhalb. ✆ 5674656/5674032, ✆ 5674005. B&B ISK 4.300.

• *Weitere Gästehäuser* **Ísafold**, Bárugata 11, ✆ 5612294, 12 Zi, DZ ohne Bad ISK 8.500, **Krían**, Suðurgata 22, ✆ 5115600, 14 Zi., DZ ISK 8.900, **Regina**, Mjölnisholt 14 (nicht direkt im Zentrum), ✆ 5512050, DZ o.B. ISK 7.000, Egilsborg, Þverholt 20, ✆ 5612600, 15 Zimmer, DZ ohne Bad ISK 7.700 mit Frühstück, **Svala**, ✆ 5623544, Skólavörðustígur 30. Daneben vermittelt die Touristeninformation auch Privatzimmer in Reykjavík und Umgebung (DZ zw. 5.000 und 7.000 mit Frühstück).

• *Jugendherberge* **(2)** Sundlaugavegur 34, ✆ 5538110, relativ neues Haus mit 84 Zimmern, z. T. mit Bad, ISK 1.850/1.500, Frühstück ISK 700, Dusche inkl., Bus Nr. 5.

• *Camping* großer Platz nahe der Jugendherberge mit allen Annehmlichkeiten (Dusche inkl., Küche ISK 50/100, Telefon, günstige Waschmaschine, Trockner). ISK 700/Pers. Gepäckaufbewahrung 200/Tag. Fahrradverleih 1.500/Tag. Im Sommer um 7.15 Uhr kostenloser Transfer zum BSÍ-Terminal. Sundlaugavegur 32, ✆ 5686944. Bus Nr. 5.

Essen (siehe hinterer Umschlag u. S. 190/191)

Lamm und Fisch bestimmen auch in der Hauptstadt die Karte – was nicht heißen soll, dass es nicht Ende August auch Vögel gibt. Die Restaurants mit ausländischen Gerichten sind zahlreich. Geöffnet in der Regel ab 11.30, Sonntags allerdings wird meist erst ab 18 Uhr serviert. Abends raten wir zur Reservierung. Essenstipps finden sich auch in der Rubrik Cafés/Bistros. Tipp: Die meisten Restaurants haben eine romantische *cognacstofa*, in der man es sich after hour gut gehen lassen kann. Die Preise bewegen sich zwischen ISK 1.200 und 4.000 für ein Abendessen. In Extremfällen sind auch ISK 12.000 möglich.

Við Tjörnina (58), Templarsund 3, ✆ 5518666, Sa/So erst ab 18 Uhr. Man hat das Gefühl, man kommt in die Privatwohnung einer alten Konsulwitwe vor hundert Jahren. Hier wird nichts weggeworfen, man speist wie in einer guten Stube. Doch seit 15 Jahren ist hier ein exzellentes Lokal! Sehr zu empfehlen: Sauttierter Plaice mit Käsesauce (ISK 2.700) oder marinierte Kabeljaubrüstchen (ISK 3.200). Zuvorkommender Service. Cognacstofa.

Lækjarbrekka (40), ✆ 5514430, Nobellokal in einem Haus von 1834 mit Terrasse. Papageientaucher. Tipp: die Hummersuppe.

Café Opera (44), Lækjargata 2, ✆ 5529499, Teures Lokal für Anspruchsvolle im ersten Stock eines Hauses aus dem Jahre 1850, im Hausgiebel eine Cognacbar; außerdem gibt's noch eine Pianobar. Spezialität sind die "Steingerichte". Dabei brät man das bestellte Fleisch oder den Fisch auf einem 400 °C heißen Lavastein selbst.

Naust (29), Vesturgata 6–8 (Nähe Hafen), ✆ 5523030, ab 18 Uhr. Man speist edel unter dunklen Holzbalken im "Schiffsbauch" unter Bullaugen. Fischbüfett. Altisländisches wie Hákarl und Þorramatur.

Humarhúsið (47), Amtmannstíg 1, ✆ 5613303. Sehr stilvoll in einem alten Haus von 1849. An den Speisekarten baumeln Robbenzähnchen. Tipp: Probieren Sie die exzellente Hummersuppe (ca. ISK 1.200). Verschiedene Fischsorten, nicht nur den allgegenwärtigen Kabeljau. Herbst-Spezialität: geräucherter *svartfugl*. Cognacstofa.

Þrír frakkar hjá Úlfari (63), Baldursgata 14 zwischen Hallgrímskirche und Tjörnin, ✆ 5523939. Der Name "drei Franzosen" rührt von den ehemaligen französischen Besitzern. Fischlokal mit entsprechend origineller Dekoration. Einer der wenigen Plätze, wo man wohlschmeckendes Walfleisch probieren kann (ISK 1.500–2.900): Das Fleisch stammt von einem 1989 erlegten Finnwal! Tipps: *Plokkfiskur*, die Gourmetvariante des Arme-Leute-Essens, überbackener gestampfter Kabeljau mit *rugbraud*; gebratener Papageientaucher.

Skólabrú (53), Nobellokal an der Ecke Skólabrú/Pósthússtræti, ✆ 5624455. Sehr vornehmes Tafeln von Flambiertem unter den Büsten des dänischen Königs Christian IX. und seiner Gemahlin Luise. Professioneller Service.

Littli Ljóti (46) ("Entlein"), Lækjargata 6b, ✆ 5529815, bei Kári. Sehr gemütlich im Souterrain gelegen. Lecker: Fischsuppe für ISK 900. Abends beliebt: Fischbüfett für ISK 2.000.

Perlan (11), sprich: "perdlan", ✆ 5620200, "Das Auge isst mit" gilt im Speisesaal über den Heißwassertanks nicht nur für die hervorragenden Gerichte – der Blick über die Stadt ist das Faszinosum dieses Restaurants, das sich innerhalb von 1–2 Stunden einmal im Kreis dreht.

Sommelier (12), Hverfisgata 46, ✆ 5114455, moderner, großer Saal, Menü ISK 4.000, 5 Gänge mit verschiedenen Weinen für ISK 12.000. Tgl. ab 18 Uhr, So Ruhetag.

Iðnõ (62), Vonarstræti, war ein Theater, in einem Haus von 1881. Cognacstofa. Gehobene Preislage. Gerichte von Kabeljaubrüstchen bis Hummer.

Caruso (37), Þingholtstræti 1 Ecke Bankastræti, ✆ 5627335, romantisch-gemütliches Restaurant auf drei Stockwerken, Cognacstofa. Isländischer und honduranischer Koch. Fisch ab ISK 2.000, beste Pizza in Reykjavík (ab 1.300). Besonders lecker: Artischocken-Feta-Pizza.

Hornið (28) ("Die Ecke"), Hafnarstræti 15, ✆ 5513340, Küche 11–23 Uhr, freundlicher Raum mit Pizzaofen, doch gleichzeitig im Caféhausstil. Angeschlossen ist eine Kunstgalerie.

Die Hallgrímskirkja

Tres locos (23), ✆ 5523333, Laugavegur 11, Chef Carlos ist stolz auf Skandinaviens beste Fajitas. Leckere Enchiladas für ISK 1.500.

• *Preiswert essen* **Bæjarins beztu Pylzur (13)**, zwischen Kólaportið und Tryggvagata. Wohl das billigste "Gericht" der Stadt: Hot Dogs für ISK 180. Qualität ist stadtbekannt. In der Mittagszeit lange Schlangen.

Salatbarinn (55), Pósthússtræti 13, ✆ 5627830, tgl. 11–21 Uhr, nach Herzenslust am großen Büfett satt essen! 3–4 warme Gerichte, Salate, leckere Nachtische, ISK 980, abends 1290. ein Hauch Kantinenatmosphäre, dafür aber "good value" !

Ömmukaffi (42), Austurstræti 20, Mo–Fr 9–18, Sa 10–18 Uhr, Nichtrauchercafé, Suppe mit Kaffee ISK 500, versorgt wie bei Großmuttern von Zoe aus Neuseeland und Kjartan.

Shalimar (48) ("Königsgarten), Austrustræti 4, ✆ 5510292, Mittagessen ISK 750, Abendessen ISK 900, schmeckt hervorragend! Tipp:

dazu ein Knoblauchpita. Ebenfalls lecker: Mango-Lamm für ISK 1.500. Die pakistanischen Besitzer Amir und Bina schaffen es tatsächlich, in polaren Breiten eine fernöstliche Atmosphäre zu verbreiten.

First Vegetarian Restaurant (30), ✆ 5528410, Laugavegur (Eingang um die Ecke vom Klapparstígur), 11.30–22 Uhr, offeriert leckere vegetarische Gerichte aus aller Welt mit indisch- pakistanischem Touch. Kuchen. Nette Atmosphäre. Tellergericht ISK 900–1.000, Lasagne ISK 900. Empfehlenswert.

Asia, ✆ 5626210, Laugavegur 10, tgl. 11.30–21 Uhr, Mittagsbüffet mit dreierlei Fleischgerichten und Gemüse ISK 950 (bis 15 Uhr).

Café Cozy (43), Austurstræti 3, tgl. ab 9 Uhr, fish'n'chips ISK 990, Suppe mit refill ISK 550. Kuchen.

> **Reykjavík ist schnelllebig**
> Verzweifeln Sie nicht, wenn Sie ein Restaurant, ein Café oder einen Nachtclub nicht finden sollten: Schnell ändert sich in Reykjavík ein Name, denn ein neuer Besitzer, der sein Glück versucht, ist eher die Regel, denn die Ausnahme.

Cafés/Bistros (siehe hinterer Umschlag u. S. 190/191)

Cafés haben in Reykjavík vielleicht noch eine andere Bedeutung als in südlichen Staaten. Es ist nicht nur das Entspannen und Genießen – zu einem Gutteil treibt einfach das Wetter dazu, sich eine angenehme Zuflucht zu suchen. Cafés verstehen sich in der Regel auch als Bistros; Sandwiches und oft Mexikanisches stehen auf der Speisekarte. Günstig sind in der Regel die Tagessuppen. Für ein Stück Kuchen muss man allerdings schon mal 7,50 € hinlegen...

Café Kulturhaus, Hverfisgata 18, tgl. Ab 11.30 Uhr. Sehr gemütlich. Steinmosaiktische, vom Kulturhauspersonal selbst gemacht. Zeitungen liegen aus. Essenstipp: Falaffel ISK 880, Tom-Ka-Suppe 550 (Kokos, Lemongras, Shrimps).

Café París (51), Austurstræti 14, d. h. direkt am Austurvöllur, werktags ab 8 Uhr. Französische Atmosphäre; besonders populär ist das París für kleine Gerichte wie Suppe mit refill für ISK 550. Crêpes ca. ISK 800. Vom Banker bis zum Studenten trifft sich hier alles. Bei Sonne ein echtes Straßencafé!

Kaffibrennslan (52) (Kaffeerösterei), am Austurvöllur neben dem Hótel Borg, werktags ab 11, Sa ab 12, So ab 14 Uhr. Seit der Eröffnung avancierte das Brennslan blitzartig zum In-Café der jungen Leute in Reykjavík. Das Café ist der gemütliche Nachfolger einer Kunstgalerie. Die Zahl der Biersorten hält sich mit der der Sitzplätze in etwa die Waage: 70. Besonders gut: Fisch sowie Salat des Tages.

Kaffitár (36) ("Kaffeeträne"), Bankastræti 8, tgl. ab 7.30 Uhr, Kaffee frisch aus der Rösterei, kleines und gemütliches Café. Ideal für einen Cappuccino (Figur in die Sahne "gemalt") und einen Schokokuchen zum Aufwärmen.

Kaffibarinn (34), Bergstaðastræti 1, Lokal der coolen Leute jeglichen Alters, v. a. aber 20- bis 30-Jährige, oft überfüllt.

Kaffivagninn (1), im alten Hafen Grandagarður 10, Bus Nr. 2, tgl. 7–18.30 Uhr. Ein ganz anderes Caféerlebnis, abseits der Kunstszene bei den Alten und Armen. Hier sitzen alte Seebären, mit Glück trifft man auf einen, der noch auf Hornstrandir aufgewachsen ist. Wenn keiner mit einem sprechen mag, ist es allein der Blick auf die Docks und die kleinen Boote wert, hier eine Stippvisite abzustatten.

Kaupfélagið (24), Laugavegur 3, relative neues Café, "stylish" eingerichtet.

Prikið (33) ("Hühnerstange"), Bankastræti 12, seit 1951 und damit ältestes noch bestehendes Kaffeehaus der Kapitale, was die dominierenden Brauntöne erklärt. Mo–Fr ab 7.30 Uhr. Einfache Gerichte.

Sólon (22), Bankastræti 7, Ecke Laugavegur, So–Do 10–1 Uhr, Fr/Sa bis 5 Uhr. An einer Tasse Kaffee in diesem Café kommt man fast nicht vorbei, will man in die Reykjavíker Szene schnuppern: Künstler, Autoren, Schauspieler gehen hier ein und aus. Kaffee wird in Thermoskannen gereicht. Besonderheit: Ausstellungen im Caféraum und im Obergeschoss. Tagessuppe ISK 550 mit refill und pikante Mahlzeiten, unser Tipp: Probieren Sie die "Pinxtos"!

Súfistinn (16), Bistro im Obergeschoss des Buchladens Laugavegur 18, Tagessuppe ISK 550, Mo–Fr 9.30–22, Sa/So 10–22 Uhr. Bücher, die nicht eingeschweißt sind, dürfen hier eingesehen werden.

Svarta Kaffið (19), Laugavegur 54, So–Do 11.30–1, Fr–Sa 11–3 Uhr. Tipp: Quiche für ISK 700 oder Suppe im Brotlaib ISK 690. Gemütliche, leider etwas dunkle Cafékneipe mit afrikanischen Kunstgegenständen.

Te og kaffi (14), Laugavegur 27, Mo–Fr 9–18 und Sa 10–14 Uhr, *das* Teehaus der Stadt, 80 Teesorten und 20 in Island gebrannte Kaffeesorten.

Uncle Toms Cabin (31), Laugavegur 2, 10–1 Uhr, Fr/Sa 10–5 Uhr. Mexikanische Mahlzeiten ab ISK 700. Selbst gebackener Kuchen. Gemütliches Café mit Bar (Fassbier und Wein). Die Cafétische stehen ein halbes Stockwerk tiefer als der Gehsteig.

Vegamót (35) ("Kreuzung"), Vegamótastígur 4, ab 11.30 Uhr tgl. Hähnchen, Pasta, Fisch. 3-Gänge-Mittagsmenü ISK 1.400 inkl. Bier. Empfehlenswert: Hummer-Tagliolina für ISK 1.500.

Reykjavík
Karte hinterer Umschlag u. S. 190/191

Heiße Nächte

Wenn der Erstbesucher sich manchmal des Eindrucks nicht erwehren kann, in dieser Stadt sei der Hund begraben, hat er sie noch nicht ausreichend erkundet. Reykjavík ist bekannt für seine ausgelassenen Nächte, in denen auf den Tischen getanzt wird. Seit der Legalisierung des Biers kam ein kleiner Boom zustande, der die Zahl der Kneipen in die Höhe trieb. Besonders an den Sommerwochenenden ähneln sich die Nächte: Ab 3 Uhr geht es in einigen Clubs erst richtig los und Angetrunkene ziehen von Club zu Club oder von Pub zu Pub, die in Sachen Stil und Publikum jeweils wenig variieren. An die Loveparade kommt das Ganze freilich nicht heran, auch wenn die Kneipen und Straßen der Innenstand nachts überfüllt sind. Immerhin ist die Sperrstunde seit 1999 aufgehoben und es sammeln sich nun nicht mehr alle Partyleichen zu später Stunde auf der Straße.

Nachtleben (siehe hinterer Umschlag u. S. 190/191)

Einlass wird per Zähler nur dann gewährt, wenn genug Platz ist, und den gibt es nur dann, wenn jemand das Lokal verlässt. Das geht freilich relativ schnell, die Isländer drängt es gewöhnlich immer weiter zur nächsten Kneipe. Dieses Verfahren macht es dem Fremden wenigstens leicht abzuschätzen, welche Bar gerade "in" ist. Diskotheken kosten in der Regel ISK 1.000 Eintritt. Auf gute Kleidung wird überall bei den "Reykvíkingur" Wert gelegt, mit Jeans und Pullover fällt man abends vielerorts als unangemessen (oder zumindest einfallslos) gekleidet auf. Generelles Mindestalter: 20 Jahre, manchmal erst 22 – doch das Publikum hat begonnen, für eine Absenkung auf 18 Jahre zu kämpfen.

- *Pubs* Im **Tres locos (23)** schlürft man softe Margheritas für ISK 490. Im **Jómfruim (50)** jeden Sa Jazz im Hinterhof. **Næstibar (21)** in der Ingólfsstræti spielt keine Musik, Publikum: Künstler. **Vidalin (56)**, Aðalstræti 10, Kneipe in einem historischen Haus aus dem Jahr 1752. Skúli hatte hier in der Mitte des 18. Jh. seinen Handwerksbetrieb *Innréttingarnar*. Häufig "Trúbador"-Musik. Ein angenehmes Pub ist das **Nelly's (38)** Þingholtsstræti 2–4, **Kaffi Reykjavík (32)**, Vesturgata 2, So–Do 11–1 Uhr, Fr/Sa 11.30–3 Uhr. Ursprünglich war das Gebäude das alte Pier-Haus, von der Firma Koch & Henderson 1863 errichtet. Genutzt wurde es als Warenlager, als Postlager und als Textiliengeschäft, bis es 1994 nach Um- und Anbauten schließlich zum Café Reykjavík wurde. Täglich Live-Musik ab 22 Uhr. **Grandrokk (20)**, Smiðjustígur. **Dubliner (39)**, in der Tryggvagata, tgl. ab 15 Uhr, Fassbier und Troubadoure bringen Irland nach Island. Im Sommer gut besucht von Ausländern.
- *Clubs:* **Sirkus (17)**, In-Club am Klapparstígur in einer ehemaligen Weinbar, spielt auch mal Reggae und Blues, aber nie Pop, chillout areas im ersten Stock des winzigen Hauses. Altersgruppe: 20- bis 40-Jährige. Thorvaldssens am Austurvöllur, hier darf man die High Society erleben; schick angezogen sollte man aber unbedingt sein, um vor all den Schönen zu bestehen.
- *Gay* **22 (27)**, Laugavegur 22, auch von Normalos besuchtes "gay-pub" und Disco, 12–1, Fr 12–3, Sa 18–3 und So 18–1 Uhr; von Studenten gerne besucht. Alternative: das **Spotlight (18)** in der Hafnarstræti.
- *Diskos:* Derzeit ist das **NASA (54)** die größte Disko des Landes, besucht von schicken Leuten jeglichen Alters – ein fetziger

Danceschuppen am Austurvöllur, für den man schon ein Weilchen anstehen muss, um eingelassen zu werden, was manchmal auch eine etwas aggressive Stimmung schafft. Das **Astro (41)** in der Austurstræti 22 ist als In-Disko abgelöst worden (2 Bars, kleine Tanzfläche). Die **Piano Bar (25)** hat ein eher etwas schmieriges Ambiente, ausländisches Publikum. Recht angenehm ist das **Végamot (35)** (oft Hiphop). Twens zieht es ins **Hverfisbarinn (15)**, **Prikið (33)** und **Gaukur á Stöng (26)** (oft isländische Bands).

Events im Sommer

Art Festival, alle zwei Jahre seit 1970, www.artfest.is

Gay Pride, jedes Jahr im August am Wochenende der Kulturnacht, 25.000 Leute auf den Straßen, eine kleine Ausgabe der Berliner Loveparade. www.samtokin78.is

17. Juni, der Nationalfeiertag wird im Stadtzentrum ausgiebig gefeiert, abends wird in den Straßen getanzt.

Reykjavík Marathon, 3. Augustwochenende. Tausende von Ausländern joggen mehrere Kilometer durch Reykjavík. Beste Zeit zum Zuschauen ist zwischen 10.30 und 12.30. Teilnahmeinfos unter ✆ 5106600. www.toto.is/mar

Culture Night, 3. Augustwochenende, Umzüge, Bürgermeisterrede, manchmal mit weiteren Veranstaltungen gekoppelt. www.menningarnott.is

Freizeit/Sport/Touren

• *Fahrradverleih* **Borgarhjól**, Hverfisgata 50 (im Zentrum), ✆ 5515653, Verleih auch an der Jugendherberge und am Campingplatz sowie am BSÍ-Terminal.

• *Golf* verschiedene Plätze, beliebt ist der 18-Loch-Platz unter den braunen Wassertanks Richtung Mosfellsbær. ✆ 5872211.

• *Schwimmbäder* **Laugardalslaug**, 50-m-Freibad, Wasserrutsche und vier Hot Pots, Sauna, Schlammbad, Dampfbad, Fitnessräume. ✆ 5534039, Mo–Fr 7–22, Sa/So 8–20 Uhr, Bus Nr. 5. **Árbæjarlaug**, modernes und beliebtes Freibad mit Wasserrutschbahn, Dampfbad, Sauna, Solarium und Hot Pots, 25x12,5-m-Becken. Fylkisvegur, ✆ 5673933, Mo–Fr 7–22, Sa/So 8–20 Uhr, Busse Nr. 10 und 110. Wenn Sie es den Einheimischen nachmachen wollen, verdrücken Sie nach dem Bad eine pylsa (Würstchen).

• *Touren* **Katzentour mit Birna**, ✆ 8628031, 5529075, der besondere Spaziergang durch die Stadt, "mit den Augen einer Katze". Ein Geheimtipp! www.birna.is

Whale Safari, 3 Std., im Sommer 2-mal tgl., ✆ 5332660, ✆ 4212517. Abfahrt im alten Hafen. **Elding**, ✆ 5553565, unbedingt vorbuchen, Abfahrt tgl. von der Suðurbugt nahe Zentrum, ISK 3.300 für 2,5–3,5 Std.

Einkaufen

Die wichtigsten Einkaufsstraßen sind Laugavegur, Hverfisgata, Skólavörðustígur und die Straßen zwischen Tjörnin und Hafen. Weitere Einkaufsmöglichkeiten bieten das Kringlan, eine umfassende Shopping-Meile amerikanischer Aufmachung (tgl.10–18.30, Do bis 21 Uhr, Sa/So kürzer) und das Smáraland in Kópavogur (Hagasmári 1, Bus 16 und 17, Mo–Fr 11–19, Sa 11–18 und So 13–18 Uhr).

• *Out-door-Equipment* Nanoq im Kringlan (evtl. Umzug), **66° North**, *der* isländische Ausrüster, Lækjargata 4; Nanoq, riesiges Geschäft in der Einkaufsmall Kringlan; **Ægir**, Eyjaslóð 7, auf der Halbinsel des alten Hafens, ✆ 5112200, ✆ 5623853, übliches Sortiment an Out-door-Equipment wie Zelte, Schlafsäcke und Bekleidung; **Útilíf**, Álfheimar 74, ✆ 5451500, größtes Geschäft für Ausrüstungen.

• *Bäckerei* Zentral gelegen ist die **Breiðholtsbakari**, Lækjargata gegenüber der Touristeninfo.

• *Bücher* **Mál og menning**, Laugavegur 18, Mo–Fr 9–22 und 10–22 Uhr, und am Busbahnhof Hlemmur: Buchhandlungen des größten isländischen Verlages. **Eymundsson**, Austurstræti 18, ausländische Zeitungen, Islandliteratur, Landkarten, 10–22 Uhr, auch Sonntag geöffnet. **Bókaverslun Snæbjarnar**, Hafnarstræti 4, beengtes Antiquariat; **Bókabúðin Hlemmi**, am gleichnamigen Busbahnhof. In einem größeren Regal fremdsprachige Islandbücher, 9–21 Uhr werktags, Sa 10–21, So 13–21 Uhr.

Antiquariat Vesturgata, klassisch-staubige Atmosphäre, die den Entdeckergeist anstachelt. Neben Kupferstichen sind auch Sagamanuskripte und fremdsprachige Bücher zu bekommen (Katalog auf Anfrage).

- *Musik* **Skífan**, Laugvegur 26, ✆ 5255040, werktags 10–18 Uhr, Sa 10–16 Uhr.
- *Supermärkte* **10–11**, in der Austurstræti gegenüber McDonalds, tgl. 10–23 Uhr; **Bónus** am Laugavegur, Mo–Fr 9–19, Sa 10–18, So 12–18 Uhr; **10–11** nahe Campingplatz, Laugalækur, tgl. geöffnet.
- *Wollwaren/Souvenirs* am Hlemmur und in der Innenstadt, nicht zu verfehlen.

Sehenswertes

Alt-Reykjavík

Um einen Eindruck vom alten Reykjavík im Westen der Stadt zu erhalten, bieten sich verschiedene Spaziergänge an. Museen, Cafés und Läden dehnen einen Besuch schnell in die Länge – nicht zuletzt, wenn der Regen den Tagesablauf diktiert. Gegenüber vom Busbahnhof Lækjartorg reihen sich auf dem Arnarhóll die Statue von Ingólfur und einige ältere Gebäude wie das Regierungsgebäude *Stjórnarráðið* sowie das ehrwürdige *Gymnasium* (s. u.).

Route 1: Von hier folgt man dem Skolavörðustigur bergan und stößt nach einigen Minuten auf die *Hallgrímskirche* mit der *Leifur-Eiriksson-Statue* und das *Einar-Jónsson-Museum*. Wenn man den Frakkastígur hinabgeht, gelangt man auf die Haupteinkaufsmeile Laugavegur (mit zahlreichen Cafés).

Route 2: Man folgt der Hafnarstræti, die ursprünglich am Wasser entlangführte. Wo diese auf die Aðalstræti stößt, steht das *Falkenhaus* (Nr. 10): Die isländischen Falken des dänischen Königs wurden hier gefangen gehalten, bis sie nach Dänemark transportiert wurden. Das Haus von 1764 darf sich das älteste Haus der Stadt nennen. Über die *Austurstræti* lässt sich, indem man in die *Pósthússtræti* einbiegt, zum *Parlament* (s. u.) und zur *Kathedrale* schlendern. Auf dem Austurvöllur wurde die Statue von Jón Sigurðsson (1811–1879) platziert, einer zentralen Figur im Ringen um die Selbstständigkeit Islands. *Suðurgata* oder *Tjarnargata*, die neben *Seltjarnanes* und *Gardabær* zu den vornehmeren Wohngegenden zählen, führen am See *Tjörnin* entlang zum *Nationalmuseum* und zum *Universitätsgelände*. Vor der Universität erhebt sich das Standbild von Sæmundur dem Weisen. Gegenüber vom See Tjörnin steht am Fríkirkjuvegur 11 die älteste Villa der Stadt aus dem Jahr 1907.

Hallgrímskirkja: Die größte Kirche Islands trägt den Namen des Dichters *Hallgrímur Pétursson* (1614–1674), dessen berühmtes Werk die "Passionshymnen" sind. *Guðjón Samúelsson*, der auch für die kühnen Kirchenkonstruktionen in Akureyri und das Nationaltheater verantwortlich ist, war der Architekt. 1937 ging das Großprojekt in Planung, 1945 konnte der Bau beginnen. Schlussendlich wurde die Kathedrale 1986 eingeweiht. Der Turm macht die Kirche mit 73 m Höhe (es gibt einen Aufzug) zum höchsten und weithin sichtbaren Wahrzeichen der Stadt.

Das Eigentümliche der Kirche ist das *Lavasäulenmotiv*, realisiert in langen grauen Stiften. Das helle Hauptschiff und die beiden Gänge der Seitenschiffe sind in gotischen Formen mit schmalen, hohen Fenstern gestaltet. Beachtung

verdienen auch die Christusstatue des Künstlers *Einar Jónsson* (1948), der von den Färöern zum Geschenk gemachte Fischkutter und das "Martyrium" von *Sigurjón Ólafsson* in einem Seitenschiff. Letzter Superlativ ist die 15 m hohe und 25 Tonnen schwere Orgel, mit der häufig Konzerte gegeben werden.
Öffnungszeiten 9–17 Uhr, Turm ISK 200. Gottesdienste So 11 Uhr.

Hafen und Tjörnin

Altes Gymnasium/Menntaskólinn: Gleich zwei Nobelpreisträger brachte diese Schule hervor: *Halldór Laxness* und *Niels Finsen*. Laxness erhielt 1955 den Nobelpreis für Literatur. Das Gymnasium hatte er ohne Abschluss verlassen, sein miserables Zeugnis hängt heute im Korridor. Finsen wurde 1903 für seine Leistungen auf dem Gebiet der Medizin ausgezeichnet: Er war der Erfinder der Lichttherapie. Freilich durchliefen damals wie heute auch fast alle namhaften Persönlichkeiten des isländischen Lebens diese Schule. 1846 wurde sie von *Bessastaðir* hierher übergesiedelt. Vor der Schule stehen *Ásmundur Sveinssons* Skulptur "Face of the Sun" (1960) und eine Pallas Athene.

Regierungsgebäude: Im "Stjórnarráðshúsið" war früher das Gefängnis untergebracht – heute hat der Präsident seinen Amtssitz hier. Vor dem Haus steht links die Statue von König Christian IX. Ihm zur Seite blickt *Hannes Hafstein*, erster Minister Islands, vom Denkmalsockel. Beide Standbilder sind Werke des Künstlers *Einar Jónsson*.

Parlament Alþingishús: Seit 1881 tagen die für die Politik Islands maßgeblichen Damen und Herren hinter diesen schweren Mauern aus grauem Stein. Das Regierungsgebäude im kolonialen Stil entwarf der dänische Architekt *Mehldal*. Der Basaltbau löste damals die alte Versammlungsstätte zur Rechtsprechung *Þingvellir* (siehe Kap. "Goldener Zirkel", S. 277) ab. Das Gebäude hatte im Laufe der Jahre verschiedene Funktionen zu erfüllen, denn den Parlamentssitz beanspruchten auch die Landesbibliothek, die Antikensammlung und die Universität. Heute finden im Parlament zwar noch die Sitzungen statt, ausreichend Platz für alle Anlässe ist freilich nicht mehr vorhanden.

Kathedrale Dómkirkjan: Als der Bischofssitz von Skálholt nach Reykjavík verlegt wurde, entschloss man sich, mit Unterstützung des dänischen Königs eine neue Kathedrale zu errichten und die alte Kirche zu ersetzen. Der Bau ging langsam voran, erst 1796 konnte das Gebäude eingeweiht werden – damals fanden noch fast alle Bewohner der Stadt in dem Gotteshaus Platz! Mit der Auflösung des Bischofssitzes in Hólar/Nordisland war die Kirche das religiöse Zentrum des Landes. 1847 musste gründlich renoviert und umgebaut werden, der dänische Architekt *Winstrup* gab der Kirche ihr heutiges Aussehen. Sehenswert ist neben dem Altarbild von 1847 das Taufbecken aus Marmor des isländischstämmigen Dänen *Albert Thorvaldsen*, ein Geschenk an die Isländer.
Der neoklassizistische Bau hatte während seiner Geschichte auch völlig andere Aufgaben: Die Nationalbibliothek und das Nationalmuseum wurden in ihren Anfängen hier untergebracht, aber auch für profane Angelegenheiten wie zur Lagerung zweier Feuerwehrpumpen nutzte man das Gebäude. Heute beginnt jede Parlamentseröffnung mit einem Gottesdienst in der Kathedrale.
Öffnungszeiten Mo–Fr 10–17 Uhr, So Gottesdienst um 11 Uhr.

Blick auf den Tjörnin

Stadtsee Tjörnin und Rathaus: Am Nordostufer des Sees Tjörnin wurde das moderne Rathaus (erbaut 1987–1992) platziert. Im Erdgeschoss ist eine Reliefkarte Islands aufgebaut. Auf verblüffende Art und Weise findet sich an der Fassade ein Charakteristikum des Landes wieder: "Wasserfälle" rinnen die moosbewachsene Fläche herab. Das Projekt war zunächst umstritten, da eigens ein Bereich des Sees aufgeschüttet werden musste und die eigenwillige Architektur sich nicht gerade stimmig in die Umgebung aus älteren, zierlichen Häusern einfügt. Der See ist bekannt für die fünfzig Vogelarten, die hier wohnen, vornehmlich Schwäne und Enten. Im Winter sind es eher die Schlittschuhläufer, die den See beleben.

Öffnungszeiten **Ráðhús**, Tjarnargata 11, Mo–Fr 8.20–16.30, Sa (im Sommer Sa/So) 10–16 Uhr.

Nationalmuseum: Nachdem 1860 im Norden Islands ein altes Wikingergrab entdeckt worden war, kam es 1863 zur Gründung eines Antiquitätenmuseums in Reykjavík. Etwas später wurde es mit einem Budget zum Ankauf bedeutender Stücke ausgestattet und bezog 1955 nach einigen Umzügen das heutige Gebäude. Die wertvollsten Kunstwerke und Sammelobjekte der isländischen Kultur und Geschichte sind in den Räumen versammelt – Kirchenkunst, Waffen, Schmuck und Alltagsgegenstände. Insbesondere zur 1000-Jahr-Feier des Parlaments kehrten wertvolle Stücke aus Dänemark zurück. Glanzstücke sind eine kleine Statuette des Gottes Þór aus Bronze, der silberne Hammer "Þórshamar", römische Münzen und die reich mit Schnitzereien verzierte Tür der Kirche Valþjófsstaður südlich von Egilsstaðir. Gegenüber steht im *Park* des Museums eine Kopie der Skulptur "The Outlaw" (isl. *útlaginn*), *Einar Jónssons* Meisterwerk (das Original ist in Akureyri).

Öffnungszeiten Suðurgata 41, Renovierung soll bald abgeschlossen sein. Bus Nr. 5 und 6.

Nationalgalerie: In den Sälen der Galerie werden alle paar Monate wechselnde Ausstellungen mit Arbeiten berühmter, hauptsächlich isländischer Künstler gezeigt. Präsentiert wird jeweils eine Auswahl der insgesamt 5.000 Werke, die sich im Besitz der Galerie befinden und die insbesondere einen Einblick in die moderne Kunst des Landes geben. Die Bilder von Erro alias Guðmundur Guðmundsson, geb. 1932 in Ólafsvík, sind das Highlight des Museums. Seine Werke sind im Comicstil gehalten, dabei sehr farbenfroh und detailliert, die Themen kommen aus Politik, Mythologie und Technik. Empfehlenswert!

Öffnungszeiten **Listasafn Íslands**, Tryggvagata 17, tgl. 11–18, außer Mi 11–17 Uhr. ISK 500.

Im weiteren Umkreis des Stadtkerns

Kjarvalsstaðir: *Jóhannes Sveinsson Kjarval* (1885–1972) gilt als einer der überragenden isländischen Künstler des 20. Jh. Mit seinen unverwechselbaren Landschaftsbildern spielte er eine wichtige Rolle beim Aufbruch der bildenden Kunst im Zuge des Unabhängigkeitskampfes. Kjarval, der seine Ausbildung in London und Kopenhagen erhielt und einige Jahre in Italien und Frankreich verbrachte, verfügte über ein ungewöhnlich tiefes Einfühlungsvermögen in die isländische Natur. So gelang es ihm in seinen stark vom Symbolismus beeinflussten, geheimnisvoll anmutenden Bildern, neben der Schönheit des Landes auch die unsichtbaren Kräfte der Natur und ihre vielfältigen Stimmungen zum Ausdruck zu bringen. Kjarval ermunterte die Isländer mit seinen Gemälden dazu, die Natur und die Menschen ihrer Insel mit anderen Augen zu sehen. Damit nahm er in der Kunstszene der damaligen Umbruchszeit eine herausragende Stellung ein. 1968 überließ Kjarval einen großen Teil seiner Werke, die heute über das ganze Land verstreut sind, der Stadt Reykjavík. Sie sind im Kjarvalsstaðir ausgestellt. Im Abstand von sechs Wochen finden hier wechselnde Ausstellungen namhafter Künstler statt.

Öffnungszeiten **Kjarvalsstaðir**, Flókagata, tgl. 10–18 Uhr, ISK 300. Mit Café, Bibliothek und Museums-Shop. Busse 3, 6, 110, 111, 112 und 115.

Einar-Jónsson-Museum: Im Museum neben der Hallgrímskirche sind über einhundert der z. T. recht pompösen Werke des berühmten Bildhauers versammelt *Einar Jónsson* (1874–1954) war der erste Isländer, der sich entschloss, Kunst zu studieren. Der "Dichter der Bildhauerei" schuf – von der Klassik beeinflusst und von isländischen Traditionen inspiriert – vorwiegend mystisch-religiöse Werke. Das von ihm selbst entworfene und für ihn eingerichtete Haus "Hnitbjörg" umgibt ein Skulpturengarten. Auch die damals sehr luxuriösen Wohnräume werden gerne gezeigt. Berühmte Werke Einars sind "Die Zeit", "Ingólfur Arnarson", "Geburt der Psyche", "Der Ausgestoßene", "Yggdrasill", "Die Wasserträgerin", "Gewissensbisse" und "Die Welle der Zeiten".

Öffnungszeiten **Listasafn Einars Jónssonar**, Njarðargata, Di–So 14–17 Uhr, ISK 400.

Ausstellung des Handschrifteninstituts Árni-Magnússon: Dieses Institut bewahrt eines der wertvollsten Erben der isländischen Kultur, nämlich 1.650 zurückgekehrte Handschriften und Tausende mittelalterliche Dokumente und Urkunden. Seit Beginn des 18. Jh. befanden sich keine Manuskripte mehr im Land. Den größten Teil hatte der isländische Gelehrte *Árni Magnússon* (1663–1730) gesammelt und nach Kopenhagen gebracht, um die kostbaren Schriften vor der in Island drohenden Vernichtung zu bewahren (siehe Kap. Literatur, S. 110). Ende des 19. Jh. setzte ein jahrzehntelanger Kampf der Isländer um die Rückgabe der Manuskripte ein. Erst nach mehrjährigen Gerichtsverhandlungen stimmte Dänemark 1961 der Rückgabe all derer Manuskripte zu, die eindeutig dem isländischen Kulturerbe zuzurechnen sind. Im April 1971 feierten Tausende von Isländern im Hafen von Reykjavík die Ankunft des wertvollen Codex Regius (ältere Edda) und der Flateyjarbók. Bis 1997 hatten auch die letzten hundert Manuskripte ihren Weg zurück nach Island gefunden. Ein ausgewählter Teil der Handschriften und die Geschichte der Rezeption (auch in der NS-Zeit) wird neuerdings im Kulturhaus präsentiert. "Man war nicht in Island, bevor man das nicht gesehen hat", wirbt der Museumsleiter.

Öffnungszeiten **Hverfisgata 15**, ✆ 5451400, tgl. 11–17 Uhr.

"Gewissensbisse" von Einar Jónsson

Freilichtmuseum Árbæjarsafn: Knapp dreißig Torfhütten, Wohn- und Handwerkerhäuser aus dem 19. Jh. sind hier zu besichtigen. Der Komplex, der 1957 eingerichtet wurde, zeichnet ein Bild vom Leben in früheren Zeiten mit alten Möbelstücken und Gerätschaften. Alt-Reykjavík ist hier nicht nur als Fassade aufgebaut, sondern ist belebt von in Trachten (die sonst nur am Nationalfeiertag getragen werden) gekleideten Museumswärtern. Auch die Sense zu schwingen oder Pfannkuchen zu backen gehört an manchen Tagen zum Besucherprogramm. Ältere Bürger wie der Goldschmied Páll Oddgeirsson oder Frauen, die Milch verarbeiten, präsentieren ab und zu ihr (Kunst-)Handwerk.

Die Kirche von 1842 aus Skagafjörður wurde eine Zeit lang als Wohnraum genutzt und dient nun wieder als Kirche, die bei den Reykjavikingur beliebt zum Heiraten ist. Der alte Hof war bis 1945 bewohnt. Die Stadt bekam ihn geschenkt und quartierte hier Alkoholiker ein. An einigen Tagen zeigen nun Spinnerinnen und Schuhmacher ihr Handwerk, auch, wie Schuhe aus Fischhaut gefertigt werden. Sonntags kann man in der Küche Biskuits probieren.

Öffnungszeiten Di–Fr 10–17, Mo 11–16, Sa/So 10–18 Uhr, Bus 110 ab Lækjartorg, mit dem Auto Richtung Mosfellsbær, dann in den Ortsteil Árbær rechts abbiegen und der Beschilderung folgen. ISK 400. Ende Juli Heumachen, Juli Oldtimertreffen. Autowerkstatt. Rangierlokomotive.

Volcano Show / Red Rock Cinema: Eine Schatzkammer der besonderen Art sind die Vorführräume und Studios des Filmemachers *Villi Knudsen*. Der Mann mit dem trockenen Humor ist wie auch schon sein Vater stets wachsam, um sofort mit einer Kamera zur Stelle zu sein, wenn sich Eruptionen anbahnen. Da einige Spalten sich gelegentlich nur für einige Stunden auftun, ist das nicht gerade der einfachste, aber in Island ein krisensicherer Job. Erst 1996 lohnte sich sein geduldiges Warten auf die nächsten Vulkanausbrüche, als Bárðabunga ausbrach und es zu einem Gletscherlauf kam. Jetzt heißt es für ihn wieder warten. Derweil zeigt er in seinen wie ein Alternativkino hergerichteten Räumen gekonnte Zusammenstellungen aus seinem Archiv. Geologische und physikalische Karten und Fotografien bilden das Interieur und den thematischen Hintergrund für die bewegenden Bilder der Eruptionen von Hekla, Krafla und Katla. Neuester Clou ist es, sich auf Videokassette vor einem Vulkanausbruch aufzeichnen zu lassen...
Adresse Hellusund 6a, ✆ 5513230, www.volcanoshow.is; Vorführungen mehrmals täglich, ISK 750/1 Std., ISK 950/2 Std.

Skulpturenmuseum Ásmundur Sveinsson: Der Skulpturengarten und das Museum mit seinen wechselnden Ausstellungen im Laugardalur gehören zu den am meisten geschätzten Sehenswürdigkeiten der Stadt. Der Künstler *Ásmundur Sveinsson* (1893–1982), der als Tischler und Holzschnitzer anfing und sein Handwerk bis 1919 erlernte, ging dann, wie es üblich war, nach Kopenhagen und Stockholm (1920–1926), um dort zu studieren. Ab 1929 lebte er in Paris, erst dann kehrte er nach Island zurück. Die Skulpturen in und vor dem Haus mit seiner eigenwilligen Architektur bestechen durch ihre herbe Schönheit und detailgetreue Klarheit. Im Kuppelraum hört sich das leiseste Geräusch an wie von fernen Lautsprechern übertragen. Ásmundur war überzeugt, dass er nie ein guter Bauer sein würde. Und so war das Lebensthema für ihn "Kultur und Skulptur" – glücklicherweise, wie die Nachwelt behaupten kann.
Öffnungszeiten Sigtún, tgl. 10–16 Uhr, Busse Nr. 2, 5, 10, 11, 12, 15.

Die Elfenschule

Wussten Sie, dass 80 % aller Isländer von Elfen und anderen übernatürlichen Wesen Notiz nehmen und wiederum 26 % von ihnen sogar fest an deren Existenz glauben? Dass die bunt bemalten Elfenhäuser aussehen wie Bienenkörbe, Tonnen oder Türme? Nein? Dann müssen Sie in die Elfenschule. Dort erklärt der viel beschäftigte Lehrer und Schulleiter Magnús H. Skarphédinsson seit 1994 neugierigen Touristen einmal in der Woche das Wichtigste über Elfen und andere im Verborgenen lebende Wesen – wer sie sind, was sie tun, wo sie leben, wie sie aussehen, warum sie sich verstecken. Bisher sind bekanntermaßen etwa 5 % der isländischen Bevölkerung Elfen begegnet und man weiß, dass diese in Größe, Gestalt und Kleidung stark variieren. Elfen sind gerne in der Nähe der Menschen, ebenso die Mischwesen *huldufólks* ("versteckte Leute"). Bei Gudbjörg Konrads, einer zurückhaltenden älteren Dame aus Reykjavík, wohnen einige von ihnen im Garten. Denn als

Reykjavík
Karte hinterer Umschlag u. S. 190/191

deren ursprüngliche Wohnstatt mit einem Einkaufszentrum überbaut wurde, lud sie sie ein, in hinter das Haus geschleppte Lavabrocken umzuziehen. Nicht allen unsichtbaren Bewohnern widerfährt so ein Glück, aber um wenigstens einige zu behüten, hat die Stadt Reykjavík zwölf ihrer Wohnstätten unter gesetzlichen Schutz gestellt. Wie z. B. die der Elfen am Ortsausgang, wo sich die Ringstraße teilt, um sich auf den Weg nach Akureyri und Vík zu machen. Als die Straße hier 1971 asphaltiert und etwas verlegt wurde, war ein Stein im Weg. Man versuchte, ihn wegzuschaffen, aber von da an zerbrachen Baumaschinen, wurden Arbeiter krank. Das Medium Zophanias Pétursson kannte den Grund: Der Stein war bewohnt und die Elfen wehrten sich gegen die Zerstörung ihrer Häuser. Zophanias konnte ihnen das Einverständnis dafür abringen, zwei Wochen lang auszuziehen, damit der Stein in dieser Zeit vorsichtig 15 m weiter befördert werden könne. Dabei zerfiel der Felsbrocken zwar in zwei Teile, die Elfen zogen aber ohne Klagen wieder ein. Dann sollte die zweispurige Fahrbahn auf vier Spuren erweitert werden. Aber der Stein war wieder im Weg und mittlerweile hatte die Stadt ihn eingezäunt und unter Schutz gestellt. Fünf Jahre lang endete die vierspurige Straße vor dem Stein. Dann aber beschloss die Stadtverwaltung, die Elfen mit Hilfe eines Mediums noch einmal zum Einlenken zu bewegen und die Straße weiter zu verbreitern.

Die 10.000–20.000 unsichtbaren Bewohner Islands können sich sichtbar machen, wenn sie wollen. Um nicht genauso bedroht zu sein wie Tiere, bleiben sie jedoch gerne im Verborgenen. Den meisten Kontakt mit den geheimnisvollen Wesen haben Kinder, denn, so Magnús, bis zum Alter von sieben Jahren haben die Menschen übersinnliche Fähigkeiten. Er selber erhielt bereits einige Geschenke von unsichtbaren Bewohnern und plant die Eröffnung eines Elfenmuseums, in dem sie ausgestellt werden sollen. All denen, die keinen Lichtschein um die von Elfen bewohnten Steine wahrnehmen können, erzählt er in der fröhlichen Schule von seinen in 20 Jahren Forschung gewonnenen Kenntnissen. Es beginnt im Hörsaal mit einer Vorlesung, dann werden einige der geschützten Orte Reykjavíks besucht. Der Kurs endet wieder in der Schule mit einem typisch isländischen Pfannkuchenessen. Und nach den vier Stunden erhält jeder Teilnehmer ein Diplom.

Adresse/Öffnungszeiten The Elfschool, Síðumúli 31, 108 Reykjavík, ✆ 5886050, 5886055. Fr 14 oder 16 Uhr, je nach Nachfrage, ca. ISK 3.000 inkl. Textbuch, Transport zu den geschützten Orten, Pfannkuchen. Vorlesung in Englisch oder Schwedisch, je nach Bedarf.

Weitere Museen und Sehenswürdigkeiten

Ausflug **zur Insel Viðey**: Die kahle und seit 1943 verlassene, hervorragend zur Vogelbeobachtung geeignete "Waldinsel" ist mit nur 1,7 qkm die größte Insel im Kollafjörður, mit dem Heljarkinn erreicht sie gerade 32 m an Höhe. Das Inselinnere wird Heimaey (Heimatinsel) genannt. Hier befinden sich die Residenz Viðeyjarstofa und die Kirche. Die Besiedlung der Insel ist ab dem 10. Jh. nachzuweisen, eine Kirche existierte seit dem 12. Jh. Im Jahr 1225 wurde das Kloster St. Augustin gegründet; 1539 wurde es von den Dänen geplündert und säkularisiert. Jón Arason, letzter katholischer Bischof Islands, konnte das Kloster zurückerobern (1550), stellte es wieder her und stattete es mit Verteidigungsanlagen aus, bevor es später endgültig zerfiel. 1751 ging Viðey an

Skúli Magnússon über. Für ihn wurde 1755 die Viðeyjarstofa fertig gestellt – das erste Steingebäude Islands. Daneben steht die turmlose und zweitälteste Kirche (1774 eingeweiht; im Sommer findet hier alle zwei Wochen ein Gottesdienst statt). Im 20. Jh. kam es im Zuge des Hafenbaus zur Errichtung des kleinen Dorfes Sundabakki. Die einzigen erhaltenen Gebäude aus dieser Zeit sind das Schulgebäude und ein altes Wasserreservoir.

• *Fähre, Café, Räder* Fähre Mo–Fr 13 und 14, Sa/So 13–17 Uhr stündlich sowie 19/19.30/20 Uhr Abfahrt, ISK 500 hin und retour. ✆ 8920099. Restaurant Viðeyjarstofa, ✆ 5621934, nachmittags Kuchen, isländisch-traditionelle Küche, nur abends und auf Anfrage. Ca. 10 Fahrräder stehen am Fähranleger kostenlos bereit.

Sigurjón Ólafsson Museum, Laugarnestangi 70, am Küstenstreifen zwischen altem und neuem Hafen, Di–So 14–17 Uhr. Das von der Witwe Sigurjóns 1984 gegründete Museum stellt an die 200 Skulpturen des 1982 verstorbenen Bildhauers aus Eyrarbakki/Südisland aus. Geboren 1908, studierte er in Dänemark an der Kunstakademie und erweiterte seinen Horizont mit einem Aufenthalt in Rom. 1945 kehrte er nach Island zurück. Sein Stil bewegt sich von Experimentierkunst über abstrakte Kunst bis hin zu realistischen Darstellungen. Dienstags oft Konzerte.

Medizinmuseum Nesstofa: Das Gebäude Nesstofa wurde 1761–63 als eines der ersten Steinhäuser für den in Dänemark ausgebildeten Arzt Bjarni Pálsson errichtet. Er unterrichtete angehende Ärzte und Hebammen, ebenso gehörte die Versorgung des Landes mit Medikamenten zu seinen Aufgaben. Er beeinflusste entscheidend die Gründung einer medizinischen Fachhochschule 1876. Bis zu diesem Zeitpunkt fand die gesamte medizinische Ausbildung in der Nesstofa statt. In den Räumen des hier eingerichteten Medizinmuseums lassen sich Gerätschaften und Skurrilitäten ab dem 18. Jh. bestaunen. Ebenso sehenswert ist die Ausstattung von Apotheken um 1900 im daneben liegenden Pharmazeutischen Museum.

• *Öffnungszeiten* Di, Do, Sa und So 13–17 Uhr, Bus Nr. 3 ab Lækjargata.

Penismuseum, Laugavegur 24, 14–17 Uhr Mo–Sa, Eintritt ISK 400. In einem Raum stapeln sich allerlei eingelegte wie getrocknete (tierische) Glieder. Ein Exemplar wurde als Pferdepeitsche genutzt. Der knapp 60-jährige Uni-Dozent Sigurður begann mit der Sammlung, als er einmal ein derartiges Geschenk aus Scherz erhielt.

Nationalbibliothek: So ziemlich alles, was in Isländisch gedruckt wurde, lässt sich hier aufspüren. Highlight ist eine Bibelsammlung mit Ausgaben in über 1.200 Sprachen. Daneben lagert hier die Kollektion der seltenen Schachbücher von Willard Fiske. Im Sommer Mo–Fr 9–17 Uhr, Sa 10–14 Uhr.

Perlan/Sagamuseum: Das wie die Hallgrímskirche weithin sichtbare zweite, futuristische Wahrzeichen der Stadt ist das Heißwasserreservoir mit immensem Fassungsvermögen auf dem Hügel Öskjuhlíð. 18 Millionen Liter Wasser umgeben den Besucher. Ein Tank wurde jüngst zu einem Sagamuseum umgestaltet. Eine Hochzeitsfeier in dieser aufregenden Umgebung zu veranstalten hat für Isländer einen besonderen Reiz. Brautpaare können ihren Namen auf einer Basaltsäule im Wintergarten einmeißeln. Architektonischer Clou ist die Funktion der Stahlträger, in denen an kühlen Tagen heißes Wasser zirkuliert, und die so die Temperatur des Gebäudes konstant halten. Palmen aus Florida sprießen im Wintergarten. Nebenan soll ein Springbrunnen dem echten Geysir in nichts nachstehen.

• *Öffnungszeiten* tgl. 10–23 Uhr, Restaurant 18.30–24 Uhr, Aussichtsplattform 10–22 Uhr, Sagamuseum tgl. 10–18 Uhr.

The Living Art Museum, Nýlistasafnið, Vatnsstígur 3, tgl. 13–17 Uhr. Etwa 30 Ausstellungen und verblüffende Installationen pro Jahr, organisiert von verschiedenen Künstlern. Das Museum mit 5.000 Kunstwerken der 60er und 70er Jahre wurde 1978 ins Leben gerufen und wird von einer Gesellschaft (über 100 in- und ausländische Künstler) verwaltet.

Naturgeschichtliches Museum, Hverfisgata 116 /Hlemmur 3, Di, Do, Sa, So 13–17 Uhr, Eintritt ISK 300. Pflanzen, Tiere und geologische Schaubilder nebst Mineralien und Gesteinen. Eines der wenigen isländischen Museen, in dem Moose, Pilze, Gräser und Algen gezeigt werden. Aufstieg durchs mit Bildern und Basaltsäulen dekorierte Treppenhaus. Das Museum fristet im Institut leider ein Nischendasein und wartet auf ein neues Domizil...

Wasserkraft-Museum, Elliðaár-Kraftwerk, geöffnet Di–So 13–17 Uhr, Busse Nr. 7, 8, 10, 14, 15, 110. Mit dem Auto Richtung Mosfellsbær und beim Abzweig "Elliðaá" rechts abbiegen. Bevor die Wasserkraft in Reykjavík langsam Fuß fasste, war die Windkraft

Hochsommer bei 17 °C im Schatten

der entscheidende Energielieferant. Die alte Windmühle war zum Kornmahlen bis 1890 in Betrieb, sie wurde 1905 abgerissen. Größere Wasserkraftwerke entstanden 1904. 1910 errichtete die Stadt ein Gaswerk in Hafnarfjörður, 1913 in Seyðisfjörður und erst 1921 in Reykjavík. Über eine Wasserleitung aus Holz können etwa 3 MW gewonnen werden. Das Besondere dieses Museums ist weniger die detaillierte Darstellung der historischen Ereignisse und Pioniertaten in Island, als vielmehr der Einblick in die Geschichte, wie das Land zur Elektrizität kam. Alte Siemens-Gerätschaften aus der Zeit um die Jahrhundertwende oder ein alter E-Herd von 1925 altern langsam zu echten Antiquitäten. Daneben erhalten die Besucher Informationen zur Energiegewinnung in Island. Das Museum wird eventuell zu einem Technikmuseum aufgewertet.

Botanischer Garten, Skúlatún 2, ✆ 5538870, tgl. 10–22 Uhr, gegründet 1961 zum 175-jährigen Stadtgeburtstag. 2,5 ha und 5.000 Arten. Nahe dem Campingplatz am Rande des Stadtparks.

Fotografie-Museum (Ljósmyndasafnið), Sammlung alter Fotografien. Borgartún 1, Mo–Fr 10–16 Uhr, Eintritt frei.

Ásgrímur Jónsson Museum, Bergstaðastræti 74, im Sommer Di–So 13.30–16 Uhr. Der Künstler gilt als einer der ersten Pioniere isländischer Malerei. Er hinterließ 1958 sein Haus und seine Arbeiten dem Land.

Münzsammlung, Einholt 4, So 14–16 Uhr oder nach Vereinbarung. Eintritt frei. Über einen kaum kenntlich gemachten Eingang gegenüber einem Taxistand gelangt man in das graue Haus, das eine Ausstellung verschiedener Münzen und Banknoten sowie Gedenkmünzen und Medaillen beherbergt. Auch wenn Sie von Münzen nichts verstehen, wird Sie der Liebhaber Anton Holt in einige Geheimnisse einweihen.

Idylle am Hliðarvatn

Halbinsel Reykjanes

Aber Farben konnten wir sehen an den Solfataren von Reykjanes! Das zersetzte Gestein und mineralische Niederschläge bilden mit ihren verschiedenartigsten Tönen wundervolle Muster, wie jene verblichener alter Seidenbrokate. Die tiefsten, wärmsten und die zartesten duftigsten Töne vereinigen sich in natürlichster Harmonie; Carmin, Preußisch Blau, Schieferfarben, Gelbrot, Zinnober, alle Ockertöne, Lichtgelb des Schwefels und helles Blaugrau der kochenden Schlammpfuhle schaffen mit wenig kurzem Gras und smaragdgrünem Moos, der einzigen Vegetation, aus dieser Einöde ein Paradies für das Auge.

(Ina von Grumbkow, 1908)

Der südwestliche Zipfel Islands bietet mit Hunderten von Kratern, mit zischenden Solfataren und kilometerlangen Verwerfungen geologisches Anschauungsmaterial. Ornithologisch Interessierte lockt er mit mächtigen Vogelfelsen, Angler mit reizvollen Forellenseen und Wanderer mit historischen Pfaden.

Für Flugreisende ist Reykjanes der erste Kontakt mit Island. Zu Unrecht lassen sich viele von den kahlen Lavaflächen um den Flughafen abschrecken und

Streckeninfo/Tipps für Radler: Die Halbinsel ist verhältnismäßig flach und der Großteil der Straßen ist geteert. Eine Ausnahme sind das Kap Reykjanes und die 65 km östlich von Grindavík bis zur Kreuzung der Straßen 42 und 39. Kurz hinter Grindavík liegt ein sehr starker Anstieg und vor allem östlich von Krýsuvík ist die Straße eine erbarmungslose Wellblechpiste. Letzteres soll sich ändern: Zwischen Eyrarbakki und Grindavík ist eine Teerstraße geplant. Der Streckenverlauf soll ein leicht anderer sein als der der Schotterpiste, nämlich teilweise etwas weiter südlich.

schenken der Halbinsel wenig Beachtung. Dabei zeigt sie nur wenige Kilometer hinter Keflavík ihre Schätze, zu denen mehr gehört als das Badeparadies *Blaue Lagune.*

Geologie: Reykjanes ist eine stiefelförmige Fläche westlich einer imaginären Linie von Reykjavík bis zur Mündung der *Ölfusá*. Quer über die Halbinsel erstreckt sich der südwestliche Seitenarm des Mittelatlantischen Rückens, der sich am *Kap Reykjanes* aus dem Meer an die Oberfläche erhebt und seit neustem auf einer Brücke zu überqueren ist. Ihm ist es zu verdanken, dass sich die Halbinsel fast ausschließlich aus Vulkanen und Lavafeldern aufbaut. Die größtenteils in der Nacheiszeit während der letzten 12.000 Jahre entstandenen und damit aus geologischer Sicht sehr jungen Lavamassen bedecken 70 % der Halbinsel. Die letzten Vulkanausbrüche ereigneten sich im 14. Jh. Seither hat sich der Vulkanismus hier auf untermeerische Eruptionen beschränkt, doch kann er auch zu Land jederzeit wieder aufflackern. Zwischen den Lavafeldern ragen sanft abgerundete Palagonit-Tuffberge aus der Umgebung, im Pleistozän unter dem Druck der Gletscherbedeckung entstanden. Ein paar Seen zieren die Halbinsel, doch gibt es hier keinen einzigen Fluss; die Vegetation ist karg.

• *Touren* **Destination Iceland**, ✆ 5911020, www.dice.is, startet tgl. 9.40 Uhr von Reykjavík eine geführte, 6-stündige Bustour. Durch Hafnarfjörður und die Lava geht es zur Blauen Lagune, dort 1 Std. Aufenthalt zum Baden, dann weiter nach Grindavík, zum Kap Reykjanes, dem Aquarium in Hafnir und am Ende zum Flughafen oder zurück nach Reykjavík. ISK 4.600 inkl. Eintrittsgeld Blaue Lagune, vorbuchen! Im Sommer tgl. 9 Uhr wird auch eine geführte Jeeptour angeboten, die vor allem durch das Naturschutzgebiet um Krýsuvík und zum Geothermalgebiet am Kap führt, 6 Std., ISK 12.000 inkl. Blaue Lagune, vorbuchen!

Autorentipps: Beginnen oder beenden Sie Ihren Islandurlaub mit der Umrundung der kleinen, idyllischen Halbinsel Miðnes nordwestlich von Keflavík. Schön ist auch die Fahrt an der Westküste mit Abstechern zum Vogelfelsen Hafnarberg und zum Solfatarenfeld am Kap Reykjanes. Das Naturschutzgebiet Reykjanes um Krýsuvík bietet zischende heiße Quellen, Bergzüge zum Wandern und mit Krýsuvíkurbjarg den größten Vogelfelsen des Landes. Von Keflavík und Hafnarfjörður starten viel gelobte Touren zur Walbeobachtung. Falls Sie direkt vom Flughafen Keflavík nach Reykjavík durchstarten, bietet sich für einen ruhigen Einstieg als Übernachtung das neue Motel Best im Dörfchen Vogar an. Ein Übernachtungstipp ganz in der Nähe des Flughafens ist das Motel Alex, bei Sandgerði die Sommerhäuser Þóroddsstaðir. In Hafnarfjörður ist das Gästehaus Helguhús zu empfehlen. Gut und günstig essen kann man in Hafnarfjörður bei Gafl-Inn und Tilveran, in Keflavík im Kaffi Duus.

Keflavík und Njarðvík ("keblawik", zus. 10.830 Einw.)

Der betriebsame Doppelort lockt vor allem mit seiner guten Infrastruktur und als Ausgangspunkt für Ausflüge, z. B. zur Walbeobachtung.

Keflavík (7.930 Einw.) ist eine der größten Städte des Landes, das Verwaltungs- und Dienstleistungszentrum der Halbinsel und der nach Reykjavík zweitgrößte Exporthafen Islands – insgesamt ein moderner Ort mit funktionalem Charakter. Stil und Charme hat er jedoch am alten Hafen, wo die jahrhundertealte Handelsgeschichte des Ortes ihre Spuren hinterlassen hat. Hier, in Nähe des Busbahnhofs, finden Besucher ein Museum mit Kunstgalerie in historischem Holzhaus, eine Galerie mit gutem Kunsthandwerk und das schönste Restaurant der Stadt: das freundliche Kaffi Duus.

Die sich unmittelbar südwestlich anschließende Zwillingsstadt Njarðvík (2.900 Einw.) mit ihren gut ausgebauten Hafenanlagen ist geschäftig und farblos – mit Ausnahme des isoliert am Wasser gelegenen, kleinen historischen Stadtteils Innri-Njarðvík. Keflavík und Njarðvík bilden gemeinsam mit dem winzigen Ort Hafnir (siehe S. 220) die Gemeinde *Reykjanesbær*.

Geschichte: Keflavík heißt übersetzt Treibholzbucht. Man erzählt, dass der Name gewählt wurde, weil Ingólfur Arnarsons Sklaven auf der Suche nach den Hauspfosten ihres Herrn hier in der Bucht Treibholz fanden. Im Jahre 1566 wurde Keflavík als englischer Handelsort das erste Mal erwähnt. Noch 1703 wohnten hier nur sechs Menschen, an Bedeutung gewann der Ort erst, als eine Springflut im Jahr 1798 den wichtigen Handelsplatz *Básendar* an der Westküste vollständig vernichtete und der dänische Monopolhandel hierher verlegt wurde. Jahrhundertelang blieb Keflavík wichtiger Handelsplatz, 1949 erhielt er das Stadtrecht. Der alte Teil von *Njarðvík*, Innri-Njarðvík, wurde bereits 1269 erstmals erwähnt und war von Beginn an eine wichtige kirchliche Stätte, weshalb er auch Kirkju-Njarðvík ("Kirchen-Njarðvík") genannt wurde. Sehr viel jünger ist Ytri-Njarðvík, und erst seit 1979 verfügt der Ort über das Stadtrecht.

Information/Verbindungen

• *Information* Im Busbahnhof am nördlichen Ortsrand, Grófin 2–4, ✆ 4215551, Mo–Fr 8–17, Sa/So 12–16 Uhr. Das Reykjanes Tourist Board sitzt in der Hafnargata 57, ✆ 4216760. Touristeninformation im Flughafen Keflavík, ✆ 4250330, geöffnet jeweils nach Landung der Flugzeuge.

• *Internet* In der **Stadtbücherei**, Hafnargata 57 (in der Mall), Mo–Fr 10–20, Sa 10–16 Uhr, ISK 200 für 30 Min. Ansonsten im Internetcafé **Icelan**, Hafnargata 54.

• *Feste* Am ersten Wochenende im September wird mit unschlagbar umfangreichem Programm *Ljósanótt*, die "Nacht des Lichts", gefeiert. Ausstellungen, Konzerte, Filme, Sport, Theater – alles wird geboten, immer und überall. Höhepunkt ist am Samstag die Entzündung der Lichtinstallation an der Steilküste Berg bei Grófin.

• *Verbindung* **Bus** vom Busbahnhof Keflavík, Grófin 2–4, ✆ 4206000, www.sbk.is; von/nach Reykjavík tgl. bis zu 5-mal, auch nach Njarðvík. Nach Sandgerði tgl. bis zu 4-mal, nach Garður bis zu 2-mal. Zurzeit fährt kein Bus zwischen Keflavík und der Blauen Lagune; diese Verbindung wird nur evtl. wieder aufgenommen. Es gibt auch keinen Bus mehr zum Flughafen. Zwischen Keflavík, Njarðvík und Hafnir tgl. zahlreiche Abfahrten. **Taxi**: ✆ 4211515/4214141.

Adressen

• *Versorgung* In Keflavík Alkoholgeschäft (Hólmgarður 2), Apotheke (Suðurgata 2 und Hringbraut 99), Arzt (Skólavegur 8), Banken (alle Banken haben in Keflavík Filialen, alle mit Geldautomat), Polizei (Hringbraut 130), Post (Hafnargata 89).

• *Autoverleih* Am günstigsten ist **S.S. Car Rental**, Iðjustígur 1 in Njarðvík, ✆ 4212220. Andere Verleihe z. B. **SBK Car Rental**, Grófin 2–4 (Busbahnhof Keflavík), ✆ 4206000, **Flug Hotel Car Rental**, Hafnargata 57, ✆ 4215222, **Avis**, Flughafen, ✆ 4250760, **Europcar**, Flughafen, ✆ 4250300.

• *Autowerkstatt* **Skipting**, ✆ 4213773; **Bílaþjónustan Gamli gljai**, ✆ 4211550; **Bílaver KÁ hf**, ✆ 4214545.

• *Bäckerei* **Nýja Bakari** mit Café in Keflavík, Hafnargata 31, Mo–Fr 7.30–18, Sa/So 9/9.30–16 Uhr. **Valgeirs Bakari** in Ytri-Njarðvík, Njarðarbraut, Mo–Fr 8–18, Sa/So 9–16 Uhr.

• *Bücher* Für Bücher gibt es in Keflavík die große **Bókabúð**, Sólvallagata 2/Ecke Hringbraut, Mo–Fr 9–18, Sa 10–14 Uhr.

• *Fahrradreparatur* **Útisport**, Ecke Hafnargata/Norðfjörðsgata, Mo–Fr 9–18, Sa 10–12 Uhr.

• *Fotoartikel* **Hljómval**, Hafnargata 28, Mo–Fr 9–18 Uhr.

• *Lebensmittel* **10–11**, Hafnargata/Skólavegur, tgl. 10–23 Uhr, **Samkaup**, großer Supermarkt am Campingplatz, Mo–Sa 10–19, So 12–19 Uhr. **Nóatun**, Túngata, 9–21, Sa/So erst ab 10/11 Uhr. **Hagkaup** an der Kreuzung

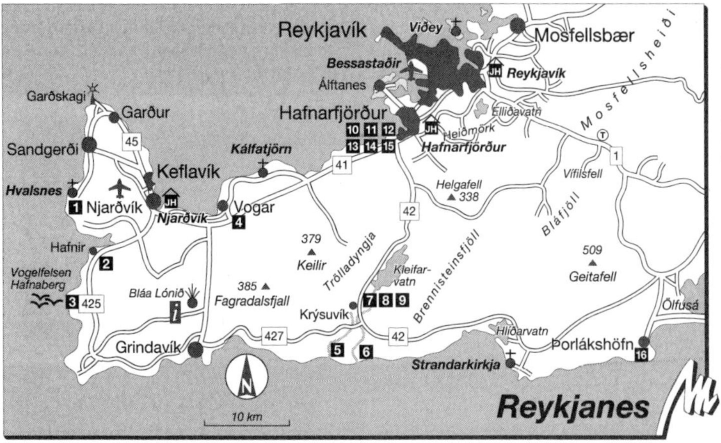

Karte S. 211

41/46, Mo–Fr 10–20, Sa/So 10/12–18 Uhr. **Fíakaup**, in Ytri-Njarðvík schräg gegenüber der Kirche, Holtsgata 24, tgl. 10–22 Uhr.

• *Souvenirs* Handarbeiten guter Qualität führt die freundliche **Gallerí Björg**, Hafnargata 2, Mo–Do 13–18, Fr 13–16 Uhr. Hier sollte hingehen, wer am Ende der Reise noch einen Wollpullover kaufen möchte. Neben einer großen Auswahl an Strickwaren gibt es bemalte Steine, Briefpapier, Keramik, Glasarbeiten und Schmuck. In der ehemaligen Fischfabrik gegenüber, **Svarta Pakkhúsið**, tgl. 13–17 Uhr, werden im früheren Kühlraum Bilder etwa 20 isländischer Künstler ausgestellt und zum Verkauf angeboten. Es gibt Aquarelle, Zeichnungen, Ölgemälde u. m., ganz verschiedene Stile, deshalb etwas für jeden Geschmack. Im Winter nutzen die Künstler die Räumlichkeiten als Atelier.

Übernachten/Camping

Kostenloser Flughafentransfer ist bei den Hotels, dem Motel, dem Gästehaus, der Jugendherberge und dem B&B Strönd im Preis inbegriffen.

Flug Hótel, Hafnargata 57, ✆ 4215222, ℻ 4215223, 39 Zimmer, davon 9 mit Luxusausstattung. DZ ISK 15.600 inkl. Frühstück. Elegantes Icelandair Hotel mit großzügigen Zimmer mit allem Komfort. Sauna, Fitnessraum, Hot Pot, Restaurant mit exzellenter Küche abends geöffnet, 10 % Ermäßigung für Gäste. Angeschlossen ist das Café Flug; hier gibt es Frühstück.

Hótel Keflavík, Vatnsnesvegur 12, ✆ 4207000 ℻ 4207002, 69 DZ ISK 19.800 inkl. Frühstück. Vornehmes 4-Sterne-Hotel mit Fitnessraum, Solarium, Sauna, Hot Pot, Massageraum. Zimmer mit Bad, TV, Telefon, Minibar, Radio. Im Restaurant Iðnó zahlreiche kleine Gerichte unter ISK 1.000; 10 % Ermäßigung für Gäste.

Gistiheimilið Keflavík, Vatnsnesvegur 9, ✆ 4214377, ℻ 4215590, gehört zum Hótel Keflavík. 6 frisch renovierte, freundliche Zimmer, alle mit TV, DZ ISK 9.800 inkl. Frühstück und Fitnesseinrichtungen im Hotel.

Motel Alex, Aðalgata 60, ✆ 4212800a, ℻ 4214285. Keine Übernachtungsmöglichkeit liegt so nah am Flughafen wie diese im Sommer 2002 eröffnete bei der Str. 41. Der Name täuscht, dies ist eher ein Gästehaus; 7 DZ ohne Bad, ein Familienzimmer. Hübsche, helle Zimmer, große Küche, Waschmaschine. DZ ISK 6.900, Frühstück ISK 600. Im ersten Stock weitere Zimmer geplant, diese mit Bad. Das für seine Gastfreundschaft und Herzlichkeit gelobte Haus organisiert seinen Gästen Leihwagen und bietet fast jeden Tag Trips zur Blauen Lagune an. Dass das Motel so riesig aussieht, liegt daran, dass die Isländer hier in einer 1.600 qm großen Garage ihr Auto parken, wenn sie auf Flugreise gehen.

FIT Hostel, Fitjabraut 6a in Njarðvík, 7 km vom Flughafen, ✆ 4218889, ℻ 4218887, 1.5.–1.10.

Im Frühjahr 2002 in einem ehemaligen Apartmentblock eröffnete, moderne Herberge mit 49 Betten in 16 Zimmern mit 2–4 Betten, die in den kommenden Jahren auf die doppelte Größe ausgebaut werden soll. Dann gibt es auch mehr als eine Küche und mehrere Bäder. ISK 1.500 für JH-Mitglieder, sonst 1.800; Aufpreis, wenn eigenes Zimmer gewünscht. Frühstück.

B&B Guesthouse, Hringbraut 92, ✆ 4218989/8674434. Nichtraucher-Gästehaus im ersten Stock über dem Supermarkt, Zimmer mit Waschbecken. Küche.

B&B Strönd, Njarðvíkurbraut 52–54, ✆/℡ 4216211. Ehemalige Jugendherberge in Innri-Njarðvík, der die Lizenz aberkannt worden ist, weil sich Gäste über mangelnde Sauberkeit beklagt haben. Auf den ersten Blick macht das Haus in idyllischer Lage am Wasser hinter der Kirche einen einfachen, aber freundlichen Eindruck. 45 Betten in Zimmern für 2–8 Pers., SSU ab ISK 1.750, Bettwäsche ISK 400, Frühstück; Küchen, Waschmaschine. Hier wohnten früher Arbeiter der kleinen Fischfabrik nebenan.

• *Camping* Gegenüber vom Supermarkt Samkaup am nördlichen Ortsrand von Njarðvík, 4 km vom Flughafen. Gute sanitäre Einrichtungen (Dusche im Preis inkl.), Waschmaschine und ein warmer Aufenthaltsraum. Interessant ist ein Blick in die Gästebücher, in denen Touristen am Ende der Reise ihre Islanderfahrungen festgehalten haben. Der Platz ist häufig fast komplett in der Hand deutscher Radler.

Essen/Bars

Wer essen gehen will, findet alle Restaurants, mit einer Ausnahme, in der Hafnargata.

Kaffi Duus, Duusgata 10, ✆ 4217080, geöffnet 9–1, Fr/Sa bis 3, So erst ab 10 Uhr. Knallrotes Haus mit großer Holzterrasse im alten Teil Keflavíks, vom herzlichen Besitzer Bói selber gezimmert. Schöner Blick auf den alten Hafen und hervorragende Küche. Tagsüber gibt es günstig frisch gefangenen Fisch und Fleisch, Gerichte inkl. Tagessuppe und Kaffee um ISK 1.300. Außerdem Salate, Pasta, in Schüsseln aus Brot (!) servierte Suppe und Sandwiches für den schnellen Hunger. Ab 18 Uhr stehen à la carte zahlreiche weitere leckere Gerichte zur Auswahl, darunter Lammfilet, gemischte Meeresfrüchte für ISK 2.000 und üppige, kaum zu schaffende Specials wie das exzellente Fish trio à la Duus, ISK 2.300. Nachmittags locken Waffeln, Kuchen und Kaffee, abends Bier.

Ráin, Hafnargata 19a, ✆ 4214601, tgl. 11.30–15 und 18–22 Uhr, Bar bis 1, Fr/Sa bis 3 Uhr. Großes, gemütliches Restaurant mit 15 Jahren Familientradition und insgesamt 30 m Fensterfront zum Wasser hin. Mittags Suppe und viele leichte Gerichte unter ISK 1.100. Abends aufwendiger und teurer. Berühmt für frischen Fisch – gebratener Lachs, Heilbuttsteak, Hummer-Risotto usw. um ISK 1.900. Am Wochenende Live-Musik und Tanz für Leute ab 30. Die Bar ist wohl die gemütlichste im Ort.

Glóðin, Hafnargata 62, ✆ 4218787, Mo–Fr 11.30–13.30, tgl. 17–22, Fr/Sa bis 23 Uhr. Restaurant mit Stil und Farbe und umfangreicher Speisekarte – Fisch und Fleisch, Vegetarisches und Pasta, schnelle Gerichte und, leider nur mittags, Knackiges von der Salatbar. Beliebt sind z. B. Meeresfrüchte-Gratin, Lammfilet mit Kräutern oder Kabeljau. 2- oder 3-gängiges Gourmetmenü ab ISK 2.700, jeden Tag gibt es auch ein 3-gängiges Special für ISK 1.850.

Pizza 67, Hafnargata 30, ✆ 4214067, tgl. 11.30–23.30 Uhr, mehr als 20 verschiedene Pizzen in drei Größen ISK 650–2.800 und leichte Gerichte, alle unter ISK 900. Warme Farben und freundliche Atmosphäre.

Langbest, Hafnargata 62, ✆ 4214777, tgl. 11–22 Uhr. Pizza zum selber zusammenstellen: Pizza Margarita in vier Größen oder Knoblauchbrot ist die Grundlage, als Extras gibt es 15 Zutaten ab ISK 180. Viele Hamburger, Sandwiches und ein paar Fischgerichte bis ISK 1.300 und Steaks. Cafeteria-Atmosphäre.

Soho, Hafnargata 61, ✆ 4215600, tgl. 11–1 Uhr, Fr/Sa länger. Der Name sollte nicht abschrecken, nur ein bisschen von New York träumen lassen. Umgeben von originellen Lichtideen kann man sich Suppen und Salate, Tex Mex-Gerichte und Fisch (z. B. Schellfisch auf orientalische Art, ISK 1.200) schmecken lassen; abends kommen noch ein paar ausgefallene Kreationen wie "Surf & Turf" – Langusten und Beefsteak – hinzu.

• *Bars* **N1**, Hafnargata 30, ✆ 4213421, Mo–Fr ab 18, Sa/So ab 12 Uhr; für Leute ab 20. Großer Raum, gemütlicher als H-38. Hier trifft man sich zum Bier, zu Billard und Darts oder um Fußball zu gucken. Bis 23 Uhr Pizza und Sandwiches. Sa ab 23 Uhr meist Livemusik und Tanz. Bis 1 geöffnet, Fr/Sa bis alle gegangen sind.

H-38, Hafnargata 38, tgl. 17–1 Uhr, Fr/Sa bis keiner mehr da ist. Große Bar auf 2 Etagen für Leute ab 18, wirkt eher wie ein nüchternes Restaurant. Bis 23 Uhr noch Pizza. Tanz im Keller ab 23 Uhr, meistens Livemusik.

• *Fastfood* **Olsen Olsen Diner**, Hafnargata, tgl. 11–22 Uhr. Amerikanisch aufgezogener Diner mit Hamburgern, Steaks und den berühmten Hoogies: riesigen gefüllten Sandwiches ab ISK 530. Alles weit unter ISK 1.000.

Subway, Hafnargata 32, 10–22, Sa/So erst ab 11 Uhr. Subs (Sandwiches) in 2 Größen und 5 Brotsorten ab ISK 550, Wraps und Salate.

Ungó Pizza, Hafnargata 6, 9–23, Sa/So ab 10 Uhr. Zahllose Pizzen, Pizza-Sandwiches, Knobi-Brot u. Imbiss-Food, alles auch im Take out.

Vikurgrillid-Zetan, Hafnargata 21, 11–22 Uhr, Fr/Sa bis in die Nacht. Kleiner Grill und Bar mit schnellen Gerichten, Sandwiches ab ISK 300.

Fitjagrill, an der Kreuzung 41/46, Mo–Fr 8–22, Sa/So 10–22 Uhr, beliebte Cafeteria und Imbiss bei der Tankstelle, mit Hamburgern ab ISK 340, Sandwiches um ISK 300, Pitas sowie kleinen Fisch- und Fleischgerichten bis ISK 1.000.

Freizeit/Sport

• *Angeln* **MWR Tour**, ✆ 8973332, 15.4. bis 30.9. auf Anfrage 4 Std. Hochseeangeln ab Hafen Grófin in Keflavík, Minimum 8 Pers., ISK 5.000/Pers. inkl. Ausrüstung u. Erfrischungen. Der Fang, ca. 5–15 Fische pro Pers., wird ohne Aufpreis an Bord filetiert. Meistens sieht man auf der Tour auch Wale. Andere Touren, z. B. zur Wal- oder Vogelbeobachtung, auf Anfrage möglich, ISK 3.000 pro Pers.

• *Fahrradverleih* **B&B Strönd**, Innri-Njarðvík, ✆/℻ 4216211.

• *Kino* Sambíóin, Hafnargata, 20 und 22 Uhr.

• *Schwimmbad* In Keflavík beim Sportplatz, Sunnubraut 31, Mo–Fr 6.45–21, Sa/So 9–18 Uhr, Freibad mit Hot Pots.

Touren

• *Walbeobachtung* Zwei Anbieter haben ca. 3-stündige Ausflüge zur **Vogel-, Delfin- und Walbeobachtung** im Programm. Die professionelle **M/S Moby Dick** (www.dolphin.is) für 94 Passagiere fährt 1.4.–31.10. tgl. um 10 Uhr vom Haupthafen in Keflavík, im Juni/Juli auch tgl. um 20 und So zusätzlich 13 Uhr, ISK 3.200 inkl. Transport von/nach Reykjavík. Abstecher zur Blauen Lagune möglich. Werden keine Wale gesehen, kann man umsonst noch mal auf Tour gehen. Vorbuchen unter ✆ 4217777/8008777. Alternative ist die Tour mit **Hnoss** für 16 Fahrgäste vom kleinen Hafen Grófin, 15.4.–15.9. tgl. 15.40 Uhr, ISK 2.500. Käpt'n Gunnar ist seit 35 Jahren in diesen Gewässern unterwegs und weiß, wo es hingeht. Infos und Buchung (nicht erforderlich, man kann auch einfach zum Pier kommen) unter ✆ 4227292/8651434. Für beide Touren gilt: Die Chance, Wale zu sehen (v. a. Schwertwal, Zwergwal, Buckelwal und Weißschnauzendelfin), liegt bei über 90 %, zudem sind Küste und Luft voller Meeresvögel. Auf Anfrage auch Touren zum Hochseeangeln oder zu einem Ziel nach Wunsch.

Sehenswertes

Am alten Hafen in Keflavík, wo die kleinen Boote im Wasser schaukeln, stehen noch ein paar historische Gebäude aus der Zeit, als Keflavík Handelsort war. Dazu gehören die Reste eines *Handelshauses* und das rote *Wohnhaus* des dänischen Kaufmanns Peter Duus von der gleichnamigen Handelsdynastie, beide aus dem 19. Jh. Peter Duus kaufte 1848, in der Ära des blühenden dänischen Handelsmonopols, den ganzen Ort Keflavík. Sein einstiges großes Haus wird seit einiger Zeit komplett renoviert und zum Museum und Kulturzentrum umgebaut.

Duushús: Die erste Ausstellung, die in dem roten Holzgebäude eröffnet wurde, besteht aus einer kunterbunten Flotte – einer Kollektion an Modellschiffen. 59 detailgetreu nachgebaute Miniaturen isländischer Fischerboote aus unterschiedlichen Epochen erzählen von der Arbeit auf See. Grímur Karlsson,

selber ehemals Seemann und Fischer, fertigte sie (und 140 weitere) in 20-jähriger Arbeit an. An den Wänden geben Fotos und Texte interessante Infos zur Entwicklung des Fischfangs in Island.
Im Herbst 2002 öffnete in einem weiteren Saal eine Kunstgalerie ihre Pforten, die in alle zwei bis vier Monate wechselnden Ausstellungen moderne Kunst präsentiert. Wenn die Renovierungsarbeiten abgeschlossen sind, soll auch das Heimatmuseum mit Ausstellungen rund um Themen wie "das Leben am und vom Meer", "Alltagskultur der Menschen auf Reykjanes" und "NATO-Basis" im Duushús einziehen. Weiterhin geplant sind ein Coffee Shop, ein Filmraum, Konferenz- und weitere Ausstellungssäle.

Öffnungszeiten Grófin, ✆ 4213769, im Sommer tgl. 11–18, im Winter 13–17 Uhr, ISK 300.

Luftwaffenstützpunkt Keflavík

1951 stimmte die isländische Regierung der Stationierung von US-Soldaten in Keflavík und dem Ausbau des Militärstützpunktes zu. Von Anfang an kam es zu regelmäßigen Protestmärschen der isländischen Bevölkerung, die fürchtete, ihre hart erkämpfte Souveränität und ihre kulturelle Identität zu verlieren. Um den Kontakt zwischen Einheimischen und Amerikanern deshalb so gering wie möglich zu halten, wurden die Soldaten räumlich isoliert auf der Militärbasis angesiedelt – sie verrät sich westlich der Kreuzung 41/44 durch eine Siedlung mit ockerfarbenen, durch bunte Balkons und Dächer ein bisschen aufgeheiterten Apartmentblöcken – und strengen Ausgangsbestimmungen unterworfen. Bis heute ist es den Amerikanern verboten, außerhalb des geologisch passenderweise gerade noch auf der nordamerikanischen Kontinentalplatte gelegenen Militärgeländes in Uniform herumzulaufen.
Die Ressentiments in der Bevölkerung blieben dennoch bestehen. 1956 verabschiedete das von einer linksliberalen Koalition geleitete Parlament daraufhin eine Resolution, die den Abzug der Truppen vorsah. Mit dem Aufstand in Ungarn und dem darauf folgenden Einmarsch des Warschauer Paktes sowie dem Ausbruch der Suez-Krise aber wurde die Idee wieder auf Eis gelegt. Die linksliberale Regierung, die 1971 antrat, wollte wieder den Abzug der Amerikaner erreichen, u. a. weil man fürchtete, im Ernstfall zum Spielball zwischen den Großmächten zu werden. Das Vorhaben wurde jedoch ein weiteres Mal aufgegeben, da die Ergebnisse der von einer Bürgerinitiative durchgeführten Unterschriftenaktion eine mittlerweile durchaus positive Resonanz auf den Verteidigungsvertrag zeigten. Denn aus ihm entstehen wirtschaftliche Vorteile: Zum einen erspart er den Isländern die 2–5 % des Bruttosozialproduktes, die andere NATO-Staaten in die Rüstung stecken. Zum anderen arbeiten auch heute noch immerhin 2 % der isländischen Erwerbstätigen direkt oder indirekt für den Stützpunkt. Und die Soldaten und ihre Angehörigen bringen jede Menge Dollars ins Land. So kam es nach der Abwahl der Regierungskoalition 1974 lediglich zur Unterzeichnung einer Vereinbarung, die die Zahl der auf der Insel stationierten Soldaten reduzierte. Aus Angst vor einer Verflachung der isländischen Kultur durch das amerikanische Fernsehprogramm wurde zudem entschieden, dass sein Empfang

zukünftig nur noch über Kabel möglich sein sollte. Weiterhin verpflichteten sich die USA, mit dem Bau eines zivilen Flughafengebäudes in Keflavík für eine Trennung zwischen zivilem und militärischem Luftverkehr zu sorgen. Das neue Terminal wurde 1987 eröffnet, und wer heute mit dem Flugzeug in Keflavík landet, merkt nichts von der Nähe des amerikanischen Militärs.

Das Ende des Kalten Krieges zog nach 1991 eine Reduzierung der Truppenstärke von 3.300 auf knapp 2.200 Mann nach sich. Die Zahl der Militärflieger wurde von 37 auf 18 halbiert, die der Jagdflugzeuge soll laut einer 1994 erreichten Vereinbarung auf ein Minimum von vier schrumpfen. 1996 unterzeichneten die isländische und die amerikanische Regierung ein weiteres Abkommen, das festlegte, dass vor dem Jahr 2001 keine Veränderungen in der Truppenstärke mehr vorgenommen werden sollten. Gleichzeitig verpflichteten sich beide Länder dazu, nach kosteneffizienteren Wegen zu suchen, um die Militärbasis zu unterhalten. Nach 2004 wird dies einfacher zu realisieren sein, denn dann läuft der Monopolvertrag für ein isländisches Bauunternehmen aus, dem bisher die Ausführung aller auf der Basis anfallenden Bauarbeiten vorbehalten war.

Mit der einstigen Feindseligkeit der Isländer gegenüber den Amerikanern ist es offensichtlich vorbei. Sie haben sich an ihre Anwesenheit gewöhnt, und neben den Kontakten auf der Basis, wo 900 Isländer direkt für die *Iceland Defense Force* arbeiten, kommt es auch zu gesuchten Begegnungen.

Karte S. 211

Hinter dem Kleinboothafen Grófin erstreckt sich die 10 m hohe Steilküste *Berg*, auf der man mit schönen Ausblicken wandern kann. Jedes Jahr im September verwandelt sich Berg in eine nächtliche Lichtinstallation, seit der Künstler Steinþór Jónsson im Jahr 2000 auf 500 m Küste zwanzig Strahler installierte, die das schroffe Gestein während der dunklen Jahreszeit in ein faszinierendes Gewirr aus Licht und Schatten verwandeln. Die Entzündung der Lichter ist der Anlass für das enorm populäre Festival *Ljósanótt* (siehe S. 210), das 2001 fast 20.000 Besucher anzog.

In der Nähe der Duus-Häuser steht in der Hafnargata ein *Fischerdenkmal* von Ásmundur Sveinsson. Ein weiteres interessantes Bauwerk ist die auf einem halbkreisförmigen Rasenplatz stehende, große weiße Holzkirche *Keflavíkurkirkja* am Kirkjuvegur.

In *Ytri-Njarðvík* ("Äußeres Njarðvík") lohnt die 1979 geweihte, moderne Kirche aus hellem Beton am Reykjanesvegur aufgrund ihrer eigenwilligen, dreieckigen Form einen Besuch. Als Kontrast dazu findet man im historischen *Innri-Njarðvík* ("Inneres Njarðvík") eine der wenigen aus behauenem Stein erbauten Kirchen Islands (1886). Leider öffnet sie nur nach Vereinbarung, wie auch das Heimatmuseum nebenan (für beide ✆ 4215551). Dieses 1906 errichtete Haus spiegelt die typischen Lebensverhältnisse einer besser gestellten Familie in der damaligen Zeit wider.

Hinter der Kirche steht u. a. eine Skulptur zum Gedenken an einen der größten isländischen Gelehrten, *Jón Þorkelsson Þorcillius* (1697–1759), die ihn selbst mit zwei Schülern darstellt.

Wie das Leben in einer Fischerhütte im frühen 20. Jh. aussah, lässt sich im Gehöft *Stekkjarkot* nahe Innri-Njarðvík nachvollziehen. Die ursprünglich 1856 erbaute und ein halbes Jahrhundert später erneuerte, einsam auf der Wiese stehende Farm aus Torf und Stein wurde 1994 renoviert und als Museum eröffnet. Ein ausgeschilderter Pfad zum Gehöft beginnt auf der Zufahrtsstraße nach Innri-Njarðvík, 500 m hinter der Kreuzung 41/46 (bei den Autohändlern).

Öffnungszeiten **Stekkjarkot**, Fitjar, ✆ 4216700, 1.6.–31.8. tgl. 13–17 Uhr, Eintritt frei.

Um Stekkjarkot wird sich in den nächsten Jahren einiges tun: Hier an der Küste soll die *Íslendingur* festmachen, das originalgetreue Replikat eines Wikingerschiffes in der Art, wie Leifur Eiríksson es im oder um das Jahr 1000 für seine Fahrt von Island nach Nordamerika nutzte (siehe Kap. "Snæfellsnes", S. 538). Keflavík kaufte das Segelschiff, das im Sommer 2000 auf den Spuren Leifurs von Westisland über den Atlantik segelte, von seinem Erbauer und Kapitän Gunnar Marel Eggertsson. Zugegebenermaßen mangelt es an einem Bezug Keflavíks zu Leifur; der geeignetere neue Heimathafen wäre Búðardalur, aber in diesem Fall hat das Geld entschieden. Bis ein Bootshaus zum Schutz der Íslendingur vor den Winterstürmen gebaut worden ist, wird das Schiff Interessierten im Hafen von Keflavík zugänglich sein. Um Stekkjarkot soll dann noch ein ganzes Museums-Wikingerdorf entstehen, das die Besucher in die Landnahmezeit entführt.

Halbinsel Miðnes

Die kleine, im Nordwesten spitz ins Meer hinausragende Halbinsel liegt nur einen Steinwurf vom Flughafen Keflavík entfernt. Im Gegensatz zum übrigen Reykjanes war sie in der Nacheiszeit vorübergehend vom Meer bedeckt und wurde fast bis auf den letzten Hügel eingeebnet. Die Lavafelder sind alle älter als die letzte Kaltzeit und seit langem mit dichtem Moos bedeckt. In früheren Jahrhunderten befanden sich auf dieser flachen, grünen, Sturm und Brandung ausgesetzten Halbinsel die wichtigsten Handelsplätze und Fischerdörfer in Reykjanes, heute liegt Miðnes im Schatten damals unbedeutender Orte wie Keflavík. Zwischen Leuchttürmen und Fischerorten findet man Ruhe und Entspannung, historische Stätten und einen der größten isländischen Vogelfelsen.

Auf der Straße 45 geht es von Keflavík aus am Küstenabschnitt Hólmsberg mit schroff abfallenden Vogelfelsen entlang nach *Leira*, einst Handelsplatz, heute nur eine Gruppe von Höfen und, mittendrin, einer der größten und besten Golfplätze Islands.

Garður **(1.210 Einw.)**

Das kleine Fischerdorf war zu Beginn des 20. Jh. mit 650 Einwohnern der größte Ort auf Reykjanes. Der Großteil der Fischer verließ jedoch das Dorf, als mit Beginn des motorisierten Fischfangs ein neuer Hafen in Sandgerði fertig gestellt wurde, von dem aus sich bessere Fangmöglichkeiten boten. Gefrierhäuser und Fischfabriken am Hafen zeigen aber, dass sich in Garður auch heute noch alles um den Fisch dreht. In früheren Jahrhunderten wurde hier oben im nördlichsten Zipfel von Reykjanes auch Ackerbau betrieben; davon ist nichts mehr zu sehen.

Vorposten am Meer: Garðurs alter Leuchtturm

1998 öffnete eine umfangreiche Ausstellung in Garður ihre Pforten: das *Museum zur Geschichte der Lebensrettungsgesellschaft in Island,* die im selben Jahr ihren siebzigsten Geburtstag feierte. Die Bewohner der Insel am Rande der Welt, ständig den Urgewalten der Natur ausgesetzt, bauten im Lauf der Jahre eine starke, hochprofessionelle Lebensrettungsgesellschaft auf. Das interessante Museum erzählt mehr darüber.

- *Verbindung* **Bus** ab Tankstelle tgl. bis zu 2-mal nach Sandgerði u. Keflavík.
- *Versorgung* Arzt, Autowerkstatt (✆ 4227272/ 8530960), Bank (Mo–Fr 9.15–12.30 und 13.30–15.30 Uhr, Geldautomat in der Tankstelle), Post, Supermarkt (Mo–Fr 9–21, Sa 10–21, So 13–19 Uhr).
- *Golf* 3 km nördl. von Keflavík liegt am Wasser mit Suðurnesja einer der anspruchvollsten Golfplätze des Landes, 18 Löcher.
- *Schwimmbad* Garðbraut, Mo–Fr 7–21, Sa/So 10–16 Uhr; Freibad mit Sauna und Hot Pots.
- *Camping* Ruhiger, von Vögeln umschwirrter Campingplatz bei den Leuchttürmen; mit WC, Warmwasser, kostenlos.
- *Essen* **Imbiss** in der Tankstelle am Heiðartún, 8.30–22, So ab 10 Uhr. Auch Lebensmittel.
- *Kunsthandwerk* **Ársól**, Garðbraut, Mo–Fr 13–18 Uhr, hat u. a. Keramik und Glaswaren.
- *Öffnungszeiten Museum* **Minjasafn Sysavarnafélags Íslands**, Þorsteinsbúð við Gerðavegur, ✆ 4526700, MaiSept. tgl. 13–17 Uhr, Okt.–April Sa/So 13–17 Uhr und nach Vereinbarung, ISK 200.

▸ **Weiterfahrt**: Am Pfarrhof Útskálar mit heller Kirche (um 1860) vorbei führt die Straße nach *Garðskagi*, der äußersten Landspitze von Miðnes. Es bietet sich eine weite Sicht auf die Bucht Faxaflói und an klaren Tagen bis zum Snæfellsjökull. In dieser malerischen Gegend mit weit gestreuten Häusern und grünen Wiesen stehen die Schmuckstücke Garðurs: zwei Leuchttürme von 1897 und 1944. In dem älteren, rot gestreiften Turm am Wasser war bis vor kurzem eine Station zur Vogelbeobachtung untergebracht. Hier befindet sich eine Karte, auf der alle Küstenorte der Halbinsel markiert sind. Der neue

Leuchtturm ist der höchste des Landes, aber leider verschlossen. Im randvollen *Heimat- und Seefahrtsmuseum* ein paar Schritte hinter ihm sind zahllose Geräte aus Handwerk und Landwirtschaft, aus Fischerei und Schifffahrt sowie eine Privatsammlung an Maschinen ausgestellt; im Garten liegen alte Boote und rostige Anker.

Öffnungszeiten **Byggða og sjóminjasafn**, ✆ 4227108/8942135, 1.5.–30.8. tgl. 13–17 Uhr und nach Vereinbarung, ISK 200. Der ältere Leuchtturm hat dieselben Öffnungszeiten.

▶ **Weiterfahrt**: An der Westküste von Miðnes mit Sand- und Treibholzstränden geht es durch flache grüne Marschlandschaft. Ornithologen kommen reichlich auf ihre Kosten: 170 verschiedene Vogelarten wurden hier ausgemacht, darunter viele Zugvögel. Verschiedene amerikanische Spezies, die sonst in Island nicht zu finden sind, können um Garðskagi beobachtet werden. Im Frühjahr und Herbst ziehen Gänse hier vorbei. Die Strecke an der Küste entlang von Garðskagi nach Sandgerði ist auch eine beliebte Wanderung.

Sandgerði (1.400 Einw.)

Seinen Namen übernahm Sandgerði von dem grünen Holzhaus am Teich direkt beim Ortseingang, das wegen seines ungewöhnlichen Baustils auffällt. Gebaut wurde es hauptsächlich mit Holz, das an Bord der "Jamestown" aufgetaucht war: einem 1870 bei Hafnir angetriebenen, mannlosen Dreimaster, dessen Besatzung nie gefunden wurde. Nur das Bauholz, welches das Geisterschiff geladen hatte, konnte gerettet werden.

Die auffällige Skulptur gegenüber dem Fußballfeld soll die Vergänglichkeit des Menschen im Gegensatz zur Ewigkeit des Meeres ausdrücken: Der Mann, aus einfachem Eisen errichtet, wird irgendwann wegrosten, die Meereswogen vor ihm aber, aus rostfreiem Stahl gebaut, werden weiterhin im Sturm branden.

• *Verbindung* **Bus** von/nach Keflavík bis zu 4-mal tgl., von/nach Garður bis zu 2-mal tgl.

• *Versorgung* Arzt, Bank (Geldautomat) u. Post (beide Mo–Do 12–16, Fr 10–16 Uhr), Supermarkt (Mo–Fr 9–21, Sa 10–21, So 12–19 Uhr), Lebensmittel auch bei **Aldan** an der Tankstelle (Mo–Fr 9–23, Sa/So 10–23 Uhr).

• *Schwimmbad* Suðurgata (bei der Schule), Mo–Fr 7–21, Sa/So 10–17 Uhr; Freibad.

• *Touren* Der Naturzentrum (s. u.) bietet 2- bis 5-stündige, naturkundliche Wanderungen (eine Woche im Voraus buchen).

• *Essen* **Vitinn**, Hafnargata 44, ✆ 4237755, 9–20, Fr/Sa bis 3 Uhr. Gemütliches Restaurant in einer Seemannsstube mit günstigen Gerichten, z. B. Lamm ISK 1.350, Fisch ISK 1.250. Jeden Mittag ein Special um ISK 1.000 mit Suppe, Hauptgericht und Kaffee. Auch kleine Gerichte wie Krabbencocktail mit Toast, ISK 850. Seit 20 Jahren ist Vitinn im Besitz von Stefán und Brynhildur; die traditionellen Kostüme, die das Personal im Sommer trägt, hat die Besitzerin selbst geschneidert.

Mamma Mia, Hafnargata 5a, ✆ 4237377, Mo–Sa 11.30–13 und 17–22, Fr/Sa bis 23.30, So 17–22 Uhr. Nüchterne Pizzeria neben dem Naturzentrum mit über 20 Pizzen in drei Größen, ab ISK 650. Den Belag kann man sich selber zusammenstellen. Auch Knobibrote in Pizzagröße und Fastfood.

• *Übernachten* Sommerhäuser **Þóroddsstaðir**, ✆ 4237748/8937523, einige Kilometer nördlich von Sandgerði an der näher am Wasser entlanglaufenden Parallelstraße zur Str. 45, in grenzenloser Ruhe. Besitzer Ingimar baut die Häuser selber, drei stehen schon, sieben sollen es werden. Hübsche, helle Holzhäuser mit 2 DZ, Bad, gut ausgestatteter Küche, Sofa und TV. Für 2 Pers. ISK 8.000, weitere Pers. je 1.000. Jedes Haus wird eine eigene Terrasse mit Hot Pot haben.

• *Feste* Das letzte Wochenende im August feiert Sandgerði mit Konzerten und Tanz, Spielen und Kunst, Sportwettbewerben und Feuerwerk.

• *Kunsthandwerk* **Ný Vídd**, Strandgata 18, Fr–Mo 13–17 Uhr, ist eine große Keramikwerkstatt und Kerzenfabrik, wo schönes Kunsthandwerk direkt vom Hersteller gekauft werden kann.

Der vergängliche Mensch und das ewige Meer

Naturzentrum: In einer ehemaligen Fischfabrik untersuchen Mitarbeiter des marinen Forschungsinstituts das Leben auf dem Meeresgrund rund um Island. Interessierte Naturfreunde können ihnen dabei nicht nur über die Schulter schauen und im Museum im ersten Stock eine einzigartige Sammlung winziger Kreaturen aus den Tiefen des Ozeans kennen lernen, sie erfahren anhand von Ausstellungen und Aquarien auch vieles über das reiche Fisch- und Vogelleben um Sandgerði, über Pflanzenwelt, Mineralien, das Leben am Strand und im Teich. Zu jedem Thema werden ein- bis fünfstündige Erkundungstouren angeboten (bis zu einer Woche Vorbuchung erforderlich). Die Besucher können aufgestöberte Naturschätze mit ins Zentrum bringen, um sie dort genau unter die Lupe zu nehmen. Auch ein Ausflug zum Fischmarkt am Hafen kann arrangiert werden. Neustes Museumsstück ist ein Walross, wie es auf dem Wappen Sandgerðis prangt. Die Ausstellungen sollen noch erweitert werden.
Öffnungszeiten **Fræðasetur**, Garðvegur 1, ✆ 4237551, Mo–Fr 9–17, Sa/So 13–17 Uhr, ISK 300.

▸ **Weiterfahrt**: Schon von weitem ist die 7 km hinter Sandgerði einsam am Meer stehende *Hvalsneskirkja* zu sehen. Das kleine Gotteshaus mit buntem Holztürmchen wurde 1887 wie die Kirche in Innri-Njarðvík aus behauenem Bruchstein erbaut, eine Seltenheit in Island und zugleich Zeugnis des früheren Wohlstands in dieser Gegend. *Hallgrímur Pétursson*, der in Island allseits bekannte Dichter der Passionshymnen, war hier 1644–1651 Pfarrer. In dieser Zeit verstarb noch im Kindesalter seine Tochter Steinunn, woraufhin er die Elegie *Allt eins og blomstrið eina* verfasste, die noch heute bei vielen Beerdigungen in Island gesungen wird. Man nimmt an, dass er selbst auch den bei Bauarbeiten 1864 ans Tageslicht beförderten, heute im Chor der Kirche aufbewahrten Grabstein für seine Tochter gemeißelt hat. Der Stein ist zerbrochen, ein paar Zahlen und Buchstaben fehlen, doch ist er der größte Schatz der Kirche. Da niemand in der Nähe ist, um auf das Gotteshaus Acht zu geben, ist es leider immer verschlossen.

2 km weiter südlich endet die Straße 45 in einem kleinen Parkplatz vor dem gelben Leuchtturm. Rechts vorbei am letzten Hof, *Stafnes*, führt ein markierter Fußweg nach *Básendar*, das während des dänischen Handelsmonopols zwei Jahrhunderte lang zu den bedeutendsten Handelsplätzen und Fischerdörfern Islands gehörte. Als 1798 eine Springflut das Dorf vernichtete, wurde der Handel nach Sandgerði und Keflavík verlagert. Grasbewachsene Ruinen erinnern an die vergangene, blühende Zeit.

▸ **Wanderung von Stafnes nach Hafnir (1) (3–4 Std.):** Von Stafnes führt eine Wanderung auf einem schmalen ehemaligen Reitpfad an der Küste entlang um die Bucht Ósar. Kurz hinter der Radarstation befindet sich bei Þórshöfn, im 16. Jh. ein Handelszentrum der Hanse, ein Stein, der "Hallgrímshella" genannt wird. In ihn ritzte Hallgrímur Pétursson einst seine Initialen "HP" ein. Wenige Kilometer vor Hafnir trifft der Pfad auf die Straße 44.

Reykjanes entdecken: Eine Trekkingtour

Auf uralten Hauptverbindungswegen, die einst zu Fuß oder mit dem Pferd zurückgelegt wurden, ziehen sich heute quer über die Halbinsel mehrere Wanderwege. 1996 wurde mit dem *Wanderweg Reykjavegur* auch eine Route in Längsrichtung, von der Steilküste am Kap Reykjanes im Südwesten bis zum aktiven Vulkangebiet Hengill im Osten beim Þingvallavatn, eröffnet. Die leichte Strecke, die abgesehen von der Gegend um das Bláfjöll nirgends höher als 300 m geht, ist rund 130 km lang und führt trotz der Nähe zu den am dichtesten besiedelten Gebieten Islands durch eine fast hochlandähnliche Wildnis. Die durchweg markierte Route ist in sieben 14 bis 20 km lange Abschnitte eingeteilt, die sich alle auch für Tageswanderungen eignen, da die Etappenziele leicht mit dem Auto zu erreichen sind. Dort wurden – bislang leider unvollendete – Hütten aufgestellt, die so bald wie möglich müden Wanderern Unterkunft auf Matratzen bieten sollen. Gute Campingmöglichkeiten entlang des Trails bestehen alle 4–5 km. Das *Reykjanes Tourist Board* hat eine Karte von Reykjanes herausgebracht, auf der neben den anderen Wanderwegen auch der Reykjavegur mit allen am Rande liegenden Sehenswürdigkeiten verzeichnet ist. Sie ist jedoch weder topographisch noch maßstabsgetreu. Wer sich auf den Weg macht, sollte sich deshalb zuvor eine topographische Karte der Halbinsel zulegen. Es muss außerdem bedacht werden, dass Frischwasser auf Reykjanes äußerst knapp ist. Dies gilt vor allem für die Strecke von Reykjanesviti zur Blauen Lagune, einen besonders reizvollen Abschnitt des Trails, der durch eine von vulkanischer Aktivität geprägte Region mit Kratern, Spalten und Verwerfungen führt.

Information Organisationskomitee Reykjavegur, ✆ 5641788.

Die Westküste bis Grindavík

Die Westküste hat erstaunlich viel zu bieten – einen großen Vogelfelsen und eine breite Sandstrandbucht, tosende Brandung, Krater, Solfataren, Eruptionsspalten, Treibholzküsten und halb vergessene Ruinen.

▸ **Hafnir** (123 Einw.): Früher war Hafnir wegen seines guten Naturhafens ein bedeutender Handelsposten und Fischerort, woran noch einige alte Häuser und die dunkle Holzkirche (etwa 1860) erinnern. Heute ist es ein verträumtes klei-

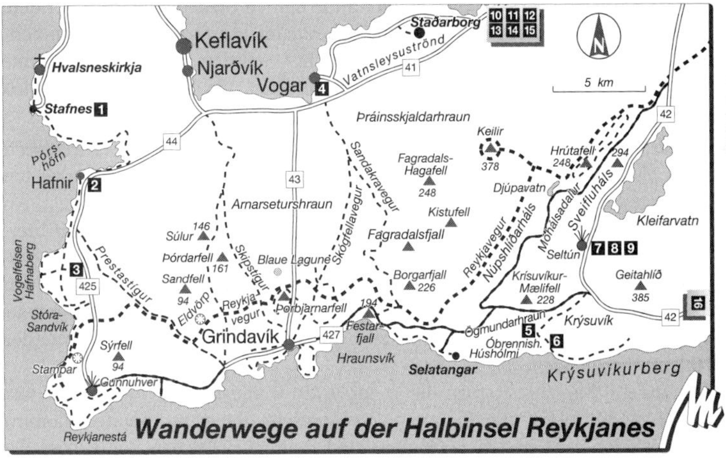

nes Dorf, in dem es nicht einmal einen Laden oder ein Schwimmbad gibt. Am pittoresken Hafen brandet mit Gewalt das Meer. Welche Mächte draußen vor der Küste toben, wurde nicht zuletzt 1870 klar, als der Schoner *Jamestown* unbemannt in der Nähe angetrieben wurde. Sein 3000 kg schwerer Anker liegt vor dem letzten Haus beim südlichen Ortsausgang. Am südwestlichen Ende der Hafnargata stehen ein paar rasengedeckte Häuschen mit Steinwällen und Holzverschalung, die letzten Reste des einstigen Groß-Gehöftes Kotvógur aus einer Zeit, als es hier geschäftiger zuging.

Schräg gegenüber der Kirche lohnt das *Meeresaquarium* einen Besuch. In einem großen Saal ist der Vogelfelsen Hafnarberg als Diaporama zu studieren, stehen ein Walfangboot von 1902 und ein Fischtrockengestell. Hinter in die Wände eingelassenen Glasfenstern tummeln sich, wie auch in einem runden Raum mit Modellschiffen nebenan, u. a. Kabeljau und Meerforelle, Heilbutt und Seelachs, Saibling und Dornhai in ihren Süß- und Salzwasser-Aquarien. In einem dritten Raum kann man es sich mit Kaffee bequem machen und Krebse und Seesterne beobachten. In dem originellen "Fischmuseum" wird Kunsthandwerk aus Fischhaut zum Verkauf angeboten.

Öffnungszeiten **Sæfiskasafnið**, Hafnargata, 1.5.–31.8. tgl. 14–17.30 Uhr, sonst bis 16 Uhr, ISK 300.

▸ **Wanderung über den Prestastígur an das Südufer (2) (ca. 5 Std.):** Wenige Kilometer südlich von Hafnir beginnt der ausgeschilderte, mit Steinmännchen markierte Prestastígur nach Húsatóftir: für Jahrhunderte einer der Hauptverbindungswege der Region. Der 16 km lange Wanderweg führt vorbei an Kratern, Verwerfungen und Spalten und gilt wegen dieser Zeugnisse der tektonischen Bewegungen als einer der interessantesten auf Reykjanes.

▸ **Wanderung zum Vogelfelsen Hafnarberg (3)**: 5 km südlich von Hafnir führt von einem Parkplatz aus ein mit Steinmännchen außerordentlich gut markierter, etwas über 2 km langer Wanderweg zu einem der größten und interessantesten Vogelfelsen Islands. Hier brüten von Juni bis Anfang Juli Unmengen an

Halbinsel Reykjanes
Karte S. 211

Seevögeln in den schroff abfallenden, 30 m hohen Steilklippen, insbesondere Dreizehenmöwen, Krähenschaben, Eissturmvögel und verschiedene Lummenarten. Papageientauchern gefällt es hier nicht – auf den Klippen gibt es keine Grasnarbe, in die sie ihre Höhlen graben könnten. Vor der Küste lassen sich mit etwas Glück auch Kleinwale beobachten.

▸ **Weiterfahrt**: 3 km hinter dem Hafnaberg-Parkplatz, nach einer Fahrt durch mehr als 2.000 Jahre alte Lavafelder, zweigt eine Schotterpiste zu einer weiten Dünenlandschaft ab, in deren Mitte ein See mit reichem Vogelleben liegt. An ihm vorbei gelangt man zur *Stóra-Sandvík*, der "großen Sandbucht" mit breitem, schwarzen Sandstrand vor dem tosenden Meer. An schönen Tagen wagen sich hier ein paar einsame Wellenreiter in die blauen Fluten hinaus. Von der Schotterstraße zur Bucht zweigt eine nur für Allrad-angetriebene Fahrzeuge geeignete Piste ab, die sich bis zum *Kap Reykjanes* an der Südspitze der Halbinsel schlängelt.
Der andere Weg zum Kap ist die knapp 4 km weiter südlich von der Str. 425 abzweigende Stichstraße Richtung *Reykjanesviti*. Raue, mit kleinen Kratern gesprenkelte Lava und tiefe Spalten sind deutliche Zeichen dafür, dass die Landschaft von vulkanischer Aktivität geprägt ist. Hier erhebt sich der mittelatlantische Rücken über die Meeresoberfläche, der das Land aus geologischer Sicht in zwei Hälften teilt. Wo genau, ist leicht zu erkennen: Seit kurzem überspannt östlich der Straße eine kurze Fußgängerbrücke die "Schlucht zwischen den zwei Kontinenten". Die Idee war clever; plötzlich interessieren sich viel mehr Leute als früher für Plattentektonik, fahren hierher und laufen kurz von Europa nach Amerika und zurück.

Einer der Hauptzeugen des Vulkanismus ist die Eruptionsspalte *Stampar*, deren letzter Ausbruch im Jahr 1268 registriert wurde. Ein gewaltiger Lavastrom ergoss sich über eine Fläche von 80 qkm und vergrub einige Häuser. An der zum Kap führenden Straße befindet sich ein Parkplatz, in einem kurzen Spaziergang kann einer der Krater bestiegen werden. Von oben bietet sich ein guter Überblick über die zerfurchte Landschaft.

An der Stichstraße belagern Dreizehenmöwen eine Anlage zur Salzgewinnung aus dem heißen Meerwasser, das in 900–1.000 m Tiefe in die Gesteinsschichten des Kap Reykjanes strömt. Die Straße führt bis zum Leuchtturm, in dessen Nähe heiße Quellen dampfen und leuchten. Dieses *Solfatarenfeld* entstand 1967 durch Erdbeben und damit verbundene Krustenbewegungen. Die bekannteste Quelle ist die ausgeschilderte, per Allradpiste zu erreichende *Gunnuhver*, deren Name der Volkssage nach von der bösartigen Gunna stammt, die Anfang des 18. Jh. des Mordes verdächtigt und auf Rat eines Weisen in diesen brodelnden Topf getrieben wurde. Aus dem Becken mit Sinterablagerungen heraus pflegte die Springquelle einst recht munter zu spritzen. Heute ist sie ausgetrocknet. Das 1 qkm große Geothermalgebiet ist der Namensgeber für Reykjanes, "rauchende Landzunge", eine Bezeichnung, die zuerst nur für diesen Zipfel der Halbinsel verwendet wurde. Wegen des engen Nebeneinanders von kühlem Ozean und heißen Quellen herrscht hier eine eigentümliche Atmosphäre. Zwischen den dampfenden Töpfen sitzen Seevögel, in deren Kreischen sich Geblubber und Gezische mischt. Dazu riecht es nach Meer und Schwefel.

Auf der Klippe *Valahnúkur* erhob sich 1878 der allererste Leuchtturm Islands. Nachdem er jedoch schon neun Jahre später bei einem Erdbeben eingestürzt war und von der Klippe zu fallen drohte, musste er abgerissen werden; die Ruinen sind noch zu sehen. In den Steilwänden nisten in großer Zahl Silbermöwen, Eissturmvögel, Dreizehenmöwen und Raben. Aber Vorsicht – zur Brutzeit verhalten sich die Vögel angriffslustig und nähern sich Eindringlingen im Sturzflug. Von oben bietet sich ein schöner Ausblick über den Südwestzipfel von Reykjanes und zur 70 m steil aufragenden, kahlen Insel *Eldey* ("Feuerinsel") 14 km südwestlich vom Kap, die in den Sommermonaten von Zehntausenden von Zugvögeln aufgesucht wird. Hier ist die mit etwa 60.000 Tieren drittgrößte Basstölpelkolonie der Welt beheimatet. Seit 1940 ist Eldey Vogelschutzgebiet; allein um sich der Insel zu nähern, bedarf es einer besonderen Genehmigung.

Die letzten Riesenalken

1844 wurden auf Eldey die letzten beiden flügellosen, bis zu 50 cm großen Riesenalken (*Pinguinus impennis*) geschossen. Nachdem Erderschütterungen durch submarinen Vulkanismus den Seevogel von der Klippe Geirfuglasker, dem letzten ihm verbliebenen ungestörten Nistplatz, vertrieben hatten, hatte er auf der Hauptinsel Zuflucht gesucht. In Kanada, Grönland und auf den Färöern wegen seines guten Geschmacks schon ausgerottet, wurde der einst im ganzen Nordatlantik verbreitete Riesenalk nun auch von den Isländern gejagt, um auf dem Teller oder in den naturhistorischen Museen zu enden. Wer heute einen dieser großen Vögel sehen möchte, muss sich mit dem ausgestopften Exemplar im Institut für Naturgeschichte in Reykjavík zufrieden geben.

Vor keiner Küste Islands sind submarine Vulkanausbrüche häufiger als hier im Bereich des mittelatlantischen Rückens. Die Küste vor dem Kap Reykjanes wurde deshalb immer wieder durch die Entstehung mehr oder weniger standhafter Inseln und Schären umgestaltet. Die 51 m hohe, von Seevögeln dicht bevölkerte Klippe *Karlinn* ("Alter Mann") genau vor der Steilküste vermochte der tosenden Brandung zu trotzen, anders die Insel *Nýey*, die 1783 auftauchte und nach wenigen Monaten wieder verschwand.

Zurück auf der Schotterstraße 425, geht es am Schildvulkan *Háleyjarbunga* und mit einigem Abstand an der pechschwarzen Felsküste *Staðarberg* vorbei, die einen Abstecher lohnt. Knapp 5 km vor dem Friedhof in Staður kennzeichnet ein Schild mit der Aufschrift *Brimketill* den Weg zum gleichnamigen Felsloch an der Küste, das man über eine schlechte Allradpiste erreicht. Wahrscheinlich wurde das Becken vom Meer ausgewaschen. Die Felsmassen sind an der ganzen Südküste Reykjanes' nicht so homogen aufgebaut, dass sie der Brandung gleichmäßig Widerstand leisten könnten; so bilden sich vielerorts Klippen, Türme, Grotten und Brandungstore.
Hinter der Lachsfarm liegt der Friedhof von *Staður*, der letzte Überrest von einer der drei ehemaligen Fischersiedlungen, aus denen zu Beginn des 20. Jh. Grindavík hervorging. Sogar die Kirche des hiesigen Pfarrhofes wurde 1909 nach Grindavík verlegt, wo sie heute noch steht.

Grindavík

(2.340 Einw.)

Grindavík eignet sich gut als Ausgangspunkt für Wanderungen über die Halbinsel, lockt mit einem jüngst eröffneten Museum zu Fang und Verarbeitung von Salzfisch und kann mit etwas aufwarten, was es in Island seit dem Jahr 1000 nicht mehr gegeben hat: mit einem heidnischen Tempel.

Grindavík, seit 1343 Handelsort und Fischerdorf, war im Mittelalter Anlass heftiger Machtkämpfe unter Kaufleuten, die 1532 in der Schlacht von Grindavík gipfelten. Englische Händler wurden von der deutschen Konkurrenz der Hanse und von verbündeten isländischen und dänischen Kaufleuten gewaltsam gezwungen, einen ihrer letzten Fischereistützpunkte in Island aufzugeben. Heute ist Grindavík ein großes, verschlafenes Fischerdorf. Die Einwohner leben wie seit Jahrhunderten von Fischfang und -verarbeitung, seit neustem auch von Fischzucht. Da die Fischgründe vor der Küste zu den besten in ganz Island zählen, ist Grindavík trotz seiner gefährlichen Hafeneinfahrt wichtigster Fischereistandort der Halbinsel und einer der größten des Landes. Der Hafen ist entsprechend groß und gut ausgebaut. Hier stehen von Seevögeln umkreiste, graue Fischfabriken, Gefrierhäuser und Lagerhallen. Dass es dem Ort gut geht und die Bevölkerung wächst, beweist die rege Bautätigkeit. Vor kurzem wurde in Grindavík gar das zweitgrößte Fußballstadion des Landes eröffnet.

Schön ist das Viertel um die kleine Wellblechkirche am südlichen Ende der Víkurbraut mit alten, bunten Häusern. Das 1909 von Staður hierher verlegte Gotteshaus wird seit der Einweihung der modernen Kirche 1982 nicht mehr für religiöse Zwecke genutzt. Anstatt es leer stehen zu lassen, stellte man Klettergerüste davor auf und verlegte den Kindergarten hier hinein. Als der umzog, übernahmen die Anonymen Alkoholiker das Gotteshaus. Die moderne Kirche ist ein weißer Bau aus Glas und Beton (tgl. 8–12 Uhr), in dem im Sommer Konzerte stattfinden. In Grindavík starten zwei etwa 15 km lange Wanderungen nach Vogar bzw. Njarðvík an der Nordküste. Zurzeit gibt es im Ort nur ein Gästehaus; weitere Übernachtungsmöglichkeiten sind aber geplant.

Information/Verbindungen/Adressen

- *Information* Im Museum Saltfisksetur, Hafnargata 12a, ✆ 4201190, 📠 4201199, tgl. 11–18 Uhr.
- *Verbindung* **Bus** ab Kiosk Bára, Hafnargata 6, ✆ 4268091, und ab Museum. Von/nach Reykjavík über Blaue Lagune tgl. 2-mal.
- *Versorgung* Alle Einrichtungen finden sich in der Víkurbraut. Im Einkaufszentrum Vikurbraut 62: Alkoholgeschäft, Apotheke (Mo–Fr 9–12.30 und 13.30–18 Uhr), Arzt, Geldautomat, Bank, Buchladen. Weiter die Straße hinunter: Autoverleih (**Rás**, Nr. 17, ✆ 4267100), noch eine Bank (Nr. 56), Polizei, Post (Nr. 25).
- *Autowerkstatt* Bifreiðaverkstæði Grindavíkur, Verbraut, ✆ 4268357; Vélsmiðja Þorsteins hf., ✆ 4268540/852542.
- *Einkaufen* **Supermarkt**, Víkurbraut 60, Mo–Fr 9–19.45, Sa/So 10–18 Uhr. **Bäckerei**, Gerðavellir 17, Mo–Fr 7–18, Sa/So 8–16 Uhr, sonst einfach anklopfen. **Bára**, Hafnargata 6, und **Söluturninn**, Víkurbraut, beide 9–23.30, Sa/So ab 9.30/10 Uhr, führen Lebensmittel, Süßigkeiten und Fastfood; Bára hat die bessere Auswahl an Lebensmitteln.
- *Pferdeverleih* **Vík**, Vesturbraut 15, ✆ 4268303; auch Ausflüge in der Kutsche.
- *Schwimmbad* Austurvegur, Mo–Fr 7–21, Sa/So 10–18 Uhr, Freibad mit 3 Hot Pots, Rutsche, Sauna (im Eintrittspreis inkl.).
- *Tankstelle* Olis in der Hafnargata im Hafen, mit Kiosk, Mo–Fr 8–21, Sa 9–21, So 10–21 Uhr. An der Esso-Tankstelle (auch mit Kiosk) in der Víkurbraut kann nur mit Karte getankt werden.

Übernachten/Camping/Essen

• *Übernachten* **Gistiheimili Fiskanes**, Hafnargata 17–19, ✆ 4268487/8976388, 18 DZ mit Waschbecken, ISK 2.500/Bett, SSU ISK 1.500. In der ersten Etage eines Gebäudes der Fischverpackungsfabrik am Hafen. Früher wohnten hier Arbeiter der Fabrik. Zimmer etwas klein und kahl; Küche, Fitnessraum, Waschmaschine inkl.

• *Camping* Schöner, gepflegter kleiner Platz am Austurvegur bei den Sportplätzen mit kleiner Kochhütte, WC und Warmwasser, kostenlos.

• *Essen* **Sjómannastofan Vör**, Hafnargata 9, ✆ 4268570, tgl. 9–22 Uhr. Große, freundliche Seemannsstube mit vielen Stammgästen. Mittagsmenü mit Suppe, Salat, Fischgericht, Orangensaft und Kaffee nur ISK 1.100. À la carte Fleisch (bis ISK 1.700) und Fisch (fast alles um ISK 1.000), Pasta, Suppen, Hamburger und Sandwiches.

Sjávarperlan, Stamphólsvegur 2, ✆ 4269700, tgl. 11–22 Uhr. Großes Holzhaus aus Estland gleich hinter dem Ortseingang mit warmer Atmosphäre und freundlichem Service bietet mittags wechselndes Tagesmenü und schnelle Gerichte vom Grill, abends leckere Suppen, ausgezeichneten Fisch (bis ISK 2.000) und Fleisch (bis ISK 2.600). Sonntags oft ab 14 Uhr Kuchenbüfett. Im Winter ist abends unten Tanz, gegessen wird dann oben.

Mamma Mía, Víkurbraut 31, ✆ 4267860, Mo–Do 17–22, Fr/Sa 15/11.30–23.30, So 11.30–22 Uhr. Etwas versteckt bei der Esso-Tankstelle an der Ecke liegende, gemütliche Pizzeria mit 20 gut belegten Pizzen in vier Größen ab ISK 950. Freundlicher Service.

HafurBjörn, Hafnargata 6, ✆ 4268466, 12–24, Fr/Sa bis 4 Uhr (Küche bis 21 Uhr). Rustikales Restaurant und Bar, das seine zuvor umfangreiche und gute Speisekarte leider auf Pizza reduziert hat.

Sehenswertes

Salzfischmuseum: Mitten im Hafengebiet eröffnete im Herbst 2002 zwischen zwei Fischfabriken ein großes, modernes Museum, in dem es um einen wichtigen Aspekt der Wirtschaft Grindavíks und Islands insgesamt geht: den Fang und die Zubereitung von Salzfisch. Grindavík ist einer der größten Exporteure dieser salzigen Ware auf der Insel, und zwischen Fischerboot und Trockenhütte, Lagerhaus und Fisch erfahren Besucher u. a. anhand von alten Bildern und Gerätschaften alles über die Entwicklung der Salzfischindustrie in Island. Auch für Wechselausstellungen und für Informationen dafür, wie beispielsweise die Portugiesen ihren "bacalhau" herstellen, hat das mit vielen guten Ideen aufgebaute Museum mit Coffee Shop und Blick auf den Hafen Platz.

Öffnungszeiten **Saltfisksetur Íslands**, Hafnargata 12a, ✆ 4201190, tgl. 11–18 Uhr, ISK 500.

Sonnentempel und Schwitzhütte: Der überzeugte Asenanhänger und Künstler *Tryggvi Hansen* baute in Grindavík mehrere heidnische Stätten, von denen jedoch nur eine vollendet wurde: Im *Sonnentempel* gegenüber der neuen Kirche versammeln sich Anhänger des Kults am längsten Tag des Jahres zum Tanz. Der Bau des Tempels wurde von der Stadtverwaltung sofort als potentielle Touristenattraktion erkannt, und ohne viel Zögern wurden die Baugenehmigung erteilt und Finanzen bereitgestellt. Dass Tryggvi es aber ernst meinte und auch an anderen Plätzen im Ort begann, Steine aufeinander zu schichten, wurde von den Stadtvätern nicht mehr begrüßt. Mitunter wurde deshalb die Bauerlaubnis verweigert, so z. B. bei dem Marktplatz und Treffpunkt für Feste und Feiern *Ægisgarður*. Gegenüber vom Restaurant HafurBjörn soll diese halb fertig gestellte Stätte den Meeresgott Ægir darstellen, wie er seine Arme um die versammelten Menschen breitet. Für eine Überdachung wurde auch nach Jahren noch kein grünes Licht gegeben. Hinter dem Restaurant weihte Tryggvi eine *Schwitzhütte* ein, in der man sich zum Geschichten

Der Sonnentempel von Grindavík

erzählen und Lieder singen treffen und die alte Tradition der *baðstofa* wieder beleben kann. Dann zog er nach Reykjavík, um dort eine größere Schwitzhütte zu bauen, und schert sich seither nicht mehr um Entscheidungen der Verwaltung von Grindavík.

Von Grindavík nach Hafnarfjörður: Nordküste

Für die Fahrt zur "Wikingerstadt" Hafnarfjörður nahe Reykjavík bieten sich von Grindavík aus zwei Möglichkeiten. Die Strecke entlang der Nordküste ist kürzer und weniger interessant als die an der Südküste, führt aber kurz hinter Grindavík an einem der größten Highlights Islands vorbei: der Blauen Lagune. Sie macht sich schon aus der Ferne mit einsamen Dampfschwaden bemerkbar. Wer den Anblick dieses einmaligen, in die Lava eingebetteten Bades von oben genießen möchte, kann knapp 1 km hinter dem nördlichen Ortsausgang von Grindavík die steile Piste auf den Aussichtsberg *Þorbjarnarfell* (243 m) hinaufwandern. 2002 wurde parallel zur Str. 43 eine direkte Verbindungsstraße zwischen Grindavík und der Blauen Lagune eröffnet. Der aus diesem Anlass stattfindende kleine Marathon auf der Strecke soll voraussichtlich jedes Jahr wiederholt werden.

Die Blaue Lagune

Das Badeparadies "Bláa Lónið" vor Grindavík zieht jährlich mehr als 300.000 Besucher an. Kaum ein Reisender lässt sich den Sprung in dieses originelle Bad entgehen, und die Zahl der Schwimmer steigt weiter an.

Der Beginn des ursprünglichen Bades war reiner Zufall: Es entstand mit dem geothermischen Kraftwerk, das seit 1978 die umliegenden Ortschaften und den Flughafen mit Heißwasser und Strom versorgt.

1969 ermittelten Bohrungen 5 km nördlich von Grindavík in *Svartsengi* ("schwarze Wiese") ein Hochthermalfeld mit Temperaturen über 200 °C in bis zu 2.000 m Tiefe. Zum allseitigen Bedauern beförderte man jedoch eine Salzlauge ans Tageslicht, die wegen ihrer korrosiven Eigenschaften nicht direkt in die Häuser geleitet werden kann. Also entschied man, die heiße Flüssigkeit im Kraftwerk zum Erhitzen von Süßwasser und zur Stromerzeugung in Dampfturbinen zu nutzen. Die Blaue Lagune entstand als Auffangbecken für das geothermale Wasser, gespeist von stündlich etwa 1.000 t stark mineralhaltigem Wasser mit einer Temperatur von 20–80 °C, reich an blaugrünen Algen, Mineralsalzen und Kieselsäure, die dem Wasser eine himmelblau-milchige Farbe verleihen. Das Ergebnis war eine äußerst bizarre Kulisse: Vor stählernen, glänzenden Röhren, Tanks und Schornsteinen, aus denen riesige weiße Dampfwolken zischen, tummelten sich die Badenden im warmen Salzwasser und an einem kleinen Strand, die beruhigende Wirkung der Mineralsalze, die belebende des Kieselschlamms genießend. 1984 entdeckte ein Badender zufällig, dass das mineralisierte Wasser seine Schuppenflechte (*Psoriasis*) linderte, und bald hatten wissenschaftliche Forschungen die heilende Wirkung der Blauen Lagune bei Hautkrankheiten bestätigt. Daraufhin wurde auf dem Kraftwerksgelände ein Badehaus zur Behandlung von Psoriasispatienten gebaut, und Hautpflegeprodukte wurden auf den Markt gebracht. Mittlerweile gibt es mehrere Serien an Cremes, Ölen, Lotionen und Seifen.

Weil mehr Platz für das Kraftwerk benötigt wurde, musste die Blaue Lagune umziehen. Etwa 2 km vom anfänglichen Standort und viel zu weit von den brodelnden Schornsteinen entfernt, als dass man diese noch zischen hören könnte, ruft seit 1999 die neue Blaue Lagune zum Badevergnügen. Bei ihrem Design wurde nicht gespart: Für 7 Mio. US-Dollar entstanden ein 5000 qm großer Milchsee und supermoderne Einrichtungen in der uralten Lava. Der Boden des Bades ist eben, nicht mehr zackig und spitz wie der Lavaboden in der ersten; es kann auch niemand mehr ertrinken, denn das Wasser ist nirgendwo tiefer als 1,50 m. Mit den vom Kraftwerk stammenden, kochend heißen *Hot Spots* ist es vorbei; an acht Stellen wird 42 °C heißes Wasser in die Lagune gepumpt, das sich dann rasch mit dem kühleren vermischt, die Durchschnittstemperatur des Sees beträgt 37–39 °C. Man findet auch kaum noch Kieselschlamm, den man sich in der alten Lagune so herrlich auf den Körper schmieren konnte. Das Bad ist gezähmt. Im *state-of-the-art*-Eingangszentrum mit künstlerischem Dekor aus Lava, Basalt und Aluminium drängeln sich die Besucher in Souvenirladen, Bistro und Gourmet-Restaurant, wenn sie nicht gerade versuchen, mit den Armbändern mit Computerchip klarzukommen, mit denen sie die Schranke zum Bad passieren und ihren Schrank in der Umkleidekabine schließen und öffnen.

Aber ist es mit dem aus seiner rustikalen Einfachheit und Natürlichkeit entstandenen Charme des Bades auch vorbei – die Faszination bleibt aufgrund seiner Einmaligkeit bestehen. Die Besucherzahlen stiegen nach der Neueröffnung trotz des drastisch erhöhten Eintrittspreises rasant an, auch die Isländer kommen nun häufiger und stellen mittlerweile 30 % der Badegäste. Der Plan, ein Kurhotel zu errichten, wurde wegen fehlender Investoren erst mal auf Eis

Badeparadies Blaue Lagune

gelegt. Dafür können sich die Besucher nun in der Blauen Lagune den Genuss einer professionellen Massage gönnen. Das *Icelandic Tourist Board* verlieh der neuen Blauen Lagune bereits 1999 den Umweltpreis des Jahres für ihre Bemühungen um umweltfreundlichen Tourismus und 2001 eine Auszeichnung für gelungenen Gesundheitstourismus. Das Bad sammelte noch weitere Preise, z. B. für seine Architektur.

• *Öffnungszeiten/Information* **Bláa Lónið**, ✆ 4268800, 📠 4268801, 1.6.–31.8. tgl. 9–21 Uhr, sonst Mo–Do 11–19, Fr–So 10–19 Uhr, ISK 980 (!). Massage Sa/So nach Vorbestellung (24 Std. zuvor), ab ISK 1.200. Die zahlreichen Hautreinigungs- und Pflegeprodukte sind alle im Shop erhältlich, hier auch Kunsthandwerk und Wollwaren. Im Eingangsbereich Geldautomat.

• *Verbindung* **Bus** von/nach Reykjavík tgl. 4-mal, von/nach Grindavík tgl. 2-mal. Zum Flughafen tgl. 14.15 Uhr, 1.6.–15.9. auch 21.45 Uhr.

• *Ausflüge* **Pferd**: Íshestar veranstaltet tgl. 10 Uhr 5- bis 6-stündige Ausflüge von seinem Reitzentrum in Hafnarfjörður aus. Geritten wird 1,5–2 Std., nach einem Mittagessen im Reitzentrum geht es mit dem Bus zur Blauen Lagune und nach dem Bad zurück oder zum Flughafen, ISK 6.400, ✆ 5557000, 📠 5557001.

Bus: Fast jeder isländische Busreiseveranstalter hat die Blaue Lagune im Programm. **Destination Iceland**, ✆ 5911020, bietet z. B. um 18.10 Uhr eine Abendtour von Reykjavík aus, 3,5 Std., ISK 3.200 inkl. Eintrittsgeld, vorbuchen.

• *Ausstellung* Im benachbarten Kraftwerk beantwortet die viel gelobte Ausstellung *Gjáin* ("Schlucht") mit Hightech, Multimedia und Sound alle Fragen zur Geologie der Gegend, zu Vulkanausbrüchen und Erdbeben, zur geothermalen Aktivität und dazu, wie die in der Erde versteckte Energie gewonnen und nutzbar gemacht wird. Im Gebäude Eldborg, ✆ 4225650, Mo–Fr 9–16, Sa/So (nur nach Anmeldung) 11–16 Uhr.

• *Übernachten* **Hotel Blue Lagoon**, ✆ 4268650, 📠 4268651, 21 DZ ISK 14.000 inkl. Frühstück und Flughafentransfer. Zimmer mit Bad, TV, Telefon, Kühlschrank. Eines der teuersten Hotels im Land, aber sehr guter Service und familiäre Atmosphäre. Whirlpool u. Dampfbad. Hilfsbereite, liebenswürdige Besitzerin. Organisation von Ausflügen.

• *Essen* **Veitingahúsið Jenny**, ✆ 4268283, tgl. 11–22 Uhr. Für die exklusive Lage günstige Preise. Berühmt für seinen Fisch ab ISK 1.750,

z. B. Schellfisch mit Knoblauchbrot und Salat. Auch leichte Gerichte vom Grill um ISK 1.000, Pasta sowie Kaffee und Kuchen. Warme Atmosphäre und freundlicher Service.

Im Empfangszentrum der Blauen Lagune gibt es ein **Bistro** mit Sandwiches und Fertiggerichten und ein **Gourmet-Restaurant**, in dem Fisch (ab ISK 1.500), Fleisch (ab ISK 1.800), Salate wie der Blue Lagoon Salad, Pasta, Pizza, Kaffee und Kuchen serviert werden.

▸ **Weiterfahrt**: Durch das 700 Jahre alte *Arnarsetursbraun* geht die Straße schnurgerade 14 km gen Norden. Kurz vor der Kreuzung mit der Str. 41 lädt der Forellensee Seltjörn zum Angeln ein. Reizvoller als die Fahrt auf der verkehrsreichen Überlandstraße nach Hafnarfjörður ist dann – besonders für Radfahrer – der kleine Umweg über die 3 km östlich der Kreuzung abbiegende Küstenstraße 420.

▸ **Vogar** (720 Einw.): Jahrhundertelang profitierte Vogar von den fischreichen Fanggründen vor Vogastapi und war eines der bedeutendsten Zentren für Fischfang und -verarbeitung auf Reykjanes. Als Motorboote die offenen Ruderboote ablösten, war seine Glanzzeit jedoch beendet – für die neuen Schiffe war der Hafen zu klein. Heute wächst die Bevölkerung durch Zuwanderung aus Reykjavík. Im 19. Jh. wohnte hier Jón Daníelsson, besser bekannt als Jón der Starke. Angeblich hat er einen 450 kg schweren Felsbrocken, der ihm auf seinem Feld im Weg lag, mit bloßer Muskelkraft weggetragen. Dieser Stein liegt zur Erinnerung vor der Schule.

- *Verbindung* Auf Anfrage hält der **Bus** zwischen Reykjavík und Keflavík (tgl. bis zu 5-mal) in Vogar, vorbestellen unter ✆ 4206000.
- *Versorgung* Arzt, Bank (Mo, Mi, Fr 15–18 Uhr), Geldautomat in der Tankstelle (7.30–23.30, So erst ab 10 Uhr), hier auch kleiner Supermarkt.
- *Angeln* Im Seltjörn, Infos und Lizenzen bei Seltjörn Angling Club, ✆ 4212996/8539096/8939096.
- *Schwimmbad* Freibad mit Hot Pot, Mo–Fr 7–21.30, Sa/So 10–16 Uhr.
- *Taxi* ✆ 8941153
- *Übernachten* **Motel Best**, Stapavegur 7, ✆ 8664664, ✆ 4246735. Der 2001 eröffnete, freundliche Komplex ist gleichzeitig Motel und Gästehaus und zu Recht stolz auf seine sehr guten Betten aus Kanada. Motelzimmer mit TV und großem Bad, DZ ISK 7.900. 6 helle Zimmer für 2–3 Pers. im Gästehaus, DZ ISK 6.400. 2 Bäder im Flur. Besitzer und gelernter Koch Guðmundur bietet Frühstück, auch für Frühflieger, und fährt Gäste schon mal um 3 Uhr morgens zum Flughafen.
- *Camping* Kostenloser Zeltplatz ohne sanitäre Einrichtungen neben dem Schwimmbad.
- *Essen*: **Mamma Mia**, ✆ 4246700, versteckt im selben Haus wie die Tankstelle, serviert tgl. außer Di ab 17 Uhr Pizza und Gerichte vom Grill. Abends auch Bar.

Wanderung nach Njarðvík (4)

(s. Karte S. 221)

Von Vogar führt ein historischer Fußweg an der Küste entlang nach Njarðvík. Dabei geht es am Aussichtshügel Grímshóll vorbei, von dem aus an klaren Tagen gut über die Halbinsel und bis nach Snæfellsnes gesehen werden kann, sowie am Hügel Stapi. Auf ihm spukt angeblich ein Geist mit Kopf unter dem Arm. Durch Innri-Njarðvík mit seiner historischen Kirche hindurch gelangt man zum Gehöft Stekkjarkot und auf die Zufahrtsstraße nach Njarðvík.

Hinter dem Dörfchen beginnt die 12 km lange, gewundene Küstenstraße durch die friedliche Gegend *Vatnsleysuströnd*, die herrliche Ausblicke über die Küste bietet. Abgesehen von den grünen Hauswiesen und einigen Feldern ist das ganze Land von Lavafeldern bedeckt. Zwischen Straße und brandendem Meer

liegt unübersehbar *Kálfatjörn*, mit 200 Sitzplätzen eine der größten Bauernkirchen des Landes (1893), die unter Denkmalschutz steht und mit ihrem aufwendigen Inneren einen Besuch lohnt. Gegenüber der Kirche führt ein 2–3 km langer, mit Steinmännchen markierter Wanderweg zum jahrhundertealten Ringwall und einstigen Schafspferch aus Lavagestein, *Staðarborg*.
Bei Kúagerði wird wieder die Str. 41 erreicht, die verkehrsreichste Landstraße in Island, die aus Sicherheitsgründen bis 2005 verbreitert werden soll. In Richtung Osten geht es bald durch das aus der Tuffkette Undirhlíðar hervorgetretene *Kapelluhraun* – ein endloses, schroffes Lavafeld mit Höhenunterschieden von bis zu 10 m. Denn als sich die Lava vor über 800 Jahren in die Küstenebene ergoss, überzog sie sich beim Abkühlen mit einer Kruste, die dem Druck der darunter weiterfließenden Lava nicht standhalten konnte. Die aufliegenden Lavaplatten wurden deshalb verschoben, verkeilt, aufgestapelt und zerbrochen. Das Kapelluhraun leitet seinen christlichen Namen von einer Kapelle ab, in der Reisende beten konnten, bevor sie sich auf den beschwerlichen Weg durch die Lava machten. Ihre Ruinen sind direkt gegenüber der Aluminiumfabrik in Straumsvík, die sich mit ihren rot-weiß gestreiften Türmen schon aus der Ferne bemerkbar macht, auf einem kleinen, schwarzen Hügel etwa 50 m von der Straße entfernt zu sehen. 1950 wurde in der Lava eine kleine Figur der heiligen Barbara gefunden, die darauf schließen lässt, dass die Kapelle noch aus der Zeit vor der Reformation stammt.

Von Grindavík nach Hafnafjörður: Südküste

Die 50 km lange Strecke führt durch das Naturschutzgebiet Reykjanes, das sich mit markanten Bergen, brodelnd heißen Quellen, türkisgrünen Seen und dem größten Vogelfelsen Islands von Krýsuvík bis kurz vor Hafnarfjörður erstreckt und zu zahlreichen Wanderungen einlädt.

Eingefasst wird das 300 qkm große Naturreservat von den zwei imposanten Bergrücken Trölladyngja im Westen und Brennisteinsfjöll im Osten, zwischen denen sich quer über die Halbinsel die Str. 42 hindurchschlängelt.

Zuerst geht es 24 km auf der Schotterpiste 427 bis Krýsuvík. Hinter der weiten Bucht *Hraunsvík* führt die Straße in Serpentinen mit bis zu 12 % Steigung steil hoch auf das ockerfarbene *Fiskidalsfell* (204 m). An einem Aussichtspunkt vorbei fährt man um den erloschenen Vulkan *Festarfjall* (190 m) aus vorgeschichtlicher Zeit, von dem nur noch eine Hälfte steht; den Rest hat die Meeresbrandung weggespült. Vor der Steilwand liegt ein einsamer Strand. Wieder unten an der Küste, breitet sich hinter dem *Katlahraun* mit bizarren Lavaformationen das weite, mit seinen von weichem Moos bedeckten, schroffen Lavablöcken fast verwunschen wirkende *Ögmundarhraun* aus, dessen Lava wahrscheinlich im Jahr 1151 floss. Kurz bevor das Latfjall passiert wird, zweigt links die im Sommer auch für Pkws zu bewältigende, 18 km lange und reizvolle Schotterpiste 428 ab. Sie führt zwischen den Bergrücken Núpshlíðarháls und Sveifluháls hindurch am moosgrünen Tal *Vigdísarvellir* (mit einfachem, kostenlosen Zeltplatz), den sumpfigen Feuchtwiesen *Krokamýri* und dem bei Anglern beliebten Forellensee *Djúpavatn* vorbei und trifft hinter dem Sveifluháls auf die Str. 42.

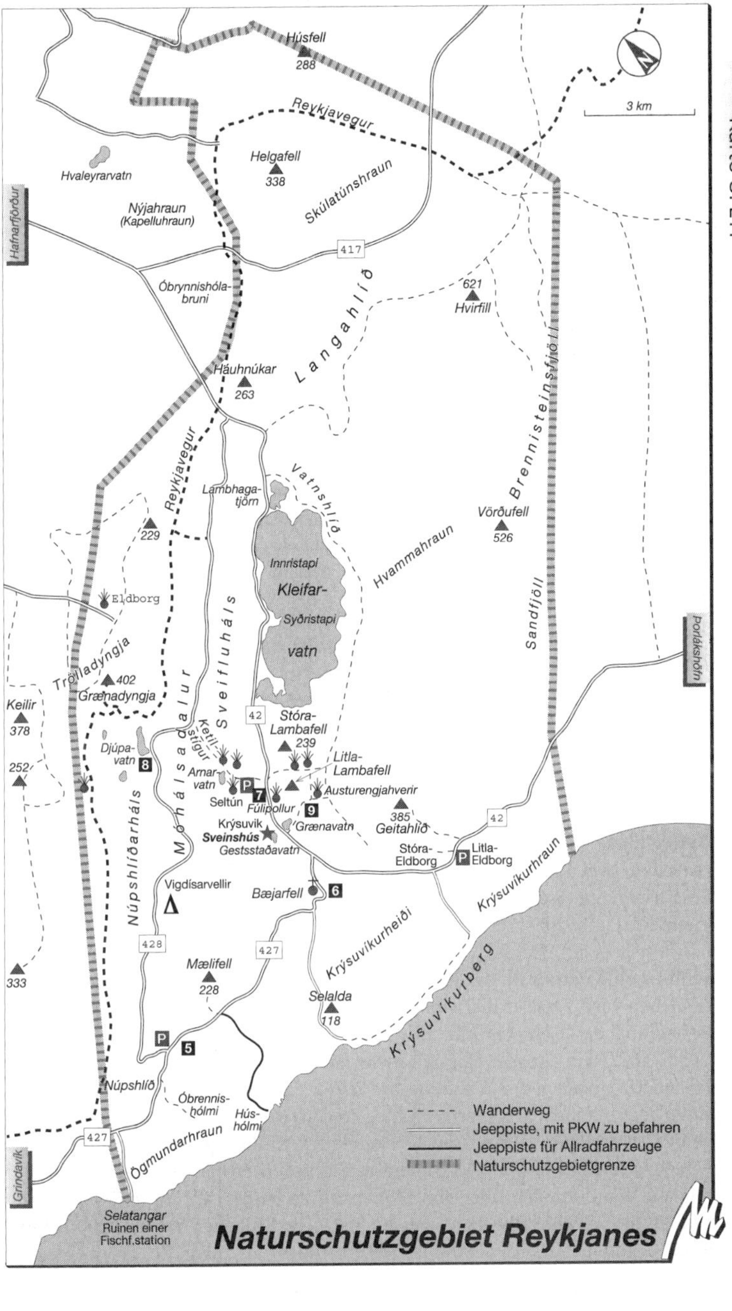
Naturschutzgebiet Reykjanes
3 km
Húsfell
288
Reykjavegur
Helgafell
338
Skúlatúnshraun
Hvaleyrarvatn
Nýjahraun
(Kapelluhraun)
Hafnarfjörður
417
Óbrynnishóla-
bruni
621
Hvirfill
Langahlíð
Háuhnúkar
263
Brennisteinsfjöll
Reykjavegur
Vatnshlíð
Lambhaga-
tjörn
Vörðufell
526
229
Hvammahraun
Innristapi
Kleifar-
Syðristapi
vatn
Eldborg
Sandfjöll
Þorlákshöfn
Trölladyngja
402
Grænadyngja
Keilir
378
Sveifluháls
Móhálsadalur
Ketil-
stígur
42
Stóra-
Lambafell
239
Djúpa-
vatn
8
Litla-
Lambafell
252
Arnar-
vatn
P
7
Austurengjahverir
Seltún
Fúlipollur
9
385
Krýsuvík
Grænavatn
Geitahlíð
42
Sveinshús
Gestsstaðavatn
Stóra-
Eldborg
Litla-
Eldborg
P
Núpshlíðarháls
Vigdísarvellir
Bæjarfell
6
Krýsuvíkurhraun
Krýsuvíkurheiði
428
427
Krýsuvíkurberg
Mælifell
228
333
Selalda
118
P
5
Núpshlíð
Óbrennis-
hólmi
Hús-
hólmi
Wanderweg
Jeeppiste, mit PKW zu befahren
Jeeppiste für Allradfahrzeuge
Naturschutzgebietgrenze
427
Ögmundarhraun
Grindavík
Selatangar
Ruinen einer
Fischf.station

1 km vor der Kreuzung mit der Str. 42 steht am Bæjarfell die winzige Holzkirche *Krýsuvíkurkirkja* von 1857, die – nachdem sie von 1929 bis 1945 einem Einsiedler als Zuhause gedient hatte – renoviert, 1964 neu geweiht und dem Nationalmuseum übergeben wurde. Ein kleiner Trampelpfad führt zu ihr hinauf. In der Nähe liegen die Ruinen des 1920 verlassenen Gehöfts Krýsuvík.

Wanderungen und Abstecher

(s. Karte S. 231)

Selatangar: Gegenüber dem Bergrücken Núpslíðarháls führt eine 2,7 km lange und mit normalem Pkw befahrbare Jeeppiste durch die Lava zu den Ruinen von zahlreichen alten, aus Lavablöcken aufgeschichteten Fischerhütten zwischen Treibholz und Blumen. Bis 1880 wurde von hier aufs offene Meer gerudert, um die auf den Einfluss des Golfstroms zurückzuführenden, reichen Fanggründe vor der Küste auszubeuten.

Húshólmi und Óbrennishólmi (5): Hier sind die letzten Reste von Häusern zu sehen, die im Jahr 1151 beim Vulkanausbruch verschüttet wurden. Nach Óbrennishólmi führt ein 1 km westlich der Abzweigung der Str. 428 beginnender, 2,1 km langer Wanderweg, nach Húshólmi die genau gegenüber des Bergs *Mælifell* abzweigende, sehr schlechte, 4 km lange Jeeppiste; der letzte Kilometer ist nur noch auf Schusters Rappen möglich.

Vogelfelsen Krýsuvíkurbjarg (6): Der knapp 12 km lange Rundweg führt zu den steilen Klippen des mit knapp 5 km Länge und an der höchsten Stelle 70, sonst zumeist 50 m Höhe größten Vogelfelsens Islands. Hier brüten Myriaden von Seevögeln, vor allem Seemöwen und Trottellummen. Der Weg beginnt ca. 2 km westlich der Abzweigung der Str. 42. Eine 4,6 km lange Jeeppiste (nur bei gutem Wetter anfänglich noch mit normalem PKW zu befahren), auf der es sich auch gut wandern lässt, führt in die Krýsuvíkurheiði. Bei der Furt am Vogelfelsen ist Schluss für die Autos. Vom Parkplatz führt eine steile Piste hinauf auf die Klippe. Auf fast 5 km Länge bietet sich nun ein Paradies für Ornithologen, bevor eine 2 km lange Jeeppiste wieder zurück zur Str. 42 führt. Vom Vogelfelsen aus können bisweilen auch Wale beobachtet werden. Außerdem finden sich vor der Küste häufig Seerobben ein.

▸ **Weiterfahrt**: Weiter geht es auf der guten Schotterstraße 42, die gen Norden zwischen zwei Kraterseen hindurchführt: Westlich der Straße liegt das Maar *Gestsstaðavatn*, östlich mit eigentümlich türkisgrüner Färbung das *Grænavatn* in einem Explosionskrater. Hier beginnt ein kurzer Wanderweg zum *Austurengjahver* (s. u.). Etwas versteckt steht linker Hand am Berg die ehemalige Schule von *Krýsuvík*, in der heute ein Rehabilitationszentrum für Suchtkranke betrieben wird. Dass es hier einmal eine Schule gab, deutet auf die einst dichte Besiedlung des Gebietes hin. Dann aber vernichteten Vulkanausbrüche das Weideland. Kein einziger Hof hält mehr die Stellung.

Etwa 3 km nördlich der Kreuzung bei *Seltún* dampft es nahe der Straße – Krýsuvík liegt in einem Geothermalgebiet, und an dieser Stelle befinden sich einige der zahlreichen Lehm- und Schwefelquellen, die hier am Südosthang des Palagonitrückens *Sveifluháls* blubbern. Sie liegen oftmals versteckt und sind nur auf Wanderungen über den Höhenzug zu entdecken, in dem bis Anfang des 20. Jh. Schwefel abgebaut wurde. Seit dem Erdbeben im Juni 2000 (siehe Kap. "Goldener Zirkel", S. 304) ist Seltún ruhiger als zuvor, der größte Hexen-

Unverhofft aufgetaucht: heiße Quellen am Kleifarvatn

Halbinsel Reykjanes
Karte S. 211

kessel zischt nicht mehr. Ein Spaziergang auf dem Rundweg aus Holzstegen ist dennoch auf jeden Fall zu empfehlen. Auch auf der Ostseite der Straße kochen zahlreiche Schlammtöpfe. Einer ist *Fúlipollur* gleich gegenüber; beeindruckend ist die mächtige Dampfquelle *Austurengjahver* bei Litla-Lambafell, die 1924 durch ein Erdbeben entstand und über einen 1,6 km langen Pfad vom Parkplatz am Grænavatn zu erreichen ist.

Das bei der Weiterfahrt auftauchende, ursprünglich 10 qkm große und bis zu 97 m tiefe *Kleifarvatn* ist der drittgrößte See des Südlandes. Er wird markant eingerahmt von der steilen, schroffen Felswand des *Sveifluháls* im Westen und den weicheren, grünen Abhängen einer Hochebene und der *Vatnshlíð* im Osten. Der See, angeblich von einem walgroßen Wasserungeheuer bewohnt, entstand einst durch Absinken des Bodens. Schon immer änderte er in mehrjährigen Intervallen seinen Wasserstand als Reaktion auf die bei Niederschlag und Verdampfung im Hochthermalfeld Krýsuvík eintretenden Grundwasserschwankungen. Bei den Beben im Juni 2000 aber öffneten sich unter dem See Spalten und Risse, und nun läuft das Kleifarvatn langsam aus. Innerhalb von zwei Jahren sank der Wasserstand um 4 m ab, und die Fläche des Sees reduzierte sich um 20 %. Plötzlich tauchten Strände mit dampfenden heißen Quellen auf, wo früher Leute ihre Angel ins Wasser hielten. Keine wissenschaftlichen Daten, lediglich historische Berichte geben Anlass zu der Hoffnung, dass der See nicht komplett austrocknet, sondern der Wasserstand irgendwann wieder steigt. Bis dahin nimmt die Mondlandschaft zu.

Die Straße schlängelt sich auf wunderschöner Strecke zwischen dem insgesamt 15 km langen und am höchsten Punkt 397 m aufragenden Sveifluháls und dem stillen Kleifarvatn mit seinen breiten Stränden hindurch. Kleine

Steiniger Pass östlich von Grindavík

Landspitzen mit bizarren Tuff-Formationen ragen in den See hinein. Hinter dem Vatnshlíðarhorn überwindet die Straße eine starke Steigung und führt, nun asphaltiert, aus dem Naturschutzgebiet hinaus. Die Landschaft weitet sich, und an der Str. 417 vorbei, die in das bei Skifahrern beliebte Naturschutzgebiet *Bláfjöll* führt, erreicht die Straße die Überlandstraße *Reykjanesbraut*, einen Steinwurf von Hafnarfjörður entfernt.

• *Künstlerhaus Sveinshús* Der Künstler Sveinn Björnsson übernahm das Haus, das man über die Zufahrt nördlich des Geststaðavatn erreicht, 1974 in heruntergekommenem Zustand, reparierte es und machte es zu seinem Studio. Bis zu seinem Tod 1997 malte er im und am Haus – Bilder bedecken Wände, Decken und Türen. Geöffnet Juni–Sept. jeden 1. Sonntag im Monat.

• *Angeln* Lizenzen für das Kleifarvatn an allen Tankstellen in Hafnarfjörður.

Wanderungen

(s. Karte S. 231)

Die Karte "Walking and Hiking in Krýsuvík" mit Erklärungen zu Fauna, Geologie, Geschichte etc. ist für ISK 400 in der Touristeninformation in Hafnarfjörður zu bekommen.

Ketilstígur über den Sveifluháls (7) (3,5 km): Der ausgeschilderte Weg beginnt am Parkplatz Seltún. Er führt geradewegs auf den Berg hinauf und am kleinen See *Anarvatn* und vielen Fumarolen vorbei bis in 300 m Höhe. Bei schönem Wetter reicht der Blick weit über das Kleifarvatn und die umliegenden Berge hinweg bis nach Hafnarfjörður. An der heißen Quelle Ketill vorbei geht es hinunter in den *Móhálsadalur* zwischen Sveifluháls und Núpshlíðarháls. Wer an der Westflanke des Bergrückens loslaufen will, biegt von der Straße 428 auf eine 3,5 km lange Jeeppiste zum Ketilstigur ab.

Zwei-Seen-Wanderung (8): Von beiden Seiten des Djúpavatn aus lässt sich ein schöner Rundwanderweg über den Núpshlíðarháls beginnen. Der mit gelben Pflöcken gut markierte Weg führt steil den Bergrücken hinauf. Stellenweise schimmert das Gestein in faszinierenden Rot-, Blau- und Grüntönen. Bei der Umrundung zweier kleiner Seen bieten sich herrliche Ausblicke auf die umliegende Bergwelt mit dem Hyaloklastit-Rücken *Trölladyngja* (402 m) und seinen nacheiszeitlichen Kraterreihen, mit dem Lavaring *Eldborg* weiter nördlich und dem einsamen Tuffkegel *Keilir* im Westen. Die Wanderung kann lässt sich über markierte Wanderwege fortsetzen.

Am Kleifarvatn entlang (9) (ca. 12 km): Diese Wanderung beginnt beim Parkplatz am Grænavatn. Rechts an der dampfenden Quelle Austurengjahver vorbei geht es auf das Kleifarvatn zu, an dessen Ostufer es sich bis hinauf zum Lambhagi und Lambhagatjörn und über eine Piste zurück zur Str. 42 laufen lässt. Bei gutem Wetter lohnt sich die Wanderung alleine schon für die wunderbaren Ausblicke auf den See.

Hafnarfjörður

("habnafjörthur", 20.240 Einw.)

Kein Ort in Island pflegt so begeistert die Wikingertradition wie Hafnarfjörður. Die Stadt bezieht ihren Charme aus bunten, in die Lava eingebetteten Häusern und besitzt sogar ein unsichtbares Schloss.

Trotz hoher Bevölkerungszahl und nur 15 km Entfernung zur Hauptstadt Reykjavík ist die drittgrößte Stadt des Landes ein geradezu malerisches Städtchen mit freundlichen und humorvollen, von den Landsleuten gern als "Ostfriesen Islands" geneckten Einwohnern. Errichtet wurde sie auf dem vor 7.000 Jahren aus dem 5 km entfernten Krater *Búrfell* geflossenen Lavafeld *Búrfellshraun*, und in geschützten Vertiefungen in der schroffen Lava ducken sich noch viele farbenfrohe, von baumbestandenen Gärten umgebene Häuser aus der Zeit um die Wende zum 20. Jh. In der Lava wimmelt es angeblich von Elfen, Gnomen, Zwergen, Feen und anderen unsichtbaren Bewohnern. Das Medium Erla Stefánsdóttir hat einen Stadtplan erstellt, auf dem ihre Wohnstätten eingezeichnet sind. Er ist für ISK 500 in der Touristeninformation erhältlich.

Die "Stadt in der Lava" liegt hufeisenförmig am Ende der gleichnamigen Förde. Ihr Name, übersetzt "Hafenfjord", verweist auf den ausgezeichneten Naturhafen, der schon vor der Landnahmezeit von nordischen Seefahrern erwähnt wurde. Heute ist Hafnarfjörður eine der größten Fischereistädte des Landes

Die Herkunft der Elfen

Der Legende nach machte Gott sich einst auf, um Adam und Eva einen überraschenden Besuch abzustatten. Sie führten ihn im ganzen Haus herum und stellten ihm auch ihre Kinder vor. Allerdings nicht alle, denn Eva hatte keine Zeit mehr gehabt, sie sämtlich zu baden und wollte nicht, dass Gott die ungewaschenen sehe. Gott aber ließ sich nicht täuschen und rief aus, was vor ihm versteckt würde, solle auch vor den Menschen verborgen bleiben. So wurden die ungewaschenen Kinder für das menschliche Auge unsichtbar. Von ihnen stammen die Elfen ab, die nur dann für einen Menschen sichtbar werden, wenn sie es wünschen. Die Menschen hingegen sind die Nachfahren der gebadeten Kinder.

und verfügt über einen gut ausgebauten Trawlerhafen mit Fischmehl- und Fischölfabriken, Kühl- und Gefrierhäuser und über den zweitgrößten Umschlaghafen des Landes.
Dass die Stadt mit einem Anteil von 7 % an der isländischen Bevölkerung über 15 % des landesweiten Exportertrages erwirtschaftet, liegt allerdings v. a. an der Aluminiumfabrik in Straumsvík vor den Toren der Stadt (siehe Kasten).

Hafnafjörður besitzt das einzige Wikingerrestaurant und –hotel im Lande – im so genannten "Viking Village" an der Strandgata – und bläst jedes Jahr zum *Internationalen Winkingerfestival.* Íshestar, einer der größten Anbieter von Reittouren, hat in Hafnafjörður sein Zuhause und im März 2000 östlich des Zentrums auf knapp 890 qm ein neues Reitzentrum mit Restaurant eröffnet. Die Partnerstadt von Cuxhaven ist auch das Mekka des isländischen Handballsports: Hier fand 1925 das erste offizielle Handballspiel auf der Insel statt, und in den 90er Jahren spielten gleich drei Mannschaften aus Hafnafjörður in der ersten Handball-Liga.

Geschichte

Das erste Mal fand Hafnarfjörður im Landnahmebuch Erwähnung: Flóki Vilgerðarson landete bei seiner Erkundungsfahrt im Jahr 860 unfreiwillig an der Landzunge Hvaleyri im Westen der Stadt. Der Wind um Reykjanes war ausnahmsweise einmal so schwach, dass nicht gesegelt werden konnte. Flóki und seine Mannen wurden abgetrieben und legten bei Hafnarfjörður an.

Bereits um 1415 kamen die Engländer, um sich Hafnarfjörður mit seinen guten Hafenbedingungen und ergiebigen Fischgründen als Handelshafen zu sichern. Jahrzehntelange heftige Rivalitäten mit deutschen Hansekaufleuten aber endeten 1518 in einem Scharmützel mit englischer Niederlage. Hafnarfjörður wurde nun zum wichtigsten Handelsplatz der Hamburger Kaufleute, die hier Wohn- und Geschäftshäuser und um 1534 sogar eine Kirche bauten. Deutsche Pfarrer, die im Frühjahr mit den ersten Kaufleuten auf die Insel kamen, lasen dort bis 1603 Messen.
Auch unter dem dänischen Handelsmonopol 1602 bis 1787 blieb Hafnarfjörður einer der wichtigsten Handelsplätze und der bedeutendste Hafen Islands. Die anschließende Entwicklung der Stadt ist vor allem *Bjarni Sívertsen* (1763–1833) – der Familienname ist die dänisierte Form seines Vaternamens Sigurðsson – zu verdanken, einem der ersten isländischen Handelsunternehmer, der durch die Gründung eines Handelskontors, einer Reederei und eines Fischunternehmens für ein Aufblühen der Wirtschaft sorgte und deshalb auch als "Vater von Hafnarfjörður" bezeichnet wird.
Durch den Übergang zu seetüchtigen Deckschiffen ergaben sich gegen Ende des 19. Jh. neue Arbeitsmöglichkeiten im Fischfang. Die Stadt wuchs rasch an und erhielt 1908 das Stadtrecht. Nachdem um die Jahrhundertwende bereits norwegische und holländische Trawler vom Hafen in Hafnarfjörður ausfuhren, hatte der erste isländische Trawler 1905 hier seinen Heimathafen. Von Vorteil für die Entwicklung der Stadt ist auch die Lage an der Überlandstraße zwischen Reykjavík und Keflavík, die 1965 gebaut wurde. An dieser Straße fand man in früheren Zeiten *gaflari,* den "Giebelhocker", der Touristen heute

als Maskottchen der Stadt in seiner Arbeitskluft auf Stadtplänen und in Broschüren begegnet. Mit dem Namen *gaflari* bezeichnete man einst den klassischen Bürger Hafnarfjörðurs, der unter den Häusergiebeln auf einen Job wartete oder einfach auf einen kleinen Schwatz. Auch heute nehmen sich die Leute hier Zeit, um sich hinzusetzen und Neuigkeiten auszutauschen, mittlerweile sitzen die *gaflari* aber eher auf den Bänken im Einkaufszentrum Fjörður.

Reine Energie treibt Aluminiumhütte und Wirtschaft an

Aluminiumhütten gehören zu den Produktionsstätten mit dem höchsten Stromverbrauch, Island gehört zu den wenigen Ländern ohne Sorge um dahinschwindende Energieressourcen. 1966 kam es deshalb zu einem Vertrag mit dem Schweizer Konzern *Alusuisse*. Er besiegelte die Gründung des Tochterunternehmens *Íslenska Álfélagið hf.*, das in Straumsvík eine Elektrolyseanlage errichtete, während Island im Gegenzug 100 km östlich von Reykjavík an der Þjórsá das Wasserkraftwerk *Búrfellsvirjkun* mit einer Kapazität von damals 210 MW baute, um die Aluminiumhütte mit Strom zu versorgen. Damit das Endprodukt direkt zu den Welthäfen verschifft werden konnte, verpflichtete sich die Stadt Hafnarfjörður zudem zum Bau eines Hochseehafens. Schon während der Errichtung der Fabrik zeigten sich bedeutende positive Auswirkungen auf die Volkswirtschaft; bis zu 2.000 Beschäftigte und zahlreiche Kleinunternehmen waren an dem Projekt beteiligt. Auch die eigentliche Arbeit, also die Reduktion von Aluminiumoxyd zu Rohaluminium, rentiert sich. Die Produktion in Island ist so kostengünstig, dass die für die weiten Transportwege des Rohstoffs Tonerde – der aus Australien angeliefert wird – und des Endprodukts Aluminium – das in Europas abgesetzt wird – anfallenden Beträge mehr als ausgeglichen werden. 500 Menschen arbeiten das ganze Jahr über in Straumsvík.
Von 1995 bis 1997 wurde die Aluminiumhütte um 60 % vergrößert und die Produktion von 100.000 t auf 170.000 t pro Jahr gesteigert. Dieses Riesenprojekt, für das auch der Hafen in Hafnarfjörður ausgebaut wurde, war die größte ausländische Investition in Island seit zwei Jahrzehnten. Aber nicht die Letzte – es ist vertraglich sichergestellt, dass die Produktion noch um 40.000 Jahrestonnen erweitert werden kann. Einen Antrag auf weitere Vergrößerung hat die 2002 in *Alcan á Íslandi hf.* umbenannte, größte Industrieanlage Islands bereits gestellt. Heute schon kommen 14 % der isländischen Exportgüter aus Straumsvík. 1997 führte Alcan als erste isländische Firma ein den Anforderungen der ISO 14001 entsprechendes Umweltmanagement-System ein. Die Aluminium-Produktion führt nachgewiesenermaßen nicht zu einer erhöhten Schadstoffbelastung in der Luft in und um Hafnarfjörður.

Seit 1998 steht auch am Hvalfjörður bei Akranes eine – in der Weltrekordzeit von 15 Monaten errichtete – Aluminiumhütte, nachdem 1997 mit der amerikanischen Gesellschaft Columbia Ventures ein Abkommen unterzeichnet worden war. Äußerst umstritten wegen der zu erwartenden Auswirkungen auf die Umwelt ist das Vorhaben, an der Ostküste eine Hütte mit der enormen Anfangskapazität von 240.000 Tonnen Aluminium im Jahr zu bauen.

Information/Verbindungen

- *Information* Touristeninformation, Vesturgata 8, ✆ 5650661 📠 5652914, 15.5.–15.9. Mo–Fr 8.30–18, Sa/So 9–16 Uhr, sonst Mo–Fr 13–16 Uhr (im Winter gibt es nur einen kleinen Informationskiosk im Seefahrtsmuseum). Die Broschüre "Hafnarfjörður – Take a Break" mit zahlreichen Infos und Stadtplan ist kostenlos erhältlich. Hier auch Wanderkarten, Bücher usw.
- *Internet* Kostenloser Internetzugang in der neuen **Bücherei**, Strandgata/Ecke Reykjavíkurvegur, Mo–Fr ab 10, Mo bis 20, Di–Do bis 19, Fr bis 17 Uhr. Hier befindet sich auch die größte Musikbibliothek in Island.
- *Verbindung* **Bus** von/nach Reykjavík 7–24 Uhr (So ab 10) alle 20–30 Min. ab Einkaufszentrum Fjörður (Linie 140 und 150); ab Restaurant A. Hansen und Fjörukráin zur Blauen Lagune und nach Grindavík (anmelden unter ✆ 5112600) bis zu 4-mal tgl., nach Keflavík (anmelden unter ✆ 4206000) bis zu 5-mal tgl. **Taxi**: **BSH Taxi**, ✆ 5880888; **Hreyfill**, ✆ 5885522.

Adressen

- *Apotheke* Im Einkaufszentrum Fjörður, Mo–Fr 9–18, Sa 10–14 Uhr.
- *Arzt* **Sólvangur**, Hörduvellir, ✆ 5502600, **St. Jósephs-Krankenhaus**, Suðurgata 4, ✆ 5550188
- *Ausrüstung* **Útivistarbúðin** im Einkaufszentrum Fjörður, Mo–Fr 10–18, Fr bis 19, Sa 10–16 Uhr.
- *Autoverleih* **Atlas**, Dalshraun 9, ✆ 5653800, **Arco**, Drangahraun 4, Tel 5659900, **Hasso**, Álfaskeið 115, ✆ 5553330.
- *Autowerkstatt* Zahlreich am Helluhraun und am Reykjavíkurvegur stadtauswärts in Richtung Reykjavík.
- *Bank* Alle Banken haben in Hafnarfjörður Filialen, in der Strandgata, der Fjarðargata, am Reykjavíkurvegur und im Einkaufszentrum Fjörður, fast alle mit Geldautomat.
- *Bäckerei* **Dort daglegt brauð (15)**, Strandgata 49, Mo–Fr 8–18, Sa/So 9–16 Uhr. Gemütliche Bäckerei und Konditorei mit Café im Eckhaus, gestaltet wie eine Bäckerei aus lange vergangener Zeit. Auffallend große Auswahl an Brot, Kuchen und Kleingebäck.
- *Einkaufen* Am zentralsten liegt der Supermarkt im **Einkaufszentrum Fjörður (14)**, Fjarðargata 13–15, tgl. 10–23 Uhr.

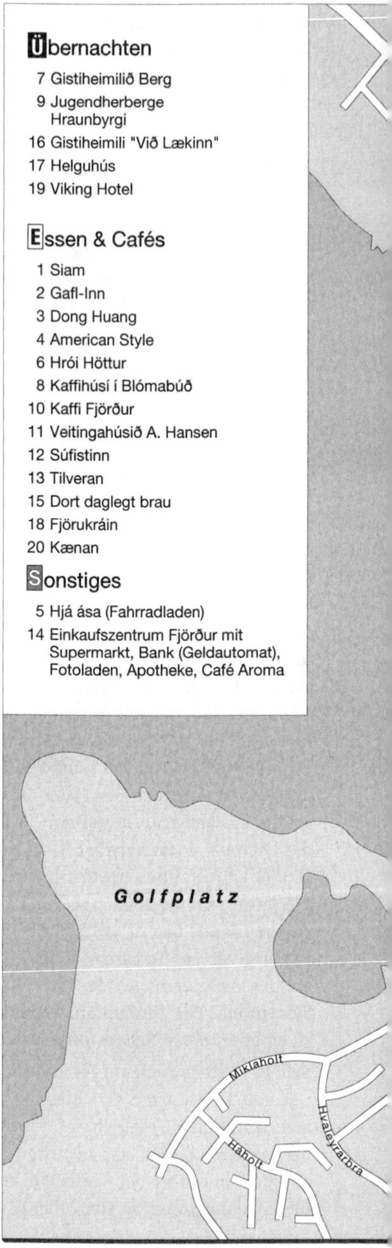

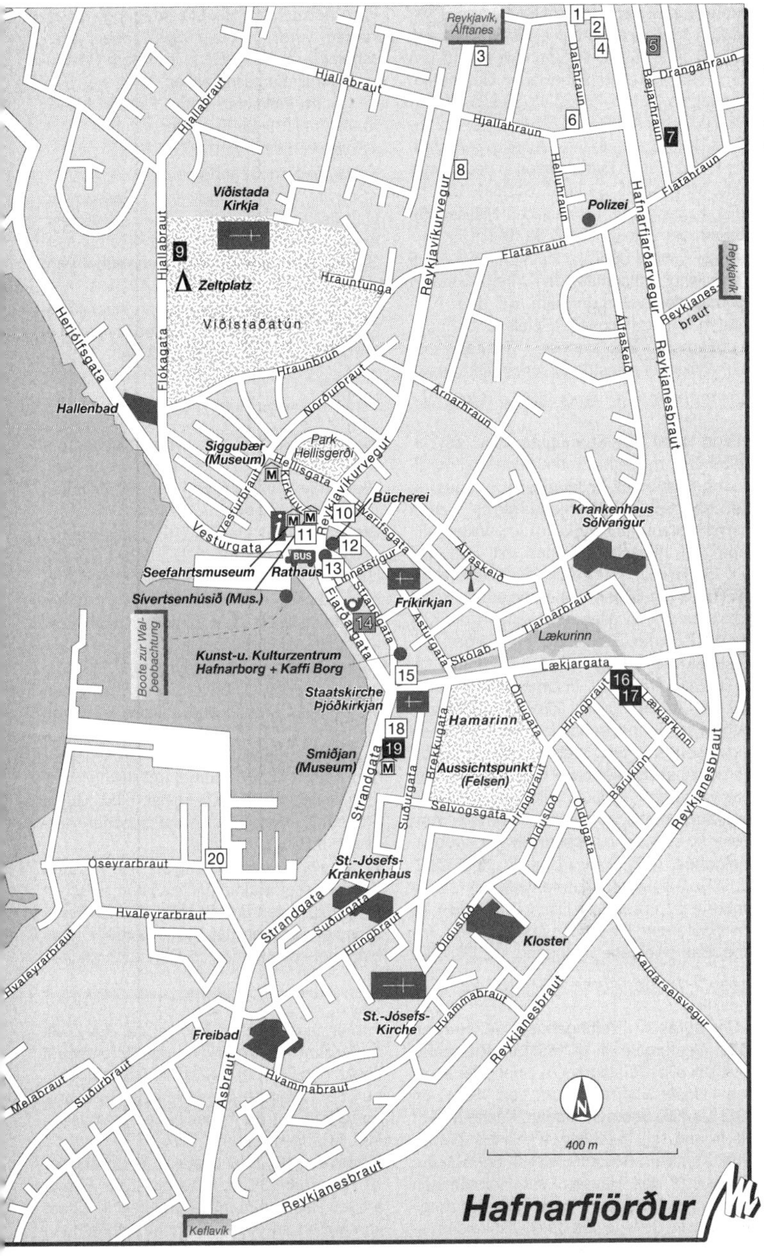
Hafnarfjörður
Reykjavík, Álftanes
Hjallabraut
Drangahraun
Bæjarhraun
Dalshraun
Helluhraun
Hafnarfjarðarvegur
Flatahraun
Polizei
Víðistada Kirkja
Zeltplatz
Víðistaðatún
Hrauntunga
Reykjavíkurvegur
Herjólfsgata
Flókagata
Hraunbrún
Norðurbraut
Arnarhraun
Álfaskeið
Reykjanesbraut
Reykjanes-braut
Reykjavík
Hallenbad
Siggubær (Museum)
Park Hellisgerði
Hellisgata
Kirkjuvegur
Vesturbraut
Vesturgata
Bücherei
Hverfisgata
Krankenhaus Sólvangur
Seefahrtsmuseum
Rathaus
Sívertsenhúsið (Mus.)
BUS
Linnetstígur
Strandgata
Fjarðargata
Fríkirkjan
Austurgata
Tjarnarbraut
Lækurinn
Boote zur Walbeobachtung
Kunst-u. Kulturzentrum Hafnarborg + Kaffi Borg
Skólab.
Lækjargata
Staatskirche Þjóðkirkjan
Hamarinn
Öldugata
Hringbraut
Lækjarkinn
Brekkugata
Smiðjan (Museum)
Suðurgata
Aussichtspunkt (Felsen)
Bárukinn
Selvogsgata
Ölduslóð
Óseyrarbraut
St.-Jósefs-Krankenhaus
Hvaleyrarbraut
Kloster
Kaldárselsvegur
Hvammabraut
St.-Jósefs-Kirche
Freibad
Melabraut
Ásbraut
400 m
N
Keflavík
1
2
3
4
5
6
7
8
9
10
11
12
13
14
15
16
17
18
19
20

Weitere große Supermärkte an den Ausfallstraßen, z. B. der günstige **Bónus** am Reykjavíkurvegur, am Fjarðarvegur **Fjarðarkaup** (Mo–Fr 9–18, Sa 10–16 Uhr). Alles rund um den Käse gibt es im Fabrikladen **Ostahúsið**, Strandgata 75, Mo–Fr 9.30–18, Sa 9.30–14 Uhr. Alkoholika bei **ÁTVR** i. EZ Fjörður, Mo–Do 11–18, Fr 11–19, Sa 11–16 Uhr. Bücher u. Zeitschriften im Buchladen **Eymundsson** in der Strandgata, Mo–Fr 9–18, Sa 10–16, So 13–17 Uhr.

• *Fahrradreparatur* Fahrradladen **Hjá ása (5)**, Bæjarhraun, Mo–Fr 10–18, Sa 10–13 Uhr.

• *Feste* Mitte Juni ist Hafnarfjörður ca. 5 Tage lang Schauplatz des Internationalen **Wikingerfestivals Landnám**, bei dem Aktivitäten wie traditionelle Spiele und Sportwettkämpfe, Bootsrennen, Theaterspiele, ein Wikinger-Kunsthandwerksmarkt usw. stattfinden. In den Anfangsjahren war der Park Víðistaðatún Hauptaustragungsort, zukünftig wird sich der Spaß aber wahrscheinlich auf den Platz vom dem Restaurant Fjörukráin beschränken.

• *Foto* Im Einkaufszentrum Fjörður, Mo–Fr 10–18, Fr bis 19, Sa 10–16 Uhr.

• *Polizei* Flatahraun 11, ✆ 5551166.

• *Post/Telefon* Strandgata 24.

• *Souvenirs/Kunsthandwerk* **Passamynd Listhús**, Strandgata 37, Mo–Fr 11–18 Uhr, hat hochwertige und schöne Keramik- und Glasarbeiten sowie Bilder. Gegenüber vom Kunstzentrum Hafnarborg.

• *Tankstelle* Zahlreich an den Ausfallstraßen, eine auch gegenüber der Touristeninformation, tgl. 7.30–20, So ab 9 Uhr.

Übernachten/Camping (siehe Karte S. 238/239)

Viking Hotel (19), Strandgata 55, ✆ 5651213, 📠 5651891, modernes, stimmungsvoll nordisches Gästehaus im dunklen Holzhaus einer ehemaligen Schmiede gleich neben dem Restaurant Fjörukráin, im "Viking Village". 29 hübsche Zimmer mit Bad, DZ ISK 10.200 inkl. Frühstück. Die Dekoration im Hotel, die Bilder, das unten ausgestellte Kunsthandwerk, alles repräsentiert die Kultur der Isländer, Grönländer und Färöer.

Gistiheimilið Berg (7), Bæjarhraun 4, ✆ 5652220, 📠 5654520, 25 Zimmer bis 4 Pers., DZ ISK 7.400 inkl. Frühst.. Zimmer mit Waschbecken, hell und freundlich, seit das Haus unter neues Leitung steht. Verkehrsgünstig an der Ausfallstraße nach Reykjavík (der Flybus vom/zum Flughafen hält hier) nahe Bank und Supermarkt, aber einige Kilometer vom Zentrum in verkehrsreichem Gewerbegebiet.

Helguhús, (17) Lækjarkinn 8, ✆ 5552842/8619279, 2 lichtdurchflutete, liebevoll eingerichtete DZ unter dem Dach; 1 EZ und 1 TZ im Souterrain, ebenso hübsch u. mit Küche, Bad u. eigenem Eingang. DZ ISK 6.200 inkl. Frühstück mit den sympathischen Besitzern Helga und Axel – ein Haus zum Wohlfühlen. In ruhiger Lage, 10 Minuten Fußweg zum Zentrum.

Gistiheimili Við Lækinn (16), Lækjarkinn 2, ✆ 5655132, 📠 8721201, 2 DZ und 2 TZ; DZ ISK 6.200, Frühstück inkl. Gut möblierte Zimmer, Küche, eigener Eingang. Ruhig am Hamarkotslækur 10 Fußminuten vom Zentrum; besser vorbuchen.

Jugendherberge Hraunbyrgi (9), Víðistaðatún, ✆ 5650900, 1998 von den Pfadfindern eröffnete, moderne und stilvolle Herberge am Park mit 50 Betten in 10 Zimmern, Küche, Waschmaschine (ISK 600 inkl. Trockner und Waschmittel), Internet (ISK 150/15 Min.). JH-Mitglieder ISK 1.500, sonst 1.850. Gutes Frühstück. Vom Speisesaal schöner Ausblick auf Park und Kirche.

• *Camping* Ruhiger Zeltplatz mit WC und Warmwasser im Park Viðistaðatún zwischen Lava, Skulpturen und Bäumen, ISK 700/Pers., Duschen in der Jugendherberge Hraunbyrgi nebenan kostenlos. Dort auch Küche.

Essen/Trinken (siehe Karte S. 238/239)

• *Restaurants* **Veitingahúsið A. Hansen (11)**, Vesturgata 4, ✆ 5651130, Rustikales und stilvolles Restaurant in einem der ältesten Häuser Hafnarfjörðurs von 1880; von 1912 bis 1960 Seemannsladen. Küche Mo–Fr 12–14 und tgl. 18–22 bzw. Fr/Sa bis 23 Uhr, Pub über dem Restaurant 21–1, Fr/Sa 3 Uhr. Spezialität des Hauses: auf Holzscheiten aus Eiche gebratenes Rinder- und Hammelsteak, mit Beilage ISK 3.200. Zahlreiche isländische Fisch-, Fleisch und Pastagerichte, immer tagesfrischer Fisch unter ISK 2.000. Außerdem kann man hier das "Elfenmenü" versuchen. So–Do 21–23 Uhr Happy Hour in der Bar. Weitere Besonderheit: Transport der Gäste mit der hauseigenen Limousine, inkl. 3-Gänge-Menü ISK 5.000.

Fjörukráin (18), Strandgata 55, ✆ 5651213, tgl. 12–15 und 18–23 Uhr, Fr/Sa bis 3 Uhr. Einzigartiges Restaurant im Wikingerstil in einem von außen an eine Stabkirche erinnernden Haus von 1841. In ruhigem Ambiente gibt es im eleganten Speisesaal *Fjaran* als Vorspeise z. B. Hummersuppe, dann eine Auswahl bester Fleisch- und Fischgerichte für ISK 2.100–4.600, z. B. Langusten, Muscheln, Lamm. Mit ISK 2.000 günstig ist das dreigängige Menü "à la maison". Unter gleichem Dach befindet sich der Saal *Fjörugarðurinn*, wo es im Wikingerstil abgeht – in rustikaler, häufig lautstarker Atmosphäre wird an langen Tischen und Bänken traditioneller Schmaus wie Hai und Trockenfisch, Lamm und Skýr gegessen, Wikingerschnaps und Bier getrunken und gefeiert, Fr/Sa mit Live-Musik und Tanz, fast jeden Abend mit "Wikingern", die mit den Gästen ihre Spielchen treiben.

Gafl-Inn (2), Dalshraun 13, ✆ 5554477, Mo–Sa 8–21, So 10–21 Uhr. Freundliches, günstiges Restaurant mit über 25-jähriger Familientradition und dezentem Dekor nordöstlich des Zentrums. Berühmt für seinen frischen Fisch ab ISK 1.250, z. B. panierte Scholle mit Gemüse und Hummer ISK 2.200. Mittags wechselndes Gericht für unter ISK 1.000 im Angebot. Hier gibt's auch Frühstück. Gafl-Inn erhielt bereits eine Auszeichnung des Tourism Board.

Siam (1), Dalshraun 11, ✆ 5554435, Di–Fr 11.30–13.30 und 18–21.30, Sa/So nur 18–21.30 Uhr. Günstige thailändische Küche in ansprechendem Restaurant nordöstlich vom Zentrum, z. B. Lamm in Thai-Curry oder Huhn in Kokosnussmilch und Knoblauch ISK 1.400, auch Fisch und vegetarische Gerichte.

Tilveran (13), Linnetstígur 1, ✆ 5655250, 12–22, Fr/Sa bis 23, So erst ab 17 Uhr. Mitten im Zentrum, freundliches, beliebtes Restaurant nahe am Wasser. Gute Auswahl an Fleisch, Fisch, Pizza und Pasta. Empfehlenswerte Fischgerichte abends ab 1.700, mittags (bis 17 Uhr) günstiger. Auswahl an dreigängigen Tagesmenüs, mittags sehr preiswert.

Dong Huang (3), Reykjavíkurvegur 68, ✆ 5556999, Mo–Do 11.30–22, Fr 11.30–23, Sa 17–23.30, So 17–22 Uhr. In der Geschäftszeile verstecktes, populäres und günstiges chinesisches Restaurant mit warmer Atmosphäre und riesiger Auswahl. Es gibt Suppen, Lamm (um ISK 1.200), Rind, Ente, Fisch, Nudeln, Vegetarisches. Verschiedene Specials für 2 oder mehr Gäste.

Kænan (20), Óseyrarbraut 2, ✆ 5651550, Mo–Fr 7–18, Sa 9–16 Uhr. Sehr preisgünstiges Restaurant im Cafeteria-Stil am Hafen mit Tagesmenü und vielen Stammgästen. Jeden Tag ein Fisch- und ein Fleischgericht mit Suppe, Salat und Kaffee. Der freundliche Besitzer legt Wert auf isländische Küche nach Hausmacherart.

American Style (4), Dalshraun 13, ✆ 5556610, 10–23.30, Sa/So ab 11 Uhr. Das schönste Fastfood-Restaurant. Bestellt und bezahlt wird vorne, serviert wird an den Tischen inmitten von großen Schwarzweißbildern, Pflanzen, dunklem und industriellem Dekor. Es gibt Hamburger und Sandwiches, Pita, Steaks, B&B Chicken, Salat und Bier, nur für Nichtraucher.

Hrói Höttur (6), Hjallahraun 13, ✆ 5652525, 11–22, Fr/Sa bis 23 Uhr. In rustikaler, freundlicher Atmosphäre Pizza, Hamburger, Sandwiches, Pita und kleine Gerichte vom Grill. Wer eine Pizza mitnimmt, bekommt eine umsonst. Mo–Fr 11.30–13.30 Uhr kann man für ISK 990 vom Büffet so viel Pizza, Pasta, Suppe und Salat essen, wie man will.

Kentucky Fried Chicken, Hjallahraun 15, ✆ 5652811, 11–22 Uhr. Das amerikanische Fastfood-Restaurant, in dem sich alles ums Huhn dreht.

Domino's Pizza, Fjarðargata 11, ✆ 5556789, tgl. 11–24 Uhr. Pizza auf die Hand ab ISK 600, Chicken Wings und Bread Sticks.

• *Cafés/Bars* **Súfistinn (12)**, Strandgata 9, Mo–Do 8–23.30, Fr/Sa 8–24, So 10–23.30 Uhr. Im ältesten Steinhaus Hafnarfjörðurs von 1910 werden exotische, frisch geröstete Kaffeesorten aus aller Welt serviert, am Tag zudem leichte, hausgemachte vegetarische Gerichte und v. a. selbst gebackene Kuchen und Torten, Muffins und Gebäck. Bei Alt und Jung sehr beliebtes Café mit gemütlichem Nichtraucherraum die Treppe hoch; wird wahrscheinlich vergrößert.

Kaffi Borg, Strandgata 34, tgl. außer Di 11–17 Uhr. Großes, helles Café im Kulturzentrum Hafnarborg.

Kaffihúsí í Blómabúð (8), Reykjavíkurvegur 60, ✆ 5650440, Mo–Do 10–19, Fr/Sa 10–21, So 11–13 Uhr. Café im Blumen- und Geschenkeladen *Blómaverkstæði Betu* zwischen bunten Sträußen, Kerzenständern, Räucherstäbchen und Bildern. An den Tischen am Fenster kann man Kaffee, Muffins oder Waffeln genießen, es gibt auch Suppe und Bagels. Ein schöner Ort zum Lesen und Ausruhen.

Café Aroma, im ersten Stock des Einkaufszentrums Fjörður mit Blick auf den Hafen, 8–24, Fr bis 3, Sa 10–3, So 10–24 Uhr. Im Herbst 2002 neu eröffnetes, gelungenes Café, Restaurant und Bar.

Kaffi Fjörður (10), Strandgata 11, 11–23, Fr/Sa bis 3 Uhr. In Café und Bar aufgeteiltes Lokal mit zwei Locations, eine mit Kaffee und kleinen Gerichten, eine mit Spielautomaten.

Sport/Freizeit/Touren

• *Elfentouren* 1- oder 2-mal tgl. wird ein 1- bis 1,5-stündiger Spaziergang zur Welt des verborgenes Volkes in der Stadt angeboten, auf dem es für die meisten mehr zu hören als zu sehen gibt. ISK 1.700 inkl. "Hidden Worlds Map", die künftig auch in Deutsch erhältlich sein soll. Start ist die Touristeninformation, Infos und Buchung unter ✆ 6942785/5650661.

• *Reitausflüge* Von seinem neuen Reitzentrum aus bietet **Íshestar** viele Touren zwischen 3 und 9 Std.: Für ISK 3.900 geht es z. B. tgl. 2–3 Std. durch die Lava um den Berg Helgafell, für ISK 6.800 tgl. 5–6 Std. zur Blauen Lagune. Zur Stärkung vor-/nachher gibt es im Reitzentrum das mittags und abends geöffnete Restaurant **Jósalir** mit Salatbar und Wintergarten.

• *Schwimmbad* **Suðurbæjarlaug**, Hringbraut 77, Frei- und Hallenbad mit Hot Pots, Sauna, Mo–Fr 6.30–21.30, Sa/So 8–18.30/17.30 Uhr. **Sundhöll Hafnarfjarðar**, Herjólfsgata 10, Hallenbad. Mo–Fr 6.30–18 (Di/Do bis 19), Sa/So 8–12 Uhr. Schwimmbad und Sauna sind manchmal nur für Männer bzw. Frauen geöffnet. Also besser vor dem Besuch nachfragen.

• *Stadtrundgänge* Auf dem von der Touristeninformation herausgegebenen Stadtplan sind 6 Rundgänge eingezeichnet, die man auf eigene Faust unternehmen kann (1–2 Std.). Die hierzu in der Information erhältlichen Beschreibungen gab es bisher nur auf Isländisch, sie sollen jedoch u. a. ins Deutsche übersetzt werden.

• *Wal- und Delfinbeobachtung* Auf dem restaurierten Kutter Húni II von 1963 aus Eiche, mit Livemusik, 1.5.–30.9. tgl. außer So 10 Uhr, 3–4 Std., ISK 3.000, Abfahrt vom Kai Norðurbakki nahe der Touristeninformation. Die Chancen, Wale und Delfine zu sehen, liegen bei 98 %. Infos und Buchung unter ✆ 8941388/8682886. Vorbuchung ist nicht zwingend nötig, da die Tour aber bei schlechtem Wetter ausfallen muss, ist es ratsam, sich vorher bei Húni oder in der Touristeninformation zu erkundigen.

Sehenswertes

Der beste Ausgangspunkt, um etwas über die Stadt und ihre Geschichte zu erfahren, ist der Platz an der Vesturgata bei der Touristeninformation.

Seefahrtsmuseum: Das blaue, restaurierte Lagerhaus *Brydepakkhús* von 1865 beherbergt seit 1986 das Seefahrtsmuseum, eine Abteilung des Nationalmuseums. Es veranschaulicht auf ansprechende Art die Geschichte der isländischen Fischerei und Seefahrt von den Anfängen bis zur Gegenwart und gilt als eines der besten Museen des Landes. Unten lassen – nach Begrüßung durch Schiffsglocke und Galionsfigur – alte Ruderboote und viele kleine Schiffsmodelle, ausgelegter Trockenfisch, Seile, Bojen, Netze und Anker die früheren Jahrhunderte der Fischerei wieder aufleben. Im ersten Stock geht es um die isländische Seefahrt seit Beginn des 20. Jh., d. h. um Motorboote, Trawler, Passagierschifffahrt usw., im zweiten läuft ein 1-stündiger, in Ósvör bei Bolungarvík gedrehter Film über das harte Leben der Fischer in früheren Zeiten (siehe dort). Im Eingangsbereich finden wechselnde Ausstellungen statt.

Öffnungszeiten **Sjóminjasafn Íslands**, Vesturgata 8, ✆ 5654242, 1.6.–30.9. tgl. 13–17 Uhr, 1.10.–30.5. Sa/So 13–17 Uhr, ISK 300 inkl. 3 Häuser des Heimatmuseums.

Sívertsen-Húsið: Direkt daneben liegt im ältesten Gebäude der Stadt, 1803–1805 in Kopenhagen gebaut, eines der drei Häuser des Heimatmuseums: das ehemalige Domizil des Handelsunternehmers *Bjarni Sívertsen* (1763–1833), der 1800 im Gebäude des jetzigen Restaurants Hansen nebenan ein Handelskontor einrichtete, wenig später ein Fischereiunternehmen und eine Schiffswerft gründete und so für einen wirtschaftlichen Aufschwung in Hafnarfjörður sorgte. Das kleine Museum ist mit Möbeln und Gegenständen aus Bjarnis Zeit eingerichtet, um so authentisch wie möglich die damaligen Lebensverhältnisse einer Familie aus der Oberschicht aufzuzeigen. Vom "Vater von Hafnarfjörður" selber, der als alter Mann mehr Geld hatte als die isländische Regierung, sind hier z. B. ein paar Möbel, ein Teleskop, eine Uhr und eine Briefschatulle von 1807 zu finden.

Öffnungszeiten Vesturgata 6, ✆ 5554700, 1.6.–31.8. tgl. 13–17 Uhr, 1.9.–31.5. Sa/So 13–17 Uhr, ISK 300 (inkl. Seefahrtsmuseum, Siggubær und Smiðjan).

Siggubær: Dieses kleine, verwinkelte Haus von 1902 gibt einen Eindruck, wie Arbeiter- und Fischerfamilien zu Beginn des 20. Jh. wohnten. Als Teil des Heimatmuseums ist es das Gegenstück zum Wohnhaus des wohlhabenden Sívertsen.

Öffnungszeiten Kirkjuvegur 10, 1.6.–31.8. Sa/So 13–17 Uhr, ISK 300 (inkl. Seefahrtsmuseum, Sívertsen-Húsið und Smiðjan).

Holzhaus in Hafnafjörður

Halbinsel Reykjanes
Karte S. 211

Smiðjan: Schräg hinter dem Restaurant Fjörukráin und in derselben ehemaligen Schmiede wie das Viking Hotel liegt ein weiterer Ausstellungsraum des Heimatmuseums, in dem Ausstellungen mit Bezug zu Hafnarfjörður präsentiert werden. Mit einer ausführlichen englischen Broschüre voller Infos und Anekdoten geht es durch die anschauliche, übersichtliche Abteilung zur Geschichte der Stadt. Spinnrad und Butterfass, ein altes Boot, Schiffsmodelle und eine Schule, eine Feuerwehr von 1931, ein Leichenwagen von 1937, die Originalstühle eines der ersten Kinos in Island und ein verschlissener Handball zeigen inmitten zahlreicher anderer Objekte die Entwicklung der Stadt auf. In einem anderen Saal finden wechselnde Ausstellungen statt.

Öffnungszeiten Strandgata 50, 1.5.–31.8. tgl. 13–17 Uhr, ISK 300 (inkl. Seefahrtsmuseum, Siggubær und Sívertsen-Húsið).

Kunst- und Kulturzentrum Hafnarbjorg: Eine wichtige Adresse für Kunst und Kultur in Island, die stark den internationalen Austausch fördert. Das Zentrum in den weißen Hallen nahe am Hafen zeigt monatlich wechselnde Ausstellungen zeitgenössischer isländischer und internationaler Künstler sowie historische Sammlungen. In den Gästeapartments und Ateliers unter dem Dach können Künstler übergangsweise wohnen und ungestört ihrer Arbeit nachgehen. Regelmäßig stehen im Zentrum Konzerte, Vorträge und Lesungen auf dem Programm.

Öffnungszeiten Strandgata 34, ✆ 5550080, tgl. außer Di 11–17 Uhr, ISK 300.

In der Nähe des Kulturzentrums steht an der Suðurgata die helle lutherische *Staatskirche Þjóðkirkjan*. Im Hintergrund erhebt sich der Felsen *Hamarinn*, der den Hamarkotslækur und die Innenstadt überragt. Er trägt Gletscherschrammen aus der letzten Kaltzeit; an ihm ist die Lava vor 7.000 Jahren vorbeigeflossen. Von oben bietet sich ein wunderbarer Ausblick auf den Hafen und die Stadt. Der schroffe Hügel ist angeblich das Felsenschloss von Elfen königlicher Abstammung und wird vom leuchtenden Schein eines engelhaften Wesens überstrahlt. Der mitten durch die Stadt fließende Bach *Hamarkotslækur* wurde 1904 auf Initiative eines Privatmannes zur Stromerzeugung gebändigt, woraufhin das erste Elektrizitätswerk Islands entstand.
Südlich des Felsens steht in ruhiger Wohngegend hoch über der Stadt am Jófriðastaðir die 1993 geweihte katholische *St.-Jósefs-Kirche* mit drei postmodernen Giebeln und vielen Säulen. Noch ein wenig höher liegt das *Kloster Klaustrið*, ein großes, unauffälliges Gebäude, das nach 1940 als Quartier für das britische Militär diente. 1946 erwarb der holländische Karmeliterinnen-Orden das Kloster, bis 1998 lebten polnische Karmeliterinnen in diesem einzigen geschlossenen Konvent Islands. Die Schwestern gründeten in den 1920er Jahren das in der Nähe liegende St.-Jósefs-Krankenhaus.

Etwas weiter in nordwestlicher Richtung stehen auf einem Lavahügel am Linnetstígur die weiße Kirche *Fríkirkjan* und am Vitastígur das 1900 erbaute Wahrzeichen der Stadt – der Leuchtturm *Vitinn*, der den Seeleuten bis 1979 den Weg in den Hafen wies. Geht man die Hverifsgata weiter hinauf, taucht an der Ecke Hellisgata/Reykjavíkurvegur der kleine verwunschene Park *Hellisgerði* ("Höhlengarten") auf, so benannt, weil sich in dem bizarren Lavarücken, der sich quer durch den Ziergarten zieht, eine Höhle befindet. In diesem sorgfältig gepflegten Park voller Büsche, bunter Blumen und knorriger Bäume soll sich die beeindruckendste Ansiedlung von Elfen, Zwergen, Gnomen und Lichtfeen in der ganzen Stadt befinden. In der grün umrankten, rauen Lava wohnen sie angeblich dicht an dicht in all ihrer Vielfalt. An schönen Tagen bietet das *Kaffihúsið* in dieser idyllischen Atmosphäre Kaffee und Kuchen an. 1999 wurde im Höhlengarten ein kleiner Bonsaipark – der nördlichste der Welt – eröffnet, in dem im Sommer 70 bis 80 isländische Bäumchen stehen. Ohnehin nur noch an den Anblick von Krüppelbirken und niedrigen Büschen gewöhnt, bleibt das touristische Auge vielleicht ungerührt; die Pflanzen, die älteste eine Moor-Birke von 1952, sind jedoch so wertvoll, dass sie durch einen hohen, nachts verschlossenen Zaun und Videoüberwachung geschützt werden.

Weiter nordwestlich befindet sich die große Parkanlage *Víðistaðatún*, eine grüne Oase mitten in der Lava. Zwischen Bäumen und Büschen liegen ein Sport- und ein Zeltplatz, und hier stehen zahlreiche moderne Skulpturen isländischer und internationaler Künstler. Die meisten wurden nach den Kunstfestivals 1991 und 93 von den Künstlern gestiftet, sind äußerst farbenfroh und nicht zu übersehen. Ein Buch über sämtliche Skulpturen in Hafnarfjörður und ihre Künstler ist in der Touristeninformation erhältlich. Auf einem Hügel im Park steht die helle, halbkreisförmige *Víðistaðakirkja*. Interessant in ihrem Inneren ist das vom spanischen Künstler *Baltasar* geschaffene moderne Fresko der Bergpredigt. Manchmal finden in der Kirche auch Konzerte statt.

Öffnungszeiten Tgl. 10–12 und 14–16 Uhr.

Zurück bei der Touristeninformation, sieht man auf der anderen Straßenseite eine ehemalige Fischfabrik. In dieses Gebäude zog Ende der 90er Jahre das isländische Filmarchiv (tgl. 9–12 Uhr). Die 2.000–3.000 Filme, früher in Reykjavík untergebracht, lagern jetzt im Kühlhaus, und mit der Zeit soll das gesamte Gebäude zum Kulturzentrum werden. Die junge und erfolgreiche Theatergruppe Hafnarfjarleikhúsið spielt bereits hierin. Die Mitarbeiter des Filmarchivs zeigen in unregelmäßigen Abständen Filme aus dem Archiv im Kino Bæjar Bíó gegenüber vom Café Suffistin. Die Absicht, die ehemals florierende Kinokultur in Hafnarfjörður wiederzubeleben, wird aber wohl erst dann wirklich voranschreiten, wenn sich wieder ein Direktor für das zurzeit ohne Leitung dastehende Archiv findet.

Wanderungen/Ausflüge

(s. Karte S. 211)

Jedes Jahr veranstaltet die Stadt eine Art Rallye. Wer teilnehmen möchte, hat von Mai bis Ende September Zeit, zahlreiche Wanderungen in der Umgebung Hafnarfjörðurs zu unternehmen und dabei an bestimmten Stellen Lösungen auf einfache geografische Fragen zu finden. Hierfür gibt es eine kostenlose Karte, auf der alle Wanderwege und Fragen verzeichnet sind. Die Routenbeschreibungen auf der Rückseite sind – wie alles auf der Karte – in Isländisch, aber die Karte ist jedem zu empfehlen, der kleine Wanderungen unternehmen möchten, z. B. auf das Helgafell.

Aussichtsberg Helgafell (10): Weniger als 10 km südlich von Hafnarfjörður erhebt sich der Hyaloklastitberg Helgafell (338 m), von dem sich ein guter Ausblick über Hafnarfjörður, die Bucht Faxaflói und Reykjavík bietet. Zufahrt zum Berg besteht über den *Kaldárselsvegur* (Verlängerung der Öldugata), der östlich des Zentrums von der Str. 41 abzweigt und zur Str. 410 führt. An der Str. 410 und den Lavaformationen von Gjár vorbei, die von den Bewohnern Hafnarfjörðurs als kleines Dimmuborgir (Mývatn) angesehen werden, geht es bis zu einem Parkplatz am See. Von hier ist der 2,8 km lange, mit Pflöcken markierte Wanderweg auf den Berg ausgeschildert.

Wald am Hvaleyrarvatn (11): Auf dem Weg zum Helgafell (s. o.) kommt man auf der Höhe des Reitzentrums von Íshestar am Naherholungsgebiet um den See Hvaleyrarvatn vorbei, in dem auf Spazierpfaden gewandert und unter Bäumen gepicknickt werden kann. Der Verband für Forstwirtschaft in Hafnarfjörður (gegr. 1946) forstet die Gegend systematisch auf; wer will, kann mithelfen und gegen eine geringe Gebühr seinen eigenen Baum pflanzen.

Auf der Selvogsgata an die Südküste (12) (6–8 Std.): Eine beliebte Wanderung durch das Naturschutzgebiet Reykjanes. Am Kaldárselsvegur in Richtung Helgafell (s. o.) beginnt hinter der Abzweigung der Str. 410 ein alter Handelsweg nach Selvogur an der Südostküste. Früher zogen Händler und Saisonfischer auf dieser Strecke quer über die Halbinsel. Es geht westlich am Helgafell vorbei, über den Pass *Grindaskörð* hinauf in die Berge und östlich am Bergrücken *Brennisteinsfjöll* entlang; der Weg bis zum See Hliðarvatn an der Südküste nahe der Strandarkirkja ist mit Steinmännchen markiert.

Lava und Schlucht (13): Von der Selvogsgata (s. o.) zweigt noch vor dem Helgafell links ein Wanderweg zur Schlucht Búrfellsgjá und dem Krater Búrfell ab. Die Búrfellsgjá entstand, als noch flüssige Lava mitten durch bereits erstarrte hindurchfloss. Um den Búrfell finden sich sehr schöne Lavaformationen.

Präsidentensitz Bessastaðir: Vom Reykjavíkurvegur zweigt die Str. 415 zur Landzunge Álftanes ab. Am Ufer des Bessastaðatjörn entlang, taucht vor dem Hintergrund der Hauptstadt am anderen Ufer des Skerjafjörður bald rechts vorne der malerische alte Herrensitz *Bessastaðir* mit seiner kompakten weißen Kirche auf. Seit 1941 befindet sich hier die Residenz des Staatspräsidenten. Der Hof hat eine lange Tradition.

Naturreservat Ástjörn (14): Die Umgebung des Sees Ástjörn südöstlich der Stadt ist berühmt für ihr reiches Vogelleben und deshalb zum Naturreservat erklärt worden, 1996 dann noch zum "Country Park". Eine Wanderung um den See beginnt man am besten beim Stadion an der Str. 42 nach Krýsuvík (beim ersten Kreisel); dabei ist auch eine Besteigung des Ásfjall möglich, angeblich der "kleinste Berg in Island", mit schönem Ausblick.

Wandern und Kultur bei Straumsvík (15): An der Bucht Straumsvík einige km westlich von Hafnarfjörður befand sich im Mittelalter ein Handelshafen. Heute steht hier, an der Überlandstraße nach Keflavík, der Künstlerhof Straumur mit Gästeateliers für isländische und internationale Künstler. Hier beginnt auch das Wandergebiet Hraunin mit vielen einfachen Pfaden durch die bewachsene Lava und entlang der Lavaklippen zu Ruinen wie Þýskubúð (Deutsche Bude), wo einst deutsche Kaufleute siedelten. Eine Karte mit den Wanderwegen ist für ISK 200 in der Touristeninformation erhältlich (Beschreibungen nur auf Isländisch).

Anfang des 13. Jh. gehörte Bessastaðir dem berühmt-berüchtigten Historiker und Politiker *Snorri Sturluson*. Nach dessen Ermordung wurde der Hof vom norwegischen König konfisziert, der ihn zum Sitz des königlichen Verwalters machte. Von 1805 bis 1846 beherbergte Bessastaðir die höhere Schule und war dann in Privatbesitz, bis es 1941 dem Staat vermacht wurde. Das Wohnhaus wurde 1761–66 als Amtmannssitz für den dänischen Gouverneur errichtet und gehört damit zu den ältesten Steinhäusern des Landes. Später wurde es durch Anbauten erweitert. Die heutige Steinkirche entstand von 1777 bis 1823. Zu den interessanten Objekten im Innenraum gehören u. a. das dreiteilige, 1921 von *Guðmundur Þorsteinsson* (*Muggur*) gefertigte Altargemälde, kupferne Kerzenleuchter von 1734, eine mit Basreliefs des Künstlers *Ríkarður Jónsson* geschmückte Kanzel und die Fenster mit aus der isländischen Kirchengeschichte erzählenden Bildern.

Von Krýsuvík nach Þorlákshöfn

Durch die mit Kratern und Tuffbergen gesprenkelte Lavalandschaft, die auf ausgeschilderten Wanderwegen erkundet werden kann, führt die Straße an der ruhigen, wenig befahrenen Südküste gen Osten und nach Þorlákshöfn, dem Anlegeplatz für die Fähre zu den Westmännerinseln.

Durch die grasbewachsene Lava fährt man am knapp 400 m hohen, zwischeneiszeitlichen Schildvulkan *Geitahlíð* vorbei, der auf einer 2 km langen, steilen Wanderung erklommen werden kann. Ihm zu Füßen liegt der schwarz-rote Krater *Stóra-Eldborg*, der mühelos in einem kurzen Fußmarsch zu besteigen ist. Bald ragt linker Hand die schroffe Bergwand *Herdísarvíkurfjall* auf. Nördlich von ihr erstreckt sich der Bergrücken *Brennisteinsfjöll*, von dem früher zahlreiche Lavaströme bis hinunter zum Meer geflossen sind. Wo die Felswand besonders steil ist, stürzte die Lava fast wie ein Wasserfall in die Tiefe. Ein in Island lebender Schotte versuchte einst, im Osten der Berge Schwefel abzubauen, erlitt dabei jedoch eine ziemliche Pleite. Als Erinnerung blieb nur der Name Brennisteinsfjöll ("Schwefelberge"). Am Ende des Naturschutzgebiets wird die Straße zur holprigen Schotterpiste. Hier beginnt die kleine Bucht *Herdísarvík* mit ihren breiten, grauen Stränden voller Treibholz. Hinter dem Forellensee Hlíðarvatn zweigt die 3 km lange Zufahrt zur *Strandarkirkja* ab. Von hier nach Þorlákshöfn geht es auf besserer Straße über eine niedrige Hochebene durch ruhige, friedliche Landschaft. Nur Schafe unterbrechen bisweilen die Einsamkeit. Unterwegs ist eine 6,5 km lange Wanderung auf unmarkierten Wegen zum *Geitafell* (509 m) möglich (ausgeschildert). Umwandert man den Berg im Uhrzeigersinn, gelangt man auf einen Wanderweg, der in südliche Richtung nach Þorlákshöfn führt.

▸ **Abstecher zur Strandarkirkja**: Dem Geschrei der Seevögel und dem salzigen Geruch des Meeres entgegen, führt die Stichstraße zu den wenigen Häusern des ehemals blühenden Fischerdorfes *Selvogur* ("Seehundsbucht"). 1703 wurden hier 154 Bewohner gezählt, heute sind es nur noch zwölf. Erosion und Sandverwehungen haben das einst fruchtbare Weideland zerstört. Als Gegenmaßnahme wurde nach 1930 ein Deich errichtet und mit der Anpflanzung von Strandhafer und Lupinen begonnen. Vom schwarzen Strand voller Tang und Treibholz lässt sich ganz Reykjanes bis zum Kap überblicken, und mit etwas Glück können Robben beobachtet werden. Auf diesem friedlichen Fleckchen Erde steht die *Strandarkirkja* (tgl. 10–19 Uhr). Über das genaue Datum und den Ursprung ihrer Errichtung herrscht Unklarheit. Der Legende nach geriet im 11. oder 12. Jh. ein isländischer Bauer, der in Norwegen Bauholz geholt

Reiche Strandarkirkja

hatte, auf dem Rückweg mit seinem Schiff in einen schweren Sturm, betete um Rettung und gelobte, mit dem Bauholz an dem Ort eine Kirche zu errichten, an dem er heil an Land gelangen würde. Kaum hatte er dieses Gelöbnis ausgesprochen, erschien ein Lichtengel und wies dem Schiff die Richtung, bis es in einer Sandbucht auf festen Grund lief. Auf der Düne über der Landestelle wurde daraufhin eine Kirche gebaut. Das jetzige Gotteshaus wurde 1888 aus norwegischem Holz errichtet und ab 1967 grundlegend renoviert. Seine bedeutendsten Schätze sind ein alter, vergoldeter Kelch im gotischen Stil und ein Teller aus dem 14. Jh. Von Anfang an wurden der Kirche wundertätige Kräfte nachgesagt, und Gläubige überbrachten als Dank für erhörte Bitten Geschenke. Heute erhält das einsame Gotteshaus aus der ganzen Welt Dankesgaben zugeschickt und gehört zu den reichsten Kirchen in Island. Die 1950 neben der Kirche aufgestellte Skulptur *Landsýn* aus hellem Granit erinnert an den segensreichen Lichtengel. Von Selvogur führt eine 15 km lange Wanderung entlang der Küste nach Þorlákshöfn.

• _Übernachten/Camping/Essen_ **T-bær Selvogi**, ✆ 4833150, ist ein ruhiger, schöner Zeltplatz nah am Wasser, ISK 500. Im Garten kleine Hütte für 4 Leute mit Kochgelegenheit, ISK 1.200/Pers. Dusche für alle ISK 200. Im kleinen Café selbst gebackene Leckereien und Sandwiches, tgl. 8–23, Do erst ab 14 Uhr. Besitzerin Sigfríður ist berühmt für ihre Gastfreundschaft und ihre Pfannkuchen.

▶ **Höhle Raufarhólshellir**: Die mit 1.350 m zweitlängste Lavahöhle des Landes liegt in 32 m Tiefe rund 8 km nördlich von Þorlákshöfn an der Str. 39 im *Eldborgarhraun*. Der Parkplatz befindet sich 2,8 km nördlich der Kreuzung der Straßen 38, 39 und 42 auf der östlichen Seite. Dahinter steht am südlichsten der vier Deckeneinbrüche ein großes Steinmännchen; andere Öffnungen sollte man wegen Einsturzgefahr meiden. Eine gute Taschenlampe muss zur Hand sein, denn unten ist es stockdunkel, und aus der Decke gefallene Lavabrocken versperren den Weg. Schon am Eingang finden sich sehenswerte Eisformationen, der Lavatunnel führt zu weiteren Eisbildungen und schönen Fließformen. Am Höhlenende glänzen erstarrte Lavakaskaden. Alles ist sehr bröckelig und verstürzt, mit dem Herausbrechen weiterer Lavastücke muss gerechnet werden. Ein ausgiebiger Besuch der Höhle ist deshalb nicht zu empfehlen. Die Steinformationen stehen unter Naturschutz und dürfen nicht beschädigt werden.

Þorlákshöfn ("thorlaukshöpn", 1.330 Einw.)

Die Umgebung des Ortes lockt mit Wanderwegen, Þorlákshöfn selber zieht Touristen wegen seines Hafens an: Von hier fährt die Fähre zu den Westmännerinseln.

Dies ist zwar nicht die direkteste Verbindung, aber an der isländischen Südküste aus Sand und Schotter, mit wenig Felsen und viel Sturm ließ sich nur an einem einzigen Ort zwischen Grindavík und Höfn ein Hafen bauen – in Þorlákshöfn, geschützt an einer Landzunge gelegen. Reisende zu den Westmännerinseln müssen deshalb eine Fahrzeit von knapp drei Stunden in Kauf nehmen. Ansonsten hat der junge Ort Touristen wenig Aufregendes zu bieten. Bis 1951 stand hier lediglich ein Gehöft mit vier Einwohnern; heute ist Þorláks-

Halbinsel Reykjanes
Karte S. 211

Auf Entdeckungstour in Þorlákshöfn

höfn der größte Ausfuhrhafen für von der Hekla gewonnenen Bimsstein, modern und bunt und geprägt durch Hafenanlagen mit Fischfabriken, Lagerhallen und Reparaturwerkstätten.

Interessant ist jedoch sein Name: Mit ihm hält Þorlákshöfn die Erinnerung an den einzigen isländischen Heiligen, *St. Þorlák* (1130–1193), wach, der 1178 Bischof in Skálholt wurde und nach dem über sechzig Kirchen in Island benannt sind. In der 1985 geweihten Þorlákskirkja mit ihrem aus 56 Stücken zusammengesetzten Altargemälde von *Gunnsteinn Gislason* wird ein Messgewand von ihm aufbewahrt.

Öffnungszeiten Kirche Juni und Juli Sa/So 15–18 Uhr und nach Vereinbarung, ✆ 4833771/8980971.

Wer vor oder nach Abfahrt der Fähre noch etwas Zeit hat, dem sei ein Spaziergang zur Küste südlich des Leuchtturmes empfohlen, wo das Meer häufig mit gewaltiger Kraft brandet und als weiße Fontäne meterhoch in die Luft schießt. Das kann beeindruckender sein als ein Ausbruch des Geysir.

Der Ort verfügt auch über eine Museumssammlung, die sich bis vor kurzem die Räumlichkeiten mit der Stadtbücherei teilte. Als diese jedoch 2002 in das neue Rathaus umzog, wanderten die Objekte erst mal in Umzugskartons. Irgendwo im Rathaus sollen sie in den nächsten Jahren einen neuen Platz finden.

Information/Verbindungen/Adressen

- *Information/Internet* In der neuen Bücherei, Rathaus Ölfusa, Hafnarberg 1, ✆ 4803830, Mo–Do 11–18, Fr 11–17 Uhr. Internet kostenlos an mehreren modernen Flachbildschirmen.
- *Verbindung* **Bus**: Zwischen Reykjavík und Þorlákshöfn tgl. auf die Abfahrtszeiten der Fähre abgestimmte Busse. **Fähre**: Fähre Herjólfur nach Heimaey siehe Kap. "Westmännerinseln".
- *Versorgung* Apotheke (Mo–Fr 12–18 Uhr), Arzt, Autowerkstatt (**Bíliðjan**, ✆ 4833540/ 8529217; **Bílaverkstæði Rúnars**, ✆ 4833445/ 8974845), Bank, Post.

• *Angeln* Lizenzen bei **Rás hf.**, Selvogsbraut, Mo–Fr 13–18, Sa 11–13 Uhr: Forellenangeln im Hlíðarvatn ab ISK 4.000/Tag für 2 Angeln mit Hütte, in der Ölfusá ISK 1.700/Tag pro Angel.

• *Einkaufen* **Supermarkt**, Selvogsbraut 20, tgl. 10–23 Uhr. **Bäckerei**, Selvogsbraut 41, Mo–Fr 8–18 Uhr, groß und freundlich, mit gemütlichem Café. **Rás hf.** (siehe Angeln) hat alles von Schreibwaren über Spielzeug und Angelausrüstung bis zu Haushaltswaren.

• *Schwimmbad* Hafnarberg 41, Mo–Fr 8–21, Sa/So 10–18 Uhr. Freibad mit 2 Hot Pots und Rutsche.

Übernachten/Camping/Essen

• *Übernachten* **Gästehaus Heimagisting**, Reykjabraut 19 (2. Straße rechts nach Tankstelle), ✆ 4833630, 📠 4383580, geräumiges, freundliches Apartment für 2–4 Pers. mit Bad und Sitzecke. ISK 2.500 pro Pers., SSU ISK 1.800, Frühstück. Ausgang zur Straße und zum schönen Blumengarten mit Terrasse und Bäumen; fröhliche, herzliche Besitzerin.

• *Camping* Hafnarberg 41, beim Schwimmbad. ISK 200/Zelt und ISK 200/Pers., warme Dusche inkl. Ruhiger Platz mit kleinem Aufenthaltsraum.

• *Essen/Tankstelle* **Veitingastofa Duggan**, Hafnarskeið 7, ✆ 4833915, Mo–Fr 9–21, Sa/So 10–21 Uhr. Freundliches, günstiges Schnellrestaurant am Hafen. Mittagsmenü mit einem Gericht, Suppe und Kaffee unter ISK 1.100 auf der Stelle zu haben; à la carte Lamm und Fisch, Pizza, Hamburger, Pasta, Sandwiches und Kleinigkeiten wie belegte Toasts.

Prinsinn, Unubakki, Coffee Shop in einem Videoverleih. Tgl. 9–23.30 Uhr gibt es Kaffee, Pizza, Hot Dogs und Hamburger sowie Eis.

Skálinn, Óseyrarbraut 17, 8–23.30, So ab 9 Uhr, Imbiss in der Tankstelle mit hübschen Tischen und bunten Kaffeebechern. Viele Hamburger und Sandwiches, darunter die besonders großen "Trawler" (ISK 650), die für 2 reichen. Mit Geldautomat.

Wanderungen

(s. Karte S. 211)

Eine Karte mit zahlreichen längeren, weitgehend unmarkierten Wanderwegen in der Umgebung von Þorlákshöfn hat das Ferðamálafélag Ölfus herausgegeben, ISK 400. Mit ihrer Hilfe kann beispielsweise über einen alten Fahrweg zur Str. 42 und von dort in die Berg- und Lavawelt gewandert werden. Alle Wege, ob über die Berge oder durch die Lava, kreuzen irgendwann den Trekkingtrail Reykjavegur, auf dem weitergelaufen werden kann, sowie die Ringstraße. 15 km sind es an der Küste entlang zur Strandarkirkja in Selvogur.

Zu den Kratern Eldborg (16) (ca. 25 km): Diese vielfältige Wanderung führt erst mal an der Bucht Harnarvík entlang Richtung Osten und dreht dann ab gen Norden zum Hof Hraun, überquert die Landstraße und führt weiter zur Höhle Raufarhólshellir. Am Langahlíð entlang wird das Lavafeld Eldborgarhraun durchquert, bis zur Linken die beiden gleichnamigen, kegelförmigen Krater Eldborg ("Feuerburg") auftauchen, die vor 2000 Jahren reichlich Lava in die Gegend fließen ließen. Noch ein paar Kilometer weiter Richtung Norden trifft man auf den Reykjavegur und, etwas östlich der Kreuzung der Straßen 1 und 39, auf die Ringstraße.

Blick über das Kirkjubæjarhraun

Die Westmännerinseln

Surtur fährt von Süden mit flammendem Schwert, / Von seiner Klinge scheint die Sonne der Götter. / Steinberge stürzen, Riesinnen straucheln, / Zu Hel fahren Helden, der Himmel klafft. (...) / Schwarz wird die Sonne, die Erde sinkt ins Meer, / Vom Himmel fallen die heitern Sterne. / Glutwirbel umwühlen den allnährenden Weltbaum, / Die heiße Lohe beleckt den Himmel. / Sie sieht auftauchen zum andern Male / Aus dem Wasser die Erde und wieder grünen. / Die Fluten fallen, darüber fliegt der Aar, / Der auf dem Felsen nach Fischen weidet.

Lieder-Edda: Der Seherin Weissagung (Völuspá)

Auf der grünen, zerklüfteten Westmännerinsel Heimaey – ein riesiger, von Menschen bewohnter Vogelfelsen – locken die größte Papageientaucherkolonie Islands und zahlreiche andere Meeresvögel. Außerdem erfährt man hier, was passiert, wenn Menschen von einem Vulkanausbruch überrascht werden.

Die Inseln...

Etwa 8 km von der Hauptinsel entfernt liegen an den südöstlichen Ausläufern der aktiven Vulkanzone über mehr als 1.000 qkm verteilt die Westmännerinseln (Vestmannaeyjar): 15 Vulkaninseln aus Tuff- und Lavadecken sowie 30 Felsen und Schären. Die meisten Inseln sind winzig, zerklüftet und unwirtlich, alle sind von steilen Klippen umgeben. Das macht sie zum Paradies für Meeresvögel, die den Archipel in unvorstellbaren Mengen bevölkern.
Der Volkssage nach warf ein Unhold die Inseln einst von der *Hellisheiði*, einer Hochebene auf Reykjanes, aus ins Meer. Nach der wissenschaftlichen Erklärung

entstand der Archipel in den letzten 10.000 Jahren, als etwa achtzig submarine Krater kraftvoll Lava ausspieen; lediglich die Anfänge der nördlichen Region Heimaeys reichen bis in die letzte Kaltzeit zurück. Erdgeschichtlich sind die Inseln damit sehr jung. Wie aktiv die Vulkanzone hier am Rande heute noch ist, zeigte sich 1964 und 1973 (siehe S. 256 und 258).

Dank des Golfstroms haben die Westmännerinseln die höchste Durchschnittstemperatur in ganz Island zu verzeichnen. Der Frühling setzt hier grundsätzlich drei Wochen früher ein als in den anderen Landesteilen. Es schneit wenig, regnet dafür aber um so häufiger – an durchschnittlich 235 Tagen im Jahr kann man damit rechnen, nass zu werden. Bei den Regengüssen handelt es sich aber häufig nur um schnell wieder abziehende Schauer und im Sommer trifft man vielfach auf sonniges, warmes Wetter. Mit Wind, vielmehr mit teilweise orkanartigem Sturm, muss allerdings immer gerechnet werden – die Wetterstation im Süden von Heimaey gilt als die windreichste in Europa. Der Wind sorgt für einen oft rauen Seegang, der Basalthöhlen in die Inseln geschliffen hat und es den Fischern schwer macht. Touristen sollten sich, wenn der Meeresgott Ægir wieder wütet, ihren Ausflug zu den Inseln mit dem Boot vielleicht noch mal überlegen; 2,5 Stunden schaukelige Überfahrt haben schon so manchen umgehauen.

...und ihre Bewohner

Die Bewohner der Westmännerinseln gelten nicht nur als überschwänglich und spaßliebend, sondern auch als abgehärtet, kühn und widerstandsfähig. So schnell kann ihnen nichts etwas anhaben, was sich auch in der Art zeigte, wie sie mit dem Vulkanausbruch auf Heimaey 1973 umgingen. Die Festlandsisländer halten die "Westmänner" für äußerst eigenwillig, was vor allem mit deren Lokalpatriotismus zu tun hat. Als ungestüme und aufsässige Individualisten überlegten die Inselbewohner hier draußen in den 50er Jahren ernsthaft, von Island unabhängig zu werden.

Beliebtester Sport auf Heimaey ist Fußball. Jedes Jahr werden hier die isländischen Fußballmeisterschaften der Kinder und Jugendlichen abgehalten. Berühmt sind die Westmännerinseln aber insbesondere für ihr alljährlich am ersten Wochenende im August stattfindendes Volksfest *Þjóðhátíð Vestmannaeyja,* für Tausende junge Festlandsisländer Anlass für einen Ausflug nach Heimaey. Ihren Ursprung hat die Feier in einer Festveranstaltung zum tausendjährigen Jubiläum der Besiedlung Islands im August 1874: Starker Sturm hinderte die Bewohner der Westmännerinseln damals daran, zur Nationalfeier nach Þingvellir zu reisen und so feierten sie eben für sich alleine auf Heimaey. Seit 1901 wird nun jedes Jahr gefeiert. Der *Herjólfsdalur* verwandelt sich dann in einen großen Festplatz mit Buden und Karussells, es wird musiziert und getanzt, am Tag finden Sportwettbewerbe statt und am steilen Kliff *Fiskahellanef* werden Vorführungen im Seilschwingen gegeben. Nachts prasseln Lagerfeuer und Feuerwerke werden abgebrannt. Sogar ein Gottesdienst wird gefeiert. Natürlich fehlt auch nicht der Alkohol und der fließt in Strömen – wohl der Grund, warum viele ältere Inselbewohner es vorziehen, an diesem Wochenende die Flucht zu ergreifen.

Die harten Kerle von Vestmannaeyjar

Zäh, kernig und gestählt: So sehen nicht nur andere Isländer die "Westmänner", auch sie selber erzählen gerne Geschichten, die dieses Bild bestätigen. Ein Hinweis auf das, was zwei Seeleute Verwunderliches vollbracht haben, bietet sich bei solcher Gelegenheit an.

Am 13. Februar 1928 erlitt das Boot Sigriður VE 240 an der Westküste Heimaeys Schiffbruch. Den fünf Seeleuten an Bord gelang es, sich auf einen Felsvorsprung zu retten, bevor das Boot sank. Den Männern blieb keine andere Wahl, als die 60 m hohe, steile und eisbedeckte Felswand zu erklimmen, vor der sie standen und die als unbezwingbar galt (und eigentlich noch immer gilt). Der Maschinist *Jón Vigfússon* versuchte es und kam durchnässt und starr vor Kälte tatsächlich irgendwie oben an. Durch den tiefen Schnee lief er dann in den Ort und holte Hilfe für seine zurückgebliebenen Kameraden.

Ein anderes Schiff, Hellisey VE, kenterte am 11. März 1984, als seine Fangnetze sich ca. 6 km östlich von Vestmannaeyjar am Meeresboden verfingen. Alles ging so schnell, dass die Rettungsboote nicht mehr geöffnet werden konnten. Vier Männer ertranken sofort in den kalten Fluten, der 22-jährige Steuermann *Guðlaugur Friðþórsson* aber trotzte der Meerestemperatur von 7 °C und den starken Gegenströmen und schaffte es, an Land zu schwimmen. Dort kam er nach sechs Stunden halb tot an – normalerweise überlebt man in eiskaltem Wasser kaum länger als eine halbe Stunde – und lief barfuß über die scharfkantige Brockenlava zum Ort, den er ohne Pulsschlag erreichte. Unterwegs hatte er allerdings, von Durst geplagt, noch genug Kraft, mit geballter Faust das Eis zu zerschlagen, das sich auf dem Wasser einer als Schafstränke aufgestellten Badewanne gebildet hatte. Guðlaugurs außergewöhnliche Schwimmleistung erweckte die Neugier eines Londoner Instituts, das ihn daraufhin untersuchte und feststellte, dass die Fettschicht seiner Haut der einer Robbe ähnelte.

Besucher sind immer wieder überrascht von den vielfältigen Möglichkeiten, die sich ihnen auf den Westmännerinseln bieten: Wanderungen durch die Lavalandschaft, auf Krater und Berge oder zu den riesigen Vogelkolonien, Bootsausflüge, Museumsbesuche usw. Es wäre deshalb wenig sinnvoll, am letzten Tag der Reise noch schnell einen Ausflug hierher einzuschieben. Ein bisschen mehr Zeit sollte man sich schon nehmen.

Autorentipps: Besuchen Sie die "Vulcanic Film Show" und holen Sie sich dort im Veranstaltungshaus Insidertipps zu Wanderungen und Sehenswürdigkeiten. An Wanderungen empfehlen sich die Touren zum Krater Eldfell mit Stopp beim blühenden Lavagarten und zu den Papageientaucherkolonien an der Westküste. Es lohnt ein Besuch des Heimatmuseums und der Stabkirche bei Skansinn. Probieren Sie etwas von der reichhaltigen Speisekarte des Restaurants Lanterna und übernachten Sie bei der herzlichen Árny im gleichnamigen Gästehaus oder bei der hilfsbereiten deutschen Reiseleiterin Ruth im Gästehaus Hreiðrið.

Heimat aller Vögel

Voller zerfurchter Felsen draußen im Meer gelegen und mit Ausnahme von Heimaey unbewohnt, sind die Westmännerinseln ein besonderer Anziehungspunkt für Seevögel: Hier finden sich alle in Island bekannten Arten. Im Frühjahr kehren sie wegen des milden Klimas häufig eher zurück als anderswo in Island und treffen sich an den Kliffs und Felsen zur Brut. Von den insgesamt siebzig in Island brütenden Vogelarten suchen dreißig zu diesem Zweck die Westmännerinseln auf, darunter Eissturmvögel, Trottel- und Dickschnabellummen, Gryllteisten, Tordalken und Papageientaucher. Sturmschwalben, Schwarzschnabelsturmtauchern und Wellenläufern gefällt es hier so gut, dass

Papageientaucher – Clowns im Frack

Die höchstens 35 cm großen Papageientaucher nisten in den grünen Hängen in selbst gegrabenen Löchern, die sie jedes Jahr erneut zur Brut aufsuchen. Untersuchungen zufolge bleiben sich die Paare offensichtlich ein Leben lang treu. Die Weibchen legen ein einziges großes Ei, über das sie zum Ausbrüten einen Flügel breiten. Papageientaucher sind ruhig und friedlich, kreischen nicht so viel wie die anderen Seevögel und setzen sich bei schönem Wetter mitunter stundenlang ins Gras und starren aufs Meer hinaus, ohne auch nur einen einzigen Flügelschlag zu tun. Ein Glück für jeden Fotografen – wohl kaum ein Vogel posiert so geduldig vor der Kamera wie der Papageientaucher, der mit seinem schwarzen Frack und seinem weißen Clowngesicht mit gestreiftem Schnabel und feinen Strichen um die Augen, die ihm einen zugleich verschmitzten und etwas sentimentalen Ausdruck verleihen, eines der begehrtesten Motive darstellt. Im Flug wirkt er fast etwas plump. Man kann sich kaum vorstellen, dass er es im Winter bis nach Neuseeland oder Südafrika schafft.

Die Kinder der Westmännerinseln haben ein besonderes Verhältnis zu den Papageientauchern. Wenn die Jungen vierzig Tage alt sind, d. h. Mitte bis Ende August, hören die Eltern mit dem Füttern auf und Hunger treibt sie aufs Meer hinaus. In Richtung des Mondlichts wollen sie ihren ersten Flug antreten. Die meisten verwechseln aber das Licht des Mondes mit dem Schein der Straßenlaternen und erleuchteten Fenster in Vestmannaeyjar und fliegen nachts in Massen direkt in den Ort, wo sie unsanft landen und nicht mehr weiter wissen. Bis Anfang September, wenn auch der letzte Vogel seinen richtigen Weg gefunden hat, dürfen die Kinder nachts lange draußen bleiben und mit Pappkartons durch die Straßen ziehen, um Hunderte kleiner Papageientaucher aufzusammeln. Sie werden über Nacht mit nach Hause genommen und am nächsten Tag am Meer fliegen gelassen, wo sie sich als gute Schwimmer selbst versorgen können. Da es verboten ist, Jungvögel zu essen, bleibt keiner zurück. Die jungen, noch etwas farblosen Vögel lassen sich dann für zwei Jahre nicht mehr sehen. (Wer helfen möchte, Papageientaucher aufzusammeln, kann an der von der Touristeninformation organisierten "Puffin Rescue"-Tour teilnehmen).

Papageientaucher mit Heringsfang im Schnabel

sie bis vor kurzem nirgendwo anders brüteten. Viele Vogelarten verweilen auf dem Durchflug für kurze Zeit auf den Inseln. Die zweitgrößte Basstölpel-Kolonie Islands findet sich hier, vor allem aber eine in Island unübertroffene Zahl Papageientaucher – ihr Bestand auf dem Archipel wird auf mindestens 6 Millionen geschätzt. Insgesamt bevölkern im Sommer etwa 10 Millionen Vögel die Inseln.

Die Bewohner von Vestmannaeyjar machen sich das reiche Vogelleben auf den Inseln schon seit Beginn der Besiedlung zunutze – sowohl die Vögel als auch ihre Eier sind Bestandteil der Ernährung und besondere Leckerbissen. Um an die Eier der in den steilen Felswänden nistenden Eissturmvögel und Trottellummen heranzukommen, entwickelte man eine nicht ungefährliche Methode: An ein Seil gebunden, ließen die Männer sich von den Felsen herab und schwangen sich von Nest zu Nest. Bei jungen Leuten wurde das Seilschwingen trotz tödlicher Unfälle und eines darauf folgenden Verbots zu einer beliebten Freizeitbeschäftigung und herausfordernden Mutprobe. Heute werden zu besonderen Anlässen, wie z. B. beim Volksfest, Vorführungen gegeben.

"Zum Fressen gern" haben die Bewohner der Westmännerinseln vor allem die Papageientaucher. Sie werden im Flug mit langen Käschern mit großen Netzen gefangen, dann wird ihnen sofort der Hals umgedreht. Die Jagdsaison dauert von Anfang Juli bis Mitte August, in dieser Zeit ziehen sich immer wieder Gruppen von Männern in die einsam in den Felsen gelegenen Häuser zurück, die manchem Besucher schon bei der Überfahrt auffallen werden. Jede Mannschaft hat ihr eigenes Revier, ihr eigenes Haus, häufig nur per Seil durch steilen Aufstieg zu erreichen. Im Mai sammeln die Männer von hier aus Eier, im

Sommer fangen sie Papageientaucher und das nicht zu knapp – die tägliche Ausbeute kann pro Fänger mehr als tausend Tiere betragen. Dem Rekordhalter sind an einem Tag 1.420 Papageientaucher ins Netz gegangen. Insgesamt dürfen in einer Saison etwa 90.000 dieser Vögel gejagt werden, der Millionenbestand scheint dabei nicht gefährdet zu sein. Gegessen wird vom Papageientaucher dann nicht mehr als die Brust, gesalzen, geräuchert oder gebraten.

Feuergott Surtur schafft eine neue Insel: Surtsey

Der von 1963 bis 67 andauernde und bisher letzte größere submarine Vulkanausbruch vor den Vestmannaeyjar kam etwas überraschend – seit 1896, als Zeugen auf dem Meer südöstlich von Hellisey "Feuer aufblitzen" sahen, waren keine vulkanischen Vorgänge mehr beobachtet worden.

Erste Zeugen der Eruption waren Seeleute: Am 14. November 1963 um 6.30 Uhr bemerkte der Maschinist des vor den Westmännerinseln kreuzenden Fischerbootes Isleifur II einen intensiven Schwefelgeruch, dem Schiffskoch fielen verwunderliche Schlingerbewegungen des Bootes auf, bevor er im Südosten Rauchwolken aufsteigen sah. Die Eruptionssäule aus Dampf, vulkanischen Gasen und feinkörnigen Aschen, die um 8 Uhr 60 m hoch in die Luft schoss, wuchs rasant an und erreichte während des Ausbruchs zeitweilig eine Höhe von 9.000 m. Aus der 130 m tiefen und 500 m breiten Eruptionsspalte stiegen in Intervallen von 30 Sekunden Wolken aus vulkanischem Lockermaterial, so genannte *Tephrasäulen*, bis zu 150 m hoch empor. Schon in der ersten Nacht tauchte eine aus Aschen und Schlacke bestehende, 10 m hohe Insel aus dem Meer. Sie wuchs unaufhaltsam und war am 19. November 60 m hoch und 600 m lang. Bereits im Dezember gab man ihr nach dem Vorschlag eines Geologieprofessors den Namen Surtsey – in Anlehnung an den Feuerriesen *Surtur* aus der nordischen Mythologie, der bei der Götterdämmerung die Welt in Flammen setzt.

Von Beginn an nagte die Meeresbrandung an der Insel. Surtsey schrumpfte und wuchs wieder, war bald länglich, bald rund. Nach vorübergehender kurzer Eruptionspause bildete sich im Februar ein neuer Krater. Ihm ist es zu verdanken, dass die Insel heute noch existiert, denn er begann im April 1964 mit dem Ausstoß von Lava. Im Krater bildete sich ein glühender Lavasee, von dem aus bis zum April 1965 Lavaströme zum Meer hin abflossen und dort über den ständig den Angriffen des Meeres ausgesetzten, abgelagerten Lockerprodukten einen Schutzwall gegen die Brandung aufbauten. Am 17. Mai 1965 endete die Eruption auf Surtsey fürs Erste. Bis dahin waren insgesamt etwa 1 qkm Lava und Lockermassen gefördert worden. Die vulkanische Tätigkeit verlagerte sich nun in die Umgebung, wobei einige hundert Meter von Surtsey entfernt zwei weitere Inseln entstanden. Nur aus Lockerstoffen aufgebaut, verschwanden sie jedoch schon bald wieder im Meer. Im August 1966 setzten erneut Lavaausbrüche auf Surtsey ein, am 5. Juni 1967 erlosch der Vulkan. Zurück blieb eine 2,8 qkm große Insel, zu zwei Dritteln aus Lava und zu einem Drittel aus Lockermassen aufgebaut. Da Letztere die Lava unterspülen, setzte das Meer Surtsey unerwartet heftig zu, ließ steile Klippen entstehen und hat die Größe der Insel mittlerweile wieder auf 1,5 qkm und damit 56 % seiner Originalgröße reduziert.

Beim Vulkanausbruch verschüttetes Haus lugt aus der Lava

Für die Wissenschaft ist Surtsey das reine Paradies: Hier lässt sich beobachten, wie und in welcher Folge lebende Organismen sich auf neu geschaffenem Land ansiedeln. Schon während des Ausbruchs wurde die Insel deshalb im Mai 1965 zum Naturschutzgebiet erklärt und eine Schutzhütte mit Forschungslabor eingerichtet. Bereits im ersten Sommer nach dem Ausbruch gelangten mit dem Wind, dem Meer und durch Vögel Samen nach Surtsey und im Juni 1965 siedelte mit dem Kreuzblütlergewächs Meersenf (Cakile arctica) die erste Gefäßpflanze auf der Insel, bald folgten Flechten und Moose. Auch die Tiere ließen nicht lange auf sich warten. Schon im Dezember 1963 wärmten sich Möwen auf der Insel die Füße, bald tauchten Fliegen und Schmetterlinge auf und im Frühjahr 1964 begannen Zugvögel, hier eine kurze Verschnaufpause einzulegen. Ende Juni 1965 besaß Surtsey seinen ersten Vogelfelsen. Inzwischen werden sechzig Vogelarten gezählt, die sich auf der Insel zu Tausenden sammeln, zuweilen nur auf dem Durchflug. Seit 1970 die ersten Vögel zur Brut kamen, hat sich die Zahl der hier brütenden Vogelarten auf acht erhöht, darunter mehrere Möwenarten sowie Gryllteisten und Eissturmvögel. 2002 wählte die erste Graugans Surtsey als Brutplatz. Seehunde entdeckten die Insel 1972 und tummeln sich seither mit Vergnügen dort – am Strand von Surtsey sind sie vor Seehundjägern sicher. 2002 tauchte eine Insektenart auf Surtsey auf, die zuvor weltweit nur an zwei Stellen gesichtet worden war.

Da das schrumpfende Eiland als Wissenschaftsstation genutzt wird, ist es Besuchern nicht zugänglich. Sie könnten Pflanzen zerstören oder unabsichtlich neue Arten einbringen. Wer zumindest einen Eindruck von Surtsey haben möchte, kann es aber auf Rundflügen von Reykjavík oder – besonderes Interesse und gutes Wetter vorausgesetzt – bei Bootstouren aus der Entfernung beobachten.

Insel Heimaey

Die 13,5 qkm große Insel Heimaey, deren Form an ein Seepferdchen mit einem schweren Sack auf dem Rücken erinnert, ist mit Abstand die größte der Westmännerinseln und auch die einzig bewohnte.

Vor 6.000 Jahren bestand Heimaey lediglich aus einzelnen Felsen älterer Vulkanruinen. In den folgenden tausend Jahren entstanden kleine Inseln, allen voran die heutige Südspitze Heimaeys *Stórhöfði*. Durch vor etwa 5.000 Jahren aus dem Vulkan Helgafell (226 m) fließende Lavaströme, die auch das Lavafeld *Ofanleitishraun* entstehen ließen, wurden Felsen und Inselchen miteinander verbunden. Einige hundert Jahre später bekam das Helgafell durch eine zweite Eruption seinen Schlackenkrater aufgesetzt und durch eine Geröllbank wurde letztendlich auch die nördliche Insel *Heimaklettur* mit Heimaey verbunden. Einstige Inseln wie *Sæfjall, Kervíkurfjall* und *Litlhöfði* ragen heute als kleine Berge über die Inseloberfläche. Seinen bislang letzten Schliff bekam Heimaey durch den Vulkanausbruch 1973.

Glühende Lava verändert Heimaey

Die älteren Leute hatten es kommen sehen. Denn der Überlieferung nach bricht Unglück über Heimaey herein, wenn jene drei Dinge eintreten, die wenige Wochen vor dem Ausbruch allesamt geschehen waren: Der bewohnte Teil der Insel überschritt nach Westen hin eine bestimmte Grenze, die Wasserquelle des Hofes Kirkjubær war versiegt und der Sohn eines amtierenden isländischen Bischofs auf der Insel Pfarrer geworden. Das Unglück bemerkte eine Frau, die in der Nacht vom 23. Januar 1973 um 2 Uhr aus dem Fenster schaute und einen Feuerstrahl am Himmel erblickte. Nur wenige Kilometer östlich vom Ort hatte sich eine 1,6 km lange Spalte geöffnet, aus der Dutzende von mehreren hundert Metern hohen, bis zu 1.100 °C heißen Lavafontänen aufschossen. Glücklicherweise war nach einem schweren Sturm am Vortag die gesamte Fischereiflotte im Hafen, sodass die Boote sofort zur Evakuierung der knapp 5.200 Seelen zählenden Bevölkerung eingesetzt werden konnten. Innerhalb von nur vier Stunden und mit beeindruckender Ruhe wurden fast alle Menschen mitsamt ihrer Haustiere per Schiff und Flugzeug zur Hauptinsel gebracht. Um auch die Tiere des städtischen Meerwasseraquariums zu retten, wurden diese einfach wieder in den Atlantik entlassen.

Die vulkanische Aktivität konzentrierte sich am ersten Tag hauptsächlich auf einen Punkt in der Mitte der Spalte. Dort entstand innerhalb der folgenden Monate ein heute 205 m hoher Berg, das *Eldfell* ("Feuerberg") oder *Kirkjubæjarfell*. Die größte Bedrohung stellten zu Beginn die Massen an Asche dar, die auf den Ort niederfielen und ihn bis zu 5 m hoch begruben. Bergungshelfer schaufelten unermüdlich, letztendlich aber doch vergeblich, Asche von den Hausdächern, um diese vor dem Einsturz zu bewahren. Dann wurde der unaufhörlich vordringende Lavastrom zum Problem. Um zu verhindern, dass glühende Lavabrocken in die Häuser fielen und sie entzündeten, wurden noch in der ersten Woche 15.000 der dem Vulkan zugewandten Fenster mit Well-

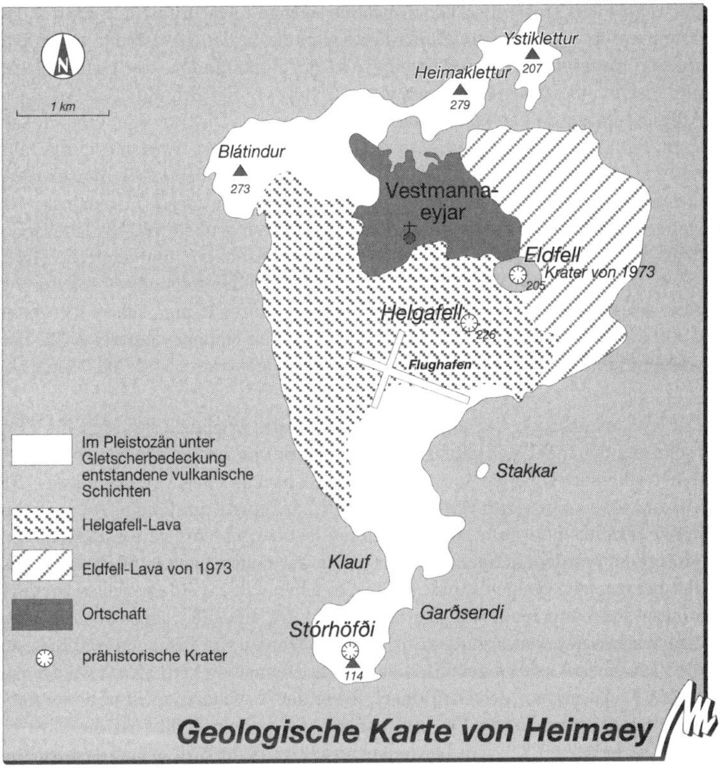

blech vernagelt. Nach nur fünf Tagen bedeckten bereits ca. 35 Mio. qm Lava eine Fläche von 1,35 qkm und formten eine wellenförmige, schwarze Landschaft auf der Insel. Die Explosionswolke erreichte zeitweilig eine Höhe von 9.000 m. Ohne Unterbrechung arbeiteten die Helfer und brachten Wertgegenstände und Vieh in Sicherheit. Mitte Februar drangen gefährliche Gase, z. B. Kohlenoxyd, durch das beschädigte Kanalisationssystem in die Wohnungen. Nach ersten Krankheitsfällen evakuierte man bis auf 300 Bergungshelfer auch die letzten auf der Insel verbliebenen Bewohner. Hilfe aus dem Ausland wurde übrigens zuerst dankend abgelehnt. Erst bei den Aufräumarbeiten halfen 19 Nationen mit.

Der Lavastrom wälzte sich mit einer Geschwindigkeit von 30 m pro Tag vor und die Gefahr wuchs, dass die Hafeneinfahrt von der Lava verschlossen würde. Dies hätte das Ende der Fischerei, der wichtigsten Existenzgrundlage der Bevölkerung, bedeutet. Auf Vorschlag eines isländischen Wissenschaftlers wurde der Lavastrom mit Meerwasser aus Wasserkanonen bespritzt, um ihn abzukühlen und zum Stillstand zu bringen. Stündlich prasselten 4.500 t Flüssigkeit auf die heiße Lava und als 6 Mio. qm Wasser niedergegangen waren,

war dem Fluss einer etwa gleich großen Menge Lava tatsächlich Einhalt geboten worden. Die Hafeneinfahrt hatte sich durch den Lavastrom von 800 m auf 200 m verengt und so war eine Art Fjord entstanden, der Hafenanlagen und Fischereiflotte seitdem einen guten Schutz vor der Brandung bietet.
Anfang Juli wurde der Vulkan als erloschen erklärt. Mittlerweile waren insgesamt 240 Mio. qm Lava, Asche und Bimsstein gefördert worden und die Insel hatte sich um 2,2 qkm auf 13,5 qkm vergrößert. 400 der 1.345 Häuser lagen unter Asche und Lava begraben, darunter auch eine große Fischfabrik, 400 weitere waren zerstört. Die Bergungsmannschaften gruben mit Ausdauer jedes Haus, von dem zumindest das Dach noch herausschaute, und auch die Fischfabrik wieder aus. Im Westen der Insel entstand in den folgenden Monaten ein ganz neues Wohngebiet. Im Herbst desselben Jahres kamen schon die ersten 2.000 Menschen auf die Insel zurück. 1980 zählte Heimaey bereits 4.727 Einwohner, von denen aber etwa 20 % neu zugezogen waren – 1.700 Menschen sind nicht auf ihre dampfende Insel zurückgekehrt.

Der Vulkanausbruch war ein so einschneidendes Erlebnis, dass sich die Zeitrechnung der Insulaner häufig auf die Zeit vor und nach 1973 bezieht. Neben dem verbesserten Hafen sprangen noch ein paar weitere Vorteile heraus: Die Vulkanasche konnte zur Verlängerung der Landepiste am Flughafen, zum Bau neuer Straßen und zum Auffüllen eines Neubaugebietes verwendet werden. Außerdem wurde, nachdem Bohrungen in der neuen Lava in 30 m Tiefe eine Temperatur von einigen hundert Grad ergeben hatten, ein spezielles Fernheizungssystem aufgebaut und die Hitze der Lava eine Zeit lang zur Beheizung und Warmwasserversorgung sämtlicher Häuser auf der Insel genutzt. Erst seit die Lava sich zu sehr abgekühlt hat, bezieht Heimaey seinen Strom wieder von einem Kraftwerk auf der Hauptinsel. Reste der "Lavaheizung" sind heute noch an einigen Stellen in der Lava erkennbar. An einigen Stellen ist die Lava bis heute so heiß (160 °C), dass bisweilen zum Spaß in ihr Brot gebacken wird.

Stadt Vestmannaeyjar (4.460 Einw.)

Vestmannaeyjar ist eine strahlend bunte Stadt, der man es nicht ansieht, dass sie vor gar nicht langer Zeit aus der Asche auferstanden ist.

Vestmannaeyjar war vor dem Vulkanausbruch die viertgrößte Stadt Islands. Heute wohnen hier weniger Menschen, denen scheint es aber gut zu gehen – aufgrund seiner starken Wirtschaftskraft ist Vestmannaeyjar einer der reichsten Orte Islands. Hell und freundlich heben sich die Häuser von den grünen Berghängen und der schwarzen Lava ab. An die Außenwände großer Gebäude haben Schulkinder nach dem Wiederaufbau 1973 Bilder von dem Vulkanausbruch und von typischen Ereignissen auf Heimaey gemalt. Mittlerweile haben Künstler weitere Häuserwände mit moderner Malerei geschmückt.

Geschichte

Dem Landnahmebuch zufolge sind die Westmännerinseln erst seit Beginn des 10. Jh. besiedelt. 1971 im Herjólfsdalur westlich des Ortes durchgeführte Ausgrabungen widerlegen diese Angaben: Unter Vulkanasche aus dem Jahr 896 wurden Gebäudereste und Artefakte ans Tageslicht befördert, die darauf schließen lassen, dass bei Ausbruch des Vulkans bereits Menschen auf der Insel wohnten. Nach genaueren Untersuchungen der Grabungsfunde, die auf Siedler aus Südwestnorwegen hindeuten, stammen die untersten Siedlungsreste sogar aus dem 7. oder 8. Jh., womit Ingólfur Arnason gar nicht der erste isländische Siedler gewesen wäre. Nach den Ergebnissen neuerer Bodenuntersuchungen muss schon Ende des 9. Jh. durch Überweidung eine starke Bodenabtragung stattgefunden haben, die die Lebensbedingungen erschwerte und die Besiedlung wahrscheinlich unterbrach.

Die nächsten Besucher gaben den Inseln ihren Namen. Es waren die Sklaven von Ingólfur Arnasons Blutsbruder *Hjörleifur,* der sich 874 am südlichsten Punkt Islands angesiedelt hatte. Als er im Frühjahr säen wollte und nur einen Ochsen zur Verfügung hatte, ließ er seine Sklaven den Pflug ziehen. Das nahmen diese ihm übel, brachten ihn und seine Begleiter kurzerhand um und flüchteten sich mit den zurückgebliebenen Frauen und aller Habe auf die Inseln, die sie im Südwesten erspäht hatten. Erzürnt fuhr Ingólfur mit seinen Knechten und hinüber und erschlug die Sklaven. Da sie Iren, "Westmänner", waren, erhielten die Inseln den Namen *Westmännerinseln.*

Piraten an Islands Küste

Nachdem Seeräuber aus verschiedenen Ländern bereits einige Male an der isländischen Küste ihr Unwesen getrieben hatten, starteten Algerier im Jahr 1627 den folgenschwersten, als "Türkenraub" bekannt gewordenen Angriff. Mit drei Schiffen erreichten sie die Ostküste Islands und auch Heimaey, wo sie dänische Handelsschiffe erbeuteten, Frauen vergewaltigten und Teile der Bevölkerung massakrierten. Die Überlebenden wurden zusammengetrieben, die jüngsten und stärksten unter ihnen auf die Schiffe geschleppt. Die anderen wurden mit der Kirche und den anderen Gebäuden zusammen verbrannt; 34 Insulaner ließen bei dem Überfall ihr Leben. Mit ihren insgesamt mehr als 350 Gefangenen – darunter 242 von den Westmännerinseln – segelten die Piraten zurück nach Algerien, um sie dort auf dem Sklavenmarkt zu verkaufen. Verwandte in Island und großherzige Dänen sammelten Geld, um die Sklaven freizukaufen. Erst neun Jahre nach dem Überfall wurden 37 Isländer freigelassen, von denen wiederum nur 13 wieder die Heimat erreichten.

Dass zum Schutz vor Überfällen bereits 1586 von den Engländern in der Nähe des Hafens eine Festung ("The Castle") errichtet worden war, hatte den Insulanern wenig genutzt – die Seeräuber waren wohlweislich ganz woanders an Land gegangen: an einem Küstenabschnitt im Südosten der Insel, der deshalb *Ræningjatangi* ("Seeräuberlandzunge") heißt. Dennoch verbesserte man die Festung 1630 als Reaktion auf den Überfall und gab ihr den Namen *Skansinn*; die 1991 rekonstruierten Grundmauern sind heute noch zu sehen. Außerdem wurde eine kleine Armee zusammengestellt, die vom Helgafell aus alle Schiffsbewegungen in der Nähe der Insel beobachten sollte. Dies war die erste und bis heute einzige Armee in der isländischen Geschichte.

Der erste bekannte Siedler war der Bauer *Herjólfur Bárðarson*, der sich um 900 im heute nach ihm benannten Herjólfsdalur niederließ. Die reichen Fischgründe um die Inseln waren ein guter Grund für die nun einsetzende Besiedlung. Im 13. Jh. war Vestmannaeyjar einer der zehn Hafen- und Handelsplätze Islands. Im 15. Jh. sicherten sich die Engländer hier die Vorherrschaft, betrieben Handel und Fischfang. Nirgendwo in Island blieben sie so lange wie auf den Westmännerinseln, wo sie erst 1558 ihre letzte Fischereistation aufgaben. 1420 kamen die Inseln in den Besitz der dänischen Krone: Angeblich schuldete der verschwenderische Bischof Árni Ólafsson dem König Erich von Pommern eine hohe Geldsumme. Da er seine Rechnung nicht begleichen konnte, überließ er dem König einfach die Westmännerinseln.

1783 wurde das Leben auf Heimaey plötzlich ungeahnt hart, als es durch den Ausbruch der Lakispalte zur Vernichtung der Fischbestände um die Insel kam. Die Jagd auf Wasservögel sicherte nun hauptsächlich das Überleben. Immer wieder forderte die Fischerei ihre Opfer. Im 19. Jh., als knapp 320 Menschen auf Heimaey lebten, ertranken insgesamt 100 Fischer bei Unfällen.

1904 kam das erste Motorboot nach Vestmannaeyjar. Mit erfolgreicherem Fischfang durch neue Arbeitsmethoden erhöhte sich nun rasant die Bevölkerungszahl: zwischen 1910 und 1920 um 320 % auf knapp 2.500. 1918 wurde Vestmannaeyjar das Stadtrecht verliehen.

Lange Zeit war die Trinkwasserknappheit auf der Insel ohne Seen und Flüsse ein großes Problem und zwang die Bewohner Heimaeys bis Ende der 60er Jahre, Regenwasser von den Dächern zu sammeln. 1968 wurde mit großem Applaus die Wasserleitung von Vestur-Eyjafjöllum an der Südküste Islands zu den Vestmannaeyjar begrüßt. Für die Stromzufuhr sorgt schon seit dem 19. Jh. ein Kabel auf dem Meeresboden zwischen Heimaey und der Südküste.

Die mittlerweile für isländische Verhältnisse hohe Siedlungsdichte ist auf die reichen Fischgründe zurückzuführen. Die üppigen Bestände von Schellfisch, Rot- und Goldbarsch, zahlreichen Plattfischsorten wie Scholle und Heilbutt, Hummer und den in Herbst und Winter befischten Herings- und Loddenschwärmen, ließen hier den führenden Standort der isländischen Küstenfischerei entstehen. Heimaey verfügt über die modernsten Veredelungs- und Tiefkühlanlagen, Fischmehlwerke und Konservenfabriken und über eine Trawlerflotte mit 100 Booten. Etwa 40 % aller Arbeitsplätze auf der Insel haben direkt mit der Fischerei zu tun, zahlreiche weitere finden sich in Bereichen wie Schiffsbau und -reparatur, Netzherstellung usw. Obwohl weniger als 2 % der Gesamtbevölkerung Islands hier leben, hatten die Westmännerinseln Anfang der 70er Jahre einen Anteil von 20 %, heute immerhin noch 10 %, am isländischen Fischexport. Dementsprechend gut werden die auf See und im Fischereigewerbe Beschäftigten entlohnt, was wiederum zur Folge hat, dass Heimaey zu den reichsten Orten Islands zählt. Fast jede Familie hat hier ihr eigenes, manchmal geradezu prächtiges Haus und 1994 waren mehr als 1.600 Pkws auf der Insel gemeldet – obwohl die längste Straße nur 7 km lang ist. Die Landwirtschaft wurde nach dem Vulkanausbruch 1973 mit Ausnahme weniger Felder im Südosten Heimaeys aufgegeben, nur einige Bauern halten noch Schafe.

Information/Verbindungen

• *Information* **Touristeninformation**, Básaskerbryggja, direkt am Anleger, ✆ 4813555, Mo–Fr 8–17, Sa/So 10/11–16 Uhr. Kostenlose Broschüre mit Stadtplan, Wanderkarte und Verweis auf alle touristischen Einrichtungen hier und an den Fähranlegern erhältlich.

• *Internet* In der Bücherei, Mo–Do 11–19, Fr 11–17 Uhr, kostenlos.

• *Verbindung* **Fähre** Herjólfur (www.herjolfur.is) von Þorlákshöfn nach Heimaey, im Sommer (Woche 20 bis 36) tgl. 12 Uhr, tgl. außer Sa auch 19.30 Uhr, im Winter (Woche 36 bis 20) Mo–Sa 12, So 18, Fr zusätzlich 19.30 Uhr. Fahrzeit 2 Std. 45 Min., Preis pro Fahrt ISK 1.700 (Auto gleicher Preis; Fahrräder sind umsonst), Kinder 12–15 Jahre ISK 850, bis 12 Jahre umsonst. Tickets 2 Std. vor Abfahrt am Terminal, ✆ 4833413, ℻ 4833924. Zu beachten: Am ersten Wochenende im August wegen des Volksfestes geänderte Abfahrtszeiten. Wegen der alljährlichen Kinder-Fußballmeisterschaften ist die Fähre im Juli oft Wochen im Voraus ausgebucht. Zurück nach Þorlákshöfn im Sommer (Woche 20 bis 36) tgl. 8.15 Uhr, tgl. außer Sa auch 16 Uhr, im Winter (Woche 36 bis 20) Mo–Sa 8.15, So 14, Fr zusätzlich 16 Uhr. Auskunft ✆ 4812800, ℻ 4812991.

Auf der Fähre Platz für 480 Passagiere und 70 Pkw; Cafeteria. Zwischen Reykjavík und Þorlákshöfn auf die Abfahrtszeiten der Fähre abgestimmte Busse, siehe Þorlákshöfn.

Flugzeug: Flughafen 2–3 km südlich des Ortes. **Íslandsflug**, ✆ 4813300/5703030, fliegt bis zu 3-mal tgl. von Reykjavík. Rückflüge 45 Min. nach Ankunft.

Auf Anfrage bietet **Flugfélag Vestmannaeyja** (www.eyjaflug.is), ✆ 4813255, Flüge auf der kürzesten Verbindung. 5-Minuten-Flug von/nach Bakki ISK 1.900; von/nach Selfoss (20 Min.) für mindestens 3 Fluggäste ISK 3.700. Weitere Flüge nach Hella, Hvolsvöllur, Skógar. Im Jahr 2002 wurden erstmals Busverbindungen von Bakki nach Reykjavík angeboten; werden sie aufrechterhalten, ist der Flug nach Bakki sicherlich die attraktivste Alternative zur Fähre.

Ausflüge nach Heimaey: **Destination Iceland** bietet von Reykjavík aus halb- bis zweitägige Ausflüge zu den Westmännerinseln. Infos unter ✆ 5911020/5911000. Für Sightseeingflüge ab Reykjavík gibt es **Jorvik Avation** (www.jorvik.is), ✆ 5331500.

Taxi: Eyjataxi, ✆ 6982038.

> **Tipp**: Es ist ratsam, bei der Anreise mit dem Flugzeug zunächst nur den Hinweg zu buchen, da immer damit gerechnet werden muss, dass Flüge gestrichen werden, weil Nebel aufzieht. Man kann dann flexibel reagieren und die Fähre zurück nehmen.

Adressen

• *Versorgung* Alkoholgeschäft (Strandvegur 50), Apotheke (Vestmannabraut 24), Arzt (Krankenhaus, Sólhlið 10), Banken (Kirkjuvegur 23; Bárustígur 15, beide mit Geldautomat), Polizei (Faxastígur 40), Post (Vestmannabraut 22).

• *Angeln* Hochseeangeln bietet **Viking Tours**, ✆ 4884884, 3 Std. ISK 5.000 inkl. sämtlicher Ausrüstung.

• *Einkaufen* Supermarkt **Krónan** am Strandvegur neben Olis-Tankstelle, tgl. 12–19 Uhr. Supermarkt **Vöruval**, Vesturvegur 18, Mo–Fr 7.30–19, Sa/So 9/10–19 Uhr.

Es gibt zwei freundliche Bäckereien/Konditoreien mit Café: das große **Vilberg kökuhús**, Bárustígur 7, Mo–Fr 7.30–18, Sa 8–16, So 10–16 Uhr und **Magnúsarbakarí**, Vestmannabraut 37, Mo–Fr 8–18, Sa/So 10–16 Uhr. Kaffee mit *refill* ist bei beiden gleich teuer.

• *Feste/Veranstaltungen* Das größte Fest ist am ersten Wochenende im August das Volksfest **Þjóðhátíð Vestmannaeyja** im Herjólfsdalur (Eintrittsgeld). Pfingsten gibt es ein dreitägiges **Jazzfestival** mit den besten isländischen Bands, ebenfalls zu Pfingsten findet ein internationaler **Hochsee-Angelwettbewerb** statt. Jedes erste Wochenende im Juli wird das Ende des Vulkanausbruchs von 1973 zelebriert, die Bootshäuser am Hafen sind dann zum Feiern geöffnet. 2003, zum 30-jährigen Jubiläum, kommt diesem Fest besondere Bedeutung zu.

• *Fotomaterial* Bárustígur 8, Mo–Fr 9–18, Sa 10–13 Uhr.

• *Golf* Der 18-Loch-Golfplatz im Herjólfsdalur direkt am Steilufer zählt zu den 100 besten der Welt, ✆ 4812363.

• *Schwimmbad* Illugagata, Mo–Fr 7–21, Sa/So 9–17 Uhr. Hallenbad mit Jacuzzi und Hot Pots im Sportkomplex.

• *Souvenirs* **Galerie Heimalist**, Bárustígur 9, 1.6.–31.8. Mo–Fr 10–18, Sa/So 11–16 Uhr, sonst Mo–Fr 14–19 Uhr, originelles und schönes, von Inselbewohnern hergestelltes Kunsthandwerk. Schwerpunkt: Artikel mit Papageientauchermotiven, dazu Schmuck, bemalte Steine, Keramik und viele Strickwaren, ebenfalls oft mit Papageientauchern. In der Galerie **Listakot** gleich nebenan (selbe Öffnungszeiten wie Heimalist) werden von bis zu 20 einheimischen Künstlern gefertigte, ganz unterschiedliche Gemälde mit Motiven der Westmännerinseln angeboten. **Lundahola ("Papageientauchernest")**, Heiðarvegur 9a, ist eine freundliche Privatgalerie mit Wollwaren und Keramik, bemaltem Treibholz und kleinen Souvenirs rund um Papageientaucher und Fische. Besitzerin Helga hat auch ein interessantes Album mit Fotos vom Vulkanausbruch zur Hand. Falls geschlossen, einfach klingeln. Die **Gallerí Prýði**, Kirkjuvegur 10a, verkauft Mo–Fr 14–18, Sa 11–14 Uhr Drucke, Gemälde und Keramikskulpturen hoher Qualität.

• *Reiten* ✆ 4811478/8611476, geritten wird viel in der neuen Lava, bei Interesse auch rund um die Insel. Teilnehmer werden im Gästehaus abgeholt.

• *Tankstellen* Mehrere Tankstellen, zumeist 8–23.30 Uhr, am Wochenende morgens etwas später.

Übernachten/Camping

Auf Heimaey findet sich eine breite Palette an Übernachtungsmöglichkeiten.

• *Hotels:* **Hótel Þórshamar**, Vestmannabraut 28, ✆ 4812900, Fax 4811696, 14 DZ, 2 EZ und 2 Suites, alle mit Bad, DZ ISK 11.900 inkl. Frühstück. Zimmer mit allem Komfort.

Hótel Eyjar, Bárustígur 2, ✆ 4813636, Fax 4813638. 2002 eröffnetes, günstiges Apartment-Hotel an der Straßenecke. 10 farbenfrohe, mit Stil und Geschmack eingerichtete Apartments mit Kochecke, Bad, TV, für 2 Pers. ISK 7.600. Keine Rezeption, deshalb vorher anrufen.

• *Gästehäuser:* **Hreiðrið**, Faxastígur 33, ✆ 4811045, Fax 4811414, originell geschmücktes Gästehaus der netten deutschen Reiseleiterin Ruth, die seit langem auf Heimaey wohnt und die Insel bis in den letzten Winkel kennt. 4 freundliche, liebevoll mit Papageientauchermotiven verzierte Zimmer für bis zu 4 Pers., Küche, Bad, Fernsehraum. DZ ISK 5.200, SSU 1.500, Frühstück. Im Haus nebenan 5 weitere Zimmer für 2–4 Pers., Küche, Aufenthaltsraum, dieselben Preise. Im Garten gemütlicher Holzpavillon zum Grillen. Gäste können Waschmaschine und Internet nutzen.

Gistihúsið Heimir, Herjólfsgata 1, ✆ 4812929/8630530, Fax 4812912, Gästehaus mit freundlicher Atmosphäre und 15 bunten, einfachen Zimmern bis 4 Pers., DZ mit und ohne Bad ISK 7.500/6.500 inkl. Frühstück, SSU ISK 1.500. Die Zimmer werden nach und nach renoviert und modernisiert.

Gistihúsið María, Brekastígur 37, ✆ 4812744/8618910, Fax 4812745. Modernes Gästehaus mit skandinavischem Flair, viel Holz und warmen Farben. 8 eher kleine, aber gemütliche Zimmer für bis zu 3 Pers., DZ ISK 5.400, SSU ISK 1.500. 2 Bäder, kleine Küche. Besitzer wohnen im grauen Haus nebenan.

Gistiheimilið Árný, Illugagata 7, ✆ 4812082/8992582, Fax 4812082. Wer eine herzliche, familiäre Atmosphäre sucht, ist hier richtig. Auf mehreren Etagen des Wohnhauses Betten für 30 Gäste in Zimmern für 2–7 Pers. Zimmer gut möbliert, viele mit Familienfotos und persönlichen Gegenständen dekoriert, alle mit TV. Im Souterrain (eigener Eingang) großes Apartment und 2 Zimmer für 5 Pers., Bad und Kochecke im Flur. Frühstück im Wintergarten mit Blick über die Stadt. DZ ISK 2.700 pro Pers., SSU ab ISK 1.500, mit Küchennutzung immer plus ISK 300. Besitzerin Árný, die auf Leichtathletik-Weltmeisterschaften Medaillen holt, tut für ihre Gäste, was sie kann.

Gistiheimilið Erna, Kirkjubæjarbraut 15, ✆ 4812112/6982112, Fax 4811280, bei einer quirligen, netten Postbeamtin 10 Betten in 4 kleinen, gemütlichen Zimmern mit TV, alle im Souterrain mit eigenem Eingang, z. T. mit Etagenbetten. DZ ISK 5.200, SSU ISK 1.700, Frühstück auf Anfrage. Küche. Der Gästebereich wird ausgebaut.

Gistihúsið Hamar, Herjólfsgata 4, ✆ 4813400, Fax 4811696, an Hotel erinnerndes Gästehaus im Besitz des Hótel Þórshamar, dort Rezeption. 14 geräumige DZ m. Bad, TV. 6 sollen eine Kochecke erhalten. DZ ab ISK 8.900, SSU ISK 3.100 pro Pers.

Gistiheimilið Sunnuhóll, Vestmannabraut 28, ✆ 4812900, Fax 4811696, ebenfalls ein zum Hótel Þórshamar gehörendes Gästehaus, 8

Der Hafen von Vestmannaeyjar

Zimmer mit Waschbecken und TV für bis zu 6 Pers., DZ ISK 5.000. SSU ISK 1.800, Frühstück. Zimmer hell, einfach und etwas kahl.

• *Apartments:* **Orlofsíbúðir**, Kirkjubæjarbraut 17, ✆ 4812159/6982159, im östlichsten Haus der Stadt direkt neben der Lava 3 geschmackvolle, moderne Apartments im Souterrain für 2–6 Pers. mit viel Platz und guter Ausstattung, ISK 6.000/7.500/9.000 pro Apartment/Nacht. Oben im Haus sollen weitere Gästezimmer entstehen.

RB gisting, Kirkjuvegur 10a, ✆ 4811569/4812009/8977539, neben der Galerie Prýði vermieten dieselben Besitzer 3 gut ausgestattete, frisch renovierte und hübsch gemachte Apartments für 3–6 Pers. ISK 3.500/Pers. Ein rollstuhlgerechtes Studio kommt noch dazu, ISK 7.000 für 2 Pers.

• *Sommerhäuser* **Eyjabústaðir,** ✆ 4811664/8642064, große, schön eingerichtete und gut ausgestattete Sommerhäuser mit Hot Pot in Ofanleiti, südwestlich des Ortes. Vermietung meistens für eine ganze Woche.

Smáhýsi, ✆ 4811109 (abends) und 4811458 (tagsüber). Diese beiden Sommerhäuser stehen ebenfalls in Ofanleiti, nahe dem Flughafen, aber romantisch auf einer Farm. Für 3 bzw. 4 Pers., das große Haus mit Dusche, beide mit Kochgelegenheit, ISK 2.500/3.500 pro Nacht, am Wochenende ISK 1.000 mehr. Kinder können sich mit Gänsen, Hasen und einer alten Katze vergnügen. Camping ist möglich, mit WC.

• *Camping* Im Herjólfsdalur, 1.6.–31.8., ziemlich windgeschützt mitten im Krater. Mit Dusche, Kochgelegenheit, Waschmaschine, ISK 700 pro Pers. Vorsicht vor den vom benachbarten Golfplatz herüberfliegenden Bällen...

Essen/Trinken

Wie auf einer Vogelinsel zu erwarten, findet man auf den Speisekarten zur passenden Jahreszeit Geflügel wie Papageientaucher und Trottellummen; daneben immer Fisch- und Fleischgerichte.

Lanterna, Bárustígur 11, ✆ 4813393, bei den Westmännern beliebtes Restaurant, Café und Bar mit Fischernetzen und Fotos an den Wänden, gemütliche Atmosphäre, schneller Service. Große Portion Papageientaucher mit Beilagen ISK 2.100, zahlreiche gute Fisch- und noch mehr Fleischgerichte zu günstigen Preisen, auch Pasta, Pizza und Salate, auffallend vielfältige Speisekarte. Jeden Tag "fish of the day". Küche 11–22.30

Uhr; Bar manchmal bis 2 Uhr. Einziges Lokal im Ort, wo man bei schönem Wetter draußen sitzen kann.

Café María, Skólavegur 5, ✆ 4813152, 11–23 Uhr. Populäres, freundliches Restaurant/Café und Pub mit Stil und skandinavischer Atmosphäre. Ein paar Fleisch- und Fischgerichte um ISK 2.700 bzw. 2.000, Suppe inkl. Gebratener Papageientaucher mit Suppe ISK 2.150. Es gibt auch Pizzen, reich bestückte Sandwiches ab ISK 1.000, Pasta, Suppen, Eiscreme und verschiedene süße und salzige Crêpes für ISK 650–800, daneben ein täglich wechselndes Kuchenangebot.

Pizza 67, Heiðarvegur 5, ✆ 4811567, 11.30–23.30, Fr/Sa bis 0.30 Uhr. Pizzeria mit viel Blau und 20 Pizzen in drei Größen, ISK 900–2.500. Auch Chicken, Pasta, Sandwiches.

Toppurinn, Heiðarvegur 10, 8–24, Sa/So ab 9/10 Uhr. Kleines Fastfood-Restaurant, gilt bei Einheimischen als das beste der Stadt: Hier gibt es Hamburger und Sandwiches zum selber zusammenstellen. Wer die isländischen Begriffe auf dem Notizblock nicht versteht, bekommt die Zutaten vorgeführt. Auch Pitas, Steaks, Chicken.

Skýlið, Friðarhöfn, an der Tankstelle am Hafen, 8–23.30, So ab 10 Uhr, ebenfalls beliebter Imbiss, hat die ganze Bandbreite an Fastfood und auch Omelettes, Lamm und Flatkökur sowie Kaffee satt für ISK 100.

Kráin, Boðaslóð 12, 9–23.30, Sa/So ab 10 Uhr. Spezialität dieses Fastfood-Restaurants in hübschem Haus sind die *Eyjabátur*: Sandwiches in anständiger Größe mit Belag nach Wahl. Am beliebtesten ist *Skinkubátur* mit Schinken und Käse.

Lundinn, Kirkjuvegur 21, Pub an der Ecke, im Sommer 14–1, Fr/Sa 11–5 Uhr, sonst nur abends. Nette, etwas derbe Atmosphäre. Hierher kommen die Seeleute bei ihrer Rückkehr nach mehreren Wochen auf See, um ordentlich einen zu heben. Fr/Sa Livemusik. Im Sommer auch Pizza, Hamburger, Sandwiches, Suppe.

Ausflüge

Seit sich die beiden konkurrierenden Anbieter zusammengeschlossen haben, gibt es nur noch einen Namen und eine Telefonnummer für sämtliche angebotenen Touren: Viking Tours, ✆ 4884884. Gebucht werden kann auch in der Touristeninformation.

• *Mit dem Bus* Von Mai bis September tgl. 8 und 13 Uhr, dann bis November tgl. einmal; ISK 2.500. Insgesamt 2 Std. geht es durch die neue Lava und zum dortigen Lavagarten, zum Krater, zur historischen Stätte um die Reste der Festung Skansinn mit der neuen norwegischen Stabkirche und an die Westküste zu den Papageientauchern.

Die Touren lohnen sich wegen der fachmännischen Erklärungen des Reiseleiters, wer selbst etwas entdecken und sich Zeit lassen will, streift aber besser zu Fuß auf eigene Faust umher.

• *Mit dem Boot* **Rundtour**: Zu empfehlen sind bei gutem Wetter die 80-minütigen Bootstouren um die Insel Kai Nausthamar, im Sommer tgl. 10.30 und 15.30 Uhr, ISK 2.500. Entlang der Steilküste im Südosten und Westen der Insel lassen sich aus nächster Nähe die Scharen von Vögeln beobachten, die in den Felsen nisten und mit etwas Glück sieht man Schwertwale, Tümmler und Delfine. Vorbei geht es an mehreren Höhlen: dem Kafhellir, der wegen seiner durch ein Loch in der einen Seite bedingten, wunderschönen Lichtverhältnisse auch das "Capri des Nordens" genannt wird, dem farbenfrohen Fjósin, in dem sich Vögel tummeln, dem Katshellir, in den das Boot auch hineinfährt, wenn die See es zulässt. An den Kliffs, Schären und von der Brandung ausgehöhlten Grotten der Nordküste entlang erreicht das Boot schließlich den Klettshellir, eine für ihre gute Akustik bekannte Grotte. Hier gibt der Kapitän zum Abschluss ein Flöten- oder Trompetenständchen.

Walbeobachtung: Bei gutem Wetter und ausreichend Interessenten wird um 17 Uhr für ISK 3.500 eine Walbeobachtungstour angeboten. Die Gewässer um die Inseln beheimaten die größte Population an Killerwalen und Delfinen in ganz Island.

Andere Touren, z. B. zu den äußeren Inseln und zu zahlreichen Höhlen und Grotten, finden bei Interesse nach Vereinbarung statt.

Sehenswertes

Naturkundemuseum: Das Museum präsentiert anschaulich eine umfangreiche Sammlung isländischer Gesteine und Mineralien, präparierte, auf einem klei-

Am Hafen strahlen die Bootsschuppen

nen Vogelfelsen und in Vitrinen sitzende Exemplare 150 verschiedener Vogelarten – darunter isländische Brutvögel, Sommer- und Wintergäste, Durchzügler und Irrgäste -, Muscheln, Eier, Insekten und als Höhepunkt ein Meerwasseraquarium. Darin tummeln sich von Dorsch und Scholle über Seehase und Katfisch bis zu Seeanemone und Königskrabbe die meisten in den Gewässern um Vestmannaeyjar vorkommenden Meerestiere. Sie wurden größtenteils von den Fischern als ungewollte Zugabe in den eingeholten Netzen gefunden. Von den Stühlen in der Mitte des Raumes aus lassen sie sich in Ruhe beobachten.

Öffnungszeiten **Náttúrugripasafn**, Heiðarvegur 12, ✆ 4811997, 1.5.–1.9. tgl. 11–17 Uhr, sonst Sa/So 15–17 Uhr und nach Vereinbarung, Eintritt ISK 300, Kombi-Ticket für Naturkunde-, Heimatmuseum und Skansinn ISK 450, Informationsblatt auf Deutsch.

Vulcanic Film Show: Schräg gegenüber steht das Veranstaltungshaus *Félagsheimili*, in dem im Winter die Theatergruppe der Insel spielt. Im Sommer läuft im Theatersaal "The Volcanic Film Show": Im Anschluss an einen kurzen Film mit Stimmungsbildern von Walen ist hier der Vulkanausbruch von 1973 hautnah mitzuerleben. Der auf zwei internationalen Filmfestivals mit Gold ausgezeichnete Dokumentarfilm "Days of Destruction" wurde während des Ausbruchs gedreht und macht eindrucksvoll das Ausmaß der Zerstörung klar, dem Heimaey ausgesetzt war. Ebenso beeindruckend ist der nachfolgende Streifen "Magic", der während der Aufräumarbeiten und des Wiederaufbaus entstand und die Zähigkeit der Inselbewohner widerspiegelt, die Heimaey nicht unter der Asche liegen lassen wollten und Tag und Nacht am Schaufeln waren. Beide Filme vermitteln auch einen Einblick in das Alltagsleben auf Heimaey in früherer und jüngster Vergangenheit, u. a. vom Papageientaucherfang und dem alljährlichen Volksfest. Zwischen den zwei Hauptfilmen läuft noch ein kurzer Film über den Vulkanausbruch auf Surtsey. Die Qualität der zusammen knapp einstündigen Filme ist nicht überragend, doch ist der Besuch jedem zu empfehlen, der wissen möchte, was damals geschah.

Öffnungszeiten Heiðarvegur/Ecke Vestmannabraut, ✆ 4811045/6948945, Englisch mit deutschen Untertiteln 15.5.–30.9. tgl. 11 und 15.30 Uhr, 15.6.–31.8. zusätzlich tgl. 21 Uhr; ISK 600. Anschließend werden auf Deutsch und Englisch Fragen beantwortet. In der Lobby interessante Aushänge zu Wandermöglichkeiten und Sehenswürdigkeiten auf Heimaey.

Heimatmuseum: Seit die Ausstellung mit Konzept und guten Ideen neu angeordnet wird, ist Ordnung in das vorherige Chaos gekommen. Repräsentiert werden sollen vor allem die ersten fünfzig Jahre des 20. Jh., nach denen sich das Leben auf den Westmännerinseln und in Island insgesamt radikal änderte. Das Einstiegsthema ist die Arbeit auf und das Leben von der See, weiter geht es zu den Aktivitäten an Land, in eine gute Stube und zu einer Abteilung über den Vulkanausbruch 1973 mit viel Bildmaterial. Die Sammlung ist vielfältig: Bojen und Netze, Laternen und Modellschiffe rund um eine kleine Fischerhütte, Käscher und Seile zum Papageientaucherfang, Werkzeug, Haushaltsgegenstände, Möbel, eine Waschmaschine von 1912, Schutzanzüge und Geräte der Bergungshelfer 1973. Die isländischen Texte sollen übersetzt werden, am empfehlenswertesten aber ist es, sich von einem der Museumsangestellten durch die Ausstellung führen zu lassen und zahllosen Anekdoten zu lauschen. Und wem nach stürmischer Überfahrt mit der Fähre vor der Rückfahrt graust, dem sei es ein Trost, dass die Menschen einst mit dem großen Ruderboot von 1862 am Eingang zum Festland übersetzten.

Ein Nebenraum des Museums dient als Kunstgalerie; das Haus besitzt eine der größten privaten Sammlungen an Kjarval-Gemälden.

Öffnungszeiten **Byggðasafn Vestmannaeyar**, Ráðhúströð, ✆ 4811194, 15.5.–15.9. tgl. 11–17 Uhr, ansonsten Sa/So 15–17 Uhr und nach Vereinbarung, Eintritt ISK 300, Kombi-Ticket für Naturkunde-, Heimatmuseum und Skansinn ISK 450.

Im Museumsgebäude befindet sich die *Zentralbibliothek*, in der auch Gemälde und Skulpturen ausgestellt sind. Die Bücherei wurde schon 1862 an anderer Stelle eingerichtet und ist eine der ältesten Islands. Hier hat man auch kostenlosen Internetzugang.

Öffnungszeiten **Bókasafn**, Mo–Do 11–19 Uhr, Fr 11–17 Uhr, 1.10.–30.4. auch Sa 13–16 Uhr.

Weiter im Süden des Ortes steht am Kirkjuvegur mit der weißen *Landakirkja* von 1780 die drittälteste Steinkirche des Landes. Sie entstand nach Entwurf des deutschen Baumeisters G. D. Anthon. In ihr finden sich mehrere wertvolle Gegenstände aus dem 17. Jh., beispielsweise eine Glocke, ein Kron- und ein Kerzenleuchter. 2000 wurde die Kirche mit einer neuen, von einem Künstler aus Vestmannaeyjar geschnitzten Tür ausgestattet.

Öffnungszeiten Mo–Fr 11–12 Uhr oder nach Vereinbarung, ✆ 4812916.

Gegenüber dem Gotteshaus liegt auf der anderen Straßenseite der *Friedhof* der Vestmannaeyjar. Vom Torbogen am Eingang schaute nach dem Vulkanausbruch 1973 nur der obere Teil mit dem Kreuz und der Inschrift "Ég lifi og þér munuð lifa" (Ich lebe und ihr werdet leben) aus der Asche. Auf dem kleinen Rasenstück gegenüber vom Friedhofseingang steht die Skulptur "Alda aldanna" (Woge des Jahrhunderts), geschaffen 1902–05 von Einar Jónsson, dem ersten großen isländischen Bildhauer.

Wer auf dem Kirkjuvegur in nördlicher Richtung zum Hafen zurückgeht, sieht in Höhe der Heimagata dort, wo sich neben grünen Gärten die schwarze, 1973 entstandene Wand auftürmt, hinter einem Wohnhaus ein Haus aus der Lava hervorlugen. Es war unter dem Magmastrom zusammengebrochen und zur Erinnerung an die Katastrophe hat man es so stehen lassen. Biegt man am Ende des Kirkjuvegur rechts auf den Strandvegur ab, gelangt man zu den Resten der Festung Skansinn, von der große Teile bei dem Vulkanausbruch verschüttet wurden.

Historische Stätte Skansinn: Seit dem Jahr 2000 steht der Name *Skansinn* für mehr als die Grundwälle der von Engländern errichteten Festung aus dem Jahr 1586 und den schönen Blick auf die Bucht. Vielmehr finden sich hier nun auch eines der ältesten Häuser der Insel, *Landlyst* von 1847, heute Museum, und vor allem eine nach altem norwegischen Vorbild originalgetreu nachgebaute *Stabkirche,* ein Geschenk der norwegischen Regierung zum tausendjährigen Jubiläum des Christentums in Island im Jahr 2000. Das dunkle Holzhaus *Landlyst* beherbergte einst die erste Entbindungsklinik in Island. Das Besteck der Hebamme, Fläschchen, Scheren und Zangen erinnern neben anderen Ausstellungsstücken an diese Zeit. Die Bücherei von Vestmannaeyjar war nach ihrer Gründung 1862 neun Jahre in *Landlyst* untergebracht. Damals passten alle Bücher in eine große Kiste. Nachdem das Haus, das ursprünglich im Stadtzentrum stand, 1992 abgebrannt war, wurde es 2000 wieder aufgebaut und an seinen jetzigen Standort gebracht.

Die Kirche aus 250 Jahre altem Fichtenholz erinnert an das Gotteshaus, das im Jahre 1000 im Auftrag des norwegischen Königs Ólafur Tryggvason an anderer Stelle auf Heimaey errichtet wurde. Sie ist ein Replikat der Stabkirche aus dem

Blick auf Vestmannaeyjar und die Berge im Nordosten

Eine Stabkirche wie aus dem 12. Jh.

12. Jh. in Haltdalen, Norwegen, wegen der harten Wetterbedingungen auf der Insel jedoch etwas solider gebaut. Schließlich kann der Sturm hier schon mal eine Geschwindigkeit von 50 m/sek erreichen. Im Inneren der nur für besondere Anlässe genutzten Kirche ist die ebenfalls aus Norwegen stammende, originalgetreue bunte Replik einer mittelalterlichen Altarfront mit dem Bild des Heiligen Olaf, vier Szenen aus seinem Leben und den Evangelisten-Symbolen zu betrachten. Den Taufstein aus 1973 beim Vulkanausbruch an die Oberfläche befördertem Dolerit und die zehn kleinen Gemälde steuerten Isländer zum Kircheninventar bei.

Öffnungszeiten ✆ 4811149/8638963, 15.5.–15.9. tgl. 11–17 Uhr, ansonsten Sa/So 15–17 Uhr und (in den dunkelsten Monaten ausschließlich) nach Vereinbarung, Eintritt ISK 300, Kombi-Ticket für Naturkunde-, Heimatmuseum und Skansinn ISK 450. Kirche im Winter geschlossen, Schlüssel im Museum.

Zurück am Hafen können sich Mutige am *Litlakliff* hinter der Esso-Tankstelle im "nationalen Inselsport" der Westmänner, dem *Sprangan* genannten Seilschwingen, üben: Am Felsen hängt in niedriger Höhe ein Seil, bei den Kindern beliebtes Spielgerät. Die Jungs der Insel schwingen sich mit Begeisterung hin und her, bis ihnen die Hände schmerzen.

Herjólfsdalur: Der Hlíðarvegur führt in Richtung Süden an einem riesigen Fußball vorbei zu den drei Fußballfeldern Heimaeys. Gegenüber liegt die Einfahrt zum Herjólfsdalur. In diesem offenen Talkessel sind direkt beim Golfplatz *Steinwälle* ausgegraben worden, u. a. Reste von Langhäusern, einem Kochhaus und einem Heuschober, die zuerst als Ruinen des Hofes des ersten bekannten Siedlers von Vestmannaeyjar, Herjólfur Bárðarson, angesehen wurden. Archäologische Untersuchungen haben jedoch ein sehr viel höheres Alter der Ausgrabungsfunde ergeben (siehe "Geschichte"). Von den Ruinen führt ein Pfad über den Golfplatz ans Meer. Dort geht es rechts zur *Kaplagjóta*, der "Pferdeschlucht", einem schmalen, von Basaltsäulen eingerahmten Einschnitt ins Tal. Der Überlieferung nach wurden im 16. Jh., als es ein Gesetz über die zulässige Anzahl Pferde auf der Insel gab, überzählige Pferde von den Felsen in die Schlucht gestoßen. Nach links führt der Pfad zum *Mormonendenkmal*. Es erinnert an die Isländer, die 1854 bis 1914 nach Utah auswanderten, darunter etwa 200 Menschen von den Westmännerinseln. Die in Utah lebenden Nachfahren der Emigranten errichteten das Denkmal im Juni 2000. Das kleine Wasserloch unterhalb des Denkmals diente den zum Mormonentum konvertierten Isländern als Taufbecken.

Wanderungen

Da die Insel eine überschaubare Größe hat, sind mühelos alle interessanten Orte zu erwandern. Eine Karte mit Wanderwegen ist in der kostenlosen Broschüre über Vestmannaeyjar abgedruckt. Keiner der Wanderwege ist markiert, doch sieht man häufig ausgetretene Pfade. Mehr Infos zu Wanderungen gibt es im Félagsheimili (siehe "Vulcanic Film Show", S. 267) oder im Gästehaus Hreiðrið.

Rundwanderung: Um Papageientaucher zu beobachten, empfiehlt es sich, vom Herjólfsdalur aus an der Westküste der Insel entlang zu laufen. Der mehrstündige Weg beginnt an der *Kaplagjóta* am Nordende des Golfplatzes. Am gegenüberliegenden Ende der Bucht haben natürliche Kräfte die Umrisse eines Elefanten in den Basalt geschliffenen. Am *Mormonendenkmal* vorbei führt der Pfad zu einem guten Aussichtspunkt auf mehrere kleine Westmännerinseln nordwestlich von Heimaey, die *Smáeyjar*. Weiter an der Küste entlang geht es hinter dem Golfplatz auf einem schmalen, ausgetrampelten Weg über das Lavafeld *Ofanleitishraun*. Kurz nachdem das letzte Haus des Ortes außer Sichtweite ist, taucht am Ufer ein Gedenkstein für Jón Vigfússon auf, der hier 1928 die 60 m hohe, steile Felswand emporgeklettert ist. Man erreicht den Küstenabschnitt *Ofanleitishamar*, ständig begleitet von lautem Vogelgekreische. Hier nistet eine große Papageientaucherkolonie. Beim Heranpirschen an die Vögel ist Vorsicht angeraten, das Gras am Steilufer ist mitunter sehr rutschig.

Beim Gehöft *Breiðibakki* stehen Fischtrockengestelle und an einem Strand vorbei führt der Weg weiter nach *Stórhöfði*, wobei die letzten Kilometer auf der Straße zurückgelegt werden müssen. Auf dem 122 m hohen Hügel steht ein Leuchtturm mit öffentlich nicht zugänglicher meteorologischer Station. Hier wurde mit 61 m/sek die höchste Windstärke Islands gemessen. Auch auf Stórhöfði besteht die Gelegenheit, eine riesige Papageientaucherkolonie zu beobachten. Außerdem bietet sich von hier ein schöner Blick auf die westlich gelegenen Inseln des Archipels.

Wieder unten am Hügel angekommen, folgt der weitere Weg rechter Hand dem Küstenverlauf. Vorbei an der "Seeräuberlandzunge" *Ræningjatangi* geht es zum Kap Litlhöfði (114 m). Der Küstenabschnitt von hier bis zum Flughafen ist berühmt für sein reiches Vogelleben. Kurz vor dem Flughafen knickt der Weg nach links zur Straße ab, da es nicht erlaubt ist, die Start- und Landebahn zu überqueren. Leider muss der Rückweg zum Ort deshalb auf Teer zurückgelegt werden.

Zu den Bergen im Norden: Der Herjólfsdalur bietet sich an, um die etwa 250 m hohe Bergwand hochzuklettern, die das Tal nach Norden hin abgrenzt. Vom Zeltplatz führen mehrere äußerst steile Pfade geradewegs nach oben, der Aufstieg dauert kaum mehr als 20 Minuten. Oben begrüßen Papageientaucher und Dreizehenmöwen, die in den Felsen nisten, den Wanderer, der auf dem Grat nach Belieben weiterkraxeln kann, z. B. über das *Dalfjall* nach Westen zur kleinen Landspitze *Stafnsnes*, einem weiteren Vogelfelsen. Aber Vorsicht – hier oben ist es windig, der Abgrund ist nah und die Steine liegen oft locker. Deshalb ist es auch nicht ganz ungefährlich, nach Osten bis zum *Há* weiterzuwandern, von dem ein Weg wieder in den Ort hinabführt.

Hinter der Esso-Tankstelle am Hlíðarvegur, dort, wo das Seil zum Üben von "Sprangan" im Felsen hängt, beginnt der Aufstieg auf *Litlaklif* und *Stóraklif* und von da weiter in Richtung Osten zum höchsten Berg Heimaeys, dem 283 m hohen *Heimaklettur*. Hier oben kann man eine herrliche Aussicht genießen. Die Wanderung ist allerdings nur zu empfehlen, wenn das Wetter zumindest über kurze Zeit schön war und das Gras trocken ist. Ansonsten ist die Rutschgefahr auf den schwierigen Pfaden zu groß.

Vom Heimaklettur können sich Mutige noch weiter vorwagen zum 209 m hohen *Ystiklettur* ganz im Osten der langen, schmalen Felsenkette. Hier brüten die seltenen Schwarzschnabelsturmtaucher.

Auf das Kirkjubæjarhraun: Von der Straßenecke Kirkjuvegur/Miðstræti aus ist über die dortige Treppe ein Abstecher auf das sich meterhoch auftürmende neue Lavafeld Kirkjubæjarhraun zu empfehlen. Nach kurzem Anstieg bietet sich ein schöner Ausblick über die Stadt. Oben fallen an einigen Stellen Gedenksteine für verschüttete Häuser auf. Unter 20 m Lava liegt auch das ehemalige Schwimmbad Heimaeys begraben. Nach ein paar Minuten überquert man den Strandvegur. Geradeaus weiter kommt man nun zur historischen Stätte *Skansinn* mit den Wällen der 1586 errichteten Festung, dem Museum *Landlyst* und der jüngst errichteten *Stabkirche*. Linker Hand steht der alte Seewassertank, der zur Fischverarbeitung genutzt wurde, bevor 1968 die Frischwasserleitung von der Hauptinsel nach Heimaey fertig gestellt wurde. An der Stabkirche vorbei geht es zu einem schönen Strand mit grobem Stein in der Bucht Klettsvík.

Die Bucht war knapp vier Jahre lang die Heimat von Keiko, dem gezähmten Schwertwal, der als *Willy* 1992 in dem Hollywood-Streifen "Free Willy" Filmruhm erlangt hatte. Nachdem sich Mitte der 90er Jahre sein Gesundheitszustand verschlechtert hatte und er in einem Aquarium in Oregon wieder aufgepäppelt werden musste, sollte der ursprünglich aus den Ostfjorden stammende Wal hier in Klettsvík unter ständiger Kontrolle eines amerikanischen Expertenteams langsam wieder daran gewöhnt werden, frei zu leben und sich selber zu ernähren. Das Projekt, das u. a. wegen der hohen Kosten sehr umstritten war, wurde schon fast als gescheitert angesehen, als Keiko am 17. Juli 2002 dann doch noch die Westmännerinseln verließ und mit anderen Walen in Richtung Färöerinseln davonschwamm. Irgendwo verlor oder verließ er die Gruppe jedoch und landete in einem Fjord in Norwegen, woraufhin die zuständigen Spezialisten ihre Zelte auf Heimaey abbrachen und nach Norwegen umzogen, um sich dort weiter um das Wohl des Wales zu kümmern.

Die Bucht Klettsvík wird in Zukunft wahrscheinlich für die Fischzucht genutzt.

Zum Eldfell: Ein beliebter, hin und zurück etwa 2,5 Std. dauernder Wanderweg führt zum und auf das *Eldfell* (205 m), den 1973 entstandenen Krater. Von der Landakirkja aus geht man über den Friedhof und die Túngata hinunter bis zur Helgafellsbraut, biegt dort rechts ab, nimmt dann die zweite Straße links, die Austurgata, und geht diese bis zum Ende. Dort beginnt schon die neue Lava, aus der hier noch Reste eines verschütteten Hauses hervorgucken. Nach links geht es auf einen Fußweg, dann führt ein kleines Stück weiter ein Weg hoch zur Straße. Auf der Straße angelangt, sieht man am Rande der Müllkippe einen Trampelpfad hoch in Richtung Vulkan. Man kommt an dem Aussichtspunkt heraus, wo die Touristenbusse halten; von hier sieht man deutlich einen Trampelpfad hoch zum Krater. Man kann über zuweilen schroffe und scharfkantige Lavabrocken bis auf die Spitze hinaufwandern und wird dabei feststellen, dass die Lava an einigen Stellen noch ziemlich heiß ist. Besonders lohnend ist der wunderschöne Ausblick von hier auf den Ort, die Felsen dahinter und über die gesamte Insel. Außerdem sind die nordwestlich gelegenen Inseln Elliðaey und Bjarnarey gut zu erkennen. 1993 wurde aus Anlass des 20. Jahrestages der Eruption im Eldfell ein Gottesdienst gefeiert, was seitdem jedes Jahr wiederholt wird. Ebenfalls 1993 wurde im Krater ein Kreuz zum Gedenken an den Ausbruch aufgestellt.
Da Asche des Eldfell in den Ort hineinweht, wurden der Krater und die Lava in mühsamem Unterfangen bepflanzt. Erst musste Erde beschafft werden, nach dem Pflanzen dann die Vegetation vor Abtragung geschützt werden. Über die Erosionsflächen werden nun häufig einfach Fischernetze gebreitet.
Mitten in der Lava steht ein Gedenkstein für den Pfarrer *Jón Þorsteinsson*, der am 17. Juli 1627 auf den Knien betend von algerischen Piraten erschlagen wurde. Südöstlich des Eldfell liegt beim Schießplatz der Eingang zur Höhle *Páskahellir*, einer Luftblase in der Lava.
In unmittelbarer Nähe des Eldfell steht der 5.000 Jahre alte, mit 226 m etwas höhere Krater *Helgafell*. Bei schönem Wetter reicht der eindrucksvolle Blick von beiden Vulkanen bis zur Südküste Islands mit dem glänzenden Gletscher Mýrdalsjökull.
Zurück zum Ort kann man die Straße nehmen. Hier sieht man an zwei Stellen je einen grauen Stein, Markierungen der alten Küstenlinie von der Zeit vor dem Vulkanausbruch. Weiter geht es zu einem kleinen Paradies in der rotschwarzen Wüste: In einer Senke hat hier ein altes Ehepaar 1988 einen *Blumengarten* angelegt. Liebevoll angepflanzte Büsche und bunte Blumen ziehen sich die Hänge hinauf, dazwischen stehen sorgfältig abgestützte Bäumchen und ein kleines Häuschen. Von diesem Lavagarten kommt man über einen Trampelpfad zu einer schmalen Straße, die rechter Hand zum Aussichtspunkt über die Bucht Klettsvík führt. Oben in den Klippen sieht man eines der Häuser, das für den Papageientaucherfang aufgesucht wird. Ein Trampelpfad führt hinunter zum Strand entlang der Hafeneinfahrt; nach ein paar Minuten erreicht man Skansinn, von dort geht es weiter zur Stadt.

Blick über die Þingebene

Der Goldene Zirkel

Da lachte es spöttisch herab von den Höh'n: / "So seid ihr; sieh' doch einmal!" / Ich blickte nach dem Geysir: er schoss mit Gedröhn' / Empor in mächtigem Strahl, / Dampfsäulen prustend, gewaltig und hoch, / Und zeichnete scharf von dem weißgrauen Grund / Des Himmels sich ab; zuoberst jedoch / Bog jäh er zurück sich und - / Fiel kraftlos wieder hinab in denselben Schlund.

Hannes Hafstein (Beim Geysir)

Von Þingvellir mit seiner historischen und geologischen Bedeutung über die Springquelle Geysir und den mächtigen Wasserfall Gullfoss zum einstigen Bischofssitz Skálholt – im südwestlichen Tiefland finden sich nah der Hauptstadt einige der Hauptattraktionen des Landes.

Nicht umsonst wird die Rundfahrt durch das dicht besiedelte, fruchtbare Tiefland, die Region der Bauernhöfe, Wiesen und Reithöfe, als "Goldener Zirkel" bezeichnet – die Gegend, die von Beginn der Besiedlung an den Pulsschlag Islands bestimmte, glänzt mit eindrucksvollen Stätten. Sowohl historisch und kulturell Interessierte als auch Naturliebhaber kommen hier auf ihre Kosten. Ruhe und Stille sind an den Sehenswürdigkeiten allerdings nur am frühen Morgen zu finden, denn kaum ein Reisender lässt sich diese Highlights entgehen. Auch die Isländer besuchen mit Vorliebe das Gebiet, in dem sich deshalb Tausende kleiner Sommerhäuser zwischen den Büschen verstecken.

• *Touren* **Destination Iceland**, ✆ 5911020, www.dice.is, bietet ganzjährig von Reykjavík BSÍ tgl. 8.40 Uhr eine 8-Std.-Bustour zu den berühmtesten Sehenswürdigkeiten des Goldenen Zirkels, ISK 5.600. Ebenfalls ganzjährig tgl. angeboten wird eine 10-stündige Jeeptour, ISK 12.800. Beide Touren vorbuchen! Ebenfalls Rundtouren von Reykjavík sowie Ausflüge zu einzelnen Sehenswürdigkeiten veranstalten **Iceland Excursions Allrahanda**, ✆ 5401313, www.icelandexcursions.com, und **Reykjavík Excursions**, ✆ 5621011, www.re.is. Prospekte liegen in den Touristeninformationen aus.

Autorentipps: Essen Sie im Restaurant Lindin in Laugarvatn oder im Kaffi Klettur in Reykholt und genießen Sie Kaffee und Kuchen im Kaffeehaus Gamla Borg an der Str. 35 oder im Café in Skálholt. Es lohnt ein Besuch des Multimediazentrums an der Almannagjá, das Auskunft zum Nationalpark Þingvellir gibt, gut gemacht ist auch die Geysisstofa beim Geysir, die ebenfalls mit Multimedia Fragen zum Vulkanismus in Island beantwortet. Reizvoll ist die Wanderung oder Fahrt zum Háifoss bei Stöng. Übernachtungstipps: JH und Gästehaus Dalsel in Laugarvatn und Brekkukot im Öko-Dorf Sólheimar. Wer die Region auf dem Pferd erkunden möchte, dem seien die Höfe Syðra-Langholt bei Flúðir und Steinsholt nahe Stöng empfohlen.

Karte S. 277

Von Reykjavík bis Þingvellir (50 km)

Ein Besuch in Þingvellir führt in ein geologisch einzigartiges und faszinierendes Gebiet zwischen Europa und Amerika und an den bedeutendsten Ort in der isländischen Geschichte.

1,5 km hinter Mosfellsbær zweigt von der Ringstraße die Str. 36 nach Þingvellir ab. Sie führt an der Nordkante der Hochebene Mosfellsheiði entlang, einem alten Schildvulkan aus einer Warmperiode der letzten Eiszeit, der sich bis zum Þingvallavatn erstreckt. Im *Mosfellsdalur*, einem breiten, grünen und relativ dicht besiedelten Tal, ziehen interessante Höfe vorbei: *Mosfell* mit seiner modernen weißen Kirche ist ein ehemaliger Pfarrhof, auf dem Sagaheld Egill Skallagrímsson laut *Egils saga* seine letzten Lebensjahre verbrachte. Er soll in der Nähe zwei Kisten mit Silber vergraben haben, ohne jemandem die Stelle zu verraten. Hinter den Gewächshäusern von Reykjahlíð liegt der Reiterhof *Laxnes*, wo der große isländische Romancier und Nobelpreisträger *Halldór Laxness* aufwuchs. Etwas weiter östlich steht auf der anderen Straßenseite am Bach Kaldakvísl sein letztes Wohnhaus, *Gljúfrasteinn*. Hier, wie auch an anderen Stellen, die mit Laxness und seinem Werk in Verbindung gebracht werden, geben Infotafeln Auskunft über den 1998 verstorbenen Schriftsteller.

Am 1990 von den Botschaftsvertretungen gestifteten Vinaskógur (Freundschaftswald) vorbei wird das Lavafeld erreicht. Rechts geht eine Zufahrt zu einem Aussichtspunkt ab, von dem sich ein wunderbarer Ausblick über das *Þingvallavatn*, die Hochebene und die dahinter liegende Bergwelt bietet. Der knapp 84 qkm große See mit einer Tiefe bis zu 114 m – womit der Seeboden 11 m unter dem Meeresspiegel liegt – ist der größte Islands; gespeist wird er zum größten Teil durch Quellen und Spalten an seinem Grund und am Ufer. Drei kleine Inseln lassen sich vom Wasser des Þingvallavatn umspülen: *Nesjaey*, *Heiðarbæjarhólmi* und der ehemalige Krater *Sandey*. Der See, der vor 12.000 Jahren vom Eis freigelegt wurde, ist wegen seiner Vielzahl an Habitaten der einzige in der Welt, in dem vier verschiedene Arten Seesaiblinge leben. Weiterhin sind hier Forellen und vor allem etwa 85 Mio. Stichlinge zu Hause.

Im Nordosten thront der mit einer Neigung von 7–8 Grad ansteigende und im Durchmesser 10 km breite Schildvulkan *Skjaldbreiður* (1.060 m), dessen

Lavaschild bei einem Vulkanausbruch vor gut 9.000 Jahren entstanden ist. Seinen Namen "Breiter Schild" trägt er nicht zufällig – er sieht aus wie ein umgestülpter Suppenteller, oder eben, wie der Dichter Jónas Hallgrímsson es in seinem Gedicht "Skjaldbreiður" formulierte, wie ein "kuglig-breiter Schreckensschild". Auf dem noch weit in den Sommer hinein mit Schnee bedeckten Vulkan befindet sich ein 300 m breiter und tiefer Krater.

• *Reiten* Reithof **Laxnes** mit 35-jähriger Tradition und 110 Pferden bietet ganzjährig Reitausflüge, tgl. um 10 und 14 Uhr 2-stündige Trips ISK 3.500 (Transport von/nach Reykjavík möglich, zu buchen bei BSÍ, ✆ 5911000, hier kann auch die Tour gebucht werden); andere Touren nach Vereinbarung. Vorbuchung erforderlich, ✆ 5666179, 📠 5666797.

• *Camping* **Mosskógar**, hübscher Zeltplatz mit Windschutz durch Hecken, ca. 4 km von der Ringstraße an der Str. 36, Juni bis August. Aufenthaltsraum mit Kochgelegenheit; Waschmaschine, Dusche, ISK 700/Zelt. Die sympathischen Besitzer betreiben eine kleine Baumschule und ziehen Gemüse; Sa 11–16 Uhr ist Markt, dann werden Rucola, Brokkoli, Kohl, Rüben, Kartoffeln u. a. verkauft. Außerdem gibt es Eier frisch von der Farm und Fisch aus dem See. Auch Pferdeverleih. Ein Restaurant, in dem das eigene Gemüse angeboten wird, und ein kleines B & B sind in der Planung.

Zwischen den Welten: Þingvellir ("thingvedlir")

Der See und das ihn einrahmende Lavafeld liegen in der Þingvellir-Senke, einem Teilstück der 120 km langen Vulkan- und Grabenzone zwischen Langjökull und Kap Reykjanes.

Diese Zone wiederum ist ein Teilstück des Mittelatlantischen Rückens. Wohl nirgendwo auf der Welt lässt sich besser erkennen als in Þingvellir, was dort passiert, wo zwei der sich auf dem Erdmantel bewegenden tektonischen Platten auseinander driften. Begrenzt wird die von Stricklavafeldern bedeckte Senke durch in Nordost-Südwest-Richtung ausgerichtete, tektonische Schluchten: im Westen durch die imposante *Almannagjá* ("Allmännerschlucht"), im Osten durch die *Hrafnagjá* ("Rabenschlucht"). Westlich der Almannagjá wandert die Nordamerikanische Platte mit dem westlichen Teil des atlantischen Meeresbodens immer weiter westwärts, östlich der Hrafnagjá die Eurasische Platte mit dem östlichen Atlantikboden ostwärts. Die dazwischen liegende, etwa 7 km breite Senke weitet und senkt sich so jährlich um ca. 8 mm. Vor ungefähr 9.000 Jahren begann sich die Þingebene durch ein Dehnen und Auseinanderreißen der Erdkruste zu senken, die Almannagjá mit ihren schroffen Felsabstürzen sowie zahlreiche weitere, kilometerlange Spalten und Verwerfungen entstanden. Die Absenkung ging allerdings nicht überall gleichmäßig vor sich; an der östlichen Flanke der Almannagjá hat sich eine lang gestreckte Scholle tiefer gesenkt und dabei schräg gestellt. Dadurch wurde die westliche Felswand der Schlucht höher ausgebildet als die östliche, sie erreicht stellenweise eine Höhe von 40 m. Die Bewegungen in der Senke laufen nicht immer kontinuierlich ab. Die Schollen können auch ruckartig auseinander reißen und damit Erdbeben auslösen, wie es zuletzt 1789 geschah. Innerhalb von nur zehn Tagen sank die zentrale Scholle mit dem Þingvallavatn um 50–60 cm ab, wodurch der See sich weiter nach Norden ausbreitete und neue Spalten aufrissen.

Zur Almannagjá gelangt man über eine ausgeschilderte Zufahrt von der Str. 36 aus, die am Südende der Schlucht auf einem Parkplatz endet. Von hier lässt

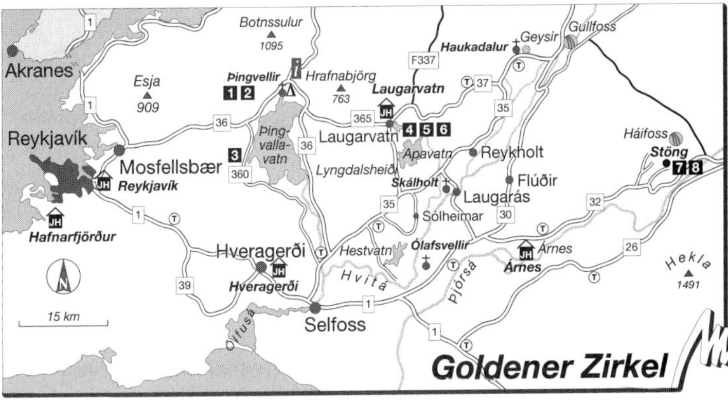

Goldener Zirkel
Karte S. 277

sich die östliche Felswand der Almannagjá erklettern, die einen wunderbaren Ausblick in die Ebene und – bei gutem Wetter – bis zum Langjökull bietet. Seit 2002 steht am Parkplatz auch ein empfehlenswertes Multimedia-Informationszentrum. Wenige Kilometer weiter östlich biegt die Str. 361 von der Str. 36 in die Þingebene hinein ab. 1928 wurde die Senke mit dem Þingvallavatn zum ersten Nationalpark Islands und zum Naturschutzgebiet erklärt. Die Lava trägt hier eine geradezu üppige Vegetationsdecke mit Birken- und Weidengesträuch, Moos und wilden Blumen sowie im späten Sommer Heidekraut und Blaubeeren. 40 Prozent der isländischen Flora gedeiht in Þingvellir, das sind immerhin 172 höhere Pflanzen, und 42 Vogelarten verbringen den Sommer in der Umgebung. Im Herbst glänzt alles in sanften Rot- und Goldtönen.

• *Multimediazentrum* 1.4.–1.11. tgl. 9–17 Uhr, im Sommer bis 20 Uhr, Eintritt frei. Wie entstand der isländische Nationalstaat und was schwimmt im Þingvallavatn? In einer nachgebauten Almannagjá lassen sich an Computern interessante, gut gemachte Filme zu zahlreichen Themen aus Geschichte und Natur Þingvellirs auswählen, die dann auf Monitoren an der Wand laufen. Wer anschließend durch die "Schlucht" wandert, wird von Zitaten berühmter Isländer mit Bezug zu Þingvellir begleitet.

Wo das Alþingi tagte...

Kein Ort in Island ist so eng mit der Geschichte des Landes verknüpft wie Þingvellir, wo sich im Jahr 930 die Goden des Landes versammelten, um die erste Alþingiversammlung Islands abzuhalten.

Aus mehreren Gründen wurde Þingvellir als Versammlungsstätte gewählt. Der Besitzer Þingvellirs hatte als Strafe für einen Streit mit tödlichem Ausgang sein Land zu verlassen, das daraufhin der Allgemeinheit zufiel. Hinzu kam die verkehrsgünstige Lage: Die wichtigsten Siedlungsstandorte befanden sich von jeher im Südwesten. Es gab auch ebene Plätze für die Zelte, Brennholz, Auslauf für die Pferde und Trinkwasser. Dafür sorgte der nördlich des Þingvallavatn entspringende Quellfluss *Öxará* ("Axtfluss"), der über den Wasserfall Öxarárfoss in die Almannagjá hinunterstürzt. Er soll von den Gründern des Alþingi in die Schlucht umgeleitet worden sein und verwandelt sich der Volkssage nach an Silvester für mehrere Stunden in Wein.

Der Trubel auf dem Alþingi

Das Alþingi diente zwar politischen Zwecken, muss aber doch eher den Charakter eines Volksfestes gehabt haben. Neben den Goden mit Familie und Gefolge reisten zahlreiche weitere Isländer an, um die Angelegenheiten des Landes mitzuverfolgen und eine Art nationalen Festtag abzuhalten. Pferdekämpfe mit Wetten – für viele Anwesenden die Hauptattraktion – wurden 1529 durch eine Synode des Klerus verboten, noch aus dem Jahr 1623 ist aber ein Hengstkampf in Þingvellir belegt. Auf dem Alþingi wurden Geschichten erzählt, Spottverse gedichtet, Gesänge vorgetragen, Zweikämpfe ausgetragen und Ehen geschlossen – nicht ohne Grund brachten die Goden Söhne und Töchter im heiratsfähigen Alter mit. Wer in der Ferne gewesen war, kam bestimmt pünktlich zur Alþingisitzung zurück, um von seinen Erlebnissen zu berichten. Außerdem gab es Marktbuden und Kneipen, man bot Handarbeiten und anderes Kunsthandwerk zum Verkauf an und konnte erstehen, was Handelsschiffe an Waren aus dem Ausland mitgebracht hatten.

Getagt wurde alljährlich für zwei Wochen um die Monatswende Juni/Juli am Fuße der Almannagjá. Sie trägt ihren Namen "Allmännerschlucht" nicht umsonst – in ihr fanden alle Versammlungsteilnehmer mühelos Platz. Mittelpunkt der Alþingiversammlungen in den ersten drei Jahrhunderten war der *Lögberg*, der Gesetzesfelsen, der sich vermutlich auf der Ostseite der Almannagjá dort befand, wo heute ein Fahnenmast mit der isländischen Nationalflagge steht. Von hier verkündete der Gesetzessprecher die isländischen Gesetze, bis diese im Jahr 1117 schriftlich fixiert wurden. Bei seinem Vortrag, der *Lögsaga*, machte er sich die Echowirkung in der Almannagjá zunutze und rief seine Worte laut und kräftig an die 40 m hohe westliche Felswand gegenüber. Bis 1271 wurden auch die Parlamentsversammlungen am Lögberg abgehalten, danach tagte die gesetzgebende Versammlung *Lögrétta* wohl auf den Ebenen unterhalb des Gesetzesfelsens. Hier und in der Schlucht finden sich noch Überreste von notdürftig aus Steinen aufgeschichteten Hallen, in denen die Alþingi-Teilnehmer tagten, speisten und übernachteten. Die grasüberwucherten Steine heben sich kaum von der Umgebung ab und nur aus der Form eines Hufeisens lässt sich ein früherer Standort erahnen. In der Almannagjá markiert ein Stein die Halle des Landrates *Guðmundur Ketilsson* aus dem 17. Jh.

Nachdem der Freistaat 1264 zerbrochen war, veränderte sich allmählich die Bedeutung des Alþingi. Mit wachsendem Einfluss der ausländischen Königsmacht schwanden seine Möglichkeiten und nachdem 1662 der Absolutismus eingeführt worden war, blieb ihm nur noch eine rechtsprechende Funktion. Dass nach dem Erdbeben 1789 die Wiesen vor der Tagungsstätte an der Nordseite des Sees unter Wasser standen, war mit ein Grund für den Umzug des Parlaments nach Reykjavík. Der Glanz des Alþingi war verblasst, im Bewusstsein der Isländer blieb seine Bedeutung jedoch bestehen.

Die Verkündung wichtiger Ereignisse oder die Feier großer Jahrestage finden bis heute in Þingvellir statt. 1874 begingen die Isländer hier das tausendjährige Jubiläum der Besiedlung Islands, 1930 gedachte man feierlich der Gründung

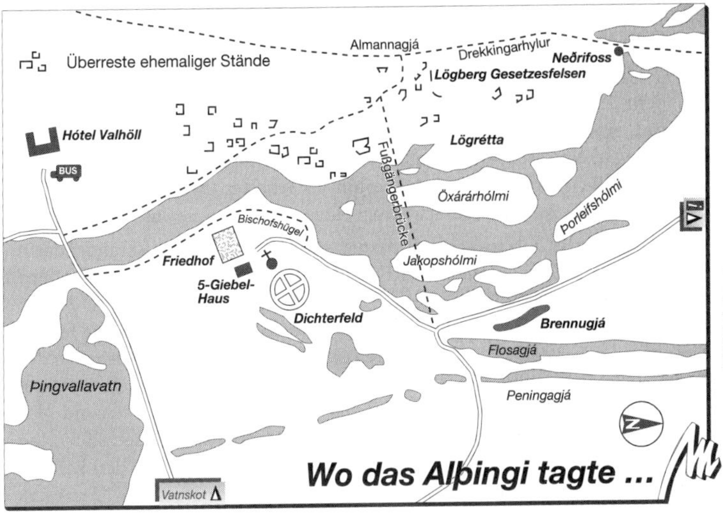

Goldener Zirkel
Karte S. 277

des Alþingi vor tausend Jahren und am 17. Juni 1944 rief der zukünftige Präsident vor fast 30.000 Isländern die Republik aus. Doppelt so viele Menschen waren anwesend, als 1974 die elfhundertjährige Besiedlung Islands gefeiert wurde. Im Juli 2000 zelebrierten die Isländer in Þingvellir das tausendjährige Bestehen des Christentums in Island.

2002 begannen an diesem bedeutungsvollen Ort archäologische Ausgrabungen, die bis einschließlich 2006 fortgeführt werden und, so die Hoffnung, neues Licht auf die alten Versammlungsbräuche und die Geschichte Þingvellirs werfen sollen. Acht Wochen lang graben Archäologen jeden Sommer an unterschiedlichen Stellen im Nationalpark.

Auf der anderen Seite der Öxará steht neben dem fünfgiebeligen Haus, in dem der Priester und im Sommer auch der Ministerpräsident residieren, die weiße *Kirche* von Þingvellir. Vermutlich war dies auch der Standort aller vorherigen Gotteshäuser. Das erste wurde nur wenige Jahre nach der Christianisierung Islands errichtet, machte aber bereits einer neuen Kirche Platz, als der norwegische König Ólafur Tryggvason um 1018 Bauholz und eine Glocke über den Atlantik schicken ließ. Noch viele Kirchen folgten diesen beiden ersten, immer so groß, dass bei schlechtem Wetter der Gesetzessprecher statt vom Lögberg von der Kanzel herunter die Gesetze rezitieren konnte. Jede Sitzungsperiode des Alþingi wurde nun mit einem Gottesdienst begonnen. Während des tausendjährigen Siedlungsjubiläums im Jahr 1874 quartierte sich Seine Majestät Christian IX. sogar im Gotteshaus ein. Die heutige, kleinere Kirche wurde Weihnachten 1859 geweiht, der Kirchturm 1907 erneuert. In ihm hängen drei Glocken: Die neueste wurde zur Ausrufung der Republik 1944 gegossen, eine läutet schon seit 1697, die dritte Glocke stammt aus dem Mittelalter. In der Kirche befinden sich einige kostbare Gegenstände, darunter die hölzerne Kanzel aus dem Jahr 1683 und ein silberner Kelch und Hostienteller von 1743. Das

Altargemälde wurde 1895 von dem dänischen Künstler *Niels Anker* gefertigt. Auf dem ehemaligen Altarbild des isländischen Malers *Ófeigur Jónsson* von 1835 ist in bunten Farben das letzte Abendmahl dargestellt.

Auf dem 1939 angelegten, kreisrunden *Nationalfriedhof*, auch "Dichterfeld" genannt, sind nur zwei Dichter begraben. Eigentlich sollten hier alle großen Unabhängigkeitskämpfer ihre letzte Ruhe finden, aber nur *Jónas Hallgrímsson* und *Einar Benediktsson* wurden hierhin umgebettet. Beide trugen mit ihren Gedichten stark zum Wiedererwachen eines nationalen Bewusstseins bei.

Nordwestlich der Kirche erkennt man die Ruinen des Bischofsstands, der mit 32,5 x 7,5 m größten ehemaligen Alþingihalle, wo nach dem Jahre 1000 der Bischof seinen Platz einnahm. Hier begannen die Archäologen im Jahr 2002 mit ihren Ausgrabungen und stellten fest, dass dies keinesfalls der einzige Stand an dieser Stelle war; das Team fand Reste von bis zu zehn Ständen aus verschiedenen Epochen. Nördlich der Kirche erstreckt sich eine von vielen, teils mit Wasser gefüllten Spalten, die *Peningagjá* ("Geldschlucht"). Ihr Grund glänzt und funkelt, weil es seit langem Sitte ist, eine Münze ins Wasser zu werfen – wenn das Geldstück mit dem Blick bis zum Boden verfolgt werden kann, soll der dabei gehegte Wunsch in Erfüllung gehen.

So friedlich und idyllisch es heute auch in Þingvellir ist und so romantisch die Erinnerungen sind – auf der Ebene ging es einst hart her. In den *Drekkingarhylur* westlich der heutigen Brücke über die Öxará wurden im Spätmittelalter, als isländisches Recht schon lange keine Gültigkeit mehr besaß und auch die Todesstrafe erlaubt war, des Ehebruchs, des Kindesmordes oder der Geburt eines unehelichen Kindes angeklagte Frauen in einen Sack gesteckt und im Pfuhl ertränkt. Am Galgenfelsen in der *Stekkjargjá* fanden Diebe ein Ende, an der *Brennugjá*, der "Verbrennungsschlucht", wurden im 17. Jh. vermeintliche Hexen verbrannt.

Information/Verbindungen/Adressen

• *Information* Service Center an der Kreuzung 36/52/361, ✆ 4822660, 1.6.–31.8. tgl. 8.30–20, Fr/Sa bis 22; sonst 9–18 Uhr. U. a. Zeltplatzverwaltung, Postkarten, Bücher, Landkarten. Viele Infos über den Nationalpark.

• *Verbindung* **Bus** ab Hótel Valhöll nach Reykjavík und zurück 20.5.–10.9. tgl. 1-mal.

• *Angeln* Im Þingvallavatn Forelle und vier Saiblingsarten, darunter die für den See charakteristische Spezialität Murta. Lizenzen bei zahlreichen Höfen am See und der Touristeninformation, ISK 1.000.

• *Reiten* **Íslenskir Ferðahestar**, ✆ 8947200/5667600, bietet 3-mal wöchentlich 5-stündige Tagesritte (ISK 7.500 inkl. Verpflegung) und 3-stündige Nachtritte (ISK 5.500) im Nationalpark, mit Transport von/nach Reykjavík. Für mind. 10 Leute nach Anfrage außerdem Kombination aus Bootsfahrt auf dem Þingvallavatn und Reittour entlang dem Fluss Öxará (ISK 5.000). Extraangebote: geführte Wanderung in Þingvellir (ISK 500), Grillfest in Skógarhólar (ISK 1.500) und Transport von/nach Reykjavík (ISK 1.600). Übernachtung in Skógarhólar möglich (s. u.).

• *Touren* **zu Fuß**: 1.6.–31.8. Mo–Fr tgl. einstündige geführte Touren durch den Nationalpark mit Infos zu Geschichte, Geologie, Natur, kostenlos, Uhrzeit im Service Center erfragen.

Mit dem Boot: 1.6.–31.8. Sa/So 11, 14 und 17 Uhr ab Skálabrekka am Nordufer 1,5-stündige Sightseeing-Bootsausflüge auf dem Þingvallavatn, ISK 2.000. Vorbuchen und an warme Kleidung denken! Angeboten werden auch 2,5-stündige Touren mit Landgang in Arnarfell am Ostufer (ISK 2.300) und kurze 40-minütige Trips um die Inseln Sandey und Nesjaey (ISK 1.400). **Þingvallavatnssiglingar ehf.**, ✆ 4823610/8947664, 📠 4823610.

Übernachten/Camping/Essen

• *Übernachten* **Hótel Valhöll**, ✆ 4861777, 📠 4861778, 1.6.–31.8. 27 ruhige, schlichte DZ mit Bad ISK 11.900, zwei EZ ISK 8.900, inkl. Frühstück. Vorbuchung erforderlich. Hotel in wunderschöner Lage an der Felswand der Almannagjá im Nationalpark. Seine Zukunft ist jedoch etwas ungewiss, seit der Besitzer bankrott ging und das Haus zunächst in den Besitz des isländischen Staates überging. Wenn alles läuft wie geplant, wird es renoviert und bald auch den Winter über für Gäste geöffnet sein.

Hof Efri-Brú (FH), ✆ 4822615, 📠 4822614. Ruhig am Úlfljótsvatn gelegenes, stilvolles und sehr persönlich geführtes Gästehaus. 19 DZ mit Bad ISK 10.500 inkl. Frühstück. Dazu 3 hübsche Sommerhäuser mit je zwei Apartments, jedes mit Küche und Bad, gut für Familien geeignet, ISK 10.500. Eleganter, großer Speisesaal; abends Essen ohne Vorbestellung möglich. Forellenfischen ISK 500, für Gäste umsonst. Internet kann genutzt werden.

Gästehaus Nesbúð, ✆ 4823415, 📠 4823414, an der Str. 360 nahe dem Kraftwerk Nesjavellir mit 60 DZ in vier Häusern; DZ mit/ohne Bad ISK 7.500/5.000, SSU ISK 1.800, Frühstück. Das komplett renovierte Hotel mit 2 Hot Pots war ehemals Unterkunft für Arbeiter, die das Kraftwerk bauten. Schlichte Zimmer, Restaurant mit typisch isländischen Fisch- und Fleischgerichten, z. B. gebratener Saibling aus Þingvallavatn ISK 1.500. Sonntags 13.30–17.30 Uhr großes Kuchenbüfett ISK 1.100. Ideal als Ausgangspunkt für Wanderungen und um das Kraftwerk zu besichtigen.

Skógarholar, ✆ 8947200/5667600, 2 km nördlich von Þingvellir an der Str. 52, Herberge mit 18 Betten und Zeltplatz, Juni bis Sept.; für Reiterferien geeignet, denn der vor der Farm liegende, älteste Schafspferch des Landes dient nachts Pferden als Ruheplatz. 4- und 6-Bett-Zimmer mit schlichter Ausstattung, einfache sanitäre Einrichtungen mit Dusche; Küche. SSU ISK 1.500. Organisation von Reittouren siehe "Reiten".

• *Camping* Großer Zeltplatz im Nationalpark zu beiden Seiten der Str. 36 und entlang der Felswand, ISK 500. Seit 2002 endlich Warmwasser, Duschen und auch Waschmaschine, neben dem Service Center. Dieser kleine Komfort war 2002 noch umsonst, wird aber wahrscheinlich bald extra kosten. Schöner und ruhiger liegt **Vatnskot**, direkt am Seeufer, ebenfalls im Nationalpark, gleicher Preis, aber nur WC und Kaltwasser.

• *Essen* Im **Hótel Valhöll** gutes Restaurant mit isländischen Spezialitäten, z. B. Forelle aus dem Þingvallavatn oder Lammfilet. Im **Service Centre** an der Str. 36 Imbiss und Kiosk mit Sandwiches, Snacks und Eis, 8.30–22 Uhr.

Hochzeit in der Kirche zu Þingvellir

Goldener Zirkel
Karte S. 277

▶ **Rundfahrt um den See Þingvallavatn:** Durch schöne, abwechslungsreiche Landschaft mit teilweise herrlichem Blick auf den See, die Berge in der Ferne und den Langjökull geht es auf etwa 60 km einmal um das Þingvallavatn herum. Die Str. 360 ist vielleicht die kurvigste in Island und auch an Hügeln hat sie einiges zu bieten. Sie führt auf den Dyrafjöll (442 m) zu, eine erodierte Bergkette aus Hyaloklastit. Hier, in dieser stillen Gegend, beginnt das Hengill-Wandergebiet.

Vorne steigen Dämpfe auf – am Fuße des Zentralvulkans Hengill liegt eines der größten Hochtemperaturgebiete des Landes. In 2 km Tiefe wurde bei Bohrungen 350 °C heißes Wasser entdeckt und seit 1990 ist mit *Nesjavellir* das modernste Geothermalkraftwerk Islands in Betrieb. Aus Bohrlöchern am Seeufer gewonnenes, kaltes Wasser wird durch Wärmeaustausch auf 85–90 °C erhitzt, das heiße Wasser in Reykjavík für die Heißwasserversorgung und zur Stromerzeugung genutzt. Die Kapazität des Kraftwerks soll bis zum Jahr 2010 auf das Maximum von 400 MW gesteigert werden. Einen eindrucksvollen Überblick über die dampfende und rauschende Anlage des Kraftwerks, die Bergwelt des Hengill-Gebietes und das Þingvallavatn bis hin zum Langjökull bietet der 300 m hoch gelegene Aussichtspunkt auf dem *Hitaveituvegur*. Dieser zweigt rechts von der Str. 360 ab und führt steil mit 15 % in Kurven nach oben; der Aussichtspunkt ist nach etwa 1,5 km erreicht.

Die Str. 360 führt als Schotterpiste weiter durch das etwa 2.000 Jahre alte Lavafeld *Nesjahraun* mit Birken- und Trauerweidengesträuch und mit Blaubeeren und Brombeeren durchsetzter Heide. Die holprige Straße schlängelt sich zum See *Úlfljótsvatn*, in den das Þingvallavatn durch den Fluss *Sog* abfließt. Am Ufer steht malerisch eine kleine Kirche. Auf einer Insel in dem 2,8 qkm großen See wurde 1946 eine für Island ungewöhnliche Grabstätte aus dem 10. Jh. entdeckt: ein Bootsgrab, in dem ein Mann und ein Junge mit Waffen und zahlreichen Gaben beigesetzt waren. Hierbei handelt es sich um kein für Island typisches Grab der Wikingerzeit. Von den 300 bisher freigelegten Gräbern weisen nur fünf bis sieben auf eine Bestattung im Boot hin und grundsätzlich wurden den Toten keine großartigen Beigaben mit ins Grab gelegt. Die Funde vom Úlfljótsvatn sind im Nationalmuseum in Reykjavík ausgestellt.

Der Abfluss des Úlfljótsvatn ist erneut der *Sog*, ein nur 19 km kurzer, sprudelnder Fluss, der etwas weiter südlich in den See Álftavatn mündet, durch ihn hindurchfließt und sich wenige Kilometer weiter mit der Hvítá zur Ölfusá, einem der größten Flüsse des Landes, vereint. Bei der kleinen Ansiedlung *Ljósifoss* am gleichnamigen Wasserfall wird der Fluss überquert und wieder die Str. 36 erreicht. An der Brücke steht eines der drei Wasserkraftwerke, die auf einem Abschnitt von nur 5 km die Energie des gewaltigsten Abflusses des Landes ausnutzen.

• Schwimmbad Ljósafosslaug an der Kreuzung 36/360, kleines Freibad mit Hot Pot, tgl. 10–20 Uhr.

• Camping Am Úlfljótsvatn schön gelegener Zeltplatz der Pfadfinder mit Windschutz durch Hecken, Dusche, kleiner Kletterwand und Abenteuerspielplatz, ISK 500 pro Pers.

Wanderungen

(s. Karte S. 283 (1, 2), S. 277 (3)

Nationalpark Þingvellir: Im Nationalpark lassen sich auf ehemaligen Reitpfaden zahlreiche schöne, kurze Wanderungen durch das Gewirr von tektonischen Spalten, an Höhlen und verlassenen Gehöften vorbei unternehmen. Eine Broschüre ist in der Touristeninformation erhältlich.

Skógarkotsvegur (1): Mit 6 km der längste Wanderweg. Er beginnt bei der Stekkjargjá nördlich der Almannagjá und führt durch die vegetationsreiche Lavaebene bis hinüber zur Hrafnagjá und der Str. 36 am Ostufer des Sees. Durch das Gewirr an tektonischen Spalten zum verlassenen Gehöft Skó-

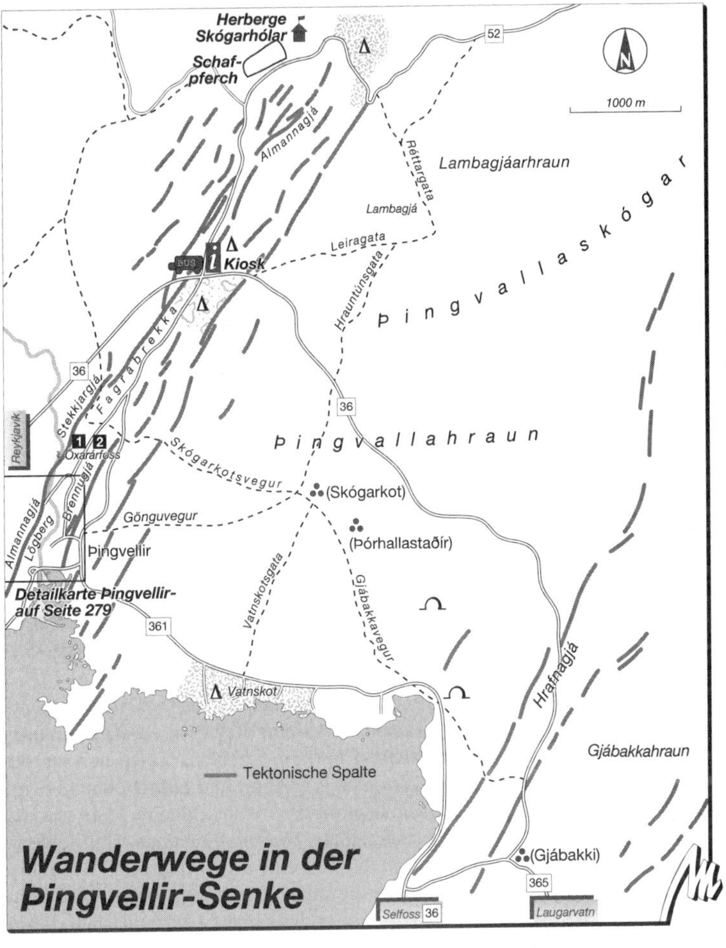

Wanderwege in der Þingvellir-Senke

Goldener Zirkel
Karte S. 277

garkot und weiter südöstlich nahe an zwei Höhlen vorbei, zum Seeufer hinunter und zur Hrafnagjá.

Langistígur (2): Wer einen mit Lavaplatten ausgelegten Reitweg sehen möchte, begebe sich auf den Langistígur, der an der Westseite aus der Stekkargjá heraus- und gen Nordwesten weiterführt, um sich mit dem Reitweg von Reykjavík nach Þingvellir zu vereinen.

Hengill und Dyrafjöll (3): Das Hengill-Gebiet mit dem Gipfel *Skeggi* (803 m) als höchstem Punkt erstreckt sich von der Berggruppe um den Zentralvulkan Hengill am Þingvallavatn bis hinunter nach Hveragerði und ist wie die sich nördlich anschließende Bergkette *Dyrafjöll* (442 m) eine hervorragende Wanderregion. Die letzte Eruption in diesem Gebiet hat vor ca. 2000 Jahren stattgefunden; Zeugen davon sind Vulkanspalten nördlich und südlich des Bergmassivs. In ihm soll der Volkssage nach einst das Trollweib Jóra gehaust haben. Sie lauerte Reisenden auf, die den viel frequentierten Reitweg über den Dyrafjöll geritten kamen. Schließlich soll sie von einem jungen Bauern im Schlaf überwältigt worden sein. Die Scheide der Axt, mit der er sie erschlug, wurde der Sage nach am Nordufer des Þingvallavatn dort angespült, wo die Öxará (Axtfluss) in den See mündet.

Zufahrt zu den ausgeschilderten, mit gelben Pflöcken markierten Wanderwegen in Richtung See oder Gebirge besteht über die Str. 360 am Westufer des Þingvallavatn, wo an den Parkplätzen Tafeln mit Wanderkarten aufgestellt sind. Ein 18 km langer Weg führt vom ersten Parkplatz, Botnadalur im Nesjahraun, in den **Sleggjubeinsdalur**. Es geht durch das kleine, grasige Tal Marardalur, das von allen Seiten von hohen Berghängen und Felswänden umschlossen ist. Früher wurden in diesem nur durch einen engen Einschnitt zugänglichen Tal Rinder gehalten. Hierauf weisen heute noch die Steinwälle hin, mit denen das Tal geschlossen wurde. Zahlreiche weitere Ausgangspunkte findet man am Hitaveituvegur.

Zu Geysir und Gullfoss (62 km)

Einmal quer durchs südliche Tiefland geht es zu zwei weiteren Glanzpunkten: zum mächtigen und, glaubt man seinem Namen, goldenen Wasserfall Gullfoss und zu einer der bekanntesten Springquellen der Welt.

Beim verlassenen Bauernhof Gjábakki zweigt die 16 km lange, bei trockenem Wetter mühelos zu befahrende, aber bisweilen recht holprige Schotterpiste 365 von der Str. 36 ab. Die ersten Kilometer und besonders steile oder kurvige Zwischenstücke sind mittlerweile geteert. Die Straße führt am nördlichen Rand der Lyngdalsheiði, eines alten Schildvulkans, vorbei nach Osten zum Laugarvatn und gleichnamigen Dorf.

Nachdem der 364 m lange, unterirdische Lavatunnel *Gjábakkahellir* überquert wurde, der sich Aufmerksamen durch eine Reihe von Geländeeinbrüchen zu erkennen gibt, geht es bergauf in die Hochebene hinein und auf die linker Hand aufragenden Gipfel *Stóra-Dímon* (380 m) und *Litla-Dímon* (347 m) zu. Genau südlich des Stóra-Dímon liegt die über eine schlechte Piste von der Straße aus zu erreichende, sehr tiefe Höhle *Tintron*, eine enge Klufthöhle in einem hohlen Lavakegel, die in 10 m Tiefe in eine 8 x 20 m große Halle führt. In wunderschönen Rottönen leuchten die kahlen Berghänge des quer zur Straße stehenden Bergrückens *Reyðarbarmur* in der kargen Lavalandschaft, bevor die Straße in 14 %-iger Steigung bergab führt und den Blick auf die von kleinen Seen durchsetzte, grüne Lavaebene Laugarvatnsvellir freigibt.

Hinter der Abfahrt biegt links eine ausgeschilderte, 600 m lange Schlaglochpiste zur viel besuchten Höhle *Laugarvatnshellir* ab. Über einen kurzen Spazierpfad kommt man vom Parkplatz zum auffälligen, 10 m breiten und etwa 2 m hohen, markanten Tuffportal der Höhle am Fuß des Reyðarbarmur. Vom Eingang geht es durch einen Vorraum in zwei parallel zueinander liegende, 14 und 11 m lange Gänge. Diese Halbhöhle aus Hyaloklastit ist mit der Zeit durch Winderosion entstanden und wurde lange Zeit als Schafstall genutzt. Von 1910–11 war sie sogar von einem jungen Ehepaar bewohnt, worauf noch ausgehauene Nischen in der Felswand und eine niedrige Umwallung schräg vor der Höhle hinweisen. Die beiden betrieben Landwirtschaft und bewirteten in einem Zelt vorbeikommende Reisende.

In steilen Kurven geht es bergab in den *Laugardalur*, eine weite Senke mit zahlreichen Flüssen und Seen, die im Norden durch die Berge Laugarvatnsfjall und Efstadalsfjall begrenzt wird; an klaren Tagen reicht der Blick bis zur Hekla. Als krasser Gegensatz zur Hochebene ist das Tal fruchtbar und leuchtet in frischen Farben. An den von Büschen eingefassten Seen liegen Felder und Farmen und hier und da steigt Dampf auf – Laugardalur ist das "Tal der heißen Quellen".

• *Höhle Gjábakkahellir* **Iceland Excursions** und **Ultima Thule** bieten gemeinsam ganzjährig Sa/So 13.30 Touren von Reykjavík zur und durch die dunkle Höhle mit ihrem Gewirr an Lavatunnels voller Stalaktiten an. Die komplette Ausrüstung wird gestellt. Anschließend geht es noch nach Hveragerði, ISK 5.500 alles inkl.; Buchung unter ✆ 5401313 oder 5678978.

Laugarvatn

("löügarvatn", 150 Einw.)

Karte S. 277

Mitten im Geothermalgebiet liegt das ruhige Dorf inmitten grüner Wiesen und Wäldchen, eingerahmt von Berghängen und einem See. Von ihm erhielt der Ort seinen Namen – See der heißen Quellen.

Eine von ihnen ist die kleine *Vígðalaug* ("Weihquelle") im Gras am Seeufer. In ihr haben sich der Volkssage nach im Jahre 1000 Bauern auf dem Weg von Þingvellir zurück nach Hause in den Norden taufen lassen, nachdem auf dem Alþingi das Christentum ausgerufen worden war. 550 Jahre später wurden in derselben Quelle die Leichname des ermordeten, letzten katholischen Bischofs *Jón Arason* und seiner beiden Söhne Björn und Ari gewaschen, bevor sie zum Begräbnis nach Hólar im Nordland gebracht wurden. Die 67 °C heiße Quelle, der heilende Kräfte nachgesagt werden, steht mittlerweile unter Naturschutz. Auf eine der zwei größten heißen Quellen wurde eine Hütte gesetzt und so

Der weite, fruchtbare Laugardalur

eine natürliche *Sauna* mit ganz besonderer Atmosphäre geschaffen. Die Quelle heißt seither *Gufubaðshver* ("Dampfbadquelle"). Die andere große Quelle dient der Heißwasserversorgung der ganzen Gemeinde. Lange Zeit nutzten Bewohner die natürliche Wärme am See zum Anbau von Blumen und Gemüse, doch rentierte sich der Verkauf nicht und die Gewächshäuser verschwanden. Das hübsche Dorf am baumbestandenen Berghang Laugarvatnsfjall verwandelt sich im Winter vom Urlaubsort zum größten ländlichen Sport- und Schulzentrum in Island. Der Startschuss fiel 1928, als Minister Jónas Jónsson hier die Bezirksschule einrichtete. Das große, vanillefarbene Schulgebäude mit sieben Giebeln thront noch am Ortsrand, beherbergt aber seit 1997 nur noch eine Bücherhalle. Für zwei Grundschulen besteht kein Bedarf mehr.

Information/Verbindungen/Adressen

• *Information* Im Service Center am Campingplatz, ✆ 4861155, 10–23, Fr/Sa bis 24, Sa/So erst ab 11 Uhr, auch an den Hotelrezeptionen.

• *Verbindung* **Bus** von der Tankstelle, ✆ 4861126, bis zu 2-mal tgl. nach Reykjavík über Selfoss und Hveragerði sowie nach Laugarás, Reykholt, Gullfoss und Geysir.

• *Versorgung* Arzt, Autowerkstatt (**Bíla og dekkjaviðgerðir Gunnars**, ✆ 4861250/4861215, Bank und Post (Mo–Fr 10–12 und 13–16 Uhr), Lebensmittel bei **H-Sel** an der Tankstelle; hier auch Kiosk und Cafeteria, Mo–Fr 9–22, Sa/So 10–22 Uhr.

Übernachten/Camping/Essen

• *Übernachten* **JH Dalsel**, ✆ 4861215/8995409, an der Hauptstraße gegenüber vom Zeltplatz bei den sehr netten Besitzern Jóna und Gunnar mit vielen Übernachtungsmöglichkeiten, alle ISK 1.500/Pers. für JH-Mitglieder, sonst ISK 1.900. Aufschlag für Bettwäsche und DZ. Ein hübsches Häuschen mit 13 Betten im skandinavischen Stil, mit viel Holz, Dusche, Kochecke, Sitzecke und großer Terrasse mit Hot Pot. Zudem 4 DZ im Wohnhaus, Kochecke im Wintergarten. Hier auch Frühstück. Zusätzlich im ehemaligen Postgebäude 24 Betten in 4 Zimmern, wo einst der Postangestellte wohnte. Hier ein großes Bad, eine Küche und ein stilvoller Aufenthaltsraum in der einstigen Schalterhalle – die drei Telefonkabinen sind noch an ihrem Platz. Terrasse mit Hot Pot.

Edda-Hotel ÍKÍ, ✆ 4861154, 📠 4861279, nahe am See. Das gemütlichere der beiden Edda-Hotels, 28 DZ mit Bad. Restaurant (8–21.30 Uhr) mit Blick auf den See, mittags leichte Gerichte, abends Fisch ab ISK 1.800, Fleisch ab ISK 2.300. "Today's Special" mit günstigen Tagesangeboten inkl. Suppe. Gemütlicher Cognacraum mit Kamin.

Edda-Hotel Menntaskólinn, ✆ 4861118, 📠 4861237, bei der Hauptstraße, 100 Zimmer, davon 13 mit Bad, auch 50 SSU. Im Restaurant (mittags geschlossen) internationale und isländische Gerichte, z. B. gebratene Forelle oder Lamm, ab ISK 1.750.

• *Camping* Großer Zeltplatz mit kleinen Bäumen am nördlichen Ortsausgang, ISK 500/Pers., heiße Dusche ISK 150. Stromanschluss für Wohnmobile; Kiosk, Cafeteria und Waschmaschine (ISK 350).

• *Essen* **Veitingahúsið Lindin**, ✆ 4861262, tgl. 12–23.30, Fr/Sa bis 1 Uhr. Ausgezeichnetes, beliebtes Restaurant am See mit Blumengarten, Terrasse und Blick auf die Hekla. Gäste kommen sogar aus Reykjavík, um hervorragend gewürztes, zartes Fleisch, frischen Fisch aus dem See, knackiges Gemüse und die von Besitzer Baldur, einem in der Schweiz ausgebildeten Konditormeister, höchstpersönlich gefertigten Kuchen und süßen Desserts zu genießen. "Taste of wild and sweet" ist das Motto; mittags gibt es z. B. Forelle des Tages für ISK 2.000, abends Rentiermedaillons mit Champignonsoße für ISK 3.900 und Wein. Baldur jagt und fischt selber.

Tjaldmiðstöðin, 10–23, Fr/Sa bis 24, Sa/So erst ab 11 Uhr. Großer Imbiss am Campingplatz mit Hamburgern ab ISK 400, Sandwiches, Pizza, Pita und anderem Fastfood. Passenderweise gibt's hier den Tent Sandwich: geröstetes Brot mit Schinken, Käse, Salat und Soße für ISK 500. Auch Waffeln, Eiscreme; Kiosk.

Freizeit/Sport

- *Bootsverleih* Beim Dampfbad, Juni/Juli tgl. 11–18.30 Uhr, August ab 12 Uhr. Tretboote, Ruderboote und Surfbretter, ISK 600–1.200 für 30 Min. Auch Verleih von Fischerboot und Kajaks.
- *Dampfbad* Im wellblechverkleideten Holzhäuschen am See ist das Gufubað, eine natürliche, schwefelhaltige Sauna. Zur Erfrischung ein Whirlpool, ansonsten liegt der kühle See genau vor der Eingangstür. Juni/Juli 10–21 Uhr, im August 12–20 Uhr. ISK 300.
- *Schwimmbad* Freibad mit 4 Hot Pots, Mo–Fr 10–21, Sa/So 10–19 Uhr.

Wanderungen/Ausflüge

(s. S. Karte 277)

Goldener Zirkel
Karte S. 277

Zum Stóragilshellir (4) (h/r 1 Std.): Wer abends noch unternehmungslustig ist, kann vom Campingplatz aus das Laugarvatnfjall bis zur Höhle Stóragilshellir in 170 m Höhe hinaufklettern. Hinter der Einfahrt zum Zeltplatz und dem Zaun des Wohnhauses steht eine Infotafel mit Wanderwegen. Auf einem breiten Pfad in den Büschen geht es von hier oberhalb des Zeltplatzes am Hang entlang bis zum Fluss, dort links ab und am Flussufer durch die Schlucht Stóragil den Berg hinauf. Der Pfad ist schmal, manchmal kommt man nur im ausgetrockneten Flussbett oder durch Sprünge von Felsbrocken zu Felsbrocken voran. Es ist auch stellenweise recht steil, auf jeden Fall ist gutes Schuhwerk erforderlich. Von oben bietet sich zwischen den Bergwänden hindurch ein weiter Blick; in der Höhle kann man noch an einer Kette die Wand hochklettern.

Gullkista und Hlöðufell (5) Beim Gehöft Miðdalur 5 km nordöstlich von Laugarvatn zweigt die 27 km lange Jeeppiste in Richtung Norden zum Tafelberg Hlöðufell (1.188 m) ab. Über 6 km geht es zum Gipfel *Gullkista* (681 m) hinauf, dessen eigentümliche Form die Einheimischen an eine Schatztruhe erinnern soll – deshalb sein Name Goldkiste. Wer den ganzen Berg rückwärts hinaufgeht, ohne sich umzuschauen, für den wird sich die Schatzkiste öffnen. Weiter führt die Strecke am Rauðafell (916 m) vorbei zum Rótasandur, einer Sandwüste, in der die Piste häufig zuweht. Man halte sich deshalb kontinuierlich an die östliche Flanke der Skagabrekkur. So gelangt man zum Hlöðufell, der umrundet werden kann und an dem eine Schutzhütte zum Übernachten steht. Von hier aus ist die Weiterfahrt über eine Piste Richtung Osten zum Hagavatn und zum Gullfoss oder Richtung Westen nach Þingvellir möglich. Insbesondere bis Gullkista ist die Strecke auch als Wanderung äußerst beliebt. Auf dem Weg weiter zum Hlöðufell ist ein Abstecher zur Schlucht Brúarárskörð möglich.

Zur Schlucht Brúarárskörð (6): Die beliebte Wanderung beginnt 14 km nordöstlich von Laugarvatn an der Brücke über die Brúará. Am Ufer geht es zu Fuß zur 12 km nördlich im Rótasandur gelegenen Quelle der Brúará, nach 3 km ist der Wasserfall Brúarfoss erreicht. Weiter flussaufwärts zwischen den Bergen Rauðafell und Högnhöfði hindurch zur eindrucksvollen, unter Naturschutz stehenden, 3–4 km langen Schlucht Brúarárskörð, die sich wenige Kilometer vor der Quelle geformt hat.

▸ **Weiterfahrt:** Von Laugarvatn führt die Str. 37 in nordöstlicher Richtung durch die grüne Ebene zum Geysir. Etwa 3 km nördlich der heutigen Brücke über die Brúará, beim Wasserfall Brúarfoss, soll einst ein natürlicher Steinbogen den Fluss überquert haben, der dem Gewässer seinen Namen gab – "Brückenfluss". Einer Sage nach ließ der Gutsverwalter des Bischofssitzes Skálholt 1602 den

Bogen zerstören, um den Zustrom hungriger Bettler nach Skálholt zu verhindern. Kurze Zeit später ertrank er dann selber im Fluss. An der Str. 355 vorbei geht es durch Sommerhausgebiete und Birkenwälder, grüne Wiesen und Weiden hindurch zum historischen Gehöft *Úthlíð*. Heute ist hier ein Ferien-Center mit Golfplatz, Schwimmbad und Zeltplatz, ehemals aber stand an dieser Stelle wahrscheinlich einer der Asentempel des Landes. Hierauf weisen Ruinen in der Hauswiese hin.

• *Information/Diverses* Feriencenter **Úthlíð**, ✆ 4868770. Mit Telefonzelle.

• *Verbindung* **Bus** von Reykjavík und Laugarvatn zum Gullfoss stoppt 1-mal tgl. in Úthlíð.

• *Einkaufen/Tankstelle* Im Kiosk bei der Tankstelle Milch, Brot u. a., 10–20, Sa bis 22 Uhr.

• *Reiten* ✆ 4688770, tgl. außer Fr 13–17 Uhr, ISK 1.500/Std.

• *Schwimmbad* Freibad mit 2 Hot Pots und wunderschönem Blick über das Tal, 10–20, Sa bis 22 Uhr.

• *Übernachten* 4 gut ausgestattete **Sommerhäuser** mit 2–8 Betten, Küche, Bad, ISK 45.000/Woche. Vorbuchen.

• *Camping* Mit einfachen sanitären Einrichtungen, ISK 1.000/Zelt, Dusche ISK 150.

• *Essen* Restaurant **Réttin** beim Schwimmbad; von nachmittags bis ca. 22 Uhr, Mo und Di geschlossen. Pizza ab ISK 1.000, Hamburger, Sandwiches, auch Café und Bar, Sa Livemusik.

Geysir, Strokkur & Co. ("gejsir")

Direkt neben der Straße beginnt es plötzlich zu dampfen und zu zischen: Das berühmteste Geothermalfeld Islands kündigt sich an. Als die Quellen Ende des 19. Jh. dem englischen Whiskybrenner James Craig gehörten, musste man hier Eintrittsgeld bezahlen. Heute ist das Vergnügen kostenlos.

Dieser Ort war schon immer eine der Hauptattraktionen für Islandreisende. W. Preyer und F. Zirkel schrieben 1860 in ihrem Reisebericht:

"Während wir den Geysir zuschlenderten (sic!), schlug plötzlich ein dumpfer Laut an unser Ohr und siehe da, in der Gegend, wo der Strokkur lag, stieg mit unbeschreiblicher Gewalt eine mächtige Dampfsäule bis zu den Wolken empor; ihr folgte, eingehüllt in dichte Massen von Dampf, eine kolossale Wassersäule, welche unter furchtbar brüllendem Geräusch aus dem Schlunde herausgeschleudert wurde und sich in die Luft zu ausserordentlicher (sic!) Höhe erhob. Kaum hatte diese Wassermasse begonnen wieder zurückzusinken, als neue mit verdoppelter Kraft und noch betäubenderm (sic!) Tosen hervorbrechende Garben das Spiel fortsetzten".

Neben dem Strokkur erlebten die Besucher in der Mitte des 19. Jh. im Gegensatz zu heute auch noch einen munter in die Luft spuckenden Geysir. Der Name dieser Springquelle, die weder die größte noch die beeindruckendste der Welt ist, den Europäern aber als eine der ersten bekannt war, wurde zum Fachbegriff für alle Quellen dieser Art. Er stammt von dem altisländischen Verb *að geysir*, was so viel heißt wie "heftig hervorbrechen" oder "hervorquellen". Der isländische Geysir wird zur genaueren Kennzeichnung heute *Stóra-Geysir*, also der Große Geysir, genannt.

Der launenhafte Lebensweg einer Springquelle: Das Geothermalfeld in Biskupstungur und der Große Geysir sind wahrscheinlich über 8.000 Jahre alt. Mit seinen Eruptionen begann der Geysir aber wohl erst 1630 nach einem Erdbeben. Dann spritzte er bis zum Ende des 19. Jh. bis zu 60 m hoch, wenn auch mit unterschiedlicher Regelmäßigkeit. Im 18. Jh. konnte man fast die Uhr

Steinkirche Hvalsneskirkja an der Westküste von Reykjanes ▲▲

▲▲ Leuchtturm am Kap Reykjanes
▲ Papageientaucher auf den Westmännerinseln

▲ Der Friedhof von Vestmannaeyjar

Der Lavagarten auf Heimaey (Westmännerinseln) ▲▲
Blick auf die Almannagjá im Nationalpark Þingvellir ▲

▲▲ Die Kirche in Þingvellir
▲ Der mächtige Gullfoss im südwestlichen Tiefland

Auf den Strokkur ist Verlass

nach ihm stellen; 1772 feuerte er alle halbe Stunde Wasser in die Luft, 1805 wenigstens noch alle fünf Stunden. Dann wurde er faul und bis 1896 ließ er nur noch alle drei Wochen von sich hören. Diese Launenhaftigkeit von Springquellen findet ihre Erklärung darin, dass bei den tektonischen Bewegungen im Gestein Leitungen blockiert werden, durch die sich das erhitzte Grundwasser seinen Weg bahnt. Hier schaffen häufig Erdbeben Abhilfe. Der Geysir wurde 1896 durch ein starkes Erdbeben vorübergehend noch einmal aufgeweckt und fröhlich spritzte er ein- oder zweimal täglich höher in die Luft als zuvor. Um die Jahrhundertwende war es mit der Aktivität aber auch schon wieder vorbei und 1916 hörte der Geysir ganz auf zu spucken. Nur die zweimalige Senkung des Wasserspiegels durch Graben einer Abflussrinne konnte ihn aufgrund der damit verbundenen Druckentlastung kurzzeitig wieder aufwecken, dann behalf man sich mit Seife: Bis 1992, als Umweltschützer mit ihrem Einspruch Erfolg hatten, wurde der Geysir ein paar Mal im Jahr durch Zugabe von 40 kg Seife offiziell in eine Waschküche verwandelt und zur Eruption angeregt. Heute steht er unter Naturschutz und acht Jahre regte er sich gar nicht mehr. Im Juni 2000 aber erschütterte ein Erdbeben Südisland (siehe S. 304) und vier Tage später schoss plötzlich eine etwa 40 m hohe Wasserfontäne aus dem flach hügeligen Geysirbecken. Die Anwesenden glaubten ihren Augen nicht. Die Chance, den Geysir heute in Aktion zu sehen, ist jedoch gering; nach anfänglich reger Aktivität spritzt er nur etwa zweimal am Tag, kaum mehr als 10 m hoch. Das reglose Becken lohnt jedoch einen Besuch: Aus der Ferne sieht es aus wie ein mit Puderzucker bestäubter Pfannkuchen. Aus den im erhitzten Wasser gelösten Mineralien bildete sich um die Quelle herum ein großer Trichter mit Sinterterrassen. Das Erdbeben erweckte auch die "königliche

Quelle" *Konungshver* vorübergehend wieder zum Leben, von ihr sollten Besucher heute aber keine Aktivität mehr erwarten. Insgesamt wurde das gesamte Geothermalgebiet durch das Erdbeben heißer und aktiver, alles blubbert und kocht noch ein bisschen stärker als zuvor.

Der verlässliche Nachbar des Geysir: Von den zahlreichen Springquellen auf dem 3 qkm großen Geothermalfeld bietet nur noch der *Strokkur* ("Butterfass") durchgehendes Programm. Seinen Namen erhielt er, weil sein Schacht sich wie ein Butterfass nach unten verengt. Der Strokkur "buttert" regelmäßig etwa 200 m vom Geysir entfernt mit beeindruckendem Getöse. Nach langer Ruhepause begann er erst nach dem Erdbeben 1789 wieder zu springen, stellte mit der Wucht seiner Ausbrüche aber den Geysir für ein paar Jahrzehnte glatt in den Schatten. Weil er stiller wurde und schließlich verebbte, fütterte man ihn eifrig mit Steinen und Grassoden, die er wütend in einer rot-braun verfärbten Wasserfontäne wieder ausspuckte. Allerdings nicht gänzlich und so verstopfte die Quelle. 1963 verpasste man ihr eine gründliche Reinigung und bohrte ein 40 m tiefes Loch in den Quellschacht. Seither ist auf das Butterfass Verlass. Ohne große Ankündigung beginnt ungefähr alle zehn Minuten das Wasser im Becken auf- und niederzuwallen, bis sich eine mit Luft oder Dampf gefüllte Wasserglocke bildet. Mit einem Mal schleudert der überhitzte Wasserdampf eine Wasserfontäne heraus, die mit gewaltigem Rauschen raketenartig etwa 20 bis – seit dem Erdbeben – 30 m in die Höhe schießt und schnell in den Schlund zurückfällt. Meistens gibt es noch ein weniger hohes Nachspiel, dann ist alles vorbei. Das Becken füllt sich nun wieder mit Wasser auf. Minutenlang passiert nichts, nur einzelne kleine Dampfblasen sprudeln an die Oberfläche – die Ruhe vor dem Sturm.

Die kleinen Schwestern von Geysir und Strokkur: Nordöstlich vom Strokkur liegt die Quelle *Blesi* (Blesse). Sie hat zwei Becken, von denen das eine voll mit farblosem, kochend heißen Wasser ist. Von hier schwappt Wasser in das zweite, nur 1 m tiefe Becken, das keine eigene Quelle besitzt und deshalb 40 °C "kalt" ist. Hier hat das Wasser eine azurblau leuchtende Färbung, denn während die Kieselsäure im kochenden Becken völlig aufgelöst ist, bildet der Kiesel hier auf der Wasseroberfläche bei der Berührung mit Luft Molekülketten, die das blaue Licht reflektieren.

Westlich führt ein Pfad hinauf zu einem guten Aussichtspunkt auf das Thermalgebiet. Am roten Hang liegen die drei vom Gletscher zurückgelassenen Findlinge *Konungssteinar* ("Königssteine"). In jeden dieser Steine ist das Wappen jeweils eines dänischen Königs gemeißelt, der bei seinem Islandbesuch auch zum Geysir-Gebiet reiste. Interessant ist die Quelle *Óþerrishola* südwestlich des Strokkur. Ihr werden meteorologische Fähigkeiten nachgesagt. Zumindest kann sie Regen vorhersagen: Kündigt sich Niederschlag an, wird sie unruhig und beginnt zu spritzen. Bis vor kurzem pflegten sich einige Menschen stärker auf Óþerrishola zu verlassen als auf den Wetterbericht. Fing das Wasser an zu sprudeln, beeilte man sich lieber mit der Heuernte.

Die westlichste lebhaft brodelnde Quelle ist *Sísjóðandi*. In ihr wuschen die Menschen noch vor einigen Jahren ihre Wäsche, in einem nahen Hügel wurde Brot gebacken.

Geysisstofa: Warum Geysire explodieren und heiße Quellen brodeln, wieso Vulkane ausbrechen und wie geothermale Energie gewonnen und genutzt werden kann – dies erfährt man im 2000 eröffneten, originellen Multimediazentrum gegenüber vom Geysir-Gebiet. Nach ein paar Schritten unter einem kühlen Gletscher hindurch ist man plötzlich mitten drin in der vulkanisch aktiven Zone Islands, umgeben von Wärme und Dunkelheit, dem Sound zischender

Quellen und tosender Wasserfälle, den Bildern glühender Lavamassen und eruptierender Krater. Schautafeln, Karten und Modelle vermitteln alle wichtigen Infos. Über eine Treppe gelangt man anschließend zurück ins Tageslicht zu einer Privatsammlung alter isländischer Werkzeuge und Haushaltsgeräte, deren traditionelle Nutzung anhand von Filmen verdeutlicht wird, und zu einer kleinen Ausstellung über die Geschichte des Geysir und der Farm Haukadalur.

Öffnungszeiten Juni bis Nov. tgl. 10–19, sonst 12–17 Uhr, ISK 400.

Vorsicht vor Verbrennungen!

Jedes Jahr verbrühen sich zahlreiche leichtsinnige Touristen in den wild im Wind tanzenden, siedend heißen Dampfschwaden, an Wasser oder Gestein. Wie heiß in den Hexentöpfen gekocht wird, wusste im 19. Jh. ein Bauer aus Laugar zu berichten, der gesehen hatte, dass "Kühe, Pferde und Schafe in die Tiefe hineinfallen und in einem gänzlich zerkochten Zustande wieder ausgeworfen werden". Man halte sich also besser strikt an die markierten Wege!

Information/Verbindungen/Adressen

- *Information* Im Hotel oder im Service Center, ✆ 4868920, tgl. 9–22 Uhr. Zwar ist hier alles groß und touristisch, dafür aber komplett im Privatbesitz einer einzigen Familie. Das Geysir-Gebiet ist tgl. 8–22 Uhr geöffnet.
- *Verbindung* **Bus**, ✆ 4868920, von/nach Reykjavík über Hveragerði, Selfoss, Laugarvatn, Reykholt bis zu 2-mal tgl.
- *Reiten* Das Hótel Geysir organisiert Ausflüge, ✆ 4868915, ISK 2.000/Std. Beliebt sind z. B. Ausritte in den Haukadalur.
- *Schwimmbad* Freibad mit Hot Pots im Hótel Geysir.
- *Souvenirs* Im Service Center riesige Halle voller Souvenirs: Wollpullover und andere Strickwaren, Bücher, Schmuck und Kitsch, tgl. 10–19 Uhr.
- *Tankstelle* Am Service Center, 9–22 Uhr.

Übernachten/Camping/Essen

- *Übernachten* **Hótel Geysir**, ✆ 4868915, 📠 4868715, neben dem Service Center. 6 gut möblierte, kleine DZ mit Waschbecken ISK 5.600 und 12 Hütten für 2 Pers. mit Bad ISK 8.500. SSU ISK 950 im Schlafsaal, sonst 1.800. Frühstück. Schwimmbad für Gäste umsonst. Nettes Hotel in ehemaliger erster Sportschule Islands. Spezialität des Restaurants ist Lachs, z. B. mit Weißweinsoße ISK 1.800, es gibt auch Lamm, Forelle, Garnelen etc. Sa/So immer Kaffeebüfett für ISK 1.200.

  Gistiheimilið Geysir, ✆ 4868733/6913440, 📠 8721573, etwas östlich des Service Centers, 12 Zimmer für 2–4 Pers., ab ISK 1.800/Pers., SSU ab ISK 1.200, Frühstück. Originelles, freundliches Gästehaus in ehemaligem Treibhaus, mit Hot Pots. Große, farbenfrohe Zimmer mit Waschbecken, etwas einfacher als im Hotel. Küche; Waschmaschine ISK 100.
- *Camping* Islandfahrerin Ida Pfeiffer zeltete im Jahr 1845 genau neben dem Geysir, um auch nachts ja keinen Ausbruch zu verpassen. Heute muss man sich mit einem Platz ein paar hundert Meter weiter zufrieden geben. ISK 500/Pers., zu bezahlen im Service Center. WC und Warmwasser; Dusche umsonst im Hótel Geysir. Eine Alternative ist der Campingplatz beim **Gistiheimilið Geysir** nur etwas weiter die Straße runter, ISK 400 inkl. Dusche. Hier kann man sich im riesigen Aufenthaltsraum aufwärmen und für ISK 300 die Küche nutzen.
- *Essen* Restaurant im Hótel Geysir (s. o.) 11.30–22 Uhr. Der **Imbiss** im Service Center, 9–22 Uhr, hat Kaffee, Grillgerichte, Hamburger und Sandwiches. Außerdem kleines, hübsches **Café** in der Souvenirhalle, 10–19 Uhr.

▸ **Haukadalur**: Gleich hinter dem östlichen Ende des Zauns im Geothermalgebiet lohnt ein Abstecher auf die Stichstraße zur Kirche des historischen Guts *Haukadalur* ("Habichtstal"). Hier am Bjarnafell findet man zwischen Bäumen und wilden Blumen eine wohltuende Stille, die im krassen Gegensatz steht zum emsigen Treiben auf dem von Touristen belagerten, nahen Geysir-Gebiet. Haukadalur war bald nach Beginn der Besiedlung Islands eines seiner geistigen Zentren. *Teitur Ísleifsson*, Bruder des zweiten Bischofs zu Skálholt und nach 1090 Besitzer des Hofes, gründete hier die erste Schule des Landes. Viele hochgebildete Persönlichkeiten, darunter *Ari Þorgilsson der Weise* (1067/68–1148), erhielten im Haukadalur ihre Ausbildung. Die erste Kirche wurde im Jahr 1030 errichtet; das heutige Gotteshaus im Wellblechgewand stammt von 1842–43. Es wurde 1939 zwar abgerissen, aber auf betoniertem Sockel originalgetreu wieder aufgebaut, wenn auch mit etwas längerem Kirchenschiff.

In der Sagazeit waren die Hänge um Haukadalur noch dicht mit Beeren, Gras und Birkenbüschen bewachsen, um 1700 aber war das Land aufgrund jahrhundertelanger Überweidung schutzlos der Wind- und Sanderosion ausgesetzt. 1938 kaufte der Däne *Kristian Kirk* dem letzten Bauern von Haukadalur den Hof ab und ließ das weitgehend brachliegende, 1.400 ha große Gebiet noch im selben Jahr einzäunen und unter Naturschutz stellen. Dann schenkte er es der staatlichen Forstkommission, die mit intensiven Wiederaufforstungsarbeiten begann.

Das Grab des Riesen

Der Ring an der Kirchentür in Haukadalur hat eine besondere Geschichte: Der Volkssage nach wohnte in einer Höhle im Berg Bláfell ein Riese mit Namen *Bergþór*. Als er alt wurde, bat er seinen Freund, den Bauern von Haukadalur, ihn nach seinem Tod nach Haukadalur zu bringen und dort zu begraben, wo er Glockenklang und Bachrauschen hören könne. Bald fand der Bauer den Wanderstab des Riesen, das verabredete Zeichen seines Todes, vor der Tür. Daraufhin brachte er den toten Riesen nach Haukadalur, um ihn nahe der Kirche und des Bergbaches Beiná zu begraben. Nördlich der Kirche mit ihrem verwilderten, romantischen Friedhof führt ein steiler Hang hinunter zum Fluss, an dessen Rand sich ein lang gestreckter Rücken befindet. Dieser mit einer Steinplatte markierte Grasrücken wird *Bergþórsleiði* ("Grab des Bergþór") genannt; hier soll der Riese seine letzte Ruhe gefunden haben. Der Eisenring an der Kirchentür stammt angeblich von seinem Wanderstab. Im 16. Jh. befand sich auch die 1,4 m lange Eisenspitze des Stabs im Besitz der Kirche.

▸ **Weiterfahrt**: Bis zum Gullfoss, wo die asphaltierte Straße in die Hochlandpiste *Kjölur* übergeht, sind es noch 12 km durch die fruchtbare, weite Ebene der Biskupstungur. Hinter der Abzweigung nach Haukadalur wird die *Beiná* überquert. Dieser klare Bergbach heißt wohl deshalb "Knochenfluss", weil das Bachbett z. T. die weißen Sinterablagerungen freigelegt hat, die in ihrer Farbe an Knochen erinnern.

Der nächste Fluss, der überquert wird, *Tungufljót*, zeigte sich bis 1994 äußerst wechselhaft: Er war zugleich Quellfluss und Gletscherfluss, da er Zufluss aus dem See Sandvatn und von dem Gletscherlauf Farið bekam. Je nach Jahreszeit überwog der Anteil an Gletscher- oder Bergwasser, war der Fluss klar oder trübe. 1994 wurden die Abflüsse aus dem See, Ásbrandsá und Sandá, gestaut. Der Wasserstand im See sollte damit erhöht und die umliegenden, ausgedehnten Sandflächen überschwemmt werden, um der Winderosion Einhalt zu gebieten. Seitdem ist der Tungufljót ein klarer Gebirgsfluss.

Die Straße führt auf die *Hvítá* zu, die hier durch die Schlucht *Hvítárgljúfur* fließt. Die schönste Stelle der Schlucht ist *Pjaxi* etwas unterhalb des Gullfoss. Der Name leitet sich wahrscheinlich von dem lateinischen Wort *pax* ("Frieden") ab; kaum ein Wort passt besser für diese malerische Senke mit dichtem Birkengebüsch in der Schlucht.

Gullfoss, der "Goldene Wasserfall"

Abends wird das rötliche Sonnenlicht vom milchigen Gletscherwasser der Hvítá, die sich hier mit Schwung in die Schlucht stürzt, golden reflektiert.

Eine Treppe führt vom Parkplatz und der dortigen *Sigríðarstofa* – einem Ausstellungsraum mit Erklärungen zu Geologie, Fauna und Flora der Region – hinunter in die grünbewachsene Schlucht. Durch sie rauscht die Hvítá ("Weißer Fluss"), einer der größten Flüsse des Landes. Sie fließt aus dem Gletschersee Hvítárvatn am Langjökull ab und kommt nach 40 km langer Reise durch das Hochland milchig-weiß hier an, um den 32 m hohen Gullfoss hinunterzutosen. Für die Hvíta ist dieser mächtige Wasserfall, der zu den schönsten des Landes zählt, das "Sprungbrett" vom kargen Hochland ins besiedelte Tiefland. Weht der Wind von Norden, wird die Gischt des Gullfoss zum westlichen Ufer gewirbelt und fällt als feiner Sprühregen auf die grasbewachsene Terrasse. Hier konnte sich deshalb eine bunte Vegetation entfalten. Wegen des Sprühregens,

Der Gullfoss und eine entschlossene Frau ...

Gleich am Anfang des Fußwegs zum Wasserfall in der Schlucht steht ein Gedenkstein mit einem von Ríkarður Jónsson gefertigten Relief, das die Bauerstochter *Sigriður Tómasdóttir* aus Brattholt darstellt. Diese Frau kämpfte einst, als der Gullfoss teilweise zum Land des Gehöfts Brattholt einige Kilometer weiter südlich gehörte, mit viel Engagement gegen den Bau eines Wasserkraftwerks. Nachdem bereits ein wohlhabender Engländer 1906–07 vergeblich versucht hatte, den Gullfoss wegen seiner Schönheit käuflich zu erwerben, wollte ihn die isländische Regierung zur Energieerzeugung pachten. Sigriðurs Vater Tómas unterzeichnete den Mietvertrag 1907, bereute es allerdings schnell. Also verweigerten Vater und Tochter die Annahme der Miete und Sigriður drohte, sich beim ersten Spatenstich zum geplanten Kraftwerk den Wasserfall hinunterzustürzen. Den anschließenden Rechtsstreit verloren die beiden zwar, dennoch wurde das Kraftwerk nie gebaut und der Gullfoss 1979 einschließlich der näheren Umgebung und der Schlucht unter Naturschutz gestellt.

auf dem sich bei Sonnenschein stundenlang ein Regenbogen bildet, sollte man darauf gefasst sein, manchmal eine ordentliche Dusche abzubekommen, außerdem kann es hier rutschig sein.

Der eindrucksvolle Wasserfall verdankt seine Entstehung den deutlich zu erkennenden Sedimenten, die vom Kies und Geröll, das der Gletscherfluss mitführt, leichter ausgewaschen werden können. Mit einer durchschnittlichen Wasserführung von 109 qm/sek rauscht der Gullfoss in zwei breiten Kaskaden in die 2,5 km lange und an dieser Stelle 70 m tiefe Schlucht *Hvítárgljúfur*, welche die Hvíta während der letzten 10.000 Jahre gegraben hat. Die obere, 11 m hohe Stufe, die sich in zahlreiche Arme teilt, zeigt nach Südosten. Unten angekommen, wendet sich der Fluss direkt nach Westen, weshalb die untere, 21 m hohe Stufe fast quer zur oberen steht. Möglich wurde dieser markante Verlauf des Wasserfalls dadurch, dass das Gestein bevorzugt in den Richtungen der Fallkanten geklüftet ist und der Fluss so den Schwächelinien folgen kann.

Der goldene Wasserfall – Gullfoss

- *Verbindung* **Bus** von/nach Reykjavík über Hveragerði, Selfoss, Laugarvatn, Reykholt, Geysir bis zu 2-mal tgl.
- *Souvenirs/Café* **Gullfosskaffi** am Parkplatz ist ein sympathischer Familienbetrieb. Den Besitzern gehört das Land, erst verkauften sie ihre Wollpullis, Postkarten und Souvenirs in einem Zelt, mittlerweile ist es ein Häuschen. Es gibt Kaffee, Kuchen und Sahnetorten, kalte Getränke und Eis. März bis Nov. tgl. 10–20 Uhr.
- *Übernachten* **Hótel Brattholt** (FH), 3 km südlich von Gullfoss an der Hvítá, ✆ 4868979/ 4868991, ℻ 4868691, modernes, neues Hotel mit 16 stilvollen DZ mit Bad, ISK 11.300. Vom Speisesaal mit hoher Fensterwand reicht der Blick weit in die Ebene; mittags leichte Gerichte, abends Lamm und Fisch um ISK 2.000, z. B. Fisch des Tages. **Camping** ISK 350/Zelt; überholungsbedürftige Einrichtungen mit WC und Kaltwasser.

Ausflug zum Ostufer der Hvítá: Vom Ostufer bietet sich die beste Sicht auf die obere Fallstufe des Gullfoss. Hierhin gelangt man über die schlechte Schotterpiste 349 durch den Tungufellsdalur entlang der Dalsá. 1,5 km vor der Gabelung der Straße in zwei Pisten muss man das Fahrzeug stehenlassen. Von hier sind es noch etwa 2 km zu Fuß bis zum Gullfoss.

Vom Gullfoss zum Bischofssitz Skálholt

Zwei Strecken führen vom Gullfoss aus zum bedeutenden einstigen Bischofssitz Skálholt an der Hvitá. Die Strecke über Fluðir ist etwas länger, führt dafür aber durch eine landschaftlich und kulturell interessantere Gegend mit viel Grün und weiter Sicht.

An der Hvítá entlang über Fluðír nach Skálholt (56 km)

Am Hof *Kjóastaðir* geht es auf die Str. 30, die nach etwa 7 km durch saftige Wiesen in einer engen Haarnadelkurve die Hvítá überquert. Hier verlässt der Fluss die beim Gullfoss beginnende Schlucht, fließt aber gleich in die nächste, etwa 10 km lange Schlucht. Dieser obere Teil heißt *Brúarhlöð* ("Brückenkopf"), weil hier der Volkssage nach einst ein natürlicher Steinbogen die Hvítá überspannte. Ein Streit zwischen den Bauern von Haukholt auf der einen und Gýgjarhóll auf der anderen Seite des Flusses soll dazu geführt haben, dass die natürliche Brücke zerstört wurde. Niedrige Tufffelsen, von einer dichten Vegetation aus Birkenbüschen, Weiden und Beeren gekrönt, weisen dem Fluss bei Brúarhlöð seinen Weg; die Schlucht ist an dieser Stelle sehr eng und mit Stromschnellen gespickt. Es lohnt sich, das Fahrzeug auf dem Parkplatz abzustellen und ein Stück den Fluss entlang zu laufen. Etwas stromabwärts stehen die Felsblöcke *Kerling* ("Weib") und *Karl* ("Mann") trotzig in der Strömung.

▶ **Kirche im Tungufellsdalur**: Am Ostufer der Hvítá entlang geht es ein kurzes Stück nach Norden. In der scharfen Kurve bietet sich der 2,5 km lange Abstecher auf die Str. 349 zur *Tungufellskirkja* von 1856 an. Der Schatz der kleinen hölzernen Kirche, die dreißig Personen Platz bietet, sind ihre unter dem Dach hängenden Glocken von römischer Bienenkorbart aus dem 12. Jh.

▶ **Weiterfahrt**: Kurz hinter der Abzweigung der Str. 349 liegt links der verlassene Hof Hlíð, wo *Eyvindur Jónsson* (1714–1782) geboren wurde, einer der bekanntesten Geächteten in der isländischen Geschichte. 19 Jahre lebte er als Vogelfreier im Hochland, wurde einige Male ergriffen, konnte aber immer wieder entkommen und wurde bei seiner letzten Ergreifung schließlich begnadigt. Das Schicksal von Eyvindur, bekannt als *Fjalla-Eyvindur* ("Eyvindur von den Bergen") wurde bereits in verschiedenen Romanen, Filmen und Theaterstücken verarbeitet. Weit östlich des Hofes Skipholt beim gleichnamigen Hügel – zu deutsch "Schiffsberg", weil die Hvítá einst bis hierhin schiffbar war – befindet sich ein steinerner Unterschlupf, von dem man annimmt, dass Eyvindur ihn gebaut hat. Damals war hier eine heiße Quelle, an der sich der Geächtete wärmen konnte. Sie ist jedoch schon lange ausgetrocknet. Westlich des Hofes *Hvítárholt* am Fluss wurden 1963 die Ruinen eines Bauernhofes aus dem 10. Jh. gefunden. Die Überreste von Hallen, Heuschober und Stall gaben einen guten Einblick in die damalige Bauweise. Für Aufregung sorgte aber vor allem der Fund einer römischen Kupfermünze von 275–276 n. Chr. Wahrscheinlich brachten Wikinger sie in der Landnahmezeit mit auf die Insel.

• *Galerie* Die hübsche **Gallarí Garðakunst** befindet sich unter freiem Himmel auf dem Hof Hvítárdalur, ✆/℻ 4866725, 10 km nördlich von Flúðir an der Str. 30. Tgl. 13–18 Uhr bietet Þorbjörg Grímsdóttir ihre originellen, bunt angemalten Figuren aus Zement – Vögel, Zwerge, Tiere, Blumen und Pilze – zum Verkauf an. Weil Zement im Reisegepäck schwer ist, gibt es auch kleinere Artikel.

Flúðir (290 Einw.)

Mitten durch Flúðir fließt der Quellfluss *Litla-Laxá*. Er ist für den Namen des Dorfes verantwortlich, denn auf seiner Höhe befinden sich Stromschnellen, *flúðir*, im Flusslauf. Von den vielen heißen Quellen unmittelbar um Flúðir sieht man nicht viel, da sie fast alle zur Heißwasserversorgung genutzt werden. Gurken, Tomaten, Paprika und Kohl aus den natürlich beheizten Treibhäusern werden im Ort zum Verkauf angeboten. Außerdem befindet sich hier die größte Pilzzuchtstation in Island. Das freundliche Dorf liegt so ruhig und abgeschieden, dass im Zweiten Weltkrieg die Bestände der Landesbibliothek und des Nationalmuseums aus Reykjavík hierher gebracht wurden – in Flúðir wusste man sie in Sicherheit. Am Nordufer der Litla-Laxá liegt auf dem Hof Gröf ein kleines, in Kuhstall und Scheune untergebrachtes *Volksmuseum* mit Werkzeugen und Geräten aus der Landwirtschaft sowie Fotos von Bauernhöfen in der Gegend.

Öffnungszeiten Museum **Byggdasafn Emils Ásgeirssonar**, ✆ 4866634, nur nach Vereinbarung.

Information/Verbindungen/Adressen

• *Information* Am Campingplatz bei Ferðamiðstöðin, ✆ 4866535, 11–23.30, Sa/So ab 9 Uhr. Gewächshäuser können besichtigt werden, Besuche organisiert z. B. Hótel Flúðir.

• *Verbindung* **Bus** ab Tankstelle, ✆ 4866633, von/nach Reykjavík über Árnes und Selfoss tgl. bis zu 2-mal.

• *Versorgung* Autowerkstatt (**S. Jónsson**, ✆ 4866769; **Varmaland**, ✆ 4866618), Bank und Post (Mo–Fr 11.15–16 Uhr), kleiner Supermarkt **Verslun Grund** bei der Tankstelle, Mo–Fr 8.30–21, Sa/So 10–20 Uhr.

• *Schwimmbad* Freibad, Mo–Fr 10–22, Sa/So 9–19 Uhr.

Übernachten/Camping/Essen

• *Übernachten* **Hótel Flúðir**, ✆ 4866630, ℻ 4866530. Ein ehemaliges Edda-Hotel wurde zum teuren Icelandair-Hotel: 32 elegante DZ mit Bad, TV, Telefon in geräumigen Giebelhäuschen, DZ ISK 14.200. Im Speisesaal mit weitem Ausblick Menü à la carte mit Gerichten ab ISK 2.000.

• *Camping* Beim Gemeindehaus kann man unter Bäumen zelten, ISK 1.000/Zelt; WC, Warmwasser. Kurz vor dem Ort der ebenso teure, ruhigere, aber nur mit Kaltwasser ausgestattete Zeltplatz Breiðtrop auf weiter grüner Wiese.

• *Essen* Restaurant im **Hotel Flúðir** 19–21 Uhr. **Kaffihús Útlaginn**, So–Do 17–24, Fr/Sa bis 3 Uhr. Großes, kahles, aber freundliches Café mit Bar-Atmosphäre und überdachtem, rauchfreiem Patio serviert selbst gebackene Kuchen, z. B. Apfelkuchen ISK 500, Waffeln und Kaffee, Sandwiches und Bier. Abends Bar, jeden Sa Livemusik.

An der Tankstelle **Cafeteria** mit leckerem Gebäck, Mo–Fr 8.30–21, Sa/So 10–20 Uhr.

Imbiss am Campingplatz, 11–23.30, Sa/So ab 9 Uhr, Hamburger, Hot Dogs, Sandwiches und Eis.

Kaffi Sel, 10–22, Fr/Sa bis 23 Uhr, Restaurant beim Golfplatz etwas außerhalb, serviert Pizzen, Hamburger, Sandwiches und Suppe mit Brot.

• *Souvenirs/Café* **Fröken Fix** ist eine Handwerks- und Kaffeestube in der Schule gegenüber vom Hotel, Do/Fr 20–23, Sa/So 12–18 Uhr. Im großen, gemütlichen Raum gibt es neben Kaffee und Kuchen z. B. Textilarbeiten und Wandbilder.

▸ **Weiterfahrt**: Hinter Flúðir führt die Straße zwischen den Bergrücken *Miðfell* (253 m), im Pleistozän unter der Gletscherbedeckung entstanden und mit einem Kratersee geschmückt (zum Forellenangeln wird keine Lizenz benötigt, der Aufstieg lohnt aber auch wegen der herrlichen Aussicht), und *Galtafell* (284 m) hindurch. An Letzterem liegt ein gleichnamiger Hof, Geburtsstätte des berühmten Bildhauers *Einar Jónsson*, der in einige seiner Werke Landschaftselemente aus dieser Gegend einfließen ließ. Wo sich einst die Goden zum Þing versammelten, wird nach rechts auf die Str. 31 zum Bischofssitz abgebogen. Linker Hand liegt das Großgehöft Reykir, wo nach großen Schäden durch Winderosion ein Wiederaufforstungsprogramm eingeleitet wurde. Die Umgebung wird beherrscht von dem allein stehenden Bergrücken *Vörðufell* (391 m). Von unten nicht zu sehen ist der Forellensee *Úlfsvatn* mitten auf dem Berg, in dem ebenfalls ohne Lizenz geangelt werden darf. Vor Laugarás überquert eine enge Hängebrücke die an dieser Stelle sehr schmale und tiefe Hvítá. Vor 1957 war das noch anders, da brachte eine Fähre die Reisenden hier über den Gletscherfluss; die Pferde mussten hinter dem Boot herschwimmen.

• Reiten Reitausflüge von 1 Std. bis 5 Tage bietet Gistiheimili Syðra-Langholt, ✆ 4866774, ISK 2.000/Std. Angeboten werden u. a. Ritte zu Gullfoss, Geysir und Þingvellir.

• Übernachten **Gistiheimili Syðra-Langholt**, ✆/📠 4866674, ✆ 4866574/8962554, Gästehaus und großer Reithof mit 140 Pferden im Besitz einer sympathischen Familie, 9 km südwestlich von Flúðir an der Str. 340. 12 freundliche DZ und TZ mit Waschbecken, eins mit Bad, DZ ISK 5.800, SSU ISK 1.600. Frühstück, Abendessen. Hot Pot. Nette Atmosphäre, oft lebhaftes Treiben. Im ehemaligen Heuschober Platz zum Feiern und Grillen, zusätzliche SSU. Besitzer Jóhannes spricht Deutsch.

• Camping Ruhiger Zeltplatz bei einem Tannen- und Birkenwald am Langholtsfjall im Besitz des Gistiheimili Syðra-Langholt (✆ 4866718); WC und Kaltwasser, am Wochenende häufig große Feiern, ISK 1000/Zelt. In 30 Min. kann man von hier das Langholtsfjall hinaufwandern, von dem aus man bis zu den Westmännerinseln sehen kann.

▶ **Laugarás**: In Laugarás fallen die vielen und für isländische Verhältnisse hohen Bäume auf. Das kleine Dorf im Geothermalgebiet lebt hauptsächlich von Gemüseanbau und Blumenzucht; bunte Blumen und frische Tomaten oder Salat werden vor den zahlreichen Treibhäusern zum Verkauf angeboten. Wer in dem freundlichen Ort sein Zelt aufschlägt, sollte sich von zeitweilig auf den Campingplatz herüberwehenden, sonderbaren Tönen nicht aufschrecken lassen – in Laugarás gibt es einen kleinen *Zoo*. Unter anderem tummeln sich Hase und Schaf, Ziege, Kalb und Pferd auf dem liebevoll angelegten Gelände mit grassodengedeckten Ställen hinter Gewächshäusern. Im Teich schwimmt seit 2002 ein Seehund zwischen den Lachsen – er wurde einsam und verlassen an einem Strand in den Ostfjorden aufgegabelt.

Öffnungszeiten **Húsdýragarður Slakki**, 1.6.–31.8. tgl. 10–18 Uhr, ISK 450, mit kleinem Café.

• Information In der Tankstelle, ✆ 4868630, 10–20, Fr/Sa bis 22 Uhr. Hier werden auch Besuche der Treibhäuser organisiert.

• Verbindung **Bus** ab Tankstelle. Von/nach Reykjavík über Selfoss, Hveragerði und nach Reykholt, Geysir, Gullfoss 1-mal tgl.

• Versorgung Arzt, Autowerkstatt (**Vélaverkstæði Guðmundar og Lofts**, Iða, ✆ 4868840), Lebensmittel in der Tankstelle, 10–20 Uhr, Fr/Sa bis 22 Uhr.

• Übernachten/Essen **Iðufell**, ✆ 4868600, 📠 4868605, originelles blaues Touristen-Zentrum hinter der Brücke über die Hvítá in riesigem ehemaligem Schlachthaus, trotzdem mit familiärer Atmosphäre, nett aufgemacht. 5 DZ mit Bad ISK 8.900, 50 SSU in Zimmern mit 4–12 Betten ISK 1.800. Frühstück. Im hübschen Restaurant, ehemals Cafeteria für die Arbeiter, 11–21 Uhr hausgemachtes Essen, Sa 14–18 Uhr Kaffeebüfett für ISK 800. Camping ISK 800/Zelt, ab 2003 wahrscheinlich mit Dusche, dann teurer. Spielplatz. Der Aufenthaltsraum ist so groß, dass sogar ein uralter Geländewagen reinpasst.

Hof Sel (FH), ✆ 4864441, idyllischer Bauernhof am Mosfell, 6 km nordwestlich von Laugarás, mit Schafen und Hühnern und Blick auf Skálholt in der Ferne. 18 Betten à ISK 2.800, SSU 1.500, 2 Sommerhäuser für 5/6 Pers. ISK 4.500/6.400 pro Nacht. Die Besitzerin bereitet Frühstück und spricht Deutsch.

• Camping In Laugarás gibt es drei Zeltplätze. Der schönste ist **Laugargerði**, ein großer, friedlicher, von Bäumen eingerahmter Platz, ISK 500/Pers. inkl. warmer Dusche. Kleiner und als erster voll ist **Fjölskyldutjaldstaeði** neben der Tankstelle, gleiche Einrichtungen, gleicher Preis, ebenfalls von Bäumen umrahmt. **Iðufell** s. o.

Der originalgetreu rekonstruierte Museumshof Þjóðveldisbær

Nach Skálholt am Tungufljót entlang (38 km)

Die Alternativstrecke nach Skálholt verläuft zuerst über die Schotterstraße 358, die mitten durch die *Biskupstungur* ("Bischofszungen") führt: zwei durch das Tungufljót getrennte Landzungen zwischen Brúará und Hvítá, von denen die nordwestliche sumpfig und grün, die andere trocken ist. Weiter geht es auf der Str. 35, vorbei am Wasserfall Faxi beim Schafpferch Tungnaréttir mit großem Zeltplatz am Fluss (WC und Kaltwasser, Spielgeräte). Ein Abstecher zum historischen Bauernhof *Bræðratunga* mit kleiner, hübscher Kirche an der Str. 359 lohnt. Hierbei kommt man am Hof *Galtalækur* vorbei, dessen Besitzer sich voller Ehrgeiz der Wiederaufforstung ihrer Ländereien widmen: Seit 1989 haben sie auf 125 ha Hunderttausende Bäume gepflanzt.

▸ **Reykholt**: Reykholt – der "Rauchende Hügel" – liegt im Geothermalgebiet. So reihen sich auch hier Gewächshäuser mit Blumen und Gemüse aneinander, die auf Wunsch besichtigt werden können. Vor einiger Zeit konnte man sich in Reykholt auch noch am Schauspiel der Springquelle *Reykholtshver* erfreuen, die alle zehn Minuten vier Minuten hoch in die Luft spuckte. 1857 schrieb ein Schwede, Reykholtshver würde gar so hoch springen wie der Geysir. Heute ist davon nichts mehr zu sehen. Um das heiße Wasser zu Heizzwecken zu nutzen, wurde die Quelle einbetoniert.

• *Verbindung* **Bus** ab Bjarnabúð, ✆ 4868999. Von/nach Reykjavík über Laugarás, Selfoss, Hveragerði u. nach Gullfoss, Geysir tgl. 1-mal.

• *Versorgung* Bank (in der Tankstelle, Mo–Fr 12–15 Uhr), Lebensmittelladen **Bjarnabúð** an der Tankstelle, 10–22 Uhr.

• *Übernachten* **Gästehaus Húsið**, Bjarkarbraut 26, ✆ 4868680/8975728, ganz neues Gästehaus, eine Etage nur für Gäste. 8 Zimmer für 2–6 Pers., einige mit Waschbecken;

Küche, Bad, Aufenthaltsraum, Waschmaschine. ISK 3.000/Pers., SSU 2.500. Frühstück oben bei der netten Besitzerin Brynja.

• Camping Mit dichten Hecken umgebener Platz nahe dem Schwimmbad. Einfache sanitäre Einrichtungen, WC, Warmwasser, ISK 350/Pers.

• Essen **Kaffi Klettur**, ✆ 4861310, 11–23, Fr/Sa bis 1 Uhr, empfehlenswertes, günstiges Restaurant im rustikal-gemütlichen Holzhaus mit großer Terrasse und "Parkplatz" für Pferde an der Straßenecke. Leckere kleine Gerichte wie gerösteter Bagel mit Lachs, Gemüse und Käse ISK 800, Lasagne, Suppe oder gefüllte Crêpes, größere Gerichte z. B. Fischfrikadellen mit Gurkensalat ISK 1.200. Kaffee und hausgemachte Kuchen, Wein und Bier.

In der **Tankstelle**, 10–22 Uhr, Kaffee und abgepackte Sandwiches.

• River Rafting/Kanu Von Mitte April bis Mitte Oktober von Drumboddsstaðir aus auf der Hvítá. Auf keinen Fall warme Kleidung zum Wechseln vergessen! Touren 3–6 Std., davon die Hälfte der Zeit auf dem Wasser, ISK 5.900–9.800. Kanufahrten 7–8 Std., davon 3,5 Std. im Fluss, mit Erfrischungen ISK 9.800. Nach allen Touren werden im umgebauten Stall Erfrischungen, Suppe und Kaffee angeboten. Es kann draußen gezeltet werden. **Icelandic Adventure**, Tangarhöfði 7, 110 Reykjavík, ✆ 5691000, ℻ 5691012.

• Schwimmbad/Sport Freibad mit Hot Pots und Dampfbad, 10–22 Uhr. Im Sportkomplex kann Badminton oder Tischtennis gespielt werden.

Karte S. 277

Bischofssitz Skálholt

An der Hvítá liegt Skálholt, ehemaliger Bischofssitz und, so ein altes Buch, der "bei weitem edelste Gutshof in ganz Island". Für die Geschichte des Landes hat Skálholt eine fast ebenso große Bedeutung wie Þingvellir, denn hier konzentrierten sich über Jahrhunderte hinweg Macht und Bildung.

1056 wurde *Ísleifur Gissurarson* zum ersten Bischof des Landes gewählt. Damit wurde aus dem Hof der Familie in Skálholt ein Bischofssitz, der bis 1785 Bestand haben sollte. Ísleifur richtete hier die erste Schule des Landes ein, die sich schnell zu einer wichtigen Bildungsinstitution entwickelte und alle Katastrophen und selbst die Reformation überdauerte. Damit wurden an der Hvítá wichtige Grundlagen für das Aufblühen der isländischen Kultur gelegt – in Skálholt wurde gedichtet, geschrieben und übersetzt und im 17. Jh. arbeitete hier eine Druckerei.

Die einst große Bedeutung Skálholts spiegelte sich in der Größe der Kirche wider – im Jahr 1153 wurde hier mit 50 m Länge eine der größten Stabkirchen aller Zeiten errichtet. Zwei Schiffe waren notwendig, um die Baumstämme aus Norwegen über den Atlantik zu befördern. *Páll Jónsson*, von 1195–1211 Bischof im damals von 200 Menschen bewohnten Skálholt, ließ die Holzkathedrale um einen Kirchturm erweitern und mit geschnitzten Altartafeln, Kruzifixen, Lampen, Statuen, Bildern, Bischofsgewändern und Glasfenstern ausschmücken. Davon berichtet die *Páls saga* aus dem 13. Jh., in der es auch heißt, Páll habe sich einen außergewöhnlich großen und kunstvollen Sarkophag anfertigen lassen. Daran glaubte niemand so recht, bis 1954 bei Ausgrabungen unter dem Kirchenfundament genau dieser Sarg auftauchte – höchstwahrscheinlich aus dem Tuffgestein des Vörðufell gemeißelt, fein gearbeitet und 730 kg schwer. Darin fanden sich nicht nur die Gebeine des Bischofs, sondern auch dessen kunstvoll geschnitzter Krummstab aus Walrosszahn. Letzterer ist heute im Nationalmuseum in Reykjavík ausgestellt, der Steinsarg steht in der Krypta der Kirche in Skálholt.

Bischofssitz Skálholt

Die aufwändige Kathedrale brannte 1309 nach einem Blitzschlag nieder. Das gleiche Schicksal traf noch zahlreiche weitere Kirchen in Skálholt – meist aus Holz gebaut, fielen sie Feuer oder Sturm zum Opfer. Nachdem der Bischofssitz ein Jahr nach dem Erdbeben 1784 nach Reykjavík verlegt worden war, wurden nur noch kleine Kirchen gebaut. Die kleinste, nur 10 x 6 m, stand von der Mitte des 18. Jh. bis 1956. Nachdem 31 katholische und zwölf protestantische Bischöfe in Skálholt residiert hatten, war der Sitz bedeutungslos geworden.

Die heutige Kirche: Der Grundstein für die heutige, zwölfte Kirche wurde 1956 gelegt, nachdem die Pfarrstelle 1952 wieder eingerichtet worden war. Geweiht wurde das 30 m lange Gotteshaus im Juli 1963. Jedes skandinavische Land stiftete eine Glocke; das Geläut beginnt immer mit der dänischen, die isländische setzt als Letzte ein. Zwei bedeutende isländische Künstlerinnen sorgten im schlichten Kircheninneren für Farbe: *Nína Tryggvadóttir* schuf das große Mosaik über dem Altar, *Gerður Helgadóttir* die bunten Glasfenster. Die meisten historischen Kirchenschätze sind heute im Nationalmuseum aufbewahrt, andere sind bei der Verlegung des Bischofssitzes nach Reykjavík von Bauern ersteigert worden und nicht mehr auffindbar. An die lange Geschichte Skálholts erinnern deshalb lediglich die Kanzel und der im Querschiff aufgestellte Altar, beide aus dem 17. Jh., eine Glocke aus dem 14. Jh. sowie die Krypta. Hier sind die isländischen Bischöfe begraben, deren Wirken auf Texten festgehalten ist, und hier befindet sich neben dem Steinsarg des Bischofs Páll Jónsson eine Sammlung alter Grabsteine. Über einen dunklen Gang aus dem 12. Jh., dessen Grundmauern zufällig 1956 bei den Bauarbeiten freigelegt wurden, gelangt man ins Freie. Dieser Gang führte einst von der Kirche zur Schule; bei im Jahr 2002 begonnenen Ausgrabungen kamen Wälle zum Vorschein, die darauf hindeuten, dass er sogar noch weiter führte. Wohin, das ist eine der Fragen, die bis 2007 geklärt werden sollen. Bis dahin wird jeden Sommer ca. drei Monate lang auf dem Bischofssitz gegraben und Schritt für Schritt die gesamte im 18. Jh. noch bewohnte Fläche unter die Lupe genommen. Die vielen 2002 nicht weit unter der Oberfläche aufgetauchten Wälle und Artefakte aus Mittelalter und Neuzeit wie uralte Schlüssel, Scherben aus dem 18. und Münzen aus dem 13. bis 15. Jh., die im lehmigen Boden gut erhalten geblieben und nun in der Krypta ausgestellt sind, waren ein erfolgreicher Start.

Weil die Kirche über eine ausgezeichnete Akustik verfügt, finden hier jedes Jahr an fünf Wochenenden im Juli und August im Rahmen eines Musikfestivals kostenlose klassische Konzerte statt.

- *Öffnungszeiten* **Skálholtskirkja**, tgl. 9–19 Uhr, Krypta ISK 100. Informationen über die Konzerte unter ✆ 4868870. Interessierte können an Führungen der Archäologen teilnehmen.
- *Übernachten/Essen* **Skálholtsskóli**, ✆ 4868870, in der kirchlichen Akademie Übernachtungsmöglichkeit für 45 Gäste in DZ mit/ohne Bad, dazu 35 SSU. Besser vorbuchen, denn es sind häufig Gruppen da. Im Café mit üppigen Bougainvilleen und ruhiger Musik gibt es traditionell isländische Köstlichkeiten, teilweise nach Rezepten aus dem 12. Jh. Die Kuchen sollten Sie unbedingt probieren.

Goldener Zirkel
Karte S. 277

Von Skálholt zur Südküste

Wie zwei Strecken vom Gullfoss nach Skálholt führen, so führen auch zwei von Skálholt zurück auf die Ringstraße nahe der isländischen Südküste (siehe nächstes Kapitel).

Auf der Str. 35 zu Öko-Dorf und Explosionskratern (40 km)

Die Str. 35 zieht sich fast gerade durch flaches Moorland und von Birkengestrüpp bedeckte Lavaströme, die schließlich in trockenes Heideland übergehen. 2 km vor Selfoss wird die Ringstraße erreicht. Die zu Anfang der Strecke rechts abzweigenden Straßen führen zum 14 qkm großen Forellensee Apavatn; Angler bekommen Lizenzen auf allen Höfen nahe des Sees. Apavatn heißt übersetzt "Affensee" – man nimmt an, dass der See einst Papavatn, also "Mönchssee", hieß, das P aber über die Jahrhunderte bei schriftlichen Übertragungen verloren gegangen ist.

▶ **Öko-Dorf Sólheimar**: Kurz vor dem Svinavatn und bei der Tankstelle in Borg zweigt die Ringstraße 345 zum See Hestvatn und nach Sólheimar ab. In diesem 1930 gegründeten und in Anlehnung an die anthroposophischen Ideen Rudolf Steiners geführten Dorf leben etwa vierzig geistig Behinderte mit sechzig Nichtbehinderten zusammen. Sólheimar war das erste Öko-Dorf in Island; der Respekt und die Förderung jedes Individuums werden genauso groß geschrieben wie der sorgsame Umgang mit der Umwelt. Eine kraftvolle heiße Quelle sorgt für die Energieversorgung der Wohnhäuser und der zahlreichen Gewächshäuser, in denen Bio-Anbau betrieben wird: Ohne Chemie wachsen Tomaten und Kohl. Mehr als 65 % des im Dorf anfallenden Abfalls werden recycelt. In mehreren Ateliers verarbeiten die Bewohner Recyclingpapier und Textilien zu Gebrauchsgegenständen weiter, stellen Kerzen aus recyceltem Wachs und Kunsthandwerk her. In der Baumschule wachsen mit Hilfe organischen Düngers Weiden und Birken, Fichten und Kiefern, zu 75 % aus isländischen Samen gezogen, und in Sólheimar läuft das einzige biologisch-organische Wiederaufforstungsprojekt in Island. Jedes Jahr pflanzen Mitarbeiter bis zu 400.000 Bäume. Auf einer Farm werden Rinder und Hühner gehalten und auch Sport und Kultur haben ihren Platz: Es gibt einen Sportclub und ein Schwimmbad, eine Theatergruppe, einen Chor und einen Skulpturengarten, in dem zwischen Butterblumen u. a. Werke der berühmten isländischen Bildhauer Einar Jónsson und Ásmundur Sveinsson stehen. Im Juli 2002, zum 100. Geburtstag der Gründerin Sólheimars, Sesselja H. Sigmundsdóttir, eröffnete mit dem nach ihr benannten Sesseljuhús Islands erstes Öko-Zentrum. Das grassodengedeckte Holzhaus oben am Hang soll ökologisches Bauen veranschaulichen und für themenbezogene Konferenzen, Schulungen und Kurse genutzt werden.

Besucher finden in dem idyllischen Dorf mit Bauerngärten, Vogelgezwitscher und üppigen Fliederbüschen einen Lebensmittel- und Kunsthandwerksladen, einen Ausstellungsraum (Ingustofa), ein Café in großem Treibhaus und ein Gästehaus.

- *Verbindung* Nächster Halt eines Linienbusses ist Borg, etwa 8 km entfernt (s. u.).
- *Übernachten* **Gistiheimilið Brekkukot**, ✆ 4864407/8984483, 📠 4864427, 35 Betten in hübschen EZ und DZ mit Stil; DZ mit/ohne Bad ISK 9.600/7.200. Auf Wunsch gegen einen Aufpreis alle Mahlzeiten erhältlich; Küche. Drei Apartments für bis zu 4 Pers. mit Küche und Bad ISK 12.000. Für Gäste ist das Schwimmbad umsonst, ebenso eine Führung durch das Dorf. Vom Gesundheitsministerium bekam Brekkukot als erstes Gästehaus in Island eine Auszeichnung für seinen "green tourism".
- *Café* **Græna**, tgl. 14–18, Fr 20–23 Uhr, hier gibt es unter Glasdach und Bougainvillea Waffeln und Sahne der gesunden Art sowie andere Gerichte und Getränke aus biologischem Anbau.
- *Einkaufen* Gegenüber vom Café Laden, mit Bio-Gemüse, Öko-Kaffee, in Sólheimar hergestellten Marmeladen und Chutneys sowie "normalen" Lebensmitteln, 10–18, Sa/So ab 11/13 Uhr. Hier auch eine Galerie mit Kerzen, Holzspielzeug, Töpferwaren, Handteppichen.

Im Berg ist der Wurm drin

Der an der höchsten Stelle 317 m hoch aufragende Hestfjall dürfte bei der Überflutung des Tieflandes zum Ende der letzten Kaltzeit eine aus dem Schmelzwasser aufragende Insel gewesen sein. Hierauf deuten Brandungsterrassen und -stufen hin, dazu wurden in einer nahe gelegenen Kiesgrube breite Schichten Meeresablagerungen entdeckt. Eine Jeeppiste führt beim verlassenen Hof Hestur auf den Berg hinauf. Der Aufstieg lohnt sich wegen der wunderbaren Aussicht und den Blick auf vierzehn Kirchen.

Der Volkssage nach führt durch den Hestfjall hindurch eine Höhle. Ihr Eingang soll sich unterhalb von Hestseyru, dem höchsten Bergkamm, befinden, ihr Ausgang bei Kiðjaberg an der Hvítá. Diesen langen Höhlengang füllt ein riesiger Lindwurm gänzlich aus. Hin und wieder, so wird erzählt, verlässt er den Berg, woraufhin die den Hestfjall umrundende Hvítá ihr Flussbett links liegen lässt und einmal durch den Berg hindurchfließen soll. Dann trocknet die Gegend südlich des Hestfjall aus.

▸ **Weiterfahrt**: Wo die Str. 351 abzweigt, befindet sich die Kratergruppe *Seyðishólar*. Aus der mit über 800 m längsten der wenigen Vulkanspalten im südlichen Tiefland floss vor 5.000–6.000 Jahren der größte Teil des 54 qkm großen Lavafeldes *Grímsneshraun*. Die feuerrote Schlacke in den Kratern wurde früher für den Straßenbau verwendet, wodurch die Krater weitgehend zerstört wurden. Der *Kerhóll* steht mittlerweile unter Naturschutz, ebenso der 3.000 Jahre alte *Kerið* einige Kilometer weiter auf der anderen Straßenseite. Wahrscheinlich handelt es sich bei dem in seiner ursprünglichen kreisrunden Form bewahrten Kerið um einen Explosionskrater; in seinem 55 m tiefen Schlund befindet sich ein grün-blauer, etwa 10 m tiefer See. Um den beeindruckenden Kontrast zwischen blauem Wasser und grünbewachsenem, roten Hang zu sehen und einen schönen Ausblick auf die Umgebung zu genießen, kann man den Krater vom Parkplatz aus in nur 5 Minuten erklimmen.

Goldener Zirkel
Karte S. 277

Verbindungen/Adressen

- *Verbindung* **Bus** von Borg an der Kreuzung 35/345 und vom Kerið von/nach Reykjavík über Hveragerði, Selfoss und nach Laugarvatn, Laugarás, Reykholt, Geysir, Gullfoss bis zu 3-mal tgl. Stopp beim Kerið nur von, nicht nach Reykjavík.
- *Einkaufen/Tankstelle* In Borg Tankstelle mit **Lebensmittelladen**, tgl. 10–22 Uhr. In Þrastaskógur an der Kreuzung 35/350 Tankstelle mit **Kiosk** (Milch und Brot), tgl. 9–23 Uhr.
- *Reiten* Die fröhliche **Reitschule in Hraun** an der Str. 353, ✆/✆ 4864444/8971992, bietet Juni bis Sept. Ausflüge, ISK 2.500/Std.; eine Woche Reitunterricht für Kinder aus In- und Ausland mit Unterkunft und Verpflegung ISK 29.900.
- *Schwimmbad* **Hraunborgir** an der Str. 353 in den Sommerhäusern, 2 km von der Str. 35, tgl. ab 10, Mo–Do bis 15.30 und 20–21.30, Fr bis 12 und 17–21.30, Sa/So bis 20.30/17.30 Uhr. Hot Pot, Minigolf und Fahrradverleih.
- *Wasserski* Hof Svínavatn, ✆ 8999870, bietet Jetski im **Svínavatn** ab ISK 4.500.

Camping/Essen

- *Camping* In **Borg** hinter dem Gemeindehaus auf großer grüner Wiese, ISK 800, mit Dusche. Im **Þrastaskógur**, 500 m hinter der Tankstelle, schön in den Büschen und über dem Fluss Sog. Am Wochenende häufig Gruppen; WC und Kaltwasser. Auf den Spazierwegen im Þrastaskógur kann man sich abends noch die Füße vertreten. Abgelegener ist der Zeltplatz am **Hestvatn**, über die Str. 353 zu erreichen (8 km von der Kreuzung 35/353 Schild Tjaldstæði MH folgen, von da noch 1 km), wunderschön am See gelegen und absolut ruhig, aber sehr holperig; WC und Kaltwasser.
- *Café* **Gamla Borg**, in Borg neben der Tankstelle, 14–22, Sa bis 2 Uhr. Gemütliches Kaffeehaus mit knarrendem Holzboden und kleiner Bühne im großen, weißen Gebäude von 1929, das einst Schule, dann Tanzsaal und die längste Zeit Autowerkstatt war, bevor es leer stand und verfiel. Die jetzige Besitzerin Lisa beschloss, das Haus zu retten und wieder in seinen ursprünglichen Zustand zu versetzen – eine Arbeit, die zwei Jahre dauerte. Heute serviert sie bei Kaffeehausmusik selbst gebackene Kuchen und Kekse, z. B. die Gamla Borg-Torte mit Schokoladencreme, außerdem Suppe und Sandwiches. So ab 14 Uhr gibt es Pfannkuchen. Abends wird das Café zur Bar, Sa oft mit Tanz.

An der Tankstelle in **Þrastaskógur** buntes, gemütliches Restaurant mit Terrasse, 10–22 Uhr. Neben dem gewöhnlichen Fastfood auch Fischgerichte, belegte Brote, Suppen, Pfannkuchen, Pies, Gebäck und isländisches Bier.

Fahrt zwischen den Flüssen auf der Str. 30 (28 km)

Die Asphaltstraße 30 führt 12 km südlich von Skálholt zwischen Þjórsá und Hvítá durch die flache, sumpfige Region Skeið und trifft 15 km östlich von Selfoss

Schränke fallen von der Wand...

Auf dem Parkplatz mit Infotafeln nahe der Kreuzung der Straßen 1 und 30 fällt manchem wohl der aufgerissene Asphalt bei der westlichen Ausfahrt auf. So sah es am 17. Juni 2000, dem Nationalfeiertag, plötzlich auch auf anderen Teerstraßen in Südisland aus; hier klafften Lücken, dort stand zusammengeschobener Straßenbelag seltsam in Falten da. Grund war das schwerste Südlandbeben seit 1912, das die Isländer mitten in den Feierlichkeiten mit zwei wuchtigen Erdstößen und zahllosen kleineren Nachbeben aufschreckte und bis in den Norden zu spüren war. Zwischen dem Kleifarvatn auf Reykjanes und dem Eyjafjallajökull nördlich von Skógar zitterte die gesamte Erdkruste. Glück im Unglück: Die meisten Menschen nahmen an Feiern unter freiem Himmel oder in Hallen teil, als die Erde bebte. So konnten sie nicht von den Möbelstücken und Haushaltsgegenständen verletzt werden, die zu Hause von den Wänden fielen und durch die Gegend flogen. Immerhin erreichten die Erdstöße eine Stärke von bis zu 6,6 auf der Richterskala. Es blieb bei drei Verletzten. Ein weiterer, ebenso starker Erdstoß folgte vier Tage später, als die Menschen gerade ihre Schränke wieder eingeräumt hatten. Beide Male wurden mehrere Dutzend Häuser in der Region um die Þjórsá und um Hella so stark beschädigt, dass sie unbewohnbar wurden; Hunderte mussten anschließend repariert werden. Wasser- und Stromversorgung fielen in einigen Orten aus.

Es ist seit Jahrhunderten bekannt, dass Südisland ein- bis zweimal pro Jahrhundert von einer Serie Erdstöße heimgesucht wird. Eine der schwersten Erdbebenserien ereignete sich im Spätsommer 1896. Damals wurden fast 3.700 Gebäude zerstört, drei Menschen kamen ums Leben. Die Erdbeben hier im Süden sind berüchtigt für ihre Stärke, denn der Landstrich liegt zwischen zwei Riftzonen und verfügt über eine ziemlich intakte Erdkruste. Es bedarf einiger Spannung, bis sie auseinanderreißt und Schollen seitlich aneinander verschoben werden. Anders entlang der Rifts, wo die Kruste gespalten ist und sich bereits bei wenig Spannung Brüche ereignen. Nirgendwo im Land waren schon so viele schwere Beben zu verzeichnen wie zwischen Selfoss und Hvolsvöllur.

Vor allem zwei Dinge erinnern nachhaltig an die Erschütterungen im Juni 2000: Der Große Geysir spritzt nun wieder (siehe S. 289) und das Kleifarvatn versickert langsam (siehe Kap. "Reykjanes", S. 233).

auf die Ringstraße. Kurz hinter der Kreuzung der Str. 30/31 steht rechter Hand der über hundert Jahre alte, aus Lavabrocken geschichtete Schafpferch Reykjaréttir. An ihm vorbei geht es zur Abzweigung der Str. 322, auf der ein kleiner Abstecher zur 2,5 km entfernt gelegenen Kirche *Ólafsvellir* mit ihrer riesigen, schönen Altartafel lohnt. Die Straße führt weiter durch den moosbedeckten Lavastrom *Merkurhraun*. In ihm liegt hinter der zweiten Abzweigung der Str. 321 zur Rechten die Senke *Áshildarmýri*, in der sich einst die Goden der Region zu ihren Treffen versammelten. Heute erinnert ein Gedenkstein an das Jahr 1496, als Bauern hier gegen die schlechten Bedingungen unter der dänischen Regierung protestierten und Verbesserungen forderten.

Wer von Skálholt kommend alternativ nach *links* auf die Str. 30 abbiegt, kommt nach 2 km zur Abzweigung der Str. 32. Diese führt direkt nach Stöng.

- *Verbindung* In Brautarholt hält tgl. 2-mal der **Bus** von/nach Árnes u. Flúðir bzw. Reykjavík.
- *Einkaufen/Tankstelle* in Brautarholt in der Tankstelle Lebensmittel und Imbiss mit abgepackten Sandwiches und Pizzen, tgl. 9–23 Uhr.
- *Schwimmbad* Brautarholt, Mo–Fr 14–22.30, Sa/So 10–22.30/18 Uhr. Mit Sauna.
- *Reiten* **Húsatoftir**, ✆ 4865560/8590066; Reitausflüge bis eine Woche, ISK 1.500/Std., ISK 6.000/Tag inkl. Verpflegung.
- *Übernachten/Camping* **Country Hotel Brjánsstaðir** (FH), ✆ 4865540, 📠 4865640, 8 km nördlich der Ringstraße. Großzügige Anlage (Nichtraucher) von nettem Drucker-Ehepaar. 80 Betten in stilvollen DZ und in Sommerhäusern für 2 Pers., DZ ISK 12.600 inkl. Frühstück. Abendessen, Bar und Hot Pot.

Húsatoftir, ✆ 4865616/8590066, 📠 4865660, bei Brautarholt, modernes Gästehaus auf freundlichem Reithof in ehemaligem Stallgebäude. 22 Betten in 10 stilvollen Zimmern, alle mit Bad; DZ mit Frühstück ISK 8.900, SSU ISK 2.200. Küche und Hot Pot. Nebenan im einstigen Fuchshaus ist das gemütliche Pub Hestakráin, Fr/Sa 21–3 Uhr, wo vor allem Reiter gerne auf ein Bier einkehren. Reiten s. o.

Brautarholt, Camping ISK 1000/Zelt, WC und Warmwasser; Duschen ISK 200 im Schwimmbad nebenan.

Entlang der Þjórsá nach Stöng (30 km)

Eine Schotterpiste führt bis an die äußerste Grenze des südlichen Tieflandes, wo eine Ausgrabungsstätte und ein Museum Zeugnis davon ablegen, dass es nahe der Hekla ein Leben vor dem Vulkanausbruch gab.

13 km südlich von Flúðir zweigt von der Str. 30 die 32 ab, die vom fruchtbaren, dicht besiedelten Tiefland gen Osten ins karge, menschenleere Hochland führt. Nach wenigen Kilometern erreicht die Straße das Ufer der mächtigen Þjórsá, mit 230 km der längste Fluss Islands. Auf seiner Reise von den Gletschern Hofsjökull und – durch Zufluss der Tungnaá – Vatnajökull ins Meer fließt er hier durch ein breites Tal, das sich flussaufwärts immer mehr verengt. Der Beginn der Strecke lässt die Nähe des unwirtlichen Landesinneren nicht erahnen: Grünes, hügeliges Weideland säumt den Fluss und zwischen den beiderseits der Straße weit gestreuten, bunten Gehöften grasen friedlich Pferde und Schafe. Gegenüber der Felswand des Skarðsfjall liegt im Fluss die große Insel Árnes ("Flussspitze"), eine ehemals mit dem Land verbundene, historische Þingstätte, von der sich der Name für den Bezirk Árnessýsla ableitet.

- *Übernachten/Reiten* **Steinsholt** (FH), an der Str. 326 (4 km von der Str. 32), ✆ 4866069/8638270, 📠 4686029, neues, freundliches Gästehaus mit Hot Pot auf einem Reiterhof an der Grenze zum Hochland. 5 DZ und 1 EZ, alle mit Waschbecken, hell und sauber, mit Blick auf Hekla oder die Westmänner-inseln, DZ ISK 5.000, Frühstück. Abendessen besser vorbestellen. Besitzer Gunnar widmet sich seinen Gästen mit Interesse und Aufmerksamkeit, kocht schon mal selber und bietet Ausritte in die Umgebung und ins Hochland, 1 Std. ISK 1.700, jede weitere Stunde ISK 1.000 mehr. Steinsholt ist auch ein guter Ausgangspunkt für Wanderungen. Vorbuchung das ganze Jahr über sinnvoll.

▸ **Dorf Árnes**: Wie die Insel in der Þjórsá, so heißt heißt auch das Dorf an der Kalfá Árnes; hier kann man sich zum letzten Mal vor Stöng und dem Hochland mit Lebensmitteln eindecken. Von Árnes lässt sich eine etwa einstündige Wanderung zum Wasserfall *Búðafoss* in der Þjórsá bei der Insel Árnes unternehmen.

Golden Zirkel
Karte S. 277

• *Verbindung* **Bus** von/nach Reykjavík über Selfoss u. Hveragerði ab Tankstelle tgl. 1-mal.

• *Einkaufen/Tankstelle* Lebensmittel in der Tankstelle an der Str. 32, 9–21, So ab 11 Uhr.

• *Schwimmbad* Achteckiges Freibad mit Hot Pots, Mo–Fr 13–22, Sa/So 10–22/18 Uhr.

• *Übernachten* **Jugendherberge Árnes**, ✆ 4866048/8612546, ℻ 4866091, in einem Haus 9 kleine Zimmer für 2–4 Pers., mit Waschbecken, ISK 3.000/Pers., SSU 1.800/Pers. für JH-Mitglieder, sonst ISK 2.200. Teures Frühstück; Küche und Hot Pot. Im anderen Haus 4 enge Zimmer für 2–4 Pers., Küche, dieselben Preise, und ein Studio für 6 Pers., ISK 6.000.

Stóri-Núpur (FH), wenige Kilometer östlich von Árnes am Núpsfjall bei der Kirche, ✆ 4866018/8981566, ℻ 4866090, ein Apartment mit 2 DZ, gut ausgestatteter Küche, Bad, Aufenthaltsraum, DZ ISK 5.000, Frühstück.

Minni-Mástunga, knapp 10 km von der Str. 32 an der 329, ✆ 4866074, ℻ 4866124. Wohl die beiden originellsten Sommerhäuser in Island: Je nach Jahreszeit sind sie unterschiedlich dekoriert; die Tischdecken, der Wandschmuck, das Geschirr, die von der ideenreichen Besitzerin Olga selbst genähten Quiltdecken auf den Betten, alles wechselt 5-mal im Jahr – im Sommer gibt es viele Blumen, im Herbst bunte Blätter. Je 2 TZ, Küche, Bad, Hot Pot, Spielzeug für Kinder, ISK 48.000/Woche; wenn frei, auch eine Nacht möglich, dann ISK 8.000. Auf jeden Fall vorbuchen. Geplant ist der Bau eines Hotels mit demselben Konzept und vielen fantasievollen Besonderheiten; jedes der 24 DZ mit Bad soll individuell dekoriert sein. Am Fluss soll zudem ein Zeltplatz entstehen.

• *Camping* **Árnes** am Fluss, mit Duschen und Hot Pot, ISK 1000/Zelt.

• *Essen* Restaurant **Árnes** im Gemeindehaus, ✆ 4866006, 8–24, Fr/Sa bis 2 Uhr. Großes Restaurant mit Terrasse und Bar und sehr gutem, hausgemachtem Essen. Mittags Lamm und Fisch um ISK 1.000, abends mehr Auswahl, ab ISK 1.200, Kaffee immer inkl. Es gibt auch Kuchen und morgens Frühstück.

Imbiss Árborg in der Tankstelle serviert warme Snacks von 11–20 Uhr, auch Kaffee und Gebäck.

• *Feste* Im Juli findet in Árnes zwei Tage lang das internationale Musikfestival "Blue Sky Festival" statt, bei dem v. a. Folklore gespielt wird.

▸ **Weiterfahrt**: Am Schafspferch Skaftholtsréttir vorbei führt die Straße am Ufer des steinigen, von kleinen Stromschnellen gepeitschten Flusses entlang auf die Felswand des *Núpsfjall* (230 m) zu. An ihrem Fuß steht die kleine, wellblechverkleidete Kirche von *Stóri-Núpur*, die 1909 errichtet wurde und drei sehenswerte alte Altarbilder beherbergt (Schlüssel steckt). Frühere Kirchbesucher ließen ihre Pferde im historischen Gatter neben dem Gotteshaus. Am Eingang des Þjórsárdalur ragt am Fluss der Felsvorsprung *Gaukshöfði* auf. Die neue Straße führt seit kurzem in einem Bogen an ihm vorbei, doch lohnt es sich, zuvor den kurzen, steilen Anstieg auf der alten Straße zu bewältigen. Vom dortigen Parkplatz aus läuft man in fünf bis zehn Minuten bis ganz nach oben, von wo sich eine herrliche Aussicht auf den breiten, sandreichen Gletscherfluss, auf den berüchtigten Vulkan *Hekla* (1491 m) und auf die flussaufwärts gelegene Lavaebene bietet, die er bei seinen Wutausbrüchen hinterlassen hat.

Hinter Gaukshöfði geht es in den *Þjórsárdalur* hinein. Im 10. Jh. war dieses Tal noch dicht besiedelt; die letzten Bewohner wurden nach dem Hekla-Ausbruch im Jahr 1104 vertrieben. In dem mittlerweile unter Obhut der staatlichen Forstkommission stehenden Tal sind bisher die Ruinen von zwanzig Höfen gefunden worden. Heute wohnt östlich des Hofes Skriðufell mit dem gleichnamigen Wohnwagenplatz in dichtem Birkengestrüpp und einer kleinen Sommerhaussiedlung niemand mehr. Nach Überquerung der Sandá ändert sich das Bild schlagartig: Die Gegend wird trocken und steinig. Bald leuchten nur noch Gräser in sanften Gelb-, Grün- und Rottönen auf dem kargen Boden.

▸ **Wasserfall Hjálparfoss**: Rechts zweigt die knapp 3 km lange Zufahrt nach Hjálp ab, einer grasigen, grünen Oase in der dunklen Bimswüste. Die Fossá stürzt hier als wunderschöner Wasserfall Hjálparfoss, durch einen kleinen Felsen zweigeteilt und eingerahmt von auffälligen, fein gestrichelten Basaltsäulen, etwa 10 m tief hinab in ein rundes Becken – ein Ort, der zum Picknick einlädt. Der Hjálparfoss ist der letzte von zahlreichen Wasserfällen, die die von Norden kommende Fossá, übersetzt "Fluss der Wasserfälle", auf ihrem Weg vom Hochland ins Tal bildet. Wenige Kilometer weiter südlich ergießt sich der Fluss dann in die Þjórsá.

▸ **Þjórsárdalslaug**: Es mutet etwas sonderbar an, dass in dieser seit Jahrhunderten unbewohnten Gegend plötzlich links ein Wegweiser zu einem Schwimmbad auftaucht. Einsam liegt das Freibad Þjórsárdalslaug am Ende der 6 km langen Piste vor den farbenprächtigen Rhyolitbergen Rauðukambar. Seit 1969 ist nur wenige Kilometer von hier das Wasserkraftwerk *Búrfellsvirkjun* in Betrieb und für die Arbeiter wurde noch im selben Jahr im Geothermalgebiet das Schwimmbad eingerichtet.

Öffnungszeiten Schwimmbad **Þjórsárdalslaug**, Mi–So 10–21 Uhr.

Goldener Zirkel
Karte S. 277

Ausgrabungsstätte Stöng

Der Hof Stöng wurde mit vielen anderen Gehöften 1104 bei dem ersten Hekla-Ausbruch seit der Besiedlung Islands verschüttet, der das fruchtbare Tal mit einem Schlag unbewohnbar machte. Als Archäologen 1939 einige der Gehöfte ausgruben, stießen sie unter einer dicken Schicht Bimsstein auf die besonders gut konservierte Ruine dieses Hofes.

Hinter der Brücke über die Fossá zweigt links die 6 km lange und mit normalem Pkw befahrbare Jeeppiste 327 zum freigelegten Gehöft Stöng ab. Entlang der Fossá geht es durch die schwarze, von rotschimmernden Gräsern durchsetzte Bimswüste. Am Ufer der Rauða mit seiner auffallend üppigen, verschlungenen Vegetation lässt man das Fahrzeug entweder auf dem Parkplatz stehen und überquert den Fluss auf der Fußgängerbrücke oder man furtet die Rauða etwas weiter rechts.

Der Hof liegt auf einem kleinen Hügel am Fluss. Bisher wurden vor allem die vollständigen Grundmauern eines 12,25 x 5,85 m großen Bauernhauses freigelegt, daneben fand man noch einen Kuhstall, eine Schmiede, weitere Nebengebäude sowie eine Kirche und einen Friedhof. Die Ruine des Haupthauses, die überdacht wurde und ständig zur kostenlosen Besichtigung freigegeben ist, gab nicht nur Aufschluss über Größe und Form eines frühen isländischen Bauernhofes, sondern auch über dessen Bauweise, d. h. über die Schichtung der Torfwände und die Holzkonstruktion, die das Gebäude stützt (siehe Kap. "Architektur", S. 117). Die Hofreste lieferten auch weitgehend zuverlässige Informationen über die Nutzung der Räume und über Teile der Inneneinrichtung. Dies war Grund genug, die Ruine der Rekonstruktion eines Gehöfts aus der Freistaatzeit zugrunde zu legen, die aus Anlass der Elfhundertjahrfeier der Besiedlung Islands im Jahr 1974 errichtet wurde. Das Ergebnis ist der *Museumshof Þjóðveldisbær* unter der Bergwand Sámsstaðamúli (siehe S. 308). Um Stöng selber scheint sich keiner mehr recht zu kümmern, der Hof machte 2002 einen etwas verwahrlosten Eindruck.

Wanderungen/Ausflüge

(s. Karte S. 277)

Zum Wasserfall Háifoss (7) (h/r 5–6 Std.): Vom Hof Stöng führt eine Wanderung durch das Tal der Fossá an leuchtenden Rhyolitbergen vorbei zum Háifoss ("Hoher Fall"), dem mit 122 m zweithöchsten Wasserfall des Landes. Der Weg beginnt am Nordufer der Rauða unterhalb der Ruine und verläuft zunächst in westlicher Richtung auf einer Piste durch die Lava. Nach wenigen Schritten wird ein Tor durchquert, dahinter wandert man in nordöstlicher Richtung nahe am Hang weiter bis zu einem Seitenarm der Fossá. Nun wählt man entweder die flache Strecke und wandert zwischen den Bergrücken hindurch in der Flussebene, wobei zahlreiche Seitenarme der Fossá zu durchwaten sind, oder man hält sich an die Flanke des Stangarfjall und wandert auf dem Bergrücken oberhalb des Flusses. Dies hat den Nachteil, dass immer wieder von Seitenarmen der Fossá gegrabene Felseinschnitte zu umwandern sind und der Weg daher nicht nur länger ist, sondern ständig bergauf und bergab geht. Keiner der Wege ist markiert. Am besten entscheidet man sich für einen Kompromiss, bleibt beständig nah am Berg und läuft mal oben und mal unten. So lässt sich auch der gesamte Weg ohne Waten zurücklegen. An einigen Stellen sind Pfade ausgetrampelt, die die Entscheidung für Berg oder Tal erleichtern. Das Flussbett verengt sich beständig und wird immer steiniger; am Ende fließt die Fossá nur noch durch eine enge Schlucht. Hier führt der Weg zwangsläufig auf den Bergrücken. Oberhalb des Wasserfalls angekommen, geht ein ausgetretener Pfad in Serpentinen den steilen Hang zum Fluss hinunter, von wo aus man sich über große Steine hinweg seinen Weg zu dem von schönen Gesteinsformationen eingerahmten Háifoss bahnen kann, der hier eine blühende Wiese zum Sprießen gebracht hat.

Der Wasserfall ist auch über die Jeeppiste zu erreichen, die östlich von Stöng von der Str. 32 abzweigt und zum Gullfoss führt. Nach 8 km ist ein Parkplatz erreicht, von dem es nicht mehr weit zum oberen Rand der Schlucht ist.

Zur Schlucht Gjáin (8) (30 Min.): Wer sich auch mit weniger hohen Wasserfällen zufrieden gibt, kann einen kurzen Spaziergang in die malerische Schlucht Gjáin unternehmen. Hier finden sich neben reizvollen Basaltformationen und üppiger Vegetation mehrere kleine Wasserfälle. Vom Parkplatz aus überquert man die Rauða und geht nach rechts am Flussufer entlang. Nach etwa 100 m zweigen links drei Wanderwege ab, man nimmt den mittleren, auf dem nach wenigen Metern ein Schild den Weg in die Schlucht weist. An der sanft durch das von Blumen gesäumte Flussbett plätschernden Rauða entlang geht es an kleinen Kaskaden vorbei zu einem hübschen See am Ende der Schlucht. Hier stürzt der *Gjárfoss* die niedrige Felswand hinunter.

Weiterfahrt

▸ **Museumshof Þjóðveldisbær**: Der flache und lange, grassodengedeckte Hof an der Zufahrt zum Kraftwerk, wenige Kilometer östlich der Brücke über die Fossá, duckt sich hoch oben auf dem Hügel in den Schutz der Felswand. Þjóðveldisbær ist der einzige Hof in Island, der die Wohnweise der ersten isländischen Siedler nachstellt und dies so authentisch wie nur eben möglich. Größe und Form des Hauses wurden exakt von der Ruine in Stöng übernommen, ebenso das Aussehen von Bänken, Türen und Fässern, von der Feuerstelle, den für die Bodenpflasterung verwendeten Steinen und den Außenwänden, soweit sie erkennbar waren. Einiges musste erraten werden; wo man nicht weiterkam, stützte man sich u. a. auf die Erwähnung von Häusern in alten Schriften und Registern, auf die Überreste von alten Siedlungen in Grönland und auf noch erhaltene, altisländische Zimmererarbeiten. Die Hallentür beispielsweise hat die berühmte Kirchentür in *Valþjófsstaðir* von etwa 1200 zum Vorbild. Bisher war drinnen nicht viel zu sehen, abgesehen von Tischen und Bänken, einem Alkoven, Webstuhl und Milchfässern fehlte fast jegliche Inneneinrichtung. Im Jahr 2003 aber soll eine Sammlung alter Haushaltsgegenstände und Werkzeuge, von denen man weiß, dass die frühen Siedler sie benutzten, in das Gehöft wandern; außerdem sind Karten und Tafeln mit Informationen zu alten isländischen Farmen geplant.

Zum tausendjährigen Jubiläum des Christentums in Island im Jahr 2000 wurde 1999 schräg vor dem Langhaus auch eine Kapelle erbaut: die originalgetreue Rekonstruktion der Kirche, deren Grundmauern 65 Jahre zuvor in Stöng ausgegraben worden waren.

Öffnungszeiten ✆ 4887713, 1.6.–8.9. 10–12 und 13–17 Uhr, sonst nach Vereinbarung, ISK 300. Das Museum steht seit 2002 unter neuer Leitung; statt der bisherigen kleinen Broschüre ist eine neue, aufwändigere und mehrsprachige geplant, wahrscheinlich ISK 400. Ein kleiner Briefkasten wartet auf Postkarten.

Etwas weiter südlich liegt das Wasserkraftwerk *Búrfellsvirkjun*, das 1969 in Betrieb genommen wurde, um die Stromerzeugung für das Aluminiumwerk Straumsvík sicher zu stellen. Das Werk mit einer Gesamtkapazität von 270 MW kommt für ein Viertel der von allen zehn Wasserkraftwerken Islands zusammen erzeugten Energie auf und ist damit das größte. Hierfür wird die Þjórsá nordöstlich des Tafelbergs Búrfell gestaut; durch Tunnel und Kanäle gelangt das Wasser unter dem Berg Sámsstaðamúli hindurch zum Kraftwerk. Das Betriebsgebäude ist mit Reliefs des Bildhauers *Sigurjón Ólafsson* verziert, von dem auch die Skulptur vor dem Gebäude stammt.

Öffnungszeiten Kraftwerk Juni bis Ende Aug. 10–12 und 13–17 Uhr, kostenloser Besuch mit Führung möglich; Infomaterial über alle isländischen Kraftwerke.

- *Verbindung* Zur Ausgrabungsstätte Stöng keine Linienbusverbindung.
- *Übernachten* Hof **Ásólfsstaðir**, ✆ 4866063, 2 Sommerhäuser mit Kochgelegenheit und gemeinsamer Dusche, ISK 5.000/Nacht.

Hólaskógur, 2,4 km von der Str. 32, östlich von Stöng, ✆ 8646120/6985012, Holzhaus mit Schlafplatz für 84 Pers. in ein paar großen Räumen mit bis zu 32 Betten. 2 Küchen (Nichtraucher), lange Tische, Essen auf Anfrage. Trotz der großen Räume gemütliche Atmosphäre. Vor allem Reitgruppen steigen gerne hier ab. Nur SSU, ISK 1.540/Pers. Wer's rustikaler möchte, kann in der kleinen, grassodengedeckten Hütte aus Steinen nebenan auf der Wiese übernachten oder für ISK 700 zelten und die Einrichtungen im großen Haus nutzen.

- *Touren* **Destination Iceland**, ✆ 5911020, bietet 10-stündige Tagestouren in den Þjórsárdalur mit Halt an allen Sehenswürdigkeiten, Juni–Sept. Do und Sa 8.40 Uhr ab BSÍ Reykjavík, Vorbuchung erforderlich! An der Þjórsá entlang geht es zum Hjálparfoss, nach Stöng, Gjáin (hier Picknick), zum Háifoss und nach Þjóðveldisbærin, 87 €. 10-stündige Jeeptour in den Þjórsárdalur und nach Landmannalaugar Sa 8 Uhr ab Reykjavík, 145 €.
- *Camping* **Sandartúnga**, ISK 500/Pers., WC und Kaltwasser. Ruhiger Platz mit vielen Sträuchern inmitten von Bergen, Blick auf die Hekla, schöner Spielplatz.

Goldener Zirkel
Karte S. 277

Einsames Gehöft bei Dyrhólaey

Die grüne Südküste

Ein plötzlicher Lichtstrahl über einem schwarzen Lavafeld kann Zwerge und Riesen hervorzaubern, Unholde und freundliche Gnome. Was eben noch eine sumpfige Wiese unter dräuenden Wolkenbänken war, kann im zarten Streiflicht der Mitternachtssonne ein schaukelndes Blütenmeer werden, gewebt aus baumelnden Wollgrasköpfen.

(Eberhard Grames)

Südisland besteht nicht nur aus dem Ensemble Geysir, Þingvellir und Gullfoss. Auch in den flachen Niederungen zwischen Hveragerði, wo mit geothermaler Energie Gemüse, Blumen und tropische Gewächse kultiviert werden, und dem Papageientauchernistplatz Vík warten Highlights wie der berühmte Vulkan Hekla, das Sagazentrum Hvolsvöllur, das wildromantische Tal Þórsmörk oder die Museen in Skógar.

Zunächst kommt man durch saftig grünes Weideland. Wegen der sumpfigen Umgebung und zum Schutz vor Hochwasser baute man die Höfe im Selfosser Tiefland auf kleinen Erhebungen. Gegenüber Nordisland ist dieses Gebiet der Weidelandschaften mit längerer schneefreier Zeit und längerer Wachstumszeit bevorzugt und für isländische Verhältnisse dicht besiedelt, zunehmend auch von Pendlern, schließlich ist man hier in Tagesentfernung von Reykjavík. Zwei hübsche und vom Tourismus kaum entdeckte Örtchen sind Eyrarbakki und Stokkseyri an der Küste mit ihren bunten, alten, den Winterstürmen trotzenden Häuschen.

Von Hella empfiehlt sich bei gutem Wetter ein Abstecher zum Vulkan *Hekla*. Von hier kann man entweder zurück zur Ringstraße oder durchs Hochland nach *Landmannalaugar* (Trekkingmöglichkeit an die Südküste) und in nördlicher Umrundung des Mýrdalsjökull weiter nach Kirkjubæjarklaustur und Skaftafell. Die Weiterfahrt nach Südosten auf der Ringstraße hingegen, die hier *Suðurlandsvegur* heißt, führt auf kleinen Nebenstraßen zum historischen Torfhof *Keldur* und zur Kirche *Oddi*, ehemaliger Goden-Wohnsitz und Mittelpunkt einer einflussreichen Familie des Mittelalters. *Hvolsvöllur* hat sich einen Namen gemacht mit seinem Saga-Zentrum. Von hier ist es nur noch ein Stück in das faszinierende Wandergebiet *Þórsmörk* ("Thors Wald"). Schafe können hier der Vegetation nichts mehr anhaben; die unüberbrückten Furten verwehren ihnen (wie auch PKWs) den Zutritt ins Reich des altgermanischen Gottes Þór. Die mehrtägige Wanderung von dort nach Landmannalaugar zählt zu den schönsten Erlebnissen einer Islandreise.

Geologie: Die Hänge östlich von Hvolsvöllur sind eine ehemalige Küstenlinie! Der Meeresspiegel lag zwischen den Eiszeiten höher als heute. Von den Klippen dieser alten Steilküste, der die Gletscher mit Aufschotterungen ein schmales Vorland bescherten, plätschern zahllose Rinnsale herab – besonders eindrucksvoll sind die Wasserfälle *Seljalandsfoss* und *Skógafoss*. Die Steilküste und das Meer treffen heute nur noch bei *Vík í Mýrdal* (kurz: *Vík*) aufeinander. Zwei imposante Formen haben sich bei dieser Zusammenkunft herausgebildet: das Felsentor *Dyrhólaey* und die hageren Felsnadeln *Reynisdrangar*.

Autorentipps: Besuchen Sie in Selfoss das Kaffi Krús, essen Sie im Hummerlokal in Stokkseyri, machen Sie von Hvolsvöllur einen Abstecher nach Fljótshlið zum Kaffi Langbrók und zur Jugendherberge. Übernachten Sie auf dem Bauernhof Stóra Mörk, Drangshlíð oder Solheimahjáleiga bei liebenswerten Isländern (alles zwischen Hvolsvöllur und Vík gelegen). Wer es edler mag, ist richtig aufgehoben im Frost og Foni in Hvolsvöllur, im Edinborg oder Hótel Anna kurz vor Skógar sowie im Hótel Skógar. Beeindruckend sind die Museen von *Þórdur* in Skógar. Die schönsten Wanderungen sind die Ölkelduhnjúkur-Runde in Hveragerði und die Valahnjúkur-Besteigung im *Þórsmörk*. Kulturelles Highlight ist der Besuch des Njall-Musicals in Hvolsvöllur.

• Verbindungen Die Gesellschaft Austurleið schickt tgl. mehrere Busse auf die Strecke **Reykjavík-Vík,** einmal tgl. weiter bis **Höfn** (Linie 12, Abfahrt Reykjavík; Hveragerði (Shell-Tankstelle) Selfoss (Grill Fossnesti/ Tankstelle); Hella (Ólis-Tankstelle); Hvolsvöllur (Austurvegur 3); Skógar (Fossbúinn); Vík (Tankstelle); Kirkjubæjarklaustur; Skaftafell; Jökulsárlón; Höfn (Camping). Ab Juni Verbindungen nach **Þórsmörk** (Linie 9, ab Reykjavík über Hvolsvöllur, 1- bis 2-mal tgl.), ab Juli Reykjavík-Hella **Landmannalaugar** (13), Skaftafell. Stopp an der **Hekla** möglich. Verbindungen nach **Eyrarbakki, Stokkseyri** und **Þórlákshöfn** von Selfoss mehrmals tgl. (Linie 4).

Von Reykjavík nach Hveragerði (40 km)

An der viel befahrenen Straße hinter dem flachen Rauðavatn stellt die Lavawelt nach und nach einige ihrer kleinen Besonderheiten zur Schau. Als Erstes Pseudokrater mit roten Schlacken (*Rauðhólar*), die heute unter Naturschutz stehen. Moosbewachsene Lavafelder mit vielfältigen Kleinformen in dumpfen bis grellen Farbtönen (isl. hraun, sprich "hröin") bilden den Wegesrand: Ein bepolstertes, häufig von Nebelschwaden verhangenes Lavameer aus abenteuerlich aussehenden Lavaklötzen, ausgehöhlten Kuppeln, bizarren Zinnen und mannshohen Trollgespinsten.

Nach der Tankstelle wird das 5.000 Jahre alte *Svínahraun*, das von jüngeren Lavaströmen überdeckt wurde, abgelöst. Vom *Kristnitökuhraun* der *Hellisheiði* besagt die Legende, dass diese Laven genau zu der Zeit ausströmten, als das Alþingi vor knapp 1.000 Jahren über das Christentum verhandelte. Sind die Götter gegen das Christentum? Diese Frage soll man sich seinerzeit in der Allmännerschlucht gestellt haben. Ob nun Götter ihren Groll und Zorn äußerten, die moderne Naturwissenschaft jedenfalls hat ihre eigene Antwort auf die Frage nach dem Lavafeld: Sie stellt das Alter der vermeintlichen Drohgebärde der Götter in Frage... Der Blick vom Aussichtspunkt kurz vor Hveragerði ist bestechend: Die Küste zieht sich zur Rechten zum Horizont, der Vordergrund wird von kleinen Dampfschwaden aufgelockert und nordwestlich von Selfoss erhebt sich der 551 m messende Hyaloklastitberg *Ingólfsfjall*. Hier soll der Landnehmer Ingólfur Arnarson, seinen dritten isländischen Winter am Bergfuß verbracht haben und auch hier angeblich begraben sein. Die Straße schwingt sich nun mit 8 % Gefälle in wenigen Kehren hinab in die Stadt der Blumen, Tomaten und Bananen.

Tankstelle Mo–Fr 6.30–21, Sa/So 7.30–21 Uhr, mit kleinem Café.

Hveragerði

("kwérageri" 1.720 Einw.)

Der "Garten der heißen Quellen" hat sein Kapital an heißem Wasser clever genutzt: In zahlreichen Gewächshäusern sprießen allerlei Pflanzen und Gemüsesorten. Die Stadt der Blumen im kargen Island hat noch etwas, was sonst niemand hat: ein Feld heißer Quellen inmitten der Häuser. Neuerdings werden Trekkingtouren ins geothermale Hengillgebiet immer beliebter.

Im Ortsbild klafft eine Lücke. Bei näherem Hinsehen erkennt man, dass hier kleine Quellen ein Areal durchsetzen. In 125 m Tiefe ist das Wasser 180° warm, sogar 250° in 170 m. An der Oberfläche reicht es noch, um ein Ei abzukochen. Zur Straßenbeleuchtung kam der Ort, als 1906 ein Mann in der später so benannten Manndrápshver, oder etwas eindrücklicher, der "Killerquelle",

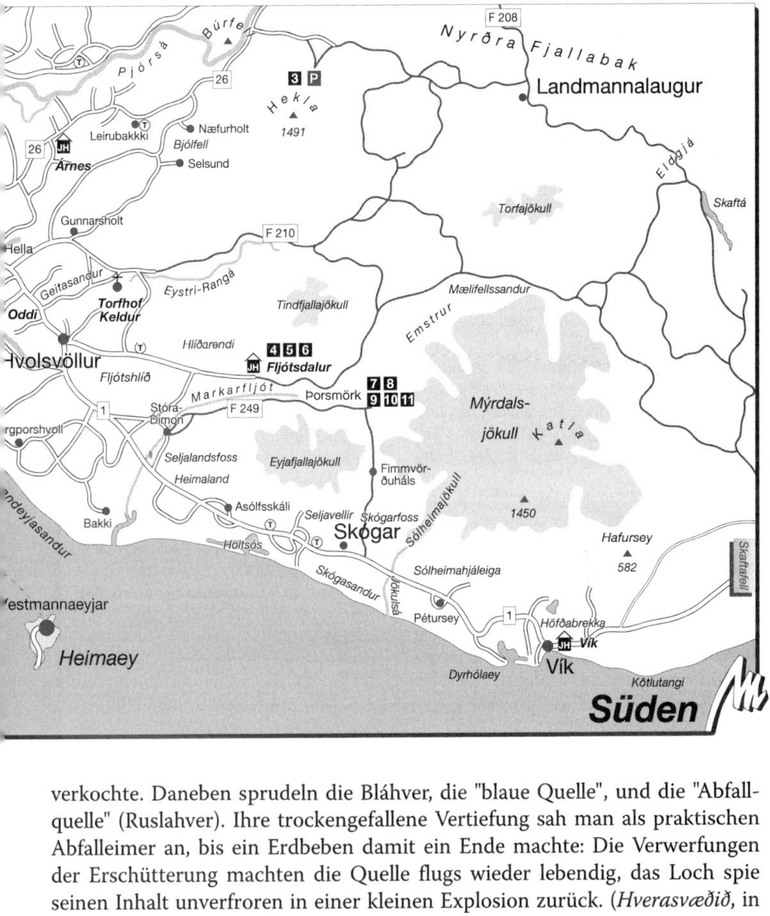

Die Südküste
Karte S. 312/313

verkochte. Daneben sprudeln die Bláhver, die "blaue Quelle", und die "Abfallquelle" (Ruslahver). Ihre trockengefallene Vertiefung sah man als praktischen Abfalleimer an, bis ein Erdbeben damit ein Ende machte: Die Verwerfungen der Erschütterung machten die Quelle flugs wieder lebendig, das Loch spie seinen Inhalt unverfroren in einer kleinen Explosion zurück. (*Hverasvæðið*, in der Regel 9–18 Uhr, derzeit leider Eintritt, obwohl nicht so spektakulär wie der kostenlose Geysir). Geothermal genutzt werden im Ort zwei etwa 300 m tiefe Bohrlöcher.

Information/Adressen

• *Information* Breiðamörk 2, ✆ 4834601, ✆ 4834604, im Sommer 9–17, Sa/So 12–16 Uhr. Hilfe beim Planen von Wanderungen, Buchungen.

• *Versorgung* Apotheke, Arzt, (Breiðamörk 19, ✆ 4835050), Zahnarzt (Breiðamörk 18, ✆ 4834930), Post (Breiðamörk 22), Bank (Breiðamörk 20), Supermarkt Breiðamörk 27 (tgl. geöffnet). Zwei Tankstellen mit Imbiss, Esso am Ortseingang (Mo–Do 7–22, Fr–So 9–22), Shell (Austurmörk 22, Mo–Fr 6.45–23.30, Sa/So ab 9 Uhr). Bäckerei (Breiðamörk 10), hier ist neben Leckereien und Marmelade die Brotsorte Hverabrauð erhältlich, die Cafeteria ist idealer Zufluchtsort für durchnässte Radler (Tagessuppe). Werkstätten (✆ 4834299 oder 4834665).

• *Fahrradverleih* Jugendherberge.

Übernachten/Camping/Essen

Hveragerði hält gute Übernachtungsmöglichkeiten bereit, doch da hier ein Stopp für viele Gruppen zum Standard gehört, ist eine Voranmeldung dringend anzuraten.

• *Übernachten* **Hótel Örk**, Breiðamörk 1c, ✆ 4834700, ℻ 4834775, komfortabel ausgestattet mit Billardzimmer, Tennisplatz, Freibad mit Wasserrutschbahn, Sauna usw. DZ ISK 15.100, Menü ca. ISK 2.500.

Ljósbrá & Ból, Gästehaus und Jugendherberge, hilfsbereite Besitzer, Hveramörk 14, ✆ 4834588, 19 Betten, Aufenthaltsraum, Küche, SSU ISK 2.100/1.700. Im Gästehaus schöne Zimmer, DZ mit Bad ISK 7.500, reichhaltiges Frühstück.

Gistiheimilið Frumskógar ("Dschungel"), Frumskógar 3, 300 m westl. der Breiðamörk, beim sympathischen Ehepaar Kolbrún und Morten, ✆ 8962780, ℻ 4835048, SSU ISK 1.800, Küche, Hot Pot. 5 Apt. für 2–4 Pers. ISK 8.000/Tag.

Frost og Foni, ✆ 4834959, ℻ 4834914, nobles Gästehaus des Kunstsammlers Knútur, 6 DZ zu ISK 11.000 mit Frühstück, direkt an der Varmá über heißen Quellen am Ortsende gelegen, mit viel Kunst eingerichtet, Dampfbad, Öko-Frühstück. Freundlicher und hilfsbereiter Besitzer. Swimming-Pools und Hot Pots. Weitere 6 DZ mit Bad im anderen Haus oberhalb des Schwimmbads, Hot Pot.

• *Außerhalb* Fosshótel Ingólfur, ✆ 4835222, ℻ 5624001, 24 Zimmer mit Bad und TV, 9 Zimmer ohne Bad.

• *Camping* im Ort Richtung Schwimmbad in der Reykjamörk. Neu angelegt mit Spüle, Trockenraum, Waschmaschine. Dusche gratis. Etwas Windschutz.

• *Cafés/Essen* **Hverakaffi**, im Quellengebiet, offeriert derzeit Kleinur und Waffeln. Schnaps in Gurke mit Brot ISK 600. **Café Eden**, Austurmörk 25, 9–22.30 Uhr, Touristenschuppen mit üblichem Service-Angebot (Souvenirs, Eisbar, Grill, Cafeteria). Neben Kaffee verkauft man Treibhausgemüse und Blumen. Ein weitaus angenehmeres Café ist in der Bäckerei **Hverabakarí**, Breiðamörk 10, zu finden. Wer ein Restaurant sucht, hat nur die Wahl zwischen den beiden Hotelrestaurants. Ansonsten verköstigt das Lokal der Kette **Pizza 67**, Breiðamörk 2, im Sommer Mo–Mi 11–22, Do/So 11–23 und Fr/Sa 11–24 Uhr.

Freizeit/Sport

• *Schwimmbad* an der Varmá, Mo–Fr 7–20.30, Sa /So 9–20.30 Uhr.

• *Übernachten/Reiten* **Hof Vellir** (FH), ✆ 4834884, ℻ 4865577, SSU mögl. Dort **Eldhestar-Pferdetouren** für Anfänger und erfahrene Reiter, 1–3 Std. oder bis 9 Tage, Reiten mit Blick auf Berge und Gletscher und Bademöglichkeit im heißen Fluss.

HverAgerði: Tomaten und Bananen am Polarkreis

Blickfang der Stadt sind sich im Wind krümmende Dampfsäulen. Zahlreiche Treibhäuser bestimmen das Ortsbild. Auf 50.000 qm gedeiht es paradiesisch: Bananen, Feigen, Kakteen, Orangen und vor allem Gemüse, in wachsendem Maße werden auch Blumen kultiviert. Nachts schimmert unwirkliches Licht durch die Glaswände – Infrarot hilft dem Pflanzenwachstum auf die Sprünge. Ein wenig ungewohnt ist es schon, aus Nebel- und Regenwetter in quasi tropische Gefilde einzutreten.

Adresse The Icelandic Horticultural College, Mo–Fr 8–16 Uhr. Möchte man über den Anbau mehr erfahren, kann man sich an die seit 1939 bestehende Gartenbauschule wenden und um eine Führung ins tropische Gewächshaus bitten. Allerdings muss man vorher anrufen (✆ 4834300), denn es bestehen keine Einrichtungen für Touristen. Die Mitarbeiter sind normalerweise mit dem Unterricht für Treibhausbetreiber beschäftigt.

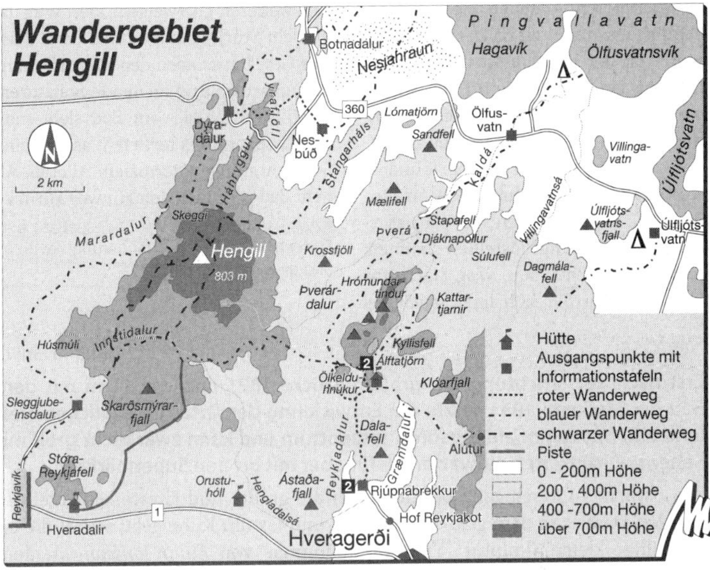

Wanderungen

(s. Karte S. 312/313)

Die Touristeninformation bietet mehrmals wöchentlich kostenlose geführte Spaziergänge an.

Quellenwanderung am Fluss (1) (1,5–2 Std.): Hveragerði bemüht sich sehr um Touristen, die mehr als nur das kommerzielle Café Eden sehen wollen. Falls das Wetter für die Wanderung (2) zu schlecht ist, machen Sie ruhig einen Spaziergang. So ist an der Brücke über die Varmá (beim Schwimmbad) ein kleiner Park angelegt worden. Ein ausgebauter Weg führt diesen Bach entlang flussaufwärts zu zahlreichen Quellen und Bohrlöchern bis zur nächsten Brücke. Auch Geysire sind hier nicht unbekannt. *Grýla* vor dem Fußballfeld ist allerdings nur eine schmächtige Quelle, die selten emporjagt und den Namen der mythologischen Figur der Mutter der 13 Weihnachtskerle trägt. Schon länger verstummte der *Litli-Geysir* (oberhalb des Schwimmbades), sodass er langsam in Vergessenheit gerät. Vermutlich wird man nur die Fontäne aus einem Bohrloch an der nächsten Brücke zu sehen bekommen. Von hier folgt man der Straße zurück nach Hveragerði.

Tagesausflug ins Hengill-Geothermalgebiet (2, s. auch Karte oben) (3–5 Std.): einfache und herrliche Wanderung mit einem Bad im heißen Fluss. Vom Ort 3,3 km links des Baches (am Fußballfeld geradeaus, am Bauernhof rechts halten) bis zum Parkplatz fahren oder laufen. Eine kleine Holzbrücke führt zum Bohrloch Árhólmar und nun kann es leicht bis mäßig bergan durch Wiesen auf rot markierten Wegen losgehen. Irgendwann wird einem – je nach Wind – Schwefelgeruch in der Nase kitzeln und einem sagen, dass man auf dem richtigen Weg ist. Linker Hand sieht man einen wunderschönen, grün schimmernden Wasserfall in Kaskaden bergab rauschen. Bald darauf (insgesamt nach ca. 1 Std.) ist ein Bach links

Die Südküste
Karte S. 312/313

zu überqueren – ziehen Sie ruhig die Schuhe aus, der Bach ist warm! 20 Min. später ist der Höhepunkt des Ausflugs erreicht, eine Badestelle im Fluss, dort, wo heißes und kaltes Wasser zusammenfließen. Von hier kann man entweder zurückgehen oder, sehr lohnenswert, noch den Ölkelduhnjúkur umrunden (2b): Wenn Sie sich von der natürlichen Badewanne losreißen können, folgen Sie rechts den Weg hoch zur Hütte. Halten Sie sich links, auch bei den weiteren Abzweigen. Der Weg ist nun ein Stück lang blau markiert. Düstere Gesellen säumen den Weg: zischende Fumarolen und miefende Solfataren. Nach etwa 1 Std. vom Bad sieht man den Ursprung des heißen Wassers: eine Schlucht mit geothermalem Allerlei. Ab dem Bad geht man den Hinweg zurück.

- *Ausrüstung/Anspruch* Badesachen, evtl. Furtschuhe. Leichte Wanderung, evtl. ab und an feuchte Stellen.

Selfoss (4.340 Einw.)

Erst nach der Errichtung der großen Brücke 1891 und vor allem mit dem Bau der Molkerei 1931 setzte die Entwicklung des Ortes im südlichen Tiefland ein. Das regionale Versorgungszentrum und kann zwar nicht groß mit Sehenswürdigkeiten aufwarten, dafür aber mit großen Supermärkten.

Am östlichen Ortseingang befindet sich die größte und älteste Molkerei des Landes. Dass es in dem großen Gebäudekomplex um Kühe geht, verrät die eigenwillige kleine Skulptur "Ýmir og auðhumla" von *Einar Jónsson* vor dem Haupteingang am Austurvegur. Großzügig angelegt ist die weiße *Selfosskirkja* von 1956, die mit ihrem hohen Turm von der grünen Wiese aus den Fluss überblickt. Auf der anderen Seite des Flusses Ölfusá kann man nordwärts Spaziergänge auf markierten Wegen durch Aufforstungsgebiete unternehmen. Eine Karte ist in der Touristeninformation erhältlich. Die beiden weit ins Hochland hineinreichenden Flüsse Ölfusá und Þjórsá begrenzen in der küstennahen grünen Tiefebene das so genannte "Flói-Land". Ein flacher Strandabschnitt verbindet die beiden Flussmündungen in einer Linie. Unter gewaltigen Anstrengungen sind in den vergangenen Jahrhunderten 300 km Entwässerungsgräben in den sumpfigen Ländereien angelegt worden.

Information/Adressen

- *Information* in der Bücherei am Austurvegur 2, ✆ 4822422, Mo–Fr 10–19, Sa 11–14 Uhr.
- *Versorgung* Apotheke (Austurvegur 5 und 44, Arzt im Krankenhaus Südislands, (Árvegur, ✆ 4821300), Banken am Austurvegur (Mo–Fr 9.15–16 Uhr), mehrere Supermärkte, einer im Einkaufszentrum am Austurvegur 5, tgl. bis 21 Uhr. Frische Milchprodukte bei Mjólkurbúðin, Austurvegur 65, Mo–Fr 9–18, Sa 10–13 Uhr, Optiker und Sportgeschäfte. Post Austurvegur 26, Mo–Fr 8.30–16.30 Uhr.
- *Autoverleih* Eyravegur 15, ✆ 4824040.
- *Autowerkstatt* Bílaþjónusta Péturs ehf., Vallholt 17, ✆ 8929612; Sólning, Austurvegur 58, ✆ 4822722.
- *Fahrradreparatur* Hjólbær, Austurvegur 11, ✆ 4821289.
- *Fahrradverleih* am Camping, ab ISK 600.
- *Fotoartikel* Austurvegur ✆4 und in Nr. 3–5.
- *Schwimmbad* Erlebnisbad am Bankavegur, im Sommer Mo–Fr 7–21, Sa/So 10–20 Uhr, Frei- und Hallenbad mit Sauna, Hot Pot.

Übernachten/Camping

Icelandair Hótel Selfoss, Eyravegur 2 am Ortseingang, ✆ 4822500, 📠 4822524, besser vorbuchen. Sündhaft teures Hotel mit DZ zwischen ISK 15.000 und 20.000. Gutes Restaurant mit Bar.

Heimagisting, Heiðmörk 2a, ✆ 4821471. SSU

1.600, reichhaltiges Frühstück ISK 750, auf Wunsch Abendessen. Obere Etage nur für Gäste, nette Zimmer. Seidenstickerei-Atelier im Garten. Der Besitzer spricht perfekt Deutsch und hat lange als Reiseleiter gearbeitet, gibt mit Vergnügen Tipps. Für ISK 400 wird Gästen die Wäsche gewaschen und wer möchte, kann mit der Dame des Hauses zum Kräutersammeln losziehen.

Gesthús Selfossi, auf dem Campingplatz, Engjavegur, ✆ 4823585, 📠 4822973, DZ ISK 8.400. Derzeit 11 freundliche, kleine Doppelhäuser mit Platz für bis zu 4 Personen, Bad und Kochnische, Hot Pot inkl. SSU 2.000/Pers.

• *Camping* Engjavegur 600m südlich der Ringstraße (nach der Post rechts abbiegen), großer Platz mit Küchenraum und Ententeich. Duschen ISK 100. Waschmaschine und Trockner ISK 500.

Essen/Cafés/Bar

• *Schnell und einfach* Wie in so vielen Orten Islands, so gibt es auch in Selfoss einige Hamburger- und Pizza-Restaurants, die meist bis 23 Uhr geöffnet haben: Fossnesti an der Esso-Tankstelle/Busbahnhof, Hrói Höttur am Austurvegur 20, Pizza 67 in der Tryggvagata 40, Pizza Hödlin im Eyravegur und Kentucky Fried Chicken am Ostende des Orts.

• *Restaurant* **Menam**, ✆ 4824099, neben dem Icelandair-Hotel am Eyravegur, thailändische Küche, nett eingerichtet, ISK 1.000–2.500, mittags und abends geöffnet.

• *Café* **Kaffi Krús** ("Kaffeepott"), Austurvegur 7, So–Do 10–24, Fr/Sa 10–2 Uhr. Café und Bar mit gemütlicher, stilvoller Atmosphäre. Neben Kaffee gibt es eine große Auswahl an Softdrinks und härteren Sachen, bekannt für gute, selbst gebackene Kuchen, kleine Gerichte (auch vegetarisch), Sandwiches und Brot des Hauses.

Café und Bäckerei am Austurvegur 31b, Mo–Fr 8–17.30, Sa 8–16, So 10–16 Uhr.

• *Bars* **H.M.**, Eyrarvegur nahe beim Hotel, nur an den Wochenenden geöffnete, bei jungen Leuten beliebte Bar mit viel Stil; **Inghóll**, Austurvegur 46 beim Fossnesti, nur an manchen Wochenenden geöffnete Bar und Disco mit Live-Musik.

Die Südküste
Karte S. 312/313

Abstecher ins malerische Eyrarbakki (515 Einw.)

Die Windböen fegen vom offenen Meer durch die Straßen des beschaulichen Örtchens, das exponiert auf einer Sandbank liegt und durch das der Geruch von Meer und Tang streicht. Eyrarbakki liegt heute trotz Reykjavíker Zuzügler im Abseits und hat sich viel Ursprüngliches bewahrt. Ein Heimat- und Schifffahrtsmuseum sowie mehrere Skulpturen eines ansässigen Künstlers sind im Ort verstreut zu bewundern. Spazieren Sie vom Kaffeehaus durch den Ort und am Strandwall zurück!

Obwohl die Küste wenig Schutz für Fischerboote und Handelsschiffe bot und deshalb für einen Hafen nicht sonderlich geeignet war, konnte sich der Flecken früher als *der* Hafen der Südküste rühmen. Flutkatastrophen veranlassten 1799 die Aufschichtung eines Steinwalls. Bis ins 18. Jh. war Eyrarbakki keine Dauersiedlung, die Bauern, die hierher kamen, um ihre Waren feilzubieten, nächtigten in Zelten. Ab 1765 durften Händler hier überwintern, die ersten Häuser, wie das erhaltene *Húsið*, wurden errichtet (s. u.). Mit dem Ende der dänischen Monopolzeit entwickelte sich der Fischfang in rasanter Weise. Bis 1920 dauerten die Boom-Jahre an, aus denen sich viele der alten Häuser in die Gegenwart hinüber retteten.

Im Lauf der Zeit verlor das Handelszentrum, in dem schon die Schiffe des Bischofs von Skálholt angelegt hatten, wichtige Funktionen an andere Städte. Von Fisch und Ruhm zur Alupfannen-Produktion und einem musealen Hafenort: Das ist – zugespitzt formuliert – der Weg Eyrarbakkis. Das benachbarte Þorlákshöfn nahm mit seinem über die Ölfusá-Brücke gut erreichbaren Hafen

Eyrarbakki die wichtigste Grundlage zum Wachstum; in Sachen Verwaltung und Dienstleistungsangebot dominiert heute Selfoss die Region. Die Bevölkerung beeindruckt das wenig: Viele Fischkutter, die Þorlákshöfn anlaufen, sind im Schiffsregister auf Eyrarbakki eingetragen, obwohl dessen Hafen 1989 schloss. Langweilig ist es für Reisende hier keineswegs und das nicht nur wegen des schwarzen Sandstrands und dessen Treibholzaufschichtungen. Der berühmte Sohn der Stadt *Sigurjón Ólafsson* gestaltete die Skulptur "Krían" vor dem Häuserensemble Mundakot im Ostteil des Ortes. Das alte Húsið brachte eine Handelskompanie 1765 als Wohnsitz für die dänischen Kaufleute aufbaufertig nach Eyrarbakki, das Gebäude nebenan ist das sog. "Assistenten-Haus" von 1881. Nahe dem Café erinnert ein Denkmal an ertrunkene Seeleute, daneben zeigt ein Modell die leider 1950 abgerissene dänische Handelsstation aus dem 17. Jh. Warum also nicht entlang der Häuser der Jahrhundertwende in der Hafenstraße schlendern?

- *Versorgung* Bank (nur Di-Nachmittag), Tankstelle, Post. Der alte Laden **Verslun Guðlaugs Pálssonar** soll evtl. mit der Einrichtung von 1917 wieder in Betrieb genommen werden. Werkstatt (✆ 4831343)
- *Übernachten* bei Drucklegung keine Möglichkeiten.
- *Camping* An der Küste ist oberhalb der Flutwasserlinie am Strand Zelten möglich, z. B. vor dem Café, allerdings weht der Wind hier ziemlich stark.
- *Essen/Café* **Rauða Húsið**, Búðarstígur, tgl. ab 11.30 Uhr, urgemütliches Café und relativ preisgünstiges Restaurant direkt hinter dem Strandwall. Das Café auf Holzplanken lässt im ersten Stock des alten Hauses das Flair vergangener Zeiten auf das Angenehmste nachempfinden. Im Erdgeschoss trifft man sich abends im Pub.
- *Reiten* Steini und Jessica, ✆ 4831035 und 8958059.

Sehenswertes

Kirche: Bevor 1890 die schmucke Kirche eingeweiht wurde, stand für die Bewohner das nächste Gotteshaus in Stokkseyri. Das Altarbild wurde eigenhändig von Luise von Dänemark gemalt, einer aus Kassel stammenden Gemahlin von Christian IX. Über dem Gang hängt – für eine Seefahrergemeinde angemessen – ein hölzernes Schiffsmodell. Die Glocke stiftete seinerzeit die Lefolii-Familie.

Öffnungszeiten tgl. 10–18 Uhr.

Heimatmuseum: Húsið ist eines der ältesten Gebäude Islands, 1765 wurde es für den Faktor aus dem Ausland importiert. Man nannte es einfach das Haus, das gemeine Volk lebte in ärmlichen Hütten. Es hält einige sehenswerte Stücke bereit. In herrschaftlichen Räumen stehen Gebrauchsgegenstände und Möbel aus vergangenen Tagen, darunter ein altes Piano, noch an ihrem alten Platz. Ein Raum beschäftigt sich mit Sakralia und Kircheninventar. Im Haus befindet sich auch ein traditionelles Musikinstrument, ein *langspil*, dazu Webstühle, Spindeln und Ähnliches Handwerksgerät. Herausragend ist ein Kleidungsstück, das aus Menschenhaar gefertigt wurde. Wechselnde Ausstellungen im Obergeschoss.

Öffnungszeiten ✆ 4831504, im Sommer tgl. 10–18 Uhr. ISK 400 für beide Museen.

Schifffahrtsmuseum: Unter dem blauen Dach des Museums wird – gruppiert um ein Boot von 1915 und in einem Nebenraum – Fischereizubehör gezeigt, etwa eine Kombüseneinrichtung oder Geräte zum Herstellen von Trockenfisch. Im Vorraum alte Gegenstände aus dem täglichen Leben und eine Sammlung zahlreicher alter Fotos.

Öffnungszeiten Túngata 59, tgl. 13–18 Uhr.

Der Nachbarort Stokkseyri (450 Einw.)

Der Schwesterort des 4 km entfernten Eyrarbakki erwachte mit einem geheimtippverdächtigen Hummer-Restaurant aus seinem touristischen Dornröschenschlaf. Stokkseyri ist auf einem flachen Kiesrücken errichtet, der über dem einige tausend Jahre alten Lavastrom *Þjórsárhraun* liegt. Und so besteht der Strand aus Kiesen mit Strandroggen-Vegetation und Lavalagunen, in denen man mit einem Leihkajak Seehunde besuchen kann.

- *Versorgung* Post und Tankstelle mit Cafeteria (Mo–Sa 9–22, So 10–22 Uhr).
- *Schwimmbad* Mo–Fr 13–21, Sa/So 10–17 Uhr, Freibad mit 3 Hot Pots.
- *Essen* Við Fjöruborðið ("Am Küstensaum"), Eyrarbraut 3a, ✆ 4831550, ca. 100 Jahre altes Haus mit Anbauten, tgl. ab 11.30 Uhr, hat in kurzer Zeit den Ruf als vorzügliches Restaurant erworben. Probieren Sie die reichhaltige Hummersuppe mit ganzen Stücken, serviert mit dreierlei leckeren Saucen auf künstlerischem Geschirr. ISK 900, als Hauptgericht mit Nachschlag ISK 1.400. Abends Reservierung nötig.
- *Kajak* im Schwimmbad, ✆ 8965716, Fahrten in Binnenseen oder an der Küste, 1 Std. ISK 2.000/Pers. mit Begleitung, 2 Std. ISK 2.500.
- *Übernachten* Ein Gästehaus ist geplant.
- *Camping* Bislang nur sehr eingeschränkte Möglichkeiten. Im Strandbereich kann man sein Zelt aufschlagen, sollte aber unbedingt vorher fragen, wieweit die Flut reicht.

Þuríðarbúð: Sehenswertes Steinhaus einer Fischerin (!) unmittelbar hinter dem Strandwall. *Þuríður Einarsdóttir* (1777–1863) – was für eine Frau: Sie hatte vom König die Erlaubnis, Hosen zu tragen, und kommandierte ein offenes Fischerboot. Auch sonst stand sie der Männerwelt nicht nach; kein Mann soll größere Fähigkeiten als sie gehabt haben. Auf See erledigte der Männerschreck Dringendes angeblich mittels eines gelochten Schafshornes. Sie brachte es auf höchst bewundernswerte 50 Fischsaisons, davon 25 als Kapitän!

Museum Baugsstaðir (5 km östlich): Die Molkerei von 1905 ist heute eine seltene Attraktion in Island. 48 Bauern aus der Umgebung gründeten damals den Milchverarbeitungsbetrieb, in dem als Novum mit Wasserkraft gebuttert wurde. Die Butter und der hier hergestellte Käse wurden größtenteils nach England exportiert. Seit 1975 ist die Anlage ein Museum zum Anfassen.

Öffnungszeiten **Rjómabúið Baugsstöðum** im Sommer Sa/So 13–18 Uhr, ISK 200. Da der Farmer Sigurður den nahen, stattlichen Leuchtturm von 1939 reinigen muss, rückt er den Schlüssel für dessen Tür eigentlich nur an Gruppen heraus, bei großem Interesse lässt er aber mit sich reden.

Weiterfahrt auf der Ringstraße

- *Tankstelle* am Abzweig der 26, 7 km vor Hella, 9–23 und So 10–23 Uhr, Laden Mo–Fr 9–18.30 und Sa 10–13 Uhr.
- *Übernachten* Camping in Þjórsárver an der Straße 305, Abzweig 6,5 km nach Selfoss, dann noch 9 km. ✆ 8622345.

Bitra (FH), beim alten Pärchen Hrefna und Guðgeir und ihren 5 Hunden, ✆ 4871081, 12 km östl. von Selfoss an der Ringstraße, 4 EZ, 10 DZ und 1 TZ, Rosatöne dominieren. DZ ISK 6.600. Aufenthaltsraum mit großmütterlichem Charme. Abendessen mögl.

Hestheimar, ✆ 4876666, Reiterhof 25 km nach Selfoss und 2,5 km von der Ringstraße, SSU ab ISK 1.000, hübsche Zimmer.

Hella ("hedla", 580 Einw.)

Bei Fernsicht erhebt sich im Hintergrund die prächtige Hekla, die für ihre Feuerauswürfe bekannt ist und schon immer die Aufmerksamkeit auf sich zog.

Die Südküste
Karte S. 312/313

Der junge Ort am Ufer des Angelflusses Ytri-Rangá, die weit oben an der Þjórsá entspringt, entwickelte sich im 20. Jh. zu einem Versorgungszentrum. Die Höhlen, die dem jungen Ort zu seinem klingenden Namen verhalfen, sind vor allem bei den Ægissiða-Höfen (s. u. Übernachten) und am Ufer des Flusses entdeckt worden. Allerdings führen keine ausgetretenen Touristenpfade zu ihnen, es fehlt schlicht das Geld, um die Hohlräume zu konservieren und einsturzsicher herzurichten. Rücksichtslose Entdecker haben bedauerlicherweise schon großen Schaden angerichtet. Einritzungen, Schriftreste und symbolartige Striche im Stein lassen darauf schließen, dass hier zu Zeiten der Besiedlung Islands irische Mönche hausten.

Information/Versorgung

Hella wächst in den letzten Jahren. Die Orientierung ist dennoch einfach: Die meisten touristisch wichtigen Einrichtungen liegen an der Ringstraße (Suðurlandsvegur) oder an der Straße am Fluss (Þrúðvangur).

- *Information* Suðurlandsvegur 1, ✆ 4875165, 9.15–17.15, Sa 9–13 Uhr, So geschlossen. Internet geplant.
- *Versorgung* Apotheke, Arzt, Suðurlandsvegur, ✆ 4875123, Bank, Post, Supermarkt (10–23 Uhr tgl.). Ca. 100 m nördlich des Supermarkts Bäckerei (Þingskálar 4) mit netter Cafeteria.
- *Angeln* je nach Fluss ISK 1.000–7.000/Tag, ✆ 4875120.
- *Autowerkstatt* Þrúðvangi 36, ✆ 4875530; Dynskálum 24, ✆ 4875353.
- *Fahrradwerkstatt* Fornisandur 2, ✆ 4875025, etwas versteckt im östlichen Teil des Ortes, deutschsprachig.
- *Fest* Hauptereignis des Ortes ist das **Reitturnier** (Mitte August). Für ISK 8.000 ist man mehrere Tage lang dabei. Pferdevorführungen mit Beurteilungen nach Gang und Schnelligkeit, Abendveranstaltungen im Festzelt.
- *Reiten* Vermittlung durch die Touristeninformation, ISK 2.000/Std.. Zwei Adressen: **Gästehaus Austvaðsholt** (siehe Übernachten); **Gestüt Árbakki**, 8 km von Hella an der Straße 271, ✆ 5577556,4875041, 📠 5871026, berühmtes Gestüt, das die in Pferdekreisen weltweit bekannte Zucht der Kolkuóslinie fortführt, Ausritte ab 1 Stunde (telefonische Voranmeldung sehr empfehlenswert).
- *Schwimmbad* Mo–Fr 10–21, Sa/So 10–19 Uhr, Freibad, Sauna, Solarium und Hot Pots.

Übernachten/Camping/Essen

Árhus, ✆ **4875577,** 28 Sommerhäuser für 2–6 Pers. am Flussufer. ISK 4.800–10.500 pro Nacht.

Gistihúsið Mosfell, Þrúðvangur 6, ✆ 4875828, 📠 4875004, größeres Hotel, gut besucht von Gruppen, DZ ab ISK 5.200, mit Bad 8.500 ohne Frühstück., SSU 3.800 für 2 Pers.

Hellir-Inn Ægissíða, ✆ und 📠 4875171, SSU ISK 1.900, mit Bettwäsche ISK 2.500 in 2 kleinen und einem großem Sommerhaus.

Brenna, Þrúðvangur 37, ✆ 4875532 und 8645531, 📠 8721932, SSU in 4er-Zimmern, Kochgelegenheit. Knallrotes Haus, passend zum Namen.

Rangárfluðir, ✆ 4875165, 6 Sommerhäuser, ab 4.500 ISK für drei Personen, etwas flussabwärts gelegen.

Gästehaus Austvaðsholt, an der Straße 271, ✆ 4876598, 📠 4876602, idyllisch gelegenes, grasbedecktes Haus im Jugendherbergsstil, SSU, Ausritte: 1 Std. bis 10 Tage rund um die Hekla.

- *Camping* Netter Platz südlich der Ringstraße am Fluss, Windschutz, mit Küche, Waschmaschine und Küche zum Aufwärmen, Dusche inkl. Wollwarenverkauf.
- *Essen* **Laufafell**, Þrúðvangur 2, tgl. 11–23 Uhr, Restaurant, häufig von Reisegruppen besucht, mit Tageskarte, Mittagsmenü ISK 900. Beliebt: mariniertes Lamm für 1.800.

Kanslarinn, Dynsskálar 10c, tgl. 11–23 Uhr, einfaches Restaurant mit einem unschlagbar günstigen Mittagsbüfett mit Pizza ca. ISK 900. Angeschlossen ist eine Bar.

- *Kneipe* **Kristján X.**, Þrúðvangur 34, in einem alten Haus aus Þingvellir, 11–23 Uhr, Sa/So länger. Mittagsbüfett, Tagessuppe. Manchmal Live-Musik.

Abstecher nach Þykkvibær und zum Ozean

Auf der gut ausgebauten Straße 25 fährt man durch ehemaliges Sumpfland zum winzigen und vermutlich ältesten Dorf Islands. Einrichtungen für Touristen gibt es nicht. Der Ort und die umliegenden Höfe leben vom Anbau von Kartoffeln, Rüben und Kohlrabi. Zum Meer hin schließt sich aufgewehter, schwarzer Sand an, den am Wasser Muscheln verzieren. Das Ende der lockeren Sandflächen ist eingeläutet. Durch die Aussaat von Strandhafer soll die Erosion durch Wind aufgehalten werden. Auf den schwarzen Dünen eröffnet sich ein weiter Panoramablick zur Hekla, den Westmännerinseln und den anderen Eisgipfeln, die die Berge im Osten markieren. Die Þjórsá-Mündung lockt regelmäßig Seehunde an. Ideal also für einen Strandspaziergang! Unsteter als diese Einmündung ist die der Holsá 16 km von der Strandlinie entfernt. Diese Mündung verschiebt sich zeitweilig sichtbar um einige Dutzend Meter.

Die Strecke: Der erste Hof auf der 16 km langen Strecke, **Hrafntóftir**, trug seinen Teil zur isländischen Besiedlungsgeschichte bei. *Hrafn Hængsson* wurde hier als erstes Siedlerkind in Island geboren; er war auch der erste Gesetzessprecher.
Neben der Ytri-Rangá stecken kurz nach Einmündung der Þverá graue Basaltsäulen im Boden, die an ihre Eindämmung vor etwa 80 Jahren erinnern (ein störender Seitenarm wurde damals abgeschnitten). Zurück fährt man entweder den gleichen Weg oder komplettiert die Runde über die Str. 275 und nach Vegamót; ohne einen Geländewagen kommt man hier allerdings nicht weiter.

Die Südküste
Karte S. 312/313

Der Vulkan Hekla (1.491 m)

Die Hekla ist ein gefürchteter, häufig aufbegehrender Vulkan, dessen breite Schneekappe oft in Wolken gehüllt auf dem länglichen Ascherücken thront. Respektvoll begegnete man dem Berg schon im Mittelalter, als hier das Tor zur Hölle vermutet wurde. Zuletzt brach der Vulkan nördlich von Hella am 26. Februar 2000 aus.

Die Hekla als Teil eines 40 km langen und 7 km breiten Spaltensystems ist eine Mischform zwischen Spalten- und Zentralvulkan. 16 Ausbrüche in geschichtlicher Zeit konnten nachgewiesen werden. Der Vulkan war für die Bewohner der Rangárvellir-Gegend eine ständige Bedrohung. Seine Asche begrub von Zeit zu Zeit Höfe, Felder und Wege; allein im 14. und 15. Jh. sollen 18 Farmen vernichtet worden sein. Insbesondere zum Ende der "kleinen Eiszeit" im 19. Jh. griff die Erosion unbarmherzig die sandigen Ascheflächen der Ebene an und machte den Bauern das Leben schwer. Eine Besteigung gehört zu den herausragenden Islanderlebnissen. Die Erstbesteigung unternahmen 1750 die Forschungsreisenden Eggert Ólafsson und Bjarni Pálsson.

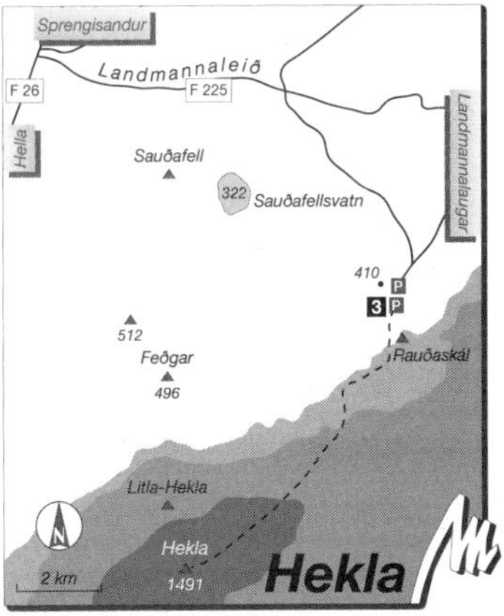

Geologie: Mit den Absenkungen aus den staubigen und kilometerhohen Aschepilzen bei Heklaeruptionen beschäftigt sich ein eigener Wissenschaftszweig, die so genannte *Tephrachronologie* (*Tephra* sind vulkanische Lockerstoffe), die es erlaubt, anhand der Eruptionsdaten der Hekla und der Ascheeigenschaften das Alter von Profilen des Untergrunds an verschiedenen Stellen in Island zu bestimmen.
Man teilt die Hekla-Aktivität in fünf verschiedene Perioden ein: H5 ereignete sich vor 6.000–7.000 Jahren, H4 vor 4.500, H3 vor 2.900 Jahren mit einer gewaltigen Tephraexplosion, H2 vor 2.000–1.500 Jahren und schließlich H1 im Jahr 1104. Seitdem begann eine neue Phase, ein- oder zweimal pro Jahrhundert ereigneten sich gemischte Eruptionen. Zur Zeit der Landnahme war das Land um den Höllenberg dichter besiedelt. Die Ansiedlungen des Þjórsá-Tales wurden bei diesem letzten großen Ausbruch vernichtet.
Im 20 Jh. hat vielleicht eine weitere Phase mit häufigeren Ausbrüchen begonnen. Der Berg zeigte sich 1947 über 13 Monate äußerst explosiv. In den achtziger Jahren fanden zwei Eruptionen mit kleineren Lavaausstößen statt. Ohne Vorwarnung stieß die Hekla im Sommer 1980 ca. 120 Millionen Kubikmeter Lava und Unmengen lockerer Tephra aus. Ausflügler und Touristen hielten sich in der Nähe des Berges auf. Am 17. August um 13.10 Uhr begann die Explosion. Ein kleiner Dampfball brach aus der Bergkuppe hervor, der sich rasch zu einer ausgewachsenen Rauchsäule verwandelte. Um 13.30 Uhr reichte der rauchige Dampf bereits 2,5 km hoch in den Himmel. Ein halbe Stunde später war mit 15 km das Maximum erreicht. Seinerzeit maß der Berg noch 1.447 m und hatte am Gipfel eine andere Form. Weitere Eruptionen folgten 1981 und 1991.

Hekla = Hölle?

Während in Island neben dem neuen Christengott die germanischen Götter noch fest im Bewusstsein der Menschen verankert waren und die Spätwerke der Edda entstanden, erschien auf dem Festland, wo der christliche Glaube sich längst durchgesetzt hatte, ein Bericht von der Hekla als Hölle. Der französische Chronist *Alberich von Troisfontaines* vermeldete in der Mitte des 13. Jh. eine Überlieferung aus dem Jahre 1134: "Am Tage der Schlacht von Fodvig sah man auf Island, wie über dem Hekla-Berg die Seelen der Getöteten in Gestalt schwarzer Vögel herumflogen und schrieen: \`Wehe, wehe, was haben wir getan? Wehe, wehe, was ist nun geschehen?´ Andere, ungeheure Vögel, die wie Greifen aussahen, jagten die Seelen vor sich her und in die Schlünde der Hölle hinein." Etwas später wurde auch im *Chronicon de Lancercost* und in den *Annalen von Flatey* von wimmernden Seelen in der Hekla-Hölle berichtet. Selbst in der beginnenden Neuzeit verblasste die Vision vom Höllenpfuhl der Hekla nicht so schnell. So schrieb *Caspar Peucer*, ein bekannter Arzt und Schwiegersohn Melanchthons im 16. Jh.: "Der Hekla-Berg lässt aus seinem unermesslichen Abgrund oder vielmehr aus der Tiefe der Hölle das jämmerliche und wehklagende Geheul Schluchzender ertönen, sodass man die Stimmen der Weinenden auf viele Meilen überall vernimmt. Wenn irgendwo auf der Welt Schlachten geschlagen oder blutige Taten vollbracht werden, dann lässt sich aus dem Hekla-Berg entsetzliches Lärmen, Geheul und Gewinsel hören." Noch im Jahr 1616 berichtet der Astronom *David Fabricius*: "Der Glaube ist im Schwange, dass im Hekla-Berg die Hölle sich befindet, der Ort, an dem die Seelen der Verdammten gequält, geschmort und gebraten werden. Der Teufel und seine Gehilfen schaffen, Gespenstern gleich, die Seelen der Getöteten in den Hekla-Schlund."

Zitate nach W. Hansen, mit freundlicher Genehmigung des Gustav-Lübbe-Verlages

• *Verbindungen* Busse von Austurleið der Landmannaleið/Fjallabak-nyrðri-Route ab Hella, allerdings erst ab 1.7. zu befahren. Abfahrt in Hella derzeit 10.15 Uhr. Problem: Man schafft es nicht in einem Tag von der Straße auf den Berg und wieder zurück, denn der Bus zurück nach Hella von Landmannalaugar kommt schon um ca. 16 Uhr vorbei; man muss als Rucksacktourist also einmal an der Hekla übernachten, d. h. genug Wasser mitnehmen! Von der Piste bis zum Parkplatz am Bergfuß sind 1,5 Std. einzuplanen.

• *Feste* Am langen ersten Wochenende im August veranstalten die Guttempler auf dem Zeltplatz Galtalækurskógur ein bei Familien beliebtes Fest mit Tanz, Gesang, Lagerfeuer, Feuerwerk, angeblich ohne einen Tropfen Alkohol. Eintritt ISK 6.000.

Die Besteigung der "Schneehaube" (3, s. Karte S. 321) (5–6 Std. vom Bergfuß): Oben hat man eine phantastische Sicht. Von der Landmannaleið-Straße biegen zwei Pisten zur Hekla ab, die westliche 8 km nach dem Berg Búrfell. Nach weiteren 8 km links ein kleiner Parkplatz mit Sitzgelegenheit. War die Piste bis hierher Pkw-tauglich, so kann man nun nur mit einem Jeep weitere 600 m zurücklegen bis zum markierten Beginn des Wanderwegs, der den Rücken entlangführt. Generell orientiert man sich so, dass man rechts auf die lavagefüllte Senke hinabblicken kann, aber nicht zuviel Höhe verliert. In manchen Jahren ist es wegen rutschiger Partien günstiger, nicht dem Weg an der Flanke zu folgen, sondern auf dem Rücken nach oben zu steigen (am besten vorher in Leirubakki erkundigen). Meist geht es in mäßigem Anstieg auf lockerem Lavageröll bergan, der Weg führt über einige leicht zu querende Schneefelder. Nach einem ersten Gipfel eröffnet sich der Blick auf den eigentlichen Gipfel, zu dem es noch ein Stückchen ist. Oben befindet man sich inmitten einiger rauchender Stellen, umgeben von schwarzer und rostroter Lava. Die Fernsicht auf die umliegenden Gletscher ist überwältigend.

Die Südküste
Karte S. 312/313

• *Anspruch* Bitte erkundigen Sie sich vor der Besteigung nach den Folgen des letzten Ausbruchs. Technisch einfach, bei Nebel ohne Kompass ungeeignet, zu leicht kann man sich in der Lava verlaufen.

• *Ausrüstung* Kompass, Wanderschuhe, Wanderstöcke nützlich, aber nicht notwendig. Es gibt kein Wasser auf der Hekla (nur Schnee).

• *Karte* **Sérkort** 1:100.000, Landmælingar Íslands, Blatt Þórsmörk/Landmannlaugar.

Hekla-Museum auf Leirabakki: Das nagelneue Museum will in multimedialer Aufmachung sowie traditionell anhand von Fotos und alten Gemälden, Zeitungsartikeln, Gedichten, Tagebuchaufzeichnungen,Chroniken, Forschungs- und Expeditionsberichten die Geschichte des Vulkans vom ersten Ausbruch nach der Landnahme im Jahr 1104 bis zur verhältnismäßig kurzen Eruption 2000 erzählen. Cafeteria und Restaurant sind geplant.

• *Schwimmbad* Freibad in Laugaland, 1.6.–30.8. Mo–Fr 15–21.30, Sa/So 13–17.30 Uhr.

• *Übernachten* An der Straße 26 kann man in **Leirabakki** übernachten (zu empfehlen) oder am Campingplatz **Galtalækur** (beide ca. 30 km vor der Hekla).

Reiterhof Leirabakki ("Schlammhügel"), ✆/📠 4876591. Entgegen dem Namen hübscher Reiterhof (ca. 100 Pferde) mit Tankstelle, **Camping**, kleiner Touristeninformation und originellem Grillplatz in den Wällen eines ehemaligen Schafstalles. Sauna, Hot Pots, "Wikingerpool", Küche, Dusche. DZ ISK 6.000 ohne Frühstück, SSU 1.800. Reiten ISK 2.000/Std. oder für 4 Tage nach Landmannalaugar ISK 12.000.

Weiterfahrt auf der Ringstraße

▶ **Historischer Pfarrhof Oddi:** Ein Abstecher auf der Straße 266 führt nach Oddi, im 12. Jh. ein politisches und kulturelles Zentrum nicht nur des Rangá-Bezirks, sondern ganz Islands. Die Kirche ist eines der für den Tourismus wiederentdeckten Kirchlein, das allerdings nur bei näherem Hinsehen zu den Interessanten zu zählen ist. Beim ersten Kirchenbau ging es mystisch zu: Ein aus dem Himmel gefeuerter Speer zeigte die Stelle, an der die Kirche errichtet werden sollte. Wie auch immer, das heutige Gotteshaus aus dem Jahr 1924 ist gelungen. Bunte Fensterscheiben, das Taufbecken mit geschnitzter Taube, ein Kruzifix aus dem 13. Jh. und ein ebenso alter Silberkelch schmücken das Innere. Auf Oddi lebte einst *Sæmundur der Weise*, etwas später verbrachte hier *Snorri Sturluson* (siehe Reykholt, S. 515) einen Teil seiner Kindheit. Auch ein anderer berühmter Mann der isländischen Kirchengeschichte, Bischof *Þorlákur Þórhallsson*, stand in Verbindung zu Oddi.

Sæmundur der Weise

Oddi ist auch ein alter Häuptlingssitz. *Sæmundur Sigfússon "der Weise"* (1056–1133), in Legenden berüchtigt für seine Kontakte zum Teufel und seine Beherrschung der Zauberkünste, war einer der Anführer, die hier ihren Wohnsitz hatten. Von seinem Studienort Paris reiste er auf einem Seehund, in den sich der Teufel verwandelt hatte, zurück. Am Strand zeigte sich der gewitzte Sæmundur für die Fährpassage mit einem kräftigen Schlag auf den Kopf des Tieres mit einem heiligen Gegenstand erkenntlich und verhinderte so den Verkauf seiner Seele. Vor der Universität in Reykjavík ist er als Skulptur "Sæmundur auf dem Seehundrücken" von Ásmundur Sveinsson dargestellt.

▸ **Abstecher zum Torfgehöft Keldur** (Straße 264): Man sollte nicht vorbeifahren an diesem historischen Hof mit seinen sechs Holzfassaden, zu dem mit "Keldnaskálinn" das älteste Haus Islands gehört: Dieser Teil des Hofes (*skáli* = Eingangsdiele) stammt aus dem 12./13. Jh. Das Gotteshaus aus dem Jahr 1875 an der Seite einer Bachmäanderschleife, die zwei Torfställe umfließt, ist Nachfolger einiger Kirchenbauten, deren ältester Vorgänger von der Sagagestalt *Jón Loftsson* erbaut wurde. Ein Tunnel, der etwa tausend Jahre alt sein soll, verband den Hof mit dem Fluss. Die Bauern hatten hier früher mit starken Sandstürmen zu kämpfen, gegen die sie Schutzwälle errichteten. Manch einer kennt hier noch die Erzählungen, wie es war, als man mit einer Schutzbrille aus dem Haus gehen musste.

Öffnungszeiten Seit einem Erdbeben ist unklar, wann Keldur wiedereröffnet wird.

Hvolsvöllur ("kvolsvödlür" 660 Einw.)

Das Saga-Zentrum ist die Attraktion des Ortes. In hervorragender Aufmachung werden die Erlebnisse der Sagahelden Njáll und Gunnar erläutert – die Bauern der Gegend haben heute noch einen Bezug zu der Geschichte, die hier vor vielen hundert Jahren stattfand. Das sieht man nicht zuletzt daran, dass einige von ihnen mit Begeisterung ein Njall-Musical im Ort aufführen.

Schon recht nahe an die majestätische Welt der Berge herangerückt, ist die gut erschlossene Siedlung ansonsten ein Ausgangspunkt für Ausflüge ins Gebiet Fljótshlíð und weiter in die aufregende Schönheit der Wildnis Emstrur oder in die Gletscherwelt der Þórsmörk (mit dem PKW jeweils nur stückweise machbar).

Gunnarsholt und der Kampf gegen die Lavaasche

Im 19. Jh. gab es nur eine Farbe in der Gegend: das Schwarz des Sandes. Island ist ein empfindliches Ökosystem nahe am Polarkreis, dem die Auswirkungen der Besiedlung, Klimaschwankungen und Vulkanausbrüche zu schaffen machen und der Erosion Vorschub leisten. 1907 begann das zähe Ringen gegen Landverwehungen und Sandstürme, die zur Jahrhundertwende besonders starke Auswirkungen hatte; erst in den 1950er Jahren bekam der Staat die "Desertifikation" unter Kontrolle. Oft gelang nur eine Verteidigung, nicht die Rückeroberung der schwarzen Wüste. Was heute in Gunnarsholt betrieben wird, kann als beispielhaft gelten. Nach der Ernte bestimmter Samen im August werden die Körner in der hiesigen Anlage "veredelt"; sie bekommen dabei eine Hülle aus Nähr- und Düngestoffen verpasst, die die Wachstumsbedingungen rapide verbessern. Flugzeuge und Volontäre bringen die präparierten Samen aus, deren Pflanzen (besonders der Gemeine Strandroggen *Leymus arenarius* und eine aus Alaska eingeführte Lupinenart) die Asche an den Grund binden und Dünen stabilisieren sollen, getreu dem Motto "Die Isländer schulden ihrem Land immer noch mehr als die Hälfte der ursprünglichen Vegetationsdecke".

Information/Versorgung/Übernachten

- *Information* im Saga-Zentrum, ✆ 4878781, ℻ 4878782. Zieht evtl. um an die Ringstraße.
- *Internet* bislang nur in der Bücherei beim Schwimmbad.
- *Versorgung* Bank, Apotheke, Supermarkt an der Ringstraße (tgl. 10–23 Uhr), Post, Werkstatt (✆ 4878150).
- *Übernachten* **Hotel Hvolsvöllur**, Hlíðarvegur 7 (Richtung Fljótshlíð), ✆ 4878187, ℻ 4878391, 28 Zimmer im nicht mehr ganz neuen Bau, mit Frühstücksraum im Wintergarten, DZ ab ISK 6.800 ISK, 2 behindertengerechte Zimmer, SSU mögl.

Gistiheimilið Ásgarður, am Ortsausgang Richtung Fljótshlíð, ✆ 4878367, ℻ 4838387, komfortable Sommerhäuser (ISK 5.900/ Nacht). Im Haupthaus befindet sich der mit Schnitzereien des Besitzers liebevoll verzierte Frühstücksraum. Bei Drucklegung Besitzerwechsel geplant.

- *Außerhalb* **Hótel Rangá**, ✆ 4875700, ℻ 4875701, 7 km von Hella, niedriger Bau im kanadischen Stil mit Cognacstofa. Viel Atmosphäre, 21 Zimmer, z. T. mit Terrasse. 2 Hot Pots.

Hótel Stokkalækur, ✆ 4878780, ℻ 4878786. 10 km außerhalb. DZ ISK 10.500 mit Frühstück, Camping.

- *Camping* hinter der Esso-Tankstelle, 150 m seewärts, eben, Spielplatz, ohne Dusche.
- *Essen* Hótel **Hvolsvöllur**, Imbissrestaurant **Hlíðarendi**, an der Tankstelle, tgl. 8–23, So 9–23 Uhr, Tagessuppe mit Kaffee ISK 600.

Gallery Pizza, Hvolsvegi 29, im Sommer So–Do 12–21, Fr und Sa 12–23 Uhr, moderne Imbisspizzeria. Mo- bis Fr-Mittag isländisches Essen – der beste Tipp für Hvolsvöllur.

Freizeit/Sport

- *Angeln* in der **Eystri-Rangá** für ISK 2.400–14.000 je nach Woche, in der Þverá ISK 2.000. Anfragen in der Touristeninformation.
- *Reiten* **Miðhús**, nahe dem Ort, ✆ 4878098, 8654655, Njáll-Tour.
- *Schwimmbad* Vallabraut, Mo–Fr 7–21, Sa/So 10–17 Uhr, Freibad, 3 Hot Pots.

Die Njáll-Saga

Im südisländischen Tiefland spielt die spannende und blutige Geschichte des *Njáll Þorgeirsson*. Hier im Schatten der Gletscherwelt lebten die zentralen Gestalten: der tapfere Krieger *Gunnar Hámundarson* vom Hof Hlíðarendi (in Fljótshlíð) und seine Frau *Hallgerður* sowie *Njáll* "der Weise", ein Rechtsgelehrter, und seine Frau *Bergþóra*. Die Gegend um Keldur und Hvolsvöllur ist reich an Schauplätzen, wo Gunnar von Feinden aufgelauert wurde und wo Schlachten geschlagen wurden. Njáll Þorgeirsson hatte auf Bergþórshvoll (heute an der Straße 251) seinen Wohnsitz, der später abgebrannt wurde (Ausgrabungsfunde bestätigen einen Hausbrand zu Anfang des 11. Jh.).

Die Saga beginnt damit, dass die schöne, aber betrügerische und rachsüchtige Hallgerður (die Langbeinige) einen Streit mit Bergþóra vom Zaun bricht, in dessen Verlauf die Knechte der beiden Höfe ermordet werden. Njálls Söhne und weitere Verwandte der beiden Familien werden in die Auseinandersetzung hineingezogen. Die Lage spitzt sich zu, als Gunnar von der Gesetzesversammlung wegen seiner vielen blutigen Fehden, die er für Hallgerður geführt hat, für vogelfrei erklärt wird. Der Geächtete kann sich nicht von seiner Heimat losreißen und reitet nach Hause zurück. Damit hat jedermann das Recht, ihn zu töten. Als eine Mannschaft unter *Gissur* ihm nach dem Leben trachtend anrückt, reißt Gunnar unglücklicherweise die Saite seines Bogens. Er bittet Hallgerður, sie möge ihm ersatzweise eine ihrer lockigen Haarsträhnen geben. "Hängt irgendetwas davon ab?" fragt sie. "Mein Leben hängt davon ab", antwortet Gunnar. Hallgerður schlägt ihm die Bitte mit dem Hinweis auf eine Ohrfeige ab, die Gunnar ihr wegen ihres niederträchtigen Verhaltens zu Beginn der Auseinandersetzungen versetzt hat. Damit ist Gunnars Schicksal besiegelt. Zahlreiche Racheakte und Metzeleien folgen, bis die Geschichte schließlich nach erwähnter Brandschatzung von Njálls Hof und dessen "Märtyrertod" auf das Ende zusteuert und sich die Familien versöhnen.

Musical Derzeit wöchentlich eine Aufführung im Sagazentrum. Empfehlenswert!

Abstecher ins Gebiet Fljótshlíð (261)

Fljótshlíð ist der Name der Gebiete an den Hängen der Þverá. Eines vorweg: Von hier führt kein Weg zur Þórsmörk, höchstens für Jeeps nach Emstrur/Landmannalaugar. Es lohnt in jedem Fall, bis zur Jugendherberge Richtung Tindfjallajökull zu fahren und von den flussdurchschlängelten Schottern zu Wanderungen oder Reitausflügen in dieser ur-isländischen Szenerie mit Bauernhöfen und Gletscherkappen im Hintergrund aufzubrechen.

Die Straße 261 passiert zunächst das Forstgebiet *Tumastaðir* mit einem Rastplatz unter Tannen. Kurz vor der Abzweigung der Straße 250 liegt die die Farm *Hlíðarendi*, der historische Hof, auf dem eine zentrale Gestalt der Njáll-Saga, *Gunnar Hámundarson* lebte. Auch Bischof *Þorlákur* wurde hier geboren.

Drei auffällige Wasserfälle prasseln ein Stück weiter die Hänge herab: *Þórðarfoss*, *Drífandifoss* (im umfriedeten, vegetationsreichen Areal "Þorsteinslundur" zu dessen Füßen wurde dem Dichter Þorsteinn Erlingsson, der auf Hlíðarendakot geboren wurde, ein Denkmal gesetzt) und *Gluggafoss* (Fenster-Wasserfall) oder auch *Merkjáfoss* (Grenzfall, da er zwei Besitzbereiche scheidet). Nach wenigen Kilometern ist man dann an der winzigen Jugendherberge *Fljótsdalur* angelangt. Die Straße setzt sich als abenteuerliche Piste F261 (siehe Kap. Hochland, S. 647) Richtung Landmannalaugar fort.

- *Galerie* **Gallerí Lambey**, ✆ 4878321, Ausstellung des bekannten Malers Jón Kristinsson "Jóndi" in einem kleinen Holzhaus 8 km von Hvolsvöllur an der Str. 261. Der warmherzige Mann aus Húsavík, der nebenbei Farmer war, malte in den 40ern und 50ern Anzeigenplakate, manche davon hängen im Reykjavíker Árbæjarsafn, andere der unverkäuflichen Werbeposter liegen hier in einer Mappe zur Ansicht aus. Zu kaufen sind Landschaftsbilder von ISK 10.000–40.000.
- *Café/Pub* **Kaffi Langbrók**, bei Jón, der manchmal alte rímur für seine Gäste singt; bei Sonne herrliche Terrasse mit Blick auf Dímon und die Gletscher. Cognacstofa zum Chill-Out. Jón verkauft auch die Bilder seiner Schwester Álfheiður.
- *Übernachten* **Húsið**, ✆ 4878448, 📠 4878748, ca. 9 km nach Hvolsvöllur, schmuckes Gästehaus in der alten Schule aus dem Jahre 1929 mit 9 Zimmern. Húsið war früher der Treffpunkt der umliegenden Höfe. Hier stand denn auch das erste Radio der Gegend (das zunächst nur zwei Leute berühren durften...). SSU ISK 1.500, mit Bettwäsche 2.600, Frühstück mögl., Anmeldung empfohlen. Reiten wird vermittelt.

Smáratún (FH), 13 km von Hvolsvöllur rechter Hand der Str. 261, ✆ 4878471, 📠 4878373, adrettes, blaues Häuschen, Küche, Frühstück im Wintergarten. SSU ISK 1.650, mit Bettwäsche 2.200, Abendessen 1850, Angeln mögl.

Jugendherberge Fljótsdalur, ✆ 4874898, nahezu am Ende von Fljótshlíð kauert leicht erhöht ein winziges, grasgedecktes Haus am Berghang, wohl die "schnuckeligste" Jugendherberge Islands, leider mit wenigen Betten. Küche, aber kein fließendes warmes Wasser und nur kleine Elektroöfen. Ausgezeichnete Bibliothek – besser: eine Fundgrube alter Islandbeschreibungen. Aufenthaltsraum mit Blick auf den Eyjafjallajökull. Mai–Ende September, ISK 1.300/1.000. Der Miteigentümer Dick Philipps ist im übrigen schon 1958 über die "Sprengi" geradelt...

- *Camping* in Húsið oder am Gluggafoss kostenlos (Schotterweg nach rechts vor dem Abzweig der 250 nehmen).

Wanderungen/Ausflüge

(s. Karte S. 312/313)

Ab Fljótsdalur: Empfohlene Wanderungen von der Jugendherberge aus führen in 4 Stunden auf den Þórólfsfell (574 m, gute Aussicht (4). Des Weiteren kann man Richtung Tindfjalljökull die Schlucht Marðará (30 Min. bis 2 Std.) erkunden (5). Ebenfalls interessante Tageswanderungen folgen der *Þórólfsá* (6). Gäste der Jugendherberge können zur Tourenplanung die dort vorhandenen Karten nutzen und sollten unbedingt auf Tipps der herzlichen Herbergseltern Judi und Paul zurückgreifen.

- *Karte* 1:100.000, Þórsmörk/Landmannalaugar.

Wandergebiet Þórsmörk

"Thors Wald" ist einer der idyllischsten Flecken der frostigen Insel. Eingebettet zwischen den Eishelmen des Tindfjalla- und Eyjafjallajökull präsentiert sich das Tal des Donnergottes als urtümliche Schlucht mit Moosen, Farnen, Gräsern und lichtem Birkenwald, in der die züngelnde Krossá ihr Flussbett einfurcht.

Namensgeber Þór, auch Regengott, stört dieses Idyll selten. Das Tal im Schatten der Höhenzüge, dessen Südseite eigentlich Goðaland heißt, ist klimatisch begünstigt. Das Landnahmebuch konstatiert zu alldem nüchtern: "*Ásbjörn Reyrketilsson* und sein Bruder *Steinfinnur* besiedelten das Land oberhalb der

Krossá östlich des Fljót. Steinfinnur lebte in Steinfinnsstaður und hinterließ keine Nachkommen. Ásbjörn weihte sein Land dem Gott Þór und nannte es Þórsmörk." In unzähligen Flussarmen wälzt sich das Wasser zum Meer, das Geröll der hobelnden Gletscherzungen mit sich führend. Radler oder Wanderer kommen nicht umhin, an einigen Stellen die bitterkalte Gletschermilch zu durchwaten. Das Tal ist eingeschlossen von *Eyjafjallajökull, Tindfjallajökull* und *Mýrdalsjökull.* Ersterer legt sich über einem 1.666 m hohen Schichtvulkan, der 1821–23 seine letzten Ausbrüche hatte. Häufig weht ein angenehmer Föhn von den Gipfeln, der düstere Wolkenschichten in lockeres Gewölk verwandelt und dem engen Tal ein blaues Wolkenloch verschafft, durch das die Sonnenstrahlen Eingang finden. Diese tauchen Gletscher, Steine und Vegetation in kräftige Farben und können auch einen Regenbogen von Ufer zu Ufer spannen. Erosionsbedingte Felsformen mit gefurchten Einschnitten und wasserführende Schluchten bieten einen fantastischen Anblick. Bergstürze hinterließen steinerne Felsmeere.

Geologie: Das Gebiet besteht vor allem aus Palagonit, Basalt, Ignimbrit und Sedimenten glazialer Herkunft. All dies ist chaotisch durcheinander gelagert, Ergebnis des ständigen Wechselspiels zwischen Feuer und Eis. Besonders aufregend für geologisch Interessierte ist die "húsadalurkliff", eine einzigartige überbackene Gletscherablagerung zwischen Langidalur und Húsadalur gegenüber der Snorrariki. Vermutlich wurden diese Sedimente vom Ignimbritstrom überfahren und erlitten dabei diese eigenartige Verfestigung. Verursacher war der Tindfjallajökullausbruch vor rund 54.000 Jahren.

Streckeninfo/Tipps für Wanderer und Radler: Die 30 km lange Piste zur Þórsmörk kann nur mit Jeeps bewältigt werden. Über 20 Furten warten auf den Abenteurer, drei davon können über 40 cm tief sein. Nur die ersten 10 km sind mit einem normalen PKW möglich. Die F249 arbeitet sich ab der Markarfljót-Brücke langsam über bemoosten Schotter in den Bereich der Gletscher vor. Nach einer Weile gabelt sich die Piste und führt rechts zu einem Talgletscher, dem *Gígjökull* (Fußgängerbrücke). Weiter kommt man auch mit einem Allrad-PKW nicht und selbst mit dem Jeep empfiehlt es sich, einem erfahrenen Isländer zu folgen. Der nächste Abzweig führt links Richtung Norden ins *Húsadalur.* Rechts erreicht man auf dem Hauptweg das ebene Tal der Krossá, das Gebiet des eigentlichen Þórsmörk. In der letzten Furt direkt vor der Hütte Langidalur (Fußgängersteg) sollten Sie Ihr Glück nicht herausfordern: 30- bis 40-mal im Jahr kommt der Notfalltraktor in den Schlammfluten der harmlos aussehenden Krossá zum Einsatz. Zu Fuß und mit dem Fahrrad ist ein Durchkommen bis zum Ziel möglich, wenn auch kein Vergnügen.

Wanderungen

(s. Karte S. 329)

Þórsmörk ist ein paradiesischer Fleck für Wanderer. Bei Kompasswetter ist Vorsicht angesagt: Die magnetische Abweichung ist streckenweise beträchtlich. Wichtigste Ausgangspunkte sind die Hütten Langidalur (Brücke über die Krossá) und Básar.

Stakkholtsgjá (7): Diese Schlucht einige Kilometer vor Langidalur ist eines der ersten Ziele auf dem Weg ins Krossá-Tal, dem fast jede Gruppe einen Besuch abstattet. Nach dem Streifzug durch das enge Flussbett kommt man zu einer beeindruckenden Engstelle, die nur noch dem Wasser Platz lässt, und muss den Rückweg antreten. Das weitaus interessantere Erlebnis bietet ein Weg, der

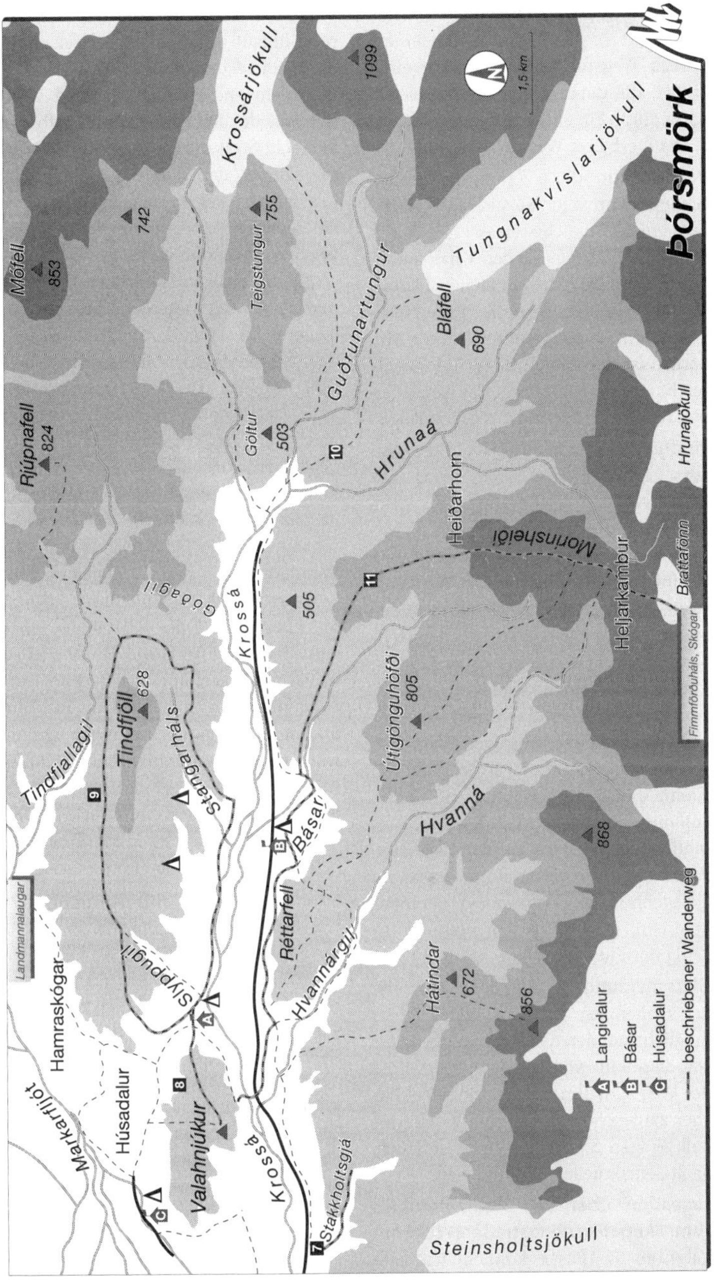

Die Südküste
Karte S. 312/313

auf dem Rückweg bei einem kleinen Einschnitt rechts abgeht. Nach einem kurzen Wegstück steht man vor einer Höhle, die durch eine Öffnung erhellt wird; durch ein anderes Loch plätschert ein zauberhafter Wasserfall herunter.

Valahnjúkur (9): Wenn die Sonne scheint, dann sagen Sie sich los von der bequemen Aussichtsterrasse in Langidalur und besteigen sie den Valahnjúkur. Nach 20–30 Min. ist ein kleines Plateau erreicht, von dem man die Hütte Húsadalur sieht. Nach weiteren 10–20 Min bergan ist der Gipfel mit Windrose erreicht und man übersieht das ganze Gebiet des Þórsmörk und des Markarfljót.

Tindfjöll-Umrundung (10): Eine äußerst lohnenswerte aber etwas anspruchsvollere Wanderung, die 4–6 Stunden auf markierten Wegen in Anspruch nimmt. Das erste Stück ist von faszinierenden Blicken auf die Gletscherwelt begleitet. Nach einer Weile ist ein Grat zu passieren, auf dem teilweise kein Pfad mehr vorhanden ist. Eine liebliche Hochfläche wird erreicht, von der es in vollkommen anderer Landschaft weiter geht: Der Weg hangelt sich an Schutthängen in dem von einem Fluss ausgewaschenen Cañon entlang und gibt auf dem letzten Stück schließlich den Blick auf den Eyjafjallajökull frei. Auf dieser Route ist kaum Gelegenheit, an Trinkwasser heranzukommen, man deckt sich besser frühzeitig mit Flüssigkeit ein.

Gletscherzungen: An der Nordseite der Höhenzüge im Krossádalur ist es möglich, zu den Gletscherzungen des Mýrdalsjökull vorzudringen. Meist ist der Weg zum Tungnakvíslarjökull einfacher zu begehen als der zum Krossárjökull. Fragen Sie vorher an einer Hütte nach den aktuellen Bedingungen.

Tagestour über den Fimmvörðuháls zum Skógafoss/Ringstraße (11): Vom Talgrund in Básar können trittfeste Wanderer eine herausragende Wanderung hinauf in die Gletscherwelt, über ein Firnfeld und hinab zum Skógafoss unternehmen. Ein Trampelpfad zieht sich auf der linken Seite oberhalb der Schlucht Strákagil hin, ausgehöhlte Felsen säumen den Weg. Nach einer mittels Seil gesicherten rutschigen Stelle ist eine erste, mit Steinmännchen gekennzeichnete Anhöhe erreicht. Auf einem schmalen, erdigen Felsrücken führt der markierte Weg weiter und erreicht ein steileres Stück, an dem man keinesfalls den Weg verlassen sollte – hier wurde schon zuviel von der Grasmatte zerstört. Nach der Morinsheiði folgt der heikelste Part, eine sandige Stelle in Gletschernähe, die aber in rutschigen Bereichen durch eine Kette abgesichert ist. Die letzten Farbtupfer sind jetzt verschwunden: Die Eiswelt empfängt den Wanderer in scharf abgegrenztem Schwarz und Weiß. Höhepunkt ist nun die Überquerung des Brattafönn, eines ausgedehnten Firnfeldes, das ab und zu von schotterigen Steinhügeln durchbrochen wird. Im Sommer sind manche Stellen feucht, gutes Schuhwerk ist spätestens hier unabdingbar. Auch Schneestürme sind möglich, deswegen vorher die Wetterbedingungen checken. Die Markierung ist durchweg gut. Eine etwa 500 m westlich der Route gelegene Hütte (Übernachtungsmöglichkeit) ist bei schlechtem Wetter etwas schwieriger zu finden. Von der unbewirtschafteten Berghütte am markierten Wanderweg (ein Briefkasten freut sich über ehrlich bezahlte ISK 100) schlängelt sich eine Jeepspur Richtung Meer. Einer der aussichtsreichsten Streckenabschnitte ist erreicht, der Blick auf die Gletscher oder das Meer ist grandios. Nach der Fußgängerbrücke über die Skógá kann man entweder dem Fluss – Kletterpartien eingerechnet – folgen oder weiter den Fahrweg hinuntergehen, an dessen Seiten sich gut die typischen Frostwechselerscheinungen erkennen lassen. Nach ca. 7–10 Stunden, je nach Wetter, findet man sich in Skógar wieder.

• *Verbindung* ab **Reykjavík** über Hella und Hvolsvöllur 1- bis 2-mal tgl., Ankunft 12/20.30 Uhr. Der Bus pendelt vom 15.6.–15.8. vor der Rückfahrt mittags zwischen den drei Wanderhütten Húsadalur, Básar und Skagfjörðuskáli/Langidalur mit einem kurzem Halt an der *Stakkholtsgjá*, um 15.30 Uhr bzw. vom 15.6.–15.8. um 7.20 Uhr geht es ab Húsadalur zurück in die Hauptstadt.

• *Einkaufen* nur i. Langidalur (ca. 8–22 Uhr tgl.).

• *Übernachten* **Stóra Mörk III** (FH), nächster Bauernhof zur Þórsmörk, 30 km von Hvolsvöllur an der Str. 249/248, ✆/℻ 4878903, 5 Zimmer beim freundlichen Farmerpaar Ragna und Ásgeir. Mit schönen Rundblick aus dem Wintergarten, SSU 1.400 ISK, mit Bettwäsche 2.800. Kochgelegenheit. Leckeres Abendessen auf Anfrage. Neben dem Hof liegen Rotoren von im 2. Weltkrieg abgestürzten Flugzeugen, die vor kurzem aus dem Gletscher geborgen wurden. Empfehlenswert!

Im Þórsmörk: Die folgenden 3 Hütten, in denen an Wochenenden ruhige Nächte eher unwahrscheinlich sind, liegen nur 30–60 Gehminuten auseinander (Vorausbuchung empfohlen): **Skagfjörðsskáli im Langidalur von FÍ** (dort buchen), ✆ 8541191, SSU, Küche, Camping auf hübschem Gelände. **Húsadalur von Austurleið betrieben**, ✆ 8525506, SSU für 80 Leute, Camping, Sauna. **Básar von Útivist**, ✆ 8542910, Campingplatz südlich der Krossá, SSU. Weitere Campingmöglichkeiten in Litliendi und Stórendi (Wasser, Toilette).

Fimmvörðuháls, von Útivist, herrliche Lage, Reservierung nötig, Trinkwasser schon vorher aus einem Schmelzwasserbach tanken. Innentoilette. GPS: 63°37.26 19°26.42.

Karte S. 312/313

Von Hvolsvöllur nach Skógar (48 km)

Schon von weitem ist der weiße Wasserstrahl vor den Klippen, der 60 m hohe *Seljalandsfoss*, zu sehen, der in einem größeren und mehreren kleineren Fällen in ein grün eingerahmtes, rundes Becken prasselt. Hinter dem Wasservorhang ist der Fels ausgehöhlt (vor dem Wasserfall herrlicher Rastplatz; ein Rundweg ist angelegt worden). Die Straße entlang der wunderschönen Eyjafjöll aus grün bewachsenen und geschichteten Fels mit zahlreichen Wasserfällen führt durch Weideland mit weiß-roten Farmen. Kurz vor der Tankstelle liegt linker Hand die üppig-grün überwucherte alte Thingstätte *Steinahellir*. Bis ins 19. Jh. war hier der Versammlungsort.

• *Tanken* vor Seljavellir, tgl. 9–20 Uhr, Zukunft ungewiss.

• *Übernachten/Café* **Skálakot**, 2 km vom 2. Abzweig der 246, bei Guðmundur und Jóhanna, ✆/℻ 4878953, SSU ca. ISK 1.500 in einem Raum in Stockbetten, Küche, Hot Pot geplant, Reithalle.

Moldnúpur/Hótel Anna (FH), ✆ 4878955, 8995955, nach einer reisenden Tante der Besitzerin Eyja benannt, 1,4 km von der Ringstraße, 5 äußerst stilvolle DZ mit Bad, TV, Telefon zu ISK 12.000 mit Frühstück, keine SSU. Im Café Kleinur, Pfannkuchen, Waffeln, Kuchen. Pulloververkauf. Tgl. 11–20.30 Uhr.

Edinborg, Farm Lambafell, 1 km an der 242, ✆ 4878011, bei der Künstlerin Ólöf Pétursdóttir, die das 100 Jahre alte Pfadfinder-Haus aus Hafnarfjörður hierher brachte. 6 Zimmer, die die Namen ihrer Kinder tragen, ISK 5.600 ohne Frühstück.

Gemeindezentrum **Heimaland**, ✆ 48789994/878914, mit Kochgelegenheit, SSU ISK 1.050. Camping ISK 350/Pers.

Ásolfsskáli, ✆ 4878952, 3,5 km vom ersten Abzweig der 246, in den beiden hellen und sauberen Häuschen finden 5–10 Personen Platz.

Drangshlíð I (FH), ✆ 4878868, ℻ 4878869, wunderschön gelegen, helle Zimmer (einige mit Bad) mit geräumigem Wohnzimmer und Küche. Empfehlenswert! Dem freundlichen und Deutsch sprechenden Besitzer Jón, der als Reiseleiter gearbeitet hat, können – sofern Zeit ist – viele Informationen über die Gegend entlockt werden. Mit Bettwäsche ISK 3.500 ohne Frühstück, SSU ISK 2.200. Bei Anmeldung Abendessen. Der Fels vor der Farm ist ein versteinertes Schiff – oder aber vom Sagahelden Gretti aus der Felswand oberhalb hierher geschleudert.

• *Camping:* **Hamragarðar**, am Wasserfall Seljalandsfoss, ✆ 4878920, Duschen 9–11 und 21–22.30 Uhr.
Seljavellir, Campingplatz 2,8 km nördlich der Ringstraße an der 249 mit Heißwasser und WC für ISK 400, warmes **Schwimmbecken** und Hot Pot, 11–23 Uhr. Eine Wanderung zum Gletscher dauert etwa 3 Std.

Skógar: ein Wasserfall und Þórðurs Museen ("skóar")

Wahrzeichen des winzigen Ortes ist der Wasserfall Skógafoss. Unvermittelt stürzt er nach einer Felsnase über die Klippen der ehemaligen Küstenlinie in die Tiefe. Als der Meeresspiegel hier noch höher lag, konnte das Meer die Steilküste erschaffen. Der Name "Waldfall" wird als Hinweis genommen, dass zur Zeit der Besiedlung die Gegend bewaldet war. In den Felsen nisten Eissturmvögel, Gletscher krönen diesen Höhepunkt der Natur. Seit 1978 steht der Skógafoss, dessen Schmelzwasser auf 25 m Breite 60 m tief hinabfallen, unter Naturschutz. Viele namenlose Wasserfälle ziehen sich entlang des Pfades weiter nach oben die grünen Hänge bis in kargere Regionen hinauf. Der Aufstieg auf der rechten Seite ist für eine erste Erkundung vermutlich die bessere Wahl. Eine klassische Wanderung führt zum *Fimmvörðuháls* und weiter zur *Þórsmörk* (siehe dort, S. 330) oder bis *Landmannalaugar* (siehe dort, S. 643). Man wäre nicht in Island, steckte nicht hinter der stürmischen Wasserwand des Skógafoss eine alte Geschichte – in der Tat, es soll ein Goldschatz hinter den Wassern lagern...

• *Information* ✆ 4878843, im Fossbuinn, tgl. 10–22 Uhr; keine professionelle Info.

• *Bank* Mo–Fr 9.15–12 Uhr.

• *Reiten* neben dem Edda-Hotel auf der Farm **Ytri-Skógar**, ISK 1.400/Std., ✆ 4878832.

• *Schwimmbad* im Edda-Hotel, 250 ISK.

• *Übernachten/Essen* **Hótel Edda**, ✆ 4878870, 📠 4828858, bietet 34 Zimmer in gewohnter Qualität; Restaurant mit gutem Service.

Der Skógafoss

Hótel Skógar, 12 ansprechende, stilvolle Zimmer, Sauna, Hot Pot, Terrasse. Ab ISK 12.500. Restaurant ab 19 Uhr mit Hauptgerichten ab ISK 2.000. Architektonisch eine gelungene Mischung aus kolonial und isländisch-modern.

Fossbúð, ✆ 4878843, im Gemeindezentrum beim Skógafoss, mit Cafeteria und einfachem Restaurant, SSU 1.500 ISK, auf Matratzen 1.000, DZ ab ca. 5.000. Im Restaurant Fish'n'Chips für ISK 1.100.

• *Camping* Der **Campingplatz Fossbúð** liegt direkt am Wasserfall (d. h. laut, aber in Urlandschaft), Dusche ISK 200.

Das Gold des Þrasi

Der erste Siedler aus Norwegen in dieser Gegend, *Þrasi*, lagerte seinerzeit seine Goldkiste hinter dem Wasserfall. Lange Zeit später lebte eine schwangere Frau in Skógar, der Þrasi im Traum erschien. Er gab ihr folgenden Auftrag: Sie solle dem Kind den Namen "Þrasi" geben und ihn nur mit Schafs- und Pferdemilch großziehen, solange bis er zwölf Jahre alt sei. Dann würde er den Goldschatz erhalten. Die Frau befolgte die Anweisungen; aber der Zwölfjährige kam einige Stunden zu früh zum Wasserfall (vielleicht war er abends geboren?). Jedenfalls bekam der Unglückliche nur den Ring der Truhe zu greifen. Der wohl über 1000 Jahre alte Ring hing seitdem als Türöffner an der Kirche und ist nun ein Schmuckstück des Heimatmuseums. Das Gold kann immer noch gefunden werden, verrät zwinkernd der Leiter des Museums – wenn die Sonne auf den Wasserfall scheint, könne man es doch schon sehen!

Die Museen: Bemerkenswert ist nicht nur die Sammlung von 12.000 Exponaten und einem erstaunlichen Archiv im Keller, sondern vor allem der über achtzigjährige, aber putzmuntere und liebenswürdige Mann, der seinen Traum verwirklicht hat und dessen Lebenswerk hier ausgebreitet vor dem Besucher liegt: *Þórður Tómasson*. Immer noch spielt er gerne seinen Gästen auf dem Harmonium vor. Im Hauptraum ist ein für die südisländische hafenlose Küste typisches Boot zu bewundern, die 1855 gebaute *Pétursey* (vor dem Bug hängt das Bild einer Fahrt von 1894). Das Boot war bis 1946 im Einsatz und trug 17 Mann auf See hinaus. Im Vorraum leuchten *Hallgerður* und *Gunnar* aus der Njáll-Saga von einem Wandteppich. Weitere Kleinode sind handgeschriebene Manuskripte, eine Bibel von 1584, eine kleine Þór-Figur, Glücksbringer wie Fischreiherfüße oder Schlittschuhe aus Schafsknochen. Sie kamen zum Einsatz, wenn auf den verschneiten Feldern der Regen gefror war. Im Obergeschoss befinden sich meist häusliche Exponate. Der quirlige Þórður hat zudem dafür gesorgt, dass Torfhäuser von verschiedenen Orten hierher gebracht wurden, die liebevoll eingerichtet wurden, ebenso eine Kirche mit bis zu 300 Jahre alten Gegenständen. Seit 2001 steht hier auch die alte Schule aus Litli Hvammur, in der die isländische Schulgeschichte illustriert werden soll. Bereits eröffnet ist das Verkehrsmuseum. Hier lagern Sättel, Skier, ein Postauto, Telefone, Radios, Autos und Schneemobile.

Öffnungszeiten tgl. 9–18.30, Sept.–Mai 10–17 Uhr, ISK 800 für alle Museen; Cafeteria 10–17 Uhr (Tagessuppe, Waffeln).

Wie fischt man an einer hafenlosen Küste?

Jahrhundertelang war der Fischfang eine tragende Säule für das Leben der Isländer. Auch vor Südisland waren reiche Fischgründe. Nicht selten schwamm ein Jungschwarm bis an den Strand. Man dankte Gott und packte zu. Der Bootsbau war ein klassisches Metier für die Inselbewohner, in jeder Region war man eigenständig in dieser Fertigkeit. Im Februar oder März begann die Fangzeit im Uferbereich, im Mai ging sie zu Ende. Denn sobald viele Vögel den Küstenstreifen bevölkerten, zogen sich die attackierten Fische in tiefere Gewässer zurück und die für die Menschen brauchbaren größeren Fische mussten folgen.

Die Küstenfischer waren Bauern und Bauernsöhne oder Landarbeiter. Man rüstete die Boote und wartete auf Nordwind, denn nur bei diesem konnte man bei ruhiger See frühmorgens aufbrechen. Ein Mann musste an Land bleiben, um die zurückgelassenen Pferde zu beaufsichtigen. Es war nicht nötig, weit hinaus zu fahren. Zweimal in See zu stechen, war die Regel, jedes Mal kehrte ein fischbeladenes Boot zurück ans Ufer. An manchen Tagen war ein dritter Fang zu schaffen. Überraschte eine Wetterverschlechterung das Boot, war schnelle Rückkehr oder die Flucht nach Heimaey geboten. Es kam vor, dass sich jemand entschied, mit dem Boot die Westmännerinseln anzusteuern und dort wegen des guten Hafens zu überwintern.

Die gefangenen Fische wurden getrocknet. War Fisch im Überfluss vorhanden, konnte man ihn verkaufen. Dazu war der weite Weg zu den damaligen Handelsplätzen zurückzulegen, entweder auf die Westmännerinseln oder nach Eyrarbakki im Westen. Die gottesfürchtigen Männer hörten auf höhere Mächte und zollten der Natur hohen Respekt – und versuchten doch immer, ihre Stärke in Frage zu stellen. Der Kampf mit den Naturgewalten war risikoreich, aber der Lohn war groß: Ein Haushalt konnte sicher ein ganzes Jahr überleben.

Nach einer Vorlage von Elísabet Sverrisdóttir.

▸ **Weiterfahrt**: Die Ringstraße hangelt sich zwischen den ersten kleinen Sandern und der noch relativ zahmen Gletscherwelt weiter nach Osten. Auf den *Skógasandur* folgt ein weiterer schwarzer Sander: der *Sólheimasandur*, dessen Beginn der "Gestankfluss" *Fúlilækur* markiert. Links biegt ein auch mit dem Pkw befahrbarer Weg zum *Sólheimajökull* ab (4 km). Beim anschließenden Stolpern über Moränengeröll Richtung Norden schlägt einem oft eine faulige Schwefelbrise entgegen.

▸ **Abstecher auf den Gletscher**:

Geologie: Katla ist ein subglazialer Vulkan mit einer 154 qkm großen Caldera, der größten in Island. Seit der Besiedlung brach er über ein Dutzend Male aus, alle 40–80 Jahre. Die letzte Gletscherlauf-Katastrophe ereignete sich 1918, als gleichzeitig ein riesiger Asche-Rauchpilz über dem Eis stand; 24 Tage dauerten die Eruptionen, etwa 0,7 Kubikkilometer Tephra wurden ausgeworfen. Bei einem solchen Gletscherlaufereignis können jede Sekunde bis 300.000 Kubikmeter Wasser (!) dem Meer entgegenstürzen. Große Gletscherläufe sind kraftvoll genug, um Gehöfte wegzuspülen, Menschen und Tiere sterben machtlos in den Fluten. Die unbändige

Felstor Kap Dyrhólaey

Kraft der Wassermassen vermag die Küstenlinie zu verformen und ins Meer hinauszuverschieben. Kein Bach ist nach dem Ereignis im selben Flussbett zu finden. Nach alter Regelmäßigkeit "fehlte" noch ein Ausbruch im letzten Jahrhundert. Die Bewohner von Vík sind vorbereitet. Katla ist überfällig. Manchmal werden die Hüttenwarte früh angerufen, dass sie besser nicht hinaufgehen sollten. Den Tag beginnen die Wärter mit dem Studium der Erdbebendaten der Nacht...

• *Anfahrt* Die Straße ist derzeit PKW-tauglich (wenn auch nicht gerade sanft). Im Herbst hat ein Wirt schon mal 14 Stunden gebraucht, um wieder hinunter zu fahren! http://hraun.vedur.is/ja/skjalftar/myrjokull.html

• *Touren* Ausgangspunkt ist die Hütte Sólheimaskáli am Gletscher (bisher leider noch keine SSU, kein Restaurant). Snowmobile-Expedition, ✆ 4871500 und 8932445, oder bei der Touristeninfo in Vík..

▶ **Weiterfahrt:** Man passiert auf der Ringstraße ca. 18 km vor Vík den kleinen Berg *Pétursey*. Ursprünglich war der Felsbrocken eine Vulkaninsel (284 m), an die das Meer bis zum Vordringen der Sander rastlos brandete. Natürlich ist so ein seltsamer Hügel elfenbewohnt.

▶ **Abstecher zum Felstor Kap Dyrhólaey (218):** Vorbei an erosionsgeschmirgelten Formationen ("Windkanter") gelangt man zunächst zur zweistöckigen Höhle *Loftsalahellir*. Sie wurde früher für Versammlungen genutzt, auch damals, als sie den denkwürdigen Brief an den dänischen Händler Bryde schickten (siehe Kap. Vík, S. 340). auf der guten Straße 218, die vom 1.5. bis 25.6. wegen Brutvögeln gesperrt ist. Wenn man sich links hält, erreicht man auf dem eben verlaufenden Pistenarm zur Lagune Dyrhólaós. Am schwarzen Strand hat dort die Natur mit senkrechten, abgebogenen oder quer verlaufenden Basaltsäulen ein außergewöhnlich fesselndes Designerstück entworfen. Der rechte Weg hingegen führt steil bergan zum Leuchtturmhäuschen von 1927. Von dort ist der von zahllosen Bildern bekannte Blickwinkel auf die 120 m hohe "Türhügelinsel" Dyrhólaey zu erheischen, die bei einem submarinen Vulkanausbruch vor 80.000 Jahren das Licht der Welt erblickte. Bunter Klecks in der Wiesenlandschaft ist ein kleines Bauernhofgebäude. Von hier aus kann man auf das grasbewachsene, über 100 m hohe und abgeflachte Brandungstor weiterlaufen, das sich immer wieder die Ehre, der südlichste Punkt Islands zu sein, mit Kötlutangi im Osten streitig macht.

• *Übernachten* **Sólheimahjáleiga** (FH), ✆ 4871320, Bauernhof 22 km westlich von Vík, in Eiruns Elternhaus von 1939. 6 DZ, 2 TZ, SSU im Zimmer ISK 1.650, DZ ISK 5.300 ohne Frühstück. Aufenthaltsraum, Wintergarten, Terrasse, Küche, Abendessen auf Anfrage. Tiere dürfen gestreichelt werden!

Hotel Dyrhólaey/Brekkur (FH), ✆ 4871333, etwa 9 km vor Vík, ein sehr angenehmer Hof (Gästehaus), leicht erhöht mit schönem Blick über die Bucht. 35 DZ mit Bad für ISK 9.800 mit Frühstück. Restauranttipp: Forelle. Möglich ist eine Wanderung zum Búrfell (393 m), ca. 3 Std.

Küstenseeschwalbe im Flug

Im Gletscher (ES)

Die Eiswelt im Südosten

Geradezu überwältigend ist der erste Anblick Islands. Bläulich ragt die felsige Küstenlinie aus der grünen, von Schaumkämmen gekrönten Flut, überdeckt von endlosen, im Frühsonnenschein zauberhaft erglänzenden Eisfeldern. Als eine eisigleuchtende Riesenkuppe ragt wie eine strahlende Wolke, wie ein Polarmärchen, der Eyjafjälljökull in das unendliche klare Blau des Äthers, daneben der Mýrdalsjökull.

(A. v. Winterfeld, 1926)

Nach dem Bereich der Steilküste beginnt die Welt der kaum bewachsenen, 50 bis 100 m mächtigen Sand- und Kiesebenen, die immer wieder von Gletscherläufen überschwemmt und dann mit Eisbergen überzogen werden. "Sander" heißt diese faszinierende und zugleich feindliche Landschaft der übermächtigen Natur, des Ursprungs und der Vergänglichkeit.

An wenigen Stellen ragen markante Inselberge aus dem rabenschwarzen Schotter auf. Am Horizont leuchten als Kulisse die Gletscherzungen und vereinzelt Grüntupfer. Selbst dem Nebel ist auf den Sandflächen etwas abzugewinnen, wenn er in trüben Schwaden, die kaum mehr als 20 m Sicht erlauben, über das Land zieht.

Von der Ringstraße führt ein Abstecher vor dem wohltuend grünen Örtchen *Kirkjubæjarklaustur* zu den unheimlichen Kratern und Moosteppichen der einst zerstörerischen Vulkanspalte *Lakagígar*. Moosbepolstertes Lavagekröse verziert die zackige Szenerie der in einer Linie stehenden Kuppen und Kraterkegel. Auffällig sticht der *Laki-Krater* aus dem Lavagewirr und der kahlen Frostschuttlandschaft der Umgebung hervor.

Richtung Osten rückt wenig später die ungeheure Eiskuppel des *Vatnajökull* näher. Immense Wassermassen jagen durch vielfach verästelte Wasserläufe dem Meer entgegen. Unter dem "Wassergletscher" lauert zudem eine Reihe von wenig zimperlichen Vulkanen. Erst 1996 riss bei einem Ausbruch ein Gletscherlauf Brückenteile mit sich; schwer vorstellbar, dass Wasser 15 m hohe Eisbrocken mit sich schleift, Brücken zerstört und deren Pfeiler wie Streichhölzer aus der Verankerung herausreißt. Es ist gar nicht lange her, dass die Sander ein unpassierbares Hindernis waren und die östlichen Höfe zu den isoliertesten in Island zählten. Heute ist der Nationalpark am Vatnajökull, *Skaftafell*, ein Paradies für Wanderer und Kletterer.

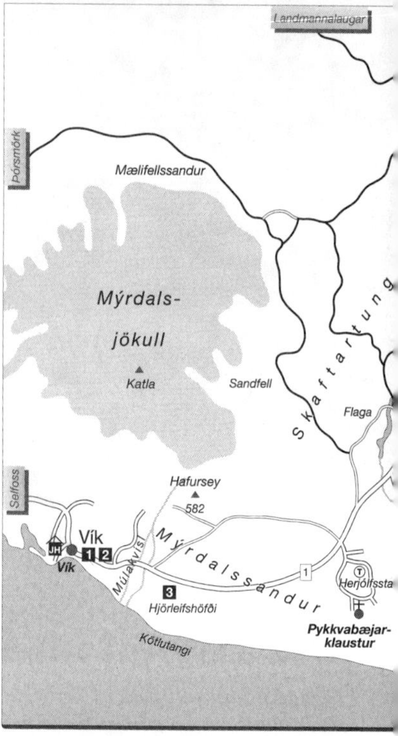

Autorentipps: Kehren Sie im Halldórskaffi in Vík ein. Ziehen Sie am Skaftafell-Park die alternative Zeltmöglichkeit an der Farm Svinafell in Betracht. Essenstipp: das Tagesmenü im Ósinn in Höfn. Reizvolle Unternehmungen: Wanderung auf den Reynisfjall, zum Geheimtipp Þakgil bei Vík, Wanderung von der Gletscherhütte Jöklasel hinunter zur Jugendherberge Vagnstaðir, Wandern bei Stafafell. Geführte Touren: Wanderung mit Hannes von Núpsstaður aus oder eine Jeeptour ins farbenprächtige Kollumúligebiet in der Lónsbucht von der Jugendherberge Stafafell.

Island als unterkühlte Schönheit: Eisschollen und -berge schwimmen in grönländischer Ruhe in der eindrucksvollen Gletscherseenlandschaft des *Breiðamerkursandur.* Viele Farmen und Gehöfte in feuchtgrüner Wiesenlandschaft folgen schließlich zu Füßen einer Girlande aus Gletscherzungen aufeinander bis zum adretten Hafenstädtchen *Höfn.* Letzter landschaftlicher Höhepunkt der Strecke ist die farbenfrohe, rhyolitische Ur-Landschaft *Lónsöræfi* zwischen den gespenstisch dunklen Bergen Austur- und Vesturhorn.

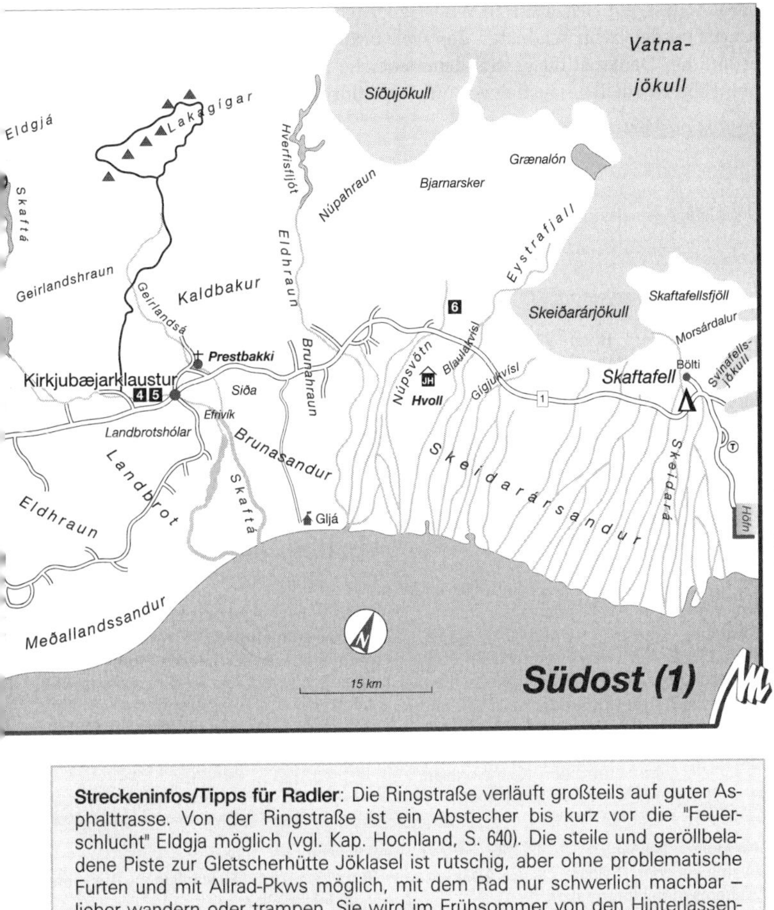

Streckeninfos/Tipps für Radler: Die Ringstraße verläuft großteils auf guter Asphalttrasse. Von der Ringstraße ist ein Abstecher bis kurz vor die "Feuerschlucht" Eldgja möglich (vgl. Kap. Hochland, S. 640). Die steile und geröllbeladene Piste zur Gletscherhütte Jöklasel ist rutschig, aber ohne problematische Furten und mit Allrad-Pkws möglich, mit dem Rad nur schwerlich machbar – lieber wandern oder trampen. Sie wird im Frühsommer von den Hinterlassenschaften des Winters geräumt. Die Wege zu Laki und in die Lónsöræfi setzen fahrerisches Können und Jeeps mit sehr hoher Achse voraus.

Vík í Mýrdal

(300 Einw.)

Der ehemalige Fischerort ist nun fest in der Kralle der hektischen Vögel. Küstenseeschwalben segeln am Himmel und Papageientaucher hüpfen in den steilen Klippen des Reynisfjall-Bergrückens umher. Wahrzeichen des Ortes sind die Basaltzacken "Reynisdrangar" im Meer – der Legende nach versteinerte Trolle.

Vík kann auch grausig sein: Bisweilen fegen Stürme aus östlicher Richtung wie Sandstrahlgebläse durch den Ort; von Süden versucht beharrlich das anbrandende Meer, den schwarzen Strand in der Bucht wegzuspülen, ohne Rücksicht darauf, dass ein Teil 1991 in einer (zugegebenermaßen isländischen) Zeitschrift zu den zehn schönsten der Welt gekürt wurde. 2002 wurde nahe am Strand ein Denkmal für gestrandete deutsche Seeleute aufgestellt. Neuer Geheimtipp ist ein Tagesausflug von Vík zur wildromantischen *Þakgil.*

Information/Versorgung/Souvenirs

- *Information/Kulturzentrum* ✆ 4871395, Víkurbraut 28, meerwärts gelegen, tgl. 10–18 Uhr, Café, Ausstellungen, Internet.
- *Versorgung* Bank, Post, Supermarkt (Víkurbraut 5, tgl. 8–18.30), Wollwarenfabrik Víkurprjón neben der Tankstelle (9–22 Uhr).
- *Autowerkstatt* Framrás, Smiðjuvegur, ✆ 4871330 oder 8534630.

Übernachten/Camping/Essen

- *Übernachten* **Hótel Vík**, Klettsvegur, ✆ 4871480, Fax 4871418, 21 DZ mit Bad zu ISK 9.800. Gut eingerichtete Zimmer mit Bad, eines davon behindertengerecht ausgestattet. Sommerhäuser.

Ársalir, Austurvegur 7, ✆ 4871400, Fax 4871401, 10 Betten, DZ o.B. ISK 4.600, SSU ISK 1.400. Nette Besitzer, Abendessen möglich.

Gästehaus und Hotel Lundi, Vikurbraut 24a/26, ✆ 4871212, Fax 4871404. Neugebautes Hotel mit 10 DZ mit Bad für ISK 9.000 und 2 EZ. Im alten Gästehaus SSU ISK 1.700, mit amüsanter alter Hotelküche.

Gästehaus Katrínar, ✆ 4871186, Kirkjuvegur 4, 3 DZ, SSU ISK 1.700, mit Bettwäsche ISK 2.500. Erdgeschoss nur für Gäste. Kochgelegenheit.

Jugendherberge Norðurvík, ✆ 4871106 und 8672389, Fax 4871303, 22 Betten, ISK 1.800/1.450.

Hötturinn Sommerhäuser, Mýrarbraut 13, ✆ 4871210, vermietet beim Campingplatz zwei Sommerhäuser für 4–6 Personen.

- *Camping* **Campingplatz Vík**, Waschmaschine/Trockner; Dusche ISK 200. Herrlich an den Felsen gelegen, durch Erdwälle etwas windgeschützt. Großer Aufenthaltsraum; gerne von Gruppen besucht.

Camping am **Heiðarvatn**, 5 km nördlich der Stadt, ISK 500 pro Zelt, Anfahrt über die Straße zu den Höfen Stóra und Litla Heiði.

- *Essen/Café* **Halldórskaffi** im Museum, So–Do 11–23 Uhr, am Wochenende länger. Sehr gemütlich. Tagessuppe mit Refill ISK 550, Forelle, Pizza, Kuchen, Ástarpungar (Liebeskugeln) und auch harte Drinks, z. B. Frozen Brennivín für ISK 400. **Hotel Lundi**, kleines Restaurant mit guter Tageskarte. **Víkurskáli**, bei der Tankstelle, Restaurant mit reichhaltiger Karte. Die Cafeteria im Gästehaus **Ársalir** steht leider nur Gästen offen.

Freizeit/Sport

- *Angeln* Heiðarvatn, ✆ 4871266, in der Hvammsá oder Deildará ca. ISK 4.000/Tag. Weiteres in der Information.
- *Fahrradverleih* Ársalir.
- *Schwimmbad* geplant.
- *Rundflüge* bietet **Reynisflug** an. Auskunft bei der Information.

Sehenswertes

Museum Bryðebuð: Dieses Haus war das erste Handelshaus in Vík, das ganzjährig geöffnet war. Der reiche Däne Bryðe ließ 1895 das Haus von 1831 auf den Westmännerinseln kaufen und hierherb ringen. Er selbst freilich war niemals hier, er kontrollierte das Geschäft aus Kopenhagen. Wie es zum Handelsposten kam? Die 1890er waren klimatisch harte Jahre. Nur zwei Farmen gab es in der Gegend. Die Farmer schrieben einen Brief an den Kaufmann, er solle doch hier einen Handelsposten errichten, schließlich gebe es sonst keinen zwischen Höfn und Eyrarbakki. Allerdings war hier kein Hafen! Die Schiffe mussten auf Reede liegen und entladen werden, was Arbeit schuf. Bis 1980 war in dem Haus noch ein Tante-Emma-Laden untergebracht. Heute ist

es ein Museum zur Natur und über gestrandete Seeleute. 1898–1982 strandeten 112 Schiffe an der Küste des Skaftafells-Bezirks, 29 davon aus Deutschland. Man sprach von Europas Schiffsfriedhof. Die Ladungen – besonders Kaffee, Weinfässer – waren heiß begehrt und landeten schnell in den Farmen. Im Obergeschoss des Museums alte Fotografien aus der Region.
Öffnungszeiten Víkurbraut 28, ISK 250, 10–17 Uhr.

Wanderungen (s. Karte S. 338/339)

Strandrunden (30 Min.) (1): Von der Ringstraße kurz vor der Tankstelle biegt die Víkurbraut an einer Brücke (über die Víkurá) ab. Ein kurzer Pfad führt vom Museum weiter bis zum Meer. Die *Reynisdrangar* sind von hier zu sehen.

Zum Reynisfjall (340 m, 2–3 Std.) (2): Einfache Wanderung mit herrlichem Ausblick. Vom Supermarkt steigt man Richtung Strommasten, bis man auf eine Schotterpiste, die von der Ringstraße kommt, stößt. Nach 30 Minuten hat man den höchsten Punkt erreicht (Mast). Nach einer Stunde ist man vorne am 149 m hohen Kliff. Papageientaucher flattern umher, Möwen segeln umher. Unterhalb der Felsnase liegen die spitzen Nadeln *Reynisdrangar* im Atlantik. Nach Osten wird Hjörleifshöfði erkennbar, im Westen das Felstor Dyrhólaey. Das Gestein ist an vielen Stellen porös und verwittert, auf den Klippen ist Vorsicht geboten, leicht kann Fels wegbrechen – nicht zuletzt wegen der Papageientaucher, die das Gestein mit aushöhlen.

Variante (insges. ca. 5–6 Std. (2b)): Eine ausgedehntere Wanderung überquert zunächst den Reynisfjall (s. o.) und folgt nach dem Abstieg (den genauen Weg vorher in Vík zeigen lassen) der Straße 215 südwärts; Höhlen und Lavasäulen zieren die Wände des Reynisfjall. Etwa

Er beißt nicht!

bei der Farm Garðar kann man einen Spaziergang auf der pechschwarzen Nehrung der Lagune Dyrhólaós unternehmen.

Hjörleifshöfði (221 m, 2 Std.) (3): Ca. 15 km nach Vík erhebt sich südlich der Ringstraße der vulkanische Stumpf Hjörleifshöfði aus dem grauen Schotter. Wenn dieser Name nicht verdächtig nach dem Beginn einer alten Geschichte klingt... Der Zieh- und Schwurbruder des Siedlers Ingólfur Arnarson, Hjörleifur Hróðmarsson, landete hier mit seinem Schiff an (damals war das Land noch nicht von Sanden aufgeschüttet). Seine irischen Sklaven töteten Hjörleifur. Ein simpler Grund brachte sie dazu:

Sie weigerten sich, das steinige Land zu beackern. Der Rest der Geschichte spielt anderswo, auf den Westmännerinseln (siehe dort), wo der getreue Ingólfur die geflohenen Sklaven einholte und ermordete. Hjörleifur soll übrigens noch auf dem Berg hausen. Der Weg beginnt 2,1 km von der Ringstraße auf der westlichen Seite bei einem kleinen Bächlein, das das Meer leider nie erreicht, weil es im Lavasand versickert. 15 Minuten von dort (Hinweistafel) erreicht man eine verlassene Farm, nach 40–60 Min. den Gipfel mit Gipfelbuch und Gedenktafel. Bei gutem Wetter hat man oben einen weiten Ausblick.

Wenn Sie noch Zeit haben, streunen Sie meerwärts zur Nothütte: Die Klippen und Brandungshöhlen der ehemaligen Insel haben Eissturmvögel für sich als Brutplätze reklamiert.

Als Katla in den Krater sprang...

Der jähzornige Vulkan unter dem Mýrdalsjökull heißt Katla, übersetzt "Kessel". Glaubt man den Erzählungen der Alten, war die Sache mit dem Namen anders: In einer Farm östlich von Vík arbeitete ein junger Mann namens Barði als Schäfer. Auf dem Hof und Kloster *Þykkvibær* lebte wiederum ein junges Mädchen namens Katla, die Hosen besaß, in denen man des Laufens niemals müde wurde. Als der Junge eines Tages nicht alle Schafe fand, beschloss er, um der zu erwartenden Strafe des Bauern zu entgehen, sich ebendiese Hose auszuleihen, mit der er tatsächlich die Schafe erfolgreich zurückbringen konnte. Katla bemerkte die Sache und so kam es dazu, dass sie Barði tötete und in ein Fass steckte, in dem normalerweise Fleisch oder Molke lagerte. Tief im Winter stand Katla mit der Schöpfkelle vor den Fässern, um der Familie etwas zu Essen zu bringen. Als sie laut vor sich hin rief: "Ekki bólar á Barða" wurde ihre Tat entdeckt. ("Barði kommt noch nicht"; langes Warten auf jemanden, der einfach nicht auftaucht, wird im heutigen Sprachgebrauch gerne mit diesem Satz kommentiert...). Katla stülpte sich flugs die Hose über, rannte in den Krater und wurde nie mehr gesehen; man spürt ihre Zauberkräfte nur noch, wenn sie voller Hass Feuer und Eiswasser über das Land ausschüttet.

▸ **Ausflug zur Þakgil ("Dachschlucht"):** Helga und Bjarni aus Vík haben es gewagt: In einer märchenhaft verwunschenen Gegend unterhalb des Gletschers und am Fuße eines 600 m hohen Berges haben sie einen Campingplatz errichtet und eine Höhle gegraben. Dort gibt es Tische, Bänke, Kerzen und einen selbst gebauten Holzofen zum Aufwärmen. Romantischer kann Island nicht sein! Das Wetter hier oben ist übrigens oftmals besser als in Vík.

• *Anfahrt* Ein Stück auf der alten Ringstraße (nun 214), bis Sie an einen von links kommenden, schotterigen Fluss stoßen, die Áfrettisá; folgen Sie dieser ein Stück flussaufwärts bis zu einer für Pkws unüberwindbaren Furt. Dann sind es noch 3 km – per pedes oder nur mit einem Jeep. Von der Ringstraße sind es 14 km bis zum rechts weisenden Schild "Þakgil", das mitten im Flussbett steht. Vorher in Vík nach den aktuellen Konditionen und dem genauen Weg erkundigen. Bring- und Holdienst ISK 1.500, ✆ 8161799, oder in der Touristeninfo fragen. Unterwegs passiert man bei km 7 die Stórhellir ("große Höhle") in fantastisch bizarren Tephraformationen (kleiner Pflock rechts am Straßenrand) und kurz vor dem Camping links die *Miðfellshellir* mit Graffiti von Schaftreibern seit 1718.

• Camping Toilette, heiße Dusche, Strom aus einem selbst gebauten Solargenerator.

• Wandern Wanderwege sollen markiert werden.

▶ **Weiterfahrt über den Sander**: 72 km sind es nach Kirkjubæjarklaustur. Es ist einer der abenteuerlichsten und aufregendsten Streckenabschnitte der Ringstraße, das Reich der einförmigen Sanderflächen. Die Schmelzwasser der "alten Hexe" *Katla* sind verantwortlich für die erste dieser Schuttflächen des Mýrdalsjökull und die berüchtigten Gletscherläufe. Bei trockenem Wetter widersetzt sich Island ab und an unerschrockenen Radlern und Wanderern mit unangenehm piesackenden Sandstürmen. Zur Landnahmezeit war der heute auf 700 qkm ausgedehnte Sander noch bewohnbar. Zuversichtlich wurden einige Höfe errichtet, denn fruchtbarer Boden war ausreichend vorhanden. Doch die Macht der Verbindung von Feuer und Wasser war stärker. Selbst die trotzigsten Höfe konnten nicht lange dagegenhalten und mussten aufgegeben werden. Picknickgebiet mit Informationen zur Katla nach einigen Kilometern. Bei km 39 erreicht man den Picknickplatz *Laufskálavarða* – viele Steinhaufen, die dem Reisenden Glück bringen. Nach dem Sander folgt eine grasbewachsene Strecke, dann führt der Weg durch mit hellem Moos bedeckte Laven.

• *Übernachten* **Höfðabrekka** (FH), ✆ 4871208, 📠 4871218, schöner Komplex 5 km östlich von Vík, im Sommer unbedingt vorbuchen; angenehmes Flair, freundliche Besitzer Sólveig und Jóhannes. 38 DZ ab 10.700 ISK. Das Restaurant kocht Fleisch- und Fischgerichte. Angeln für Gäste kostenlos.

Hrífunes, ✆ 4871371/1878005, 8 km von der 1 auf der 209, Camping und Gästehaus.

Herjólfsstaðir II, ✆ 4871390/4840, Unterkünfte auf Matratzen in der alten, komplett renovierten Schule (große Küche, WC, Dusche), ISK 1.200.

Tungusel, ✆ 4874840, 12 km von der 1, relativ günstige SSU im Gemeindezentrum.

Flaga II, ✆ 4871368, 10 km von der 1 entfernt, etwas verwahrloster Bauernhof, aber annehmbare Räume zu 2.300 ISK/Pers. Wintergarten.

Ausflug zur Laki-Vulkanspalte

Eine 45 km lange Piste biegt 6 km vor Kirkjubæjarklaustur nach Norden ab. Am Ende der 25 km langen Vulkanspalte "Lakagígar" thront 816 m hoch der Laki-Krater.

14 Milliarden Kubikmeter Material förderten etwa 130 Kegel und Krater 1783 über acht Monate hinweg. Dazu kamen 80 Millionen Tonnen schwefeliger und aschehaltiger Dunst. Ascheteilchen schwebten in einer trüben Atmosphäre, glühende Lavafontänen jagten über 1.000 m in die Höhe. Der Effekt war grauenvoll: Die Wiesen waren vergiftet, der Viehbestand der Insel wurde auf etwa ein Drittel dezimiert. Das verwüstete Land konnte die Siedler nicht mehr ernähren, Tausende starben den Hungertod – das Volk der Isländer war existentiell bedroht. Verständlich, dass man dieses Ereignis eigentlich nur als die Skaftá-Feuer, Laki-Katastrophe oder *Móðuharðindi*, die trübe Hungerszeit, bezeichnet.

• *Anfahrt* In der Regel nur mit Jeeps oder per Bus! Der Weg zur Vulkanspalte steigt zunächst gemächlich bergan; bei der zweiten Furt führt ein Weg zum "schönen Wasserfall", dem *Fagrifoss*, wo die Geirlandsá in zwei Kaskaden in die Tiefe stürzt. Wenig später, vorbei an kahlen Hängen mit herrlicher Aussicht auf Vatna- und Mýrdalsjökull, weisen Informationstafeln auf das Naturschutzgebiet hin. Die Krater sind 20–50m hoch, einige ragen 100 m aus dem ausgedehnten Lavafeld auf. Der Laki-Rundweg leitet durch

Laki – der Beginn der trüben Hungerszeit

"Der Winter 1782–83 war auf Island außergewöhnlich mild gewesen. Das Jahr schien den Bauern Segen zu verheißen, die eine reichliche Ernte und wohlgenährtes Vieh erhoffen konnten, aber diese Freude währte nicht lange. Bereits am 1. Juni wurden in Skaftáfellssysla heftige Erdbeben gefühlt. Etwas südlicher konnten die Einwohner in Landbrot deutlich wahrnehmen, dass diese Wolkenschicht von mehreren Rauchsäulen gebildet wurde, die von der wilden Gebirgsgegend bei den Quellen der Skaftá aufsteigen. Diese Wolkenwand wurde von einem nordöstlichen Winde über Síða gejagt, wo sie beim Vorüberziehen Ströme von Asche und Sand, mit feinen grauen, glasartig flimmernden Fäden und Mineralnadeln vermischt, ergoss, die den Erdboden mit einer zolldicken schwarzen Schicht bedeckten. Oben in den Gebirgen hatte der Lavaausbruch sicherlich schon begonnen, denn in der Ansiedelung ließ sich ein ständiges Kochen und Brausen vernehmen, das dem Getöse vieler Wasserfälle und dem Überschäumen eines riesenhaften Kochtopfes glich. Der Fluss Skaftá, der damals 70 Faden (140 m) breit und an der Fähre sehr tief war, begann bereits am 9. abzunehmen und am 10. Juni konnte man von den Ansiedelungen deutlich mehrere leuchtende Feuersäulen ihren dunkelroten Schein über den nördlichen Himmel verbreiten sehen, indes die Erdbeben noch zunahmen. Niederfallende Regenschauer riefen Schmerzen auf der bloßen Haut und in den Augen hervor, auch verursachten sie Schwindel, gleichzeitig verpestete ein widerlicher Schwefelgestank die Luft. Die eigentliche Skaftá verschwand völlig.

Um diese Zeit [Anm.: 18. Juni] besuchte der Pfarrer Jón Steingrimsson, der am besten und ausführlichsten diesen Ausbruch beschrieben hat, die Gegend an der Mündung der Skaftá-Kluft. Da floss der Lavastrom mit reißender Schnelligkeit durch die Kluft, wie ein Fluss bei plötzlichem Tauwetter im Frühjahr, ungefähr wie Hvitá bei Skálholtshammar, wenn der Fluss angeschwollen ist. Mitten in dem glühenden Strom, der wie fließendes, geschmolzenes Kupfer aussah, tummelten sich haushohe Felsen und Lavaschollen wie Wale, und wenn diese zusammenstießen, stoben die Funken nach allen Seiten. Abgedämmte Gewässer verwandelten sich in Dämpfe oder sammelten sich zu kochenden, übelriechenden Pfützen, auch verdichteten sich ab und zu die Wasserdämpfe in der Luft und fielen unter Donner und Blitz als heftige Schauer auf die Erde herab, sodass reißende Wasserströme den Rasen an den Gebirgshängen zerstörten und ihn in großen Stücken fortschwemmten.

In den Kirchenspielen, in denen sonst 20 Todesfälle pro Jahr verzeichnet wurden, starben jetzt 200 Menschen. Dies allgemeine Elend löste die Ordnung der bürgerlichen Gemeinschaft auf, Diebstähle und andere Verbrechen nahmen in beunruhigendem Grade zu. Im ganzen starben auf Island in den beiden Jahren 1784 und 1785 9551 Individuen mehr als geboren wurden, demnach mehr als ein Fünftel der ganzen Bevölkerung. Islands Bevölkerung, die im Jahre 1733 48.884 Menschen zählte, war im Jahre 1786 auf 38.363 gesunken."

Aus: Thoroddsen 1925 (Die Geschichte der isländischen Vulkane)

sandige Mulden und entlang der schwarzen, bemoosten Lava und tangiert das Gebiet des Laki-Kraters (818 m, Wandermöglichkeiten). Der leicht ansteigende Straßenverlauf gewährt Blicke auf die bemooste Kraterreihe mit ihrem roten und schwarzen Farbspiel.
Die F206 ist, dem Ziel angemessen, keine der leichtesten Strecken und für Allrad-Pkws nur zeitweise bei guten Bedingungen machbar; sicherer ist ein hochbeinigerer Wagen. Die Furten sind wenig reißend und gut zu bewältigen. Schwieriger ist da schon der letzte, äußerst enge und holperige Part der Lakagígar-Runde. Insgesamt sollte man mindestens vier Stunden für diesen Ausflug einplanen und eine Erweiterung der Runde in die beeindruckende Fjarðárgljúfur-Schlucht ins Auge fassen. Als Karte sei die relativ neue *Aðalkort* 1:250.000 "Miðsuðurland" empfohlen. Allerdings sind darauf noch Pisten verzeichnet, die inzwischen abgeriegelt sind.

- *Verbindung* **Austurleið**-Bus ab Skaftafell ca. 8 und 9 Uhr ab Kirkjubæjarklaustur. Der Fahrer legt einen Halt bei der Schlucht Fjarðárgljúfur, am Fagrifoss, in Galti und am Laki-Krater (3,5 Std. Aufenthalt) ein, ca. ISK 6.500. Rückkunft 18.30/19.30 Uhr. Die Abfahrtszeiten können sich ändern.

Kirkjubæjarklaustur

("kirkjubeiarklöistür" 153 Einw.)

Im Schatten des Vatnajökull lag bis zur Reformation ein religiöses Zentrum. Viele Geschichten ranken sich um die Landnahmezeit und um die knapp 400 Jahre seit 1186, als Benediktinerinnen hier ein Kloster führten. "Klaustur" ist bekannt für den "Kirchenboden" aus Lavasäulen und den Wasserfall Systrafoss.

Schon vor der Landnahme der Wikinger lebten hier irische Mönche. Später ließ sich hier der Christ *Ketill der Törichte* nieder, Sohn von *Jórunn der Weisen* und Neffe von *Auður dem Beschränkten*. Die Legende berichtet, dass nach dessen Vorhersage hier nur Christen leben konnten, Heiden sollten hier nicht wohnen. Das bekam auch *Hildir Eysteinsson* zu spüren. Als er seinen Wohnsitz hierher verlegen wollte, fiel er an der Grenze der Hauswiese tot um – was dem Hügel östlich des Ortes den Namen Hildishaugur eingetragen hat. Hildir soll hier begraben worden sein.
Das Kloster des Benediktinerordens konnte sich bis zur Reformation 1550 halten und hinterließ seine Spuren: Orts- und Flurnamen und Einflüsse auf die umliegenden Höfe – ganz zu schweigen von den pikanten Geschichtchen: Südwestlich des Ortes, in *Þykkvibærklaustur*, gab es eine weitere Abtei, die von Mönchen unterhalten wurde. Gegenseitige Besuche blieben nicht aus, des Öfteren sollen die Mönche singend zum Frauenkloster gezogen sein. Ein Kraterhügel vor dem kleinen Ort, südlich der Ringstraße, trägt deshalb den Namen *Sönghóll*. Die Nonnen indes zogen beim Nahen der Mönche zur Begrüßung in die Höhle *Sönghellir* auf der anderen Seite der Skaftá. Es überrascht kaum, dass in Klaustur angeblich der erste Beerenwein Islands hergestellt wurde.

Information/Versorgung/Diverses

- *Information* Klausturvellir 10 im Gemeindehaus, ✆ 4874620, 1.6.–31.8. tgl. 9–17 Uhr.
- *Versorgung* Post, Bank, Supermarkt (Mo–Fr 9–18, Sa/So 9–17 Uhr), Tankstelle (tgl. 9–22 Uhr, Imbiss, Kiosk), Werkstatt (✆ 4874630/4874663).
- *Fest* Klassikfestival, Ende August.
- *Schwimmbad* in der Schule.
- *Autowerkstatt* G. Valdimarsson, ✆ 4874630, Mo–Fr 8–12/13–19 Uhr.

Die Eiswelt im Südosten
Karten S. 338/339 und S. 350/351

Übernachten/Camping/Essen

Icelandair-Hotel/Edda Hótel, ✆ 4874900, 📠 4874614 57 DZ 14.200 ISK mit Frühstück. Gutes Restaurant.

Sommerhotel, ✆ 4874838, in der Schule im Sommer Schlafsäle SSU 1.200 ISK.

Farm Efri-Vík (FH) in Landbrot, ✆ 4874694, 📠 4874894, 5 km entfernt, hübsche Anlage, DZ ab 7.900 ISK in 15 Sommerhäusern, Hot Pot, Sauna, Abendessen, Angeln, Golf, einige Sommerhäuser, SSU ISK 1.900 Reservierung anzuraten.

Nýibær, Landbrot, ✆ 4874678, 1,5 km südl. von Kirkjubæjarklaustur, 3 DZ. Renovierungsbedürftige Schaffarm mit Aquakultur kurz vor dem Ort, SSU ISK 1.500, mit Bettwäsche ISK 2.000. Abendessen auf Bestellung. Angeln.

Hunkubakkar (FH), ✆ 4874681, 📠 4874881, 1,1 km nördl. des Abzweigs der 206 westlich des Ortes, Zimmer in 5 roten Holzhäusern, DZ ab ISK 5.800, Wintergarten, Abendessen mögl. Angeln.

Geirland (FH), ✆ 4874677, bei Erla, 3 km nördl. der Tankstelle an der 203, 14 DZ mit Bad in kleinen Häuschen, 4 Zimmer ohne Bad im Farmhaus, ab ISK 5.900. Abendessen mögl.

• *Café* **Systrakaffi**, neben der Post mitten im Ort, von 2 Pärchen 2001 eröffnet, tgl. 11–23 Uhr, am Wochenende länger, hausgemachte Kuchen, Tagessuppe mit Refill, am Sa Fischsuppe, auch Fast Food. Probieren Sie frischen gerkrans (Gärkranz), eine Art Nusszopf.

• *Camping* **Kirkjubær II**, direkt im Ort am Hang, gute sanitäre Einrichtungen, Dusche 150 ISK, Waschmaschine, Trockner. Küchenraum, Trockengestell.

Kleifar, kleiner und ebener Wiesengrund nördl. der Tankstelle an der 202 neben dem Wasserfall.

Die Feuerpredigt von 1783

Als 1783 die Laki-Katastrophe hereinbrach, hielt Pfarrer *Jón Steingrímsson* seine für ihre Eindringlichkeit und Wirkung berühmte "Feuerpredigt". Als die Lava heranrückte, versammelte der Pastor seine Gemeinde in der Kirche und hielt seine aufwühlende und glaubensstärkende Predigt. Nach die Messe kam der Lavastrom, nun *Eldmessutangi* genannt, ein Stück westlich des Systrastapi in einiger Entfernung von den Systrastapi zum Stehen. Der Pfarrer ging als der "Feuerpriester" in die Geschichte ein und 1974 wurde ihm zu Ehren die neue Kirche eingeweiht. Mit 13 x 12 m beeindruckt die Kirche gewiss nicht durch ihre Ausmaße. Ungewöhnlich ist jedoch nicht nur die moderne Position des Altars, von dem der Pfarrer der Gemeinde zugewendet stehen kann, sondern das, was die Stelle des Altarbildes einnimmt: Ein großes Fenster lässt nach draußen auf ein Steinkreuz und die vom Feuer bedrohte Landschaft blicken.

Kirkjugólf: Sehenswert ist 600m nördlich der Tankstelle an der Straße 203 die Lavasäulenformation Kirkjugólf. Als machte die Natur vor, wie man Boden bepflastert, benannten die früheren Siedler die glattge scheuerten Enden von Basaltsäulen "Kirchenpflaster". Meeresbrandung und Gletscher sind als Erklärung für die sonderbare Fläche am Fuße der ehemaligen Steilküste heranzuziehen.

Wanderungen

(s. Karte S. 347)

Vom Systrafoss zum Stjórnarfoss (30 Min.) (4): Dieser klassische Wanderweg führt an allen Sehenswürdigkeiten Kirkjubæjarklausturs entlang. Kernstück der Wanderung ist der Aufstieg auf das grasbewachsene Plateau oberhalb der Klippen. Wenn man die Route in der vorgeschlagenen Richtung geht, hält

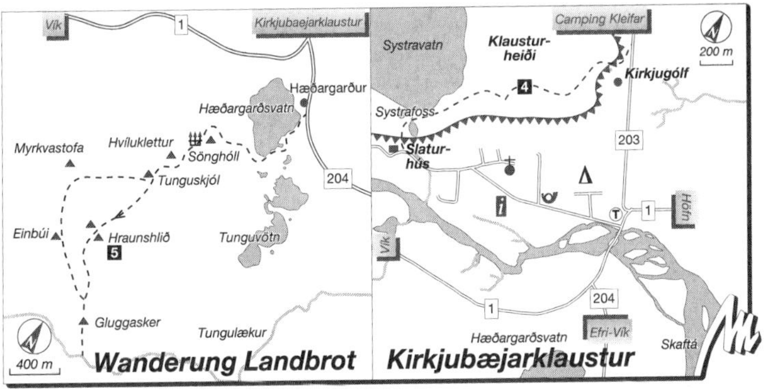

man auf den Gletscher zu. Zunächst ist im Ort ca. 2 km dem *Klausturvegur* nach Süden zu folgen; am Sommerhotel vorbei und weiter, bis das Schotterstück den Asphalt ablöst. Neben dem Wasserfall führen Stufen vom bewaldeten Hang auf den Berg – hinauf zum Badesee der Nonnen, zum *Systravatn*. Falls eine Hand mit einem Goldring aus dem See auftaucht, greifen Sie besser nicht danach, sonst ergeht es ihnen wie seinerzeit denjenigen Nonnen, die nicht widerstehen konnten und stante pede mit dem Verschwinden im See bestraft wurden. Einer weiteren Legende nach sollen auf dem Tuffplateau zwei abtrünnige Nonnen begraben liegen, die gegen ihr Gelübde verstoßen hatten und deswegen auf dem Scheiterhaufen starben. Die eine verkehrte mit dem Teufel, der anderen sollen blasphemische Worte über den Papst entglitten sein. Man läuft vom Systravatn nach Norden und gelangt zwischen Kirkjugólf und dem Campingplatz Kleifar auf die Straße 203. Um die Ecke kann man sich zum Abschluss noch den Stjórnarfoss ansehen.

Kraterwanderung in Landbrot (2 Std.) (5): Diese Wanderung führt zu den Pseudokratern der Gegend "Landbrot", eine Gegend, die einmal von den reichen Gebiet an den Berghängen abgespalten wurde und daher ihren Namen hat. Die markierte Route beginnt 1 km südlich der Tankstelle an der Farm Hæðargarður an der Straße 204 am gleichnamigen See. Von hier ist der See halb zu umrunden (evtl. feuchte Stellen; alternativ kann man Zufahrtswege zu den Sommerhäusern benutzen); Der Weg ist nicht mehr einfach zu finden, da hier eine Sommerhauskolonie entsteht. Erkundigen Sie sich vorher nochmals in der Touristeninformation, wie Sie den alten bemoosten Fahrweg zu den Kratern finden. Die Wanderung durch die *Landbrotshólar* (Alter: ca. 5.000 Jahre) führt zuerst zum Hügel *Sönghóll*, von wo die Mönche aus Þykkvibær den Nonnen zusangen (s. o.). Der *Hvíluklettur*, der Fels "der Rast", musste bis 1930 als Schafspferch herhalten. *Tunguskjól* ist ebenfalls ein Schafspferch in einem Pseudokrater. Schließlich erreicht man den *Glukkasker* ("Fensterberg"). Der Legende nach bringt ein Hindurchkriechen durch die Fenster genannte Lücke im Berg Krankheit. Von hier geht man am besten den Fahrweg wieder zurück, es sei denn, der Rundwanderweg ist neu markiert worden, und man findet leicht den Weg rechts vorbei am "einsamen" *Einbúi* und weiter zur *Myrkvastofa*, einer Gruppe mehrerer Pseudokrater, die hervorragende Aussichtspunkte abgeben.

▸ **Weiterfahrt**: 12 km nach Klaustur und kurz nach der Farm Foss hat die vulkanische Natur einen hübschen Fingerabdruck hinterlassen. Hinter dem Parkplatz stehen die *Dverghamrar*, die "Zwergenfelsen", eine Formation aus Basaltsäulen (Infotafeln). Ein Stück weiter breitet sich das Lavafeld Brúnahraun aus, ein weiterer Lavastrom der Laki-Katastrophe. Darin gefangen steht nach weiteren 2,5 km knapp neben der Ringstraße der 90 m hohe Tuffhügel *Orrustuhóll*.

Übernachten Jugendherberge Hvoll ("Fels"), ✆ 4874785, 📠 4874890, ISK 1.950/1.500, beim freundlichen Ehepaar Guðny und Hannes, im Neubau oder in der alten Farm, Küche. Frühstück und Camping auf Anfrage.

Torfkirche Núpsstaður und Núpsstaðaskógur

Wer nicht Acht gibt, übersieht den Hof, auf dem einst der Postreiter *Hannes Jónsson* (1880–1968) lebte, der wohl unangefochten beste Führer über die Gletscherflüsse und Gletscherzungen der Region. Ende des 19. Jh. wurden im Randbereich des Sanders Öllampen aufgestellt und wer einen Führer brauchte, musste einfach eine Lampe anzünden. Die kleinen, mit dichtem Gras und Blumen überwucherten Häuschen von Núpsstaður kauern sich fast so an die majestätisch 767 m hoch aufragende Bergwand *Lógmagnúpur*, als hätten sie Angst, entdeckt zu werden. Das einzige moderne Gebäude auf dem mittlerweile nur noch von zwei etwa 95-jährigen Brüdern bewohnten Gehöft ist deren weißes, wellblechverkleidetes Wohnhaus. Bis 1930 lebte man noch in den danebenstehenden Hütten aus Stein, Holz und Torf, von denen die ältesten aus der ersten Hälfte des 19. Jh. stammen. Heute dienen sie, halb zerfallen und zugewachsen, als Schuppen oder stehen leer. Das interessanteste Gebäude in Núpsstaður ist die winzige, mit 6 x 2,5 m kleinste *Grassodenkirche* Islands aus dem 17. Jh., die 35 Menschen Platz bietet.

Zauberkessel

Es braut sich etwas zusammen
in dieser tiefen Stille
Unter dem Deckel
der gründlich befestigt
kräuselt sich weißer Dampf hervor
tarnt sich als Nebelschleier
Das Schweigen verhaspelt sich
zwischen den Halmen
Gespinst von Winterangst erglänzt
Und endlose Telefonate
führen es fort

Hannes Sigfússon. In: Ich hörte die Farbe blau, Bremerh. 1992

Wandergebiet Núpsstaðaskógur (6, s. Karte S. 338/339)): Will man sich ein wenig abseits des großen Nationalparks aufhalten, ist eine Fahrt mit Hannes (einem Nachfahren des Postboten) über schotterige Flächen in das liebliche und heidelbeerreiche Gebiet des Núpsstaðaskógur nebst Flussüberquerung mit dem Bus, einer Kletterpartie (am *Kálfsklif*) und der Besuch der Zunge des Skeiðará-Gletschers genau das Richtige. Sehenswert ist unterwegs eine winzige Schaftreiberhütte, die bis 1970 genutzt wurde. Talaufwärts stürzen die grandiosen Wasserfälle der Hvítá und Núpsá in eine Schlucht, in die es Waghalsige, die mehr von den Wasserfällen sehen wollen, ein Stück weit hineinzieht. Weiterwandern zum See Grænalón oder die Besteigung des Eystrafjall (517 m) ist möglich.

• *Tour* **Gnúpur hf.**, Hannes Jónsson, ✆ 4874785 oder 8534133, 📠 4874890, 20.6.–28.8., tgl. 9 Uhr oder davor ab Hvoll (s. o.), Rückkehr etwa 18 Uhr. Anfahrt möglich mit dem Linienbus nach Vatnajökull. Besser telefonisch anmelden; auf der Tour ist Selbstverpflegung vorgesehen, ISK 4.000. Zelten im Tal ist für Leute, die länger als einen Tag bleiben wollen, möglich.

Die Schotterebene Skeiðarársandur

Gleißendhell liegen die Gletscher an klaren Tagen in der Sonne, im Nebel lassen nur ihre Ränder die gewaltigen Eisströme erahnen.

Selten stellt die Natur ihre Majestät zur Schau wie hier. Die Straße hält geradewegs auf das Reich des Vatnajökull zu, Gletscherzunge folgt auf Gletscherzunge, die Ebene ruht öd und leer. Hänge aus plätschernden Wasserfällen kommen ins Bild, dahinter kalbende Gletscher, wilde Flussläufe, aufgeschüttete Kieshügel und trübschwarze Lavawüsten. Hier liegt der Ruf Islands begründet, in diesem schwarz-weißen Lichtspiel, faszinierend und beklemmend zugleich. Für Radler ist diese Strecke ein Alptraum und gleichzeitig ein unvergessliches Ereignis: Bei Sandsturm auf den Sandflächen zu campieren, gehört zu den unangenehmsten Erfahrungen einer Island-Reise. Andererseits ist gerade mit dem Rad die Gewalt dieser Landschaft am ehesten zu spüren. Barrieren und Dämme um die ungezähmten Wasserläufe, die auf einer kaum geneigten Ebene zum Meer streben, sollen die Straße schützen, deren letzter Abschnitt erst 1974 mit einer 1 km langen Brückenkonstruktion fertiggestellt wurde. 1996 kam es anders (s. u.).

Geologie: Die Aktivität der sandigen Landschaft ist gewaltig. Flussläufe ändern ihre Lage, Sandstürme brechen über das Land, der Skeiðará-Gletscher wälzt sich im Durchschnitt jeden Tag 1,2 m nach unten. Insgesamt gesehen weicht freilich auch hier das Gletscherende zurück. Kleinere Gletscherläufe erscheinen im Abstand von wenigen Jahren; gefürchtet sind die der *Grímsvötn* und des *Grænalón*, einem von Eis abgedämmten See. Gletscherläufe wie 1934 oder 1996 lieferten gigantische Wassermengen mit Abflusswerten um die 40–50.000 m^3/Sek., deren Schlamm- und Geröllmengen die Flussmündungen weit ins Meer vorschieben können. Der *Sander* ist bei näherem Hinsehen gar keine so monotone Angelegenheit. Es gibt Bereiche mit Toteis, Seen und Endmoränen, im Anschluss daran beherrschen Flüsse das Bild. In manchen Bereichen gelangen versickerte Schmelzwässer klar und mineralienreich an die Oberfläche. Es folgt die Küste mit Strandwällen und Dünen. Bisweilen wird Wasser zurückgestaut, wenn es nicht stark genug ist, die Strandwälle zu durchbrechen.

Nationalpark Skaftafell ("skaftafedl")

Abgeschliffene Bergrücken, Wasserfälle, graubraune Moränenwälle, trübe und ungebändigte Gletscherbäche: Diese Landschaft hinterließ der Hauptakteur Vatnajökull mit seinen steil herabgleitenden Gletscherzungen. Von Skaftafell aus kann auf Gletscherspalten und Siphons herabgeblickt werden. In der Nebenrolle brilliert der Lavasäulen-Wasserfall Svartifoss.

Island präsentiert sich in Hochform. Die größte Schutzzone der Insel mit ihren verschiedensten Wanderwegen ist eine der Hauptattraktionen des Landes. 1967 mit Fördergeldern des Wildlife Fund eingerichtet, wurde der Park 1984 erweitert, sodass das Gebiet heute einen ansehnlichen Anteil am Vatnajökull ausmacht. Überall im Park locken kontrastreiche Naturerscheinungen: Unter dem mächtigen Eispanzer Vatnajökull lauern Feuerspalten, schlammige Geröllströme schießen unter dem Gletschereis hervor. Im Windschutz der Berge kauern Birkenwäldchen an den Hängen, auf dem Rücken zwischen Gletscherzunge und Morsárdalur, auf dem die wichtigsten Wanderwege verlaufen, siedelten sich Moorpflanzen und Heidegewächse an. Das alles zieht Bekassine, Zwergdrossel, Zaunkönig und andere Vogelarten an. Nur Menschen wohnen hier nicht mehr: Der Farm Skaftafell und der alten Thingstätte setzte der benachbarte Öræfajökull-Vulkan 1362 ein Ende.

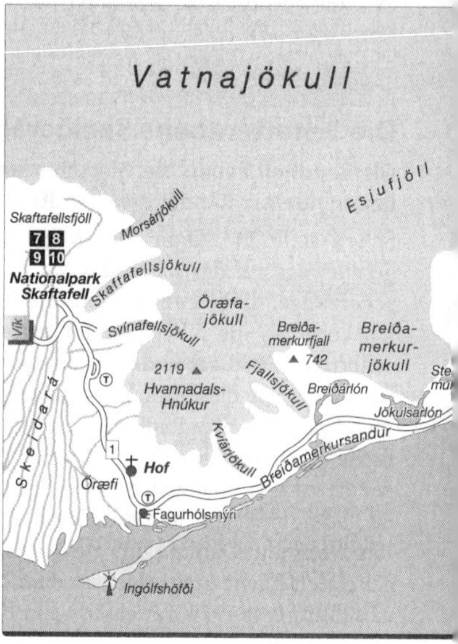

Geologie und Geografie: Mit 8.300 qkm breitet sich eine ungeheure, bis 1.000 m (!) mächtige Eisfläche über Bergrücken und Vulkane aus – der größte Gletscher Europas, die drittgrößte Eisfläche der Erde. Am Südrand ragt der höchste Berg Islands, der dicke Hvannadalshnúkur (2.119 m), aus dem Eis. Die höchsten Niederschlagsmengen der Insel werden hier, im Bereich der feuchten Westwindzone, gemessen, über 4.000 mm pro Jahr, an manchen Stellen kann der Wert 8.000 mm erreichen. Ganz anders an der Nordseite mit 500–1.000 mm Niederschlag. Recht unterschiedliches Verhalten der einzelnen Gletscherpartien ist die Folge. Die Schneegrenze liegt auf der Südseite bei 1.000 m, nach Norden hin steigt sie langsam an. Die Gletscherzungen im Süden reichen tiefer hinab, die Erosionskraft ist stärker. Bisweilen kommt es zu "surges", das sind schnelle Gletschervorstöße, bei denen die Eisfront 5 m/Std. (!) voranschreiten kann!
Der Gletscher im Osten oder der Klofajökull ("sich aufspaltender Gletscher"), wie man ihn zunächst nannte, war vermutlich ursprünglich keine zusammenhängende Eiskappe; bevor es vor etwa 2.500 Jahren kühler wurde, waren nur die größten Höhen vergletschert. Heute ragen nur noch verschiedene Gipfel, "Nunataks", unter dem Eispanzer hervor. In alten Zeiten existierten übrigens auch Verkehrsrouten über den Osten des Gletschers.

Mehrere aktive und ruhende Vulkane verbergen sich unter dem Eisschild, einige davon sind *Tungnafellsjökull*, *Bárðarbunga*, *Breiðabunga* (2.000 m), *Esjufjöll* (1.522 m), *Öræfajökull* mit seinem Gipfel Hvannadalshnúkur (2.119 m), *Geirvörtur* und die *Grímsvötn* (1.719 m). Am Nordrand des "Wassergletschers" stehen die *Kverkfjöll* (1.920 m), wo sich Feuer und Eis als freigedampfte Eistunnel und Schwefelquellen begegnen.
Die Caldera der Grímsvötn, an der sich auch Solfataren bildeten, enthält einen mit geothermaler Hitze gebildeten subglazialen See, dessen Wasser etwa alle fünf bis acht Jahre in einer Flutwelle entweicht. Aber auch nach Norden hin können derartige Gletscherläufe Wege unpassierbar machen. Mit Tephra-Eruptionen ist alle 10–20 Jahre zu rechnen.

"Gletscher auf dem Grill"

Vom 30. September bis 13. Oktober 1996 pulverte der Vulkan Bárðarbunga Material in die Luft, der zuletzt 1766, 1769 und in den 1860ern aktiv war. Nun ereignete sich die viertgrößte Eruption des Jahrhunderts in Island nach Katla 1918, Hekla 1947 und Surtsey 1963. Das Ausbruchstagebuch:

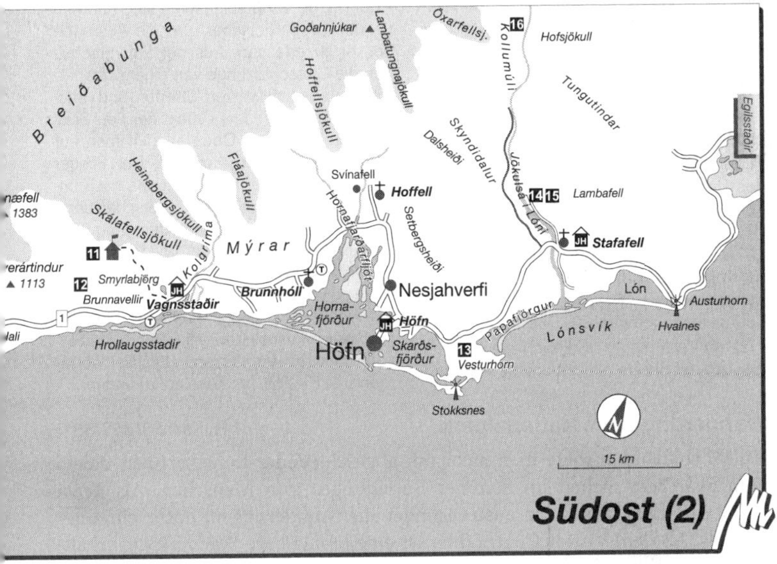

Die Eiswelt im Südosten
Karten S. 338/339 und S. 350/351

29. Sept. ab 10.48 Uhr Erdbeben an der Caldera, zunächst nicht außergewöhnlich.

30. Sept. 19 Uhr: Vulkanalarm. 22–23 Uhr: Der Ausbruch beginnt.

1. Okt. Der Wasserspiegel des Grímsvötn-See steigt um 10–15 m auf 1.410 m an.

2.Okt. Die 400–600 m dicke Eisdecke ist aufgeschmolzen.

9. Okt. Die halbe Fläche des Vatnajökull ist mit Asche "überzuckert".

13. Okt. Ende der Eruptionen; Seehöhe der Grímsvötn 1.499 m.

17. Okt. Der Grímsvötn-See hat 1.505 m erreicht. Die Ringstraße mit ihren Brücken ist akut bedroht. Das Straßenamt ist angewiesen, die Straße um jeden Preis zu retten.

5. Nov. Der Gletscherlauf hat mit einer 3–5 m hohen Wasserwelle begonnen. Seit 10 Uhr ist die Ringstraße gesperrt. Die Skeiðará erreicht 6.000 m3/Sek. Abfluss. Eisberge (im Verlauf bis 1.000 t schwer und 15 m hoch!) werden vom Gletscher ab- und mitgerissen.

6. Nov. Das Maximum des Gletscherlaufes mit 45.000 m3/Sek. ist erreicht.

7. Nov. Der Gletscherlauf neigt sich seinem Ende zu. Die 900 m lange Skeiðará-Brücke hat 200 m verloren. Die Bilanz: 10 km Straße zerstört, Schaden: 10 Mio. US$.

11. Nov. Seespiegelhöhe 1.345 m. Ein 6 km langer und 500 m breiter Eiscanyon hat sich herausgebildet. 100 Mio. Tonnen Material wurden insgesamt zum Meer verfrachtet.

• *Information* Visitor Center mit guter Ausstellung und Videovorführung, im Sommer tgl. 8–21, sonst 8–18 Uhr. Faltblatt mit Informationen.

• *Verbindungen* zur Laki-Spalte 8 Uhr (Austurleið). Busse fahren Richtung Reykjavík und Höfn. 9 Uhr Abfahrt nach Jökulsárlón.

• *Übernachten* **Bölti**, bei Guðveig, oberhalb des Campingplatzes, ✆ 4781626, ℻ 4782426, Kochgelegenheit, im Haus Bilder aus kleinen Gesteinsbruchstücken. 25 Betten. ISK 6.500 im DZ, SSU 1.900, Wollwarenverkauf.

• *Camping* schön gelegener Platz bei der Bushaltestelle, bisweilen recht windig, Kochgelegenheit geplant, Duschen extra.

• *Essen/Versorgung* Self-Service, mittags ISK 1200 mit Suppe. Kleiner Laden 9–22 Uhr.

• *Rundflüge* Empfehlenswert sind Rundflüge über den Gletscher, um die Ausmaße besser zu erfassen. Aus der Luft erscheinen die Gletscherzunge von einem bizarren Muster aus schwarzen Streifen und Bändern durchzogen. Links rückt der See Grænalón in den Blick. Oben erkennt man nur noch Eis, bis zum Horizont. Der Flieger biegt dann auf der kleinen Runde nach unten ab, gleitet über der Gletscherzunge meerwärts und landet nach dem Flug über Moränen und Toteislöcher wieder auf dem Flugfeld. **Jórvík**, ✆ 4782406, versch. Rundflüge ab ISK 8.000.

• *Wandertouren auf dem Gletscher* **Einar Sigurðsson**, Hofsnes in Öræfi (s. u.), ✆ 8540984, von Lesern empfohlen; **Fjallaleiðsögumenn**, ✆ 8542959, am Zeltplatz zu finden.

Wanderungen im Nationalpark

(s. Karte S. 350/351)

An Wochenenden sollte man nicht mit abgeschiedener Ruhe rechnen. Allein zum Svartifoss ziehen im Sommer Busladungen von Menschen. Als Trost bleibt ein altes Gesetz: Je anstrengender die Wanderungen, desto einsamer wird es. Ab dem Visitor Center (hier ist eine brauchbare Wanderkarte erhältlich) sind Wege verschiedener Länge eingerichtet, klassischerweise läuft man in der Ebene zum Gletscher und unternimmt noch eine zweite Tour auf dem Heiderücken, entweder zum Svartifoss oder zu einem der Aussichtspunkte. Größere Wanderungen sollten beim Parkwächter angemeldet werden. Zweimal täglich Gratisführungen.

Zur Gletscherzunge (1–1,5 Std.) (7): Rundweg, dazwischen ein rollstuhlgeeigneter Weg. Die Gletscherzunge weicht jährlich 20–50 m zurück.

Svartifoss und Aussichtspunkt Sjónarnípa ("Aussichtsfels", 1 Std.) (8): Nach dem Aufstieg über Vestra- oder Eystragil führt der Pfad weiter bergan zum Svartifoss (Dauer: 1 Std.), dem "schwarzen Wasserfall", der in ein basaltsäulenumrahmtes Becken plätschert, das zudem reich mit Farnen und Moosen bewachsen ist. Teile der "Lavaorgel" liegen umher. Es lohnt, noch etwas weiter ostwärts zum Punkt *Sjónarnípa* zu marschieren, wo man einerseits auf die Spalten des Skaftafellsjökull herabblickt und andererseits im Süden die Sander und das Meer sieht.

Besteigung des Kristinartindar (1.126 m, 7–8 Std.) (9): Am besten geht man im Uhrzeigersinn von Sjónarnípa hinauf (4–4,5 Std.), von Sjónarsker wieder hinunter (3–3,5 Std., z. T. unmarkiert).

Zum Eisfall am Morsárjökull (7–8 Std.) (10): Man passiert das Gästehaus Bölti und erreicht das Morsárdalur, am rechten Rand folgt man der schrägen Schotterebene bis zum Gletscher bzw. zum Eisfall. Für den Rückweg bietet sich an, auf die andere Seite des Tals zu wechseln (dort keine Markierungen; nach Brücken vorher erkundigen).

Hvannadalshnjúkur-Besteigung und Gletscherwanderungen: Für Eistouren auf den höchsten Berg der Insel ist gute Vorbereitung Pflicht und Aufsteigen in Begleitung (z. B. mit Öræfatours, s. u.) empfohlen. 2.000 m Höhenunterschied sind ab der Farm Sandfell zu bewältigen, ca. 15 Stunden sind bei voller Gletscherausrüstung für eine Besteigung zu

Der Norden hat viele Gesichter ▲▲
ch werde Ihnen jetzt eine alte Wikingergeschichte erzählen ▲

Eine Fahrt in den Fjord gefällig? ▲▲
Darf ich Ihnen einen Kaffee bringen? ▲

▲▲ Vogelinsel

▲ Auf der Insel Papey: eine der winzigsten Kirchen

▲ Niedliche Nussschalen

Holz ist wertvoll ▲▲

In den Ostfjorden ▲▲

Unheimliche Szenerie ▲

▲▲ Auf der Endmoräne mit Blick auf eine Gletscherzunge des Vatnajökull
▲ Am Gletschersee Jökulsárlón

Traumtag in Island (ES)

veranschlagen. Eine andere Aufstiegsmöglichkeit besteht ab Kvísker. Die Wetterverhältnisse auf der riesigen Eismasse unterliegen extremen Schwankungen; Wind, Wolken, Niederschläge verwandeln sowohl die Gipfelregion des Öræfajökull wie auch die landeinwärts folgenden Eisflächen schnell in eine frostige Schneehölle. Bei Nebel läuft man nur allzu leicht im Kreis. Wanderungen auf dem Gletscher sind erst anzuraten, wenn man die Spalten sieht (ab Ende Juli).

Die "Wüste" Öræfi und die Vulkanruine Ingólfshöfði

Die dominierende Gletscherwelt begleitet in das von Katastrophen schwer geschundene Gebiet Öræfi, übersetzt "Ödland". An die Flanken der Berge gepresst, harren die Höfe auf einem schmalen Streifen nutzbaren Landes. In Hof kauert die Torfkirche von 1884 am Berghang.

Nach den schwerwiegenden Vulkanausbrüchen 1362, nach Zerstörung von vierzig Höfen und starkem, sich über Wiesen und Häuser legenden Aschefall, mussten die Bauernhöfe eng an die Berge gedrückt gebaut werden. Nicht alle überlebten. Die nächste Eruptionsserie folgte 1727. Der Name des beherrschenden Gletschervulkans wurde nach einer zerstörerischen Demonstration seiner Gewalt von Hnappafellsjökull in Öræfajökull abgewandelt.

▸ **Insel Ingólfshöfði**: Vor dem Hintergrund der weißen Gletscherkappe liegt, vom Sanderland nur halbherzig abgespalten, die flache und über 1 km lange Felsinsel Ingólfshöfði. Vermutlich überstand *Ingólfur Arnarson* hier den ersten Winter auf Island (Gedenkstein von 1974). Viel mehr Bauten als den 76 m hohen Leuchtturm gibt es auf der Vulkanruine nicht zu sehen. Dafür torkeln Papageientaucher tapsig umher und Eissturmvögel nutzen die Nischen zum Brüten. Ausflüge werden ab Hofsnes am Südende der Öræfi angeboten.

• *Übernachten im Gebiet Öræfi* Generell gilt: unbedingt vorbuchen!

Hótel Skaftafell, ☏ 4781945, 📠 4781846, neueres großes Hotel mit adretten, aber eher anonymen Zimmern nahe der Shell-Tankstelle, 4 km vom Nationalpark; gerne von Gruppen genutzt, aber auch 20 Räume als SSU (ISK 1.900), Kochgelegenheit. DZ ISK 11.900, Abendessen mögl.

Svinafell, ☏ 4781765, mehrere kleine, nette Sommerhäuser in hübscher Lage als SSU für ISK 1.800 neben dem Schwimmbad. Camping, Waschmaschine und Trockner je ISK 300. Pool, Pulloververkauf.

Frost&Fire/Hof I (FH), ☏ 4782260, 📠 4782261, 20 km südöstlich von Skaftafell. Zum Bauernhof gehört eine Kirche aus dem Jahr 1884. 13 DZ ab ISK 6.000, SSU 1.900.

Litla Hof (FH), ☏ 4781670, einfache Zimmer ISK 6.000, SSU 1.900; Wollpulloververkauf.

• *Camping* gegenüber Hótel Skaftafell.

• *Tankstelle/Einkaufen* Tankstellen beim Hótel Skaftafell (9–22/23 Uhr, mit netter Cafeteria/Imbiss) und in Fagurhólsmýri am Südende der Öræfi (tgl. 10–18.30 Uhr).

• *Reiten* Hof **Svínafell II**, ☏ 4781661/8539961.

• *Schwimmbad* Svínafell, 13–21 Uhr.

• *Touren* **From Coast to Mountains**, Sigurður Bjarnason, Farm Hofsnes in der Nähe des Abzweigs der Str. 988, ☏ 8540894. 📠Zur Vogelbeobachtung oder zum geschichtsträchtigen Ort Ingólfshöfði (ca. ISK 3.000). Oder einfach, weil man den alten Mann erleben will, wie er mit seinem Trecker mit Anhänger durchs "Watt" tuckert. Sehr zu empfehlen sind Klettertouren auf den Svínafellsjökull oder Hvannadalshnjúkur (ca. ISK 5.000) mit Sigurðurs Sohn Einar.

Die Eisbergseen und die Hütte Jöklasel

Ein Stück Grönland in Island. Kreischende Vögel kreisen über gleißenden Eisschollen. Fjallsárlón, Breiðárlón, Jökulsárlón und Stemmulón sind majestätische Eisbergseen unterhalb des Vatnajökull. Die Gletscherzungen zogen sich hier ab 1930 zurück und hinterließen diese arktische Landschaft, die sich ständig verändert.

Eisberge treiben stumm auf dem Wasser vor dem Fjallsjökull inmitten der rauen Schotterflächen. Es geht weiter bis zum berühmtesten der Seen, dem *Jökulsárlón*. Die Gletscherbruchstücke schwimmen als bizarr geformte und unterschiedlich schillernde Eisklötze wie Schwäne, die auf Besucher warten. Der Eisbergsee ist übrigens in einer 3-minütigen Sequenz im neuen James-Bond-Film zu bewundern. Ein fröstelnder Stopp an der modernen Brücke über den knapp 150 m tiefen und wahrhaft kurzen Fluss ist obligatorisch (links wurde ein Parkplatz mit Cafeteria/Restaurant eingerichtet, Infotafeln, eine Bootsfahrt ist möglich, Camping kostenlos).

Die Schotterebene Breiðamerkursandur: Der letzte große Sander präsentiert sich als lange, wellige, von bräunlichen Pflänzchen schütter bewachsene Fläche mit unübersehbaren Moränenwällen. Der 742 m hohe *Breiðamerkurfjall* war im 19. Jh. noch von Eismassen umschlossen; erst die wärmeren Temperaturen der Neuzeit gaben den eingeschlossenen Berg wieder frei. Der gesamte Breiðamerkurjökull soll noch vor hundert Jahren bis ans Meer gereicht haben. Das Meer hat den Spieß umgedreht und ist dabei, an den Schottern zu nagen, und wird irgendwann vielleicht in die Lagunen eindringen.

Der Hof Breiðá, auf dem Kári, eine Figur der Njáll-Saga, nach all den dort beschriebenen Querelen etwa um 1020 siedelte, wurde später Breiðamörk genannt; der Sander war damals größtenteils eine vegetationsbestandene Fläche. Bis 1698 existierte das zum Pfarrhof avancierte Gehöft, das vorrückende Eis

Jökulsárlon – hier wurde ein James-Bond gedreht

aber schob sich ohne Rücksicht darüber. Die Schotter bestehen aus Endmoränenmaterial und von den Flüssen angeschwemmten Ablagerungen, eingestreut sind verschieden große Toteislöcher. In diesem Gebiet sollte man vor der *Raubmöwe* (Skúa), die angriffslustig ihre Brutplätze verteidigt, auf der Hut sein. Abhilfe schafft ein harmloses Angriffsziel über Kopfhöhe, z. B. ein hochgehaltener Wanderstock oder ein Stativ.

• *Camping/Essen/Touren* **Campieren** ist am Jökulsárlón derzeit noch kostenfrei (keine Dusche). **Amphibientouren**: 40-minütige Runden mit ehemaligen US-Army-Booten (eines davon war schon in Vietnam im Einsatz) zwischen Eisbergen und -schollen kosten ISK 1.900. Das Restaurant **IceLagoon** verköstigt tgl. 9–19 Uhr all die Scharen von Hungrigen, die an der Lagune eintrudeln mit Fastfood und einer Tagessuppe für ISK 650.

▸ **Abstecher auf den Gletscher/Hütte Jöklasel**: Die F 985, die mit Stoßdämpfern, Achsen und Reifen ruppig umspringt, führt kurz nach der Tankstelle (kein Super) steil gewunden als regelrechter geologischer "Lehrpfad" auf 16 km am Skálafellsjökull zur überwältigenden Wunderwelt des Vatnajökull. Gut erkennbar sind vor allem Gletscherschrammen und ein langgestreckt er Moränenwall, den die Straße quert. Kurz vor der Hütte lohnt es, die Böschung zum Gletscher hinabzusteigen, einen Schritt in das Eis zu wagen und dem aus der Ferne herandringenden Gurgeln und Wasserrieseln, der "Sprache des Gletschers", zuzuhören. Von der Hütte aus können kleine Spaziergänge oder – bequemer – Fahrten mit dem Jeep oder mit Skidoos unternommen werden. Die Palette der Lichtstrahlen scheint hier oben in der Glanz- oder Nebelwelt eine ganz andere zu sein; oft wandelt eine orangefarbene Tönung das harte Weiß sanft ab. An nebligen Tagen hingegen sieht man nur grau und weiß.

Talwanderung (4–5 Std.) (11, s. Karte S. 350/351)): Einfache Wanderung von Jöklasel zur Jugendherberge. Zunächst auf der Jeeppiste bis kurz nach der Brücke über einen Gletscherbach. Am zweiten See rechts abbiegen (gute Picknickgelegenheit) und am linken Ufer entlanggehen. Der Weg ist mit roten Stöcken markiert, die allerdings von Schafen gerne zum Kratzen genutzt werden. Man folgt der kleinen Schlucht, bleibt aber immer rechts oberhalb des Baches und kommt so langsam hinunter in die Welt der Wiesen und des Meeres. Man geht nun talauswärts, immer links des Flusses auf Heideflächen, bis eine größere Felsnase erreicht ist. Links oben sind Strommasten zu sehen. Biegen Sie hier steil rechts nach oben und dort rechts ins neue Tal ein (nicht den Masten folgen). Am Berghang kann man sich nun über Wiesen bis zur Ringstraße, vorbei an einer Farm, durchschlagen.

• *Verbindungen* Austurleið Linie 15/17, Abfahrt in Skaftafell 9 Uhr, Halt an der Gletscherlagune, Ankunft 13 Uhr. Rückfahrt um 15.30 Uhr. Oder von Höfn (9 Uhr) über Smyrlabjörg (10 Uhr) zur Berghütte (Ankunft 11 Uhr, Abfahrt 13.30 Uhr) mit Endpunkt Jökulsárlón (15 Uhr), Rückkunft in Höfn 17.30 Uhr). Ab der Kreuzung hin und zurück ISK 2.000. Wer in der Jugendherberge schläft, kann über einen Lift verhandeln.

• *Übernachten/Essen* **Jöklasel**, gebaut 1991, ✆ 4781000, gemütliche Berghütte am Rande Vatnajökull auf 840 m Höhe, SDU im Dachgeschoss ISK 1.900. Tagessuppe und Salat am Buffet ISK 1.800/Pers. Harte Drinks für Frierende.

• *Tour* Glacier Tours, ✆ 8936024, 8536024, 4781731, 9.30 und 14 Uhr Abfahrt an der Ringstraße, 3 Std., Reservierung nötig. ISK 6.800, Skooter ISK 8.800.

Mýrar: Die eher feuchte Region zwischen den Gletscherflüssen Kolgríma und Hornafjarðarfljót heißt Mýrar. Die Bäche ändern ihre Lage oft, die Gehöfte sind auch hier auf Hügeln erbaut. Die Kirche in *Brunhóll* war vorher auf zwei

Die Schafe hatten mehr Rechte als ich

Auf der Farm angekommen, wachte ich auf, denn zum Träumen war mir nach jedem Tag um 7 Uhr Aufstehen, Kühe melken, Putzen und Kochen nicht mehr zu Mute. Supermärkte, Modegeschäfte und Trödelmärkte waren keine Selbstverständlichkeit mehr. Ein sonst so verwöhntes Großstadtmädchen in Island, umgeben von 30 Kühen, zwei Hunden, einer Katze und drei Traktoren. Warum hast du dir das eigentlich angetan – diese Frage stellte ich mir in der Anfangszeit ziemlich oft. Traktor fahren und Blumen pflücken wurde zu meiner neuen Freizeitbeschäftigung und ehrlich gesagt, fing ich an, es zu lieben. Ich fand es plötzlich schön, wenn die Sonne schien. Ich veränderte mich so schnell, wie das Wetter in Island sich ständig ändert.

Schließlich wurden die Tage kälter und immer dunkler. Bei den Isländern fängt dann das normale Leben an. Ohne Touristen sitzen die Isländer im Kaffeehaus, nachdem sie sich gerade im Schwimmbad über die neugeborenen Kälber unterhielten oder wie sie im nächsten Jahr den Tourismus meistern wollen. Ich hingegen habe mir im Winter das Stricken beibringen lassen. Einmal im Monat trafen wir uns mit den Frauen von den Nachbarfarmen. Das war das Schönste im Winter, abgesehen von der Sehnsucht nach Licht, die nur für einige Stunden gestillt wurde. Ich bin manchmal extra wach geblieben, um dem leuchtenden, vom Schnee reflektierten Farbspiel zuzusehen.

Von Theresa Brademann

anderen Hügeln platziert. Gletscherschmelzwasser bedrohte die Kirche und schwappte über die Gräber – so wurde das Gotteshaus verlegt, bis es nun hierher kam. Der Küste vorgelagert sind Sandbänke und Nehrungen. Etwa auf Höhe der Hornafjarðarfljót-Überquerung trotzt linker Hand die von zwei Gletscherzungen mit ihren Gletscherbächen umrahmte Farm *Svínafell*, wohl der isolierteste Hof in Island, allen Widrigkeiten. Farbenprächtige Liparitberge, stellenweise bemoost, rücken als lange Bergreihe näher. Der plutonitische *Ketillaugarfjall* ist 668 m hoch. Angeblich ist hier *Ketillaug*, die Frau eines Bauern, mit einem Kessel voll Gold im Berg verschwunden.

Wanderung im Kálfafellsdalur (6–8 Std., S. Karte S. 350/351) (12): Ab Hróllaugsstaðir kann man Richtung Brókarjökull laufen. Unterwegs ist ein Hot Pot kurz vor Innra-Brókargil. Die Wanderung führt ins Tal mit faszinierender Kulisse. Zwei nennenswerte Furten (20–40 cm), viele Schafzäune. Genauere Infos in der Farm. Wir freuen uns über eine Wegbeschreibung!

Zu den Gletscherzungen: Mit einem normalen PKW kann man von der Ringstraße zum Fláajökull und zum Hofsjökull fahren (jeweils 7,5 km). Einen guten Blick auf die Gletscherzungen in der Ferne hat man auch von der Bjarnanes-Kirche kurz vor Nes, die im Stil eines Eistunnels erbaut wurde.

• *Übernachten* **Hrollaugsstaðir/Gerði** (FH), ✆/📠 4781057, 18 Zimmer im angenehmen Schul- und Gemeindehaus (ISK 2.500/Pers., SSU ab 1.900 ISK) und 5 Sommerhäuser. Reiten ISK 1.800/Std. Abendessen möglich. Längere, z. T. schwierige Wanderung zu heißen Quellen im Kalfafellsdalur, Jeeptouren auf Anfrage.

Brúnavellir (FH), ✆ 4781055, 📠 4782510, 1,5 km oberhalb der Str. 1, mehrere angenehme Zimmer und gute Atmosphäre bei Linda (im Frühstücksraum ist ein altes Kabeltelefon zu bewundern), SSU ISK 1.600, mit Bettwäsche Abendessen.

Jugendherberge Vagnsstaðir, ✆ 4781048/1567, 📠 4782167, SSU 1.800/1.450. Bei Jóna. Küche, gemütlicher Aufenthaltsraum, 28 Betten, 16–22 Uhr geöffnet. In Meeresnähe, Seehunde an der Küste. Ideal für einen Ausflug nach Jöklasel.

Smyrlabjörg (FH), ✆ 4781074, 📠 4782043, malerisch am Berg gelegener Bauernhof; Ferienanlage mit 30 Zimmern, DZ ISK 8.100 mit Frühstück, SSU ISK 1.900, Abendessen ISK 1.400, Angeln ISK 1.000/Tag.

Skálafell (FH), ✆ 4781041, 📠 4782061, kleine Farm neben dem Gletscher. Familiäre, nette Unterbringung in 2 EZ, 4 DZ, 2 TZ, DZ ISK 6.600 mit Frühstück, Abendessen möglich ab 1.300 ISK, verschiedene markierte Wanderwege ab dem Hof.

Flatey (FH), ✆ 4781036, 📠 4781598, 36 km westlich von Höfn vor der atemberaubenden Kulisse des Gletschers, 8 teilweise hübsch mit Bildern dekorierte Zimmer. DZ ISK 5.800, SSU ISK 1.900. Gute Wandermöglichkeiten in die Berge, zur Küste und zum Gletscher. Nette Farmerfamilie.

Brunnhóll (FH), ✆ 4781029, 📠 4781079, Kirche von 1899 und Bauernhof, bei Jón und Sigurlaug, wo noch jeden Morgen frische Pfannkuchen gebacken werden. Gäste sind gerne eingeladen, bei der Farmarbeit zuzusehen. Den Eingangsweg zieren zwei Walwirbel. DZ ab ISK 5.600, eines behindertengerecht.

Fosshótel Vatnajökull, ✆ 4782555, 📠 4782444. 26 hübsche DZ à ISK 15.400.

• *Camping* in **Hrollaugsstaðir** und **Vagnsstaðir** inkl. Dusche und Kochgelegenheit.

• *Übernachten vor Höfn* **Hótel Edda**, in Nesjahverfi vor Höfn, ✆ 4781496, bietet in gewohntem Edda-Stil 70 Gästen, SSU; gepflegtes Restaurant (Meeresbuffet ISK 2.600).

Árnanes (FH), ✆ 4781550, 📠 4781819, Reittouren, Zwei geschmackvoll eingerichtete Häuser DZ ab 6.200 ISK, 6 DZ in Sommerhäusern, SSU 1.950. Restaurant mit kleiner Galerie mit Bildern der Hausherrin Helga.

• *Camping* an der **Tankstelle** kostenlos möglich, Laden tgl. 9–22 Uhr.

Höfn í Hornafirði

("höbn" 1.769 Einw.)

Die Geschichte Höfns begann erst vor knapp über einhundert Jahren. Als der Handelsort Papós einen Fjord weiter aufgegeben werden musste, erklärte dessen letzter Kaufmann, Ottó Tulinius, kurzerhand Höfn zum Handelsplatz. Sein Geschäftshaus ließ er abreißen und 1897 am Hornafjörður wieder aufbauen.

Das Haus steht noch heute und beherbergt das *Heimatmuseum*, das einen Besuch lohnt. Richtigen Auftrieb erhielt Höfn aber erst, als sein Hafen ausgebaut und 1974 die Ringstraße fertiggestellt wurde, und der Ort Anschluss an den Westen des Landes erhielt. Östlich des Hunderte von Kilometern entfernten Þorlákshöfn ist hier der einzig weitere Hafen an der Südküste. So gut wie alles dreht sich um den Fisch, was unschwer am großen, bunten Hafen und an den Fabriken zu erkennen ist (Picknickbank vor einem alten Kutter). Für Touristen ist der Ort, der sich auf einer Landzunge neugierig ins Meer hinauswagt, hauptsächlich eine Durchgangsstation mit guten Versorgungsmöglichkeiten. Neuerdings gibt es eine Gletscherausstellung im Ort, deren Zukunft allerdings noch ungewiss ist.

Information/Verbindungen/Adressen

• *Information* Hafnarbraut 52 am Ortseingang/Camping, ✆ 4781606, tgl. 7.30–22 Uhr.

• *Verbindung* Busse nach Reykjavík und Egilsstaðir und auf den Vatnajökull. Bushaltestelle ist am Campingplatz.

• *Versorgung* Apotheke, Banken, Post, Supermarkt nahe Zeltplatz (12–19 Uhr), weiter im Ort tgl. 9–23 mit Bäckerei, Tankstellen an der Hafnarbraut (7.30–23.30 Uhr), Werkstätten (✆ 4781489 oder 4782041 oder 4781990).

• *Autowerkstatt* **Smur og dekk** in der Olis-Tankstelle, Mo–Fr 9–18 Uhr, Sa 10–16 Uhr, ✆ 4781392.

• *Feste* Am letzten Juni- oder ersten Juliwochenende findet das **Hummer-Festival** statt (traditionelle isländische Leckereien und Kunsthandwerk; Tanz, Turniere usw.).

• *Souvenirs* Schöne handgearbeitete, typisch isländische Andenken guter Qualität gibt es bei Hanraðinn Hornafirði im **Pakkhúsið** am Hafen, tgl. 10–22 Uhr.

• *Schwimmbad* Hafnarbraut, Mo–Fr 7–20.30 Uhr, Sa/So 9–18 Uhr. Outdoor, 2 Hot Pots.

Übernachten/Essen

Gemessen daran, dass Höfn der größte Ort an der Südküste östlich von Selfoss ist, gibt es hier nur wenige Übernachtungsmöglichkeiten. Auf jeden Fall im Voraus reservieren.

• *Übernachten* **Hótel Höfn**, Víkurbraut, ✆ 4781240, 📠 4781996, 36 DZ mit Bad ISK 14.200 mit Bad, Pub und vorzügliches Restaurant, wunderschöne Lage am Wasser mit Blick auf den Gletscher.

Gistihúsið Ásgarður, Ránarslóð am Hafen, ✆ 4781365, 📠 4781312. Gästehaus mit 30 DZ mit Bad für ISK 8.900, SSU 3.000 im DZ. Alle DZ mit Radio, TV, hell und freundlich; Waschmaschine und Trockner je ISK 400.

Gistiheimilið Hvammur, Ránarslóð am Hafen, ✆ 4781503, 📠 4781591; direkt am Wasser gelegen. 11 DZ zu ISK 11.000, evtl. Besitzerwechsel. Düsterer Frühstücksraum.

Jugendherberge Nýibær, Hafnarbraut 8, ✆/📠 4781257; 34 Betten in Räumen mit 2–7 Betten; ISK 1.850/1.500. Gemütliche Jugendherberge, schöne Räume mit viel Holz, nette kleine Küche, Aufenthaltsraum, nette Besitzerin Waschmaschine.

• *Camping* großer Zeltplatz am Ortseingang, am Servicecenter, Kochplatten, Waschmaschine und Trockner je ISK 300. Dusche extra.

• *Essen* **Ósinn**, im Hotel, der Tipp im Ort. Preise wie am früheren Standort in der

Tankstelle, aber angenehmere Atmosphäre! Tagesbüfett mit Fisch- und Fleischgerichten ab ISK 1.500. Wer's edler mag, findet im großen Salon z. B. Fisch-Trio für ISK 2.900 oder Papageientaucher für 2.500.

Veitingstaðurinn Víkin, Víkurbraut 2, ✆ 4782300, geöffnet ab 11 Uhr. 1994 eröffnetes Restaurant mit großer Auswahl an Pizza und traditionellen isländischen Fisch- und Fleischgerichten. Frischer Fang ISK 1.200.

Hafnarbúðin, Imbiss zwischen den beiden Gästehäusern an der Ránarsloð, Mo–Sa 7.30–23.30, So 9–23.30 Uhr.

Kaffi Hornið, Hafnarbraut 42, 11–23.30 Uhr. Hübsch eingerichtetes Holzhaus, bietet sowohl Kaffe und Kuchen als auch kleine Karte und Tagesgerichte, Tagessuppe ISK 500.

Pakkhúsið, kleines Café am Hafen auf der Galerie, leckere Waffeln.

Sehenswertes

Heimatmuseum: Kurz hinter dem Ortseingang steht auf der linken Straßenseite das sehenswerte Heimatmuseum mit alten Möbeln und Gegenständen. Es ist in dem ältesten Haus des Ortes, dem Handelshaus *Gamlabúð*, untergebracht, das 1864 im damaligen Handelsort Papós als Geschäft gebaut und von *Ottó Tulinius* 1897 zum neuen Haupthandelszentrum Höfn verlegt wurde. Dort stand es fast achtzig Jahre am Hafen, bevor es 1978 zu seinem jetzigen Standort gebracht, restauriert und kurz darauf als Museum eröffnet wurde.

Öffnungszeiten tgl. 13–21 Uhr, ISK 300.

Pakkhúsið: Das Schifffahrtsmuseum und der Laden Hanraðin Hafnarfirði teilen sich das Gebäude. Im fünfzig Jahre alten Lagerhaus am Hafen befindet sich unter dem Dach eine urgemütliche Galerie. Auf knarrendem Holzboden und in rustikaler Atmosphäre sind liebevoll Stände mit Schmuck, Textilien (darunter natürlich auch viele Islandpullis) und allerlei anderem Kunsthandwerk aufgebaut. Seit 1997 wird das Untergeschoss vom Heimatmuseum als Schifffahrtsmuseum genutzt, neben drei Booten sind allerlei Gebrauchsgegenstände aus dem Seemannsleben zu sehen.

Öffnungszeiten Krosseyjarvegur, tgl. 10–22, ab Mitte August 14–18 Uhr, Eintritt frei.

Wandergebiet Lón/Lónsöræfi ("lonsöreiwi")

Im Hinterland der Lónsbucht, der Lónsöræfi, zieht sich im Einflussbereich kleinerer Gletscherkappen eine abgeschiedene Wildnis mit Hochlandcharakter hinauf bis an den Vatnajökull. Die Gegend ist durch das Rhyoltih-Gestein in ockerfarbenen, rötlichen, kupferfarbenen und bläulichen Schattierungen gefärbt. Ausgangspunkt ist die Jugendherberge Stafafell. Wer nicht soviel wandern will, kann einen Ausflug im PKW nach Kollumúli unternehmen.

Nach der 153 m hohen Passhöhe des *Almannaskarð* (geschottert, 16 % Steigung) mit dem weitreichenden Blick vom Aussichtspunkt kommt man, vorbei am Vestrahorn (Wandermöglichkeit), ins Tal des Flusses Jökulsá á Lóni, mit seinen rhyolithischen Gesteinen ein hervorragendes Wandergebiet. Am heute verlassenen Hof *Þórisdalur* lebte *Þórdur Þorkelsson Vídalín* (1661–1742), ein Naturforscher, der sich eingehend mit Gletschern auseinander setzte. Seine wegweisende Abhandlung über Eis und Eisberge erschien 1754 auf Deutsch in zwei Bänden des Hamburgischen Magazins. Nichtsdestotrotz galt er als Zauberer, der es mit jedem Geist aufnehmen und aus der Gegend vertreiben konnte.

Die Eiswelt im Südosten
Karten S. 338/339 und S. 350/351

Wanderung am Vestrahorn (3–5,5 Std.) (13): Wanderung ohne Orientierungsschwierigkeiten mit herrlichen Ausblicken auf Strand und Meer unterhalb einer düsteren Bergkulisse. Die Wanderung lohnt sich vor allem dann, wenn man auf der Südseite des Berges einen Abholtermin vereinbart hat. Ausgangspunkt: Abzweig eines Weges an der Ringsstraße kurz hinter dem schwindelerregend steilen Pass Almannaskarð beim Hof Syðri-Fjörður, dem die Berge erst Mitte März die ersten Sonnenstrahlen zugestehen. Ab dem Gehöft (ca. 0,7 km nach der Ringstraße) folgt man einem Fahrweg, der jedoch bald endet und den Wanderern von Schafen ausgetretenen Pfaden überlässt. Auf der linken Seite reicht der Blick über den Papafjörður, in der Ferne ist der Hvalnesfjall zu erkennen. Nach der Umrundung des Brunnhorns führt der Weg teils auf grünen Pfaden, teils über Geröll am Meer entlang, steil aufragend liegt nun das Vesturhorn zu Rechten, dessen Höhen von Vögeln umkreist werden. Manchmal sind auch Seehunde zu beobachten. Über einige Felsen gelangt man an eine Bucht mit schwarzem Sand und die Radarstation Stokksnes rückt immer mehr ins Blickfeld. Weiter führt der Weg teils am strand, teils durch sumpfiges Wiesengelände bis zu einem verlassenen Hof (3–4 Std.). In der Regel wird man von hier keinen Abholservice haben und muss auf einem Fahrweg noch das Litlahorn umrunden und folgt dann dem Weg bis zur Ringstraße (4–5 km). Nun muss man über den steilen Pass trampen oder zu Fuß sind es nochmals 3,5 km. Die ehemalige Handelsstelle Papós im Papafjörður ist nicht mehr gut zu erkennen; hier landeten vermutlich vor der Besiedlung irische Mönche (*papar*), die nicht dauerhaft siedelten und das Land wieder verließen. Eine Anlegestelle wurde später wohl in der Nähe der heutigen Ruinen aufgebaut. Ein dänischer Monopolist verschaffte dem Ort ein kurzes Aufblühen in der Mitte des 19. Jh., bis Höfn Handelsplatz wurde.

Wanderungen/Trekking in der Lónsöræfi (s. Karte S. 350/351)

Die Jökulsá schießt unterhalb der kleineren, in Reihe stehenden Vereisungen *Jökulgilstindur, Flugustaðatindur, Tungutindur* und *Hofsjökull* in einer tiefen Schneise talabwärts, inmitten von Berghängen, die den Farben eines Regenbogens nacheifern. Auch Rentiere, die den Nordrand des großen Gletscherpanzers zum Lebensraum haben, tauchen hier bisweilen auf. Zu den anspruchsvollen Unternehmungen zählen Touren auf den *Sauðhamarstindur* auf der Westseite der Jökulsá, der alle Anstrengungen mit grandiosem Ausblick auf den Vatnajökull belohnt. Ausgangspunkt der Wanderungen ist der Kirchhof und die Jugendherberge Stafafell ("stawafedl"), wo man auch weitere Informationen bekommt.

Geologie: Die Jökulsá ist ein Gletscherfluss wie aus dem Bilderbuch. Am Talende sind ehemalige Deltaablagerungen viele Meter über dem heutigen Meeresspiegel zu sehen. Kollumúli ist ein 3–5 Mio. Jahre alter Zentralvulkan, etwa so, wie Askja heute. Reste der ehemaligen Caldera sind dort sichtbar, wo die Lava auffallend anders geneigt ist. Der Vulkan ist ansonsten nicht mehr zu erkennen, er ist sehr tief erodiert, wohl 1.000 m. Wegen hoher geothermaler Aktivität finden sich allerlei bunte Gesteinspartien. Bläulich sind Laven, grünlich Palagonit und gelblich Rhyolith. Auch Intrusionen (in Spalten nachgedrungene Lava) sind im Kollmúli-Gebiet zu sehen.

Wer will, kann auch über den Gletscher rasen

Schlucht Hvannagil (5–7 Std.) (14): Von den Stafafell-Häusern führt ein Wirtschaftsweg aufwärts (Gatter), an einem rotbraun gestrichenen Mast vorbei. Der Weg wird schmäler und verläuft rechts neben einem Bach. Bald wird der Weg zu einem Trampelpfad, der mit ihnen konkurrierend und sie kreuzend, neben etlichen Schafspfaden durch das Birkengestrüpp des unebenen Höhenrückens, auf dem auch Moose, Krähen- und Blaubeergestrüpp sowie Glockenblumen stehen, sich nach Nordosten windet. Die Markierungspflöcke stehen im Abstand von 20 m, sind aber z. T. umgefallen oder fehlen und man muss sehr aufpassen. Nach ca. 50 Min. steigt man durch ein tieferes Quertal, das Eilifsdalur, um nach weiteren 15 Min. vor der tiefen Klamm eines größeren Baches zu stehen. Sie führt hinab zum Gletscherfluss. Wir folgen ihr am rechten Rand aufwärts in Richtung eines Steinmannes, der am Hang des Selfjall gut zu sehen ist und passieren diesen links unterhalb, einer kleinen Talsenke folgend. Zu dieser steigt das Bachbett auf, welches eine breitere Schotterfläche, spärlich bewachsen mit Alpenfrauenmantel, wildem Thymian, Krähenbeeren und Labkraut, bildet. Je nach Wasserführung sind ein bis zwei kleine Bäche, welche von rechts einmünden, zu überschreiten. Schließlich wendet sich auch der Lauf unseres Baches nach rechts zu einer kleinen, steilen Felsschlucht, in der er, vom Oberlauf herabfließend, einen gut sichtbaren, kleinen Wasserfall erzeugt. Wir gehen an der linken Talseite weiter in unsere bisherige Richtung. Nach insgesamt zwei Laufstunden stehen wir endlich an der fast Richtung Nord-Süd verlaufenden Schlucht Hvanngil; in einer Seitenschlucht steht eine bizarre Felsnadel, die bereits einige Male am Horizont als Wegweiser sichtbar war. Die pastellfarbene Pracht der näheren und ferneren Berghänge reicht von Crème, Ocker, Braun über Rot bis Violett, Bläulich und Grün. Sie ist z. T. zurückzuführen auf unterschiedliche Oxidationsformen von

Eisenverbindungen. Man kann von hier einige kleine Abstecher zu Fotostandorten unternehmen, bevor man, an einem etwas hervorgehobenen Birkengestrüpp beginnend, den deutlich erkennbaren schmalen und steilen Pfad nach links an der Schluchtflanke zum Talboden absteigen. Nach drei Stunden reiner Laufzeit ist die Jökulsá erreicht. Zurück geht es über den Fahrweg. Die noch vor einigen Jahren vereinzelten Wochenendhäuser haben sich zu einem Straßendorf entwickelt.

Variante: Man kann auch bis zur Schlucht mit dem Auto fahren. Der Aufstieg hin und zurück nimmt etwa 1 Std. in Anspruch.

Hvannadalur und Hnappadalur (1–2 Std.) (15): Der Weg beginnt kurz hinter den Ferienhäusern und ist bis zu einer Furt mit Auto oder Fahrrad machbar; von dort am besten zu Fuß oder mit hochbeinigem Allradwagen weiter.

Kollumúli (1–4 Tg.) (16) Ein herrliches Ziel in sehr isländischer Natur. Man kann mit der Stafafell-Ausflugstour hingelangen, dort herumstreunen und übernachten und am nächsten Tag zurücklaufen oder auf einer etwas härteren Tour weiter zum Vulkan Snæfell (Genaueres zu beiden Routen siehe Kap. Hochland, S. 660). Kollúmúli ist ein farbenfrohes Vulkangebiet, durchschnitten von einem reißendem Gletscherbach. Auch einige Gletscherzungen sind zu sehen. Nach den Überbrückungen in Stafafell erkundigen. Der Aufenthalt im Lón-Gebiet kann beliebig ausgedehnt werden, mehrere Campingplätze sind eingerichtet worden.

- *Ausrüstung* Gute Schuhe sind Pflicht, die Gesteinsscherben und Kiesel sind an vielen Stellen feucht und rutschig, mitunter sind auch auf den kleineren Touren Bäche zu durchwaten. Wanderstöcke sind nützlich. Ausgedehntere Wanderungen in den einsamen Regionen sind unbedingt mit professionellem Kartenmaterial durchzuplanen und vor Ort mit Kundigen zu besprechen (sprechen Sie mit Bergsveinn oder Gudlaugur auf der Farm Stafafell). Eine neue 1:100.000er Wanderkarte sollte man sich vorher anschaffen, evtl. kann sie hier noch erstanden werden. Bleiben Sie auf empfohlenen Routen, jüngst erst mussten zwei Deutsche aus einer Schlucht per Hubschrauber gerettet werden.
- *Angeln* ISK 500/Tag.
- *Reiten* Reiten ab ISK 1.200/Std. Mit **Horn-Hestar** auch zur Hvannagil und ins Múladalur.
- *Ausflüge/Touren* Jeep-/Busfahrten ab Stafafell (9.30 Uhr) nach Kollumúli (7 Std.), ISK 2.700. Anmeldung nötig, ✆ 4781717, 8536715, 8644215.
- *Übernachten* Jugendherberge **Stafafell** (FH), ✆ 4781717, 📠 4781785. Zwei Sommerhäuser und ein gut ausgestattetes, freundliches Haus mit 56 Betten 31 km von Höfn und 200 m von der Ringstraße, ISK 1.850/1.500, Kochgelegenheit ist vorhanden. Die Besitzer geben gerne Auskunft über Wandermöglichkeiten.
- *Camping* in Stafafell, 1.6.–15.9., Duschen vorh. Im Lónsöræfigebiet weitere Plätze, Info in Stafafell.
- *Berghütten* Ferðafélag Íslands, ✆ 5682533, unterhält die **Geldingafell**- und **Kollumúli**-Hütte in der Öræfi.

Der Türberg Dyrfjöll

Die Ostfjorde

Alles strahlte jetzt in fröhlichem Sonnenschein. Nur an den Spitzen der Berge hingen noch einige Flocken von Gewölk. Die treppenartige Formation wurde schön dadurch gehoben, dass auf den vorspringenden Schichten Schnee lag, während die schroffen Abhänge, davon frei, ihre rötlichen oder schwärzlichen Wände sehen ließen. Nach dem Meere hin zeigten sich am unteren Saum der bläulichen Uferhügel zahlreiche kleine, nette Häuschen. Der spiegelglatte Fjord selbst war von Booten belebt. Eine scharf gezeichnete Pyramide, höher als alle anderen, trat schroff in die Bucht vor und verursachte eine Biegung derselben in fast senkrechtem Winkel. Von den Zinnen der Spitze dehnten sich größere Schneelager zu einer weiteren Spitze hin.

(Alexander Baumgartner, 1902)

An manchen Tagen treiben graue Schleier über das Wasser hin. Temperaturunterschiede haben dann Fjord und Berge in einen stillen Mantel aus Wassertröpfchen gelegt, den Nebel der Ostfjorde. Reißt er auf, weckt die Sonne grüne Töne von den Wiesen, und rot-gelb-blaue Flecken aus Wellblech, die Fjordorte mit ihren typischen bunten Dächern, werden am Fuße der hoch aufgetürmten Basaltschichten wahrnehmbar. Land und Meer stoßen hart aufeinander, kaum dass die Straße an den Berghang passt. In keinem Ort fehlt eine kleine Kaianlage mit dümpelnden Schiffen, Öltanks und Fischfabriken, die bisweilen einen sehr gewöhnungsbedürftigen Geruch freisetzen. Die früher so typischen Stapel norwegischer Holzfässer sind mit dem Ende der groß angelegten Heringsfischerei aus dem Ortsbild verschwunden. Fischerei und Landwirtschaft veränderten sich, Höfe wurden aufgegeben. Schon fast eine nostalgische Veranstaltung ist der Sailor's Day, der Anfang Juni in den Fjordorten gefeiert wird.

Streckeninfos/Tipps für Radler: Die Straßen des Ostens wurden weitgehend asphaltiert und sind gut zu befahren. Radlern wird der Wind zu schaffen machen, da er bei den Fjordumrundungen immer in einer Richtung Mühe abverlangt. Die Strecke 939 "*Öxi*" am Berufjörður ist inzwischen überbrückt, aber immer noch steil und kurvig. Tipp für ausdauernde Radler: auf der 92 nach Neskaupsstaður (2 Pässe!) und dann mit der Fähre nach *Brekka* im vereinsamten *Mjóifjörður*. Die Straße 939 führt dann Richtung Egilsstaðir (steiler Pass). Die unbefestigte Strecke von Egilsstaðir nordwärts nach *Borgarfjörður eystri* ist in sehr gutem Zustand.

Geologie: Die mächtigen Basaltschichten der Ostfjorde liegen heute weit entfernt von der aktiven vulkanischen Zone. Sie sind etwa so alt wie das Gestein der Westfjorde zur anderen Seite des aktiven Vulkanismusbereiches und um 5–10° geneigt. Diese Neigung erklärt die Schwerkraft: Nahe an der aktiven Vulkanzone konnten sich die Basalte mächtiger auftürmen, ihre größere Masse führte hier zu einem Absinken und letztendlich zu einer leichten Kippung jeweils zur zentralen Dehnungszone hin. Gletscher lösten im Laufe der Jahrmillionen die vulkanischen Kräfte ab; sie modellierten während der Eiszeit aneinandergereihte Meeresarme und präparierten so die bis über 1.000 m hohen Bergrücken mit steil abfallenden Hängen heraus, von denen unzählige, die Basaltschichten einkerbende Bäche herabrinnen. In den höher liegenden Nischen überleben auch im Sommer Schneeflecken.

Autorentipps: Übernachten Sie in der Jugendherberge Berunes, in der alten Kirche in Stöðvarfjörður oder in der Jugendherberge in Seyðisfjörður. Genießen Sie die Fjordstimmung im Kaffi Margret in Breiðdalsvík oder in einem der Cafés in Fáskrúðsfjörður. Ein gutes Restaurant finden Sie im Hótel Framtið in Djúpivogur. In vielen Orten können Sie in interessanten Museen herumstöbern. Borgarfjörður eystri ist eines der schönsten Wander- und Trekkinggebiete der Insel. Geführte Touren: Bootsausflug von Djúpivogur zur Insel Papey oder in Breiðdalsvík zu den Schären.

• *Busverbindungen* **Austurleið SBS** bedient die Strecken der Ostfjorde. **Linie 12** befährt täglich einmal die Strecke nach Höfn von Reykjavík. Zwischen Höfn und Egilsstaðir verkehrt im Sommer täglich ein Bus (**Linie 18**). Routenplan: Höfn Touristeninfo, Djúpivogur Hotel Framtið, Berunes Jugendherberge, Breiðdalsvík Hótel Bláfell, Egilsstaðir Campingplatz. Teilweise gibt es noch Flughafenzubringer nach Höfn.

Austfjarðarleið, www.austfjardarleid.is, ✆ 4771713/8928922, ℻ 4771710, bedient die Strecke Egilsstaðir (Camping), Reyðarfjörður, Eskifjörður, Neskaupsstaður (Olís-Tankstelle) und zurück werktags 2-mal tgl., die Strecke Reyðarfjörður (Shell), Eskifjörður (Flugleiðir-Büro), Neskaupsstaður und zurück werktags 1- bis 2-mal tgl. sowie die Strecke Egilsstaðir, Fáskrúðsfjörður, Stöðvarfjörður, Breiðdalsvík und zurück Mo–Fr 1-mal tgl. Verbindungen ins Hochland, nach Seyðisfjörður und Borgarfjörður eystri siehe dort. Aktuelles im Internet. Die Verbindungen ändern sich in den abgelegenen Regionen von Jahr zu Jahr.

Álftafjörður und Hamarsfjörður (53 km)

Der erste der Ostfjorde eröffnet mit schwarzen Kies- und Sandstrandbuchten die aneinandergereihten Gletschereinschnitte. Von den überbordenden rötlichen Hängen lassen sich oberhalb unzähliger Klippen und Felsnischen die *Álftafjörður*-Felsinseln und die Sandbank Starmýrarfjörur überblicken; am Horizont ist die "Pfaffeninsel" *Papey* auszumachen. Schwäne (*álfta* = Schwan), haben ein ausgedehntes Revier in den lagunenartigen versandeten Gewässern. Hügelig geht es in den kurzen *Hamarsfjörður*, den "Steilklippenfjord". Bei Historikern

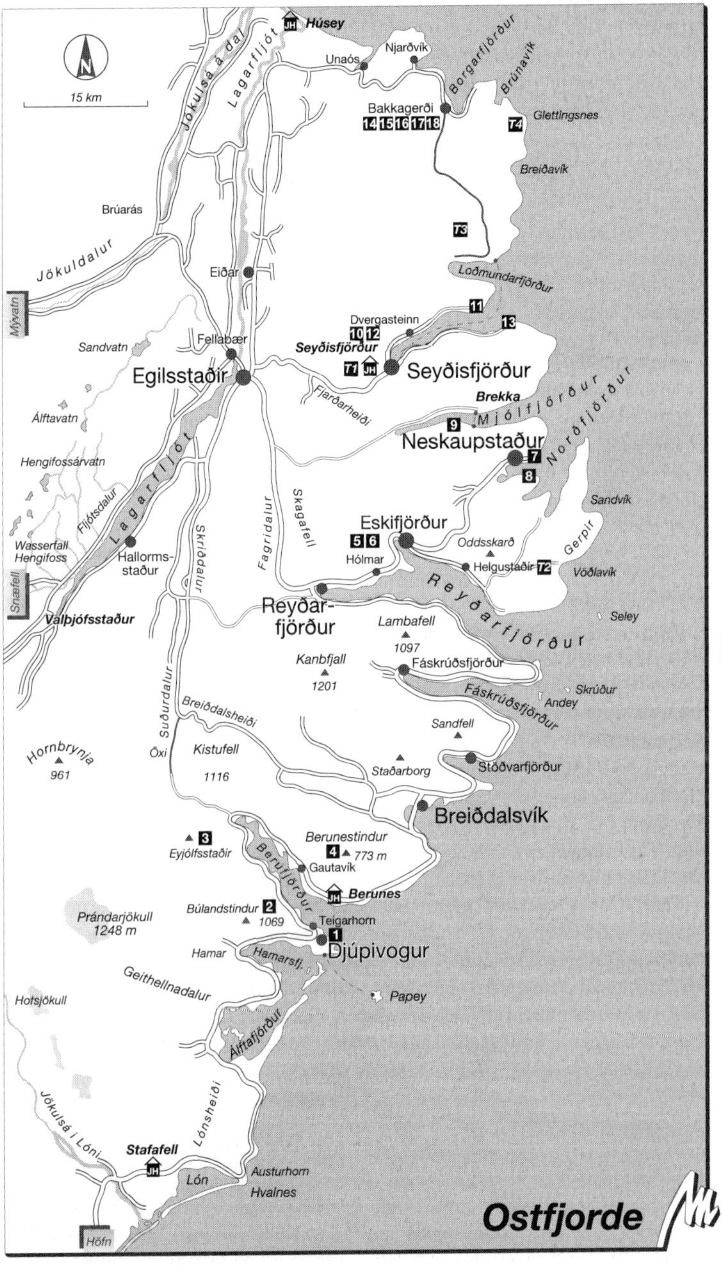

Die Ostfjorde
Karte S. 365

wurde diese Gegend bekannt, als 1952 beim Hof Braggðavellir römische Kupfermünzen aus der Zeit zwischen 270 und 305 gefunden wurden. Dass womöglich ein römisches Schiff bis nach Island vordrang, hält die Wissenschaft gleichwohl für unwahrscheinlich. Kelten oder Wikinger könnten die Geldstücke aus Europa mitgebracht haben.

Gästehaus Stármyri (FH), 4 Zimmer und Matratzen, soviel ins Haus passen, bei Guðmundur und Sigrún. ISK 1.500. Es erwarten einen 2.000 Schafe und eine große Familie.

Kunst im Fjord: In jedem Fjord werkelt ein Künstler vor sich hin. Freilich kann man Kunst überall machen, aber irgendwie scheinen die Fjorde anziehend zu sein. Der Staat kann nicht schuld sein, er förderte überall Musikschulen, aber keine Kunstschulen.
Bei Pétur Behrens, dessen Werke im Kaffi Margret zu bewundern sind, lockten vor allem die Pferde, bei Rikharður Valtingojer eine Isländerin. Letzterer ist aus Österreich und hält den kleinen Ort Stöðvarfjörður mit seinen Ideen auf Trab, wenn er nicht gerade in Reykjavík an der Kunsthochschule Unterricht gibt. 3- bis 5-tägige Mal-Workshops können bei ihm besucht werden, die Kurse werden individuell abgestimmt, Vorkenntnisse sind nicht nötig. Inspirationen werden aus der Fjordlandschaft geholt.

Adresse Galerie **Snærós** in Stöðvarfjörður. Das Geschäft verkauft Arbeiten von Richard und seiner Frau Sólrun, neben größeren Werken Radierungen, Ohrringe und Anhänger.

Djúpivogur

("djúpivór", 403 Einw.)

Bunte, gepflegt-nordische Häuser kauern unterhalb des pyramidenförmigen Búlandstindur (1069 m) versteckt zwischen hügeligen Lavablöcken. Das alte Handelshaus "Langabuð" sowie die Insel Papey können hier besichtigt werden.

Seit dem 16. Jh. ist Djúpivogur ("tiefe Bucht") ein Handelsplatz. 1589 wurden insbesondere Kaufleute aus Hamburg vom dänischen König berechtigt, hier Handel zu treiben. Der Hafen des Ortes lag früher nicht an der heutigen Stelle. Zur Zeit der Hanse war der Ankerplatz *Fýluvogur*, heute durch Verlandung vom Meer abgetrennt. Während des dänischen Handelsmonopols wurde der Osten Islands in drei Handelszonen unterteilt mit den Zentren Vopnafjörður, Reyðarfjörður und Djúpivogur. Hier durften nur Kaufleute aus Kopenhagen, Malmö und Helsingör Geschäfte tätigen. Bis 1920 hielten dänische Kaufleute den Handel in ihren Händen. Ein Geschichtsdatum, das hier jeder kennt, ist 1627. Damals plünderten algerische Piraten den Ort; bekannt wurde die Aktion als "Türkenüberfall", bei dem einhundert Menschen gefangen und neun getötet wurden. Für das Jahr 1703 wird nur von dreißig Einwohnern berichtet!

- *Information* in der Langabúð, täglich 10–18 Uhr.
- *Versorgung* Apotheke, Krankenstation, Banken, Post, Automatentankstelle, Laden "Við Voginn", Supermarkt (10–19, Sa 10–14 Uhr), Werkstatt.
- *Schwimmbad* neues Hallenbad mit Hot Pot.
- *Übernachten/Essen* **Hótel Framtíð** ("Zukunft"), Vogalandi 4 am Hafen, ✆ 4788887, ℻ 4788187, 34 neue DZ ab ISK 6.500. In dem hübschen, alten Handelshaus von 1905 ist heute ein exzellentes Restaurant, das Fotos der ersten isländischen Fotografin Nicoline Weywandt schmücken. Mittagsmenü ca. ISK 1.300. Für Gourmets: gebratener Papageientaucher. Terrasse, Sauna, Bar.

Langabúð, Bar und Café, Tagessuppe mit Kaffee ISK 600, Kuchen, manchmal Livemusik.

Djúpivogur mit Búlandstindur

• *Camping* neuer Platz neben dem Hotel, Duschen extra. Geheimtipp: auf Papey kann man campen, wenn man den Trip bucht. Auf der Farm Teigarhorn (s. u.) ist ein Platz geplant.

Galerie und Café Langabúð: Von 1818–1920 handelte die dänische Firma Örum & Wulf in Djúpivogur. Auch sie nutzte das Haus *Langabúð*, das heute auffällig rot leuchtet. Das Haus bestand zunächst aus zwei Häusern. Es wurde mehrfach umgebaut und diente mehreren Herren (auch als Schlachthaus, bis 1985 Lagerhaus). Um Langabúð und seine Verwalter drehen sich mehrere Geschichten, nicht zuletzt wohnen mindestens zwei Geister auf dem Dachboden unter all dem musealen Allerlei – sie lassen einen gerne auf der Treppe stolpern! Im Haus untergebracht sind ein Café, eine Trollwerkstatt und eine Ausstellung der Werke des Künstlers Rikharður Jónsson (1888–1977), auf den unter anderem auch das isländische Wappen zurückgeht. Zentrum der Ausstellung ist eine Sammlung von Köpfen isländischer Politikerberühmtheiten.

Öffnungszeiten Tgl. 10–18 Uhr, Do und Fr ist das Café länger geöffnet.

Wanderungen/Ausflug nach Papey (s. Karte S. 365)

Spaziergang an der Küste (2/3,5 Std.) (1): Ausgangspunkt ist die Warte oberhalb des Hotels mit grandiosem Blick auf beide Fjorde, die Schärenlandschaft und den Búlandstindur. Markierter Weg durch die Sumpflandschaft, Buchten. Zwei verschiedene Runden sind möglich, 5 oder 10 km (hier muss man evtl. durch Wasser waten). An der Warte und am Kreuzungspunkt zur größeren Runde sind Tafeln mit Plänen aufgestellt.

Insel Papey: Djúpivogur ist Ausgangspunkt für Ausflüge und Vogelbeobachtungstouren zum 2 qkm messenden Eiland Papey, das von vorgelagerten kleinen Inseln umrahmt wird. Die lange Geschichte der ehemaligen "Pfaffeninsel" ist mittlerweile in den Hintergrund getreten, die Vögel haben die Insel draußen vor der Küste erobert. Grabungen konnten die Vermutung, dass auf Papey zunächst irische Mönche hausten, bisher noch nicht erhärten. Später besiedelten Bauern die Insel. Früher sammelte man in der Seevogelkolonie Eier, 1.000 Pfund Eiderdaunen im Jahr (!) und hielt Schafe – heute sind es nur noch 20. Das Haus des letzten Farmers Gísli, der 1900 die Insel kaufte, und eine Kirche aus dem Jahre 1817, die älteste und mit 16 qm die kleinste Holzkirche des Landes, die zudem auf einem Schatz stehen soll, sind Zeugen des großen Gehöftes. Bis 1950 lebten hier 20 Leute, im Sommer 60. *Hellisbjarg* mit seinem Leuchtturm von 1922 ist der höchste Punkt der Insel (58 m).

• Überfahrt ✆ 4788183/4788119/8624399, 4–5 Std. Dauer, ISK 3.000, Abfahrt der "Gísli" gewöhnlich 13 Uhr. Auf der Insel findet eine geführte Wanderung statt (2 Std. 40 Min.), auch zu Papageientauchern.

Folgen Trolle Wegen?

Haben sie sich nicht auch schon gefragt, ob die Halbwesen nicht so etwas wie ein Trottoir oder Stege bevorzugen, um von einem Ort zum anderen zu gelangen? Es gibt sie, die Trollgehsteige. Die unromantisch-nüchterne Betrachtung der Geologie spricht von "*dykes*", in Gesteinsspalten geflossenes und erstarrtes Magma. Dieses Material ist oft härter als die Umgebung, sodass nach Verwitterung oder Meeresabtragung eine dunkle Mauer dieser "Gesteinsintrusion" übrig bleibt. Bei aufmerksamer Beobachtung sind in jedem Fjord Hunderte solcher Gänge zu entdecken!

Der Berufjörður

Ein langer, felsiger Fjord mit schneeverzierten und stufenförmigen Berghängen, Schären und Inseln, mit dem eindrucksvollen Pyramidenberg Búlandstindur. Lediglich um die Farmen leuchten eingestreut hellgrüne Areale. Eine Wanderung für Fortgeschrittene führt auf den Pyramidenberg, etwas einfacher ist es, den Berunestindur zu umrunden, und gänzlich problemlos ist eine Wanderung im Fossá-Tal.

Im Winter liegt oft keine Schneedecke auf der Landschaft, die Temperaturen am Ufer sind bedingt durch den schwarzen Sand und viele Sonnenstunden relativ hoch. Die Schafe konnten meist das ganze Jahr über auf der Weide bleiben. Schafställe mussten so nicht notwendigerweise errichtet werden, der erste Farmer entschloss sich erst 1930 dazu. Ein typisch isländischer Fjord also: ein paar Schafe, wenig Besiedlung, oftmals Nebel und eine unruhige Küstenlinie. In **Gautavík** am Nordufer kann man auf Spurensuche nach mittelalterlichen Hafenanlagen gehen.

Mineralienfundort Teigarhorn: Die 3 km von Djúpivogur entfernte Farm ist bekannt für exzellente Fundstücke. Deren Entstehung ist unter anderem auf heiße Dämpfe aus der Tiefe und unterirdische Wasserströme zurückzuführen. Das gesamte Areal um die Farm ist sinnvollerweise unter Naturschutz gestellt. Der Respekt gebietet es, sich nicht alleine auf Plünderzüge zu machen, sondern sich vom Bauern umherführen zu lassen. Verschiedene Hohlformen mit Quarzen, Achat und bekannten Fundstellen von Zeolithen sind zu sehen. Das braune, alte Haus wurde als Bausatz aus Norwegen 1880 errichtet und soll ein Fotografie-Museum werden.

Anmeldung Im Sommer 30-minütige Wanderungen gegen kleinen Unkostenbeitrag – falls das Meer nicht zu sehr gewütet hat. ✆Der junge, Englisch sprechende Farmer Herbert weiß fachmännisch die Zeolithe zu unterscheiden und freut sich über mittlerweile fast 10.000 Gäste im Jahr. Ausstellungsraum (ISK 200) und Cafeteria. tgl. ca. 10–20 Uhr.

Wanderungen

(s. Karte S. 365)

Besteigung des Búlandstindur (1.069 m) (2): Ausgangspunkt ist die Farm Teigarhorn. 500 m westlich von dort führt ein Pfad ins Búlandsdalur (soll Pkw-tauglich werden), dem man bis zum Ende an der Fußgängerbrücke folgt. In ca. 700 m der so genannte *Goðaborg* Platz, ein zweiter Gipfel etwas unterhalb der höchsten Stelle. Von dort warfen die Isländer nach der Annahme des christlichen Glaubens die alten Götterbilder in die Tiefe. Die Besteigung ist gut machbar (6–8 Std.), lediglich die letzten Meter sind eine Kletterpartie (kein Seil installiert). Von oben ist der Snæfell zu sehen. Vor der Besteigung unbedingt aktuelle Informationen in Teigarhorn einholen! Wir freuen uns über Erfahrungsberichte.

Wandern ins Tal der Wasserfälle (2–4 Std.) (3): Ausgangspunkt ist die Ringstraße am Abzweig "Eyjólfsstaðir" oder der Hof selbst. Schon ab dem Abzweig lohnt es, eng am Bach "Fossá" entlangzukraxeln, um keinen der in allen Variationen über Basaltstufen hinwegspringenden Fälle auszulassen. Vom Hof kann man eine schöne 2- bis 4-stündige Wanderung unternehmen. Da hier Privatland ist, sollte man nicht in Horden einfallen, lieber sich beim Bauern vorher melden bzw. dort übernachten. Der Jeepweg umrundet oft schöne Stellen, ein Stück hinter der Farm folgen zwei große Umfahrungen von bewirtschafteten Feldern (der Fluss schlängelt sich hier etwas geruhsamer in flacherer Umgebung). Gletscherschrammen zieren oberhalb der Abbruchkanten den felsigen Grund. Etwa auf Höhe einer kantigen Schlucht (Tröllagil), die in den über tausend Meter hohen Nóntindur hinauf reicht, liegen die Grundmauern der verlassenen Farm Víðines, wo noch vor nicht allzu langer Zeit eine Familie mit 17 Kindern lebte (bis hier 2–3 Std. hin und zurück). Wer die Augen aufhält, entdeckt überall im Tal Stellen mit Heidelbeeren oder schwarzen Krähenbeeren. Das Fossá-Tal kann man recht weit hinauf durchstreunen. Kehrt man langsam zurück, etwa dann, wenn man den Fjord überschauen kann, dauert die Wasserfall-Tour etwa die veranschlagten 3–4 Std.

Nönnusafn: winziges Museum neben einer ebenso winzigen Kirche am Fjordende, das geöffnet wird, sobald jemand kommt. Innen ist nichts Spektakuläres zu entdecken, vor allem ausrangierte Alltagsgegenstände. In der Kirche einige Gegenstände aus dem 17. Jh. Der Versuch, hier ein Museum zu errichten, ist das eigentlich Interessante, auf einem Hof, auf dem Sie vielleicht noch den beiden Alten Bragi und Óskar bei der Sensenmaht zusehen können.

3 km vor Berunes und dort, wo die Straße den Küstensaum berührt und ein Strommast steht, ist am Strand ein auffallender grüner Fels zu bewundern.

Kirche Berunes: Es ist nicht sicher, wer eigentlich Beru war. Den Namen bekam die Gegend vermutlich von einer Wikingerfrau – oder doch von einem Trollweib? Oder einer Eisbärin? Man bewegt sich also wieder einmal auf geheimnisvollem Gelände. Sehenswert ist die alte Kirche, die 1874 errichtet wurde und vierzig Menschen Platz bietet. Das Altarbild über dem Eingang, dessen Original von 1686 im Nationalmuseum lagert, zeigt den Sieg des heiligen Ólaf über das Heidentum. Das heutige Altarbild stammt aus dem Jahre 1875.

Besteigung/Umrundung des Berunestindur (773 m, 5–7 Std.) (4, s. Karte S. 365): Berunes ein schön gelegener Platz für eine Rast und idealer Ausgangspunkt, um eine Besteigung der Fjordflanke zu wagen. Von der Farm Berunes läuft man im Tal ein Stück fjordauswärts und besteigt einem Bachbett folgend die Fjordflanke durch eine Schlucht. fjordeinwärts gewinnt man an Höhe und erklimmt den Pass Lambaskörð. Von hier geht es entweder auf den Gipfel oder nach Osten ins Krossdalur, das einen zur Ringstraße führt. Die Gipfelbesteigung dauert etwa 5–7 Std., die Umwanderung 7 Std. Aktuelle Infos in der Jugendherberge, dort hängt auch ein Foto, auf dem man sich den Weg zeigen lassen kann.

• *Übernachten/Camping* In **Teigarhorn** ist ein Campingplatz geplant.

Eyjólfsstaðir (FH), ✆ 4788971/4788137, bei Alda, SSU im gemütlichen Gästehaus mit Dusche und Küche für ISK 1500. 1,5 steile km oberhalb der Hauptstraße am Fjordende. Campingmöglichkeit auf gemähter Wiese. Anmeldung im Farmhaus 600 m oberhalb.

Fagrihvammur (FH), ✆ 4788985, unterhalb von Basaltsäulen auf der Nordseite des Fjords, 3 neue Sommerhäuser mit Fjordblick.

Hamraborg, Café und Restaurant kurz vor Berunes, bei Maria und Þorleifur, tgl. 10–22 Uhr, in der alten Schule, mit dem Charme der 1960er. Fisch aus der Búlandsá ISK 1.300. Vor dem Haus steht ein versteinertes Trollweib. Terrasse.

Jugendherberge Berunes, ✆ 8697227 und 4788988, ✆ 4788902, eine der schönsten Unterkünfte des Landes! Die Jugendherberge von Anna und Ólafur befindet sich im ehemaligen Farmhaus und bietet einen wunderschönen Blick über die Fjordlandschaft. Ein Wohnzimmer mit Büchern und Stereoanlage schafft weitere Gemütlichkeit. Nebenan neuer Aufenthaltsraum. Abendessen. Internet. Kostenpunkt: ISK 1.850/1.500, Bett 2000. 3 Sommerhäuser ab ISK 5.000. Campingplatz mit Küchenraum, Duschen extra.

Abkürzung Öxi-Piste (21 km): Wer das Bedürfnis nach Hochlandpisten hat, kann die Straße 939 westlich des Kistufell (1.111 m) einschlagen und spart nach Egilsstaðir 59 km Vom Hof Melshorn führt eine äußerst holperige Piste schnell in Serpentinen bergan. Nach herrlichen Ausblicken zurück auf Fjord und Wasserfälle ab der Passhöhe (532 m, etwa dort, wo die Piste zu den Ódáðavötn abgeht) bergab durch eine raue, steinige Ebene und streckenweise genau neben dem Fluss Bugar entlang, der gelegentlich die Piste überschwemmt. Nach 2 km mit starker Steigung folgt die Schutzhütte. Mit 10 % Gefälle gleitet die Straße ins grüne Breiðdalur. Die Straße war früher eine Schreckenspiste – nun ist sie verbessert worden und macht bereits der Ringstraße Konkurrenz.

Breiðdalsvík (273 Einw.)

Der junge Ort mit seinen wenigen Einwohnern ist beschaulich. Wie bunt ins Gestein gestreutes Spielzeug reicht die Schafzucht- und Fischereigemeinde an den Hafen vor der Insel- und Schärenbucht. Im Jahr 1883 durfte ein Laden eröffnet werden, und Schiffe konnten den Hafen anlaufen. Damit war die Vorrangstellung von Djúpivogur für diese Gemeinde beendet. In den vierziger Jahren des 20. Jh. begann das Wachstum der kleinen Stadt. Auch hier sind die Berghänge der Umgebung und Felsen dicht mit Geschichten von Piraten und Riesen verwoben. Fjordauswärts fand man bei der Farm *Snæhvammur* Gräber; die tausend Jahre alten Beigaben befinden sich heute im Nationalmuseum.

• *Information* im Hótel Bláfell, 8–23 Uhr.

• *Versorgung* Bank, Post, Supermarkt (9.30–18, Sa 10–13 Uhr), Tankstelle (Mo–Fr 9–12 und 13–19, Sa/So 13–17 Uhr), Werkstatt (✆ 4756616).

• *Fest* *Kraftakeppni*, ein Kräftemessen am 2. Wochenende im August in Zusammenarbeit mit Djúpivógur.

• *Schwimmbad* nagelneues Bad mit Hot Pot, Mo–Fr 15–20, Sa/So 16–19 Uhr.

• *Übernachten/Essen* **Hótel Bláfell**, Sólvellir 17, ✆ 4756770, 📠 4756668, adrettes Hotel mit Restaurant und Bar, 14 DZ ab ISK 6.300. SSU ISK 1.700. Lamm, Fisch, Pizza.

Jönnu neben der Tankstelle, Fr-nachmittags Brot und Kleinur von Hausfrauen.

Café Margret, ✆ 4756625, 2 km nordöstl., tgl. 9–23 Uhr, bei Margret und Horst, herrlicher Fjordblick, Terrasse. Eingerichtet in altdeutschem Stil, ungewohnt nobel. 4 DZ für ISK 7.900. Bilder von Pétur Behrens. Bunte Speisekarte.

Hotel Staðarborg (FH), ✆ 4756760, 📠 4756761, eine ehemalige Schule, die Jóhanna aufgekauft hat. 21 DZ mit Bad für 8.700 mit Frühstück. SSU 1.500. Camping auf kleiner Wiese neben der Straße mögl. Reiten ISK 1.500/Std. Abendessen. Hot Pot.

• *Camping* Nördlich hinter d. Hotelgebäude.

• *Touren* Zu den Inseln im Fjord mit Elis, der schon für eine Person fährt. Zu sehen sind faule Seehunde und aufgeregte Seevögel. Gunnhildarey ist nach einer Frau benannt, die auf einem Treibeisblock hier strandete und dann starb. Der Vorteil der einstündigen Fahrt ist, dass man in kurzer Zeit einiges zu sehen bekommt allerdings nicht so viel wie in Papey. Infos im Hotel oder unter ✆ 8640246. ISK 2.000/Std., für 4 Std. 4.000.

Auf der Ringstraße nach Egilsstaðir (81 km)

Hier verzichtet man auf den Besuch eines imposanten Ensembles von langen Basaltfingern, die weit ins Meer deuten – dafür kürzt man den Weg zum Versorgungspunkt Egilsstaðir über zwei lange Täler ab. Die Strecke der *Breiðdalsheiði* (Passhöhe über 400 m) sei nicht sonderlich aufregend? Weit gefehlt. 14 km vom Abzweig der 96 können rechts zwei verfallene Farmen (Jórvík) umschlichen werden. Bei Þórgrímsstaðir befindet sich ein 230 m hoher Wasserfall. Abwärts gerichtet schließt sich das *Skriðdalur* an und führt durch das Weideland von *Þingmúli*. In alten Zeiten hielten hier die Männer das Thing ab, was dem Verwaltungsbezirk den Namen *Múlasýsla* eintrug. Nach 81 km ist Egilsstaðir erreicht (siehe S. 386).

• *Übernachten/Camping* **Hotel Staðarborg** (s. o.)

Innri-Kleif, an der Ringstraße Richtung Egilsstaðir nach dem Abzweig an der Norðurdalsá, ✆ 4756789, Angeln, SSU im Sommerhaus (sechs Betten, Küche, Bad) ISK 1.500, 2,5 km von hier. Ruderboot inkl.

Stóra-Sandfell, ✆ 4711785, ca. 17 km vor Egilsstaðir, Campingplatz in bewaldeter Umgebung. Im Farmhaus; Reiten nach Vereinbarung.

Die "Südfjordroute" (Straße 96)

Die lohnende Alternative zum direkten Weg nach Egilsstaðir ist die gewundene Strecke über die "Südfjorde" nördlich von Breiðdalsvík, die ab und an ein tapferes orangefarbenes Leuchttürmchen oder ein altes Fischgestell passiert. Der Schriftsteller *Gunnar Gunnarsson* bewunderte die Basalttreppen als "diese Stufengebirge, die oft wie Schiffschnäbel gegen das Meer stehen, Steven bei Steven, eine versteinerte Riesenflotte". Diese Schnäbel formen oft spitze Nadeln und Basaltstufen, die wie zerhackt erscheinen von den Vögeln, die dort ihr Brutgeschäft erledigen und kreischend vor den zerfressenen Hohlformen über den Schären ihre Kreise ziehen.

Stöðvarfjörður

(270 Einw.)

Der Ort wird auch unter dem Namen *Kirkjuból* zitiert, und auch er konzentriert sich natürlich auf Fischfang und Gefrierfischverarbeitung. Vor dem Kirchenbau 1925 war das einzige herausragende Ereignis die Eröffnung des Ladens 1896.

- *Versorgung* Bank, Post, Supermarkt (Mo–Fr 9.30–12.30, Sa 10–12/13–18 Uhr), Tankstelle (Mo–Fr 9.30–19, Sa 10–18, So 11–15 Uhr), Werkstatt.
- *Bar und Café* **Kútterinn**. Sport-Café/Pub mit selbst gemachten Kuchen, Fastfood und Lamm, abends Bar. Tgl. 9.30–22 Uhr.
- *Schwimmbad* neben der Schule, Outdoor, Hot Pot.
- *Autowerkstatt* Fjarðarbraut 40b, ✆ 4758949.
- *Kunstgalerie* Galerie **Snærós**, Fjarðarbraut 42, ✆ 4758931, 📠 4758930.
- *Übernachten* **Kirkjubær**, ✆ 4758819/ 8923319, bei Birgir und Ingibjörg, SSU in der alten Kirche – im Ort ist man gespaltener Meinung, ob das in Ordnung sei oder nicht. Urgemütlich, komplett eingerichtet (für 10 Pers.). Ein Geheimtipp!
- *Camping* Links am östlichen Ortsende, bei einem für isländische Verhältnisse lauschigen Park. Waschbecken, Toiletten; kostenlos.

▸ **Petras Steinsammlung**: Eine schier unendliche, exzessive Mineraliensammlung ziert das rote Haus "Sunnuhlið" an der Hauptstraße, das die private Steinsammlerin Petra Sveinsdóttir im Lauf der Zeit mit ihren Sammelstücken anfüllte. In der Wohnung stehen ausgestopfte Vögel neben Schwefelkristallen, Onyx und Jaspis, aus ihrem Garten machte sie einen schier erschlagenden Steingarten, sogar die Salatköpfe wachsen in Kieselsteinbeeten. Petra erklärt ihre Ambition mit ihrem Spieltrieb als kleines Kind: Sie hatte Spaß am Steinesammeln, die ganze Familie trug die Stücke für sie zusammen. Irgendwann konnte niemand mehr unterscheiden, ob es noch ein Spiel war oder eine unbeugsame Sammelleidenschaft. Die Frage hat sich inzwischen entschieden.

Petra und ein winziger Teil ihrer Steinsammlung

Das hohe Alter hat dem Sammeltrieb keinen Abbruch getan, auch heute noch zieht sie aus, um in den Bergen schöne Steine zu finden. Kommt man hierher, ohne je Kontakt zur Gesteinsartenkunde gehabt zu haben, ist man bei ihr, die die Steine nur ihrer Ästhetik wegen sammelt, in den richtigen Händen.

Adresse Fjarðarbraut 21, ✆ 4758834, ISK 300. Jeden Tag kommen mehrere Busgruppen.

Fáskrúðsfjörður (oder Búðir) (573 Einw.)

Der "Fjord von Skrúður" ist mit 16 km einer der tieferen der in die Basaltstufenberge hineingefressenen Gletscherrinnen und hat zwei neue Attraktionen: ein niedliches Kaffeehaus und ein Museum zur Franzosenfischerei. Neuerdings sind gar alle Straßen des Orts zweisprachig ausgeschildert...

Die Fjordflanken bilden über 1.000 m hohe Lavaschichten und lassen die Häuser tief unten am Meeresufer mit ihren farbenfrohen Dächern hilflos aussehen. Auf der Südseite der vom Gletscher eingeschliffenen Bucht gibt der 773 m hohe *Sandfell*, ein rhyolitischer Lakkolith-Kegel den rötlich-gelben Gegenpol zu den grünen Basaltstufen ab (ursprünglich in der Tiefe als "Intrusivkörper" erstarrtes Magma, also ein "Plutonit", der später durch Erosion freigelegt wurde). Seit 1890 hat die Siedlung den Rang eines Handelsortes, kaum verwunderlich bei diesem vorzüglichen Naturhafen, der die Basis zu Fischfang und -verarbeitung lieferte, was sich bis heute nicht geändert hat. Vom Hof Dalir an der Straße 956 können Ausdauernde über die Fjordberge (*Stuðlaheiði*) ins Tal des Reyðarfjörður marschieren.

- *Versorgung* Apotheke, Bank, Post, Laden **Viðarsbúð** unterhalb des Hotels (Mo–Fr 9–12 und 13–19, Sa 13–18 und So 13–15 Uhr); Supermarkt am Skólavegur 59, (Mo–Fr 9–18 Uhr), Olís-Tankstelle mit Imbiss, Werkstatt.

Kaffi Sumarlína, liebevoll eingerichtetes Kaffeehaus mit Terrasse und Hafenblick, 2002 von den Schwestern Kristín und Margrét eröffnet, tgl. 10–23 Uhr, leckere Kuchen. Unten urgemütliche Cognacstofa. Gegenüber steht ein Schiff, das noch der Großvater, der Schiffbauer des Ortes zusammengezimmert hat.

Museumskaffee, oft Quiche Lorraine und leckere Kuchen. (s. u.)

- *Schwimmbad* Skólavegur 41, Hallenbad.
- *Touren/Bootsausflüge* zu den Inseln ca. ISK 2.000/Pers., ✆ 4751397.
- *Übernachten* Die Zukunft des Hotels war bei Drucklegung noch unklar.
- *Camping* am westlichen Ortsrand, gratis.

Museum: Franzosen werden hier glücklich gemacht. Der Frisör Albert Eiriksson entschloss sich, die Erinnerung für alle zugänglich zu machen und trug im über 100 Jahre alten Haus einige Ausstellungsstücke aus der Zeit der Franzosenfischerei zusammen, z. B. aus dem französischen Hospital von 1903. Die Alten im Ort erinnern sich noch heute an die Biskuits aus der weiten Welt, sie tauschten gerne Wolle gegen Alkohol. 1825–1914 kamen 5.000 Franzosen jedes Jahr zum Fischen. Genauso viele starben seit 1825 hier im Nordatlantik!

Öffnungszeiten Buðarvegur 8, ✆ 4751525, 8642728, tgl. 10–17 Uhr. Eine Faltblatt mit Hinweisen zu einem Ortsrundgang ist im Museum erhältlich.

▸ **Die Inseln Skrúður und Andey**: Östlich des Kirchleins Kolfreyjustaður ragt Skrúður 161 m hoch aus den kalten Fluten, verschiedene Vogelarten nisten auf dem grasbedeckten Felsen, insbesondere eine bemerkenswerte Basstölpelkolonie. Auch soll es dort eine Höhle geben, die mit der Welt der Riesen in Verbindung steht Andey ist eine "Eiderenteninsel". Deren Daunen waren lange Zeit eine lukrative Erwerbsquelle für die hiesige Bevölkerung.

Reyðarfjörður

(632 Einw.)

Der Ort am längsten Fjord im Osten (30 km Länge) trägt wie der Nachbarort auch einen alten Namen: *Búðareyri*. Damit nicht genug, der dritte Name wäre eigentlich *Snæland*. Das Landnahmebuch jedenfalls berichtet über Naddoddur, der im 9. Jh. die Färöer verfehlte und dem hier im tiefen Schnee die naheliegendste Bezeichnung in den Sinn kam. Für den zweiten Namen spricht, dass die Búðará mitten durch den Ort in den Fjord fließt. Im Zweiten Weltkrieg lag hier ein Stützpunkt der Alliierten. Ganz Reyðarfjörður wartet darauf, aus der derzeitigen Lethargie zu erwachen: Eine großdimensionierte amerikanische Aluminiumhütte soll kommen und endlich eine Zukunft bieten – Kritik dagegen hört man kaum.

- *Information* am Entensee, im Sommer tgl. 13–22 Uhr.
- *Versorgung* Apotheke, Post, Landsbankinn und Sparkasse, zwei Supermärkte (So geschlossen), Tankstellen, Werkstatt.
- *Autowerkstatt* Búðareyri 33, ✆ 4741453.
- *Kajak* Dóri, ✆ 8536993.
- *Schwimmbad* Heiðarvegur 14, Hallenbad, Mo–Fr 7–9 (außer Mi) und 14–19, Sa 12–16 Uhr.
- *Übernachten/Essen* Fosshótel Reyðarfjörður, gut geführtes Hotel, hübsche DZ ISK 11.000. Exzellentes Restaurant, 3-Gänge-Dinner ab ISK 2.200, Mönchfisch ISK 1.800. **Campingplatz** am Entensee, gratis, Duschen geplant.

Kriegsmuseum: Dieses Museum neben den alten Krankenhausbaracken möchte die Lebensumstände der Bewohner in Kriegszeiten darstellen. Ein wenig befremdlich ist es für Mitteleuropäer, aus welcher Perspektive in diesen Gebäuden der Zweite Weltkrieg abgehandelt wird. Der Schwerpunkt liegt nicht auf den Gräueln des Krieges, sondern auf den Erlebnissen der Isländer mit den fremden Soldaten, wie sie sich in den Orten benahmen, was man von ihnen lernte und wie sie ihre Stützpunkte befestigten.

Öffnungszeiten Geöffnet tgl. 10–18 Uhr vom 10.6.–31.8., ISK 300, ✆ 4709095.

Wandertipp

(s. Karte S. 365)

Wandertipp Kap Hólmanes (1–2 Std.) (5): Die Landzunge zwischen Eski- und Reyðarfjörður ist (derzeit noch) als Naturschutzgebiet deklariert. Wer Zeit hat, kann umherstreunen, Seevögeln beim vielstimmigen Lärmen zusehen und den Blick über den Meeresarm genießen (soll markiert werden).

Hólmatindur (7–8 Std.) (6): Die mühseligere Besteigung des Hólmatindur (985 m) ist am besten ab Sómastaðir in Angriff zu nehmen (nur für Fortgeschrittene, der Weg ist unmarkiert; vorher Infos im Ort einholen. Wir freuen uns über einen Erfahrungsbericht). Der krönende Eintrag ins Gipfelbuch kann nach ca. 3–3,5 Stunden erfolgen.

▸ **Weiterfahrt nach Egilsstaðir**: Durch das "schöne" Tal *Fagridalur* sind es 31 km von Reyðarfjörður. Ein langer, aber landschaftlich reizvoller Aufstieg geht in eine flache Passhöhe über. Später ist die Landschaft mit vereinzelten Krüppelbirken bestanden, und man überblickt Egilsstaðir und das Schwemmland des Sees Lagarfljót, das in die breite Bucht Héraðsflói mündet.

- *Übernachten* **Sólbrekka** (FH), 715 Mjóafirði, ✆ 4760007/4760020, 📠 4760019, 45 km von Egilsstaðir, spartanisches Schulgebäude, Camping, 20 Betten, SSU ISK 1.500, mit Bettwäsche ISK 2.300; Aufenthaltsraum und Terrasse. Hochseeangeln auf Anfrage, Post, Tanken, Lebensmittel, Kochgelegenheit. Zu den Bootsverbindungen s. Kap. Neskaupsstaður, S. 378.

Der einsame Mjóifjörður (Straße 953/Wanderung/per Boot)

Oft ist er recht düster, der Fjord, der noch abgeschiedener liegt, wie das von dort per Boot oder auf einer Wanderung erreichbare Städtchen Neskaupstaður. Die Straße gibt es erst seit den 1950ern. Sie ist nur im Sommer befahrbar und erfordert einige Konzentration. Die Landschaft verwandelt sich in eine felsige, wildromantische Schutteinöde, die von Rinnsalen, begleitet von einem Streifen giftgrüner Moose, sacht eingekerbt wird und mit weißen "Wollknäueln" besetzt ist. Nach einem See öffnet sich der fast schon schwindelerregende Blick auf mächtige, dunkelgrüne Basaltstufen, die bis zum sanften Fjordwasser hinunterführen. Auf der Südseite ist die "Prestgil". Hier lebte hinter einem Wasserfall ein Trollweib, das während der Messe immer am Kirchenfenster stand und den Pfarrer beobachtete. Eines Tages entführte und verspeiste sie ihn. Bei Priestern genoss der Fjord folglich einen schlechten Ruf. Ein besonders Mutiger konnte schließlich den Troll vertrieben, der bei der Flucht einen Schuh und ein Loch im Zaun zurückließ, das man nie flicken konnte...

Ende des 19. Jh. errichteten norwegische Fischer und Händler mehrere Landungsstationen im Fjord, darunter auch den Walfangposten Asknes, und 400 Menschen lebten im Fjord. Der große Heringsboom erfasste in den 1960ern auch diesen Fjord, den "schmalen Fjord". Das waren die guten Zeiten. Noch 22 Menschen in neun Häusern leben dauerhaft in dieser schauerlichen Abgeschiedenheit. Die Lehrerin Margrét hat derzeit vier Schüler. Jeder kennt jeden. Die Schönheit der Bergwände und des langen und für seinen Beerenreichtum bekannten Fjords reicht nicht aus, um die Menschen hier zu halten. Vielleicht haben ja die Lachszuchtversuche Erfolg. Vom Fjord führt eine herrliche Wanderung nach Neskaupsstaður (s. u.).

Eskifjörður und Neskaupsstaður

Wer es eilig hat, lässt vielleicht die Außenposten der Fjordwelt rechts liegen. Dabei sind die Orte keineswegs klein, und die Abseitsposition wird durch die spektakuläre Lage am Fuß hoher Bergkämme wettgemacht. Selbst im Hochsommer halten Schneereste auf den hochgelegenen Lavaterrassen den Norden präsent. Eine atemberaubende Wanderung führt vom Mjóifjörður nach Neskaupsstaður.

Eskifjörður (972 Einw.)

Dicht an die Wasserlinie unterhalb der zerfurchten "Schachtelberge" liegt der sympathische Fischerort mit seinen hölzernen Stegen und dümpelnden Booten. Ein liebevoll hergerichtetes Fischereimuseum führt in das Leben mit dem Fischfang ein.

Alte Anwesen und bunt gestrichene Häuser lassen sich bei einem Spaziergang vor allem am Ortsende entdecken, dort, wo Walknochen ein Tor bilden,. Vom Hafen operieren heute fünf größere Schiffe, deren Fänge zu Fischmehl und -öl verarbeitet werden. Daneben sind Hai und Trockenfisch die wichtigen Produkte des Ortes. Die vorgelagerte Insel *Seley* war eine Fischereistation, ist aber seit der ersten Hälfte des 20. Jh. unbewohnt.

Die Imposanz des gegenüberliegenden *Hólmatindur* (985 m) hat ihre Schattenseiten: Wenige Sonnenstrahlen erreichen die Häuser am Talboden. Kaum ist der kurze Sommer vorüber, lastet die stete Lawinengefahr über der Siedlung.

Blick auf Eskifjörður

Der Ort sei dennoch vor größerem Unglück beschützt, versichern zuversichtliche Bewohner: Als im 17. Jh. nordafrikanische Piraten in die Nähe kamen, vermochte es eine Magierin, Nebel zu zaubern, sodass diese Eskifjörður nicht fanden. Als die Magierin starb, wurde sie in der Nähe begraben. So lange ihre Knochen dort ruhen, werde sie als Schutzgeist dienen, so die Sage. Als im Zweiten Weltkrieg ein deutsches Flugzeug kam, zerschellte es nahe Krossanes und konnte keinen Schaden anrichten.

- *Versorgung* Apotheke, Bank, Post, Supermarkt, Shell-Tankstelle mit Imbiss (9–23 Uhr), Werkstatt.
- *Schwimmbad* Hallenbad in der Lambeyrarbraut 14.
- *Übernachten* **Hótel Askja**, Hólsvegur 4, ✆ 4761261, ℻ 4761876, DZ ISK 6.500. Innen neu renoviert, ohne den Charme vergangener Zeiten zu zerstören. Günstige Fischgerichte ab ISK 1.200.Soll auch ein Café werden. Im Ort sonst nur ein **Pizza67**-Restaurant.
- *Camping* Einer der wenigen Plätze in Island, wo man unter Bäumen sein Zelt aufschlagen kann. Im Park am Ortseingang, mit Dusche; gratis.

Sehenswertes

Fischereimuseum: Im Eingangsbereich des alten Handelshauses der Firma *Örum & Wulf*, 1816 errichtet und bis 1905 in Betrieb, stapeln sich in den Regalen eines nachgebauten Kaufmannsladen Waren und Utensilien aus früheren Zeiten. Im Hauptsaal steht der Fischfang im Mittelpunkt. Walfang war ein Teil des Fischerlebens, die Nachbildung der ehemaligen Walfangstation Hellisfjörður (1904–1913 in Betrieb) gibt den historischen Hintergrund zu den Ausstellungsstücken, die die Zeit des Walfangs illustrieren – und sei es mit dem Zahn eines Pottwals. Ebenso wird der Erwerbszweig der Heringfischerei im Osten durch Fotos illustriert und mit Netzen, Pökelfässern und anderen Gebrauchsgegenständen veranschaulicht. Alle Fischerboote des Ortes ab 1862 sind mit Bild aufgelistet. Eine Ecke mit Ausrüstung zum Haifischfang rundet das hervorragend aufgemachte Museum ab. Ein ansehnliches Heimatmuseum empfängt den Besucher im ersten Stock. Oberhalb der Treppe sind u. a. Geräte zur Bonbonherstellung (zuletzt 1936 benutzt) oder Klinikinventar zu sehen, eine Abteilung beherbergt die bis 1960 benutzten "Folterwerkzeuge" eines Dentisten. Außerdem ist im Obergeschoss ein Modell der Stadt des Jahres 1923 (damals mit nur 630 Einwohnern) aufgebaut. Vor dem Haus liegen ein 200 Jahre alter Anker, eine Schiffsschraube und Tiegel zum Sieden von Lebertran. Auch das hübsche rote Heringshaus am östlichen Ortsende steht unter der Obhut des Museums.

Öffnungszeiten **Sjóminjasafn Austurlands**, Strandgata 39b, tgl. 14–17 Uhr, ✆ 4761605.

Abstecher zur Doppelspat-Mine: Etwa 10 km fjordauswärts, dann 700 m nach der Farm *Helgustaðir*, linker Hand wurde über drei Jahrhunderte lang Doppelspat abgebaut. Dessen Kristalle brechen Licht auf eine Weise, dass durch sie alles zweifach erscheint. Ein Bergwerk ist hier nicht zu sehen, wohl aber kleine Bruchstücke mit glitzernden (natürlich ungeschliffenen) Kristallen auf Schuttflächen. Ein über 200 kg wiegender Gesteinsklotz wurde ins British Museum nach London geschafft. Wenige Kilometer weiter bei Útstekkur war eine alte Handelsstation, man sieht allerdings nur noch kümmerliche Reste.

Alexander Baumgartner schrieb 1902: "Die doppelte Strahlenbrechung wurde schon 1669 von dem dänischen Gelehrten Bartholin entdeckt, was veranlasste, dass bereits von dieser Zeit an in Island nach denselben [Spatkristallen] gegraben wurde. Sie wurden indes nur in ganz geringen Mengen ausgeführt. Erst 1850 ließ der im Eskifjörður wohnhafte Kaufmann Thomsen eine eigentliche Mine anlegen, deren Besitz durch mehrere Hände ging und einigen, wenn auch nicht sehr hohen Ertrag gewährte [...]. Doch war die größere Menge des gewonnenen Spates entweder undurchsichtig oder wegen verschiedener Fehler zu optischen Zwecken unbrauchbar und deshalb von nur geringem Werte."

Trekkingvorschläge

(s. Karte S. 365)

Eskifjörður ist ein idealer Ausgangspunkt zur Erkundung der Gegend: unbewohnte Gehöfte, Wasserfälle und Berge, deren Geschichten seit Generationen weitererzählt werden. Karten sind im Internet oder im Ort erhältlich. Einige Anregungen:

Nach Egilsstaðir (T 1): Es empfiehlt sich eine mehrtägige und abwechslungsreiche Wanderung entlang der alten Postroute an der *Eskifjarðará* und über die *Eskifjarðaheiði* ins *Eyvindardalur* und weiter bis nach Egilsstaðir. Der Weg soll markiert werden, nach dem Zustand sollte man sich vorher erkundigen. Wasser ist kein Problem. Über Erfahrungsberichte freuen wir uns.

Zwischen Reyðar- und Norðfjörður (T 2): Erwandert werden können einige verlassene Fjorde, als erster die *Vaðlavík* über den alten Fahrweg 958 (erster Tag). Von hier kommt man über den Gerpir (der östlichste Punkt und klassische Vogelfelsen Islands) am Sandvíkurvatn vorbei in die *Sandvík* (zweiter Tag). Nun führt der Pass Sandvíkurskarð in den *Viðfjörður*, der wegen seiner Geister gefürchtet ist. Ab jetzt geht es ohne Fjordüberquerungen um den ebenfalls verlassenen Hellisfjörður bis nach Neskaupsstaður (dritter Tag). Wasser: kein Problem.

Neskaupsstaður

("Nesköüpstaðür" 1.412 Einw.)

Ein kaum vom Tourismus berührter Fischer- und Schulort. Besonders zu den Hochzeiten des Heringsfangs und der Salzfischverarbeitung prosperierte der alte Handelsplatz trotz seiner Lage im Abseits.

1895, drei Jahre nach Eröffnung der Handelsstation, lebten erst 180 Menschen in dem langgestreckten Ort am Norðfjörður. Ab 1929 durfte man sich Handelsstadt nennen: Neskaupsstaður. Wie im Nachbarort, sind die Häuser im Winter auch hier lawinengefährdet.

Streckeninfo/Tipps für Radler: Die Straße 92 steigt hinter Eskifjörður ein weiteres Mal steil mit 13 % an und windet sich bis zu einem schmalen Tunnel (mit Ausweichstellen), der die Anbindung der Stadt im Norðfjörður wesentlich verbesserte. Die Passhöhe des *Oddskarð* ist in 632 m erreicht, gut 70 m weniger als die vorher zu überwindenden 705 m, die oft unpassierbar waren und Neskaupsstaður lange von der Außenwelt abschnitten. Ebenso steil wie zuvor schlängelt sich die Straße in gefährlichen Kehren hinab, bald durch landwirtschaftlich genutztes Gelände, bis schließlich die ersten Fischfabriken und bunten Häuser in Sicht kommen.

- *Information* neuerdings im Café Nesbær von Sigriður, Egilsbraut 5, ✆ 4771115, Mo–Fr 13–18, Sa 11–17 Uhr.
- *Fähre* Postboot in den Mjóifjörður Mo und Do, ca. ISK 1.000. Boot nach Barðnes: Magnús, ✆ 8487801.
- *Versorgung* Apotheke, Bank, Post, Tankstelle mit Imbiss, Supermarkt in der Stadtmitte 9–18, So 12–18 Uhr, ein weiterer ist fjordauswärts gelegen (tgl. 10–19), Werkstatt.
- *Schwimmbad* Miðstræti 15, ✆ 4771243, outdoor mit herrlichem Blick, Hot Pot, Sauna.
- *Fest* Im Juni **Seemannsfest**, Ruderwettbewerb, Schiffsfahrt.
- *Kajak* **Kayak Club Kaj**, ✆ 8639939.
- *Übernachten* **Eddahotel**, im östlichen Teil des Orts, ✆ 5050910, modernes Haus in toller Lage, 31 Zimmer.

Capitano, Melgata 11, ✆ 4771441, nüchtern gehaltenes Hotel in einem Haus von 1890, DZ ab ISK 8.000 ohne Frühstück, SSU 2.000.

- *Camping* hübscher, teilweise windexponierter Platz am Ortsende. Übernachten, Waschmaschine, Trockner und Dusche sind (noch) gratis. Sehr gepflegte sanitäre Einrichtungen.
- *Essen/Pub* **Hótel Egilsbúð** an der Hauptstraße, angenehme Kneipe und Restaurant, oder **Pizza 67**, Egilsbraut 1, von Sandwich über Steak zu Fischgerichten von der schon vertrauten Menükarte. Relativ preiswert.

Museum für Naturgeschichte: Ein geordnetes Sammelsurium von präparierten Vögeln und Fischen, Muscheln, bunten Steinen und Insekten begrüßt den Gast beim Betreten dieses ehemaligen Wohnhauses des Sammlers *Jóhann Sigmundsson*. Schmuckstücke sind der 22 kg schwere Lachs (das drittlängste Exemplar, das hier jemals gefangen wurde), die Muschelkollektion und ein ausgestopfter Minkwal.

Öffnungszeiten **Náttúrugripasafn**, Miðstræti 1, 15.6.–31.8., Mo–Fr 13–17 Uhr, ✆ 4771774.

Wandern

(s. Karte S. 365)

"Höhlen" nördlich des Leuchtturms (ab 20 Min.) (7): Vom Campingplatz führt ein Spaziergang einfach, aber keineswegs langweiliger fjordauswärts über wiesengrünes, sanft gewelltes Gelände, bis man über eine Holztreppe an einer Stelle hinab zum Meer gelangt, wo vom Felsvorsprung einer Höhle Wassertropfen perlen und als heller Vorhang herabrinnen. Auf der anderen

Seite des Fjords ist im Fels die helle Stelle *Rauðubjörg* aus Liparitgestein zu sehen. Eventuell sind im Meer Wale zu beobachten.

Auf der anderen Fjordseite (8): In der ehemaligen Farm Barðnes kann man nach Anmeldung unter ✆ 4771894 (Inga) übernachten. Von hier kann man den Fjord auf alten Fahrwegen entlanglaufen. Über Erfahrungsberichte/Tourenbeschreibungen freuen wir uns.

Wandern vom oder in den Mjóifjörður (9)

(s. Karte S. 365)

Mjóifjörður-Neskaupsstaður (5,5–7 Std.): Herrliche, aber nicht für Anfänger geeignete Tour mit spektakulären Ausblicken. Zunächst nimmt man das Boot von Neskaupsstaður in den fantastisch langen, engen Mjóifjörður nach Norden (siehe S. 375). Fährt gerade kein Boot, kann man die Wanderung auch andersherum laufen. Vom Mjóifjörður kann man dann auch weiter nordwärts in einem Tag nach Seyðisfjörður marschieren.

Vom Ort Brekka kann man sich gegen geringes Entgelt übersetzen lassen zur verlassenen Farm Reykir. Von hier führt ein rot markierter Weg fjordauswärts bergan über Heide und ins wollgrasübersäte Gélsárdalur, das einen bergan nach Süden führt. Im Tal ist ein kleiner Moränenzug, an dessen Seite man sich entlang hält. Der Weg schwenkt nun fjordauswärts und man steuert auf einen Gipfel mit auffallenden Zinnen zu. Über eine Geröllfläche wird eine Basaltstufe erreicht, in der ein See liegt. Der Weg führt dann nach rechts, weg von den Zinnen und über den Grat. Überraschenderweise blickt man hinab in einen riesigen Felskessel, in dem man mit Glück ein paar Rentiere weiden sieht. Versuchen Sie nicht, hier hinabzusteigen, der Fjord, den man sieht, ist noch der Mjóifjörður! Folgen Sie vielmehr rechter Hand den Pflöcken entlang der Kesselwand. Nach einer Weile erreicht man einen zweiten Grat und man steht fast direkt oberhalb von Neskaupsstaður – ein mühevoller Abstieg steht nun noch bevor!

Neskaupsstaður-Mjóifjörður: Der Weg beginnt im Westteil der Stadt gegenüber der Adresse Urðarteigur 23.

- *Übernachten* siehe oben bei Mjóifjörður.
- *Wasser* ausreichend vorhanden.
- *Ausrüstung/Karte* Wanderschuhe, Stöcke. Der Weg ist markiert, Schafe zerstören aber immer wieder einige Pflöcke. Besser in Egilsstaðir oder Neskaupsstaður eine Touristen-Wanderkarte oder ein amtliches Blatt besorgen. Man findet den Weg aber auch ohne Karte, wenn man keine Orientierungsschwierigkeiten im Gelände hat.
- *Anspruch* zwei Gratüberquerungen mit steilen, aber gut machbaren Abschnitten.

Seyðisfjörður

(795 Einw.)

Am Donnerstag Morgen läuft tutend die von den Färöern kommende Fähre Norröna im Hafen ein und spuckt Hunderte von Islandreisenden aus. Gute Gelegenheit für diese, sich in dem künstlerisch sehr aktiven und malerischen Ort mit alten Häuschen oder auf einer der zauberhaften Wanderungen in der Umgebung in aller Ruhe auf Island einzustimmen.

Jahrhunderte lang lebten die Menschen am Fjord isoliert auf weit auseinanderliegenden Höfen. Erst 1834 wurde am Ende des Fjords eine Handelsstation eingerichtet. Der wahre Aufschwung kam mit dem Heringsfischfang am Anfang des 20. Jh. durch dänische und norwegische Kaufleute. Der starke ausländische Einfluss spiegelt sich in der Architektur des Ortes, eine bunte Mischung

In Seyðisfjörður

aus norwegischer, dänischer und isländischer Bauweise. In dieser Blütezeit, als sogar eine Zeitung in Seyðisfjörður erschien, gelangten die Bausätze der hellblauen *Kirche* (tgl. 9–18 Uhr, Mi-Abend Konzerte) und vieler Häuser mit dem Schiff aus Norwegen hierher. Das schönste von ihnen ist das himmelblaue Holzhaus am Wasser, welches jetzt das Hotel beherbergt. 1906 wurde Seyðisfjörður als erster isländischer Ort "verkabelt": von den schottischen Orkneyinseln wurde ein 615 km langes Telefon- und Telegrafenkabel auf dem Meeresboden verlegt.

Noch zu Beginn des 20. Jh. war Seyðisfjörður einer der modernsten Orte in ganz Island. Mit dem Aufblühen der Wirtschaft Reykjavíks wurde es jedoch ruhig im Fjord. Bis zum 2. Weltkrieg, denn von 1940–45 hatten erst die britischen und dann die amerikanischen Streitkräfte hier eine große Basis und 800 Soldaten mischten sich unter die etwa gleich starke Bevölkerung. Im Februar 1944 flogen deutsche Flugzeuge einen Angriff auf den Fjord und torpedierten den Tanker *El Grillo*, der auf Grund sank, wo er bis heute liegt. Eine Kanone wurde allerdings sichergestellt, poliert und an der Hafnargata aufgestellt.

Die Strecke nach Egilsstaðir (Straße 93): Über die Fjarðarheiði, einen 620 m hohen Bergpass, der im Winter oft unpassierbar ist, sind es 26 km bis Egilsstaðir. Es geht an der Fjardará und ihren wunderschönen Wasserfällen entlang und steil bergauf. Etwa 5 km vor der Passhöhe steht am Straßenrand ein Denkmal für Þorbjörn Arnoddsson, der als erster Busfahrer auch im Winter einen regulären Busverkehr hierher sicher stellte.

Information/Verbindungen/Adressen

Als wäre es Sonntag, zogen sich die Leute anfänglich bei Ankunft der Fähre schön an und spazierten die Straßen auf und ab. Heute sieht man es gelassener, aber fast alle Geschäfte öffnen donnerstags für ankommende Touristen etwas früher, und am Mittwoch Nachmittag wird zwischen 15 und 18 Uhr gegenüber vom Hotel für abreisende, verspätete Souvenirjäger ein Kunsthandwerksmarkt abgehalten.

- *Information* Fjarðargata 8, tgl. 9–17 Uhr, Mi länger, ✆ 4721111.
- *Internet* Skaftafell Arts Centre/netc@fe, Austurvegur 42, ✆ 4721632.
- *Verbindungen* **Bus** nach Egilsstaðir. Abfahrt nahe der Brücke ✆ 4721515, 2- bis 3-mal tgl., ISK 1000.
- *Versorgung* Apotheke, Post, Bank, Supermarkt am Austurvegur (9–18 Uhr, Sa/So nur vormittags), Esso-Tankstelle mit Lebensmitteln und Grill (8–11, So 10–22 Uhr), Werkstatt.
- *Landkarten* A. Bogasonar, Austurvegur 23.
- *Fest* **Norwegische Tage,** Mitte August.
- *Schwimmbad* Suðurgata 5, ✆ 4721414, Hallenbad mit Sauna und Hot Pots.

Übernachten/Camping/Essen

Eines gilt für alle Übernachtungsmöglichkeiten: Am Mittwoch und Donnerstag sind sie überfüllt. Unbedingt vorbuchen! Wer außerhalb des Zeltplatzes im Fahrzeug übernachten will, wird mittlerweile, egal wo er parkt, zur Kasse gebeten. Zwischen der Fjarðarheiði und Seyðisfjörður ist Campen strengstens verboten.

Hótel Seyðisfjörður (früher: Snæfell), Austurvegur 3, ✆ 4721460, 📠 4721570. SSU mit Frühstück ISK 3.000, B&B 3.500.

Hotel Aldan, Norðurgata 2, ✆ 4721277, 2003 neu eröffnet, 9 DZ.

Jugendherberge Hafaldan ("Woge"), Ránargata 9, ✆ 4721410, 📠 4721610, ISK 1.850/1.500, eine der gemütlichsten Jugendherbergen Islands in einer alten Heringsstation. Nette Atmosphäre durch die Herzlichkeit der Besitzerin Þóra. Waschmaschine und Videothek kostenlos. Ist das Haus voll, quartiert Þóra bis zu 15 Leute bei ihren Eltern ein, zudem im Sommer bis zu 40 SSU in der neuen Schule.

- *Camping* **Ránargata**, neben der Shell-Tankstelle und nahe der Stelle, wo der erste Siedler des Ortes, Bjólfur, vor über 1.100 Jahren sein Gehöft errichtete. Duschmöglichkeit.
- *Essen/Café* Im **Hótel Snæfell** befindet sich das einzige Restaurant des Ortes. Große Auswahl an Fleisch- und v. a. Fischgerichten. Ausgezeichnetes Essen und freundliche Atmosphäre, ruhige Terrasse mit Blick auf den Fjord.

Kaffi Lára, Norðurgata 3, ✆ 4721703, Café und Pub in einem bezauberndem Häuschen mitten im Ort.

Alte Häuser erzählen ihre Geschichte

Im ganzen Ort verstreut stehen Häuser mit langer Lebensgeschichte. Das Spirituosengeschäft *ÁTVR*, Hafnargata 11, ist in einem Haus von 1918 untergebracht, Tresen und Schränke standen aber schon im 19. Jh. in einem Laden in Mjóifjörður. An dem Pult sieht man, wie damals bezahlt wurde – wenn das Geld knapp war, tauschten die Bauern landwirtschaftliche Produkte ein, was hier am Pult verzeichnet wurde. Der *Tower*, ein Musikladen in der Hafnargata 12, befindet sich in einem verwinkelten Haus von 1908. Die dort angebotenen Musikinstrumente und CDs sind zwar ziemlich modern, die Atmosphäre in dem überfüllten Laden erinnert jedoch eher an Großvaters Werkstatt. 1907 entstand das älteste Geschäft im Ort von *E. J. Waage* im Austurvegur. In diesem etwas altmodischen Laden wird alles noch über den Tresen verkauft. An alte Zeiten erinnert auch der Laden *Aldan* in der Norðurgata, ebenfalls in einem Haus von 1907 untergebracht, wo es außer Lebensmitteln eigentlich alles gibt.

Elektrizitätswerk: 1913 baute der Ort ein eigenes Kraftwerk, das erste dieser Art im ganzen Land. Es steht westlich des Ortes in der Nähe der Passstraße. Heute ist hier ein kleines Museum untergebracht, in dessen Umgebung man im Spätsommer wunderbar Beeren sammeln kann.

Ostisländisches Technikmuseum Wathneshús: 1894 wurde das Gebäude von Otto Wathne als Wohnhaus errichtet. Es war damals eingiebelig und etwa um die Hälfte kleiner – man sieht es an den versetzten Fenstern. Der Norweger lebte hier gut: Vom Berg hinunter zum Haus führte die erste Wasserleitung des Landes, und mit heißem und kaltem Wasser aus zwölf Hähnen und sogar einem WC herrschte der reinste Luxus. 1905 wurde das Haus von der Telefongesellschaft gekauft, weil das Telefonkabel hierher verlegt werden sollte. Später wurden hier die Telefonverbindungen gestöpselt, dann zog auch die Post ein, was heute noch im Eingangsbereich zu sehen ist. Bis 1973 blieben *Postur og Sími* in dem Gebäude, dann wurde es renoviert und als Museum zur Geschichte von Fotografie, Telegrafie und Medizin eröffnet.

Öffnungszeiten Hafnargata 44, tgl. außer Montag 14–18 Uhr, Führung ISK 500.

Wanderungen/Ausflüge

(s. Karte S. 365)

Vom Pass hinab (10): Vom Pass kann man auf einem markierten Weg hinab in den Ort wandern.

Dvergasteinn/Brimnes (6–7 Std.) (11): Eine einfache Wanderung führt etwa 12 km am Nordufer des Fjords entlang nach Brimnes mit seinem kleinen, von Seevögeln umschwirrten, gelben Leuchtturm. Der Weg führt an den Ruinen aufgegebener Höfe und dem einst blühenden Handelszentrum *Vestdalseyri* vorbei, das seit 1963 verlassen ist. Wenige Kilometer dahinter liegt *Dvergasteinn* (Zwergenstein). Vor hundert Jahren stand hier eine Kirche, jetzt liegt am Ufer nur noch ein eigenartiger Stein in Form einer Zipfelmütze. Als man sich entschlossen hatte, die Kirche an das andere Fjordufer zu verlegen, schwamm der von Zwergen bewohnte Stein angeblich treu hinterher.

Bjólfur-Umrundung/Vestdalur (0,5–7 Std.) (12): Eine wunderschöne Wanderung, die beliebig zwischen einer halben und sieben Stunden dauern kann, führt in das Vestdalur mit Wasserfällen, lieblicher Flora mit Orchideen und reicher Vogelwelt. Ca. 2 km hinter der Jugendherberge am Nordufer biegt man links auf einen steilen, rauen Jeeptrack ab, der an einem kleinen Haus vorbei direkt zum Fluss Vestdalsá und dort nach links weiter am Ufer entlang führt. Noch bevor sich der Jeeptrack im Fluss verliert, taucht der Hügel *Brattabrekka* mit zahlreichen, laut rauschenden Wasserfällen auf. Die buschbewachsene Nordflanke des Berges ist im Spätsommer ein idealer Platz zum Beerensammeln. Wer von hier zurück möchte, kann dem Fluss in die andere Richtung hinab zur ehemaligen Handelsstation *Vestdalseyri* im Seyðisfjörður folgen. In westliche Richtung geht es weiter an der Vestdalsá entlang zum Vestdalsvatn. Diese insgesamt etwa 20 km lange Wanderung führt bergauf und an einer Reihe weiterer Wasserfälle vorbei bis zu dem kleinen See in 550 m Höhe. Links erhebt sich der Berg *Bjólfur* (1.085 m). Bergrutsche und Lawinen richteten immer wieder großen Schaden an; 1895 kamen dabei 24 Menschen, 1959 eine Frau und ihre vier Kinder ums Leben. Vom See aus hält man sich links, um über Tundra und Schneefelder hinter einer kleinen Skihütte 5 km vor Seyðisfjörður auf die Straße 93 zu stoßen.

Skálanes (3–4 Std.) (13): Ein Geheimtipp für Naturliebhaber und Langsamreisende! Ausflug zur östlichen Spitze des Fjord-Südufers, nach Skálanes am Vogelfelsen *Skálanesbjarg*. Der hier stehende Hof hoch über dem von Seehunden besuchten, einsamen Strand wurde 1962 verlassen. Das Haus von 1923 ist heute im Sommer wieder vom freundlichen Paar Villi und Jóna bewohnt, das Eiderenten züchtet und interessierten Reisenden auf kleinen Wanderungen die Natur in der Gegend erklärt.

• *Übernachten* in Skálanes, skurriles Haus, Küche, SSU ISK 1.500, ✆ 4721153.

Trekkingtouren nach Bakkagerði (T 3)

(s. Karte S. 385)

Es gibt verschiedene Möglichkeiten, von Seyðisfjörður nach Bakkagerði (auch Borgarfjörður eystri genannt) zu gelangen (2–4 Tage Dauer). Die erste Etappe konnte früher auch im Rahmen eines Bootsausflugs in den Loðmundarfjörður zurückgelegt werden (oder man wandert einfach von Stakkahlíð nach Seyðisfjörður zurück) – vielleicht findet sich wieder ein Fährmann für diese Strecke. Der gesamte Wanderweg ist markiert, der Abstand zwischen den Stöcken und Steinhaufen ist z. T. groß, dem Winter fallen immer wieder einige zum Opfer. Dennoch ist die Orientierung niemals sehr schwierig. Manche Wanderungen sind auch in umgekehrter Richtung sehr reizvoll, z. B. Etappe 1.

Etappe 1: Seyðisfjörður-Loðmunðarfjörður 4,5–5,5 Std.): Diese herrliche Wanderung führt in den malerischen, verlassenen Fjord *Loðmundarfjörður* nördlich des Seyðisfjörður über die *Hjálmárdalsheiði* (ca. 650 m). Zu Beginn des 20 Jh. lebten im Fjord 100 Menschen und noch bis zu Beginn der sechziger Jahre wurden zehn Gehöfte bewirtschaftet. Dann trieb die Abgeschiedenheit die Menschen fort. 1973 war der Fjord verlassen, heute züchtet im Sommer ein alter Mann in *Sævarendi* Eiderenten. Loðmundarfjörður ist Brutplatz für Tausende von Enten, wird von Rentieren aufgesucht und besitzt ein reiches Vogelleben und mittlerweile wieder fast unberührte Natur.

Ausgangspunkt der Wanderung ist 8 km hinter Seyðisfjörður der Schrottplatz bei der Farm Sunnuholt (links). Dort sieht man den ersten Markierungspfahl.

Bergauf geht es nun sehr viel steiler als später bergab. Auf der *Hjálmárdalsheiði* ist es karg und steinig, Schneeflecken säumen den Weg. Highlight der Wanderung sind die Ausblicke von hier oben. Es geht abwärts an einem breiten Bach entlang (z. T. auch an Strommasten) und schließlich gelangt man zu einem mit Treibholz und Bojen übersäten Strand. Vom Strand weg kommt man nun zu einer Brücke über einen Fluss, 15 Gehminuten weiter ist rechts die Herberge *Stakkahlíð* erreicht. Links fällt am Fjordende vor einem Wasserfall die kleine, weiße Kirche *Klyppstaður* auf. 1885 gebaut, hat sie hier schon lebhaftere Zeiten erlebt. Ein Tagebuch in ihrem Inneren gibt die gesamte Geschichte der Kirche wieder. Oberhalb der Geröllhänge des *Flatafjall* wurde eine 12 Mio. Jahre alte, versteinerte Kiefer ausgegraben. Ein Teil dieses Baumes ist im Steinmuseum in Borgarfjörður eystri ausgestellt.

Varianten: Von hier stehen mehrere Möglichkeiten zur Auswahl: In einem langen Tag führt ein Weg über den Pass *Kækjuskörð* direkt nach Bakkagerði. Es ist aber ebenso empfehlenswert, eine Nacht in der verlassenen Bucht Húsavík zu verbringen und von dort über die *Húsavíkurheiði* entweder direkt nach Bakkagerði (insgesamt also 3 Tage) zu wandern, oder gar nach einer weiteren Übernachtung in der Breiðavík dorthin zu wandern (4 Tage). Der Vorteil dieser beiden Routen: Man passiert die geologische Sehenswürdigkeit ersten Ranges, den Ignimbritberg *Hvítserkur* (siehe Kap. Bakkagerði, S. 391).

Etappe 2a: Über den Kækjuskörð (5–7 Std.): Passhöhe 772m. Einfacher Aufstieg auf einem Fahrweg; nach ca. 1 Std. überquert man eine Brücke und genießt die Postkartenidylle dieser Tallandschaft. Traumhaft sieht es aus, wenn hier noch Pferde grasen. Langsam geht es weiter aufwärts, immer wieder sind kleine Wasserfälle zu sehen. Beim schwer erkennbaren Zeichen *Kirkjusteinn* ist 50 m rechts des Weges ein ca. 10 m hoher Stein zu sehen, eine Elfenkirche. Mit zunehmender Höhe wird es steiniger und steiler. Neongrüne Moose verzieren die karge Landschaft. Nach ca. 3 Std. ist die Passhöhe mit hellen Gesteinspartien erreicht – genießen Sie den fantastischen Blick zurück in den kesselartig wirkenden Fjord mit seinen schneebedeckten Flanken. Auf dem Pass ist vor dem Abstieg in den Borgarfjörður ein kleines (harmloses) Schneefeld zu überqueren. Sehr steil geht es nun bergab durch mit Moos durchsetztes Geröll (schöne Ausblicke). Irgendwann begegnen einem wieder Schafe. Kurz bevor der Weg ins Tal der Fjarðará von Borgarfjörður mündet, liegt am Weg der etwa 3 m hohe Stein *kollur*, der mit einer Zwergengeschichte verbunden ist (bei Álfasteinn danach fragen...). Über etwa 9 km muss man nun dem Jeepweg bis Bakkagerði folgen.

Etappe 2b (4 Std.): Loðmundarfjörður-Húsavík: Eine sehr schöne Etappe. Zunächst fjordauswärts, am Fähranleger vorbei und dann weiterhin auf dem alten Fahrweg hoch auf den Pass Nesháls (435 m) zwischen den zackigen Gipfeln Skælingur (832 m) und Nónfjall (639 m). Man gelangt hinab ins nicht mehr besiedelte Tal von Húsavík, links ein Amphitheater aus Fjordflanken. Ständig hat man nun den Hvítserkur oberhalb eines grünen Talkessels im Blick.

Etappe 3 (6 Std.): Húsavík-Bakkagerði: Wanderung auf einem Fahrweg durch saftig grünes Wiesenland mit herrlichen Ausblicken bis ins Tal der Fjarðará von Borgarfjörður (dann noch 9 km), vorbei am berühmten Berg Hvítserkur. Passhöhe 477 m, problemlose Strecke (eine flache Furt).

Etappe 4: Húsavik-Breiðavík (4-4,5 Std.): Möchte man das Stück Jeeppiste im Tal von Borgarfjörður nicht laufen und hat noch ein wenig Zeit, lohnt es sich sehr, nach Passieren des Hvítserkur über die Viknaheiði nach Breiðavík zu gehen und von dort am nächsten Tag über die Gagnheiði (siehe Kapitel Borgarfjörður, S. 395) nach Bakkagerði zu wandern.

- *Übernachten* In den verlassenen Fjorden auf den Wiesen überall gute Zeltmöglichkeiten. Gut eingerichtete Hütte in **Stakkahlíð/Loðmundarfjörður**. Wunderschön gelegen, in einem Haus von 1914, ✆ 4721510/ 8537704, Kochgelegenheit und Camping (Duschen ISK 200). SSU ISK 1.400. Abendessen ab ISK 1.750. Tipp bei der Ankunft am Nachmittag: Kaffee und köstliches selbst gebackenes Brot für ISK 800. Im Aufenthaltsraum kann man Originalbilder des Künstlers Bernd Koberling bewundern (ein Hochzeitsgeschenk für die Herbergseltern), den es jedes Jahr zum Fischen hierher zieht. Des Weiteren Hütten in **Húsavík**, in **Breiðavík** (überall Voranmeldung dringend anzuraten).
- *Wasser* genügend Bäche vorhanden.
- *Ausrüstung* Wanderschuhe, Regenschutz, für 2a Wanderstöcke.
- *Anspruch* einfach, einige seichte Furten, bei ganztägigem dichtem Nebel auf 2a ohne Kompass evtl. schwierige Orientierung.

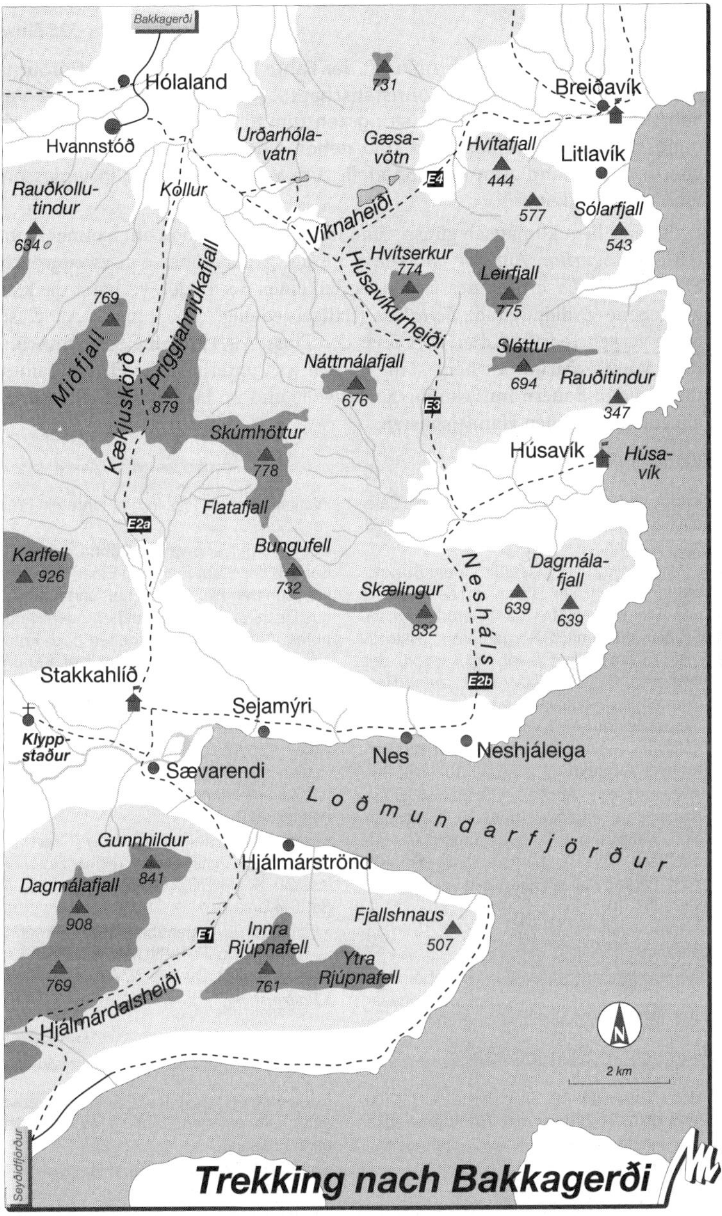
Bakkagerði
Hólaland
Hvannstóð
731
Breiðavík
Urðarhóla-
vatn
Gæsa-
vötn
Hvítafjall
444
Litlavík
Rauðkollu-
tindur
634
Kollur
E4
577
Sólarfjall
543
Víknaheiði
Hvítserkur
774
Leirfjall
775
Húsavíkurheiði
Þriggjahnjúkafjall
769
Miðfjall
Kækjuskörð
879
Náttmálafjall
676
Sléttur
694
Rauðitindur
347
E3
Skúmhöttur
778
Húsavík
Húsa-
vík
Flatafjall
E2a
Bungufell
732
Karlfell
926
Skælingur
832
Neshals
Dagmála-
fjall
639
639
Stakkahlíð
E2b
Sejamýri
Klypp-
staður
Nes
Neshjáleiga
Sævarendi
Loðmundarfjörður
Gunnhildur
841
Hjálmárströnd
Dagmálafjall
908
Fjallshnaus
507
E1
Innra
Rjúpnafell
761
Ytra
Rjúpnafell
769
Hjálmárdalsheiði
N
2 km
Seyðisfjörður
Trekking nach Bakkagerði

Die Ostfjorde
Karte S. 365

Egilsstaðir

("eijilstaðir" 1.595 Einw.)

Kurz vor Abfahrt und nach Ankunft der Fähre Norönna in Seyðisfjörður ist der Ort Sammelpunkt von Touristenscharen. Auch sonst fungiert der Verkehrsknoten und das Dienstleistungszentrum für Touristen eher als Durchgangsstation. Empfehlenswert sind neben einem Museumsbesuch Abstecher ins Hochland zum Berg Snæfell, zum Vatnajökull oder in verlassene Fjorde bei Bakkagerði.

Egilsstaðir liegt klimatisch günstig und landschaftlich schön am baumgesäumten See *Lögurinn*. Auf der anderen Seite der Brücke über den zweitgrößten Fluss Islands *Lagarfljót*, dessen oberer Teil einen See bildet, verharrt die klein gebliebene Zwillingsstadt *Fellabær* ("Hügelsiedlung", 365 Einw.). An dieser Stelle verkehrte früher die Fähre über den Fluss. Als 1912 eine Straßenverbindung von Reyðarfjörður hergestellt worden war, unterhielt die Firma Framtíð, die von den Bauern im Frühling Schafswolle und im Herbst die Schafe selbst abkaufte, hier einen Handelsposten.

Information/Verbindungen/Adressen

- *Information* beim Campingplatz mit Cafeteria zum Aufwärmen, ✆ 4712320, ℻ 4711863, tgl. 9–22 Uhr.
- *Verbindungen* Egilsstaðir ist ein Busknotenpunkt. Von hier fahren Busse nach Süden Richtung Höfn mit Austurleið, nach Seyðisfjörður, nach Borgarfjörður eystri (4-mal pro Woche mit Jakob Sigurðsson), des Weiteren 3- bis 4-x/Woche zum Berg **Snæfell** ins Hochland (www.tannitravel.is). Derzeit leider keine Verbindung nach **Vopnafjörður**, 1-2-mal tgl. zum **Mývatn** und weiter nach **Akureyri**
- *Versorgung* Apotheke (Lagarás), Búnaðarbankinn, Fagradalsbraut 11, Landsbankinn, Kaupvangur 1. Zwei Supermärkte in der Nähe vom Campingplatz, Mo–So 9–19, Post, Fagradalsbraut 9 (8.30–16.30 Uhr), Shell (8–23.30 Uhr).
- *Autoverleih* Hertz, Avis und Alp, Info am Camping.
- *Autowerkstatt/Tankstellen* **Borgþór Gunnarsson**, ✆ 4711436, **Bilaverkstæði Jonasar**, ✆ 4712524. Am östlichen Ortsende mehrere Werkstätten, bei Problemen lohnt ein Preisvergleich.
- *Einkaufen/Handwerk* **Miðhús**, etwas außerhalb der Stadt Richtung Eiðar; Handwerker schnitzen hier Holzsachen und Schmuck aus Fisch- und Schafsknochen oder Pferdehufen. Auf Bestellung Arbeiten nach Fotos. Nebenbei vertreiben die Besitzer Keramik und verkaufen Angellizenzen ab ISK 2.000/Tag. **Hús Handanna (9)**, Kaupvangur 5, Mo–Fr 10–18 und Sa 10–14 Uhr, hier werden kleine Kunstwerke aus selbst gemachtem Papier, selbst entworfene Lederbekleidung und verschiedene Gemälde von drei Künstlern verkauft.
- *Fahrradreparatur/Ausrüstung* **Verslunin Skógar (2)**, Dynskógar 4 (Nähe Hótel Valaskjálf), ✆ 4711230, Mo–Fr 10–12 und 13–18, Sa 10–4 Uhr.
- *Fotoladen* gegenüber dem Ormurinn, ✆ 4711777, Mo–Fr 9–19 und Sa 10–14 Uhr, Myndasmiðjan, Dynskógar 4.
- *Polizei* Lyngás 15, ✆ 4711223.

Übernachten/Camping/Essen

Hótel Valaskjálf (3), Skógarlönd, ✆ 4711000, ℻ 4711001, 21 Zimmer mit TV, Radiowecker und Telefon, DZ ab ISK 7.900, Zimmer z. T. neu renoviert.

Hotel Herað (4), Icelandair-Hotel, Miðvangur 5, ✆ 4711500, ℻ 4711501, 36 Zimmer, DZ für 11.000 ISK inkl. Frühstück.

Edda-Hótel (1), ✆ 4712775, ℻ 4712776, etwas außerhalb gelegene Schule mit den üblichen Preisen.

Gistihusið Egilsstaðir (6) (FH), ✆ 4711114, ℻ 4711266, idyllisch am See gelegenes Gut, 1903 erbaut und damit die Keimzelle der Stadt Egilsstaðir. 22 Zimmer, DZ ab ISK 7.000 mit

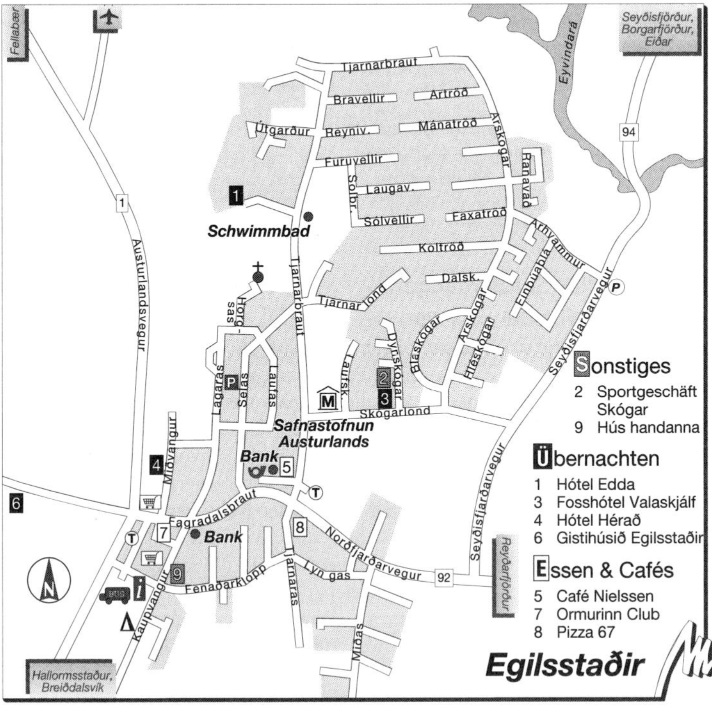

Frühstück, liebevoll mit Antiquitäten eingerichtet. Im Sommerhaus SSU für ISK 2.500 mit Frühstück. Unbedingt vorbuchen. Sehr empfehlenswert.

Fellaskóli in Fellabær, ✆ 4712264, 20.6.–24.8., Übernachten im Schulhaus, in dem bisweilen auch handgestrickte Wollsachen verkauft werden, kostet ISK 1.800 als SSU, sonst sind ISK 2.300 zu zahlen. Küche vorhanden.

Hof Skipalækur (FH), am Südende von Fellabær nahe dem See, Ende Mai bis September, Altmodische Zimmer im Haus und in einem Neubau sowie 5 Sommerhäuser ab ISK 7.000/Tag. SSU ISK 1.700. Reiten ab ISK 1.500/Std., Angelmöglichkeiten im Urriðavatn, Langavatn oder Reyðarvatn. Waschmaschine; Wollwarenverkauf.

Randaberg, ✆ 4711288, 3 km von Seyðisfjörður. Sehr hübsches Haus. SSU ab ISK 1.500 im Keller. Besitzer sprechen leider kein Englisch.

• *Camping* **Camping Egilsstaðir** ✆ 4712320, bis auf unzureichende Kochmöglichkeiten relativ komfortabel ausgestattet; Waschmaschine (ISK 400), SSU 1.400 ISK. Nahe der Tankstelle, oft viel Trubel.

Hof Skipalækur, (s. o.), eine gute Alternative, mit Dusche/Hot Pot, Waschmaschine/Trockner.

• *Essen/Café* Restaurant im Hótel **Valaskjálf (3)**, Speisesaal der gehobenen Preisklasse, bebildert mit Straßenimpressionen. Tipp: Mönchsfisch in Pfeffersauce.

Café Nielssen (5), Tjarnarbraut 1, Café und Restaurant mit Terrasse in einem Haus von 1914, Mo–Fr 11.30–23.30, Sa–So 12–2 Uhr, bei Ólga, traditionell Isländisches wie Fleischsuppe oder Erbsenlammeintopf; Rentiersteak. Leckere Kuchen. Empfehlenswert. Im Obergeschoss ist eine Galerie eingerichtet.

Shell-Tankstelle, Fagradalsbraut 13, Bar **Ormurinn (7)**, Mo–Fr 20–1, Sa/So 15–3 Uhr.

Pizza 67 (8) , tgl. 11–23 Uhr. Tankstellengrill **Söluskáli** neben dem Campingplatz, tgl. 8–23.30 Uhr, Lammgerichte ISK 1.700.

Freizeit/Sport

• *Fahrradverleih* Am Campingplatz, halber Tag ISK 500.

• *Feste* **Jazz-Festival** im Juni; aus dem ganzen Land reisen Jazzfans an. **Stadtfest "Ormsteiti"** Ende August/Anfang September. Musikfestival im Juni, "**Bright Nights**".

• *Schwimmbad* Tjarnarbraut 26, ✆ 4711467, Mo–Fr 7–21.30, Sa/So 10–19 Uhr, Freibad mit Rutschbahn und zwei Hot Pots.

• *Reiten* Wir empfehlen Touren mit **Stéfan & Ragga** auf dem Hof Útnyrðingsstaðir nördl. des Ortes, ✆ 4711727, 8535452. Außerdem auf **Skipalækur**, ISK 1.500/Std. Weitere Informationen in der Touristeninformation. Empfehlenswert ist ein Ausflug nach Husey.

• *Rafting* ✆ 4711526. Ab ISK 3.000/2–3 Std. in verschiedenen Flüssen.

Sehenswertes/Spaziergänge

Ostisländisches Museum: 1995 wurde in Ostisland von Spaziergängern zufällig ein Wikingergrab entdeckt. Sogar die Überreste des Pferdes des Toten lagen in der Erde. Das Grab verdient Erwähnung nicht nur wegen seines über tausendjährigen Alters, das es zu einer der ältesten Grabstätten macht, die bisher gefunden wurden; bemerkenswert sind darüber hinaus die beigegebenen Gegenstände, die im Museum ausgestellt sind. Es wurde außerdem eine gut restaurierte Stube aus einem altisländischen Bauernhof aufgebaut. Sie stammt aus einem alten Haus von 1891 aus der Nähe, das bis 1964 bewohnt war. Die weiteren Ausstellungsnischen und -vitrinen zeigen alte Waffen, Wohnzimmereinrichtungen, Kircheninventar (wie die Glocke aus Hallormsstaður), Gegenstände des Klassenzimmers des Mjóifjörður, Exemplare der berühmten isländischen Tabakdosen, typische Nationaltrachten und Bilder zur Geschichte der Brücke über die schwer zu überwindende Jökulsá.

Öffnungszeiten **Minjasafn Austurlands**, Laufskógar, Di–So 11–17 Uhr, ISK 400.

Selskógur: Hübsch angelegte Wanderwege in einem Wäldchen am Rande der Stadt, ideal für Spaziergänge. Vom Aussichtspunkt überblickt man Egilsstaðir. An der Lichtung mit Grillplatz stehen drei Steine, die "Wurmseier", 50, 80 und 110 kg schwer.

Fahrt um den See Lagarfljót

Loch Ness in Island: Der See ist die Heimat des ominösen *Lagarfljótswurm*, der nebenbei noch einen Goldschatz bewacht und ab und an gesichtet worden sein soll. Der See ist knapp 25 km lang, 2,5 km breit und 112 m tief (und damit 90 m unter dem Meeresspiegel!). Früher waren an einigen Stellen Fährverbindungen eingerichtet. Die ersten Flugzeuge nutzten den See als Landebahn. Anglern wird er nur wenig Freude bereiten, da die hiesigen Forellen nicht zu den begehrtesten zählen.

Skriðuklaustur und Valþjófsstaður: Skriðuklaustur, Nachbarhof von Valþjófsstaður, ist seit Jahrhunderten als großer und wohlhabender Pfarrhof bekannt. Auf Skriða wurde 1494 das älteste Kloster in Island gegründet, alleiniges von Eyjafjörður bis nach Kirkubæjarklaustur. Die Klosterkirche wurde am 23. August 1496 geweiht. 1563 wurde die Abtei aufgegeben und der Besitz fiel dem dänischen König in die Hände. Seit 1792 ist die Kirche nicht genutzt, Ruinen sind noch zu sehen. Der Schriftsteller *Gunnar Gunnarsson* (1889–1975),

Hallormsstaður: Bäume statt Schafe

Wo die Asphaltstraße am Ostufer beginnt, steht die größte Attraktion des Lagarfljót: der Wald Hallormsstaður (die Ansiedlung war bis 1880 Pfarrhof). Wahrscheinlich muss man erst einige Tage in Island gereist sein, um Bäume als Sehenswürdigkeit zu schätzen. Ein Wanderweg beginnt neben dem Gästehaus. Der 1905 unter Naturschutz gestellte Wald ist etwa 6 km lang, verschiedene Baumarten werden in der angegliederten Baumschule gezüchtet. Zur Zeit der Besiedlung war das Land noch zu einem beträchtlichen Teil (25–30 %) mit Baumland bedeckt. Außer dem Weidegang und Schafverbiss vernichtete der Bedarf an Holzkohle zur Eisengewinnung sowie an Bau- und Brennholz zahllose Bäume. Heute sind ca. 80 % der Baumflächen von bis 2 m hohen Bäumen bestanden, 15 % mit bis zu 4 m, bis 8 m 2,5 %, lediglich der magere Rest erreicht die stattlicheren Größen bis 12 m. Etwa einhundert Baumarten wurden mittlerweile auf ihre Tauglichkeit zur Aufforstung geprüft, etwa ein Dutzend scheint geeignet zu sein. An vielen Stellen im ganzen Land bemühen sich Helfer, wieder Bäume anzusiedeln. Sogar Schulkinder helfen Gebiete einzufrieden, schließlich ist die Sorge um den Wald zu einer regelrechten Volksbewegung angewachsen. Die Aufforstungen zeigen bereits ansehnliche Erfolge.

Karte S. 365

der den Klosterhof gekauft hatte, wohnte hier für einige Jahre. Später gab er dem Staat Land und Besitz, unter der Bedingung, dass dieser es gemeinnützig verwenden würde. Sein Wunsch ging mittlerweile in Erfüllung, der Prachtbau ist ein offenes Künstlerhaus. Zudem ist in den Räumen ein Museum zu Leben und Werk des Autoren untergebracht.

Mit **Valþjófsstaður** (an der 933) besuchen Sie eine vormals hoch angesehene Kirche. Übrig sind nur der Dachstuhl aus Holz von 1890, ein Messbecher und Oblatenkelch aus dem 18. Jh. und die Altartafel von 1927. Die heutige Kirche ist leider aus Beton (1966 geweiht) gebaut, die innere Kirchentür ist immerhin eine genaue Kopie des berühmten Originals aus der Zeit um 1200, das heute im Nationalmuseum untergebracht ist. Vorbild ist eine Szene aus einem Rittermärchen: Ein Ritter rettet einen Löwen vor einem Drachen; auf diese Weise gewinnt ersterer einen treuen Gefährten. Wahrscheinlich ist mit dem Ritter Christus gemeint und damit wird das Bild eine symbolische Geschichte für den ewigen Kampf des Guten mit dem Bösen. In den unteren Abschnitten sind vier ineinander verbissene Drachen verwoben, deren Krallen in der Bildmitte eine Blume bilden – vielleicht eine Anspielung auf die Schöpfung. Im 19. Jh. wurde die Tür nach Dänemark gebracht, erst 1930 gelangte sie anlässlich des Parlamentsfestivals zurück.

Wasserfall Hengifoss: Am Westufer bei km 38. Zunächst steigt man steil über Weiden hinauf auf eine flachere Anhöhe. Erster Wasserfall ist der *Jónsfoss*, gefolgt vom markanteren *Litlanesfoss*, den eine schöne Basaltformation als Kulisse umgibt. Auf dem ersten Hügel erscheint dann endlich der dünne, aber hohe Hengifoss, der dritthöchste Wasserfall des Landes. Fast beeindruckender als der "hängende" Wasserfall sind die roten Sedimentschichten im Lavahintergrund. Steigt man die Fallhöhe bergan, hat man einen guten Überblick über den Lagarfljót gen Westen. Zum Hengifoss dauert es gute 30 Minuten, am schönsten ist er in der Mittagssonne.

• *Verbindung* Nach Busverbindungen und Touren erkundigt man sich am besten in der Touristeninformation von Egilsstaðir.

• *Tanken/Einkaufen* **Hallormsstaður**, tgl. 9–22 Uhr, angeschlossen ist ein kleiner Laden mit allem, was man braucht: Lebensmittel, Klamotten, Autoteile... (bei km 15).

• *Übernachten/Camping* **Hof Setberg I**, ✆ 4711929, einige Kilometer hinter Fellabær, fünf Betten in einem 1927 erbauten Haus mit Küche. Nebenan erhebt sich der Setberg (170 m). SSU. Der Farmer hat ein Lied auf die Region gedichtet und lässt es sich nicht nehmen, es bei Bedarf auf dem Harmonium vorzuspielen.

Hallormsstaður, ✆ 4711763, 12 Räume in der immer noch für Unterricht genutzten Hauswirtschaftsschule von 1930. Das Haus soll erweitert werden. SSU ISK 1.200, DZ/EZ ISK 3.700/2.700. Reiten, Tret- und Ruderbootverleih.

Sehr schöne und ruhige **Campinggelegenheit** unten an der Bucht unter Bäumen (!).

Hof Stóra-Sandfell II, ✆ 4711785, ein liebevoll hergerichtetes DZ für ISK 1.500/Pers. als SSU, **Camping** ISK 500/Pers. Reiten, auch längere Touren.

Eyjólfsstaðir (FH), ✆ 4712171, 📠 4711732, 1.6.–10.9., 10 km südlich von Egilsstaðir. Alle Räume sind fein säuberlich mit Waschbecken, Tisch, Stuhl und Bibelspruch an der Wand versehen.

Zuflucht Lagarfljót – die grausige Hrafnkelssaga des Hrafnkell Freysgoði

Der Held ist ein ehrgeiziger, sich selbst überschätzender Gode ("hrapkedl"), der aufgrund eines Gelübdes den Schafhirten Einar tötet, da dieser ein Freya geweihtes Pferd reitet. Der Fall wird von Einars Cousin Sámr vor Gericht gebracht. Hrafnkell wird zwar nicht zum Tode verurteilt, jedoch verbannt und verliert dadurch seine Stellung, jegliches Ansehen und Vermögen. Doch schon nach kurzer Zeit vermag er wieder zu Reichtum zu kommen. Sechs Jahre nach den Geschehnissen rächt sich Hrafnkell am schuldlosen Bruder Sámrs, tötet ihn und überfällt daraufhin Sámr selbst, der sich unterwerfen muss. So gelingt es Hrafnkell, seine alte Stellung wieder innezuhaben.

Egilsstaðir/nördliche Umgebung

Ausflug zur Jugendherberge Húsey (Straße 926): Die Jugendherberge Húsey wird gewöhnlich immer in Verbindung mit ihrer naturschönen Lage genannt – umschlossen von den Flüssen Lagarfljót und Jökulsá á Brú, unterhalb eis- und schneebedeckter Berge, inmitten von Stranddünen und zahlreicher Pflanzenarten. Wer über 30 Brutvogelarten beim Nisten erleben will, Seehunde und Einsamkeit entdecken möchte, zum Lachs- und Forellenfischen kommt oder Wander- bzw. Reitausflüge unternehmen will, der ist 60 km nördlich von Egilsstaðir richtig aufgehoben.

Übernachten/Reiten **Jugendherberge Húsey**, ✆ 4713010, 📠 4713009, Vorbuchen empfohlen, Jugendherbergspreise (1.600/1.250). Reiten ISK 1.400/Std.; Pferdeferien für Familien. Geführte Touren. Wanderwege Richtung Borgarfjörður geplant. Abholservice.

Wandergebiet Borgarfjörður eystri

60 km nördlich von Egilsstaðir liegt Borgarfjörður eystri, ein kleines Nest am Ende der Welt. Doch die Landschaft ist fantastisch. Da gibt es den "Türberg" *Dyrfjöll*, der wegen eines quadratischen Loches in seiner Flanke so heißt, oder den farbenprächtigen und von schwarzen Lavalinien durchzogenen Ignimbritberg *Hvítserkur*, die geologische Attraktion der Region.

Das gesamte Gebiet ist mit Elfen- und Trollgeschichten eng verbunden, nicht umsonst steht mitten in Bakkagerði, auch Borgarfjörður genannt, die *Elfenkirche*. Alle beschriebenen Wanderwege sind markiert. Die landschaftlich aufregende *Stórurð-Route* beginnt bereits westlich von Bakkagerði. Versäumen Sie es nicht, zur Einstimmung kurz nach dem Pass die *Innra Hvanngil* aufzusuchen. Die Gegend von Borgarfjörður ist übrigens das zweitgrößte Rhyolithgebiet Islands.

Anfahrt über Eiðar: Der Eindruck, dass die Winzigkeit isländischer Orte nicht zu übertreffen ist, wird sich weiter festigen. Immerhin war hier einmal ein Häuptlingssitz. Heute ist Eiðar wenigstens Schulstandort. Um den Ort und den See ist ein Naturschutzgebiet mit 1.150 ha Forst und Wanderwegen geschaffen worden. Das Kuriosum des Ortes ist in der Kirche aus dem Jahre 1887 zu finden. Dort hängt eine *Jesusfigur*, die vor vielen Jahren vom Meer angeschwemmt wurde. Vielleicht stammt sie von einem gestrandeten Schiff? Niemand weiß es. Ein Spaziergang um die Seen *Eiðavatn* und den kleineren *Húsatjörn* (Umrundung in einigen Minuten, Infos im Hotel) bietet sich in dem kleinen Ort als Abendbeschäftigung an.

Übernachten Hótel Edda, ✆ 4713803, tristes Gebäude mit etwas ansprechenderem Interieur; Restaurant.

Streckeninfo/Tipps für Radler: Auf guter Schotterpiste rollt es sich flott von Eiðar nach Bakkagerði (57 km), rötliches Gestein als Kulisse, Þúfur-Wiesen im Vordergrund, auf die unten rötlich schimmernden, oben schneeweiß verzierten Berge zu. Ab der Schutzhütte auf der Passhöhe Vatnsskarð gegenüber dem See schlängelt sich der Weg mit 14 % bergab, um nah an der Küste am Holzkreuz *Naddakross* vorbeizuführen, das erstmals 1306 errichtet wurde. Das Ungeheuer *Naddi* hatte hier einst die Wege am Fuße der rutschigen Berge unsicher gemacht. Die Inschrift "Effigiem Christi qui transis pronus honora" (Ehre das Bild Christi in Verneigung, der du vorübergehst) hat hoffentlich oft seine Schutzfunktion für Reisende auf der früher nicht gerade harmlosen Strecke erfüllt.

Die Ostfjorde
Karte S. 365

Bakkagerði (oder Borgarfjörður eystri) (101 Einw.)

Der kleine Ort strahlt ein wenig von der mystischen, kühlen Romantik der alten und doch präsenten Götter- und Geisterwelt aus. Im untersetzten Fjord mit den düsteren Basalten, Jaspiseinsprengseln und helleren Stellen aus Liparit-Gestein wohnt die Königin der Elfen.

Álfaborg ist ein Felshügel nahe der Kirche. Hier residiert die Königin des Elfengeschlechtes. Im Sommer ist die Umgebung in eine Wolke weißen Wollgrases gehüllt. Natur- und Schutzgeister bevölkern viele Felsen in der Region. Und was machen die Menschen? Man lebt von Schafzucht und Fischfang, betreibt eine kleine Salzfischfabrik und bearbeitet Steine in der besuchenswerten Firma *Álfasteinn*.

Die *Kirche* wurde 1901 eingeweiht. Der Künstler *Jóhannes Kjarval* (1885–1972), der hier aufgewachsen war, schmückte die Altartafel mit einem nicht sehr gängigen Motiv: Jesus hält die Bergpredigt auf der Elfenburg. Kjarval zu Ehren hat man ein Museum eingerichtet (tgl. 12–18 Uhr, ISK 500). Das Rhyolithgestein der Umgebung gibt eine besondere Schönheit ab, vor allem bei Regenbogenwetter mit entsprechender Wolkendramatik. Im Sommer tapsen an einigen Stellen Papageientaucher im Felsgestein (z. B. am Hafen einige km fjordauswärts), auch viele andere Vögel tummeln sich in den Klippen des nördlichen Fjords.

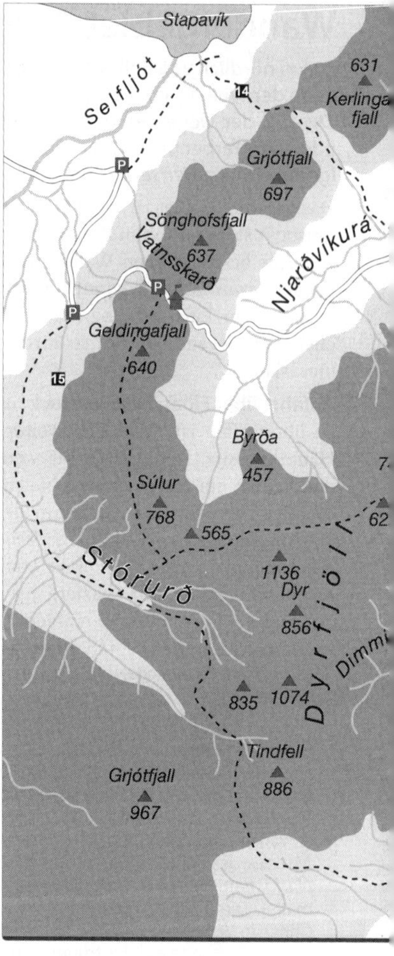

Information/Verbindungen/Adressen

- *Information* Touristeninformation geplant; bisher bei **Álfasteinn** am östlichen Ortsende oder unter ✆ 4711863.
- *Verbindungen* Mo, Di, Do, Fr 8 Uhr Abfahrt. Anmeldung ist nötig unter ✆ 4729805. Weitere Info im Hotel oder bei Álfasteinn.
- *Versorgung* Bank (Mo–Fr 12.30–16 Uhr), Supermarkt (Mo–Fr 10–18, Sa/So 12–16 Uhr), Post, Automatentankstelle, Werkstatt an der Tankstelle.
- *Autowerkstatt* **Jón Helgason**, ✆ 4729914.
- *Kunsthandwerk* **Álfasteinn**, ✆ 4729977, 📠 4729877, Juni–August tgl. 10–17 Uhr. Die Steinmetze dieser Firma beschleifen und schlagen seit 1981 Steine mit Gravuren für alle Gelegenheiten, z. B. als Uhr in der Form Islands. Des Weiteren werden kunstvolle Salz- und Pfefferstreuer oder Stövchen hergestellt. Putzig sind die kleinen Steintrolle, die mit Kulleraugen aus bunten Steinsplittern grinsend in die Welt linsen. Glanzstücke der Museumsabteilung sind ein versteinertes Baumstammstück aus dem Loðmundarfjörður und größere Mineralien.

Übernachten/Camping/Essen

- *Übernachten* **Hotel/Félagsheimilið Fjarðarborg**, mitten im Ort, ✆ 4729920, Günstige Unterkunft. Großes Sommerhaus.
Borg, ✆ 4729870, Unterkunft für ISK 2.000, SSU ISK 1.250, Kochgelegenheit.
- *Camping* Nahe der Kirche, Duschen vorhanden. Dritte Nacht kostenlos.
- *Essen* Einfaches Restaurant im **Hotel**, neben Fastfood Fleischsuppe ISK 900 und günstige Fischgerichte (ISK 1.200) oder manchmal Papageientaucher.

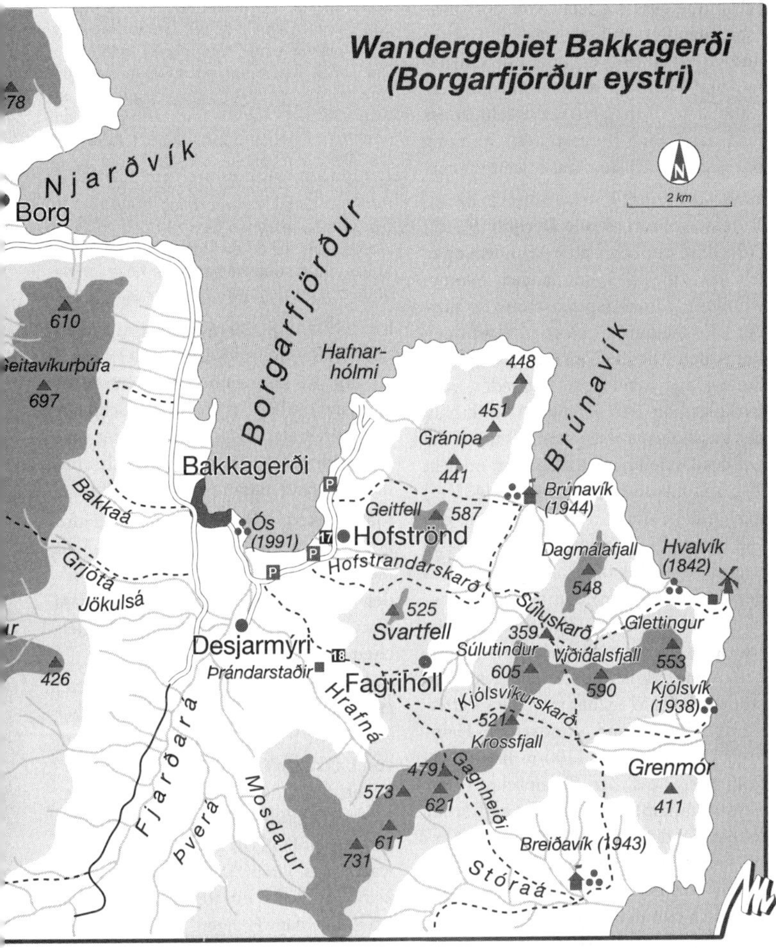

Wanderungen

(s. Karte S. 392/393)

Eine neue Touristenwanderkarte ist in Planung. Sie dürfte im Ort oder in Egilsstaðir erhältlich sein.

Halbtageswanderung Gönguskarð (vom Hof Unaós in die Bucht Njarðvík) (14): Bis 1953 war dies anstelle des heutigen Vatnskarð der Hauptverkehrsweg nach Borgarfjörður eystri. Vom Ausgangspunkt Unaós (Parkplatz mit Wandertafel an der Straße) sind nach Njarðvík etwa drei Stunden zu veranschlagen (dort Übernachtungsgelegenheit). Zunächst geht es am Ufer entlang bis zum ehemaligen Anlege- und Handelsplatz *Stapavík*, der ebenfalls bis 1953 genutzt wurde und der Abenteurer vielleicht zu Erkundungen reizt. Von hier führen markierte Wege den Berg hinauf entlang des Passes Gönguskarð

Die Ostfjorde
Karte S. 365

(415 m) – dass die Sicht von dort zwischen den Bergen Kerlingarfjall (631 m) und Grjótfjall (697 m) über Fljótdalshérað und Njarðvík bezaubernd ist, versteht sich. Von letzterer Bucht muss man dann nach Borgarfjörður trampen oder an der Küstenstraße weiter marschieren (ca. 9 km).

Tagestour Stórurð und Dyrfjöll (5 Std.) (15): Eine der schönsten Wanderungen Islands, zum 4–5 km langen "Naturwunder" *Stórurð* (sprich stórürð, "großer Felshaufen"), einem gewaltigen Bergsturz. Diesen kann man von zwei Stellen aus erreichen: Entweder vom Parkplatz an der Straße 94 unterhalb der Passhöhe, von wo man in einem Tal auf das Dyrfellmassiv zusteuert, oder in 2–2,5 Std. vom Pass *Vatnskarð* (431 m) nach einem steilen Auftakt entlang des Gebirgszuges landeinwärts. Storurð liegt dann rechts unterhalb im Tal. Aus der Senke mit den hausgroßen Steinsblöcken, die vom Gletscher hierher transportiert wurden, geht man nördlich hinauf (links des Türberges; man stößt auf den Weg, der vom Pass Vatnskarð kommt) und wandert im Halbkreis rechts um das 1100 m hohe Dyrfjöllmassiv, bis der Taleinschnitt der *Grjótá* hinunter nach Borgarfjörður leitet. Für diesen Weg mit seinen Ausblicken ist besser mit 8–9 Stunden Dauer zu rechnen: Im Stórurð-Tal kann man sich stundenlang aufhalten.

• *Anspruch* Bei Nebel Orientierungsschwierigkeiten. Im frühen Sommer nach den Schneebedingungen fragen.

• *Geologie* Der Dyrfjöll ist ein Zentralvulkan, entstanden in nur einer Eruptionsphase im Zeitalter des Tertiär, vor ca. 10–15 Mio. Jahren. Askja ist die gegenwärtige Ausgabe dieses Vulkantyps. Nach den explosiven Ausbrüchen sackte die Magmakammer unter dem Dyrfjöll-Vulkan zusammen und eine lehrbuchmäßige Caldera bildete sich, die sich bald mit Wasser füllte. Als neue Laven damit in Berührung kamen, entstand Palagonit, der sich zu Brekzie verfestigte (siehe Kap. Geologie, S. 22). Danach flossen nochmals Lavaschichten über das Ganze. Dann griff die Erosion an und so etwas wie eine Reliefumkehr fand statt: Wir sehen heute nur noch Reste der Vulkancaldera, der ehemalige Vulkankegel ist wegverwittert, nur am Südrand sieht man noch den Übergang zum Krater. Vor allem die Gletscher hobelten im Laufe der Jahrtausende an der Lava, bis nur noch ein T-förmiges Gebilde zurückblieb. Bei den explosiven Ausbrüchen kam es auch zu Glutwolken, ein Teil deren Materials fiel auf den Krater zurück und ist heute als helle Ignimbritfläche bei der Wanderung zu sehen.

Innra Hvanngil (30 Min.) (16) Am Rand der Straße 94 liegt kurz vor der Njarðvík und 4,6 km von der Passhöhe rechter Hand die helle, rhyolithische Schlucht *Innra Hvanngil*. Es lohnt sich, hier umherzuschweifen. In den Rhyolith sind hier schwarze Basalte eingedrungen.

Kjarvalsweg: Kjarval hat hier im Fjord zwei Landschaftsbilder gemalt – ein kleiner Wanderweg mit Kopien der Bilder soll eingerichtet werden, sodass man Original mit "Fälschung" vergleichen kann.

Geitfellumrundung/Brúnavík (5–6 Std.) (17): Ausgangspunkt dieser Tour über zwei Pässe ist der Signalturm ca. 3,5 km von Bakkagerði Richtung Hafen am östlichen Fjordufer (Parkplatz). Der markierte Weg führt über den Pass *Brúnavíkurskarð* (345 m) über Hügel und bewachsenes Land. Der Aufstieg schafft keine Probleme, ein wenig steiler ist der Weg an den Hängen hinunter nach *Brúnavík*. Nach einem Spaziergang am Strand nimmt man den südlichen Weg um den 587 m hohen *Geitfell* zurück nach Borgarfjörður. Dieser Weg über den 321 m hohen Pass *Hofstrandarskarð* ist größtenteils ein einfach begehbarer Jeepweg, herrlich zwischen den imposanten Bergen Geitfell und Svartfell (525 m) gelegen. Diese Tour ist eine lohnenswerte Möglichkeit, sich in der farbenreichen Landschaft ein wenig länger aufzuhalten.

Lange Tageswanderung/Trekkingtour T 4/18 (s. Karte S. 392/393)

Über die Gagnheiði nach Breiðavík: Ein klassischer Weg ist der alte Fahrweg nach *Breiðavík*. Beginn: 2 km östlich von Bakkagerði am Parkplatz kurz hinter dem Fluss *Fjarðará*. Etwa auf der Höhe des bizarr geformten Svartafell (525 m) sprengte der Frost eine markante Erdoberfläche aus dem Gestein, den Elfenhügel *Fagrihóll* ("schöner Hügel", ein Fels rechts des Weges inmitten einer Þúfurwiese, die ungewöhnlicherweise eine Linienstruktur hat). Von hier geht es bergan, vorbei an dem Abzweig nach Kjólsvík auf einem steinmännchengesäumten Weg bis zur Passhöhe der Gagnheiði (479 m; km 7 ab Parkplatz). Von dort hat man eine weite Aussicht über Borgarfjörður, Breiðavík, Litlavík und andere Buchten. Nach insgesamt weiteren 5 km ist die Breiðavík mit den beiden verlassenen Torffarmen Litlavík und Breiðavík erreicht. Es bietet sich an, bereits hier zu übernachten. Am nächsten Tag umrundet man entweder über die *Víknaheiði* den 543 m hohen Rhyolithberg *Staðarfjall* und erreicht so nach 7 Std. wieder Bakkagerði, oder man geht, als zweite Möglichkeit, nördlich von Breiðavík über den Pass *Súluskarð* (359 m) nach *Brúnavík* und gelangt von dort weiter über den *Hofstrandarskarð* (321 m) zurück nach Bakkagerði – der reizvollere, aber mit zwei Passüberquerungen auch ein wenig anstrengendere Weg (7 Std.).

Wer genug Ausdauer besitzt, kann die Rundtouren auch in einer langen Tageswanderung bewältigen.

- Übernachten Die Hütten müssen unter ✆ 4712320 (Touristinf.) in Egilsstaðir **vorgebucht** werden. Gut ausgestattete Hütte Breiðavík. SSU ISK 1.200, Kochgelegenheit, Camping mögl.
- Wasser Überall Bäche.
- Ausrüstung Wanderschuhe.
- Anspruch Einfach, keine Orientierungsschwierigkeiten.

Trekkingtouren nach Süden

Wunderschöne Wanderungen führen nach Süden, entweder in 2 Tagen nach Seyðisfjörður oder etwas länger über kleinere Fjorde. Bei gutem Wetter herrliche Ausblicke. Vgl. Kap. Seyðisfjörður.

Der Norden ist einsam

Mývatn und der Nordosten

Der Mückensee dunstete im Norden mit vierunddreißig schwarzen Lavainseln; an ihm warfen aus weiten Bassins der Krabla und Leirhukr tiefblaue und honiggelbe Massen. Haushoch schossen sie, prasselten in den Krater zurück, wälzten sich, gasten über die Abhänge. Meilenweit war die Wüste der Insel; Lavafelder, runzlig erstarrte Steinströme, nackte braune Blöcke, zerborstene Felsen.

(A. Döblin in: Berge, Meere und Giganten)

Das Gebiet des Sees Mývatn ist eine der sonderbarsten Gegenden der Insel. Krater, Spalten, Schwefelquellen, erstarrte Lavaströme, Aschenringe und Pseudokrater sind die Ingredienzien dieser Urlandschaft. Der Vulkan Krafla und die Spalte Leirhnjúkur sind die Akteure der Gegenwart.

Auf dem Weg dorthin ist kurz vor dem See ein Umweg über den faszinierenden Wasserfall Dettifoss, den Nationalpark Ásbyrgi und den Walbeobachtungsort Húsavík zu erwägen. Eine weitere Alternativstrecke, allerdings schon ab Egilsstaðir, ist der Weg entlang der einsamen und treibholzbeladenen Nordostküste. Für Kulturinteressierte sind die Torfgehöfte Laufás, Grenjaðarstaður und Bustarfell Highlights des Nordostens.

Die Wahlmöglichkeiten sind damit nicht erschöpft: Warum nicht einen Abstecher ins Hochland, zum Vulkan Snæfell, zur Königin der Berge Herðubreið oder zur berüchtigten Askja einplanen? Andererseits ist die Halbinsel *Langanes* an der Nordostküste ein ideales Wandergebiet. Langsam Reisende lädt die

Autorentipps: Besuchen Sie den Torfhof "Sænautasel" zwischen Egilsstaðir und Mývatn. Am Mývatn ist ein besonderes Erlebnis ein geführter Trip mit Eldá zur Lavaeishöhle Lofthellir, mitten in einem großen Lavafeld gelegen und für Unkundige unauffindbar. Wer ab Egilsstaðir die Alternativestrecke 85 nimmt, dem sei neben den Highlights ein Besuch im geothermalen Schwimmbad nach dem Ort Vopnafjörður ans Herz gelegt, ein Strandspaziergang auf den Treibholzkiesen irgendwo an der Küste, eine Kajakfahrt in Raufarhöfn und ein Kaffeestop im Haus der Lehrerin in Kópasker (exzellente Kuchen!). Essen Sie frischen Fisch im Salka in Húsavík oder vorzügliches Lamm am Goðafoss. Wenn Sie die Gelegenheit haben, übernachten Sie im Grassodenhaus in Möðrudalur oder im Hotel am Goðafoss. Unternehmen Sie eine beeindruckende Reittour (auch für Anfänger) in Saltvík bei Húsavík. Und danach: Vergessen Sie nicht, das Video zur Seefahrt im Naturkundemuseum Húsavík anzusehen.

mit Seen übersäte Grundmoränenlandschaft *Melrakkaslétta*, die "Polarfuchsebene", zu Erkundungen ein – eine andere Schönheit jenseits von Attraktionen, die man einfach abhakt. Hier, im äußersten Nordosten, strengt sich die Mitternachtssonne jeden Sommer verzweifelt an, die arktische Landschaft zu erwärmen. Immerhin ist dem regengeplagten Reisenden zur Freude das Klima Nordostislands im Sommer trockener als im Südwesten.

• *Verbindungen* Die lange Strecke von Neskaupstaður über Egilsstaðir und die Küstenorte inkl. Húsavík nach Akureyri bedient Austfjarðarleið (Mo, Mi, Fr, Abfahrt morgens, Ankunft früher Abend). Die Haltestellen: **Egilsstaðir** (Campingplatz), **Vopnafjörður** (Hótel, ✆ 4731224), **Þórshöfn** (Tankstelle, ✆ 4681174), **Raufarhöfn** (Post, ✆ 4651120), **Kópasker** (Post), **Ásbyrgi** (✆ 4652260), **Húsavík** (Shell-Tankstelle, ✆ 4642200), **Akureyri** (Touristeninformation, ✆ 4624442). Die Linie **Akureyri-Húsavík-Akureyri** wird mehrmals täglich befahren. **SBA-Norðurleið**, ✆ 4624442, ✆ 4611817, bedient meist mehrmals tgl. die Strecke Akureyri-Mývatn-Akureyri sowie Akureyri-Mývatn-Egilsstaðir und zurück. Daneben die Strecke Húsavík-Akureyri und Mývatn-Akureyri sowie Ásbyrgi, Krafla und Dettifoss. Für den Nordosten siehe dort. www.sba.is.

Karte S. 399

Streckeninfo/Tipps für Radler: Auf dem Weg von Egilsstaðir zum Mývatn ist zunächst ein wenig Höhe, die Fljótsdalsheiði, zu überwinden, um ins Tal eines der langen Gletscherflüsse Islands, ins Jökuldalur zu stoßen. Die Ringstraße windet sich dann hinauf auf die Jökuldalsheiði und führt ab hier durch eine aufragende, kahle und baumlose Hochlandöde, deren Sande und Steine gelegentlich den Blick auf die schneebedeckten Berge des Inneren Islands freigeben – nicht zuletzt auf die Umrisse der Herðubreið. Nahezu üppig bestandene Vegetationsnischen sind auf direkter Strecke (auf der Ringstraße) erst wieder am Mývatn zu erwarten. Versorgungsgelegenheiten sind auf der 901 Möðrudalur und auf der 1 Grímsstaðir. Vor Möðrudalur ist ein Pass mit 10 % Steigung zu überwinden. Die gesamte Schotterstraße 901 ist derzeit in gutem Zustand und landschaftlich schöner als die neue Ringsstraße.
Die Küstenroute ist ebenfalls problemlos zu bewältigen, meist geht es in flach, stückweise in welligem Auf und Ab um die Nordostecke Islands. Einen faszinierenden Fjordblick bietet der steile Pass Hellisheiði auf der Strecke Egilsstaðir-Mývatn. Ein Hochlandgefühl erster Güte vermittelt die Straße 87 von Húsavík zum Mývatn (zwei mäßige Anstiege).

Egilsstaðir – Mývatn (1/901) (166 km)

Island aus dem Bilderbuch: eine beklemmende Hochlandeinöde, seenreich und mit schwarzer Asche überzogen.

Mit dem schlammig-grauen Wasserstrom des nicht furtbaren Gletscherflusses *Jökulsá á Dal* oder *Jökulsá á Brú*, der diesen Namen wohl aufgrund einer Naturbrücke bekam, fluten über 120 Tonnen Sedimentfracht in der Stunde durch das landwirtschaftlich genutzte Tal. Das Gefühl, auf der Straße Nr. 1, der wichtigsten des Landes, zu sein, will sich nicht so richtig einstellen. Die heutige Brücke stammt von 1994, früher war eine Überquerung mit ungleich mehr Nervenkitzel behaftet: An mehreren Stellen wurde mit schmalen Kabinen, die schaukelnd an einem Seil hingen, "übergesetzt" (Teigasel ist noch heute benutzbar). Kurz vor der Brücke zur Straße 924 bei Hjarðarhagi bildet die "Jökla" einen kleinen Landvorsprung, die *Goðanes*. Zur alten Sagazeit soll hier ein Þór-Tempel gestanden haben. Bei Hákonarstaðir und Klaustursel (abseits der Ringstraße) wurde 1908 eine neue Brücke installiert. Es ist eine Eisenbahnbrücke aus New York, die im Winter von Vopnafjörður bis hierher über den Schnee gezogen wurde!

> Urzeit war es,
> Da Ýmir hauste:
> Nicht Sand noch See
> noch Salzwogen,
> Nicht Erde unten,
> Noch oben Himmel,
> Gähnung grundlos,
> doch Gras nirgends ...
> (Edda, "Der Seherin Weissagung")

▸ **Jökuldalsheiði**: Aus dem Gletscherflusstal der Jökulsá steigt die Straße auf 2,5 km steil hinauf auf die 500 m über dem Meeresspiegel gelegene, hügelige Hochebene, die bis zum Askja-Ausbruch 1875 über einem Dutzend Höfen ihr Auskommen gab. Die damals herabregnenden Aschepartikel zerstörten schlagartig das Weideland und die Lebensgrundlage der Bauern. Die Höfe mussten aufgegeben werden – nicht zuletzt wegen der harten Winter. Viele Bewohner brachen gen Amerika auf, um dort ein neues Leben aufzubauen. Der Natur zum Trotz zogen einige Jahre später wieder Menschen auf die Heiði, schließlich gab es fischreiche Seen und reichlich Weideland. Dennoch: 1946, nach etwa hundert Jahren erneuter Besiedlung, wurde mit Heiðarsel der letzte Hof verlassen.

Tipp: Wir empfehlen, im weiteren Verlauf der alte Ringstraße zu folgen (901).

▸ **Abstecher von der 901 zum Torfgehöft Sænautasel**: Im Sommer wird der Hof *Sænautasel* bewirtschaftet, ein neu aufgebauter Torfhof am gleichnamigen See oben auf der Jökuldalsheiði. Der alte Torfhof wurde 1843 erbaut. Nachdem er 1943 aufgegeben worden war, richtete man ihn 1992 in mühevollem Einsatz wieder her. Im Sommer wird eine urige Teeküche betrieben. Das Anwesen ist keines der Postkartentorfgehöfte, die nur wohlhabendere Verhältnisse repräsentieren, sondern eines der "normalen Leute" und unbedingt sehenswert.

Übernachten/Essen **Sænautasel**, ✆ 4711086 und 8548166, Eintritt ISK 300. Kulinarische Spezialitäten: Die Pfannkuchen "Lummur" oder Hákarl mit Brennivín. Camping. SSU ISK 1.000. Pulloververkauf. Die 5 km lange Piste am Abzweig der F907 südlich der Ringstraße ist mit normalen Pkws befahrbar.

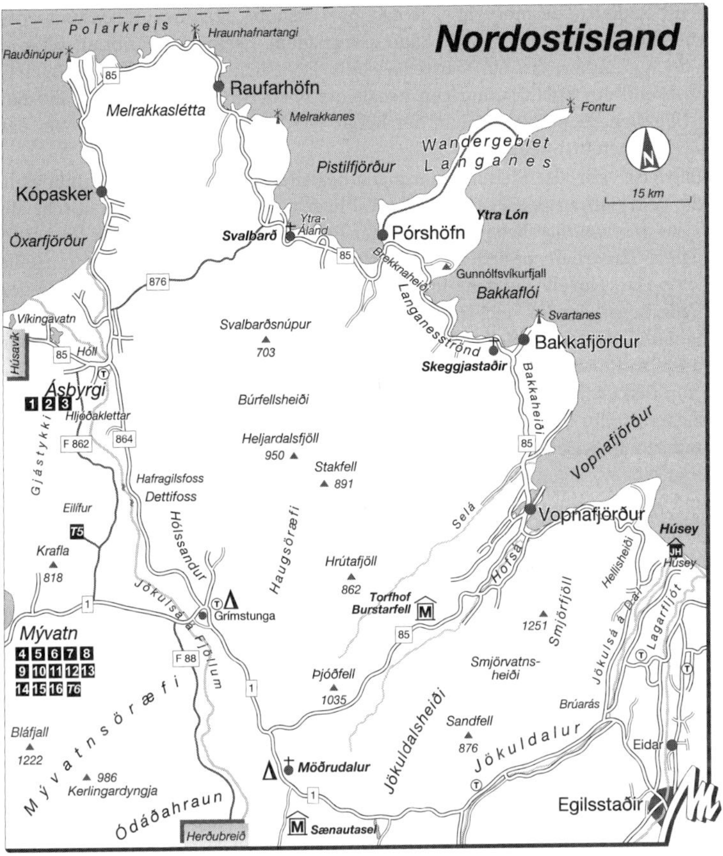

▸ **Abstecher von der 901 zum Moränenwall Skessugarður**: 4,5 km weiter zur Linken wartet auf geologisch Interessierte eine wuchtige Steinanhäufung besonderer Herkunft, ein Endmoränen-Steinwall aus kantigen Steinblöcken, die auf sandigem Grund geschichtet sind. Man sollte den einige Meter hohen "Trollweibwall" entlanglaufen und an geeigneter Stelle überqueren. Unter Mühen sind in manchen Jahren die 2 km Stichstraße bis zu einer sporadischen Parkmöglichkeit auch mit einem Pkw überwindbar.

▸ **Weiterfahrt (901):** Es folgt eine überdimensionierte Schüssel aus dunklem, vulkanischem Material. Zunächst wird die oft windgeplagte Schutzhütte am Pass des *Möðrudalsfjallgarður* (Windrad, 12 %) erklommen. Auf der anderen Passseite erhebt sich der schwarzdüstere und flache *Geitasandur*. Schmale, grüne Moosstreifen ziehen sich nur noch vereinzelt die Berge hinauf, kein Schaf weit und breit. Das Sonnenlicht unterscheidet lediglich Grautöne, allzu oft nur diffus verschwommen. 12 km nach der ersten Steigung geht es nochmals 10 %ig

– für Radler unbarmherzig – bergan zur Passhöhe. Steinmännchen umstehen eine Picknickbank. Der Wind kann hier gnadenlos sein. Der Panoramablick ist jedoch grandios, fast ein Wüstenerlebnis. Der Blick schweift über die Bergrücken und die feucht-sumpfigen Areale der Niederung. Im Dunst erspäht man schließlich die stolze Königin der Berge: *Herðubreið*, 1.682 m hoch über den Lavaflächen thronend.

Teilweise sehr alte Steinmarkierungen begleiten die Straße, früher unerlässliche Markierung der Reitwege. Im Tal liegt auf 469 m neben der Kirche die Farm *Möðrudalur*, benannt nach einer Pflanze und bekannt als der höchstgelegene dauerhaft besiedelte Hof Islands (Café). *Gunnar Gunnarssons* lesenswerte Novelle "Advent im Hochgebirge" verarbeitet die Geschichte von Fjalla-Bensi, der im Hochland in der "Péturskirkja", einem Lavawall, an Weihnachten Zuflucht vor einem Schneetreiben fand. Wenige Kilometer vor der Jökulsá und dem Hof Grímstunga passiert die Ringstraße den Hyaloklastit-Rücken **Biskupsháls**; Bischöfe haben in dieser gottverlassenen Gegend nichts zu suchen, sollte man meinen. Die Kirchenoberen der beiden Bistümer Skálholt und Hólar gerieten auf Reisen durch ihre Gemeinden hier in Uneinigkeiten über die jeweiligen Herrschaftsgrenzen. Ausweg war in diesem Falle kein reger und verhandelnder Schriftwechsel, sondern eine Lösung nach isländischer Art, nämlich ein langer Ausritt: Beide Herren sollten in entgegengesetzten Richtungen reiten und beim erneuten Zusammentreffen sollte die Grenze festgelegt werden. Der Skálholter Bischof sprengte davon, während der andere sich gemächlich voranbewegte – Ergebnis war, dass ersterer von da an dem ungleich größeren Bistum vorstand.

• *Einkaufen* **Klaustursel**, 13 nördlich der Ringstraße am Ende des Jökuldalur, Verkauf von Lederwaren. Kleintierzoo.

Im Hochland halten Möðrudalur und Grímstunga wenige Nahrungsmittel teuer bereit.

• *Übernachten/Camping/Essen* **Hótel Svartiskógur** (FH), 9,5 km seewärts an der 917, ✆ 4711030, edles Hotel, beliebt bei Isländern, DZ ISK 10.000 mit Frühstück, SSU 1.650. Angeln für Gäste kostenlos.

Möðrudalur, ✆ 8536150 und 8940758, Kaffeehaus mit Terrasse neben dem alten Pfarrhof. Farmer Villi hat zwei Gästehäuser im Grassodenstil erbaut, SSU ISK 1.750. Campingplatz, Dusche extra. Im "**Fjallakaffi**" Tagessuppe mit refill ISK 400, tgl. 9–22 Uhr, herrliche Terrasse. Zwei Wanderwege in Planung. Der Bruder vom Großvater war der berühmte Maler Stórval, der immer wieder *Herðubreið* porträtierte, mal mit Schafen, mal ohne (Bilderverkauf).

Grímstunga I (FH), ✆ 4644294, mäßig windgeschützter Campingplatz in einer Senke mit Waschgelegenheit und WC. 7 SSU für ISK 1.500.

Alternativroute (864/85):

Ásbyrgi-Schlucht, Wasserfall Dettifoss und Húsavík

Der Nationalpark am Unterlauf des Gletscherflusses Jökulsá á Fjöllum gehört mit der Schlucht in Hufeisenform, mehreren Wasserfällen, den rätselhaft spiralförmig angeordneten Lavasäulen, und seiner Birkenvegetation zu den reizvollsten (Wander-)Zielen in Island.

An mehreren Wasserfällen gischtet das tiefgraue Wasser der Jökulsá tosend hinab und schneidet dabei Schlingen und Einkerbungen ins Gestein. Birken und Weiden erreichen im Park für isländische Verhältnisse ein stattliches Aussehen. Das Land war früher im Besitz des großen Anwesens *Ás*, das sich allerdings von Flutkatastrophen des 17. und 18. Jh. nicht mehr erholen konnte. Der Hof *Svínadalur* wurde 1948 verlassen.

Geologie im Überblick: Die Wassermassen des Gletscherflusses durchschneiden auf ihrem Weg vom Vatnajökull dunkle Basalte und bräunliches Móberg (Palagonit). Nur unterhalb des Dettifoss bildet das Flusstal eine tiefe Schlucht. Die Jökulsá ist mit 206 km Länge und einem Einzugsgebiet von 7.750 qkm der zweitgrößte Fluss Islands. Im Sommer schwemmt sie 23.000 Tonnen schlammiges Material pro Tag (!) ins Meer hinaus. Hin und wieder lassen rohe Gletscherläufe den Fluss bedrohlich anschwellen. Bei Vesturdalur sind alte Flussarme mit Hohlkehlen erkennbar. Im Gebiet der bizarren Lavaformationen *Hljóðaklettar* sind ehemalige Förderkanäle vulkanischer Eruptionen für die Säulenbasalte in den verschiedensten Anordnungen, Stärken und Kantenzahlen verantwortlich, deren Entstehung nicht so leicht nachvollziehbar erscheint. *Eilífur* am Südrand des Parks ist ein subglazial entstandener Hyaloklastit-Vulkan.

Sehenswertes/Wanderungen

(s. Karte S. 399)

Von den drei Parkplätzen Ásbyrgi sowie Vesturdalur und Hólmatungur (beide an der F862) können kürzere Rundwanderungen unternommen werden. In Ásbyrgi sind detaillierte Wanderkarten erhältlich.

Streckeninfos/Tipps für Radler: Von der Ringstraße ist der schnellste Weg zum Dettifoss die häufig wellige Straße 864, die sich inmitten großer Steinblöcke einen Weg bahnt. Richtung Ásbyrgi erstreckt sich der *Hólssandur*, eine tatsächlich sandige Strecke, die in ein niedriges Buschwaldareal übergeht, die Landschaft wird wieder grün und versöhnlich. Der nördliche Streckenabschnitt ist in besserem Zustand als der Teil zwischen Wasserfall und Ringstraße. Evtl. soll die Piste neu hergerichtet werden. Die klassischen Sehenswürdigkeiten des Flusstales sind von der *F862* auf der anderen Flussseite zu erreichen. Bis *Vesturdalur* ist diese Piste von Ásbyrgi über die moosige Ásheiði durchwegs gut befahrbar, ab dort wird sie zunehmend schlechter. Gut durchgeschüttelt ist nach 15 km der Parkplatz *Hólmatungur* erreicht.

Wasserfall Dettifoss & Co.: Über die harten Flutbasaltschichten stürzt sich zunächst der über 10 m hohe *Selfoss*. Der 27 m hohe *Hafragilsfoss* ein zweiter Blickfang. Einige hundert Meter später schließt sich der grandiose Dettifoss an. Er gilt als der größte Wasserfall Europas. Die Abbruchkante wird weniger durch Abschliff der schlammigen Fracht zurückverlagert, sondern durch abbrechende Basalte. Die Fallkante liegt wegen der Streichrichtung des mittelatlantischen Grabens schräg zum Flussbett. Wer die Niagarafälle gesehen hat, hält den Dettifoss vielleicht für eine hübsche Miniatur, innerhalb der kahlen und grauen Steinöde ist seine Wirkung gleichwohl gewaltig. 45 m tief donnern die Wassermassen

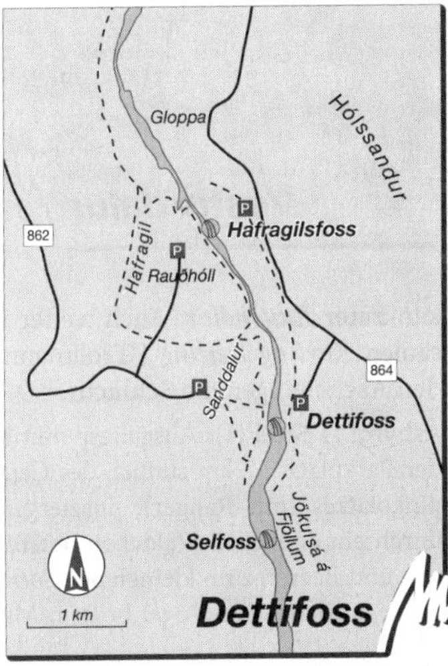

in einen schäumenden und strudelnden Kessel und jagen dann durch eine tiefe Schlucht weiter nach Norden. Je nach persönlicher Vorliebe (und Windrichtung!) kann der Dettifoss von beiden Uferseiten besichtigt werden.

Schlucht Ásbyrgi: Eine einmalige 3,5 km lange Schlucht mit dem Keil "*Eyjan*" in der Mitte, der die "Asenburg" zu einem Hufeisen formt. Der Legende nach ist dessen ungewöhnliche und klar abgestochene Form mit dem Hufabdruck von Odins achtbeinigem Pferd *Sleipnir* zu erklären, als es mit seinem Herrn auf der Flucht war. Die Vegetation kann sich hier erstaunlich entfalten; ein See mit klarem Wasser, im Hochsommer von Blumen eingerahmt, bietet Pfeifenenten einen günstigen Lebensraum. Nach oben steigt 100 m senkrecht die Felswand auf. Geologische Erklärungen ziehen verschiedene Faktoren zur Entstehung der seltsamen Schlucht heran, nicht zuletzt auch Gletscherläufe. Zwei Wasserfälle in zwei Schluchten verlagerten dann vor einigen tausend Jahren durch "rückschreitende Erosion" ihre Kanten nach Süden, bis sie sich zu einem großen Wasserfall vereinigten. Heute liegt der verantwortliche Fluss 3 km weiter östlich des nun "fossilen" Wasserfalls.

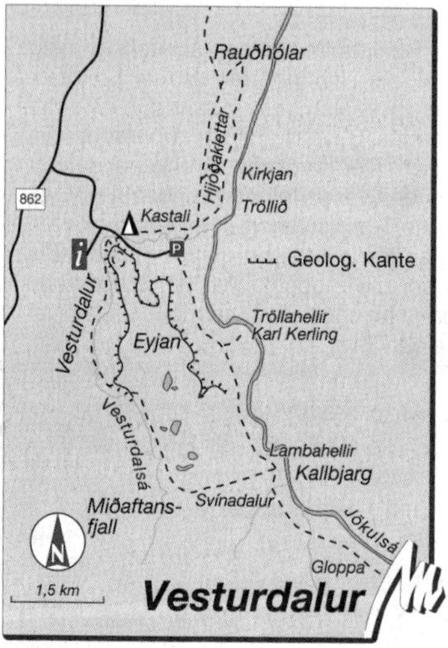

Basaltsäulen Hljóðaklettar/Parkplatz Vesturdalur (F862): Die in weitem Bogen über formvollendete Þúfurwiesen ausholende Piste F862 führt zum Park- und Campingplatz Vesturdalur, wo die Vesturdalsá in die Jökulsá mündet (Busverbindung). Etwas südlich davon harren eindrucksvolle Skulpturen aus Gestein: die "Echofelsen" Hljóðarklettar, vulkanische Förderschlote mit Basaltstrahlen, die eine aufregende Entstehungsgeschichte hinter sich haben müssen; vor 8.000 Jahren aufdringende Lava und die Wasser des Gletscherflusses scheinen dabei um die Oberhand gefochten haben.

Kirkjan ist eine größere Hohlform in der Lava. Richtung Ásbyrgi fallen imposante rote Hügel ins Auge, die Vulkankrater *Rauðhólar*. Auch weiter im Süden, auf der Höhe der isolierten Felssäulen *Karl og Kerling* ("Trollmann und -frau"), färben rote Schattierungen in den Aschehängen die Schlucht.

Ásbyrgi (1 Std.) (1): Ausgangspunkt ist der Parkplatz 2,7 km südlich des Campingplatzes (mit Ranger). Spaziergang durch ein liebliches Wäldchen mit Birken und Beeren zum kleinen See *Botnstjörn*, an dem viele Vögel brüten. Man findet hier auch Orchideen (platanthera hyperborea), die auf isländisch nach der Fruchtbarkeitsgöttin Frigg benannt werden. Westlich des Sees kann man noch einen Abstecher zu einem Aussichtspunkt machen.

Bizarre Felsformation bei Ásbyrgi

Felskeil Eyjan (1,5–2 Std.) (2): Die markierte Strecke beginnt hinter der Camping-Rezeption und biegt nach wenigen Metern hoch auf die "Insel". Oben dominiert niedrige Heide. Gletscherschrammen sind zu entdecken. Am Südende von Eyjan herrliche Aussicht.

Wanderung bei Hólmatungur (2-4 Std.) (3): Weiter südlich von Vesturdalur an der F 862 biegt die Straße nach Hólmatungur ab, eine "Oase" mit vielfältiger Vegetation. Von hier kann entweder eine Runde zur Flussenge der *Katlar*, in der das Wasser wie in einer Wanne strudelt und herabrinnt, oder nach *Vesturdalur* gewandert werden: Dabei marschiert man in engem Bogen um die Hólmafossar, später nah an gebogenen oder kerzengerade dastehenden Basaltsäulen vorbei. An einer geeigneten Bachstelle ist auf einer Schotterbank der Brandslækur zu furten (meist wird es nötig sein, die Schuhe auszuziehen). Etwa ab Gloppa verläuft der Saumpfad in wüstenhafter Umgebung auf der Talschulter und Karl und Kerling kommen nebst einer hingeworfenen Streichhölzern gleichenden Lavasäulenformation ins Bild (Tipp: kleiner Abstecher zur Schluchtkante).

Trekkinganregung: zum Eilífur (4 Tage) (T 5): Der knapp 700 m hohe Berg *Eilífur* bietet eine exzellente Rundsicht, die zunächst wegen seiner schlechten Erreichbarkeit über eine Jeeppiste, vor allem aber wegen des Expeditionscharakters dorthin nicht von einem breiten Publikum genossen werden kann. Man übernachtet am Eilífsvatn (gleichzeitig gute Möglichkeit, Trinkwasser zu schöpfen). Unbedingt vorher bei den Naturschützern in Ásbyrgi nach dem Weg und den Konditionen erkundigen. Der Weg dorthin soll eventuell markiert werden. Wir freuen uns über Erfahrungsberichte/Streckenbeschreibungen.

Information/Versorgung/Sport/Übernachten

• *Information* **Ásbyrgi**, ✆ 4652195, 8–23 Uhr, Führungen. Dies ist die Information am privaten Campingplatz. Hinter der Tankstelle ist zur Zeit das Hauptquartier der Naturschützer untergebracht (9–17 Uhr), daneben finden sich Ranger am Botnstjörn 2,7 km südlich des Camping und in Vesturdalur (9–21 Uhr mit Mittagspause). Mehrmals tgl. geführte Touren in Ásbyrgi und Vesturdalur, gratis.

• *Fahrradverleih* am Camping, ISK 500/Tag.

• *Verbindungen* **Bus** ab der Tankstelle 2-mal tgl. nach Húsavík, 1-mal tgl. zum Dettifoss. Ins Vesturdalur: Bus nach Vesturdalur mit dem Akureyri-Bus derzeit 11.40 hin, 17.45 zurück (one way ca. ISK 1.200). Trampen klappt nach Leserhinweisen ohne Probleme.

• *Tankstelle/Einkaufen* Laden mit leicht erhöhten Preisen, tgl. 9–22 Uhr.

• *Übernachten/Camping* **Ásbyrgi**: Zwei Plätze, einer in Ásbyrgi, sehr gepflegt mit guten sanitären Einrichtungen, ein einfacherer im Vesturdalur (WC). Wem das zu teuer ist, der hat nur die Möglichkeit, außerhalb der Parkgrenzen sein Zelt aufzuschlagen.

Hóll (FH), ✆ 4652270, 📠 4652353, 5 km westl. von Ásbyrgi, 4 Zimmer bei Kristinn, ISK 2.400/Pers., Abendessen auf Anfrage. Reiten ISK 1.700/Std. Touren zur Höhle im Kerlingarhólahraun (ISK 3.500) oder in den Nationalpark.

Skúlagarður (FH), ✆ 4652280, 📠 4652279, 11 km westl. von Ásbyrgi, im Gemeindezentrum SSU ISK 1.650, 2.600 mit Bettwäsche, Küche, Saal. Camping mögl.

Garður I (FH), ✆ 4652288, 4 einfache DZ. Camping mögl.

Hof Víkingavatn (FH), ✆ 4652293, 18 km westl. von Ásbyrgi an einem See, freundliche, helle Zimmer, SSU ISK 1.600/2.200 mit Bettwäsche, Abendessen ab 1.650. Im Wohnzimmer der Familie ist eine Vitrine mit Vogeleiern von Schwan bis Birkenzeisig zu bewundern. Wollpulloververkauf.

Lundur, ✆ 4652247, 4,5 km nordöstl. der Flussbrücke Richtung Kópasker, Schulhaus, SSU ISK 1.700, im Bett 2.500, Abendessen mögl., Bar, Küche. Camping (Dusche inkl.). Wenig Trubel, eine ruhige Alternative zu Ásbyrgi.

• *Schwimmbad* 4,5 km nordöstl. der Flussbrücke Richtung Kópasker, tgl. 13–19.30 Uhr. Outdoor.

Halbinsel Tjörnes

Zwischen Öxarfjörður und Skjálfandi-Bucht, der "Erdbeben-Bucht", schiebt sich die grüne Halbinsel Tjörnes, die für Wissenschaftler vor allem wegen ihrer Millionen Jahre alten, tertiären Ablagerungen von Interesse ist.

Nach einer starken Steigung von der Lónbucht im Öxarfjörður ist eine reizvolle Landspitze erklommen, von schneegefleckten Bergen und Meer umgeben, deren Farben eine malerische Nordlandschaft komponieren (Straße wird neu gebaut). Bald wird eine längliche Ruine am Treibholzstrand passiert, das *Hvaltjarnarhús*, das bis in die erste Hälfte des 20. Jh. für Heu oder als Schafstall genutzt wurde. Auf der Westseite sind vor der Küste die umbrandeten "Mondgewässerinseln" *Mánáreyjar* gut zu sehen, Vulkanruinen und Vogelbrutstätten. Näher am Festland ist der 41 m hohe Papageientaucher-Nistplatz *Lundey*. Der Leuchtturm an der 85 ist ein guter Papageientaucher-Beobachtungsplatz (von der Straße 20 min zu laufen). Kurz vor Húsavík passiert man schließlich das Denkmal des namhaften Dichters *Einar Benediktsson* (1864–1940), der auf der Farm Héðinshöfði seine Kindheit verbrachte.

Geologie im Überblick: Die Gesteine und Materialien, auf denen man hier steht, sind die so g.enannten"*Tjörnes-Schichten*" und Sedimentfolgen. Deren Lagen umfassen einen langen Zeitraum von 3–4 Millionen Jahren. In den unteren Sedimentschichten sind neben Lavaergüssen fossile über- und untermeerische Abfolgen (darüber die "Breiðavík-Gruppe" mit Bändern aus Laven, Moränenmaterial und verschiedenen Sedimenten) sowie im Süden auch deutliche Braunkohleschichten mit einer Dicke von 500 m eingeschlossen, die bei der Farm Ytri-Tunga eine Zeit lang ausgebeutet wurden. In den Tjörnes-Schichten können drei klare Muschelschichten abgegrenzt werden. Die höher gelegenen Schichten schließen irritierenderweise Muscheln ein, die bei einer Wassertemperatur von ca. 12 °C leben können, nicht bei den aktuellen 4–5 °C. Die Gewässer um Island scheinen sich also innerhalb der letzten Millionen Jahre abgekühlt zu haben. Unter den Schichten untermeerischer Ablagerungen und Landsedimente schließlich liegen mächtige tertiäre Basalte. Geologisch Interessierte finden einen kleinen Ausschnitt der tertiären *Muschelablagerungen* 1,7 km nach dem Fossilienmuseum. Auf einen unbeschilderten Weg nach einem kleinen Fluss rechts abbiegen (Viehgatter), der zur alten Bootsanlegestelle führt

Ein weiterer Aspekt stellt Tjörnes in den Fokus der Geologie: die Erdbebenhäufigkeit in der "Tjörnes-Bruchzone", für die seitenverschiebende Scherbewegungen verantwortlich sind.

Museum Mánárbakki: Das niedliche gelbe Haus strahlt Atmosphäre aus. Der Farmer des Hofes, Aðalgeir Egilsson, brachte 1994 das Haus mit dem klangvollen Namen *Þórshamar* aus Húsavík hierher, um seine gesammelten Objekte unterzubringen und für die Öffentlichkeit auszustellen. Die Sammelstücke sind verschiedenen Alters, Besonderheit ist die Perle *Sörvisperla* aus der Wikingerzeit. Werbeplakate, alte Streichholzschachteln und Gegenstände aus dem bäuerlichen Leben sind kunterbunt gemischt.

Öffnungszeiten **Minjasafnið Mánárbakka**, tgl. 10–18 Uhr, ISK 250.

Fossilien-Museum Hallbjarnastaðir: Einige Straßenkurven weiter und 13 km vor Húsavík macht ein nach rechts weisendes Schild auf Fossilien aufmerksam. Fossile Muscheln und Schnecken, ein 2,5 Mio. Jahre altes Holzstück sowie verschiedene Kohlebrocken und Haiknochen werden hier seit 1994 in einem kleinen Raum präsentiert.

Öffnungszeiten tgl. 10–18 Uhr, ISK 200.

Mývatn und der Nordosten
Karte S. 399

Ein Geländewagen ist ein Muss!

Húsavík

(2.420 Einw.)

In der breiten Skjálfanda-Bucht liegt, gegenüber der weiß verzierten Bergkette des Kinnarfjöll, der "Hausbucht-Ort". Neben der Fjordszenerie sprechen die alte Holzkirche sowie die erfolgreichen Walbeobachtungsfahrten für einen Stopp: Bei der Mehrzahl der Fahrten werden Wale gesichtet.

Auf einer Wal-Tour sieht man Lundey, auf der sich im Sommer 200.000 Vögel tummeln. Zunächst werden an Bord die Walarten erklärt und dann beginnt die Suche. Manchmal ist das große, dunkle Ding in einigen Metern Entfernung auch nur ein Stück Treibholz. Am Horizont im Nordwesten ist die Insel Flatey zu erkennen. Irgendwann heißt es dann "Wal auf 2 Uhr"... Delfine umspielen das Boot, doch sind sie schnell gelangweilt von den starrenden Zweibeinern.

Geschichte: Was für die Hauptstadt Ingólfur Arnarsson ist, ist hier der Schwede *Garðar Svavarsson*. Noch vor der Landnahmezeit überwinterte der Wikinger 870 hier auf der Suche nach dem fernen Land Thule. Als Garðar wieder aufbrach, blieben seine Knechte zurück, die eigentlich als die ersten Siedler gelten müssten, hätte die Geschichtsschreibung sie beachtet. Garðar nannte die Insel Island übrigens dreist *Garðarshólmur* – zum Glück kam die Sache mit der Namensgebung dann doch anders. Dessen ungeachtet erinnert am Schulgelände ein Denkmal des angesehenen Künstlers *Sigurjón Ólafsson* an Garðar.
Der Ort ist ein altes Handelszentrum. Im 19. Jh. bestand er noch "aus einigen stattlichen Häusern, der Schwefelraffinerie und einigen Hütten", wie ein Zeitgenosse 1824 vermeldete. 1882 wurde hier die erste Genossenschaft des Landes ins Leben gerufen. Neben dem Haupterwerbszweig Fischfang und -verarbeitung ist Kieselgurexport das zweite Standbein.

Das Typische an Húsavík ist der Hafen mit seinen weißen und roten Farbtupfern. Die *Kirche*, erbaut 1906–07, sticht dennoch augenfällig hervor. Die Größe des kreuzförmigen Kirchenbaus aus norwegischem Bauholz, den ein grünes Dach mit einem viereckigen, 26 m hohen Glockenturm ziert, überbietet die traditionell kleinen isländischen Gotteshäuser um einiges. Egal, was einem in Húsavík am besten gefällt, das Urteil der Einheimischen lautet ohne Abstriche: "Das Herz der Stadt schlägt unterhalb der Hafenmauer".

Information/Verbindungen/Adressen

- *Information* im Walmuseum oberhalb des Hafens, ✆ 4642520, tgl. 9–21 Uhr.
- *Verbindungen* zum Mývatn, nach Akureyri und nach Þórshöfn über Ásbyrgi. ✆ 4642200, ✆ 4642201, www.bsh.is, oder SBA, ✆ 4623510, ✆. 4627020, www.sba.is
- *Versorgung* Apotheke, Bank, Post, 3 Tankstellen (ca. 8–23 Uhr), Supermärkte (am Südende Mo–Fr 10–19.30, Sa 10–18 Uhr), Bäckerei (Garðarsbraut nahe der Kirche, Mo–Fr 9–18, Sa 10–16), Post, Friseur, Fotogeschäft, Souvenirladen (Mo–Fr 10–19, Sa 11–16 Uhr), 2 Werkstätten (✆ 4642626 bzw. 4641122).
- *Autoverleih* **Bílaleiga Húsavíkur**, Garðarsbraut 66, ✆ 4642500, 8923436, Autos ab ISK 6.000/Tag plus Steuer und Kilometergeld.
- *Fest* im Sommer "Tour de Húsavík" und **Hafenfestival**.

Übernachten/Camping/Essen

- *Übernachten* **Hótel Húsavík**, Keltilsbraut 22, zwischen Museum und Ásgarðsvegur, ✆ 4641220, ✆ 4642161, modernisierte DZ für horrende ISK 15.400.

Gästehaus Árból, Ásgarðsvegur 2, ✆ 4642220, ✆ 4641463, familiäre Gastlichkeit in einem Haus von 1903, nette Zimmer, DZ ISK 7.700 mit Frühstück, eine alte Wäschepresse steht in der Mansarde.

Kaldakskót, ✆ 4644430, mehrere Sommerhäuser südl. des Ortes, 2 Pers. ISK 7.900.

Baldursbrekka 11, 17, 20, Adressen je gleichlautend, ✆ 4642292, 4641618, 4642080, SSU ISK 1.500, Bett 2.500.

Heiðargerði 5, SSU 1.500.

Skálabrekka 9, ✆ 4642005, Haus für ISK 6.000/Tag.

- *Camping* Héðinsbraut am Nordende, ✆ 4642100, 1.6.–31.8., Kochmöglichkeit, Dusche ISK 50, Waschmaschine ISK 300. Am Botnsvatn stört sich niemand daran, wenn man sein Zelt aufbaut, allerdings sind dort keine sanitären Einrichtungen vorhanden.
- *Essen* **Salka**, arbeitet mit Hvalaferðir zusammen (Rabatte), tgl. 11.30–22 Uhr, Terrasse, im alten Genossenschaftshaus, alter Teil des Hauses von 1883, urgemütliche Cognacstofa wie eine Kapitänskajüte, überall Liebe zum Detail. Besitzer Börkur ist ein exzellenter Koch. Tgl. Hummer, Fischdreierlei ISK 1.900, Papageientaucher ISK 700. Im Keller Bistro mit Terrasse geplant.

Gamli Baukur ("alter Humpen") im Hafen, ✆ 4642551, gemütliches und freundliches Restaurant. Chef Þórdur empfiehlt Wels (catfish) mit Lemon-Pfeffer-Sauce für ISK 1.800. Herrliche Terrasse. Tgl. 11–24 Uhr, am Wochenende länger. Oft Live-Musik.

Sport/Touren

- *Kajakverleih* ✆ 8498315
- *Schwimmbad* Héðinsbraut, ✆ 4641144, Freibad mit zwei Hot Pots und Sauna.
- *Bus- und Jeeptouren* **SBA**, ✆ 4623510, Bustouren zu Dettifoss, Askja, Kverkfjöll. **Fjallasýn**, Hrísasteig 5, ✆ 4643940, ✆ 4643938, Halbtagestour zu geothermalen Flecken der Umgebung, Tagestour zu Dettifoss u. a.
- *Walbeobachtung* **Hvalaferðir**, ✆ 4642551, fax 4642212, seit 2002, Boot "Faldur" (Wellenberg), 4-mal tgl. im Sommer, ISK 3.000/3 Std., 43 Pers. pro Trip. Kakao und Gebäck auf dem Rückweg. **Norður Sigling**, ✆ 4642350, 4-mal tgl. im Sommer, ISK 3.600, 3 Boote insgesamt, davon eins als Schoner umgebaut.
- *Reiten* **Hof Saltvík**, ✆ 8479515, Hof von Bjarni Vilhjálmsson, SSU ISK 1.700, freundliche Jugendherbergsatmosphäre. Sehr gut geführter Reiterhof 5 km südl. von Húsavík. Sehr empfehlenswert: 2-Std.-Tour ans Meer (ca. ISK 4.000), 4-Std.-Mitternachtstour (ca. ISK 5.500). Vorher kostenlose Reiteinweisung.

Karte S. 399

Sehenswertes/Ausflüge

Walmuseum: Ein riesiges Zwergwal- und ein über 10 m langes Pottwalskelett, gelungen aufbereitete Informationen zum Walfang und historische Hintergrundinformationen bietet dieses Museum in einem alten Schlachthaus. Weitere Highlights sind Bartenplatten zum Anfassen, ein in Formalin eingelegter Schweinswal oder ein Schwertwalpenis. Wie er in der Natur aussieht, verrät dann eine Fahrt auf der Knörrin oder einem der anderen alten Fischerboote im Fjord. Die Ausflügler fiebern an der Reling, jeder versucht zuerst einen Wal zu sichten. Oft geraten auch Seehunde in den Blick.

Öffnungszeiten tgl. 9–21 Uhr, ISK 400. Bücherverkauf (Tipp: das Buch des Chefs, Ásbjörn Björgvinsson, ISK 1.000). Sitzecke mit Hafenblick.

Fischfabrik: Neuerdings kann man auch – unter strengen Hygienebedingungen – die Fischfabrik besichtigen, in der 250 Menschen beschäftigt sind und in der 100 Tonnen Fisch pro Woche verarbeitet werden.

Führungen ISK 500, 1 Std. Dauer, 11 und 14 Uhr. Startpunkt: Touristeninfo.

Kirche: Die *Húsavíkurkirkja* bietet auch innen ein vorzügliches Erscheinungsbild. Beachtenswert ist, dass hier keine gewöhnliche Kanzel zum Predigen dient, sondern ein Pult in Buchform. Das Altarbild von 1931 zeigt die Auferstehung des Lazarus, ältestes Stück ist der Leuchter von 1640. Der kunstvolle Bau für 380 Leute wurde 1907 eingeweiht. Eine Turmbegehung ist möglich.

Öffnungszeiten tgl. 8–12 und 13–18 Uhr.

Museumskomplex: Schmuckstücke des vielseitigen Museums sind der ausgestopfte Eisbär, der 1969 zwölf Jahre alt und 370 kg schwer auf der Insel Grímsey anlandete, sowie eine Kegelrobbe. Die auffälligen Fische im Naturkundemuseum wurden teilweise bemalt, um die Farbgebung zu erhalten. Glanzstü-

Vom Verhalten der cleveren Eisbären

In einer etwas kuriosen Schilderung der Verhältnisse im 17. Jh., zitiert bei *Thoroddsen* (1898), heißt es im Anschluss an die Charakterisierung des Treibeises: "Das Eis bleibt so lange vor der Küste liegen, bis es heftige Südwinde wieder forttreiben. Auf dem Treibeise kommen Bären, die oft größer als die isländischen Pferde sind, und wenn sie ans Land kommen, so fressen sie alles auf, was ihnen in den Weg kommt, und suchen noch weiter nach Nahrung. Wenn sie so am Anfange einen unbewaffneten Menschen treffen, so begnügen sie sich nicht damit, ihn aufzufressen, sondern sie lauern beständig nach weiteren Menschen. Wenn sie aber zuerst Vieh antreffen, so suchen sie fortan weiter nach Vieh. Wenn sie aber weder auf Mensch noch Vieh stoßen, so leben sie von Gras und Kräutern. Es ist diesen Tieren eigen, dass sie auf demselben Eisberge, auf dem sie nach Island gekommen sind, auch wieder zurückzukommen trachten. Wenn sie so weit landeinwärts gekommen sind, dass sie das Meer nicht mehr sehen können und befürchten, der Wind könnte das Eis bald wieder wegtreiben, ersteigen sie die höchsten Berggipfel, um sich nach dem Eise umzusehen, und wenn sie sehen, dass das Eis bereits wieder forttreibt, schwimmen sie ihm nach."

cke der Meerestiersammlung sind ein Pelikanaal, der aussieht wie ein Handstaubsauger, und der Gotteslachs, ein selten gefangener Tiefseefisch, der bis 1,6 m lang wird. Etwas abseits davon die isländische Ausgabe einer Kinderrassel: ein rötlicher Lavastein aus der Krafla-Gegend, der kleinere Steine eingeschlossen hält. Das Gemeindemuseum schließt sich an, hier sind Waffen, Kostüme, typische Gerätschaften und Kircheneinrichtungen zu besichtigen, u. a. eine Guðbrandsbibel von 1584, damals zwei bis drei Kühe wert. Im zweiten Stock des Hauses befindet sich das Archiv mit alten Tagebüchern sowie eine reichhaltige Fotosammlung. Vor dem kleinen gelben Haus von 1872, das neben dem Museum steht, sind Blauwalknochen zu bestaunen. Das Seefahrtsmuseum ist das persönliche Steckenpferd des Leiters Guðni Halldórsson, der viel zu berichten weiß über die Geschichte des Fischfangs vom Ruderbootzeitalter bis zur Technisierung und wie dieser das Leben der Menschen bestimmte. Sehenswert ist das Video hierzu.

Öffnungszeiten Stóragarði 17, 1.6.–31.8., tgl. 10–17 Uhr, ISK 300; Cafeteria (Kaffee gratis!).

Weiterfahrt: Von Húsavík kann man über das Aðaldalur zum Goðafoss weiterreisen (siehe S. 424) oder zum Mývatn auf der Straße 87 (s. u.).

Húsavík – Mývatn (87)

"Einmal Feuer und Eis": So könnte die Straße 87 zum Mývatn, die *Kieselgur-Straße*, ohne Weiteres auch genannt werden. Die 54 km lange Strecke Húsavík-Reykjahlíð ist geprägt von schwarzen Lavafeldern, von denen schnee- und eisverzierte Berge ablenken. Die für Transporte der Kieselgur-Fabrik am Mývatn erbaute Straße beginnt zunächst in isländischer Landidylle mit schafbevölkerten Wiesen und Weiden. Mit den Dampfwolken des Geothermalgebietes Reykjahverfi, das Húsavík mit Heißwasser versorgt, meldet sich der Vulkanismus. Der Weg steigt leicht an bis zum Schwimmbad und Gästehaus *Heiðarbær* mit seiner Geysir-Dampfquelle *Ystihver*. Die Springquelle jagt in sehr unregelmäßigen Abständen Fontänen in die Höhe. Früher galt die benachbarte Quelle *Uxahver* als eine Hauptattraktion Islands. Zu Beginn des 18. Jh. war die "Bullenquelle" noch recht aktiv – Erdbeben machten den Wasserspielen jedoch ein Ende. Überraschend folgte eine Zeit des Wiederauflebens, bis die Quelle schließlich angezapft und abgedeckt wurde.

Höfe werden rarer, es geht vorbei an einem länglichen See, und die Straße arbeitet sich in Wellenbewegungen durch Mulden und über Kuppen mit bis zu unbarmherzigen 14 % Steigung nach oben. Schließlich ist das Flusstal verlassen, die trockene und vegetationslose Lavawüste des *Hólasandur* begrüßt den einsamen Reisenden. Die Kulisse des *Gæsafjöll* löst zur Linken das Bergmassiv Lambafjöll ab, der Blick zurück reicht weit zu den Bergen der Fjorde. Wüsste man es beim Anblick der Nothütte nicht besser, man könnte sich in Tibet wähnen.

• *Übernachten/Camping* **Heiðarbær**, ✆ 4643903, 26 Betten, SSU ISK 1.250. Die Besitzer versorgen den Reisenden rundum: Im Angebot ist Abendessen, sonntags im Juli und August ab 14.30 Uhr eine Kuchenbar, ein geothermales Schwimmbad mit zwei Hot Pots, tgl. 11–22 Uhr; es können Pullover erstanden werden und auf Forellen lauern kann man ab ISK 800 für einen halben Tag. Camping.

Mývatn und Krafla ("mivatn"/"krabla")

Der flache See in der aktiven Vulkanzone ruht eingebettet in eine atemberaubende Urlandschaft. Am berühmtesten sind die Lavafiguren "Dimmuborgir", der Ringwallkrater Hverfell, das Solfatarengebiet Námarfjall und das dampfende Gebiet der Krafla. Nicht nur plagegeisternde Mücken, die dem See den Namen gaben, bevölkern die Gegend, sondern auch eine reiche Vogelwelt mit ca. 30.000 Brutpaaren.

Im Regenschatten des Vatnajökull ist das Wetter im Sommer eher mild, warm, niederschlagsarm und mit relativ viel Sonnenschein nicht so chronisch bewölkt – die Winter aber sind kalt und lang. Gut und gerne drei Tage kann man damit zubringen, all die geologischen Sehenswürdigkeiten zu inspizieren, die hier in einem riesigen Freilichtmuseum herumliegen, so als hätte sie ein findiger Museumsdirektor von überall her zusammengetragen: all die Schlammtöpfe, die fauchenden Spalten und die Heißwasserbecken in ihren versteckten Grotten und all die unterschiedlichsten Muster, Formen und Brüche der Lavaströme. Nahezu alle vulkanischen Formen liegen wie in einem überdimensionierten Schaukasten nebeneinander, die geheimnisvollen Pseudokrater ebenso wie Ascheringe ungebändigter Explosionen. Verantwortlich für das Schauspiel ist die Aktivität einer einige Kilometer unter der Oberfläche liegenden Magmakammer in Verbindung mit dem Auseinanderdriften der Kontinentalplatten.

Ein Klassiker ist der Wanderweg von Reykjahlíð zur Grjótagjá, weiter zum Hverfell und schließlich zu den Dimmuborgir. Wer nicht nur wandern mag – auch auf dem Rad oder hoch zu Ross lassen sich verborgene Kleinode der Natur entdecken.

Den lästigen *Mücken* (*Similium vittatum*) entkommt man kaum; nur Ende Juli, zwischen den beiden Mückengenerationen, die Anfang Juni und Anfang August schlüpfen, ist auf ein spürbares kleines Mücken-"Loch" zu hoffen. Auch wenn man gestochen wird (nur die Weibchen piesacken, sie brauchen Nahrung für ihre Eierproduktion) – das vielfältige Vogelleben geht zu einem nicht unerheblichen Teil auf das Konto dieser vermeintlich störenden Mücken.

Der See: 277 m ü. M. gelegen, teilt er sich in zwei Hauptbecken, *Ytriflói* mit 8,5 qkm Fläche im Norden und *Syðriflói* mit 28 qkm im Süden. Der See wird nur von einem Bach gespeist, der aus dem Grænavatn abfließt. Quellen von verschiedener Temperatur bilden die Hauptwasserzufuhr. Die Tiefe des Sees im Norden, wo die Diatomeen-Fabrik Grundsediment entnimmt, erreicht gerade 6 m, meist liegt der Grund lediglich 3–4 m unter der Oberfläche. Der See ändert somit seine Temperatur im Sommer einerseits leicht mit der Lufttemperatur und hält sich auf der anderen Seite von Oktober/November bis Mai eisbedeckt. Drei Wasserläufe bilden die Abflüsse für den See, sodass sich das Wasser sehr schnell austauscht. Sie vereinigen sich nach einer kurzen Strecke in der Laxá, um nach Norden abzufließen. Mäßige Wassertemperaturen aufgrund der Sonneneinstrahlung und damit eine gute Nährstofflage bringen ein reiches Leben im und am See hervor. Das Mývatn bekam seine heutige Form, als vor 2.300 Jahren der alte See mit Lava aus der Lúdentkraterreihe überrannt wurde. Dabei bildeten sich u. a. die Felsdome von Kálfaströnd.

Geologie: Im Bereich der aktiven Vulkanzone gelegen, durchzieht Nordisland ein Gürtel aus Spalten, von Osten beginnend Kverkfjöll, Askja, Fremrinámur mit einem 939 m hohem Stratovulkan, dann Krafla und schließlich Þeistareykir (einige davon mit einem Zentralvulkan). Mindestens 3 km unter der Krafla lauert eine Magmakammer, deren Bewegungen den Erdboden zu heben und zu senken vermögen.

Pseudokrater bei Skútustaðir am Mývatn

Die Krater und Gipfel um den See sind geologisch alles andere als alt. Erst nach der Eiszeit gestaltete der 90 km lange Krafla-Spaltenschwarm das Mývatn-Gebiet, dieses "vulkanische Schlachtfeld" im Norden Islands. Lava erreicht immer wieder die Oberfläche oder dringt in Spalten ein (ein Phänomen, das beispielsweise in den älteren Ostfjorden als "dykes" erkaltet zu sehen ist). Die Spalten verdeutlichen das Auseinandertreiben der Erde. 1729–1975 summierte sich die Krustendehnung auf etwa 4,5 m!

Zur Eiszeit war das Land mit einem dicken Eispanzer bedeckt, deswegen entstanden die Tafelberge Gæsafjöll (882 m), Sellandafjall (988 m), Bláfjall (1.222 m) und Búrfell. Ebenso konnten sich Palagonit(tuff)rücken wie Vindbelgjar- und Námafjall unter dem Eis bilden.

Naturschutzgebiet: Seit 1974 ist die Region geschützt. Wildes Campieren oder Übernachten in Fahrzeugen ist ebenso wie das Fahren auf inoffiziellen Wegen und Pisten, Baden und Steuern eigener Boote und Motorboote verboten. Vom 15.5.–20.7. haben die Vögel das Nordwestufer ganz für sich alleine, es darf in dieser Zeit nicht betreten werden. Pseudokrater gelten als Naturmonument. Insbesondere in Dimmuborgir, am Hverfell und bei den Pseudokratern dürfen keine wilden Trampelpfade begründet oder vorhandene ausgetreten werden.

Diatomeen-Fabrik (isl. "kísiliðjan"): Ein Damm markiert das Gelände der Anlage zum Trocknen, Zentrifugieren und Brennen des exportfähigen Kieselalgenschlammes; daneben funkelt unwirklich ein See in einem intensiven Türkis. 1967 lief hier versuchsweise die Produktion an. Die Fabrik, zu 51 % in Staatsbesitz, stellt derzeit knapp 30.000 t Material im Jahr her. Die Kieselgurproduktion verarbeitet Schlamm der einige Meter mächtigen Schicht aus Skeletten abgestorbener Lebewesen (Diatomeen) zur Verwendung in Filteranlagen, zur Isolation und Dynamitherstellung. Naturschützer hoffen, dass die jetzige Baggerlizenz zum Schutz des Seebeckens nicht über das Jahr 2010 hinaus verlängert wird. Schon jetzt sind massive Auswirkungen auf das Seeleben festzustellen: Die Tiefe steigt im Nordteil des Sees. Somit sind Pflanzen, von denen Vögel leben, nicht mehr so gut erreichbar, weswegen diese sich zurückziehen. Zudem verändert sich die Fauna des Seebodens und ernährt insgesamt die Federtiere nicht mehr so gut. Die Eintiefung im nördlichen Seegrund wirkt auf seine Umgebung wie ein Gully, in den es das organische Material zieht, das damit der Nahrungskette in anderen Arealen fehlt. Dazu kommt die Verschmutzung bzw. die Veränderung der chemischen Zusammensetzung des Sees durch eingetragene Sedimentreste aus der Fabrik.

Karte S. 399

Geologie: Wann war was?

bis vor 8.000 J.	**Lúdent-Periode**, in der sich die augenfällige Lúdent-Explosion ereignet.
vor 5.000 J.	Eine kurze aktive Zeit folgt (südl. von Gæsafjöll).
vor 3.800 J.	Der erste See wird von der **Älteren Laxálava** (die von Ketildyngjá stammt, einem Vulkan in einem Krafla-parallelen System) abgedämmt.
vor 2.800 J.	**Hverfell-Periode**, deren letztes Ereignis die Kraflafeuer sind. Der formschöne symmetrische "Mondkrater" Hverfell entsteht in einer einzigen Explosion.
vor 2.000 J.	**Hólseldar-Feuer**. Die Kraterreihe Lúdentsborgir und Þrengslaborgir schicken einen Lavastrom (**Jüngere Laxálava**) aus, der die Laxá abdämmt und den heutigen See entstehen lässt.
um 900	ereignen sich die so genannten **Dalseldar-Feuer**.
1724–29	brechen die **Mývatn-Feuer** los, der "Höllenkrater" Víti bei der Krafla explodiert; am 11. Januar 1725 öffnet sich Leirhnjúkur; einer der folgenden Lavaströme kommt 1729 bedrohlich auf die Kirche von Reykjahlíð zu und zerstört einige Gebäude.
1975–1984	**Kraflafeuer**, bei diesen Eruptionen wird eine 8–9 m große Dehnung des Spaltenschwarms errechnet. 1977 ereignet sich ein quasi künstlicher Vulkanausbruch, als 1,2 m^3 basaltisches Gestein aus einem Bohrloch dringt, während gleichzeitig ein Absenken des Sees um 30 cm registriert wird.

Die Orte Reykjahlíð und Skútustaðir (300 Einw.)

"Der Bauer zu Reykjahlíð hatte seinen Hof erst im vorigen Jahre neu gebaut und dabei die Absicht gehabt, eine Art Gasthaus daraus zu machen. Es trifft sich gar häufig, dass Geistliche, Beamte oder Kaufleute dort Quartier nehmen", berichtete Winkler 1861 von diesem inzwischen touristisch lebhaften Örtchen. Die Bewohner von Reykjahlíð sind offensichtlich seit langer Zeit daran gewöhnt, Reisende mit Unterkunft und Verpflegung zu versorgen.

In Reykjahlíð betreibt man heute längst keine Landwirtschaft und Entenjagd mehr. Mit der erstrangigen Popularität des Gebietes im Lande neben Geysir und Skaftafell orientierte sich neben industrieller Tätigkeit alles am Tourismus und dem Ausbau der Infrastruktur, die dennoch nicht mit übermäßiger Bautätigkeit die Landschaft verschandelt hat. Im Ort selbst fallen bisweilen Metall- und Kartondeckel am Wegrand auf – hier wird Brot im natürlichen Lavabackofen gebacken (im Supermarkt zu erstehen). Die Kirche steht leicht erhöht und konnte somit am 27. August 1729 den herankriechenden Lavastrom überleben, was auf der Kanzel dargestellt ist.

Skútustaðir, 14 km südöstlich von Reykjahlíð, ist das kleinere Versorgungszentrum am Mývatn und für die Pseudokrater und die Besteigung des Vindbelgjarfjall der geeignete Ausgangspunkt. Ansonsten empfiehlt sich der Aufenthalt im größeren und besser ausgestatten Ort, in dem sich auch die Touristeninformation befindet.

Der Knecht des Wikingers *Garðar Svavarsson* (siehe Kap. Húsavík, S. 406) machte sich in dessen Auftrag daran, den Ursprung der Laxá ausfindig zu machen. Überraschend bald kam er mit der Nachricht zurück, dass der Fluss einem See entsprang. Was der Wikinger als ein reichlich einfaches und zu schnell herausgefundenes Ergebnis ansah und ihn der Faulheit bezichtigte. Ob dieser Anschuldigung wünschte sich der getroffene Knecht, aus seinen Fußspuren solle Feuer ausbrechen – die Krater am See und die Lavafelder entlang der Laxá entstanden.

Information/Verbindungen/Adressen

- *Information* Auf eine Touristeninformation wird derzeit wenig Wert gelegt: Sie ist in einer Ecke des Supermarkts neben den Kassen untergebracht (tgl. 9–21 Uhr). Hoffentlich darf sie bald in ein eigenes Häuschen umziehen. Eine weitere Informationsquelle ist am Camping **Eldá** (Bücher, Landkarten), der vom hilfsbereiten Jón Illugasson geleitet wird.
- *Verbindungen* Nach Akureyri, Húsavík, Egilsstaðir ab Hótel Reinihlíð. Verbindung zur Krafla (einfach ISK 600, Hinfahrt derzeit 8 und 12 Uhr, Rückfahrt 15.30 Uhr) und zu Dettifoss (1-mal tgl. 12 Uhr, einfach ISK 1.600). Bustouren über die Sprengisandurroute nach Reykjavík mit Guðmundur Jónasson, ✆ 5111515.
- *Versorgung* Ambulanz, Sparkasse, Post, Supermarkt neben dem Hverinn (Mo–Sa 8–22 Uhr, So geschlossen), Automatentankstelle, Souvenirläden, Werkstatt.
- *Autovermietung* im Hotel Reynihlíð.
- *Taxi* ✆ 8549389, 8924388, 4644388.

Mývatn und der Nordosten
Karte S. 399

Touren/Veranstaltungen

Eldá Travel Service, in Reykjahlíð am Campingplatz, ✆ 4644220, 📠 4644321. Von Lesern empfohlen. Im Sommer u. a. Mývatn-Tour (ISK 5.400), tgl. die empfehlenswerte Dettifoss-Supertour (6.000) mit zahlreichen Spaziergängen, besonders ungewöhnlich ist die Tour zur Eishöhle Lofthellir, ein riesiges Höhlensystem mit fünf Stockwerken und einem Eisdom (ISK 5.500). Manchmal geht es zur sonst schwer zu erreichenden Vulkanspalte Gjástykki. Trips nach Húsavík zur Walbeobachtung oder Reittouren können organisiert werden.

Mývatn Tours Jón Árni Sígfússon, ✆ 4644196, Touren zur Askja/Herðubreiðarlindir (im Hochsommer tgl., 12–14 Std., ISK 7.000).

Rundflug mit Mýflug Air, Reykjahlíð-Airfield, ✆ 4644400, 📠 4644341, will man einen fundierten Überblick gewinnen, ein Muss. Verschiedene Flüge, Mývatn-Gebiet (20 Min., ISK 5.000), Askja und Herðubreið (1 Std., ISK 10.500), Kverkfjöll/Askja (1,5 Std., ISK 12.000), Dettifoss/Krafla (50 Min., ISK 9.000) und Kombinationen mit etwa 2 Std. Dauer. Die Pseudokrater sind beim Aufstieg optimal auszumachen. Bei Flugtempo 220 km/h bewegt man sich noch nicht zu schnell, um die Lavagirlanden, Farbmuster, Vulkanlandschaft mit Lavaergüssen um Bergrücken, Krater, Kegel, Kuppen erkennen zu können. Vergessen Sie nicht, sich die Flugroute genau zeigen zu lassen, sonst weiß man unterwegs nicht, was man sieht! www.myflug.is

- *Marathon* Neuerdings gibt es im Juni einen Marathonlauf am See (10 km). ✆ 4644248. marathon@myvatn.is

Übernachten/Camping/Essen in Reykjahlíð (s. Karte S. 414)

Hotel Reynihlíð (2), ✆ 4644170, 📠 4644371, gut eingerichtete Zimmer DZ ab ISK 313.800, 41 Zimmer mit Bad, Telefon, TV.

Hotel Reykjahlíð (4), ✆ 4644142, 📠 4644336, ISK 10.100/DZ mit Frühstück. Das Hotel ist nicht das allerneueste, entschädigt aber mit Seeblick aus einigen der 9 Zimmer und aus dem Frühstücksraum.

Eldá (FH) **(6)**, mehrere B&B in verschiedenen Häusern ab ISK 7.300 fürs DZ, SSU nur in der Nebensaison.

Hlíð (1), Übernachtungsmöglichkeit in 6 schmucken Hütten oder in einem großen Haus für 56 Personen, SSU ISK 1.700. Zwei Sommerhäuser für je zwölf Personen ISK 11.000/Nacht.

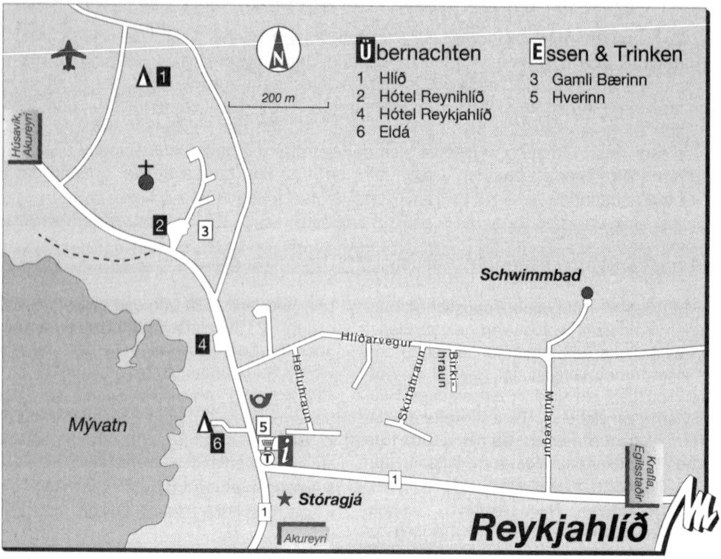

Vogar, ✆ 4644399, ✆ 4644341, 2 km südlich von Reykjahlíð, 16 "Räume" in außen wenig reizvollen Wohncontainern, SSU ISK 2.100, Bett ISK 3.100. Waschmaschine. Auch Camping (siehe unten).

• *Camping* Camping **Eldá (6)**, in herrlicher Lage am Seeufer (wo die Ringstraße von Osten auf den See stößt), großes Küchenzelt, zur Vogelbeobachtung ideal geeignet, Duschen inkl. Zu wenig sanitäre Einrichtungen. **Hlíð (1)**, am nördlichen Ortsende, Zelten auf Terrassen, Dusche frei, Waschmaschine, Trockner, Verkauf von Brot und Milch; Camping **Vogar**, 2 km Richtung Süden, inkl. Dusche.

• *Essen* **Gamli Bærinn (3)**, recht gemütliche Kneipe und Restaurant im alten Farmhaus aus dem Jahre 1911 beim Hótel Reynihlíð, Fisch vom Mývatn ISK 1.700, Spezialität ist die Lammsuppe mit Brot ISK 900 mit Refill. Alte Photos an den Wänden. Gäste sind willkommen, ihre Künste am Klavier zu zeigen! **Hverinn (5)**, an der Kreuzung der 1 in Reykjahlíð, tgl. 10–22 Uhr, liebloses touristisches Lokal mit Tagesmenü, auch Pasta.

Freizeit/Sport in Reykjahlíð und Skútustaðir

• *Angeln* bei Eldá ISK 1.000/h inkl. Ruderboot, am Camping Vogar ISK 1.500/1/2Tag oder bei der Farm Hof an der Laxá (abseits der Str. 1); Laxá-Lizenzen kosten umgerechnet bis über 1.500 €!

• *Fahrradverleih* bei Eldá ISK 900/halber Tag und ISK 1.400/Tag, am Camping Hlíð ISK 1.400/Tag oder ISK 1.000/halber Tag. Beim Hotel Reynihlíð ISK 1.500/12 Std. Auch das Hotel Sel vermietet Drahtesel für ISK 1.100/Tag.

• *Golf* 9-Loch-Platz, kostenlos!

• *Kajak* bei Eldá ab ISK 500/30 Mi. Lesertipp: Midnight-Tour auf dem Mývatn.

• *Reiten* Hlíð ISK 2.000/h, Álftagerði in Skútustaðir, ISK 1.800/Std., ✆ 4644203, ebenfalls in Skútustaðir "Safari Horses", ✆ 8659970/4644203.

• *Schwimmbad* () In Reykjahlíð neben der Schule ✆ 4644225, tgl. 9–21.30 Uhr.

Versorgung/Übernachten/Essen in Skútustaðir

• *Versorgung* Tankstelle, Laden.

• *Übernachten/Essen* **Skjólbrekka**, Skútustaðir, ✆ 46444164, SSU im adretten Gemeindehaus, ISK 1.300 inkl. Küchenbenutzung und Dusche.

Gästehaus Skútustaðir, ✆ 4644212, 6 hübsche DZ für ISK 5.600, SSU ISK 1.800. Empfehlenswert.

Key Hotel, Nobelhotel mit Zimmern zu ISK 14.000. Vom Restaurant perfekter Blick über den See.

Sel, ✆ 4644164, 📠 4644364, ein weiteres neues Hotel mit 29 DZ und 6 EZ. DZ ISK 13.500.

Camping direkt i. d. Pseudokratern, Dusche.

Restaurant in der Tankstelle Skútustaðir, 8–10, 12–14.30 und 18–23.30 Uhr, bekannt für vorzüglichen Lachs, Mittagsbüfett ISK 1.250.

Cafeteria 8–22.30 Uhr.

Die Hauptsehenswürdigkeiten (s. Karte S. 417)

Krater Hverfell: Der 452 m hohe, fremdartig wirkende Aschenringwall, der die Kulisse von Reykjahlíð bildet, ist ein Muster an Symmetrie. Rücksicht ist dem einzigartigen vulkanischen Produkt nicht immer widerfahren, der Kraterboden ist zu einer "Grafitti"-Fläche geworden. Doch wie entstand der Kraterschönling? Vor Vor ca. 2.500 Jahren gebar eine Ausbruchserie mit Wasserdampfexplosionen den Aschetuffring. Durch die Einwirkung von Wasserdampf erstarrte das Material glasig. Am Rande der Eruptionssäule fiel das lockere Vulkanmaterial nieder und bildete den Ring. Der Durchmesser deutet also auf die Größe dieser Dampfsäule hin. Der kleine Kegel im Krater rührt von den letzten, schwächeren Ausbrüchen.

Wanderung (1 Std.) (4): Das geologische Vorzeigemodell kann bestiegen werden, die Zufahrt über eine Schotterstraße ist an der Ringstraße beschildert und auch wenn der Weg zum Parkplatz eine starke Neigung zur Wellblechpiste hat, lohnt das Ziel (zu Beginn ist ein Gatter zu öffnen). Der Hinweg verläuft auf *Lúdentarborgir*-Lava. Kurz vor dem Vulkankrater ist linker Hand die *Hverfellsbrunni*, die Lava von Svartuborgir, die 1.100 Jahre alt ist. Sie ist dunkler und trägt weitaus weniger Vegetation als die ältere Lúdentlava zur Rechten. Eine Kraterwanderung auf dem ca. 140 m tiefen und 1 km im Durchmesser messenden Mondgebilde gewährt herrliche Aussicht über die vulkanische Szenerie.

Lavaformationen Dimmuborgir ("düstere Felsen") Vor etwa 2.000 Jahren kroch Lava aus den Lúdentspalten und kühlte schnell ab, sowohl von unten durch die durchfeuchteten Flächen als auch von oben, wo die Luft die Temperatur verminderte. Ein Lavawall an der Stirnseite des Stromes dämmte einen Lavasee ab, unter dem Wasser verdampfte und in Schloten und Röhren aufstieg. Die umgebende Lava konnte erstarren. Als derDamm nachgab und die gestaute Lava abfloss, senkte sich die Oberfläche des Lavasees und Säulen und Türme blieben übrig. Die Senke der Dimmuborgir ist voll solcher Gebilde – Aufblähungen, Hohlformen, bizarre Einbrüche, Dome, Bögen oder Lavafenster. Bekannt ist *Kirkjan*, eine Lavawölbung am Rande des Gebietes.

Wandern (10–60 Min.) (5): Vier Wandermöglichkeiten sind in der Welt bizarrer Lavaskulpturen eingerichtet, die die Fantasie leicht zu Kamelen, Geistern oder anderen Wesen umformt; Wege von 10 Min. bis 1 Stunde (zur Kirche) oder zur Stóragjá 2–3 Stunden sind markiert worden. Vieles ist schon zerstört: Ähnlich wie am Hverfell trampeln hier im Sommer viele Füße über das poröse Gestein des Lavalabyrinths. Die Naturschutzverantwortlichen sahen sich deshalb gezwungen, "wilde" Pfade mit Seilen abzusperren.

Solfataren Námafjall/Námaskarð: Man hätte den pastellfarbenen Tuffberg statt "Minenberg" auch gelben oder bleichen Berg nennen können. Im Solfatarengebiet *Hveraröndd* zu seinem Fuße auf der Ostseite (Schild *hverir*) schmatzen

Schlammtöpfe, köcheln düstere Suppen, stiebt Dampf nach oben. Vom Parkplatz führen Pfade um die brodelnden Töpfe und tonigen Schlammlöcher herum. In den blaugrauen Becken blubbern verschiedene Minerale in Verbindung mit Tonen.

Wie die bunten Farben in den Solfataren im Einzelnen zustande kommen? Die weiße Farbe rührt von Kieselsäure oder Gips, blaugrau deutet auf Eisensulfid hin, die rote Färbung kommt von Eisenoxiden und Schwefel ist natürlich für das Gelb verantwortlich. Die schwefelschwangere Luft am Bergfuß erhält durch die manchmal wie Teekessel, manchmal wie eine altersschwache Dampflok zischenden Fumarolen eine akustische Untermalung.

Rundwanderung (30–60 Min.) (6): Gutes Schuhwerk trägt einen den Hang des Námafjall nach oben (unten eher links halten), direkt entlang an giftig leuchtenden Schwefelflecken, wo Kristalle und heißer Dampf den grußigen Boden in gewölbte Form drücken. Die 482 m Höhe gestatten eine atemberaubende Sicht über den See mit Dampfaustritten im Vordergrund. Ein unmarkierter Weg zweigt nach Osten in Richtung Hverfell ab. Der Spaziergang auf dem Berg führt als Rundweg auf die Ringstraße hin weiter. Nach einem etwas weniger spektakulären Wegstück ist wieder das Schlammtopfgebiet Hverarönd mit den nach fauligen Eiern riechenden Solfataren und den fauchenden Dampfquellen erreicht. Besondere Vorsicht ist beim Begehen der dünnen Erdkruste geboten, leicht bricht man in den heißen Untergrund ein.

Hexenkessel und Teufels Küche

Eher gemütlich schmauchen die Schwefel- und Schlammtöpfe vor sich hin. Doch getreu dem Motto "Übertreibung fördert die Anschaulichkeit" könnte man das auch enthusiastischer ausdrücken. *Carl Küchler*, ein urtümlich bebarteter Erkundungsreisender, bemerkte 1908, er habe gesehen, dass "meterdicke Dampfstrahlen durcheinander schossen, als wollten sie sich gegenseitig ersticken; graublaue Schlammsäulen fuhren fauchend aus der Tiefe empor und aus den an den Seitenwänden des Höllenschlundes gähnenden und wie Mörser gegeneinander gerichteten Löchern aufeinander los, dass die entsetzlich kochende Masse da drunten wild durcheinanderstürzenden grauen Ungeheurn glich, die sich ineinander verbissen hatten, zornig um sich schlugen, brüllten und heulten, als ob die ganze Hölle losgelassen sei."

Vulkan Krafla (ca. 15 Straßenkilometer von Reykjahlíð): Der 818 m hohe Zentralvulkan gehört zu einem äußerst aktiven Spaltenschwarm. Die Explosion des Höllenkraters Helvíti läutete sichtbar die Periode der Mývatnfeuer (1724–29 und 1746) ein. Die Krafla ist noch immer höchst unruhig, ihrem Namen begegnet man ehrfürchtig. 1977 öffnete sich ein weiteres Mal kurzzeitig ein 1,5 km langer Krater, Lava floss unterirdisch in Gesteinsspalten. 1980 brachte im März ein weiterer Ausbruch für wenige Stunden eine 4 km lange Öffnung zu Tage. Das Spiel wiederholte sich mit einer 6 km langen Spalte im Juni und Juli; im Oktober drang Lava bis an die Oberfläche und strömte Richtung Reykjahlíð, ebenso im November 1981. 1984 sandte die Caldera unter Dampfsäulen stehende Lavaströme Richtung Norden und Süden.

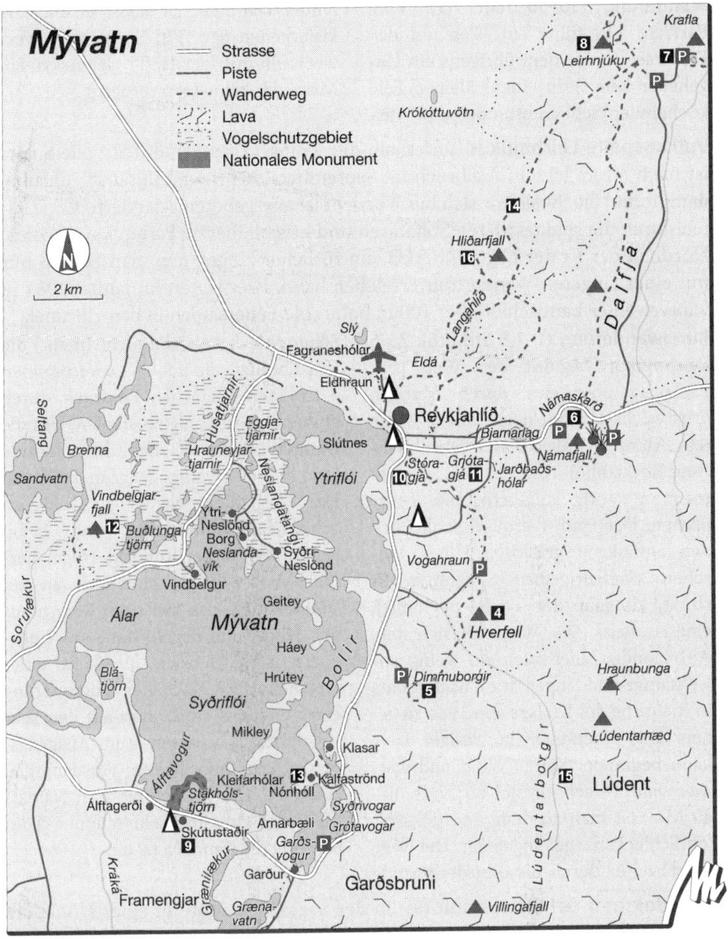

Mývatn und der Nordosten
Karte S. 399

Eine isländische Besonderheit ist das geothermale *Kraftwerk* mit seinen futuristischen Kühltürmen von 1977. Die geplante Leistung von 60 MW ist erreicht, so der Kraftwerksleiter. Derzeit werden etwa ein Dutzend Bohrlöcher genutzt. Dampf wird über Leitungen, deren Rohre die kahlen, bräunlichen Berge überziehen, in ein Zentrifugenhaus geleitet, um Dampf und Wasser zu separieren. Zahlreiche Probleme sind zu lösen, der Druck des ausströmenden Dampfes kann zu hoch sein, Gase beschädigen und Leitungen zersetzen.

Verbindung Die 7 km von der Ringstraße zu trampen sollte im Sommer bei all den Mietwagenfahrern möglich sein; Krafla ist aber auch mit dem SBA-Bus von Reykjahlíð zu erreichen (ISK 600, tgl. 8 Uhr und 11.45 Uhr; mit dem zweiten Bus kann man dann auch zum Dettifoss weiterfahren).

Wanderung (30–50 Min.) (7): Vom Parklatz Víti führt ein Weg um den Kratersee (unter dem übrigens ein Ungeheuer lauert) zu einem kleinen Feld köchelnder Schlammtümpel und pfeifender Dampflöcher nebst einem türkisfarbenen See. Víti ist nicht zu verwechseln mit "der Hölle" der Askja, ein Maar, das keine Lava förderte.

Vulkanspalte Leirhnjúkur (unterhalb der Krafla): Diese eindrucksvolle Spalte ist nach ihrem letzten Ausbruch im September 1984 noch "blutjung"; unruhig dampft und faucht sie vor sich hin. Vorsicht ist also geboten. Markierte Wege leiten durch die spektakulären Solfataren und kristallüberzuckerten Lavaformen. Nördlich der Krater liegt *Gjástykki*, ein rötlicher Hügel, den man zu Fuß nur mit einer längeren Wandertour erreichen kann. Hier jagten im Januar 1981 in winterweißer Landschaft über 100 m hohe rote Feuersäulen in den Himmel.

Rundwanderung (1–1,5 Std.) (8): Zum Leirhnjúkur beginnt der Weg vom Parkplatz über eine durch häufigen Frostwechsel modellierte Þúfur-Wiese (ein Abzweig linker Hand führt Richtung Reykjahlíð). Nach 10 Min. gelangt man an kantig aufgeschichtete Lavaplatten. Der Pfad überquert schließlich den auffälligen graslosen Hügel zwischen bläulich-gelben Solfataren. Es stinkt, als gäbe der Teufel persönlich eine Audienz. Der Weg teilt sich nun. Aufregender, aber auch ein wenig unwegsamer und länger ist es, nach rechts in Richtung des Kraters von 1984 zu gehen. Das Abenteuer in glasiger Lava kann beginnen. Kalter Wind und warmer Dampf wechseln sich ab. Nach 30–40 Min. ist man an dem eindrucksvollen Schlackenkegel angelangt. Der Weg führt weiter durch diese beklemmende Sehenswürdigkeit, die nicht (mehr) die Kraft besitzt, die Sohlen zu verbrennen – trotzdem bleibt der Eindruck, durch glühende Grillkohle zu stapfen. Um die Dampfaustritte ist die rabenschwarze Lava oft ein wenig hellgrün bemoost. Der Weg führt weiter geradeaus an Schlackenansammlungen und tiefen Schlünden vorbei um den Hügel herum. Man gelangt schließlich an ein Wiesenstück, das zwischen dem braunen Hügel und der 1984er Lava eingequetscht ist (herrliche Aussicht, guter Picknickplatz). Nach der Überquerung eines Grabens stößt man auf den sehr viel älteren Lavastrom. Zum Ausgangspunkt nun links halten. Ausdauernde können von hier auch bis zum Námaskarð oder auf einer sehr schönen Tour bis zum See wandern (s. u.).

Pseudokrater bei Skútustaðir (9): In der Sagazeit wohnte in einer Höhle der gefährliche Wikinger *Víga Skúti*, der nach mehreren erfolglosen Versuchen seiner Feinde, ihn zu töten, schlussendlich erschlagen wurde.
Die hiesigen Krater haben der Sage nach einen gänzlich anderen Ursprung, als die Wissenschaft uns glauben macht... Der Knecht des Wikingers *Garðar Svavarsson* (siehe Kap. Húsavík, S. 406) machte sich in dessen Auftrag daran, den Ursprung der Laxá ausfindig zu machen. Seinen flinken Erkundungen zufolge entsprang der Fluss einem See, was der Auftraggeber als ein reichlich einfaches und zu schnell herausgefundenes Ergebnis erachtete und ihn der faulen Trägheit bezichtigte. Der getroffene Knecht wünschte sich, aus seinen Fußspuren solle Feuer ausbrechen – die Krater am See und die Lavafelder entlang der Laxá entstanden.
Wie die Pseudokrater tatsächlich zustande kamen, ist keine minder interessante Geschichte. Glühendheiße Lava wälzte sich über sumpfig-feuchtes Ge-

lände. Dessen Wasser verdampfte unter dem heißen Lavastrom und drang bei ausreichendem Druck in einer Explosion nach oben, bei der sich ein schlotloser Krater bildete, eben ein Pseudokrater, der niemals eine "echte" Eruption erlebt hat. Die Gebilde messen bis zu 300 m im Durchmesser.

Alle Entlein sind schon da...

16 Entenarten brüten hier, 1975/76 waren es ca. 7.500–8.000 Paare, allerdings sind die Bestände beträchtlichen jährlichen Schwankungen unterworfen und in den letzten Jahren ist ein starker Rückgang feststellbar.
Für die Spatelente ist dies mit der Laxá der einzige Brutplatz in Europa. Vor einigen Jahren wurde ein Bestand von 243 Paaren (Mývatn) und 201 (Laxá) ermittelt. Die Art ähnelt der auch in Mitteleuropa bekannten *Schellente* und die Weibchen der beiden Spezies sind auch nur mit einiger Mühe und Erfahrung zu unterscheiden. Bei den hübschen Männchen ist vor allem der weiße Fleck zwischen Schnabel und Auge ein wichtiges Erkennungsmerkmal: Er ist bei der Spatelente halbmondförmig und mehr in die Länge gezogen, bei der Schellente hingegen kreisrund. Außerdem existieren kleine Unterschiede in der Zeichnung des Rückens. Eine weitere Spezialität ist die *Kragenente*, eine der drei Arten, die aus Nordamerika eingewandert sind. Die Männchen stellen mit ihrem blaurostroten Gefieder, das durch weiße Felder mit schwarzer Umrandung durchbrochen wird, eine echte Augenweide dar. Ihr Bestand beträgt auf Island maximal 3.000 Paare. Sie ist in ihrer Verbreitung jedoch nicht so sehr auf den Mývatn beschränkt, obwohl sie hier in höherer Dichte als sonst siedelt. Die mit Abstand häufigste Ente am See ist die *Reiherente* mit einem Bestand von rund einem Drittel der dortigen gesamten Entenpopulation. Weitere Entenarten, die am See für Nachkommenschaft sorgen, sind *Trauerente* und *Schnatterente* – für beide Entenarten ist der Mývatn das einzige bekannte Brutgebiet auf Island. Daneben gibt es *Stockente, Krickente, Pfeifente, Spießente, Löffelente, Tafelente, Bergente, Eiderente, Eisente, Mittelsäger* und *Gänsesäger*.
Der Bestand an Entenvögeln hat in den letzten Jahren kontinuierlich abgenommen und ist von 15.000 bis 16.000 Paaren (1901–1957) auf unter 2.000 Paare zusammengeschrumpft, was unter anderem auf verstärkte Störungen (Uferstraßen, Förderung von Diatomeen-Schlamm, Motorboote) und auf die Einwanderung des Minks, des Amerikanischen Nerz, zurückzuführen ist. Eine weitere Art, die ihrer Herkunft nach aus Amerika stammt, ist der prächtige *Eistaucher*, der neben dem Mývatn auch an anderen einsamen Seen der Insel brütet. Er wird gänsegroß und ist unverkennbar mit seinem schwarzen Gefieder mit den weißen Punkten und Strichen, die am Hals besonders dicht sind und am Kopf fehlen. Während der Dämmerung in der mystischen Seenlandschaft seine jaulenden, fast wolfsartig klingenden Rufe am Brutplatz zu erleben gehört sicherlich zu den naturkundlichen Höhepunkten einer Island-Reise. Außerdem kommt mit einem Bestand von etwa 250 Paaren der *Ohrentaucher* hier vor. Im Gegensatz zum stattlichen Eistaucher, mit dem er aber nicht verwandt ist, wird der Ohrentaucher nicht einmal halb so groß wie jener. Gehört der Eistaucher zur Ordnung der Seetaucher – sie heißen so, weil sie den Winter in der Regel auf dem offenen Meer verbringen –, ordnet man den Ohrentaucher den Lappentauchern zu. Der Name *Lappentaucher* rührt daher, dass sie nur Schwimmlappen an den Zehen haben und nicht wie Entenvögel und die oben erwähnten Seetaucher richtige, gespannte Schwimmhäute. Außerdem ist sein Gefieder viel farbenfroher: rostroter Bauch und Hals, schwarzer Kopf mit goldgelbem Federbüschel an den Ohren. Auch der größte isländische Vogel, der *Singschwan* mit seinem schneeweißen Gefieder und dem schwarzen Schnabel mit gelbem Keil in der Mitte kommt am Mývatn vor.

Karte S. 399

Weitere Sehenswürdigkeiten und Wanderungen

(s. Karte S. 417)

Im Bereich des Mývatn gibt es zahlreiche weitere besuchenswerte Ziele (aktuelle Karte mit markierten Wanderwegen in der Touristeninfo). Beliebt sind die Rundwanderung von Reykjahlíð zur Heißwasserspalte Stóragjá und weiter zum Hverfell und Dimmuorgir (2–3 Std.), die Tour Hverfell-Lúdentkraterreihe von der Ringstraße aus (4–5 Std.), vom Námarfjall im Osten zum Hverfell und weiter bis Reykjahlíð oder eine Tour zum (Aussichts-)Berg Hlíðarfjall nordöstlich von Reykjahlíð. Für Hartgesottene bietet sich abseits üblicher Wege eine Tour nach Süden zum Fuße des Sellandafjall an, um die dortigen Lavaformationen zu bewundern, oder gar eine Mehrtagestour zur Herðubreið.

Spalte Stóragjá (20 Min.) (10): Die "große Spalte" birgt, schräg gegenüber vom Eldá-Camping nahe der Ringstraße eine Heißwasser-Grotte. Eine Leiter und ein Seil helfen hinab zu dem knapp 24 °C warmen Becken unter erstarrten Lavablöcken. Wegen möglicher Bakterienverunreinigungen, speziell am Ende der Touristensaison, wird hier vom Baden abgeraten.

Spalte Grjótagjá (11): Man gelangt zu dieser Heißwasser-Spalte von einem beschilderten Abzweig an der Ringstraße nahe der Kieselgurfabrik. Dampf strömt aus Lavaspalten. Nach einem Schafsgatter stecken rechter Hand gebogene Rohre in den Steinplatten, Reste einer alten Untersuchung zur Dehnung der vulkanischen Spalten. Ein Stück weiter, dort wo der Wanderweg Reykjahlíð-Hverfell kreuzt, ist man bei der Spalte, die in vergangenen Zeiten für Abenteurer und Forscher eines der begehrtesten Ziele war. Entstehung: Nach einem Magmaaufstieg begann die Temperatur des Quellwassers in der Schlucht emporzuklettern, das heiße Gesteinsmaterial drang irgendwo im Untergrund in diese oder nahe Spalten und erhitzte das Wasser auf etwa 45 °C. Einstieg durch kleine Luken.

Bergbesteigung des Vindbelgjarfjall (1,5–2 Std., 529 m) (12): Bei Skútustaðir biegt die Str. 848 mit der Laxá-Brücke nach Norden ab, südlich des Hofes Vagnbrekka befindet sich der schlecht erkennbare Beginn des relativ einfachen Wanderweges, dessen erstes Stück bis zum Bergfuß auch gut mit dem Mountainbike zu bewältigen ist. Zwergsträucher (Heidelbeeren!) wachsen auf sandigem Grund, über Hangschotter geht es in engen Kehren stracks bergan. Vom Steinmännchen am Gipfel des "Windsack-Berges", ein subglazial entstandener Tuffberg, lässt sich wohl am besten ein Bild machen von den Pseudokratern und ihrer vulkanischer Umgebung. Der Ringwall Hverfell ist quasi aus der Vogelperspektive zu sehen; der Blick reicht an vielen Tagen bis zur Spitze der Herðubreið.

Der Garten Höfði (1 Std.) (13): Bis 1912 war das Areal am Ostufer des Sees unbewohnt, als Bárður Sigurðsson hier seinen Hof errichtete. Bäume, die in anderen Gegenden zu Hause sind, stehen eng mit Farnen und Blumen. Von Aussichtspunkten am Seeufer lassen sich die der Halbinsel vorgelagerten sonderbaren Lavasäulen *Kálfastrandarstrípar* und andere zerlöcherte Felsen bewundern. Nicht nur im Frühling, wenn es im Garten blüht, lässt es sich gut ein Stündchen hier herumstreunen. Gratis.

Wanderung Leirhnjúkur- Mývatn/ Reykjahlíð (3–4/4,5–6 Std.) (14): Bei der Umrundung des Leirhnjúkur (s. u.) erreicht man am Südende des Hügels eine kleine Spalte. Von hier zweigt ein

Bei Wanderungen das Allerwichtigste: die Wegzehrung

Weg zum Námaskarð ab (ca. 3 Std.). Der Weg zum See verläuft rechts davon und ist markiert. An einem rötlichen Krater schwenkt der Weg nach links ab. Bemooste Lava wird durchquert und man passiert einen auffälligen Lavatunnel (rechts zu sehen). Nach 40–60 Min. trifft man auf einen markanten, grasbewachsenen Kegel, ideal für eine Rast. Dann geht es wieder über Stock und Stein über ein Lavafeld, ca. 20 Min. lang. Nun zieht sich der Weg am Bergfuß des Hlíðarfjall entlang. Nach etwa 2 Std. sieht man endlich den See und den Aschekrater Hverfell. Schließlich zweigt rechts ein Weg auf den Hlíðarfjall ab. Wer diese Herausforderung nicht annehmen will (zusätzliche Dauer: ca. 1,5 Std.), folgt der Lava *eldhraun* talabwärts. Man stößt auf einen Fahrweg, der oberhalb eines "Lavafalls" den Lavastrom quert. Der Weg gabelt sich nun und nach 1,6 bzw. 1,9 km erreicht man den Camping Hlíð (rechts) oder Reykjahlíð (links).

Lúdentspalte/Lúdentarborgir (15): "Sie beginnt mit einem kurzen Graben, dem ein langgestreckter, niedriger Schlacken-Wall folgt, in dessen Mitte eine klaffende Spalte zu sehen ist. Daran schließen südwärts höhere Schlackenkegel an, deren Krater oft ineinander greifen, sodass alle Uebergänge von kreisrunden Einzel-Kratern über 8-förmige Doppel-Krater bis zu den meist etwas gebuchteten mehr oder weniger parallelen Schlacken-Wällen beidseitig der Eruptions-Spalte entstehen." Soweit der Forscher Rittmann 1937. Lúdent heißt die Gegend östlich des Hverfell und ist entgegen den Angaben auf manchen Karten nicht der Name der Kraterreihe. Diese heißt Lúdentarborgir und ist ein museales Stück der Erdgeschichte inmitten einer sandigen und vereinzelt vegetationsbestandenen Lavawüste, östlich des Hverfell (Anfahrt dorthin siehe Hverfell). Mit dem Rad oder zu Fuß (für Autos derzeit sinnvollerweise gesperrt, bitte halten Sie sich unbedingt daran!) überquert man eine tiefe Gesteinsspalte – die vielleicht jeden Moment zu einer 200 m tiefen Schlucht werden kann.... Rechter Hand sieht man nun einen auffälligen Felsen, der aussieht wie ein Schiff. Dies war das Boot einer Trollfrau aus dem Búrfell, von der Morgensonne versteinert. Der Weg quert die Reihe der Schweißschlackenkegel und man hat an der Weggabelung die Wahl, links auf den Vulkan Lúdentarhæð zuzuhalten, einen 70 m tiefen Krater mit Durchmesser um die 700 m, oder rechts entlang der Krater auf einem Fahrweg durch ein sandiges Gebiet mit strandähnlicher Vegetation zu stapfen.

Besteigung des Hlíðarfjall (3–3,5 Std.) (16): 771 m hoher Liparitberg, der manchmal auch unter Reykjahlíðarfjall firmiert; ab Reykjahlíð 2 Std. Aufstieg (siehe oben, Leirhnjúkur- Mývatn).

Bjarnarflag: Das Gebiet der dampfenden Rohranlagen hinter der Diatomeen-Fabrik ist ein geothermal genutztes Areal. Früher (1836–1845) wurde hier der Abbau von Schwefel für Schießpulver betrieben. Eine Explosion Ende der 30er Jahre bedeutete das Ende der Schwefelförderung. 1969 wurde das Kraftwerk gebaut, das auch die Fabrik und den Ort mit Wärme versorgt. Es ist in der Diskussion, hier eine zweite Blaue Lagune einzurichten. Südlich vom Geothermalgebiet Bjarnarflag liegt auf der anderen Seite der Ringstraße die alte *Jarðsbaðshólar*-Kraterreihe, die "Erdbadhügel", deren Dampf in eine improvisierte Sauna geleitet wird (am hellblauen See südwärts, 15. Min zu Fuß, gratis).

Trekkingtour Mývatn-Húsavík (T 6) (s. Karte S. 399)

Äußerst reizvoll ist ein fast vergessener Weg, der durch Aschewüsten, Weideland und zu einem Solfatarengebiet führt. Etwa 18 km von Reykjahlíð auf der 87 nordwärts beginnt an der Schutzhütte die Piste, die vom *Hólassandur* zwischen *Lambafjöll* (843 m) linker Hand und *Gæsafjöll* (882 m) sowie *Þeistareykjabunga* rechter Hand verläuft und am See *Höskuldsvatn* vorbei ins Tal von Húsavík führt. Über Erfahrungsberichte und Alternativroutenvorschläge freuen wir uns!

Altes Torfgehöft

Etappe 1: Bis zur Schutzhütte trampen (oder wandern, d. h. einen Tag mehr einplanen). Der Weg führt durch Sand- und Lavawüste nach Nordosten. Etwa auf Höhe des Gæsafjöll sind einige Weideflächen angelegt, hier bietet sich eine erste Übernachtung an – es sei denn, man schafft die ca. 23 km bis Þeistareikir an der Nordseite des Bæjarfjall noch an diesem Tag, was die bessere Wahl ist. Dort findet man eine geeignete Wiese zum Campieren in herrlicher Einsamkeit an einem Sommerhaus. Kurz vor dem Haus passiert man die geologische Hauptsehenswürdigkeit der Strecke, sanft fauchende, blau-ockerfarbene Solfataren links und rechts des Jeeptracks, zwischen denen einige Schafe als weiße Einsprengsel herumhopsen.

Etappe 2: Von Þeistareikir wandert man weiter durch bemooste Lavafelder nach Norden und biegt mit dem Weg nach etwa 14 km nach Westen ab, hierbei wird eine eindrucksvolle Spalte des mittelatlantischen Rückens gequert. Nach weiteren 9 km ist der See Höskuldsvatn inmitten kahler Berghänge erreicht, wo es sich anbietet, das Zelt aufzuschlagen.

Etappe 3: Nun geht es 300 Höhenmeter munter abwärts nach Húsavík in Richtung Nordwesten (ca. 14 km), im Blick eine fantastische Fjordszenerie. Alternativ kann man auch auf die Straße 87 zusteuern (südwestlich), was den Weg abkürzt (ca. 9 km). Von dort kann man nach Húsavik oder zurück zum Mývatn trampen.

- *Übernachten* keine Unterkünfte, kein offizieller Campingplatz.
- *Wasser* am Höskuldsvatn.
- *Ausrüstung* Íslandskort Norðausturland 1:300.00, besser Serkort 1:100.000 Blatt Húsavík, Wanderschuhe, Zelt und Folie, Wassersack.

Mývatn/Húsavík – Akureyri (Ringstraße 99 km)

Eine wohltuend stille und sanfte Landschaft löst die aufgewühlte Landschaft vulkanischer Formationen ab. Die Natur treibt es nicht mehr so bunt wie bei den schillernden Solfatarenfeldern, friedliche Forellenseen und Heidelandschaften dominieren diesen Abschnitt. Übernachtungsgelegenheiten finden sich am Hof Narfastaðir (FH) (✆ 4643102) und in Laugar (dort alle Versorgungseinrichtungen sowie ein Fosshotel mit Camping).

Abstecher Aðaldalur/Torfhof Grenjaðarstaður (85)

Grenjaðarstaður: Den gut restaurierten Torfhof 16 km nördlich der Ringstraße im *Aðaldalur* ("Haupttal") erreicht man über die Schotterstraße 845. Das weiße Kirchlein daneben stammt von 1865; durch das Tor, über dem die Kirchenglocken von 1663 und 1740 hängen, betritt man den Kirchengrund. "Wer das hier liest, der möge ein Gebet für die gute Seele sprechen und einen heiligen Text singen", bittet rechter Hand die Inschrift auf einem *Runenstein* aus dem 15. Jh.

Der Hof ist mit 775 qm eines der größeren Anwesen. Die dennoch herrschende Platznot bei bis zu 30 Menschen, die hier lebten, hat clevere Erfindungen hervorgebracht. In Raum 2 steht z. B. ein zusammenschiebbares Bett. Beim Brotbacken gab man sich ebenfalls einfallsreich: Bretter mit Einritzungen wurden auf den Teig gedrückt, um es zu verzieren (Raum 7). In Raum 11 ist ein kleiner, aber äußerst wertvoller Gegenstand zu entdecken: ein Ring, aus dem Haar des Mannes geflochten, der dieses Haus baute, *Benedikt Jónsson*.

Ein Stück weiter mag man verwundert mit der drängenden Frage stehen bleiben, warum die Kinderhandschuhe zwei Daumen haben: Ist die eine Seite nass, werden sie einfach gewendet! Über der Tür zu Raum 11, der "Jungfrauenkammer", in der die Töchter des Pfarrers schliefen, hängt ein *sokkatré* ("Sockenbaum"), der die Größe der Socken auch nach dem Waschen erhalten sollte.
Öffnungszeiten Juni – August, 10–18 Uhr, ISK 300. Nette Cafeteria.

Fahrzeugmuseum Ystafell: Der junge Sverrir hat zusammen mit seinem Vater und Landesunterstützung ein Fahrzeugmuseum aufgebaut, das sich sehen lassen kann. Schmuckstücke sind ein 1922er Ford AA, ein 1940er Dodge Halfton Carry All, ein kleiner Panzer und ein 50 Jahre altes Schneemobil. Selbst ein Trabbi hat hierher gefunden. Alte Fotos runden die Ausstellung ab.
Öffnungszeiten tgl. 10–22 Uhr.

Übernachten/Camping

Staðarhóll, ✆ 4643707, freundliche Besitzer, persönliche Atmosphäre, die Chefin kocht selbst. 10 DZ zu ISK 7.900, SSU, Küche. Man spricht hier sechs Sprachen!

Reiterhof Hagi (FH), ✆ 4643526, 27 km von Húsavík, 2 gemütliche Zimmer in einem 70 Jahre alten Haus für ca. ISK 5.000, SSU 1.800, Reiten 2.000/h, Kochgelegenheit.

Hraunbær-Þinghúsið (FH), an der 845, ✆ 4643695, ℻ 4643595, 25 km von Húsavík, helle Zimmer mit Blick auf die Laxá, Kochgelegenheit, DZ ISK 7.100.

Rauðaskriða I (FH) (= roter Erdrutsch), an der Str. 85 im Aðaldalur, ✆ 4643504, ℻ 4643644, der freundliche Besitzer Jóhannes vermietet 17 hübsche Zimmer (DZ ISK 8.800–11.400) und 2 Sommerhäuser (9.500/Tag). Reiches Frühstücksbüfett gibt's im Wintergarten. Hot Pots. Reiten ca. ISK 2.500/Std., Tagestouren zum Goðafoss; Angeln möglich. Für Gäste Fahrräder kostenlos.

• *Camping* **Jónasarvöllur**, an der Straße Laugar-Húsavík, Spüle, WC, unbewirtschaftet, etwas verwildert, gratis.

Wasserfall Goðafoss

Nachdem die 280 m Höhe der Fljótsheiði überwunden sind, stößt man auf der Ringstraße auf einen der schönsten Wasserfälle Islands. Nach Süden zweigen Pisten ins fruchtbare Bárðardalur und zur gefürchteten Sprengisandur-Piste ab, die quer durchs Hochland führt.

"Wasserfall der Götter" heißt dieser berühmte Abschnitt des Skálfandafljót, der sich zweigeteilt die 12 m über die Gefällestufe stürzt. *Þorgeir*, Gode und Gesetzessprecher, entledigte sich hier im Zuge der Christianisierung im Jahre 1000 seiner Götterbilder. Þorgeir machte sich zunächst als Vermittler zwischen Gegnern und Befürwortern des neuen Glaubens einen Namen; auf der Versammlung des Alþingi hielt er eine eindringliche Rede, in der er an den Zusammenhalt aller Isländer appellierte. Das Christentum wurde angenommen, alte Göttervorstellungen und Riten verschwanden jedoch nur allmählich.

Wanderung zum Wasserfall Barnarfoss (2/3–4/6 Std.) (17): Vom Hof Fremstafell (die 4 km hierher entweder laufen oder fahren) ist man in 45–60 Min. auf einem Fahrweg zum Wasserfall gelaufen, der seinem Namen einem traurigen Ereignis zu verdanken hat: Zwei Kinder ertranken hier. Kurz vor dem Wasserfall steigt der Weg leicht an, man stößt auf einen Kasten mit einem Anglerbuch und rechts unterhalb schäumt der Wasserfall. Wollen Sie nur eine kurze Tour machen, kehren Sie nun um. Ansonsten steigen Sie direkt von hier die Bergflanke empor, bis Sie auf einen 20–50 cm breiten Trampelpfad stoßen, dem Sie dann flussabwärts folgen. Herrliche Blicke talauf- und abwärts machen diese Wanderung zu einem gelungenen Ausflug. Nach 30–40 Min. wird der Fluss breiter und es sind Lavasäulen zu sehen. Schließlich ist der Wald erreicht (Viehgatter), der Weg verbreitert sich und passiert Sommerhäuser. Im Fluss liegen dicke Felsbrocken. Der Weg ist nun nicht mehr zu verfehlen, ein Hügel ist noch zu überwinden und nach insgesamt 3–4 Std. erreicht man die Straße 85. Von hier muss man ein Stück trampen und zum Auto bzw. zum Goðafoss laufen.

• *Übernachten/Essen/Versorgung* Gästehaus **Fosshóll** (FH), direkt am Goðafoss, ✆ 4643108, 📠 4643318, ehemalige Post- und Telefonrelaisstation, hübsche DZ mit Blumentapete im knallgelben Haus bei Günter und Holmfriður ab ISK 5.650–7.400. SSU 900–2.500. Lassen Sie sich von Hausgeist Luðvik nicht verunsichern. Camping, Duschmöglichkeit. Im Restaurant werden mit Blick auf den Wasserfall leckere Gerichte serviert. Tipp des Chefs: Forellen aus dem Svartavatn, ISK 1.750, oder Lamm. Empfehlenswert! Reit- und Angelmöglichkeiten auf Anfrage.

Tankstelle/Laden (9–21 Uhr).

Souvenirshop, in dem die von 100 Frauen der Umgebung im Winter gestrickten Pullover angeboten werden.

Neugieriger Basstölpel

▸ **Zwischen Goðafoss und Akureyri**: Da jeder noch so kleine Wald auf Island eine Rarität ist, mag der Ausflug in ein liebliches waldbestandenes Tal seine Reize haben. Die *Straße 836* führt ein Stück hinter dem See *Ljósavatn* von der Ringstraße nach Steigungen von 10–12 % südwärts zum ausgedehnten *Vaglaskógur*, dem zweitgrößten Birkenwald Islands, der schon 1908 unter Naturschutz gestellt wurde. Außer einfachen Zeltplätzen sind wenig Einrichtungen geboten. In der Eiszeit wurde das lange, dünn besiedelte Flusstal der Fnjóská von einem aufgestauten See bedeckt. Die Ringstraße erklimmt nun die *Vaðlaheiði* und schwingt in einem langen Bogen mit faszinierendem Blick in den *Eyjafjörður* hinab. Ca. 13 km vor Akureyri wurde rechter Hand eine kleine Galerie, in der lokale Künstler ausstellen, eröffnet (Safnasafnið, tgl. 10–18 Uhr). 6 km vor Akureyri Picknickbank mit herrlichem Fjordblick.

Alternative: Wir empfehlen, der Fnjóska auf der 835 zu folgen und das Torfgehöft Laufás aufzusuchen.

• *Übernachten* **Eddahotel Stórutjarnir**, 44 gut ausgestattete DZ am Ljósavatn, SSU, Schwimmbad. Das Restaurant genügt hohen Ansprüchen.

Hof Sveinbjarnar Gerði (FH), im Eyjafjörður, ✆ 4624500, überteuerte DZ zu ISK 10.800 mit Frühstück, gehobener Landhausstil, Fjordblick, Wanderweg zur Vaðlaheiði (hin 3 Std.).

• *Camping* **Sigríðarstaðir**, 5 km von der Ringstr. hinter dem Ljósavatn auf ebener Wiese.

Abstecher Torfhof Laufas und Grenivík (835/83)

Grenivík ist ein ruhiger, friedlicher Fjordort (288 Einw.). Kaum jemand verirrt sich hierher, es ist ein bisschen wie am Ende der Welt. Diese Region mit langen, von Forellenflüssen durchzogenen Tälern heißt *Firðir*. Hinter Hjalti begegnet man nur noch aufgegebenen Gehöften (13 an der Zahl!).

• *Versorgung* Bank, Post, Schwimmbad, Tankstelle/Supermarkt, Werkstatt

• *Reiten/Camping* **Hof Grýtubakki II**, einige km südlich von Grenivík, ✆ 4633179, 📠 4633144, bei Julianen (deutschsprachig), verschiedene Reittouren mit dem Anbieter "Pólarhestar", von Lesern empfohlen, z. B. zum Mývatn mit freilaufender Herde. 1 Woche ca. 1.500 EUR. 1 Std. ISK 2.000. **Camping** mögl.

• *Übernachten/Café* Café und Gästehaus **Miðgarðar**, ✆ 4633223, nettes Häuschen von 1914, bei Margrét Jóhannsdóttir, nahe der Küste mit persönlicher Atmosphäre, 5 DZ für ISK 4.800.

Schulhaus, am Ortseingang SSU. Am Sonntag nachmittag in der Schule Kaffeetafel.

Wander-/Trekkingvorschlag (T 7)

Der *Kaldbakur* (1.167 m) kann vom nahen Hof Finnustaðir bestiegen werden (vom Bauern den Aufstieg zeigen lassen). 3–5 Std. Die Tour ist nur erfahrenen Bergsteigern zu empfehlen. Der Weg ist unmarkiert. Wir freuen uns über Erfahrungsberichte.

Über die ganze Halbinsel kann mit entsprechendem Kartenmaterial in einer Woche von Björg (dem letzten Gehöft an der Straße 851 Skjálfandi nach Húsavík) nach Grenivík marschiert werden, der Weg ist teilweise markiert (unbedingt vorher Info beim ferðafélag akureyrar einholen). Wir freuen uns über Streckenbeschreibungen.

Postbote im Eyjafjörður

Seit vielen Jahren steigt Haukur aus Grenivík jeden Morgen in den Kleinbus, um sich auf den Weg nach Akureyri zu machen. Alles, was in die Stadt soll, nimmt er mit; vor allem natürlich die Post, aber auch Säcke mit Kartoffeln, die in die Regale der Lebensmittelgeschäfte in Akureyri wandern sollen, oder von den Fjordbewohnern an den Straßenrand gestellte Gegenstände, die repariert werden müssen – manchmal landwirtschaftliche Geräte, manchmal der gute, alte Ohrensessel. Zwischen der idyllischen Bergwelt und dem blauen Fjord mit den Kartoffelfeldern am Ufer fährt Haukur die 40 km hinunter nach Akureyri, wo er mittags ankommt. Nach einer kurzen Kaffeepause wird der Bus mit neuen Sachen vollgepackt – mit den nach Gehöften geordneten und auf die Taschen einer groben Bahn Tuch verteilten Briefen für die Bewohner des Eyjafjörður, mehreren Ausgaben der Tageszeitung, Lebensmitteln für den kleinen Supermarkt in Grenivík, von Fjordbewohnern in der Stadt bestellten Waren usw. Weil es keine Linienbusverbindung zwischen Akureyri und Grenivík gibt, nimmt Haukur von Zeit zu Zeit auch Fahrgäste mit. Dann geht es den Fjord wieder hinauf. Auf dem Beifahrersitz liegt die zu einer Rolle gedrehte Tuchbahn mit den Briefen, die nun Hof für Hof abgerollt wird. An jedem Gehöft wird der Bus mit beeindruckender Präzision so vor dem am Straßenrand aufgestellten Briefkasten angehalten, dass durch das Fenster in der Fahrertür hindurch die Post und ggf. eine Zeitung hineingesteckt werden können und das Fahrzeug auch bei der Wendung zurück auf die Straße nicht in den Graben fällt. In 20 Jahren lernt man diese Millimeterarbeit.

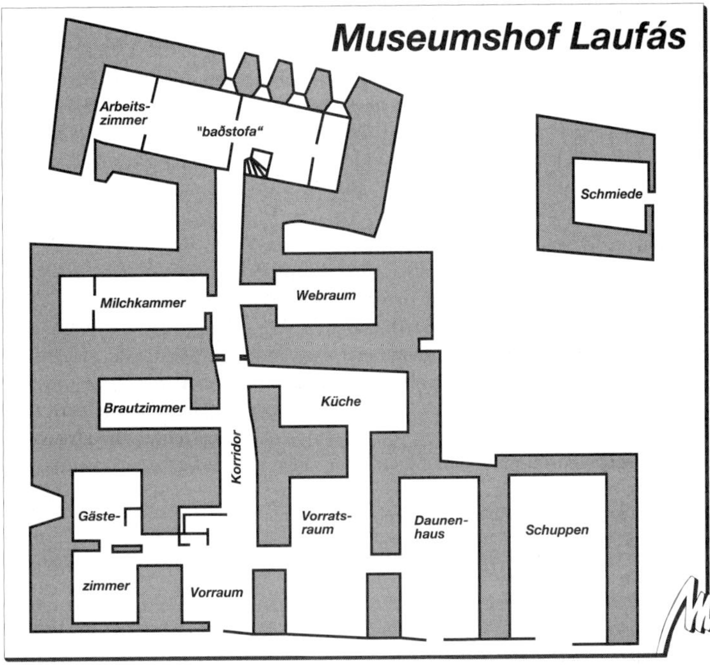

Mývatn und der Nordosten
Karte S. 399

Torfhof Laufás ("loiwaus"): Zwischen der 751 m hoch aufragenden, grünbewachsenen Bergwand und dem Eyjafjörður liegt in ausgesprochen attraktiver Umgebung an der Straße nach/von Grenivík der bis 1936 bewohnte Pfarrhof Laufás (erbaut zwischen 1840 und 1870), einer der schönsten Bauernhöfe des Landes. Die weiß verschalte und fein herausgeputzte Vorderfront entstand 1870–80; Neuerdings ist im alten Pfarrhaus ein kleines Café eingerichtet, in dem die Pastorenfrau Inga mit ihrer Schwester Dúa Kaffee und isländisches Gebäck serviert. Im Sommer ging es früher zu wie in einem Taubenschlag: Saisonarbeiter samt Familien ließen die Zahl der Hofbewohner auf 20–30 Menschen ansteigen. Neben Fischfang wurde auch Eiderentenzucht betrieben, woran die auf dem Dach des Vorratshauses sitzende Eiderente erinnert. Wie es damals in Laufás aussah, wird an drei Tagen im Jahr von Leuten aus der Gegend mit Kostümen nachgespielt. Ein interessanter Raum ist das Brautzimmer – hier wechselten vor langer Zeit die Bräute, die sich in der Kirche von Laufás trauen lassen wollten, nach der Anreise zu Pferd die Kleidung. Ausgestellt ist ein Brautkleid von 1880, dessen Trägerin noch vor ihrer Hochzeit verstarb.

Öffnungszeiten/Café 15.5.–15.9. tgl. 10–18 Uhr, ISK 400. Mit vielen Postkarten und alten Zeitungsausschnitten ist auch das Café ein kleines Museum. Lecker sind Fischbrötchen und Waffeln. Wollwaren.

Alternative: Die Treibholzküste (Straße 85)

Die Strecke von Egilsstaðir über Vopnafjörður entlang der Küste ist von nordischer Schönheit. Highlights sind der historische Torfhof Bustarfell und die verlassene Halbinsel Langanes. Touristische Einrichtungen sind spärlich gesät. Arktisch karg, nur reich an Vögeln und Steinen ist der nördlichste Abschnitt: die Ebene Melrakkaslétta. Bis dorthin passiert man einige mehr oder weniger stille Fischerorte.

Wanderungen und Trekkingtouren auf der schnabelförmigen Halbinsel Langanes sind ein Genuss – oder aber eine stürmische Erfahrung. "Die bewohnte Gegend auf Langanes wie auf der Melrakkaslétta ist so isoliert, dass selten Leute aus anderen Gegenden dorthin ziehen, Arbeitsleute fast gar nicht; daher sind die Bewohner alle eng miteinander verwandt", bemerkte Paul Herrmann treffend 1913. Die Suche nach absoluter Abgeschiedenheit wird im Nordosten bedingungslos erfüllt, auf die "Slétta" kam die erste Kirche sogar erst 1857. Von Sibirien treiben Unmengen von Treibholzstämmen heran, die zusammen mit angeschwemmten Bojen, Algen und Seilen auf kiesigem Grund fotogene Strandensembles bilden.

Verbindungen **SBA Norðurleið** bedient die Strecke Akureyri – Húsavík – Ásbyrgi (Tankstelle) – Kópasker (Post) – Raufarhöfn (Post) – Þórshöfn (Post; bis hierher ISK 4.300). ✆ 4642200, 462442. www.sba.is. Þórshöfn wird zudem täglich von Akureyri aus angeflogen. ✆ 4681420/8945491.

Streckeninfo/Tipps für Radler: Wen die Einsamkeit nicht abschreckt, der kann von Egilsstaðir den Nordosten auf der *Straße 917* mit dem steilen Pass *Hellisheiði* (fantastischer Ausblick!) erkunden; 15 km vor Vopnafjörður überquert man einen kleinen Fluss (unbeschriftetes Sehenswürdigkeitenschild), der etwas unterhalb der Straße als Wasserfall weiterläuft – dort brüten Möwen und Eissturmvögel (Lesertipp). Die zweite Möglichkeit: Man kann weitläufig über die neue, teilweise asphaltierte Ringstraße ausholen. Man folgt dann 53 km der Straße 85 nach Vopnafjörður (Nothütte nach 9 km). Außer den Felsen gibt es zunächst nur ein Objekt: die Straße. Sie führt ins *Langidalur*, vorbei am Hyaloklastitberg *Þjóðfell* (1.035 m). Wollgras und Seen überziehen die melancholische, graue Landschaft. Das tiefe Flusstal rückt schließlich näher, zunächst findet der Weg noch keinen Eingang ins Tal und der Radler muss sich bis zur ersehnten Abfahrt noch ein wenig in Geduld üben. Immerhin mehren sich die grünen Abschnitte, die steinigen Schotter werden weniger. Nach zwei Seen verabschiedet sich das Hochland mit rasanten 10 % Gefälle und entlässt einen in den Küstenbereich bei Vopnafjörður. Auf der weiteren Strecke ist mit Nebel zu rechnen. Ca. 14 km nach Bakkafjörður 12 % Steigung, ebenso ca. 12 km vor Þórshöfn am Gunnolfsvíkurfjall. Nach Raufarhöfn ebenfalls 2 steile Anstiege (ca. 26 km und kurz vor dem Ort).

Torfgehöft Bustarfell ("büstafedl")

Das leuchtend rot verschalte, sechsgiebelige Torfgehöft Bustarfell liegt 20 km vor Vopnafjörður und unterhalb des gleichnamigen Berges – das prächtigste des Landes. Von 1532 an war der Hof durchgehend im Besitz der gleichen, wohlhabenden Familie. Die hier lebenden Bauern übten auch das Amt des Bezirksvorstehers aus und konnten es sich leisten, ein mit 27 Räumen außerordentlich großes Gehöft zu führen. Der letzte Bauer *Methúsalem Methúsalemsson* (1889–1969) verkaufte die mit Grassodendach gedeckten Häuser 1943 dem Staat, bewohnt blieb der Hof aber noch bis 1966. Die ältesten Gebäude, wie die Küche, stammen aus dem Jahr 1770, als das Gehöft nach einem Brand neu aufgebaut werden musste. Im Museum wird deutlich, wie sich das Leben im Torfgehöft mit der Zeit veränderte, wie die Bewohner neue Gegenstände und Errungenschaften in die alten Gebäude integrierten. 1943 wurde eine Wasserleitung gelegt und ein neuer Herd angeschafft, 1944 eine Zentralheizung gebaut. Zwei Stuben sind im Stil der 1960er eingerichtet.

Öffnungszeiten Bustarfell (manchmal: "Burstafell" oder "Bustafell"), tgl. 10–18 Uhr, ISK 400.

Der Elfenschal

Vor langer Zeit erschien der in Bustarfell wohnenden Frau des Bezirksvorstehers im Traum ein Mann, der sie bat, ihn zu begleiten und sie zu einem Stein auf dem Farmgelände führte. Nachdem er dreimal im Uhrzeigersinn um den Stein herumgegangen war, verwandelte sich dieser in ein Haus. Sie gingen hinein, wo eine schwangere Elfenfrau mit großen Schmerzen auf dem Boden lag und meinte, sie müsse sterben, wenn ihr nicht ein menschliches Wesen zu Hilfe käme. Die Frau des Bezirksvorstehers half also bei der Geburt und als Dank gab ihr die Elfenfrau zum Abschied einen goldbestickten Schal. Als der Mann sie wieder nach draußen begleitet hatte, ging er dreimal gegen den Uhrzeigersinn um das Haus herum, das sich sofort wieder in einen Stein verwandelte... Der wertvolle Schal lag lange Zeit auf dem Altar der nächstgelegenen Kirche und ist heute im Nationalmuseum ausgestellt.

Vopnafjörður (577 Einw.)

Dem Landnahmebuch zufolge ließ sich um 900 in der von Bergen eingerahmten Bucht ein gewisser Eyvindr Vopni aus Trondheim nieder. Ende des 19. Jh. verließen Isländer in Scharen Vopnafjörður in Richtung Amerika.

Die Inseln vor der Küste dienten in vergangenen Jahrhunderten als willkommene Anlegestellen, heute sind drei Trawler für die Fischindustrie im Einsatz. Die kahlen "Butterberge" *Smjörfjöll* (1.251 m) gegenüber erhielten ihren Namen wohl wegen der Schneefelder oder der schimmernden Liparitdurchbrüche. Zudem soll Islands einziger Drache hier leben. Die Täler *Hofsár-, Vesturár-, Selárdalur* gelten als Lachsfangparadiese, in denen nur Angler der Upper Class sich die horrenden Lizenzen leisten können. Wanderwege in der Umgebung sollen markiert werden, auch ein Museum ist geplant.

Geschichte: Seit 1400 ist der Ort als Handelsplatz mit gutem Naturhafen bekannt. Mit der Eröffnung des Ladens im Jahr 1787 kamen Leute bis aus der Gegend von Egilsstaðir hierher zum Handeln. Während des dänischen Handelsmonopols war noch kein Dorf vorzufinden, erst Mitte des letzten Jahrhunderts siedelten sich hier Menschen an. Ein Versorgungsschiff legte nur im Frühjahr und im Herbst an.

1872 verließen mehr Menschen Vopnafjörður, als dort wohnten: Auswanderer aus ganz Island, die sich von hier aufmachten, im Land der Träume, Kanada, eine neue Heimat aufzubauen. Aus anderen Orten kamen Leute nach, die verlassenes Land aufkauften, oft segelten auch sie nach einigen Jahren Richtung Amerika. Zum Ende der Emigrationswelle 1914 residierten im Ort noch 700 Einwohner; die Zeit der Auswanderung blieb den Alten wie ein langer Aufenthalt auf einem zentralen Bahnhof im Gedächtnis. Durch den Austausch mit Menschen aus verschiedenen Gegenden hat sich die hiesige Bevölkerung den Ruf besonderer Aufgeschlossenheit erworben.

Sehenswert im Ort ist ein Gemälde von *Kjarval* in der renovierten Kirche. Hinzu kommt ein Gedenkstein für den Schriftsteller *Gunnar Gunnarsson* (1889–1975), der auf der Farm *Ljótsstaðir* südlich der Ortschaft aufwuchs.

Information/Versorgung/Feste

• *Information* mitten im Ort, ✆ 4731567, Öffnungszeiten variieren stark, Kaffee. Umzug in ein 120 Jahre altes Handelshaus geplant. Informationen über Wanderungen sind erhältlich.

• *Versorgung* Apotheke, Bank (Mo–Fr 12.30–16), Tankstelle (8–23 Uhr), 2 Supermärkte (tgl. geöffnet), Post in der Kolbeinsgata 8, Näherei/Reinigung, Werkstatt.

• *Schwimmbad* An einer der wenigen geothermalen Quellen in Ostisland, 12 km entfernt im Selárdalur, bereits in alten Sagas erwähnt. Südlich des Flusses Selá links abbiegen, 2 Hot Pots, 10–22 Uhr für ISK 150, man kann aber auch zu anderen Zeiten im 33° warmen Becken baden (abends die Kerzen nicht vergessen... Wer dazu neigt, Geister zu sehen, wird sich hier nicht alleine fühlen).

• *Fest* Ende Juli findet das "**Vopnaskak**" ("Waffenrasseln") statt – Tanzabende, Gedichtlesungen u. v. m.

Übernachten in Vopnafjörður und Umgebung

Hótel Tangi, Hafnarbyggð 17, ✆ 4731224, ℻ 4731146, DZ ISK 4.200, SSU mögl. Helle Zimmer mit Tisch, Schrank und Radiowecker. Das Hotel wurde von der Fischfirma Tangi für ihre Arbeiter gebaut, die Zimmer sind deshalb relativ klein. Restaurant.

Skjól/Hof Vatnsgerði, vor dem Ort 600 m hangaufwärts, ✆ 4731224℻, bietet Betten in etwas überfrachteten Zimmern ab ISK 2.500. Aufenthaltsraum in einem ausrangierten Container. Küche, herrlicher Fjordblick.

Syðri-Vík (FH), südl. von Vopnafjörður, ✆ 4731199/4731449, vermietet zwei äußerst schön gelegene Gästehäuser; SSU 1.500. Angeln und Reiten (1.400 ISK/Std.) mögl. Zimmer im alten Schafsstall.

• *Camping* in **Vopnafjörður** oberhalb der Schule, warmes Wasser und WC, außerdem bei **Skjól**.

Bakkafjörður und Kirche

Nach einer für Radler zähen Fahrt ohne viele Reize über das hügelige Gelände der seenreichen *Sandvíkurheiði* (Passhöhe nach 20 km, 275 m), der Strecke schlechthin für einsame Nordlichter, gelangt man zu dem äußerst verschlafenen, aber malerischen Ort Bakkafjörður. Das meint: wenige Kutter, eine Fischfabrik auf 66° Nord, keine touristischen Angebote. Wer Zeit hat, kann einen netten Strandspaziergang machen. An der Hauptstraße steht die sehenswerte und hübsche *Skeggjastaðakirkja*, die hundert Menschen Platz bietet. Sie wurde 1845 unter Mühen und vertrackten Bedingungen errichtet und ist die älteste Kirche in (Nord-) Ostisland. Der Pfarrer konnte seinerzeit weder Bischof noch Gemeinde dafür gewinnen, die Kosten für einen Kirchenbau aufzuwenden; der Probst von Vopnafjörður beteiligte sich schließlich mit Treibholz.

• *Camping* inoffiziell an der Schule.

• *Versorgung* Laden Mo–Fr 13–18 Uhr.

Skeggjastaðir

Þórshöfn ("thórshöpn", 379 Einw.)

Kleines Fjordnest mit bunten Dächern und einem relativ geschäftigen Hafen. Wir empfehlen einen Spaziergang durch den Ort.

Nach Überquerung der sumpfig-hügeligen, einsamen *Brekknaheiði* (160 m) kommt man hier an. Lebensnerv ist auch hier der Fischfang. Erst 1885 entstanden Häuser um den Hafen am *Þistilfjörður*, dessen hügeliges Hinterland von etlichen fischreichen Flüssen durchzogen ist. Der Fjord verdankt seinen Namen dem Landnahmemann *Ketill* mit dem Beinamen die Distel "Þistill". Viel von der Gegenwart gibt es nicht zu vermelden. Neuerdings setzen die erfolgreichen Þórshöfner auf Muschelverarbeitung. Was man hier machen soll? Einen Ausflug nach Langanes unternehmen! Auf dem Weg dorthin kann man einen Stopp bei der Kirche Sauðanes einlegen, einem ehemals reichen Pfarrhof, der als Museum wiedereröffnet werden soll.

• *Information* im Schwimmbad, 8–21, Sa/So 11–16 Uhr.

• *Versorgung* Apotheke, Bank, Post (Mo–Fr 9–12 und 13–16.30 Uhr), Supermarkt (Mo–Fr 9.30–18, Sa 11–13 Uhr), Tankstelle (Mo–Fr 8–22.30, Sa/So 9–22), Werkstatt (✆ 4681550).

• *Schwimmbad* neue Schwimmhalle am Eyrarvegur, Dampfbad, Cafeteria.

• *Fest* Familienfest Mitte Juli.

• *Übernachten im Ort/in der Umgebung*
Fell, 17 km vor dem Ort, ✆ 4731696. Sommerhaus.

Lyngholt, ✆ 8975064, neu renoviertes Haus im Ort, DZ 4.500, SSU 1.500. Küche. Waschmaschine.

Hótel Jórvík, ✆ 4681149, 📠 4681399, adrette Zimmer in einem skurril eingerichteten Privathaus bei der rüstigen Guðbjörg, die leidenschaftlich gerne kocht und backt. Frühstücksraum mit Blick aufs Meer. DZ ISK 5.000.

Ytra-Lón, s. u.

Svalbarð, ✆ 4681140, 39 km vor Raufarhöfn, hübscher Blick auf die Klippen, 24 Betten in der gut ausgestatteten Schule, ab ISK 1.500.

Hof **Ytra-Áland** (FH), ✆ 4681290/4681390, ganzjährig geöffnet, 20 km nordwärts von Þórshöfn, sehr schön am Wasser gelegen, neues Haus mit Frühstücksraum im Wintergarten, DZ ISK 5.600 mit Frühstück, auch SSU für 1.800, Sommerhaus, Pferdeverleih.

• *Camping* oberhalb der Kirche von Þórshöfn, kostenlos, ebene Wiese, WC.

• *Essen* **Hafnarbar-Inn**, So–Do 11–23 und Fr/Sa 11–2 Uhr, schummerige Kaschemme, Fischgerichte und Kuchen, Billardsalon. An der **Tankstelle** die üblichen Grillsnacks und Fastfood.

• *Reiten:* **Ytra Áland**, ✆ 4681252, 14 km südl. des Orts (landeinwärts), bei der stets gut gelaunten Binna, 1- bis 2-Tagestrips, landschaftlich sehr schön (Wasserfall, Heide, Canyon).

Trekking auf der Halbinsel Langanes (T 8) (s. Karte S. 433)

Wie ein Vogelschnabel streckt sich Langanes weit ins Meer hinaus. Bergig ist die vereinsamte Halbinsel vor allem im Südosten. In den Klippen der langen Nase nisten viele Vogelarten, insbesondere Basstölpel. Für die Menschen gab es keine Gründe zu bleiben. Wer den Weg hinaus auf die Halbinsel auf sich nimmt, hat mit Meer und Wind die einzigen Begleiter, man wird mehrere verlassene Gehöfte und den wüstgefallenen Ort *Skálar* passieren. *Skoruvíkurbjarg* stellt einen Klassiker unter den Vogelfelsen mit Seeschwalben und anderem Gefieder dar. Langanes taugt für ausgiebige Wanderungen in einer der einsamsten Gegenden der Insel. Subpolare Vegetation, Feuchtareale und die wüstgefallenen Höfe bilden die Zutaten einer mehrtägigen Wanderexkursion auf dieser Landzunge. Letzte Versorgungsgelegenheit ist das winzige Þórshöfn. Der alte Fahrweg soll bis Skóruvík verbessert werden.

Etappe 1 Heiðarfjall-Skálar (33 km): Ausgangspunkt ist die Farm und Jugendherberge *Ytra-Lón*, 15 km nordöstlich von Þórshöfn. Auf der Piste 869 wandert man nordostwärts und umrundet den 236 m hohen *Heiðarfjall* (bis

In diesem Fass wurde Fischleber gekocht

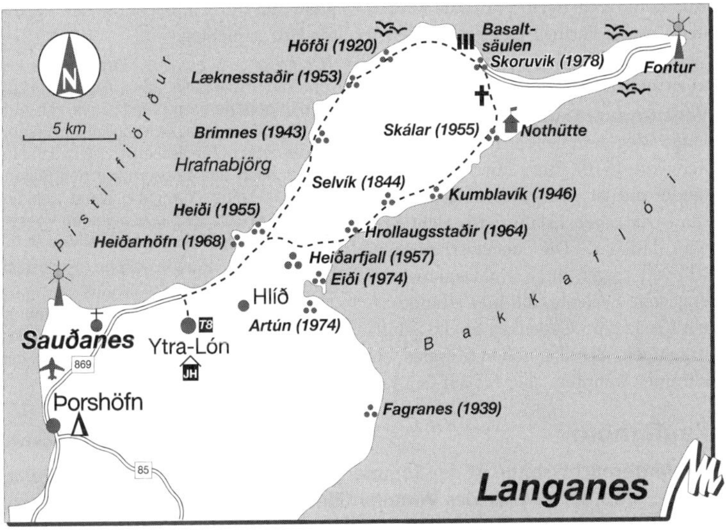

hierher kann man sich vom Farmer in Ytra-Lón auch bringen lassen). Man folgt nun der Küste seewärts. Auf und ab über die Klippen durch teilweise feuchtstellenreiches Gebiet. Nach ca. 6 Std. hat man vom Heiðarfjall aus den Ort Skálar erreicht. *Skálar* war noch in den zwanziger Jahren des 20. Jh. ein Fischerdorf mit über einhundert Einwohnern (auf der Tourenkarte als Nothütte verzeichnet), der Friedhof ist noch erkennbar. Zu sehen sind einige Grundmauern, ein Landesteg und zwei Holzfässer, in denen früher Fischlebern gekocht wurden. Es bietet sich an, hier sein Zelt aufzuschlagen, die Schutzhütte darf nur im Notfall genutzt werden.

Etappe 2 Skálar-Læknesstaðir (ca. 17 km): Die Tour beginnt mit der Überquerung der Halbinsel, genau Richtung Norden auf dem alten Fahrweg (Abzweigungen missachten). Die Telegraphenmasten sowie ein kleines Kreuz in der Mitte des Weges bieten gute Orientierung auf dem 4 km langen Stück bis zur alten Farm Skóruvík. Das hübsch an der Küste gelegene Haus, das bis 1978 bewohnt wurde, hat in den letzten Jahren sehr gelitten, ist aber begehbar (Gästebuch). Nebenan sind die Reste von alten Torf-Schafställen zu sehen. Einer der Millionen von Steinen auf dem Berg zwischen dem Haus und Skálar soll der ehemalige Grenzstein sein, der früher den Einflussbereich der Bistümer Skálholt und Hólar festgelegt hat. Es folgt der Vogelfelsen *Skoruvíkurbjarg* mit dem abstehenden Felsen Karl (gegenüber der weißen Vogeleiersammlerhütte). Das Gebiet mit saftigen Wiesen wird verlassen, die Nordseite von Langanes ist eher karg mit Unmengen von Frostsprengungsschutt und schütterer Moosvegetation. Die Wiese an der Farm Læknesstaðir ist für eine Übernachtung gut geeignet.

Etappe 3 Læknesstaðir-Ytra-Lón (21 km): Die nächste Wüstung auf dem Weg entlang der Küste, an der der eine oder andere Treibholzstamm aufgeworfen wurde, ist der windschiefe, winzige Hof Brimnes, dessen Grasdach tapfer der Unbill des Wetters standhält.

Auf dem Weg nach Ytra-Lón werden noch einige Farmen passiert, an denen sich jeweils ein kleiner Stopp zum Herumstreunen anbietet.

Variante zum Leuchtturm Fontur: Der lange Weg zum Leuchtturm (ursprünglich von 1910) führt über karges Gelände und ist nicht unbedingt anzuraten – für einen Erfahrungsbericht sind wir dankbar! Die nebelverhangenen Klippen tragen auch ein Denkmal für englische Seeleute, die hier strandeten: ein Kreuz zum Gedenken an die Schiffbrüchigen, die die hohen Klippen erklimmen konnten, aber bis auf den Kapitän alle starben, bevor sie den nächsten Hof erreichten.

• *Übernachten/Camping* **Ytra-Lón**, 13 km vom Ort. ✆ 4681242. ISK 1.700/1.500. Hübsche Jugendherberge für 12 Pers. mit Aufenthaltsraum/Küche, Zeltmöglichkeit. Fragen Sie die nette holländische Besitzerin namens Mirjam nach den Büchern mit den Bildern aus alten Zeiten. **Camping** bietet sich unterwegs wegen der gut geeigneten Wiesen vor allem an den verlassenen Farmen an.

• *Ausrüstung* Wanderschuhe, Regenkleidung, evtl. Kompass (für Nebel).

• *Wasser* An den verlassenen Farmen ist meist ein Bachlauf zu finden, zwischen den Farmen sind es oft ein paar Kilometer bis zur nächsten Nachfüllgelegenheit.

Raufarhöfn

("roiwarhöpn", 294 Einw.)

Die Mitternachtssonne ist das Sommergeschenk des Polarkreises, die Polarlichter sind der Zauber des Winters. "Eine einsame Schneeflocke entfernt vom Polarkreis" empfängt den Reisenden ein schläfrig-freundlicher Fischerort, der nicht zu hektischen Sightseeing geeignet ist.

1819 wurde dem Ort, dessen Name sich von der Engstelle zwischen Höfði und der vorgelagerten Eiderenteninsel ableitet, das Handelsrecht zugesprochen. In den Fünfzigern war hier ein quirliger Ort, als die "Hering-Mädchen" noch in Scharen in die Ortschaft kamen, um Fisch einzusalzen. Die Fischfässer stapelten sich am Hafen bis in die späten sechziger Jahre, als plötzlich der Hering ausblieb und die Goldgräberstimmung schlagartig beendet war. In den letzten Jahren wurden auch noch die Fischquoten verkauft, was wirtschaftlich das Ende des Ortes bedeutet. An der Pier vor der flachen Insel, der ein Leuchtturm einen bunten Farbklecks verpasst, dümpeln nur noch ein paar kleine Kutter. Raufarhöfn gehört nun den Vögeln. 70 verschiedene Arten wurden schon an einem Tag gesehen.

Mit dem Kajak lässt es sich in der Umgebung durch einsame Lagunen gleiten, über sich eine reiche Vogelwelt, hin und wieder an einem verlassenen Hof vorbei. Es ist ein faszinierendes Erlebnis, in einer steinblockertrinkenden Grundmoränenlandschaft Richtung Polarkreis zu paddeln. Empfehlenswert sind auch Erkundungen entlang der alten Reitpfade, die durch Steintürme (isl. *varða*) markiert sind. Diese stehen manchmal nah am Meer, da sie früher im Winter die Küstenlinie anzeigen sollten. Stoppen Sie in jedem Fall in Hraunhafnartangi oder in Rif und streunen Sie ein wenig umher.

• *Information* im Hotel Norðurljós.

• *Versorgung* Bank (Mo–Fr 12–16 Uhr), Post, Tankstelle (Tanken nur noch per Kreditkarte; Hot Dogs, Sandwichs, Cafeteria tgl. 13–22 Uhr). Supermarkt (einige Meter hinter dem Ortseingang auf der linken Seite in einem Haus mit grünem Dach, das Preisniveau liegt etwas über dem Durchschnitt, Mo–Fr 10–18, Sa 13–17 Uhr), Werkstatt.

• *Kajakverleih* im Hotel, der Besitzer Erlingur kümmert sich rührend um die Wünsche seiner Gäste und bringt einen zu den schönsten Lagunen. Für Anfänger: Hafentour.

• *Schwimmbad* Skólabraut.

• Übernachten/Essen **Hótel Norðurljós**, ("Nordlicht") Aðalbraut, ✆ 4651233, für Nordlichter ein idealer Punkt, um die Mitternachtssonne zu erleben (mit Polarkreis-Urkunde). Renoviertes Hotel, DZ ISK 8.000, SSU 1.500. Der Speisesaal mutet an wie ein Saal auf einem Schiffsdeck. Preiswertes und islandtypisches Abendessen, Forelle ISK 1.400. Herrlicher Blick aus der Bar und von der Terrasse über den Hafen. Alte Fotos an den Wänden. Hoffentlich nicht zu bald Besitzerwechsel

• Camping windgeschützt am südlichen Ortsende, WC, gratis.

Geschichten an der Nordspitze: Hraunhafnartangi

Der nördlichste Punkt der Insel reicht knapp 2 km an den Polarkreis heran. Auf einem treibholzbeladenen grauen Kiesdamm kann man zum Leuchtturm gelangen. Die auffällige Aufschichtung von Felsstücken soll der Grabhügel des Sagahelden *Þorgeir Harvarsson* sein, der erst zur Strecke gebracht werden konnte, nachdem er 14 Angreifer getötet hatte. Nach alter Sitte sollte jeder Vorübergehende drei Steine auf den Hügel werfen. Ein weiterer, schwer zu findender Hügel, die grasbewachsene *Jungfrauenhöhe*, liegt zwischen der Landspitze und dem See *Hraunhafnarvatn* südlich der Straße 85. Dort sollen die letzten Überlebenden einer Seuche dafür gesorgt haben, dass die Gegend nicht ausstarb...

Die Melrakkaslétta: Die Ebene der Polarfüchse, ein klingender Name. Kreischendes Vogelgeschwirre bringt im Sommer Leben auf die Ebene. Ansonsten herrscht stille Einsamkeit. Im Osten zeigt sich das Gelände eher sumpfig mit unzähligen Seen, Mooren und Buckelwiesen. Die Straße verläuft häufig nahe fotogener Kies- und Sandstrände mit viel Treibholz und allerlei Resten der christlichen Seefahrt. Geröllfelder, gletschergeschrammte Flächen und frostzersprengte Steine verteilen sich zwischen den unter Sonnenstrahlen matt aufblinkenden Binnenseen. Die angetriebenen Schollen aus dem Eismeer waren "Transportmittel" für Polarfüchse und beförderten zudem islandfremdes Gestein hierher. Die Slétta suchten schon immer wenig Fremde auf. Kaum ein Reisender machte sich die Mühe, hierher zu kommen, auch die ersten Geologen und Geografen, die Island erkundeten, ließen die Gegend links liegen.

Streckeninfo/Tipps für Radler: Die Landschaft ist eigenartig – viele kahle Flächen, einige Lagunen, ein paar Eiderentenzüchter, kaum Trinkwasser und im Sommer Unmengen von Vögel auf der Straße. Manche davon sind aggressiv. Im westlichen Streckenabschnitt wechseln bräunliche Vulkanreihen mit ländlich-idyllischen Szenerien.

▸ **Abstecher zur Vulkanruine Rauðinúpur**: Am westlichen Zipfel der Halbinsel zweigt von der 85 eine Piste zum Hof Núpskatla und zur Vulkanruine *Rauðinúpur* ab (etwa 8 km). Bei gutem Wetter ist es möglich, von der Klippe, die schwarz (Fels), weiß (Guano) und rot (Auswurfmaterialien) streifenförmig aufgebaut ist, bis Grímsey zu blicken. Weiße Blitze jagen vor den bis 70 m hohen Felswänden auf und nieder. Das Meer spült unterdessen unnachgiebig weiterhin Stück für Stück von Rauðinúpur weg. Abgespalten von den Felsklippen ist die allein stehende Steinsäule "Karl", nach dem bekannten Dichter auch *Jón Trausti* (alias *Guðmundur Magnússon)* benannt.

Warten auf die Elfen

Jón (1873–1918), Sohn armer Bauern, verlor seinen Vater mit fünf Jahren. Seine Mutter musste ihn daraufhin zu einem Bauern weggeben. Mit zehn kam er zu seiner Mutter zurück, die inzwischen wieder geheiratet hatte, und zog nach Núpskatla, dem Hof bei den faszinierenden Felsen. Dort lebte er bis zur Konfirmation und aus dieser Zeit stammen seine schönsten Kindheitserinnerungen. Immer wieder bestieg er den Rauðinúpur gegenüber des Hofes, lauschte der gewaltigen Brandung und wartete auf Elfen und "huldufolk": "Ich war ein häufiger Gast in den Felsen der Elfen. Steile, grasige Hänge zogen sich bis an die Felshänge hinab und darunter wogte der blaugrüne Abgrund. Dort lag ich an einer windgeschützten Stelle und wartete, dass die Elfen erscheinen, beschwor sie, sich nur zu zeigen und mir die Felsen aufzuschließen. Oft schlief ich ein. Aber nie, weder im Wachen noch im Schlaf erschienen sie mir, noch hörte ich sie je mit den Töpfen klappern..."
Im Alter von 20 Jahren begann Jón Trausti eine Buchdruckerlehre, 1896 zog er nach Kopenhagen, kehrte aber schon nach zwei Jahren wieder zurück nach Island. Er arbeitete nun vorwiegend in Reykjavík, sei es als Buchdrucker oder am Theater. 1906–12 schrieb Jón zahlreiche Romane, Kurzgeschichten und Gedichte. Er wird heute zu den größten Dichtern des isländischen Realismus gerechnet. Die bekanntesten Werke sind "Heiðarhlíð" (Der Heidehof) und die "Skaftáfeuer", die den Ausbruch der Laki-Vulkanspalte in Südisland Ende des 18. Jh. zum Thema haben.

Kópasker **(139 Einw.)**

Der nordisch-kühle "Seehundbabyfelsen", übersetzt Ort des Garnelenfangs und der Schafzucht, kam zuletzt in die Schlagzeilen bei dem schweren Erdbeben am 13. Januar 1976, dessen unheilvolles Zentrum nur 12 km von hier entfernt lag. Wer hier einen Stopp einlegt, sollte zum Hafen fahren, in dem ein paar Fischkutter und vielleicht ein Trawler schaukeln, und den Anblick der friedlichen Häuseransammlung vor der Kulisse des bräunlichen Bergrückens genießen. Vergessen Sie nicht, Iðunn in ihrem Privatcafé einen Besuch abzustatten! Das Dorf hält sonst keine Sensationen bereit, sehenswert ist dafür das *Heimatmuseum* südöstlich des Sees Kotatjörn etwas außerhalb.

- *Tankstelle/Laden* Mo–Fr 9.30–21, Sa/So 10–21 Uhr.
- *Versorgung* Post (Mo–Fr 12–16 Uhr), Bank (Mo–Fr 13–16 Uhr), Arzt, Werkstatt (✆ 4652130).
- *Übernachten* **Jugendherberge** Akurgerði 7, nördl. der Schule, ✆ 4652314, 4 Zimmer, familiäre Atmosphäre, SSU 1.400, Bett ISK 2.000.
- *Café* **Iðunn og eplin**, Duggugerði 7, ✆ 4652161, auf der Terrasse oder im Wohnhaus der ehemaligen Lehrerin Iðunn, die leckersten Kuchen Islands, liebevoll serviert! Z. B. der Blaubeerkäsekuchen oder hjónabandssæla, der anzeigt, ob man glücklich verheiratet ist. Andererseits ist auch der Apfelkuchen interessant, die goldenen Äpfel der Göttin Iðunn sollen der Legende nach alte Männer verjüngen! Am Ortseingang Cafeteria in der ehemaligen Tankstelle, Mo–Fr 9–22, Sa/So 11–22 Uhr.
- *Camping* bei der Tankstelle, WC, gratis.
- *Wandern* Strandspaziergang (1–3 Std. (18): Bis zum Rollfeld fahren, dann am Strand nordostwärts laufen Richtung Snartastaðanúpur (bis dort und zurück ca. 3 Std.). Weitere Möglichkeiten kann Ihnen Iðunn im Café nennen.

Bei Kópasker

Heimatmuseum: Die etwas unzusammenhängende Kollektion umfasst Werkzeuge, Waagen, Porzellan und andere Gebrauchsgegenstände, sogar die alte Feuerwehrpumpe konnte noch aufgenommen werden. Auch hier darf der obligatorische Webstuhl natürlich nicht fehlen. Immerhin verrät das Museum, wie man sich beim Eisfischen anzustellen hatte (Nr. 117, über der Tür). Die wahren Schätze in diesem Museum, das scheinbar alles beherbergt, was aufzutreiben war, sind die Regale und Schränkchen mit alten Büchern – für Touristen leider nicht gerade das Interessanteste. Helgi, der diese Bücher sammelte, hat in ehrfürchtiger Wertschätzung viele seiner 9.000 Bücher auf dem Buchrücken vergoldet. Kirche und Museumsgebäude wurden vom Architekten Guðjón Samúelsson entworfen, der auch für die Gestalt des Nationalmuseum und -theaters verantwortlich ist.

Öffnungszeiten 4-mal die Woche 13–17 Uhr, ISK 300.

Weiterfahrt: siehe Kap Ásbyrgi, S. 400

Die reizvolle Halbinsel Tröllaskagi

Akureyri und der Nordwesten

Auf dem anderen Ufer lag die Hauptkirche von Bakki. Darüber erhoben sich groteske Felsgestalten, welche, so oft wir unsere Stellung wechselten, ihr Aussehen veränderten; sie erinnerten an mächtige Kuppen von Domen, an zerfallene Thürme und Zinnen von Burgruinen.

W. Preyer u. F. Zirkel (1860)

Tief eingeschnittene Fjorde und fruchtbare Flusstäler, bunte Fischerorte und imposante Gebirgslandschaften, historische und kulturelle Stätten und die strahlende Stadt Akureyri: Der Nordwesten mit seinen drei großen Halbinseln gehört zu den vielfältigsten Regionen des Landes außerhalb der aktiven Vulkanzone.

Im Nordwesten muss man genauer hinsehen. Die 220 km Ringstraße zwischen Akureyri und Brú an der Grenze zum Westland sparen die Halbinseln aus und sind – mit Ausnahme der von markanten Berghängen mit spitzen Zacken und Zinnen umrahmten Öxnadalsheiði – wenig abwechslungsreich.

Streckeninfo: Die Ringstraße ist im gesamten Verlauf asphaltiert, in den Seitentälern und auf den Halbinseln muss aber zumeist über Schotterstraßen geholpert werden. Jedoch ist jede Strecke mit dem normalen Pkw zu bewältigen.

Mit einigen Abstechern und Umwegen aber lässt sich der ganze Reichtum der Region erschließen: die glitzernden Fjorde mit Seehundbänken, Treibholzbuchten und bizarren Klippen, Inseln mit reicher Vogelwelt und grenzenloser

Ruhe, der Skagafjörður mit Tausenden von Islandpferden und der Eyjafjörður mit hohen Bergen und weiten Kartoffelfeldern. Dazu kommen Schauplätze von Sagas, Torfkirchen und -gehöfte aus einer anderen Zeit oder Denkmäler und Kirchen wie der ehemalige Bischofssitz des Nordlandes in Hólar. Ein Erlebnis ist im Herbst der Abtrieb der Schafe und Pferde von den Bergen in die Täler.

Autorentipps: Das Heringsmuseum in Siglufjörður ist eines der gelungensten des Landes. Ebenfalls einen Besuch wert ist das Heimatmuseum Reykir nördlich von Brú. Ein schöner Bootsausflug: mit Jón vom Hof Fagranes oder von Sauðárkrókur aus zur Insel Drangey. In Blönduós lohnt es sich, im Laden Ingimundur gamli nach Souvenirs und Kunsthandwerk zu stöbern. Wer River Rafting mag, dem sei Bakkaflöt südlich von Varmahlíð als Ausgangsort empfohlen. Ebenfalls etwa 20 km von Varmahlíð liegt Lýtingsstaðir, ein Reithof mit herzlicher Atmosphäre und interessanten Reittouren. Auf der Halbinsel Tröllaskagi lohnt von Dalvík ein Abstecher zum Wandern in die reizvollen Täler Svarfaðardalur und Skíðadalur, wo zwei Höfe geführte Wanderungen und Übernachtung anbieten. Empfehlenswerte Übernachtungsmöglichkeiten auf Tröllaskagi sind die Höfe Syðri-Hagi und Ytri-Vík/Kálfskinn an der Strecke von Akureyri nach Dalvík, das Gistiheimilið Árgerði in Dalvík sowie Lónkot am Málmeyjarsund nördlich von Hofsós. In Sauðárkrókur findet man das wohl stilvollste Hotel des Landes, Hótel Tindastóll. Weitere schöne Plätze für die Nacht: die Jugendherberge Ósar auf der Halbinsel Vatnsnes und Hof Dæli an der Str. 718 im Víðidalur. Gemütlich Kaffee trinken lässt es sich im Kaffehúsið Sogn in Dalvík und bei Við Árbakann in Blönduós.

Karte S. 440/441

Akureyri

(15.635 Einw.)

Mildes Klima, üppige, für isländische Verhältnisse fast exotisch anmutende Vegetation, eine Vielzahl baugeschichtlich bemerkenswerter Holzhäuser – Akureyri hat fast südliches Flair und das nur knapp 100 km vom Polarkreis entfernt.

Wo der 65 km lange *Eyjafjörður* in das gleichnamige breite und grüne Tal übergeht, liegt auf dem Schwemmfächer der Glerá die "Hauptstadt des Nordens": Akureyri, Verwaltungs- und Dienstleistungszentrum Nordislands und viertgrößte Stadt des Landes. Zahlreiche Betriebe aus Industrie und Gewerbe sind hier angesiedelt – Fischfabriken, eine Schiffswerft, eine große Druckerei und Betriebe zur Verarbeitung landwirtschaftlicher Erzeugnisse. Wegen seiner Bildungseinrichtungen – darunter eine Schule für Bildende Künste und die 1987 eröffnete Universität – trägt Akureyri auch den Beinamen "Schulstadt".

Die schönste Anfahrt hat man von Osten, wenn der Blick über den Fjord hinweg auf die Stadt fällt, die sich sanft hügelig vor dem wie ein Zuckerhut aufragenden Strýta und dem dahinter liegenden Bergland mit vergletscherten Höhen ausbreitet. Schon von weitem fällt auf, wie grün Akureyri ist – kaum vorstellbar, dass hier im 19. Jh. genau drei Bäume gestanden haben sollen. Dass die Bewohner seit 200 Jahren Kartoffeln anbauen und seit Beginn des 20. Jh. begeistert Birken, Weiden und Ebereschen pflanzen und große Blumengärten anlegen, ist den dänischen Kaufleuten zu verdanken, die jahrhundertelang die Stadt prägten. Sie brachten Akureyri einen weiteren Beinamen ein – "dänische

Stadt". Verstärkt wird die freundliche Atmosphäre durch zahlreiche sorgfältig restaurierte Holzgebäude aus dem 19. und frühen 20. Jh.

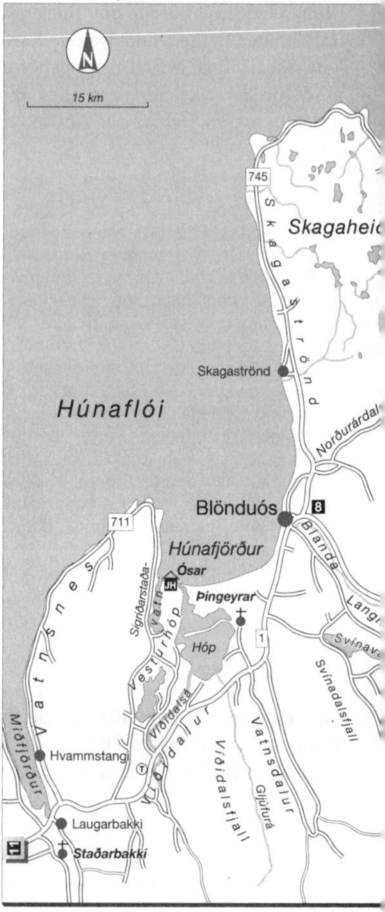

Akureyri hat mit 130 Tagen Niederschlag im Jahr sehr viel weniger Regen zu ertragen als die Südküste und kann mit der hohen Zahl von 960 Sonnenstunden im Jahr glänzen. Ist die sommerliche Durchschnittstemperatur auch niedriger als im Süden, so liegen die Maximalwerte doch deutlich über denen in Reykjavík. In den Kirchen finden den ganzen Sommer über Konzerte statt, hinzu kommt seit 1993 ein sommerliches Kunstfestival. Am langen ersten Wochenende im August steht die Stadt alle Jahre Kopf, wenn im Rahmen des Familienfestivals "Ein Með Öllu" mit seinem buntem Programm 12.000–15.000 Besucher herbeiströmen. An drei Tagen im Juni oder Juli werden auf dem einzigartig gelegenen Golfplatz die "Arctic Open" abgehalten: ein internationales Golfturnier für Profis und Amateure, bei dem kein Sonnenuntergang die Spieler abends vom Platz treibt. Nur wenige Kilometer westlich der Stadt liegt mit dem *Hlíðarfjall* das zweitwichtigste Wintersportgebiet des Landes und im Winter spielt in Akureyri das einzige professionelle Schauspielensemble außerhalb Reykjavíks. Nicht zuletzt ist Akureyri die "Bierhauptstadt" des Landes: Mitten in der Stadt steht die größte Brauerei Islands, die jährlich 3,3 Mio. Liter des goldgelben Gebräus produziert, das mit den viel sagenden Namen Víking und Thule Fässer und Flaschen füllt.

Geschichte

Die Geschichte Akureyris begann 1602. Dänische Kaufleute aus Helsingør erwarben das Handelsmonopol für *Akkerøen*, die "Ackersandbank". Von Vorteil war, dass das Wasser gleich hinter dem Ufer sehr tief wurde und die Handelsschiffe unweit des Landes vor Anker gehen konnten. Die Kaufleute reisten im Frühjahr an, um Markt zu halten, und nach der Abfahrt des letzten Schiffes im

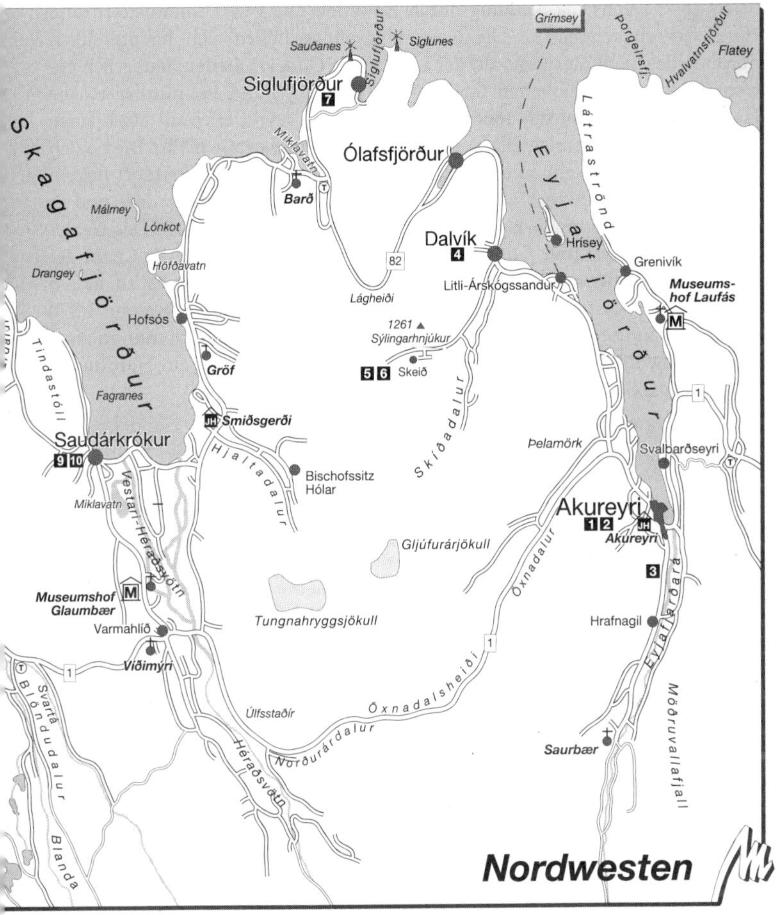

Herbst wurden ihre Geschäfte wieder geschlossen. Um 1650 sollen hier nur zwei kleine Handelshäuser gestanden haben. 1777 verpflichtete ein königlicher Erlass die Händler, das ganze Jahr über zu bleiben, und 1786 erhielt Akureyri mit seinen zwölf Einwohnern das Stadtrecht.

Mit der Lockerung des Handelsmonopols förderte die dänische Regierung durch Steuerprivilegien und kostenlose Bauplätze die Ansiedlung in Akureyri. Die isländischen Kaufleute waren dennoch weiterhin der übermächtigen Konkurrenz ihrer ausländischen Kollegen ausgesetzt und gingen reihenweise bankrott, bis 1870 die erste isländische Handelsgesellschaft *Gránufélagið* gegründet wurde. Vorerst blieb Akureyri ein unbedeutendes Dorf, zählte noch 1835 nur 14 Häuser und knapp 110 Einwohner und verlor sogar für knapp drei Jahrzehnte das Stadtrecht.

Nach 1840 wuchs die Siedlung durch Zuwanderung von Lohnarbeitern und Handwerkern schnell an. Die Neuankömmlinge ließen sich hauptsächlich nördlich des Siedlungskerns auf der Landzunge *Oddeyri* nieder. Säuberlich getrennt, lebten im südlichen Stadtteil die Kaufleute und im nördlichen die Handwerker. Obwohl seit 1866 eine Verwaltungseinheit, blieb die Stadt lange in allen Bereichen zweigeteilt. Sogar eine Verbindungsstraße fehlte. Die beiden Stadtteile lagen so sehr miteinander im Zwist, dass 1900 als Standort für ein Gymnasium die exakte Mitte zwischen den beiden ausgewählt wurde und es sich keine Seite nehmen ließ, noch einmal genau nachzumessen. Das Gebiet zwischen Akureyri und Oddeyri entwickelte sich dann mit der Zeit zum gemeinsamen Zentrum. Im letzten Jahrzehnt des 19. Jh. kam es zu einem sprunghaften Anstieg der Bevölkerungszahl – von 602 im Jahr 1890 auf 1.370 im Jahr 1901. Die meisten Menschen und Betriebe siedelten sich nun im Norden an, obwohl der Hang im Süden der Stadt abgetragen und im Fjord neues Bauland aufgeschüttet wurde.

Ihren stürmischen Aufschwung verdankt die Stadt u. a. der Handelsgesellschaft *Kaupfélag Eyfirðinga Akureyrar* (KEA), die 1886 gegründet wurde. Das genossenschaftlich organisierte Unternehmen besitzt heute als größter Geschäftsbetrieb Akureyris mehrere Geschäfte, Unternehmen und Lagerhäuser. Mit Beginn der Hochseetrawlerfischerei in den 1950er Jahren gewann Akureyri als Fischereihafen an Bedeutung; vor allem Fischfang und -verarbeitung sowie verstärkt auch Hightech-Industrie sichern heute den Lebensstandard der Bewohner. Die beklagen allerdings, dass in Reykjavík sehr viel mehr Geld zu verdienen ist als in Akureyri. Vor allem für die 30- bis 45-Jährigen sehe der Arbeitsmarkt nicht gerade rosig aus. Für Touristen aber ist die Stadt attraktiv. Mittlerweile machen sogar jedes Jahr um die fünfzig Kreuzfahrtschiffe im Hafen fest.

Autorentipps: Es lohnt sich, Zeit für das Heimat- und das Kunstmuseum sowie die Eiskathedrale einzuplanen. Der Botanische Garten bietet eine grüne, friedliche Umgebung, um sich von einem Tag Stadterkundung zu erholen. Einen Kaffee zwischendurch trinkt man gemütlich im Café Karolina oder bei Bláa Kannan. Bei Friðrik V., Greifinn und Bautinn lässt es sich gut essen. Schöne Plätze für eine ruhige Nacht sind das neue Haus von Gula Villan und die Gästehäuser Salka und Sjöstarnan. Der Glerárdalur bietet gute Wandermöglichkeiten.

Information/Verbindungen

- *Information* **Touristeninformation** im Busbahnhof, Hafnarstræti 82, ✆ 4627733, Mo–Fr 7.30–19, Sa/So 8–18.30 Uhr. Stadtplan mit Infos zur Stadt sowie die Broschüre "What's on in the North" mit Tipps und Terminen kostenlos erhältlich, ebenso Busfahrpläne.
- *Internet* In der **Stadtbibliothek**, Brekkugata 17, Mo–Fr 10–19 Uhr, ist 1 Std. kostenlos. Die teuren Alternativen: in der **Touristeninformation** kosten 15 Min. ISK 150, ebenso im Café **Bláa Kannan**. Das **Internet Café** in der Hafnarstræti 94 (2002 war ein Umzug geplant, wohin, war nicht klar), tgl. 9–22 Uhr, verlangt sogar ISK 300 für 15 Min. (ISK 750 pro Std.)! Kleiner Trost sind die High Speed Connection und der Gratiskaffee. Ganz kurz kostenlos ins Internet kommt man im Souvenirladen **The Viking** im hinteren Teil des Ladens.
- *Museumspass* Eine lohnenswerte Anschaffung für Museumsfreunde ist der "Museum Passport" für ISK 1.000/Pers. bzw. 1.600 für 2 Pers., der zum kostenlosen Be-

Akureyri – Blick auf Oddeyri und den Eyjafjörður

such von 12 Museen in Akureyri und Umgebung berechtigt. Erhältlich in allen 12 Museen und bei der Information.

- *Verbindungen* **Bus**: Vom Busbahnhof Umferðamiðstöðin, Hafnarstræti 82, ✆ 4624442, Öffnungszeiten wie Touristeninformation. Nach **Reykjavík** über die Ringstraße im Sommer tgl. 9.30 und 17 Uhr. Alternative tgl. 9 Uhr: in 9 Stunden über die Kjölur-Hochlandroute, u. a. vorbei an Hveravellir, Gullfoss, Geysir nach Reykjavík. Nach **Ólafsfjörður** über **Litla-Árskógssandur** und **Dalvík** Mo–Fr 7.30, 12.30 und 18 Uhr. Nach **Egilsstaðir** im Sommer tgl. 8.30 Uhr. Nach **Ásbyrgi** und zum **Dettifoss** über Húsavík im Sommer tgl. 8.30 Uhr. Nur nach **Húsavík** tgl. bis zu 5-mal. Zum **Mývatn** im Sommer tgl. 8.30 und 14 Uhr.

Flug: Flugplatz am südlichen Ortsausgang. *Flugfélag Íslands* fliegt 4- bis 7-mal tgl. nach Reykjavík und 1-mal tgl. nach Isafjörður, Egilsstaðir, Vopnafjörður, Þórshöfn und Grímsey, ✆ 4607000.

Fähre: Zur Insel Hrísey ab Litla-Árskógssandur, 27 km nördlich (siehe S. 469). Bus zur Fähre 35 Min. (s. o.). Siehe auch Touren.

- *Stadtverkehr* Buslinien erschließen das gesamte Stadtgebiet. Fahrplan kostenlos am Busbahnhof.
- *Taxi* **B.S.O. Taxi**, Strandgata, ✆ 4611010.

Adressen (s. Karte S. 444/445)

- *Apotheke* Hafnarstræti 95, Mo–Fr 9–18 Uhr, ist auch Drugstore. Weitere Apotheke in der Mall am Glerártorg.
- *Arzt* Heilsugæslustöðin, Hafnarstræti 99, ✆ 4604600; Sjúkrahúsið, ✆ 4630100; ärztl. **Notdienst** ✆ 8523221.
- *Autowerkstatt* Im Gebiet um Tryggvabraut und Furuvellir, z. B. **Brimborg Þórshamar**, Tryggvabraut 3–5, ✆ 4622700; **Bílaþjónustan hf.**, Dalsbraut 1, ✆ 4611516/8925801. Auf der Ecke auch Autoverleih und -verkauf.
- *Autoverleih* **EuroRent**, Tryggvabraut 14, ✆ 4613000; **Avis**, Draupnisgata 4, ✆ 4612428; **Hertz**, nahe Flugplatz, ✆ 4611005; **Budget**, Frostagata 1a, ✆ 4623400; **Alp**, Glerárgata 36, ✆ 4623400.
- *Bank* Alle Banken haben in Akureyri Filialen, zu finden v. a. an der Skipagata und beim Ráðhústorg. Fast alle mit Geldautomaten.
- *Fahrradreparatur* Erste Adresse ist **Skiðaþjónustan (43)**, Fjölnisgata, Mo–Fr 10–18.30, Sa 10–16 Uhr. Ansonsten **Sportver (7)**, Glerárgata, Mo–Fr 10–18, Sa 10–17 Uhr.
- *Feste/Veranstaltungen* Das Kunstfestival **Listasumar** findet jedes Jahr statt und dauert den ganzen Sommer hindurch. Umfangreiches Programm mit Theater, Kunst, Musik, Literatur, Seminaren u. m. in zahlreichen

Locations in der "Kunstschlucht" in der Kaupvangsstræti. Infos unter ✆ 4662609 oder www.listagil.is

• *Galerie* **Listfléttan Art Gallery**, Hafnarstræti 106, Mo–Fr 11–18, Sa 11–14 Uhr, verkauft u. a. Landschaftsbilder, ausgefallene Keramik, Glaskunst und Karten von etwa 18 Künstlern der Gegend, sehr gute Qualität. In der Galerie **Samlagið**, Kaupvangsstræti neben dem Kunstmuseum, tgl. außer Mo 14–18, Sa 11–16 Uhr, stellen ca. 10 Künstler ihre Werke aus unterschiedlichen Bereichen aus, z. B. Keramik und Gemälde; auch Verkauf.

• *Polizei* Þórunnarstræti 140, ✆ 4623222.

• *Post* Hafnarstræti 102.

Übernachten/Camping

Übernachtungsmöglichkeiten gibt es für jeden Geldbeutel: noble und teure Hotels, günstige private Gästehäuser mit Schlafsackunterkunft, ein Edda-Hotel, eine Jugendherberge und Campingplätze. Im Sommer sind allerdings Reservierungen auf jeden Fall angeraten (auch im Umland!).

• *Hotels* Die Hotels liegen alle in der Innenstadt bzw. zentrumsnah und gehören – abgesehen vom Edda-Hotel – der gehobenen Preisklasse an.

Hótel KEA (30), Hafnarstræti 87–89, ✆ 4602000, ℻ 4602060. Größtes Hotel Akureyris von 1944 mit 73 Zimmern mit Bad; DZ ISK 16.900 inkl. Frühstück. Gut möblierte Räume, aber etwas laut unterhalb der Akureyrarkirkja. Exquisites Restaurant **Rósagarðurinn** mit Fisch- und Fleischspezialitäten ab ISK 2.100 und langer Weinkarte. Hier und im Restaurant Greifinn Ermäßigung für Hotelgäste.

Hótel Norðurland (12), Geislagata 7, ✆ 4622600, ℻ 4627962. 34 geräumige, helle Zimmer mit Bad und TV in zwei Häusern; DZ ISK 14.200, Frühstück im kleinen Haus.

Fosshótel Harpa (33), Hafnarstræti 83–85, ✆ 4602000, ℻ 4602060. 26 großzügige, frisch renovierte Zimmer. DZ mit/ohne Bad ISK 14.000/13.000 inkl. Frühstück. Rezeption und Restaurant (hier und im Restaurant Greifinn Ermäßigung) im Hótel KEA.

Hótel Edda (40), Eyrarlandsvegur 28, ✆ 4611434, ℻ 4611423, 79 DZ mit/ohne Bad. Freundliche, schlichte Räume mit Telefon und, falls ohne Bad, Waschbecken. Speisesaal mit Säulen, alten Fotos von Akureyri und

Übernachten

1 Studentenwohnheim
3 Jugendherberge
5 Gistiheimili Úllu
9 Sjöstarnan
11 Hótel Íbúðir
12 Hótel Norðurland u. Grillhúsið
13 Sólgarðar
22 Salka
24 Gistiheimili Ás
26 Gistiheimili Akureyrar
30 Hótel KEA
31 Gula Villan
33 Fosshótel Harpa
35 Gistiheimili Ás
36 mhotel
38 Brekkusel
39 Súlur
40 Hótel Edda

Essen & Cafés

8 Greifinn
10 Sjálinn u. Gói dótinn
14 Ruby Tuesday
15 Friðrik V. u. Kaffi Akureyri
16 Apótek
17 Peng's
20 Við Pollinn
21 Oddvitinn
23 Café Amor
27 Fiðlarinn
28 Bláa Kannan
29 La Vita è Bella u. Bautinn
32 Café Karolina
42 Lindin

Sonstiges

2 Supermarkt Bónus
4 Hagkaup
6 66°N
7 Einkaufszentrum Glerártorg, Sportver, Supermarkt Netto
18 Gallerí Grúska
19 Verslunin Esja
25 The Viking
34 Fold-Anna
37 Supermarkt Strax
41 Brynja Verslun
43 Skiðajónustan (Fahrradreparatur)

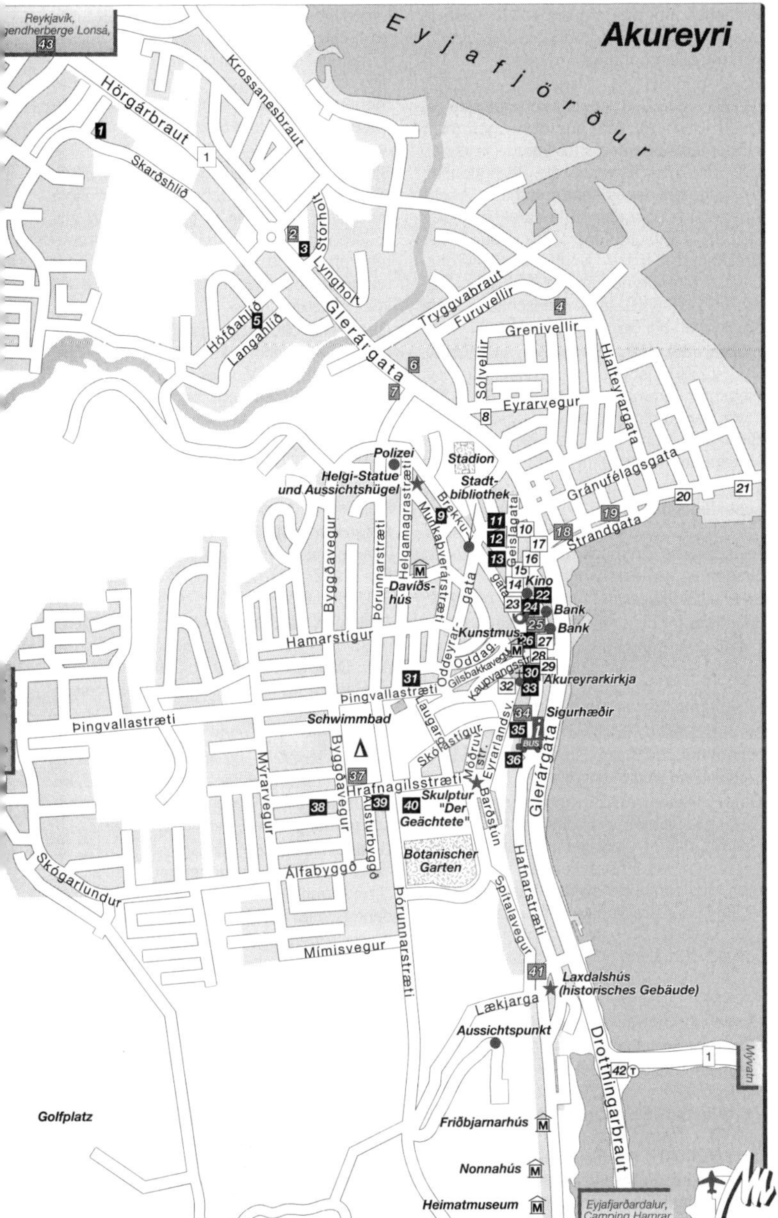
Akureyri
Eyjafjörður
Reykjavík, Jugendherberge Lonsá, 43
Hörgárbraut
Krossanesbraut
Skarðshlíð
Stórholt
Lyngholt
Glerárgata
Tryggvabraut
Furuvellir
Grenivellir
Hjalteyrargata
Sólvellir
Eyrarvegur
Höfðahlíð
Langahlíð
Polizei
Stadion
Helgi-Statue und Aussichtshügel
Stadtbibliothek
Gránufélagsgata
Strandgata
Brekkugata
Munkaþverárstræti
Helgamagrastræti
Geislagata
Byggðavegur
Þórunnarstræti
Davíðshús
Oddeyrargata
Kino
Bank
Bank
Kunstmus.
Hamarstígur
Oddag.
Gilsbakkavegur
Kaupvangsstr.
Akureyrarkirkja
Þingvallastræti
Þingvallastræti
Laugarg.
Schwimmbad
Sigurhæðir
Eyrarlandsv.
Skólastígur
Möðruv. str.
BUS
Mýrarvegur
Byggðavegur
Hrafnagilsstræti
Skulptur "Der Geächtete"
Barðstún
Austurbyggð
Botanischer Garten
Álfabyggð
Skógarlundur
Þórunnarstræti
Spítalavegur
Hafnarstræti
Mímisvegur
Laxdalshús (historisches Gebäude)
Lækjargata
Aussichtspunkt
Drottningarbraut
Mývatn
Golfplatz
Friðbjarnarhús
Nonnahús
Heimatmuseum
Eyjafjarðardalur, Camping Hamrar
1 2 3 4 5 6 7 8 9 10 11 12 13 14 15 16 17 18 19 20 21 22 23 24 25 26 27 28 29 30 31 32 33 34 35 36 37 38 39 40 41 42 43

Gemälden. Zurzeit wird ein zusätzliches Wohnheim für die Schüler gebaut, weshalb das Hotel bis 2004 noch 200 Zimmer dazubekommt, alle modern und mit Bad.

Hótel Íbúðir (11), Geislagata 10, ✆ 4622737/8929838, 📠 4622300, ist ein Apartmenthotel in einem Haus von 1889 aus Norwegen mit 5 modernen Apartments für bis zu 4 Pers., ab ISK 12.500. Hier ist auch die Rezeption für ein weiteres, neues Apartmenthotel (2 helle Apartments über dem Café Karolina mit je 2 DZ, ISK 14.500) und für ein Gästehaus in der Brekkugata 4. Hier im Souterrain des Wohnhauses 6 moderne Zimmer mit guten Betten, DZ ISK 8.900. Internetanschluss; Frühstück oben bei Besitzer Magnus.

mhotel (36), Hafnarstræti 67, Tel. 4625600, Fax 4625601, ist ein hübsches Haus mit eleganten Zimmern mit Bad; DZ ISK 14.800. Trotz Zentrumsnähe ruhige Lage, schöner Blick über den Fjord. Seit 2003 steht das Hotel unter neuer Leitung.

• *Gästehäuser* Die Gästehäuser unterscheiden sich sehr in Ausstattung und Atmosphäre. Die meisten sind private Wohnhäuser; viele Zimmer werden im Winter an Studenten vermietet.

Salka (22), Skipagata 1, ✆ 4612340, 📠 4622697, 3 Zimmer für bis zu 4 Pers., DZ ISK 5.800, im Schlafsack 4.200. Mitten in der Innenstadt, über den Geschäften in der gesamten 2. Etage. Große, mit Blick fürs Detail möblierte, gemütliche Zimmer mit TV. Gut ausgestattete Küche. Besitzerin ist leidenschaftliche Blumenzüchterin, spricht sehr gut Englisch und ein wenig Deutsch. Kein Frühstück.

Gula Villan (31), Þingvallastræti 14, ✆ 4612860/8968464, 📠 4613040, 1.6.–31.8., "Gelbe Villa" mit 9 hellen, geräumigen Zimmern mit neuen Betten. Drei Küchen. Neuerdings gibt es noch eine zweite hübsche "Gula Villan" in der Brekkugata 8; hier ganzjährig 9 schneeweiße Zimmer mit Korbstühlen und von der Besitzerin gemalten Blumen an der Wand. Große Küche. DZ in beiden Häusern ISK 5.600, SSU in der Brekkugata ab ISK 2.000 (Schlafsaal), in der Þingvallastræti ab 2.800. Dort auch Frühstück.

Gistiheimili Akureyrar (26), Hafnarstræti 104, ✆ 4625588, 📠 4614682. Gästehaus mitten im Zentrum mit 19 Zimmern mit Waschbecken und TV, 5 mit Dusche; DZ mit/ohne Bad ISK 8.900/6.900. Frühstück. Spielraum für Kids und blauer Frühstücksraum mit Balkon. Nichtraucherhaus mit herzlichen Besitzern.

Súlur (39), Þórunnarstræti 93, ✆ 4611160, 📠 4613077, 1.6.–31.8., 7 helle, etwas altmodisch eingerichtete Zimmer in Erd- und Kellergeschoss mit TV, Telefon, DZ ISK 5.800, im Schlafsack 4.200. Unten auch Küche. Frühstück. Im Klettastígur 12 haben die Besitzer noch ein Gästehaus mit 12 großen, modernen Zimmern in drei Einheiten, jede mit einer Küche und Sitzecke; 2 Zimmer teilen sich ein Bad.

Sjöstarnan (9), Brekkugata 27a, ✆ 4621285/6927278, bei der fröhlichen Besitzerin Fjóla ganzjährig 14 Betten in 6 Zimmern in stilvollem, frisch renoviertem Haus mit dezenten Farben und herrlichem Blick auf Stadt und Fjord von riesigem Balkon. DZ ISK 7.400 inkl. Frühstück.

Gistiheimili Úllu (5), Langahlíð 6, ✆ 4623472, 4 etwas kleine, aber bunte und hübsche Zimmer, einige mit TV. In ruhigem Wohnviertel nördlich des Zentrums bei liebevoller und hilfsbereiter älterer Dame, die Englisch spricht und günstig Frühstück anbietet. DZ ISK 5.800, SSU 2.100. Der Bus von/nach Reykjavík hält auf Anfrage nicht weit von hier bei der Jugendherberge.

Sólgarðar (13), Brekkugata 6, ✆ 4611133, 3 Zimmer mit TV in der oberen Etage, ein großes mit Zugang zum Balkon. DZ ISK 4.700, SSU ISK 1.800. Frühstück; mit Küche.

Brekkusel (38), Byggdavegur 97, ✆ 4612660/8479746, 1.6.–31.8., 6 nett eingerichtete Zimmer, DZ ISK 5.500, SSU ab 2.200. Mit Küche, im Garten Hot Pot. Hier wird nur Isländisch gesprochen.

Gistiheimili Ás (35), Hafnarstræti 77, ✆ 4612249/8537272, 📠 4611073, 5 einfache Zimmer mit Waschbecken; DZ ISK 5.800, im Schlafsack 4.200. Gegenüber dem Busbahnhof zentral gelegen, mit kleiner Küche.

Gistiheimili Ás (24), Skipagata 4, ✆ 4612248, 📠 4611073/8537272, sehr zentral, 10 schlichte Zimmer mit Waschbecken und TV, DZ mit/ohne Bad ISK 7.800/5.900. Frühstück.

• *Jugendherberge* **Farfuglaheimili Akureyri (3)**, Stórholt 1, ✆ 4623657, 📠 4612549. Sehr persönlich geführte JH zwischen Bäumen mit ganzjährig 54 Betten in Zimmern mit 1–5 Betten, ab 2003 voraussichtlich größer. Der Vater von Friðrik, dem herzlichen Manager, baute das Haus selber und eröffnete 1934 die Jugendherberge. In der unteren Etage gut möblierte Zimmer wie in einem Gästehaus, oben typische JH-Zimmer. DZ ISK 5.800, SSU 1.900 (für IYHF-Mitglieder ISK 1.500). Moderne Küche, Aufenthaltsraum, Waschmaschine. Beliebt sind die 2 großen Sommerhäuser im Garten für je 6 Pers. mit Küche und Bad mit denselben

Das Hafenbecken von Akureyri

Preisen wie die JH oder ISK 11.000 für das ganze Haus. Der Bus von/nach Reykjavík hält an der JH. Gäste erhalten 15 % Rabatt im Restaurant Greifinn.

• *Studentenwohnheim* **(1)** Skarðshlíð 46 u. Klettastígur 2–4, ✆ 4630998/8940787, DZ ISK 4.800.

• *Camping* Ein Campingplatz liegt mitten in Akureyri. **Tjaldstæði Akureyrar**, Þórunnarstræti, ISK 500/Pers. In der Nähe von Swimmingpool und Supermarkt in etwas lauter Umgebung. Duschen (ISK 50) und Waschmaschine im Fitnesscenter nebenan. Das erste Wochenende im August trifft sich hier die Jugend Islands zum Feiern und verwandelt den Zeltplatz in eine Müllhalde.

Seit 2000 gibt es auch einen riesigen, wunderschön im bewaldeten Naherholungsgebiet Kjarnaskógur gelegenen Zeltplatz **Hamrar** unter Leitung der Pfadfinder. Mit Küche, Aufenthaltsraum, modernen sanitären Einrichtungen mit Dusche, Waschmaschine, Abenteuerspielplatz und viel Ruhe, ISK 500/Pers. Nachteil: Der Platz liegt vor dem südlichen Ortseingang und von der Hauptstraße geht es noch ein paar Kilometer bergauf. Ein Bus fährt nicht hierher. Für Backpacker und Radwanderer bleibt der andere Platz die bessere Alternative, der evtl. für Autos gesperrt werden soll.

• *Übernachtungsmöglichkeiten in der Umgebung von Akureyri* **Gistihús Leifsstaðir** (FH), Eyjafjarðarsveit, ✆/📠 4621610, ca. 5 km von Akureyri an der Straße 828 auf der anderen Fjordseite in hübschem Haus am Hang. Ganzjährig 9 Zimmer mit Telefon, DZ mit/ohne Bad ISK 9.900/8.500, Frühstück, Abendessen. Essraum mit riesigen Fenstern, wunderbarer Ausblick auf Akureyri und Fjord.

Gistiheimili Lónsá, ✆ 4625037/8951685, ca. 3 km nördlich des Zentrums an der Ringstraße und am rauschenden Bach. 13 Betten in gemütlichen Zimmern; DZ ISK 5.000, SSU ISK 1.500, mit Küche.

Hof Pétursborg (FH), ✆ 4611811, 📠 4611333, ca. 5 km nördlich von Akureyri. 14 Betten in Zimmern bis 4 Pers., DZ mit/ohne Bad ISK 6.000/5.000. Gesamtes Untergeschoss für die Gäste, Kochecke. Frühstück stilvoll unter dem Kronleuchter. 1 Sommerhaus für 6–8 Pers., ISK 7.500. Küstenfischfang möglich.

Hof Sílastaðir (FH), ✆/📠 4621924, ca. 5 km nördlich von Akureyri. 10 gut ausgestattete Sommerhäuser am Fjord in Fagravík für 4–12 Pers., die kleinsten nur mit einem Raum, das größte mit 2 Bädern; ISK 5.500–16.000. Mit Küche, Radio, Terrasse, TV, alle außer der kleinen mit eigenem Hot Pot. Küstenangeln.

Smáratún 5, in Svalbarðseyri 12 km von Akureyri am anderen Fjordufer, ✆ 4625043/8936843, 📠 4612643, 4 DZ ISK 5.500, SSU ISK 1.700 pro Pers., Küche. Sommerhäuser für 3–7 Pers. mit Küche, die großen mit Hot Pot, ab ISK 5.000.

Karte S. 440/441

Sveinbjarnargerði (FH), ✆ 4624500/8624502, ✆ 4612096, Farm mit Kühen 15 km von Akureyri in Svalbarðsstönd. 41 Betten, Kochgelegenheit. DZ ISK 9.000 inkl. Frühstück, SSU ISK 2.500.

• *Camping/Sommerhäuser* **Húsabrekka**, ✆ 4624921/8964921, schöner Zeltplatz 6 km von Akureyri am anderen Fjordufer, ISK 500 pro Pers.; Dusche, Waschmaschine, Spielplatz. 5 Sommerhäuser für 5/9 Pers. ISK 4.000/8.000, für 5 Pers. ohne Bad.

Essen (siehe Karte S. 444/445)

Kaum irgendwo in Island ist die Gastronomieszene so schnelllebig wie in Akureyri. Zahlreiche Restaurants überleben nur eine Saison; wenn die Touristen abgereist sind, ist die Zahl der Hungrigen mit genug Geld, um häufig außer Haus zu essen, einfach zu klein, um so vielen Lokalen die Existenz zu sichern. Von den Restaurants in der folgenden Liste ist deshalb leider das eine oder andere möglicherweise schon bald wieder verschwunden.

Friðrik V. (15), Strandgata 7 über dem Kaffi Akureyri, ✆ 4615775, freundliche Brasserie mit familiärer Atmosphäre und hervorragender Küche mit frischen Zutaten aus der Gegend, zubereitet nach mitteleuropäischer Art, tgl. ab 18 Uhr. Fisch ab 2.000, z. B. Meeresfrüchte-Gratin, Fleisch ab ISK 2.700, z. B. gebackenes Lammfilet, auch leichte vegetarische Gerichte und gehaltvolle Suppen. Oft Tagesangebote. Der ideenreiche Küchenchef und Besitzer Friðrik gibt Kochkurse und schrieb schon ein Kochbuch.

Fiðlarinn (27), Skipagata 14, ✆ 4627100, First-Class-Restaurant in der 5. Etage, mit Blick auf den Fjord, 11.30–13.30 und ab 18 Uhr. Im vornehmen Speisesaal gibt es Fisch, Fleisch und Vegetarisches; "Tones of the Fiddler", ausgewählte Meeresfrüchte, kostet ISK 2.800. Umfangreiche Weinkarte und große Bar. Immer Spezialangebote.

La Vita è Bella (29), Hafnarstræti 92, ✆ 4615858, 18–3 Uhr, Bar länger. Kleines und gemütliches italienisches Restaurant in einem 1902 vom Kaufmann Eggert Laxdal gebauten Warenlager, hat deshalb keine Fenster. Große Auswahl; italienische Touristen lobten die Pizza und die Lasagne. Die Pasta ist hausgemacht und es gibt alles in kleinen und großen Portionen. Empfehlung des Chefs: Hummer mit Tagliatelle.

Greifinn (8), Glérargata 20, ✆ 4601600, 11.30–23.30 Uhr. Sehr populäres, preisgünstiges Restaurant mit freundlicher Atmosphäre und sehr großer Auswahl. Berühmt für Pizza, die man sich auf Wunsch aus 36 Zutaten selber zusammenstellen kann. Auch die klassischen Fischgerichte um ISK 1.800, Pasta, Tex-Mex-Gerichte, Pasta und Gerichte vom Grill.

Bautinn (29), Hafnarstræti 92, ✆ 4621818, 10–22, Fr/Sa 9–23 Uhr. Wie "La Vita è bella" wurde das Haus 1902 von Eggert Laxdal errichtet. Es diente ihm als Wohn- und Geschäftshaus und war 1918–65 Schmiede. Seit 1971 beliebtes Restaurant mit Cafeteria-Atmosphäre; Fischgerichte, z. B. gemischte Meeresfrüchtepfanne mit Reis ISK 2.050, Fleisch bis ISK 2.800, Pasta um ISK 1.300, Salat- und Pastabüfett im Preis der Hauptgerichte inkl., Tagesmenü ab ISK 1.600. Große Auswahl.

Ruby Tuesday (14), Strandgata 3, ✆ 4662800, 11–23 Uhr. Tennessee in Akureyri! Dieser klassische American Diner ist Teil der US-Restaurantkette und hat exakt dasselbe Menü: Fajitas, Chicken Cesar Salad, Huhn und Fisch, Hamburger, Ribs, Nachos, Salatbar etc., große Auswahl, große Portionen, akzeptable Preise. Populär bei jungen Leuten. Mit Terrasse.

Apótek (16), Strandgata 11, ✆ 4621800, tgl. 17.30 bis open end (Küche bis 23 Uhr). Kleines Restaurant mit offener Küche und cooler, aber freundlicher Atmosphäre. Hier gibt's z. B. Sushi ab ISK 1.150. Dem Koch kann man in der offenen Küche bei der Zubereitung interessanter Gerichte zusehen. Ein schnelles 2-Gänge-Menü, etwa Suppe und Fisch, bietet sich für alle an, die in Eile sind.

Peng's (17), Strandgata 13, ✆ 4663800, 11.30–22, Fr/Sa bis 23 Uhr. Orientalisches Restaurant mit Besitzer und Küchenchef aus Singapur, der die Küche ganz Asiens kennt. In warmer Atmosphäre gibt's Pekingente oder Chicken Curry, dazu japanischen Wein und chinesisches Bier. Gerichte ab ISK 1.200, viele Menüs für 2 oder mehr Pers.

Grillhúsið (12), Geislagata 7, ✆ 4626006, im Hótel Norðurland. Populäres, günstiges Restaurant mit gemütlicher Atmosphäre, serviert mexikanische Burritos und Pitas, Hamburger, Sandwiches, Fisch- und Fleischgerichte vom Grill. Happy Hour ab 21 Uhr.

Lindin (42), Leiruvegur, ✆ 4614300, 11–22 Uhr. Gut für alle, die nie satt werden: Mo–

Fr 12–14 Uhr Mittagsbüfett mit Fisch, Fleisch, Pizza, Pasta, Suppe u. m. ISK 1.250, So 15–17 Uhr Kaffeebüfett ISK 890. Essen, so viel man mag. Außerdem klassische Fisch- und Fleischgerichte bis ISK 2.200, Fastfood, Pizza, Pasta.

Crown Chicken, Skipagata, 11–22.30 Uhr. Sandwiches, Burger und Pitas mit Gemüse, Fisch, Huhn ab ISK 400, Hähnchen oder Nuggets bis ISK 1.500. Nach dem Essen Kaffee satt gratis. Gegen Aufpreis kommt alles auch ins Gästehaus.

Subway, Kaupvangsstræti, 10–22, Sa/So ab 11 Uhr, Sandwiches, z. B. auf Vollkornbrot, ab ISK 400. Die großen kosten bis ISK 700 und stillen selbst den schlimmsten Hunger. Auch Salate und Wraps.

• *Cafés/Bars* Die allesamt schönen Cafés in Akureyri verwandeln sich abends in Bars.

Café Karolina (32), Kaupvangsstræti 23, 11.30–1, Fr/Sa bis 3, So erst ab 14 Uhr, Restaurant tgl. nur 18–22 Uhr. Freundliches Lokal mitten in der "Kunstschlucht", darum immer von Künstlern frequentiert, viele Stammgäste. Manchmal Kunstausstellungen. Im Café neben Kaffee, Bier, Wein und hausgemachtem Kuchen auch kleine Gerichte unter ISK 1.000, immer mit Suppe; im Restaurant nebenan Fisch und Fleisch, Pasta und vegetarische Gerichte. Dachterrasse mit Blick auf Akureyrarkirkja.

Bláa Kannan (28), Hafnarstræti, 8–24, Fr/Sa bis 1 Uhr. Lebhaftes, großes Nichtrauchercafé mit Patio in der Fußgängerzone. In warmer, bunter Atmosphäre gibt es leckere Kuchen und Torten, auch Suppe, Quiche, Pasta und Salat. Kaffee immer mit *refill*. Am Wochenende unten manchmal Livemusik. Ins Internet kommt man hier für ISK 150 pro 15 Min.

Café Amor (23), Ráðhústorg, 9, tgl. 11.30–24, Fr/Sa bis 3, So erst ab 14 Uhr. Der Name dieses originellen, mit edlem Design ausgestatteten Cafés erklärt sich beim Blick an die Decke – die erotischen Bilder malte ein

Við Polinn – Kneipe in historischem Handelshaus

Student der Kunstschule. Umgeben von Zitaten aus isländischen Liebesgedichten kann man hervorragenden Kaffee genießen, außerdem kleine Gerichte wie gefüllte Crêpes oder Bagels und dabei das Leben auf dem Ráðhústorg beobachten. Besitzerin Æsa leitet den Laden mit viel Wärme und guten Ideen.

Kaffi Akureyri (15), Strandgata 7, tgl. 15–1, Fr/Sa bis 4 Uhr. Beliebtes, großes Kaffeehaus mit knarrendem Holzboden und warmen, dunklen Farben. Tagsüber Kuchen, Torte und Sandwiches, abends Bier und Musik. Manchmal Livemusik, am Wochenende mit Disco für die 20- bis 35-Jährigen.

Nachtleben (siehe Karte S. 444/445)

Was an keinem Wochenende ausbleibt, ist der Autokorso der Jugendlichen: Autoschlangen kriechen langsam auf dem Ráðhústorg und in der Skipagata herum oder toben mit Getöse die Kaupvangsstræti rauf und runter. Aber die Stadt bietet genügend Plätze, wo man sich einen netten Abend abseits vom Autolärm machen kann.

• *Pubs* Die Pubs öffnen nur zum Wochenende und so richtig los geht es erst nach 23 Uhr. Zu anderen Zeiten gibt's Bier in den Cafés/Bars (s. o.).

Við Pollinn (20), Strandgata 49, Do–Sa 21–1, Fr/Sa bis 3 Uhr. In einem der ältesten Häuser im Stadtteil Oddeyri aus den 1870ern, bis vor kurzem noch Schiffswerkstatt; eine der beliebtesten Kneipen der Stadt bei Touristen und Leuten über 30. Fachwerk, dunkle Holztische und Musikinstrumente unter der Decke. Am Wochenende ab 23 Uhr

Livemusik mit Tanz (manchmal Eintritt vor Mitternacht frei).

Oddvitinn (21), Strandgata 53, riesige, stilvolle Kneipe am Hafen mit reich bestückter Bar, nur am Wochenende geöffnet, 22–3 Uhr. Hier geht tanzen, wer sich nicht mehr ganz zur Jugend zählt; Sa Livemusik, ab ISK 500.

Sjálinn (10), Geislagata 14, nur an den Wochenenden geöffnete Disco, manchmal mit Livemusik. Hier schwingt die Jugend Akureyris das Tanzbein. Darüber liegt die neu renovierte Bar **Góði dátinn**, wo ebenfalls am Wochenende abgerockt wird.

• *Kino* **Nýja Bíó**, Ráðhústorg, tgl. bis zu fünf Vorstellungen in zwei Sälen; die Alternative ist **Borgarbíó** in der Holabraut.

Einkaufen (s. Karte S. 444/445)

Wichtigste Einkaufsstraße ist die Hafnarstræti zwischen Kaupvangstræti und Ráðhústorg. Der Name Rathausplatz führt irre – hier steht kein Rathaus. Sein Bau war aber einst hier geplant.

• *Bäckerei* **Bakari Kristjans**, Hafnarstræti, Mo–Fr 9–18, Sa 10–14 Uhr.

• *Bücher* **Pennin-Bókval**, Hafnarstræti 4, Mo–Fr 9–22, Sa/So 10–22 Uhr, hat die größte Auswahl. Mit Strickwaren, Zeitungen, Souvenirs und Café.

Bókabúð Jónasar, Hafnarstræti 108, Mo–Fr 9–20, Sa 10–16, So 10–4 Uhr.

• *Fotoartikel* **Pedromyndir hf.**, Skipagata 16, Mo–Fr 9–18, Sa 10–13 Uhr, **Ljósmyndarvörur**, Ecke Kaupvangsstræti/Drottningarbraut, Mo–Fr 9–18, Sa 10–14 Uhr. Der eine führt mehr Fuji-, der andere Kodakfilme. Ein weiterer Fotoladen in der Mall am Glerártorg.

• *Lebensmittel* **Strax (37)** zentral am Campingplatz, Byggðavegur 98, Mo–Fr 9–22, Sa/So 10–22 Uhr, Eine gute Alternative ist **Hagkaup (4)**, Furuvellir 17, Mo–Fr 9–20, Sa 10–18, So 12–18 Uhr, mit Bäckerei. Dies ist der einzige Laden, der frischen Fisch anbietet! In der Mall am Glerártorg ist **Netto (7)**, Mo–Fr 10–19, Sa/So 10/13–17 Uhr. Der günstige **Bónus (2)** liegt am Hörgártorg nahe der JH. Ein Tante-Emma-Laden ist **Brynja Verslun (41)**, Aðalstræti 3, tgl. 9–23.30 Uhr. Hier geht der Verkauf – auch Eiscreme! – noch über die Theke. **Verslunin Esja (19)**, Strandgata, 10–22, So ab 11 Uhr, hat die nötigsten Lebensmittel. Einen **Naturkostladen** gibt es in der Mall am Glerártorg, Mo–Fr 10–18.30, Sa/So 10/13–17 Uhr.

• *Souvenirs/Wollwaren* **The Viking (25)**, Hafnarstræti 104, tgl. 8–22 Uhr, hat eine riesige Auswahl an maschinengestrickten Pullis, dazu T-Shirts, Schmuck, ausgestopfte Vögel und mehr. Hier kommt man auch kurz mal kostenlos ins Internet. Die **Gallerí Grúska (18)** ist eine Kooperative von ca. 15 Künstlern der Gegend, die im knallroten Haus in der Strandgata 19, Mo–Fr 10–18, Sa 10–14 Uhr, ihre Werke verkaufen: originelle Keramik, bunte Glasanhänger, Bilder, Wollpullis, Schmuck etc.; keine zwei Künstler machen dasselbe. **Fold-Anna (34)**, Hafnarstræti 85, Mo–Fr 9–19, Sa 10–16 Uhr, ist die beste Adresse für handgefertigte Wollwaren, zumeist von Frauen aus Akureyri gestrickt. Hier auch ein paar maschinengestrickte Pullis, Reste der einst in Akureyri ansässigen Wollverarbeitungsfabrik *folda* und etwas günstiger als bei The Viking. Wer sich einen Pulli selber stricken möchte, findet eine große Auswahl an Wolle, auch schon für bestimmte Muster farblich zusammengestellt.

• *Sport- und Outdoorartikel* **66°N (6)**, Glerárgata, Mo–Fr 10–18, Sa 10–13 Uhr: *Der* isländische Ausrüster für Globetrotter. **Sportver (7)** (siehe Fahrradreparatur), v. a. Sportkleidung und -geräte. **Skiðaþjónustan (43)** (siehe Fahrradreparatur), alles für Fahrräder und zum Skifahren. Auch Fahrradverleih. Werkzeug, Kleber etc. gibt es bei **Byke** in der Mall am Glerártog, Mo–Fr 8–18.30, Sa/So 10/13–17 Uhr.

Sport/Freizeit

• *Golf* Nahe der Innenstadt liegt der nördlichste 18-Loch-Golfplatz der Welt. Im Sommer wird im sanften Licht der Nacht "Mitternachtsgolf" gespielt. Eine Runde ab ISK 2.200, Ausrüstung kann ausgeliehen werden. Für eine Nachtrunde besser vorher anmelden. **Golfklúbbur Akureyrar**, ✆ 4622974, 10–22 Uhr.

• *Handwerk* Wer sich an einem Regentag kreativ beschäftigen möchte, kann **Punkturinn** aufsuchen, Kaupvangsstræti, über dem Kunstmuseum, ✆ 4622711, Mo–Fr 9–17 Uhr. In diesen offenen Werkstätten, die sich aus einem Arbeitslosenprojekt entwickelten, kann jeder basteln und handwerken – z. B. unter Anleitung tischlern, töpfern, schnitzen, Teppich knüpfen usw. Maschinen und Werkzeuge werden gestellt, bezahlt wird nur für das verbrauchte Rohmaterial. Die Lehrer arbeiten fast alle ehrenamtlich, darunter ältere Leute, die ihr Wissen um traditionelle isländische Handwerksmethoden weitergeben.

• *Reiten* Pferdeverleih auf der Farm **Kaupangur** an der Str. 829 südlich von Akureyri, ✆ 8622600, ISK 2.200/Std. **Nonni Travel** (siehe Touren) bietet 3-mal die Woche Ausritte vom Hof Grýtubakki im Eyjafjörður, 5–6 Std., ISK 8.200.

• *Schwimmbad* Þingvallastræti 13, Mo–Fr 7–21, Sa/So 8–18.30 Uhr. Großes, 1999 großzügig erweitertes Freibad mit zwei Außenbecken (27,5 und 31 °C), Wasserrutsche, 5 Hot Pots, Dampfbad, Sauna, Solarium, Minigolf, Grillplatz, Kinderbecken und viel Platz zum Sonnen. Spielgarten für Kinder mit Trampolin, Klettergerüsten und Miniaturausgaben von Gebäuden Akureyris.

• *Skifahren* Im Skigebiet Hlíðarfjall, 7 km von Akureyri. In 500 m Höhe Skihotel mit 11 DZ und Schlafsaal für 70 Gäste (Ski-Hotel Hlíðarfjall, ✆ 4622280/4622930, 1.1.–1.5., SSU ISK 2.100) und Cafeteria. Langlauf oder Abfahrt, Lifte fahren bis 980 m hoch. Verleih von Skiausrüstung.

• *Stadtführungen* **Zu Fuß** – 1,5-stündige, kostenlose Rundgänge durch die alten Stadtteile bietet im Juni, Juli und August das Heimatmuseum auf Isländisch und Englisch.

Mit dem Bus – Nonni Travel (siehe "Touren") bietet im Sommer Mo und Di 14 Uhr 2-stündige Stadtbesichtigung, bei der u. a. Nonnihaus, Heimatmuseum und Botanischer Garten besucht werden. Eintritt im Preis von ISK 3.100 inkl., mind. 4 Teilnehmer.

Ausflüge/Touren

• *Bus* **Nonni Travel**, Brekkugata 5, ✆ 4611841, 📠 4611843, Mo–Fr 8–17 Uhr, bietet regelmäßig 5- bis 12-stündige Bustouren (ISK 1.800–6.500) in die Umgebung von Akureyri, z. B. in den Öxnadalur, nach Glaumbær und Hólar, nach Laufás, zum Dettifoss oder zum Mývatn. Auch **Destination Iceland** und **SBA** bieten u. a. Tagesausflüge zum Mývatn, Dettifoss und nach Húsavík, in den Skagafjörður, zum Vatnajökull, nach Glaumbær und Hólar. Buchung im Busbahnhof.

• *Schiff* **Walbeobachtung**: Mit Nonni Travel (s. o.) tgl. für ISK 6.800 Busfahrt nach Húsavík und von dort 3 Std. Walbeobachtung. Günstiger ist die Fahrt mit **Sjóferðir Dalvík**: tgl. mit dem Bus nach Dalvík, von dort 3 Std. Walbeobachtung, dann leichtes Essen, Museumsbesuch, Schwimmen und Rückfahrt, alles inkl. ISK 6.000. Nur Walbeobachtung ISK 3.600. Buchung in der Touristeninformation.

Nach Grímsey und Hrísey: Mit Nonni Travel (s. o.) mit Bus/Fähre oder Flugzeug nach Grímsey (siehe dort). Nach Hrísey ebenfalls mit Nonni Travel: Mo–Fr 12.30 Uhr mit Bus nach Árskógssandur, von dort weiter mit der Fähre. Dauer insges. 6 Std., ISK 1.800. Sjóferðir Dalvík steuert auf seinen Walbeobachtungstouren (s. o.) Hrísey an, wo Fahrgäste aussteigen können, um später auf eigene Faust mit Fähre und Bus nach Akureyri zurückzufahren.

Segeln im Skagafjörður: Die von Nonni Travel (s. o.) organisierte Segeltour startet in Sauðárkrókur; Fahrgäste nehmen den Linienbus nach Reykjavík und steigen in Varmahlíð aus, wo sie abgeholt werden. Die Schifffahrt führt dann zu den Inseln Drangey und Málmey (siehe S. 482); ISK 7.000., insgesamt 5–6 Std.

Sehenswertes

Ein Stadtrundgang beginnt am besten ganz am südlichen Ende des Ortes im Viertel *Fjara* ("Ufer"), wo die Stadt ihre Anfänge nahm. Vier der bunten Häuser in der Aðalstræti beherbergten im 19. und frühen 20. Jh. Druckereien. Im Widerstand gegen die dänische Vorherrschaft hatte der Buchdruck große Bedeutung für die Bevölkerung.

Heimatmuseum: In der 1934 erbauten Villa *Kirkjuhvoll* verdeutlicht eine moderne, übersichtliche Ausstellung auf zwei Etagen die Geschichte und Entwicklung Akureyris von den Anfängen bis zum Jahr 2000 sowie die Lebensformen im Eyjafjörður von der Landnahmezeit bis ins Mittelalter. Zu sehen sind

Modelle und Karten, Fotos und Manuskripte, alte Gegenstände aus Handel, Landwirtschaft und Kirche sowie archäologische Ausgrabungsstücke, z. B. von dem einst bedeutenden Handelsposten Gásir. In einem weiteren Saal finden wechselnde Ausstellungen statt und wer noch mehr wissen möchte, findet einen kleinen Leseraum mit Büchern und Kaffee.

Lohnend ist auch der *Museumsgarten*: Hier wurde 1901 die erste Baumschule Islands eingerichtet. Zwischen Bäumen und Blumen steht eine *Holzkirche*, 1846 in Svalbarð am Ostufer des Eyjafjörður gebaut und 1970 zu ihrem jetzigen Standort gebracht. An dieser Stelle stand ursprünglich die erste Kirche Akureyris von 1862/63, in der bis 1940 Gottesdienste stattfanden. Die Holzkirche ist ein gutes Beispiel für ländliche hölzerne Gotteshäuser aus der Mitte des 19. Jh. Sie wird zu besonderen Anlässen noch genutzt und kann besichtigt werden (Schlüssel im Museum). In der Kirche finden im Sommer so genannte "Liedernächte" statt, die Entwicklung und Wandel der isländischen Musik aufzeigen.

Öffnungszeiten/Konzerte **Minjasafnið á Akureyri**, Aðalstræti 58, ✆ 4624162, 1.6.–15.9. tgl. 11–17, im Winter So 14–16 Uhr und nach Vereinbarung, ISK 400 (Ticket für Heimatmuseum, Kirche und Nonni-Haus ISK 450). **Konzerte** in der Holzkirche 20.30 Uhr, Dauer 1 Std., ISK 1.000 (Programm im Museumsprospekt).

Nonni-Haus: Direkt neben dem Heimatmuseum steht das rote Gebäude des Zonta-Clubs, davor die Statue *Jón Sveinssons*. Dies ist kein zufälliger Standort – hinter dem roten Haus liegt das unscheinbare Nonnahús. In diesem schwarz geteerten Holzhaus von 1853 in dänischem Stil verbrachte der als Kinderbuchautor weltberühmt gewordene Jesuitenpater Jón Sveinsson – besser bekannt unter seinem Kosenamen Nonni – fünf Jahre seiner Kindheit. Das Haus wurde 1909 vergrößert und war bis 1944 bewohnt.

Weltberühmter Schriftsteller Nonni

Zu Nonnis 100. Geburtstag eröffneten Frauen des Zonta-Clubs hier 1957 ein Museum. Möbel aus dem 19. Jh., persönliche Gegenstände und Fotos des Jesuitenpaters vermitteln in den engen Räumen eine Vorstellung von den Lebensbedingungen zu einer Zeit, als das Packeis manchmal bis in den Sommer hinein im Fjord lag, der Geruch von der Haifischlebertranfabrik in Oddeyri die Luft verpestete und man die Bäume in Akureyri an einer Hand abzählen konnte. Ein Raum ist voll von Nonnis Büchern in zahlreichen Übersetzungen.

Öffnungszeiten **Nonnahús**, Aðalstræti 54, ✆ 4623555, 1.6.–15.9. 10–17 Uhr, ISK 300 (Ticket für Heimatmuseum, Kirche und Nonni-Haus ISK 450).

Jón Sveinsson – Weltenbummler und Missionar

Jón Sveinsson wurde am 16.11.1857 in Möðruvellir im Hörgárdalur geboren. 1865 zog die Familie nach Akureyri in das bescheidene Holzhaus in der Aðalstræti. Es begann die Zeit, in der Nonni am Wasser mit Muscheln und Schafsknochen spielte, den Kartoffelgarten hinter dem Haus umgrub, im Frühjahr gespannt darauf wartete, dass am Hafen die schwankenden Kaianlagen ausgelegt wurden und die Handelsschiffe eintrafen, und im Herbst mit dabei war, wenn im Ort mit großem Radau die Schafe geschlachtet wurden. "Ich wuchs auf wie eine wilde Blume in Gottes freier Natur, inmitten der stolzen isländischen Berge, nahe dem Meeresufer. Erzogen wurde ich nach den Grundsätzen der meisten isländischen Familien, nämlich in der größtmöglichen Freiheit". Nachdem der Vater 1869 früh verstorben war und die Mutter die Ausbildung ihrer Kinder kaum finanzieren konnte, verließ Nonni Island in Richtung Frankreich – ein französischer Graf hatte angeboten, die Kosten seiner Erziehung zu übernehmen. Durch den deutsch-französischen Krieg an der Weiterreise gehindert, verbrachte Nonni einen Winter in Kopenhagen bei einem katholischen Präfekten, wo es ihm so gut gefiel, dass er vor seiner Abfahrt nach Amiens im Sommer 1871 zum Katholizismus übertrat. In Amiens besuchte er die Lateinschule der Jesuiten und trat 1878 dem Jesuitenorden bei. Es folgten ein Studium der Philosophie in Belgien und Holland, fünfjährige Lehrtätigkeit am Gymnasium in Ordrup, Dänemark, und ein Studium der Theologie in England. Als erster Isländer seit dem 16. Jh. zelebrierte Nonni 1890 die heilige Messe. Von 1892 an unterrichtete er zwanzig Jahre lang erneut in Ordrup und begann 1899 auch mit der Missionsarbeit. Als er aus Gesundheitsgründen nicht mehr unterrichten konnte, fand er die Zeit zum Schreiben: 1913 erschien mit "Nonni – Erlebnisse eines jungen Isländers, von ihm selbst erzählt" sein erstes Buch. 1914 zog er nach Österreich; als zweites Buch folgte "Nonni und Manni", das von ihm und seinem vier Jahre jüngeren Bruder Ármann berichtet, der schon mit 23 Jahren an Tuberkulose gestorben war. Nonni schrieb alle seine zwölf Bücher in deutscher Sprache; in über 30 Sprachen übersetzt und mit einer Weltauflage von jeweils mehr als einer Million Exemplaren eroberten sie die Kinderherzen weltweit. 1936 erfüllte sich Nonni seinen Traum und ging auf Weltreise, die ihn in die USA, nach Kanada und nach Japan brachte und von der er 1938 zurückkehrte. Nach Island kam er nur zweimal im Leben zurück, 1894 für einen kurzen Besuch und 1930 zur Tausendjahrfeier des Alþingis. Bei diesem Aufenthalt wurde er zum Ehrenbürger Akureyris ernannt. Am 16.10.1944 starb Nonni in Köln. Seine Reiseberichte blieben unvollendet.

Der Hang mit Kartoffel-, Kohl-, Rübenfeldern und Blumen ist längst nicht mehr so steil wie zu Nonnis Zeiten, da er seit 1890 abgetragen wird. Bis etwa 1860 sahen fast alle Häuser in Akureyri so aus wie das Nonni-Haus, niedrig und schwarz geteert. Dann begann man, die Gebäude bunt anzustreichen. Ein

Beispiel hierfür ist das nur wenige Schritte entfernt liegende *Friðbjarnarhús* von 1856 in der Aðalstræti 46. Hierin wurde 1884 die erste Guttemplerloge in Island gegründet. Seit 1961 ist es Museum und beherbergt eine Sammlung zur Geschichte der Guttempler. Benannt ist das Haus nach dem Buchhändler Friðbjörn Stefánsson (1838–1922), einem der Pioniere in der isländischen Guttemplerbewegung, der fast sein ganzes Leben lang hier wohnte. 2002 wurde das Museum renoviert und der Zeitpunkt der Wiederöffnung war ungewiss; die Touristeninformation weiß Genaues.

Das weiße Haus in der *Aðalstræti 17* ist mit seinen zwei Stockwerken und Ornamenten um die Fenster ein typisches Beispiel für einen um 1900 vorherrschenden Baustil, als sich durch Wohlstand und besser ausgebildete Baumeister neue Möglichkeiten im Häuserbau eröffneten. Einst holzverschalt, ist das Haus heute in die Blechverkleidung eingehüllt, die den Häusern einen Hauch von Steinbau geben soll.

Rechts zweigt die Hafnarstræti ab, es lohnt sich aber, die Aðalstræti bis zur Abzweigung der *Lækjargata* weiter zu laufen und dort zwischen den Hügeln hindurch links in die so genannte "Schlucht" abzubiegen. Es wird dörflich – rechts am Hang liegen die größten Kartoffelfelder der Stadt. Steil führt der Schotterweg an den eng stehenden, bunten Häusern und einer Reihe kleiner Pferdeställe entlang bergauf bis zu den Pferdekoppeln an der Þórunnarstræti. Um zum besten *Aussichtspunkt* über die Stadt zu gelangen, nimmt man den Weg zum Friedhof oberhalb der Lækjargata bis dorthin, wo der Pfad eine scharfe Rechtskurve macht. Von hier bietet sich ein weiter Blick auf das alte Akureyri, den Hafen, Oddeyri und den Fjord.

Wieder unten am Wasser, findet man in der *Hafnarstræti 3* ein hellblaues Haus von 1904, in dem die erste Telefonzentrale der Stadt untergebracht war. An dieser Stelle stand einst das erste ständig genutzte Wohnhaus Akureyris von 1787. Das älteste heute noch erhaltene Wohnhaus, das 1795 errichtete *Laxdalshús* aus geteertem Holz, steht etwas weiter nördlich in der Hafnarstræti 11. Die ersten hundert Jahre, bis mit der Landaufschüttung begonnen wurde, stand es direkt am Wasser. Alle Häuser auf der Ostseite der Hafnarstræti bis hinauf zum Ráðhústorg wurden im 20. Jh. auf Neuland errichtet; noch 1927 reichte das Wasser bis an die Straße heran – die Erklärung dafür, dass die Hafenstraße nicht am Wasser liegt.

In der Hafnarstræti 18 findet man mit dem *Tulius-Haus* ein gutes Beispiel für einen Baustil kurz vor dem 20 Jh.: Norwegische Heringsfischer und Walfänger brachten geräumige Fertigbau-Holzhäuser im Chalet-Stil mit großen Fenstern, hohen Decken und viel Verzierung um Fenster und Türen mit nach Island (siehe Kap. "Architektur"). Ein weiteres bemerkenswertes Exemplar befindet sich genau daneben, der *Höepfner-Laden* von 1911, heute ein Zoogeschäft. Links oben am Hang in der Hafnarstræti 53 steht das helle Haus, das 1900 als *Gymnasium* gebaut wurde. Es wird als Lagerraum für das *Theater* direkt daneben genutzt. 1906 vom Guttemplerorden gebaut, diente das hübsch ornamentierte Schauspielhaus schon den verschiedensten Zwecken, immer aber auch als Bühne für die Theatergruppe.

Haus von 1904 in der Hafnarstræti, einst Telefonzentrale

Weiter in Richtung Innenstadt gelangt man an die Kreuzung der Hafnarstræti mit der Kaupvangsstræti, auch *Listagil*, also "Kunstschlucht", genannt, in der ehemalige Gewerbe- und Industriebetriebe für künstlerische Zwecke genutzt werden: Hier gibt es ein Kunstmuseum, die Schule für bildende Künste, Galerien, Ateliers, Büros und Werkstätten von Architekten, Designern und Künstlern sowie multifunktionelle Veranstaltungsräume wie im *Ketilhús* rechts neben dem Museum oder im *Deiglan* auf der anderen Straßenseite. Im Sommer sind diese Räume sowie die beiden Kirchen der Stadt und das Café Karólina im Rahmen des zehnwöchigen Kunstfestivals *Listasumar* die Hauptveranstaltungsorte für Konzerte, Lesungen, Theater oder Ausstellungen.

Akureyri Kunstmuseum: Die weitläufigen Räume des Museums waren bis vor gar nicht langer Zeit noch die Arbeitshallen einer Molkerei. Seit 1993 werden in dieser bemerkenswerten Kunstgalerie nun in beinah monatlichem Wechsel Werke isländischer und ausländischer Künstler v. a. des 20. Jh. ausgestellt. Der produktive Direktor Hannes Sigurðsson bringt seit 1999 frischen Wind und kreative Ideen in das Museum, initiiert internationale Projekte, führt Umfragen in der Bevölkerung durch und setzt deren Ergebnisse in Ausstellungen um, holt interessante Sammlungen ins Haus: im Jahr 2002 z. B. moderne arabische Kunst und eine Gruppenausstellung von Künstlern aus Akureyri. Er schickte auch je ein Schriftsteller-Fotografen-Team aus Island, Grönland und den Färöern aus, um in neuen Werken einen kritischen Blick auf die zwei jeweiligen Nicht-Heimatländer zu werfen. Die Ergebnisse werden 2003 zu sehen sein.

Öffnungszeiten **Listasafnið á Akureyri**, Kaupvangsstræti 24, ✆ 4612610, tgl. außer Mo 12–17 Uhr, ISK 350.

In der *Gallerí Svartfugl*, gleich beim Kunstmuseum, haben Besucher die Möglichkeit, zwei Künstlern über die Schulter zu schauen und beim Geruch von Farbe in die Arbeitsatmosphäre einzutauchen: Die Galerie ist zugleich Werkstatt, Atelier und Studio; man kann lernen, wie Kunstdrucke entstehen, wie gewebt wird.

Öffnungszeiten Kaupvangsstræti 24, ✆ 8937661, offen, wenn gearbeitet wird.

Links neben dem KEA-Fosshotel beginnt die blumengeschmückte Freitreppe hinauf zur *Akureyrarkirkja*, der Eiskathedrale. Auf halbem Weg geht ein kurzer Sandweg zu einem weißen Holzhaus im norwegischen Baustil ab.

Sigurhæðir ("Siegeshügel"): In diesem Haus wohnte von 1903 bis zu seinem Tod 1920 der Pfarrer und Poet *Matthías Jochumsson*, der erste Ehrenbürger Akureyris. Der produktivste Dichter Islands schrieb auch Theaterstücke und Essays, arbeitete als Übersetzer und ging hauptsächlich dadurch in die Geschichte ein, dass aus seiner Feder 1874 der Text für die isländische Nationalhymne "Ó, guð vors lands!" floss. Lediglich das Erdgeschoss ist mit Möbeln und persönlichen Gegenständen auf knarrendem Holzboden wieder so hergerichtet worden, wie es war, als der Dichter dort wohnte. Zu sehen sind z. B. Bibliothek, Schreibstube und Küche.

Öffnungszeiten Eyrarlandsvegur 3, 1.6.–31.8. Mo–Fr 13.30–15.30 Uhr, ISK 300.

Eiskathedrale: Die auffällige helle Betonkirche mit zwei Türmen, die Stadt und Fjord überragt, wurde 1940 geweiht. Sie stammt vom Zeichentisch des bedeutenden isländischen Staatsarchitekten *Guðjón Samuélsson* und soll mit ihrem Baustil die bergige, steinige Umgebung des Eyjafjörður reflektieren. Innen ist sie schlicht und hell, mit bemerkenswerten Glasfenstern: Der mittlere Teil des Mittelfensters im Chor ist 400 Jahre alt und stammt aus der Domkirche in Coventry/England, die im Zweiten Weltkrieg zerstört wurde. Die Fenster des Doms waren zuvor in Sicherheit gebracht worden; drei von ihnen erstand ein Isländer bei einem Londoner Antiquitätenhändler und brachte sie nach Reykjavík. Ein Paar aus Akureyri wiederum kaufte ihm eines dieser Fenster ab und übergab es der Kirche, die sich nun seit 1943 damit schmückt. Die zwölf Fenster im Kirchenschiff stellen Ereignisse aus dem Leben Christi dar, der untere Teil erzählt jeweils von wichtigen Begebenheiten oder Personen aus der Geschichte des Christentums in Island. Erwähnenswert sind auch die sieben von *Ásmundur Sveinsson* geschaffenen und aus dem Leben Christi erzählenden Reliefs an der Empore und das mit Kalkspat von der Ostküste verzierte Kreuz über dem Chor. Das Altarbild über dem Taufbecken ist noch von der ersten Kirche Akureyris aus dem Jahr 1863 erhalten. Die Orgel mit 49 Registern wurde 1961 in Deutschland hergestellt und 1995 verbessert und erweitert. Seither sorgen 3.290 Pfeifen für hervorragenden Klang. Die Chororgel von 1988 ist die erste, die je in Island für eine Kirche gebaut wurde.

Öffnungszeiten **Akureyrarkirkja**, Eyrarlandsvegur, 1.6.–1.9. 10–12 und 14–17 Uhr, Prospekt ISK 100. An den Sonntagen im Juli um 17 Uhr kostenlose Konzerte.

Biegt man hinter der Kirche links in den Eyrarlandsvegur, stößt man bei der Hrafnagilsstræti auf einen kleinen, von hübschen Häusern eingerahmten und mit Blumen bepflanzten Platz – ein passender Rahmen für das Original der berühmtesten Skulptur des Bildhauers Einar Jónsson, "Útlaginn" (Der Geächtete) von 1901. Dahinter setzt sich das imposante Gymnasium, der *Menntaskóli*, in Szene – das größte Holzgebäude Akureyris, entstanden um 1900. Vor ihm steht die 1952 von Ásmundur Sveinsson geschaffene Skulptur "Óðinshrafninn" (Odins Raben). Von der Straße Barðstún schlängelt sich ein steiler Sandweg hinunter auf die Hafnarstræti. Schon nach wenigen Schritten bietet sich ein schöner Ausblick über die Stadt.

Öffentlicher Park und Botanischer Garten: Hoch am Hang über der Stadt liegt ein etwa 3,9 ha großes Farbenmeer – Bäume, die großenteils nirgendwo anders im Lande zu finden sind, üppige Rabatten mit Blumen, Gehölzen und Stauden. Ein 1910 von Hausfrauen gegründeter "Parkverein" hatte sich zum Ziel gesetzt, zur Verschönerung der Stadt und Erbauung ihrer Bewohner eine Grünanlage zu schaffen, und 1912 pflanzten die Frauen daraufhin nach Plänen von Anna Cathrine Schiöth Hunderte von Bäumen. 1953 übernahm die Stadt den Park, der bis 1994 wiederholt vergrößert wurde. Der Botanische Garten wurde 1957 in den Park integriert. In ihm sollen möglichst viele Arten der isländischen Flora bewahrt und gezeigt werden. Viele der hier kultivierten Pflanzenarten kommen zudem aus den polaren Breiten und aus Hochgebirgsregionen der Welt. Insgesamt sind hier etwa 6.000 fremde und 400 einheimische Arten zu finden.

Öffnungszeiten **Lystigarður Akureyrar**, Spítalavegur, 1.6.–30.9. Mo–Fr 8–22, Sa/So 9–22 Uhr.

Wer weitere Eindrücke von Akureyri sammeln möchte, sollte hier oben in Richtung Norden durch die Straßen schlendern, wo in den zwanziger Jahren mehrere Gebäude aus Beton im Stil des Neoklassizismus entstanden.

Davíðshús: In diesem Haus verbrachte der Dichter *Davíð Stefánsson* (1895–1964) die letzten zwanzig Jahre seines Lebens. Der 1955 zum Ehrenbürger der Stadt Akureyri ernannte Bibliothekar veröffentlichte zehn Gedichtbände und vier Theaterstücke. Mit seinem Nachlass kam das Haus in den Besitz der Stadt und wurde 1965 unverändert als Museum eröffnet. Das Besondere ist die Bibliothek mit ca. 5.500 Büchern, darunter eine Bibel von 1756. Ansonsten ist dies ein schönes Beispiel für Wohnhäuser aus den vierziger Jahren.

Öffnungszeiten Bjarkarstíg 6, 1.6.–31.8. Mo–Fr 16–17.30 Uhr, ISK 300.

Wo Brekkugata und Helgamagrastræti zusammentreffen, blicken von einem Hügel *Helgi magri Eyvindarson* und die irische Prinzessin *Þórunn Hyrna Ketilsdóttir* in die Ferne. Die Skulptur *Landnemar* in Erinnerung an die ersten Siedler im Eyjafjörður wurde 1957 von Jonas Jakobsson geschaffen. Von hier lässt sich die Stadt nach allen Seiten überblicken.

Stadtbibliothek: Die Brekkugata wieder hinunter, trifft man auf das große Gebäude von Stadtbibliothek und Bezirksarchiv, die mit Unmengen von Büchern, Zeitschriften, Dokumenten und Statistiken aufwarten können. Hier auch kostenloser Internetzugang.

Öffnungszeiten **Amtsbókasafn og Héraðsskjalasafn**, Brekkugata 17, Mo–Fr 10–19 Uhr.

Für einen Spaziergang bietet sich auch der zweitälteste Teil der Stadt, *Oddeyri*, an. Dieses ruhige Viertel mit farbenfrohen Häusern und teils verwilderten Gärten liegt abseits vom Lärm der Stadt. In der Eiðsvallagata steht das älteste Wohnhaus dieser Gegend, *Gamli Lundur*, ein dunkles, kleines Holzhaus von

Karte S. 440/441

1858. An der Strandgata befindet sich das von weitem sichtbare, große, helle Holzgebäude *Gránufélagshús*, heute eine Kneipe. Das Haus ist aus mehreren Gebäuden zusammengesetzt: Das westliche kaufte die erste isländische Handelsgesellschaft *Gránufélagið* 1873 in Seyðisfjörður an der Ostküste dänischen Händlern ab, ließ es in Einzelteilen nach Oddeyri bringen und hier wieder aufbauen. 1876 errichtete die Gesellschaft ein weiteres Haus östlich des ersten, das sie zwei Jahre später durch ein neu gebautes drittes mit dem dänischen Gebäude verband.

Auf dem Gelände der ehemaligen Wollfabrik Folda gab es bis zu deren Wegzug ein Industriemuseum. Die dort ausgestellten Originalmaschinen aus der ersten Hälfte des 20. Jahrhunderts dienten der Herstellung von Seife, Plastiktüten oder Konservendosen, dem Schneiden von Fleisch oder der Verarbeitung von Leder. Sie erzählen zusammen mit alten Fotos anschaulich aus der Industriegeschichte Akureyris, die sich v. a. auf Wolle, Leder und Fischverarbeitung stützte. 2003 soll das Museum an anderer Stelle wiedereröffnet werden, Infos hierzu bei der Touristeninformation.

Wanderungen

(s. Karte S. 459)

Gute Wandermöglichkeiten bestehen im *Glerárdalur*, der direkt hinter dem westlichen Ortsausgang beginnt, und in den umliegenden, mit kleinen Kargletschern versehenen Bergen, die mit weit über 1.000 m Höhe die höchsten des Nordlandes sind. Hier kommen sowohl wenig erfahrene Wanderer, die ein bisschen klettern möchten, auf ihre Kosten, als auch Leute, die sich gerne mit Steigeisen und Eispickel auf den Weg machen. Nur zwei Wanderwege sind markiert: der auf den Súlur und der durch das Flusstal nach Lambi. Prospekte mit Wanderkarten und kurzer Beschreibung (auch auf Deutsch) zahlreicher Wanderrouten im Glerárdalur sowie auf alten Reit- und Fußwegen östlich und südlich von Akureyri sind kostenlos beim Wanderverein erhältlich: **Ferðafélag Akureyrar**, Strandgata 23, ✆ 4622720, 📠 4627240, Mo–Fr 16–19 Uhr.

Akureyris Hausberg Súlur (1) (5 km, h/r 5–7 Std.): Die populärste Wanderung führt auf den Berg Súlur (1.213 m), wobei 880 m Höhenunterschied zu überwinden sind. Eine gewöhnliche Wanderausrüstung ist ausreichend. Auf dem Parkplatz der Mülldeponie von Akureyri, der über den Súluvegur erreicht wird, beginnt der mit Holzpflöcken markierte Weg. Der ständig steiniger und schroffer werdende Pfad führt ziemlich gerade den Berg hinauf. Das letzte Stück der mittelschweren Strecke ist sehr steil; häufig findet sich hier auch im Sommer noch Schnee. Oben bietet sich bei klarem Wetter vom Nordgipfel aus eine weite Sicht bis zur Insel Grímsey, vom Südgipfel bis zum Herðubreið und zum Vatnajökull.

Durch das wilde Flusstal nach Lambi (2) (11 km einfache Strecke): Dieser markierte Weg, auf dem 470 m Höhenunterschied zu bewältigen sind, beginnt ebenfalls bei der Mülldeponie. Er führt zunächst oberhalb der Glerá-Schlucht den Fluss entlang. Dann geht es schräg bergauf und vorwiegend auf Schafspfaden zur Brücke über den Fluss Fremri-Lambá. Durch die Moränenlandschaft Grenishólar gelangt man zur Wanderhütte Lambi, die bis zu 15 Personen Platz bietet. Hier kann man sich zur anspruchsvollen Bergbesteigung rüsten oder einfach durch andere Täler weiter-

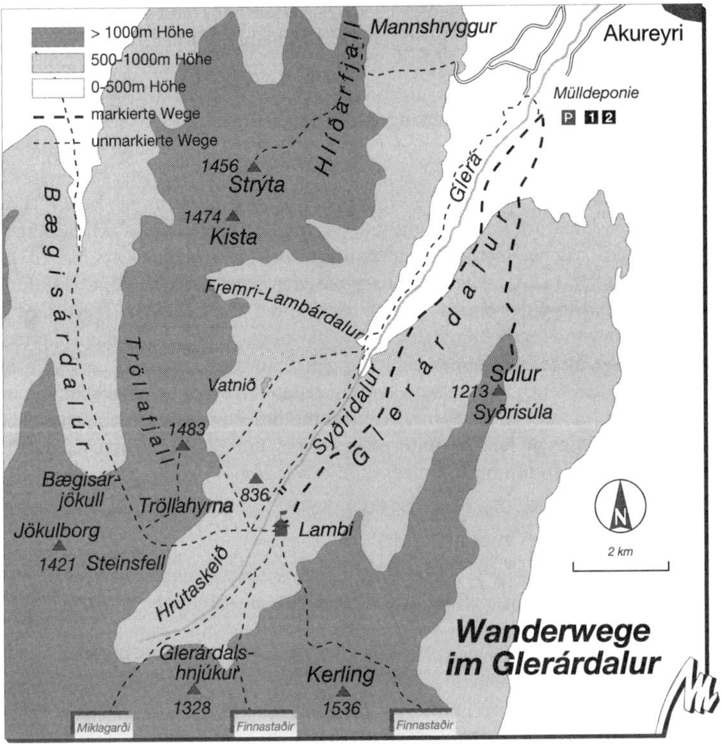

wandern. Eine schöne und einfache, nicht markierte Strecke zurück nach Akureyri verläuft über 12 km bergab am Westufer des Flusses entlang. Möglich ist ein kleiner Umweg zu den Felsnadeln Tröllin am Osthang des Trollafjall, von wo aus es in Richtung Nordosten zum kleinen See Vatnið und dann schräg bis zur Brücke über die Fremri-Lambá hinunter weitergeht. Dieser 6 km lange Abstecher mit einem Anstieg von 450 m bietet wunderschöne Ausblicke über den Glerárdalur.

- *Wandern mit dem Wanderverein* Der *Ferðafélag Akureyrar* bietet im Sommer zahlreiche reizvolle, ein- oder mehrtägige Wanderungen im Norden Islands an. Die eintägigen Touren kosten inkl. Anfahrt mit dem Bus (wenn mind. 10–15 Pers., sonst Anfahrt mit Privatautos) und Wanderleitung ISK 3.000–6.000.

Grímsey: Der nördlichste Punkt Islands

Abgeschieden liegt Grímsey 40 km von der Nordküste der Hauptinsel entfernt genau auf dem Polarkreis und damit zur Hälfte in der Arktis. 95 Menschen wohnen auf dem 5,3 qkm großen, grünen Eiland, gemeinsam mit 200 Schafen und Myriaden von Vögeln. An den steilen, bis zu 105 m hohen Felswänden der Ostküste wimmelt es von gefiederten Gesellen etwa 35 verschiedener Arten, darunter Papageientaucher, Lummen, Tordalken, Gryllteisten, Eissturmvögel

Akureyri und der Nordwesten
Karte S. 440/441

und Dreizehenmöwen. Wegen des reichen Vogellebens sind Katzen und Hunde auf der Insel verboten. Bis in die siebziger Jahre wurden jährlich an zehn Tagen im Mai Zehntausende Vogeleier gesammelt und auf die Hauptinsel verkauft, heute sammelt man nur für den privaten Verzehr. Die Wirtschaft der Insel stützt sich nun auf Fischfang und -verarbeitung und seit neuestem auch auf den sommerlichen Tourismus. Dieser ist erst seit dem Bau des Flughafens in den späten 60er Jahren und regelmäßigen Fährverbindungen möglich. Bis 1931 war Grímsey völlig von der Hauptinsel abgeschnitten, es gab kein Telefon und nur zweimal im Jahr, im Juni und September, kam das Postschiff. Wegen des Fehlens frischer Nahrung war Skorbut noch im ersten Viertel des 20. Jh. weit verbreitet. Das Leben war hart auf der schon in der Sagasammlung *Heimskringla* und der *Sturlunga saga* erwähnten Insel, die der Überlieferung nach einst von einem Riesengeschlecht bewohnt war, bis ein Mann namens *Grímur* alle Menschen außer einer jungen Frau tötete, mit der er dann die Vorfahren der heutigen Inselbevölkerung zeugte. Der Legende nach kamen im 18. Jh. alle Männer Grímseys mit Ausnahme des Pfarrers auf dem Meer um, als sie mit offenen Booten unterwegs waren, um Fisch einzutauschen; der Pfarrer sorgte daraufhin ganz allein für die Wiederbevölkerung der Insel.

Vom Denksport zum Ballsport

Die Bewohner Grímseys waren einst die begeistertsten und besten Schachspieler Islands. Davon erfuhr der wohlhabende amerikanische Gelehrte und Schachspieler *Daniel Willard Fiske*, der der Gemeinde daraufhin beeindruckt ein Schachspiel aus Marmor und jedem einzelnen Hof auf der Insel ein eigenes Spiel schenkte. Außerdem gründete er hier 1901 eine Bibliothek mit wertvollen Büchern und 1906 eine Schule. Bis 1920 traf man sich zweimal im Monat in der Schule, um an acht Tischen Schach zu spielen. Heute spielt niemand mehr. Die Inselbewohner haben eine neue Leidenschaft entwickelt: das Fußballspiel.

Grímsey lässt sich gut erwandern. An der Westküste locken mit Basaltsäulen geschmückte Buchten, an der Ostküste die Vogelfelsen. In der Brutzeit ist darauf zu achten, nicht auf die Brutplätze der Küstenseeschwalbe zu treten; Angriffen der ausgewachsenen Tiere kann man sich ohnehin sicher sein. Lohnend ist der Besuch der kleinen, 1867 aus Treibholz erbauten Kirche im malerischen Kirchgarten.

- *Verbindung* Mo, Mi und Fr 7.30 Uhr mit dem **Bus** von Akureyri nach Dalvík und von dort nach 1 Std. weiter mit der Fähre *Sæfari*, 5 Std. hin, 3,5 Std. Aufenthalt, 4 Std. zurück, ISK 4.200. Direkt ab Dalvík mit *Sæfari* 9 Uhr, zurück ab Grímsey 16 Uhr, ISK 3.700. Hin mit dem Flugzeug und zurück mit der Fähre Mo, Mi und Fr 7.30 Uhr, 1,5 Std. Aufenthalt, ISK 8.500. Alternative: der 2,5-stündige *Arctic Circle Flight*, So–Fr 19.45 Uhr (bei genügend Nachfrage), 80 Min. Aufenthalt auf Grímsey, ISK 11.230. Buchung aller Touren bei **Nonni Travel** in Akureyri (siehe S. 451), ✆ 4611841. Linienflüge (So–Fr tgl. 1-mal) auch zu buchen bei **Air Iceland**, ✆ 4607000. Möglich ist auch ein Flug ab Reykjavík mit Zwischenstopp in Akureyri, ebenfalls tgl. außer Sa, ✆ 5703030.
- *Touren* **Destination Iceland**, ✆ 5911020, bietet tgl. außer Sa Flug von Reykjavík nach Akureyri, dort leichte Mahlzeit und Weiterflug nach Grímsey. Auf der Insel Führung

mit Reiseleiter zu den Vogelfelsen. Rückflug wieder über Akureyri mit kurzem Zwischenaufenthalt. Etwa ISK 20.000, vorbuchen!

• *Versorgung* Post, Schwimmbad, Gallerí Sól (hier Handarbeiten, Souvenirs und Coffee Shop).

• *Übernachten/Essen* **Á Básar**, ✆ 4673103; DZ ISK 5.000, SSU ISK 1700, Frühstück ISK 700. Mit Restaurant.

Gisthiheimilið Gullsól, ✆ 4673114, bietet Übernachtung in 3 Zimmern, mit Küche.

Der Eyjafjörður südlich von Akureyri

Südlich von Akureyri erstreckt sich das 60 km lange, saftig-fruchtbare und dicht besiedelte Tal der Eyjafjarðará. Neben der reizvollen Landschaft lohnen geschichtsträchtige Höfe, ein Grassodengehöft und einige der bedeutendsten Kirchen des Landes eine Rundfahrt. Außerdem besteht von hier aus Verbindung zum Hochland Sprengisandur.

Der Fluss *Eyjafjarðará* entspringt im Hochland und wächst auf dem Weg durch den Eyjafjarðardalur in Richtung Fjord durch Zuflüsse beständig an. Die Region eignet sich gut für einen Tagesausflug von Akureyri aus; überwiegend asphaltierte Straßen ermöglichen eine 90 km lange Rundfahrt.

Am Flughafen vorbei führt die Str. 821 in das von markanten Berghängen eingerahmte Tal hinein. Rechter Hand erheben sich hinter dem Naherholungsgebiet von Kjarnaskógur schneebedeckte, spitze Berggipfel. Nach 10 km steht rechts oben an der Str. 822 zwischen hohen Tannen das Sanatorium *Kristnes*, 1927 errichtet und als erstes großes Gebäude des Landes mit Thermalwasser beheizt. *Helgi der Magere* baute hier im 9. Jh. seinen Hof und nannte ihn, als gläubiger Christ, Kristnes. Den Siedlungsplatz hatte er sich jedoch von Þór zuweisen lassen, dem er auch geopfert hatte, um sicher über das Meer zu kommen. Helgi war einer von den vielen, die Asenglaube und Christentum wunderbar miteinander vereinen konnten.

An den Gewächshäusern von Grísará vorbei geht es weiter ins Tal hinein. Weil es schon seit der Sagazeit besiedelt ist, kann hier fast jeder Hof eine Geschichte erzählen, so z. B. *Grund*. Im 13. Jh. wohnten hier *Sighvatur Sturluson* und andere Mitglieder der mächtigen Sturlungar-Sippe, die der Epoche ihren Namen gab, im 16. Jh. dann *Þórunn Jónsdottir*, Tochter des letzten katholischen Bischofs Jón Arason. Sie schnitzte einen kunstvollen Stuhl, der heute im Nationalmuseum ausgestellt ist. Der Besuch von Grund lohnt wegen der einzigartigen Holzkirche von 1905: Bauer Magnús Sigurdsson hatte den ehrgeizigen Plan, die größte Kirche in Eyjafjörður zu bauen. Das aufwändige, liebevoll verzierte helle Gotteshaus mit seinen dekorativen Fenstern und barockem, von einer Zwiebelkuppe gekröntem Dach wurde von den besten Zimmerleuten mit großer Sorgfalt gebaut; das Holz ließ Magnús extra in seinem Wohnhaus trocknen. Wer einen Blick in das prächtige Innere mit von Säulen getragenen Emporen werfen möchte, erhält den Schlüssel im Haus.

Das Tal verengt sich nun beständig. Die Bewohner sammeln hier im Sommer gerne Pilze. Rechts zweigt die Straße 825 ab, die durch das Seitental Djúpidalur bis zum Hof *Litlidalur* führt. Das Leben dort hat seine Schattenseiten – das Tal ist so eng, dass die Sonne ein halbes Jahr nicht zu sehen ist. Links liegt der Flugplatz *Melgerðismelar*, während des Zweiten Weltkrieges von den Briten angelegt und damals der größte Flugplatz im Nordland. Heute starten und landen hier nur noch Segelflugzeuge. Am Hleiðargarðsfjall liegt der Hof *Saurbær* mit einer der sechs erhaltenen Torfkirchen des Landes. Das winzige Gotteshaus mit Grassodendach und zwei Glocken außen über der Eingangstür wurde 1858 errichtet und steht heute unter Obhut des Nationalmuseums. Hinter Jórunnarstaðir breitet sich eine mit Grünflächen durchsetzte, ansonsten kahle Hügelgruppe aus. Diese *Leyningshólar* sind durch Bergrutsch und Gletscherablagerungen entstanden. Seit den 1940er Jahren wird das Gebiet aufgeforstet; hier lässt es sich schön picknicken und spazieren gehen oder auch zelten. Man biegt nun links ab auf die Str. 826, die sich am anderen Flussufer zurück gen Norden wendet; die Str. 821 geht in die F821 über, die zum Hochland Sprengisandur führt.

Die Str. 826 führt am Bergrücken Hólafjall entlang nach *Hólar.* Auf diesem Bauernhof mit weißer Holzkirche stehen noch die überwucherten und verwilderten Giebelhäuser eines 1853 größtenteils aus Steinen und Grassoden gebauten Gehöfts. Das Holz an der Vorderfront der Häuser stammt teilweise aus dem Mittelalter und war ursprünglich für den Bau von Kirchen auf diesem Hof verwendet worden. An der Abzweigung der Str. 827 vorbei geht es ein kurzes Stück auf der anderen Seite des Flusses auf der Str. 821 weiter und wieder an der Torfkirche Saurbær vorbei; dann zweigt rechts die Str. 829 nach Akureyri ab. Nach 1,5 km taucht hinter einer scharfen Kurve vor dem steil aufragenden Möðruvallafjall *Möðruvellir* auf, ein historischer Hof aus der Sagazeit. Von hier bietet sich ein wunderschöner Ausblick auf das Tal, die imposanten Berghänge an der Westseite des Flusses und die dahinter aufragenden, schneebedeckten Gipfel. Vor der Kirche mit einem der seltenen, alten Altargemälde aus Alabaster steht in der Steinumwandlung ein hölzernes Glockentor von 1781, von dem man sich kaum vorstellen kann, dass es mehr als 200 Jahre lang Wind und Wetter getrotzt hat.

Eines der größten und wichtigsten Gehöfte des Bezirks ist *Munkaþverá,* etwa 12 km nördlich von Möðruvellir, kurz hinter der Þverá, die hier durch eine Schlucht fließt. In der Sagazeit wohnte hier *Víga-Glúmur,* über dessen Weg vom überzeugten Heiden zum Christen die gleichnamige Saga berichtet. Von 1155 bis zur Reformation stand an dieser Stelle ein Kloster, anschließend wohnten hier die Bezirksvorsteher und Gesetzesvertreter. Dem Kloster war eine Schule angeschlossen, in der auch der letzte katholische Bischof *Jón Arason* seine Ausbildung erhielt. An ihn erinnert die von *Guðmundur frá Miðdal* geschaffene Skulptur neben dem Friedhof. Hier liegen wahrscheinlich Sighvatur Sturluson und seine Söhne begraben, wie die Grabstätte *Sturlungareitur* vermuten lässt. Sie fielen 1238 bei der großen Schlacht zu Örlygsstaðir, die hier in der Nähe ausgetragen wurde. Der nächste Hof an der Str. 829 ist *Grýta,* vermutlich die Geburtsstätte Jón Arasons; ihm zu Ehren wurde ein kleiner grüner Hain angelegt. Kurz vor Erreichen des Eyjafjörður wird hinter der Kirche Kaupangur die *Bíldsá* überquert. Laut Landnahmebuch ging Helgi der Magere an der Mündung dieses Flusses vor Anker. Demnach muss der Fjord sich einst bis hierher erstreckt haben und bis zur Bíldsá schiffbar gewesen sein.

• *Schwimmbad* **Hrafnagil** beim Hótel Vín an der Str. 821, Mo–Fr 12–18, Sa/So 9–19 Uhr, Freibad.

• *Übernachten* **Hótel Vin**, Hrafnagil, ✆ 4631400, 📠 4631399. Im einstigen Internat 26 Zimmer für bis zu 4 Pers., die meisten mit Bad, sonst mit Waschbecken. DZ mit/ohne Bad ISK 8.200/5.200, 50 SSU ab ISK 1.200. Frühstück. Schöner Schulkomplex mit Spielplatz und Schwimmbad.

Hof Björk (FH), an der Str. 829, ✆ 4631169, ℻ 4631169, freundliches Nichtraucher-Gästehaus mit 2 großen, hellen DZ mit Waschbecken ISK 5.500, Küche. Alles behindertengerecht zugeschnitten. Frühstück im großem Wintergarten mit Blick über den Fjord. Um das Haus tummeln sich Hühner, Hasen und Pferde.

Hof Hrísar, an der Str. 826, ✆ 4631305, ℻ 4631341. 1 Sommerhaus mit Küche, TV, für 4 Pers., ISK 40.000/Woche.

Hof Öngulstaðir III (FH), an der Str. 829, ✆ 4631380/4631227, ℻ 4631390. Stall und Heuschober wurden stilvoll zum modernen Gästehaus mit Kunsthandwerksladen umgebaut. 17 DZ mit Bad ISK 7.300; zwei DZ ohne Bad in Privathaus ISK 6.000, SSU ISK 1.800. Frühstück. Im Sommer vorbuchen. Fantastischer Blick über den Fjord. Jeden Freitagabend "Icelandic table" mit Lamm, Hering, Tees aus der Gegend u. a. Spezialitäten, etwa ISK 2.200. Lohnend ist der einstündige Aufstieg auf den Berg vor dem Gästehaus.

• *Camping* **Hrafnagil**, beim Hótel Vín, ISK 1.000/Zelt inkl. Dusche und Hoteleinrichtungen. **Hof Hrísar** (s. o.), WC und Warmwasser, ISK 1.000/Zelt.

• *Essen* **Blómaskálinn Vín**, bei Gewächshäusern in Grísará an der Str. 821, großes, mit Pflanzen dekoriertes Restaurant mit kleiner Salat- und Pastabar, auch Sandwiches, Pizza, Kaffee und Kuchen oder Eis, tgl. 10–22 Uhr.

Wanderung

(s. Karte S. 440/441)

Eyjafjarðardalur (3) (13 km): Der nördliche Teil des Tales lässt sich gut erwandern. Vom Gehöft Brunna folgt man hierzu der alten Landstraße Richtung Osten, biegt hinter der dritten Brücke rechts ab und geht auf einer Piste am Fluss entlang gen Süden. Diese friedliche Gegend, in der das verlassene Gehöft Kaupangsbakki liegt, ist bei Vögeln beliebter Brutplatz. Der Weg führt bald vom Fluss weg, über den Nebenfluss Þverá und anschließend unter einer Heißwasserleitung durch, die Akureyri mit Warmwasser versorgt. Ein Reitweg führt westlich der Leitung und der Str. 829 durch das Tal zum Hof Laugaland. Von dort folgt man der Landstraße nach rechts, über die Eyjafjardará und zum Hotel Vín. Ein kostenloser Prospekt ("Vaðlaheiði") mit Karte und Beschreibungen dieser und vieler weiterer Wanderungen in der Gegend ist kostenlos beim Wanderverein in Akureyri erhältlich (siehe S. 458).

Von Akureyri nach Varmahlíð

Auf der Ringstraße führt die knapp 100 km lange Strecke größtenteils durch die engen Täler einer imposanten, alpinen Bergwelt. Bei Umrundung der Halbinsel Tröllaskagi mit markanten Berggipfeln, bunten Fischerorten und dem Bischofssitz Hólar dehnt sich die Route auf mindestens 240 km aus.

Die Ringstraße macht 10 km hinter Akureyri einen scharfen Knick hinein in das breite, hier noch dicht besiedelte Tal der Hörgá. Im Süden liegt das Niedertemperaturgebiet *Þelamörk*, dessen Energie zur Versorgung Akureyris genutzt wird. Bei Neðri-Rauðalækur taucht der kleine, im Bergrücken Vindheimaöxl versteckte Gletscher *Vindheimajökull* auf. Dann steigt die Straße stark an und führt am Pfarrhof *Ytri-Bægisá*, auf dem der Dichter Jón Þorláksson (1744–1819) bis an sein Lebensende in Armut lebte, vorbei in den engen, so gut wie unbewohnten *Öxnadalur*. Zu Ehren des naturalistischen Dichters Jónas Hallgrímsson, der auf dem Hof Steinsstaðir seine Jugend verbrachte, wurde dort, wo die Zufahrt zur weißen Holzkirche Bakki von 1843 abgeht, der Hain Jónasarlundur mit Picknicktischen angelegt.

Entlang der Öxnadalsá erheben sich schroffe und hohe, immer wieder von Schneeflecken und den schmalen Bändern weiß glänzender Wasserfälle geschmückte Berge. Hinter dem Hof Hraun thront der wohl markanteste Gipfel des Tals: *Hraundrangi* (1.075 m), eine spitz aus dem gezackten Felsgrat aufragende Zinne. 1956 wurde sie das erste Mal bezwungen. Hinter dem in grüne Wiesen eingebetteten Hof Háls sind alle Gehöfte verlassen, das Tal wird karger und unwirtlicher. Bergstürze haben vor Tausenden von Jahren Hügeln und Halden entstehen lassen, zwischen denen hindurch die Strecke zum in den Norðurárdalur führenden Hochpass verläuft, der beim einstigen Gehöft Gil beginnt. Steil windet sich die Straße bis in 540 m Höhe und an der Schutzhütte vorbei über die 14 km lange Öxnadalsheiði. Der Berghang ist zerfurcht, wie Pfoten liegen die Hangenden am Fluss. Wegen der hier einfallenden Schneemassen war der Weg früher im Winter häufig unpassierbar. Eindrucksvolle Schluchten werden überquert, wenn es mit bis zu 12 % Gefälle wieder bergab geht. Die tiefste und markanteste ist das *Kotagil,* in dem auch durchlöcherte Steine zu finden sind, hinter dem weit und breit einzigen Hof, *Fremri-Kot.* Am Hof Egilsá mit kleinem Wäldchen vorbei geht es aus der dramatischen Gebirgswelt hinaus. Beim Pfarrhof Silfrastaðir ist das saftige Tal der *Héraðsvötn* erreicht. Die weiße, achteckige Kirche von 1896 vor dem mit roten Gesteinsschichten geringelten Berg ist Nachfolgerin der Torfkirche, die heute im Freilichtmuseum Árbær in Reykjavík besichtigt werden kann. Rechts an der Zufahrt zum Hof Bóla befindet sich ein Hain mit einem Denkmal zu Ehren des Dichters und Holzschnitzers *Bólu-Hjálmar* (1796–1875), der auf dem Hof lebte und dessen mit Schnitzereien reich verzierte Wandschränke im Nationalmuseum in Reykjavík und auf dem Museumshof Glaumbær ausgestellt sind.
Wo wenige Kilometer weiter ein Parkplatz mit Picknickbank auftaucht, führt ein etwa zehnminütiger Weg den Hang hinauf zum Gedenkstein an die blutige Schlacht bei *Örlygsstaðir* im Jahr 1238. Bei dieser größten Fehde in der isländischen Geschichte ließen 67 Männer ihr Leben, darunter ein Großteil der Sturlungenfamilie (siehe Kap. "Geschichte und Politik", S. 65). Der Gedenkstein auf der anderen Straßenseite erinnert an *Brynjólfur Pétursson,* im 19. Jh. einer der Herausgeber der für die Unabhängigkeit Islands kämpfenden Zeitschrift *Fjölnir.*
Im Norden breitet sich nun der Skagafjörður aus. Nirgendwo in Island gibt es mehr Pferdezüchter und Pferde als hier, wo sich im Sommer Tausende der zottigen, freundlichen Tiere in den Tälern sammeln. Die Ringstraße überquert nach scharfer Linkskurve die Héraðsvötn und erreicht Varmahlíð.

• *Übernachten* **Gistiheimili Þelamörk**, privat geführtes Sommerhotel in der Schule, 11 km westlich von Akureyri an der Hörgá, ✆ 4621772/8931685, 📠 4621685. 15.6.–15.8. 28 Zimmer mit Waschbecken, ISK 2.500/Pers., SSU ab ISK 1.000. Mit Spielplatz und großem Freibad, dem wärmsten in Island! Mo–Fr 10–22, Sa 10–19, So 10–22 Uhr. Hot Pots und Dampfbad.

Lauftún (FH), bei Varmahlíð, ✆ 4538133, 2 DZ und 3 TZ, ISK 2.500/Pers., SSU ISK 1.500, Frühstück. Unterschiedlich möblierte Räume bei nettem älterem Ehepaar. Im anderen Haus mit 2 DZ und 2 TZ, Küche und Bad noch weitere Unterbringungsmöglichkeiten, hier ISK 2.000/Pers., SSU ISK 1.000. Auf ihrer Farm in ehemaliger Garage SSU auf Matratzen, ISK 1.000, außerdem Camping auf großer Wiese, ISK 400/Pers. mit Dusche. Für Zelter und Schlafsackunterkünftler Küche und Tische in weiterer riesiger ehemaliger Garage, woran noch das Werkzeug erinnert. Für alle Gäste Hot Pot im Garten.

Der Skagafjörður ist der Fjord der Pferde

Varmahlíð (140 Einw.)

Aufgrund seiner verkehrsgünstigen Lage entwickelte sich der Hof Varmahlíð mit der Zeit zu einem kleinen touristischen Dienstleistungszentrum. Das Dorf mit Baumschule bietet seinen Gästen einen großen Servicekomplex mit Supermarkt und Schnellrestaurant an der Tank- und Bushaltestelle, eine Touristeninformation, ein Hotel und einen Zeltplatz – im Sommer ist hier deshalb von morgens bis abends etwas los. Die nahen Gletscherflüsse Vestari-Jökulsá und Austari-Jökulsá machen Varmahlíð zudem zu einem guten Ausgangspunkt für River Rafting Touren (siehe "Ausflug").

Weil die Schule geschlossen wurde, musste das dort angesiedelte kleine naturgeschichtliche Museum, in dem zwischen Gesteinen, präparierten Vögeln und einem Eisbären ein Schaf mit zwei Köpfen zu bestaunen war, umziehen. 2002 suchte der Schulleiter noch nach einem passenden neuen Ort. Genaueres weiß die Touristeninformation.

Reittourenveranstalter Hestasport und der Veranstalter von Raftingtouren, Activity Tours, haben ihren Sitz in Varmahlíð, wo sie seit neuestem gemeinsam operieren. Geplant ist der Bau eines Outdoor-Centers, eines kleinen Dörfchens mit 15 Holzhäusern, in denen die Gäste unterkommen, die an ihrem Aktivprogramm ("Iceland Active Life") teilnehmen – neben Reiten und Rafting u. a. Abseilen, Golf, Angeln.

Information/Verbindungen/Adressen

• *Information* Im hübschen Holzhaus mit Grasdach neben der Tankstelle, ✆ 4538860, 1.6.–15.9. Mo–Sa 10–19, So 12–18 Uhr. Mit Verkauf von Wollwaren und schönem Kunsthandwerk.

• *Verbindung* **Bus** ab Hótel Varmahlíð am Hang, ✆ 4538170. Nach/von Reykjavík bis zu 3-mal tgl., nach/von Akureyri 2–mal tgl., nach Siglufjörður Mo, Mi u. Fr, zurück Di, Do u. So.

• *Versorgung* **Bank** (mit Geldautomat) neben der Tankstelle. **Supermarkt** im Servicekomplex, tgl. 9–23.30 Uhr. Hier auch **Post**.

• *Kunsthandwerk* **ASH Keramik**, Lundi, tgl. 9–18 Uhr. Wunderschönes Keramikgeschirr, Bilder, Gürtel aus Pferdehaar, Postkarten u. a. m. Zudem wechselnde Ausstellungen verschiedener Künstler.

• *Reiten* Pferdeverleih auf dem Zeltplatz, ✆ 4538230/8993231. Touren in die Umgebung ab ISK 1.700, 5-stündiger Ausflug nach Glaumbær inkl. Museumsbesuch und Café ISK 6.000. **Hestasport** in Varmahlíð, ✆ 4538383, bietet Ausritte im Skagafjörður von mehreren Stunden bis mehreren Tagen, 7- bis 10-Tagestouren im Norden und im Hochland sowie 7 Tage Teilnahme am Schaf- und Pferdeabtrieb.

• *Schwimmbad* Freibad bei der Schule, Mo–Fr 11–21.30, Sa/So 11–18.30 Uhr.

• *Touren* Der Anbieter von Touren mit Superjeeps, **Jeppaferðir**, hat seinen Sitz in Varmahlíð, ✆ 4538219/8527896. 1- bis 5-tägige Trips ins Hochland, zu Gletschern, Vulkanen, heißen Quellen etc., mit Abholung am Flughafen, für Leute mit hohem Reisebudget.

Übernachten/Camping/Essen

Hótel Varmahlíð, ✆ 4538170, 📠 4538870, 20 einfache Zimmer; DZ mit/ohne Bad ISK 13.200/9.800 inkl. Frühstück. In den meisten Zimmern Telefon, TV. Im Restaurant klassische Fisch- und Fleischgerichte.

• *Camping* Ruhiger, kleiner Zeltplatz mit Terrassen im Hang etwas abseits der Ringstraße, ISK 400/Pers. inkl. heiße Dusche. Mit Pferdeverleih (siehe "Reiten"). Camping auch auf dem nahen Hof Lauftún (siehe S. 464).

• *Essen/Tankstelle* Restaurant im Hotel (s. o.). An der Tankstelle großes Schnellrestaurant mit Cafeteria, tgl. 9–22.30 Uhr; viele Hamburger, Sandwiches ab ISK 500, belegte Brote, Kuchen und ein Tagesgericht mit Suppe, Fisch oder Fleisch und Kaffee, ISK 1.300.

▸ **Ausflug**: Kurz hinter Varmahlíð biegt nach links die Str. 752 ab, die am fischreichen *Húseyjarkvísl* verläuft und schließlich in die F 752, den westlichen Arm der Hochlandroute Sprengisandur, übergeht. In dem hügeligen Tal befinden sich *Vindheimamelar*, der Turnierplatz der Reitervereinigung des Skagafjörður, und weiter südlich am Flussufer der malerische Bauernhof *Reykir*. Sein Besitzer ist leidenschaftlicher Sammler von Antiquitäten, und da ihm Platz für seine Schätze fehlte, baute er neben der Kirche Häuser aus Steinen und Grassoden in der traditionellen Giebelbauweise. Sie sind eingerichtet wie ein Gehöft aus alten Zeiten und für Besucher dreht der Besitzer an Spinnrad und Webstuhl und spielt ein paar Noten auf dem Harmonium (Fr–So 13–20 Uhr, ISK 200). Lohnend ist für Wanderfreudige der Aufstieg auf den weiter südlich gelegenen *Mælifellshnúkur* (1.138 m) mit wunderbarer Aussicht über den gesamten Skagafjörður (markierter Pfad). Einen Abstecher lohnt auch das über die Str. 758 zu erreichende östlichste Tal im Skagafjörður, der tiefe und enge *Austurdalur*. In ihm finden sich eindrucksvolle Schluchten wie Merkigil zwischen den Höfen Gilsbakki und Merkigil. Unerschrockene können sich hier über einen steilen Pfad hinabwagen und auf einer kleinen Brücke den Fluss überqueren. Bei Skatastaðir hingegen zieht man sich wie in vergangenen Zeiten mit Hilfe einer alten Seilwinde ans andere Ufer.

• *Pferdevorführung* Auf dem Turnierplatz Vindheimamelar, ca. 10 km südlich von Varmahlíð, Juni–Sept. 1 Std. Vorführung der Gangarten des Islandpferdes, Hestasport, ✆ 4538383. Hier fand bereits fünfmal, zuletzt 2002, die größte nationale Pferdeschau, Landsmót, statt.

• *Reiten* Lýtingsstaðir (siehe "Übernachten").

• *River Rafting/Kajak* Die Gletscherflüsse Austari-Jökulsá und Vestari-Jökulsá machen die Region zu einem kleinen Paradies für Rafter. Der östliche Fluss, Austari-Jökulsá, ist mit seinen starken Stromschnellen nur für erfahrene Rafter geeignet. Beide großen isländischen Rafting-Veranstalter bieten Touren an (siehe Kap. "Wissenswertes von A–Z"). Zu empfehlen ist **Icelandic Adventure**, ✆ 5691000/8925500, 📠 5691012 mit sehr nettem, fairem Team; schon mancher Guide ist von Activity Tours zu Icelandic Adventure gewechselt, deren Trips auch als sehr sicher gelten. Das Basiscamp ist in Bakkaflöt; April–Sept geht es tgl. auf Austari-Jökulsá (8 Std., ISK 8.500) und Vestari-Jökulsá (3 Std., ISK 4.500), Preise inkl. Suppe, Hot Pot und Schwimmbad in Bakkaflöt, hier auch Übernachtungsmöglichkeit (s. u.). Um zu buchen oder nach der nächsten Tour zu fragen, kann man auch einfach in Bakkaflöt anrufen. Dort auch Kajaktrips und -verleih.

Activity Tours (Ævintýraferðir), ✆ 4538383, 📠 4538384, startet von Varmahlíð zu Vestari-Jökulsá (4–5 Std., ISK 4.500) und Austari-Jökulsá (6–7 Std., ISK 7.500) sowie zur sanfteren Blanda (3–4 Std., ISK 4.000, gut für Familien geeignet). Anmeldung 2–7 Tage im Voraus, manchmal aber auch noch in letzter Minute möglich. Bietet auch eine 3-Tagestour auf Austari-Jökulsá vom Hochland aus.

• *Schwimmbad* Steinsstaðaskóli und Bakkaflöt (siehe "Übernachten").

• *Übernachten* **Steinsstaðaskóli**, ✆ 4538026/4538812, ca. 10 km südlich von Varmahlíð, 1.6.–25.8. 50 SSU in 12 Zimmern ISK 1.500, Frühstück, Küche. Freibad tgl. 10–22 Uhr. Camping vor der Schule auf kleiner Wiese mit WC und Kochgelegenheit ISK 550 pro Pers., Duschen ISK 100 im Schwimmbad mit Hot Pot. Spielplatz und Fußballfeld.

Bakkaflöt, ✆ 4538245/4538099, 📠 4538837, an der Str. 754, große, freundliche Anlage mit vielen Angeboten: ganzjährig 12 DZ und 3 EZ, DZ ISK 5.900, SSU 2.000. Camping am Fluss ISK 600/Zelt inkl. Dusche und Küche. Zwei Sommerhäuser für 4/6 Pers. ISK 6.500/7.500. Frühstück im Restaurant, dort am Tag Kaffee, Brot und Kuchen, abends frischen Fisch oder Fleisch. Dann mit Bar. Kiosk mit Erfrischungen, River Rafting, Kajak (s. o.). Freibad mit 2 Hot Pots 10–22 Uhr, nur ISK 150.

Lýtingsstaðir, ✆ 4538064/8533817, 20 km südlich von Varmahlíð, Reiterhof mit familiärer, netter Atmosphäre. Die herzliche, schwungvolle Deutsche Evelyn und ihr Freund Sveinn vermieten 4 DZ unter den Dachschrägen, ganze Etage für die Gäste, ISK 1.700/Pers., SSU 1.200. Reiten ISK 1.500/Std. Ein attraktives Angebot ist "Stop & Ride": 2 Std. Reiten, leckeres, selbst gekochtes Abendessen, Übernachtung (SSU) und Frühstück ISK 6.700. Auch lange Touren, z. B. über die Kjölur oder zum Schaf- und Pferdeabtrieb. Besonders beliebt: die Mittsommernachtstour im Juni und die Tour im Austurdalur. Auf den Reittouren wird viel zu Geschichte und Kultur vermittelt.

Sölvanes (FH), ✆ 4538068, 25 km südlich von Varmahlíð, 3 DZ im Privathaus auf einer Schaffarm, das Bad wird mit dem netten Lehrerpaar geteilt. ISK 2.200 pro Pers., SSU ISK 1.300, Frühstück. Keine Küche, auf Anfrage Abendessen.

Halbinsel Tröllaskagi

Die Straße 82 führt 10 km nördlich von Akureyri direkt in die reizvolle Welt der Fjorde, Berge und malerischen Fischerorte sowie zum Bischofssitz Hólar, jahrhundertelang wichtiges kulturelles Zentrum Islands. Die Gesamtlänge der Strecke um die "Riesenhalbinsel" beträgt etwa 240 km.

• *Verbindungen* Von Akureyri über Litla-Árskógssandur und Dalvík nach Ólafsfjörður Mo–Fr 3-mal tgl. In umgekehrter Richtung Mo–Fr 2-mal tgl. ab Ólafsfjörður, bis zu 4-mal tgl. ab Dalvík. Nach Siglufjörður Mo, Mi und Fr von Reykjavík (Mo, Mi 13.30 Uhr/Fr 15.30 Uhr) über Brú (16/18 Uhr), Hvammstangi (16.40/18.40 Uhr), Blönduós (17.30/19.30 Uhr), Varmahlíð (18.15/20.15 Uhr), Sauðárkrókur (18.45/20.45 Uhr) und Hofsós (19.30/21.30 Uhr); in umgekehrter Richtung ab Siglufjörður Di, Do (8.30 Uhr) und So (15.30 Uhr).

Noch vor dem Abbiegen von der Str. 1 auf die 82 lohnt ein Abstecher auf die Str. 816 zu den grasüberwachsenen Ruinen von *Gásir* oberhalb der Sandbank an der abgeschiedenen, ruhigen Mündung der Hörgá. Gásir fand seit dem 12. Jh. in Geschichten und Annalen Erwähnung und ist damit die älteste bekannte Handelsstation in Island. Mindestens bis Ende des 15. Jh. war Gásir der größte und wichtigste Hafen und Handelsposten des ganzen Nordlandes, er musste jedoch aufgegeben werden, als von der Hörgá abgelagertes Schwemmmaterial das Hafenbecken aufgefüllt hatte. 1907 wurden bei Ausgrabungen die

Streckeninfo/Tipps für Radler: Bis Ólafsfjörður ist die Straße asphaltiert, dahinter wechseln Schotter und Teer. Für Radfahrer wenig vergnüglich, wenngleich spannend, ist der 3,4 km lange Tunnel vor Olafsfjörður: ein dunkler, feuchter, einspuriger und ausgesprochen kalter Gang (Handschuhe und Mütze bereithalten!), der die alte Passstraße ersetzt. Verkehrsteilnehmer jeder Art können sich hier nur mit Hilfe von Ausweichbuchten aus dem Weg gehen. Der Tunnel vor Siglufjörður ist ebenso beschaffen, aber nur 800 m lang. Es ist geplant, Ólafsfjörður und Siglufjörður durch eine Tunnelstraße zu verbinden, womit Siglufjörður seine isolierte Randlage verlieren wird. Bisher verläuft die Straße hinter Ólafsfjörður über die 409 m hohe Lágheiði; Radfahrer müssen sich auf mühevolles Geholper über Schotter und – egal, aus welcher Richtung sie kommen – schweißtreibende Anstiege bis 12 % gefasst machen.

Reste von mehr als vierzig Wohn- und Lagerhäusern sowie der Kirche und des Kirchgartens gefunden; es wird aber angenommen, dass der Ort nie ständig, sondern nur im Sommer bewohnt war. Ein Gebiet von 14.000 qm steht heute unter Denkmalschutz. 2001 startete ein internationales Archäologenteam hier mit neuen Ausgrabungen, die bis 2006 fortgesetzt werden und Aufschluss darüber geben sollen, wann genau und wie hier Handel betrieben wurde. Die in den ersten beiden Sommern untersuchten Wälle legten den Schluss nahe, dass die Händler wohl länger in Gásir waren als bisher angenommen, nämlich noch nach 1477. Gásir kann nach den neuen Erkenntnissen auch wichtiger Ausfuhrhafen für Schwefel aus der Mývatn-Gegend gewesen sein. Von den ausgegrabenen Objekten, darunter die Reste einer großen mittelalterlichen Keramiksammlung aus Deutschland und England, sind Teile im Heimatmuseum in Akureyri ausgestellt.

• *Führungen* Wer die Ruinen und die Ausgrabungen sehen möchte, fährt am Hof Gásir vorbei, hält sich rechts und fährt den Hang hinunter; nach etwa 0,5 km liegt rechter Hand ein Parkplatz. Über eine Fußgängerbrücke gelangt man zu den Ruinen. Geführte Touren im Juli und August, wenn die Archäologen vor Ort sind. Genaue Infos in der Touristeninformation in Akureyri.

Die Str. 816 führt weiter auf die 82 und gleich nach Überquerung der Hörgá lohnt ein weiterer Abstecher zum bedeutenden historischen Hof *Möðruvellir* im Hörgárdalur an der Str. 813. Dort stand von 1296 bis 1550 ein Augustinerkloster, später war es Amtmannsitz, dann höhere Schule; seit 1974 befindet sich hier ein landwirtschaftliches Forschungsinstitut. In Möðruvellir wurden der Dichter und erste Ministerpräsident Islands, *Hannes Hafstein*, und der weltweit bekannt gewordene Kinderbuchautor *Jón Sveinsson* geboren (Gedenkstein). An die einst große Bedeutung Möðruvellirs erinnert eine der eindrucksvollsten Bauernkirchen des Landes von 1867. Auf dem Eingangstor des 18 m langen Gotteshauses, das 250 Menschen Platz bietet, stehen Verse aus den Passionshymnen; die himmelblaue Decke ist mit 2000 Sternen geschmückt. Nach Bränden sind nur wenige alte Kirchenschätze erhalten geblieben.

Am Hvammsfjall vorbei, dem nördlichsten einer Reihe von markanten Gipfeln, führt die Str. 82 zur Abzweigung der 3 km langen, mit 10 % Gefälle bergab rauschenden Str. 811 nach *Hjalteyri*. Das kleine Fischerdorf lohnt einen Besuch, wenn man alte Industrieanlagen mag: Die 1966 aufgegebene Fischfabrik mit rostigen Einrichtungen und vollbehängten, leise vor sich hin klirrenden

Idylle vor eindrucksvoller Bergkulisse

Fischtrockengestellen ist – im Zusammenspiel mit schneegeschmückten Bergen, angelnden Kindern und fröhlich leuchtenden Häusern und Booten im Ort – ein reines Fotoparadies. Einst war sie die größte Heringsfabrik in Europa; aber die Zeit, als der Hering 200 Dorfbewohnern ein Leben in Wohlstand ermöglichte, ist lange vorbei. Was blieb, ist der Lärm von Brandung und Möwengeschrei. Heute wird in Hjalteyri Heilbutt gezüchtet.

Über den Küstenabschnitt Galmaströnd verläuft die Str. 82 weiter gen Norden. Auf dem Hof *Fagriskógur* wurde der Dichter Davíð Stefánsson geboren (Gedenkstein). Einige Kilometer weiter führt die Str. 808 nach *Litla-Árskógssandur* im Tiefland Árskógsströnd. Hier befindet sich die Anlegestelle für die Fähre von und nach Hrísey.

Verbindungen/Adressen

- *Verbindungen* **Bus** nach Akureyri und Ólafsfjörður ab Litla-Árskógssandur. **Fähre** *Sævar* nach Hrísey tgl. zwischen 9.30 und 23.30 Uhr alle 2 Std. (tgl. außer So auch 7.20 Uhr, einen Tag vorher buchen), von Hrísey zurück nach Litla-Árskógssandur jeweils 30 Min. früher. Fahrzeit 15 Min.; h/r ISK 600; ✆ 6955544/4661797. Erste Sonntagsfähre muss vorgebucht werden.
- *Versorgung* **Autowerkstatt** (✆ 4661810/4661811) vor Abzweigung nach Litla-Árskógssandur am Weg Melbrún 2, parallel zur Str. 82. Am Hafen in Litla-Árskógssandur **Tankstelle**, Mo–Fr 9–18 und 20.30–22, Sa erst ab 11, So nur 11–18 Uhr, mit **Lebensmittelladen** und **Imbiss/Cafeteria**.
- *Walbeobachtung* Von Hauganes aus Juni–Sept. Bootsfahrten zur Walbeobachtung in einem 30 Jahre alten Fischerboot aus Eiche. Die Tour führt um die Insel Hrísey, wo angelegt und eine Kaffeepause eingelegt wird. Auf der Tour sieht man (mit 96 % Wahrscheinlichkeit) Zwergwale, Schweinswale und Delfine, aber auch Buckelwale und Schwertwale. Angeln auf der Tour möglich. Infos und Buchung unter ✆ 8670000, ✆ 4661011 oder auf dem Hof **Ytri-Vík** (s. u.).

Übernachten/Camping/Café

Hof Syðri-Hagi (FH) 30 km von Akureyri an der Str. 82, ✆ 4661961/8551861, auf einem Bauernhof mit Pferden, Schafen, Katzen und Hunden, 1 hübsches DZ ISK 2.000/Pers., SSU ISK 1.300. Zwei Sommerhäuser für 6/8 Personen mit Küche, Bad, TV (im großen Haus Waschmaschine), im Sommer ISK 6.000/ 6.500 pro Nacht. Frühstück mit Eiern von eigenen Hühnern. Reiten ISK 1.500/Std., Angelausflug ISK 1.500/Std. pro Pers.

Hof Ytri-Vík/Kálfskinn (FH), 30 km von Akureyri in friedlicher Lage direkt am Fjord mit wundervollem Ausblick, ✆ 4661630/4661982/ 8692433, 4661046. 7 Zimmer unter dem Dach ISK 3.000/Person, SSU ISK 1.500. 4 weitere DZ auf anderer Farm. 5 gemütliche Sommerhäuser für 4–8 Pers. mit Kochecke, Bad, eigenem Hot Pot ISK 7.000–8.500 pro Nacht, neue Häuser geplant. Frühstück. Der herzliche Besitzer Sveinn, mit über 70 Jahren noch voller Tatendrang, kann viele Infos zur Umgebung und zu Wanderungen geben, fährt Gäste zu Ausgangspunkten, verleiht sein Boot zum Seeangeln, organisiert Reitpferde. Im Winter Trips mit dem Motorschlitten und zum Eisfischen.

• *Camping* Hinter dem Gemeindehaus in Árskógsströnd an der Str. 82, WC und Kaltwasser, kostenlos.

Cafeteria in der Tankstelle Litla-Árskógssandur, Hamburger ISK 400, belegte Brote ISK 250, Kaffee und Gebäck.

Vogelinsel mit Ausblick: Hrísey (197 Einw.)

Inmitten der imposanten Bergketten, die den Eyjafjörður zu beiden Seiten säumen, liegt Hrísey, mit 11,5 qkm nach Heimaey die zweitgrößte Insel Islands. Von nirgendwo anders als von diesem grünen Eiland, dessen höchste Erhebung lediglich 110 m beträgt, bietet sich ein so atemberaubender Blick auf beide Fjordufer. Wahrscheinlich war Hrísey Anlass dafür, dass der Fjord den Namen Eyjafjörður, also "Inselfjord", erhielt. Ihren Aufschwung nahm die Insel im 19. Jh. mit dem Fischer *Jörundur Jónsson*, der von Hrísey aus auf Haifischjagd ging und seinen Fang in einer Fabrik weiterverarbeiten ließ. Ihm zu Ehren wurde 1955 oberhalb der Kirche ein Denkmal errichtet. Auf "Haifisch-Jörundur" folgten erst norwegische, dann schwedische Fischer, die sich in den goldenen Jahres des Heringsfangs auf Hrísey zum Heringsalzen einrichteten, bis die Isländer die Arbeit fortführten. Eine Zeit lang war Hrísey der größte Salzheringsproduzent in ganz Island. Heute leben die Menschen hier von Fischfang und -verarbeitung.

Wem ein Schneehuhn über den Weg läuft, der braucht sich nicht zu wundern – Hrísey ist bei Vögeln beliebt. Es gibt weder Füchse noch Nerze und Vogeljagd oder das Sammeln von Eiern sind verboten. Das Schneehuhn ist die zutraulichste und zahmste der etwa 35 Arten hier ansässiger Brutvögel und streunt insbesondere im Herbst durch Straßen und Gärten. Neben Regenbrachvogel, Goldregenpfeifer u. a. soll sich auf Hrísey auch die größte europäische Brutkolonie der Seeschwalbe befinden. In Ystibær gibt es zudem eine der größten Eiderentenzuchtfarmen Islands. Zum Schutz der Entenkolonie ist der Nordteil der Insel nur mit Erlaubnisschein zugänglich. Dies ermöglichte es der Vegetation, sich hier üppig auszubreiten, nachdem von dem dichten Pflanzenkleid der Landnahmezeit nicht mehr viel übrig geblieben war. Auf Hrísey laufen zahlreiche Wiederaufforstungsprogramme, dadurch begünstigt, dass es auf der Insel seit 1974 keine Schafe mehr gibt: Damals wurde eine Zuchtstation für schottische Galloway-Rinder eingerichtet und alle auf Farmen gehaltenen Tiere mussten zur Verhütung von Krankheiten geschlachtet werden. Seit 1990 gibt es auf Hrísey nun die einzige Quarantänestation für Hunde, Rinder, Schweine und andere Tiere in Island. An einigen Stellen auf der Insel, die aus 10–11 Mio. Jahre altem, von den Gletschern der Kaltzeit geschrammtem Basalt aufgebaut ist, liegen *berggangar*, bis zu 25 m breite, durch erstarrte Lavaströme entstandene Dämme. Der größte von ihnen, *laugakambur*, verschwindet am nördlichen Ende der Insel im Meer. Die vulkanische Aktivität bescherte Hrísey auch seine eigene Heißwasserquelle im Westen der Insel, mit deren Wärme alle Häuser und das Schwimmbad beheizt werden.

Flug über Hrísey

Hrísey bietet Ruhe und Entspannung und die Möglichkeit zu Spaziergängen auf drei markierten Wanderpfaden bis zu 5 km Länge im Südteil der Insel. Wer den Trail läuft, der um den Südteil Hríseys herumführt, stößt etwa auf halbem Wege auf "Yggdrasill": ein gewölbtes Gerüst aus rostigen Stahlrohren mit einem Baum oben drauf, das aussieht wie von einem anderen Planeten. Aber dies ist ein wohl durchdachtes Kunstwerk, geschaffen 1997–98 von dem amerikanischen Künstler Dave Hebb. Seine Inspiration war die nordische Mythologie: Die Skulptur soll das Universum darstellen, das nach alten isländischen Sagas aus dem Schädel des Riesen Ýmir entstanden ist. Gehalten wird es durch die vier Zwerge Norden, Süden, Osten und Westen, die durch vier große Steine dargestellt sind. Weitere Steine sowie Stahlkabel und kleine Betonpyramiden, goldbedeckte Steine, Gras, Moos und Rohre repräsentieren jeweils einen Teil des Universums. Gleichzeitig drückt "Yggdrasill" bewusst den postindustriellen Verfall aus. "Ich wollte etwas schaffen", so Dave Hebb, "das sowohl einem alten religiösen Heiligtum ähnelt als auch einer anachronistischen Maschine oder Fabrik. Ich wollte auch etwas, das sich von der Landschaft abhebt und doch Teil von ihr wird".

- *Information* **Gallerý Perla**, im kleinen Handverkshús am Anleger in Hrísey, tgl. 13–18 Uhr, hier auch Kunsthandwerk.
- *Verbindung* Siehe Litla-Árskógssandur, Dalvík und Akureyri.
- *Versorgung* Arzt, Bank (Geldautomat) und Post (Mo–Fr 12–16 Uhr), Lebensmittelladen (Mo–Sa 10–21, So 12–19 Uhr).
- *Feste* Mitte Juli feiern die Inselbewohner ihr Familienfest "Independence Day" mit Spielen, Treckertouren, Angeln, Tanz und mehr, Touristen müssen an diesem Wochenende durch die "Zollkontrolle" und bekommen einen Stempel in ihren Pass.
- *Schwimmbad* Freibad mit Hot Pot, Austurvegur 5, ✆ 4663012, Mo–Fr 15–20, Sa 10–17, So 11–16 Uhr.
- *Touren* Sightseeing-Trip mit dem Traktor über die Insel, Infos und Buchung ✆ 4661079/ 6955533.
- *Übernachten/Essen* **Brekka**, ✆ 4661751, ℻ 4663051, ganzjährig 3 Zimmer in hübschem gelbem Haus, DZ ISK 4.900, SSU ISK 1.800, Frühstück. Speisen lässt es sich im Restaurant, 10–23 Uhr, Fr/Sa länger.
- *Camping* Beim Schwimmbad, ISK 800/Zelt.

Dalvík

(1.450 Einw.)

In einer kleinen Bucht und eingerahmt von majestätisch aufragenden, schneebedeckten Bergen liegt Dalvík. Zwischen den Trawlern und bunten Fischerbooten im Hafen schaukelt ein Ausflugsboot, das Fahrten zur Walbeobachtung, zum Picknick und nach Hrísey unternimmt. Im Naturreservat Svarfaðardalur bestehen hervorragende Wandermöglichkeiten.

Die ruhige Bucht vor Dalvík ist wahrscheinlich der letzte Rest eines einstigen Fjordes, der sich in den heute sumpfig-grünen und relativ dicht besiedelten Svarfaðardalur südwestlich von Dalvík erstreckte. Seit Jahrhunderten spielen Fischfang und -verarbeitung in der ruhigen Kleinstadt eine Rolle, der wahre Aufschwung aber kam 1939 mit dem Hafenbau. Außerdem trug die Genossenschaft *Kaupfélag Eyfirðinga Akureyrar* (KEA) einen großen Anteil zum wirtschaftlichen Wohlergehen bei. Ihr gehören Teile der fünf Fischfabriken, welche die Beute aus dem Meer u. a. einfrieren, salzen und trocknen. Heute ist Dalvík wie so viele Orte in Island von der Abwanderung betroffen; in der Hafnarbraut fallen viele leer stehende Geschäfte auf. Auch die beiden Restaurants verschwanden. Zum Glück wagte ein schönes neues Café den Schritt an den Start.

Das von den ersten dauerhaften Siedlern errichtete Holzhaus *Nýjabær* von 1899 ist noch zu bewundern, was nicht selbstverständlich ist: Dalvík liegt in einem erdbebengefährdeten Gebiet; am 2. Juni 1934 erreichte ein Beben die Stärke 6,25 auf der Richterskala und zerstörte den Großteil der Häuser im Ort.

Verbindungen/Adressen

- *Verbindung* **Bus** nach Akureyri und Ólafsfjörður ab Esso-Tankstelle.
- *Versorgung* Alkoholgeschäft, Apotheke (Goðabraut 4), Bank (Hólavegur, mit ATM), Post (Hafnarbraut 26), zwei Tankstellen (Olis 8–22, Sa/So ab 9 Uhr; Esso 9–23, Sa/So ab 10 Uhr), in der Hafnarbraut Supermarkt (Mo–Fr 10–19.30, Sa 10–18, So 13–17 Uhr) und Bäckerei (Mo–Fr 9–18, Sa/So 10–16 Uhr, hier auch ein paar andere Lebensmittel).
- *Autowerkstatt* Bifreiðaverkstæði Kambur, ✆ 4661230; Bílaverkstæði Dalvíkur, ✆ 4663202.
- *Feste* Anfang August sind *Fiskidaga*, also Fischtage. Dann verwandelt sich Dalvík in eine Art Fischmarkt, Fischern kann beim Schneiden von Fisch zugesehen, Trawler und Fischfabriken können besichtigt werden.
- *Kunsthandwerk* **Gallery Iðja**, Skíðabraut 4 (im grünen Haus), Di, Mi und Do 16–18 Uhr, hat u. a. Keramik, Glasarbeiten und Kosmetik. In der **Glassbakery Ingu** in der Garage des Gistiheimilið Árgerði (s. u.) gibt es ebenfalls originelle Glasarbeiten, z. B. Schalen und Kerzenständer. **Handwerksvinnustofa Lene** in Dæli im Skíðadalur, etwa 15 km südlich von Dalvík an der Str. 807, hat mit traditionellen Techniken hergestelltes Kunsthandwerk, z. B. Gürtel aus Pferdehaar und Leder, mit Pflanzen gefärbte Textilien, Wolle u. a. m., alles von der norwegischen Besitzerin selbst gefertigt. Keine festen Öffnungszeiten, einfach anklopfen.

Übernachten/Camping/Essen

Gistiheimilið Árgerði, ✆/📠 4663326, die mit Abstand schönste Übernachtungsmöglichkeit in Dalvík, in elegantem, weißem Haus am Fluss noch vor der Olis-Tankstelle am Ortseingang. 8 stilvolle Zimmer mit sehr guten Möbeln, einige mit Waschbecken, DZ ISK 7.500 inkl. Frühstück. Das ganze Haus mit Blick fürs Detail ausgestattet und dekoriert. Riesige Terrasse im friedlichen Garten mit Bäumen und Bänken. In der Garage stellt Besitzerin Ingu ihre Glaskunst aus.

Gästehaus Dalvík, Stórhólsvegur 6, ✆ 4663088, 📠 4661661, 5 DZ mit Bad, TV, Telefon im Souterrain, ISK 7.900. Kochgelegenheit. Das Frühstück (ISK 800) wird ebenfalls unten serviert, hier gibt es aber keinen Esstisch. Nicht unbedingt ein gemütlicher Tagesbeginn, es sei denn, man frühstückt im Bett.

Sommerhotel in der Schule, Skiðabraut 4, ✆ 4663395/8923658. 1.6.–31.8. 20 Zimmer, DZ ISK 5.900, SSU ISK 1.700, Frühstück.

• *Camping* Neben Schule und Sportplatz, mit Dusche, kostenlos.

• *Essen* **Kaffehúsið Sogn**, Goðabraut 3, ✆ 4663330, Mo–Do 11–21, Fr bis 23, Sa/So 11–23/21 Uhr. Großes, freundliches Café mit Blick auf Kirche und Berge und schöner Atmosphäre zum Ausruhen, Lesen, Schreiben und Genießen von leckerem Kaffee. Es gibt Kuchen, Torten und Waffeln, auch günstige Pizza mit vielfältigen Zutaten, Suppe und Salatbar. Angebot: tgl. 12–13.30 Uhr Tagessuppe und Salat ISK 800.

Tomman, ✆ 4661559, 18–23 Uhr, herrlich duftender Pizza-Take-out und Lieferservice, beliefert auch das Café. 25 Zutaten, 4 Größen, ISK 300–1.250. Auch Pizzabrot für ISK 250.

• *Imbiss* **Dallas**, Hafnarbraut 24, Imbiss an der Esso-Tankstelle mit Hamburgern, Hot Dogs, Sandwiches ab ISK 250. Auch ein paar Lebensmittel. In der **Olis-Tankstelle** Cafeteria mit größerer Auswahl und etwas höheren Preisen. Milch und Brot auch hier.

Freizeit/Sport/Touren

• *Angeln* **Sjóferðir** (s. u.) bietet auf Anfrage für mind. 6 Leute beliebte Touren zum **Hochseeangeln** (v. a. Schellfisch, Heilbutt, Flunder), 3 Std. ISK 3.600, möglich auch Grillen des Fangs in einer Bucht bei Hrísey.

• *Schwimmbad* V/Svarfaðarbraut, Mo–Fr 6.45–20, Sa/So 10–19 Uhr; topmodernes Freibad mit Hot Pots, Dampfbad, Solarium, Fitness-Studio.

• *Touren* **Sjóferðir**, ✆ 4663355/8923658, ℻ 4661661, bietet verschiedene Touren an. **Walbeobachtung**: Zur Beobachtung von Buckel-, Schwert- und Zwergwalen, Delfinen und Tümmlern starten tgl. 9 Uhr 3-stündige Ausflüge in den Fjord, ISK 3.600. **Grenivík, Hrísey, Grímsey und Flatey**: Ausflüge auf Anfrage und für mind. 15 Pers.

Fähre *Sæfari*, ✆ 4624442/4611841/4661444, fährt regelmäßig von Dalvík nach **Grímsey** (siehe dort) und nach **Hrísey**: Di u. Do 13.15 Uhr, Ankunft 30 Min. später, ab Hrísey Mi u. Fr mit der Fähre, die um 16 Uhr von Grímsey ablegt.

Heimatmuseum Hvoll: Das Museum der Superlative. In der naturwissenschaftlichen Sammlung befinden sich der größte ausgestopfte Seehund Islands und die mit 300–400 Arten größte Sammlung an isländischen Blumen. Eine Stube ist zu Ehren *Jóhann K. Péturssons* (1913–84) eingerichtet, der bei Dalvík aufwuchs. Er war mit 2,34 m eine Zeit lang der größte Mann der Welt, wog 163 kg und hatte Schuhgröße 84. Im Museum sind u. a. Kleidungsstücke, Fotos und sein Fahrrad aufbewahrt.

Öffnungszeiten **Byggdasafn Dalvíkur**, Hvoli, ✆ 4661497, 1.6.–15.9. tgl. 13–17 Uhr, 16.9.–31.5. So 14–17 Uhr und nach Vereinbarung, ISK 300.

Zum fünfzigjährigen Bestehen der Republik wurden 1996 zwei *Skulpturen* vor dem Rathaus aufgestellt: "Alda" (Die Welle) von Jóhanna Þórðardóttir und "Sjófuglar" (Seevögel) von Sigurður Guðmundsson.

Wanderung zum Ólafsfjörður

(s. Karte S. 440/441)

In den anderen Fjord (4): Innerhalb eines Tages lässt es sich auf der früheren, mit Steinmännchen markierten Postroute über die Reykjaheiði hinüber zum Ólafsfjörður wandern. Der Weg beginnt im Böggvisstadadalur an der linken Seite des Flusses Brimnesá und führt die steile, zumeist schneebedeckte Skardsbrekka bis auf 1000 m Höhe hinauf. Hier beginnt der Abstieg auf kurvenreichem Pfad durch Heidardalur und Reykjadalur bis hinunter zur Straße nach Ólafsfjörður, die bei der verlassenen Farm Reykir, etwa 12 km südlich des Ortes, erreicht wird.

Umgebung von Dalvík

Naturschutzgebiet Svarfaðardalur: Bei Dalvík beginnt der reizvolle Svarfaðardalur, ein breites und sattgrünes, von bis zu 1.400 m hohen Basaltbergketten eingerahmtes und dicht besiedeltes Tal. Ausgeprägte vulkanische Aktivität vor Millionen von Jahren und die letzte Kaltzeit gaben ihm sein Aussehen. An einigen Stellen sind die Spuren von Bergrutschen zu finden, die ausgelöst wurden, als Gletscher das Gestein ausgehöhlt hatten und Teile der Berge daraufhin unter ihrem eigenen Gewicht zusammenbrachen. Wegen der artenreichen Feuchtlandvegetation und der mit mehr als dreißig Arten äußerst farbigen Vogelwelt wurde das Gebiet 1972 zum Naturschutzgebiet erklärt. Der majestätische Berg Stóll teilt das Tal in zwei Hälften; das südliche Seitental Skíðadalur wird vom kleinen Gletscher Gljúfurárjökull abgeschlossen.

Schon in der Sagazeit war der Svarfaðardalur besiedelt. Die *Svarfdæla saga* berichtet von einem Kampf zwischen Karl dem Roten und Priester Ljótólfur um die Vorherrschaft im Tal, der mit dem Tod Karls endete. Archäologische Funde lieferten den Beweis: 1909 wurde gegenüber von Ytri-Garðshorn an der Str. 805, wo sich heute der Golfplatz befindet, eines der seltenen Bootsgräber aus der Zeit vor der Christianisierung gefunden, das mit der Beschreibung von Karls Bestattung übereinstimmt. 1940 entdeckte der Archäologe Kristján Eldjárn bei Klaufanes die Ruinen des Langhauses, das der *Svarfdæla saga* nach Klaufi Snækollsson gebaut hatte. Für den ersten, auch in der Saga erwähnten Siedler im Tal, Þorsteinn Svörfuður, wurde beim Golfplatz ein Gedenkstein errichtet. Auf der Str. 807 gelangt man an der hell gestrichenen Holzkirche *Vellir* von 1861 mit auffälligem, großen weißen Glockenturm vorbei in den engen Skíðadalur. Kurz vor Ende der Straße wird die Þverá überquert, die hier die wunderschöne, durch einen Wasserfall gekrönte Schlucht *Kongsstaðadalur* gegraben hat. Die Straße geht in eine Piste über; hier beginnen verschiedene Wanderungen (s. u.).

An der Str. 805 steht gegenüber dem Hof Tjörn, der Geburtsstätte von Kristján Eldjárn (1916–1982), Archäologe (s. o.) und 1968–80 isländischer Präsident, oben am Hang die Bauernkate *Gullbringa*. Dorthin zog 1884 der Maler Arngrímur Gíslason. Das weiße Atelier mit Grassodendach war wahrscheinlich das erste eigens zu künstlerischen Zwecken geschaffene in Island; Arngrímur Gíslason, der besonders durch seine Altarbilder berühmt wurde, malte zuvor in der Kirche Vellir. Das für damalige Verhältnisse große Atelier wurde 1983 zu Ehren Kristján Eldjarns, der ein Buch über den Maler veröffentlicht hat, restauriert und kann besichtigt werden. Hierfür nimmt man die Zufahrt bei dem Schild mit Aufschrift "Laugasteinn". Das an die Kate angeschlossene private Sommerhaus gehört dem Sohn des ehemaligen Präsidenten.

• _Übernachten/Camping_ **Husabakkaskóli**, an der Str. 805, ca. 7 km hinter Dalvík, ✆ 4661554/8637284. In der Schule 15.6.–15.8. (für Einzelreisende ganzjährig) 40 Betten und 20 Matratzen, SSU ISK 1.300 bzw. 1.000. Duschen, Küche. Zelten auf der Schulwiese ISK 600/ Zelt inkl. Küche und Dusche. Die Verantwortlichen wohnen auf der anderen Straßenseite im weißen Haus am Hang (Laugahlíð).

Skeið, am Ende des Svarfaðardalur in idyllischer Lage, ✆ 4661636, auf ehemals bewirtschaftetem Hof bei der sympathischen Deutschen Myriam. Im komplett restaurierten Haus von 1935 mit viel Stil 1 DZ und 1 EZ mit Bad, ISK 3.000/Pers., SSU 1.800. Alle Mahlzeiten, auch Lunchpaket möglich; Vollpension

Begegnung beim Wandern

ISK 6.000 bzw. 5000 bei SSU. Im ehemaligen Kuhstall Studio für 4 Pers. mit Bad, Kochmöglichkeit, Wohnraum. Camping ISK 1.000/Zelt (Dusche kostet extra). Myriam bietet geführte Wanderungen und Reitausflüge (z. B. zum Hof Klængshóll), auch Angeln möglich. Zahlreiche Tourenangebote sind in der Planung.

Klængshóll, im Skíðadalur, tief im Tal in absoluter Ruhe, ✆ 4661519/8632398. Yogalehrerin Anna Dóra vermietet ganzjährig schöne Zimmer mit insges. 13 Betten auf ehemaliger Schaffarm ihrer Eltern; dieselben Preise wie Skeið. Auch hier Camping. Gemeinsam mit ihrem Sohn Jökull, einem Bergführer, bietet Anna Dóra Wanderungen (2–8 Std.) bzw. im Winter Skiausflüge in den hohen Bergen der Umgebung, auch längere Touren.

• *Schwimmbad* Wer mal ein ganzes Schwimmbad mieten möchte – hier ist die Gelegenheit. Das Bad Laugahlíð gegenüber der Husabakkaskóli (siehe "Übernachten") kostet ISK 800, zusätzlich zahlt jeder noch ISK 100. Beim Zeltplatz auf der anderen Straßenseite gibt es ein Dampfbad, ISK 500. Beides offen auf Anfrage (dieselben Leute wie Husabakkaskóli).

Wanderungen (s. Karte S. 440/441)

Am Ende der Str. 807 im Skíðadalur gibt eine Tafel Informationen über Wandermöglichkeiten in der Umgebung. Geführte Wanderungen bieten nach Vereinbarung die Höfe Skeið und Klængshóll (siehe "Übernachten").

Gletscher Gljúfurárjökull (5) (ca. 12 km): Bei der Tafel beginnt die einfache Wanderung zum Talgletscher Gljúfurárjökull, dem größten seiner Art in Nordostisland. Der erste und längste Teil der Strecke führt am westlichen Ufer der Skíðalsá entlang, zu Beginn (bis Stekkjarhús) ist auch noch ein Vorankommen mit dem Allradfahrzeug möglich. Bei Sveinsstaðir wird der Fluss überquert und die Wanderung durch den Gljúfrárdalur fortgesetzt.

Zum Bischofssitz Hólar (6) (1 Tag): Eine nur für erfahrene Wanderer zu empfehlende Wanderung führt vom Bauernhof Kot am Ende der Str. 805 im Svafaðardalur über die Helkardalsheiði nach Hólar. 500–600 m Höhenunterschied sind zu überwinden. Als das Pferd einziges Transportmittel war, war die Strecke der Hauptverbindungsweg zwischen Eyjafjörður und Skagafjörður. Der Wanderweg ist mit Steinmännchen markiert und leicht zu finden. Am Hnjótafjall entlang geht es zum Heljardalur und weiter Richtung Süden längs des Flusses; um sich späteres Waten zu ersparen, wandert man am besten am linken Ufer der Heljará entlang, auch wenn der Pfad auf der anderen Seite des Flusses verläuft. Am Ende des Heljardalur bietet sich ein weiter Blick auf Kolbeinsdalur und den Gletscher Tungnahryggur. Die Kolbeinsá muss durchwatet werden, dann sind es in südlicher Richtung noch etwa 5 km bis Hólar.

▸ **Weiterfahrt**: Hinter Dalvík schlängelt sich die Straße bald zwischen dem Berghang voller Schotter mit über 1.000 m hohen Gipfeln und dem Fjordufer entlang. Die Gegend wird steinig und hinter Hóll kommen keine Gehöfte mehr. Am verlassenen Hof Karlsá erinnert ein Denkmal an Eyvindur Jónsson (1678–1746), der als erster Isländer ein hochseetüchtiges Schiff baute. Bald stürzt sich zur Rechten der Wasserfall *Mígandi* von hoch oben über den Klippen ins Meer hinab. Hier beginnt *Ólafsfjarðarmúli*, das 400 m hohe Vorgebirge zwischen Eyjafjörður und Ólafsfjörður, das steil zum Fjord hin abfällt. Der Ausblick ist fantastisch: auf die Gebirgswelt am anderen Fjordufer, Hrísey und, bei klarem Wetter, die Insel Grímsey im Norden. Kurz hinter Mígandi führt die alte Passstraße auf 2,5 km mit 12 % Steigung den Geröllhang hinauf zu einem Aussichtspunkt in 260 m Höhe. Seit 1991 der 3,4 km lange Tunnel durch den Berg fertig gestellt wurde, ist die äußerst gefährliche Passstraße ab hier nicht mehr befahrbar. Am Eingang des feuchten, dunklen Tunnels lädt noch ein Picknicktisch an der Steilküste zum Genießen des Panoramas ein, dann geht es durch den Berg hindurch zum nächsten, von steilen Bergen umfassten Fjord.

Ólafsfjörður (1.035 Einw.)

An keinem anderen Ort Islands, so behauptet man in Ólafsfjörður, lässt sich die Mitternachtssonne beeindruckender erleben als in diesem freundlichen Städtchen zwischen Fjord und See. Dessen Bedeutung als Fischerort nahm aufgrund seiner Nähe zu den Fanggründen im offenen Meer seit dem Ende des 19. Jh. beständig zu.

Auch ohne helle Sommernacht ist die Kulisse überwältigend: Ólafsfjörður liegt inmitten der bis zu 1.100 m hohen, auch im Sommer schneebedeckten Bergketten. Südlich erstreckt sich der ruhige Angelsee Ólafsfjarðarvatn, nördlich glänzt, mit dem See durch die quer durch den Ort fließende Ólafsfjarðará verbunden, der Fjord. Kleine Gärten umrahmen die leuchtenden Häuser und mitten im Ort liegt ein großer Park mit Enten- und Gänseteich. Eine kleine Skischanze führt vom Hügel hinunter in den Park. Von Oktober bis Mitte April herrscht hier reger Betrieb: So lange liegt in Ólafsfjörður Schnee. Hervorragende Möglichkeiten zum Skilaufen bieten sich in den umliegenden Bergen. Das schätzen Touristen wie Einheimische, darunter Kristinn Björnsson – einer der weltbesten Ski-Slalomläufer, der in Ólafsfjörður zu Hause ist.

Das Ólafsfjarðarvatn gilt schon lange als mystisch, weil Angler sowohl Salz- als auch Süßwasserfische aus dem Wasser ziehen. Die Erklärung hierfür ist jedoch einfach: Da der See nicht vollständig vom Meer abgetrennt ist, überlagern sich in ihm Meerwasser und Frischwasser. Im Winter finden hier manchmal Meisterschaften im Eisfischen statt.

Ólafsfjörður am gleichnamigen Fjord und See

Information/Verbindungen/Adressen

• *Information* Bei der Stadtverwaltung, Ólafsvegur 4. Ab 2003 soll es hier wieder einen Tourismusbeauftragten geben, dann sollen auch mehr Touren/Aktivitäten angeboten werden. Infos zu Wanderungen und Motorschlittentrips auch im Hotel.

• *Verbindung* **Bus** nach Akureyri ab Shell-Tankstelle, ✆ 4662272.

• *Versorgung* In der Aðalgata Apotheke (Mo–Fr 13–18 Uhr), Bank (Geldautomat) und Post (beide Nr. 14) sowie zwei Supermärkte: **Strax** Mo–Fr 9–20, Sa 10–20, So 13–17 Uhr, **Valbúð** Mo–Fr 9–19, Sa 11–19, So 13–17 Uhr. Arzt (Hornbrekka), Polizei (Vesturgata). Grundnahrungsmittel und Imbiss in der Tankstelle (8–22, Sa/So ab 10 Uhr).

• *Angeln* Im Ólafsfjarðarvatn hervorragende Angelmöglichkeiten; Lizenzen bei umliegenden Farmen.

• *Autowerkstatt* **Múlatindur**, ✆ 4662194; **Birgis**, ✆ 4662592/8537203.

• *Fahrradersatzteile* **Valberg**, Strandgata, Mo–Fr 9–18 Uhr, Eisenwarenladen mit allem Wichtigen wie Schrauben, Kleber, Werkzeug, Öl, Brennspiritus, Fahrradschläuchen etc.

• *Kunsthandwerk* **Múrinn**, Vesturgata 17, Mo–Fr 14–18, Sa 13–15 Uhr oder nach Vereinbarung, ✆ 4662550. Sehr schöne Glas- und Keramikwerkstatt von Künstlerin Hólmfríður. Zu kaufen gibt es z. B. originelle Kerzenständer, aus Ton oder aus buntem Fensterglas.

• *Schwimmbad* V/Sundlaugarveg, Mo–Fr 7–20, Sa/So 10–17 Uhr. Freibad mit Hot Pot, Sauna und Fitnesscenter.

• *Touren* Das Hotel organisiert Angelausflüge und verleiht Ruderboote.

Übernachten/Camping/Essen

Brimnes Hótel, Bylgjubyggd 2, ✆ 4662400, 📠 4662660, im gleichen Haus wie die Tankstelle. 11 etwas kahle DZ mit Bad ISK 8.500 inkl. Frühstück. Unten Bar, auf der Veranda Kaffee und Kuchen. Am See zusätzlich 10 moderne, hübsche Holzhäuser für 4–8 Pers. ISK 10.000–14.000, die großen mit Küche, alle mit Bad, TV, Hot Pot und Balkon zum Wasser. Ruderboote und Angellizenzen für Gäste umsonst.

Skíðaskáli, ✆ 4662527/8996077, ganzjährig im Holzhaus der Skischule am Hang, SSU für 25 Pers. auf Matratzen; Küche, Dusche, ISK 1.500.

• *Camping* Im großen Park beim Ententeich mitten im Ort nahe beim Schwimmbad, mit WC und Warmwasser; umsonst.

• *Essen* **Café Glaumbær**, Aðalgata 46, ✆ 4662449, 10–23, Fr/Sa bis 3 Uhr. Café und Restaurant mit gemütlicher Sitzecke und großer Auswahl. 20 Pizzen, Pasta, leichte Gerichte wie Salat oder Suppe mit Brot, ISK 550. Ein paar Fisch- und Fleischgerichte, z. B. Krabben mit Reis in süßsaurer Soße ISK 1.700, Hamburger, Sandwiches und beliebte Subs wie "The Rock" mit Fleisch, Käse, Salat und Soße für ISK 1.100.

Brimnes Hótel, im Restaurant bis 22 Uhr günstige Fleisch- und Fischgerichte, Suppe, Hamburger. Nichts über ISK 1.700.

Shell-Skálinn, Bylgjubyggd 2, in der Tankstelle bis 22 Uhr Hamburger, Sandwiches, Hot Dogs und Eiscreme.

Naturkundemuseum: Hier, im dritten. Stock, sind u. a. präparierte Füchse und ein 1970 vor Grímsey geschossener Eisbär zu sehen, den größten Platz aber nehmen die Vögel ein. In einer der zahlreichen Vitrinen ist ein Vogelfelsen nachgestellt, auf dem die isländischen Brutvögel in der natürlichen Hierarchie angeordnet sind.

Öffnungszeiten **Náttúrugripasafnið**, Aðalgata 14, ✆ 4662207, 1.6.–1.9. tgl. außer Mo 14–17 Uhr, im Winter nach Vereinbarung, ISK 200; ausführlicher Katalog mit Vogelnamen erhältlich.

▶ **Weiterfahrt**: Über den 409 m hohen Bergpass Lagheiði, im Winter oft unpassierbar, zieht sich die kurvenreiche Schotterstraße 82 durch wilde Landschaft nach Fljót. Das Tal wird bald eng und steinig. Hinter Reykir steigt die Straße 5 km lang an, bis bei der Schutzhütte die Passhöhe erreicht ist; mit 12 % Gefälle geht es dann hinab in das von der Fljótaá durchzogene, saftige Tal Stífla. An der Fljótaá und dem in roten und grünen Farben leuchtenden Hrafnahnjúkur (883 m) entlang führt die Straße zum See *Stífluvatn*, der entstand, als 1945 zur Energieversorgung Siglufjörðurs das Kraftwerk Skeiðsfossvirkjun gebaut wurde. Gegenüber vom See liegt am Hang das kleine weiße Gotteshaus *Knappstaðir*. 1840 geweiht, ist dies die älteste Holzkirche des Landes. Hinter der durch einen Bergrutsch entstandenen Hügelreihe Stífluhólar öffnet sich der Blick auf das *Miklavatn*, einen Lachs- und Forellensee, der durch die enge Landzunge Hraunamöl vom Meer getrennt ist. Das Tal weitet sich und an zahlreichen Gehöften vorbei führt die Straße auf die Str. 76. Nach links geht es nun zum Skagafjörður und zurück auf die Ringstraße, wärmstens zu empfehlen ist aber der 25 km lange Abstecher nach Siglufjörður, der nördlichsten Stadt Islands, auf der noch ein blasser Glanz ihrer lebhaften Vergangenheit liegt. Hierfür wird nach rechts abgebogen: in Richtung rauer, ins Meer stürzender Felsen, steiniger, grüner Hänge und atemberaubender Ausblicke. Spätestens hinter Hraun, dessen weite Umgebung zum Beerensammeln einlädt, steigt die Straße steil an zu einem Aussichtspunkt mit Picknicktisch und windet sich dann bergauf und bergab an den schroffen Hängen entlang zum Leuchtturm an der Spitze der Halbinsel bei Sauðanes. Hier verschwindet sie in einem 800 m langen Tunnel, der den 676 m hohen Strákar durchquert. Erst seit seiner Fertigstellung 1967 ist Siglufjörður das ganze Jahr über auf dem Straßenweg zu erreichen, zuvor lief der Verkehr über das 15 km lange Siglufjarðarskarð: einen 630 m hohen Bergpass, der im Winter häufig verschneit war. Mit dem Jeep oder Fahrrad kann er im Sommer heute noch bezwungen werden, was sich für die weite Aussicht lohnt.

• *Übernachten* **Bjarnagil**, an der Str. 82 beim Miklavatn, ✆ 4671030, 16 Zimmer im Haus der herzlichen Sigurbjörg und Ehemann Trausti verteilt, einige unterm Dach. Sehr familiäre Atmosphäre, manches Zimmer erinnert an ein privates Gästezimmer.

ISK 2.400, SSU ISK 1.500, Frühstück. Wer lecker bekocht werden möchte, ruft vorher an. In der Gegend gute Wandermöglichkeiten, im Winter Crosscountry-Ski.

In **Ketilás** kurz hinter der Tankstelle Zeltplatz auf großer Wiese mit WC und Kaltwasser.

• *Essen/Tankstelle* In Ketilás (Miklavatn) an der Kreuzung 82/76 Tankstelle mit Lebensmitteln, Imbiss mit Hamburgern, Sandwiches und kleinen Gerichten unter ISK 750; tgl. 10–20, Sa/So ab 13 Uhr. Hier auch Bushaltestelle.

Siglufjörður

(1.500 Einw.)

Worauf sich die Entwicklung der Stadt gründet, verrät das Stadtwappen mit drei Heringen. Wer einen Hauch von der Zeit erleben will, in der dieser silberglänzende Fisch das Leben im Ort regierte, sollte sich einen Besuch des Heringsmuseums nicht entgehen lassen.

Ruhig und abgeschieden liegt der Ort mit seinen farbenfrohen Häusern am Ende des Fjords. Heute ist kaum mehr vorstellbar, was einst hier los war: Alles begann 1903, als Norweger sich den besten Hafen der Nordküste zunutze machten, um zum Heringsfang auszufahren. Die Beute war so reich, dass sich bald Tausende von Booten in Siglufjörður einfanden, um am Heringsabenteuer teilzuhaben. Rasch entwickelte sich der Ort zu einem wahren Klondike des Nordens. 1911 entstand die erste Fischverarbeitungsfabrik, acht weitere folgten. Die anderen Heringsorte hatten höchstens zwei. In der Blütezeit waren an 23 Plätzen entlang des Fjordufers jeweils bis zu 120 Leute, hauptsächlich Frauen, damit beschäftigt, Heringe auszunehmen und zu salzen. Siglufjörður exportierte im Jahr 1916 rund 200.000 Fässer Salzhering nach Nord- und Westeuropa, in die USA und nach Russland und erwirtschaftete Mitte des 20. Jh. knapp die Hälfte der gesamten isländischen Exporteinnahmen. Lebten hier 1901 nur knapp 150 Menschen, so waren es 1950 über 3.000. Aus dem kleinen Fischerdorf war die fünftgrößte Ortschaft des Landes geworden. Am Hafen stapelten sich die Heringsfässer, die Straßen waren voller Lärm und quirliger Atmosphäre – bis 1969. In den Jahren zuvor war bereits in Ostisland die größere Fangmenge angelandet worden, nun verschwand der Hering fast über Nacht aus den isländischen Gewässern. Die Bestände waren überfischt, Siglufjörðurs goldene Zeit war vorbei. Heute baut man auf Garnelen, außerdem werden in Islands größter Fischsiederei aus Lodde und Hering Fischmehl und Tran gewonnen.

Information/Verbindungen/Adressen

• *Information* Auskunft über Siglufjörður und Umgebung erhält man im Museum (s. u.). Hier gibt es auch eine Mappe mit Infomaterial.

• *Verbindung* **Bus** nach/von Reykjavík Di, Do u. So bzw. Mo, Mi und Fr ab/an Post. **Flug**: Íslandsflug fliegt zwischen Reykjavík und Sauðárkrókur, von dort direkte Busanbindung; ✆ 4536888/4671560.

• *Versorgung* Alkoholgeschäft (Eyrargata 25), Apotheke (Aðalgata 34), Arzt (Hvanneyrarbraut), Banken (Íslandsbanki, Aðalgata 34, Sparisjóður, Túngata 3; beide mit Geldautomat), Polizei (Gránugata 4–6), Post (Aðalgata 24).

• *Autowerkstatt* **Birgis Björnsson**, ✆ 4671445; **Ragnar Guðmundsson**, ✆ 4671860.

• *Einkaufen* Lebensmittel bei **Verslunarfélag**, Lækjargata 2, Mo–Sa 9–20, So 11–18 Uhr, **Strax**, Suðurgata, Mo–Fr 9–20, Sa 10–20, So 13–17 Uhr. **Bäckerei** in der Aðalgata 28, mit Café, Mo–Fr 7–17, Sa 9–13 Uhr.

• *Feste/Veranstaltungen* Seit 2000 findet jedes Jahr im Juli ein mehrtägiges Volksmusikfestival statt. Morgens werden Vorträge gehalten, nachmittags finden Workshops zu Themen wie Musik, Bau von Musikinstrumenten etc. statt. Am Abend stehen Konzerte mit isländischer und skandinavischer Musik auf dem Programm.

• *Fotomaterial* Filme gibt es bei Sigló-Myndir in der Suðurgata, Mo–Fr 9–12 und 13–18 Uhr.

• *Schwimmbad* Hvanneyrarbraut 52, Mo–Fr 7–21, Sa/So 10–17 Uhr, Hallenbad mit Hot Pot.

• *Tankstelle* In der Tjarnargata, Mo–Fr 8–23, Sa/So 10–23 Uhr, mit Imbiss – Hamburger, Sandwiches und Pizza.

Übernachten/Camping/Essen

Gistihúsið Hvanneyri, Aðalgata 10, ✆ 4671378, 📠 4671378, 18 DZ mit Waschbecken, ISK 2.500/Pers., SSU 1.500. Die schönere Übernachtungsmöglichkeit im Ort mit hellen Zimmern auf 2 Etagen, alles liebevoll, wenngleich etwas plüschig eingerichtet, viele Pflanzen; Küche, gemütliche Sitzecken mit TV. Wird ab 2003 noch größer sein.

Gistihúsið Lækur, Lækjargata 10, ✆ 4671514, 8 Zimmer mit Waschbecken in einem wenig gemütlichen Haus, DZ ISK 5.500 inkl. Frühstück. Angeschlossen ist ein dunkles Restaurant ohne Fenster, aber nicht abschrecken lassen, das Essen hat einen sehr guten Ruf. Mittags (12–13 Uhr) isländische Hausmacherküche, 1 oder 2 Gerichte mit Suppe, die sich z. B. die Arbeiter der Gegend schmecken lassen. 18–21 Uhr dann Pizza, Pasta, Lasagne, Fisch und Fleisch, alles unter ISK 1.700, z. B. Schellfisch mit Pilzen und Krabben.

• *Camping* Kostenloser Zeltplatz etwas laut mitten im Ort am Rathaus, aber mit modernen sanitären Einrichtungen mit Dusche und beheiztem WC! Waschmaschine und Trockner ISK 500 plus Pfand, Schlüssel bei Stadtverwaltung oder Bíó Café.

• *Essen* Das Restaurant im Gistihúsið Lækur (s. o.) serviert gutes Essen.

Bíó Café, Aðalgata 30, ✆ 4672233, 11.30–21 Uhr, in einem Haus von 1924, in dem im selben Jahr ein Kino eröffnet wurde (*bíó* = Kino), das lange in Betrieb war. Heute erinnern daran nur noch die Namen der Pizzen: "Die Hard", "Superman", "Usual Suspect" etc. Ansonsten gibt es hier in Cafeteria-Atmosphäre Pastagerichte unter ISK 1.000, Fisch und Lamm, Fastfood und kleine Gerichte wie Hering mit Brot, Ei und Butter, ISK 750. Manchmal Livemusik. Zwei Türen weiter ist Bíósalurinn, Veranstaltungssaal und im Winter Theater. Im Sommer hier manchmal am Wochenende Tanz.

Pizza 67, Túngata, ✆ 4672323, 18–23 Uhr. Im kleinen weißen Wellblechhaus gibt es Pizza, Hamburger und Sandwiches.

Sehenswertes

Heringsmuseum: Das knallrot gestrichene Haus *Roaldsbrakki* von 1907 am Hafenbecken war fast sechzig Jahre lang einer der Posten zum Salzen von Hering. In den besten Jahren wurden alleine vor diesem Gebäude 30.000 Fässer Hering gefüllt. Ursprünglich stand die Hälfte des Hauses über dem Wasser, auf der davor liegenden Landungsbrücke wurde gearbeitet, das Erdgeschoss war Lagerraum und Büro. In den Stockwerken darüber wohnten die Arbeiterinnen – bis zu acht Frauen teilten sich einen Raum. Wer heute im mit alten Fotos, Filmen, Gerätschaften, Möbeln und Gemälden liebevoll aufgemachten Museum steht, vor dem sich Fässer türmen und ein Boot schaukelt, hat den Eindruck, die Heringszeit wäre erst gestern zu Ende gegangen. Jeden Samstag um 15 Uhr lebt sie dann auch ein kleines bisschen wieder auf, wenn die Theatergruppe vor dem Museum das Salzen des "glitschigen Goldes" nachspielt. Die mit der Verarbeitung des Herings zu Öl und Mehl verbundene Arbeit lässt sich in der großen Halle nebenan erahnen, wo aus ehemaligen Heringsfabriken gerettete Maschinen, Öfen und Werkzeuge vom Lärm und Schweiß erzählen. In einer Ausstellung auf der Empore soll es ab 2003 um die etwa zwanzig ehemaligen Heringsorte im Norden und Osten Islands gehen. Bis 2004 wird das äußerst gelungene, mit mehreren Preisen ausgezeichnete Museum auch noch

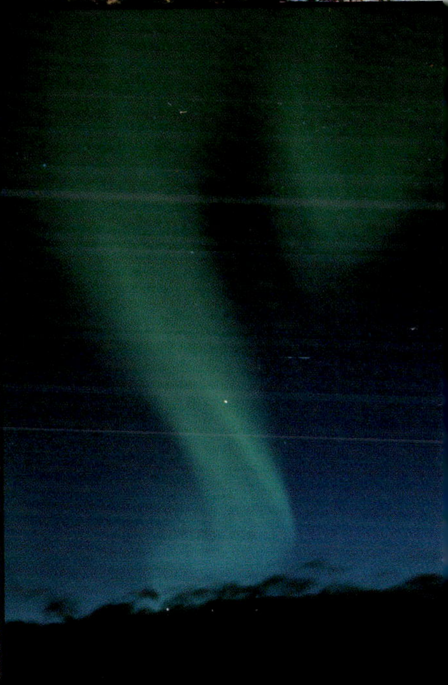

An einem Sommertag in Þórshöfn I ▲

Auf der einsamen "Fuchsebene" ▲▲
Aurora borealis (AS) ▲

▲▲ Einsames Nordostisland
▲ An einem Sommertag in Þórshöfn II

Frische Lava: Leirhnjúkur ▲

Moospolster ▲▲
Námafjall ▲

▲▲ Fjordidylle Húsavík
▲ Walbeobachtung in Húsavík

Siglufjörður entstand mit dem Heringsboom

um ein Bootshaus erweitert, in dem zwei große und mehrere kleine Boote unterkommen sollen.

Öffnungszeiten **Síldarminjasafnið**, Snorragata 15, ✆ 4671604, 20.6.–20.8. tgl. 10–18 Uhr, sonst 13–17 Uhr, ISK 400; bei den Vorführungen am Sa ISK 600.

Die 1932 geweihte *Kirche* bietet – der Größe der einst blühenden Gemeinde angemessen – 400 Leuten Platz. Sehenswert sind das Altarbild von Gunnlaugur Blöndal, das ein Ruderboot im Sturm darstellt, und der Taufstein von Ríkarður Jónsson. Die bunten Fenster stammen von der deutschen Künstlerin Maria Katzgrau. Am Hang vor der hellen Kirche erinnert die kleine *Skulptur* "Síldveiði" (Heringsfang) von Ragnar Kjartansson an alte Zeiten; am Hafen gedenkt ein eindrucksvolles *Denkmal* der ertrunkenen Seeleute Siglufjörðurs.

Zurzeit wird am Aufbau eines nationalen Museums für isländische Volksmusik gearbeitet. In Siglufjörður lebte ab 1888 der Priester und Komponist Bjarni Þorsteinsson, der mehrere Jahre seines Lebens dem Sammeln traditioneller, halb vergessener Lieder widmete, die er 1909 in einem Sammelwerk veröffentlichte. Er gilt damit als Bewahrer der isländischen Volksmusik. Das Haus von 1884, in dem er zehn Jahre lang wohnte und arbeitete, ist das älteste des Ortes. Es steht in der Norðurgata und wird nach Abschluss der Renovierungsarbeiten das Museum beherbergen. In den Ausstellungen soll sowohl Bjarni Þorsteinssons Leben und Wirken beleuchtet als auch anhand von Noten, Instrumenten, Liedern etc. die isländische Volksmusik interpretiert werden. Zu Ehren des Liedersammlers findet in Siglufjörður jedes Jahr ein Volksmusikfestival statt (siehe "Feste/Veranstaltungen").

Wer noch weiter ins Fjordinnere fährt oder läuft, bekommt mit etwas Glück etwas vom reichen Vogelleben in Siglufjörður mit – im Frühsommer ist der

Fjord beliebtes Brutgebiet für eine bunte Artenvielfalt, etwa 18 Arten überwintern im Fjord. Im Skarðdalur erreicht man dann einen kleinen Wald und den Wasserfall Leyningsfoss.

Wanderungen

(s. Karte S. 440/441)

Umgebung von Siglufjörður (7): In der Gegend um Siglufjörður lassen sich zahlreiche Wanderungen unternehmen. Markierte Strecken gibt es nicht, es kann aber jahrhundertealten Fußwegen und Schafpfaden gefolgt werden. Wo nur Teilstücke zu erkennen sind, muss man laufen, wie man es für richtig hält. Das Heringsmuseum hält eine Wanderkarte und Beschreibungen von Wanderungen bereit. Die Wanderungen sind nach Aussage des Museumsleiters und Tourismusexperten Örlygur Kristfinnsson alle eher hart. Ein alter Pfad führt z. B. über die Gebirgspässe Hólsskarð oder Hestsskarð hinüber zum verlassenen Fjord Héðinsfjörður, der als der "abgelegenste aller abgelegenen Fjorde in Island" gilt (h/r 10–14 Std.). Über die Dalaleið geht es in Richtung Westen zu den Ruinen in Dalbær und dem verlassenen Gehöft Máná im Úlfsdalur (nur hin 3–6 Std.). Eine kürzere Wanderung führt am Ostufer des Fjords entlang zu den Fundamenten einer Heringsfabrik, die 1919 bei einem Lawinenunglück zerstört wurde. Von dort ist auch ein Weitermarsch bis Siglunes, der Spitze der Landzunge, möglich (nur hin 10–14 Std.).

▸ **Weiterfahrt**: Wieder zurück an der Kreuzung der Straßen 76 und 82 am Miklavatn, geht es nun durch die dicht besiedelte Region *Fljót* mit reicher Vogelwelt weiter in Richtung Westen. Auf dem heute verlassenen Hof *Fjall* wurde *Sölvi Helgason* (1820–95) geboren.

Sölvi Helgason – Vagabund und Künstler

Er war ein Vagabund, der fast sein ganzes Leben lang durch Island reiste, schrieb und malte. Wegen Passfälschung, Landstreicherei und Bücherdiebstahl musste er in Kopenhagen eine jahrelange Gefängnisstrafe absitzen und viele seiner Aquarelle und philosophischen Erzählungen wurden vernichtet. Mehr als hundert Bilder des erst nach seinem Tod hoch geschätzten Künstlers können heute in Nationalmuseum und Nationalbibliothek bewundert werden. In Lónkot wurde dem reisenden Maler 1995 von Gestur Þorgrímsson ein Denkmal errichtet.

Hinter dem Slétturhlíðarvatn taucht vorne das Meer mit der Insel *Málmey* auf. Auf diesem 2,4 qkm großen Eiland mit hohen Steilklippen und grünem Weideland darf der Volkssage nach niemand länger als zwanzig Jahre leben. Der einzige Hof wurde 1963 verlassen. Vor der Küste erhebt sich das Kap Þórðarhöfði, ein alter Vulkankrater, der aussieht wie eine Insel, jedoch durch zwei Sandbänke mit dem Land verbunden ist. Die Lagune Höfðavatn ist ein beliebter Angelsee. In weiterer Entfernung erhebt sich die 20 ha große Hyaloklastit-Insel *Drangey*.

- *Angeln* Forellenfischen in Süßwasserlagune Höfðavatn ISK 2.000, Lizenzen in Lónkot.
- *Schwimmbad* in der Schule Sólgarðar an der Str. 787 in Fljót, 20.6.–31.8. Di–Fr 14–22, Sa/So 13–19 Uhr, Freibad mit Hot Pot.
- *Übernachten/Essen* **Lónkot**, am Málmeyjarsund, ✆ 4537432, 📠 4537492; origineller, moderner Hof genau auf dem 66. Brei-

Drangey, die Insel Grettis und der Vögel

Die bis zu 200 m hohen Steilklippen von Drangey sind von zahllosen Vögeln bevölkert. Insbesondere Dickschnabellummen, Trottellummen, Tordalken und Papageientaucher lassen sich in den Felswänden nieder, außerdem brüten hier Dreizehenmöwen und Küstenseeschwalben; zu sehen sind auch Kolkraben und Falken. Nur an einer Stelle kann die Insel erklommen werden, was die Menschen der Gegend seit Jahrhunderten ausnutzen, um Eier zu sammeln, Vögel zu fangen, auf dem saftigen Gras Schafe weiden zu lassen und aus der Höhe Fischernetze auszuwerfen – um "die Kuh zu melken", wie man sagt. Denn Drangey ist angeblich die Kuh zweier Trolle, die beim Versuch, den Fjord zu überqueren, von der Sonne überrascht wurden und mit der Kuh zu Stein erstarrten. Jedem Isländer ist Drangey als Schauplatz der *Grettis saga* bekannt, die von den Abenteuern Grettir Ásmundarsons berichtet, der im 10. Jh. lebte und berühmt war für seine Kraft und seinen Mut, aber auch für seinen Übermut und seine Streitsucht. Dass er half, ein Tal von einem bösen Geist namens Glámur zu befreien, wurde ihm zum Verhängnis. Sein Onkel Jökull hatte es kommen sehen: "Glück und Tapferkeit sind zwei grundverschiedene Dinge". Als Grettir den Geist niedergerungen hatte, verfluchte dieser ihn zu einem unglücklichen und einsamen Leben, ausgestoßen aus der Gesellschaft. In diesem Augenblick verließ Grettir das Glück und er zog den Rest seines Lebens als Geächteter umher. Die letzten Jahre seiner Verbannung verbrachte er auf Drangey, wo er im Kampf getötet wurde.

tengrad, die schönste und stilvollste Übernachtungsmöglichkeit der Gegend mit populärem Gourmet-Restaurant. Im ehemaligen Schafstall 3 DZ mit Waschbecken, ein Zimmer mit fünf Alkoven; Küche, große Sitzecke mit TV und Schachbrett. Ein Zimmer mit Bad und Küche für 7 Pers.; alles ISK 2.800/Pers. bzw. als SSU ISK 1.800. Frühstück im kleinen, hübschen Restaurant im früheren Kuhstall. Hier auch 12–22 Uhr exquisite Auswahl an Fleisch- und Fischgerichten, ISK 1.000–3.000, Waffeln, Kuchen, selbst gemachtes Eis. Kleine Galerie mit Bildern isländischer Künstler und von Sölvi Helgason. Auf der Hauswiese 9-Loch-Golfplatz, ISK 1.000, Minigolf ISK 300 und ein Aussichtsturm mit Blick auf die Inseln im Skagafjörður. **Camping** ISK 500/Pers, WC und Kaltwasser. Nutzung des von Torfwällen umgebenen Grillplatzes umsonst möglich. Im riesigen Zelt, dem größten des Landes, finden Festivals, Konzerte, Ausstellungen und Märkte statt; auf der anderen Seite der Zufahrt sind Skulpturen zu besichtigen: Lónkot versucht, Übernachtung mit Kultur zu verbinden.

Sólgarðaskóli, kleine Schule an der Str. 787 in Fljót, ✆ 4671054, 20.6.–31.8. Betten für 30 Pers., ISK 2.200, SSU ISK 1.500. Küche.

Hofsós

(170 Einw.)

Zu beiden Seiten der Hofsá liegt das kleine Dorf Hofsós, einer der ältesten Handelsplätze Islands und vom 16. bis 19. Jh. der einzige im Skagafjörður. Heute lebt das bunte Dorf von Fischerei und Handel; in der Schneiderei wird zudem die isländische Flagge hergestellt. Berühmt ist Hofsós vor allem wegen seines Auswanderungszentrums, das durch mehrere Anbauten nach Ansicht vieler mittlerweile leider schon zu groß geworden ist. Fast alle touristischen Einrichtungen sind im Besitz von Valgeir Þorvaldsson, dem Gründer und Direktor des Zentrums und ungekrönten König von Hofsós.

Am Strand südlich des Ortes erheben sich beeindruckende Klippen aus Basaltsäulen, *Staðarbjörg*, die dem Architekten Guðjón Samúelsson beim Bau der katholischen Kirche Landakotskirkja in Reykjavík als Vorbild dienten. 500 m südlich von Hofsós erinnern an der Mündung der Grafará Ruinen an den ehemals zweitgrößten Handelsplatz im Fjord, Grafarós.

Verbindungen/Adressen/Touren

- *Verbindung* **Bus** nach Reykjavík und Siglufjörður, 4537360.
- *Versorgung* In der Suðurbraut Arzt, Bank, (Mo–Fr 9–12 und 13–16.30 Uhr), Post im Supermarkt (Mo–Fr 9–12.30 und 13.30–17.45 Uhr) Supermarkt (Mo–Fr 9–20, Sa/So 10–21 Uhr), Tankstelle (Öffnungszeiten wie Supermarkt).
- *Autowerkstatt* **Pardus**, ✆ 4537380.
- *Touren* **Drangey und Málmey**: Bootsausflüge zu den Inseln bietet Páll Magnusson ("**Málmey Tours**"), ✆ 8942881; h/r jeweils ISK 3.800, mit "Landgang". Möglichkeit zum Angeln und Eiersammeln. Bootstour um die Inseln ISK 3.500. Páll macht alles alleine, sehr persönlich. Größer angelegt sind die Fahrten von **Eyjaskip** (siehe "Sauðárkrókur", S. 496), bei denen ein Guide mitfährt. Diese Touren bei Bedarf auch von Hofsós.

Übernachten/Camping/Essen

Gästehaus Sunnuberg, Suðurbraut 8, ✆ 4537434/8930220, 📠 4537936; modernes Gästehaus in ehemaliger Tischlerei mit 5 hellen Zimmern mit Bad, DZ ISK 6.000. Frühstück im Restaurant Sigtún. 20 Leute können noch anderswo in SSU untergebracht werden (ISK 1.500).

- *Camping* Groß und windig beim Sportplatz am Ortseingang, WC und Kaltwasser.
- *Essen* **Veitingastofan Sólvík**, Suðurbraut, ✆ 4537930, 15.5.–15.9. tgl. 10–21 Uhr. Gemütlicher Coffee Shop am Hafen im blauen Holzhaus mit großer Auswahl. Selbst gebackenes traditionelles Brot, Kuchen, Waffeln, Pfannkuchen und Kleinur, Hangikjöt und leichte Fleisch- und Fischgerichte, z. B. Lamm mit Gemüse der Saison ISK 1.600.

Sigtún, Suðurbraut, ✆ 4537393, Mo–Fr 10–14 und 18–23.30, Sa/So durchgehend ab 11 Uhr. Küche tgl. bis 21.30, Bar Fr/Sa bis 3 Uhr. Restaurant mit viel Holz und herrlichem Blick auf das Wasser, serviert leider vor allem Fastfood.

Sehenswertes

Auswanderungszentrum: In einem früheren Kaufladen von 1910 in Weißrot direkt am Wasser und am Pier eröffnete 1996 das Museum und Informationszentrum zur Auswanderung von 10.000–20.000 Isländern nach Amerika in der Zeit von 1870–1914. 2000 und 2002 wurde es noch um zwei Gebäude im Stil alter Lagerhäuser erweitert. In der ältesten, gelungenen Ausstellung "New Land, New Life" erfährt man von den Lebensbedingungen auf der Insel, die Auslöser für den Massenexodus waren. Einzelne Familienschicksale werden beleuchtet, das ärmliche Leben auf dem Lande und in den Fischerhütten nachgestellt. Auch die Propaganda gegen die Auswanderung wird wiedergegeben und der Abschiedsschmerz derer, die gingen. Nach dieser gründlichen Vorbereitung geht es dann im Museumskeller aufs Schiff und hinein in die "Neue Welt". Mit dieser Ausstellung sollte der Besuch des Zentrums begonnen werden, denn die in den schwarzen Anbauten behandeln speziellere Themen: Im Komplex *Frængarður* nebenan geht es um die Hunderte Isländer, die Mitte des 19. Jh. in die Mormonen-Siedlungen in Utah emigrierten. 2004 soll diese Zion-Ausstellung ausgewechselt werden gegen eine Sammlung interessanter Fotos mit ausgewanderten Isländern als Motiv, aufgenommen von amerikanischen und kanadischen Fotografen. Im dritten Haus erzählen vor allem Bilder und Texte noch bis 2006 sehr detailliert von den isländischen Immigranten in North Dakota.

Von Hofsós in die weite Welt: das Auswanderungszentrum

Zu dem Museum gehören – in *Frængarður* untergebracht – ein Vortragssaal und eine große Bibliothek, u. a. auch mit genealogischen Veröffentlichungen, in der Nordamerikanern isländischer Abstammung bei Nachforschungen zu ihrem Stammbaum geholfen wird. Im ehemaligen Kaufladen geben in der Stephansstofa Bücher und Texte Auskunft zu einem der beliebtesten Dichter Islands, Stephan G. Stephansson.

Öffnungszeiten **Vesturfarasetrið**, Suðurbraut, ✆ 4537935, 8.6.–8.9. tgl. 11–18 Uhr, ISK 900 für alle drei Ausstellungen, die einzelnen kosten ISK 200 bzw. 400.

Lagerhaus: An der Hofsá steht eines der ältesten Häuser des Landes, ein 1777 für die letzte dänische Monopolhandelsgesellschaft in Island aus Dänemark hergebrachtes, schwarz geteertes Blockhaus. Nach den Dänen nutzten es die Isländer als Lagerhaus; 1991 renoviert, beherbergte es zeitweilig eine Ausstellung zu Drangey, ist jetzt aber leer und verschlossen.

▶ **Weiterfahrt**: Von Hofsós sind es 43 km bis zur Ringstraße, auf dem Weg dorthin lohnt der Abstecher zum Bischofssitz *Hólar í Hjaltadalur*.

Leicht zu übersehen ist die hinter der Abzweigung der Str. 781 mitten auf der Wiese stehende, malerische *Torfkirche Gröf* aus der zweiten Hälfte des 17. Jh.: die einzige der erhaltenen Torfkirchen mit einer Holzkonstruktion im Stil der Stabkirchen. Das mit 6,25 m Länge und 3,20 m Breite winzige Gotteshaus diente nach 1765 fast 200 Jahre lang als Schuppen. 1953 wurde es restauriert und erneut geweiht (der Schlüssel steckt oder ist auf der benachbarten Farm zu bekommen).

Akureyri und der Nordwesten
Karte S. 440/441

Die Straßen 767 und 769 führen beide in den *Hjaltadalur*, ein langes und enges Tal, an dessen Ostseite nach 11 km der Bischofssitz auftaucht. *Laufskálarétt* an der Zusammenführung der zwei Straßen ist der größte und bedeutendste Pferch für den Pferdeabtrieb im September.

• *Einkaufen/Tankstelle* Tankstelle **Sleitustaðir** an der Str. 76, nahe der Abzweigung der Str. 769, 15–19.30 Uhr, hier Kiosk. Gegenüber Autowerkstatt, ✆ 4537480.

• *Übernachten* **JH Smiðsgerði** liegt wunderschön und absolut friedlich am Ende einer 2 km langen Piste (Abzweigung bei der Tankstelle) im Kolbeinsdalur, ✆/℻ 4537483, mobil 8634992. 15.6.–18.8. 9 Betten in Zimmern bis 4 Pers., Küche und kleiner Essraum. Im Garten Holzterrasse über rauschendem Fluss. JH-Mitglieder ISK 1.400, sonst 1.700. Im DZ 1.000 mehr.

Bischofssitz Hólar

Vor dem stolzen Berg Hólabyrða liegt in bezaubernder Umgebung an einem 54 ha großen Waldstück der einstige Bischofssitz des Nordlandes, der im Sommer Tausende von Besuchern anlockt.

Im Gegensatz zum Bischofssitz Skálholt im Südland pulsiert in Hólar das ganze Jahr über das Leben. Wenn die Touristen abgereist sind, nimmt die 1882 gegründete Landwirtschaftsschule wieder ihren Betrieb auf, die sich auf Pferdezucht und Reitsport spezialisiert hat. Etwa 70 Menschen leben ständig in Hólar. 1106 überließ der damalige Besitzer von Hólar sein Gehöft der Kirche, das daraufhin bis 1801 als Bischofssitz des Nordlandes diente. Insgesamt 36 Bischöfe residierten hier, darunter *Jón Ögmundsson* (1106–1121), der erste Bischof Hólars, der hier eine Priesterschule einrichtete, *Jón Arason* (1524–1550), der seinen Einsatz gegen die Reformation mit dem Leben bezahlte, und *Guðbrandur Þorláksson* (1571–1627), der durch den Druck der Bibel in isländischer Sprache im Jahr 1584 bekannt wurde, von der ein Originalstück im Dom ausgestellt ist. Bis zur Verlegung nach Reykjavík und Schließung der Schule im Jahre 1802 war Hólar kulturelles und religiöses Zentrum Nordislands, hatte Macht und Reichtum – ein Viertel aller isländischen Ländereien war im Besitz des Bischofssitzes. Seit 1985 ist Hólar Sitz des Weihbischofs.

2001 wurde Hólar aus dem für archäologische Ausgrabungen im Land vorgesehen Fonds die mit ISK 11 Mio. höchste Summe zugesprochen. Bei den Arbeiten 2001 und 2002, den allerersten Ausgrabungen in Hólar überhaupt, wurde z. B. eine uralte Müllhalde entdeckt, die interessante Aufschlüsse darüber gab, was die Menschen vor Hunderten von Jahren aßen. Die Reste mehrerer Gebäude und ungefähr 600 Objekte und Scherben kamen ans Tageslicht, darunter Keramikstücke aus dem Westerwald aus der Handelszeit.

• *Information* **Hólar í Hjaltadal**, ✆ 4556333, ℻ 4556301, 1.6.–31.8.; Information tgl. 8–24 Uhr, hier auch Drinks und Süßigkeiten.

• *Internet* Bei d. Information, ISK 250/30 Min.

• *Verbindung* **Bus** ab/bis Tankstelle Sleitustaðir, ✆ 4537474, 11 km nordwestlich. Nach Reykjavík im Sommer Di und Do 9.30, So 16.30 Uhr. Von Reykjavík Mo und Mi 13.30, Fr 15.30 Uhr.

• *Angeln* Forellen- und Lachsangeln im Fluss ISK 3.500–4.000/Tag.

• *Historischer Pfad* Auf diesem etwa einstündigen Spaziergang kommt man zu 14 bedeutenden Plätzen, die in einer Broschüre (ISK 100) genauer beschrieben sind.

• *Reiten* **Áshestar** auf Hof Neðri-Ás an der Str. 769, 9 km von Hólar, ✆ 4536613, bietet Tagesausflüge, ISK 1.500/Std.

Hólar – Bischofssitz des Nordlandes

- *Schwimmbad* Freibad, tgl. 10–22 Uhr, Sauna Di und Do 18–21, Sa 15–21 Uhr.
- *Übernachten* **Hólar í Hjaltadal** (FH); in der **Schule** Betten für 19 Gäste, zusätzlich Matratzen. ISK 2.900/Pers. inkl. Schwimmbad, SSU ab ISK 1.000. Frühstück. DZ gut möbliert, geräumig, fast alle mit Waschbecken.

Acht große **Sommerhäuser** für 3–8 Pers. ISK 6.000–11.000; mit Küche, Bad, TV, Waschmaschine.

- *Camping* Ruhiger Platz im Wald; WC und Kaltwasser, ISK 450/Pers.
- *Essen* **Restaurant** in Hólar tgl. 12–14 und 18.30–20.30 Uhr. Den ganzen Tag leichte Gerichte vom Grill ab ISK 650. Spezialisiert auf typisch isländische Küche, Fisch und Fleisch bis ISK 2.000. Sandwich mit Lamm ISK 350. Auch Waffeln mit Sahne, Kuchen und Skýr.

Sehenswertes

Die Domkirche: Die 1757–1763 errichtete Kirche im spätgotischen Stil ist das siebte und mit 9 x 20,6 m kleinste Gotteshaus in Hólar. Einzigartig ist sie dennoch, da aus dem rotem Sandstein des Berges Hólabyrða erbaut und die älteste Steinkirche des Landes. Von 1989 bis 1991 wurde sie grundlegend renoviert und wieder so weit wie möglich in ihren ursprünglichen Zustand versetzt. Zu den Kirchenschätzen gehört die geschnitzte Altartafel, wahrscheinlich um 1500 in Deutschland angefertigt und von Jón Arason nach Hólar gebracht. Sehenswert sind auch das Kruzifix aus dem 15. Jh. und das darunter stehende Taufbecken von 1674 aus Speckstein, der offensichtlich mit dem Treibeis von Grönland nach Island kam. An der gegenüberliegenden Wand hängt das Altarbild aus Alabaster von 1470, das die Leidensgeschichte Christi zeigt und angeblich aus Nottingham stammt. Unter den Grabsteinen im Chor ist der von Guðbrandur Þorláksson. An Silber und Gold aus der Zeit vor der Reformation ist kaum etwas erhalten, da die Kirche 1551 von dänischen Soldaten geplündert

Karte S. 440/441

wurde. 1950, zum 400. Todestags Jón Arasons, wurde neben der Kirche ein 27 m hoher Turm errichtet und der Bischof hierhin umgebettet. Über der Grabplatte hängt ein Mosaik des Künstlers Erró von 1957, das Jón Arason und die Glocke "Líkaböng" darstellt, die angeblich während des Trauerzuges für den getöteten Bischof von allein zu läuten anfing und am Ende zersprang. Heute hängen im Kirchturm drei in Belgien gegossene Glocken. Eine Broschüre (ISK 50) gibt genaue Informationen zur Kirche.

Öffnungszeiten Tgl. 9–18 Uhr; geführte Touren (ISK 300) nach Bedarf; bei der Information fragen.

1854, als Hólar noch ein Pfarrhof war, baute der Geistliche Benedikt Vigfússon hier ein *Torfgehöft*. Der Hof steht heute unter Obhut des Nationalmuseums und der Kirche und beherbergt wechselnde Ausstellungen (tgl. 9–18 Uhr).
Von 10–17 Uhr können auch die *Frischwasseraquarien* der Schule besichtigt werden (ISK 200). Jeder große See in Island wird hier in einem Aquarium so naturgetreu wie möglich nachgestellt. Jede Stunde beginnt eine geführte Tour.

2002 war eine große Ausstellung in einem neuen Gebäude bei den Ställen in der Planung, in der es um die Bedeutung des Islandpferdes und um das Reiten gehen soll.

▶ **Weiterfahrt**: Auf der Straße 76 sind es noch 30 km bis zur Ringstraße. Die Straße verläuft am Ostufer des mächtigen Gletscherstromes Héraðsvötn, der hier in zwei Hauptarmen zum Meer fließt und ein breites Tal ausgehoben hat. Die Hauptarme umschließen die sumpfige, hügelige Landzunge *Hegranes*. Von ihrer höchsten Erhebung, *Geitaberg* (138 m), bietet sich ein wunderbarer Ausblick auf den Fjord mit schwarzem Strand und nicht weniger als elf Kirchen.

• *Übernachten/Essen* **Fjallakráin**, Zufahrt 1 km südlich der Kreuzung 75/76, ✆ 4536956, 📠 4536413, ganzjährig und immer geöffnet. Im rustikalen, gemütlichen Holzhaus am Hang, das Jón in dreijähriger Arbeit aus dem Holz einer 170 Jahre alten norwegischen Blockhütte und Treibholz gebaut hat, serviert die herzliche Árdís Suppe, Brot, Lachs, Salat, Kaffee und Kuchen. Für ein richtiges Abendessen ruft man mind. 2 Std. vorher an. Sa/So 15–18 Uhr Kaffeebüfett mit Waffeln, Kleinur und typisch isländischen Kuchen ISK 1.000. Do–So abends Pub. Betten für 8 Pers. unter den Dachschrägen und in Alkoven, DZ ISK 7.000, SSU 2.500, alles inkl. Frühstück. Herrlicher Blick über den Skagafjörður. Das Haus ist bekannt für gute, hausgemachte Küche.

Von Varmahlíð nach Blönduós

Die Ringstraße führt auf 51 km durch eine grüne Tallandschaft. Reizvoller und interessanter ist die etwa 135 km lange Rundfahrt vorbei am Museumshof Glaumbær um die Halbinsel Skagi.

Bevor die Ringstraße etwa 2 km westlich von Varmahlíð die Víðimýrará überquert, geht es links ab zu der 1834 errichteten *Torfkirche Víðimýri*, die wohl schönste der sechs noch im Lande erhaltenen Torfkirchen. Im Grunde ist sie, wie die anderen auch, eine Treibholzkirche, lediglich die Außenwände und das Dach wurden aus Torf errichtet. Das blumenbewachsene Gotteshaus mit baumbestandenem Friedhof hat acht Sitzbänke auf jeder Seite. Wie allgemein üblich, waren die nördlichen für Frauen, die südlichen für Männer. Eine Besonderheit ist der für vornehme Herrschaften, die Sänger und die Frau des Pfarrers abgeteilte Sitzbereich im Chor. Die Kirche soll als erstes isländisches

Gebäude auf der *World Heritage List* aufgenommen werden. Dafür müssen jedoch die nahen Gebäude verschwinden.
Öffnungszeiten 1.6.–31.8. tgl. 9–18 Uhr, ISK 150.

Die Straße steigt steil an auf den Bergpass Vatnsskarð. Bei dem Aussichtspunkt Arnarstapi, von wo aus sich der Skagafjörður bis zur Insel Drangey überblicken lässt, steht ein Denkmal für den Dichter *Stephan G. Stephansson* (1853–1927), der auf dem Hof Víðimýrarsel seine Jugend verbrachte. Durch steinige Gegend geht es am See Vatnshlíðarvatn mit Schwänen und an moosüberzogenen Erdbülten entlang weiter bergauf. Nachdem die mit zwei Steinmännchen markierte Passhöhe (441 m) passiert ist, schlängelt sich die Straße an Feuchtwiesen vorbei hinunter in den Svartárdalur. Bezaubernd steht die kleine Kirche *Bólstaðarhlíð* im von hohen Bergen umschlossenen Tal mitten auf der Wiese. Die Ringstraße zieht sich entlang der Blanda, einem wasserreichen Gletscherfluss aus dem Hofsjökull, und dem Bergmassiv Langadalsfjall durch das fruchtbare Tal Langidalur mit großen Gehöften. Es wird hügelig und die letzten Kilometer vor Blönduós fließt die Blanda durch eine breite Schlucht.

• *Übernachten* **Stóra-Vatnsskarð** (FH), 10 km westl. von Varmahlíð, ✆ 4538152, 9 Betten in 4 Zimmern, ISK 2.500, SSU ISK 1.700, Frühstück mit der Familie. Das ganze Erdgeschoss ist für die Gäste, mit großer Küche und Bad. Freundliche Atmosphäre. Reiten ISK 1.800/Std., Lizenzen für Forellenfang ISK 600/Tag.

Húnaver, an der Kreuzung der Str. 734, ✆ 4527110, zauberhaft zwischen den Bergen gelegen, im Gemeindehaus mind. 30 SSU auf Matratzen ISK 1.000, Küche, Dusche. Campingplatz mit Birkenhain ISK 400 pro Pers. inkl. Dusche. Im Gemeindehaus gibt's Frühstück, tagsüber Kaffee, Sandwiches und Süßigkeiten. Die Betreiber bieten auch kurze Reittouren an.

Geitaskarð (FH), 11 km östlich von Blönduós, ✆ 4524341, 4 Zimmer, DZ ISK 6.400 inkl. Frühstück, SSU ISK 1.700. Abendessen auf Bestellung. Schöner alter Bauernhof mit antiken Möbeln in herrlicher Umgebung.

Wanderung

(s. Karte S. 440/441)

In den Laxárdalur (8) (h/r etwa 6 Std.): Vom Hof Geitaskarð führt eine beliebte Wanderung in den Laxárdalur, ein wunderschönes und einst dicht besiedeltes Tal auf der Skagi-Halbinsel, in dem etwa 1.000 Pferde den Sommer verbringen. Die Strecke kann weitgehend auf Reitpfaden zurückgelegt werden. Der Weg führt erst ins Tal, von dort weiter in Richtung Osten an der Laxá entlang und beim Hof Gautsdalur zurück auf die Ringstraße, die bei Auðólfsstaðir erreicht wird. Die Wanderung ist auf beiden Wanderkarten über die Region zwischen Skagafjörður und Húnaflói eingetragen (je ISK 500), die noch zahlreiche weitere Inspirationen zu Wanderungen geben.

Blönduós

(900 Einw.)

Die größte Ortschaft am Húnaflói liegt zu beiden Seiten des sandigen, flachen Gletscherflusses Blanda, an dessen Ufern Pferde weiden und sich Gras wiegt. Für die Fischerei bestehen hier keine guten Voraussetzungen; Blönduós lebt von Landwirtschaft, Handel, Verkehr und Dienstleistungen.

Seine Anfänge nahm der Ort, der schon vor dem Jahr 1000 besiedelt war und 1876 die Hafen- und Handelsrechte erhielt, am Südufer des Blanda. Bis heute ist Blönduós klar getrennt in den modernen Teil nördlich und den alten, verwildert romantischen südlich der Blanda. Touristen finden fast alle wichtigen Einrichtungen nahe der Ringstraße. Um Blönduós kennen zu lernen, muss man jedoch zu beiden Seiten der 1963 fertig gestellten, ersten Betonhängebrücke Islands zur Flussmündung hin abbiegen. Einen Ausflug lohnt die kleine, felsige Insel Hrútey mit Baumschule und Naturpark, die über eine Fußgängerbrücke östlich der Touristeninformation zu erreichen ist (Infotafel an der Ringstraße). Der einfache, 1895 eingerichtete Hafen wurde 1993/94 ausgebaut; von hier fährt ein Trawler zum Garnelenfang aus, mehrere kleine Boote ziehen u. a. Jakobsmuscheln an Land.

Ein auffälliges Bauwerk ist die 1982–93 gebaute, runde Betonkirche gegenüber der Touristeninformation, die über eine hervorragende Akustik verfügt und auch als Konzertsaal genutzt wird (tgl. 11–16 Uhr). Ihre Architektur soll an die Berge der Umgebung erinnern. Das Altarbild malte der bedeutende Künstler Jóhannes Kjarval.

Information/Verbindungen/Adressen

- *Information* Touristeninformation am Zeltplatz in altem Lagerhaus von 1884, ✆ 4524520, tgl. 9–21 Uhr.
- *Verbindung* **Bus**: **Suðurleið** fährt ab Esso-Tankstelle an der Ringstr., ✆ 4559050, Di, Do und So nach Reykjavík, Mo, Mi und Fr nach Siglufjörður. **Norðurleið** fährt ab Olis-Tankstelle am südwestlichen Ortseingang, ✆ 4524350, tgl. 2-mal über Blönduós von Reykjavík nach Akureyri und zurück.
- *Versorgung* Alkoholgeschäft, Apotheke, Arzt, Banken (beide Húnabraut, beide Geldautomat), Polizei (Hnjúkabyggð 33), Post (Hnjúkabyggð 32), Supermarkt (Hunabraut, Mo–Do 9–18, Fr 9–19, Sa 10–18 Uhr), Milch und Brot auch an der Esso-Tankstelle.
- *Autowerkstatt* **Léttitækni**, ✆ 4524442/8534442. **Bílaþjónustan**, ✆ 4524575, **Árvirkni**, ✆ 4524750.
- *Kunsthandwerk/Souvenirs* **Ingimundur gamli**, Norðurlandsvegur 4/Ecke Ringstr., Mo–Do 1019–, Fr–So 10–20 Uhr. Gegenüber vom Zeltplatz gibt es in diesem großen, freundlichen, inspirierenden Laden hochwertige Wollwaren, Keramik, Lederwaren, Karten, Kerzenständer, Holzspielzeug, Schmuck und vieles mehr, alles handgefertigt und fast immer aus isländischen Naturmaterialien. Auch originelle Dinge wie Schlüsselanhänger aus Fischhaut, Nadeldosen aus Rentierhorn, Ketten aus Pferdehaar. Lohnt absolut den Besuch, auch nur zum Anschauen!

Übernachten/Camping/Essen

Gistihús Glaðheimar, an der Blanda im alten Ortsteil im ehemaligen Postgebäude, ✆ 4524403, 📠 4524913. 7 große, frisch renovierte und hübsch gemachte DZ; Küche. DZ ISK 6.000, SSU ISK 2.000. Frühstück. Besitzer bieten im Herbst Jagd auf Gänse und Hühner an.

Hótel Blanda, Aðalgata 6, ✆ 5576100, 📠 4524208, 1.6.–1.9. Hotel mit rustikaler Atmosphäre im alten Stadtteil. 16 z. T. frisch renovierte DZ mit Bad ISK 11.800 inkl. Frühstück. Restaurant 11.30–14 und 16.30–21.30 Uhr, günstige internationale Küche, Fisch ab ISK 1.500, Lamm um 1.900. Bar offen, bis der letzte Gast geht.

Glaðheimar, am Zeltplatz, ✆ 4524403, 📠 4524913, sieben moderne Sommerhäuser für 3–8 Pers. mit Dusche, Küche, Radio, TV; die größeren auch mit Sauna, Dusche, Hot Pot. ISK 4.800–10.800/Nacht, besser vorbuchen.

- *Camping* Geschützte Anlage bei der Touristeninformation, ISK 500/Pers., mit WC, Warmwasser und Stromanschluss für Wohnwagen; Duschen im Schwimmbad inkl.
- *Essen/Tankstellen* Einziges Restaurant im **Hótel Blanda** (s. o.). Einzig wahre Alternative, abgesehen vom Café: **Essoskálinn**, an der Esso-Tankstelle, tgl. 8–22.30 Uhr (Grill 11–22.30 Uhr). Menü mit Pizza, Hamburger, Sandwiches und Hauptgerichten wie Lamm mit Kräuterbutter und Gemüse ISK 1.200; Kuchen und Eis. Essoskálinn ist sauberer und gemütlicher als **Myndheimar** bei Olis, tgl. 8–23.30 Uhr (Grill 11–23.30 Uhr), hier Pizza, Burger, Sandwiches.
- *Café* **Við Árbakann**, Húnabraut 2, 12–23 Uhr, Fr/Sa bis 1 Uhr. Freundliches Café mit Patio im knallblauen kleinen Haus beim Su-

permarkt mit stilvollen Holzmöbeln und Kunst an den hübsch getünchten Wänden. Selbst gebackene Kuchen und Waffeln, leichte Gerichte wie Suppe, Bagels oder Brote mit herzhaftem Belag, z. B. geräucherter Forelle, alles unter ISK 750. Abends Bar, am Wochenende manchmal Livemusik.

Sport/Freizeit/Touren

- *Angeln* In der Umgebung acht gute Lachsflüsse ab ISK 5.000/Tag; für den Sommer muss bereits im Herbst vorgebucht werden, ✆ 5576100. Forellenangeln in den Seen der Umgebung ISK 1.000–2.500/Tag, Lizenzen bei der Touristeninformation.
- *Reiten* **Arnargerði**, ✆ 8989402/8618850, ISK 1.500/Std.
- *Schwimmbad* V/Húnabraut schräg gegenüber vom Zeltplatz, Mo–Fr 8–21, Sa/So 9–17 Uhr, Hallenbad mit Hot Pots.
- *Touren* **Seehund- und Vogelbeobachtung**: 15.6.–20.8. tgl. 10 und 21 Uhr vom Hafen in Blönduós Fahrten in den Húnaflói, u. a. zur Insel Eyjarey mit vielen Seehunden, Eiderenten und Papageientauchern, Dauer ca. 2,5 Std., ISK 3.000. Häufig werden auch Wale gesehen. Auf Bestellung auch Fahrten nach Hornstrandir in den Westfjorden und zum Hochseeangeln. Infos und Buchung unter ✆ 8644823/4524520.

Sehenswertes

Kunsthandwerksmuseum: Das einzige auf traditionell isländisches Kunsthandwerk spezialisierte Museum in Island soll ab 2003 durch einen Anbau sehr viel größer werden und auch Platz für Sonderausstellungen haben. Bisher beschränkt sich alles auf das winzige zweigiebelige Haus, ehemals Kuhstall der Schule nebenan. Gezeigt werden v. a. Textilarbeiten, darunter die Nationaltrachten, bestickte Wandteppiche, Tischdecken und *leppar*, gestrickte Einlagen, die in die Schuhe aus Fischhaut gelegt wurden. Eine Stube ist *Halldóra Bjarnadóttir* (1873–1981) gewidmet, der ersten Isländerin mit Lehrerausbildung, die eine Frauenschule und verschiedene Frauengesellschaften in ganz Island gründete, Handarbeitsunterricht gab und 1917 die Kulturzeitschrift *Hlín* herausgab. Bevor sie im Alter von 108 Jahren starb, vermachte sie all ihr Hab und Gut dem Museum.

Öffnungszeiten **Heimilisiðnaðarsafnið**, Árbraut 29, ✆ 4524076, 20.6.–20.8. tgl. 14–17 Uhr und nach Vereinbarung, ISK 400. Ab 2003 wahrscheinlich längere Öffnungszeiten.

Alter Ortsteil: Lohnend ist ein Spaziergang durch den ältesten Teil des Ortes, der abseits der lauten Ringstraße und der großen Tankstellen verträumt und halb vergessen am Südufer der Blanda am Fjord liegt. Bunte Häuser mit kleinen Gärten und langen Lebensgeschichten stehen eng beieinander nahe dem sandigen Ufer und der kleinen Kirche von 1894, die 1993 entweiht und geschlossen wurde.

Ältestes Gebäude von Blönduós ist das knallrote Holzhaus *Hillebrandtshús* in der Blöndubyggð, das vermutlich 1733 gebaut, mit Sicherheit 1877 von Skagaströnd an diesen Platz gebracht wurde. Heute sind hierin nachmittags wechselnde Ausstellungen zu Blönduós anzusehen. Am anderen Ufer erkennt man das große weiße, erste Betongebäude Blönduós' von 1911, das bis 1979 eine Schule beherbergte.

Ausflug in den Langidalur

Die 47 km lange Rundfahrt führt auf den Schotterstraßen 731 und 726 um den hübschen See Svínavatn inmitten weiter Felder. Südlich des Sees besteht über die Str. 732 Anschluss an die Kjölur-Hochlandroute. Am Schafpferch Auðkúlurétt vorbei kommt man zur reizvollen **Auðkúlakirkja** aus weißem Holz, einer der beiden einzigen achteckigen Kirchen Islands mit aufwändig verziertem Dach.

• *Reiten* **Hamar**, 3 km von der Str. 731, ✆ 4527134, bietet kurze Ausritte, **Hnjúkahlíð**, an der 731, ✆ 4524416, kurze und längere Touren.

• *Übernachten/Schwimmbad* **Hótel Edda**, Húnavellir, ✆ 4524370, ✆ 4524281, 12.6.–15.8., liegt sehr schön im Tal an der Str. 724. 28 Zimmer ohne Bad, dazu SSU für 50 Gäste. Mit Freibad und Hot Pot.

Rútsstaðir, tief im Svínadalur ganz ruhig gelegen, an der Str. 727, knapp 6 km südlich der Kreuzung 726/727, ✆ 4527137/8976437. 4 mit einfachen, alten Möbeln eingerichtete DZ unter den Dachschrägen, ganzes Obergeschoss für Gäste, mit Bad. Küche kann mitbenutzt werden. ISK 2.000/Pers., SSU 1.500. Frühstück. Die nette Besitzerin spricht nur Isländisch.

Halbinsel Skagi

Am berühmtesten Torfmuseum Islands vorbei geht es über 135 km und auf den Spuren des Sagahelden Grettir zu Vogelfelsen und Treibholzstränden, Basaltsäulen und Klippen.

Die Asphaltstraße 75 geht hinter Sauðárkrókur in die Schotterstraße 745 über, die um Skagi vom Skagafjörður in den Húnaflói führt. Die dünn besiedelte Halbinsel lockt mit maritimen Naturschönheiten, doch ist die Skagaheiði auch eine karge, einsame Gegend. Die Halbinsel wird nicht von Linienbussen versorgt und zwischen Sauðárkrókur und Skagaströnd gibt es keine Übernachtungsmöglichkeit.

Torfmuseum Glaumbær ("glöümbeir")

Kaum eine Reisegruppe lässt diesen Museumshof links liegen, weshalb die kleinen Torfhäuser im Sommer zuweilen aus allen Nähten zu platzen drohen. Es ist ratsam, hier erst gegen Abend aufzukreuzen, um die reizvolle Atmosphäre des Gehöfts so unverfälscht wie möglich zu erleben.

Der bis 1947 bewohnte Hof Glaumbær hat sein Aussehen im Lauf der Zeit stark verändert. Ursprünglich standen hier nur zwei Torfhütten, mit der Zeit wurden es dreizehn. Die jetzigen Häuschen mit ihren dicken, sorgfältig geschichteten Torfwänden und holzverschalter Vorderfront entstanden im 18. und 19. Jh. Dass der Hof mit den Jahren sehr wohlhabend wurde, lässt sich

Guðríður und die Kirche

Der *Grönland saga* zufolge wurde die erste Kirche von Snorri Þorfinnsson gebaut, der wohl der erste Europäer war, der auf amerikanischem Boden geboren wurde. Seine Mutter, Guðríður Þorbjarnardóttir von der Halbinsel Snæfellsnes, zog im 10. Jh. nach Grönland, wo sie den Kaufmann Þorfinnur Karlsefni aus dem Skagafjörður heiratete. Gemeinsam machten sich die beiden auf den Weg nach Amerika, dort gebar Guðríður ihren Sohn Snorri. Siedlungsversuche der Familie scheiterten an Konflikten mit den amerikanischen Ureinwohnern, sodass die Familie nach einigen Jahren die Rückreise nach Island antrat, wo wahrscheinlich Glaumbær als Wohnort ausgewählt wurde. Guðríðurs Reiselust war allerdings noch nicht gestillt, später unternahm sie eine Pilgerfahrt nach Rom. Auf der Wiese erinnert eine kleine Skulptur von Ásmundur Sveinsson an die bemerkenswerte Frau.

Berühmtestes Torfmuseum Islands – Glaumbær

auch an dem mit 20 m außerordentlich langen Korridor, der großen *baðstofa* und den vielen Gästezimmern ablesen. Zahlreiche Möbelstücke, Werkzeuge und andere Objekte geben einen umfassenden Eindruck vom Leben und Arbeiten in Island in früheren Jahrhunderten. Da Glaumbær von Beginn an ein Pfarrhof war, steht hier auch schon seit Mitte des 11. Jh. eine Kirche.

Zum Museum gehört auch das gelbe Holzhaus, das im Erdgeschoss ein gemütliches Café und in der ersten Etage Ausstellungen beherbergt (die nächste wird über altes Spielzeug sein). Gebaut wurde es 1883 von einem Bauern und seiner Frau Sigurlaug, die hier Kurse abhielten; Sigurlaug gründete zudem das erste Frauen-Institut in Island. Im grauen Häuschen Gilsstofa von 1849 mit interessanter Geschichte – Prospekt liegt aus – arbeitet heute die Museumsleitung. Am zweiten Juliwochenende wird das Museum mit schauspielerischen Darstellungen von Leben und Arbeit in vergangen Jahrhunderten belebt.

Öffnungszeiten **Byggdasafn Glaumbær**, ✆ 4536173, 1.6.–20.9. tgl. 9–18 Uhr, im Winter nach Vereinbarung, ISK 400. Die nächste Bushaltestelle ist in Varmahlíð, 7 km südlich.

Auch in Glaumbær finden zurzeit und voraussichtlich noch bis 2006 archäologische Ausgrabungen statt, hier sogar gleich an zwei Stellen. Neben den Isländern gräbt auch ein internationales, mit amerikanischen Geldern gesponsertes Team, das in mehreren Tälern an der Erforschung der isländischen Siedlungsgeschichte arbeitet.

▸ **Weiterfahrt**: Bevor die Str. 762 erreicht wird, liegt rechter Hand der historische Hof und einstiges Kloster *Reynistaður* mit seiner sehenswerten Kirche, in der die hohe Kanzel den Platz des Altars eingenommen hat. Im kleinen roten Schuppen werden zwischen Gerümpel und landwirtschaftlichem Gerät Sättel aus dem 17. und 18. Jh. aufbewahrt, die beweisen, dass der Skagafjörður schon lange der Fjord der Pferde ist.

Die Straße führt an den Berghängen der Sæmundarhlíð entlang. Das Miklavatn taucht auf, wegen seines artenreichen Vogellebens unter Naturschutz gestellt. Am Westufer des nächsten Sees fällt ein einsamer, von einer kleinen Kirche gekrönter Felsblock ins Auge. Seinetwegen trägt der an ihm liegende Bauernhof den Namen *Sjávarborg*, zu deutsch Meeresburg. Wer sich die unter Denkmalschutz stehende Holzkirche von 1853 mit altem Altarbild genauer ansehen möchte, nimmt am besten die nördliche Zufahrt, die einen beeindruckenden Blick auf die steile Nordwand des Felsens mit dem Kirchlein bietet. Über einen Abstecher auf die Str. 75 gelangt man zum ehemaligen Þingort *Hegranes* auf grünem Hügel mit grasüberwachsenen Ruinen.

Übernachten **Keldudalur** (FH), an der Str. 764, ✆ 4536533/8946255, ✆ 4536255, hübsches Sommerhaus für 6 Pers. mit Küche auf bewirtschaftetem Hof. Angellizenzen.

Sauðárkrókur

("söüdaurkrokür" 2.580 Einw.)

Das "Mekka des Islandpferdes" ist noch jung: Erst 1857 wurde die lang gestreckte, nach Norden hin immer schmaler werdende Stadt Handelsplatz. Der erste dauerhafte Siedler kam nicht vor 1871.

Die Haupterwerbszweige Sauðárkrókurs sind Handel, Fischfang und Industrie; es gibt hier eine Steinwollefabrik, eine Fellgerberei und Betriebe zur Verarbeitung von Fisch und landwirtschaftlichen Produkten. Der schönste Teil der Stadt ist am nördlichen Ortsende die Aðalgata zwischen der hellen Holzkirche von 1892 und dem kleinen Kramladen bei der Olis-Tankstelle mit bunten, alten Häusern, Restaurant, Café und Bäckerei, kleinen Geschäften und dem wohl schönsten Hotel des Landes. Unübersehbar ist an der Skagfirðingabraut die große Skulptur eines Islandpferdes von Ragnar Kjartansson. Sie steht hier nicht umsonst – die meisten Pferdezüchter leben in Sauðárkrókur und Umgebung. Die Kunstgalerie zeigt Ausstellungen von Künstlern aus dem Skagafjörður.

Öffnungszeiten **Safnahús Skagfirðinga**, Faxatorg, ✆ 4536640, Mo–Fr 14–18 Uhr, Eintritt frei.

Information/Verbindungen/Adressen

- *Information* Im Fosshótel Áning, ✆ 4536717.
- *Verbindung* **Bus**: Ab Verslun H. Júlíussonar (Olis-Tankstelle und winziger Laden mit Keksen für die Fahrt) im alten Ortsteil, ✆ 4535124. Nach Reykjavík Di, Do und So, nach Siglufjörður Mo, Mi und Fr. Ganzjährig Anschlussverbindung an den Linienbus Reykjavík-Akureyri: ab Varmahlíð und ab Sauðárkrókur tgl. 2-mal. **Flug**: Im Sommer tgl. außer Sa 2-mal Flüge von/nach Reykjavík, ✆ 4536888.
- *Versorgung* Alkoholgeschäft, Apotheke (Hólavegur 16), Arzt (Spítalastígur), Banken (Búnaðarbankinn, Skagfirðingabraut, Landsbankinn, im Einkaufszentrum), Polizei (Suðurgata 1), Post (Kirkjutorg 5).
- *Autowerkstatt:* **Sigurbjörns**, ✆ 4536464, **ÁKI**, ✆ 4535141, beide Sæmundargata; **KS**, Freyjugata, ✆ 4554570.
- *Einkaufen* Großer **KS-Supermarkt** im Einkaufszentrum bei der Esso-Tankstelle (hier auch Geldautomat), südlicher Ortseingang, Mo–Fr 9–19, Sa 10–16 Uhr. Supermarkt **Hlíðarkaup**, Akurhlíð 1, liegt oben am Hang, Mo–Sa 9–22, So 10–22 Uhr. Bäckerei **Sauðárkróksbakari**, Aðalgata, Mo–Fr 7–18, Sa/So 8/9–16 Uhr, mit großem, hübschem und gemütlichem Café.
- *Fahrradreparatur* Im KS-Kaufhaus bei der Esso-Tankstelle, Mo–Fr 9–19, Sa 10–16 Uhr.
- *Foto/Bücher* Filme, Bücher und Schreibwaren bei **Bókabúð Brynjars** neben der Polizei, Suðurgata, Mo–Fr 9–12 und 13–18, Sa 10–12 Uhr. Filme im Fotoladen **Pedersen**, Aðalgata 10a, Mo–Fr 9.30–17 Uhr. Leichte Kamerareparaturen übernimmt Fotograf **Pétur**, Öldustígur 7.

Die bunte Aðalgata in Sauðárkrókur

Übernachten/Camping/Essen

Hótel Tindastóll, Aðalgata, ✆ 4535002, 📠 4535388, einzigartiges, bemerkenswert stilvolles 4-Sterne-Hotel im alten Haus, in dem 1884 das erste Hotel des Landes eröffnet wurde. Für die Renovierung des Fachwerks und der Böden wurden, wenn möglich, Treibholz und Steine aus dem Meer verwendet. 10 DZ mit knarrendem Holzboden, sanften Farben und Möbeln mit antikem Flair, selbst die Lichtschalter erinnern ans 19. Jh. und die Fenster wurden extra angefertigt, um denen im ersten Hotel zu ähneln. Jedes Zimmer ist anders, aber alle haben Bad, Minibar, Telefon, TV. 1941 übernachtete Marlene Dietrich hier. DZ ISK 13.700 inkl. Frühstück. Unten gemütlicher Speiseraum, Bar mit Feuerstelle, auf der Terrasse Hot Pot. Es ist ratsam, lange im Voraus zu buchen.

Fosshótel Áning, Sæmundarhlíð, ✆ 4536717/4535940, 📠 4536087, 1.6.–25.8.; 65 frisch renovierte DZ mit Bad, DZ ISK 11.200, 6 ohne Bad 7.900. SSU ab 2.100, Frühstück. Im Restaurant (18.30–22 Uhr) traditionelle Gerichte wie Lamm, Salzfisch, Lachs, Meeresfrüchte ISK 2.000–2.900. Wechselndes Tagesgericht. Organisation von Ausflügen.

Gistiheimilið Mikligarður, Kirkjutorg 3, ✆ 4536880, 📠 4536441, im etwas renovierungsbedürftigen blauen Haus am Platz 2 DZ mit Bad ISK 7.000, 2 EZ teilen sich ein Bad, ISK 4.000. Preise inkl. Frühstück. SSU ISK 1.500. Untere Etage für Gäste, dort auch Frühstück, die Familie wohnt oben.

Gistiheimili Mælifell, Öldustígur 13, ✆ 4535265/8601275. Die Etage mit 5 bisher einfachen Zimmern über der Videothek soll unter neuen Besitzern komplett renoviert und zu einem Gästehaus im "Country style" werden. Zimmer mit Bad oder Waschbecken, DZ ISK 6.500, SSU 2.000. Kein Frühstück.

• *Camping* Umsonst bei der Schule direkt an den Sportplätzen; mit WC und Warmwasser. Duschen im Schwimmbad nebenan. Minigolf.

• *Essen/Bar* **Kaffi Krókur**, Aðalgata 16, ✆ 4536229, 11.30–23.30, Fr/Sa bis 3 Uhr. Café, Bar und Restaurant mit Kunst an den Wänden. Tagsüber gibt es Suppe und Salat, Gerichte vom Grill, Pasta, Burger und Sandwiches. Portion von der Salat- und Pastabar mit Suppe ISK 900. Außerdem große Auswahl an Kaffee und Kuchen. Ab 18 Uhr à la carte Gourmetküche mit Gerichten ab ISK 2.200, z. B. Lammfilet mit Knoblauchsoße. Alle Hauptgerichte mit Suppe und Salat. Donnerstag an der Bar Happy Hour. Dann feiern hier die Schüler, bevor sie am

Freitag heimfahren. Im Keller fast jedes Wochenende Konzert und Tanz.

Ólafshús Aðalgata 15, ✆ 4536454, 11–23, Fr/Sa bis 3 Uhr (Grill 11–14 und 18–22 Uhr). Freundliches Restaurant mit ruhiger Terrasse und Tradition. Große Auswahl, v. a. an Fisch, berühmt für seinen guten Hummer. Gerösteter Hummer in Knoblauch mit Toast ISK 1.390. Spezialität sind auch Lammschnitten mit Gewürzbutter (ISK 1.400). Pizza und kleine, schnelle Gerichte wie Salzfisch mit Gemüse, Kartoffeln und Roggenbrot ISK 930. Zu jedem Hauptgericht Suppe des Tages.

Ábær, großer Imbiss an der Esso-Tankstelle, südlicher Ortseingang, 9–23 Uhr (Tankstelle ab 8 Uhr); Pizzen ab ISK 1.000, andere günstige Gerichte wie gefüllte Pfannkuchen, Fisch, Suppe oder Hähnchen.

Imbiss Stöð-inn an der Shell-Tankstelle, 9–22.30, So ab 10 Uhr, hat Hamburger, Hot Dogs, Sandwiches.

Barinn, Aðalgata 7, Do–Sa 23–3 Uhr, sehr große, laute und etwas geschmacklose Bar für die Youngsters, immer auch Disco.

Sport/Freizeit/Touren

• *Reiten* **Hestasport** bietet Stunden-, Tages- und Wochenausritte in den Skagafjörður und ins Hochland, ✆ 4538383, ISK 2.000/Std.; **Ingimar Pálsson**, Sæmundaragata 8, ✆ 4535654/8663973, bietet kurze Touren, ISK 1.500/Std.

• *Schwimmbad* Skagfirðingabraut, Mo–Fr 7–21.45, Sa/So 9–17.45 Uhr, Freibad mit Hot Pot.

• *Touren* **Eyjaskip**, ✆ 8943491/4538245, bietet Bootstouren nach **Drangey** und **Málmey**, professionell und humorvoll, mit Guide, der alles über das Vogelleben auf den Inseln weiß. Tgl. 10.30 Uhr um die Inseln, vorbei am Kap Þórðarhöfði und mit Anlegen auf Drangey ISK 4.200. Auf die Inseln auf Anfrage für ca. 5 Std. je ISK 4.900, inkl. Landgang und anschließendem Angeln vom Meer aus. Möglich ist auch die Fahrt nach Drangey zum Abendessen, Rückkehr erst um Mitternacht, ISK 5.900. Bei Bedarf Fahrten nach Hornstrandir in den Westfjorden, in den verlassenen Héðinsfjörður sowie zum Hochseeangeln. Empfehlenswerte Touren nach Drangey und Málmey bietet auch Jón aus Fagranes (siehe S. 497), bei Bedarf von Sauðárkrókur aus.

Heimatmuseum: In diesem hübsch aufgemachten Museum hinter dem Kaffi Krókur befindet sich eine große Sammlung an Haushaltsgegenständen und Werkzeugen, Büchern und Briefen, Musikinstrumenten und Münzen aus der Gegend. Gesammelt hat alles ein Mann: Kristján Runólfsson, der selber durch die Ausstellung führt und Geschichten zur ältesten Nähmaschine Islands von 1857 oder den Perlen aus der Landnahmezeit erzählen kann. Als neue Ausstellung kam eine über das historische Sauðárkrókur hinzu, in der man durch eine kleine Gasse schlendern und in die Fenster ehemaliger Handwerksstätten lugen kann. Wie Schmiede, Uhrmacher, Tischler und Hufschmiede in der ersten Hälfte des 20. Jh. arbeiteten, erfährt man hier anhand von umfangreichen Originalsammlungen. Einst gab es zahlreiche solcher Handwerksbetriebe im Ort. 1980 waren alle durch Fabriken und Maschinen ersetzt worden. 2003 kommt in den Vitrinen im Eingangsbereich noch eine Privatsammlung hinzu.

Öffnungszeiten **Minjahús Sauðárkróks**, Aðalgata 16b, ✆ 4536870, 1.6.–31.8. tgl. 14–18 Uhr und nach Vereinbarung, ISK 400.

Wanderungen/Ausflug auf Grettis Spuren (s. Karte S. 440/441)

Es gibt zahlreiche einfache Wandermöglichkeiten, die atemberaubende Ausblicke auf Fjord und Stadt bieten. Zwei Wanderkarten über die Region zwischen Skagafjörður und Húnaflói sind für je ISK 500 erhältlich. Die bisher isländischen Streckenbeschreibungen sollen übersetzt, Wanderrouten markiert werden.

Tindastóll (9) (3,5 Std.): Der 989 m hohe Berg aus Basalt und Liparit ist der mit 20 km längste der Region. Um ihn ranken sich viele Volkssagen. Erklommen wird er am besten von der Str. 745 zwischen den Höfen Skarð und Heiði.

Molduxi (10) (4,5 Std.): Der 706 m hohe Berg ist recht einfach zu besteigen. Man folgt vom Hótel Áning aus dem Flussufer.

Genauere Informationen zu Wanderungen beim Wanderverein *Ferðafélag Skagfirðinga* (✆ 4535718), dessen Wanderungen man sich auch anschließen kann.

Grettislaug auf Reykjadiskur: Die 17 km lange Schotterpiste 748 zwischen der steilen Ostseite des Bergmassivs Tindastóll mit zahlreichen Einschnitten und Bergspitzen zur einen und dem Fjordufer zur anderen Seite ist die Zufahrt zum verlassenen Hof *Reykir*. Vor hunderten von Jahren soll Sagaheld Grettir, nachdem er auf Drangey Zuschlupf gesucht hatte, von der Insel zum kleinen Landzipfel Reykjadiskur geschwommen sein, um Feuer zu holen. In der Thermalquelle Grettislaug soll sich der gute Schwimmer danach entspannt und aufgewärmt haben. Der Besitzer des Hofes Fagranes, Jón Eiriksson, hat die lauwarme Quelle wenige Meter hinter dem Meer und einem groben Kiesstrand neu einfassen lassen und zur Besichtigung freigegeben. Die sportliche Glanzleistung Grettis beeindruckte die Isländer so sehr, dass sich im Sommer ab und an einige Wagemutige in die kalten Fluten vor Drangey stürzen, um dem Sagahelden nachzueifern.

Nördlich von Reykjadiskur liegt am Fuße hoher Klippen hinter dem 500 m langen Sandstrand von Sandvík die Treibholzbucht *Glerhallavík*, ein Naturschutzgebiet. Hier finden sich wunderschöne Mineralien (z. B. Jasper), die aus den Klippen gebrochen und vom Meer rundgeschliffen worden sind.

Ausflüge **Hof Fagranes** an der Str. 748, ✆ 4536503/8529003, von hier aus bietet Jón für max. 6 Pers. Bootsausflüge nach Drangey, ISK 4.000. Niemand kennt die Insel besser als der alte, dynamische Mann, der viel Zeit seines Lebens dort verbracht hat und jeden Ausflug mit seinen Geschichten zu einem Abenteuer werden lässt. Bei Bedarf startet er von Sauðárkrókur.

▶ **Weiterfahrt**: Hinter dem großen Hafen von Sauðárkrókur steigt die Straße an und führt um den Tindastóll herum in das flache, enge und nur spärlich bewachsene Tal Gönguskörð, das hinter der Abzweigung der Str. 744 – die durch das wunderschöne Seitental Norðurárdalur mit verlassenen Höfen die Halbinsel durchquert – in den feuchten Laxárdalur übergeht. Von der bezaubernden Bucht Sævarlandsvík mit Steilküste und am Strand angeschwemmtem Treibholz bietet sich ein schöner Ausblick auf Drangey. Im weiteren Verlauf führt die Straße durch weitgehend karge Landschaft. Hierfür entschädigt anfänglich das eindrucksvolle, durch den Fjord und die schneebedeckten Bergketten von Tröllaskagi geschaffene Panorama allemal. Mehr und mehr aber muss man sich auf eine steinige Weite und Endlosigkeit am Meer einstellen, die nur manchmal durch ein vorbeistreifendes Schaf, ein Feld mit lila Lupinen oder einen kleinen Hof inmitten grüner Wiesen und Gemüsefelder unterbrochen wird.

Bei der steilen, von Vögeln bevölkerten Klippe *Ketubjörg* – wahrscheinlich Reste eines alten Vulkans – führt von der Straße ein ausgeschilderte Spazierpfad zum Ufer. Von hier aus ist die direkt vor der Küste aufragende Felssäule *Kerling* ("Trollweib") zu sehen. Durch die sumpfige Hochebene Skagaheiði geht es weiter um die Nordspitze der Halbinsel. Kurz vor Víkur lohnt ein Stopp und kurzer Marsch entlang der eingezäunten Wiese zum Wasser, denn hier an der von Vögeln umschwärmten Küste liegen gerne Seehunde in der Sonne. Einen

Karte S. 440/441

Abstecher ist auch die Bucht *Kálfhamarsvík* mit ihren 2 Mio. Jahre alten, prächtigen Basaltsäulen wert. Nach 1 km langer Zufahrt ist die Bucht erreicht; eine kleine Basaltsäulenformation liegt linker Hand, die eindrucksvollere ist jedoch nach einem Spaziergang um den Leuchtturm herum zu sehen, den man nicht auslassen sollte. Zu Anfang des 20. Jh. lebten noch etwa hundert Menschen in *Kálfhamarsvík*, aber mit der Depression in den 30er Jahren begann die Abwanderung; vor 1940 war die Bucht verlassen.

Mit Blick auf die Berge der Westfjorde geht es über die Fossá, die sich hier von den 20 m hohen Klippen ins Meer stürzt, weiter zum kilometerlangen Vogelfelsen *Króksbjarg*, der dort liegt, wo die Straße am nächsten an der Küste entlangführt. Das Südende der bis zu 50 m hohen Steilwand zeigt einen markanten Aufbau: Über einer 16 m mächtigen Tonschicht lagern etwa 8 m brauner Sandstein. Den krönenden Abschluss bilden Basaltsäulen. Hinter Hróarsstaðir ist die Gegend wieder einfacher landwirtschaftlich zu nutzen und deshalb dichter besiedelt.

• *Angeln/Fisch* **Hvalnes,** ca. 40 km nördlich von Sauðárkrókur, ✆ 4536520, verkauft Lizenzen zum Forellenfang, ISK 1.500/Tag. Der Fisch kann gleich hier geräuchert werden. Außerdem gibt es auf dem netten Hof, der 20–30 Läden mit Fisch versorgt, Fisch für das Abendessen – z. B. Seehase, Forelle, Salzfisch – und auf traditionelle Weise zubereiteten Haifisch. Elín backt für ihre Kunden auch gerne Pfannkuchen.

Skagaströnd (620 Einw.)

Der alte Handelsplatz und Fischerort liegt malerisch im Schutz des Vorgebirges Spákonufellshöfði in einer kleinen runden Bucht. In der Blütezeit des Heringsfangs in der ersten Hälfte des 20. Jh. wurde die durch ihre Lage begünstigte Hafenanlage verbessert und um eine Heringsfabrik erweitert. Das Dorf wuchs rasch an, bis der Hering in den fünfziger Jahren verschwand. Nur durch Neuaufbau der Fischereiflotte und Übernahme moderner Technik im Fischfang konnte der Niedergang des Ortes verhindert werden. Dass es ihm wieder gut geht, beweist die auffällige Betonkirche, die zu Beginn der 90er Jahre gebaut wurde. Wanderfreunden sei der etwa einstündige Aufstieg auf das Spákonufell (646 m) empfohlen, der am Golfplatz beginnt.

• *Verbindung* Ganzjährig Anschlussverbindung an den Linienbus Reykjavík-Akureyri: ab Blönduós tgl. 12.30, ab Skagaströnd (Gistihúsið Dagsbrún) 11.05 Uhr.

• *Versorgung* Arzt/Apotheke, Autowerkstätten (**Marstál**, ✆ 4522966; **K.B.**, ✆ 4522689), Banken (Mo–Fr 10–12 und 13–16 Uhr), Post, Lebensmittel bei **Verslunin Borg**, Oddagata, Mo–Do 9.30–18, Fr 9.30–19, Sa 10–14 Uhr. An der Tankstelle Milch und Kekse.

• *Feste* Am langen ersten Wochenende im August steigt in Skagaströnd das Country-Festival mit umfangreichen Programm. Dann sieht man im Ort nur noch Cowboyhüte, es gibt 12 Zeltplätze, viel Alkohol und überall ertönt Countrymusik.

• *Schwimmbad* Mo–Do 13–22, Fr 13–19, Sa/So 13–17 Uhr. Freibad mit Hot Pot.

• *Übernachten* **Gistihúsið Dagsbrún**, Túnbraut 1–3, ✆ 4522730/8990956, 📠 4522882, 4 großzügige, gut möblierte Zimmer mit Waschbecken, Radio. DZ ISK 5.900. Frühstück. Besitzer Gunnar plant, noch ein weiteres Gästehaus zu eröffnen.

• *Camping* Zeltplatz mit Hecken und Spielplatz an der Vetrarbraut am östlichen Ortseingang; WC und Warmwasser, Aufenthaltsraum mit Küche im Sanitärhäuschen.

• *Essen* **Kántrýbær**, Oddagata, ✆ 4522950, tgl. 11.30–22, Fr/Sa bis 3 Uhr. Die einzige Countrybar in Island mit etwas Saloon-Atmosphäre. Bei Musik von Radio Kántrýbær (FM 96,7), das aus der 1. Etage sendet, Steaks ab ISK 1.600, Hamburger, Sandwiches ab ISK 500 und Pizza. Am Wochenende manchmal Livemusik zum Tanzen.

Söluskáli, Oddagata, So–Do 9–22, Fr/Sa 10–22.30 Uhr. Imbiss a. d. Tankstelle mit Fastfood.

Weiterfahrt: Auf der Asphaltstraße 74 sind es noch 23 km am Húnaflói entlang bis zur Ringstraße kurz vor Blönduós. Auf dem Friedhof des Pfarrhofes Höskuldsstaðir liegt rechter Hand unter der Hecke ein Runenstein aus dem frühen 14. Jh. 8 km vor Blönduós lädt die steinige Schotterpiste 742 zu einem 10 km langen Abstecher in den *Laxárdalur* ein. Einst war das wunderschöne Tal dicht besiedelt, doch erschwerten viel Schnee und Hochwasser die Lebensbedingungen, sodass heute nur noch zwei Höfe bewirtschaftet sind. Nun halten im Sommer bis zu tausend Pferde die Stellung (siehe Wanderung S. 489).

Von Blönduós nach Brú

Die 85 km Ringstraße sind wenig abwechslungsreich. Kleine Abstecher in die Seitentäler, zum ehemaligen Klostersitz Þingeyrar und zum Hóp sowie eine Rundfahrt um die Halbinsel Vatnsnes aber machen die Fahrt durch den Bezirk Húnavatnssýsla äußerst reizvoll.

Die ersten 45 km Ringstraße hinter Blönduós führen von der Halbinsel Skagi zur kleinen Schwester Vatnsnes. Zwischen den Halbinseln bilden die Flüsse Víðidalsá, Vatnsdalsá und Blanda ein breites, fruchtbares Tieflandgebiet mit Schwemmland und Sanderflächen, Flüssen und Seen.

Wo die Str. 722 in den östlichen Vatnsdalur abzweigt, liegt am Eingang des Tales an der Westflanke des steilen Bergmassivs Vatndalsfjall die eindrucksvolle, 4 qkm große Hügelgruppe *Vatnsdalshólar*. Sie entstand vor mehreren tausend Jahren durch einen gewaltigen Bergrutsch am Vatndalsfjall. An der Abzweigung der Str. 721 nach Þingeyrar liegt der kleine Hain Ólafslundur, nur wenig dahinter weist ein Schild bei einem Parkplatz auf die Hügelgruppe *Þrístapar* nördlich der Straße hin. Ein Fußweg führt auf einen der drei Hügel zu einem kleinen Gedenkstein, der an die letzte Hinrichtung in Island am 12.1.1830 erinnert, bei der die Mörder des Bauern Natan Ketilsson enthauptet wurden. Nördlich der Straße liegt der *Hóp*, kein See, sondern ein mit dem offenen Meer verbundenes Haff mit breiter Nehrung; seine Oberflächenausdehnung schwankt dementsprechend – abhängig von den Gezeiten – zwischen 29 und 44 qkm. Über die in einer kleinen Schlucht durch die grüne Region Þing fließende Gljúfurá hinweg geht es am *Ásmundarnúpur* (665 m) vorbei, der spitz und wie ein Zuckerhut in die Höhe ragt, und weiter zum großen, flachen See Miðfjarðarvatn. Man gelangt an den kleinen Miðfjörður und zwischen dem langen Bergrücken Hrútafjarðarháls und der Landzunge, die genauso klein ist wie der Fjord, führt die Straße an den Hrútafjörður: den 36 km langen Übergang zwischen Nordisland und den Westfjorden. Lohnend ist ein Abstecher nach Reykir wegen des dortigen Museums.

Heimatmuseum Reykir: In diesem eindrucksvollen Museum in einer riesigen Halle am Strand befinden sich eine originalgetreue *baðstofa* und eine umfangreiche Sammlung an Haushaltsgegenständen, Möbeln, Zierwerk, Kostümen etc., die Einblick in Leben und Arbeit in Vestur-Húnavatnssýsla geben. Der Clou ist "Ófeigur", ein offenes Boot aus Treibholz, mit dem bis 1915 zum Haifischfang gerudert wurde. Die dazugehörige neue, gut gemachte Ausstellung vermittelt ausführliche Informationen zum Haifischfang, der wohl schon zur Landnahmezeit ausgeübt wurde und im 17. und 18. Jh. wegen der großen

Nachfrage nach Tran im gesamten Land florierte. Damals gab es entlang der gesamten Küste Fischereistationen, besonders im Nordwesten, und in den Westfjorden fuhren selbst die Bauern zum Haifischfang aus. 1916 ersetzten Motorboote die Ruderboote, um 1930 wurde der Haifischfang eingestellt.

Öffnungszeiten **Byggdasafn Húnavetninga og Strandamanna**, ✆ 4510040, 1.6.–31.8. tgl. 10–18 Uhr und nach Vereinbarung, ISK 400.

▶ **Weiterfahrt nach Brú**: Am Ende des Fjords steht beim Hof Staður ein auffälliges Denkmal von Grímur Marinó Steindórsson zur Erinnerung an die Postreiter, die sich einst hier zum Briefaustausch trafen. Heute wartet in Brú eine gemütlichere Raststätte auf Gäste. Brú, winzig klein, entwickelte sich seit 1950 aus einer Telefonvermittlungszentrale und einem Postamt. Von hier geht die Ringstraße in den Süden des Landes, die Str. 61 führt hinauf in die Westfjorde und wer zur Halbinsel Snæfellsnes möchte, muss sich nun seinen Weg in den Westen des Landes bahnen.

• *Information* In der Raststätte **Staðarskáli**, ✆ 4511150, 9–18, Sa bis 14 Uhr, Infos zum Nordwesten Islands. Auch Verkauf von Postkarten, Landkarten, Souvenirs. Geldautomat. Im Gästehaus **Brú**, ✆ 4510044, Mo–Do 9–17, Fr 9–18, Sa/So 10–14/17 Uhr, hier auch Kunsthandwerk und Erinnerungsstücke an die dortige ehemalige Telefonzentrale.

• *Angeln* Forellenfischen in Hóp und Bergá, Lizenzen bei Laden Víðigerði (s. u.), ab ISK 1.300. Lachs s. Stóra-Giljá (Übernachten).

• *Autowerkstatt* Bei der Tankstelle im Víðidalur (s. u.) Reparatur von platten Reifen.

• *Einkaufen/Tankstelle* **Víðigerði** im Víðidalur an der Str. 1, Tankstelle und Laden mit Lebensmitteln, ein paar Wollwaren und Postkarten, 9–23.30 Uhr. Lebensmittel auch in der Raststätte Brú (siehe Essen). Tankstellen in **Brú** und **Staðarskáli** (siehe Essen).

• *Post* An der Raststätte Staðarskáli, Mo–Fr 9–16.30 Uhr (im Winter ab 11 Uhr).

• *Reiten* Pferdezentrum **Gauksmýri** (FH) an der Ringstr. östl. von Laugarbakki, ✆ 4512927, bietet kurze Ausritte, ISK 1.500/Std., sowie 1 Tag Pferde zusammentreiben ISK 7.000 und 4- bis 7-tägige Reittouren. Auf dem Hof auch Übernachtungsmöglichkeit und Verpflegung.

• *Übernachten* **Stóra-Giljá** (FH), 12 km südlich von Blönduós, ✆ 4524294, 2 Sommerhäuser am Hang über der Schlucht mit 6 Betten, Küche, Bad, Hot Pot, ein Haus mit Platz für Matratzen, ISK 7.000/8.000. Lizenzen zum Lachsfischfang in Giljá ISK 2.500.

Víðigerði (FH), im Víðidalur an der Tankstelle, ✆ 4512592, 📠 4512593, 7 einfache DZ ISK 2.400/Pers., über der Cafeteria SSU für ISK 1.500; Bad, Küche, Solarium (ISK 550/20 Min.). Frühstück.

Nedra-Vatnshorn (FH), an der Abzweigung der Str. 711, ✆ 4512928, Haus für 8 Pers., ISK 2.500, SSU ISK 1.700. Einfache Unterkunft mit Dusche, Küche. Frühstück im Wohnhaus der deutschen Besitzerin. Hier auch 1 EZ und tgl. 15–17 Uhr Kaffee und Waffeln. Reiten ISK 1.600/Std.

Brú, am Hrútafjörður gegenüber der Raststätte in ehemaliger Telefonzentrale von 1950, ✆ 4510044, 10 kleine, schlichte Zimmer mit Waschbecken, DZ ISK 2.500/Pers., SSU 1.800. Küche.

Staðarskáli (FH), am Hrútafjörður, ✆ 4511150, 📠 4511107, auf der anderen Straßenseite der Raststätte. 18 sehr komfortable DZ mit Bad in moderner Pension, ISK 8.200. Frühstück.

Jugendherberge Sæberg in Reykir direkt am Wasser ruhig gelegen, ✆ 4510015, 📠 4510034, 33 Betten in sauberen Zimmern mit 2–7 Betten, JH-Mitglieder ISK 1.500, sonst 1.850. Küche, Hot Pot.

• *Camping* Auf der Wiese vor der JH in Reykir, mit WC, Dusche und Hot Pot, Aufenthaltsraum im der JH kann genutzt werden. ISK 400/Pers.

• *Essen* Am Hrútafjörður zwei Raststätten an Tankstellen: **Veitingaskálinn Brú**, tgl. 8–23.30 Uhr, ist die schönere mit freundlicher Atmosphäre, Wintergarten und großer Auswahl, z. B. Lamm, Schellfisch, Salate, Pasta, Grillgerichte, Kaffee und selbst gebackener Kuchen. Immer Tagesgericht (Suppe, Fisch oder Fleisch, Kaffee) für ISK 1.300. Mit Lebensmittelladen und Geldautomat.

Staðarskáli, 8–23.30 Uhr, große Raststätte mit jahrhundertelanger Tradition. Fleisch und Fisch, Suppe, belegte Brote, Fastfood. Viele Kuchen, kalte Sandwiches. Süßigkeitenkiosk.

Víðigerði im Víðidalur, 9–23.30, So ab 10 Uhr (Grill immer bis 22.30 Uhr), Schnellrestaurant mit Pizza, Suppe, Lamm, Fisch (um ISK 1.100) und Sandwiches sowie Kaffee und Kuchen.

Wanderung

(s. Karte S. 440/441)

Zu den heißen Quellen bei Hveraborg (11) (nur hin 2 Std.): Noch vor Brú ist in Richtung Hochland der Weg nach Hveraborg ausgeschildert. Wer dort baden möchte, kann ca. 30 Min. mit dem Auto fahren, lässt es dann am Zaun stehen und läuft noch etwa 1,5 Std. am Fluss entlang. Das Wasser in den Quellen ist so heiß, dass kaltes aus dem Fluss beigemischt werden muss. Bei den Quellen Hütte mit Übernachtungsmöglichkeit für bis zu 10 Pers., den Schlüssel bekommt man in der Raststätte Staðarskáli. 2002 war die Hütte noch nicht komplett fertig gestellt und deshalb kostenlos.

Abstecher in die Täler und nach Þingeyrar

▸ **Vatnsdalur**: Dieses 25 km lange, schmale und fruchtbare grüne Tal mit mehreren Hainen zählt zu den schönsten Islands. Die zu beiden Seiten des Lachsflusses Vatnsdalsá verlaufende Str. 722 lädt regelrecht zu einer 48 km langen Rundfahrt ein. Die Hügelgruppe Vatnsdalshólar am Taleingang ist nicht die einzige Spur, die ein Bergrutsch hier hinterlassen hat: Der Bauernhof Hnausar wurde auf Hügeln und Geröllhalden errichtet, die 1545 aus dem Berg fielen, und der See Flóðið einige Kilometer weiter entstand 1720, als eine Steinlawine den Fluss staute. Am Ostufer des Flusses fährt man direkt an den steilen Geröllhängen entlang. Kurz vor Hvammur stürzt der Bach Fosslækur in einem schmalen Wasserfall aus der Höhe herab, beim Gehöft Hvammur selber ist der Berghang durch markante Gesteinsformationen gekennzeichnet, die eine starke Neigung von 40–50° aufweisen.

Schweinetal und Widderfjord

In Hof soll sich 865 der erste Siedler im Vatnsdalur, *Ingimundur gamli* aus Norwegen, niedergelassen haben (Gedenkstein und Infotafel). Er ist verantwortlich für zahlreiche Ortsnamen in der Gegend: Im Svínadalur ließ er laut Landnahmebuch seine Schweine weiden, am Hrútafjörður soll er Schafböcke ausgemacht haben. Das Húnavatn taufte er "See der jungen Bären", als er auf ihm eine Eisscholle mit zwei jungen Eisbären und ihrer Mutter entdeckte.

Gegenüber von Sunnuhlíð, das über die Stichstraße an der Vatnsdalsá erreicht wird, stehen auf einem Hügel die Ruinen von *Þórhallastaðir*, wo Sagaheld Grettir seinen verhängnisvollen Kampf mit dem Gespenst Glámur ausgetragen haben soll.

Die Str. 722 schlängelt sich dann über eine eindrucksvolle Schlucht und den Fluss Álftaskálará ans Westufer, an dem hinter dem Hof Kornsá II der unter Naturschutz stehende, tiefe Teich *Kattarauga* liegt. Seine Besonderheit sind schwimmende Inseln; sie fallen aber erst auf den zweiten Blick auf. Vom Hügel *Hnjúkur* (111 m) hinter dem gleichnamigen Hof bietet sich ein schöner Ausblick in das Tal. Durch den aufgeforsteten Hain mit Laubbäumen, der zu Ehren der Tochter des ersten Siedlers, Þórdis Ingimundurdóttir, hier angelegt wurde und in dem man herrlich picknicken kann, sowie die Vatnsdalshólar geht es zurück auf die Ringstraße.

• *Übernachten/Reiten* **Hvammur II**, an der Ostseite des Tals, ✆ 4527174/8917863, 📠 4524174, schöner Reiterhof im Besitz des Isländers Haukur, der fließend Deutsch spricht und der für den Tourismus im Osten von Húnavatnssýsla zuständig ist, sich deshalb bestens in der Gegend auskennt, und der Deutschen Sonja. Bis zu 10 SSU, ISK 1.600, Frühstück und andere Mahlzeiten. Reittouren von 1 Std. bis mehreren Tagen, z. B. Hochland und Küstentour, Pferdeauftrieb und -abtrieb.

Bakki, ✆ 4524486/4524532, an der Ostseite des Tals 4 Sommerhäuser für je 6 Pers. mit Dusche und Küche: 3 klassische Häuser am Hang mit besserer Ausstattung ISK 7.000, 1 hübsches grünes Wellblechhaus im Garten mit Blick aufs Tal, ISK 6.000.

Hof, tief im Tal an der Ostseite, ✆ 4524477, 📠 4524468, auf großer Schaffarm mit Pferdezucht 6 einfache Zimmer, Küche, Bad. SSU ISK 1.500. Frühstück. Trekkingtouren hoch zu Ross möglich. Besitzer widmen sich auch der Aufforstung.

▸ **Kirche Þingeyrar**: Die Str. 721 ist die 6 km lange Zufahrt nach Þingeyrar, dem wohl geschichtsträchtigsten Hof des Bezirks. In der Sagazeit kamen hier zwischen Hóp und Húnavatn die Goden der Umgebung zum Þing zusammen; 1133 wurde in Þingeyrar das erste Kloster des Landes gegründet. Rasch entwickelte es sich zu einem der führenden Bildungszentren des Landes, in dem zahlreiche Sagas niedergeschrieben wurden. Das Kloster fiel der Reformation zum Opfer, von der einstigen Bedeutung des Hofes aber zeugt die weithin sichtbare Kirche. Sie wurde 1864–77 aus unbehauenem, grauen Bruchstein und Kalk erbaut; die Steine kamen von der anderen Seite des Hóp und wurden im Winter mit dem Schlitten die 8 km über das Eis des zugefrorenen Haffs gezogen. Die Kirche birgt einige Schätze, z. B. das Altarbild aus Alabaster, einst ein Flügelaltar, von dem man annimmt, dass er im 15. Jh. aus Nottingham in England nach Þingeyrar kam. Die Kanzel stammt wahrscheinlich aus den Niederlanden; gemeinsam mit dem Taufbecken wurde sie der Kirche im späten 17. Jh. vom damaligen Bezirksverwalter zum Geschenk gemacht, des-

Die Kirche des geschichtsträchtigen Hofes Þingeyrar

sen Grabstein im Vorraum der Kirche aufbewahrt wird. Auf dem Altar und an den Wänden befinden sich Kerzenständer und andere Silbergegenstände aus dem späten 17. und 18. Jh. Den Schlüssel zur Kirche erhält man auf dem Hof Steinnes an der Zufahrt nach Þingeyrar.

▸ **Víðidalur**: Bei der Víðidalsá biegt die 15 km lange Ringstraße 715 in den breiten, grünen Víðidalur ab, der durch den fast 1.000 m hohen Bergzug Víðidalsfjall begrenzt wird. Der Abstecher lohnt für die imposante Schlucht *Kolugljúfur* mit dem verzweigten Wasserfall *Kolufossar* am Übergang zur Hochlandpiste zur Arnarvatnsheiði und für den Wasserfall *Kerafossar* in der Fitjaá kurz vor Wiedererreichen der Ringstraße. Am Ostufer in der Nähe von Dæli liegt der Pferch Víðidalstunguréttt. Berühmt ist das Tal vor allem für den bedeutenden Pfarrhof Víðidalstunga, wo um 1390 die Flateyjarbók niedergeschrieben wurde: die umfangreichste aller mittelalterlichen isländischen Handschriften. Später wohnte hier Páll Víðalín (1667–1727), der gemeinsam mit Árni Magnússon (1663–1730) von 1702–12 die erste Volkszählung Islands durchführte und dabei das Bauernhofregister Jarðabók erstellte.

Die Besitzer von Dæli wollen einen Wanderweg markieren, der zu einem Wasserfall mit natürlichem Steinbogen führt (*Steinbogi*). Start ist am Hof, Dauer etwa 1,5 Std.

• *Übernachten/Camping/Reiten* **Dæli** (FH), an der Str. 718, ✆ 4512566, 📠 4512866, vorbuchen. 8 beliebte Sommerhäuser für 4–6 Pers., 2 der Häuser mit Bad, Küche, TV ISK 6.600; 6 mit einem Raum, ISK 4.500, hier auch SSU ab ISK 1.750. Im alten Bauernhof 4 gut möblierte DZ ISK 3.700/Pers. inkl. Frühstück, SSU 1.750, Küche, Duschen. Hot Pot und Sauna. Camping am Hang mit Windschutz durch Bäume ISK 500/Pers. inkl. Dusche und Kochgelegenheit; Speiseraum. Die nette Besitzerin bietet bei Vorbestellung alle Mahlzeiten an. Angeln in den Seen der Umgebung ab ISK 1.000. Reiten ISK 1.500/Std.

Kolugil, am Ende der Str. 715, ✆ 4512565, 📠 4512564, hübsches Gästehaus in ehemaligem Wohnhaus mit 2 Bädern, Küchen, Wohnzimmern, Sauna und viel Holz, 5 DZ, ISK 2.600/Pers., SSU ISK 1.500. Im Sommer häufig an Lehrer vermietet, darum soll 2 km von hier ein neues Sommerhaus entstehen, für 10 Pers., mit Küche und Bad und denselben Preisen. Reiten ISK 1.500/Std.

▸ **Miðfjarðardalur**: Das flache Tal mit viel Landwirtschaft, das auf einem 36 km langen Rundweg auf der Str. 704 erkundet werden kann, ist vor allem als Schauplatz zahlreicher Sagas interessant. Vom kleinen Dorf *Laugarbakki* mit etwa hundert Einwohnern geht es zum Bauernhof Bjarg 8 km weiter, wo Sagaheld Grettir aufwuchs. An ihn erinnern die kleine, felsige Anhöhe Grettisþúfa in der Hauswiese und der für seine Mutter Ásdís aufgestellte Gedenkstein mit vier Szenen. In ihnen ist z. B. dargestellt, wie Ásdís hier auf Bjarg von Grettis Feinden das Haupt ihres Sohnes entgegennahm, nachdem er und sein Bruder auf Drangey enthauptet worden waren. Zurzeit wird an einer Ausstellung zur *Grettis saga* gearbeitet, die in Laugarbakki präsentiert werden soll. Touren mit dem berühmten Helden als Thema werden bereits angeboten (s. u.).

Wo die Str. 704 sich in enger Kurve auf die andere Seite des Flusses schlängelt, teilt sich der Miðfjarðardalur in drei Täler. Vom mittleren und östlichen Tal führen Jeeppisten nach Süden zur Hochebene Arnarvatnsheiði.

Auf der Str. 704 geht es am hölzernen Schafpferch vor Brekkulækur vorbei zu den Pfarrhöfen *Staðarbakki* und *Melstaður*. Keine zwei anderen Kirchen in

Island stehen so nah beieinander wie diese beiden – Melstaðurs Gemeinde liegt nördlich, Staðarbakkis südlich der Kirchen. Melstaður war im 16. Jh. der Hof von Árngrímur Jónsson dem Gelehrten (1568–1648), der hier Bücher über Geschichte und Kultur Islands verfasste und als ein Wiedererwecker der isländischen Nationalliteratur gilt. An ihn erinnert in der Sakristei der Kirche von 1947 eine Gedenktafel und Kerzenleuchter tragen seine Initialen. Das Altarbild stellt die Taufe Jesu dar; für die Darstellung Johannes des Täufers nahm der Künstler einfach einen Priester der Gemeinde zum Vorbild. Mitten durchs Tal fließt einer der besten Lachsflüsse des Landes. Internationales Publikum, darunter Stars wie Eric Clapton, angelt hier mit Guide für bis zu ISK 40.000 pro Tag. Als Erfolg gilt es, wenn man innerhalb von sechs Stunden einen Fisch an Land zieht...

• *Versorgung* Der Laden in Laugarbakki musste 2002 schließen; evtl. wird hier ein Coffee Shop eingerichtet.

• *Übernachten/Reiten* **Brekkulækur** (FH), ca. 11 km von der Ringstr. entfernt, ✆ 451938, 📠 4512998, freundlicher, großer Reiterhof mit 25 Jahren Erfahrung. Bietet 4- bis 15-tägige Reittouren (dabei z. B. auch durch den See Hóp), Teilnahme an Schaf- und Pferdeabtrieb, mehrtägige Wanderungen, z. B. 13 Tage durchs Hochland oder im Frühling zum Vogelbeobachten nach Látrabjarg, auch Winterprogramm, alles mit Deutsch sprechender Begleitung. Auf dem Hof 13 gemütliche Zimmer für 27 Gäste, einige im uralten Teil des Hauses in ehemaliger Molkerei oder Küche, im neuen Teil Zimmer mit Bad. DZ mit/ohne Dusche ISK 10.200/7.400 inkl. Frühstück. Kurzer Ausritt ISK 1.800/Std.

Hof Barkarstaðir (FH), an der Str. 704, am Ende des Tales, ✆ 4512636, beim herzlichen und enthusiastischen jungen Schaffarmer Jóhannes und Familie, 7 Betten, Bad, Küche, ISK 2.500, SSU ISK 1.500. Frühstück. Eine Etage für Gäste. Jóhannes gibt allen Interessierten Einblick in Leben und Arbeit auf der Farm und wer im Hochland Probleme mit seinem Auto bekommen hat, ist bei ihm auch richtig.

Hótel Edda, Laugarbakki, ✆ 4512904, 📠 4512304, 28 DZ in zumeist großen, hellen Räumen. Dazu 30 SSU in Klassenzimmern. Sporthalle für Gäste offen. Im Restaurant Forelle frisch aus dem See, gegrillter Lachs, ISK 1.700, leichte Gerichte und immer ein Tagesgericht inkl. Suppe für ISK 1.950.

• *Camping* In Laugarbakki auf der Wiese bei der Tankstelle, ISK 500/Pers. Hot Pot und Dusche im Haus nebenan, ISK 200.

• *Touren* Geführte Touren rund um den Heimathof des Sagahelden Grettir, Bjarg. Infos unter ✆ 4552515.

Halbinsel Vatnsnes

Die 82 km lange Rundfahrt auf der guten Schotterstraße 711 führt zu beeindruckenden Felsformationen, historischen Plätzen, reizvollen kleinen Buchten und von Seehunden belagerten Sandbänken.

Am Schwemmland um die Haffs und Flüsse hält die Straße an der Ostseite der Halbinsel auf den Strandsee Vesturhópsvatn zu. Beim Hügel *Ingimundarhóll* soll sich der erste Siedler im Tal, Ingimundur gamli, vorübergehend niedergelassen haben, bevor er in den Vatnsdalur zog (siehe S. 501). Nordöstlich des Hügels sind noch Gebäudereste zu erkennen (Infotafel am Parkplatz). Am Südende des Sees erinnert ein Gedenkstein an die einstige Bedeutung des Pfarrhofes *Breiðabólsstaður*. Hier wurden 1117/18 erstmals die Gesetze des isländischen Freistaates niedergeschrieben und hier richtete der letzte katholische Bischof, Jón Arason, um 1530 die erste Druckerei Islands ein. Schon von weitem ist am Ostufer des Vesturhópsvatn die gewaltige Felsenburg *Borgar-*

Die Felsenburg Borgarvirki

virki auf dem 177 m hohen Hügelrücken zwischen Vesturhóp und Víðidalsá zu sehen, die über die Straßen 716/717 mit kurzen, aber heftigen Anstiegen und Abfahrten zu erreichen ist. 10–15 m hohe Basaltsäulen, stellenweise durch Steinwälle noch erhöht, umfassen eine runde Senke; die Öffnung im Osten wurde durch eine aus Steinen aufgeschichtete Wand geschlossen. Wer diese Festungsanlage errichtet hat, in der noch die Ruinen von zwei Häusern und einem Brunnen stehen und die in zwei Sagas erwähnt wird, ist unklar. Vielleicht war sie gar nicht zu Verteidigungszwecken gedacht, sondern diente als Schafspferch. Sie stammt wohl aus dem 10. oder 11. Jh. Um 1950 wurden die Wälle erneuert und vom Parkplatz aus ist die Festung jetzt über eine Treppe leicht einzunehmen. Von oben bietet sich ein wunderbarer Rundblick.

Mit bis zu 18 % Gefälle geht es dann bergab und zurück auf die Str. 711. Sie begleitet das 6 km lange, schmale Haff *Sigríðarstaðavatn,* das an der Ostseite von sehenswerten, 50–80 m hohen Felswänden gesäumt ist. Auf den Sandbänken an der Mündung des Haffs räkeln sich häufig Seehunde in der Sonne. Hier führt eine mit normalem Pkw zu befahrende, 500 m lange Jeeppiste zum *Hvítserkur,* einem 15 m hohen, durch die Brandung an zwei Stellen ausgehöhlten Basaltfelsen. Er ist Nistplatz von Dreizehenmöwen und Eissturmvögeln und sieht aus wie ein wasserschlürfender Dinosaurier. Ein steiler Fußweg führt zum Strand. Am spitzen Kap der Halbinsel steht der verlassene und halb zerfallene Hof *Hindisvík,* ehemals eine Fischfangniederlassung an der gleichnamigen Bucht. Einst lebte hier der Pfarrer und Dichter Sigurður Norland (1885–1971), der die Seehundjagd in der Bucht verbot. Passenderweise ist Hindisvík heute für seine große Seehundkolonie bekannt, die über einen ausgeschilderter Pfad besucht werden kann. Mit Blick auf die Westfjorde gelangt man dann

Akureyri und der Nordwesten
Karte S. 440/441

Hindisvík ist bekannt für die Seehundkolonie

durch fast menschenleeres Gebiet entlang der felsigen und zerfurchten Küste mit Kiesstränden voller Treibholz nach *Illugastaðir,* wo 1828 ein Mord geschah, der zur letzten Hinrichtung in Island führte. Wenige Kilometer weiter ist kurz vor dem Hof Svalbarð der Weg zu einer weiteren Seehundsbank ausgeschildert. Über die Weide gelangt man schnell zum Treibholzstrand und einem Picknickplatz und vor der Küste sind die rundlichen Meeressäuger gut zu erkennen.

600 m hinter dem Hof Sauðá liegt malerisch zwischen Felsen und Fjord eingeklemmt der Schafpferch *Hamarsrétt* – für den, der ihn genauer ansehen will, heißt es Vorsicht vor attackierenden Seevögeln. Kurz vor dem rot-weiß gestreiften Leuchtturm befindet sich am Wasser die heiße Quelle Skarð in der Gezeitenzone und kurz darauf lohnt bei *Ánastaðastapi* ein kurzer Abstecher zum ausgeschilderten Vogelfelsen. An der Felswand Káraborg (476 m) vorbei, die für eine weite Aussicht einen Aufstieg lohnt, wird dann 6 km vor der Ringstraße Hvammstangi erreicht.

• *Übernachten* **Jugendherberge Ósar**, ca. 30 km nördlich der Ringstraße, ✆ 8622778, 📠 4512678. 31 Betten in Zimmern bis zu 4 Pers., Duschen, Küchen und Blick auf die Sandbank. JH-Mitglieder ISK 1.600, sonst 1.950. Große, gemütliche Herberge mit viel Holz in fantastischer Umgebung, gehört zu einem Bauernhof mit Pferden und Kühen auf der anderen Straßenseite.

Hvammstangi (590 Einw.)

In den letzten 30 Jahren nahm der kleine, ruhige Ort abseits der Ringstraße, dessen Geschichte mit der Erlangung des Marktrechts 1895 beginnt, einen rasanten Aufschwung und verdoppelte seine Einwohnerzahl. Der Grund waren vor allem die 1970 im Húnaflói entdeckten guten Garnelenfanggründe, die zur Errichtung einer Fabrik zur Garnelenverarbeitung führten. Mittlerweile ist jedoch auch Hvammstangi von der Abwanderung betroffen. Besucher finden hier unter anderem eine große, hübsche Galerie mit Museum im alten Lagerhaus am Hafen. Die graue Kirche von 1882 beim Zeltplatz steht unter Obhut des Nationalmuseums.

• *Verbindung* **Bus** ab Tankstelle, ✆ 4512465, nach/von Reykjavík bis zu 3-mal tgl., von/nach Akureyri 2-mal tgl., nach Siglufjörður über Sauðárkrókur und Hofsós Mo, Mi und Fr.

• *Versorgung* Arzt/Apotheke, Autowerkstatt (✆ 4512617/8540966), Bank (Mo–Fr 10–16 Uhr), Post, Supermarkt (Strandgata, Mo–Do 9–18, Fr 9–19, Sa 11–18.30 Uhr). Die nötigsten Lebensmittel auch im Laden im Gästehaus **Gunnikaffi** (s. u.), Mo–Fr 9–21, Sa/So 11–21 Uhr, bei Bedarf wird auch außerhalb dieser Zeiten geöffnet. Hier auch Filmentwicklung (1 Std.).

• *Internet* Im Gästehaus **Gunnikaffi** (s. u.), ISK 300/30 Min.

• *Galerie* **Gallerý Bardúsa**, Brekkugata 4, ✆ 4512405, Mo–Fr 10–17, Sa/So 11–17 Uhr, im Wellblechhaus mit roten Fensterrahmen am Hafen. Kunsthandwerk von guter Qualität, z. B. Keramik, Wollwaren, Steinfiguren, Textilien. Im hinteren Teil ist ein originaler Kramladen, der von 1910 bis 1970 von Kakao und Knöpfen über Hosenträger und Geschirr bis zu Puppen und Schneeschuhen alles verkaufte, als Museum zugänglich (ISK 150). In einem weiteren Raum sind alte Haushaltsgeräte ausgestellt.

Litli Ós, private Galerie 4 km südlich von Hvammstangi, 1 km nördlich der Ringstraße, Mo–Fr 11–18, Sa/So 11–16 Uhr. Im kleinen Holzhaus bietet Gréta ihre wunderschöne und hochwertige Keramikkunst an, darunter Bilder und Bilderrahmen, Kerzenständer, Broschen, Wand- und Weihnachtsschmuck.

Lístakot Dóru im alten gelben Haus neben dem Supermarkt, Di–So 11–18 Uhr, bietet Unmengen bemalter Kerzen und Bilder, eher kitschig.

• *Schwimmbad* v/Hlíðarvegur, Mo–Fr 7.30–22, Sa/So 10–20 Uhr, Freibad mit Hot Pot u. Sauna inkl.

• *Wollwaren* **Ísprjón**, Höfðabraut 34, Mo–Fr 8–18, Sa 10–16 Uhr, ist ein Fabrikladen am Wasser mit schönen maschinengestrickten Wollwaren.

• *Übernachten* **Gistiheimili Hönnu Siggu**, Garðávegur 26, ✆ 4512407/8612207, beliebtes Gästehaus mit 4 etwas kleinen Zimmern, dafür großem, lichtdurchfluteten Wohnzimmer mit TV und Blick auf den Fjord; Küche und Bad. Gut ausgestattet, hell und hübsch, bei netten Leuten. Garten kann mitbenutzt werden. ISK 2.500 pro Pers., SSU 1.500. Frühstück, andere Mahlzeiten auf Anfrage.

Gunnikaffi, Norðurbraut 1, ✆ 4512630, 📠 4512240, 6 helle DZ mit Bad und TV ISK 7.400. Internetanschluss und kleiner Laden. Preisgünstiges Restaurant, 9–21 Uhr, Bar Fr/Sa 23–3 Uhr. Wechselndes Tagesgericht inkl. Suppe und Kaffee ISK 1.250. Hauptgerichte wie Forelle, Lamm, Pasta ab ISK 1.400, auch Pizza und Fastfood. Dazu selbst gebackene Kuchen, Torten, belegte Brote.

Orlofshús, Strandgata 6, ✆ 4512706; einfaches Haus mit Schlafgelegenheit für 6 Pers. in Betten und auf Sofas; Küche und Wohnzimmer, ISK 3.000 für das Haus. Wer zuerst kommt, bekommt das ganze Haus, es werden keine Gäste zusammengewürfelt.

• *Camping* Großer Zeltplatz östlich des Ortes bei Sportplatz, Friedhof und kleiner Kirche. Mit Holzwänden als Windschutz und modernen Einrichtungen, aber ohne Duschen.

• *Essen* Restaurant im Gästehaus Gunnukaffi (s. o.); an der Tankstelle Imbiss; Hamburger ab ISK 370, Mo–Fr 9–23, Sa/So 10–23 Uhr.

Der Westen

Höher hinauf gelangte man in sumpfiges Gelände mit Grasinseln. Dort gibt es Rinnsale und Sümpfe mit Moos, und Rasenschmiele. Wollgrassunde. Noch weiter oben ein Bach, der durch das Heideland fließt, oberhalb der heidebewachsenen Böschung. Manchmal verschwindet er und kommt dann sprudelnd wieder heraus mit leisem Murren und abgebrochenem Schwatzen. Am Ufer steht ein kleiner schlanker Pilz, weiß mit einem roten Fleck mitten auf dem Hut, als ob Blut aus einer Volkssage darauf gespritzt wäre.

(Thor Vilhjálmsson, in: Das Graumoos glüht)

Der Westen ist vielfältig und abwechslungsreich, schroff und lieblich zugleich. Er kann mit einem der schönsten Fjorde Islands aufwarten und ist die fruchtbarste Region des Landes.

Sattes Wiesengrün durchbricht immer wieder die harten Schwarz- und Grautöne der Lava und lässt die Landschaft ungewöhnlich sanft erscheinen. Die Gegend ist seit der Landnahmezeit besiedelt und Schauplatz einiger der bekanntesten isländischen Sagas.

Auf der asphaltierten Ringstraße sind die knapp 200 km zwischen Brú am Hrútafjörður und Reykjavík schnell zurückgelegt; durch den Tunnel unter dem Hvalfjörður kann die Strecke sogar noch verkürzt werden. Jedoch gilt: Der Reiz der Region wird nur auf den Nebenstrecken erfasst. Diese führen zum historischen Ort Reykholt, durch herrliche Flusstäler, zu beeindruckenden Höhlen und um den spektakulären "Walfjord".

Autorentipps: Schöne Übernachtungsmöglichkeiten sind die Höfe Tunga nördlich des Hvalfjörður und Fljótstunga westlich vom Hallmundahraun sowie das außergewöhnliche Hótel Glymur am Hvalfjörður. Auf Tunga kann man auch günstig zelten und im originellen Restaurant essen. Die Gästehäuser Móar bei Akranes und Bjarg bei Borgarnes sind weitere schöne Plätze für die Nacht. Und wie wäre es mit Kaffee und Waffeln im gemütlichen Kaffi 15 mitten in Akranes oder mit einem Essen bei Vivaldi.is in Borgarnes? Der beste Ort für Kunsthandwerk ist Ullarselið in Hvanneyri bei Borgarnes. Die Höhlen im Hallmundarhraun und der Museumskomplex in Akranes lohnen einen Besuch.

Von Brú nach Borgarnes (85 km)

Über eine sumpfige Hochebene und vorbei an zwei der wenigen Vulkane Islands, die nicht in der vulkanisch aktiven Zone liegen, geht es durch eine ruhige Gegend zur Heimat des Sagahelden Egill.

Hinter Brú steigt die Straße stark an. An der steilen Schlucht Miklagil steht eine zementierte Steinwarte im Gedenken an das dänische Königspaar, das sich 1936 über die hier beginnende sumpfige, von kleinen Seen durchsetzte Hochebene Holtavörðuheiði wagte. Entlang des Berges Tröllakirkja (1.001 m) führt die Straße auf die Passhöhe in 400 m Höhe, von der sich eine herrliche Sicht bis zu den Gletschern Eiríksjökull und Langjökull bietet; häufig herrscht hier allerdings dichter Nebel. Nach der Fahrt entlang des Snjófjöll (808 m) und der Norðurá bergab in den Norðurárdalur taucht rechter Hand der steile, 934 m hohe Rhyolitberg *Baula* auf. Wegen seiner tadellosen Kegelform wird er manchmal als der schönste und interessanteste Berg Islands bezeichnet; er inspirierte Reisende vergangener Jahrhunderte zu so verzückten Beschreibungen wie "hier haben wir die Gralsburg vor uns in ihrem feierlichen, domartigen Bau". Hinter der Abzweigung der Str. 60 hockt rechts das imposante Hraunsnefsöxl mit hohen Steilwänden, dann beginnt das Grábrókarhraun. Dieses mit dichtem Moos und Sträuchern bedeckte Lavafeld ist das östlichste, das der Vulkanismus auf der Halbinsel Snæfellsnes hervorgebracht hat und das einzige zwischen Akureyri und Reykjavík, das nach der letzten Kaltzeit, vor weniger als 3.000 Jahren, geflossen ist. Die hierfür verantwortlichen Krater, Grábrók und Grábrókarfell (ein weiterer wurde bei Straßenarbeiten abgebaut), sind von einem Parkplatz kurz hinter der Str. 528 zu besteigen. Seit 1961 stehen sie unter Naturschutz, weshalb man sich strikt an die vorgegebenen Wege zu halten hat. Von oben bietet sich eine weite Sicht über das Lavafeld und über die grasbewachsene Flussaue hinweg bis zur dahinter liegenden Bergwelt. Am Forellensee Hreðavatn inmitten von Birkenstrauchvegetation und Sommerhauskolonien vorbei gelangt man durch das von zahlreichen, dem Borgarfjörður zuströmenden Flüssen durchzogene Tiefland zur Str. 50 nach Reykholt. Von hier sind es noch knapp 20 km durch sanft hügelige Landschaft bis nach Borgarnes. Mehrere Parkplätze mit Wandertafeln locken zu Spaziergängen in den grünen Hängen. Vom Aussichtspunkt auf dem Felsrücken Kastali bei der Abzweigung zum Langavatn können vier Gletscher erspäht werden.

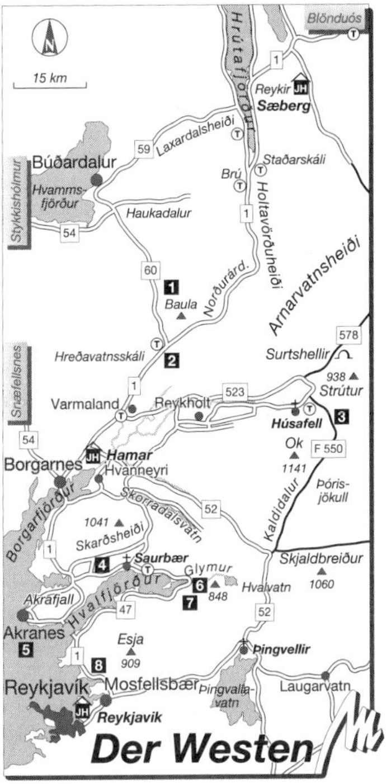

• *Reiten* **Jafnaskarð** am Hreðavatn, ✆ 5450028, ISK 1.500/Std., auch längere Touren; Reitschule **Ölvaldsstaðir** an der Str. 530, ✆ 4371686/8933886, ISK 2.000 für 2 Std.

• *Tankstelle/Einkaufen* **Baulan** an der Kreuzung 1/50: Tankstelle, Lebensmittel und Cafeteria/Imbiss 9–23 Uhr, So ab 10 Uhr. Kleiner Lebensmittelladen auch in der Ferienhauskolonie **Munaðarnes**, Mo–Sa 10–18, So 13–17 Uhr.

• *Verbindung* **Bus** von Brú Raststätte: nach Borgarnes und Reykjavík bis zu 5-mal tgl., nach Akureyri 2-mal tgl., nach Siglufjörður Mo, Mi und Fr, nach Hólmavík u. Ísafjörður Di, Fr und So.

• *Übernachten/Essen* **Fosshótel Bifröst**, 30 km nördlich von Borgarnes, ✆ 4333090, 5624001, 1.6.–25.8., 74 Zimmer im College von 1955 mitten in der Lava, das 2002 enorm vergrößert wurde. Die meisten Zimmer in neuen Anbauten mit Bad. DZ mit/ohne Bad ISK 11.200/7.900 inkl. leckeres Frühstück, SSU ab ISK 2.100. Mit Hot Pot, Sauna und Restaurant. Hier tgl. Spezialmenü für

ISK 990–1.300, 18–21 Uhr, u. a. Dinnerbüfett mit über 100 Leckerbissen. In der Umgebung Wandermöglichkeiten.

Hreðavatnsskáli, ✆ 4350011, gemütliche blaue Raststätte – die älteste Islands von 1933 – nahe Hreðavatn und Grábrók. Der Besitzer nennt sie eine Raststätte "mit Seele". Restaurant und Bar 10–23 Uhr, Sa open end, manchmal Livemusik und Tanz. Pizza, belegte Brote, Hamburger und Grillgerichte, z. B. Lamm mit Kartoffeln und Salat ISK 1.400. 2 Sommerhäuser für 6 Pers. mit Küche, Bad ab ISK 5.000/Nacht. Ab 2003 soll auch SSU in der Raststätte angeboten werden, ISK 2.000. Hier keine Tankstelle!

Munaðarnes, nahe der Str. 50, ✆ 4350021, Imbiss in Ferienhauskolonie, in dem isländische Künstler ausstellen. Nur im Sommer 10–18, Do bis 22, Sa bis 24, So 13–17 Uhr.

Wanderungen

(s. Karte S. 509)

Baula (1): Der Aufstieg auf den Rhyolithberg Baula (934 m) lohnt wegen der fantastischen Aussicht. Am besten beginnt man die steile, über lange Geröllhalden führende Wanderung von der Str. 60 aus. Dafür einfach das Fahrzeug ca. 4 km nördlich der Kreuzung 60/1 stehen lassen und loslaufen.

Wasserfälle Glanni und Laxfoss, Forellensee Hreðavatn (2): In der dicht mit Birkensträuchern bewachsenen Umgebung des Hreðavatn und entlang der Norðurá gibt es zahlreiche kurze Wandermöglichkeiten auf ehemaligen Pisten zwischen heute aufgegebenen Höfen. Auf der kostenlos ausliegenden Karte "Hiking Trails around Route Nr. 1" sind die Wanderungen eingezeichnet. Die Zufahrten sind ausgeschildert; die zum Hreðavatn zweigt hinter Bifröst rechts ab.

Wer nur die Wasserfälle sehen möchte, biegt am besten kurz hinter Bifröst links zur Norðurá ab. Die schlechte Zufahrt führt fast bis zum Glanni, einem niedrigen, in mehreren Stufen die Felsblöcke hinabstürzenden Wasserfall. Der ebenso flache Laxfoss liegt etwas weiter flussabwärts, hier finden sich in der Umgebung Pflanzenfossilien.

Borgarnes

(1.775 Einw.)

Im Gedenken an den Sagahelden Egill, der nahe der Landzunge lebte, sind alle Straßen der Stadt nach Personen aus der Egils saga benannt. Die Sagastadt Borgarnes ist heute Wirtschafts- und Verwaltungszentrum der Region und wichtiger Verkehrsknotenpunkt.

Die aus einem Handelsplatz hervorgegangene Stadt ist einer der wenigen Küstenorte Islands, die nichts mit Fisch zu tun haben – Borgarnes lebt von Handel, Kleinindustrie und Dienstleistungsgewerbe; der Hafen dient lediglich der Ausfuhr von in der Gegend hergestellten Gütern. Seit 1980 überquert hier die mit 520 m zweitlängste Brücke des Landes den Borgarfjörður und hier halten alle Buslinien zwischen Reykjavík und dem Nord- und Westland. Die Brücke und die zwei Bushaltestellen befinden sich am nördlichen Ortseingang bei den großen Tankstellen, doch lohnt es sich, auf der Borgarbraut weiter in die auf einer hügeligen Landzunge erbaute, lang gestreckte Stadt vorzudringen: an der von oben herab blickenden Kirche vorbei bis zum zerfurchten, felsigen Steilufer im Süden. Die Stadt endet auf der durch eine Brücke mit der Landzunge verbundenen Insel Stóra-Brákarey. Deren Name leitet sich von Þorgerður Brák ab, der Dienstmagd von Egills Vater Skallagrímur. Laut der *Egils saga* rettete sie Egill vor seinem zornigen Vater das Leben, weswegen sich Skallagrímurs Ärger gegen sie wendete. Þorgerður floh, sprang ins Wasser und wollte sich

Borgarnes lohnt einen Besuch

schwimmend auf die Insel retten, wurde aber von ihrem Herrn durch einen nachgeworfenen Felsbrocken getötet. In Erinnerung an die Dienstmagd wurde 1998 auf einem Hügel an der Brákarbraut die Skulptur "Brák" des Künstlers Bjarni Þór Bjarnason aufgestellt. Sie stellt das Werkzeug *brák* dar, mit dem einst Tierhaut weich gemacht wurde. Einen schönen Blick auf die Schärenküste und den Fjord hat man von "Bjössaróló" an der Skúlagata aus, einem originellen Spielplatz, den der Schmied Björn Guðmundsson aus altem Holz, Kisten, Reifen, Armaturen und weiteren Dingen erbaute, die andere Leute nur noch weggeworfen hätten. Von dem ausgeschilderten Wassertank in der Straße Hrafnaklettur am anderen Ende des Ortes wiederum bietet sich ein wunderbarer Ausblick auf die Stadt und – bei gutem Wetter – bis zu Snæfellsjökull, Eiríksjökull und Ok.

Information/Verbindungen/Adressen

- *Information* **West Iceland Information Center**, Brúartorg 4, ✆ 4372214, Mo–Fr 9–19, Sa/So 9–15 Uhr. Hier Infos zu den Regionen Snæfellsnes und Borgarfjörður. Auch Zeltplatzverwaltung.
- *Internet* In der **Stadtbücherei** über dem Museum, Bjarnarbraut 4–6, Mo–Fr 13–18, Di und Do bis 20 Uhr, 30 Min. kostenlos.
- *Verbindung* Borgarnes wird von fünf Busgesellschaften angefahren, Halt ist fast immer Esso (✆ 4371200), nur für den Bus nach Hólmavík/Drangnes und Ísafjörður Shell genau gegenüber (✆ 4371282). Alle Linien starten bzw. enden in **Reykjavík**, deshalb tgl. zahlreiche Abfahrten zur Hauptstadt über **Akranes Kreuzung** (ca. 7 km östlich von Akranes). Nach **Reykholt** Fr und So, nach **Snæfellsnes** tgl. je bis zu 2-mal Nord- und Südküste, nach **Reykhólar** Mo, Di, Do, Fr und So, nach **Hólmavík** und **Ísafjörður** Di, Fr und So, nach **Siglufjörður** Mo, Mi und Fr, nach **Akureyri** tgl. 2-mal. Zusätzlich nur von/nach **Reykjavík** tgl. bis zu 4-mal.
- *Versorgung* Viele Geschäfte finden sich in der Shopping Mall Hyrnutorg nahe der Tankstellen, hier gibt es auch Geldautomat.

Alkoholgeschäft (Hyrnutorg), Apotheke (Hyrnutorg), Arzt (Borgarbraut 65), Banken (**Sparisjóður**, Hyrnutorg und Borgarbraut 14, **Búnaðarbankinn**, Borgarbraut 61), Polizei (Bjarnarbraut 2), Post (Borgarbraut 12).

- *Ausrüstung* **Borgarsport**, Hyrnutorg.
- *Autowerkstätten* **Ragnars**, Borgarbraut 72, ✆ 4371178, **Bifreiðaþjónustan**, Borgarbraut 59, ✆ 4371192, **GH**, Brákarey, ✆ 4372020/8538720, **J.B.**, Kveldúlfsgata 23, ✆ 4371239/8549752.
- *Einkaufen* Supermärkte: **10–11**, Borgarbraut gegenüber vom Sportplatz, tgl. 10–23 Uhr, **KB**, Hyrnutorg, Mo–Fr 9–19, Sa 10–19, So 12–19 Uhr. Supermarkt auch in der **Esso-Tankstelle**, 8–23.30 Uhr.
- *Fotobedarf* Brúartorg 4 neben der Information, Mo–Fr 8–18, Sa 8–12 Uhr, hier auch kleine Reparaturen.
- *Kunsthandwerk* **Ullarselið**, in Hvanneyri, 12 km östlich von Borgarnes, 1.6.–31.8. tgl. 13–18 Uhr. Große Auswahl an Handarbeiten sehr guter Qualität, vor allem Wollwaren und Webarbeiten. Die Pullis haben ein für diesen Laden typisches, nirgendwo anders zu findendes Muster. Hier auch selbst gesponnene, natürlich gefärbte Wolle, Angorasocken, Knöpfe und Schmuck aus Rentier- und Schafhorn, Muscheln und Fischgräten. Neben der Galerie ist ein **Kerzenladen**, tgl. 12–18 Uhr, in dem man auch eigenen Kerzen ziehen kann.
- *Schwimmbad* Þorsteinsgata, Mo–Fr 7–22, Sa/So 9–18 Uhr, Hallen- und Freibad.
- *Touren* **Vesturlands Travel Bureau**, Borgarbraut 59, ✆ 4372323, 📠 4372321, Mo–Fr 9–17 Uhr, www.icelandexpress.com, veranstaltet im Sommer regelmäßig 3- bis 10-tägige Busrundreisen durch West-, Süd- und Nordisland mit Halt an den bedeutendsten Sehenswürdigkeiten, außerdem auch mehrtägige Jeeptouren.

Übernachten/Camping/Essen

Direkt in Borgarnes gibt es zum Übernachten nur ein Hotel und einen Campingplatz.

Hótel Borgarnes, Egilsgata 12–16, ✆ 4371119, 📠 4371443, im Sommer vorbuchen. 75 geräumige Zimmer mit Bad; DZ ISK 10.900 inkl. Frühstück. Freundliches, großes 3-Sterne-Hotel, arrangiert auch Ausflüge. Im Restaurant (18–22 Uhr) isländische Fisch- und Fleischgerichte. Lachs und Forelle um ISK 2.000, Lamm, Geflügel bis ISK 2.500, auch Papageientaucher.

Jugendherberge Hamar, im Clubhaus mit Giebeln beim Golfplatz 2,5 km nördlich an der Ringstraße, ✆ 4371663, 📠 4372063. 15.5.–15.9. 7 DZ, für JH-Mitglieder ISK 1.650, sonst 2.000. Küche; Clubraum voller Pokale und Fotos vom Golfen, hier Bar und kleines Restaurant (11–22 Uhr) mit Sandwiches und Kuchen. Frühstück.

Bjarg (FH), am Ende einer Zufahrt zwischen der Abzweigung der Str. 54 und der Brücke über den Borgarfjörður, ✆ 4371925/8641325. Ganzjährig 10 Betten in 3 Giebelzimmern in hübschem ehemaligem Farmhaus abseits der Ringstraße; Holz und bunte Farben, sehr gut ausgestattete Küche. ISK 2.450/Pers., SSU 1.500, Frühstück. Ein Studio-Apt. für 4 Pers., ISK 3.200/Pers.

Mótel Venus (FH), auf der anderen Fjordseite, ✆ 4372345, 📠 4372344; Motel und Hotel mit 17 hellen, sauberen DZ und TZ; DZ mit/ohne Bad ISK 7.300/5.700; SSU ISK 1.450/Pers. Verkauf von Angellizenzen. Angeschlossen ist Restaurant Hrói Höttur mit Blick auf den Fjord, Küche tgl. 11–22 Uhr (Pizza bis 23 Uhr), bietet 10 Pizzen, günstige Fisch- und Fleischgerichte, z. B. gebratener Fisch mit Gemüse u. Salat ISK 1.280, Lamm ISK 1.780, alles unter ISK 2.000.

Sommerhotel Hvanneyri (FH), 10 km östlich in der Hochschule für Agrarwirtschaft, ✆ 4370010, 📠 4370000, 1.6.–25.8. 60 Zimmer, DZ mit/ohne Bad ISK 8.900/5.900 inkl. Frühstück, SSU ISK 2.500; alle Mahlzeiten. Mit Schwimmbad und Hot Pot, für Gäste umsonst. Auf dem hübschen Gelände mit alter Bauernkirche befindet sich auch ein Landwirtschaftsmuseum mit alten Traktoren und Landmaschinen, ✆ 4370000, 13–18 Uhr, ISK 300.

- *Camping* Lauter Zeltplatz am Sportplatz nahe der Tankstellen, ISK 400/Pers., Dusche inkl.; Camping auch möglich im Garten des **Mótel Venus** auf der anderen Fjordseite, ISK 750/Zelt inkl. aller Einrichtungen im Haus.
- *Essen* **Hrói Höttur** im Mótel Venus u. Restaurant im Hótel Borgarnes s. o.

Vivaldi.is, Brúartorg 3, ✆ 4372230, 11–23, Fr/Sa bis 3 Uhr. Restaurant und Café bei der Touristeninformation mit Kunst an den Wänden, Kerzenlicht und schöner Atmosphäre. Mo–Fr mittags Tagesgericht inkl. Suppe, Salat und Kaffee ISK 920. Fisch und Fleisch um ISK 2.000, Quesadillas, Nachos, Pasta, viele Salate und reich belegte Sandwiches, auch Kuchen.

Matstofan, Brákarbraut 3, ✆ 4372017, 10–1, Fr/Sa bis 3 Uhr. Sympathisches, günstiges Restaurant, serviert isländische Gerichte und Fastfood mit asiatischer Würze, z. B. gebratenen Fisch süß-sauer für ISK 900 oder philippinischen Hamburger ab ISK 500.

Hyrnan, Esso-Tankstelle, 8–23.30 Uhr, riesiges Schnellrestaurant mit großer Auswahl; Pizzen ab ISK 850, Fleisch vom Grill, Fisch, Finger food, Kuchen.

Heitur Matur, Shell-Tankstelle, 8–23.30 Uhr; hat in gemütlicherer Atmosphäre als Hyrnan Pizzen ab ISK 700, Pfannkuchen, Hamburger und viele kleine Fisch- und Fleischgerichte um ISK 800.

Sehenswertes

Museum: 2002 wurde endlich damit begonnen, das Museum mit seiner umfangreichen, bunten Mischung an Ausstellungsstücken zu modernisieren und umzugestalten. Kunstgalerie und Archiv befinden sich weiterhin im ersten Stock, die Sammlungen aus Heimat- und Naturkundemuseum jedoch in einem neuen großen Saal im Erdgeschoss. Der Eingangsbereich ist wechselnden Ausstellungen vorbehalten; noch bis voraussichtlich 2005 ist dort die angenehm grüne "Woodland Exhibition" zu sehen. Dahinter lebt der Borgarfjörður des 19. und frühen 20 Jh. anhand alter Trachten und Haushaltsgegenstände, Möbel und Gerätschaften wieder auf. Unter den etwa 2.000 Objekten befindet sich auch die älteste Angelrute des Landes von 1852. Über allem wachen 150 Vogelarten in ihren Vitrinen. Die Texte sollen in Englisch und Deutsch übersetzt werden, außerdem sind ein Café und ein Souvenirladen geplant.

Öffnungszeiten **Safnahús**, Bjarnarbraut 4–6, ✆ 4307200, 1.6.–31.8. tgl. 13–18 Uhr, ISK 400.

Skallagrímsgarður: In der Stadtmitte liegt an der Borgarbraut nördlich der Skallagrímsgata ein kleiner, verwunschener Park mit hohen Bäumen und dem Grabhügel von Skallagrímur Kveldúlfsson, dem Vater des Sagahelden Egill. Laut *Egils saga* ließ Egill hier einen Hügel ausheben und den Verstorbenen mit Waffen, Ross und Schmiedewerkzeugen beisetzen. Auch seinen Sohn Böðvar, der, 17 Jahre jung, auf der Rückkehr von einem Markt in Hvítárvellir mit seinem Boot in einen Sturm gekommen und ertrunken war, soll er hier begraben haben. Wie er mit seinem Sohn im Arm von der Küste zum Grabplatz reitet, ist auf dem Steinrelief der dänischen Künstlerin Anne Marie Carl-Nielsen f. Brodersen dargestellt.

Ausflug nach Reykholt und Húsafell

Dieser hin und zurück etwa 100 km lange Abstecher von der Ringstraße führt zu dem geschichtsträchtigen Ort Reykholt und zu den bekanntesten Höhlen des Landes im Hallmundarhraun. Dort besteht Verbindung zu Hochlandpisten über die Arnavatnsheiði und durch das Tal Kaldidalur nach Þingvellir.

19 km vor Borgarnes zweigt die Str. 50 in die sumpfige, von felsigen Hügeln unterbrochene Ebene zwischen den Flüssen Gljúfurá, Þverá und Hvítá ab. Nach Überquerung der Norðurá führt die Str. 527 nach *Varmaland*, im Winter Schulzentrum inmitten von Treibhäusern, im Sommer wegen Zeltplatz und Schwimmbad für Touristen interessant.

• *Schwimmbad* Freibad mit Hot Pot und Dampfbad, 10–21.30 Uhr.

• *Camping* Auf der grünen Wiese, ISK 500/Pers., mit WC und Kaltwasser. Duschen im Schwimmbad ISK 100.

Der bald aus Gärten und Wiesen aufsteigende Dampf heißer Quellen kündigt eines der ergiebigsten Geothermalgebiete Islands an. Bauern nutzen die Hitze der Hexentöpfe mit Temperaturen bis 100 °C zum Kochen, Backen, Heizen und Saunen, weshalb viele der Quellen, derart gezähmt, nicht mehr spritzen und sprudeln, sondern nur noch dampfen. Wo nach einer scharfen Rechtskurve die Hvítá überquert wird, beginnt der Reykholtsdalur: ein breites, grünes, von kaum über 200 m hohen Bergrücken eingerahmtes Tal, in das man 4 km weiter nach links auf die Str. 518 abbiegt. Zuvor lohnt ein Abstecher zum *Deildartunguhver* westlich der Straße. Die zahllosen, auf 500 m aufgereihten Quellen mit einem Ausstoß von 180 Liter 97 °C heißen Wassers pro Sekunde sind die wasserreichsten in ganz Island und vielleicht sogar weltweit. Die Hitze, die am Quellenrand den nirgendwo sonst in Island vorkommenden Farn *Blechnum spicant* sprießen lässt, stellt die Fernwärmeversorgung von Akranes und Borgarnes sicher, beheizt zahlreiche Gewächshäuser und sogar unter freiem Himmel am Fluss angelegte Gemüsefelder. Auch im Reykholtsdalur, der nun auf der Str. 518 durchfahren wird, sprudeln kleine Quellen und in der Ferne wölben sich die blauweißen und bei klarem Wetter deutlich zu erkennenden Eiskappen der Gletscher Eiríksjökull und Langjökull.

Reykholt (ca. 60 Einw.)

Das kleine Dorf Reykholt ist mit einem berühmten Namen verbunden: Snorri Sturluson, Staatsmann, Geschichtsschreiber und einer der mächtigsten Männer seiner Zeit.

Obwohl Snorri durch eine Hochzeit den historischen Hof Borg bei Borgarnes übernommen hatte, zog er es vor, sich 1206 in Reykholt niederzulassen. Hier schrieb er später die Werke, die ihn als Schriftsteller und Historiker berühmt machten (siehe Kap. "Kunst und Kultur"). Vieles in Reykholt erinnert an Snorri, am auffälligsten die von Gustav Vigeland geschaffene Statue vor der Bezirksschule, ein Geschenk Norwegens im Gedenken an die von Snorri verfasste *Heimskringla*, welche die Geschichte der norwegischen Könige beschreibt. Im nach der Heimskringla benannten, großen Untergeschoss der modernen Kirche finden Ausstellungen zu Snorri und seinem Werk sowie zu wechselnden Themen statt. Im Jahr 2000 wurde hier zudem nach zwölfjähriger Vorbereitung die Bibliothek *Snorrastofa* eröffnet, in der 25.000 Bücher und Schriften mit Bezug zur mittelalterlichen Literatur Islands ihren Platz fanden.

Das originellste Erinnerungsstück an Snorri ist das natürliche runde Bad *Snorralaug* neben der Schule, das im Landnahmebuch und in der Sturlunga saga Erwähnung fand. Snorri selber soll den Pool mit Bruchsteinen eingefasst und seinen Boden mit Schieferplatten bedeckt haben. Gespeist wird das Bad seit jeher durch die heiße Quelle Skrifla mittels eines unterirdischen, 120 m langen Kanals, der schon damals nach Belieben verschlossen oder geöffnet werden konnte. Neben der zuletzt 1959 instand gesetzten Snorralaug blickt aus dem grasbewachsenen Hügel der Eingang eines von Snorri angelegten unterirdischen Ganges heraus, der von seinem Wohnhaus zum Bad führte. Der größte Teil dieses ebenfalls in der Sturlunga saga erwähnten, erst 1941 entdeckten Tunnels wurde beim Bau der Schule zerstört. Im August 1999 beförderte ein internationales Archäologenteam bei Ausgrabungen neben dem Tunnel die Fundamente weiterer Wände ans Tageslicht. Es wird angenommen, dass sie zu Snorris Festung gehören – in einem der Wälle wurde vulkanische Asche aus dem Jahr 871 entdeckt, die darauf schließen lässt, dass das Gebäude nicht viel

Snorri Sturluson – habsüchtiger Dichter oder poetischer Gode?

Snorri Sturluson (1179–1241) war ein Mann der Gegensätze. Auf der einen Seite der hochtalentierte, gebildete Dichter, große Historiker und überzeugende Redner, auf der anderen Seite der macht- und geldgierige, selbst seiner Familie gegenüber skrupellose Gode. Er wuchs auf dem berühmten Anwesen Oddi in Südisland auf, wo er eine hervorragende Ausbildung erhielt. Mit seiner ersten Frau gelangte er schon in jungen Jahren zu Macht und Reichtum und brachte mehrere Godentümer unter seine Kontrolle. Nachdem er von 1215–1218 als Gesetzessprecher auf dem Alþingi weiteres Ansehen erlangt hatte, verbrachte Snorri zwei Jahre am norwegischen Königshof und stieg zum engen Vertrauten des mächtigen norwegischen Herzogs Skúli und zum Gefolgsmann von König Håkon Håkonarson auf. Der König war gerade an die Macht gekommen, die eigentliche Kontrolle über das politische Geschehen aber hatte Herzog Skúli. Ihn konnte Snorri gerade noch davon abhalten, aus Wut über die Verluste norwegischer Kaufleute im Islandhandel eine bewaffnete Flotte nach Island auszuschicken. Snorri versprach, dass die norwegischen Kaufleute in Zukunft in Frieden gelassen werden würden. Vermutlich gelobte er außerdem, Island dem norwegischen König zu unterstellen. Wieder zu Hause, unternahm er jedoch nichts und schnell wurde der König misstrauisch.

1222–1231 war Snorri ein weiteres Mal Gesetzessprecher. Nach der Scheidung von seiner ersten Frau wurde er durch eine erneute wohl kalkulierte Heirat und hinterlistige Machenschaften zu einem der wohlhabendsten und einflussreichsten Goden im Lande. Seine Töchter verheiratete er mit mächtigen Männern vornehmer Herkunft. Mit Snorris Macht wuchs aber auch beständig die Zahl seiner Feinde und nachdem sein mittlerweile zum königlichen Gefolgsmann auserkorener Neffe Sturla Sighvatsson 1235 den Bürgerkrieg in Island entfacht hatte, wurde die Sturlungerfamilie 1238 vernichtend geschlagen und nahezu ruiniert. Nur kurze Zeit danach versuchte Herzog Skúli, die Macht in Norwegen zu übernehmen. Erbost wähnte der König Snorri in die Verschwörung verwickelt und ließ ihn in einer dunklen Septembernacht des Jahres 1241 in Reykholt ermorden.

Wie auch immer er in seinem politischen und privaten Leben gewesen sein mag, als Dichter hinterließ Snorri seiner Nachwelt Werke von herausragender Bedeutung. In seiner auf fundierten Kenntnissen über den norwegischen Königshof aufbauenden *Heimskringla* zeigte sich Snorri als pragmatischer Historiker und lieferte in meisterhafter Prosa eine klare Darstellung der Ereignisse samt brillanter Analyse ihrer Ursachen und Folgen. Von größerer Bedeutung für das isländische Erbe aber ist die Prosa-Edda, in der Snorri Skaldenverse und die Regeln für diese Dichtkunst sowie nordische Mythen festhielt, die sonst verloren gegangen wären. Vermutlich schrieb Snorri auch die *Egils saga*, womit er der einzige bekannte Verfasser von Isländersagas wäre.

Die Ausgrabungen in Reykholt brachten neue Entdeckungen

später gebaut wurde. Die ausgegrabene Feuerstelle stammt aus dem 12. oder 13. Jh. Bis 2004 sollen weitere Ausgrabungen neue Erkenntnisse über das mittelalterliche Reykholt bringen. Neben Wällen tauchten u. a. zwei heiße Quellen auf, von denen eine mit der Snorralaug verbunden ist. 2001 wurden unter der Kirche die Reste einer Schmiede gefunden.

Beigesetzt ist Snorri wohl bei der Grabfläche *Sturlungareitur* auf dem Friedhof bei der kleinen Kirche, die nach umfangreichen Renovierungsarbeiten ab 2003 wieder für Besucher geöffnet sein soll. Nachdem 1996 die neue Kirche geweiht worden war, sollte sie trotz Protesten aus Reykholt eigentlich nach Südisland umziehen. Als gutes Beispiel einer späten Holzkirche mit Turm wurde sie 2001 jedoch unter die Obhut des Nationalmuseums gestellt und die Renovierungsarbeiten, die ihr das ursprüngliche Aussehen zurückgeben sollen, begannen. Am neuen, fast übertrieben groß wirkenden Gotteshaus wurde acht Jahre lang gebaut. Eine Besichtigung ist nur in Verbindung mit dem Besuch der Ausstellung im Untergeschoss möglich. Jedes Jahr am letzten Juliwochenende findet in der Kirche ein Musikfestival statt, bei dem klassische Werke skandinavischer und baltischer Komponisten auf dem Programm stehen.

- *Öffnungszeiten/Konzerte* **Heimskringla**, ✆ 4351490/4351112, 1.6.–25.8. tgl. 10–18 Uhr, ISK 300. Konzerte: ISK 2.000 pro Konzert, ISK 6.000 für alle vier Konzerte.
- *Verbindung* **Bus** von/nach Reykjavík und Borgarnes Fr und So, ✆ 4868999.
- *Autowerkstatt* **Norð-Dekk** bei der Tankstelle, ✆ 4351444.
- *Einkaufen/Tankstelle* Kleiner **Supermarkt** in der Tankstelle, tgl. 10–22 Uhr.
- *Post* Bei der Tankstelle, Mo–Fr 10–16 Uhr.
- *Reiten* **Horsepower**, Breiðabólsstður ✆ 8979323; Ólafur Flosason bietet von Reykholt aus 2-stündige Reittouren im Reykholtsdalur, ISK 4.500 inkl. Kaffee mit Wasser aus heißer Quelle. Andere Touren nach Vereinbarung.
- *Übernachten/Essen* **Hótel Reykholt**, ✆/℻ 4351206, ganzjährig 80 Zimmer im Internat der alten Schule, DZ mit/ohne Bad ISK 8.400/5.150; in einem Trakt frisch reno-

vierte, große Zimmer mit Bad, im anderen kleinere, nur mit Waschbecken und älterem Mobiliar. 30 SSU in 15 Zimmern ISK 1.525, mit Küche. Frühstück. Im Restaurant sehr gutes Essen; tagsüber leichte Gerichte und Kuchen, ab 18.30 Uhr Fisch um ISK 2.000, Fleisch ab 2.400, ein Fischgericht des Tages, Suppe, auch Vegetarisches wie Gemüsekuchen. Weinkarte.

▶ **Weiterfahrt**: Hinter Reykholt wird die Str. 518 zur Schotterpiste, überquert den Bergrücken und wechselt in das Flusstal der Hvítá. Nach der kleinen Kirche von Stóri-Ás beginnt eine dichte Strauchvegetation, die im Herbst an Farbreichtum kaum zu überbieten ist. In dieser malerischen Kulisse liegen die vielleicht schönsten Wasserfälle des Landes, die *Hraunfossar*, "Lavafälle". Unzählige feinstreifige Kaskaden stürzen sich auf etwa 1 km mitten aus der abgestuften, dicht bewachsenen Felswand der Schlucht in die Hvítá. Den oberen Teil dieser Wand bildet die wasserdurchlässige Lava des Gráhraun, in der ein Seitenarm der Hvítá versickert ist, um auf der darunter liegenden Basaltschicht weiterzufließen und sich hier in kleinen Bächen in den Fluss zu ergießen. Etwas weiter flussaufwärts liegt der reißende Wasserfall Bjarnafoss, der seinen Namen "Kinderwasserfall" aus tragischem Anlass trägt: Der Volkssage nach sollen hier zwei Kinder von einem natürlichen Steinbogen in die Hvítá gestürzt und ertrunken sein, woraufhin die Mutter den Steinbogen zerstören ließ.
Hinter den Wasserfällen steigt die Straße an und führt zum *Húsafellsskógur*, dem größten Birkenwald im Westland mit bis zu 4 m hohen Bäumen – ein Erholungsgebiet mit guten Wandermöglichkeiten und zahlreichen Sommerhäusern. Im 19. Jh. wohnten auf dem einstigen Pfarrhof Húsafell, an den eine kleine Kapelle erinnert, viele große Künstler, wie der Maler Jóhannes S. Kjarval. *Páll Guðmundsson*, der Bildhauer, der auf unverwechselbare Art Gesichter von Gestalten aus Volksmärchen und Sagas in Steine schnitzt, setzt diese Tradition fort; auf der rauen, wilden Hauswiese wird der Besucher von unzähligen in Stein gemeißelten Augenpaaren beobachtet. Der Überlieferung nach lebte in Húsafell der Pfarrer und Gelehrte Snorri Björnsson (1710–1803), der wegen seiner Geisterbeschwörungen als zauberkundig galt und 81 Geister eingefangen haben soll. Die Ruinen des Hauses, in die er sie angeblich sperrte, sind noch zu sehen, außerdem die Gesichter einiger von ihnen – in Stein gemeißelt. Auf der Hauswiese befinden sich u. a. noch die Ruinen einer Küche und eines Schafpferches. Vor diesem liegt ein 180 kg schwerer Stein, "Kvíahella", mit dem Snorri Björnsson seine Muskeln trainiert haben soll. Zu sehen ist auch die Grabplatte des berühmten Pfarrers. Die Straße begleitet das breite, steinige Flussbett der Hvítá bis zum Beginn der rauen Lavalandschaft, die das Landesinnere ankündigt. Rechts zweigen die Hochlandpisten F550 und F578 ab. Die Str. 518 überquert nach Überwindung des Bergrückens unweit der Höhlen im Hallmundarhraun das Norðlingafljót und führt am Nordufer des Flusses durch das Gráhraun zurück gen Westen auf die Str. 523, die 14 km vor der Ringstraße wieder auf die Str. 50 trifft.

Die Höhlen im Hallmundarhraun

Im 45 km langen Lavastrom Hallmundarhraun, der vor etwa 1.200 Jahren aus Kratern am Nordwestrand des Langjökull floss, befinden sich zahlreiche Höhlen; die längste bekannte ist mit 4 km Länge der *Kalmanshellir*. Ein Abstieg ist

Der Westen
Karte S. 509

nur mit guter Taschenlampe, festen Schuhen und Handschuhen möglich. Die einzigartigen Tropfsteinformationen in den Höhlen stehen unter Naturschutz.

▸ **Surtshellir**: Diese 1.970 m lange und etwa 5 m hohe, schon in den Sagas erwähnte Höhle ist die berühmteste Islands. Lediglich ein 20 m langer Deckeneinsturz trennt sie vom *Stefánshellir*; beide zusammen sind knapp 3.500 m lang und beeindrucken durch aus geschmolzener Lava entstandene, glasierte Wände, durch Eis- und Tropfsteinformationen, Verstürze und glänzende, fein verzweigte Gebilde, die wie Reste von Fackeln aussehen. Man erreicht sie über die hinter dem Hof Kalmanstunga zur Arnarvatnsheiði abzweigende, auf dem ersten Stück vorsichtig auch mit normalem PKW zu befahrende Hochlandpiste F 578; nach etwa 8 km weisen Schilder auf die abseits liegenden Höhleneingänge hin. An zwei Stellen in der Höhle befindet sich ebener Eisboden und unter den Deckeneinstürzen schimmern ganzjährige Schneefelder. Der erste Abschnitt ist leicht begehbar, dann wird es wegen der Finsternis und der großen Gesteinstrümmer am Boden beschwerlich. Der Stefánshellir ist ein unterirdisches Labyrinth, in dem man sich besser nicht zu weit vom Hauptgang entfernt, um nicht die Orientierung zu verlieren. Surtshellir wird von einer *Beinahellir*, Knochenhöhle, genannten Lavaröhre gekreuzt, deren Name sich auf den Fund von Knochensplittern zurückführen lässt. Hier soll der Lagerplatz eines der vielen Ausgestoßenen gewesen sein, die in den Höhlen Unterschlupf suchten. Der Überlieferung nach wohnten 18 Outlaws einst jahrelang im Surtshellir und hielten gestohlene Schafe, bevor sie von den Bauern aus der Gegend gestellt wurden. Einer von ihnen war Eiríkur, nach dem der nahe Gletscher benannt wurde, auf den er sich bei der Verfolgungsjagd flüchtete. Am südlichsten im Lavafeld liegt die ausgeschilderte Eishöhle *Íshellir*, vielleicht die faszinierendste der Höhlen im Hallmundarhraun. Wie Stalagmiten und Stalaktiten umgeben mächtige Eisgebilde den dunklen Gang. Am Eingang der Höhle sind Einritzungen zu sehen, angeblich von einstigen Geächteten hinterlassen.

▸ **Víðgelmir**: Die 1.585 m lange und bis zu 10 m hohe Höhle liegt ca. 2 km südöstlich des Hofes Fljótstunga. Etwa 1 km nördlich des Norðlingafljót zweigt kurz vor dem Hof von der Str. 518 eine gute Piste ab, von dieser nach weiteren 2 km eine Fahrspur nach rechts zum Rand des Lavafeldes. Der Höhleneingang – ein großer, aber häufig zugeeister Einbruchkessel – ist nach fünf Minuten Fußweg in südliche Richtung erreicht. Die Höhle mit eindrucksvollen Eisbildungen und Lavaformationen ist oft durch hohen Eisstand nur begrenzt begehbar. Da sie schon vor etwa tausend Jahren von Geächteten als Unterschlupf genutzt wurde, sind die Tropfsteinbildungen stark beschädigt; die Höhle darf nur im Rahmen von Führungen betreten werden (siehe "Touren").

• *Information/Angeln* Im **Húsafell Service Center** (FH), ✆ 4351550, 10–22 Uhr. Hier auch Lizenzen für Angeln auf der Arnarvatnsheiði ISK 2.600/Tag. Seit die touristischen Einrichtungen in Húsafell unter neuer Verwaltung stehen, sind leider einige Angebote verschwunden, u. a. Führungen zum Surtshellir. Geplant ist nun ein Hotel außerhalb der Sommerhausanlage; dorthin soll auch der Zeltplatz umziehen. 2003 wird die Verwaltung wieder wechseln. Mit weiteren Veränderungen ist zu rechnen.

• *Verbindung* Die **Busverbindung** nach Húsafell wurde eingestellt, nächster Halt ist Reykholt (Fr und So).

• *Kunsthandwerk* **Hóll**, grünes Sommerhaus an der Str. 523 oben am Hang. Das herzliche ältere Ehepaar Edda Magg und Páll Jónsson verkauft hier sein auch in Galerien und Läden zu findendes Kunsthandwerk: Pálls aus

Holz gefertigte Vasen, Schalen, Dosen, Salzstreuer etc., Eddas filigranen Schmuck aus Fischgräten. Einfach anklopfen. **Hof Bjarnastaðir** (siehe "Übernachten").

• *Reiten* **Húsafell**, ✆ 6910280/4351554, ISK 1.800/ Std., längere Ausritte nach Vereinbarung. **Hof Bjarnastaðir** (s. u.).

• *Schwimmbad* In Húsafell ein Schwimmbad aus Pools und Hot Pots mit wunderbarem Ausblick, 1.6.–31.8. tgl. 10–22 Uhr, mit ISK 350 teuer. Waschmaschine ISK 500.

• *Tankstelle/Einkaufen/Essen* Beim **Húsafell Service Center** Tanksäule und kleiner Laden (10–22 Uhr) sowie kleines Restaurant 9.30–22.30 Uhr. Hier von Ostern bis Oktober Fastfood, Suppe und leichte Gerichte. Café auf **Hof Bjarnastaðir** (siehe "Übernachten").

• *Touren* **Hof Fljótstunga**, ✆ 4351198, bietet Ausflüge zur 2 km entfernten Höhle Víðgelmir, inkl. Ausrüstung u. fachkundiger Führung. Nur zur Höhle und etwa 200 m hinein tgl. 17 Uhr für mind. 4 Pers. ISK 800 (1 Std.), wenn möglich vorbuchen; durch die Höhle und zurück für mind. 3 Pers. ISK 2.500 (3–4 Std.), auf jeden Fall vorbuchen.

Gletschertouren: **Icelandic Adventure**, ✆ 5691000, www.adventure.is, organisiert von Reykjavík aus Touren mit Hundeschlitten, Super Truck oder Motorschlitten auf den Langjökull.

Wandern: **Húsafell Service Center** veranstaltet 2-mal wöchentlich geführte Wanderungen in der Umgebung, 1,5 Std., ISK 500.

Abseilen: Am Wochenende per Seil in den Fluss hinunter mit Bjarni Freyr, ✆ 8645540.

• *Übernachten* **Gamlibær**, ✆ 4353225, stilvoll renoviertes, altes Farmhaus neben der Kapelle in Húsafell. 5 DZ mit/ohne Bad, ISK 3.000/3.500 pro Pers., SSU ab ISK 2.400. Küche. Die Zukunft des Hauses ist ungewiss.

Húsafell, ✆ 4351552, 📠 4351551, 10 kleine Hütten für 2 Pers., 8 nur mit Matratzen, hier ISK 1.300/Pers., 2 mit Betten, hier ISK 1.500/ Pers. Bad und Küche werden geteilt.

Signýjarstaðir (FH), ✆ 4351218/8930218, an der Str. 516 am Südufer der Hvítá, 2 komfortable Sommerhäuser für 4/6 Pers. ISK 5.000/ 7.000 pro Nacht, beide mit Küche, Dusche, TV. Angellizenz für Gäste umsonst, für andere ISK 2.500. Im Herbst für Gäste Jagd auf Schneehühner und Gänse möglich.

Hof Fljótstunga (FH), ✆ 4351198, an der Str. 518 am Nordufer des Norðlingafljót mit herrlichem Ausblick bei sehr netter Besitzerin, die für ihr Frühstück gelobt wird. 3 helle DZ ISK 2.500/Pers., SSU ISK 1.500, auf Anfrage alle Mahlzeiten. 4 originelle Sommerhäuser für 2–4 Pers. mit WC und Küche, Bad wird geteilt, ISK 2.200/Pers., SSU 1.500. 1 großes Haus für 4–6 Pers. mit allen Einrichtungen, wird wochenweise vermietet. Kleiner Zeltplatz mit WC und Warmwasser ISK 500/ Pers. Angeln im Hólmavatn ISK 2.700. Führungen zur Höhle Víðgelmir (siehe "Touren").

Hof Bjarnastaðir, ✆ 4351426, an der Str. 523 bei der Abzweigung der Str. 518, auf der Farm 2 Sommerhäuser für 6 Pers. mit/ohne Dusche ab ISK 5.000 pro Nacht; Camping mit WC und Kaltwasser im Birkenwäldchen ISK 800/Zelt, Reiten ISK 1.700/Std., Angeln in der Hvítá ISK 3.000/Tag. Alle Mahlzeiten. Im Café *Kaffistofan*, 10–18 Uhr, Kaffee und Kuchen und große Auswahl an schönem Kunsthandwerk aus Stein, Holz, Wolle, Glas und Fischgräten von Künstlern aus der Gegend.

Brúarás, ✆ 4351270, an der Kreuzung der Str. 518/523, SSU im Gemeindezentrum auf Matratzen, ISK 1.300, Küche, Dusche.

• *Camping* Im Wald von **Húsafell**, ISK 600/ Pers., WC und Warmwasser; Duschen im Schwimmbad kosten extra. Zeltplatz soll etwas weiter gen Westen ziehen. Auf **Hof Bjarnastaðir** und **Hof Fljótstunga** s. o.

Wanderungen

(s. Karte S. 509)

Umgebung von Húsafell (3): Mit ihrem dichtem Birkenwald, ihren klaren Quellen und tiefen Schluchten, ihren Gletschern und Lavaformationen und ihrer vielfältigen Vogelwelt ist die Gegend um Húsafell ein Paradies für Wanderer, die hier einfache und anspruchsvolle, lange und kurze Strecken finden. Im Húsafell Service Center ist eine Karte mit verschiedenen Trails kostenlos erhältlich. Zu empfehlen ist z. B. die Wanderung an der Ostseite der Schlucht Bæjargil auf den Berg Bæjarfell, die herrliche Ausblicke zum Gletscher Ok, zu den Wasserfällen in der Schlucht und zurück ins Tal bietet. Sie beginnt etwa in Höhe des Service Centers, auf der gegenüberliegenden Straßenseite. Oben kann die Schlucht zwischen den Wasserfällen überquert, dann der Rückweg auf der Westseite von Bæjargil zurückgelegt werden. Der Ok selber kann in einem etwa 6-stündigen, nur erfahrenen Wanderern nahe zu legenden Aufstieg bezwungen werden.

▸ **Von Reykholt nach Saurbær im Hvalfjörður** (40 km): Alternativ zur Ringstraße führt die Str. 50 durch die Berge zum Hvalfjörður. Auf dieser Strecke bieten sich immer wieder schöne Ausblicke auf von Seen und Flüssen durchzogene Täler.

Von der Kreuzung mit der Str. 518 geht es über die sich ruhig durch die Landschaft schlängelnde Reykjadalsá nach *Kleppjárnsreykir*, wo sich eine der größten Quellen der Region befindet. Mit dem zu 70 l/s ausströmenden, kochend heißen Wasser werden hier zahlreiche Gewächshäuser beheizt; Tomaten, Gurken oder Paprika liegen zum Verkauf aus. Die Straße führt durch eine wasserreiche, sumpfige Ebene – beliebter Weideplatz bei Schafen und Pferden – und am gezackten Bergkamm Hestfjall vorbei, bevor rechts die Str. 508 in den Skorradalur abzweigt: ein schmales, landschaftlich reizvolles Tal mit reicher Birken- und Nadelholzvegetation, das auf 16 km von dem durch Gletschererosion entstandenen See Skorradalsvatn ausgefüllt wird. An dessen Südufer entlang fährt man um das rötlich schimmernde Bergmassiv Skarðsheiði und weiter auf den 243 m hohen Bergpass Geldingadragi. Bald bietet sich eine herrliche Aussicht auf den grasbewachsenen Svínadalur mit der Laxá und drei Forellenseen. Wieder unten im Tal, steigt die Straße am Þórisstaðavatn erneut mit 12 % an. Auf der Berghöhe fällt rechts am Straßenrand eine Grabstätte auf. Der Verstorbene hatte vor seinem Tod darum gebeten, genau hier beigesetzt zu werden. Seinem Wunsch wurde zunächst nicht nachgekommen, als aber der Leichenzug die Bergkuppe erreicht hatte, weigerten sich die Pferde, weiter zu laufen. Also entschied man sich, den Leichnam doch hier zu bestatten. Die Straße führt hinab und gibt bald einen überwältigenden Ausblick auf den Hvalfjörður und die ihn umgebenden Bergketten frei, bevor sie nach einer Abfahrt bei Saurbær auf die Ringstraße trifft.

Wanderung auf das Bergmassiv Skarðsheiði (4, s. Karte S. 509) (h/r 1 Tag): Das markant aufragende Bergmassiv lässt sich gut vom Svínadalur (Str. 502) aus erklimmen, indem z. B. vom Hof Tunga dem Flussbett der Skarðsá gefolgt wird.

• *Essen/Kunsthandwerk* In **Kleppjárnsreykir** wurde beim Campingplatz 2002 ein neues Restaurant eingerichtet, in dem typisch isländische Gerichte serviert und Blumen sowie Kunsthandwerk verkauft werden sollen.

• *Reiten* **Indriðastaðir** an der Str. 507 nahe Skorradalsvatn, ✆ 4370066/8989366, bietet Touren in den Bergen und am See, ISK 1.700/Std. oder 6.000/Tag. **Brennistaðir** und **Tunga** siehe "Übernachten".

• *Schwimmbad* **Hreppslaug** im Skorradalur an der Str. 507, Do/Fr 18–23, Sa/So 12–23 Uhr. In **Kleppjárnsreykir** Freibad neben dem dampfenden Fluss, 14–21.30, Sa/So 10–18 Uhr.

• *Übernachten/Essen* **Hof Brennistaðir** (FH), ✆ 4351193, an der Str. 515 im Flókadalur, 3 DZ und 1 EZ in familiärer Atmosphäre bei rührendem älterem Paar, das sehr aufmerksam und gastfreundlich ist. DZ ISK 2.800/Pers., SSU 1.500. Frühstück im Wintergarten, hier auch neben vielen Rosen eine riesige Sammlung von Büchern über Island. 3 Sommerhäuser für 6 Pers. mit Küche und Bad in aller Stille unten am Fluss, ISK 5.000/Nacht. Auf Anfrage Abendessen. Reiten ISK 1.500/Std.

Hof Tunga (FH), an der Str. 502 im Svínadalur, ✆ 4338956, ein Haus mit Küche für 30 Pers., SSU auf Matratzen ISK 1.500. Draußen 2 Hot Pots, großer Spielplatz. 8 gut ausgestattete Sommerhäuser für 3–5 Pers., die großen mit WC und Dusche, ISK 4.500/6.000 pro Nacht. Gutes Frühstück im Restaurant. Camping. Reiten ISK 1.500/Std., Angellizenz 1.500. Freundlicher Hof, der denen, die länger bleiben (gute Angel- und Wandermöglichkeiten in der Gegend), manche Vergünstigung bietet. Angeschlossen ist seit 2002 das große, stilvolle Restaurant *Skessubrunnar* in ehemaliger Farm, Mo–Do 17–22, Fr/Sa 11–3, So 11–22 Uhr. Die speziell angefertigten, rustikalen dunklen Möbel lassen mit ihren Verzierungen unschwer erkennen, dass Tunga auch ein Reiterhof ist. Gäste halten ihn oft für das schönste Restaurant in Island. In warmer Atmosphäre gibt es Fisch um ISK 1.600, Lamm um 2.000, Suppen, Pfannkuchen und Kuchen.

• *Camping* **Þórisstaðir**, an der Str. 50 im Svínadalur, direkt am See in wunderschöner Lage, ISK 800/Zelt, WC und Kaltwasser. Großer, origineller Spielplatz, Golf ISK 800, Forellenangeln ISK 1.500.

Selsskógur an der Str. 50, im Birkenwäldchen am Skorradalsvatn, WC und Kaltwasser, ISK 1.000/Zelt.

Tunga (s. o.), ISK 400/Pers. inkl. Hot Pot und Dusche.

In **Kleppjárnsreykir** gepflegter, ruhiger Platz zwischen den Gewächshäusern, ISK 450/Pers., WC und Warmwasser. Die Betreiber bieten Touren durch ihre Gewächshäuser an.

Akranes

(5.520 Einw.)

Die Ringstraße spart Akranes aus und verschwindet 7 km weiter östlich im Hvalfjörðurtunnel. Ein Abstecher zur reizvollen Stadt in der Bucht lohnt sich wegen des Museumskomplexes, des bunten Viertels um den alten Fischereihafen und für eine Wanderung auf den Akrafjall.

Auf der ovalen, in den Faxaflói hinauslugenden Halbinsel thront der elliptische, grünbewachsene Basaltberg *Akrafjall* (643 m). Die Stadt liegt auf der äußersten, wie ein Hörnchen ins Wasser ragenden Westspitze der Halbinsel. Es ist der einzige Ort in Island, der Besucher mit einem hohen, qualmenden Schornstein begrüßt. Er gehört zu der Fabrik, die seit 1958 mit Muschelsand aus der Bucht Faxaflói Zement herstellt. Weitere Stützen der Wirtschaft sind u. a. ein großes Schiffsbauunternehmen, eine Eisensilizium-Fabrik sowie seit 1998 eine Aluminiumschmelze am Hvalfjörður. Schon immer war Akranes zudem einer der wichtigsten Fischereihäfen Islands. Hier gründete Haraldur Böðvarsson 1906 eine der ältesten heute noch produzierenden Fischfabriken des Landes, die mit ihren auffälligen roten Gebäuden unübersehbar ist.
Akranes ist *die* Sportstadt in Island, was sich leicht an dem riesigen Sportkomplex und den zehn Fußballplätzen am Strand Langisandur ablesen lässt. Hier trainiert das erfolgreichste Fußballteam des Landes, das bereits 17-mal isländischer Meister war. Akranes hat auch hervorragende Schwimmer und Golfspieler hervorgebracht. Der lange Sandstrand, von dem sich ein wunderbarer Ausblick auf das andere Ufer der Bucht Faxaflói bietet, zieht Jogger und Radfahrer an.
Charakteristisch für Akranes sind zahlreiche Skulpturen, darunter das auffällige Denkmal für ertrunkene Seeleute auf dem Platz am Ende der Kirkjubraut und so originelle Kunstwerke wie die riesige Papierschwalbe aus Metall, die vor der Schule in der Vogabraut landet.

Den Reiz Akranes' erlebt man am ehesten bei einem Streifzug durch das alte Viertel um den Hafen. Der dafür hilfreiche Stadtplan ist kostenlos in der Touristeninformation erhältlich.

Geschichte: Akranes nimmt einen besonderen Platz in der Besiedlungsgeschichte Islands ein. Denn ist ansonsten kaum etwas über die keltischen Siedler

Der Westen
Karte S. 509

überliefert, so berichtet das Landnahmebuch doch von den irischen Brüdern Þormóður und Ketill Bresason, die sich um 880 am Akrafjall niederließen. In Garðar stand bereits in der Landnahmezeit eine Kirche. Bis zum Ende des 15. Jh. wurde auf der Halbinsel Getreide angebaut – daher wohl der Name Akranes ("Ackerlandzunge"). Im 17. Jh. nahm der Fischfang an Bedeutung zu. Verstärkt siedelten Menschen in Skagi, dem westlichsten Zipfel der Halbinsel. Um seine Lateinschule weiter finanzieren zu können, kam damals sogar der Bischof von Skálholt, Brynjólfur Sveinsson, mit seiner Fischereiflotte nach Skagi, nachdem ihm die Dänen die guten Fanggründe im Süden streitig gemacht hatten. Der Stellenwert des Fischs für die Gegend spiegelt sich in deren Namenswandel wider – aus *Skagi* ("Halbinsel") wurde *Skipaskagi* ("Schiffshalbinsel"). Auf die Fischgründe war aber nicht immer Verlass. Mitunter blieben die Netze leer, so auch Anfang des 20. Jh., woraufhin die Fischer von Akranes ihre Schiffe bis 1930 in Richtung Süden vor die Küsten der Halbinsel Reykjanes steuerten.

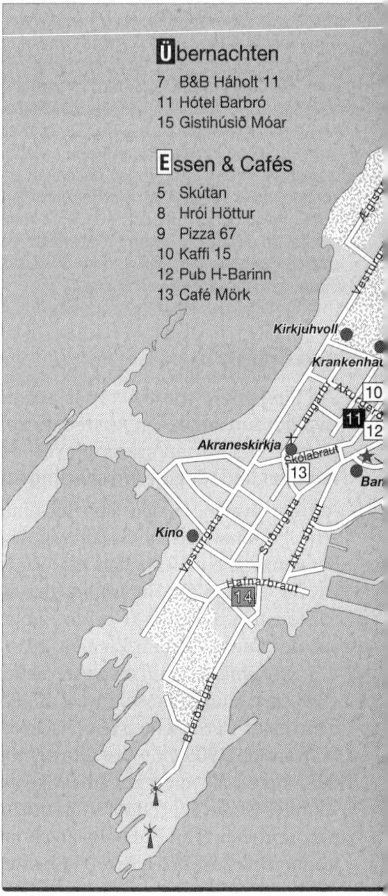

Im Juli 1998 änderte sich einiges in Akranes. Der Tunnel unter dem Hvalfjörður wurde eröffnet, der die Strecke von Reykjavík nach Akranes um 60 km verkürzt. Seither wird die Stadt verstärkt von Bewohnern der Hauptstadtregion besucht und die Bevölkerung wächst beständig an. Für Letzteres ist auch die Aluminiumfabrik verantwortlich sowie die Tatsache, dass die öffentlichen Dienste der Stadt, wie z. B. das Krankenhaus, zu den besten außerhalb Reykjavíks zählen. Der Fähre *Akraborg*, die 25 Jahre lang bis zum Tag der Tunneleröffnung zwischen Akranes und Reykjavík hin- und herschipperte, unablässig subventioniert werden musste und jetzt als Schulschiff in Reykjavík ihre Dienste tut, trauern vor allem Touristen hinterher. Doch mussten sich auch viele Bewohner Akranes' erst mal daran gewöhnen, dass es nach 101 Jahren ununterbrochenen Fährverkehrs über die Faxaflói plötzlich kein Schiff mehr gab. Die Akraborg war Teil von Akranes.

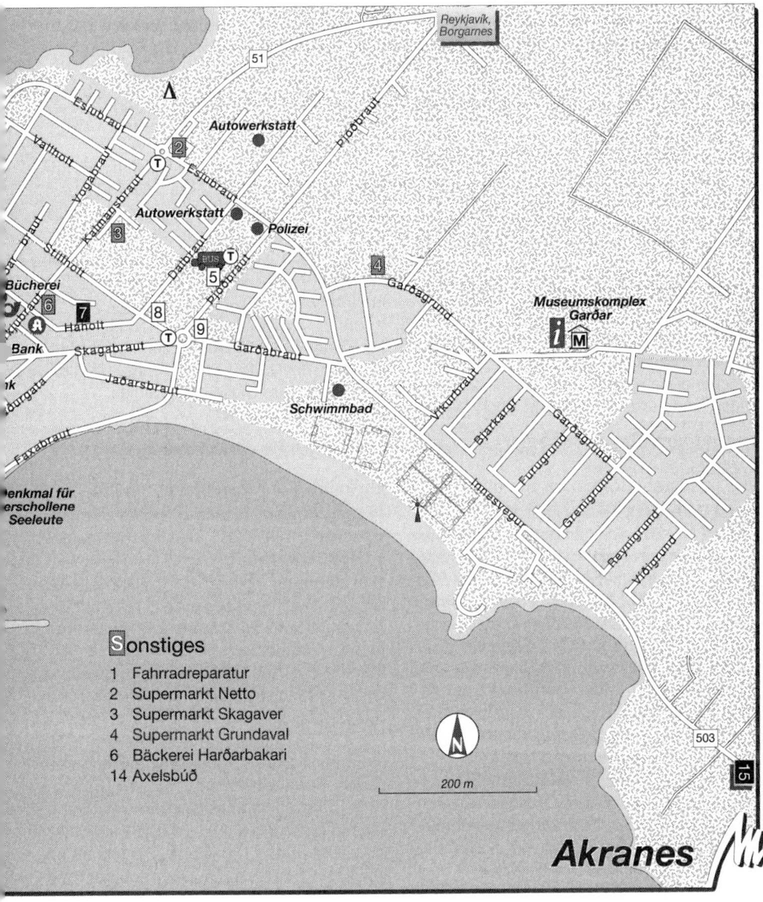

Der Westen
Karte S. 509

Information/Verbindungen/Adressen

- *Information* **Touristeninformation** im Museumskomplex, Garðar, ✆ 4315566, 📠 4315567, 15.5.–15.9. tgl. 10–18, sonst 13–18 Uhr.
- *Internet* In der **Stadtbücherei**, Heiðarbraut 40, ✆ 4311664, Mo–Do 13–20, Fr 11–18 Uhr, 30 Min. kostenlos (nur bis 19 Uhr). Im Museumskomplex Internet geplant.
- *Verbindung* **Bus** ab Esso-Tankstelle, ✆ 4312061, nach Reykjavík bis zu 5-mal tgl., von Reykjavík bis zu 4-mal tgl. Alle Linien zwischen Reykjavík und dem Nord- und Westland halten zudem vor dem Hvalfjörðurtunnel (Haltestelle "Akranes Kreuzung").
- *Versorgung* Alkoholgeschäft (Þjóðbraut 13), Apotheke (Kirkjubraut 50), Arzt (Merkigerði 9), Polizei (Þjóðbraut 13), Post (Kirkjubraut 37).
- *Ausrüstung* **Axelsbúð (14)**, Suðurgata, Mo–Fr 8–18, Sa 10–14 Uhr. Alles für Camping, Fischfang, Handwerk.
- *Autoverleih* **Bílás**, Þjóðbraut 1, ✆ 4312622/4314262; **Brautin**, Dalbraut 16, ✆ 4312157/4313347.
- *Autowerkstatt* **Bílver**, Akursbraut 11c, ✆ 4311985; **Guðjóns og Ólafs**, Kalmansvellir 3, ✆ 4315050.

• *Bank* Alle Banken haben in Akranes Filialen, in der Kirkjubraut 28 und 40, Suðurgata 57 und Stillholt 16 (fast alle mit Geldautomat).

• *Einkaufen* Große Supermärkte sind **Grundaval (4)**, Garðargrund 1, 9–21 Uhr, **Skagaver (3)**, Kalmansbraut, 9–19 Uhr, und **Netto (2)**, Esjubraut/Kalmansvellir, Mo–Fr 10–19, Sa 10–17, So 12–17 Uhr. Bäckerei **Harðarbakarí (6)**, Kirkjubraut 54, Mo–Fr 7–18, Sa/So 8–16 Uhr, hat auch ein kleines Café. Bücher, CDs und Schreibwaren bei **Bókaverslun Andrés Níelsson**, Kirkjubraut 54, Mo–Fr 9–18, Sa 10–14 Uhr.

• *Fahrradreparatur* **Pípulagningaþjónustan (1)**, Ægisbraut 27, ✆ 4315051; verkauft Klempnerbedarf und Fahrradersatzteile.

• *Feste/Veranstaltungen* Jedes Jahr am 2. Wochenende im Juli werden seit 2002 mit Musik und Tanz, Spielen und Sport die "Irischen Tage" gefeiert. 2002 kam sogar die Fähre Akraborg vorbei und brachte Gäste aus Reykjavík.

• *Fotobedarf* Im Buchladen (s. o.).

• *Kino* Vesturgata 27.

• *Schwimmbad* Im Sportkomplex Innnesvegur, Mo–Fr 6.45–21, Sa/So 9–18 Uhr.

• *Tankstellen* 3 große Tankstellen mit Imbiss, Cafeteria und Kiosk; 7.30–23.30 Uhr, Sa/So ab 9 Uhr. Bei Olis kann man nur bis 20.30 Uhr tanken, Imbiss ist aber bis 23 Uhr auf. Bei Esso gibt's Kaffee umsonst. In der zweiten, kleinen Olis-Tankstelle am Hafen nur Cafeteria.

• *Touren* **Allrahanda**, ✆ 5401313, bietet Mo–Fr ab 13 Uhr geführte 5-stündige Bustour von Reykjavík nach Akranes, ISK 4.800 inkl. Eintritt zum Museumskomplex.

Übernachten/Camping/Essen

Die Touristeninformation bringt bis zu 15 Pers. in privaten Gästehäusern unter.

Hótel Barbró (11), Kirkjubraut 11, ✆ 4314240, 📠 4314241, 13 etwas altmodische Zimmer im gemütlichen Hotel mit familiärer Atmosphäre und herzlicher Besitzerin. DZ mit Bad ab ISK 9.800, SSU ISK 2.500, alles inkl. Frühstück. Im Restaurant (11–23 Uhr) ein Speisesaal für Pizza und schnelle Gerichte, einer für Speisen à la carte, z. B. Lammfilet mit Cognacsoße ISK 2.400; Fisch frisch vom Hafen um ISK 1.500. Auch selbst gebackener Kuchen und Brot. Große Auswahl und sehr gutes Essen. Stilvolle Bar, Sa bis 3 Uhr.

B&B Háholt 11 (7), ✆ 4311408/8611598, mitten im Wohnhaus der freundlichen, älteren Ólina Jónsdóttir 2 persönlich eingerichtete, etwas altmodische DZ, ab ISK 2.500/Pers.; Frühstück kostet nur ISK 500 extra.

Gistihúsið Móar (15), ✆ 4311389, 📠 4311387, etwas außerhalb an der Str. 51 zwischen Akrafjall und Fjord, 1.6.–1.9. Im durch ein Glasdach hell erleuchteten Haus voller Pflanzen, Figuren und Masken 5 farbenfrohe, großzügige und mit Blick fürs Detail eingerichtete DZ bei der fröhlichen, gastfreundlichen Solveig Jóna. In diesem Haus haben keine zwei Zimmer dieselbe Farbe. ISK 2.500/Pers., SSU 1.500, kein Frühstück, Küche kann genutzt werden.

• *Camping* Großer Zeltplatz am Ortseingang an der Bucht, Kalmansbraut, WC und Warmwasser ISK 350/Zelt und 300/Pers. Waschmaschine und Trockner je ISK 100. Neuer Zeltplatz mit Duschen neben dem Museumskomplex geplant.

• *Essen/Trinken* Richtig gut (und dementsprechend teuer) isst man im Restaurant im **Hótel Barbró** (s. o.).

Hrói Höttur (8), Stillholt 23, ✆ 4311200, 11–22 Uhr (am Wochenende länger), Take-out bis 23 Uhr. Kleines Restaurant mit Fotos von Akranes' berühmtem Fußballteam in Action. Pizza in drei Größen, Suppe, günstige Fisch- und Fleischgerichte um ISK 1.400 und Hamburger, schneller Service.

Pizza 67 (9), Garðabraut 2, ✆ 4314767, 11–23, Fr/Sa bis 1 Uhr. Schlichte Pizzeria mit imitierten Backsteinwänden; auf der Speisekarte 20 Pizzen und Fastfood.

Skútan (5), Þjóðbraut 9, ✆ 4312061, tgl. 7.30–23.30 (Grill ab 12 Uhr), Schnell-Restaurant an der Esso-Tankstelle, nur Hamburger und Sandwiches.

H-Barinn (12), Kirkjubraut 8, Do–Sa ab 22 Uhr, Do bis 1, Fr/Sa bis 3 Uhr. Gemütliches Pub mit Fotos vom hiesigen Fußballteam.

• *Cafés* **Kaffi 15 (10)**, Kirkjubraut 15, ✆ 4313515, 12–23, Do bis 1, Fr/Sa bis 3, So 14–23 Uhr. Gemütliches Café im grauen Wellblechhaus. Inmitten warmer Farben und viel Holz kann man sich an Waffeln, Kuchen, Suppe, Pasta und kleinen Gerichten wie z. B. Lachssteak laben. Mit Patio und Internet, 30 Min. ISK 500 bzw. 200, wenn etwas gegessen oder getrunken wird. Infomaterial zu Akranes liegt aus.

Café Mörk (13), Skólabraut 14, ✆ 4315030, Mo–Do 14.30–1, Fr/Sa 11.30–3, So 11.30–1 Uhr. Von zwei jungen Piloten von den

Westmännerinseln eröffnetes, großes Café mit schönen, bis zu 100 Jahre alten Schwarzweißfotos des alten Akranes an den Wänden und hervorragendem Kaffee. Verschiedene Kuchen, Waffeln, gegrillte Sandwiches, Wein und Bier; man kann Schach spielen oder Zeitung lesen. Am Wochenende Bar mit Livemusik und Tanz.

Maríukaffi, im Museumskomplex, selbe Öffnungszeiten. Schon wegen der wunderschönen Tische ist ein Kaffee hier Pflicht: Unter den Glasplatten liegen kleine Kunstwerke aus Muscheln, Steinen, Sand und Algen oder aus bunten Blättern. Es gibt selbst gebackene Kuchen, Kekse und Sahnetorten sowie Sandwiches.

Sehenswertes

Museumskomplex Garðar: Wo mehr als vier Jahrzehnte lang am östlichen Ende der Stadt lediglich das Heimatmuseum Garðar stand, befindet sich jetzt ein Museumskomplex mit zurzeit vier Museen. Es gibt nur einen Eintrittspreis für alle zusammen, für einen Besuch sollte man sich einen halben Tag freihalten. Eine Pause zwischendurch verbringt man gut im Café Maríukaffi im Eingangsbereich (s. o.).

Heimatmuseum: Dies ist eines der größten und empfehlenswertesten Heimatmuseen in Island. Es gibt alles zu sehen, was mit der Geschichte und Tradition Akranes' zu tun hat – u. a. ein Klassenzimmer der ersten Schule, eine vollständig eingerichtete *baðstofa*, eine bis zum Rand mit Werkzeug gefüllte Schmiede und eine große Abteilung über Seefahrt und Fischerei. Daran, dass Garðar einst eine bedeutende kirchliche Stätte war, erinnert der rote Turm neben dem Friedhof. Im Gedenken an die irischen ersten Siedler in Akranes steht hier auch ein Gedenkstein mit isländischer und gälischer Inschrift, ein Geschenk Irlands an Akranes zur 1100-jährigen Besiedlung Islands im Jahr 1974. Zum Museum gehören noch weitere Gebäude, darunter das winzige Schulhaus von 1903, das älteste Holzhaus Akranes' von 1875 und das erste Zementhaus der Stadt, gebaut 1876–82. Im Hafen liegen kleine Fischerboote und *Sigurfari*, ein 1885 in England gebauter 86-Tonnen-Zweimaster aus Eichenholz, der 1897 nach Island kam: das einzige auf der Insel erhaltene Segelschiff dieser Art.

Stein- und Mineralsammlung: In dem mit Treibholz und Fischernetzen dekorierten Saal ist in überraschend ansprechender Form eine riesige Privatsammlung von Steinen und Mineralen aus ganz Island ausgestellt. Die meisten stammen aus der Hvalfjörður-Region, wo 60 % der isländischen Minerale vorkommen. Zu sehen ist z. B. Japsis in allen erdenklichen Farben, versteinertes Holz und der seltene, dunkelgrüne Apophyllit; bunte Minerale aus Geothermalgebieten liegen neben Fossilien, Bergkristall und den an Murmeln erinnernden Sphärolithen. Hier erfährt man, wie groß der Glaube der Isländer an die Macht der Steine einst war – die so genannten Natursteine besaßen angeblich Zauberkräfte.

Am Ende des Saals wird anhand von Werkzeugen und einem gelungenen Modell der Bau des Hvalfjörður-Tunnels dokumentiert. Zu allen Fragen bekommt man fachkundige und freundliche Auskunft.

Sportmuseum: Die Geschichte des isländischen Sports, dargestellt in Fotos und Pokalen, Medaillen und Bällen, Schlägern und sonstiger Ausrüstung. Von Schwimmen und Fußball über Handball und Golf bis zu Gewichtheben und dem isländischen Ringkampf *glím*a ist jeder Sport vertreten; leider sind die Texte nur auf Isländisch.

Landvermessung in Island: Dieses Museum soll 2003 öffnen und mit Geräten, Landkarten und Fotos Einblick in historische und moderne Techniken der Landvermessung geben. Das für die Datensammlung und die Veröffentlichung von Landkarten zuständige, 1956 gegründete Institut *Landmælingar Íslands* zog 1998 von Reykjavík nach Akranes um.

Öffnungszeiten ✆ 4315566, 1.6.–31.8. tgl. 10–18, sonst 13–18 Uhr, ISK 600 für alle Museen. Für das Heimatmuseum sind neue Schilder geplant.

Akraneskirkja: Die Kirche im weißen Wellblechkleid wurde 1896 geweiht. Das Altarbild von Sigurður Guðmundsson entstand 1870, das goldene Taufbecken auf einem Sockel aus Eichenholz fertigte Ríkarður Jónsson an. Die auffallend schöne Bemalung von Wänden und Decke mit aufwändigen Ornamenten übernahmen 1966 Greta und Jón Björnsson.

Öffnungszeiten Skólavegur, Mo–Fr 13–16 Uhr.

Galerie Kirkjuhvoll: Das große, helle Haus, 1923 erbaut, diente bis 1975 als Wohnhaus des Gemeindepriesters und war schon früh ein Künstlertreffpunkt. Nachdem es auch anderen Zwecken gedient hatte, kaufte es 1994 eine Stiftung zurück, um dem Wunsch des letzten Pastors, der Kirkjuhvoll bewohnt hatte, stattzugeben und hierin eine Kunstgalerie zu eröffnen. Seitdem finden wechselnde Ausstellungen isländischer, grönländischer und färöischer Künstler statt.

Öffnungszeiten Merkigerði, ✆ 4314580, 1.6.–31.8. tgl. außer Mo 15–18 Uhr, meistens Eintritt frei.

Altes Stadtviertel und Leuchttürme: Für Spaziergänge zu empfehlen ist der älteste Stadtteil westlich der Kirche mit bunten, alten Häusern in üppigen Blumengärten. In der Vesturgata, Höhe Bakkatún, steht das 1924 gebaute Wohnhaus von *Haraldur Böðvarsson*, der mit der Gründung seiner Fischfabrik großen Anteil am wirtschaftlichen Aufschwung der Stadt hatte. An der Suðurgata, Ecke Hafnarbraut, befindet sich die *Axelsbúð*, ein altes Eisenwarengeschäft.

Verwilderte Fischtrockengestelle und der alte Leuchtturm in Akranes

Die Atmosphäre in dem 1942 gegründeten Laden mit ineinander verschachtelten Lagerräumen ist einmalig. Hier gibt es von der Schraube bis zum Anker alles zu kaufen, während auf der Holzbank neben der mehr als fünfzig Jahre alten Coke-Kühltruhe die alten Fischer sitzen und Neuigkeiten austauschen. Der Besitzer in dritter Generation heißt passenderweise wieder Axel. Von hier ist es nicht weit zum geschäftigen *Hafen* an der Krossvík mit seinen Trawlern, Frachtschiffen und Fischerbooten. Weiter westlich, am Ende der Breiðargata, herrscht bei den Leuchttürmen wilde Einsamkeit. Unter den zugewachsenen, von Möwen umkreisten Fischtrockengestellen liegen verbeulte Paletten, rostige Bojen und Netze und in den kleinen, felsigen Buchten finden sich romantische, halb vergessene Sandstrände. 30 verschiedene Vogelarten wurden hier schon gesichtet. Bei Ebbe kann man vom neuen Leuchtturm von 1947 zum alten von 1914 laufen. Hier lohnt ein Aufstieg: Bei gutem Wetter reicht der Blick bis weit hinüber zu den Halbinseln Reykjanes auf der einen und Snæfellsnes auf der anderen Seite.

Wanderung

(s. Karte S. 509)

Akrafjall (5): Der 643 m hohe Berg wird durch den Berjadalur ("Beerental") mit dem Fluss Berjadalsá, von dem Akranes sein Trinkwasser bezieht, in zwei Hälften gespalten. Am einfachsten ist es, am Parkplatz vor dem Heißwasserkraftwerk östlich von Garðar loszuwandern und den Wasserrohren auf den Berg zu folgen. Vom Parkplatz ist auch der Háihnjúkur in 555 m Höhe auf dem südlichen Bergrücken ausgeschildert; oben liegt ein Gästebuch aus. Eine topografische Karte des Akrafjall gibt es in der Touristeninformation, aber ohne eingezeichnete Wanderwege und nur mit isländischen Erläuterungen.

Um den Hvalfjörður nach Reykjavík (90 km)

Der landschaftlich reizvolle Hvalfjörður, der sich tief in die zu beiden Seiten aufragenden Bergmassive Esja (909 m) und Skarðsheiði (1.041 m) eingeschnitten hat, ist der längste Fjord des Südwestens und einer der schönsten des Landes.

Für den Weg von Akranes zurück auf die Ringstraße lohnt es sich, die Str. 503 zu wählen, die an der steilen, schön geschichteten Südflanke des Akrafjall und der felsigen Küste mit bunten Höfen entlangführt. In der Ferne schimmert schon die Hauptstadt Reykjavík. Nicht weit hinter dem historischen Gehöft Innri-Hólmur verschwinden diejenigen, die es eilig haben, in der Erde: Im Juli 1998 wurde nach zweijähriger Arbeit der 5,7 km lange Tunnel unter dem Hvalfjörður eröffnet. Dieser durch etwa 3 Millionen Jahre alten Basalt gesprengte Tunnel – der bisher einzige in Island, der unter Wasser liegt – mit einem maximalen Gefälle von 8,1 % am Nordende verkürzt die Strecke von Akranes nach Reykjavík um 60 km. Finanziert wurde das Millionenprojekt zum größten Teil durch Kredite ausländischer Investoren; Besitzer ist ein eigens für den Bau gegründetes Unternehmen mit über vierzig Teilhabern. Innerhalb von 20 Jahren sollen die Anleihen durch Mautgebühren zurückgezahlt sein, dann geht der Tunnel in den Besitz des isländischen Staates über. Autofahrer werden deshalb mit ISK 1.000 zur Kasse gebeten, Motorräder mit ISK 400. Für Radfahrer ist die Durchfahrt verboten, sie müssen auf einen Bus warten.

Wer Zeit und Muße hat, lässt den Tunnel links liegen und startet zur wunderschönen und abenteuerlichen Fahrt um den Hvalfjörður. Beeindruckende Natur und alte Industrieanlagen bilden hier eine einzigartige Komposition.

Streckeninfo/Tipps für Radler: Die 61 km um den Fjord sind sehr kurvig, die Brücken sind schmal, zum Wasser hin fällt die Straße steil ab. Seit Eröffnung des Tunnels ist es hier ruhig und einsam; zwei Tankstellen und ein Campingplatz wurden geschlossen und die Straße wirkt oft wie ausgestorben – Letzteres zum großen Vorteil für Radfahrer. Etwas zu essen bekommt man nur an der Tankstelle Ferstikla an der Kreuzung mit der Str. 50 am Nordufer, im Hótel Glymur ein paar Kilometer weiter und im Kaffi Kjós an der Str. 461 am Südufer, 4 km von der Str. 47.

Über die Ringstraße wird 12 km hinter dem Tunnel die Str. 47 erreicht, die sich bald nah an der schroffen Küste um zerklüftete Bergrücken und Felsvorsprünge schlängelt und auf schmalen Brücken zahlreiche aus den Bergen herunterschießende Flüsse überquert. Den Namen "Walfjord" trägt die lange Meeresbucht wegen des bösartigen Wales, der angeblich einst den Fjord unsicher machte und daraufhin von Bischof Guðmundur in das Hvalvatn verbannt wurde. Im Zweiten Weltkrieg war der Hvalfjörður wichtiger Flottenstützpunkt der Alliierten; zunächst lag die britische Flotte an der Süd-, ab 1941 die amerikanische an der Nordseite.

In malerischer Kulisse steht am Ufer die weiße Kirche *Saurbær*, 1954–57 zu Ehren des Dichters Hallgrímur Pétursson gebaut. Er war 1651–69 in Saurbær Pfarrer und verfasste hier seine berühmten Passionshymnen. Sein Grabstein steht auf dem Friedhof der Kirche, in der verschiedene Ausgaben der Passions-

Die Vogelwelt schätzt die Ruhe am Hvalfjörður

hymnen ausgestellt sind. Auf einem Silberkelch und einer Patene sind Verse der Hymnen eingraviert. Das Gotteshaus mit Kupferdach und von der Künstlerin Gerður Helgadóttir angefertigten Glasfenstern beherbergt Schätze aus dem 16. und 17. Jh., darunter das Kruzifix über dem Altar von etwa 1500 und einen Kelch aus dem Jahre 1632.

Gegenüber der Kirche liegt oben am Hang das Hótel Glymur, weiter geht es auf den mit steilen Basaltwänden aufragenden *Þyrill* (388 m) zu. Auf der von einer Papageientaucherkolonie bevölkerten, kleinen Insel *Geirshólmi* suchten einer Saga nach einst mehr als hundert Geächtete gemeinsam Zuflucht. Von einem ihrer Anführer, Geirr, leitet das Eiland seinen Namen ab. Bei *Miðsandur* am Fuße des Þyrill entstellt ein Öldepot der NATO das Panorama. Die Baracken am Hang stammen noch aus dem Zweiten Weltkrieg, hier war die amerikanische Flotte stationiert. Als sie abgezogen war, wurde 1948 am Þyrill die einzige noch bestehende Walfangstation eingerichtet, die seit 1989 außer Betrieb ist – dies vielleicht nur noch bis 2006.

Der Walfang und die isländische Identität

In früheren Jahrhunderten konnte das Fleisch eines Wales ganze Bevölkerungsteile Islands vor dem Hungertod bewahren. Im Gesetzbuch Jónsbók von 1281 wurde der Walfang mit der Harpune erstmals erwähnt, untermalt von einer Illustration, die die Zerlegung eines Wales darstellt. Es ging jedoch nicht mehr ums Überleben, als Ende des 19. Jh. die groß angelegte Jagd auf Wale begann. Die Norweger, die ihre Gewässer bereits ausgebeutet hatten, setzten den kommerziellen Walfang vor den isländischen Küsten fort und 1935 richteten die Isländer am Tálknafjörður in den Westfjorden ihre eigene Walfangstation ein. Als man mit Ausbruch des Zweiten Weltkriegs den Hauptabnehmer für Walöl, Deutschland, verlor, war zunächst wieder Schluss, 1948 ging es dann aber mit einer Walfangstation am Hvalfjörður so richtig los. Bis 1986 wurden hier während der Fangsaison von Mitte Mai bis Mitte September jährlich 350 bis 450 harpunierte, seitlich an den vier Walfangbooten befestigte Tiere herangeschleppt und mit großen Winden an Land gezogen. Gefangen wurde insbesondere Finnwal, später auch Sei- und Spermwal; die Jagd auf Blau- und Buckelwal wurde wegen drohender Ausrottung der Bestände schon 1960 verboten. Hauptabnehmer für das Walfleisch war Japan, selbst einer der größten Waljäger der Welt. Das Walöl ging zur Herstellung von Kosmetik, Seife, Linoleum u. a. insbesondere in europäische Länder. Die Station erlegte etwa 15–20 % der weltweit gefangenen Wale, erwirtschaftete aber weniger als 1,5 % des isländischen Gesamtexports. Dennoch wurde das 1982 von der *Internationalen Walfang-Kommission* (*IWC*) verhängte Verbot des kommerziellen Walfangs, das 1986 in Kraft trat, in Island nur mit knapper Mehrheit angenommen. Schnell wurde ein Fluchtweg erkannt: Die Isländer erstritten sich das Recht, 200 Wale im Jahr zu "wissenschaftlichen Zwecken" zu harpunieren. Dass die Hälfte des Fangs nach Japan exportiert wurde und dort als Delikatesse auf dem Teller landete, machte Umweltschützer stutzig. 1986 versenkten militante kanadische Walfang-Gegner im Hafen von Reykjavík zwei Walfangschiffe und verwüsteten

Karte S. 509

die Fangstation im Hvalfjörður. Auch friedliche Proteste wie die Besetzung eines isländischen Frachters – mit gefrorenem Walfischfleisch auf dem Weg nach Japan – durch *Greenpeace* im Hamburger Hafen 1987 bewirkten nichts. 1988 begannen deutsche und amerikanische Handelsbetriebe auf Betreiben von Greenpeace mit dem Boykott isländischer Fischprodukte. Wegen der starken Abhängigkeit vom Fischexport musste die isländische Regierung ihre sture Haltung 1989 aufgeben und stellte den Walfang ein. Als aber die IWC das Walfang-Moratorium verlängerte, erklärte Island 1992 seinen Austritt aus der Kommission. Man wolle sich beim Thema des für Island lebensnotwendigen Fischfangs nicht weiter bevormunden lassen, wurde argumentiert, und der Bestand etlicher Walarten in den isländischen Gewässern sei bei beschränkten Fangquoten nicht gefährdet. Norwegische Walfänger ziehen seit 1993 wieder aus, um Jagd auf den Zwergwal zu machen. Möglich ist dies nur wegen eines Schlupflochs im Walfangabkommen: Norwegen legte fristgerecht Einspruch ein und ist deshalb nicht an das Moratorium gebunden. Island kehrte im Oktober 2002 wieder in die IWC zurück – allerdings mit dem wichtigen Vorbehalt, dass es nach norwegischem Vorbild das Verbot jeglichen kommerziellen Walfangs weiterhin nicht anerkennen würde. Mit hauchdünner Mehrheit akzeptierten die Mitgliedsstaaten des IWC Island erneut in ihrer Mitte, unter der Bedingung, dass die Jagd auf Wale nicht vor 2006 beginnt. Island strebt nun einen jährlichen Fang von 250 der insgesamt etwa 50.000 Zwergwale in isländischen Gewässern an. Das marine Forschungsinstitut des Landes empfiehlt zusätzlich den Fang von 100 Finnwalen im Jahr.

Nicht nur im Ausland, auch in Island sorgte die Nachricht für Ärger. Touranbieter sehen die bei Touristen äußerst beliebte Walbeobachtung gefährdet, die lukrativer ist, als es der Walfang je war: Veranstalter schätzen ihren Umsatz auf jährlich 8 Mio. US-Dollar; der Walfang brachte vor 1989 nicht mal die Hälfte. Ältere Wale erinnern sich offensichtlich bis heute an die Gefahr des Walfangs und trauen sich nicht so nah an die Boote wie Jungtiere. Walfang und Walbeobachtung sind unvereinbar. Außerdem wird befürchtet, dass das Ausland wieder mit Sanktionen droht. Die Walfang-Lobby hingegen, die von drei Viertel der Bevölkerung unterstützt wird, ist sauer, dass die Fangboote erst 2006 wieder ausziehen dürfen. Dabei geht es nicht um wirtschaftliche Gründe. Es geht vor allem um die in der Geschichte begründete Abneigung gegen Einmischung des Auslands in innere Angelegenheiten, um die Aufrechterhaltung einer Identität, die in der Abgrenzung zur Außenwelt ruht. Dies erklärt auch die offene Feindschaft gegenüber isländischen Walfanggegnern in der eigenen Bevölkerung.

Überragt von den fünf bis zu 1.095 m hohen Zinnen Botnssúlur gelangt die Straße am steilen Múlafjall mit Basaltsäulen und Wasserfällen entlang zur Schlucht der Fossá (hier Parkplatz und Tafel mit Wanderwegen, leider nur auf Isländisch) und weiter nach *Hvítanes*. Dort war im Zweiten Weltkrieg das Hauptquartier der britischen Marine; geblieben sind graue, zugewachsene Ruinen und ein halb zerfallener Anleger. Bei *Maríuhöfn* vor dem weit in den

Fjord ragenden Reynivallaháls soll im Jahr 1402 mit einem Schiff die Pest ins Land gekommen sein, der zwei Drittel der Bevölkerung zum Opfer fielen. Links zweigt die Str. 48 ab, die über den Hochpass Kjósaskarð das Esja-Massiv an der Ostflanke umrundet und nach 22 km auf die Str. 36 nach Þingvellir trifft. Nach weiteren Kurven taucht auch auf dieser Fjordseite eine Kirche mit Namen *Saurbær* auf. Hier fielen 1424 englische Seeräuber ein und plünderten den Hof. Die breite Halbinsel Kjalarnes soll laut *Kjalarnesinga saga* einst dicht bewaldet gewesen sein, der Überlieferung nach befand sich hier zu heidnischer Zeit eine der größten Opferstätten. Von einem einige Kilometer weiter südlich gelegenen, großen Parkplatz aus bieten sich verschiedene Wanderungen im Esja-Gebiet an (s. u.), bevor die Straße vom Bergmassiv wegführt nach *Mosfellsbær*: eine Satellitenstadt von Reykjavík, in der Interessierte im Álafossvegur 23 einen Fabrikverkauf hochwertiger Woll- und Strickwaren finden. Von hier sind es noch etwa 20 km bis ins Stadtzentrum von Reykjavík. Wer es nicht mehr bis dahin schafft, findet in Mosfellsbær auch Gästehaus, Campingplatz, Schwimmbad und viele weitere touristische Einrichtungen.

• *Kajaktouren* **Hvammsvík Outdoor Experience**, ✆ 5667023, am Südufer, bietet geführte Kajaktouren bis zu 5 Tagen. 2–3 Std. im Hvalfjörður ISK 3.900. Kajaks können auch für Touren auf eigene Faust entliehen werden. Angeboten wird zudem Angeln, Golf, Reiten. Kleines Café (Schokoriegel, Hot Dogs, kalte Drinks) tgl. 9–21 Uhr, hier Verleih der Ausrüstung. Auch Camping auf dem Fußballfeld möglich, WC und Kaltwasser, kostenlos.

• *Schwimmbad* Im Gemeindezentrum **Hlaðir** an der Kreuzung 47/50 Freibad mit Hot Pots, 15.6.–15.8. tgl. 13–21 Uhr. In **Kjalarnes** Freibad mit Hot Pot, Dampfbad, Solarium, Mo–Fr 15–21.30, Sa/So 11–16.30 Uhr.

• *Übernachten/Camping* **Hof Hlíð** (FH), ✆ 4338938/8524010, an der Str. 502 am Eingang des Svínadalur, 1 weißes, mehrgiebeliges Sommerhaus für 8 Pers. mit Küche und Dusche ISK 6.000/Nacht. Mit Hot Pot. Im Haus daneben noch 2 Betten.

Hótel Glymur, oberhalb der Kirche Saurbær nahe der Kreuzung 47/50, ✆ 4303100. Wunderschönes Hotel im Besitz von drei Paaren, ausschließlich mit stilvollen Kunstwerken und Möbeln aus ihrem Privatbesitz dekoriert. Zwischen Pflanzen, Skulpturen und Kerzen, warmen Farben, Korbmöbeln und Ledersesseln fühlt man sich sofort wohl. Die Idee: Wer hier übernachtet, soll etwas lernen können. Dafür sorgen mehr als 4.000 Bücher, Leseecken und viele originelle Ideen, die sogar in den Toiletten umgesetzt wurden. Gleichzeitig gibt es überall Plätze zum Entspannen und draußen 2 Hot Pots. 22 aufmerksam gestaltete TZ mit Bad und Loft, als DZ ISK 12.900 inkl. Frühstück. Im Restaurant mit fantastischem Blick über den Fjord (12–14 und 18–23 Uhr) exzellente Fisch-, Lamm- und Geflügelgerichte, frisches Gemüse, selbst gebackenes Brot, Wein. Mittagsbüfett um ISK 1.400. Wer nur zum Essen kommt, muss vorher reservieren.

Hof Bjarteyjarsandur (FH), ✆ 4338851/8916626, an der Hauptstraße am Nordufer des Fjords. 1 Sommerhaus für 6 Pers. mit Küche, Bad, Hot Pot ISK 7.000/Nacht (vorbuchen!), Camping mit Windschutz durch Bäume, WC, Kochgelegenheit, ISK 500/Pers. 6 SSU ISK 1.500. Alles auf einer Schaffarm mit Hühnern, Eiderenten, Pferden; im ehemaligen Stall Galerie mit Kunsthandwerk, z. B. Holzschalen, Wollpullis, Aquarelle, Stepparbeiten.

Hof Kiðafell (FH), ✆ 5666096, an der Str. 460, ein paar hundert Meter von der Hauptstraße; großes, stilvolles Haus mit langer Tradition und netten Besitzern. 5 DZ auf mehrere Etagen verteilt, ISK 2.700/Pers., unten auch SSU für 6 Pers., ISK 1.800. Frühstück. Mit großer Küche und Bad. Reiten ISK 2.000/Std., längere Ausritte nach Vereinbarung.

Hof Hjalli (FH), ✆ 5667019, an der Str. 461, 5 km von der Hauptstraße. 1 Sommerhaus im Garten der Farm für 4–6 Pers. mit Bad und Kochecke, ISK 4.000/Nacht. Camping ISK 700, WC und Warmwasser. Frühstück auf Bestellung; Reiten ISK 1.500/Std.

Kostenloser Zeltplatz an der **Hvammsvík** (siehe "Kajaktouren").

• *Essen/Tankstelle* **Ferstikla**, ✆ 4338940, bei der Kreuzung 47/50, 9–21 Uhr, sympathischer Imbiss in der Tankstelle. Frischer

Fisch mit Kartoffeln und Salat ISK 1.000; Fleisch um ISK 1.400; Fastfood. Selbst gebackene Kuchen, z. B. die leckere Jólakaka. Grundnahrungsmittel; Angellizenz für Forellenseen in der Gegend ISK 1.000/halber Tag.

Kaffi Kjós, an der Str. 461, 4 km von der Hauptstraße im Sommerhausgebiet, 12–18, Sa 10–1 Uhr. Kleines, hübsches Café am Hang mit frischem Kuchen, Brot, Waffeln und *flatkökur* mit Hangikjöt. Auch Verkauf von Kunsthandwerk. Angellizenzen für das Meðafellsvatn vor der Haustür ab ISK 1.000, Bootsverleih (Tretboote und Motorboote ISK 1.000/Std.).

Nýi Esjuskalinn, erste Tankstelle nach dem Fjord, in Kjalarnes an der Abzweigung der Str. 458, Mo–Do 8–22, Fr/Sa 8–23, So 9–22 Uhr. Hier Lebensmittel und Kaffee.

Wanderungen

(s. Karte S. 509)

Wasserfall Glymur (6) (h/r 2 Std.): Vom Ende des Fjordes führt eine Straße in den Botnsdalur mit üppiger Birkenvegetation und über eine etwa 2 km lange Jeeppiste gelangt man zu einem Parkplatz am Nordufer der Botnsá. Der Glymur, mit 196 m der höchste Wasserfall Islands, ist von hier bereits zu sehen. Die Wanderung verläuft auf einem Trampelpfad durch reizvolle Umgebung. Man sollte einige Trittsicherheit mitbringen, denn streckenweise geht es sehr nahe an der äußerst tiefen Schlucht der Botnsá entlang. Vom Glymur ist eine Fortsetzung der Wanderung zum Hvalvatn, um den Hvalfell herum und entlang der Hvalskarðsá zurück zum Parkplatz möglich. Diese Wanderung dauert etwa sechs Stunden.

Der Wasserfall Glymur

Schlucht Svartagil bei Þingvellir (7) (5–7 Std.): Diese 15 km lange, einfache Wanderung startet am selben Parkplatz wie die zum Glymur. An der Öxará entlang und am Berg Búrfell vorbei geht es zum Svartagil am Ármannsfell, von wo aus über Straßen gen Süden nach Þingvellir weitergewandert werden kann.

Wanderwege im Esja-Massiv (8): Vom großen Parkplatz an der Str. 1 mit Wandertafel (nur auf Isländisch) starten mehrere markierte Wanderwege in die Bergwelt. Zwei teilweise recht steile und bisweilen nasse Wege führen auf das Þverfellshorn (780 m), von wo aus sich herrliche Ausblicke auf Reykjavík, die vorgelagerten Inseln, den Atlantik und die Bergwelt bieten. Der Aufstieg ist bei zügigem Marsch in einer Stunde zu schaffen. Bei den Isländern ist es beliebtes Feierabendvergnügen, mit Teleskopstöcken den Berg hinaufzustürmen und wieder hinunterzujoggen... Der Parkplatz wird von Reykjavík aus mit dem Bus angefahren.

Blick über Arnarstapi auf den Snæfellsjökull

Halbinsel Snæfellsnes und Region

Der Berg erinnert zuweilen an ein umgestülptes Tongefäß mit bläulicher Glasur und zuweilen an durchsichtiges Chinaporzellan mit Goldrand, besonders wenn die Sonne im Westen tief über dem Meer steht, denn dann umspielen ihre Strahlen den Firnschnee von beiden Seiten.

(Halldór Laxness, in: Am Gletscher)

Die abwechslungsreiche, mit einem der berühmtesten Gletscher Islands gekrönte Halbinsel Snæfellsnes ist ein landschaftliches Kleinod. Wer nicht viel Zeit für seine Islanderkundung hat, dem sei die knapp 300 km lange Rundfahrt besonders ans Herz gelegt, denn hier finden sich in Miniaturausgabe fast alle islandtypischen Schätze.

So hat Snæfellsnes neben seinem Gletscher rauschende Wasserfälle und enge Fjorde, Tropfsteinhöhlen in der Lava und Brandungshöhlen in der Gischt, perfekt geformte Ringwallkrater und schlanke Basaltsäulen, große Vogelfelsen und golden schimmernde Muschelsandstrände, bunte Fischereihäfen, feuchte Moorgebiete und alte Ruinen.

Zwischen dem Breiðafjörður und dem Faxaflói ragt die 10–30 km breite Halbinsel 80 km in den Atlantik hinein. Jules Verne legte seinem Romanhelden Axel 1864 die wenig romantischen Worte in den Mund: "Eine Halbinsel, die wie ein Knochen mit einer Gelenkkapsel aussieht." Auf der "Gelenkkapsel" thront der vergletscherte, vor knapp 2.000 Jahren in Tiefschlaf gefallene Vulkan *Snæfellsjökull*, von dem magische Faszination ausgeht. Er ist der krönende Abschluss einer Bergkette mit 700–1.000 m hohen Gipfeln, die sich über

Karte S. 535

Autorentipps: Schöne Museen sind das nachgebaute Langhaus von Eiríkur dem Roten in Eiríksstaðir und das Norska húsið in Stykkishólmur; an Ausflügen lohnen die Walbeobachtungstouren von Ólafsvík aus und die Bootstouren in die Inselwelt des Breiðafjörður mit Start in Stykkishólmur. Zu empfehlen ist ein Besuch des einzigartigen Hofes Bjarnarhöfn bei Grundarfjörður. Im Ort selber kann eine Fischfabrik besichtig oder an einem "Village Walk" teilgenommen werden. Eine reizvolle Wanderung führt an der Südküste entlang von Arnarstapi nach Hellnar, wo das Café Fjöruhúsið auf einen Kaffee lockt. Gut essen lässt es sich in den Restaurants Krákan in Grundarfjörður und Narfeyrarstofa in Stykkishólmur, hochwertiges Kunsthandwerk gibt es in der Galerie Sóla an der Südküste von Snæfellsnes. Schöne Übernachtungsmöglichkeiten sind die Höfe Suður-Bár an der Nord- und Lýsuhóll an der Südküste, das Öko-Gästehaus Brekkubær in Hellnar und The Old English Lodge kurz vor Borgarnes.

ganz Snæfellsnes erstreckt und nur wenig Unterland für Bauernhöfe und Weideland duldet. "Island im Kleinformat" wird die Halbinsel genannt, die vor einigen Millionen Jahren noch Teil der aktiven Vulkanzone war, bevor sich die Riftachse nach Osten verlagerte. Da der Vulkanismus im frühen Pleistozän wieder aufflammte, finden sich hier auch zahlreiche nacheiszeitliche Laven und Krater. Vom einfachen Schlackenkegel bis zum komplizierten Zentralvulkan ist an Vulkanformen alles vertreten und vom tertiären Basalt bis zum farbenprächtigen Liparit kommen alle wichtigsten Gesteinsarten Islands vor – sogar der auf der Insel seltene Granit.

Vor der Rundfahrt bietet sich die Erkundung der geschichtsträchtigen Region Dalir nördlich und östlich von Snæfellsnes an.

Streckeninfo: Auf der Rundstraße um Snæfellsnes wechseln asphaltierte mit geschotterten Abschnitten; an der Südküste ist die Straße größtenteils geteert. Alle Orte liegen an der Nordküste, was bei der Versorgung mit Lebensmitteln, Geld usw. zu berücksichtigen ist. Unterkünfte gibt es, abgesehen von der Westspitze, überall. Für die Fahrt um die Westflanke des Gletschers durch den Nationalpark sollte man sich Zeit lassen: Hier lohnen sich zahlreiche Abstecher zur Küste und in die Lava.

Von der Ringstraße nach Snæfellsnes und Dalir

Die direkte nördliche Verbindung nach Snæfellsnes führt auf 50 km von Brú am Hrútafjörður über den niedrigen Pass Laxárdalsheiði (150 m) an den Hvammsfjörður.

Nördlich von Brú biegt hinter der Abzweigung nach Borðeyri die Passstraße 59 über die Laxárdalsheiði ab. Die Schotterstraße führt durch Feuchtwiesen und vorbei an unzähligen kleinen Seen über eine einsame Hochebene in die Region Dalir. Im Laxárvatn entspringt die Laxá, ein ausgezeichneter Lachsfluss. Hinter dem Hof Sólheimar beginnt das enge, grüne Tal Laxárdalur, einer der Hauptschauplätze der *Laxdæla saga*. In Zukunft sollen Schilder auf wichtige Orte aus der Saga hinweisen.

In *Höskulsstaðir* wohnte Höskuldur Dalakollsson, der Vater von Sagaheldin Hallgerður aus der *Njáls saga* und Großvater von Kjartan und Bolli – den

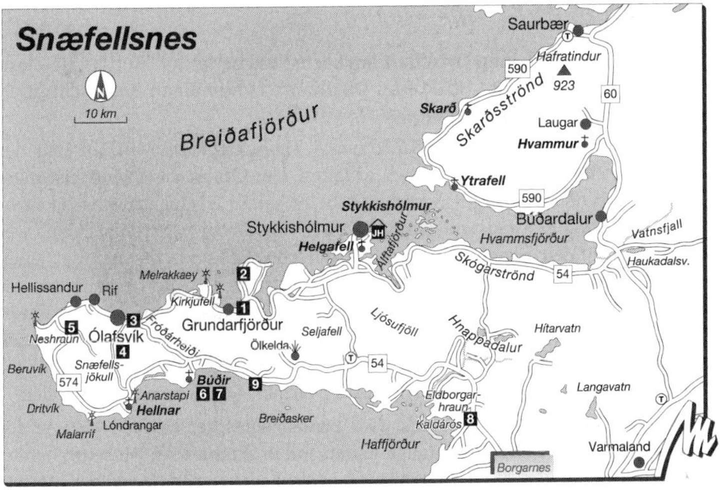

Hauptcharakteren der *Laxdæla saga*. Am anderen Ufer der Laxá liegt an der Str. 587 der historische Siedlungshof *Hjarðarholt*, Kjartans Geburtsstätte. Die verzierte, cremefarbene Kirche von Hjarðarholt mit ihrem ungewöhnlichen Grundriss entstand 1904 nach den Plänen des ersten isländischen Architekten, Rögnvaldur Ólafsson.

Die Saga von den Leuten aus dem Lachswassertal

Die Laxdæla saga, die eine tragische Dreiecksbeziehung zum Thema hat, gehört zu den beliebtesten und romantischsten Sagas Islands. Im Mittelpunkt stehen der sportliche, liebenswürdige und muntere Kjartan Ólafsson, "der schönste aller Männer, die in Island geboren sind", sein starker, ritterlicher Ziehbruder und Freund Bolli und die stolze und leidenschaftliche Guðrún Ósvífursdóttir. Guðrún ist empört, als ihr Liebhaber Kjartan sich entschließt, für drei Jahre nach Norwegen zu reisen, verspricht aber, auf ihn zu warten. Als Kjartan nach drei Jahren vom norwegischen König daran gehindert wird, nach Hause zurückzukehren, hält Guðrún ihn fälschlicherweise für untreu und heiratet seinen Ziehbruder Bolli. Kjartan nimmt daraufhin, zurück in Island, die sanfte Hrefna zur Gattin. Rasend vor Eifersucht überredet Guðrún den unglückseligen Bolli dazu, Kjartan umzubringen. Als ihr Mann ihr die Nachricht von Kjartans Tod überbringt, bemerkt Guðrún nur lakonisch: "Am besten gefällt mir, dass Hrefna heute Abend nicht lachend zu Bett gehen wird". Wie ein Traum ihr prophezeit hat, heiratet Guðrún in ihrem Leben viermal, entscheidet sich aber im hohen Alter als erste Isländerin zum Nonnendasein. Als sie am Ende von einem ihrer Söhne gefragt wird, welchen Mann sie am meisten geliebt habe, antwortet sie: "Ich war am schlimmsten zu dem, den ich am meisten geliebt habe".

Halbinsel Snæfellsnes
Karte S. 535

Búðardalur (250 Einw.)

Der Name dieser kleinen Ortschaft am Lachsfluss bedeutet "Budental" - laut *Laxdæla saga* errichtete Höskuldur Dalakollsson hier einen Bootsschuppen und Zeltbuden als Lagerhallen.

1899 wurde Búðardalur Handelsplatz, das *Thomsens Haus* von 1904 an der Búðarbraut ist aus dieser Zeit noch erhalten. Der Ort ist das Dienstleistungszentrum der Region Dalir. Fischfang gibt es kaum, wegen der starken Strömung zwischen den tausenden Inseln im Breiðafjörður verirren sich nur wenige Fische in den Hvammsfjörður. Stattdessen wird Landwirtschaft betrieben und eine Molkerei und ein Schlachthaus verarbeiten die Agrarerzeugnisse des Bezirks. Búðardalur ist berühmt für seinen Käse – Interessierte können ihn in einem Laden auf dem Molkereigelände kaufen. Die reichen Lehmvorkommen in der Gegend werden zur Herstellung von "Thermo Pacs" genutzt: mit Lehm gefüllte Heizkissen, die – in heißem Wasser erwärmt – Schmerzen lindern sollen.

Gegenüber vom Thomsens Haus wird zurzeit eines der ältesten Häuser des Ortes restauriert. Dieser ehemalige Laden soll in Zukunft ein Museum beherbergen. Anhand von Ausstellungen und Multimedia werden Besucher hier etwas zur *Laxdæla saga* erfahren sowie – mit Bezug zu Eiríksstaðir im Haukadalur, dem ehemaligen Wohnsitz von Eiríkur dem Roten (s. u.) – zu den Reisen der Wikinger über den Atlantik in einer Zeit, als sich die Seeleute an Sonne, Sternen und Strömungen orientierten.

Geplant sind auch weitere Gästehäuser und mehr Aktivitäten für Touristen, z. B. Segelausflüge zu den Inseln im Hvammsfjörður.

• *Information/Kunsthandwerk* **Touristeninformation**, Vesturbraut 12c, ✆ 4341410, 📠 4341212, 1.6.–31.8. Mo–Sa 10–18, So 12–18 Uhr. Hier ist auch die freundliche Galerie Bolli mit von Frauen der Gegend geschaffenem Kunsthandwerk: Wollwaren, Schmuck, isländisches Moos, Marmelade, Lederbeutel, Holzfiguren, Knöpfe aus Horn etc.

• *Internet* Im Gästehaus **Bjarg**, ISK 300/Std.; von hier auch günstige Telefongespräche ins Ausland.

• *Verbindung* **Bus** ab Tankstelle, ✆ 4341100, nach Reykjavík tgl. außer Mi und Sa 1-mal; nach Reykhólar Di und So 1-mal, nach Staðarfell Fr 1-mal, nach Króksfjarðarnes Mo, Di, Do und So.

• *Versorgung* Arzt, Alkoholgeschäft (Mo–Do 17–18, Fr 16–18 Uhr), Apotheke, Autowerkstätten (**KM Þjónustan**, ✆ 4341611; **Jörundur Hákonarsonar**, ✆ 4341418, Reifenreparatur im Notfall: **Guðbrandur Þórðarson**, ✆ 4341141/8952641), Bank, Polizei, Post (Mo–Fr 12–16 Uhr), Supermarkt **Dalakjör** in der Esso-Tankstelle (Mo–Fr 9–22, Sa 10–21, So 10–22 Uhr).

• *Feste* Jedes 2. Wochenende im Juli feiert Búðardalur u. a. mit Geschichtenerzählen, Musik und Tanz das Wikingerfestival, das Einblick in das Leben der Wikinger gibt.

• *Molkereiprodukte* **Mjólkursamlagið**, Brekkuhvammur 15, Mo–Fr 8–17.30 Uhr, bietet 60 Produkte, darunter mehrere Sorten Brie, weiche und harte Käse, unterschiedlichste Joghurts, Reismilch mit Früchten, Schokoladencreme und so genannte probiotische energy drinks für Sportler.

• *Übernachten* **Gistiheimili Bjarg**, Dalbraut 2, ✆/📠 4341644. Im roten Haus 7 DZ ISK 5.000, SSU ISK 1.500, Frühstück. Einfache, helle, unterschiedlich möblierte Zimmer. Restaurant 11–22, Bar Fr/Sa bis 3 Uhr; serviert werden kleine Gerichte für ISK 600–1.100, z. B. Lammkotelett mit Kartoffeln und Salat oder Bacon & Eggs mit Pommes. Auch thailändische Gerichte. Mit Internetanschluss.

• *Camping* Gegenüber der Tankstelle, WC, Warmwasser; ISK 500 pro Pers., 2 Pers. ISK 900, inkl. Duschen im Gemeindezentrum. Zeltplatz wird vom Gästehaus verwaltet.

• *Essen* Restaurant im **Gästehaus Bjarg** (s. o.). Großer, heller **Imbiss Dalakjör** an der Tankstelle, Grill 11.30–21 Uhr. Hot Dogs, Hamburger, Suppe, schnelle Gerichte (z. B. Lasagne für ISK 1.000) und Kaffee und Kuchen.

Das ehemalige Wohnhaus von Eiríkur dem Roten

▸ **Abstecher nach Eiríksstaðir**: Am Forellensee Haukadalsvatn vorbei führt die an Schlaglöchern reiche Str. 586 in den engen, reizvollen Haukadalur mit zerfurchten Berghängen voller Wasserfälle. Nach 8 km erreicht man *Eiríksstaðir*, ehemals Wohnsitz von Eiríkur dem Roten. Hier lebte er kurzzeitig, bevor seine Streitsucht, der manche Feinde zum Opfer fielen, ihn zum Wegzug zwang und er sich auf Öxney im Breiðafjörður ansiedelte. Hier wurde wohl auch sein Sohn Leifur geboren, der um das Jahr 1000 als wahrscheinlich erster Europäer nordamerikanischen Boden betrat. Die längste Zeit erinnerten nur unauffällige Ruinen eines Langhauses und einer Schmiede an die Abenteurer. Im Jahr 2000 aber, zum tausendjährigen Jubiläum von Leifurs Fahrt, öffnete 100 m von ihnen eine Nachbildung von Eiríkurs Farmhaus aus Treibholz, Reisig und Grassoden für Besucher seine Pforten. 1997 mit modernen Methoden vorgenommene archäologische Untersuchungen hatten – als Ergänzung zu 1895 und 1938 durchgeführten Ausgrabungen – wichtige Aufschlüsse über Grundriss und Aufbau des Langhauses gegeben und ermöglichten einen weitgehend originalgetreuen Wiederaufbau. Das tragende Holzgerüst baute man in der ältesten aus Island und den Nachbarländern überlieferten Bauweise. Das für den Hausbau nötige Werkzeug wurde eigens angefertigt: nach Vorbildern aus der Landnahmezeit. Es kann in der dunklen Halle zwischen Webstuhl und Tierfellen beim Geruch von Lagerfeuer, Heu und Schinken und bei Kerzenlicht betrachtet werden. Ein "Wikinger" gibt derweil Einblick in das Leben zu damaliger Zeit, als die Kinder mit Knochen spielten und die Männer im Sitzen schliefen, um immer zur Verteidigung bereit zu sein. Wer möchte, kann Helm und Schwert ausprobieren und in der Vorratskammer Lamm und Trockenfisch kosten.

Öffnungszeiten **Eiríksstaðir**, ✆ 4341118/4341132, 1.6.–31.8. tgl. 10–18 Uhr, ISK 400.

"Auf in den Westen...!" – Eiríkur der Rote und Leifur Eiríksson

Rein zufällig kamen isländische Seemänner im 10. Jh. sowohl nach Grönland als auch nach Amerika. Die Geschichte ist verwickelt. Dem Landnahmebuch zufolge verirrte sich *Gunnbjörn Ulfsson* um das Jahr 900 in stürmischer See und sah plötzlich im Westen unbekannte Schären auftauchen – wahrscheinlich die grönländische Ostküstenregion Angmagssalik. Er kehrte gleich nach Island zurück und berichtete von seiner Entdeckung. Zuerst interessierte sich niemand dafür und der 978 von Snæbjorn Galti unternommene Versuch, mit einigen Isländern nach Grönland umzusiedeln, schlug fehl.

Der erste, der sich langfristig in Grönland niederließ, war *Eiríkur der Rote*; ihm wird deshalb fälschlicherweise die "Entdeckung" der Insel zugeschrieben. Wegen allzu tollkühner Schwertführung für drei Jahre des Landes verwiesen, nahm Eiríkur 981 oder 982 von der Insel Öxney im Breiðafjörður aus Kurs auf Grönland. Der Geächtete beabsichtigte, die Insel zu besiedeln und kehrte nach Ablauf der Verbannungszeit nach Island zurück, um Siedler zu gewinnen. Klugerweise hatte er das Land Grönland, Grünes Land, genannt und so folgten ihm 986 etwa 800 Auswanderungswillige in den viel versprechenden Westen. Die klimatischen Bedingungen dort waren damals sehr viel milder als heute, was die Entstehung zweier blühender Siedlungen ermöglichte. In der ersten Zeit unterhielt Island noch Kontakt mit den Auswanderern, nach dem 15. Jh. aber legten keine Schiffe mehr in Grönland an. Die Niederlassungen scheinen dann aus bis heute unbekannten Gründen aufgegeben worden zu sein.

Nur wenige Jahre nach der Besiedlung Grönlands kam der isländische Seefahrer *Bjarni Herjólfsson* auf seiner Fahrt nach Grönland vom Kurs ab und erblickte weiter südwestlich flaches, bewaldetes Land, offensichtlich Amerika. Er legte nicht an, weckte aber, zurück in Grönland, mit seinen Berichten Interesse. *Leifur Eiríksson*, der Sohn Eiríkurs, brach daraufhin etwa im Jahr 1000 auf, um das unbekannte Land gezielt in Augenschein zu nehmen. Wohl etwa auf der Höhe von Baffinland am Polarkreis erreichte er den nordamerikanischen Kontinent, folgte dann dem Labradorstrom Richtung Süden und überwinterte in einem Gebiet, das er Vínland nannte. Unklar ist, ob Vínland *Weinland* heißen sollte und die Bezeichnung auf die hier vorgefundenen Früchte zurückzuführen ist, die Leifur für Trauben hielt, oder ob die Übersetzung eher *Weideland* ist. Unklar ist auch, wo Leifurs Vínland sich befand – Anthropologen und Historiker schwanken zwischen der Bay of Fundy in Maine und einem sehr viel südlicheren Abschnitt der Ostküste. Leifur segelte im nächsten Sommer nach Hause zurück. Sein Bruder *Þórvald* und, Jahre später, der Isländer *Þórfinn Karlsefni* versuchten jedoch, Amerika zu besiedeln. Ausgrabungen zufolge wählte wenigstens einer von ihnen L'Anseaux-Meadows in Neufundland als Ort der Niederlassung. Beide Versuche scheiterten aber schnell am Widerstand der nordamerikanischen Ureinwohner. Eine lebhafte Schilderung der isländischen Eroberungsfahrten im 10. Jh. bieten die *Grænlendingasaga* und die *Eirikssaga*.

Schräg gegenüber von Eiríksstaðir an der anderen Flussseite liegt der Hof *Jörfi* am gleichnamigen Berg (714 m). Hier fand bis ins 18. Jh. hinein an drei Tagen im späten Winter das Fest *Jörfagleði* statt, bei dem es so heiß herging, dass danach immer auffallend viele uneheliche Kinder geboren wurden. Nach der letzten Fete waren es 19, zu viele für die christliche Obrigkeit, die das Fest daraufhin verbot.

• *Übernachten/Camping* **Stóra-Vatnshorn** (FH), ✆/℻ 4341342, an der Str. 586 ca. 6 km von der Kreuzung 60/586 in schöner Lage auf Farm mit Kartoffelanbau, Schafen und Pferden. Gegenüber der Kirche ein ganzes Haus für Gäste mit 4 DZ und 1 EZ ISK 2.000/Pers., SSU ISK 1.400, Küche; Frühstück. 2 Sommerhäuser für 4 Pers. am Hang, ISK 5.000/ Nacht. Camping auf großer, ungeschützter Wiese ISK 800/Zelt inkl. Dusche und guten sanitären Einrichtungen. Forellenangeln für Gäste umsonst, für andere ISK 600.

Svarfhóll, ✆ 4341339/8631793, an der Str. 585, 1,5 km hinter der südl. Abzweigung von der Str. 60. In friedlicher Lage im Tal 3 rustikale Blockhäuser am Hang jeweils für bis zu 8 Pers., mit Bad, Herd und Hot Pot, ISK 8.000/Nacht. Vorbuchen.

Félagsheimili Árblik, ✆ 4341366/4341345, an der Str. 60 bei der nördl. Abzweigung der Str. 585 im Sommer 30 SSU ISK 800; mit Kochgelegenheit. Camping möglich.

• *Feste* Um die Tradition des auf der Farm Jörfi gefeierten Festes wieder zu beleben, gibt es hier alle zwei Jahre (das nächste Mal 2003) im April ein kulturelles Fest mit Theater und Ausstellungen.

▸ **Rundfahrt um die Halbinsel Klofningsnes:** Die von Búðardalur aus 130 km lange Rundfahrt um die grüne Halbinsel zwischen Snæfellsnes und den Westfjorden mit ihrem von Wasserfällen berieselten Gebirgsmassiv lohnt vor allem an klaren Tagen für die weiten Ausblicke auf das Inselgewirr und die Fjorde. Hierfür empfiehlt sich eine Fahrt im Uhrzeigersinn. Auf Klofningsnes gibt es zudem ein paar interessante Höfe, viel Ruhe und Einsamkeit. An den Stränden tummeln sich Seehunde.

Durch fruchtbares Land und an den Geburtshöfen zweier isländischer Dichter vorbei gelangt man 16 km nördlich von Búðardalur an die Abzweigung der geschotterten Str. 590. Es fällt die Anhöhe *Krosshólar* mit Steinkreuz auf – laut Landnahmebuch errichtete hier einst die christliche Siedlerin Unnur die Tiefsinnige, über die in der *Laxdæla saga* berichtet wird, ein Kreuz. Auf *Hvammur* mit weißer Wellblechkirche, wo sich Unnur 890 niederließ, wurde später der berühmte Sagaschreiber und Gode Snorri Sturluson geboren (siehe Kap. "Der Westen", S. 515); im 17. Jh. wuchs hier der Handschriftensammler Árni Magnússon auf (siehe Kap. "Kunst und Kultur"). Am Küstenabschnitt Felsströnd mit seinen Birkensträuchern entlang erblickt man in der Ferne zwei hohe, kegelförmige Inseln. Hier soll Eiríkur der Rote sein Schiff ausgerüstet haben, bevor er nach Grönland aufbrach. Zwischen seichter Küste und schroffem Berg liegt Ytrafell, von wo aus mehrtägige Kajaktouren starten (s. u.). Hinter Vogur lädt ein kleiner Garten zum Picknick ein, bevor sich die Straße durch eine tiefe Schlucht im Felsrücken Klofningur windet. Wer hier auf den Berg steigt, wird mit einem Panoramablick auf die Umgebung belohnt. Jeepfahrer können zuvor noch bis zur weit draußen gelegenen Kirche Dagverðarnes fahren, die jedoch immer verschlossen ist. Eine eigenartige Kapelle mit Zwiebeltürmchen findet sich auf dem Hof Kvennahóll noch vor der Schlucht. Sie errichtete ein selbst ernannter Bischof, der sowohl dem buddhistischen als auch dem katholischen Glauben anhängt.

Halbinsel Snæfellsnes Karte S. 535

Skarð auf der Nordseite der Halbinsel lohnt einen Stopp. Dieser Hof ist als einziger in Island seit dem 11. Jh. im Besitz derselben Familie; wahrscheinlich entstand hier das Manuskript Skarðsbók mit der Gesetzessammlung Jónsbók. In der Kirche hängt ein wahrscheinlich in Deutschland gefertigtes, dreidimensionales Altarbild aus dem 15. Jh.; Bänke und Kanzel stammen aus dem 17. Jh. Den Schlüssel erhält man im Haus. Außerdem geben die Bewohner Skarðs Interessierten Einblick in die Eiderdaunenindustrie – der Verkauf der Daunen ist die Haupterwerbsquelle der Farm. Auf etwa 30 der 68 zum Hof gehörenden Inseln werden im Juni aus etwa 3.000 Nestern Daunen gesammelt, die auf dem Hof gesäubert und anschließend nach Japan verkauft werden.

Entlang schroffer Hänge erreicht man hinter Staðarhóll wieder die Str. 60. Durch den tiefen und engen Svínadalur geht es nun am Fluss entlang zwischen zerklüfteten Bergrücken zurück nach Búðardalur. Beim Felsen Kjartanssteinn soll Kjartan, der Held der *Laxdæla saga*, getötet worden sein. Wo rechts die Straße zum Edda-Hotel und Museum in Laugar im reizvollen Sælingsdalur inmitten hoher Berge abzweigt, erhebt sich der markante Felshügel Tungustapi. Er ist Schauplatz einer der beliebtesten isländischen Elfensagen über zwei Brüder, von denen einer regelmäßig zu Silvester hier in der Elfenkathedrale im Berg verschwand. Das Tal ist auch einer der Hauptschauplätze der *Laxdæla saga*. In Laugar wuchs Guðrún auf; weiter im Tal wurde Bolli aus Rache für den Tod von Kjartan getötet. Damals gab es hier im Geothermalgebiet einen beliebten Badeplatz, der bei Ausgrabungen zum Vorschein kam. Heute trifft sich einmal wöchentlich eine Gruppe im Schwimmbad von Laugar, um über die *Laxdæla saga* zu sprechen.

Regionalmuseum Dalir: Seine Vielfalt macht dieses umfangreiche Museum im Edda-Hotel sehenswert: Hier stehen ein Motorboot von 1902 und eine originale *baðstofa* von 1890, das Inventar der ersten Landwirtschaftsschule in Island von 1880, Möbel, Werkzeuge und Haushaltsgeräte, eine Kirchenglocke aus dem 13. Jh. und die Kirchentür von Staðarfell von 1731, die wohl älteste erhaltene Drehbank in Island, Öllampen, ein Langspiel, ein Stuhl von 1745, Bettbretter, eine Steinsammlung usw.; an der Wand hängen Schulregeln von 1887 und es gibt sogar einen Grabstein für ein Pferd von 1916...

Öffnungszeiten ✆ 4341328, Di–Sa 10–17, Sa 10–14 Uhr, ISK 300.

• *Autowerkstatt* **Fóðuriðjan Ólafsdal** in Saurbær, ✆ 4341544.

• *Einkaufen/Tankstelle* **Verslun Skriðuland**, bei der nördlichen Kreuzung 60/590, Mo–Fr 9–22, Sa/So 10–22 Uhr, freundlicher Supermarkt und Tankstelle; Kaffee gibt's umsonst.

• *Kajaktouren* **Ultima Thule** aus Reykjavík, ✆ 5678978/8947798, bietet von Ytrafell aus von Juli bis Mitte August 2- bis 4-tägige Kajaktouren im Breiðafjörður mit Stopp auf den Inseln; ISK 23.500–39.000, alles inkl. außer der Anreise.

• *Schwimmbad* In Laugar großes Freibad mit Dampfbad und Hot Pot, Mo–Fr 10–22, Sa/So 10–19 Uhr.

• *Übernachten/Camping/Essen* **Á**, an der Nordküste westlich von Skarð, friedlicher Zeltplatz mit kleinen Rasenflächen in den Krüppelbirken; WC und Kaltwasser, ISK 600/Zelt.

Þurranes, ✆ 4341556/8932356, ca. 2,5 km vor der nördl. Kreuzung mit der Str. 60, auf der Farm ein Haus für Gäste mit 8 Betten, ISK 2.500/Pers., SSU 1.500, mit Küche. Frühstück, auf Anfrage alle Mahlzeiten.

Félagsheimili Tjarnarlundur, ✆ 4341545, 1,5 km vor der nördl. Kreuzung mit der Str. 60, 25 SSU ISK 1.500; Kochgelegenheit, Duschen. Auch Camping.

Hótel Edda, ✆ 4341605, 1.6.–15.9., an der Str. 589, 2,5 km von der Str. 60 im großen Schulkomplex. Sehr freundliches Hotel mit 48 DZ und 7 EZ, etwa die Hälfte der Zimmer im alten Teil ohne Bad, die anderen im neuen, frisch renovierten Teil mit Bad. Alle mit TV und Telefon. Im Restaurant mit Blick auf Schwimmbad Special des Tages ab ISK 1.400, Gerichte mit Lamm, Fisch, Rind ab ISK 1.900, Suppe und Salate. Campingplatz mit Hecken vor kleinem Wasserfall, ISK 500/Pers. inkl. Dusche im Hotel.

Die Nordküste von Snæfellsnes

Wild und zerklüftet, aber doch grün und mild liegt die Nordküste an dem mit Inseln und Schären übersäten Breiðafjörður, in dem sich hervorragende Möglichkeiten zur Walbeobachtung und zum Kajakfahren bieten. In kleinen Fjorden und Buchten finden Fischerorte ausreichend Schutz. Die Szenerie ist so eindrucksvoll, dass die Strecke als "Traumstraße" bezeichnet wird.

Wo die frisch geteerte Str. 60 über den Bergpass Brattabrekka (401 m) und durch das Tal der Miðá zurück auf die Ringstraße führt, beginnt die auf dem ersten Abschnitt weitgehend geschotterte Str. 54. Sie begleitet den Hvammsfjörður durch eine leicht hügelige, steinige Landschaft bis zur Abzweigung nach Stykkishólmur, dem größten Ort der Halbinsel, und führt dann weiter gen Westen. Etwa auf halber Strecke führt die Str. 55 auf 26 km durch die Talsenke Heydalur und das in der frühen Nacheiszeit aus dem Gullbrok (143 m) geflossene Lavafeld Gullborgarhraun an die Südküste. Ein Ausflug in die beim Forellensee Oddastaðavatn beginnende Lava lohnt sich wegen der zahlreichen versteckten Höhlen. Am sehenswertesten ist der 1957 entdeckte *Gullborgarhellir* (670 m) mit zarten und verschnörkelten Lavatropfsteinen. Erreicht wird die Höhle über einen in Höhe des Hlíðarvatn südlich des Hofes Hraunholt nach Westen abzweigenden Pfad. Den Zugang zur Höhle bildet ein großer Deckeneinbruch. Da die herrlichen Lavagebilde äußerst zerbrechlich sind, darf die unter Naturschutz stehende Höhle nur mit Führung begangen werden.

• *Höhle* Führungen bietet auf Anfrage der **Hof Hraunholt** am Hlíðarvatn, ✆ 4356679.

• *Reiten/Angeln* **Hof Hallkelsstaðahlíð** am Hlíðarvatn, ✆ 4356697, ISK 1.500/Std., Forellenangeln im Hlíðarvatn ISK 1.500.

▸ **Weiterfahrt auf der Straße 54**: Vor der zerfurchten Küste mit kleinen Buchten tauchen die ersten felsigen Inseln des Breiðafjörður auf und an der weißen Kirche Narfeyri vorbei zwängt sich die Straße um das steile Eyrarfjall herum in den Álftafjörður, den Schwanenfjord. Zerklüftete Berghänge, Sandbuchten, rauschende Wasserfälle und das rot schimmernde Rhyolithgebirge Ljósufjöll (1.063 m) machen den Reiz dieser Meeresbucht aus, auf der tatsächlich Schwäne ihre Bahnen ziehen. Weiter führt die Straße auf das aus Rhyolith und Basalt aufgebaute, stellenweise rot leuchtende Drápuhlíðarfjall (527 m) zu. Zwischen den Basaltschichten wurden versteinerte Baumstümpfe und Pflanzenfossilien gefunden, der Berg enthält Mineralien wie Jaspis und Pyrit. Nach Gold suchte man einst vergeblich.

▸ **Abstecher auf der Str. 58 nach Stykkishólmur**: Etwa 10 km nördlich der Str. 54 liegt Stykkishólmur. Die Straße zieht sich über die an der engsten Stelle kaum mehr als 1 km breite, von Schären und Buchten zerschnittene und wie ein flatteriges Gespenst in den Fjord tanzende Halbinsel *Þórsnes*. Sie trägt ihren Namen nicht zufällig: Diese Gegend war einst Wohnort gläubiger Anhänger des Asengottes Þór; gleich der erste Siedler Þórólfur Mostrarskegg stellte in Hofstaðir seinen Tempel auf.

Halbinsel Snæfellsnes
Karte S. 535

Nach etwas mehr als der Hälfte der Strecke nach Stykkishólmur zweigt eine Zufahrt zum *Helgafell* ab, einem 73 m hohen Basalthügel. Hier wohnte einst Guðrún Ósvífursdóttir, Sagaheldin der *Laxdæla saga*, die auch hier begraben liegt. Von 1184 bis 1541 stand am Helgafell ein reiches Augustinerkloster mit großer Bibliothek, die während der Reformation der Bücherverbrennung zum Opfer fiel. Bereits in der Sagazeit wurden dem Helgafell magische Fähigkeiten nachgesagt und noch immer hat dem Volksglauben nach drei Wünsche frei, wer zum ersten Mal den Berg besteigt. Bedingung ist, dass der Aufstieg bei Guðrún Ósvífursdóttirs eingezäuntem Grab links neben dem Friedhof beginnt; auf dem Weg hinauf darf kein Wort gesprochen werden und oben bei den Ruinen einer Kapelle müssen die Wünsche, von denen niemand erfahren darf, stumm in Richtung Osten geäußert werden. Der Aufstieg lohnt sich auch für wunschlos Glückliche, denn obwohl der Berg niedrig ist, bietet sich eine wunderbare Aussicht auf den Breiðafjörður.

Stykkishólmur

(1.235 Einw.)

Der in die Inselwelt des Breiðafjörður hineinragende, größte Ort der Halbinsel verdankt seinen Namen der vorgelagerten Felsschäre Stykkið, die in den Hafen eingegliedert wurde. Von hier starten Ausflugsboote zu den Inseln im Fjord und die Fähre Baldur zu den Westfjorden.

Das freundliche Fischerstädtchen mit seinen bunt durcheinander gewürfelten Häusern liegt am nördlichen Ende der Halbinsel Þórsnes auf felsigem, unebenem Gelände. Dank der vorgelagerten Insel Súgansey, heute durch einen Damm fest mit der Stadt verbunden, verfügt Stykkishólmur über gute Hafenbedingungen. Diese führten schon um 1550 auf Initiative von Kaufleuten aus Oldenburg und Bremen zur Entstehung eines Handelsplatzes. Nach Lockerung des dänischen Handelsmonopols blühte der Ort auf, woran heute noch einige Gebäude aus dem späten 18. Jh. erinnern. In den 1930er Jahren errichteten niederländische Franziskanerinnen in Stykkishólmur ein Kloster und ein Krankenhaus, 1957 folgte ein Kindergarten. Bis heute ist das von einigen Nonnen bewohnte Kloster in der Austurgata wichtiger Arbeitgeber. Gegenüber der engen katholischen Kirche liegt das große protestantische Gotteshaus. Für die Bewohner Stykkishólmurs ist das Nebeneinander zweier Konfessionen normal – Weihnachten besuchen sie abends erst den protestantischen, dann den katholischen Gottesdienst.

Die Wirtschaft Stykkishólmurs stützt sich hauptsächlich auf den Fang und die Verarbeitung von Kammmuscheln und Garnelen. Dementsprechend herrscht am Hafen vor der malerischen Kulisse bunter Holzhäuser und der felsigen Insel Súgandisey lebhaftes Treiben. Die schroffen Hügel, auf denen ein Teil der Stadt gebaut ist, lohnen den Aufstieg für ihre verwinkelten Gassen und den Ausblick auf den Fjord.

1998 wurde bei Stykkishólmur eine Quelle mit 87 °C heißer, geothermaler Sole entdeckt, die eine ähnliche Zusammensetzung aufweist wie die Natrium-Chlorid-Thermen in Baden-Baden. Das mineralreiche Wasser soll Haut- und Rückenprobleme lindern und speist das Schwimmbad; es wird auch an die Einrichtung eines Heilbades gedacht.

Die malerische Bucht Maðkavík in Stykkishólmur

Information/Verbindungen/Adressen

• *Information* Borgarbraut, im Gebäude des neuen Schwimmbades, ✆ 4381150, 10–18 Uhr; 1.9.–31.5. im Einkaufszentrum gegenüber, ✆ 4381750. Die Information plant eine Wanderkarte, will einen Fahrradverleih und Reittouren organisieren.

• *Internet* In der Stadtbücherei, Bókhlöðustígur 17, ✆ 4381281, nur Mo und Do 15–19 Uhr.

• *Verbindung* **Bus** ab Tankstelle, ✆ 4381254, nach Reykjavík tgl. bis zu 2-mal. Über Grundarfjörður nach Ólafsvík Mo–Fr 11 Uhr, dies ist auch der Linienbusanschluss an die Busrundfahrt um den Gletscher (Mo–Fr ab Ólafsvík 13.15 Uhr).

Fähre: Die Fähre Baldur mit Platz für 200 Passagiere und 20 Autos verkehrt zwischen Stykkishólmur und Brjánslækur in den Westfjorden mit kurzem Stopp auf der Insel Flatey. 1.6.–31.8. tgl. 9 und 16 Uhr (1.9.–31.5. Di, Mi, Fr und Sa 10, Mo, Do und So 13 Uhr), ab Brjánslækur tgl. 12.30 und 19.30 Uhr (1.9.–31.5. Di, Mi, Fr und Sa 13.30, Mo, Do und So 16.30 Uhr); Fahrzeit 2 Std. 50 Min., einfache Fahrt ISK 1.650/Pers., Kinder unter 15 Jahren die Hälfte, Pkw bis 5 m ISK 1.650, ab 5 m ISK 2.475, Motorrad ISK 825. Autoreservierung so früh wie möglich, man wird dann auf die Warteliste gesetzt. In Brjánslækur Linienbusanschluss. *Fährbüro Sæferðir*, Smiðjustíg 3, ✆ 4381450, 4381050, www.saeferdir.is, tgl. 8–22 Uhr.

• *Versorgung* Alkohol, Apotheke (Hafnargata 1), Arzt (Austurgata 7), Bank (Aðalgata 10, Geldautomat 7–23.30 Uhr), Polizei (Nesvegur 3), Post (Aðalgata 5).

• *Autowerkstatt* **Ásmegin**, Reitarvegur 3, ✆ 4381586; **Dekk og smur**, Nesvegur 5, ✆ 4381385.

• *Einkaufen* Der einzige Supermarkt ist **10–11**, Borgarbraut 1, tgl. 10–23 Uhr. Bäckerei gegenüber der Tankstelle, Mo–Fr 7.30–18, Sa/So 8–16 Uhr. Schreibwaren und Filme bei **Sjávarborg**, Hafnargata, Mo–Fr 10–12 und 13–18, Sa 8–16 Uhr.

• *Feste und Veranstaltungen* Jedes 3. Wochenende im August werden mit viel Musik und Tank die "Dänischen Tage" gefeiert.

• *Fahrradreparatur* **Dekk og smur**, Nesvegur 5, ✆ 4381385, Mo–Fr 8–17 Uhr.

• *Kunsthandwerk* **Gallerí Lundi**, Aðalgata, 1.6. –31.8. tgl. 12.30–17 Uhr. Im großen Haus des Lion Club gibt es bei Kaffee und Tee von 19 Frauen hergestellteTrockengestecke, Lederwaren, Seidentücher, Schmuck, Wollwaren, Holzfiguren, Töpferware und Gebäck.

Halbinsel Snæfellsnes
Karte S. 535

Übernachten/Camping/Essen

Es vermieten immer ein paar Familien Zimmer im Privathaus, ab ISK 3.000/Pers.; das Angebot wechselt schnell, in der Touristeninformation anfragen oder auf Aushänge achten.

Hótel Stykkishólmur, Vatnsás, ✆ 4302100, 📠 4302101, 33 Zimmer mit Bad, DZ ISK 10.500 inkl. Frühstück. Frisch renovierte Zimmer mit neuen Möbeln, TV und Telefon; besser vorbuchen. Restaurant mit Blick auf Kirche und Fjord, hier abends exquisite Fisch- und Fleischgerichte ab ISK 2.500, z. B. "Stykkishólmur Special": flambierte Garnelen und Kammmuscheln, ISK 2.800. Mittags leichte Gerichte ab ISK 700.

Gistiheimili Eyjaferðir, Aðalgata 8, ✆ 4302100, 📠 4302101, gehört zum Hotel und wurde 2002 komplett renoviert. 14 große, gut möblierte Zimmer, DZ mit/ohne Bad ISK 8.400/7.000. inkl. Frühstück im Hotel.

Heimagisting María, Höfðagata 11, ✆ 4381258/8629980, 4 etwas plüschige DZ ISK 5.300 inkl. Frühstück, zu dem die herzliche Besitzerin Maria, die leider kein Englisch spricht, leckere Waffeln und Sahne bietet.

Jugendherberge Sjónarhóll, Höfðagata 1, ✆ 4381095/8612517, 📠 4381417, 1.5.–30.9., 50 Betten in Zimmern für 2–6 Gäste; ISK 1.500 für JH-Mitglieder, sonst 1.850. Küche, Speiseraum und Terrasse mit herrlichem Blick vom Hügel auf den Hafen. Rabatt für das Schwimmbad; Ausflüge mit hauseigenem Boot.

Þingvellir, B&B am Ende von 5 km langer Zufahrt von der Str. 58, ✆/📠 4381051, 3 DZ ISK 7.000 inkl. Frühstück; Abendessen. Mit wunderbarem Blick auf die Inseln im Fjord.

Félagsheimili Skjöldur, an der Str. 58, ca. 9 km südlich von Stykkishólmur, ✆ 4381510/4381535, 1.6.–31.8., 60 SSU auf Matratzen, Dusche, ISK 1.000. Frühstück. Camping ISK 500/Pers. inkl. Dusche.

• *Camping* Am Ortseingang beim Sportplatz, ISK 500/Pers. inkl. Dusche.

• *Essen* **Narfeyrarstofa**, Aðalgata 3, ✆ 4381119, tgl. 11–24, Fr/Sa bis 3 Uhr. Im alten Holzhaus neben der Kirche unten gemütliche Kaffeestube, oben stilvolles Restaurant, alles mit günstigen Preisen. Den ganzen Tag unten Fisch des Tages, Fischsuppe, Pasta, leichte Gerichte, wechselndes Tagesgericht mit 3 Gängen und Kaffee; ab 18 Uhr oben exzellente Gerichte, keines teurer als ISK 2.200. Zu empfehlen: große Portion Garnelen mit Knoblauch und Gorgonzolasauce, ISK 1.890. Auf der Karte steht zu jedem Gericht der passende Wein.

Fimm fiskar, Frúarstíg 1, ✆ 436160, tgl. ab 11 Uhr, Küche bis 21.30 Uhr, Fr/Sa länger. In skandinavischer Atmosphäre gibt es bei den beliebten "Fünf Fischen" mittags ein Lunch-Büfett mit Suppe, Salat, Pasta, Pizza und Lasagne für ISK 990 sowie ein paar Fischgerichte um ISK 1.600, abends zahlreiche Fischgerichte ab ISK 1.900 und Lamm. Zu allen Gerichten, wie Forelle in Rotweinsauce oder Garnelen mit Pilzen, gehört eine Suppe. Den ganzen Tag über wird die Five Fish soup mit 5 Fischen serviert. Auch leckere Kuchen, Kaffee und Wein.

Sjávarpakkhúsið, Hafnargata 2a, ✆ 4381001, 1.6.–31.8. tgl. außer Mo 11.30–23.30. "The Sea Bastard's Inn" ist Café und Restaurant in ehemaligem Lagerhaus aus Holz am Hafen, mit großer Terrasse, kleiner Bar und vielen alten Fotos aus der Zeit, als hier noch Fischer arbeiteten. 4 kleine und 2 größere Gerichte, z. B. Lamm oder Hering ISK 1.000. Salat, Suppe u. Kuchen ISK 1.900. Verschiedene Kuchen, Wein und Bier.

Imbiss an der Tankstelle, tgl. 8–23, So ab 9 Uhr, abgepackte Sandwiches, Hot Dogs und Hamburger.

Freizeit/Sport/Touren

• *Schwimmbad* Borgarbraut, modernes Frei- und Hallenbad mit Hot Pots und Wasserrutsche, Mo–Fr 7–22, Sa/So 9–19 Uhr.

• *Kajakverleih* **Kajakleigan Sagan**, Skólastígur 28, ✆ 8555018/6902877, verleiht ab 1.6. Seekajaks, 2–3 Std. ISK 3.500, und bietet ganzjährig kurze und lange geführte Touren im Breidafjörður.

• *Touren* **Die Inseln im Breiðafjörður**: *Sæferðir*, Smiðjustígur 3, ✆ 4381450, bietet tgl. ab 11 Uhr (im Hochsommer auch 15 Uhr) Bootsausflüge in die Inselwelt mit ihrer reichen Vogelwelt und interessanten Felsformationen; sehen kann man u. a. Papageientaucher, Gryllteisten, Dreizehenmöwen und Eiderenten, häufig auch Seeadler, manchmal sogar Seehunde. Unterwegs werden Kammmuscheln, Seeigel und andere Krustentiere gefangen, die probiert werden können. 2 Std. 15 Min. ISK 3.600.

In Stykkishólmur

Insel Flatey: Die Fähre Baldur stoppt auf dem Weg in die Westfjorde nach 1 Std. 40 Min. auf der Insel Flatey. Wer die Insel besuchen möchte, kann an Land gehen und mit der nächsten Fähre weiterfahren oder nach frühestens 2,5 Std. nach Stykkishólmur zurückkehren. 1.6.–31.8. ab Stykkishólmur tgl. 9 und 16 Uhr, ab Flatey tgl. 13.40 und 20.40 Uhr nach Stykkishólmur, 10.45 und 17.45 Uhr nach Brjánslækur; h/r ISK 2.440, Kinder bis 15 Jahre die Hälfte. Wer auf dem Weg in die Westfjorde ist, kann in Flatey auf "Landgang" gehen und sein Fahrzeug derweil bis Brjánslækur weitertransportieren lassen.

Sehenswertes

Norska húsið: Dieses 1832 von dem wohlhabenden Kaufmann Árni Thorlacius aus norwegischem Holz gebaute, dunkle Haus war damals das einzige zweistöckige Gebäude in ganz Island. Der einflussreiche und vielseitig interessierte Thorlacius ging vor allem dadurch in die Geschichte ein, dass er 1845 beim Haus eine Wetterstation einrichtete und mit regelmäßigen Aufzeichnungen der Werte begann. Da die Arbeit nach seinem Tod 1891 fortgesetzt wurde, sind ihm die längsten kontinuierlichen Wetterbeobachtungen in Island zu verdanken. Das älteste Haus der Stadt wurde gründlich restauriert und 2001 neu als Museum eröffnet: Im Untergeschoss finden wechselnde Ausstellungen von isländischen Künstlern statt (die Kunstwerke sind alle auch zu kaufen); oben sind die Zimmer mit ihren knarrenden Holzdielen so eingerichtet, wie sie ausgesehen haben mögen, als Thorlacius mit seiner Familie hier lebte. Es wurde viel in alten Quellen geforscht, um sie so authentisch wie möglich herzurichten, und das Ergebnis sorgt immer wieder für viel Lob. Echte Blumen im Fenster, Kaffeetassen auf dem Tisch, eine Keramikwärmflasche auf dem Bett und Torfscheite neben dem Ofen erwecken den Eindruck, die Familie wäre eben kurz weggegangen.

Öffnungszeiten Hafnargata 5, ✆ 4381640, 1.6.–31.8. tgl. 11–17 Uhr, dann nach Vereinbarung, ISK 400. Prospekt mit Erklärungen. Kleiner Museumsshop mit ausgefallenen Souvenirs. Zu Weihnachten wird das Haus weihnachtlich geschmückt und für Besucher geöffnet.

Stykkishólmskirkja: Die wie eine Sphinx über der Stadt thronende Kirche mit schlichtem Inneren und sehr guter Akustik wurde 1987 nach Plänen des Architekten Jön Haraldsson errichtet. Im Sommer finden hier alle 14 Tage Konzerte statt.

Öffnungszeiten Tgl. 13–17 Uhr und nach Vereinbarung, ✆ 4381288.

Historische Gebäude: Gegenüber dem Norska húsið steht das graue *Clausenshaus* von 1873, Wohnhaus des damals größten Kaufmannes Stykkishólmurs. In der Aðalgata befindet sich die kleine, 1878 im neo-klassischen Stil gebaute Kirche, die bis 1998 renoviert wurde und noch immer als Gotteshaus genutzt wird. Wer sie besichtigen möchte, bekommt den Schlüssel im Norska húsið. Im kleinen Haus von 1908 neben der Kirche befindet sich ein gemütliches Restaurant mit Kaffeestube. Schräg gegenüber leuchtet das rot gestrichene *Egilshús*; 1868 als Handelshaus errichtet, war es mal Marmeladen- und Bonbonfabrik, mal Wohnhaus, mal Café und Kramladen. Auf der anderen Straßenseite fällt das sorgfältig renovierte Gebäude *Tang & Riis* ins Auge. Es wurde 1889 als Lagerhaus gebaut, diente später als Laden und ist jetzt das Verwaltungsgebäude der Kammmuschelfabrik.

Súgandisey: Die Insel mit ihren markanten, moosbewachsenen Basaltformationen ist über einen Damm zu erreichen, vorbei an der 1994 errichteten, glänzenden Skulptur *Á Heimlið* von Grímur Marinó Steindórsson. Von oben bietet sich ein herrlicher Ausblick auf Stykkishólmur und das Inselgewirr im Fjord.

Die zahllosen Inseln im Breiðafjörður

Der Breiðafjörður ist übersät mit felsigen, flachen, grün bewachsenen Eilanden. Ihre Gesamtzahl wird auf 2.700 geschätzt. Manche sind winzig klein, andere erstrecken sich über mehrere Kilometer, alle zusammen sind ein Paradies für Vögel. Papageientaucher, Eissturmvögel, Kormorane, Gryllteisten, Küstenseeschwalben, Basstölpel und verschiedene Möwen- und Entenarten kommen zur Brut, Zugvögel wie die grönländische Ringelgans legen hier auf dem Weg nach Nordamerika eine Pause ein. Insbesondere um die Insel *Gassaker* tauchen auch Seehunde aus dem Wasser auf. *Þórishólmi* und *Purkey* schmücken sich mit markanten Basaltformationen, *Elliðaey* ist ein alter Vulkankrater. Im 19. Jh. stand auf über fünfzig der Inseln zumindest ein Gehöft – der Vogelreichtum und die üppigen Fischbestände in den Gewässern sicherten die Ernährung der Bewohner, das saftige Gras bot gute Voraussetzungen für die Schafhaltung und auf einigen Inseln sprudelnde heiße Quellen lieferten warmes Wasser: Die Inseln galten als die Speisekammer von Island. Nach dem Ausbruch der Lakispalte im Südland 1783 wurden sogar hundert Menschen aus der verwüsteten Region auf den Inseln durchgefüttert. Auf *Öxney* lebte einst Eiríkur der Rote, bevor er nach Grönland aufbrach, auf *Hrappsey* wurde 1773 die erste Druckerei Island eingerichtet. Heute sind alle Inseln den Vögeln überlassen. Nur im Sommer werden einige zum Sammeln von Eiderdaunen aufgesucht und die zwanzig bunten Häuser auf *Flatey* wieder mit Leben gefüllt. *Galtarey* ist Sommerwohnsitz einer Künstlerin, die ihr Haus mit Muscheln und anderen Objekten aus der Natur geschmückt hat (Ausflüge siehe "Stykkishólmur", Touren).

▸ **Insel Flatey**: Diese größte Insel im Breiðafjörður ist ein romantisches, friedliches Fleckchen Erde, wo die Hühner in Gemüsebeeten spazieren und die größte Kormorankolonie Islands brütet. Einst war Flatey ein bedeutendes kulturelles und wirtschaftliches Zentrum. 1172 wurde hier ein Augustinerkloster errichtet, das sich der literarischen Produktion widmete, aber bereits 1184 zum Helgafell umzog. Nach Flatey ist das umfangreichste mittelalterliche Manuskript, die *Flateyjarbók*, benannt, die bis 1647 hier oben im Breiðafjörður aufbewahrt wurde. Im 18. Jh. war die "platte Insel" Hauptumschlagsplatz für den Westen des Landes. Mit Segelschiffen wurden wichtige Güter vom europäischen Festland herangebracht und gegen Fisch und Seehundfelle eingetauscht. Heute ist Flatey nur noch im Sommer bewohnt. Ein Ausflug hierher lohnt wegen der historischen, bunt gestrichenen Holzhäuser und der kleinen Kirche von 1926 mit einem beeindruckenden, großen Fresko des isländisch-spanischen Malers Baltasar sowie wegen der reichen Vogelwelt. Diese lässt sich am besten im Osten der Insel beobachten, in der Brutzeit bis Mitte Juli sind Teile der Insel aber gesperrt. Sehenswert ist auch die 1864 errichtete, älteste Bibliothek Islands im gelben Holzgebäude mit einer Kopie des Flateyjarbók; wo der Schlüssel liegt, erfährt man in der Gaststätte. Flatey lässt sich außerhalb des Dorfes auf ausgeschilderten, bis zu mehreren Kilometern langen Wanderwegen erkunden. Ein Spaziergang um die Insel dauert 1,5–2 Std.

- *Verbindung* Siehe Stykkishólmur, Touren.
- *Feste* Am 2. Wochenende im August werden die Flatey-Tage mit einer Messe in der Kirche, Musik und Tanz abgehalten.
- *Übernachten/Camping/Essen* **Veitingastofan Vogur**, ✆ 4381413/4381620, 4381093, 15.6.–31.8. Gemütliches Restaurant, Café und Gästehaus im schmucken hellblauen Gebäude, mit alten Landkarten und Fotos an den Wänden und ständig wechselndem Menü, 11–21 Uhr. Leckere Fischgerichte, auch Sandwiches, Waffeln und verschiedene Kuchen. Oben 3 DZ mit Dusche ISK 3.000/Pers. inkl. Frühstück, 15 SSU auf Matratzen ISK 1.000.

Krákuvör (FH), ✆ 4381451/8530000, 12 SSU ISK 1.600 und einfacher Zeltplatz direkt am Meer, WC und Kaltwasser, ISK 500/Pers.

Sommerhaus für 4–6 Pers. vermietet Ólina Jónsdottir, ✆ 4381476, ISK 2.000/Pers., SSU 1.400; Frühstück. Sie organisiert auch andere Übernachtungsmöglichkeiten, z. B. weitere Sommerhäuser, Camping, 1 kleines Apartment usw.

▸ **Fahrt zur Südküste**: Etwa 8 km westlich der Kreuzung 54/58 führt die neu angelegte Teerstraße Vatnaleið (Str. 56) mit flachen Steigungen durch die steinige Wildnis und am großen See Baulárvallavatn vorbei nach Vegamót an der Südküste. Sie ersetzt die sehr viel mehr Höhenmeter überwindende Schotterpiste einige Kilometer weiter östlich über den Bergpass Kerlingarskarð (311 m). Seinen Namen erhielt dieser Pass von dem Felsen Kerling südlich des Kerlingarfjall (585 m), dem Volksglauben nach ein Trollweib, das auf dem Heimweg vom Forellenangeln im Baulárvallavatn vom Tageslicht überrascht wurde und zu Stein erstarrte.

▸ **Weiterfahrt**: Auf der Str. 54 sind es von der Kreuzung 54/58 aus noch 37 km bis nach Grundarfjörður. Nach 15 km beginnt das verwunschene Lavafeld *Berserkjahraun*, dessen Lava vor etwa 4.000 Jahren aus einer Kraterreihe um die Rauðakúla südöstlich des Kerlingarskarð in drei Strömen in Richtung Meer floss.

Von der Str. 577 zweigt eine 2 km lange Zufahrt nach *Bjarnarhöfn* ab, einem historischen Hof am Fuße des Bjarnarhafnarfjall (575 m). Bis 1694 unterhielten erst englische, dann dänische Kaufleute hier ein Warenlager und schon früh stand am flachen Ufer eine Kirche. Die jetzige kleine Holzkirche wurde 1856 errichtet. Der Hof hat etwas ganz Besonderes zu bieten, worauf die Trockenhütte hinweist, in der große unförmige Fleischstücke baumeln: Bauer Hildibrandur Bjarnason ist berühmt für die Zubereitung von fermentiertem Haifisch, *hákarl.*

• *Haifischfermentierung* Bei Hildibrandur Bjarnason auf dem freundlichen Hof **Bjarnarhöfn**, ✆ 4381581/4381582, ISK 500/Pers., Vorbuchung sinnvoll. Hildibrandur weiß alles über die isländische Tradition, die hier von Generation zu Generation weitergetragen wird. Nach den spannenden Erzählungen über den Weg des Hais vom Meer ins Einmachglas und mit dem historischen Hof verknüpfte Geschichten darf niemand gehen, ohne einen Würfel Hai probiert zu haben. 2002 wurde auf dem Hof in einer großen Halle auch ein Museum eröffnet, in dem es um Haifischfang und -verarbeitung und um die Geschichte des Hofes geht. Hier werden u. a. alte Haifischboote ausgestellt und in einem Café soll man sich vom gekosteten Haifischstückchen erholen können.

Die sagenumwobene Berserkerlava

Der eigenartige Name *Berserkjahraun* hat seine Herkunft in der *Eyrbyggja saga.* Vígastyr und sein Bruder Vermundur mussten einen großen Umweg um die undurchdringliche Lava in Kauf nehmen, wenn sie sich besuchen wollten. Als sich einer der beiden von Vermundur als Sklaven gehaltenen Berserkerbrüder in Vígastyrs Tochter Ásdís verliebte, stellte Vígastyr für die Freigabe seiner Tochter die Bedingung, dass die Berserker einen Pfad in das Lavafeld zu schlagen hätten. Doch als der Pfad geschlagen war, dachte Vígastyr gar nicht daran, sich an die Vereinbarung zu halten und erschlug die Brüder. Der Weg durch die Lava und die Gräber sind heute noch zu erkennen.

Die Str. 54 führt weiter zum Hraunsfjörður, dem engen "Lavafjord", der als erster Fjord des Landes überbrückt wurde und in dem Lachs gezogen wird, und windet sich dann in den Kolgrafarfjörður voller rauschender Wasserfälle. Dieser Fjord wird von tief eingeschnittenen und mit farbenprächtigen Liparitstreifen durchsetzten Berghängen eingefasst. Spätestens 2004 soll auch er überbrückt sein. Nördlich schließt sich die keulenförmige Halbinsel Hallbjarnareyri an, von der sich herrliche Ausblicke auf die Küste, auf die unter Naturschutz stehende Vogelinsel Melrakkaey und die schneebedeckten Gipfel der Helgrindur bieten. An deren Westflanke liegt der Grundarfjörður mit der gleichnamigen Ortschaft, hinter der eine Miniaturausgabe von Hallbjarnareyri auftaucht: das Kirkjufell (436 m), ein felsiger Zuckerhut, das Wahrzeichen von Grundarfjörður.

Grundarfjörður (850 Einw.)

Grundarfjörður mit seinen vielen Blumenbeeten und gepflegten Häusern verfügt über einen der besten Häfen der Halbinsel und war deshalb schon früh einer von sechs isländischen Handelsplätzen.1786 bekam Grundarfjörður das Handelsrecht zugesprochen.

Damals hieß die Siedlung noch Grafarnes und war nur ein winziges Dorf. Die eigentliche Entwicklung begann erst 1940. Zuvor war der Ort einmal "fortgezogen": Um 1800 siedelten Handel treibende Franzosen in Grundarfjörður und bauten eine Kirche, ein Krankenhaus und einige Handelshäuser. Ein Franzose erhielt sogar die Erlaubnis, hier Kabeljau zu Klippfisch zu verarbeiten.

Als die Franzosen um 1860 in ihre Heimat zurückkehrten, zerlegten sie alle Gebäude in ihre Einzelteile, gruben sogar die Verstorbenen wieder aus und nahmen das Dorf komplett mit nach Hause. Die historische Bindung zwischen Grundarfjörður und Frankreich führte 2002 zu einer Städtepartnerschaft mit Paimpol in der Bretagne.

Grundarfjörður lebt heute insbesondere von Fang und Verarbeitung von Kammmuscheln und Garnelen; die Hälfte der verhältnismäßig jungen Bevölkerung arbeitet in der Fischindustrie, der Hafen ist einer der zehn größten in Island. Die Entfernung zu den Fischgründen ist mit 1,5 Std. Fahrzeit jedoch groß. Trotz rückläufiger Fangquoten ist die Atmosphäre im Ort positiv und Besucher finden seit 2002 einige neue Einrichtungen und interessante Aktivitäten. Angeboten werden z. B. empfehlenswerte "Village Walks" und Touren durch die Fischfabrik (s. u.). Seit der Pier verlängert wurde, halten sogar Kreuzschiffe in Grundarfjörður.

Information/Verbindungen/Adressen

• *Information* Auskünfte erteilen die Galleri Grúsk, das Hótel Framnes und die Jugendherberge. Im Hotel Pinnwand mit Aushängen von Veranstaltern, Broschüren etc.

• *Internet* In der Jugendherberge, ca. ISK 200/Std.; außerdem in der neuen Bücherei, Borgarbraut (gegenüber der Schule), im Sommer Do/Fr, im Winter tgl. 15–18 Uhr.

• *Verbindung* **Bus** ab Tankstelle, ✆ 4386700, nach Stykkishólmur und Reykjavík tgl. bis zu 2-mal (der Bus nach Reykjavík fährt nicht immer über Stykkishólmur!). Mo–Fr Linienbusanschluss an die Busrundfahrt um den Gletscher (ab Ólafsvík 13.15 Uhr).

• *Versorgung* Apotheke (Grundargata 25), Arzt (Hrannarstígur 7), Autowerkstatt (**Bílþrýði**, ✆ 4386933), Banken (beide Mo–Fr 9.15–12.30 und 13.30–16 Uhr), Polizei (Ólafsbraut 34), Post (Bæjartún 5).

• *Einkaufen* Lebensmittelladen in der Tankstelle, 9–22, Fr/Sa bis 23 Uhr. **Tangi**, Borgarbraut, Mo–Fr 9–19, Sa/So 13/15–18 Uhr.

• *Golf* 9-Loch-Golfplatz in zauberhafter Lage auf der Halbinsel Hallbjarneyri, ISK 1.500.

• *Kunsthandwerk* **Galleri Grúsk**, Grundargata 24, tgl. 14–18 Uhr, ist in der ehemaligen Polizeiwache untergebracht – eine unveränderte Zelle kann noch besichtigt werden. Bei isländischer Musik, Kaffee und Tee werden die vielfältigen Arbeiten von 20 Künstlern aus der Gegend angeboten: Ziergegenstände aus Holz, Textil und Keramik, Bilder aus Treibholz, Steinen und Muscheln, Briefkarten, Wollpullover, Schmuck usw.

• *Reiten* Die Besitzer des Hotels haben auch einen Reiterhof, für Ausritte im Hotel anfragen oder unter ✆ 8216508.

• *Schwimmbad* Borgarbraut, Mo–Fr 8–21, Sa/So 12–18 Uhr, Freibad mit Hot Pots.

• *Touren* Die in Grundarfjörður lebenden Südafrikanerinnen Johanna und Shelagh bieten unter dem Namen **Detours** reizvolle Touren, immer inkl. Erfrischungen. Infos und Buchung unter ✆ 6911769/4386939 oder im Hotel:

Spaziergänge: tgl. für mind. 4 Pers. 1-stündige "Village Walks" auf Englisch, bei denen man Interessantes zu Grundarfjörðurs Geschichte und über das Leben in einem isländischen Fischerort erfährt; ISK 740.

Fischfabrik: Führung durch einen kleinen Familienbetrieb, der v. a. Klippfisch produziert. Gezeigt werden alte und neue Techniken der Kabeljauverarbeitung, des Salzens etc.; Besucher erfahren etwas über die Geschichte Grundarfjörðurs, über die isländische Fischindustrie und die Bedeutung des Kabeljaus. Natürlich kann auch Fisch probiert werden. 1 Std., ISK 1.000.

Kirkjufell: Kombination aus Wanderung zum Wasserfall am Kirkjufell und anschließender simulierter Flugschau über Island im Hotel, 2 Std., ISK 1.500.

Kajak: Ausflüge für mind. 4 Pers. zu den Ruinen in Búðir am Kirkjufell, 3 Std. ISK 4.500.

"Scree Running": 1,5 Std. Wanderung hinauf auf das Eyrarfjall (352 m) auf Hallbjarneyri. Von oben bietet sich ein Panoramablick auf Berge und Fjorde, hinunter geht es auf 60° steilem Geröllhang in 3 Min.! 2 Std., ISK 2.000.

Bootsausflüge zum Seeangeln, Segeln o. Ä. organisiert das Hotel auf Anfrage.

Übernachten/Camping/Essen

Hótel Framnes, Nesvegur 6–8, ✆ 4386893, 📠 4386930, im hübsch renovierten Gebäude einer einstigen Fischfabrik mitten im Hafen. 20 helle, zumeist gut möblierte Zimmer mit frischen Farben, Bad und Blick auf das Meer für bis zu 5 Pers., DZ ISK 10.000 inkl. Frühstück, SSU 2.500/Pers. Im taubenblauen Restaurant mit skandinavischem Flair und guter Auswahl (11.30–14 und 18.30–22 Uhr) gibt's zum Wein v. a. Fisch um ISK 2.300, z. B. Kabeljausteak und Fisch des Tages, und Fleisch ab ISK 3.100. Auch Pasta, Salate und Suppen, Kuchen, Waffeln und Kaffee.

Jugendherberge Grundarfjörður, Hliðarvegur 15, ✆ 6911769/5626533, 15.5.–15.9., ganz neue Jugendherberge von der herzlichen, engagierten Südafrikanerin Johanna, die gute Tipps zu Aktivitäten und Ausflügen geben kann. 24 Betten in Zimmern für 1–6 Pers., ISK 1.500 für JH-Mitglieder, sonst 1.850; 2 Küchen, Garten, TV-Lounge und Internet.

Hof Suður-Bár (FH), ✆ 4386815, an der Str. 576 auf der Halbinsel Hallbjarnareyri ca. 8 km außerhalb; im Sommer besser vorbuchen. Hof mit Tradition und jungen, fröhlichen Besitzern. 6 Zimmer, davon 1 mit Bad, die anderen mit Waschbecken; DZ ISK 8.600/7.500 inkl. Frühstück. Abendessen auf Vorbestellung. Gut möblierte Zimmer; vom Speisesaal herrlicher Panoramablick auf den Fjord. Reiten ISK 2.500 mit Unterricht, gut für Leute, die noch nie geritten sind. Besitzerin Erna spricht Deutsch. Zum Hof gehört der Golfplatz; für Gäste umsonst.

Setberg, ✆ 4386817, auf Hallbjarneyri, ca. 4 km außerhalb, kleines Holzhaus für Gäste mit 8 Betten in 3 Zimmern, Kochecke, Bad, ISK 3.000/Pers., SSU 2.000. Frühstück. Camping ISK 500/Pers., mit Dusche, falls das Häuschen nicht zu voll ist.

Kverná, ✆ 4386813/4386814, an der Str. 54, 1 km außerhalb; 3 DZ ISK 3.000/Pers. inkl. Frühstück, SSU ISK 1.500; 2 Sommerhäuser für 6/7 Pers. mit Küche und Bad ISK 8.000/10.000 pro Nacht. Camping hinter dem Haus in absoluter Ruhe und nicht weit von 3 Wasserfällen, ISK 500/Zelt für 1 Pers., 800 für 2, inkl. Kaffee und Duschen. Reiten ISK 1.800/Std., auch lange Touren, z. B. um Snæfellsnes. Auf Anfrage Wanderungen, Bootsausflüge, Angeltouren.

• *Camping* Hinter dem Schwimmbad am Hang, vor säuselnder Elektrizitätsanlage auf kleiner Rasenfläche, WC und Kaltwasser, kostenlos. Außerdem auf den Höfen **Setberg** und **Kverna** (s. o.).

• *Essen* **Krákan**, Sæból 13, ✆ 4386999, Restaurant und Pub 12–1, Fr/Sa bis 4 Uhr. Das empfehlenswerteste Restaurant an der Nordküste mit herzlichem Besitzerehepaar, südlichem Flair und viel Charme ist berühmt für reichliche Portionen zu guten Preisen. Spezialität ist geräucherter Lachs. Finnur und Halla bereiten alles frisch zu, z. B. Lammfilet mit Kräutern, Kartoffelgratin, Gemüse und Cognac-Pilzsauce, ISK 2.500, oder gebratenen Fisch "à la Krákan" mit Weißweinsauce, ISK 1.800. Fisch gibt es ab ISK 1.400, köstliche Pfannkuchen mit Sahne für ISK 400, große Sandwiches schon für ISK 500; besonders zu empfehlen der Club-Sandwich mit Salat, Ei, Schinken, Speck, Tomaten und Gurke für ISK 600. Am Wochenende manchmal Livemusik und Tanz und wer Glück hat, erlebt, wie Finnur Trompete spielt.

Ein gutes und freundliches Restaurant befindet sich im **Hótel Framnes** (s. o.).

Hraðbúð Esso in der Tankstelle, 9–22, Fr/Sa bis 23 Uhr, wärmt Hungrigen abgepackte Hamburger, Hot Dogs und Sandwiches auf.

Eyrbyggja Heritage Center: Voraussichtlich im Frühjahr 2003 eröffnet gegenüber der Tankstelle diese auf Initiative von Historiker und Geschichtenerzähler Ingi Hans entstandene Ausstellung zur Historie Grundarfjörðurs und seiner Umgebung, einem Hauptschauplatz der *Eyrbyggja saga*. Fotos und zahlreiche Artefakte erinnern an die Zeit der französischen Besiedlung – die durch den ersten isländischen Fotografen dokumentiert wurde, der damals gerade in Grundarfjörður arbeitete – und veranschaulichen Leben und Aktivitäten in der Region im Laufe der Jahrhunderte. Geplant sind auch ein Café, eine Touristeninformation, eine Kunsthandwerksgalerie und ein Internetzugang.

Öffnungszeiten Grundargata, ✆ 4381881, tgl. 10–17 Uhr.

Wanderungen

(s. Karte S. 535)

Berg Kirkjufell (1): Das Wahrzeichen Grundarfjörðurs mit seinen steilen Wänden kann nur mit einer Führung bestiegen werden. Die Bewohner der Farm Háls am Kirkjufell bieten Wanderungen um den Berg herum und auf ihn hinauf an; Infos im Hótel Framnes oder in der Galerie.

Klakkur (2): Dieser Berg auf der Halbinsel Hallbjarneyri lässt sich vom Hof **Suður-Bár** aus besteigen (3,1 km, ausgeschildert).

▸ **Weiterfahrt**: Die Fahrt geht entlang der rauen, steilen Berglandschaft, in der die schmalen Wasserfälle wie silbernes Lametta rieseln, zum 28 km entfernten Fischerort Ólafsvík. Die Küste ist nicht mehr von Fjorden zerschnitten, von Sandriffen gesäumte Lagunen und breite Sandstrände ziehen nun vorbei. Der Berg *Stöð* (268 m), der wegen seiner kastigen Form einst von dänischen Kaufleuten den Namen "Sarg" erhielt, lieferte mit seiner Schichtenfolge Aufschluss darüber, dass es mindestens zwei Kaltzeiten in Island gab: Zwischen zwei von eiszeitlichen Gletschern geschrammten Basaltschichten findet sich eine Schicht aus Sand und Ton mit Einlagerungen von Pflanzen, die nur in mildem Klima gedeihen, wie z. B. Weiden oder Silberwurz, und darum nur in einer Warmzeit hier abgelagert worden sein können. Die Spuren der Eiszeit lassen sich deutlich an den abgeflachten und glattgehobelten Bergen und Inseln in der Gegend erkennen. Hinter Stöð taucht die seichte Lagune Lárvaðall auf, bevor die Straße auf das steile Kap *Búlandshöfði* mit von kleinen Basaltsäulen gekrönten Geröllhängen ansteigt. In den nackten, von Vögeln umschwirrten Felswänden wurden einst in luftiger Höhe von bis zu 180 m Muschelschichten gefunden – ebenfalls ein Beweis für die Klimaveränderungen während der Eiszeit. Ein neues Teilstück Straße über die Sandbank Mávahlíðarrif erspart Reisenden ein paar Kilometer Strecke und ein paar Meter Anstieg. Oben bietet sich ein herrlicher Ausblick auf Fjord und Bergwelt, dann geht es wieder bergab in das flache Unterland. Vor der Küste können häufig Seehunde beobachtet werden. Bald geht die Str. 54 in die 574 über, auf der nach wenigen Kilometern Ólafsvík erreicht ist.

• Übernachten/Reiten **Hof Brimilsvellir**, ✆/📠 4361533, etwa 8 km östlich von Ólafsvík. In familiärerAtmosphäre bei deutsch-isländischer Familie 8 Betten in 5 Zimmern, ISK 2.500, SSU ISK 1.700, alle Mahlzeiten. Das ganze Erdgeschoss mit Wohnzimmer und eigenem Eingang ist für die Gäste. 1 Sommerhaus mit 2 DZ, Küche, Bad ISK 7.000/Nacht. Angeboten werden auch Wanderungen zum Vogelfelsen Vallnabjarg sowie 8 Tage Reiterferien (950 €).

• Kunsthandwerk Bei Búlandshöfði auf dem Gehöft Tröð 3 km von der Str. 54 kleine **Galerie**; von der dort lebenden alten Dame gestrickte Pullover, Perlenschmuck, Puppen, Spitzendecken und aus Muscheln gefertigte Bilder und Kerzenständer; im Haus nebenan klopfen.

▸ **Abkürzung zur Südküste**: 6 km vor Ólafsvík besteht mit der hier abknickenden Str. 54 eine 14 km lange Verbindung zur Südküste über die Fróðarheiði. Die weitgehend geteerte Straße führt mit bis zu 12 % Anstieg über den Pass (361 m); spätestens bei der Schutzhütte empfängt den Reisenden oftmals ein Nebelschlund, der jegliche Sicht verhindert. Bei schlechter Witterung sollte man die Straße besser meiden.

Ólafsvík

(1.050 Einw.)

Ólafsvík am Fuße des massiven und steilen Berges Enni (410 m) nahm seine Anfänge 1687 als Handelsplatz. Es war der erste Ort Islands, dem der dänische König eine offizielle Handelslizenz erteilte, trotz des von Natur aus nur wenig geschützten Hafens. Von diesem starten heute empfehlenswerte Walbeobachtungstouren.

Die fischreichen Gewässer um Ólafsvík zogen später sogar portugiesische Kaufleute an und bis zum 19. Jh. blieb der Ort wichtiger Handelsplatz. Heute liegt hier am breiten, bogenförmigen Sandstrand ein großes Fischereizentrum in reizvoller Umgebung. Der kleine Fluss Gilið kommt hinter der Kirche als malerischer Wasserfall Bæjarfoss von den Bergen und fließt mitten durch Ólafsvík. An der Grundarbraut liegt am Hang ein liebevoll angelegter Park mit Blumen und Picknickbänken: der *Sjómannagarðurinn*, "Seemannsgarten" – Mittelpunkt ist die Statue eines Fischers mit Heilbutt auf dem Rücken. Den Fischern von Ólafsvík geht es trotz der Fangquoten recht gut, im Hafen liegen viele kleine Boote. Sie haben es auch heute nicht weit zu den ergiebigen Fischgründen. Die Einwohnerzahl ist von 1999 bis 2002 um über 10 % angestiegen. Eine Tafel im Hafen erinnert an das Schiff *Svanen* ("Schwan"), das 1777–78 in Eckernförde als Handelsschiff gebaut wurde und 115 Jahre zwischen Island und Westeuropa segelte, bis es 1893 im Hafen von Ólafsvík im Sturm Schiffbruch erlitt.

Information/Verbindungen/Adressen

- *Information/Kunsthandwerk* Im Pakkhúsið, Ólafsbraut 12, ✆ 4361543, 15.6.–15.9. tgl. 9–19 Uhr. Mappe mit Wanderwegen, leider nur auf Isländisch. Verkauf von schönem Kunsthandwerk, z. B. Vögel aus Holz, Schmuck aus Schafhorn, Wollwaren, Keramik, Seifen und Cremes mit isländischen Kräutern. Außerdem gibt's hier Kaffee und Kekse.
- *Verbindung* **Bus** ab Tankstelle, ✆ 4361212, nach Reykjavík über Búðir 1- bis 2-mal tgl., nach Grundarfjörður und Stykkishólmur 1-mal tgl., nach Hellissandur bis zu 2-mal tgl.
- *Versorgung* Alkoholgeschäft (Mýrarholt 12), Apotheke (Ólafsbraut 24), Arzt (Engihlíð 28), Autowerkstatt (**Sigurjóns**, ✆ 4361505/ 8624887), 2 Banken (beide Ólafsbraut; **Landsbankinn** nur 9.15–12.30 und 13.30–16 Uhr), Polizei (Ólafsbraut 34), Post (Bæjartún 5), Tankstelle (Mo–Fr 8–22, Sa/So 9/10–21 Uhr).
- *Einkaufen* Supermarkt **Þin Verslun**, Ólafsbraut 55, Mo–Do 9–18, Fr 9–20, Sa 13–17 Uhr. Bäckerei, Ólafsbraut, Mo–Fr 9–18 Uhr.
- *Feste* Da die Vorfahren vieler Bewohner Ólafsvíks von den Färöer-Inseln abstammen, wird im Juni oder Juli ein Fest mit fäingischem Kulturprogramm gefeiert.
- *Schwimmbad* Ennisbraut 9, Mo–Fr 7–22, Sa 13–17 Uhr; Hallenbad mit Hot Pot.
- *Touren* **Walbeobachtung:** *Sæferðir*, ✆ 4381450, bietet Juni bis Ende Aug. tgl. 10 Uhr 5- bis 8-stündige Ausflüge auf stabilen Katamaranen zur Riesenwalbeobachtung – die besten Walgründe Islands liegen schließlich vor der Halbinsel Snæfellsnes. Die Chancen, auf einer Fahrt Blauwale zu sehen, liegen bei 90–100 %; Buckelwale und Finnwale werden auch oft beobachtet, ebenso kleine Walarten wie Delfine, Zwergwale und sogar Schwertwale. ISK 7.600/ Pers., die Tour muss nicht vorgebucht werden, es ist aber ratsam, sich vorher zu vergewissern, dass sie nicht wegen des Wetters ausfallen muss. Sæferðir erhält viel Lob von seinen Kunden, z. B. dafür, dass er so lange Ausflüge unternimmt, dass wirklich Wale gesehen werden.

Bus: 4-stündige Bustour um den Gletscher mit Halt in Arnarstapi, Hellnar, Djúpalónssandur und Hellisandur im Sommer Mo–Fr 13.15 Uhr ab Pakkhúsið, ISK 2.000. Tour endet 16.45 Uhr in Hellisandur, bei Bedarf Weiterfahrt nach Ólafsvík für Leute, die von dort den Bus nach Stykkishólmur bzw. Reykjavík nehmen wollen.

Der Seemannsgarten in Ólafsvík

Übernachten/Camping/Essen

• *Übernachten* **Hótel og Gistiheimili Höfði**, Ólafsbraut 20, ✆ 4361650, 📠 4361651, 3-Sterne-Hotel. 11 DZ im alten Haus ISK 7.000, 18 gut möblierte mit Bad im neuen Anbau ISK 10.800, alles inkl. Frühstück. Solarium ISK 500. Im großen, gemütlichen Restaurant mittags für ISK 1.500 Suppe, Fisch und Skýr; abends Tagesgericht mit frischem Fisch aus dem Breiðafjörður ISK 1.800, Lamm, Geflügel u. a. bis ISK 2.000, auch Pasta, Sandwiches und Pizza.

Gistiheimili Ólafsvík, Ólafsbraut 19, ✆ 4361300, 📠 4361302, über der Ladenzeile bei netten Leuten 25 DZ ISK 5.000, SSU ISK 2.500/Pers., Frühstück. Zimmer etwas eng und kahl. Im großen, schlichten Restaurant, 13–21 Uhr, z. B. Lamm mit Salat und Kartoffeln ISK 1.500, Fisch ab ISK 1.200, Pizza, Hamburger, Kaffee und Kuchen. Bar bis 1, Fr/Sa bis 3 Uhr, Billard, manchmal Sa Livemusik.

• *Camping* Am östlichen Ortseingang an der Dalbraut, 1.6.–31.8., ✆ 4361543, ISK 200/Pers. u. ISK 200/Zelt inkl. Duschen.

• *Essen* Restaurants gibt es nur im Hotel und im Gästehaus (s. o.).

Imbiss **Prinsinn**, Ólafsbraut, ✆ 4361362, 10–23.30, Sa/So ab 11 Uhr; große Auswahl an guten, jeden Hunger stillenden Pizzen in 3 Größen ISK 750–1.700, Hamburger.

Imbiss auch an der Tankstelle, Mo–Fr 8–22, Sa/So 9/10–21 Uhr, Hamburger, Sandwiches und kleine Gerichte bis ISK 900.

Karte S. 535

Sehenswertes

Gamla pakkhúsið: Das schwarz geteerte Holzhaus gegenüber vom Hafen wurde 1844 als Lagerhaus gebaut und ist heute das älteste Gebäude in Ólafsvík. 1987 wurde es renoviert und als Museum zu früherem Leben und Fischfang in Ólafsvík eröffnet. Im Erdgeschoss sind die Touristeninformation und wechselnde Kunstausstellungen untergebracht, oben sind auf knarrenden alten Dielen frühere Haushaltsgegenstände und Utensilien aus dem Fischfang zu sehen. Neben Schiffsmodellen steht der alte Altar aus der Kirche Brimilsvellir.

Öffnungszeiten Ólafsbraut 12, ✆ 4361543, 1.6.–31.8. tgl. 9–19 Uhr, ISK 300.

Ólafsvíkurkirkja: Mit viel Fantasie lässt sich in der von Architekt Hákon Hertevig entworfenen und 1967 geweihten Kirche am Westufer des Baches Gilið die beabsichtigte Form eines Fisches erkennen. Im Inneren sorgt die alte, verzierte Kanzel von 1710 für Kontraste. Sie stand einst in einer Kirche in Fróða, die bis 1915 auch für Ólafsvík zuständig war. Die farbenfrohen Fenster sind das Werk der isländischen Künstlerin Gerður Helgadóttir.

Öffnungszeiten Kirkjutún, für Besichtigungen in der Information oder unter ✆ 4361555/ 8545811 anfragen.

Wanderungen

(s. Karte S. 556)

Enni (3) (h/r ca. 3 Std.): Der Aufstieg auf den Ólafsvík überragenden Berg Enni (410 m) mit steilen Meeresklippen lohnt sich wegen der großartigen Aussicht über die Bucht. Die nicht markierte Strecke beginnt am Ende der Straße Kirkjutún (an der die Kirche steht), wo einfach am rechten Ufer des Baches entlang und am Bæjarfoss vorbei den Berg hinaufgelaufen wird.

Der Snæfellsjökull

Die "*Undir Jökli*" ("Am Gletscher") genannte Westspitze der Halbinsel ist fast gänzlich mit nacheiszeitlichen, kargen Lavaströmen bedeckt. Die Region gewinnt jedoch durch versteckte Ruinen, malerische Buchten mit Muschelsand, Vogelfelsen, Krater und schroffe Basaltformationen. Im Juni 2001 wurden 170 qkm um den Snæfellsjökull zum Nationalpark erklärt.

Von Ólafsvík aus umrundet die Str. 574 auf 74 km die Westspitze der Halbinsel und den dort thronenden Gletscher bis nach Búðir. Der Snæfellsjökull, ein 1.446 m hoher Stratovulkan, zählt zu den schönsten und regelmäßigsten Vulkanen des Landes und ist der krönende Abschluss der sich über die gesamte Halbinsel ziehenden Bergkette. Ein 11 qkm großer Gletscher, der um 1900 noch doppelt so groß war, bedeckt seinen mächtigen Gipfel. Diese glitzernde Eiskappe ist, verglichen etwa mit Vatnajökull oder Langjökull, winzig, aber ungleich geheimnisvoller – der Snæfellsjökull ist unter allen magischen Bergen Islands der mit der größten Ausstrahlung und Anziehungskraft. Schon manchen Dichter und Schriftsteller zog er in seinen Bann: Jules Vernes nahm ihn 1864 in seinem Roman "Reise zum Mittelpunkt der Erde" als Schauplatz des vom Hamburger Geologieprofessor Lidenbrock unternommenen Versuchs, in das Innere des Erdballes zu gelangen. "Steig in den Krater des Snæfellsjökull hinab, den der Schatten des Scartaris vor dem ersten Juli liebkost hat, und du, kühner Wanderer, wirst zum Mittelpunkt der Erde gelangen".

Schriftsteller Halldór Laxness inspirierte der wundersame Berg zu seinem Roman "Am Gletscher". Wenn man ihn lange genug ansehe, so Laxness, hörten Wörter auf, auch nur das geringste zu bedeuten. "Okkultisten in der ganzen Welt kennen diesen Punkt, haben ihn immer gekannt. In diesem Gletscher ist eine der bedeutendsten natürlichen Energiequellen unseres Sonnensystems enthalten". Esoteriker sehen im Snæfellsjökull das größte Energiezentrum der Erde und das "dritte Auge" Islands.

Dieser mystische und majestätische Vulkan, bei klarem Wetter aus bis zu 100 km Entfernung – und damit auch von Reykjavík – zu sehen, entstand vor

Zelten unter dem Gletscher

über 700.000 Jahren und war bis in die Nacheiszeit aktiv. Die nacheiszeitlichen Lavaströme wälzten sich den südlichen und westlichen Abhang des Berges hinunter; Tuffgestein und zwischeneiszeitliche Laven bedecken die nördlichen und östlichen Hänge. Das letzte Mal eruptierte der Vulkan vor 1.750 Jahren, doch gilt er nicht als erloschen. Touren auf den Gletscher mit Motorschlitten oder Schneekatze werden von Arnarstapi aus angeboten.

- *Bustouren* Rundfahrt um den Gletscher im Sommer Mo–Fr 13 Uhr ab Hellissandur. Halt in Ólafsvík, Arnarstapi (20 Min.), Hellnar (30 Min. beim Café), Djúpalónssandur (1 Std.); 16.45 Uhr Rückkehr nach Hellisandur, ISK 2.000. Von BSÍ in Reykjavík aus im Sommer Mo–Fr 8.30 Uhr 12,5-stündige Fahrt zum und um den Gletscher, ungeführt, keine Buchung erforderlich, ISK 6.500.

Besteigung des Gletschers

(s. Karte S. 556)

Als Erste erklommen im Jahr 1754 die Studenten Eggert Ólafsson und Bjarni Pálsson den Gipfel des Snæfellsjökull, wofür sie mit einem unvergesslichen Ausblick über die Halbinsel Reykjanes im Süden und die Westfjorde im Norden belohnt wurden. Es ist heute relativ leicht, in denselben Genuss zu kommen, wofür sich verschiedene Möglichkeiten anbieten. Die beste Jahreszeit für die Gletscherbesteigung ist von März bis Mai; im Sommer ist verstärkt auf Eisspalten zu achten. Eine Wetterprognose ist unverzichtbar, aber so vielversprechend sie auch sein mag – plötzliche Schneestürme und Nebel können auch heute noch den Erfolg der Wanderung vereiteln, weshalb man unbedingt Ausrüstung für schlechtes Wetter und ausreichend Lebensmittelvorräte mitnehmen sollte.

Von der F570 (4): Dies ist der steilere, innerhalb eines Tages zu schaffende Aufstieg. Etwa 1,5 km östlich von Ólafsvík zweigt von der Str. 54 die Jeeppiste F570 ab, die über den Bergpass Jökulháls in 700–800 m Höhe am Gletscher

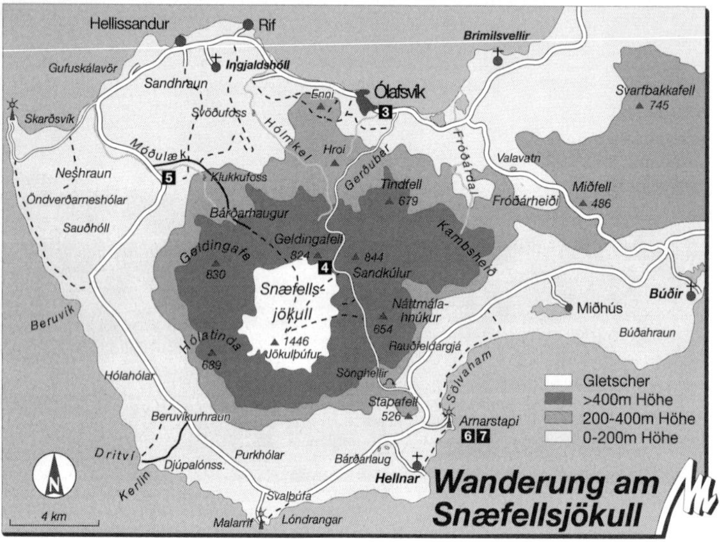

vorbei an die Südküste bei Arnarstapi auf die Str. 574 führt. Von dieser mit allradgetriebenem Fahrzeug zu befahrenden Piste führen zwei Hauptwanderwege nach Südwesten bzw. Westen auf den Gletscher. Einer beginnt auf der Höhe des Jökulháls zwischen Geldingafell (824 m) und Sandkúlur (844 m), der zweite etwa 3 km südlich auf der Höhe des Náttmálahnúkur (654 m). Dieser Pfad ist klar zu erkennen. Zwischen den beiden Wegen liegt in Richtung Eiskappe eine Schutzhütte.

Von der Str. 574 (5): Der reizvollste und nicht so steile, aber längste und hin/zurück nicht innerhalb eines Tages zu bewältigende Aufstieg beginnt an der Nordwestseite des Gletschers, wo vor der Brücke über den Móðulækur von der Str. 574 eine ausgeschilderte Jeeppiste abzweigt, die zunächst dem Bach folgt. Kurze Abstecher führen u. a. zum Krater Rauðhóll, zum malerischen Wasserfall Klukkufoss, der in eine von Basaltsäulen gesäumte Schlucht stürzt, und zur imposanten Schlucht Blágil. Die Piste kann auf den ersten 5 km mit dem Allradfahrzeug befahren werden, dann geht sie in einen Track über, der als Wanderweg auf den Gletscher führt. Er ist nicht so gut zu erkennen wie der Weg von der Ostseite, außerdem sind hier mehr Spalten.

▸ **Weiterfahrt**: In einem kleinen Kessel liegt südlich der Straße der malerische Wasserfall Svöðufoss, der über eine Wanderung entlang der Hólmkelsá erreicht wird. An der Küste bei Rif beginnen dann die Vogelfelsen Keflavíkurbjarg, die sich bis Hellissandur erstrecken und von einer riesigen Kolonie Küstenseeschwalben bevölkert sind. Es ist möglich, die Klippen hinabzusteigen und durch einen natürlichen Tunnel im Felsen zu einem guten Aussichtspunkt mitten in der Steilwand zu gelangen. Am Fuße der Klippen entspringt die Quelle Balavatn, der Heilkräfte nachgesagt werden.

Der Gletscher Snæfellsjökull mit der Kirche Ingjaldshóll bei Hellissandur

Kurz vor Hellissandur geht es nach Ingjaldshóll, von wo sich bei gutem Wetter eine weite Aussicht bietet. Die Kirche von 1903 auf dem Hügel beherbergt ein Taufbecken von 1700 und Altartafeln von 1696 und 1709. In Hellissandur besteht die letzte Einkaufsmöglichkeit vor Vegamót an der Südküste (Kreuzung 54/56).

Hellissandur-Rif (570 Einw.)

Der Reiz dieser Gemeinde, die aus zwei etwas über 2 km voneinander entfernten Orten besteht, liegt vor allem darin, dass man an klaren Tagen von hier aus auf einzigartige Weise den ganzen Gletscher sehen kann. In Hellisandur befindet sich die Information für den Nationalpark.

Das etwas trostlos anmutende Fischerdorf Rif, das früher Hávarrif hieß, war ehemals der größte Fischerei- und Handelshafen der ganzen Halbinsel. *Rif* heißt Sandbank und die sorgt hier für einen guten, geschützten Hafen. Im 15. Jh. betrieben die Engländer vor der Küste Raubfang. Als Statthalter Björn Þorleifsson 1467 ihre Waren beschlagnahmte, weil sie das so genannte Sackgeld nicht zahlen wollten, brachten englische Matrosen ihn kurzerhand um (siehe *Björnsteinn* am Ufer). Weil Ablagerungen des Flusses Hólmkelsá das Hafenbecken auffüllten, musste der Bootsverkehr eingestellt werden. Auch Hellissandur, 3 km weiter westlich und meistens kurz Sandur genannt, war im 18. Jh. ein Fischereihafen. Davon erzählt die kleine Bucht Keflavíkurvör am östlichen Ufer, ein ehemaliger Anlegeplatz, wo die Kiele der Fischerboote tiefe Schrammen in den Steinen hinterlassen haben. Für Motorboote erwies sich das Wasser vor Hellissandur aber als zu flach und so wurde nach 1950 der Hafen in Rif ausgebaut und die Fischerei dorthin verlegt. Um den Hafen mit seinen Fischfabriken entwickelte sich eine kleine Siedlung mit heute knapp 150 Einwohnern.

Karte S. 535

Der Doppelort profitiert von der ertragreichen Fischindustrie und hat deshalb zurzeit kaum Abwanderung zu beklagen. Touristen finden die für sie nützlichen Einrichtungen vor allem in Hellissandur. Hier gibt es auch zwei einzigartige Läden: den winzigen, nur nachmittags geöffneten Buchladen *Gimli* und die *Verslun Blómsturvellir*, einen Laden zum Kramen. Am Wasser gedenkt eine moderne Skulptur der zurückgebliebenen Frauen ertrunkener Seemänner. Das Schwimmbad wurde zum Ärger der Bewohner in eine Sporthalle umgewandelt.

• *Information* Die Information zu Hellisandur und zum Nationalpark hat zurzeit einen Schalter in der Post, ✆ 4366860; 2003 soll für sie ein Gebäude neben dem Museum an der Str. 574 gebaut werden.

• *Verbindung* **Bus** ab Tankstelle in Hellissandur, ✆ 4366611, nach Reykjavík über Ólafsvík und Búðir bis zu 2-mal tgl.

• *Versorgung* Arzt, Bank (Mo–Fr 13–16 Uhr) und Post (Mo–Fr 12.30–16 Uhr) (alle Klettsbúð in Hellissandur), Autowerkstatt (**Ægis**, Hafnargata in Rif, ✆ 4366677), Supermärkte (in Hellissandur in der Esso-Tankstelle, tgl. 10–22 Uhr, in Rif **Virkið**, Hafnargata, Mo–Fr 9–19, Sa 13–18, So 13–16 Uhr).

• *Übernachten* **Hótel Edda**, Klettsbúð 9, ✆ 4308600, 1.5.–1.10. Das 2001 eröffnete, schöne Hotel erweist sich bereits als zu klein und soll vergrößert werden. Zurzeit 20 helle DZ mit Bad, TV und Telefon. Im Restaurant (12–21 Uhr, Bar länger) wechselndes 3-gängiges Tagesgericht ISK 2.000 und Fisch und Fleisch à la carte; mittags ab ISK 1.100, abends teurer, dann z. B Lamm mit Kartoffeln und Gemüse ISK 2.600.

Gistihúsið Gimli, Keflavíkurgata 4, ✆ 4308600, 8 DZ mit/ohne Bad im Gästehaus in der Art einer Jugendherberge, SSU ISK 1.900/Pers., Frühstück im Edda-Hotel, Küche. Vermittelt SSU in der Schule, ISK 1.000. Reiten ISK 2.000/ Std. Bucht für seine Gäste Wander- und Motorschlittenausflüge auf den Gletscher und Bootsausflüge, z. B. zur Walbeobachtung.

• *Camping* Kostenloser Zeltplatz am kleinen Bach am Útnesvegur, WC u. Kaltwasser. Soll in den nächsten Jahren weiter in die Lava ziehen und mit neuen Einrichtungen ausgestattet werden.

• *Essen* **Svörtuloft**, ✆ 4366855, Hellisbraut 10, Küche 12–14 und 17–21 Uhr. Freundliches, schlichtes Restaurant mit Bar, das sehr gutes Essen serviert. Spezialität ist Fisch frisch vom Hafen, z. B. Heilbutt in Senfsoße ISK 2.000. Auch Lamm, Pizza und Burger; an

Ein Sommertag in Hellissandur

den Wänden stellen Künstler ihre Werke aus. **Söluskáli Esso**, Imbiss an der Tankstelle, 10–22 Uhr, Sandwiches ab ISK 280, Hamburger und aufgewärmte Pizza aus der Kühltruhe.

• *Touren* 4-stündige **Bustour** um den Gletscher mit Halt in Ólafsvík, Arnarstapi, Hellnar, Djúpalónssandur im Sommer Mo–Fr 13 Uhr.

Fischermuseum: Im kleinen Haus vor Wind und Wetter geschützt steht das 1826 auf einer Insel im Breiðafjörður gebaute Zwölfer-Ruderboot *Bliki*, mit dem Fischer noch bis 1965 aufs Meer hinausfuhren. Dies ist das älteste erhaltene Ruderboot in Island. Daneben ducken sich zwei Torfhäuschen, Nachbildungen der karg eingerichteten Fischerhütten, in denen Fischer ohne Land und Vieh um 1900 lebten. Im Garten erinnert die Skulptur *Jöklarar* von Ragnar Kjartansson an ertrunkene Seeleute.

Öffnungszeiten **Sjómannagarðurinn**, Útnesvegur, ✆ 4366635 1.6.–31.8. tgl. außer Mi 9–12 und 13–18 Uhr, ISK 200.

▸ **Weiterfahrt**: Genau an der Brücke über die Höskuldsá in Hellissandur beginnt das Lavafeld Prestahraun und damit eine andere Landschaft. Sie erinnert an die Zeit, als Snæfellsnes in der vulkanisch aktiven Zone lag und sich ein Lavastrom nach dem nächsten aus dem Vulkan in die Ebene ergoss. Geologisch interessante Plätze und historische Ruinen prägen die folgende Strecke, die bis zum östlichen Ende des Lavafeldes Háahraun als Nationalpark geschützt ist. Dies ist der erste Nationalpark in Island, der bis in die See hineinreicht. Die Straße durch den Park soll in den nächsten Jahren komplett geteert werden; geplant sind auch neue Wanderwege, eine bessere Markierung der bereits bestehenden und die Bereitstellung von Wanderkarten mit Informationen zum Park.

Nach wenigen Kilometern taucht in Gufuskálar die einstige Loranstation (Station zur Funknavigation) der amerikanischen Armee auf, zu erkennen an dem 420 m hoch aufragenden, 1963 errichteten Mast. In den Gebäuden ist jetzt eine internationale Schule für Lebensrettung untergebracht. Trainingsmöglichkeiten gibt es viele – Lava, Gletscher und Meer mit ihren Gefahren sind nah und schlechtes Wetter zieht auch oft genug auf.

Gegenüber der Loranstation weist ein Schild mit der Aufschrift "Fiskibyrgi" auf ein seit Jahrhunderten verlassenes, mittelalterliches Fischereizentrum hin, das nach kurzem Spaziergang auf das Lavafeld hinauf erreicht wird. Zu sehen sind die Ruinen einer Vielzahl aus Lavabrocken aufgeschichteter Hütten, manche davon erstaunlich gut erhalten. Einst standen wohl etwa 200 Fischerhütten hier, in denen der Meeresfang gelagert und getrocknet wurde. Neue Forschungen werfen allerdings die Frage auf, ob die Hütten vielleicht vielmehr von irischen Mönchen zum Beten genutzt wurden. Die Idee ist nicht ganz abwegig, denn eine 250 m lange, vorsichtig auch mit normalem Pkw befahrbare Piste führt kurz hinter Gufuskálar zu Spuren, die irische Siedler vor über tausend Jahren hinterlassen haben: zum *Írskra brunnur* ("Irischer Brunnen"), der den Wuchs von Gras und Blumen ermöglicht hat, und zu den Ruinen der aus Lavasteinen errichteten *Írskra kirkja* ("Irische Kirche").

▸ **Abstecher nach Öndverðarnes**: Rechts zweigt bald die für normale Pkws problemlos zu befahrende Jeeppiste nach *Öndverðarnes* ab, dem äußersten Zipfel von Snæfellsnes. Bis 1940 stand hier ein Großgehöft, jetzt wacht nur noch der kleine Leuchtturm an der Küste. Rechter Hand liegt die pittoreske Bucht Skarðsvík mit rundgespülten Steinen neben schroffen Lavabrocken und mit

Karte S. 535

einem in hellen Gelb- und Rosatönen schimmernden Muschelstrand. Durch das Neshraun bietet sich der markierte Wanderweg zum Krater Vatnsborg und zur Hügelkette Neshólar mit der Höhle Grashólshellir an. Beim Leuchtturm befinden sich grasbewachsene, unter Naturschutz stehende Ruinen aus Lavablöcken und der Brunnen *Fálki*. Der Überlieferung nach gibt es im Brunnen drei Quellen: eine mit Meerwasser, eine mit Süßwasser und eine mit Wein. Gleich hinter Öndverðarnes beginnen an der Westküste, an der entlang ein Wanderweg bis zur Bucht Beruvík führt, die Klippen Saxhólsbjarg, in denen Seevögel brüten.

▸ **Weiterfahrt**: Der Name des Berges *Bárðarkista* (668 m) vor dem Gletscher geht auf den ersten Siedler am Snæfellsjökull, Bárður Snæfellsás, zurück. Der Sage nach war Bárður Sohn eines Riesenkönigs aus dem Weißen Meer und kam in der Landnahmezeit nach Island. Ihn enttäuschte die Niedertracht der Menschen, deshalb versteckte er seine Schätze im Berg Bárðarkista und zog sich in den Gletscher zurück, wo er bis heute haust und als Schutzpatron verehrt wird. Der Berg kann vom Tal Eysteinsdalur aus gut bestiegen werden.
Durch das moosbedeckte Neshraun gelangt man zu den Kratern Sauðhóll und Saxhóll, von denen Letzterer den kurzen Aufstieg mit einem weiten Blick über das Lavafeld und die dahinter liegende See belohnt.
Rechts zweigt eine kurze Piste zu den Kratern *Hólahólar* ab. Hält man sich nach 400 m links, fährt man direkt in den Ringwallkrater Berudalur hinein und fühlt sich augenblicklich wie in einem natürlichen Amphitheater.

▸ **Abstecher zum Djúpalónssandur**: Eine 1,5 km lange Piste führt zum Strand *Djúpalónssandur* vor einem schroffen Lavastrom. Vom Parkplatz geht es vorbei an märchenhaften Lavagebilden wie dem Felsloch Gatklettur hinunter zum Strand, an dem vier Steine zum Kraftsport einladen. Mit diesen mussten bis zur Mitte des 19. Jh. die Fischer vom nahen Fischerort *Dritvík* ihre Kräfte unter Beweis stellen und zumindest den zweitschwersten Stein bis in Hüfthöhe anheben. Der schwerste Klotz ist *Fullsterkur* ("ganz stark") mit 155 kg, der nächste *Hálfsterkur* ("halbstark") mit 140 kg, dann kommt *Hálfdrættingur* ("halbwüchsig") mit 49 kg. *Amlóði* ist mit 23 kg der "Schwächling". Den Strand entlang Richtung Westen, vorbei an der bizarren Lava und an wie Schlosstürme aufragenden Basaltsäulen, gelangt man zur *Tröllakirkja*, Trollkirche, einem unterhöhlten und nur bei Ebbe zu erreichendem Felsen vor der Küste.

▸ **Weiterfahrt**: Einige Kilometer weiter zweigt eine Piste zum Leuchtturm in Malarrif ab, dem südlichsten Punkt der Halbinsel. Im Osten ragen nebeneinander die 75 m und 60 m hohen Felszinnen *Lóndrangar* in die Höhe, Überreste eines Vulkanschlotes, in deren Wänden Seevögel brüten. Von Malarrif ist es nicht weit zum steilen Vogelfelsen Þúfubjarg. Hierfür fährt man noch etwa 500 m weiter bis zu einem Parkplatz.
Beim Flugplatz endet die Lava vorübergehend. Rechts an der Straße erinnert eine Tafel an die reiselustige Guðríður Þorbjarnardóttir, die um 980 hier in Laugarbrekka geboren wurde (siehe Kap. "Akureyri und der Nordwesten", S. 492), und ein Pfad führt zum Friedhof der jetzt in Hellnar stehenden Bauernkirche.
Hinter dem Laugarvatn führt ein Wanderweg zur *Bárðarlaug*, einem tiefblauen Kratersee; der Überlieferung nach badete hier Schutzgeist Bárður.

▶ **Hellnar**: Ein 2 km langer Abstecher nach Hellnar, einer winzigen Ansiedlung mit 11 Einwohnern vor der Steilküste, lohnt wegen der pittoresken Felsformationen in der kleinen Bucht, des gemütlichen Cafés Fjöruhúsið am Meer und der Höhlen *Sauðahellir* und *Baðstofa*, von denen Letztere mit einem natürlichen Steinbogen überspannt wird und bei Hochwasser bläulich leuchtet. Ein Teil des Dorfes ist auf die Liste der Öko-Gemeinden aufgenommen worden – obwohl Hellnar so klein ist, konnten sich nicht alle Bewohner darauf einigen, ökologischen Standards zu folgen. Die Besitzer des ökologischen Gästehauses *Brekkubær* organisieren jedes Jahr am ersten Augustwochenende ein großes Treffen, um die vom Snæfellsjökull ausgehenden mystischen Kräfte zu zelebrieren. Für interessierte Isländer werden im Frühjahr und Herbst esoterische Seminare und Workshops angeboten.

• *Übernachten/Essen/Touren* **Gislibær**, ✆/📠 4356886, großes, lilablaues Haus für Gäste mit 14 Betten in 5 Zimmern, Bad, Küche, großem Wohnzimmer, Garten, Klavier und wunderbarem Blick auf die Küste. SSU ISK 1.800.

Brekkubær (FH), ✆ 4356820, 📠 4356801, freundliches, modernes Öko-Gästehaus aus Holz mit herrlicher Aussicht, von Green Globe 21 anerkannt und vom Icelandic Tourist Board mit dem Umweltpreis ausgezeichnet. 1.5.–1.10. 13 Zimmer mit sonnigen Farben, fast alle mit Bad, DZ mit Bad ISK 8.900 inkl. Frühstück. SSU in Raum für 14 Leute ISK 1.200. Camping ISK 500/Pers. inkl. Dusche (plus ISK 100 für die Müllentsorgung). Schöner Speiseraum mit Blick auf das Wasser; hier Mahlzeiten mit organischen Zutaten. Auf dem Frühstücksbüfett z. B. selbst gebackene Dinkelbrötchen und Vollkornmüsli; abends Fisch oder Lamm. Auf Anfrage Lunchpaket mit Öko-Produkten. Angeboten werden Wanderungen in Hellnar (ISK 900), nach Arnarstapi (ISK 1.500) oder eine Tageswanderung durch den Nationalpark (ISK 6.900). Wer möchte, kann sich auch die Viking cards lesen lassen.

Café Fjöruhúsið, 11–22, Fr/Sa bis 24 Uhr. Wunderbarer Abschluss des Wanderweges von Arnarstapi! Im winzigen, liebevoll renovierten Haus von 1937 über dem alten Hafen, das Fischer früher zum Salzen von Fisch

Die schroffe Küste von Hellnar mit dem Café Fjöruhúsið

nutzten, gibt es jetzt unwiderstehliche Waffeln mit Sahne und Rhabarberkompott (ISK 400), Skýrkuchen und anderes Gebäck sowie leichte Gerichte wie Quiche (ISK 700). Alles lässt sich auch draußen auf dem großen Patio beim Klang der brandenden Wellen und kreischenden Seevögel genießen.

▸ **Arnarstapi**: Das kleine Fischerdorf Arnarstapi ist einer der malerischsten Orte der Halbinsel. Die steile Küste beim romantischen Hafen ist voller bizarrer Felsformationen mit Basaltsäulen, ausgewaschenen Felshöhlen mit Myriaden von Vögeln, natürlichen Steinbrücken, wie Türme in der Brandung stehenden zerklüfteten Klippen und Brandungstoren. Die Küste steht unter Naturschutz. Arnarstapi wird beschützt von Bárður Snæfellsás, der als riesige Steinfigur den Ort überblickt. Errichtet wurde er von der Familie Trausti Jónssons, der 1928 als 19-Jähriger auf dem Gletscher ums Leben kam. Hinter Bárður steht vor der Küste in der Brandung der große Steinbogen Gatklettur. Während des dänischen Handelsmonopols war Arnarstapi ein wichtiger Hafen; Anfang des 18. Jh. wohnten noch 150 Menschen hier. Heute bleibt kaum jemand über den Winter. Nur im Sommer quillt Arnarstapi bisweilen über; die vielen Sommerhäuser am Ortseingang gehören entgegen ersten Vermutungen aber nicht Touristen, sondern Fischern, die den Sommer über von hier zum Kabeljaufang ausfahren.

Die malerischen Felsen von Arnarstapi

- *Information* Alle Angebote in Arnarstapi laufen unter der Leitung von **Ferðaþjónustan Snjófell** (FH), ✆ 4356783/8545150, 📠 4356795, www.snjofell.is.
- *Verbindung* **Bus**: im Sommer im Rahmen der Rundfahrt um den Gletscher Mo–Fr 14.05 Uhr Abfahrt vom Restaurant nach Hellnar und Hellissandur.
- *Fahrradverleih* ISK 1.200/Tag.
- *Ski* Ein Skilift, 8 km von Arnarstapi entfernt, bringt Skifahrer in 820 m Höhe, Tagespass ISK 1.200, Fahrt zum Skilift 900. Hier kann 10 Monate lang Ski gelaufen werden, im Winter den ganzen Hang hinunter bis nach Arnarstapi.
- *Tankstelle* Vor dem Restaurant, Selbstbedienung, nur mit Kreditkarte.
- *Gletschertouren* Ausflüge zwischen 1–3 Std. bis in 1.410 m Höhe mit Schneekatzen ab ISK 5.200, mit Motorschlitten ab ISK 3.500 (6 Pers. Mindestzahl). Mitternachtstouren mit Schneekatze/Motorschlitten ab ISK 5.900/4.100; Mindestzahl 6/8 Pers.
- *Übernachten* Zwei **Gistiheimili** mit 32 Betten in 15 Zimmern, DZ ISK 4.900, SSU ISK 1.900. In einem Gästehaus Küche. Vorbuchen.
Im **Félagsheimili Snæfell** ganzjährig 50 SSU auf Matratzen ISK 1.500, Küche. Es ist jedoch unklar, ob die Räume weiterhin an Snjófell vermietet werden.
- *Camping* ISK 300/Pers. und 300/Zelt, Dusche ISK 100. Der Bau von Kochgelegenheiten ist geplant.

● *Essen* **Restaurant Arnabæ**, tgl. 8–24 Uhr (Küche 11–22 Uhr) in malerischen roten Holzhäusern mit Grassodendach. Mittags Suppe und leichte Fisch- und Fleischgerichte um ISK 1.300, abends größere Auswahl und teurer. Den ganzen Tag Sandwiches und Suppe, Kaffee, Kuchen, Pfannkuchen und Waffeln mit Sahne für ISK 370. Sonntags 15–18 Uhr Kuchenbüfett, ISK 1.100. Süßigkeitenkiosk.

Wanderungen

(s. Karte S. 556)

Um die faszinierende Küste zu erleben, geht man am besten ein paar Stunden wandern. Die beiden hier erwähnten sowie zahlreiche andere Wanderungen, darunter eine bis nach Búðir, sind in der vom *Nature Conservation Agency* herausgegebenen Broschüre "Búðahraun and the beach at Arnarstapi and Hellnar" mit Karte eingezeichnet.

Nach Hellnar (6) (h/r 2 Std.): Die 2,5 km lange Wanderung von Arnarstapi nach Hellnar führt über den Pfad Neðstagata durch die Lava über der Küste und bietet herrliche Ausblicke.

Nach Sölvahamar (7) (h/r knapp 2 Std.): Reizvoll ist auch der Weg in die andere Richtung, über das Lavafeld Klifhraun an den Steilwänden Sölvahamar entlang. Dabei kommt man zu den Ruinen Sölvahamarsrústir am Fuße des Gletschers.

▶ **Weiterfahrt**: An der Ostflanke des kargen Hyaloklastitberges Stapafell (526 m) zweigt eine Jeeppiste zum Gletscher ab. Hier lohnt ein Abstecher zur Höhle *Sönghellir* (Gesangshöhle) mit ausgezeichneter Echowirkung und jahrhundertealten Einritzungen. Die Piste geht steil bergauf; der Parkplatz ist nach etwa 1 km durch eine Reihe großer Steine gekennzeichnet. Ein Fußweg führt an der ausgehöhlten Felswand entlang, an der man mit etwas Geduld die kleine Höhle findet. Wieder auf der Str. 574, endet der Lavastrom Klifhraun abrupt und durch von Bächen durchzogene Wiesen gelangt man zur Ausschilderung zur *Rauðfeldargjá*. Diese tiefe, runde Schlucht wird über einen kurzen Fußweg am Bach Sleggjubeina entlang erreicht. Mühelos kann man im Sommer in der Felswand verschwinden und sich – am besten mit Gummistiefeln ausgerüstet – in der zu Beginn schmalen Klamm von Stein zu Stein fortbewegen.
Durch flache Wiesen mit Höfen geht es an der Lagune Miðhúsavatn entlang, die von der hell schimmernden Muschelsandbank Hraunlandarif vom Meer getrennt wird, zur Kreuzung mit der Str. 54. Die Str. 574 endet hier; kurz vor der Kreuzung beginnt die 2,5 km lange Zufahrt nach Búðir.

▶ **Búðir**: Der einstige, schon aus der Landnahmezeit bekannte Handelsplatz Búðir, wo im 16. Jh. die Bremer Hanse eine Niederlassung hatte, ist heute ein friedliches Fleckchen Erde in reizvoller Umgebung. Nur überwachsene Ruinen erinnern an die Zeit, als hier etwa hundert Menschen wohnten; außer einer Kirche und einem Hotel steht kein Haus mehr. Am brandenden Meer erstreckt sich bogenförmig einer der größten Muschelsandstrände des Landes und lädt zum Träumen ein, in der Ferne strahlt der Gletscher und hinter den Wiesen beginnt der unter Naturschutz stehende Lavastrom Búðahraun mit überraschendem Formenreichtum, der auf historischen Pfaden erkundet werden kann. Im Schutz der zahlreichen kleinen Kessel, Höhlen und Spalten haben sich elf verschiedene Arten Farne angesiedelt; es wurden mehr als 130 Gefäßpflanzen gezählt. Mitten in der Lava wölbt sich der Schlackenkrater Búðaklettur (88 m), der über den hinter der Kirche beginnenden Wanderweg

Klettsgata zu erreichen ist. Nordöstlich des Kraters befindet sich die 400 m lange Höhle *Búðahellir*. Der Überlieferung nach soll von Búðahellir ein mit Goldstaub bedeckter Gang bis zur Höhle Surtshellir im Hallmundarhraun führen. Mehr Information zu Búðir und weitere Wanderwege findet man in der Broschüre "Búðahraun and the beach at Arnarstapi and Hellnar".
Sehenswert ist auch die schwarz geteerte Holzkirche *Búðakirkja* von 1848 oben auf dem Hügel, die 1986 so originalgetreu wie möglich restauriert und im Jahr darauf neu geweiht wurde. Die ältesten Kirchenschätze sind eine Glocke von 1672, zwei Messingleuchter von 1767, eine Altartafel aus dem Jahr 1750 und der Türring von 1703, dem Jahr, als in Búðir die erste Kirche errichtet wurde.

Ein romantisches rotes Hotel von 1947 brannte im Winter 2001 bis auf die Grundmauern ab. Die Eröffnung eines neuen Hotels, dessen Bau im Herbst 2001 begann, ist für das Frühjahr 2003 geplant. Ihm angeschlossen ist ein hervorragendes Restaurant. Durch den Wiederaufbau des Hotels ermutigt, plant der Besitzer für die Zukunft auch die Rekonstruktion von Häusern des einstigen Dorfes Búðir.

- *Verbindung* **Bus** von/nach Reykjavík und nach Hellisandur über Ólafsvík hält bis zu 2-mal tgl. an der Kreuzung oben an der Hauptstraße.
- *Übernachten/Camping/Essen* **Hótel Búðir**, ✆ 4356700, ganzjährig etwa 30 große, helle DZ mit Bad, ISK 18.500 inkl. Frühstück. Da die meisten der antiken Möbelstücke bereits für den Winter aus dem Hotel geholt worden waren, als das Feuer ausbrach, finden sie in diesem modernen, dreistöckigen Bau wieder ihren Platz. Das Haus mit Holzfußboden, Kaminen, Leseraum und Dachterrasse soll ein Mix aus Alt und Neu sein, dabei aber nicht mehr – wie das alte Hotel – eine Atmosphäre wie zu Omas Zeiten verbreiten. Im bereits 2002 wieder eröffneten Restaurant gibt es weiterhin exquisite Gerichte mit frischem Fisch, Lamm und jahreszeitlichen Spezialitäten. Berühmt ist z. B. der in Honig geröstete Wels mit Ingwer und Soja, ISK 2.300. Um garantiert frische Zutaten zu haben, wollen die Besitzer einen Gemüse- und Kräutergarten anlegen und ein Treibhaus bauen.

Idyllisches Búðir

An der Südküste gibt es viele Höfe, aber keine Ortschaften

Die Südküste von Snæfellsnes

Die Südküste zeigt ein anderes Bild als die Nordküste. Zwischen Feuchtwiesen, Forellenseen und Mineralquellen hat sich kein einziger Ort angesiedelt. Formschöne Krater zieren vereinzelte Lavafelder, die letzte Strecke bis Borgarnes führt durch flaches Moorgebiet. In Vegamót besteht nach 37 km die Möglichkeit, einzukaufen.

Von Búðir geht es auf der Str. 54 zum hohen Wasserfall Bjarnarfoss, der mit dem isländischen Wetter seine Schwierigkeiten hat: Bei starkem Südwind weht das Wasser, noch bevor es am Boden aufgekommen ist, wieder die steile Felswand hinauf. Auf dem Pfarrhof Staðarstaður soll Ari Þorgilsson (1067–1148) gewohnt haben, der insbesondere für sein Geschichtswerk Íslendingabók bis heute verehrt wird (siehe Kap. "Kunst und Kultur"); an ihn erinnert neben der Kirche mit ihren interessanten Glasfenstern ein großer Gedenkstein. Einen Besuch lohnt der Hof *Ölkelda* wenige Kilometer weiter. Ölkelda heißt "Bierquelle", hinter einem Gartentor beim Parkplatz aber liegt eine der berühmtesten Mineralquellen Islands. Der Anteil mineralischer Bestandteile ist bis zu tausendmal höher als bei normalem Trinkwasser und wissenschaftlichen Untersuchungen zufolge ist das kühle Nass gut gegen Herz- und Nierenprobleme sowie für Blut und Zähne. Für ein paar Kronen kann man sich auch als Besucher etwas "Bier" zapfen.

Bei Vegamót beginnt am Meer der Küstenabschnitt Löngufjörur mit hellem Muschelsand und zahlreichen Schären. Die Str. 54 umrundet den aus der Bergkette vorragenden, mächtigen Hafursfell mit bis zu 956 m hohen Gipfeln.

Landwirtschaft zwischen Bergen und Meer

Dahinter lohnt ein etwa 6 km langer Abstecher: Entlang der niedrigen Felswand *Gerðuberg* (ausgeschildert) mit ihren zahllosen schlanken Basaltsäulen geht es vorbei an den roten Schlackenkratern Rauðakúlur und der weißen Kirche von Ytri-Rauðamelur vor einer rötlich schimmernden Lavawand zu einer weiteren Mineralquelle. Die mit losen Steinen umfasste *Rauðamelsölkelda* nahe eines schmalen, malerischen Wasserfalls ist vom Parkplatz aus über einen Fußweg durch das Lavafeld Gullborgahraun zu erreichen. Im Gegensatz zur Ölkelda ist die Quelle, deren Heilkraft ebenfalls hoch gelobt wird, in ihrem natürlichen Zustand belassen.

Die Str. 54 überquert mit der Haffjarðará einen der lachsreichsten Flüsse im Westen Islands, bevor sich rechter Hand das Eldborgarhraun ausbreitet, das vor 5.000–9.000 Jahren aus dem markanten, ca. 100 m hohen Lavaringwall Eldborg geflossen und mittlerweile mit dichter Moos-, Heide- und Birkenstrauchvegetation bedeckt ist. Die *Eldborg* ("Feuerburg") gilt als das isländische Musterbeispiel für den Vulkantyp des Lavaringes und ist auch der bekannteste. Gleichmäßig geformt und rot leuchtend ragt sie aus dem Lavafeld auf. Weil der Ausbruch in einer Spalte begann, liegen neben der Eldborg noch vier weitere, unauffälligere Lavaringe.

Hinter der Kirche von Kolbeinsstaðir zweigt die Str. 55 an die Nordküste ab, auf der ein etwa 6 km langer Abstecher zur Tropfsteinhöhle Gullborgarhellir lohnt (siehe S. 541). Die Str. 54 erreicht den unter der Brücke rauschenden, flachen Wasserfall Brúarfoss im Lachsfluss Hítará und führt allmählich von der Küste weg und durch die sumpfige Region Mýrar zur Ringstraße 2 km vor Borgarnes. Das von Flüssen und Seen durchzogene *Mýrar-Gebiet,* das einst von Gletschern glatt geschliffen wurde und nach der letzten Kaltzeit mitunter

Saga-Hof Borg á Mýrum

Hier siedelte sich einst der Vater von Dichter und Sagaheld Egill, *Skallagrímur Kveldúlfsson*, an. Er hatte in Norwegen mit seinem Vater Kveldúlfur das Schiff bestiegen, während der Überfahrt aber erkrankte der Vater, wusste, dass er sterben würde und bat seinen Sohn, ihn nach seinem Tod im Sarg über Bord zu werfen und dort Land zu nehmen, wo der Sarg angeschwemmt würde. Das geschah in Borg. Nach Skallagrímurs Tod übernahm Egill den Hof, der später noch lange Zeit im Besitz seiner Nachkommen blieb.

Vor dem Hof mit kleiner Kirche steht seit 1981 eine von Ásmundur Sveinsson geschaffene Skulptur, die Egill mit dem Leichnam seines ertrunkenen Sohnes darstellt. Die Skulptur trägt den gleichen Namen wie das Gedicht Sonatorrek, das Egill hier aus Schmerz über den Verlust seines Sohnes verfasste (siehe Kap. "Der Westen", Borgarnes).

überschwemmt war, lässt sich auf zwei 30 bzw. 40 km langen Ringstraßen (533 bzw. 540/537) bequem erkunden. Sehenswert ist die Küste voller Schären und Inseln, Landzungen und Nehrungen, Haffs und Buchten, wo sich die von Brandung und Sanderosion angegriffene Region langsam aufzulösen scheint. Die Landschaft ist eine grüne, von Wollgras überzogene Weite mit Erdbülten, Birkensträuchern und niedrigen, glazial überformten Basaltrücken, die Ruhe und Abgeschiedenheit bietet.

Kurz vor der Ringstraße liegt mit *Borg á Mýrum* ("Moorburg") einer der berühmtesten Höfe im ganzen Land.

- *Verbindung* **Bus** ab Vegamót (Kreuzung 54/56, in den Fahrplänen häufig mit Gröf bezeichnet) von/nach Reykjavík und von/nach Hellissandur, Ólafsvík, Grundarfjörður, Stykkishólmur bis zu 2-mal tgl.
- *Essen/Einkaufen* In Vegamót (Kreuzung 54/56), tgl. 10–22 Uhr, sehr netter **Imbiss/Cafeteria**; belegte Brote ISK 300, Hamburger ab ISK 400, Gerichte mit Lamm und Fisch um ISK 1.100, selbst gebackener Kuchen. Kleiner, gut sortierter Lebensmittelladen.
- *Kunsthandwerk* **Galerie Sóla**, Brúarland, ✆ 4371817. 16 km vor Borgarnes fertigt die sympathische Künstlerin Snjólaug Schmuck und Knöpfe aus Muscheln, zudem webt sie, z. B. Decken, Läufer und Kissen, und stellt selber Filz her, den sie einfärbt und zu schönen Landschaftsbildern, Bucheinbänden, Hüten und vielem mehr verarbeitet, darunter auch kleine Dinge wie originelle "Energiefutterale".
- *Tankstelle/Autowerkstatt* In Vegamót (Kreuzung 54/56), ✆ 4356690, Tanken nur mit Kreditkarte; die Angestellten wissen aber einen Ausweg für Leute, die nur bar bezahlen können.
- *Schwimmbad* Beim **Hof Lýsuhóll** (s. u.) steht ein von einer Mineralquelle beheiztes Thermalfreibad mit Hot Pot, 1.6.–25.8. Mo–Fr 13–21, Sa/So 10–22 Uhr. Beim **Hótel Eldborg** (s. u.) Freibad mit Hot Pot, offen auf Anfrage.
- *Übernachten/Camping/Essen/Reiten – westlich von Vegamót* **Böðvarsholt**, ✆ 4356699/8658818, farbenfrohes Gästehaus mit 5 hübschen, frisch renovierten Zimmern, DZ ISK 8.400, Frühstück. Ein zweites, ebenfalls neu renoviertes Haus im ehemaligen Kindergarten mit über 20 Betten ist gut für Leute, die sich selber bekochen wollen. Reittouren von einer halben Stunde bis zu 10 Tagen; Organisation von Ausflügen.

Hof Lýsuhóll (FH), ✆ 4356716, 📠 4356816, 3 gemütliche Sommerhäuser für je 2–4 Pers. mit Küche, Bad ISK 6.500/Nacht; 1 große und hübsche, sehr gut ausgestattete Ferienwohnung (sogar mit Waschmaschine) für 4–6 Pers., ISK 9.500/Nacht. Leckeres Frühstück bei der hilfsbereiten, fröhlichen Besitzerin Jóhanna in der Küche; auf Anfrage Mittag- oder Abendessen. Reiten

ISK 2.000/Std., für Gäste 1.700, ab 2 Std. günstiger. Angeboten werden auch 7/10-Tagesritte entlang der Südküste, alles inkl. (auch Abholung vom Flughafen) ISK 94.500/ 135.000. Forellenangeln für Gäste umsonst. Zum Hof gehört im Sommer ein Schwimmbad (s. o.). Herzliche Atmosphäre.

Gistiheimilið Langaholt (FH), ✆ 4356789, ✆ 4356889, 25 Betten in Zimmern bis 3 Pers., DZ mit/ohne Bad ISK 7.000/6.000. Geräumige Zimmer mit Waschbecken im großen Gebäude des einstigen Bauernhofes; Küche. SSU in riesigem Saal unter dem Dach ISK 1.800; Camping ISK 500/Pers., Duschen ISK 150 extra. Frühstück und ausgezeichnetes Abendessen. Das Gästehaus liegt genau am Golfplatz – wer's probieren möchte: für Gäste ISK 1.000, ansonsten ISK 1.500.

Hof Ytri-Tunga (FH), ✆ 4356698, ✆ 4356890, schöner Hof in wunderbarer Lage genau am Wasser, mit Wiese und Spielplatz für Kinder. 22 Betten in freundlichen Zimmern mit/ohne Bad in verschiedenen Häusern mit viel Holz, z. B. im ehemaligen Schafstall und in einem gemütlichen Haus für 8 Pers., wo jedes Zimmer seinen eigenen Eingang hat. Ab ISK 3.500/Pers. inkl. Frühstück im Wintergarten. Vom Hof führt eine direkte Zufahrt ans Wasser, wo oft Seehunde beobachtet werden können.

Gistiheimili Hof, ✆ 4356802/8463897, 2003 eröffnetes Gästehaus mit 6 Apartments für 6–10 Pers. in großem, hellem Holzhaus mit Grassodendach bei jungem Paar. In allen Apartments Küche, Bad, 3 Schlafzimmer und Platz für 5 Matratzen unter dem Dach. DZ ISK 2.100/Pers., SSU 1.000. Verkauf von Angellizenzen (Lachs, Forelle) ISK 4.800.

• *Übernachten/Camping/Essen/Reiten – östlich von Vegamót* **Hótel Eldborg**, ✆ 4356602/4356603, freundliches Sommerhotel (1.6.–25.8.) an der Str. 567 mit 18 DZ mit/ ohne Bad, ISK 6.900/5.900; die meisten ohne Bad, dann mit Waschbecken. SSU für 80 Gäste ab ISK 1.100; Frühstück. Camping ISK 400. Im hellen Speisesaal (19–21 Uhr) Fisch um ISK 1.000, Fleisch um ISK 1.700. Freibad (s. o.), Organisation von Ausflügen.

Hof Snorrastaðir (FH), ✆ 4356628, ✆ 4356627, 4 große Sommerhäuser für 6 Pers. mit Küche, Bad ISK 7.500/Nacht, 25 SSU in Zimmern für 2–5 Pers. ISK 1.700/Pers., Küche. Noch mehr SSU auf Matratzen in anderem Haus. Camping ISK 500/Pers. inkl. Dusche. Angeboten werden auch empfehlenswerte Reitausflüge an der Küste mit Strand entlang, ISK 1.500/Std., für 3 Std. ISK 4.000.

Ensku húsin/The Old English Lodge, am Lachsfluss Langá, nur 6 km von Borgarnes, ✆ 4371725/4371826, ✆ 4371734. Urgemütliches Gästehaus mit Charme und Stil in einer 1884 gebauten "Fishing Lodge". Von 1919 bis 1949 gehörte sie der Engländerin Kennarth, die im Sommer zum Fischen herkam. So tauften die Leute der Gegend das Häuschen mit seinen niedrigen Decken und dem knarrenden Holzboden "English Lodge". Heute gibt es in dem Familienbetrieb 10 DZ und 1 EZ; im ältesten Teil mit bunt gestrichenen Holzwänden und Waschbecken, im neueren von 1927 teilweise mit Bad und moderner. In jedem Zimmer mindestens ein altes Möbelstück aus dem frühen 20. Jh. DZ im alten Teil ISK 4.500, SSU 1.800/Pers., im neuen DZ mit/ohne Bad ISK 7.800/6.000. Frühstück und Abendessen im Speiseraum voller alter Fotos, mit Möbeln aus Miss Kennarth Zeit und viel Flair.

Wanderungen

(s. Karte S. 535)

Zum Lavaring Eldborg (8) (h/r 1,5 Std.): Die Wanderung zum von der Str. 54 ausgeschilderten Lavaring beginnt beim Hof Snorrastaðir, der über eine 2 km lange Zufahrt erreicht wird. Die Brücke vor dem Hof muss überquert werden, dann beginnt rechter Hand hinter dem Gartentor am Fluss der Wanderweg. Da die Gegend von hier an unter Naturschutz steht, halte man sich streng an die vorgegebenen Wege.

Von Lýsuhóll an die Nordküste (9) (nur hin 1,5–3 Std.): Vom Hof Lýsuhóll aus lässt sich über den historischen Pass Lýsuskarð eine einfache Wanderung nach Grundarfjörður an der Nordküste unternehmen, die schöne Ausblicke zu beiden Seiten der Halbinsel bietet.

An der nördlichen Strandirküste

Die Westfjorde

Diese Strecke entfaltete von allen bisherigen Küstenlandschaften den eigenartigsten malerischen Zauber. (...) Die wirr unterbrochenen Felsterrassen sehen zertrümmerten Riesenburgen gleich, immer von neuem aufgethürmt und immer wieder gewaltsam zerbrochen. Wie düstere Spukgestalten ziehen sie am Blick vorüber, bis plötzlich eine weite Bucht sich aufthut und die glitzernden Schneefelder des dahinterliegenden Gebirges herabwallen bis an den Rand der See.

(Alexander Baumgartner, 1889)

Auf der nur durch eine 10 km breite Felsenbrücke mit dem Rest des Landes verbundenen, fächerförmigen Halbinsel im Nordwesten reiht sich ein Fjord an den nächsten. Dazwischen thronen schroffe Bergrücken und unter steilen Felswänden liegen helle Sandstrände, kauern kleine Fischerorte.

Etwa siebzig Fjorde und Buchten schneiden sich sanft oder spitz, kurz oder über viele Kilometer in die stark zergliederte Küste der Westfjorde ein. So erklärt es sich, dass Letztere mit ca. 2.100 km Länge etwa ein Drittel der Küstenlänge Islands ausmacht, obwohl die Halbinsel nur ein Zwölftel der Landesfläche einnimmt. Zwischen den Fjorden erstrecken sich Plateaulandschaften mit 400–800 m hohen Tafelbergen, die fast überall steil zum Fjord hin abfallen und kaum Platz für Unterland lassen. Die Region war schwierig zu besiedeln. Die Menschen, vom Fischreichtum in den Gewässern angezogen, bauten ihre Siedlungen vor allem auf Landzungen, die als Reste von Endmoränen in die Fjorde hineinreichen und geschützte Häfen gewährleisten. Die Endung vieler Ortsnamen weist auf diese Entstehung hin: *eyri* heißt "Sandbank".

Karte S. 571

Die Westfjorde sind eine einsame Gegend. 1910 wohnten hier über 13.000 Menschen, heute sind es 5.000 weniger und damit nicht einmal 3 % der isländischen Bevölkerung. Ein Drittel von ihnen wohnt in Ísafjörður, dem Zentrum der Region. Verlassene Höfe gehören zum Landschaftsbild. Keine andere Gegend Islands ist so stark von der Abwanderung betroffen wie diese isolierte Halbinsel, auf der es gilt, mit extremen Bedingungen klarzukommen. Im Winter schafft es die Sonne vielerorts zwei Monate lang nicht über die hohen Berge, sind zahlreiche Straßen wegen des starken Schneefalls geschlossen, allen voran die Bergstraßen. Auch im Sommer ist der Weg zum restlichen Island weit – wegen des abenteuerlichen Straßennetzes aus Bergpässen, Stichstraßen und langen Schotterpisten um die Fjorde herum. Durch die Rationalisierung der Fischindustrie und den Verkauf von Fangquoten gingen viele Arbeitsplätze verloren. Die Isländer sind aber auch nicht mehr unbedingt gewillt, in dieser Industrie zu arbeiten; manche ziehen lieber fort. Ihren Platz in der Fischfabrik nehmen Immigranten ein. Von denen gibt es in den Westfjorden mittlerweile viele, u. a. aus Polen, Ex-Jugoslawien und Thailand. In Ísafjörður wurde für sie das "West Fjords Multicultural and Information Centre" eröffnet.

Während die Bewohner der Westfjorde ihre Heimat in Richtung Hauptstadtregion verlassen, ist seit einigen Jahren – wenngleich in viel geringerem Umfang – der entgegengesetzte Trend zu bemerken: Städter auf der Suche nach Stille und grandioser Natur kaufen verlassene Höfe und siedeln hierhin um, richten auch Gästehäuser ein oder bieten für Touristen Aktivitäten wie Kajaktouren oder Ausflüge an.

Autorentipps: Besondere Erlebnisse sind ein Spaziergang durch den fast vollständig verlassenen Ort Djúpavík und ein Bad im Schwimmbad Krossnes (beide nördliche Strandirküste), Abstecher zum Ziergarten Skrúður am Dýrafjörður und zu den Künstlerhäusern im Selárdalur am Arnafjörður sowie der Besuch der Alten Schmiede in Þingeyri. Sehr sehenswert ist die Ausstellung in Reykhólar. Schön Kaffee trinken lässt es sich im Faktorshúsið in Ísafjörður, ein gutes Restaurant ist das Café Riis in Holmavík. Übernachtungstipps: das Gamla gistihúsið in Ísafjörður, Heimagisting in Holmavík und die Jugendherberge Kirkjuból südöstlich von Flateyri.

Geologie: Die während der letzten Kaltzeit abgeschliffenen Tafelberge bestehen aus bis zu mehr als 50 übereinandergestapelten Schichten erkalteter tertiärer Lava (Basalt), zwischen denen u. a. noch Schlacken und Sedimentlagen liegen. Ganz im Nordwesten befindet sich unter diesen Basaltlagen das mit rund 16 Mio. Jahren älteste Gestein Islands. Zum Meer hin hat die Brandung hohe Steilküsten ausgespült, darunter auch das Kap Bjargtangar am westlichsten Punkt Europas, wo im Sommer etwa 1 Mio. Seevögel nisten.

Wo die Fjorde liegen, gab es wahrscheinlich aufgrund von Schwächelinien im Gestein bereits vor Jahrmillionen flache, von Flüssen durchzogene Täler. Die Gletscher der Kaltzeit hobelten diese dann zu Trogtälern aus, vertieften und verbreiterten sie; nach ihrem Rückzug füllte das Meer sie zu Fjorden auf. Von den Gletschern blieb nur der mittlerweile auf etwa 160 qkm zusammengeschmolzene Drangajökull. Die einstige Eiskappe des Gláma-Plateaus ist seit Anfang des 20. Jh. komplett verschwunden.

Vulkanische Aktivität gibt es in den Westfjorden nicht, aber einige heiße Quellen für die Versorgung von Schwimmbädern und Hot Pots mit geothermalem Wasser.

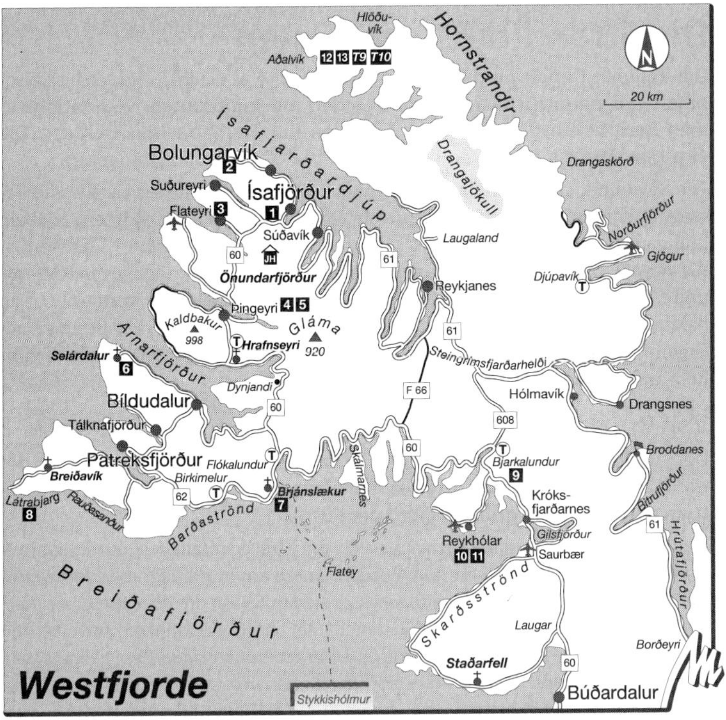

Streckeninfos/Tipps für Radler: Jedes Jahr werden Teilstücke des Straßennetzes asphaltiert; in naher Zukunft sollen die gesamte Strecke von Hólmavík nach Ísafjörður und die Südküste geteert sein. Außerdem ist der Bau einiger Brücken geplant. Bislang verläuft die Fahrt aber auf allen Nebenstraßen und dem größten Teil der Hauptstraßen noch auf Schotterpisten. Bei trockenem Wetter sind sie problemlos zu befahren; die Südküste, die nördliche Strandirküste und andere wenig befahrene Pisten erfordern jedoch wegen zahlloser Schlaglöcher vor allem von Radfahrern bisweilen ein mühsames Gezirkel. Südlich von Ísafjörður beginnt der abenteuerliche längste Tunnel von Island, der sich nach 2 km in zwei einspurige Röhren aufspaltet und für den Radfahrer auf jeden Fall ein Rücklicht brauchen. Die Fjordumrundungen bieten Radwanderern den Vorteil, dass der Wind unmöglich den ganzen Tag von vorne kommen kann. Im Westen sind zahlreiche steile, bis zu 550 m hohe Bergpässe zu bewältigen.

Einkaufsmöglichkeiten existieren an der Nordküste nur in und um Ísafjörður, an der Südküste nur in Reykhólar und Króksfjarðarnes. Detaillierte Auskunft über die aktuelle Versorgungslage geben die jährlich neu aufgelegten, in drei Regionen unterteilten Broschüren "Vestfirðir" des Fremdenverkehrsverbands, die kostenlos ausliegen. Der Verband gibt auch einfache, kostenlose Wanderkarten mit Beschreibungen heraus.

Die Strandirküste im Osten

Die Region Strandir an der Ostküste bietet eine abwechslungsreiche Landschaft aus hauptsächlich kleinen Fjorden mit imposanten, vegetationsarmen Bergrücken und zahllosen Stränden mit Treibholz im Überfluss. Die einzigen Orte mit Einkaufsmöglichkeit sind Hólmavík und Drangsnes.

Die Bewohner von Strandir haben Glück: Günstige Strömungsverhältnisse liefern ihnen gratis massenweise Treibholz, das zum Bau von Booten, Möbeln und ganzen Häusern reicht. Nach vier bis zwölf Jahren auf dem Meer werden die vor allem aus Sibirien stammenden, mit Salzwasser imprägnierten Kiefern- und Lärchenstämme hier angespült. Die Strände sind alle in Privatbesitz, man darf nur vom eigenen Strand Treibholz nehmen bzw. muss den Besitzer um Erlaubnis fragen. In ganz Island werden jährlich etwa 300.000 Stücke Treibholz aufgesammelt.

Von Brú nach Hólmavík (114 km)

Der südliche Abschnitt von Strandir ist sanfter und dichter besiedelt als der nördliche. Auf teils geschotterter, teils geteerter Straße geht es zum Zentrum der Region am größten Fjord der Küste.

Den Hrútafjörður entlang schwingt sich die Straße anfänglich durch sanftes, grünes Land mit Heuwiesen und Weiden; unten am Fjord liegt das kleine Dorf *Borðeyri*, wenige Kilometer weiter zweigt die Str. 59 ab, die über die Laxárdalsheiði nach Búðardalur führt. Bald taucht der erste Treibholzstrand auf und langsam wird die Landschaft schroffer. Über einen niedrigen Pass gelangt man in den kurzen, von steilen Hängen umgebenen Bitrufjörður mit wenig Unterland, die Straße führt auf und ab, bevor sie in einem kilometerlangen, steilen Anstieg den 260 m hohen Bergrücken überwindet, an dessen Nordseite der Kollafjörður auftaucht. Wo ein Strand ist, ist Treibholz – bereits zum Abtransport aufgestapelt oder noch wie eben angespült auf den grauen Steinen verteilt, zwischen angeschwemmten Netzen und Bojen, alten Kanistern. Vom Inneren des 8 km langen Fjordes zweigt die Passstraße 69 ab, die über die 330 m hohe Steinadalsheiði auf 17 km an den Gilsfjörður führt. Sie ist nicht sehr steil und im Sommer vorsichtig mit dem Auto zu befahren. An der kleinen Kirche Kollafjarðarnes vorbei knickt die Straße ab und führt um den Bergrücken in den Steingrímsfjörður, den mit 28 km Länge und einer Öffnung von 7 km Breite größten Fjord des Bezirks mit zahlreichen Buchten und grauen Stränden. Bei *Kirkjuból* lässt sich eine einfache, knapp 5 km lange Wanderung den Hang hinauf unternehmen. Von oben sieht man bei schönem Wetter den Gletscher Drangajökull. 7 km vor Hólmavík führt die 26 km lange, im Sommer bei trockenem Wetter gut mit dem PKW zu befahrende Str. 605 über die 420 m hohe Hochebene an die Westküste. Beim Wasserfall in der Schlucht beim Hof Húsavík entdeckt das geübte Auge Braunkohleschichten aus dem Tertiär und Fossilien.

- *Autowerkstatt* In Bordeyri, **Sveins Karlsonnar**, ✆ 4513362.
- *Bank* In **Bordeyri**, Mo–Fr 13–16 Uhr.
- *Café* Im Gemeindehaus Sævangur am Steingrímsfjörður, im Sommer 10–18 Uhr freundliches Café mit Blick auf den Fjord und auf Hólmavík, hier Kaffee, Tee, Waffeln mit Sahne, Kleinur und Brot mit *hangikjöt*.

Kein Strand ohne Treibholz

• *Einkaufen/Tankstelle* In **Bordeyri** Lebensmittelgeschäft und Tankstelle, Mo–Fr 9–12 und 13–18 Uhr, hier auch Kaffee. Im Bitrufjörður auf dem **Hof Óspakseyri** mit Kirche Lebensmittelgeschäft, nur Mi 10–16 und Sa 10–12 Uhr.

• *Übernachten/Camping* **Hof Snartartunga** (FH), ✆ 4513362, im Inneren des Bitrufjörður auf einer Farm ca. 1,5 km von der Hauptstr. bei herzlicher Besitzerin. 1.6.–31.12., 1 Apartment mit DZ, Schlafsofa, Küche, Bad ISK 5.000; 1 buntes DZ ISK 3.200/Pers. inkl. Frühstück oben bei ihr in der Küche; SSU ISK 1.400. Alle Zimmer einfach, aber sauber. Reiten ISK 1.400/Pers.

Schule Broddanes, ✆ 4513347, am südlichen Ende des Kollafjörður 20.6.–21.8. 20 SSU in 2 Räumen, ISK 1.000, mit Kochgelegenheit.

Kirkjuból (FH), ✆ 4513474, knapp 12 km südlich von Hólmavík, familienfreundliches neues Gästehaus mit 5 DZ, von denen 2 problemlos in Familienzimmer verwandelt werden können. Küche, Bad, Wohnzimmer, Garten mit Spielhaus; Frühstück. DZ ISK 2.200/Pers., SSU 1.600. Rabatt für Kinder. Der nette Besitzer Jón weiß alles über Aktivitäten, Wanderungen etc. in der Umgebung.

Zeltplatz Borðeyri, auf Wiese am Hang vor dem Fjord und bei Gemüsebeeten, WC und Kaltwasser, ISK 700/Zelt.

Ausstellung zur Schafzucht in Island: Im Gemeindehaus Sævangur am Steingrímsfjörður öffnete 2002 eine sehenswerte Ausstellung zu den Tieren, denen man auf einer Islandreise ständig begegnet: Schafe. Fotos, landwirtschaftliche Geräte und die Erklärungen eines Schafbauern führen die Besucher durch ein Jahr auf der Schaffarm – von der Geburt der Lämmer im Frühjahr über die Heugewinnung im Sommer und den Abtrieb, das Schafscheren und Schlachten der Lämmer im Herbst bis zur Stallhaltung im Winter, während der die Tiere gedeckt werden. Zwischen Sensen und Haken, Scheren und Fellen und einem nachgebauten Stall kann man z. B. hören, dass ein Lamm im Alter von drei Monaten geschlachtet werden muss, um gutes Fleisch abzugeben, und dass die Farmer beim Abtrieb bis zu zehnmal losziehen müssen, um alle Tiere zu finden. In früheren Zeiten hatten alle Schafe Namen. Es liegen alte

Notizbücher von Schafbauern aus, in denen jedes Tier verzeichnet ist, mit Angaben zu seinen Lämmern, Besonderheiten etc. Die Ausstellung ist so interessant, dass selbst alte Schafbauern häufig einen ganzen Tag hier verbringen, in Jahrbüchern blättern und sich erinnern. Es gibt auch ein hübsches Café.

Öffnungszeiten 1.6.–31.8. tgl. 10–18 Uhr, ISK 400. 2003 sind Texte in Englisch und Deutsch geplant.

Die Zauberer von Strandir

Auf dem Wappen des Bezirks Strandir findet sich das magische Symbol *Ægishjálmur* – Ægis Helm, ein Zauberzeichen, das schon in der Eddischen Dichtung Erwähnung fand. Zahlreich sind die in alten isländischen Sagas festgehaltenen Geschichten über das Auferwecken von Toten, eine Macht, derer die Menschen in Strandir in besonderem Maße mächtig gewesen sein sollen. Sie galten als listig und zauberkundig, als überragend im Umgang mit Geistern. "Auf den Kopf fiel der Held, schmerzend seine Glieder. Unklug ist's zu ringen mit den Zauberern von Strandir", liest sich ein in einem Nachbarbezirk verfasster Vers. Einer der berühmtesten Zauberer der Sagazeit war neben Egill Skalagrímsson Svanur aus Strandir, über den in der Njáls saga berichtet wird.

Zauberei war Teil der germanischen Religion und im abgelegenen Strandir hielten sich Reste der alten Traditionen länger als in anderen Landesteilen. Die Hexerei war wohl ein Männerberuf, es sind nur wenige weibliche Zauberer bekannt. Bis ins 17. Jh. konnte weitgehend ungestraft gehext werden, nach der Reformation aber galten Zauberei und Magie als Straftaten und es kam zu zahlreichen Prozessen. Hierfür reichte schon der Besitz von magischen Runen. Wer ein Zauberbuch besaß, beging ein Kapitalverbrechen; dennoch sind bis heute noch viele erhalten. Die häufigste Strafe für die Beschäftigung mit Zauberei war die Auspeitschung, die schwerste lautete auf Verbrennung. Von 21 Isländern ist bekannt, dass sie den Tod auf dem Scheiterhaufen fanden. Wie viele es tatsächlich waren, ist unbekannt. Dokumentiert ist jedenfalls, dass sich die meisten Prozesse und Verbrennungen in den Westfjorden ereigneten.

Hólmavík (380 Einw.)

Weit streckt sich der bunte Ort in den Fjord hinein, bewacht von der kleinen, weißen Kirche auf einem Hügel. Im alten Ortsteil finden Besucher ein schönes Restaurant und ein lohnendes Museum zur Zauberei in Strandir.

Das Verwaltungszentrum der Region besteht aus zwei durch die Hafnarbraut miteinander verbundenen Teilen; Tankstelle und Supermarkt, Information und Zeltplatz finden sich gleich am Ortseingang. Von der schlichten, holzverkleideten Kirche (1957–68), an der aus Geldproblemen elf Jahre lang gebaut wurde, bietet sich ein schöner Blick auf den malerischen alten Ortsteil. Auffällig sind die vielen Blumen, wild wachsend oder in Gärten; am Hafen liegen sehenswerte alte Holzschiffe auf dem Trockenen.

Voraussichtlich wird 2003 im Sportkomplex bei der Touristeninformation ein Schwimmbad eröffnet. Die nötige Wärme soll das Müllverbrennungssystem liefern, denn die nächste bekannte heiße Quelle liegt zu weit weg und zu tief im Kollafjörður.

Verbindungen/Adressen

- *Information/Kunsthandwerk* Am Ortseingang im Gemeindehaus, ✆ 4513465, 10.6.–15.9. tgl. 8.30–20, Di/Mi nur bis 16 Uhr. Hilfsbereite Information, in der es auch Kaffee gibt und in der Kunsthandwerk von Bewohnern der Gegend verkauft wird, z. B. Holzfiguren und -gefäße, Wollwaren, Marmelade. Verkauf von Lizenzen zum Angeln und Golfen (ISK 1.500).
- *Internet* In dringenden Fällen 15 Min. lang für ISK 100 in der Touristeninformation.
- *Verbindung* **Bus** hält an Tankstelle, Post und Café Riis, ✆ 4553107, 1.6.–31.8. Di, Fr und So 1-mal tgl. von/nach Reykjavík sowie Ísafjörður; nach Drangnes Fr 1-mal.
- *Versorgung* Arzt/Apotheke (Borgarbraut 8, am Hang), Autowerkstatt (**Vík** am Hafen, ✆ 4513131/8975843; Reifendienst auch am Ortseingang), Banken (Hafnarbraut 25 und 19, Letztere mit Geldautomat), Polizei, Post (Hafnarbraut 19), Supermarkt am Ortseingang, Mo–Do 9–18, Fr 9–19, Sa 11–15 Uhr.

Übernachten/Camping/Essen

- *Übernachten/Camping* **Heimagisting**, Kópnesbraut 17, ✆ 4513117/8923517, liebevoll und aufmerksam gestaltetes, stilvolles B&B am Strand in ruhiger Lage bei der Priesterin Sigríður (beim Café Riis links abbiegen und die Straße bis zum Strand durchgehen. Gästehaus ist am Gewächshaus zu erkennen). 2 DZ und 1 EZ, gut und hübsch möbliert, ISK 2.500/Pers., SSU 1.800; Frühstück. Moderne kleine Küche.

Gistiheimili, Borgarbraut 4, ✆ 4513136, oben am Hang im gelben Wellblechhaus, 21 Betten in 10 hellen, einfachen Zimmern mit Waschbecken auf 2 Etagen, jede mit Küche und Bad; DZ ISK 2.000/Pers., SSU 1.500; auf Anfrage Frühstück. Vermieten auch ein Sommerhaus an der Str. 61 für 12 Pers., mit Küche und Bad, ISK 5.000/Nacht. Anmeldung und Schlüssel hier.

Hólmavík ist das Zentrum der Strandirküste

Die Westfjorde Karte S. 571

Zeltplatz bei der Touristeninformation am Ortseingang, WC und Kaltwasser, ISK 300/Pers.; Dusche im Gemeindehaus ISK 200, Waschmaschine ISK 200.

• *Essen* **Café Riis**, Hafnarbraut 39, ✆ 4513567, 1.6.–1.9. 11.30–23.30, Fr/Sa bis 3 Uhr. Restaurant im ältesten Haus des Ortes, 1897 als Handelskontor gebaut und 1996 renoviert. Die Fußböden in 2 der 3 Säle sind aus Treibholz gezimmert, überall sind in Balken magische Symbole eingeritzt. In warmer Atmosphäre gibt es beliebte Fischgerichte ab ISK 1.500, Fleisch wie Lamm mit Kroketten und Blaubeersoße ab ISK 1.650, Pizzen, leichte Gerichte, Kuchen und Waffeln. Jeden Tag Fisch und Suppe des Tages. Am Wochenende oft Live-Musik.

Imbiss an der Tankstelle, tgl. 9–23.30 Uhr, Suppe ISK 450, große Auswahl an Hamburgern, Sandwiches und belegten Broten; Kaffee.

Sehenswertes

Zauberei und Magie in Island: In der gut gemachten Ausstellung im kleinen schwarzen Holzhaus mit Grassodendach, einem ehemaligen Lagerhaus, erfährt man, wie Menschen einst versuchten, sich unsichtbar zu machen und wie mit einer Leichenhose Reichtum angehäuft wird. Es werden Persönlichkeiten vorgestellt, die der Zauberei verdächtigt wurden, weil sie z. B. Geister vertrieben, und zwischen Runenzeichen und Zauberbüchern, magischen Steinen, Knochen und Tinkturen erhebt sich ein Toter aus seinem Grab... Drei weitere Ausstellungen zum selben Thema sind in der Region Strandir in Vorbereitung.

Öffnungszeiten **Galdrasýning**, Höfðagata 8–10, ✆ 4513525, 1.6.–31.8. tgl. 10–18 Uhr, ISK 400.

Von Hólmavík in den Norden (110 km bis Schwimmbad Krossnes)

Das einsame Nordstrandir mit seinen hohen, steilen Bergen, kargen Hängen und nur wenig Unterland bietet eine dramatische Szenerie. Einst blühende Orte sind weitgehend verlassen. Die Fahrt verläuft auf einer Stichstraße.

Wo 12 km hinter Hólmavík vom engen Inneren des Fjordes die Str. 61 zur Hochebene Steingrímsfjarðarheiði abknickt, beginnt die ruhige Str. 643, die sich als geschotterte Piste am Húnaflói entlang über Bergrücken und durch Fjorde nach Norden windet.

Von der Nordküste des Steingrímsfjörður geht es auf 7 km über den ca. 150 m hohen, steinigen und mit Seen gesprenkelten Bergrücken Bjarnarfjarðarháls hinüber zum Bjarnarfjörður.

▸ **Um den Bjarnarfjarðarháls nach Drangsnes**: Dieser 35 km lange Umweg auf holperiger Straße lohnt sich wegen der idyllisch grünen Landschaft an der schären- und inselreichen Küste von Selströnd, wegen eines originellen Hot Pot in Drangnes und – auf dem letzten Abschnitt – wegen der Aussicht auf die gewaltigen, schneebedeckten Berge am Bjarnarfjörður. Selströnd ist bekannt für seine Eiderentenkolonien und Seehundsbänke; vor der Küste erhebt sich mit Grímsey die größte Insel in Strandir voller Papageientaucher. Einst wurden hier Füchse gezüchtet, seit 1932 ist die Insel unbewohnt.

Drangsnes (100 Einw.): Der Name des kleinen Ortes mit seiner bunten Häuserreihe am Wasser und einer Salzfischfabrik geht auf einen Felsen vor der Küste zurück. Der Legende nach ist er eine versteinerte Trollfrau, die bei ihrem Vorhaben, einen Graben zwischen den Westfjorden und dem Rest von Island zu schaufeln, von der Sonne überrascht wurde und zu Stein erstarrte. 1996 wurde genau vor der Küste heißes Wasser entdeckt und noch in dersel-

Drangsnes lädt zur Badepause ein

ben Woche platzierten die Einwohner zwei Hot Pots zwischen den Steinen. Im Winter 2001/2002 holte sich die raue See einen der Pools, doch wurde gleich Ersatz beschafft. Schließlich sind die ca. 40 °C heißen Pötte beliebter Treffpunkt, nachmittags für die Kinder, am Abend für die Erwachsenen, die hier ihr Bier genießen. Manchmal sind sogar Wale zu beobachten. Im Winter sitzt man mit Mütze im heißen Wasser und beobachtet die Nordlichter.

• *Verbindung* 1.6.–31.8. Fr von/nach Hólmavík und Reykjavík.

• *Versorgung* Post (im hellen Haus mit Basketballkorb unterhalb des Zeltplatzes, Mo–Fr 9–12 und 13–16.30 Uhr), Supermarkt (Mo–Do 9–18, Fr 9–19, Sa 11–15 Uhr), Tankstelle funktioniert nur mit Shell-Karte.

• *Hot Pot* Kostenlos an der Aðalbraut beim Spielplatz; vorher muss im Gemeindehaus oben am Hang beim Zeltplatz geduscht werden (ebenfalls kostenlos, Tür immer offen).

• *Bootstouren* Mit **Sundhani ST-3**, ✆ 4513238/8922538, geht es nach Bedarf für mind. 8 Pers. zum Hochseeangeln, ISK 1.000/Pers., auch nach Grímsey oder Hornstrandir. Auf Anfrage Start in Norðurfjörður, Hólmavík oder Djúpavík.

• *Übernachten/Camping* Im gelben **Gemeindehaus** SSU auf Matratzen im Tanzsaal, ISK 1.000; Küche, Dusche.

Kleiner, netter **Zeltplatz** am Hang mit Terrassen und Blick aufs Wasser, ISK 800/Zelt inkl. WC und Dusche im Gemeindehaus nebenan.

Bær III, ✆ 4513241, 3 km nördlich von Drangsnes 4 nette DZ in einem für seine Gastfreundschaft gelobten Gästehaus; DZ ISK 2.500/Pers., SSU 1.500. 2 Bäder, Frühstück im Wintergarten mit Blick auf den Fjord und Grímsey. Sommerhaus mit 2 Hälften für je 5 Pers. mit Küche, Dusche, ISK 5.500/Nacht. Auf Anfrage alle Mahlzeiten, Kaffee und Kuchen. Angellizenz ISK 1.000. Im Spätsommer auf Anfrage Ausflüge zum Blaubeersammeln.

▸ **Weiterfahrt auf der Str. 643**: An der Kreuzung der Str. 643 und 645 öffnet sich eine fruchtbare, grüne Ebene. In dieser schönen, friedlichen Atmosphäre liegt die seit 1992 geschlossene Schule Laugarhóll, heute ein Sommerhotel. Nahe dem Schwimmbad wird zurzeit in einer Torfhütte eine "Hexenküche" eingerichtet:

Die Westfjorde
Karte S. 571

eine Ausstellung mit den Utensilien eines Zauberers (Eröffnung voraussichtlich 2004). Schließlich war der Bjarnarfjörður die Heimat des berühmten Zauberers Svanur aus der *Njáls saga*; im 18. Jh. lebten hier zwei aus Volkssagen bekannte Magier. Am Hang hinter dem Hotel liegt ein heiliger Hot Pot, der um 1200 vom Bischof Guðmundur góði angelegt und geweiht wurde. Das Baden in ihm ist verboten, doch gibt es beim Schwimmbad Ersatz. Von Laugarhóll ist eine 20-minütige Wanderung zum Wasserfall Goðafoss möglich, der in eine Schlucht stürzt.

• *Übernachten/Camping/Essen* **Hótel Laugarhóll**, ✆ 4513380, 📠 4513580, gemütliches Hotel mit 17 hellen DZ mit/ohne Bad ISK 8.500/5.400, oder Waschbecken 4.500, SSU ab 1.200; Frühstück. Im Winter vorbuchen. Camping am Fluss, WC und Warmwasser (kein Trinkwasser), ISK 700/Zelt. Dusche im Schwimmbad ISK 150. Im liebevoll dekorierten Speisesaal mit Wildblumen (12–14 und 19–21 Uhr) serviert Matthías, der charmante Besitzer französischer Abstammung, eine Auswahl exquisiter Speisen, tgl. je 2 Entrées, Fisch- und Fleischgerichte und Desserts, z. B. flambierten Fisch mit Spinatcreme, ISK 1.600. Den ganzen Tag lang Kaffee und Kuchen.

• *Schwimmbad* Beim Hotel, tgl. 10–21.30, Do nur bis 14 Uhr, Freibad mit natürlichem Hot Pot.

▸ **Weiterfahrt:** Bei der Weiterfahrt wird die Straße schlechter, die Gegend steiniger, die Bergwelt schroffer und die Atmosphäre dramatischer. Ab und an stürzen sich schmale Wasserfälle den steilen Hang hinunter. Überall wartet Treibholz darauf, aufgesammelt zu werden. Bisweilen ist die Steinschlaggefahr groß. Schilder aus Treibholz weisen den Weg zu Wanderwegen und vereinzelten Höfen. Vom verlassenen Hof Kaldbakur in der kleinen Bucht Kaldbaksvík können geübte Wanderer den 854 m hohen Lambatindur erklimmen (h/r 6 Std.), was mit einem Panoramablick in alle Richtungen belohnt wird. Hinter der Bucht windet sich die Straße um den markanten Byrgisvíkurfjall, mit 744 m einer der höchsten Berge der Umgebung, wo der vielleicht reizvollste Abschnitt der Strecke beginnt. Nach steiler Abfahrt in den von hohen, steilen Bergen eingeschlossenen Veiðileysufjörður geht es mit starkem Anstieg auf den lang gestreckten Bergrücken Kambur (549 m). Von oben bietet sich ein herrlicher Ausblick über Fjord und Bergwelt, bevor sich die Straße kurvenreich in den nächsten Fjord, den Reykjafjörður, hinunterwälzt und vorbei an den Ruinen von Kúvíkur – mehr als 250 Jahre lang das einzige Geschäft im Bezirk – den Blick freigibt auf die romantischen Reste eines einstigen Boomtowns.

▸ **Djúpavík:** Auf den ersten Blick vermutet man nicht, dass in dem Ort mit den bunten Häusern und der großen, verwitterten Fischfabrik nur zwei Menschen das ganze Jahr über leben. Aber die Zeit, als hier mehrere hundert Leute mit dem Salzen und Verschiffen von Hering beschäftigt waren und etwa vierzig von ihnen permanent in Djúpavík wohnten, sind lange vorbei. Die erste Hering-Ära dauerte von 1915–19, die zweite 1935–54. Dann blieb der silberne Fisch aus. Die Pläne, hier stattdessen eine Gefrierhalle zu eröffnen, wurden verworfen, und nachdem der Direktor der Fabrik 1958 zurück nach Reykjavík gegangen war, zogen peu à peu auch die anderen Leute weg. 1982 war keiner mehr da. Zwei Jahre später aber kam ein Ehepaar, renovierte das Haus, das ehemals die Arbeiterinnen beherbergte, und eröffnete hierin 1985 ein wunderschönes Hotel. In der ehemaligen Fischfabrik würden sie gerne eine Ausstellung zur Heringszeit eröffnen; zurzeit dient das Gebäude als Garage für alte

Autos. Von den Häusern im Ort sind sieben renoviert und bewohnbar. Bis zu 20 Personen verbringen den Sommer in Djúpavík. Im Hotel gibt es gute Tipps zu Wanderungen.

- *Verbindung* Mo und Do Flug von Reykjavík nach Gjögur, 18 km nordöstlich, ✆ 5703030; Hotel holt seine Gäste vom Flughafen ab.
- *Touren* Das Hotel bietet **Besichtigung der Fischfabrik**, Mi, Fr, Sa 14 Uhr (besser vorher telefonisch vergewissern), 1,5 Std., bei 2 Teilnehmern ISK 750/Pers., außerdem **Angelausflüge per Ruderboot** ISK 500/Pers. für 30 Min.; auch Verleih von **Kajaks**, Touren mit/ohne Guide ISK 1.000/750 für 30 Min.
- *Tankstelle/Werkstatt* Tankstelle beim Hotel. Dort Bescheid sagen. Hotel hilft auch bei kleinen Autoproblemen, v. a. bei platten Reifen.
- *Übernachten/Essen* **Hótel Djúpavík**, ✆ 4514037, ℻ 4514035, 8 gemütliche DZ mit Waschbecken und altem Holzboden ISK 5.200; Frühstück. In zwei anderen Häusern weitere Betten in Zimmern für 2–4 Pers., hier ISK 2.500/Pers. und SSU ab 1.500; in einem Haus Küche. Auf jeden Fall vorbuchen. Im Hotel liebevoll eingerichtetes Restaurant mit Trockenblumen, Ofen und Bücherschrank. Hier mittags Suppe und Sandwiches, 19–21 Uhr leckere und günstige Gerichte, z. B. gebackener Fisch mit Reis und Currysauce ISK 1.200.

▶ **Weiterfahrt**: Kurvig und mit Steigungen bis 14 % geht es eng an den Felswänden des Sætrafjall entlang weiter zum kleinen Weiler Gjögur an der Öffnung des Fjordes. Einst war dies das größte Fischereizentrum des Bezirks: Im 19. Jh. zogen bis zu 18 Boote gleichzeitig von *Gjögur* zum Haifischfang aus. Heute lebt hier niemand mehr. Auf der sumpfigen Landzunge Reykjarnes liegt hinter dem pyramidenförmigen Berg Reykjarneshyrna (316 m) die kleine Bucht Kistuvogur. Hier fanden früher Hexenverbrennungen statt; ein Thema, das in einer für die kommenden Jahre in der Gegend geplanten Ausstellung behandelt werden soll. Weit öffnet sich der Blick auf die breite Bucht Trékyllisvík mit grünem, fruchtbarem Unterland und deshalb mehreren noch bewirtschafteten Höfen, mit Eiderenten am Strand und dem ältesten Haus in Strandir: der historischen Kirche in Árnes, die trotz des modernen Gotteshauses gegenüber noch genutzt wird.

▶ **Museum und Kunsthandwerkshaus Kört**: Valgeir Benediktsson ist ein Sammler. Alte Kameras, Uhren und Farmgeräte, Musikinstrumente und Haushaltsgegenstände, alle möglichen Dinge aus der Gegend, die er seit seiner Jugend gesammelt hat, stellt er seit 1997 in einem kleinen Haus in Árnes aus, das schon an sich einen Besuch wert ist: Valgeir baute es selber aus Treibholz. Zu sehen sind auch Fotos aus Djúpavíks Zeit als Heringsort. Von Valgeir aus Treibholz gefertigte Schalen, Kerzenständer, Vasen etc. sowie Kunsthandwerk von Frauen der Umgebung liegen zum Verkauf aus.

Öffnungszeiten Jeden Tag, aber keine regulären Öffnungszeiten, ISK 250.

- *Reifenreparatur* Jón G. Guðjónsson in Litla Ávik, ✆ 4514029/8552129.
- *Übernachten/Camping/Essen* In der Schule **Finnbogastaðir** kurz vor Árnes in herrlicher Lage, 14 Betten in 5 Zimmern, SSU ISK 1.400, 10 Matratzen ISK 1.200, Küche, Duschen. Camping im Garten, WC und Warmwasser, Spielplatz; ISK 500/Pers. **Café** im *félagsheimili* beim Museum, im Sommer 12–18 Uhr Kaffee und Kuchen.

▶ **Weiterfahrt**: In der Talöffnung bei Melar zweigt die nur für Jeeps zu befahrene Piste 649 zum Ingólfsfjörður ab, in dem auf der Ostseite noch die Ruine einer Heringsfabrik von 1942 zu sehen ist. Einige Kurven weiter endet die Piste im verlassenen Ófeigsfjörður mit gleichnamigem Hof. Das Fischerboot Ófeigur, mit dem einst von hier zum Haifischfang gefahren wurde, ist im Museum in Reykir ausgestellt (siehe Kap. "Akureyri und der Nordwesten", S. 499).

Das einsame Schwimmbad Krossnes

Für alle Fahrzeuge machbar ist die Weiterfahrt auf der Str. 643 an einer Geröllhalde entlang zum kleinen Norðurfjörður und gleichnamigen Örtchen sowie zum Freibad *Krossnes*. Hierfür wird in der Kurve vor dem Dorf die Piste geradeaus genommen, die den Hang hinaufführt und nach 3,5 km eines der einsamsten und originellsten Schwimmbäder in Island erreicht. Es liegt unten am Meer, direkt am grauen Treibholzstrand. Die Straße führt noch ein paar Kilometer weiter bis Fell, wo sich ein überwältigender Ausblick auf die spitz ins Meer ragenden Berge des Nordens bietet, bevor die Rückfahrt angetreten werden muss.

- *Versorgung* In Norðurfjörður Bank (Mo, Di, Do, Fr 13–16 Uhr), Lebensmittel und Tankstelle (beides Mo–Fr 9–18, Sa/So 13–17 Uhr).
- *Schwimmbad* Freibad Krossnes, täglich 8–21 Uhr.
- *Übernachten/Camping* **Hütte** vom Wanderverein im Norðurfjörður, ✆ 4514017. Im grünen Wellblechhaus 24 Etagenbetten und zusätzlich Matratzen, SSU ISK 1.500; Küche, Bad mit Dusche. Schlüssel im weißen Haus nebenan. Im Garten Camping, ISK 550/Pers.

Gästehaus in Norðurfjörður im großen weißen Haus, ✆ 4514060, 5 DZ, ISK 1.400/Pers., auch 10 SSU auf Matratzen, ISK 1.100; Küche, Bad.

Zeltplatz im Ófeigsfjörður, WC und fließend Wasser, ISK 700/Zelt.

Die Küste am Ísafjarðardjúp

Das etwa 80 km lange Ísafjarðardjúp als größter Fjord der Westfjorde ist dafür verantwortlich, dass die Region in der Form ein bisschen an Hummerscheren erinnert. Es teilt die Westfjorde in die nördliche Dranga- und die südliche Gláma-Halbinsel.

Auf der Dranga-Halbinsel, die nur auf einer kurzen Stichstraße befahren werden kann, thront weithin sichtbar der Gletscher Drangajökull; die einst dicht besiedelte Gegend ist heute so gut wie verlassen. Ihren nördlichen Abschluss bilden die ungebändigte Fjordlandschaft Jökulfirðir und das einsame Naturschutzgebiet Hornstrandir (siehe S. 614). Auch an der Südküste des Ísafjarðardjúp wohnt – abgesehen von der Gegend um das Zentrum der Westfjorde, Ísafjörður – kaum jemand. Hier schneiden sich zahlreiche schmale Seitenfjorde ins Land, die fast alle umrundet werden wollen. Das dauert lange, aber es hat seinen Reiz: Das ständige Ändern der Richtung öffnet immer neue Blickwinkel – auf die bis in den Sommer hinein schneebedeckten Berge von Snaefjallaströnd, auf die grünen, im Sommer blumenreichen Inseln im Fjord, auf die Steilküsten. Die erstaunlich reiche Vegetation verleiht der Region ein sanftes Gesicht. Die Hänge laden zum Beerensammeln ein. Auf den Inseln und entlang der Küste nisten u. a. Gryllteiste, Eiderenten und Papageientaucher.

Von Hólmavík nach Ísafjörður (224 km)

Vom Steingrímsfjörður an der Ostseite der Westfjorde führt eine Passstraße hinüber an das Ísafjarðardjúp. Dort beginnt die Umrundung der langen Fjorde. Die Str. 61 ist bereits in weiten Teilen geteert. Auf den 203 km bis Súðavík besteht keine Einkaufsmöglichkeit.

Am ruhigen Angelfluss Staðará entlang zieht sich die Str. 61 durch das sich verengende Tal in Richtung Steingrímsfjarðarheiði. Nach 9 km mitunter steilen Anstiegs durch die mit Schneeflecken geschmückten Hänge ist die 440 m hohe, windige Hochebene mit ihren vielen Seen und Teichen erreicht. Sie gilt bei trübem Wetter als gefährlich; zahlreiche Menschen haben sich hier bereits verirrt. An der Abzweigung der Str. 608 (siehe S. 610) vorbei gelangt man über die flache Ebene zur kurvigen Abfahrt in die breite, grasbewachsene Flussebene der Langadalsá; es öffnet sich der Blick auf den Ísafjörður. Auf der schmalen Landzunge Reykjanes an der Westseite des Fjordes sind bereits die hellen Gebäude einer einstigen Schule von 1934 zu erahnen, die heute als Hotel dienen. Hier wartet ein geothermal beheiztes Schwimmbad auf Gäste; wer dorthin will, muss aber erst auf 40 km den schmalen Ísafjörður umrunden.

▸ **Abstecher auf der Str. 635 nach Dalbær**: Die 40 km lange, streckenweise äußerst schlechte Stichstraße in Richtung Drangajökull beginnt beim Hof Rauðamýri. Der Abstecher lohnt sich wegen der weiten Ausblicke über das Ísafjarðardjúp und auf die knapp 800 m hohen Berge von Snæfjallaströnd ganz im Norden. Auf dem Straßenwege kommt man zudem nirgendwo näher an den Drangajökull heran als hier. Nur noch vier Höfe sind auf dem südlichen Abschnitt bewirtschaftet, nördlich von Kaldalón kein einziger mehr. Die folglich geringe Zahl an Schafen begünstigte ebenso wie das Vorhandensein geschützter Lagen die Ausbreitung von Vegetation.

Bald hinter dem Hof Melgraseyri, in Zeiten stärkerer Besiedlung Anleger für eine Fähre nach Ísafjörður, dreht die Straße in den kleinen, größtenteils von Flusssedimenten aufgefüllten Fjord Kaldalón mit gleichnamigem, breitem Tal. Eine Gletscherzunge reicht bis in das Tal hinunter; da der Drangajökull jedoch kontinuierlich zurückweicht, ist auch dieser Talgletscher immer kürzer geworden. Vom Tal aus ist der Aufstieg auf den Gletscher entlang der Gletscherzunge in etwa einer Stunde möglich.

Nördlich des Fjordes beginnt die Region Snæfjallaströnd. An verlassenen Höfen vorbei führt die Straße zum Gemeindehaus Dalbær. Hier ist eine Ausstellung über früheres Leben und Arbeiten in dieser heute so einsamen Region zu sehen, über eine Zeit, als rund um die Halbinsel zwischen Ísafjarðardjúp und Jökulfirðir noch 28 Farmen bewirtschaftet waren (20.6.–20.8. tgl. 10–18 Uhr). Reizvoll ist heute die etwa dreitägige Wanderung auf alten Wegen zwischen den wüst gefallenen Höfen.

Am aufgegebenen Hof Tyrðilmýri nahe dem zur Stromversorgung gestauten Fluss Mýraá endet die Straße. Vor der Küste erstreckt sich *Æðey* ("Eiderinsel"), die mit 1,26 qkm größte Insel im Ísafjarðardjúp, die von einer der größten Eiderentenkolonien Islands bevölkert, aber nur noch im Sommer bewirtschaftet ist. Den Winter verbringen zwei Künstler auf dem Hof.

• *Reiten* **Laugaland**, ✆ 4564859; Þórdur Halldórsson bietet im Sommer 2-mal nicht gerade billige, aber viel gelobte 8-tägige Reittouren in der Umgebung des Gletschers Drangajökull (und über ihn hinweg) an. 3 Nächte in Laugaland, die restlichen im Zelt, alles inkl. ISK 120.000. Andere Touren bei Bedarf.

• *Übernachten/Café* **Félagsheimili Dalbær**, ✆ 8976872, 20.6.–20.8. in ehemaliger Werkstatt 30 SSU ab ISK 1.000, mit Kochgelegenheit, Dusche. Auch Camping. Im Café leckere Waffeln mit Sahne und Marmelade.

▶ **Weiterfahrt**: Am Flugplatz vorbei macht sich die Str. 61 auf ihren eher flachen Weg an den grauen Stränden des Ísafjörður entlang. Scheinbar sinnlos auf freier Strecke stehende Wegweiser erinnern an einen ehemaligen Fähranleger. Beim Picknickplatz am Fluss bei Laugaból zweigt die 25 km lange Jeeppiste F66 ab, die über die bis zu 500 m hohe Kollafjarðarheiði an den Kollafjörður führt – in vergangenen Tagen war dies eine der Hauptrouten zwischen Breidafjörður und Ísafjarðardjúp. Die Str. 61 führt weiter in den engen Fjord hinein und knickt 3 km nach Überquerung der Ísafjarðará ab, um, nun geschottert, den etwa 350 m hohen, fast vegetationslosen Bergrücken Eyrarfjall zu erklimmen und in kurvenreicher Abfahrt den Mjóifjörður zu erreichen. Es lohnt sich jedoch, auf der Str. 633 weiter den Fjord entlangzufahren.

▶ **Um den Bergrücken nach Reykjanes und in den Mjóifjörður**: Noch 17 km sind es auf holperiger Piste nach Reykjanes auf einer schmalen Landzunge. Bevor das Hotel erreicht wird, ist ein Pfad zu einem alten Schwimmbad ausgeschildert, das 1830–1927 genutzt wurde. Heute schwimmt man im mit 50 m längsten Schwimmbad der Westfjorde, in dem sich bis 1991 die Schüler der hiesigen Schule fit hielten. Wegen der zahlreichen heißen Quellen wäre es sogar möglich, im flachen Meer zu baden – Beweis hierfür ist der dampfende Strand. Bisher zog die Umgebung von Reykjanes jedoch eher Taucher und Kajakfahrer an. 1774–93 wurde in Reykjanes mit Hilfe von geothermaler Wärme Salz aus Seewasser gewonnen. 1933 kam der Deutsche Ernst Fresenius, der Gewächshäuser baute und die natürliche Hitze zum Anbau von Obst und Gemüse nutzte. Heute ist nur das Hotel ganzjährig bewirtschaftet.

• *Verbindung* **Bus** 1.6.–31.8. von Reykjavík Di und Fr; So auf Anfrage, nach Reykjavík Di; So auf Anfrage.

• *Tankstelle* In Reykjanes 24 Std.

• *Übernachten/Camping/Essen* **Reykjanes**, ✆ 4564844, 📠 4564845, das große Hotel wird unter neuem Besitzer Bjarnar komplett neu renoviert. Ganzjährig 70 Betten in einfachen, freundlichen Zimmern für 2–3 Pers. mit Waschbecken, ISK 2.800/Pers.; ab 2003 voraussichtlich 20 Zimmer mit Bad. Zahlreiche SSU in Schlafräumen oder Klassenzimmern, ab ISK 1.000. Camping mit WC und Warmwasser ISK 1.000/Zelt; Dusche ISK 100; für 2003 Kochgelegenheit geplant. Im Speisesaal Frühstück, kleine Speisen, belegte Brote, Kaffee und Kuchen; à la carte leckere Gerichte bis ISK 1.900 wie Lamm, Kabeljau, Papageientaucher.

• *Schwimmbad* 30 °C warmes Freibad mit Sauna, für Gäste umsonst, für andere ISK 100.

▸ **Weiterfahrt**: Von Reykjanes sind es noch sieben Fjorde bis Ísafjörður. Am kleinen Reykjafjörður entlang gelangt man zum Vatnsfjörður und dem gleichnamigen, geschichtsträchtigen Pfarrhof mit Kirche von 1913 und einem historischen Schuppen aus dem 19. Jh. am Meer (Infotafel). Das nahe liegende Tal mit dem wohl größten Bestand an Ebereschen in Island ist als Schutzgebiet ausgewiesen; auf dem Schwemmland im Fjord tummeln sich Sumpf- und Watvögel. Auf eher flacher Straße wird dann der schmale Mjóifjörður umrundet, dessen Öffnung in den kommenden Jahren überbrückt werden soll. 2 km bevor die Straße auf die aus den Bergen kommende Str. 61 trifft, liegt am Fjord ein winziges geothermales Schwimmbad. Es befindet sich in Privatbesitz und sollte nicht genutzt werden.

Mit kurzen Anstiegen bis 14 % geht es weiter in eine langsam schroffer werdende Landschaft mit höheren Bergrücken. Die 0,59 qkm große, grüne Insel *Vigur* taucht bald auf, bekannt für ihre riesigen Seevögelkolonien, darunter Eiderenten und Papageientaucher, und für ihre alte, gut erhaltene Windmühle – die letzte von einst 200 Mühlen in Island. Der eine Hof auf Vigur wird ganzjährig bewirtschaftet, den Besitzern gehört die Insel. Sie haben sogar ihren eigenen Poststempel. Im Viktoríuhús von 1860 sind alte Objekte aus den Westfjorden ausgestellt (Touren von Ísafjörður).

Einen Blick wert ist das kleine, 1895 errichtete Gehöft *Litlibær* am Skötufjörður (Infotafel), das restauriert wird und eine Ausstellung zum Leben der einstigen Bauernfischer beherbergen soll. Hinter der nächsten Kurve taucht der markante Berg Hestur auf. Ein kilometerlanger, niedriger Pass führt auf seine Westseite und in den Seyðisfjörður, bevor nach herrlichen Ausblicken von der Spitze der Landzunge im Álftafjörður ("Schwanenfjord") die Anfahrt auf Súðavík beginnt.

• *Übernachten/Camping/Ausflüge* **Heydalur** (FH), im Mjóifjörður, 2 km abseits der Str. 61 wunderschön im Tal gelegen, ist ein freundlicher Hof mit zahlreichen Angeboten. Mai–Sept. 3 DZ mit guten Betten, ISK 2.000/Pers., SSU 1.500; Frühstück mit selbst gebackenem Brot. Hof wird zurzeit renoviert und umgebaut, in Zukunft in ehemaligem Stall 10 Zimmer mit Bad. Für 2003 Zeltplatz mit Windschutz, WC, Dusche und Hot Pot geplant. Natürlicher Hot Pot im Tal. Reiten ISK 1.500/Std., Forellenfischen ISK 500, Kajaktouren mit oder ohne Guide ISK 1.000/Std.; im Winter 3-tägige Snowscooter-Touren und Eisfischen. Die aus Reykjavík zugezogenen Bewohner kümmern sich intensiv um die Aufforstung entlang der Heydalsá und nutzen die natürliche Wärme der Gegend für Gemüseanbau unter freiem Himmel. Von hier lässt es sich in 5–6 Std. über den Bergrücken in den Skötufjörður wandern. Die Markierung ist geplant.

Ögur, ✆ 4564804, in friedlicher Lage auf der Landzunge zwischen Mjóifjörður und Skötufjörður 15 SSU auf Matratzen in kleinem, ehemaligem Tanzhaus von 1925 mit Bühne und Holzböden, WC und Warmwasser, Küche, Speisesaal. Dusche im Privathaus; ISK 1.300.

Karte S. 571

▸ **Súðavík** (180 Einw.): Súðavík am Fuße des markanten Berges Kofri ist zweigeteilt. Im Januar 1995 wurde der vor gut hundert Jahren um eine norwegische Walfangstation entstandene Ort von einer gewaltigen Lawine getroffen, die 14 Menschenleben forderte und 22 Häuser zerstörte. Die Siedlung wurde daraufhin

1,5 km weiter ins Fjordinnere verlegt; Gebäude, die transportiert werden konnten, zogen hierhin um. Die in der gefährdeten Region zurückgebliebenen Häuser dürfen nur noch im Sommer bewohnt werden. Zehn von ihnen dienen deshalb seit 1998 als Gästehäuser.

• *Versorgung* Arzt, Autowerkstatt (✆ 4564970); im neuen, südlichen Ortsteil im grauen, zweistöckigen Haus am Ortseingang Bank, Post, Supermarkt (Mo–Fr 10–18, Sa 11–13 und 17–19, So 17–19 Uhr; hier auch Kaffee); im alten Ortsteil Tankstelle mit Kiosk, Mo–Do 9.30–20, Fr 9.30–21, Sa 10–20, So 12–18 Uhr.

• *Übernachten* **Sumarbyggð hf**, Nesvegur 3, ✆ 4564986/8614986, 📠 4565986, vermietet 1.5.–1.10. in einem Gästehaus 20 helle, einfache Zimmer mit 2–6 Betten, SSU ab ISK 1.600; Küche, Bäder, Speiseraum, Waschmaschine. Zusätzlich Vermietung von 10 ganzen Häusern, für 4–12 Pers., ab ISK 4.500/Haus.

▸ **Weiterfahrt**: Bei der Weiterfahrt nach Ísafjörður fallen die nummerierten Schilder am Straßenrand auf. Sie kennzeichnen Stellen, an denen Lawinen herunterstürzen könnten und sollen im Ernstfall die Lokalisierung der betroffenen Stelle erleichtern. An der Spitze der Landzunge wurde 1948 der erste, 35 m lange Straßentunnel Islands aus dem Basalt gebrochen. Am Eingang des Skutulsfjörður lohnt sich die kurze Wanderung die Piste hinauf zum Leuchtturm, wo sich ein weiter Blick über den Fjord mit seinen Steilwänden hinweg nach Ísafjörður bietet.

Ísafjörður

(2.740 Einw.)

Die Lage der Stadt ist an Dramatik kaum zu überbieten. Hufeisenförmig liegt das Zentrum der Westfjorde mit seinen farbenfrohen historischen Häusern auf einer weit in den Fjord hineinreichenden Sandbank unterhalb der steil 724 m aufragenden Felswand Eyrarfjall. Die Sandbank schützt einen der besten natürlichen Häfen des Landes.

In den bevölkerungsarmen Westfjorden wirkt Ísafjörður ("Eisfjord") wie ein Zentrum am Ende der Welt und verbreitet fast städtisches Flair – vor allem an trockenen Sommertagen, wenn sich der Platz im Stadtzentrum belebt. Der Bevölkerung gehören Menschen vieler Nationen an, was auch an der großen Musikschule liegt, die zahlreiche Lehrer aus dem Ausland beschäftigt. In Ísafjörður, das wie immer schon von Fischerei und Fischverarbeitung lebt, konzentrieren sich auch Handel, Verwaltung und Dienstleistung der Westfjorde. Dennoch ist die reizvolle Stadt mit ihren von dänischen und norwegischen Kaufleuten zurückgelassenen Häusern, mit ihren auffälligen Skulpturen und ihrer Konzerthalle von starker Abwanderung betroffen. Und die meisten Bauern im Umland, die sich dafür entscheiden, ihren Hof aufzugeben, ziehen gleich nach Reykjavík, nicht erst nach Ísafjörður.

Geschichte: Schon um 920 soll die einzigartige Lage der Sandbank einen Siedler angelockt haben: Helgi Hrólfsson, der angeblich eine Harpune (*skutull*) am Strand fand und daraufhin dem Fjord seinen Namen gab. Helgi folgten Händler, die sich ab 1569 auf der Landzunge niederließen. Ísafjörðurs Wohlstand kam Mitte des 18. Jh. mit dem Klippfisch; Kabeljau ließ sich in Massen anlanden, für das Trocknen des gesalzenen Fisches bot das für isländische Verhältnisse relativ niederschlagsarme und zudem stabile Wetter im Fjord beste Bedingungen. Als nach Ende des dänischen Handelsmonopols 1787 sechs Handelsorte in Island bestimmt wurden, war Ísafjörður einer von ihnen. 1866 wur-

Ísafjörður hat Charme und fast städtisches Flair

de ihm das Stadtrecht zugesprochen. Um 1900 war der Fischereibetrieb Ásgeirsverslun der größte im Land und war Ísafjörður mit knapp 1.100 Einwohnern die zweitgrößte isländische Stadt nach Reykjavík. 1902 fuhr von hier das erste offene Motorboot Islands aus; Ende der 1920er Jahre starteten hier die ersten größeren, gedeckten Motorschiffe, die ihren Fang nicht täglich anzulanden brauchten.

Ein Stadtspaziergang: Laut Landnahmebuch baute Helgi Hrólfsson seinen Hof *Eyri* ("Sandbank") neben der heutigen Kirche auf einem kleinen Hügel hinter dem Seemannsdenkmal. Von dieser Stelle aus waren Ankömmlinge von Land wie von See gut zu sehen. Das stilvolle weiße Gebäude am Platz wurde 1925 als Krankenhaus gebaut; es stammt vom Zeichentisch des berühmten Architekten Guðjón Samúelsson und soll, da 1989 das neue Krankenhaus eröffnet wurde, ab 2003 in seinen großen, lichtdurchfluteten Räumen das Stadtarchiv, die Bücherei und eine Kunstgalerie beherbergen. Der Friedhof nebenan wurde wahrscheinlich bereits im Mittelalter angelegt. Das gelbe Haus von 1904 auf der anderen Seite der Kirche war das erste Steinhaus in Ísafjörður. Zuvor waren alle Gebäude aus Holz oder Torf gebaut worden. Im Gegensatz zu Akureyri oder Reykjavík blieb Ísafjörður von großen Bränden verschont und besitzt deshalb noch einige alte Holzhäuser. 1788 kamen norwegische Kaufleute und errichteten um den Austurvegur ihre Geschäftsgebäude, von denen das Faktorshús noch steht und jetzt ein Café beherbergt. Dänische Kaufleute bauten nach 1816 auf dieser Ecke eine kleine Siedlung, zu der z. B. die beiden blauen Häuser in der Aðalstræti 12 und 16 gehörten. Der Ort hieß *Miðkaupstaður,* denn er lag zwischen Eyri auf dem Hügel (*Hæstikaupstaður* – "Hohe Stadt") und dem niedrigen *Neðstikaupstaður* ("Tiefste Stadt") auf der Landzunge, wo Dänen bereits ab 1734 gebaut hatten und wo heute das malerische Museum zu

Die Westfjorde
Karte S. 571

besichtigen ist. Erst nach 1830 wuchs Ísafjörður so stark an, dass sich auch der Raum zwischen den einzelnen Siedlungen zu füllen begann. Reiche Bewohner konnten sich Häuser im norwegischen Stil leisten, wie die mit blauem und rotem Anstrich am Silfutorg. Ein auffälliges Gebäude ist auch das grüne Edinborgarhús in der Aðalstræti 7, in dem die Touristeninformation und Kunstausstellungen untergebracht sind. Es wurde 1907 von dänischen Kaufleuten errichtet.

Information/Verbindungen/Adressen

• *Information* **Touristeninformation**, Aðalstræti 7, am Hafen im Edinborgarhúsi, ✆ 4565121, ℻ 4565122, Mo–Fr 8–18, Sa/So 10–15 Uhr. Hier Busbahnhof und Touranbieter Vesturferðir.

• *Internet* In der **Stadtbücherei**, Austurvegur 9, Mo–Fr 15–19, Sa 15–17 Uhr, kostenlos (Bücherei wird umziehen ins große Gebäude neben der Kirche); oder bei netten jungen Leuten im Internetcafé **Gamla Apótek**, Hafnarstræti 18, tgl. 14–18 und 20–23 Uhr, ISK 200/30 Min., hier auch Kaffee, Kuchen, Waffeln.

• *Verbindung* **Bus** 1.6.–31.8. von/nach Reykjavík (Halt an Touristeninfo und Sommerhotel) über Súðarvík, Hólmavík Di, Fr und So, nach Látrabjarg über Patreksfjörður, Brjánslækur Mo, Mi und Sa; von/nach Bolungarvík (Halt bei Polizeiwache) Mo–Fr bis zu 3-mal tgl.; von/nach Súðureyri 3-mal tgl.; **Flug** von/nach Reykjavík und Akureyri tgl. bis zu 2-mal; Flughafen am anderen Fjordufer, ✆ 4563000.

• *Versorgung* Alkoholgeschäft (Aðalstræti 20), Apotheke (Pollgata, Mo–Fr 10–18, Sa 11–13 Uhr), Arzt (Torfnes), Banken (Aðalstræti 20, Pólgata 1, Hafnarstræti 1, alle mit Geldautomat), Polizei, Post (Aðalstræti 18), Tankstelle (mitten im Ort, hier auch Kekse, Drinks, abgepackte Sandwiches).

• *Auotverleih* **Europcar**, ✆ 4563681/8960542, **Ernir**, ✆ 4564200/8972628, **Hertz**, ✆ 4565111/8639023, **Avis**, ✆ 4563800.

• *Autowerkstatt* **Sigurðar og Stefáns**, Seljalandsvegi, ✆ 4563379, **Bílatangi**, Suðurgata 9, ✆ 4564580, **Ísafjörður**, Seljalandsvegur, ✆ 4563837.

• *Einkaufen* Supermarkt **Samkaup**, Hafnarstræti 9–13, Mo–Fr 9–21, Sa/So 10/12–21 Uhr; günstige Alternative **Bónus** liegt 3 km außerhalb an der Abzweigung der Str. 60, nur bis 18 Uhr. **Gamla bakarið**, Aðalstræti 24, Mo–Fr 7–18, Sa 7–16 Uhr, Bäckerei mit wohl größerer Auswahl als jede andere Bäckerei in Island, auch Café. Auch So geöffnet ist **Bakarinn bakari**, Silfurgata 11, tgl. 9–16 Uhr, in wunderschönem Haus, aber mit viel kleinerer Auswahl und nur einem Tisch. **Hamraborg**, Hafnarstræti 7, 7–23.30, Sa/So erst ab 9/10 Uhr. Ein freundlicher Eckladen, der alles hat: Grundnahrungsmittel und Süßigkeiten, frisch belegte Brote, Sandwiches und Kaffee, Zeitungen, Sonnenbrillen, Zahnpasta, Batterien u. a. m. **Bókhlaðan,** Hafnarstræti 2, Mo–Fr 9–18, Sa 10–14 Uhr, hat Schreibwaren, Bücher, Filme, Landkarten. **Hafnarbúðin**, Suðurgata, am Hafen, Mo–Fr 8–18, Sa 10–12 Uhr, führt Outdoor-Ausrüstung, Wander- und Angelbedarf und alles für Seeleute.

• *Fahrrad-, Zeltreparatur* Fahrradreparatur bei **Hafnarbúðin** (siehe Einkaufen); Zeltreparatur bei **Gúmmíbátaþjónustan**, Grænagerði.

• *Feste* Alljährlich zu Ostern findet seit 1935 mit buntem Programm rund um den Wintersport die Skiwoche statt.

• *Kunsthandwerk* **Rammagerð**, Aðalstræti 16, Mo–Fr 10–18, Sa 11–14 Uhr, im alten Holzhaus neben der Post, in dem einst nur Bilderrahmen gebaut wurden, werden jetzt originelle Glasarbeiten aus recyceltem Fensterglas verkauft, darunter Schalen und Vasen. Auch andere schöne Dinge, z. B. Lampen aus Treibholz.

Karitas, Aðalstræti 20 (Eingang um die Ecke in Seitenstr.), Mo–Fr 13–18 Uhr; hier verkaufen Frauen aus Ísafjörður Wollsachen, Wandschmuck, Steine, Kunstkarten u. a. m.

Übernachten/Camping/Essen

• *Übernachten* **Hótel Ísafjörður**, Silfurtorg 2, ✆ 4564111, ℻ 4564767, am Platz mitten im Ort im Gebäudeklotz sehr nettes Hotel, das einzige 3-Sterne-Hotel in den Westfjorden. 32 DZ mit Bad und allem Komfort, ISK 13.800 mit Frühstück. Die nicht sehr großen, aber freundlichen Zimmer werden zurzeit alle renoviert. Im blaugelben Speisesaal tgl. wechselnde Gerichte ab ISK 1.800; Kabeljau ist fast immer dabei. Mittags und abends je ein günstiges Tagesgericht mit 3 Gängen, nachmittags Kaffee und Kuchen.

Sommerhotel, Schulzentrum, Skutulsfjarðarbraut, ✆/℻ 4564485, freundliches 2-Sterne-Hotel bei den Sportplätzen, 36 DZ und 8 EZ mit Waschbecken, Duschen auf jeder Etage, DZ ISK 8.800 inkl. Frühstücksbüfett; SSU 4.400 ohne Frühstück. SSU in Klassenzimmern ISK 1.100, Dusche kostet extra. Für ISK 800 wird die Wäsche gewaschen und getrocknet.

Gamla gistihúsið, Mánagata 5, ✆ 4564136, 📠 4565146, gemütliches, stilvolles 2-Sterne-Gästehaus im gelben Wellblechhaus mit rotem Dach von 1897. 9 DZ und 1 EZ mit Waschbecken, TV, Telefon, Internetanschluss und Blick fürs Detail eingerichtet; 2 Duschen. ISK 2.700/Pers., SSU 1.800; Frühstück.

Gistiheimili Áslaugur, Austurvegur 7, ✆ 4563868, 📠 4564075, im Souterrain 5 etwas dunkle, aber gut möblierte Zimmer mit insges. 12 Betten, alle mit Waschbecken. 2 Duschen, große Küche; DZ ISK 5.200, SSU 3.400; Frühstück im stilvollen Faktorshúsið nebenan (s. u.).

Gistiheimili Auðar Ásbergs, Mánagata 6, ✆ 8687699, in den Räumen eines ehemaligen Restaurants 4 einfache DZ, 2 Bäder mit Dusche, Kochecke und Sitzecke im Eingangsbereich. DZ ISK 5.500, SSU 1.800/Pers. Gäste haben 10 % Ermäßigung im Restaurant Á Eyrinni.

• *Camping* Beim Sommerhotel etwas unebener Zeltplatz am Hang, ISK 550/Zelt für 1 Pers., jede weitere Pers. ISK 330; Dusche im Hotel ISK 200. Aufenthaltsraum im Hotel kann genutzt werden, wenn das Hotel nicht zu voll ist.

Ein anderer Zeltplatz liegt außerhalb im Tungudalur hinter dem Golfplatz, 1 km von der Str. 61, vor rauschendem Wasserfall in ruhiger, wunderschöner Lage zu beiden Seiten des Flusses. ISK 700/Zelt inkl. Dusche; Waschmaschine im Clubhaus des Golfplatzes ISK 300.

• *Essen* **Á Eyrinni**, Mánagata 1, ✆ 4565267, 11–24, Fr/Sa bis 3 Uhr (Küche bis 22 Uhr); Pizzen in 4 Größen, Gerichte vom Grill, z. B. Lammfilet mit Pilzsauce ISK 1.900, Fisch ab ISK 1.000, Pasta und Fastfood, beliebte Bread sticks, auch ein paar vegetarische Gerichte. Raucher müssen in den Wintergarten. Schönere Atmosphäre als Pizza 67; am Wochenende oft Live-Musik.

Pizza 67, Hafnarstræti 12, ✆ 4563367, 11.30–23.30, Fr/Sa bis 3 Uhr, 24 Pizzen, Pasta ab ISK 1.000, Fastfood, Fisch und Fleisch. Eine neue Dekoration würde dem Restaurant gut tun. Fr/Sa Disco.

Thai Koon, in der Shopping Mall Hafnarstræti, Mo–Sa 11.30–21, Sa/So 15–21 Uhr. Nettes, kleines Restaurant für den schnellen Hunger: 6 leckere thailändische Gerichte sofort zu haben, große/kleine Portion ISK 990/790; auch zum Mitnehmen.

Faktorshúsið, Austurvegur 7, ✆ 4563868, Mo–Fr 10–23.30, Sa/So 11.30–23.30 Uhr. Café und Restaurant mit viel Charme im gelben Holzhaus, das 1788 in Einzelteilen aus Norwegen hierher kam. In über 3-jähriger Arbeit haben die Besitzer es aufwändig und liebevoll originalgetreu restauriert und mit antiken Möbeln ausgestattet. Es gibt 16 Gerichte, die auch den stärksten Hunger stillen sollen, z. B. Kabeljau; Suppen, Salate und Sandwiches. Auch Kaffee, Kuchen und Milk-Shakes.

Café Tjöruhúsið, im roten Haus des Museums, dem ältesten Haus Islands, tgl. 11–17 Uhr. Gemütliches Café in rustikaler Atmosphäre, wechselnde Suppen mit hausgemachtem Brot, Kaffee und selbst gebackene Kuchen. Suppe, Brot und Kaffee ISK 800.

Freizeit/Sport/Touren

• *Fahrradverleih* MTB-Verleih in der Touristeninformation, ISK 850/halber Tag.

• *Kino* Norðurvegur 1, 3-mal die Woche.

• *Schwimmbad* Austurvegur 9, Mo–Fr 7–21, Sa/So 10–16 Uhr, Hallenbad mit Hot Pot und Dampfbad.

• *Touren* **Vesturferðir**, Aðalstræti 7, ✆ 4565111, 📠 4565185, www.vesturferdir.is, bietet zahlreiche Touren, Prospekt hier erhältlich. Möglich z. B. tgl. 3 Std. Busfahrt in Ísafjörður und Umgebung, ISK 3.000, 3 Std. Bootsausflug auf die Insel **Vigur**, ISK 3.700 (auch möglich: ein Ausflug mit Abendessen auf der Insel, 4–5 Std., ISK 4.800) und 3–4 Std. Kajaktour im Ísafjörður, ISK 6.300. Mehrmals in der Woche 1–2 Std. Stadtrundgang, ISK 1.300 inkl. Museumseintritt; Tagesausflug nach Hornstrandir mit Wanderung ISK 8.500, 4–5 Std. Ausflug zum verlassenen Dorf Hesteyri in Hornstrandir ISK 3.900. Auch mehrtägige Trips nach Hornstrandir. Planmäßige Bootsfahrten nach Hornstrandir siehe dort.

Vestfirskar Ævintýraferðir, Hafnarstræti 21, ✆ 4563574/8975477, www.vestfirdir.is/kayak, bietet im Sommer mehrere 4- und 5-tägige Kajaktouren im Jökulfirðir sowie Kombitouren Jeep/Kajak und Jeep/Kajak/Radfahren/Wandern.

Sehenswertes

Seefahrtsmuseum Neðstakaupstað: Auf alten Gleisen betritt man das ehemalige Lagerhaus von 1784, das gemeinsam mit den drei anderen Holzhäusern auf Museumsgelände und einigen Häusern in der Nachbarschaft den ältesten erhaltenen Siedlungskern in Island bildet. Einst lagerten hier wie auch im roten Tjöruhús von 1734 – jetzt gemütliches Café – Getreide, Tabak, Alkohol und Kaffee, die im 1757 gebauten Kaufladen nebenan, heute Wohnhaus, verkauft wurden. Teile des Lagerhauses dienten auch der Herstellung von Klippfisch; hier wurde gesalzen, was von der Meerseite hineinkam, dann beförderten Waggons den Fisch ins Freie zum Trocknen, bevor er – wieder von der anderen Seite – verschifft wurde.

Um das harte Leben der Fischer und die 1936 in Ísafjörður als erstem isländischem Ort gestartete Garnelenindustrie, um den im 19. Jh. betriebenen Haifischfang und den Schiffsbau, in dem die Stadt dank des ersten isländischen Schiffszeichners Bárður G. Tómasson nach 1916 führend wurde, geht es in dem mit zahlreichen Relikten inmitten von Netzen, Laternen und Glasbojen anschaulich ausgestatteten Museum. Fotos erzählen ebenso von der alten Zeit wie der im ersten Stock laufende Film über eine frühere Fischfangstation.

Öffnungszeiten 1.5.–15.9. tgl. 10–17 Uhr (Mai und Juni Sa/So erst ab 13 Uhr) und nach Vereinbarung, ✆ 4563291/8643291, ISK 300. Donnerstagabend besonderes Programm.

Wanderungen

(s. Karte S. 571)

Eine kostenlose Karte nur mit kurzen und langen Wanderwegen in der Umgebung von Ísafjörður ist in der Touristeninformation erhältlich.

Naustahvilft (1) (nur hin 1 km, 1 Std.): Die Wanderung den steilen Hang am Flughafen hinauf (ausgeschildert) führt zu einer Senke, die auch als Trollsitz bezeichnet wird. Von hier bietet sich – v. a. am Morgen, wenn das Licht auf die Stadt fällt – ein herrlicher Blick auf die Stadt. Ein Gästebuch liegt aus.

▸ **Abstecher nach Bolungarvík (15 km)**: Die kurze Fahrt zum nördlichsten Ort der Westfjorde macht eindrucksvoll deutlich, wie sich die Bewohner dieser Gegend mit beinah senkrechten Bergwänden vor Steinschlägen und Lawinen zu schützen versuchen, führt zu einer sehenswerten, restaurieren Fischereistation vom Beginn des 20. Jh. und zum einzigen naturhistorischen Museum der Westfjorde. Ein Steinkreuz bei Óshlíð gedenkt den Opfern eines Schneerutsches, die hier in die Tiefe gerissen wurden. Einige wurden nie gefunden.

Fischereistation Ósvör: Malerisch stehen die originalgetreu wieder aufgebauten Fischerhütte, das Salzhaus für den Klippfisch und die Trockenhütte am grauen Strand, das Ruderboot scheint eben angekommen, das Angelgerät auf dem Holzgestell eben aufgehängt worden zu sein. Die nur von 1905–25 ständig bewohnte Station gibt Einblick in die Zeit des Fischfangs mit offenen Ruderbooten und ist mit vielen Originalstücken so eingerichtet wie damals, als jeder Mann eine Truhe Lebensmittel für zweieinhalb Monate mitbrachte, sich zwei Fischer ein Bett teilten und eine Frau sechs Männer bekochte, dafür 2 % des Fangpreises als Lohn erhielt. Die Saison dauerte von Anfang Januar bis Ende Juni, mit einer Pause zu Ostern. So richtig zu Leben erweckt wird das

Von Ósvör ging es einst zum Fischfang

Museum durch den alten Fischer Geir, der Besucher in traditioneller, mit Fischöl imprägnierter Fischerkleidung aus Schafhaut durch die Hütten führt.
Öffnungszeiten Ganzjährig tgl. 10–17 Uhr, ISK 200. Geir ist vom 1.5.–1.10. da.

Bolungarvík (960 Einw.): Als die Höfe und Gemeinden um Ísafjörður 1996 mit dem Zentrum zu einem Stadtkreis vereint wurden, stimmte Bolungarvík dagegen und blieb selbstständig. Die Siedlung, die erst seit 1950 auf dem Straßenweg zu erreichen ist und seit 1974 das Stadtrecht hat, war schon in der Landnahmezeit ein wichtiger Fischereiplatz. Die reichen nahen Fischgründe machten den Nachteil des schlechten Hafens immer wett. 1910 zählte die Bevölkerung fast genauso viele Menschen wie heute. Zwischenzeitlich waren es mehr, aber als 1993 infolge des Quotensystems und neuen Fischereimanagements die große Fischfabrik bankrott machte – deren Besitzer auch fast alle wichtigen Geschäfte und Einrichtungen im Ort besaß –, begann die Abwanderung. Versuche von außen, die Fischereigeschäfte im Ort zu übernehmen, scheiterten. Die Menschen, die blieben, zogen daraufhin ihre eigenen kleinen Betriebe auf. Um die Attraktivität von Bolungarvík zu erhöhen, initiierte der Bürgermeister die Einrichtung des Naturhistorischen Instituts der Westfjorde.

• *Verbindung* **Bus** von/nach Ísafjörður, ✆ 4567195, ganzjährig Mo–Fr 3-mal tgl.; ab ehemaligem Postgebäude Aðalstræti 19.

• *Versorgung* Arzt, Apotheke, Autowerkstatt (**Vélsmiðju**, ✆ 4567370, **Nonni**, ✆ 4567440), Bank (mit Geldautomat 7.30–23 Uhr), Polizei, Post, Supermarkt (**Sparkaup**, Mo–Do 9–18, Fr 9–19, Sa/So 10/13–18 Uhr; im kleinen Einkaufszentrum, hier auch gemütliche Sitzgelegenheiten und Kaffee), Tankstelle (hier auch Hamburger, Süßigkeiten und Kaffee).

• *Kunsthandwerk* **Dryma**, Skólastígur 3, ✆ 8618415/4567321, 17.6.–31.8. Mo–Fr 13–18, Sa 12–17 Uhr und nach Vereinbarung. Gemütliche Galerie neben der Musikschule, die die Räumlichkeiten wegen steigender Schülerzahlen gerne übernehmen möchte. Zieht also evtl. um. Viele Wollwaren mit dem typischen Muster der Westfjorde, Schmuck aus Fischhaut, Steinen und Muscheln, Holzschalen, Keramik u. v. a.

Karte S. 571

• *Schwimmbad* Höfðastíg 1, im Sportzentrum, Mo, Mi, Fr 8–11 und 13–21, Di/Do 13–21, Sa/So 10–18/16 Uhr. Hallenbad mit Hot Pot im Freien, Sauna je 2-mal wöchentl. für Frauen und Männer.

• *Übernachten/Camping/Essen* **Gistiheimili Finnabær**, Vitastíg 1, ✆ 4567234, 📠 4567254, sehr helles, großzügiges Gästehaus im 1. Stock, im selben Haus wie das Museum. Ganzjährig 8 einfache, aber freundliche Zimmer für 1–6 Pers., DZ ISK 4.200, SSU 1.200/Pers.; Frühstück. 2 Duschen; große Sitzecke mit TV. Im Erdgeschoss **Restaurant Finnabær**, tgl. 11–23 Uhr, mit warmer Atmosphäre, Seekarten auf den Tischen und Grünpflanzen. Hier Suppe des Tages ISK 450, Fischgerichte um ISK 1.200, z. B. gebratener Fisch nach Art des Hauses, Fleisch um ISK 1.700, auch kleine Gerichte, Pizzen, Hamburger, belegte Brote.

Ruhiger, kleiner **Zeltplatz** beim Schwimmbad unterhalb der Kirche, WC und Warmwasser, ISK 350/Pers.

Naturhistorisches Museum: Das moderne Museum ist dem Naturhistorischen Institut angeschlossen und präsentiert auf anschauliche Weise 160 verschiedene Arten von Vögeln – darunter der einzige Flamingo, der je nach Island kam –, Muscheln und Vogeleier, Robben, Nerze und Polarfüchse sowie einen Eisbär, den Seemänner 1993 in den Gewässern vor den Westfjorden erlegten. Außerdem ist die private Steinsammlung eines Geologen und ehemaligen Schulleiters Bolungarvíks ausgestellt und zahlreiche Tafeln geben Auskunft zum Naturraum Hornstrandir. Die Übersetzung der Texte aus dem Isländischen ist geplant.

Öffnungszeiten Vitastíg 3, ✆ 4567005, 15.6.–15.8. Mo–Fr 9–12 und 13–17 Uhr, Sa/So 13–17 Uhr.

▶ **Ausflug/Wanderung nach Skálavík (2, s. Karte S. 571)**: Auf der 12 km langen, unbefestigten Piste 630 lässt es sich von Bolungarvík aus über einen 340 m hohen Pass zur kleinen, sumpfigen Bucht Skálavík fahren oder wandern. Die Höfe hier sind alle verlassen. Zu Fuß kann man auch an der steilen Meeresklippe Stigahlíð entlang in die Bucht gelangen, allerdings ist es nicht immer ganz einfach, über die Steine zu klettern.

Die Fjorde im Westen

Die Fjordwelt im Westen ist anders als am Ísafjarðardjúp: Weniger Fjorde umfließen mächtige Bergrücken; und nicht um diese herum geht es von Fjord zu Fjord, sondern über sie hinweg: Ein Pass folgt dem nächsten. In jedem Fjord liegt ein Fischerort, am Arnarfjörður der höchste Wasserfall der Westfjorde, Dynjandi.

Bis 1996 gab es nur einen Weg von Ísafjörður nach Flateyri: über den 610 m hohen Bergpass Breiðadalsheiði, einen der höchsten Pässe des Landes. Die Bergstraße, von der auch eine Piste nach Suðureyri abzweigt, musste im Winter wegen Schnee und Lawinengefahr monatelang gesperrt werden; vor allem die Bewohner Suðureyris waren dann komplett von der Außenwelt abgeschnitten. Der Weg war abenteuerlich, aber der ihn ersetzende längste Tunnel Islands ist es ebenfalls: Nach 2 zweispurigen Kilometern verzweigt er sich in zwei einspurige Fahrwege, von denen der eine auf 3 km in den Súgandafjörður Richtung Suðureyri führt, der andere auf 4 km Richtung Flateyri. Die steile, geschotterte Bergstraße durch reizvolle Landschaft ist leider keine Alternative mehr, da sie nicht mehr unterhalten wird und deshalb streckenweise unbefahrbar ist.

Die Str. 60 führt von der Abzweigung der Str. 61 am Skutulsfjörður etwa 2 km leicht bergauf, bevor sie im feuchten, düsteren Tunnel verschwindet. In der Röhre nach Suðureyri ist normalerweise wenig Verkehr; am Ende bietet sich von hoch oben ein herrlicher Blick über Heuwiesen und die einzigen Höfe bis weit in den Fjord hinein.

▸ **Suðureyri** (340 Einw.): Das verschlafene Fischerdorf am Fuße des knapp 500 m hohen Berges Spillir belegt eine kleine Sandbank in dem an dieser Stelle etwa 1 km breiten Fjord. Die Lage hat einen großen Vorteil: Eine heiße Quelle auf dem verlassenen Hof Laugar versorgt alle Häuser mit Heizwärme und speist auch das Schwimmbad, das einzige Freibad in der Umgebung. Von der Kirche Staður im Tal südlich des Spillir kann man in 4–5 Stunden über den Bergrücken nach Flateyri wandern.

• *Verbindung* **Bus** von/nach Ísafjörður, ✆ 8538355, 1.6.–31.8. Mo–Fr 3-mal tgl.

• *Versorgung* Apotheke (Mo–Fr 15–17 Uhr), Autowerkstatt (✆ 4566296/4566236), Bank (Geldautomat), Lebensmittelladen in der Tankstelle, 10–22, Sa/So ab 11 Uhr, Polizei, Post.

• *Kunsthandwerk* **Á milli fjalla**, Túngata 2, ✆ 4566163, Do/Fr 15–18, Sa/So 13–16 Uhr; die kleine Galerie "Zwischen Bergen" verkauft Kunsthandwerk von 20 Leuten: Wandschmuck und Schalen aus Holz, Keramik, Schmuck und Bilder aus Menschenhaar (!) u. a. m., aber keine Wollpullover. **Lóa**, Aðalgata 17, ✆ 4566202, ist eine Keramikwerkstatt, in der die Künstlerin Ólöf ihre Schalen, Kannen, Kerzenhalter usw. ausstellt und verkauft (offen nach Absprache).

• *Schwimmbad* Túngata 8, Mo–Fr 12–21, Sa/So 10–19 Uhr, Freibad mit 2 Hot Pots.

• *Übernachten/Essen* **VEG-gisting**, Aðalgata 14, ✆ 4566666. Stilvolles 2-Sterne-Gästehaus mit 2 DZ, 1 EZ und 1 Studio-Apt. für 4 Pers., alles modern und gut ausgestattet, Zimmer mit Waschbecken, Telefon und TV. 2 Bäder, Küche. DZ ISK 5.100; Frühstück. SSU auf Anfrage. Freier Eintritt ins Schwimmbad. Der Name des Hauses ist entstanden aus den Anfangsbuchstaben der Namen der drei Männer, die das Gästehaus einst eröffneten. Heute ist es im Besitz einer jungen Frau, die ihren Gästen hilft, wo sie kann.

Kleines **Restaurant** hinten in der Tankstelle, kleine Gerichte, Suppe, Pasta, Pizza, Fastfood. Hot Dogs vorne an der Theke der Tankstelle.

▸ **Weiterfahrt nach Flateyri**: Durch die verkehrsreichere Tunnelröhre geht es zum Önundafjörður mit steilen Bergwänden, der 3 km hinter dem Tunnel erreicht wird. Von hier sind es noch 7 km am Wasser entlang nach Flateyri. Aufgrund seiner Lage auf einer wie ein Angelhaken in den Fjord reichenden Sandbank ist es schon von weitem zu sehen. Mehrere Höfe am Weg verkaufen Stockfisch.

Ölfässer und Walfangschiffe

2 km vor Flateyri fällt nicht weit vom Hof Sólbakki an der Uferseite ein einsamer Schornstein mit Dampfkessel auf. 1889 errichtete der Norweger Hans Ellefsen hier die damals größte Walfangstation am Nordatlantik. Von allen 13 Stationen in Island gewann diese das meiste Öl; es wurde nach England exportiert. Sólbakki hatte fast den Charakter eines kleinen Dorfes. 1901 brannte die Station ab; Ellefsen begann mit dem Wiederaufbau, errichtete jedoch nur diesen Schornstein, bevor er seine Aktivitäten in den mittlerweile ergiebigeren Osten verlegte. Sein Wohnhaus schenkte er dem damaligen Minister Hannes Hafstein, der es nach Reykjavík holte, wo es heute noch für Empfänge der Regierung genutzt wird. Das dunkle Holzhaus, das heute in Sólbakki steht, gehört der Gesellschaft des Önundafjörður. Ihre Mitglieder sind alle in dieser Gegend geboren, aber fortgezogen. Irgendjemand verbringt immer den Sommer hier und zeigt Besuchern gerne die Fotoausstellung zum Flateyri und Sólbakki vergangener Tage.

Flateyri

(305 Einw.)

Die steilen, hohen Berghänge um Flateyri, das nach 1790 als Handelsaußenposten von Þingeyri gegründet wurde, sorgen für eine beeindruckende Kulisse, brachten aber 1995 auch das größte Unglück: Im Oktober rauschte eine gewaltige Lawine in den schmalen Ort, begrub und zerstörte zahlreiche Häuser. Zwanzig Menschen kamen ums Leben. Ihrer gedenkt ein Stein vor der Kirche, die wegen ihrer sehr farbenfrohen Fenster auffällt. Der Friedhof, näher am Berg gelegen, wurde 1995 verschüttet und wieder ausgegraben. Die Kirche blieb verschont. Als Antwort auf die Katastrophe errichtete, große Lawinenschutzwälle in Form eines A am Hang sollen in Zukunft die Schneemassen vom bewohnten Gebiet wegleiten (Infotafel). Ein kleiner Weg führt hinter dem Zeltplatz durch einen der Wälle zu einer Aussichtsplattform mit Windrose.

• *Verbindung* **Kleinbus** von/nach Ísafjörður und Þingeyri, ✆ 8931058; Halt bei der Post.

• *Versorgung* Arzt, Bank, Lebensmittelladen in der Tankstelle (9.30–22.30, Sa/So ab 10 Uhr) Polizei, Post.

• *Kunsthandwerk* **Handverkhúsið Purka**, Hafnarstræti 1, tgl. 13–18 Uhr, Galerie im selben Haus wie das Puppenmuseum mit großem Angebot. Viele Wollwaren; Gestecke und Kunstkarten, kunstvolle Schalen, Teller, Kerzenständer u. a. m. aus Keramik, Wandbilder und Schmuck.

• *Schwimmbad* Tjarnargata, Mo–Fr 10–21, Sa/So 11–16 Uhr, mit Hot Pot und Sauna.

• *Touren* **Kajakverleih Grænhöfði**, ✆ 4567762/8637662, bietet populäre 3- bis 4-stündige Kajaktouren im Fjord, mind. 2 Pers., ISK 4.000. Auch längere Trips, 1–7 Tage, in den Arnarfjörður oder Ísafjarðardjúp und nach Hornstrandir. Für längere Touren mind. 5 Leute. Wer Erfahrung hat und ohne Guide losziehen will – ISK 3.500 für 24 Std. Besitzer bieten auch Unterkunft (s. u.).

• *Übernachten* **Brynjukot**, Ránargata, ✆ 4567762, dieses 100 Jahre alte, kleine weiße Wellblechhaus mit rotem Dach gehört dem Frauenverein; innen einfach, aber gemütlich, 1 EZ und 1 DZ unter Dachschrägen; Küche, Dusche, Waschmaschine, ISK 6.000/Nacht für das ganze Haus (SSU, sonst ISK 500/Pers. mehr). Infos bei Þórbjörg Auður vom Gästehaus Grænhöfði.

Grænhöfði, Ólafstún 7, ✆ 4567762/8637662, im gelben Haus nebenan Apartment für 6 Pers. 100 m vom Schwimmbad, 2 DZ, Schlafsofa, Küche, Bad, ISK 7.000/Nacht (SSU). Besitzer wollen im selben Haus noch ein Apartment einrichten und bieten auch Kajaktouren (s. o.).

JH/Gästehaus Kirkjuból, ✆ 4567808, ✆ 5573620, 12 km südöstl. von Flateyri tief im Önundarfjörður (Korpudalur) in wunderschöner, stiller Lage an der Str. 627 auf ehemaliger Farm. 1.6.–31.8. 22 Betten in kleinen, gemütlichen Zimmern für 3–7 Pers., z. T. unter Dachschrägen, ISK 1.500 für JH-Mitglieder, für andere 1.850; mit Bettwäsche 2.400; Frühstück. Gut ausgestattete Küche, Waschmaschine (ISK 400). **Camping** auf der freien Wiese mit WC und Dusche, ISK 400/Zelt plus 160/Pers. Sehr freundliche Atmosphäre, gerne werden Tipps zu den guten Möglichkeiten zum Wandern und Vogelbeobachten in der Umgebung gegeben, auch Organisation von Kajak- und Reittouren. Kostenloser Fahrradverleih, Transfer von/zur Str. 60 ebenfalls gratis (hier kann der Linienbus angehalten werden). Abholung von Ísafjörður ISK 500. Wegbeschreibung: Bei der Anreise die südl. Abzweigung von der Str. 60 nehmen, die nördl. ist in sehr schlechtem Zustand.

• *Camping* Kleiner **Zeltplatz** hinter der Tankstelle am Ortseingang, geschützt durch die Lawinenwälle; WC und Kaltwasser und Spielplatz, kostenlos.

• *Essen* In der **Tankstelle** Tagesgericht ab ISK 950, mit Suppe 1.300; Hamburger, Kaffee. Das Restaurant **Vagninn**, Hafnarstræti 19, hatte 2002 nur Fr-/Sa-Abends geöffnet.

Puppenmuseum: Das kleine Museum hinten am Hafen im selben Gebäude wie die Galerie stellt Puppen aus aller Welt aus. Viele von ihnen entstanden bei internationalen Frauenprojekten. Die Puppe aus dem Schwarzwald sitzt neben denen aus Polen und Portugal, Mexiko und Pakistan, Kamerun und den USA;

alle spiegeln durch Kleidung und Aufmachung einen Teil der Kultur ihres Herkunftslandes wider.

Öffnungszeiten Hafnarstræti 1, ✆ 4567762, tgl. 13–18 Uhr (im Juni bis 17 Uhr).

Wanderungen

(s. Karte S. 571)

Auskünfte zu Wanderungen gibt Guðmundur Börgvinsson, Brimnesvegur 4b, ✆ 4567621, der als Guide arbeitet und die Region wie seine Westentasche kennt. Wer mit ihm auf Wanderung gehen will, muss aber Wochen im Voraus buchen.

Nach Suðureyri (3) (4–5 Std.): Um über die Klofningsheiði in den Önundarfjörður zu wandern, läuft man auf der Jeeppiste den Fjord entlang Richtung Landspitze Sauðanes. Der Weg durch den Klofningsdalur den Berg hinauf ist bald ausgeschildert. Oben ist der Weg mit 18 Steinmännchen markiert; es sind knapp 700 Höhenmeter zu überwinden. Auf der anderen Seite kommt man bei der Kirche Staður im gleichnamigen Tal kurz vor Suðureyri an.

▸ **Weiterfahrt**: Zurück auf der Str. 60 zweigt die auf dem nördlichen Abschnitt sehr schlechte Str. 627 ins Fjordinnere ab, wo sich zwischen Hängen voller Blaubeeren schöne Wandermöglichkeiten bieten. Die Str. 60 führt auf einer Brücke über den hier sehr seichten, von einer breiten Sandbank fast abgeschlossenen Fjord voller Vögel und am alten Pfarrhof Holt vorbei in die Berge. Nach anfänglich sanftem Anstieg geht es etwa 4 km steil bergauf und an einer Schutzhütte vorbei über den 283 m hohen Bergpass Gemlufallsheiði. Bei der bis zu 10-prozentigen Abfahrt taucht der Dýrafjörður mit dem alten Handelsort Þingeyri auf: der mit 39 km längste Fjord der Region, hinter dem bis zu knapp 1.000 m hohe Berge thronen.

▸ **Abstecher zum Ziergarten Skrúður und in den Ingjaldssandur**: Die 28 km lange Schotterpiste 624 führt an einem ungewöhnlichen Denkmal für ertrunkene Seemänner vorbei auf und ab den Fjord entlang, an dem bei Niedrigwasser vielerorts Stein- und Sandstrände freigelegt werden, die zu stundenlangen Spaziergängen einladen. Kurz bevor die weißen Gebäude des Edda-Hotels Núpur in einer ehemaligen Schule erreicht werden, zweigt nach rechts die Zufahrt zu einer kleinen Oase in der kargen Bergwelt ab: Pfarrer Sigtryggur Guðlaugsson legte hier 1905 einen Ziergarten an, um seinen Traum vom eigenen Blumen- und Gemüsegarten zu verwirklichen und gleichzeitig den Schülern der von ihm gegründeten Schule in Núpur die Möglichkeit zu geben, etwas über Gartenbau und Pflanzenkunde zu lernen. Der Garten entwickelte sich zu einem üppigen Blüten- und Pflanzenmeer, was er auch heute, nach zwischenzeitlicher Vernachlässigung, wieder ist – ein bunter Garten der Vielfalt, mit Mohn und Erdbeeren, Kohl, Lärchen und Glockenblumen und einem Tor aus Walknochen.

Wenige Kilometer weiter knickt die immer schlechter werdende Straße in die Berge ab, um mit äußerst steilen Anstiegen über die etwa 500 m hohe, verwunschene und einsame Sandsheiði in den Ingjaldssandur zu gelangen. In diesem abgeschiedenen Tal am Önundarfjörður warten zwei Höfe auf Gäste.

• *Kaffee und Kunsthandwerk* Beides gibt es bei Künstlerin Elísabet Pétursdóttir in Sæból II im Ingjaldssandur, ✆ 4567782. Sie stellt z. B. Schmuck aus Muscheln, Fischhaut und Leder her.

• *Übernachten/Camping* **Hótel Edda Núpur**, ✆ 4568222, 2-Sterne-Hotel mit 34 modernen DZ mit Waschbecken und schönen Farben, denen man die Internatsvergangenheit nicht ansieht. Zusätzlich im Keller 30

Der steile Pass zwischen Dýrafjörður und Arnarfjörður

SSU in einfachen DZ und ehemaligen Klassenräumen. Camping ISK 1.000/Zelt inkl. aller Einrichtungen im Hotel. Großer, gemütlicher Speisesaal, hier Frühstück, Fisch (um ISK 1.800), Fleisch (um ISK 2.700), Suppe, Pasta und Sandwiches, Kaffee und Kuchen. Beliebt das Kaffeebüfett, jeden So 15–18 Uhr – Kaffee und Gebäck satt.

Alviðra (FH), ✆ 4568229/8947029, ein paar Kilometer westl. des Edda-Hotels, 1.6.–31.8., mehrere Übernachtungsmöglichkeiten, alle sehr sauber: 1 hübsches Studio für 8 Pers. mit Alkoven und Doppelbetten, Kochnische, Bad und skandinavischem Flair, ISK 2.200/Pers., SSU 1.600; 1 Haus mit 15 Betten, Küche, Bad, Aufenthaltsraum, Möbel alt und zusammengewürfelt; 1 Haus für 6–8 Pers. mit Küche und Bad, im Stil der 70er Jahre, ISK 32.000/Woche. Reichhaltiges Frühstück im Privathaus, dort auch Kaffee im Wintergarten und noch ein DZ. Vermieten auch SSU in der Sporthalle des Edda-Hotels, WC und Küche. Hilfsbereite Besitzer, die auch Tipps zu Wanderungen geben.

Hraun, ✆ 4567767/4567450, im Ingjaldssandur, bietet 20 SSU in 3 Zimmern mit Kochgelegenheit und 1 Sommerhaus für 8 Pers., ISK 1.200/Pers. Auch Reittouren. Einmal im Jahr, zur Mittsommernacht, findet auf dem Hof ein großes Tanzfest statt; im alten Stall ist eine Art Heimatmuseum untergebracht.

▸ **Weiterfahrt nach Þingeyri**: Einst legten vom Anleger Gemlufall Fähren nach Þingeyri ab. Heute muss der Dýrafjörður umrundet werden; eine Brücke verkürzt die Strecke von der Kreuzung mit der Str. 624 an Sandbänken, Stränden und Berghängen entlang auf 18 km.

Þingeyri **(340 Einw.)**

Der älteste Handelsort der Region hat gegenüber den lawinengefährdeten Siedlungen in den Nachbarfjorden einen großen Vorteil: Der 367 m hohe Hausberg Sandafell hinter dem Ort besitzt sanfte, wenig steile Hänge. So liegt Þingeyri mit seinem vom ersten isländischen Architekten, Rögnvaldur Ólafsson – der vor allem für seine Kirche in Húsavík berühmt ist – entworfenen weißen Gotteshaus sicher auf seiner Sandbank. Hinter dem Sandafell ragen dafür steil die höchsten Berge der Westfjorde auf, mit dem Kaldbakur (998 m) als Höhepunkt, der sich von Þingeyri aus erklimmen lässt. Auch für andere Wanderungen und Ausflüge ist der bunte Fischerort am Dýrafjörður mit kleinen Booten im Hafen und zwei Fischfabriken ein guter Ausgangspunkt.

Wer von Þingeyri direkt an die Südküste weiterfährt, hat erst nach ca. 210 km in Reykhólar oder Króksfjarðarnes bzw. nach der Fährfahrt von Brjánslækur in Stykkishólmur wieder eine Einkaufsmöglichkeit.

- *Information/Kunsthandwerk* Touristeninformation in kleiner ehemaliger Tankstelle, Fjarðargata 24, ✆ 4568304, 1.6.–31.8. Mo–Fr 10–18, Sa/So 11–18 Uhr. Hier auch Galerie Koltra, u. a. Verkauf von Taschen aus Fischhaut, Wollwaren, Bildern auf Treibholz, schönen Dingen aus Holz und Keramik.
- *Verbindung* **Kleinbus** nach Flateyri und Ísafjörður, ✆ 8931058, ab Tankstelle. Der Bus nach Brjánslækur hält hier Mo, Mi, Sa auf Anfrage, ✆ 4565111.
- *Versorgung* Arzt, Autowerkstatt (**Kristjáns**, ✆ 4568331/8546424, **Tengill**, ✆ 4568178/4568278), Bank, Polizei, Post, Supermarkt (Mo–Fr 9–18, Sa 10–14 Uhr), Tankstelle mit Kiosk.
- *Reiten* **Hestaleiga Folda**, ✆ 4568107/8669809, 1–5 Std. am Fjord entlang oder in die Berge, Mo–Fr ab 17 Uhr, Sa/So ganztägig. ISK 1.800/Std.; für 2003 sind Trips um die Halbinsel geplant.
- *Schwimmbad* Modernes Hallenbad beim Zeltplatz und gegenüber der Kirche, mit Hot Pot, Mo–Fr 7.45–21, Sa 13–19, So 11–17 Uhr.
- *Übernachten* **Gistiheimilið Vera**, Hlíðargata 22, ✆ 4568232/8916832, im weißen Haus am Hang ganzjährig 1 kleines Studio im Souterrain; 1 großes Zimmer für 2 Pers., 1 EZ, Kochecke, Bad; hübsch gemacht, besser vorbuchen. DZ ISK 6.000; SSU 1.500/Pers.

Við Fjörðinn, Aðalstræti 26, ✆ 4568127/8470285, Betten für 20 Pers. in Zimmern für 2–4 Pers., sehr einfach, nur mit Betten und Hockern möbliert; Küche, Bad und TV-Raum, ISK 3.500/Pers., SSU 1.800. Auch ein kleines Studio für 4 Pers., ISK 8.000. Frühstück im Privathaus hinter dem Gästehaus im Wintergarten.

- *Camping* Kleiner, ruhiger **Zeltplatz** mit Hecken nah am Wasser, WC/Kaltwasser, ISK 500/Zelt. Duschen im Schwimmbad nebenan.

Fischerort Þingeyri am Dýrafjörður

• *Essen* **Tóki munkur**, Hafnarstræti 1, ✆ 4568466, So–Do 18–21, Fr/Sa 17–23.30 Uhr, ist das einzige Restaurant im Ort, in der Größe eines Wohnzimmers mit familiärer Atmosphäre. Hier kann man seine eigenen CDs auflegen lassen. Viele Pizzen, zahlreiche Gerichte vom Grill, z. B. gegrilltes Lammfilet ISK 1.700, Hamburger und Sandwiches, nichts über ISK 1.800. Einst war hier ein Hotel; im 1. Stock, wo es eine kleine Sitzecke gibt, sind noch Nummern an den Zimmertüren.

An der **Tankstelle**, tgl. 9–23 Uhr, für den schnellen Hunger Sandwiches, Burger und kl. Gerichte wie Suppe, Fish & Chips für ISK 970. Auch Kaffee.

Alte Schmiede: Uralte Regale voller Schrauben und Schmiere, Hämmer, Zangen und Messer an der Feuerstelle, polierte Maschinen, große Kessel, Zementsäcke, Schraubstöcke, Holzmodelle, Massen an Werkzeug: In der randvollen Gamla Smiðjan sieht alles noch so aus wie 1995, als die Arbeit hier eingestellt wurde, weil der Besitzer starb. Von 1913 an entstanden in den vielen Räumen vor allem Ausrüstungen für Fischerboote, und wenn Mechaniker Kristján aus seiner Werkstatt herüberkommt, die alten Maschinen anwirft, Keilriemen schnurren lässt und mit Begeisterung durch die Hallen führt und Tricks und Techniken zeigt, lebt die alte Zeit wieder auf.

Öffnungszeiten Hafnarstræti, ✆ 4568113/8946424, offen nach Vereinbarung, am besten in der Werkstatt nebenan (Hafnarstræti 14) oder in der Touristeninformation Bescheid sagen.

Ausflüge und Wanderungen (s. Karte S. 571)

Zu den Tälern und rund um die Halbinsel in den Arnarfjörður: Etwa 5 km von Þingeyri liegt das über die Schotterpiste 622 am Flughafen vorbei zu erreichende Tal Meðadalur. Hier wurde einst vergeblich nach Gold gesucht; es blieb eine versteckt liegende alte Mine. Im kleinen Tal Haukadalur, 1 km weiter, dem Hauptschauplatz der *Gísla saga*, gab es früher einen größeren Handelsplatz als in Þingeyri. 2 Farmen und mehrere im Sommer bewohnte Häuser stehen noch. Eine kleine Grabstätte am Straßenrand erinnert an ertrunkene französische Matrosen, die in Haukadalur lebten. Im Keldudalur, wo nach 15 km die Straße endet, ist die kleine Holzkirche Hraunskirkja von 1885 zu besichtigen, die kürzlich originalgetreu restauriert wurde. Es ist möglich, von hier bei Niedrigwasser mit dem Jeep, dem MTB, zu Ross oder zu Fuß auf schmalem Weg die Halbinsel zu umrunden. Hierbei geht es entlang steiler Felsen und durch Gesteinsschutthalden; die Furten durch kleine Bäche sind meist harmlos. An den fast senkrechten Wänden des Vogelfelsens Ófæra entlang führt der Weg nach Svalvogar, wo ein Bauer mitsamt seiner Schafe den Sommer verbringt. Immer wieder werden verlassene Höfe, z. T. auch verfallene Torfhäuser passiert und Wiesen durchquert. Ein Abschnitt hinter Lokinhamrar ist nur bei Ebbe zu passieren. Der Weg endet bei einem Schafgatter kurz vor der Brücke in Hrafnseyri. Gezeitentafel und genauere Infos in der Touristeninformation.

Hausberg Sandafell (367 m) (4): Der Berg oberhalb von Þingeyri ist einfach zu erklimmen. Man nimmt die Str. 60 in Richtung Süden; nach ca. 2 km zweigt eine steile Jeeppiste auf das Sandafell ab, die mit geeignetem Fahrzeug sogar befahren werden kann. Von oben, wo ein Gästebuch ausliegt, bietet sich ein weiter Blick über den Fjord aufs offene Meer und das Gláma-Plateau.

Besteigung des Kaldbakur (998 m) (5): Eine lohnenswerte Tageswanderung ist die Besteigung der höchsten Erhebung der Westfjorde: Der Weg erfordert etwas Kondition, weist aber keine besonderen Schwierigkeiten auf. Zunächst folgt man der Straße fjordauswärts um den Sandafell, biegt dann gleich in den ersten Weg Richtung Kirkjubólsdalur. Hier führt eine sehr selten befahrene Fahrspur das ganze Tal hinauf bis auf einen Berggrat auf über 500 m Höhe. Der Weg zum Gipfel folgt nun diesem Grat nach rechts. Ohne allzu große Mühen erreicht man den höchsten Punkt, von dem sich eine beeindruckende Aussicht auf die Umgebung bietet.

▶ **Weiterfahrt**: Bei der Weiterfahrt werden die hohen Berge spürbar: Sofort hinter dem Ortsausgang steigt die von hier an geschotterte Str. 60 steil an. Erst nach 10 km, davon die letzten drei mit 10 % Steigung in Serpentinen, ist die 552 m hohe Passhöhe auf der Hrafnseyrarheiði erreicht. Dies ist der höchste Pass der Westfjorde und der für Radfahrer wie Fahrzeuge anstrengendste. Die Strecke bietet überwältigende Ausblicke, doch gilt die Straße im Winter als sehr gefährlich. Es kam schon zu zahlreichen Todesfällen; 2002 wurde wieder ein Auto vom Sturm in die Tiefe gerissen.

Mit imposanter Aussicht über den Arnarfjörður ("Adlerfjord"), nach dem Ísafjarðardjúp der zweitgrößte Fjord der Westfjorde, geht es steil wieder bergab. Dass auf der Strecke hier und da spitze Gipfel auftauchen, die im Gegensatz zur sonstigen Plateaulandschaft stehen, liegt am ehemaligen Zentralvulkan Tjaldanesfjell am Nordufer des Arnarfjörður: Seine Gesteinsmassen konnten der Abtragung nicht so stark Widerstand leisten, weshalb Höhen mit scharfen Graten ausgehobelt wurden.

▶ **Jón-Sigurðsson-Museum in Hrafnseyri**: 1 km nach Verlassen der Bergstraße wird am Arnarfjörður der malerisch am Hang liegende historische Pfarrhof Hrafnseyri erreicht. Hier wurde am 17. Juni 1811 der Freiheitskämpfer Jón Sigurðsson geboren, der Begründer der isländischen Unabhängigkeitsbewegung (siehe S. 73). Im großen weißen Haus mit Gedächtniskapelle erinnert ein kleines Museum an sein Leben: Mehr als 250 Fotos und Zeichnungen erzählen, zusammen mit Briefen, Schriften und Urkunden, von seiner Zeit in Kopenhagen, wo er an der Sammlung isländischer Manuskripte arbeitete; von seiner Arbeit als Herausgeber und Redakteur der Zeitschrift Ný Félagsrit ab 1841, seinem ersten Podium für den Freiheitskampf; von seinem Wirken im Alþing, dem er 1844 bis zu seinem Tod 1879 angehörte. Leider sind alle Erklärungen nur auf Isländisch. Das dreigiebelige Geburtshaus aus Torf nebenan, von dem noch eine Wand stand, wurde etwas höher als ursprünglich wieder aufgebaut; hierin sind u. a. Jón Sigurðssons Geburtszimmer und Schreibstube nachgestellt. Was von seinem Originalbesitz übrig blieb, steht aber im Nationalmuseum in Reykjavík. Die hübsche Kirche von 1886 stand als einziges Gebäude schon zu Sigurðssons Lebzeiten auf dem Hof.

- *Öffnungszeiten* ✆ 4568260, 17.6.–1.9. tgl. 13–20 Uhr, ISK 300. Kostenloser Katalog mit Überblick in verschiedenen Sprachen.
- *Café* Im Torfhof stilvolles Café; Kuchen, Torte und Waffeln. Dieselben Öffnungszeiten wie Museum.
- *Tankstelle* Auf dem Hof Hrafnseyri, immer offen, wenn jemand da ist (eine Hälfte des weißen Hauses ist privates Wohnhaus, klingeln).

▶ **Weiterfahrt**: Schon von weitem ist der außergewöhnlich gleichmäßige, wie ein Brautschleier über die Basaltkante fallende Wasserfall Dynjandi zu sehen. Östlich der Fjorde glänzen die weißen Firnfelder des ca. 900 m hohen Gláma-Plateaus.

Am Wasserkraftwerk Mjólkárvirkjun vorbei, das die Westfjorde mit Strom versorgt, schwingt sich die Straße in den nächsten Seitenfjord. Bevor es erneut bergauf geht, zweigt die Zufahrt zum *Dynjandi* ab. Dieser höchste Wasserfall der Westfjorde, auch Fjallfoss genannt, zählt zu den schönsten des Landes. Nach 100 m langem Fall stürzen die Wassermassen als fünf weitere, kleine Fälle den unteren, terrassenartigen Hang hinunter. Wer den Hang hinaufsteigt, wird feststellen, dass man den mittleren der kleinen Wasserfälle, den Göngufoss, auch von der Rückseite erleben kann. Seit 1981 stehen 700 ha um die Fälle unter Naturschutz.

- *Camping* Zeltplatz in wunderschöner Lage unterhalb des Wasserfalls, zwischen Bergwand und Fjord. Leider ist hier deshalb auch meistens viel los. WC und Kaltwasser, kostenlos.

▶ **Weiterfahrt nach Brjánslækur**: Anfangs steil, dann mit gemäßigterer Steigung macht sich die Str. 60 in weitem Bogen auf zur Hochebene Dynjandisheiði (500 m). Bereits auf den 11 km bis zur Schutzhütte bieten sich gewaltige Ausblicke zurück in den Fjord und auf die Bergwelt der Gláma; Wasserfälle rauschen, Grundmoränenseen mit moosigem Ufer sorgen für schimmernde Farbtupfer im Grau. Hinter der Hütte geht es wenige Kilometer bergab, dann weiter bergauf. Die Landschaft wird steinig und karger. Tief, tief unten im Geirþjófsfjörður kauert ein einziger verlorener Hof. Wo die Str. 63 in Richtung Bíldudalur abzweigt, ragen mehrere markante, unter dem Namen Hornatær bekannte Gipfel ca. 700 m empor. Es wird angenommen, dass Raben-Flóki im 9. Jh. auf einem von ihnen stand, als er einen Fjord voller Packeis erblickte und Island seinen Namen verpasste. Über den kurz darauf erreichten, 468 m hohen Pass Helluskarð führt die Str. 60 auf 8 km aus der Bergwelt hinunter an den Vatnsfjörður. Erst seit Fertigstellung dieser Passstraße 1959 ist der Nordwesten an das Hauptstraßennetz angeschlossen. Im Winter ist sie jedoch gesperrt. Beim Hótel Flókalundur wird die Küstenstraße 62 erreicht; von hier sind es noch 6 km zum Fähranleger in Brjánslækur (siehe S. 605). Gegenüber vom Hotel ist auf einem kleinen Hügel am Fjord zu Ehren von Flóki und seinen Mannen ein Gedenkstein mit dem entscheidenden Zitat aus dem Landnahmebuch aufgestellt: "...und sie nannten das Land Island".

- *Schwimmbad/Hot Pot* Freibad Flókalundur, ca. 300 m westl. des Hotels bei den Sommerhäusern, tgl. 10–12 und 16–19 Uhr; mit Hot Pot. Ein natürlicher Hot Pot liegt östl. des Hotels unterhalb der Straße; hierfür gegenüber von dem Schild, das ein Hotel in 400 m Entfernung ankündigt, Piste zum Wasser nehmen.
- *Tankstelle* Bei Hótel Flókalundur, während der Saison immer offen.
- *Übernachten/Camping/Essen* **Hótel Flókalundur**, ✆ 4562011, 📠 4562053, 20.5.–30.9., schönes Haus in herrlicher Lage, mit sehr netter Atmosphäre. 15 kleine, aber frisch renovierte und hübsch gemachte DZ mit/Bad ISK 9.950. Zeltplatz ca. 100 m vom Hotel, ab 2003 mit Duschen, idyllischer Platz auch gegenüber vom Hotel am rauschenden Fluss und mit Birken; ISK 700/Zelt. Vom Restaurant (9–23.20 Uhr) mit Holzwänden und Spitzendecken Blick über den ganzen Fjord. Hier tagsüber Suppe, Tagesgericht, leichte Gerichte wie Brot mit geräuchertem Lamm, Kaffee und Kuchen; abends auch Fisch und Fleisch, z. B. gegrillte Forelle oder Lamm in Rotweinsauce, alles unter ISK 2.200.

Der Südwesten mit dem Látrabjarg

Zwischen Arnarfjörður und Breiðafjörður nimmt die Höhe der Bergrücken allmählich leicht ab, auch hier sind aber noch anspruchsvolle Pässe von einem Fjord zum nächsten zu bewältigen. Auf der südlichsten Halbinsel finden sich malerische Sandstrände und mit dem Látrabjarg einer der größten Vogelfelsen des Landes am westlichsten Punkt Europas.

Von der Kreuzung der Straßen 60 und 63 bei Hornatær auf etwa 450 m Höhe sind es noch 36 km gen Westen durch die Berge und um drei kleine Seitenfjorde des Arnarfjörður nach Bíldudalur. Die Straße fällt sogleich ab und führt auf 10 km von der kahlen Hochebene zurück ins grüne Unterland mit Flüssen und Wasserfällen und dichtem Buschbewuchs, wobei sich überwältigende Ausblicke auf die Fjorde bieten. Im *Reykjafjörður* ("Rauchfjord") laden ein geothermales Schwimmbad und ein dahinterliegender, natürlicher und mit etwa 45 °C sehr heißer Hot Pot alle Vorüberreisenden zum kostenlosen Aufwärmen und Entspannen ein. Von den sanitären Einrichtungen (keine Dusche!) sollte man allerdings nicht viel erwarten. Beim Flughafen von Bíldudalur im Fossfjörður ("Wasserfallfjord") ist wieder die Teerstraße erreicht. Noch eine scharfe Kurve, dann bietet sich ein wunderschöner Blick auf den kleinen Ort, der sich am äußeren Ende einer kleinen Bucht am steilen Felshang entlangstreckt.

Bíldudalur (250 Einw.)

Seit dem späten 16. Jh. ist der hübsche Ort mit seinen vielen aus dem 19. Jh. erhaltenen Gebäuden, einem winzigen Park mit Bach und dem malerischen Hafen mitten im Ort Fischerei- und Handelsplatz. Von hier exportierte 1790

Bíldudalur vor steiler Felswand

Die Westfjorde
Karte S. 571

der erste isländische Kaufmann Klippfisch nach Spanien und lange Zeit stand Salzfisch aus Bíldudalur für besondere Qualität. Heute stützt sich die Wirtschaft auch auf Fang und Verarbeitung von Garnelen. 1891 wurde in Bíldudalur der Künstler Muggur geboren.

• *Verbindung* **Flug** tgl. außer Sa 1-mal von/nach Reykjavík, ✆ 4562152, Bustransfer in den Ort.

• *Versorgung* Apotheke (Mo/Mi 14–15.30, Fr 16–18 Uhr), Arzt, Autowerkstatt (✆ 4562229), Bank und Post (beide Mo–Fr 12.30–16 Uhr), Polizei, Supermarkt (Mo–Fr 10–18, Sa 11–14 Uhr), Tankstelle.

• *Einkaufen* **Skeljungur**, Tjarnarbraut 2, 9–22, Sa/So ab 11 Uhr; Laden/Tankstelle im Restaurant Vegamót; hier Grundnahrungsmittel, manchmal selbst gebackenes Brot; im 1. Stock ist ein Kramladen.

Bíldudals-Fjalli, Hafnarbraut, Mo–Fr 13–18 Uhr, in diesem Laden des Gästehauses gibt es die individuelle Kaffeemischung des Hauses und Kräutertee, ein paar Lebensmittel, ein bisschen Kunsthandwerk und Wolle.

• *Übernachten/Essen* **Gistiheimilið Fjalli**, Hafnarbraut 2, ✆/℻ 4562328, 6 großzügige Zimmer für 1–3 Pers. mit viel Farbe, einige mit Waschbecken; 2 Bäder. DZ ISK 5.500; Frühstück. Unten im bunten Restaurant mit Cafeteria-Atmosphäre, Mo–Fr 9–23, Sa/So 12–23 Uhr, v. a. Pizza, auch Suppe, Meeresfrüchte und Hamburger. Das Restaurant hat 2002 neu eröffnet, Speisekarte kann sich also noch ändern.

Veitingahúsið Vegamót, Tjarnarbraut 2, ✆ 4562232, 9–22, Sa/So ab 11 Uhr; Restaurant und Café mit liebevoll dekoriertem Wintergarten und herzlichem Besitzerpaar. Lamm und Fisch, z. B. Lamm vom Grill mit Gemüse ISK 1.550; Pizza, Sandwiches (auch vegetarisch), Gebäck und Kuchen. Wird nach 16 Jahren evtl. aufgegeben, womit das Herz von Bíldudalur verloren ginge.

• *Camping* Zeltplatz außerhalb des Ortes bei den Sportplätzen, ruhig, aber ungeschützt auf freier Wiese, WC und Kaltwasser, kostenlos.

"Melodies of the past": Unter diesem Namen – dem Titel eines Songs über isländische Musik – hat Sänger und Musikliebhaber Jón Ólafsson im Erdgeschoss seines Privathauses ein originelles Museum zur Musik Islands der letzten Jahrzehnte eingerichtet. Die Wände sind hinter Schallplatten, Fotos, Zeitungsausschnitten und Souvenirs verschwunden, dabei sind die berühmte Jazzsängerin Hallbjörg Bjarnadóttir und international bekannte Opernsänger wie Stefán Íslandi und Kristján Johannsson. Für Ausländer ist aber vielleicht eher die Aufmachung des Museums interessant: Weil Jón nicht wusste, wohin mit seinen Möbeln, hat er sie einfach stehen gelassen. Moderne Musik mag er übrigens nicht; die wenigen Bilder aktueller Musiker sind unauffällig in der Küche aufgehängt. Wer Glück hat, bekommt ein Ständchen von ihm persönlich.

Öffnungszeiten Tjarnarbraut 5, ✆ 4562186, Mo–Fr 13–17 Uhr und nach Vereinbarung, ISK 400.

▸ **Abstecher in den Selárdalur** zu den Künstlerhäusern: Die 26 km am Arnarfjörður entlang auf der Str. 619 müssen zwar auf äußerst schlechter Schotterpiste voller Löcher und grober Steine zurückgelegt werden, die sich immer wieder mit kurzen steilen Anstiegen um die ca. 600 m hohen Bergrücken von Tal zu Tal windet, doch ist der Ausflug für den Weg wie das Ziel wärmstens zu empfehlen: Es geht an fast mediterran anmutenden, weißen Sandstränden vorbei, an wenigen Höfen, an verlassenen Häusern und in den teilweise mit Braunkohleflözen durchzogenen Berghängen nisten zahlreiche Vögel. Der *Selárdalur* lohnt wegen seiner eindrucksvollen, verwitterten Künstlerhäuser. Gebaut hat sie Samúel Jónsson (1884–1969), der sich hier 1947 auf dem Hof Brautarholt ansiedelte und wenig später seine Arbeit als Landwirt aufgab, um sich ganz der Malerei und Bildhauerkunst zu widmen. Für die Kirche in Selár-

Verwitterte Kunst im Selárdalur

dalur malte er ein großes Altarbild, das er ihr zum 100-jährigen Bestehen schenken wollte. Weil das Geschenk nicht angenommen wurde, baute er seine eigene Kirche. Neben sein Wohnhaus setzte er ein kleines Kunstmuseum. Nachdem die Gebäude nach seinem Tod 30 Jahre lang dem Verfall preisgegeben waren, begannen engagierte Ehrenamtliche mit der Restaurierung, die mehrere Jahre in Anspruch nehmen wird. Die renovierte Kirche beherbergt nun u. a. Samúel Jónssons naive Bilder.

Öffnungszeiten Bislang immer geöffnet, unbeaufsichtigt, um ISK 300 Eintritt wird gebeten.

Wanderung zum Tálknafjörður (6, s. Karte S. 571) (5 Std.): Von der Zufahrt zur Kirche in Selárdalur ist eine 20 km lange Wanderung ausgeschildert, die über die gut 500 m hohe Selárdalsheiði an den Tálknafjörður führt, der im Krossadalur wenige Kilometer vor Beginn der Str. 617 erreicht wird.

▸ **Weiterfahrt**: Nur 18 km sind es von Bíldudalur nach Tálknafjörður am gleichnamigen Fjord, doch verläuft der größte Teil der Strecke über den 512 m hohen Bergpass Hálfdán. Auf den 3 km am Fjord entlang zum Ort reihen sich die runden Becken aneinander, in denen zum einen Lachs und Forelle gezogen wird, zum anderen Kabeljau: Als Antwort auf die niedrige zugelassene Fangmenge holen Tálknafjörðurs Fischer seit kurzem mit feinmaschigen Netzen große Zahlen kleiner, leichter Kabeljaus aus dem Wasser, die in den Becken im Fjord zur gewünschten Größe herangezüchtet werden. Aus 40 t Fisch werden so 90 t.

Tálknafjörður (350 Einw.)

Tálknafjörður mit seiner modernen, 2002 eingeweihten Kirche ist der jüngste der drei Orte im Südwesten der Westfjorde und entwickelte sich erst in den letzten 50 Jahren. Fast 20 % der Bevölkerung sind heute Polen, die in den drei Fischfabriken arbeiten. Für sie verwandelte der Pfarrer seine Garage in ein Gotteshaus, in dem alle paar Monate ein katholischer Priester aus Ísafjörður oder Reykjavík eine Messe liest.

Die Attraktionen des Ortes liegen westlich des Dorfkerns: die helle, neue Kirche aus Holz mit interessanter Architektur und Altar, Kanzel und Taufstein aus Basalt (Schlüssel bei Freyja, ✆ 8617090); das geothermale Schwimmbad, das einzige in den Westfjorden, das die Anforderungen für Wettkämpfe erfüllt, 4 km weiter am Hang drei einsame Hot Pots mit Dusche und noch 1 km weiter das hübsche, graue Gotteshaus von 1907 mit einer Taufschale aus dem 17. Jh. Es entstand lange, bevor es Tálknafjörður gab. Das Holz brachten die Norweger, die am anderen Fjordufer eine Walfangstation betrieben (der Schornstein steht noch). Da der Wind im Winter kalt durch die Ritzen pfeift, wurde nun für die große Zahl der Kirchgänger ein Ersatz geschaffen.

• *Information* Im Schwimmbad, ✆ 4562639, Mo–Fr 8–21, Sa/So 9–18 Uhr.

• *Verbindung* Der **Bus** zum/vom Flughafen in Bíldudalur hält in Tálknafjörður, wenn gleich bei Kauf des Flugtickets darum gebeten wird; ✆ 4562152.

• *Versorgung* Arzt, Autowerkstatt (**Allt í járnum**, 24 Std., ✆ 4562633, **Skandi**, ✆ 4562525), Bank, Polizei, Post, Supermarkt (Mo–Fr 9–20, Sa 10–20, So 13–18 Uhr) mit Tankstelle. Alle Läden in einer Ladenzeile in der Strandgata.

• *Einkaufen/Kunsthandwerk* Landkarten und Schreibwaren bei **Pokahornið** neben Supermarkt, Mo–Fr 10–12 und 13.18 Uhr. Direkt daneben gibt es im **Handverkshús**, Mo, Mi, Fr 15.30–17.30, Wollwaren, Stepparbeiten, Steinfiguren, Schmuckstücke u. v. a.

• *Schwimmbad* Modernes Freibad mit Hot Pots 1 km hinter der Tankstelle, Mo–Fr 8–21, Sa/So 9–18 Uhr. 4 km weiter 3 eckige Hot Pots rechts am Hang; mit Dusche, kostenlos.

• *Übernachten* **Gistiheimilið Hamraborg**, Strandgata, ✆ 4562514, am östl. Ortseingang bei älterem Ehepaar das hübsch gestaltete Erdgeschoss für Gäste, 2 helle Zimmer für 2 bzw. 3 Pers., Küche, Bad, eigener Eingang. DZ ISK 4.000, SSU 1.500; Frühstück. Waschmaschine kann genutzt werden.

Gistiheimili Skrúðhamrar, Strandgata, ✆ 4562631/8949393, am östl. Ortseingang im roten Haus 5 DZ unter dem Dach, ISK 5.000, SSU 1.350/Pers.; Frühstück. Zukunft ungewiss.

In der **Schule** beim Schwimmbad, ✆ 4562639/4562649, SSU auf Matratze oder im Bett (25 Betten in 4 Zimmern), ab ISK 1.200; Küche, Waschmaschine (ISK 300).

• *Camping* Zeltplatz hinter dem Schwimmbad, Windschutz durch Hecken, WC und Warmwasser, dahinter kleiner Nadelwald mit Spazierpfad. ISK 500/Zelt und 300/Pers.; Dusche im Schwimmbad ISK 100, hier auch Waschmaschine (ISK 300).

• *Essen* **Hópið**, Hrafnadalsvegur, ✆ 4562631, tgl. ab 18 Uhr. Großes, gemütliches Restaurant mit einem Ruderboot über der Bar, serviert Pizza, Fisch und Fleisch. Zukunft ungewiss.

Cafeteria in der Tankstelle, Mo–Fr 9–20, Sa 10–20, So 13–18 Uhr, hier kleine Grillgerichte, Hamburger, Sandwiches und Kaffee mit Gebäck.

▸ **Weiterfahrt**: Von den im Fjordinneren beginnenden 12 km Passstraße schrauben sich die ersten 5 km steil mit bis zu 12 % bergauf bis in etwa 360 m Höhe, dann geht es 7 km bergab und direkt nach Patreksfjörður, das sich auf einem schmalen Küstensaum und einer weit in den Fjord ragenden Sandbank auf fast 3 km Länge erstreckt.

Ruhe und Einsamkeit am Arnarfjörður

Patreksfjörður (730 Einw.)

Der größte Ort im Südwesten am steilen, 550 m hohen Lambeyrarháls ist seit der Zeit der deutschen Hanse wichtiger Handels- und Fischereiort. Relativ viele Büsche, Bäume und der Hang mit Wiese sorgen für eine schöne Atmosphäre; die Strandgata mit ihren Bänken auf schmalem Grünstreifen erinnert an einem Sonnentag fast an eine Kurpromenade.

Gebaut wurde Patreksfjörður einst auf den beiden Sandbänken Geireyri und Vatneyri. Nachdem sie miteinander verbunden worden waren, grub man 1946 in einen kleinen See auf Vatneyri den heutigen Hafen. Mittlerweile ist Patreksfjörður mit Tálknafjörður der wichtigste isländische Exporteur von Seewolf, der gefroren nach Frankreich und in die USA verschickt wird. Zwei Drittel der Bewohner von Patreksfjörður arbeiten in den fünf Fischfabriken. Im Ort fallen mehrere moderne Skulpturen auf, von denen alleine drei Werke ertrunkenen Fischern ein Denkmal setzen. Eines erinnert an die bretonischen Fischer, die im 19. Jh. in Patreksfjörður lebten, eines an die britischen, die zu Beginn des 20. Jh. hier waren, und eins steht zu Ehren aller isländischen Fischer. Eine andere Skulptur erinnert an das Lawinenunglück 1983, beim dem vier Menschen ums Leben kamen. Da 1995 eine weitere kleine Lawine über den Ort stürzte, sollen in den nächsten Jahren am Hang Lawinenschutzwälle nach Art von Flateyri (siehe S. 592) errichtet werden. Das Problem: Hierfür müssten sieben Häuser abgerissen werden.

Besucher finden Läden, Post, Bank, Schwimmbad etc. im Ortskern auf der Landzunge; hier ist auch die Einrichtung einer offiziellen Tourismusinformation und eines Museums in einem alten Haus von 1918 geplant. Die Gästehäuser liegen am Hang.

Die Westfjorde
Karte S. 571

Information/Verbindungen/Adressen

- *Information* Verlässlicher als die ausgeschilderte Information sind die Besitzer der Tankstelle (tgl. 10–22 Uhr), Haukur (✆ 8925561) und seine Frau Gunnhildur (✆ 8927761). Sie wissen alles über Patreksfjörður und sind sehr engagiert.
- *Verbindung* 3.6.–31.8. Mo, Mi, Sa je 1-mal von/nach Látrabjarg, Brjánslækur und Ísafjörður; ab Tankstelle, ✆ 4561599. Tgl. außer Sa Flughafenbus nach Bíldudalur; hält hier nur, wenn bei Kauf des Flugtickets darum gebeten wird; ✆ 4562152.
- *Versorgung* Alkoholgeschäft, Arzt, Apotheke, Autowerkstatt (Aðalstræti 3, ✆ 4561124), Bank (Bjarkagata1; Geldautomat bei **Albína**, Aðalstræti 89), Polizei, Post (Bjarkagata 4).
- *Einkaufen* **Kjöt og fiskur**, Strandgata 3, Mo–Fr 9–18.30, Sa 10–14 Uhr, ist der einzige Supermarkt. **Albína**, Aðalstræti 89, tgl. 11–23 Uhr, ist ein kleiner Lebensmittelladen; hier auch Hot Dogs und Eis. Die **Tankstelle**, tgl. 10–22 Uhr, erinnert an ein winziges Kaufhaus; hier u. a. Schreibwaren.
- *Kunsthandwerk* **Sólbakki**, Aðalstræti 120a, ✆ 8634561, ganz am östl. Ortsende, ist eine Galerie in Privathaus, wo Helga die von ihrem Mann Einar, einem gelernten Tischler, aus Lärche und Treibholz gefertigten Gegenstände verkauft: Füllerkästen, Schalen, Kerzenhalter, Kugelschreiber u. v. a., hervorragende Qualität.
- *Schwimmbad* Kleines, gemütliches Freibad mitten im Hafen von 1946, Hot Pots und Sauna; Kaffee gratis, Mo–Fr 9–20.30, Sa/So 10–15 Uhr.

Übernachten/Camping/Essen

- *Übernachten* **Gistihús Erla**, Urðargata 2, ✆ 4561227, am Hang, ganzjährig. Im Privathaus 15 Betten in 8 liebevoll dekorierten, gut möblierten Zimmern auf 2 Etagen; unten auch Sauna. DZ ISK 5.000 inkl. Frühstück; SSU 1.500. Sofaecke mit Blick auf den Fjord, Wintergarten für Raucher.

Stekkaból, Stekkar 19, ✆ 4561675/8649675, am Hang ganzjährig 2 Häuser nur für Gäste, mit 6/8 Zimmern, in einem Haus gut möbliert, im anderen einfacher. Frühstück für alle im schöneren Haus; vom Speisesaal herrlicher Blick auf den Fjord. Hier kann die Küche nur abends genutzt werden, im anderen Haus auch morgens. ISK 3.000/Pers.; SSU 1.600.

- *Camping* Ganz einfacher, unebener **Zeltplatz** oberhalb der Tankstelle, WC und Kaltwasser, kostenlos. Soll evtl. verbessert werden.
- *Essen* **Rabba-barinn**, Aðalstræti 89, ✆ 4561667, tgl. 11–22, Sa bis 3 Uhr, ist ein großes, buntes, günstiges Restaurant, in dem die ganze Familie mit anpackt. Vor allem mittags ist viel los. 1 Tagesgericht mit Suppe ISK 1.450, Fisch um ISK 1.250, Fleisch etwas teurer. Empfehlung des Chefs: gebratener Seewolf mit Kartoffeln, Salat und süßsaurer Sauce. Pizza, Salate und schnelle Gerichte; Hamburger mit Salat, Pommes und Cola nur ISK 650. Sa oft Live-Musik.

An der Tankstelle, tgl. 10–22 Uhr, bislang nur Kaffee und Sandwiches, ab 2003 soll es auch Hamburger geben.

▸ **Weiterfahrt nach Brjánslækur**: Vom Fjordinneren beginnt in Serpentinen der Anstieg durch die karge Bergwelt auf die 404 m hohe Kleifaheiði. 1,5 km vor der Passhöhe taucht am Straßenrand wie eine Art Schutzpatron die etwas komisch dreinblickende Steinfigur Kleifabúi auf. Sie errichteten 1947 die Bauarbeiter der Straße, die seit 2002 vollständig geteert ist. Nach 5 km langer Abfahrt ist mit Barðaströnd die vielleicht sanfteste Region der Westfjorde erreicht. Vor den Berghängen erstrecken sich grüne Wiesen mit farbenfrohen Höfen; entlang des inselreichen Breiðafjörður, an dessen Südufer die Halbinsel Snæfellsnes zu ahnen ist, ziehen sich lange, feine Sandstrände, die tatsächlich ab und an wagemutige Touristen zum Bad in den kühlen Fluten inspirieren. In Birkimelur an der seichten Lagune Hagavaðall lädt ein kleines Thermalschwimmbad zur Pause ein, bevor bei Rauðsdalur der wie ein langer Schwanz im Wasser liegende, gezackte Basaltgang Reiðskörð auftaucht. Er ist vor allem

Am Patreksfjörður

bei Ebbe gut zu erkennen. Um den Berghang führt die Straße dann in den Vatnsfjörður, wo gleich der Fähranleger *Brjánslækur* erreicht ist. Auf der Wiese rechts von der Zufahrt zum Anleger sitzen alte Stein- und Graswälle: laut Überlieferung die Ruinen des Langhauses, in dem Raben-Flóki seinen ersten Winter in Island verbrachte.

• *Verbindung/Kaffee* **Fähre** zwischen Brjánslækur und Stykkishólmur auf Snæfellsnes (siehe dort). Ticketverkauf tgl. 10–19.40 Uhr, ✆ 4562020; hier auch Warteraum; Kaffee, Eis, Schokolade. **Bus** 1.6.–31.8. Mo, Mi und Sa: vom Fähranleger nach Ísafjörður über Flókalundur 19 Uhr, zum Látrabjarg und nach Patreksfjörður 12 Uhr, von Ísafjörður nach Brjánslækur 9 Uhr.

• *Schwimmbad* **Birkimelur**, kleines Freibad unterhalb der Straße, tgl. 14–18 Uhr und nach Bedarf.

• *Tankstelle* In **Innri-Múli**; bei Sveinn im weißen Haus mit orangefarbenem Dach unterhalb der Tankstelle anklopfen. Er hat für Durchgefrorene auch immer eine Tasse Kaffee in seiner Küche parat. Ansonsten gibt es hier nur ein bisschen Autozubehör.

• *Übernachten* **Gistiheimilið Bjarkarholt**, Krossholt (Birkimelur), ✆ 4562025, verschiedene Angebote, Zimmer überall einfach, aber sauber; im weißen Haus schräg hinter dem gelben mit Aufschrift "Guesthouse" anmelden. Gelbes Gästehaus mit 19 Betten in Zimmern für 2–6 Pers.; Küche, Bad. Zusätzlich 4 DZ in anderem Haus, auch hier Küche. 3 Apartments mit je 2 DZ, Bad, Kochecke. Alles ISK 2.200/Pers., SSU 1.500; Frühstück.

Schule Birkimelur, ✆ 4562080, 15.6.–15.8. 20 SSU auf Matratzen, ISK 1.000; Küche. Hier kann auch gezeltet werden.

Hvammur, ✆ 4562032, ca. 10 km vor Brjánslækur, ganzjährig modernes Gästehaus in ehemaligem Wohnhaus auf Farm. 5 kleine, freundliche DZ, Küche, großer Aufenthaltsraum. ISK 2.400/Pers., SSU 1.400; Frühstück. In der Nähe herrlicher Sandstrand.

Rauðsdalur (FH), ✆ 4562041, 7 km vor Brjánslækur, ganzjährig Gästehaus auf Schaffarm in früherem Wohnhaus; 12 Betten in 5 Zimmern, Küche, 2 Bäder. ISK 2.300, SSU 1.500; Frühstück. Reifenwechsel/-reparatur.

• *Camping* Neben dem Ticketbüro in **Brjánslækur** steiniger, völlig ungeschützter Zeltplatz, WC und Kaltwasser, ISK 600/Zelt.

Mammutbäume und Magnolien: der Surtarbrandsgil

Nicht weit von Brjánslækur liegt die als Naturmonument geschützte Schlucht Surtarbrandsgil mit eingelagerten Schichten aus Braunkohle – *Surtarbrandur*, was so viel heißt wie "Schwarzbrand" (also Kohle), benannt nach dem Feuergott Surtur. Schmale Braunkohlebänder zwischen den Basaltdecken sind an manchen Stellen in Island zu finden, doch wohl nirgendwo so auffällig wie hier. Interessant sind die Schichten vor allem deshalb, weil sie bezeugen, dass Island im Tertiär zumindest teilweise bewaldet gewesen sein muss. Die Fossilien – darunter ein Reichtum an Blattabdrücken – in den 14 Mio. Jahre alten Einlagerungen des Surtarbrandsgil geben Hinweise auf Mammutbäume und Ahorn, auf Walnuss und Magnolie, auf eine wärmeliebende und artenreiche Vegetation, die auf ein damals gemäßigtes Klima mit etwa 15 °C Jahresmitteltemperatur hindeutet.

▸ **Wanderung in den Surtarbrandsgil (7, s. Karte S. 571) (h/r 1 Std.):** Die einfache Wanderung beginnt in der Nähe des Hofes Brjánslækur, jedoch auf der Nordseite des Baches (die Seite zum Ticketbüro). Ein undeutlicher Pfad führt über bisweilen etwas feuchtes Gelände in Richtung Berge. Wo ein Bach von links hinzufließt, hält man sich rechts, ebenso bei einem weiteren Zufluss. Es geht leicht bergauf bis zur Schlucht, die nach etwa 30 Min. erreicht ist. Die Braunkohleschichten liegen bereits kurz hinter dem Eingang.

Zum Vogelfelsen Látrabjarg (48 km)

Nach der Abzweigung der Str. 612 geht es zunächst flach an den grünen Hängen entlang. Wo das verrostete erste Stahlschiff der Region, die 1912 in Norwegen gebaute Garðar, am Strand liegt, endet die Teerstraße. Bald ist die Abzweigung der Str. 614 erreicht, die auf 10 km über das 350 m hohe Skersfjall in die Küstenregion *Rauðisandur* ("Roter Sand") führt. Hier erstreckt sich ein an Sommertagen äußerst beliebter, rötlicher Muschelsandstrand, räkeln sich Seehunde auf den Sandbänken, liegt ein Streifen grasbewachsenes Unterland mit historischen Höfen vor fast senkrechten Bergen.

Auch die Str. 612 führt nach wenigen Kilometern beim Flughafen zu einer überraschenden, weiten Sandlandschaft, bevor sie sich mit Anstiegen und Kurven auf den Weg um die steilen Geröllhänge von Tal zu Tal macht. Immer wieder tauchen helle Sandstrände auf, hier und da verlassene Höfe. Weit öffnet sich dann das breite, grüne Tal Örlygshöfn an einer schmalen Lagune. Hier sind noch einige Höfe bewirtschaftet und nicht weit vom Beginn des Passes liegt eines der schönsten Museen des Landes.

Volks- und Luftfahrtmuseum Hnjótur: Egill Ólafsson (1925–99) verbrachte sein ganzes Leben mit dem Sammeln von Gegenständen. Anfänglich stellte er sie in seinem privaten Wohnhaus aus, 1983 öffnete dann dieses große, randvolle Museum, das hervorragend Einblick in Leben und Arbeit in den südlichen Westfjorden in der Zeit um die Wende vom 19. zum 20. Jh. gibt. Weil erst danach wirklich einschneidende Veränderungen einsetzten, repräsentiert es aber im Prinzip die gesamte Periode seit der Landnahmezeit. Wie Heilbutt gefischt,

Torf gestochen und aus Mist Brennmaterial hergestellt wurde, wie Vögel und Wale gefangen, Haifisch und Seehunde gejagt wurden, wie Heu auf dem Pferderücken transportiert und Fisch geräuchert wurde, dies und vieles mehr erfährt man anhand zahlloser Relikte in erstaunlicher Vielfalt und alter Fotos. Im neueren Museumsteil ist u. a. das Inventar einer Wanderschule und einer alten Post aus Patreksfjörður ausgestellt. In der großen Halle schräg hinter dem Museumsgebäude, die 1930 von Deutschland nach Reykjavík kam, wird zurzeit eine Ausstellung zur isländischen Luftfahrtgeschichte aufgebaut. Den Anfang machte ein russisches Frachtflugzeug von 1967, das 1992 im Kollafjörður notlanden musste. Interessant sind die beiden winzigen, bis in die 80er Jahre auf den Flughäfen von Patreksfjörður und Þingeyri genutzten "Terminals", von denen eines aus der Kabine eines Fischkutters entstand.

Öffnungszeiten ✆ 4561569, tgl. 10–18 Uhr, ISK 400. Mit großem Café im Eingangsbereich. Bus zum Látrabjarg hält hier auf Anfrage.

▸ **Weiterfahrt**: Vom Ende des Tales führt die Straße etwa 6 km bergauf und über den 330 m hohen Bergrücken Hafnarfjall, bevor sich der Blick auf die idyllische, große Sandbucht Breiðavík mit Farm, Kirche und Heuwiesen am tosenden Meer öffnet. An der Abzweigung der schlechten Jeeppiste nach Keflavík vorbei – wo man einen dunklen Sandstrand und viel Einsamkeit findet – geht es über den etwa 200 m hohen Bergrücken Látraháls zur steilen Abfahrt ins malerische *Hvallátur* vor breitem Sandstrand. Dies war einst ein großes Fischereizentrum; geblieben sind Schuppen aus Stein und Grassoden und bunte Sommerhäuser. Wenige Kilometer weiter sind gegenüber vom Campingplatz bei Brunnar die unscheinbaren Ruinen eines weiteren alten Fischereiplatzes

Kirche Breiðavík an der gleichnamigen Sandbucht

Der Hafen von Akranes ▲▲
Die Hraunfossar bei Húsafell ▲

▲▲ Der Vulkan Snæfellsjökull
▲ Fischerdorf Hjalteyri auf Tröllaskagi

Wasserfall Dynjandi in den Westfjorden

▲▲ Das Heringsmuseum in Siglufjörður
▲ Leuchtturm bei Bolungarvík am Ísafjarðardjúp

zu sehen, darunter das älteste Steingrab in Island. Nun schwingt sich die Straße hinauf zum letzten Anstieg, bis bei 24°32' westlicher Länge mit dem Kap von Bjargtangar beim weißen Leuchtturm der westlichste Punkt Islands und damit ganz Europas erreicht wird. Grönland liegt weniger als 300 km entfernt.

Steilküste der Vögel und Schiffsunglücke: Die 14 km lange und maximal 441 m hohe Felswand *Látrabjarg* ist ein Paradies für Vogelfreunde; neben der weltgrößten Tordalkenkolonie verbringen hier u. a. Zehntausende Papageientaucher, Lummen, Eissturmvögel und Dreizehenmöwen das Frühjahr und den Sommer und beleben mit ihrer pausenlosen Aktivität den senkrecht aus dem Meer ragenden Basaltfels. Die besten Plätze zum Beobachten der possierlichen Papageientaucher befinden sich gleich in der Nähe des Parkplatzes. Unterhalb des Leuchtturms sind zudem mit Glück Robben zu beobachten. Zurzeit wird über die äußerst umstrittene Idee diskutiert, einen 200 m langen Tunnel durch die Felswand zu bohren, der in einer Aussichtsplattform inmitten der Vogelwelt enden soll. Eine hierzu 2002 durchgeführte Umfrage ergab bei europäischen Touristen ein negatives Echo.

Die beeindruckende Küste ist auch für die vielen Unglücke bekannt, die sich hier ereigneten. Menschen stürzten beim Eiersammeln ab und Schiffe liefen in der gefürchteten Schiffspassage Látraröst auf Felsenriffs und kenterten, ohne dass über die Steilwand Rettung kommen konnte. Das Unmögliche gelang nur 1947, als der britische Trawler Dhoon vor Látrabjarg Schiffbruch erlitt. In dramatischer Aktion wurden zwölf der vierzehn Seemänner über die Klippen gerettet.

Wanderungen (8, s. Karte S. 571): Wer den Látrabjarg in seiner gesamten Länge ablaufen möchte, kann von der Bucht Keflavík nach Norden zwischen Vatnsdalsfjall und Sandsfjöll bis zur Str. 612 weiterwandern, die im Sauðlauksdalur erreicht wird (insges. 27 km). Alternativ kann die Wanderung vom Látrabjarg zum Rauðisandur fortgesetzt werden, wo die Str. 614 erreicht wird (insges. 22 km). Gerne wird auch die gesamte Küste vom Látrabjarg bis zur Kreuzung der Str. 62 und 611 abgewandert, weil Start wie Ziel von Bussen angefahren werden. Diese Wanderung dauert etwa 3 Tage; über die steile Felswand Sigluneshlíðar, den gefährlichsten Abschnitt der Strecke, führt ein alter Pfad.

• *Übernachten* **Örlygshöfn**, ✆ 4561575 (Hof Breiðavík, hier muss vorher angerufen werden), an der Str. 615, 3 km vom Museum; 15 SSU in ehemaliger Schule; Küche. ISK 1.600.

Hænuvík, ✆ 4561574/8555313, an der Str. 615 am Fjord, ganzjährig einfaches Sommerhaus für 6 Pers., mit Küche, in der Umgebung schöne Wandermöglichkeiten.

Breiðavík (FH), ✆ 4561575, malerisch in der gleichnamigen Bucht gelegener Hof, mit 600 Schafen einer der größten der Westfjorde. Im ehemaligen Jugendheim 15.5.–15.9. 50 Betten in 18 unterschiedlich möblierten, meist einfachen Zimmern (von DZ bis Klassenzimmer ist alles dabei). ISK 2.500/Pers., SSU 1.600, mit Küchennutzung. Frühstück; auf Anfrage im großen, hellen Essraum mit Bar alle Mahlzeiten. Den ganzen Tag gibt's für jeden, der kommt, Kaffee umsonst. Die hilfsbereiten Besitzer fahren Gäste nach Látrabjarg, lassen sie am Schafabtrieb teilnehmen, waschen ihre Wäsche und verkaufen Kunsthandwerk und Angellizenzen.

• *Camping* **Breiðavík**, neben dem Hof, mit Hecken, ISK 600/Pers. inkl. Dusche, Küche und Nutzung des Esssaals.

Brunnar, wenige Kilometer vor Látrabjarg, WC/Kaltwasser, einfache Wiese, kostenlos.

Die einsame Südküste

Die kurvenreiche Strecke führt von Brjánslækur aus an zwölf zumeist kurzen Fjorden vorbei nach Osten. Für die mühselige Fahrt auf schlechter Schotterpiste entschädigen die imposanten Ausblicke auf den Breiðafjörður und die Bergwelt. Nach 173 km wird am Südufer des Gilsfjörður die winzige Gemeinde Saurbær in der Region Dalir erreicht. Hier endet die Fjordwelt. Einkaufsmöglichkeit besteht nur in Reykhólar und Króksfjarðarnes nach jeweils etwa 145 km sowie in Saurbær.

Von Brjánslækur aus umrundet die Str. 62 den kurzen, breiten Vatnsfjörður. Am Hang fallen die dichten Birken- und Beerensträucher auf, tiefer im Tal die wild wachsenden Ebereschen. Im Fjord mit Inseln und ausgedehntem Schwemmland tummeln sich viele Vögel; auch der Seeadler brütet in der Gegend. Rund 100 qkm um den Fjord stehen seit 1975 unter Naturschutz. Beim Hótel Flókalundur (siehe S. 598) trifft die Straße auf die aus den Bergen kommende Str. 60. Auf ihr geht es weiter ins Fjordinnere, wo das kurze Tal mit dem 4 km langen Forellensee *Vatnsdalsvatn* zu einem Spaziergang einlädt. Dann beginnt die lange Fahrt um kleine Fjorde und steile Felswände, vorbei an Schären und Inseln, an verlassenen Höfen und gebirgigen Halbinseln, die – wie der Klettsháls zwischen Kvígindisfjörður und Kollafjörður – mit bis zu 330 m hohen Anstiegen überwunden werden müssen. Vom Inneren des 16 km langen Kollafjörður zweigt die ca. 25 km lange Jeeppiste F66 ab (siehe S. 582). Vorbei an Skálanes auf der gleichnamigen Halbinsel mit ein paar einsamen Häusern an der Straße geht es in den seichten Gufufjörður. Von hier windet sich die Straße schwindelerregend mit bis zu 16 % Steigung hinüber in den Djúpifjörður. Er wird durch eine Inselkette am Fjordausgang fast geschlossen. Der einzige Hof im Fjord liegt im Geothermalgebiet, deshalb gibt es hier ein kleines Schwimmbad, das zur Pause einlädt, bevor die Fahrt mit 12 % hoch auf den kargen Höhenzug Hjallaháls und dann mit steiler, kurviger Abfahrt in den engen Þorskafjörður weitergeht. Vom Fjordinneren zweigt hier die Str. 608 ab, die auf 26 km und mit 10 % über die 490 km hohe, steinige, sehr karge und mit vielen Seen durchsetzte Hochebene Þorskafjarðarheiði hinüber zur Str. 61 führt (auf diese trifft sie in der etwas flacheren Steingrímsfjarðarheiði nahe des höchsten Punktes). Im Þorskafjörður sind hinter der Abzweigung der Str. 608 bei *Kollabúðir* überwachsene Ruinen zu sehen: Zur Sagazeit war hier eine Þingstätte, Ende des 16. Jh. dann ein Handelsplatz deutscher Kaufleute. Ein Denkmal erinnert daran, dass zudem ab Mitte des 19. Jh. an dieser Stelle auf Versammlungen über die Unabhängigkeit des Landes beraten wurde. Am Südufer des Fjordes liegt der verlassene Hof Skógar mit kleinem Wäldchen und Picknickplatz: der Geburtsplatz des Dichters Matthías Jochumsson (siehe S. 456). Beim Sommerhotel Bjarkalundur beginnt hinter der nächsten Kurve die Teerstraße und die Zivilisation ist wieder erreicht.

• *Einkaufen/Tankstelle* Beim Hótel Bjarkalundur Tankstelle mit Grundnahrungsmitteln, 8–23.30, So ab 9 Uhr. Im winzigen Haus nebenan Sa/So 14–18 Uhr Verkauf von Kunsthandwerk (Strickwaren, Holzgefäße, bemalte Tassen etc.).

• *Schwimmbad* Auf dem Hof Djúpidalur kleines Hallenbad ohne Hot Pot (das Bad ist aber fast so warm wie ein Hot Pot...), offen nach Bedarf.

• *Übernachten/Camping/Essen* **Fremri Gufudalur**, ✆ 4347855, am Gufufjörður tief im Fjordinneren großes Sommerhaus mit viel Holz, 6 DZ, Küche, Dusche, SSU ISK 1.500; besser vorbuchen. Camping mit WC und Kaltwasser ISK 500/Zelt. Reiten ISK 1.800/Std., auch mehrtägige Touren. Bei der Kirche beginnt eine 4 km lange Wanderung in den Kollafjörður.

Djúpidalur, ✆ 4347853, Gästehaus auf einzigem Hof im Fjord mit 300 Schafen und Schwimmbad; wundervoller Blick auf die Berghänge. 3 DZ und 1 EZ, Küche, im Bad nur WC und Waschbecken, Dusche im Schwimmbad. ISK 2,100/Pers., SSU 1.500. Noch 1 beliebtes DZ im selben Haus wie das Schwimmbad, mit Bad, Herdplatte, Kühlschrank.

Hótel Bjarkalundur, ✆ 4347762, 📠 4347863, ältestes Sommerhotel in Island von 1945–47, nahe der Kreuzung 60/607. Mai bis Ende Aug. 13 einfache, freundliche, nach Vögeln benannte DZ mit Waschbecken und altem Holzboden, ISK 6.200 inkl. Frühstück; SSU 2.000. Zeltplatz am Hang mit Sträuchern und Spielplatz, WC, Dusche und Waschmaschine geplant, ISK 1.000/Zelt. Im Restaurant (12–21 Uhr) mittags Suppe, Salat und Sandwiches wie der Bjarkalundur Sandwich mit Garnelen und Gemüse; nachmittags belegte Brote; abends Fisch- und Fleischgerichte unter ISK 2.000, z. B. Lamm oder gemischte Meeresfrüchte.

Wanderung: Vaðalfjöll (9, s. Karte S. 571) (h 7 km, 1,5 Std.): Bei Bjarkalundur kann relativ einfach das Vaðalfjöll bestiegen werden, ein einstiger Vulkanschlot mit zwei steilen Gipfeln und weiter Aussicht. Hierfür östlich von Bjarkalundur die Piste auf den Berg nehmen und dann Richtung Westen halten. Zurück geht es über die alte Straße, die bei Kinnarstaðir wieder auf die Hauptstraße trifft.

▶ **Abstecher nach Reykhólar**: Kurz hinter Bjarkalundur führt die schmale Stichstraße 607 auf die Halbinsel Reykjanes. Hier erreicht sie nach 14 km den halbkreisförmig um die auf einer Anhöhe stehende Kirche (1963) angelegten Ort

Eiderdaunen: Die Wärme des Nordens

Schon in einer historischen Quelle von 1172 ist davon die Rede, wie sich die Menschen im Westen Islands die warmen Daunen der Eiderente zunutze machten. Bis heute stellt der Verkauf von Flaumfedern einen willkommenen Nebenerwerb dar; wer auf seinem Land und seinen Inseln Eiderentenkolonien hat, lässt es sich bestimmt nicht nehmen, gegen Ende der Brutzeit im Juni sammeln zu gehen. Da Eiderenten sich dazu verlocken lassen, in von Menschen angelegten Nestern zu brüten, unterstützen diese häufig die Ansiedlung einer Kolonie, z. B. durch das Auslegen von Autoreifen. Beim Sammeln muss es trocken sein, Nässe ruiniert die Daunen. Als Ersatz für den Flaum, den sich die Weibchen von der Brust zupfen, um damit die Eier vor Temperaturstürzen zu schützen, legen die Sammler Heu aus. Eiderenten fliegen bei Lärm auf; so ist es nicht schwierig, die Nester – die etwa so groß sind wie eine Din-A4-Seite – zu leeren. Anschließend muss der Ertrag getrocknet und in mühevoller Arbeit gesäubert, also von Algen, Heu, Eierschale etc. befreit werden. Das geschieht z. T. maschinell, Federn aber müssen per Hand entfernt werden. Diese Arbeit übernehmen meistens hierauf spezialisierte Höfe, die sich auch um den Verkauf kümmern. Einer der Hauptabnehmer ist Japan. Die Daunen füllen Federbetten, Kopfkissen etc., für ein Kissen wird der Ertrag von etwa zehn Nestern benötigt.

Die Westfjorde Karte S. 571

Reykhólar im Geothermalgebiet. Der Weg dorthin führt am Berg Barmahlíð entlang, dessen mit Blumen und Beeren bewachsene Hänge schon manchen Dichter inspiriert haben. Im Berufjörður fallen zahllose grüne Inseln auf. Sie sind in Privatbesitz und von Eiderenten bevölkert; die meisten Besitzer bringen die eingesammelten Daunen zwecks Trocknung und Reinigung zu Jón auf dem Hof Miðhús.

Reykhólar (304 Einw.): Reykhólar in der für ihr reiches Vogelleben bekannten, fruchtbaren Region Reykhólasveit am Fuße des Reykjanesfjall war lange Zeit nicht mehr als ein historisch wichtiger Gutshof. Erst als 1974 die Fabrik zur Tangverarbeitung gebaut worden war, die u. a. Tierfutter und Düngemittel herstellt und die wichtigste Wirtschaftsstütze ist, wuchs der bunte Ort an. Eine Pipeline befördert 112 °C heißen geothermalen Wasserdampf zur 2 km außerhalb des Ortes am Wasser stehenden Fabrik, wo alte Boote und Netze von der Arbeit ausruhen. Die natürliche Wärme der vielen Quellen wird auch zum Beheizen einiger Treibhäuser genutzt. Für die nahe Zukunft ist im Ort ein Restaurant geplant.

• *Information/Kunsthandwerk* Touristeninformation im ehemaligen Gemeindehaus am Ortseingang, ✆ 4347830, 15.6.–15.8. (vielleicht ab 2003 länger) Mo–Fr 13–18, Sa/So 14–18 Uhr. Verkauf von Kunsthandwerk von Bewohnern der Gegend, z. B. Schalen und Kerzenständer aus Holz, Näh- und Strickwaren.

• *Verbindung* **Bus** von/nach Reykjavík Di und Fr, ✆ 4371333.

• *Versorgung* Autowerkstatt (Hof Hafrafell an der Str. 607, ✆ 4347756), Arzt (Mo und Do 13–16 Uhr), Lebensmittelladen Arnhóll mit Tankstelle am Ortseingang, Mo–Fr 9–21, Sa/So 10–21 Uhr, hier auch Hot Dogs und Kaffee.

• *Schwimmbad* Freibad Grettislaug mit 2 Hot Pots direkt am Fjord, tgl. 10–22 Uhr. Der Name des Bades geht auf Sagaheld Grettir zurück, der als Verbannter zwei Winter hier verbrachte. Er badete allerdings in einer heißen Quelle, die jetzt versiegt ist.

• *Übernachten/Camping* **Álftaland**, ✆ 4347878, ein ehemaliges Wohnhaus gleich am Ortseingang ist seit 2000 ein frisch renoviertes, modernes Gästehaus. 7 DZ, 2 EZ und 10 SSU auf Matratzen und Klappbetten, gut ausgestattete Küche, Bad, Wohnzimmer mit Klavier, draußen Hot Pot. Eine Sauna wurde 2002 gebaut. DZ ISK 7.600, SSU im Bett 1.750; Frühstück. Camping im Garten mit Nutzung der sanitären Einrichtungen im Haus möglich. Besitzer gibt Tipps zu Wanderungen und Vogelbeobachtung.

Miðjanes (FH), ✆ 4347787, einige Kilometer westlich an der Str. 607 im Holzhaus das ungemütliche Untergeschoss für Gäste, 2 DZ, Küche, Bad, ISK 2.500/Pers., SSU 1.500; Frühstück.

Zeltplatz beim Schwimmbad mit WC und Heißwasser in schöner Lage, ISK 600/Zelt, Dusche im Schwimmbad ISK 100.

Die Naturressourcen und ihre Nutzung: Die originelle, sehenswerte Ausstellung "Hlunnindasýning" ist im selben Gebäude untergebracht wie die Touristeninformation. Sie zeigt, wie sich die Menschen die reichen Ressourcen im Breiðafjörður zunutze machen. Wie wird aus einem Seehund eine Tasche oder Weste, wie kommt sein Fleisch in den Kochtopf? Wie ist der Weg von einem Eiderentennest zu einem Kopfkissen? Was für Eier legen die verschiedenen Seevögel, wie sammelt man sie und was gibt es für leckere Rezepte? Dies und vieles mehr erfährt man auf anschauliche Art und Weise; zu jedem Themenkomplex können auch interessante Filme gesehen werden. Die Ausstellung soll noch um die Themen Fischfang sowie Nutzung von Kräutern und Beeren als Heilmittel erweitert werden.

Öffnungszeiten 15.6.–15.8. Mo–Fr 13–18, Sa/So 14–18 Uhr, ab 2003 wohl mit Eintritt (ISK 250).

Kirche Staður: 9 km westlich von Reykhólar steht auf dem Hof Staður mit seinen alten, grassodengedeckten Ställen eine denkmalgeschützte Kirche von 1864 mit einem Altarbild aus dem 16. Jh. Die Tür ist immer offen. Die Straße hierher ist geschottert; die Strecke kann auch gut auf einem Reitweg am Hang entlang gewandert werden.

Wanderungen

(s. Karte S. 571)

Eine Karte mit Wanderwegen rund um Reykhólar ist kostenlos in der Touristeninformation erhältlich.

Vögel und Seen (10) (3,2 km): Beim Campingplatz beginnt der Wanderweg Fuglaskoðunarleið, der durch ein Feuchtgebiet mit Seen und zur heißen Quelle Einreykjahver und weiter an die Küste führt. Hierbei können zahlreiche Vögel beobachtet werden.

Zum alten Schwimmbad (11) (4,6 km): Von Staður lässt es sich auf der Piste weiter in den Þorskafjörður wandern, in dem sich bei Laugaland ein altes Schwimmbad befindet.

▶ **Weiterfahrt**: Die Landzunge Borgarnes mit ihren markanten Felsburgen trennt den Berufjörður vom Króksfjörður, in dem die Inselchen oft so nah am Ufer liegen, dass ihre Besitzer bei Ebbe mühelos hinübergehen können, z . B. um im Sommer die Eiderdaunen zu holen. Im sumpfigen Tal Geiradalur zweigt die Str. 605 ab (siehe S. 572). Romantisch liegt wenige Kilometer weiter der nur aus ein paar Häusern bestehende Ort *Króksfjarðarnes* mit seinem ungewöhnlichen Postamt am Fjord, bevor sich der Blick auf den Gilsfjörður öffnet. Dieser einsame, nur im Sommer bewohnte Hof, wo kein Handy funktioniert und der im Herbst regelmäßig von einigen Leuten zur Schneehuhnjagd aufgesucht wird, muss seit Fertigstellung des Dammes 1998 nicht mehr umrundet werden. Doch lohnt die Fahrt entlang der äußerst steilen Hänge, von denen der Holtahlíð am Südufer früher nur bei Niedrigwasser befahrbar war. Damals verlief die Straße noch am Strand. Hohe, schmale Wasserfälle ergießen sich in den Fjord. Wo die Str. 69 zur Steinadalsheiði abzweigt, sind die Westfjorde offiziell zu Ende und beginnt der Bezirk Dalir. In ihm liegt das kleine Tal Ólafsdalur im Süden des Gilsfjörður. Auf dem gleichnamigen Hof wurde 1880 die erste Landwirtschaftsschule Islands eingerichtet, die 1907 aus Geldmangel schließen musste. Nur ein einziges Gebäude und ein Gedenkstein erinnern an die Zeit; fast das gesamte Inventar einschließlich der Schulregeln ist heute im Museum in Laugar ausgestellt (siehe S. 540).

- *Verbindung* **Bus** zwischen Reykjavík und Króksfjarðarnes Mo, Di, Do und So. Hält auch am Hof Bær (siehe "Übernachten")
- *Versorgung* In Króksfjarðarnes Bank (Mo–Fr 9.15–12 und 13–16 Uhr), Supermarkt (hier gibt es alles von Lebensmitteln über Kleidung, Geschirr und Schreibwaren bis zu Werkzeug, außerdem Tisch mit Kaffee; Mo–Do 9–18, Fr 9–19, So 13–17 Uhr, Sa geschlossen!), Post (im Privathaus, Mo–Fr 11–13 Uhr), Tankstelle (Öffnungszeiten wie Supermarkt).
- *Übernachten/Camping* **Bær** (FH), an der Str. 60 zwischen Bjarkalundur und Króksfjarðarnes, ✆ 4347850/8522981, auf einstigem Großgehöft mit ehemals Apotheke, Post und Arzt, seit 2000 frisch renoviertes Gästehaus mit freundlich eingerichteten Zimmern, 4 DZ und 2 EZ, Küche, Bad und große Halle mit Tischen; ISK 2.800/Pers., SSU 1.800; Frühstück im Privathaus. Hier auch 3 weitere DZ und großer Raum mit SSU. Ein weiteres Haus wird noch zum Gästehaus umfunktioniert. Camping mit WC und Kaltwasser, ISK 500/Pers.

Gilsfjarðarbrekka, ✆ 4377888, Gästehaus tief im Fjord in absoluter Stille; 8 Betten in 3 Zimmern, Bad, Küche, viel Platz für zusätzliche Matratzen. ISK 4.500/Nacht für das ganze Haus, am Wochenende ISK 500 mehr. Besitzer wohnen auf Hof Gróustaðir, deshalb vorher anrufen.

Trekking in Hornstrandir

Im nördlichsten Gebiet der Westfjorde gibt es steile Klippen, Seevögel und Polarfüchse, moosbewachsene Täler und steinige Hochebenen, aber vor allem eines: Einsamkeit. Wanderfreunde, Abenteurer, Vogel- und Naturliebhaber, sie alle zieht es immer wieder in die fast unberührte Wildnis des Nordens.

Anfang des 20. Jh. war hier noch fast jede Bucht bevölkert. Die Menschen lebten vom Fischfang und der kärglichen Landwirtschaft, daneben bot das Treibholz ein zusätzliches Einkommen. Auch ließ man sich waghalsig an langen Seilen die Steilklippen hinunter, um im Frühjahr Vogeleier zu sammeln und im Herbst die Vögel zu fangen. Lediglich mit dem Boot oder auf mühseligen Pfaden gelangten die Leute in die nächste Bucht, eine Straßenanbindung der Höfe gab es nie. Als 1939 die Heringsschwärme verschwanden, blieb vielen Bewohnern kaum mehr das Existenzminimum. Mitte der fünfziger Jahre zog schließlich der Letzte weg. Abgesehen von einigen Dutzend Sommerhäusern erinnern nur verfallene Höfe, alte Bootsstege und eine verlassene Radarstation an menschliche Existenz. Die Natur bedankte sich: Ein unvergleichlicher Artenreichtum an Pflanzen und verschiedenen Tieren konnte sich nun ungestört entwickeln. Etwa 260 Blütenpflanzen und Farne wurden bisher gezählt. Hervorragend an die arktische Umgebung angepasst ist der Polarfuchs, das einzige Landsäugetier, das die ersten Siedler im 9. Jh. in Island vorfanden. 1975 wurden die 58.000 ha von Hornstrandir unter Schutz gestellt.

Wanderungen

(s. Karte S. 616/617)

Information/Anreise

- *Hin- und Rückfahrt* **Hornstrandir ehf**, ✆ 4565690/8951190, www.hornstrandir.is, unterhält von Juni bis Ende August regelmäßige **Fährverbindungen** zwischen Ísafjörður und den Buchten Hesteyri, Aðalvík, Fljótavík, Hlöðuvík, Hælavík, Hornvík und Grunnavík. Meistens werden alle Buchten mind. 2-mal die Woche angefahren. Die Preise liegen zwischen ISK 2.400 (Grunnavík) und ISK 4.300 (Hornvík).
- *Anforderungen* Diese Wanderungen sind definitiv nichts für Ungeübte. Nicht alle Wegabschnitte sind markiert bzw. ihr Verlauf ist oft nicht ersichtlich. Auch die Wetterverhältnisse sorgen gern für Überraschungen; Wind und Nebel sind häufig. An- und Abstiege sind mitunter recht steil.
- *Ausrüstung* Gute Wanderausrüstung, Regenkleidung und Profilschuhe sind Pflicht für die Bewältigung dieser Wanderungen.
- *Furten* Auf den Touren gibt es mehrere Flüsse, bei denen Watschuhe nötig sind. Die Wasserführung der Flüsse variiert erheblich.
- *Gezeiten* Es gibt mehrere Teilstücke, die nur bei niedrigster Ebbe begangen werden können. Diese Zeiten sollten in der Information in Ísafjörður erfragt werden.
- *Kartenmaterial* Die einzige existierende Wanderkarte ist "Göngukort yfir Hornstrandir" im Maßstab 1:100.000.
- *Schwimmbad* In Reykjafjörður lockt ein altes Schwimmbecken mit geothermal erhitztem Wasser, ISK 150.
- *Übernachten* Zelten nur in Buchten/Tälern ohne Schwierigkeiten möglich. Hier oft ausgewiesener Zeltplatz. In letzter Zeit werden immer mehr Sommerhäuser auch zur Übernachtung (SSU) vermietet:

Hesteyri, ✆ 4563879/8921879, 20 Betten in 4 Zimmern, Küche, ISK 1.500.

Grunnavík, ✆ 4566111/8524819, 14 Betten in 2 Zimmern, Küche, ISK 2.000; Frühstück. Auch Camping mit WC und fließend Wasser.

Bolungarvík, ✆ 4567192/8528267, 14 Betten in 3 Zimmern, Küche, ISK 1.300. Camping mit WC und fließend Wasser ISK 400/Zelt.

Reykjafjörður, ✆ 4567215/8531615, 18 Betten in 6 Zimmern, Küche, ISK 1.200; Camping mit Dusche ISK 800/Pers.

Die Übernachtungen sollten vorgebucht werden. Weitere Infos bei der Touristeninformation in Ísafjörður oder bei Hornstrandir ehf (siehe "Hin- und Rückfahrt").

• *Verpflegung* Keine Einkaufsmöglichkeiten. Man kann sich aber per Fähre für einen bestimmten Termin Nahrungsmittel an einen Anlegepunkt schicken lassen.

Von Hesteyri nach Hornvík (T 9) (4 Tage, mit GPS-Koordinaten)

Das Schiff ankert im Hestyrarfjörður unmittelbar vor der alten Ortschaft *Hesteyri*, ein gutes Beispiel einer isländischen Siedlung aus den 1930er Jahren. Die alten Höfe werden heute z. T. als Sommerhäuser genutzt. Weiterhin beeindrucken eine alte Walfabrik und schneebedeckte Fjordhänge. Der Weg zur alten *Walfabrik* (ca. 45 Min.) führt am Meer entlang und beginnt gleich hinter den letzten fjordeinwärts liegenden Häusern mit einer entweder breiten oder tiefen Furt, je nach der gewählten Stelle. Die weitere Strecke ist nun gut erkennbar.

Eine Zeltmöglichkeit bietet sich südlich der Anlegestelle zwischen altem Friedhof und Meer, hier auch Toilettenhäuschen.

GPS-Punkte: Hesteyri, Steg: 66° 20,04' – 22° 52,43'

1. Etappe: Hesteyri – Látrar/Aðalvík (ca. 10 km und 280 Höhenmeter, 4 Std.): Am Fluss entlang steigt eine alte Piste das Tal hinauf. Oben markieren ein großer Steinmann und alte Strommasten die Passhöhe. Seenreiche, graue Geröllwüste kennzeichnen den folgenden Abschnitt. Ein Trampelpfad und Steinmänner weisen den Weg. Der Pfad, der sich v. a. im Frühsommer gern unter Schneefeldern versteckt, verläuft meist etwas nordöstlich der großen Steinmänner. Steil fällt der Weg mit herrlichem Blick über die *Aðalvík* hinab und bei einer Verflachung verläuft sich der Pfad aufgrund vieler Feuchtstellen. Die Ruine, die am nächsten Abhang steht, sollte links passiert werden. Ein Pfad wird erkennbar, der an den nun gut sichtbaren See *Stakkadalsvatn* führt. Dieser muss jetzt gefurtet werden. Die geeignetste Stelle ist unterhalb der Sommerhütte. Hier ist das Wasser zwar recht breit, dafür flach und sandig. Bei Ebbe liegt der Seespiegel niedriger. Nun geht's Richtung Nordwesten quer durch eine Dünenlandschaft zu den Sommerhäusern nach *Látrar* an der Aðalvík ans Meer. Der Platz zum Zelten liegt in unmittelbarer Nähe der Nothütte. Ein weiter Blick über den Sandstrand entschädigt für die Strapazen.

GPS-Punkte: Pass (280 m): 66° 21,47' – 22° 55,73'
Furt Stakkadalsvatn: 66° 22,90' – 22° 59,26'
Látrar, Nothütte: 66° 23,27' – 23° 01,51'

2. Etappe: Látrar – Fljótavatn (12 km, 480 Höhenmeter, 6–7 Std.): Von *Látrar* folgt man dem Feldweg, der von der Nothütte taleinwärts am Berghang entlangführt. Nach ca. 1 km steigt die "Piste" an und macht eine Linkskurve. Kurz darauf verlässt man diesen Weg an einer Art Abzweig. Der anschließende Aufstieg auf die erste Höhenstufe ist unmarkiert, nach etwas Suchen ist jedoch ein Trampelpfad zu erkennen, der sich allerdings im Verlauf des Anstieges wieder verliert. Auf der Höhenstufe ist der Weg gut durch Steinmännchen markiert und führt über lockeres Geröll auf den Kamm zu. Je nach Jahreszeit müssen Schneefelder überquert werden. Von der Kammhöhe der Tunguheiði aus sollte man sich wegen des Panoramas unbedingt einen Blick zurück gönnen! Der Abstieg ins *Fljótavatn-Tal* ist anfangs noch durch Steinmännchen markiert, die talwärts jedoch immer seltener werden. Problematisch wird es im Talgrund, hier fehlt nicht nur jegliche Markierung, es ist auch kein Pfad mehr zu erkennen. Den Fluss zur Rechten sollte man möglichst früh überqueren. Auf dem Weg zum *Fljótjavatn* trifft man auf den alten Ödnishof Tunga, von dem jedoch nur noch sechs einsame Pfosten zu sehen sind. Der See selbst ist nur bei niedrigster Ebbe zu überqueren (Wasser brusthoch). Die Strecke führt nun durch Feuchtwiesen am Hang entlang um den See. Ein Pfad ist hier nicht zu erkennen. Am Ende des Fljótjavatn lockt ein Wasserfall (kurz vorher Zeltmöglichkeit an dem verfallenen Hof Glúmstaðir) und wenig später versperrt ein schnell fließender Bach den Weg. An dessen Ufer lässt es sich hervorragend zelten.

GPS-Punkte: Tunguheiði (480 m): 66° 25,38' – 22° 57,90'
Hof Tunga: 66° 25,84' – 22 ° 55,77'
Hof Glúmstaðir: 66° 24,65' – 22°52,38'
Fljótjavík, Nothütte: 66° 27,14' – 22° 55, 58'

3. Etappe: Fljótavatn – Hlöðuvík (12 km, 500 Höhenmeter, 6–7 Std.): Der Bach lässt sich etwa 200 m landeinwärts meist im Sprung überqueren. Der Aufstieg auf die erste Höhenstufe ist ziemlich unklar und steil, teilweise müssen die Hände zur Hilfe genommen werden. Man orientiert sich am linken Wasserfall. Nach dem Anstieg markieren ca. 1 m hohe Holzlatten den steinigen Weg und ein Kar (nischenartige Hohlform) mit kleinen Seen öffnet sich. Steil, fast kletternd, bezwingt man den folgende Berghang.

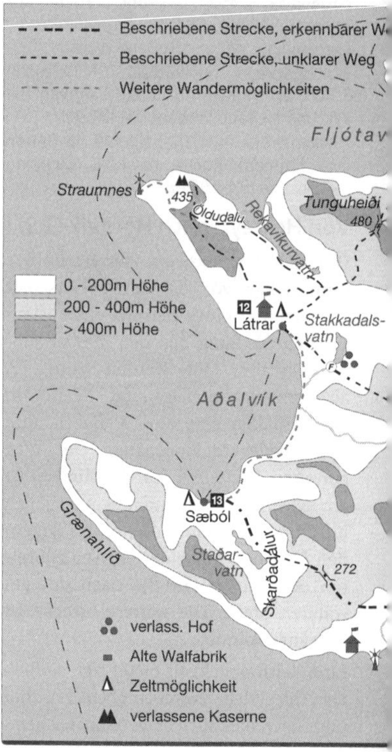

Vom Pass *Þorleifsskarð* aus führt der Weg – das Meer zur Linken, eine Bergflanke zur Rechten – zum Pass *Almenningaskarð*. Die Mühe des kurzen Steilanstiegs wird belohnt durch eine grandiose Aussicht über die weite Bucht *Hælavík*. Der Abstieg führt über Heide und moosbewachsene Hänge zum Meer. Die Holzpfosten begleiten einen noch eine Weile und hören dann ganz auf. Entgegen der Karte wird der Fluss schon recht früh überquert, denn in seinem späteren Verlauf gräbt er sich immer tiefer ein, sodass eine Überquerung unmöglich wird. Mit dem Fluss zur Linken setzt man dann den Weg zum Strand fort. Ein Trampelpfad führt in der *Hlöðuvík* am Strand bzw. am

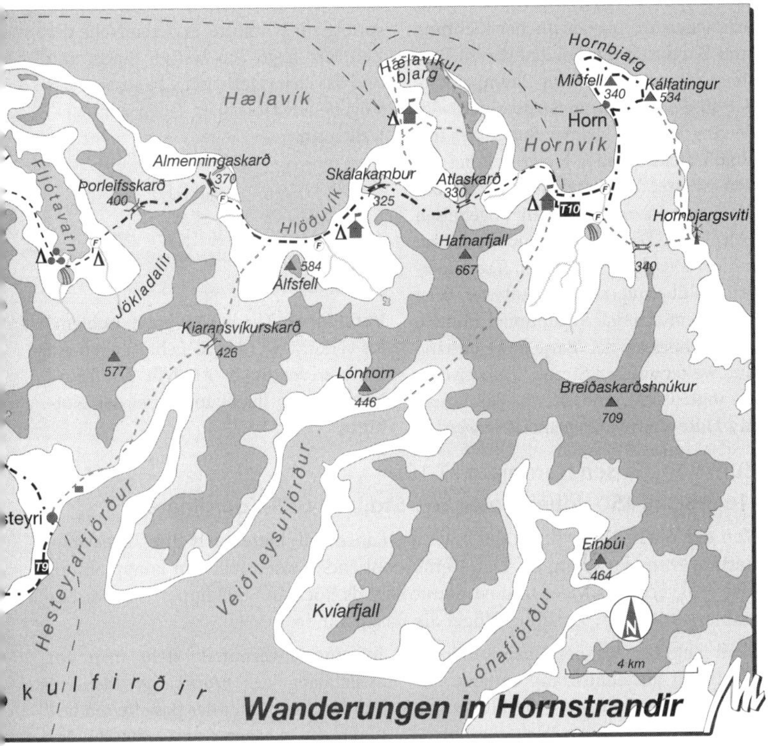

Wanderungen in Hornstrandir

Kliffrand entlang zur Nothütte. Jede Menge Treibholz und sonstiges Strandgut säumen das Ufer. Die Flüsse, die den Weg kreuzen, können meist ohne Hilfe der Watschuhe überquert werden, nur ca. 1 km vor der Nothütte muss auf sie zurückgegriffen werden. Die Überquerung geschieht am besten in Nähe des Strandes; hier ist der Fluss zwar ziemlich breit, aber seichter als landeinwärts. Zeltmöglichkeiten finden sich

GPS-Punkte: Þorleifsskarð (400 m): 66° 25,48' – 22° 48,38'
Almenningaskarð (370 m): 66° 25,92' – 22° 45,25'
Hlöðuvík, Nothütte: 66° 25,36' – 22°38,99'

beim Fluss an einer alten Hofstelle oder bei der Nothütte. Hier befinden sich auch eine Sommerhütte und ein modernes WC-Häuschen.

4. Etappe: Hlöðuvík – Hornvík (10 km, 450 Höhenmeter, 4–5 Std.): Der Trampelpfad, der von der Nothütte steil in den Talkessel hinaufführt, ist gut zu erkennen. Ab dem Kamm *Skálakamburl* ist der Weg wieder durch Steinmännchen markiert. Weiter östlich ist der Pass *Atlaskarð* zu sehen, über den der Weg zur Anlegestelle der Fähre führt. Mit schönem Ausblick lockt die Bergspitze *Hælavíkurbjarg* zu einem mehrstündigen Abstecher. Diesen Weg markieren die Steinmännchen in Richtung Nordosten. Zur Fähranlegestelle: Auf

Die Westfjorde
Karte S. 571

der Bergflanke folgt man den Steinmännchen, die in südöstlicher Richtung zum Bergsattel führen. Auf diesen Pass steigt ein gut sichtbarer Trampelpfad, der ab dem Kamm in Serpentinen wieder ins Tal zur kleinen Bucht *Rekavík* abfällt. Beim Abstieg bietet sich bei gutem Wetter ein herrlicher Blick über die Bucht *Hornvík* und den Vogelfelsen Hornbjarg. Der folgende Fluss wird an seiner Mündung auf einer Treibholzbrücke überquert. Nun läuft der Weg auf einem schmalen Saumpfad in etwa 30 m Höhe an der Bergflanke entlang und weiter auf den Strand. Teilweise ist er abgerutscht, sodass ein Basaltgang mit Hilfe eines Seiles gemeistert werden muss. Jetzt ist es nur noch ein Katzensprung zur Nothütte, in deren Nähe der Zeltplatz liegt. Ein weiter Sandstrand und das charakteristische Panorama des Vogelfelsen Hornbjarg laden zum Verweilen ein.

GPS-Punkte: Skálakambur (325 m): 66° 25,72' – 22° 37,62'
Atlaskarð (330 m): 66° 25;38' – 22° 33,53'
Hornvík, Nothütte: 66° 25,51' – 22° 29,67'

Variationen: Diese Tour kann problemlos verkürzt werden. Beliebt ist auch ein Start in der Bucht **Aðalvík**. Die Fähre hält in jeder Bucht meist bei der Nothütte.

Zum Vogelfelsen Hornbjarg (T 10) (16–18 km, 450 Höhenmeter, 6–8 Std., mit GPS-Koordinaten)

Von der Bucht Hornvík, an der auch die Fähre hält, bietet sich eine Tageswanderung zum Hornbjarg an. Der atemberaubende Felsen fällt von knapp 550 m fast senkrecht ins Meer und ist damit Islands höchste Steilklippe. Wie am Látrabjarg besiedeln unzählige Vögel die Basaltwände.

Vom Zeltplatz wandert man zunächst die Bucht am Sandstrand entlang. An dessen Ende verhindert die Flussmündung des *Hafnarós* das Weiterkommen. Bei Ebbe kann sie direkt an der Mündung gefurtet werden (knapp knietief), sonst muss man ca. 800 m am Ufer mit Dünen entlang flussaufwärts laufen, um den See kurz vor dem Wasserfall zu durchqueren (knietief, je nach Wasserstand mind. 50 m breit). Ein Trampelpfad führt nun zurück zur Küste, wo Lavaformationen und ein Wasserfall zu bewundern sind. Ein Basaltgang muss bei hoher Flut mit einem Seil überklettert werden. An der Küste entlang führt der Pfad nach Norden zu zwei Sommerhäusern, an der auch die Schlauchboote der Fähre anlegen. Unterwegs markiert ein Toilettenhäuschen eine Zeltmöglichkeit. Nach dem Berg *Miðfell* steigt man durch saftige Wiesen einige Höhenmeter schräg den Hang hinauf und unvermittelt steht man am Steilabhang des *Hornbjarg*. Mehrere hundert Meter fällt der Basaltfelsen fast senkrecht in Meer. Das Gekreische der unzähligen Vögel ist ohrenbetäubend. Nun folgt man – in einem gewissen Sicherheitsabstand – der Abbruchkante und ca. 1 km weiter muss der Bergrücken des *Miðfell* auf einem steilen Pfad überwunden werden. Noch einmal gelangt man direkt an den Steilabfall. Ein Seil erleichtert nun den Abstieg an einer Steilstelle und man wandert noch ein Stück parallel zum Kliff. Zurück zu der Fähranlegestelle bei Horn geht's nun schräg durch Feuchtwiesen das Tal *Miðdalur* hinunter. Wer eine größere Tour unternehmen möchte, läuft den Kamm entlang in Richtung des Leuchtturmes Hornbjargsviti bei *Látravik*. Der Bach im Miðdalur sollte kurz vor dem Wasserfall überquert werden. Nun windet sich der Weg den folgenden

Berghang hinunter und man gelangt zu den Sommerhäusern an der Fähranlegestelle. Zurück zum Zeltplatz wählt man nun den bereits hinwärts gewanderten Pfad.

GPS-Punkte: Hütten Horn: 66° 26,99' – 22° 26,88'
Spitze Hornbjarg: 66° 27,88' – 22° 28,12'
Kamm Miðfell (390 m): 66° 27,59' – 22° 26,75'

Weitere Wandermöglichkeiten von der Bucht Aðalvík:

Die *Aðalvík* ist eine weite Bucht mit mehreren langen Sandständen, die zu Spaziergängen einladen. An den alten Siedlungsplätzen *Sæból* und *Látrar* haben viele der ehemaligen Bewohner ihre Höfe wieder restauriert und nutzen sie heute als Sommerhäuser. In der Aðalvík hat man die Möglichkeit, sich per Schlauchboot entweder bei Sæból oder Látrar an Land setzen zu lassen. Der Weg von Sæból nach Látrar (ca. 8 km) führt über ein etwa 1 km langes Teilstück, das nur bei niedrigster Ebbe begangen werden kann.

1. Látrar – Straumnes – Látrar (12) (Rundweg, ca. 15 km, 5 Std.): Von **Látrar** folgt man einem Feldweg, der an einer Nothütte vorbei und am Hügel entlangführt. Nach ca. 1 km eröffnet sich ein schöner Blick auf das *Rekavíkurvatn*. Der Weg zum Tal *Öldudalur* verlässt nun die "Piste", ist nur am Anfang ersichtlich und durch viele kleine Bäche, die sich im Moos den Höhenzug herabwinden, sehr feucht. Der Anstieg auf den Höhenzug durch das Tal beginnt erst nach dem Haff. Nur schwerlich ist ein Pfad zu erkennen. Auf dem Höhenzug erscheinen unvermutet große Gebäude: eine ehemalige Radarstation aus dem Zweiten Weltkrieg. Von hier aus lohnt sich wegen des schönen Blickes auf die umliegenden Buchten ein kleiner Rundgang am Klippenrand. Der Weg zurück führt über das Hochplateau auf einer noch gut erhaltenen, etwa 3 m breiten Schotterpiste. Nach etwa 3 km führt diese dann an der Bergflanke entlang zurück ins Tal.

2. Von der Aðalvík zum Hesteyrarfjörður: Sæból – Hesteyri (13) (ca. 13 km, 4 Std.): Von der Nothütte in Sæból folgt man zunächst der Fahrspur in Richtung Osten und biegt einige Meter hinter dem Fluss (Brücke) in das Tal *Staðardalur* ab. Nach einem Haus verliert sich die Fahrspur und ein Trampelpfad führt am Berghang oberhalb des Staðarvatn entlang, passiert eine einsame Kirche und Hütte, um sich später aufgrund der vielen Fechtstellen zu verlieren. Man wandert nun schräg am Hang und das Talende zwingt zu einer kurzen Steilpassage, oft über Schneefelder. Auf dem Bergrücken markieren Steinmänner den Beginn eines angelegten alten Weges. Dieser endet nach einiger Zeit und Steinmänner weisen zu einer Furt (ca. 5 m breit, 30–40 cm tief). Nach dem anschließenden Feuchtgebiet windet sich ein erkennbarer Pfad über einen Bergrücken und ein herrlicher Blick über die verzweigen Fjorde bis auf den Drangajökull öffnet sich. Nun geht's bergab, die wenigen Häuser von *Hesteyri* werden sichtbar und Feuchtwiesen auf der folgenden flachen Halbinsel behindern das Vorankommen. Eine Zeltmöglichkeit bietet sich kurz vor den Häusern zwischen Friedhof und Meer, hier auch Toilettenhäuschen.

Hesteyri kann man entweder mit dem Schiff verlassen oder man läuft in einer kurzen Tagesetappe zurück in die Aðalvík (siehe große Tour).

Auf dem Kjalvegur

Das unbewohnte Hochland

Vorwärts, Rösslein, übern Sand nun sprenge! / Schon geht die Sonne unter, und ich weiß, / es spuken böse Geister in der Menge ; / daher die Schatten auf dem Gletschereis .. / .Gott beschirm' und führ' das Rösslein mein ; / hart wird heut / der letzte Ritt noch sein !

(Grímur Thomson, 19. Jh.)

Graue, weite Landschaft mit gigantischen Gletscherkappen und markanten Einzelbergen, farbige Berge, heiße Quellen, bizarre Lavaformationen – kaum eine Wüstenlandschaft ist derart beeindruckend.

Das Hochland erhielt seine Prägung zum großen Teil durch verschiedene Gletschertätigkeiten. Abgeschmolzene Eisflächen gaben schier endlose Kieswüsten und Sanderflächen frei. Ein weiterer gestaltender Faktor ist der Vulkanismus – quer durch das Hochland reicht das vulkanisch aktive Gebiet. Besonders faszinierend ist die Landschaft dort, wo dieses direkt mit dem Gletschereis zusammentrifft: Bei subglazialen Vulkanausbrüchen entstanden einmalige Bergformen. Die Lavaströme der nacheiszeitlichen Eruptionen begruben ganze Landstriche unter sich und schufen bizarre Felsformationen. Nicht weniger beeindruckend sind die unzähligen heißen Quellen, die davon zeugen, dass dicht unter der Erdoberfläche eine gewaltige Energie schlummert. In der Gegend um Landmannalaugar erschuf sie unglaublich anmutende bunte Berge. Doch so faszinierend das Hochland auch ist, so lebensfeindlich ist es. Die Pflanzenarmut ist nicht nur klimatisch bedingt; das Wasser versickert so

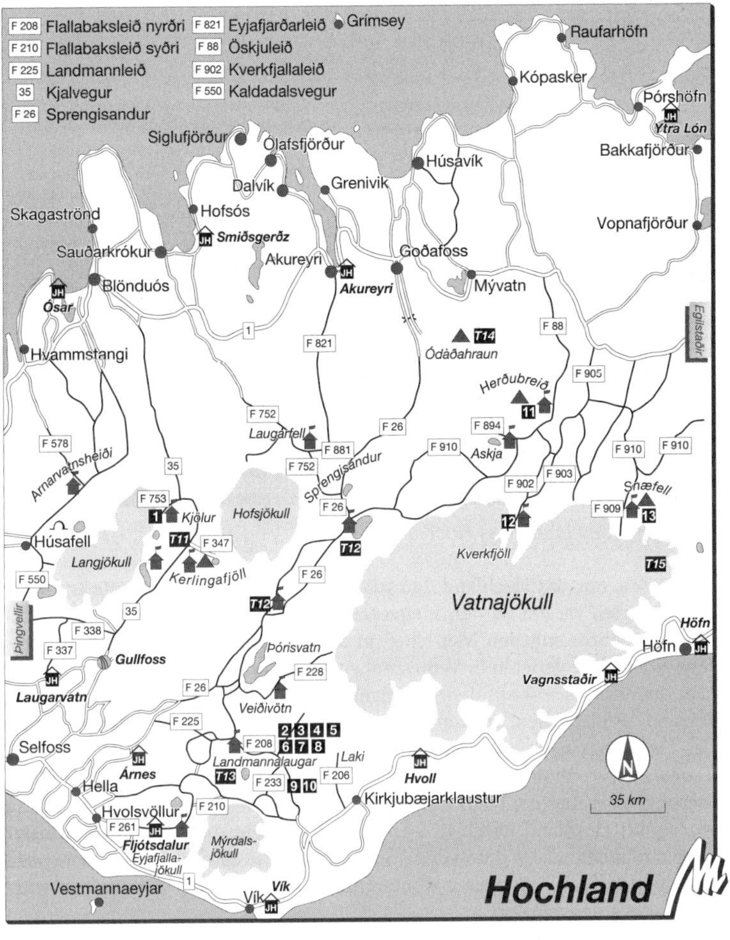

schnell im Untergrund, dass es von den Pflanzen nicht verwertet werden kann. Überweidung und Erosion stellen weitere Probleme dar. Viele Oasen zeugen aber davon, dass in dieser Höhe Wachstum durchaus möglich ist.

Streckeninfo/Tipps für Radler: Die meisten der nachfolgend beschriebenen Pisten werden durch das isländische Straßenministerium unterhalten und sind mit einem Allradfahrzeug zu meistern. Die Kjölur, die Kaldidalurroute und Landmannalaugar (von Norden) und Eldgjá (von Osten) sind bei großer Vorsicht auch mit einem normalen Pkw zu schaffen – doch ist dies in manchen Mietwagenverträgen ausgeschlossen. Die extremen Witterungseinflüsse setzen allen Pisten immer wieder zu. Mit Sandstürmen, Schneefall und Frost ist selbst im August zu rechnen. Der zu jeder Piste angegebene Zustand kann daher nur zur Orientierung dienen.

Das Hochland
Karte S. 621

Mit 50 Pferden durch das Hochland

Lange Zeit war das Hochland den Isländern vertrauter, als es heute ist. Viele durchquerten es, um zu den Þingversammlungen in den Süden zu kommen oder um Waren mit den Menschen in anderen Landesteilen auszutauschen. Jene alten Pfade gerieten in Vergessenheit. Auch an den Rändern zog man sich langsam immer mehr aus dem Hochland zurück, denn zum einen zerstörte die Erosion Weideflächen, zum anderen entstanden im Zuge der Technisierung des Fischfangs neue Arbeitsplätze an der Küste. Der alte Volksglaube, dass Trolle, Elfen, Unholde im Hochland lebten und Reisende mit Beginn der Dämmerung verzauberten, blieb freilich immer lebendig. Erst Anfang des 20. Jh. wurde das Hochland durch den Forscherdrang, die zunehmende Motorisierung und nicht zuletzt durch den Tourismus wieder entdeckt. Zahlreiche neue Pisten, die nur z. T. den alten Routen folgen, Brücken und Wanderwege wurden und werden angelegt.

• *Öffnungszeiten der Hochlandpisten* Sie werden jedes Jahr durch das Straßenverkehrsamt neu festgelegt. Das durchschnittliche Datum der Jahre 1996–2001 ist im weiteren Verlauf des Kapitels bei jeder Piste angegeben (siehe auch www.vegagerdin.is).

Furten können zu einer gefährlichen Falle werden. Nicht wenige Autos müssen Jahr für Jahr aus reißenden Fluten geborgen werden. Die Wasserführung der Flüsse kann nach einem Regen kurzzeitig stark ansteigen, deshalb können die im Folgenden angegebenen Werte nur Anhaltspunkte darstellen. Die Gletscherflüsse führen morgens am wenigsten Wasser. Off-Road-Fahren, und sei es nur ein paar Meter zu einem schönen Schlafplatz, ist verboten und wird mit hohen Strafen geahndet. Es zerstört im erheblichen Maße die empfindliche Natur und Landschaft. Hier, wo die Vegetationsperiode höchstens zwei Monate im Jahr umfasst, ist eine einzige Spur noch jahrzehntelang (!) zu erkennen. Auch beim Zelten sollte behutsam mit der Natur umgegangen werden.

• *Übernachten* Der isländische Wanderverein *Ferðafélag Íslands* (FÍ) hat an verschiedenen Orten einfache Hütten errichtet. Ab Öffnung der Piste bis Ende August sind sie meist beaufsichtigt, aber auch später noch zugänglich. Da sie oft belegt sind, ist Vorbuchen dringend zu empfehlen, ✆ 5682533,

☏ 5682535. Darüber hinaus entstehen immer mehr Privathütten. Internetadressen siehe Allgemeiner Teil.

• *Verbindungen* Busse über die Kjölur, nach Landmannalaugar, zur Eldgjá und auf der Mælifellsssandur (genaueres in den einzelnen Kapiteln); geführte Touren über den Sprengisandur, zum Kaldidalur, Snæfell, Kverkfjöll und zur Askja.

Die Kjölur/der Kjalvegur (35)

Die PKW-taugliche Piste ist eine Hochlanddurchquerung "für Einsteiger". Sie bietet graue Geröllwüste und von riesigen Gletschern flankierte, mitunter grüne Hochweiden sowie als Höhepunkt ein Geothermalgebiet mit einem heißen Pool. Von Hveravellir kann eine Trekkingtour entlang des Langjökull unternommen werden.

Geschichte: Der "Kjalvegur" ist wahrscheinlich schon seit 900 n. Chr. bekannt. Hier wächst in ausreichend engen Abständen genügend Gras, um die Pferde zu versorgen, und so war er lange Zeit eine wichtige Verbindung zwischen Nord- und Südisland. Doch Ende des 18. Jh. geriet die Verbindung fast in Vergessenheit: Nachdem 1780 zwei Bauern mit ihren Schafen bei dem Versuch einer Überquerung den Tod fanden, glaubten viele, ein Fluch laste auf der Kjölur, und über ein Jahrhundert lang fanden nur sporadische Durchquerungen statt. Erst als der dänische Forscher *Daniel Bruun* 1897/98 die Route markierte und beschrieb, wurde sie wieder bekannt. Die Nordseite der Kjölur ist durch ein großes Staudammprojekt stark verändert worden: Zur Energiegewinnung wurde der Fluss Blandá aufgestaut.

Tipps für Radler: Die Kjölur ist mittlerweile problemlos mit einem MTB zu bewältigen, die Wasserläufe sind überbrückt. Trotzdem sollte die Route nicht unterschätzt werden, da sie auf weiten Strecken anstrengend auf und ab führt. Der Wind weht entweder von Nord nach Süd oder umgekehrt und kann leicht Sturmstärke erreichen. Auch ein Hagelsturm im August ist nichts Ungewöhnliches.

▸ **Die Strecke (von Nord nach Süd)**: Bei der Brücke über die Svartá zweigt die Straße 731 von der Ringstraße ab und nach 13 km beginnt die etwa 5 km lange Steigung ins Hochland. Auf geteerter Straße werden ca. 250 von Kraftwerksbauten flankierte Höhenmeter überwunden. Oben angekommen, blickt man über die weite Hochebene Auðkúluheiði – die im Folgenden durchfahren wird – auf die großen Gletscherkappen. Die mit zahlreichen Seen durchsetzte, hügelige und um 500 m hohe Ebene mit Tundrenvegetation reicht bis fast nach Hveravellir und ist ein Hochweidegebiet für Schafe. Bei km 40 beginnt der große Stausee Blöndulón, der den früheren Streckenverlauf und einen Teil der Weideflächen in den Fluten versinken ließ. Die neue Piste verläuft westlich über den guten Aussichtspunkt Áfangafell. Die Landschaft wird langsam karger und bergiger, immer näher kommen die Gletscher. Kurz vor der Schutzhütte beim Sandkúlufell ist eine Piste in den Stórisandur ausgeschildert, welche die Verbindung zwischen Kjölur und Arnavatnsheiði darstellt (s. u.). 10 km vor Hveravellir wird ein Fluss, der noch vor wenigen Jahren ein großes Hindernis darstellte, auf einer Brücke überquert. Kurze Zeit später erhebt sich der markante Berg Dúfunesfell aus der inzwischen grauen und steinigen Ebene und 3 km dahinter zweigt die kurze Stichstraße zum Geothermalgebiet Hveravellir ab. Hier befinden sich Versorgungseinrichtungen und eine alte Schafstreiberhütte kauert in der Lava.

Fumarolen und Solfataren in Hveravellir ("kwerawedlir")

Die auf 640 m Höhe gelegene "Ebene der heißen Quellen" ist eines der Geothermalgebiete Islands. Es lohnt ein Rundgang entlang der zischenden und brodelnden heißen Töpfe. Da sind z. B. die türkisblaue, runde Quelle *Bláhver* ("Blaue Quelle"), umgeben von Sinterterrassen, und der fauchende "Vulkan" *Öskurhöll* ("Brüllender Hügel"). Sehenswert ist auch die Quelle *Eyvindarhver*: In ihr soll der Geächtete *Fjalla-Eyvindur* sein Essen zubereitet haben, eine Lavaspalte in unmittelbarer Nähe hat er mit seiner Frau *Halla* wahrscheinlich jahrelang bewohnt. Eine Attraktion wird sich wohl niemand entgehen lassen: den heißen Pool neben der alten Wanderhütte. Bemerkenswert ist auch die weite Umgebung – zwei riesige Gletscher und der Tafelberg *Hrútfell*, mit einer Gletscherkappe bedeckt, rahmen das Gebiet ein, das seit 1960 unter Naturschutz steht.

Wandern/Trekking (s. Karte S. 625)

Durch das Lavafeld Kjalhraun zum Krater Strýtur (3–4 Std., 12 km) (1): Die markierte Wanderung beginnt hinter dem Gebiet der heißen Quellen. Unmittelbar danach wird ein altes Haus passiert, das Anfang des 20. Jh. auf den Grundmauern einer alten Schafshütte gebaut wurde. Nach ca. 10–15 Min. gelangt man zu der Lavahöhle **Eyvindarhellir**, in der der Geächtete seine Vorräte aufbewahrt haben soll. In einer Kraterwand, die wenig später passiert wird, soll er Schafe gehalten haben (Eyvindur-Pferch). Nun steigt der Weg durch die ca. 6.600 Jahre alte Lava langsam an und etwa 1,5 Std. später werden die Zinnen der 840 m hohen Kraterwand des **Strýtur** erreicht. Eindrucksvoll ist der Blick in das weite Rund des schwarzen Kraters und auf die umliegenden Gletscher. Nun kann man entweder den gleichen Weg zurück gehen oder in Richtung Westen zur Hütte Þjófadalir (unmarkiert, s. u.). Über weitere Wandermöglichkeiten informiert der Hüttenwart.

Hvítárnes – Hveravellir (3 Tage) (T 11) Trekken auf der alten Kjölurroute. Die Tour führt durch eine Ebene zwischen den Gletschern Langjökull und Hofsjökull. Den krönenden Abschluss bilden die heißen Quellen von Hveravellir.

Fjalla-Eyvindur – der berühmte Geächtete

Straftäter wurden oft geächtet und für vogelfrei erklärt. Nirgendwo waren sie ihres Lebens dann mehr sicher und um ihrer Verfolgung zu entgehen, suchten viele im unbewohnten Hochland Schutz. Sie fristeten ein entbehrungsreiches Dasein und lebten von Fisch- und Vogelfang. Berüchtigt waren sie außerdem für Schafsdiebstahl. Fjalla-Eyvindur ("Berg"-Eyvindur) mit seiner Frau Halla ist der berühmteste Geächtete, vielerorts findet man Plätze, die nach ihm benannt worden sind. Zwischen 1760 und 1780 sollen sich die beiden im Hochland versteckt haben, bis sie begnadigt wurden und ins bewohnte Land zurückkehren konnten.

1. Etappe: Hvítárnes – Þverbrekknamúli (ca. 13 km): Von der weißen Holzhütte mit geschnitzten Firstbalken und grasbewachsenem Dach sollte man sich zunächst einen Blick auf die Gletscherzunge des Langjökull und den davor liegenden **Hvítárvatn** gönnen. Zu Beginn folgt man am besten den Reitpfaden, die gut in der Heidelandschaft zu erkennen sind, statt sich an den nur spärlich vorhandenen Steinmännern zu orientieren. Der Weg führt lange am breiten Gletscherfluss entlang, dessen graue Fluten sich zuweilen tief in die Landschaft eingegraben haben, um sich dann gegen Ende der Etappe wieder für 3 km von ihm zu entfernen. Gleich nachdem sich Weg und Fluss wieder treffen, führt eine Brücke über die Bachschlucht zur Übernachtungshütte am **Þverbrekknamúli**. Der 1 km lange Weg zur Hütte ist durch Holzpfähle markiert. Zum Wasserhohlen empfiehlt sich ein kleiner Bach ca. 200 m südlich der Hütte.

2. Etappe: Þverbrekknamúli – Þjófadalir (ca. 16 km): Von der Hütte aus hat man die Möglichkeit, den Pfahlmarkierungen nach Norden zu folgen. Dieser Weg führt nach 4 km wieder über eine andere Brücke zurück auf den Hauptweg. Andernfalls nimmt man den gestrigen Weg über die Brücke und folgt dem Reitpfad nach Norden. Nach etwa 2 km entfernt sich der Weg wieder vom Fluss und man sieht den Berg **Kjallfell**, der sich majestätisch aus der Ebene erhebt. Der Weg kehrt zum Fluss zurück und hier mündet der Alternativweg bei einer Brücke ein. Nach Umrundung des Múlar-Höhenzuges liegt zur Linken der Berg **Hrútfell**, der seine drei Gletscherzungen nach Nordosten ausstreckt. Von hier aus sind es noch etwa 7 km bis zum idyllischen **Þjófadalir**. Am Ende des schmalen, grünen Tales, umgeben von glatten, braunen Bergen, liegt die

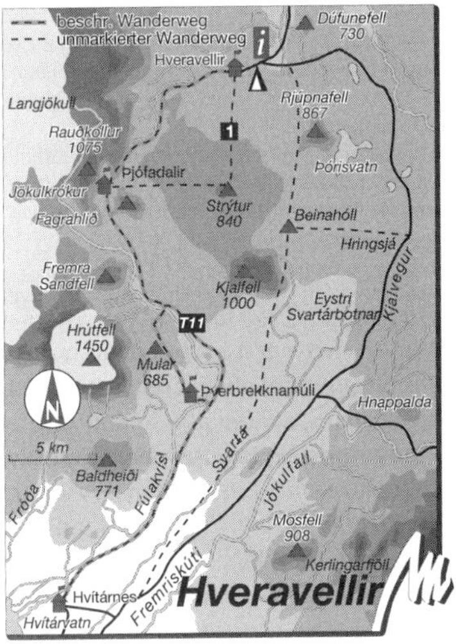

Übernachtungshütte, das Etappenziel. Wie auf der Karte zu ersehen, kann der Þjófafell auch östlich umgangen werden, dies bietet sich vor allem für Reiter an, da das Tal selbst nach Norden hin von einem Bergrücken abgeschlossen wird.

3. Etappe: Þjófadalir – Hveravellir (ca. 12 km): Der Weg aus dem Tal führt über den Höhenzug im Norden. Vom Rücken des Höhenzuges aus folgt man in etwa der Autopiste, die hier beginnt. In der Ebene angekommen, geht man entweder die Piste weiter oder über die Bergspitze des **Strýtur**, die von hier genau westlich liegt. Markierungen fehlen, man sucht sich selbst eine geeignete Route über die Felder aus Lavagestein. Ab dem Gipfel leiten Holzpfähle zum Ziel dieser Wanderung. Wunderschön ist der heiße Pool nach dem langen Fußmarsch.

GPS: Hvítárnes: 64°37'007" – 19°45'394"
Þverbrekknamúli: 64°43'100" – 19°36'860"
Þjófadalir 64°48'900" – 19°42'510"
Hveravellir: 64°51'910" – 19°33'150"

• *Verbindung* s. u.

• *Anspruch* keine nennenswerten Erhebungen, Weg aufgrund der Reitpfade kaum zu verfehlen. Der Wind kann oft ungehindert blasen.

• *Kartenmaterial* Karten 56 (Kerlingarfjöll) und 55 (Hveravellir) des geodätischen Instituts im Maßstab 1:100.000, z. B. in Hveravellir erhältlich.

• *Übernachten* Hütten mit Gaskocher des isländischen Wandervereins FÍ für ISK 1.000–1.500/Per., unbedingt vorbuchen, Zeltmöglichkeit neben den Hütten, Benutzung der Hütteneinrichtungen: ISK 250.

• *Verpflegung* keine Einkaufsmöglichkeiten.

Andere Touren: Verschiedene andere Touren können im Kjölur-Bereich unternommen werden. Infos zu Hütten s. u., S. 627, oder im Internet, siehe S. 183.

▶ **Weiterfahrt nach Süden**: Durch düster-graue Grundmoränenlandschaft führt die Straße zunächst direkt nach Osten auf den Gletscher Hofsjökull zu und biegt wenig später gen Süden um. Nun wartet mit über 650 m der höchste Punkt der Kjölurroute, der *Geirsalda* (früher *Fjórðungsalda*), mit einer herrlichen Aussicht. Ein Denkmal erinnert an den Gründer des isländischen Wandervereins *Ferðafélag Íslands*, an *Geir Zoega* (1885–1959). Weit lässt sich die faszinierende Hochlandebene überblicken, nicht weniger beeindruckend sind die riesigen Gletscherzungen und die schroffen, rot leuchtenden Berge des Kerlingarfjöll. Bei km 21 zweigt eine Piste ab, die auf den Hügel *Beinahóll* führt. Der Name "Knochenhügel" erinnert an das grausame Schicksal zweier Bauern, die 1780 wegen einer großen Schafsseuche im Nordland 180 Schafe im Süden erworben hatten und nach Norden bringen wollten. Sie wurden jedoch von einem Schneesturm überrascht und erfroren. An diesem Hügel fand man später unzählige Knochen ihrer Schafe und Pferde. Früher war die umgebende Fläche keineswegs so grau, doch eine starke Überweidung zerstörte die Vegetation, der Wind und das Wasser trugen die Humusschicht ab und legten die kahle Fläche frei.

Bis hierher und nicht weiter!

Kurz nach einer ca. 2 km langen Abfahrt zweigt die Stichstraße zu den Bergen *Kerlingarfjöll* (1.158 m) ab (km 30), s. u. Stellenweise weist die Umgebung nun eine leichte, offene Vegetation auf.

Abstecher Hvítárvatn ("weißer See"): Bei km 40 zweigt von der Kjölurroute eine weitere Piste ab, die zu einer Hütte in der Nähe des Gletschersee Hvítárvatn führt und nach 12 km wieder in die Hauptpiste mündet. In der Ferne schwimmen kleine Eisberge auf dem knapp 30 qkm großen See, denn eine Gletscherzunge reicht bis hinab zum Wasser. Eine zweite schmolz zurück und endet nun oberhalb des Sees. Nördlich des Ufers entwickelte sich eine weite Grasebene und bei einer geschützten Bucht in der Nähe des Berges *Hrefnubúðir* wachsen auf einer Höhe von um die 430 m ca. neunzig höhere Pflanzen, selbst Birken.

Weiter auf der Kjölur: Der milchige Abfluss des Gletschersees ist überbrückt, es beginnt ein ca. 8 km langer Anstieg neben dem schon von weitem zu sehenden Berg *Bláfell*. Eine beeindruckende Aussicht auf das bevorstehende Tiefland öffnet sich nach dem Pass. Nicht minder bemerkenswert ist die schwarze Hyaloklastit-Bergkette *Jarlhettur*, deren Spitzen im eindrucksvollen Kontrast zu dem weißen Gletscher stehen. Steil geht es nun bergab bis zur Brücke über die Sandá. Lohnenswert ist ein Abstecher zur *Hagafellhütte*, die unterhalb eines Gletschersees in der Nähe der Jarlhrettur-Berge steht. Gleich hinter dem Fluss geht es noch einmal mit enormer Steigung bergauf, dann sind es nur noch 12 km durch grüne Landschaft bis zum Gullfoss, dem Ende der Hochlandpiste.

GPS: Áfangafell 65°08'903" – 19°43'524"
Árbúðir 64°36'55" – 19°42'21"
Ingólfsskáli 65°00'50" – 18°53'78"

- *Streckenlänge* Svartábrú (Ringstraße) – Hveravellir: 87 km; Hveravellir–Gullfoss 92 km.
- *Durchschnittliche Eröffnung* Südteil 10.6. (früheste 5.6., späteste 21.6.), Nordteil 31.5. (früheste 24.5., späteste 10.6.).
- *Verbindung* Tägl. Bus über die Kjölur (SBA, ✆ 4624442, www.sba.is, derzeit 1-mal tägl. Abfahrt morgens in Reykjavík oder Akureyri) mit Halt in Hveravellir und am Abzweig Hvítárvatn (von hier 8 km bis zur Hütte). 23.6.–31.8., Dauer 9 Std., ISK 6.900.
- *Einkaufsmöglichkeiten* Keine, im Norden Supermarkt in Varmahlíð oder Blönduós, im Süden in Flúðir oder Laugarvatn. Beim Geysir die wichtigsten Lebensmittel, aber teuer.
- *Furten* Flüsse der Kjölur alle überbrückt, etwa 20 m lange und 40 cm tiefe Furt auf der Nordstrecke zum Hvítárvatn.
- *Tanken* In Hveravellir **nur** im Notfall! Sonst im Norden in Varmahlíð, im Süden am Geysir.
- *Übernachten/Essen* **Hütte/Café Áfangafell**, beim Stausee Blöndulón, ✆ 8545412, Ende Juni bis Ende Aug., einfache SSU in 4-Bettzimmern, warme Dusche, ISK 1.500. Einfaches **Café** mit freundlicher Atmosphäre, Waffeln und Snacks, auf Vorbestellung ganze Mahlzeiten, Angellizenzen.

Hütten in Hveravellir, ✆ 8541193, Buchen bei FÍ, Juni–Mitte Sept., sonst Schlüssel bei der Wetterstation. Einer der lieblichsten Plätze auf der Kjölur! Neue Hütte: funktionaler, großer Schlafsaal. Alte Hütte: sehr gemütlich, meist nur für Gruppen, Küche, Warmwasser, Hot Pot, WC außerhalb, ISK 1.500; bloßer Aufenthalt oder Küchenbenutzung ISK 150. Soll erweitert werden.

Hütte Svartárbotnar, wenige Kilometer vor dem Abzweig zum Kerlingarfjöll westlich der Piste, nicht verschlossen, zu buchen unter ✆ 8527158, 4868810, einfach, Küche mit Gasherd, fließendes Wasser, Plumpsklo außerhalb, ISK 1.500, Pferdestall.

Hütte Árbúðir, direkt beim nördlichen Abzweig zum Hvítárvatn an der Furt, nicht verschlossen, oft von Reitgruppen benutzt, moderne, große Holzhütte, Küche mit Gasherd, Kaltwasser, WC außerhalb, ISK 1.000, nur Aufenthalt ISK 100. Zelten möglich.

Weitere Hütten abseits der Hauptroute östlich des Langjökull von Nord nach Süd von FÍ: Þjófadalir (ISK 1.000), Hvítárvatn (1.500), Hagavatn (1.000), Hlöðuvellir (1.000). Die Privathütte Fremstaver liegt 3 km östlich der Kjölur südl. des Bláfell (liegt 25 km von Hvítárnes, v. a. von Reitgruppen genutzt, ✆ 8527158). Am Nordrand des Hofsjökull liegt Igólfsskáli/Lambahraun (die nächste Hütte ist Laugarfell im Osten, siehe S. 634). Nur wenige ausländische Touristen kommen hierher auf der alten Verbindungsroute zur Kjölur. Viele Gletscherflüsse sind zu queren!

- *Camping* **Hveravellir**, leicht unebene Wiese, kaum Windschutz, aber recht schöner Blick, WC, Kaltwasser, ISK 500. Übernachten auf Parkplatz im Auto ISK 300. An der Hütte **Árbúðir.**

Camping Hvítarvatn, direkt vor dem Gletschersee, nur WC.

Abstecher zum Geothermalgebiet Kerlingarfjöll (F347)

Eine Stichstraße führt nach Osten in das landschaftlich sehr beeindruckende Sommerskigebiet mit unzähligen heißen Dampfquellen. Nach kurzer Abfahrt (Furt) steigt die Piste wieder an und direkt oberhalb des Wasserfalls *Gýgjarfoss*, der ca. 8 m tief in eine Basaltschlucht stürzt, muss eine weitere Furt gemeistert werden. Immer näher kommt das markante, kontrastreiche Gebirge, dessen Name ("Weibsgebirge") von dem Fels *Kerling* kommt, der wie eine Nadel aus dem Berghang des *Tindur* hervorragt und einer Sage nach eine erstarrte Trollfrau ist. Geologisch gesehen ist das Gebirge relativ jung. Die Rhyolithberge entstanden bei subglazialen Vulkanausbrüchen während der letzten Eiszeit. Gletscherschliff, Wasser und Frost verursachten die heutigen schroffen Formen. Nach 10 km wird ein grünes Tal mit den Hütten der Skischule erreicht. Zum Skigebiet und zu den heißen Quellen steigt die Piste nun sehr stark an – so steil, dass Radwanderer ihr Gepäck lieber unten lassen oder aber ganz auf das Fahrrad verzichten und die Strecke wandern. Begleitet wird der Anstieg von einem herrlichen Blick über die Ebene und die Gletscherzunge des Hofsjökull sowie, zur Rechten, über eine tiefe, bizarre Schlucht. 6 km später wird der *Hveradalir*, das Tal der heißen Quellen, erreicht. Direkt neben Hanggletschern qualmt und faucht es das ganze Tal entlang und die Oberfläche leuchtet bunt. Die Piste endet kurze Zeit später in unmittelbarer Nähe des Gletscherskigebietes bei einer Skihütte. Tief unten am Fuße des Gletschers befindet sich in der Nähe des alten Jeeps der Eingang in eine Eishöhle (begehbar, aber gefährlich wegen herabstürzender Eisbrocken).

GPS: 64°41'00" – 19°18'05"

- *Streckenlänge* 10 km bis Hütten/Zeltplatz, 16 km bis zu den heißen Quellen.
- *Durchschnittliche Eröffnung* 23.6.
- *Verbindung* Der tägl. Bus über die Kjölur hält auf Anfrage am Abzweig zum Kerlingarföll.
- *Einkaufsmöglichkeiten* Im Restaurant von Kerlingarfjöll a. A. ein paar Lebensmittel.
- *Furten* Zwei Furten,erste: meist harmlos, zweite: 30–40 cm, steinig, mit Unebenheiten.
- *Pistenzustand* Verhältnismäßig guter Zustand, mit einem Allradfahrzeug problemlos.
- *Tanken* Kerlingarfjöll, Anfang Juli–Ende Aug.
- *Übernachten/Essen* **Hütten Kerlingarfjöll**, ✆ 8524223 und 8523248, große Hütte, bewirtschaftet Juli und August; einfache SSU in großen Räumen unter dem Dach, WC, Waschbecken mit heißem Wasser im Keller, kleine gemütliche Hütten für je 8–12 Pers., Hot Pot, WC, Kaltwasser, ISK 1.500, Frühstück ISK 800. **Camping**, einfache Wiese unterhalb der Hütten neben Fluss, WC, Kaltwasser, ISK 500/Pers. **Restaurant** im ersten Stock der großen Hütte, einfacher, großer Saal in der Dachschräge, Blick auf die umliegenden Berge, Snacks usw., auf Vorbestellung Abendessen.
- *Schwimmen* Heiße Pools bei einer Wellblechhütte unterhalb der großen Hütte. ISK 300, nur Duschen ISK 150.
- *Skifahren* Vier Lifte, Mitte Juni–Mitte Sept., Ski-, Snowboardverleih. Die Zukunft des Skifahrens ist hier allerdings ungewiss.
- *Sonstiges* Verschiedene weitere Sportaktivitäten, z. B. Abseilen in eine Schlucht, Kletterkurse, Canyoning, geführte Touren in die Eishöhle.
- *Wandern* Die Tageswanderung zum Tindur mit der Lavaspitze Kerling soll markiert werden. Lohnenswert ist es auch, entlang der Straße bis zu den heißen Dampfquellen zu laufen. Weitere Infos beim Hüttenwart.

Grandiose Weite

Der Sprengisandur (F26)

Eine unendlich weite und graue, sandige und hügelige Hochlandwüste, flankiert von mächtigen Gletscherkappen – so präsentiert sich die berühmt-berüchtigte Hochlandpiste, der Sprengisandur. Aber unvermutet tauchen die grünen Oasen von Nýidalur und Laugarfell auf sowie ab und an einfach nur eine leuchtend grüne Moosfläche.

In früheren Zeiten war die Durchquerung ein gefährliches Unternehmen – Schutz vor dem unwirtlichen Wetter gab es kaum, reißende Gletscherflüsse mussten durchquert werden und nur an ganz wenigen Stellen fanden die Pferde ausreichend Nahrung. Der eigentliche Sprengisandur musste in einem Tag durchritten werden. Er ist ein graues, hügeliges Grundmoränengebiet mit weiten Sand- und Schotterflächen. Mit einer durchschnittlichen Höhe von 700–800 m erstreckt er sich auf etwa 70 km Länge und 30 km Breite. Auch die triste Fläche schlug stark aufs Gemüt und bei Nebel und in der Dämmerung schienen zahlreiche Elfen und Trolle die Gegend unsicher zu machen. Von panischer Angst verfolgt, sprengten die Reiter mit ihren Pferde gnadenlos über die steinige Hochebene (deshalb *Sprengi*sandur). Häufig benutzt wurde die Route von den Bischöfen der Nordprovinzen, die zu den Versammlungen am Bischofssitz Skálholt im Südland ritten. Anfang des 18. Jh. geriet der Sprengisandur für hundert Jahre fast in Vergessenheit und erst im 19. Jh. fanden wieder Durchquerungen statt. Anfang des 20. Jh. wurde die Route mit Steinwarten neu markiert. Das erste Auto quälte sich 1933 über die einsame Hochlandroute.

Karte S. 621

Tipps für Radler: Die Sprengisandurroute ist nach wie vor eine Herausforderung für den Radfahrer. Mit einem MTB ist die **F26** zwar zu befahren, aber man muss sich auf holprige Tage einstellen, in denen man ordentlich durchgeschüttelt wird. Für eine komplette Durchquerung sollten mind. 5 Tage eingeplant werden. Die Piste ist der hügeligen Landschaft angepasst, d. h. man muss ständig auf und ab fahren. Der Abstecher zu den **Veiðivötn** ist stellenweise sehr sandig. Je nach Wetterlage muss man zwischen dem ersten See und der ersten Furt bis zu 10 km schieben. Die **F752/F887/F821** sind teilweise sehr holprig und uneben. Auf der **F887** müssen ein paar kurze sandige Abschnitte gemeistert werden. Der Wind kann auf der gesamten Strecke ungehindert blasen und dann sind selbst 10 km eine sehr weite Strecke. Der Regen macht die graue Landschaft noch trister und Schutz ist selten zu finden.

Der Südteil: F26 Hrauneyar-Nýidalur

Die Anfahrt zur Sprengisandur-Route kann entweder über die Straße 32 vorbei am Hof Stöng (siehe Kap. Goldener Zirkel) – die schönere, zu empfehlende Route – oder über die Straße 26 erfolgen. Beginn ist die Unterkunft/Tankstelle *Hrauneyjar*. Erkundigen Sie sich hier nach dem aktuellen Weg zu den weitgehend unbekannten, aber sehr sehenswerten Wasserfällen der Þjórsá, z. B. dem Dynkur (Abzweig 8 km südl. von Hrauneyjar). Durch Wasserkraftwerke wurden die Landschaft und auch die Straßenführung stark verändert. Man umrundet nördlich den Stausee Hrauneyjalón (Steigung von über 200 m), hinter dem die Straße extrem steil zum *Þórisvatn ansteigt*. Kurz bevor man den See erreicht, lohnt bei km 26 der Abstecher zu den beliebten Forellenseen Veiðivötn (F228) (s. u.). Nach dem Anstieg bietet sich ein herrlicher Blick auf Islands drittgrößten See *Þórisvatn* und das weite Hochland. Der mal türkisblaue, mal graue Stausee liegt im starken Kontrast zu der nun grauen Landschaft, kein Grün wächst an den Ufern. Bei km 56 steigt die Piste in einem Bogen auf einen Bergrücken mit herrlicher Aussicht auf die Gletscherzungen des Hofsjökulls und das davor befindliche Naturschutzgebiet von *Þjórsárver*. In der wasserreichen Tundrenlandschaft im Schutz des Gletschers liegt das wichtigste Brutgebiet der Kurzschnabelgans und vieler anderer Vogelarten. Einzigartig ist auch die Pflanzenwelt mit unzähligen Moos- und Flechtenarten sowie verschiedenen Gräsern. Zum Glück wurde der Wert des Gebietes rechtzeitig erkannt und ein Staudammprojekt am Kvíslavatn erheblich verkleinert. Kurz vor *Versalir* (früher eine Berghütte) führt die alte Sprengisandurroute geradeaus weiter, während die F26 ins Tal abbiegt. Ihr folgend, wird unmittelbar nach der Abzweigung auf einer Brücke ein reißender Gletscherbach überquert.Nun verschlechtert sich die Piste merklich, die Landschaft wird steiniger und hügeliger. Statt die Erhebungen zu umgehen, führt die Straße auf einer durchschnittlichen Höhe von etwa 650 m schier endlos auf und ab. Etwa bei km 77 muss die Svartá gefurtet werden. 2 km bevor bei km 119 Nýidalur erreicht wird, trifft die Parallelstrecke um den Kvíslavatn wieder auf die Piste.Das Tal *Nýidalur*, auch Jökuldalur genannt, ist eine Oase mitten im Hochland. Eine erstaunlich vielfältige Vegetation wächst im Schutze des Gletschers Tungafellsjökull. Hier, auf 800 m Höhe, entwickelte sich die größte zusammenhängende Vegetationsdecke des Hochlandes. An der Talöffnung stehen zwei Hütten des Wandervereins.

Wandermöglichkeiten bei Nýidalur

(s. Karte S. 621)

Trekking (T 12): Von den Hütten aus bieten sich verschiedene Wanderungen an. Eine sehr empfehlenswerte Ein- bis Zweitageswanderung (ca. 12 Std., unmarkiert), führt entlang des Nýidalurs zu heißen Quellen auf über 1.000 m Höhe. Auch das grüne Tal selber lockt mit artenreicher Vegetation. Ein weiterer Weg (2) (markiert) steigt direkt an eine Gletscherzunge des 50 qkm großen **Tungafellsjökull**. Zudem bietet sich ein Rundweg durch die weite Ebene an. Einfache Wanderkarte und Infos in der Hütte erhältlich.

Abstecher und Alternativpisten südl. von Nýidalur

▶ **Abstecher zu den Forellenseen Veiðivötn**: Die Piste führt kurz bergab, um die sehr schmale, aber tiefe Staumauer des *Þórisvatn* zu überqueren. Weiter geht es durch graue, manchmal steinige, meist aber sandige Oberfläche, vorbei an markanten Bergen und einem größeren See. Nach ca. 17 km gelangt man an eine Kreuzung, von der eine Piste nach Norden zu der Forschungshütte *Jökulheimar* nahe dem Gletscher Vatnajökull abzweigt. 6 km später öffnet sich ein erster Blick auf die von saftigem Grün umgebenen Seen *Veiðivötn*. Ihre Entstehung haben die etwa dreißig Seen dem Vulkanismus zu verdanken: Sie sind mit Wasser gefüllte Explosionskrater, die von zwei Ausbrüchen aus den Jahren 900 und 1480 stammen. Am Wochenende kommen viele Isländer zum Angeln hierher. Ein etwa 12 km langer Rundweg führt durch die Seenlandschaft zu den einzelnen Angelplätzen. Wer nicht den gesamten Weg fahren möchte, sollte wenigstens zur ersten Anhöhe hinter der Tankstelle fahren, von der sich das Gebiet recht gut überblicken lässt.

- *Angellizenz* Beim **Hof Skarð** an der Str. 26.
- *Furten* Zwei Furten – erste: nicht sehr tief, aber steiniger Untergrund, zweite: stark ausgefahren, daher in der Mitte sehr tief.
- *Pistenzustand* Sandig, sonst außer den Furten keine großen Schwierigkeiten.
- *Übernachten* **Hütte/Camping Tjarnarkot**, Info bei der Tankstelle, gemütliche, einfache Hütte mit SSU unterm Dach, Küche ohne Herd, Kaltwasser, WC außerhalb. Schöner Zeltplatz in unmittelbarer Nähe des Sees, WC, Kaltwasser.

▶ **Im Süden: Parallelpiste östlich des Sees Kvíslavatn**: Diese Piste führt näher an die riesigen Gletscherzungen und das Naturschutzgebiet von Þjórsárver heran. Im Sommer fahren die Isländer gerne zum Angeln an den See *Kvíslavatn*. Direkt hinter dem See führt eine neue Piste zur F26, während die alte Fahrspur – nur selten befahren, teilweise schwer erkennbar, aber gesteckt – durch graue, steinige Landschaft geradeaus weiterführt. Etwa 2 km nordöstlich des Flusses, der in der Nähe des Flugfeldes und einer Nothütte gefurtet werden muss, liegt *Innrahreysi*, Ruinen des Geächteten *Fjalla-Eyvindur*. Kurz vor Nýidalur wird wieder die Hauptpiste erreicht.

- *Furten* Eine größere und mehrere kleine.
- *Pistenzustand* Die Piste ist bis kurz nach dem See etwas uneben, aber gut zu befahren. Danach wird sie steiniger und besteht nur noch aus einer Fahrspur.

Der Nordteil: F26 Nýidalur-Fosshóll/Goðafoss

Die einfachste der Sprengisandur-Varianten. Gleich hinter den Hütten behindert das Schmelzwasser des nahen Gletschers die Fahrt. Anschließend fährt man durch die gras- und moosbewachsene Ebene *Tómasarhagi*, in der nach ca. 5 km ein Gletscherfluss mit starker Strömung und steinigem Untergrund gefurtet werden muss. Hinter dieser Furt zweigt die sehr schwierige Piste F910 zur Askja ab (s. u.). Nach weiteren 13 km über graue Hügellandschaft erreicht man den vegetationslosen See *Fjórðungsvatn*, der in wasserarmen Sommern fast vollständig austrocknet. Vom 922 m hohen, abgeflachten Basaltkegelberg Fjórðungsalda neben dem See bietet sich ein weiter Rundblick. An der Straße markiert eine Stange das geographische Zentrum Islands. Westlich des Sees beginnt die Piste F752, die zum Berg *Laugafell* und schließlich nach Varmahlíð führt. Weiter Richtung Goðafoss geht es auf der F26 ständig auf und ab, wobei die mit knapp 900 m höchste Stelle dieser grauen Sand- und Schotterwüste überwunden wird. Wenig später zweigt die Piste F887 zum Laugafell ab und kurze Zeit begleitet ein moosbewachsenes Flusstal die Fahrt. Bei km 158 beginnt eine ca. 3 km lange Fahrspur zur langen, schmalen Felsschlucht *Kiðagil*, die der Gletscherfluss Kiðagilsá in den Stein gegraben hat. Am Rande des Flusses war früher der erste Weideplatz nach dem Sprengisandur. Langsam mehren sich die Grasflächen, von einigen Kuppen bietet sich eine weite Sicht auf das nun näher kommende Tiefland. Bei km 191 fällt die Straße recht steil ab und ein Schafsgatter zeugt von der nahen bewohnten Welt. Ein kurzer Abstecher sollte nicht ausgelassen werden: 4 km vor Ende der Piste liegt der Wasserfall *Aldeyarfoss*, reizvoll wegen der Umrahmung mit eckigen Basaltsäulen. Zu dem Parkplatz oberhalb des Aldeyarfoss kann man mit normalem Pkw gelangen. Beim Hof *Mýri* wird endgültig das Hochland verlassen. Ein schönes, kleines Birkenwäldchen, das kurz dahinter durchquert wird, lädt zu einer Rast ein. Noch knapp 34 km sind es auf gut zu befahrender Schotterstraße bis zum Goðafoss an der Ringstraße.

GPS: Nýidalur 64°44'130" – 18°04'350"

- *Streckenlänge* Ringstraße-Hrauneyjar-Nýidalur (26/F26): 184 km, davon ca. 110 km Hochland, Nýidalur-Mýri-Goðafoss/Ringstraße (F26/842/843): 132 km, davon 96 km Hochland.
- *Durchschnittliche Eröffnung* 26.6. (geringe Schwankung).
- *Verbindung* ca. 15.7.–20.8. 3-mal/Woche von Landmannalaugar mit Austurleið über die F26 zum Mývatn; geführte 12-stündige Tour, Voranmeldung erforderlich. ISK 5.900.
- *Einkaufsmöglichkeiten* Hrauneyjar (tägl. 7–23 Uhr): Grundnahrungsmittel auf Anfrage, Süßigkeiten, Snacks, , nächster Supermarkt im Süden bei Hella, im Norden in Fosshóll.
- *Furten* Vier tiefere und je nach Wetterlage mehrere kleine. Svartá: um 40 cm; Furt kurz vor Nýidalur: Fjarðungakvísl ca. 30 cm; Furten kurz nach Nýidalur: erhebliche Schwankungen, erste: 40–50 cm, breit, zweite: mind. 50 cm tief, nicht sehr breit, steinig, starke Strömung.
- *Pistenzustand* Die eigentliche Sprengisandurpiste ist trotz Verbesserungen in den letzten Jahren größtenteils eine zerfahrene und steinige, schlechte Piste.
- *Tanken* Hrauneyjar, im Norden nächste Tankstelle in Fosshóll/Goðafoss.
- *Übernachten/Essen* **Hotel/Restaurant Hrauneyjar**, ✆ 4877750/4877782, 📠 4877781, ganzjährig Unterkunft für 100 Gäste in einfachen, sauberen DZ und EZ in einer ehemaligen Arbeiterunterkunft aus Wohnkästen SSU ab ISK 1.850 (im DZ, EZ teurer), sonst DZ mit/ohne Frühstück ISK 5.500/7.200 Duschen, Telefon. Im geräumigen **Restaurant**, 7–20 Uhr, Hamburger und schnelle Gerichte, Tagessuppe ISK 550. Zelten ist um den Komplex herum gestattet, es gibt aber noch keine Einrichtungen, ISK 100, Dusche im Haus ISK 100.

Hütte/Camping Nýidalur, ✆ 8541194, 2 große Hütten des isländischen Wandervereins FÍ, Küche, seit 2001 großes Sanitärhaus mit warmen Duschen! ISK 1.500, Camping auf grüner Wiese neben den Hütten, ISK 500.

Hotel/Restaurant Kiðagil, ✆ 4643215 und 4643400, im Barðardalur an der Str. 842 kurz nach der Brücke über den Fluss, Mitte Juni bis Ende Aug., Schulgebäude, saubere DZ, auch SSU, **Zeltplatz**.

Abstecher und Alternativpisten nördl. von Nýidalur

▶ **Auf der F752 und F887 zum heißen Bad nach Laugarfell:** Beim Fjórðungsvatn beginnt die F752, die durch die graue Grundmoränenlandschaft zunächst direkt auf den mächtigen *Hofsjökull* zuführt. Nach 7 km muss der von Blumen gesäumte Fluss Bergvatnskvísl gefurtet werden. Nun wendet sich die schmale, steinige Piste nach Norden und überwindet die Wasserscheide zwischen Süd und Nord. Nach einem Flusstal führt die Piste zwischen den 879 m bzw. 997 m hohen Bergen *Laugarfell* und *Laugarfellshnjúkur* hindurch, von denen bei klarer Sicht bis zu elf Gletscher zu erkennen sind. Unterhalb kommt die kleine grüne Oase von *Laugarfell* zum Vorschein, die für ihre 700 m Höhe eine üppige Vegetation aufweist. Mitten in der Hochlandwüste tritt hier ca. 40–50 °C warmes Wasser zu Tage, das in einen schönen angelegten Pool geleitet wird (Poolbenutzung ISK 140). Etwa 300 m von dem Pool entfernt befindet sich ein ca. 500 Jahre altes, kleines Becken, das eine Frau in das Gestein geschlagen haben soll, die auf der Flucht vor der Pest mit ihren Bediensteten ein Jahr lang hier gelebt hat. Der Pfad dorthin führt an der älteren Hütte vorbei und dann das zweite kleine Flusstal hinauf. Baden ist leider verboten. Zurück zur F26 steigt die Piste zunächst stark an, um dann auf einer Höhe von bis zu 900 m ständig auf und ab über die hügelige, graue Landschaft zu führen. Nach 4 km zweigt die Piste F821 nach Akureyri ab. Weitere 17 km muss der holprige Weg noch ertragen werden, bevor es kurz hinab zur Hauptsprengisandurroute geht. Von den zahlreichen Hügeln bietet sich bei gutem Wetter ein fantastischer Rundblick: Vatnajökull, Hofsjökull, Askja, stellenweise sogar die Herðubreið sind zu sehen.

Heißer Pool bei Laugarfell (TB)

GPS: 65°01'700" – 18°19'920"

- *Durchschnittliche Eröffnung* 3.7.
- *Furten* Bis Laugarfell drei größere Furten – Bergvatnskvísl: bis zu 20 m breit, ca. 50 cm tief; kurz vor Laugarfell: ca. 40 cm, schmal; Fluss dazwischen: 20–30 cm, 10 m breit.
- *Pistenzustand* Die Pisten sind schmal, holprig und an manchen Stellen leicht sandig.
- *Übernachten* **Hütten/Camping Laugarfell**, ✆ 4622720, Wärter Juli/August, einfach, Küche, fließendes Warmwasser, WC außerhalb, vorbuchen ratsam. Die alte Hütte ist gemütlicher, hat jedoch nur Gaslampen, ISK 1.500 inkl. Pool. **Zeltplatz** oberhalb, ISK 500 inkl. Pool, Duschen in Planung.

▶ Nördlich des Hofsjökull: F752 Skagafjarðarleið: Laugarfell – Varmahlíð: Diese Piste verbindet den Sprengisandur mit dem nordwestlichen Teil des Landes. Nach Durchquerung von zwei Gletscherflüssen präsentiert sich die Landschaft zunehmend vegetationsreicher. Das Sumpf- und zugleich das größte Permafrostgebiet Islands am *Orravatn* mit Wollgras und Seggenvegetation wird durchquert. Bei km 23 zweigt eine selten befahrene, schwierige und 29 km lange Piste zur Hütte *Ingolfsskáli* unweit des Gletschers Hofsjökull ab (vgl. S. 627). Die Landschaft wird nun zunehmend grüner, endlich weicht die graue, eintönige Wüstenlandschaft einer niederen Heidevegetation. Bei km 40 wird die Hochebene endgültig verlassen und eine ca. 5 km lange, steile und kurvenreiche Abfahrt ins Tal Vesturdalur beginnt. Die Piste endet bei *Gil* (km 51), dem ersten Bauernhof, und nach weiteren 42 km wird bei Varmahlíð die Ringstraße erreicht.

- *Streckenlänge* Laugarfell–Gil–Varmalíð (F752/752) 103 km, davon 51 km Hochland.
- *Durchschnittliche Eröffnung* 3.7.
- *Furten* Zwei größere Gletscherflüsse (40–50 cm, ca. 3 und 5 km nach Laugarfell). Daneben je nach Witterung mehrere kleine.
- *Pistenzustand* Piste in einem wesentlich schlechteren Zustand als die F-26, holprig, steinig, abschnittsweise je nach Wetter schlammig.
- *Tankstelle* Im Norden kurz hinter Goðdalir.
- *Übernachten* An der 752 mehrere Übernachtungs- und Zeltmöglichkeiten um Reykir sowie in Sölvanes 14 km vor Reykir.

▶ F821 Eyjafjarðarleið: Laugafell – Akureyri: Nach 4 km Steigung durch graue Landschaft auf der Piste F887 zweigt die F821 nach Akureyri ab. Durch hügelige Geröllwüste führt sie an einem See vorbei und wendet sich nach Norden, um etwa bei km 20 den mit über 900 m höchsten Punkt zu erreichen. Ein herrlicher Blick zurück auf riesige Gletscher und auf das Tal *Eyjarfjarðardalur* lädt bei gutem Wetter zum kurzen Verweilen ein. Nun beginnt eine etwa 20 km lange Abfahrt. Mal flach, mal sehr steil zwängt sich die Piste durch das enge Tal. Die Vegetation beginnt mit einzelnen Moosflächen und wird zunehmend grüner. Das Tal weitet sich und mit den Höfen *Hólsgerði* und *Tjarnir* endet die Hochlandpiste (km 41). Die nun gut zu befahrende Straße erreicht nach 44 km die Hauptstadt des Nordens.

- *Streckenlänge* Laugarfell–Tjarnir–Akureyri (F887/F821/821): 85 km, davon 41 km Hochland.
- *Durchschnittliche Eröffnung* 6.7.
- *Einkaufsmöglichkeit* keine, erst in Hrafnagil.
- *Furten* je nach Wetter kleine Bachläufe.
- *Pistenzustand* Piste wesentlich schlechter als die F26, sehr holprig, teilweise steinig.

Verbindungsstrecken Sprengisandur – Askja (F910)

Schwarzer Lavasand, Lavaplatten, eine weite, vegetationslose Ebene, ein riesiger Eisschild – so landschaftlich einmalig die Strecken auch sind, sie sind schwierig zu befahren.

Die Piste beginnt nördlich des Gletschers Tungafellsjökull und durchquert leicht moosbewachsene Grundmoränenlandschaft. Mehrere Gletscherflüsse müssen im Folgenden gefurtet werden und kurz nach der Brücke über den *Skjálfandarfljót* (km 25) verzweigt sich die Piste in eine nördliche (F910) und eine südliche (Gæsavatnaleið) Route. In der Mitte der beiden Routen erhebt sich der Berg *Trölladyngja* ("Schild des Riesen"), Islands größter, völlig gleichmäßig geformter Schildvulkan.

Streckeninfo: Diese Verbindung wartet mit allen nur erdenklichen Schwierigkeiten auf. Ende der achtziger Jahre wurde die nördliche Piste geschaffen. Die Qualität ist nicht etwa besser, vielmehr liegt ihr Vorteil darin, dass sie tiefer liegt und somit längere Zeit befahrbar bleibt. Die südlichere Route, die höchstgelegene Piste Islands (ohne Nummer), wird nicht mehr unterhalten und oft gar nicht mehr für den Verkehr freigegeben. Felsbrocken versperren zumeist die Einfahrt, dennoch müssen die Isländer jedes Jahr leichtsinnige Touristen von der Piste holen, die ihre Fähigkeiten überschätzt haben. Ohne genaue Ortskenntnis und Kompass und ohne einen Superjeep sollte nur die nördliche Route befahren werden. Da es oft zu Wetterstürzen und Nebel kommt, ist immer mit der Notwendigkeit einer Übernachtung zu rechnen. Zeitbedarf je nach Pistenzustand: 8–10 Stunden. Ein Begleitfahrzeug ist dringend zu empfehlen und man sollte sich in den Hütten von Nýidalur und der Askja ab- und wieder anmelden. Wir raten von dieser Piste ab.

Tipps für Radler: Die Strecke ist eine Tortur für Mensch und Material, bei der man sich das Rad ruinieren kann. Das beginnt damit, dass scharfkantige Lavaplatten gerne die Reifenmäntel aufschlitzen. Die nördliche Hälfte bietet keine Möglichkeit, sich mit Wasser zu versorgen; in der südlichen Hälfte stellt die Wasserversorgung wegen einiger Flussarme an der Strecke kein Problem dar. Auch im Hochsommer sind Altschneefelder zu überqueren. Das Zeltaufstellen ist auf oft hartem Untergrund sehr schwierig. Die nördliche Piste ist zwar weniger abwechslungsreich, dafür aber markiert. Ein großes Hindernis stellt das Sanderfeld vor der Askja dar. Mit 10–20 km Schieben und Sandstürmen muss man sich oft abfinden, ebenso mit Einsamkeit: Eine Engländerin ist jüngst die Strecke in fünf Tagen gelaufen – ihr begegnete kein Auto!

▸ **Die nördliche Route (F910)**: Diese Piste führt um den Schildvulkan durch die endlose Lavawüste der Ódáðahraun. Zahlreiche Lavaplatten müssen überklettert und kurze steile Anstiege gemeistert werden. Die häufig auftretenden Sandstellen sind ein weiteres Hindernis. Wenige seichte Wasserläufe und kleine Seen sorgen zeitweilig für Abwechslung. Etwa bei km 64 wird der letzte kleine Wasserlauf passiert. Das Dyngjufjöll-Massiv, das sich aus der Lavafläche hervorhebt, begleitet nun die folgende Strecke. Etwa bei km 94 mündet die südliche Piste ein.

▸ **Die südliche Route ("Gæsavatnaleið", ohne Nummer)**: Diese Variante ist eher ein Off-Road-Gelände denn eine Piste. Noch erkennbar erreicht sie nach ca. 9 km die Seen *Gæsavötn*, kurz darauf beginnt ein steiler Anstieg. Nach mehreren

Karte S. 621

Nichts als Lava

Kilometern Steigung wird die 1.190 m hohe Passhöhe durch zahlreiche Steinmännchen markiert. Bei gutem Wetter begleitet eine weite, faszinierende Aussicht die folgenden Kilometer. Immer wieder erschweren Lavaplatten und Altschneefelder das Vorankommen und lassen den Pistenverlauf zeitweilig völlig verschwinden. Eine wenige Kilometer unterhalb des 1.446 m hohen Hyaloklastit-Berges *Kistufell* gelegene Nothütte wird passiert und weist den richtigen Weg. Etwa 8 km später lohnt ein kurzer Halt am Schildvulkan *Urðarháls*. Der gewaltige Krater, eingefasst durch Felsen, bildet eine etwa 100 m tiefe Hohlform. Steil geht es nun bergab. Steinfelder und Lava lassen jedwede Streckenführung verschwinden und erfordern etwas Spurensuche. Unten angekommen, stellt das mit zahlreichen Rinnsalen durchzogene Schwemmland unweit einer gewaltigen Gletscherzunge ein weiteres Hindernis dar. Eine neue Markierung leitet durch Lava westlich am Schwemmland vorbei. Langsam wird der Untergrund wieder trockener, aber auch sandiger und die nördliche Route wird erreicht. Oft fegen Sandstürme über die nun zu durchfahrende Ebene. Der folgende, sehr flache See *Dyngjuvatn* wird östlich umfahren und weist auf das nahe Ende der Tortur hin. Langsam steigt die Piste durch eine Bimssteinebene an und erreicht den Zeltplatz Dreki an der Askja – ringsum nichts als öde, weite Fläche.

- *Streckenlänge* Nördliche Route (F910): 112 km, südliche Route (Gæsavatnaleið): 121 km.
- *Eröffnungszeiten* Frühestens Anfang August, in manchen Jahren gar nicht.
- *Furten* Abschnitt Sprengisandur-Skjálfandafljót: mehrere Flüsse, am anspruchsvollsten die Furt nach ca. 10 km (steinig, bis zu 80 cm tief), nach ca. 19 und 21 km (jeweils mehrere Arme bis 50 cm).
- *Pistenzustand* Die Piste, wenn man sie überhaupt so nennen darf, ist eine der schlechtesten und anspruchsvollsten Islands, zahlreiche scharfkantige Lavaplatten und Sandfelder, Altschneefelder auf der südlichen Route.

Landmannalaugar und Eldgjá

Bunte Berge, leuchtendes Grün, heiße Quellen im Kampf mit Schnee und Eis:Landmannalaugar ist das Highlight des Hochlands.. Mehrere Pisten und zahlreiche Wanderwege erschließen die einmalige Bergwelt nördlich des majestätischen Mýrdalsjökull, die auch mit dem PKW zu erreichen ist. Landmannalaugar ist Ausgangspunkt für die beliebteste Trekkingtour Islands, die Strecke Richtung Südküste via Þórsmörk. Weiter östlich ist die "Feuerspalte" Eldgjá zu bewundern.

Streckeninfo/Tipps für Radler: *Fjallabaksleið*, "Hinter den Bergen", so heißen die beiden Pisten, die nördlich des großen Gletschers Mýrdalsjökull liegen. Bis ins 20. Jh. hinein war die F210 eine Hauptverbindungsstrecke, denn die Sanderflächen der Küstenroute waren oft unpassierbar. Nachdem alle Flüsse der Sander überbrückt worden sind, haben die Pisten diese Bedeutung völlig verloren.Vom Westen her gibt es zwei Verbindungen nach Landmannalaugar, die beide von der F26 abzweigen. Die südliche, *Landmannaleið* oder *Dómadalsleið* genannt, beginnt beim Berg Búrfell, die nördliche und PKW-taugliche zweigt nach dem Kraftwerk Hrauneyjar ab.
Von der Sprengisandurroute nach Landmannalaugar weisen die Routen einige sandige Abschnitte auf, sodass je nach Wetterlage bis zu 5 km Schieben angesagt ist. Die Südalternative ist etwas weniger sandig. Der Abschnitt Landmannalaugar-Eldgjá überrascht mit zahlreichen Furten. Einige sind befahrbar, einige müssen durchschoben werden. Bei zusätzlich nasser Witterung kann dies stark an die Substanz gehen. Des Weiteren gibt es mehrere Steilstücke. Ab der Eldgjá ist die Piste dann problemlos zu befahren.
F261/F210 – Die Pisten können ein echter Härtetest sein und werden sehr selten befahren, sodass mit rascher Hilfe nicht zu rechnen ist. Je nach Wetterlage sind einige reißende Gletscherflüsse zu durchqueren, bei Trockenheit ist die große Sanderfläche für Sandstürme prädestiniert.

- **Die nördliche Verbindung (F208)**: Man folgt der Beschilderung um den Stausee *Hrauneyjalón*. Auf steiniger Piste wird nun ein Bergrücken überwunden, von dem sich ein weiter Blick auf die zu durchquerende Lavaebene mit der Bergwelt um Landmannalaugar im Hintergrund bietet. Trotz spärlicher Vegetation und grauem Sand ist die Landschaft auf der folgenden Strecke beeindruckend. Mit einem Schafsgatter nach ca. 8 km beginnt das Naturschutzgebiet *Fjallabak*, in dem sich die oft sandige Piste die Berge entlangschlängelt. Ein niedriger Rücken wird überwunden und kurz dahinter die Einmündung der Piste Landmannaleið erreicht, dann der See Frostastaðavatn und wenig später Landmannalaugar.
- **Die südliche Verbindung "Landmannaleið" (F225)**: Diese Route ist abwechslungsreicher und durchquert zunächst die teilweise mit Gras bewachsene Lavaebene Svölvahraun. Die Vegetation tritt zurück, durch nun pechschwarze Landschaft, gespickt mit faszinierenden Lavaformationen, steigt die Piste leicht an. Mächtig erhebt sich der nahe Vulkan *Hekla* (Kap. Südküste). Kein Wunder, dass in ihm der Eingang der Unterwelt vermutet wurde! Geschützt durch die Berge wird die Landschaft am Flusslauf des Helliskvísl wieder grüner, wenig später ist das Naturschutzgebiet Fjallabak erreicht (Zelten ist nur

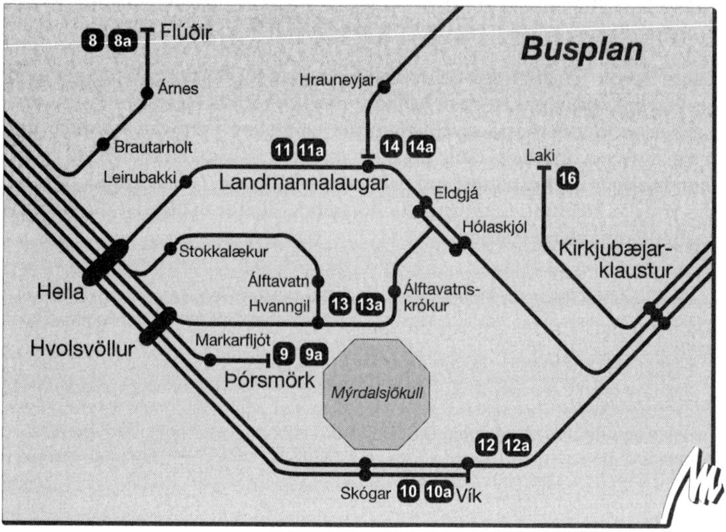

bei Landmannalaugar und Landmannahellir erlaubt). Etwa bei km 27 in der Nähe einer Furt lohnt ein ca. 2 km langer Fußpfad nach Süden flussaufwärts zu dem sehenswerten Wasserfall *Rauðufossar*. Die Piste nach Landmannalaugar verzweigt sich mitten in der Furt. Rechts führt die Hauptpiste weiter, links eine **Parallelstrecke** über *Landmannahellir*. Diese ist zwar länger, aber man fährt an einer Unterkunftshütte in der Nähe einer kleinen Höhle vorbei, die früher als Schutz für die Schaftreiber diente.

Nun müssen die verschiedenen Arme des Klukkugilskvísl gefurtet werden und kurz darauf mündet die Parallelpiste wieder ein. Nach einer grünen Senke mit dem kleinen See Dómadalsvatn (Furt) wird die Vegetation wieder spärlicher, die Umgebung wilder und hügeliger. Nördlich des Forellensees *Frostastaðavatn* gelangt man an eine Kreuzung mit der F208 nach Hrauneyjar und Landmannalaugar. Geradeaus erreicht man nach 2 km den sehr sehenswerten Kratersee *Ljótipollur*, der von farbenprächtigen Wänden umgeben ist. Ein weiterer Bergrücken muss überwunden werden, bis eine 2 km lange Stichstraße nach Landmannalaugar führt. Direkt vor dem schönen Gebiet wurden zwei Flüsse aufgestaut, kurz vorher befindet sich eine Parkmöglichkeit. Über zwei Holzstege kann man trockenen Fußes zur Hütte und zum heißen Pool gelangen.

Landmannalaugar ("landmannalöüchar")

Fantastisch anmutende bunte Berge und ein heißer Fluss machen das Gebiet zu einem Juwel der isländischen Natur. Schon lange bevor der erste Tourist das Gebiet betrat, waren die heißen Quellen bekannt. Früher lagerten hier gerne Hirten, die aus dem Bereich "Land" um Hella stammten. Und so nannte man diese Gegend die "heißen Quellen der Leute von Land". Doch mit den romantischen Tagen ist es nun vorbei, denn Abertausende von Touristen besuchen Landmannalaugar jedes Jahr, und in dem heißen Bach ist man selbst am frühen Morgen selten allein: Zu schön ist das natürliche Bad, dessen Wasser saftig grüne Pflanzen wie Seggen, Fingerkraut und Wollgras umgeben. Doch durch die vielen Besucher wird das empfindliche Ökosystem gestört, was u. a. der starke Algenbewuchs der Nebenflüsse belegt. Die Quellen von Landmannalaugar, knapp 600 m hoch gelegen, sind umgeben vom größten Rhyolithgebiet Islands. Die Berge aus dem sauren, kieselsäurereichen Ergussgestein sind durch die starke hydrothermale Aktivität von Gelb über Rot bis hin zu Grüntönen in allen Schattierungen gefärbt, was vor allem bei gutem Wetter zu erkennen ist. Zahlreiche fauchende schwefelhaltige Fumarolen und heiße Quellen zeugen vom vulkanisch aktiven Untergrund. Eine weitere Besonderheit bildet der obsidianhaltige Lavastrom *Laugarhraun* aus dem 15. Jh. Das "schwarze Glas" Obsidian entsteht bei sehr schneller Abkühlung kieselsäurereicher Lava.

Wanderungen

(s. Karte S. 640)

Brennisteinsalda-Grænagil (2–2,5 Std.) (2): Die beliebteste Wanderung beginnt hinter der Hütte, führt quer durch den mächtigen Lavastrom zu den Fumarolen am farbigen Berg **Brennisteinsalda**, der besonders bei untergehender Sonne märchenhaft glüht. Schneefelder, die den ganzen Sommer über nicht abschmelzen, sorgen für zusätzlichen Kontrast. Zurück geht es entlang der Lava durch die Schlucht **Grænagil**. Steil abfallende, schwarz, grau und olivgrün gefärbte Wände beeindrucken. Nach kurzem Stück auf der Flussschotterebene wird die Hütte wieder erreicht.

Variante Vondugil (1,5 Std.) (2a): Ein Umweg zu heißen Quellen (Fumarolen und Solfataren), ein kleiner Geysir; freilich ist dies alles nicht so spektakulär wie am Mývatn.

Fantastischer Berg bei Landmannalaugar (TB)

Das Hochland
Karte S. 621

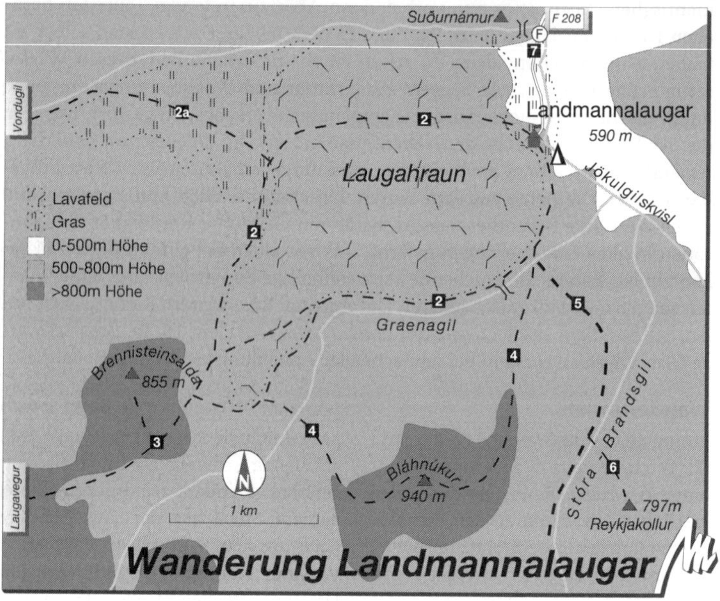

Brennisteinsalda (855 m, 1,5 Std.) (3): Die Besteigung ist schwierig, wir raten Unerfahrenen davon ab, auch wenn man mit einer herrlicher Aussicht über den Lavastrom und die bunten Berge belohnt wird. Besteigung schwierig, vorher erkundigen.

Bláhnjúkur-Besteigung (940 m, mit (3) 3–4 Std.) (4): Von einer der höchsten Erhebungen des Gebietes reicht das Panorama bei gutem Wetter über die wilde Berglandschaft bis hin zu den Gletscherkappen des zentralen Hochlandes.

Interessant ist auch der Weg über den Flussschotter in die Schlucht **Brandsgil (5). Dauer: 1–2 Std.**

Reykjakollur (797 m, 2 Std.) (6): unmarkiert, den Weg in Landmannalaugar beschreiben lassen. Aufstieg von der Stóra Brandsgil.

Suðurnámur (1 Std.) (7): am Anfang ein kräftiger Aufstieg. Auf einem Zwischenplateau empfiehlt es sich, nach rechts zu einem Steinmännchen zu marschieren und dort die Aussicht zu genießen.

Ljótipollur (6 Std.) (8, s. Karte S. 621): Um zu dem sehenswerten Krater **Ljótipollur** zu gelangen, folgt man zunächst der F208. Ab dem Abzweig ist der Rundweg mit Stöcken markiert.

Weiterfahrt nach Osten zur Eldgjá (F208)

Eingezwängt zwischen einem Lavastrom und dem Gletscherfluss Jökulgilskvísl bahnt sich die F208 die folgenden 2 km ihren Weg, um an einer besonders günstigen Stelle den oft reißenden Fluss auf einer 1966 gebauten Brücke zu überqueren. Nun wird die *Tungnaá* umfahren, die hier einen natürlichen See bildet, umgeben von sumpfigen Wiesen. Nach Überwinden eines Ausläufers des Rhyolithberges Kirkjufell endet das Naturschutzgebiet Fjallabak und ein sehr furtenreicher Abschnitt beginnt. Teilweise führt die Piste direkt in den tief eingeschnittenen, engen Flussschotterebenen entlang, auf denen immer wieder der Hauptfluss und seine Zuflüsse gefurtet werden müssen. Zwischendrin geht es steil hoch und wieder herunter. Bizarre Lavaformationen, teilweise pechschwarz, teilweise mit grünem Moos überzogen, säumen die Piste.

Von den Bergrücken bieten sich herrliche Blicke über das bergige Fjallabak-Hochland. Besonders eindrucksvoll ist der Anstieg aus den Tälern von *Jökuldalir.* Unmittelbar danach erhebt sich der Hyaloklastitberg Herðubreið (812 m), der nicht nur dem Namen nach an seine wesentlich bekanntere Schwester erinnert. Kurz steigt die F208 jetzt an, bis sie steil in die Vulkanspalte *Eldgjá* hinabfällt, die bei km 30 erreicht wird.

Eldgjá mit Ófærufoss – die Basaltbrücke ist inzwischen eingestürzt (TB)

Die Eldgjá – eine gewaltige Feuerspalte

Sie sucht ihresgleichen auf der Erde: Vom Mýrdalsjökull erstreckt sie sich mit Unterbrechungen über 40 km nach Nordosten bis zur Spitze des *Gjátindur.* Einst quollen ungeheure Lavamengen aus ihr empor und heute ist die sehr eindrucksvolle Spalte bis zu 200 m tief und 600 m breit. Entdeckt wurde sie durch *Þorvaldur Thoroddsen* im Jahr 1893. Aus alten Aufzeichnungen des Landnahmebuches schloss er auf einen Vulkanausbruch um 940 und hatte recht: Durch Bohrungen im grönländischen Eisschild konnte man den Ausbruch mit sehr hoher Genauigkeit auf das Jahr 934 datieren. Die ausgeflossene Lavamenge schätzt man auf 9.000 qkm. Sie zerstörte auf ihrem Weg bis nahe der Küste viele Anwesen.

Eine ca. 2 km lange Stichstraße führt direkt in der Feuerspalte entlang bis zu einem Parkplatz. Kurz davor wartet noch die breite Furt durch die Ófæra, die "Unbezwingbare". Man kann jedoch auch schon vor der Furt halten und links vom Fluss laufen. Beiderseits führt ein ca. 30 Min. langer, beschwerlicher Fußpfad zum *Ófærufoss,* einem der sehenswertesten Wasserfälle Islands. In mehreren Stufen stürzt er aus der Hochfläche in die Vulkanspalte. Bis 1995 überspannte eine natürliche Basaltbrücke den Wasserfall. Hier war der Sage nach

Das Hochland
Karte S. 621

der Eingang zur germanischen Unterwelt. Nun ist sie wohl für immer verschlossen. Kurz hinter der Schlucht wartet die letzte Furt der F208. Das gesamte Gebiet der Eldgjá steht unter Schutz.

Per PKW von Osten: Wer kein geländegängiges Auto besitzt, kann bis zur Furt fahren und den restlichen Weg zur Vulkanspalte zu Fuß zurücklegen (Fußgängerbrücke etwas oberhalb der Furt).

Wandern in der Eldgja

(s. Karte S. 621)

Rundwanderung (1,5–3 Std.) (9): Einfache Wanderung mit einem schweißtreibenden Aufstieg. Ab und an muss man nach einem Weg suchen, was aber unproblematisch ist. Wer mit dem PKW von Osten kommt, parkt vor der ersten Furt und läuft über die Fußgängerbrücke weiter Richtung Landmannalaugar. Nach 2 km erreicht man den Eldgjá-Abzweig, von dort aus sind es noch 2 km bis zum Parkplatz. Von hier geht es nun richtig los. Auf Pfaden rechts des Flusses Ófærá geht es über Stock und Stein (Felssturzbrocken) in der Schlucht entlang talaufwärts, bis links der berühmte Wasserfall Ófærufoss in Sicht kommt. Wer Zeit hat, kann dorthin einen Abstecher machen. Ansonsten geht man wieder ein Stück zurück und die Bergflanke hinauf (Abzweig unmarkiert; der Pfad führt talabwärts gerichtet nach oben). Oben angekommen, wendet man sich wieder nach Norden, bis man nach wenigen Metern Aussichtspunkte erreicht. Neben dem Schluchtrand verläuft in sicherer Entfernung die Piste zum Gjátindur, der man nun bergabwärts bis zum Wagen folgen kann (Furtdurchquerung am Schluss, Furtschuhe und Stöcke sind hier hilfreich). Wer mit dem Auto bis in die Schlucht fährt, kann die Runde auch mitmachen und das anfangs beschriebene Wegstück als Letztes laufen oder aber sich nur in der Schlucht aufhalten und denselben Weg in der Schlucht zurückgehen.

Besteigung des Gjátindur (3–4 Std.) (10): Direkt im Flussbett an der ersten Furt, wenn man von Osten kommt, zweigt eine Piste ab (beschildert), die oberhalb der Eldgjá entlangführt und unterhalb des markanten, 935 m hohen Berges Gjátindur endet. Die relativ einfache Besteigung (Dauer von dort ca. 1,5 Std.) wird mit einem Blick über die Eldgjá und die umliegende Berglandschaft belohnt.

▶ **Weiterfahrt:** Durch teils grüne Wiesen, teils moosbedeckte Lava aus dem Laki-Ausbruch von 1783 kommt man nun auf recht guter Piste voran. Zwei Bergrücken müssen noch überwunden werden, bis sie steil abfällt und beim Hof Búland endgültig bewohntes Gebiet erreicht.

- *Streckenlängen* Hrauneyjar – Landmannalaugar: 36 km, Landmannaleið: 49 km, Landmannalaugar – Eldgjá: 32 km, Eldgjá – Búland: 27 km.
- *Durchschnittliche Eröffnungszeiten* Hrauneyjar – Landmannalaugar: 12.6., Landmannaleið: 15.6., Landmannalaugar – Eldgjá: 24.6., Eldgjá – Búland: 3.6.
- *Verbindung* Routenplan siehe S. 638. Austurleið bedient von ca. 14.6.–15.9. tägl. die Strecke Reykjavík – Landmannalaugar und weiter nach Skaftafell und umgekehrt mit Aufenthalt in Landmannalaugar und in der Eldgjá. Ca. ISK 7.500 für Reykjavík – Landmannalaugar und zurück.
- *Einkaufsmöglichkeiten/Essen* In Landmannalaugar, Juli/Aug., ✆ 8537828. Seit 1999 bieten nette, junge Besitzer in einem alten, grünen Bus frisch gefangenen Fisch aus den Seen der Umgebung zu günstigen Preisen an (größere Mengen auf Best.). Daneben in einem weiteren grünen Bus alle Grundnahrungsmittel wie Brot, Milch, Suppen etc. zu angemessenen Preisen. Auch sind Kekse, guter Kuchen, Kaffee und eine Art Fischburger im Angebot.
- *Furten* **Hrauneyjar – Landmannalaugar**: keine. **Landmannaleið**: Zwei größere und

mehrere meist seichte Furten. Nach starken Regenfällen ist der Klukkugilskvísl problematisch: seicht, aber breit und stellenweise recht sandig. **Landmannalaugar – Eldgjá**: je nach Witterung 15 bis 20 Furten! Meist nicht tiefer als 20 cm. 3–4 Furten je nach Wetter ca. 50 cm tief, stellenweise Treibsande. Direkt vor Landmannalaugar: zwei aufgestaute Bäche, sehr ausgefahren, in der Mitte 40–80 cm tief.

Eldgjá – Búland: kurz nach der Eldgjá, ca. 40 cm, Abstecher in die Eldgjá: recht breit und ausgefahren, ca. 50 cm tief.

• *Pistenzustand* Westliche Pisten: ein paar sandige und steinige Abschnitte, Landmannalaugar-Eldgjá: mehrere Steilstücke, Untergrund stellenweise steinig. Weiter nach Búland: befestigt, teilweise "Wellblech".

• *Tankmöglichkeiten* Keine.

• *Pferdeverleih* in Landmannalaugar vom 1.7.–10.9., ISK 1.800/Std. Auch Tagestouren mit Begleitung. ISK 8.000.

• *Übernachten/Information* **Hütte Landmannalaugar**, ✆ 8541192, zu buchen (bis Mitte August sehr ratsam, da oft überfüllt) bei FÍ, 1.7.–30.9., geräumige Holzhütte, Schlafsäle unterm Dach und im Erdgeschoss, Küche, Warmwasser, WC außerhalb, ISK 1.500. Duschen ISK 100. Die Wärter von FÍ und vom Naturschutzbund beantworten gerne Fragen zu Wanderungen, Hüttenreservierungen etc. (sofern nicht gerade ein Bus angekommen ist).

Hütte Landmannahellir, ✆ 8938407, einfache Hütten in sehr schöner Umgebung, ISK 1.400. Nebenan **Zeltmöglichkeit.**

Hütte/Camping Hólaskjól, 7 km vor der Eldgjá, ✆ 4874840, 8949977, Mitte Juni–Ende Aug., einfache, niedrige Räume und Schlafsaal, Küche, WC, SSU ab ISK 1.400. 2 Hütten für 8 Pers. Ebener Campingplatz auf der Wiese nebenan vor Lavabrocken, WC, Duschen extra.

• *Camping* **Landmannalaugar**, auf steinigem Untergrund eines ehemaligen Flussbettes, in der Nähe der Hütte, große Fläche, häufig sehr voll, bei trockenem Wetter schönere Zeltmöglichkeit für kleine Zelte auf grasbewachsenem Untergrund. WC, Kaltwasser.

Trekking Landmannalaugar – Þórsmörk (T 13)

(s. Karte S. 645)

Islands bekannteste Wanderstrecke führt durch fantastische Landschaften. Glatt geschliffene Höhenzüge in vielfältigen Farbschattierungen wechseln ab mit schroffen, schwarzen Lavafeldern. Aus Tälern steigt der Dampf heißer Quellen. Eiskalte Bäche müssen durchwatet werden, bis man das von Birkenwald bestandene Þórsmörk-Tal erreicht. Die Tour ist für viele der Höhepunkt einer Islandreise. Besonderer Tipp: Besteigen Sie unterwegs den Háskerðingur ("Hochpassberg", 1281 m), von dort hat man einen fantastischen Blick auf alle Gletscher der Umgebung.

Falls Sie Rekorde aufstellen wollen – nehmen Sie Abstand: die Bestleistung liegt bei 4 Std. 38 Min. für die gesamte Strecke!

> Besorgen Sie sich in Landmannalaugar oder bei FÍ das Büchlein, das die Wanderung detailliert beschreibt.

1. Etappe: Landmannalaugar – Hrafntinnusker (ca. 12 km): Die Tour startet gleich hinter der Hütte mit einem kurzen Anstieg auf das Lavafeld. Nach einem weiteren Aufstieg beginnt eine Landschaft glatter, vielfarbiger Bergrücken. Führte die Route bisher immer mehr oder weniger bergauf, so beginnt sie jetzt wieder leicht zu fallen und man erreicht das Heiße-Quelle-Gebiet **Stórihver**. Ein letzter, etwa 3 km langer Anstieg bringt einen über Schneefelder zum Etappenziel, der **Hrafntinnuskerhütte**. Die Campingmöglichkeiten sind eher schlecht. Von hier aus bietet sich ein Abendspaziergang zu einer faszinierenden

Das Hochland
Karte S. 621

Gespenstisches Hochland

Eishöhle an der Westseite des Berges an (mit gelben Stöcken markiert). Nicht nur die Eishöhle im Fuß des Gletschers ist sehenswert, auch der Blick auf das **Austurdalir** mit seinen vielen heißen Quellen im Abendlicht. Um zur Höhle zu gelangen, umrundet man den Berg auf seiner Nordseite.

2. Etappe: Hrafntinnusker – Álftavatn (ca. 12 km): Von der Hütte aus führt die Tour mit ständigem Auf und Ab hinunter in eine Hochebene aus schwarzbraunem Fels. Anfangs werden noch einige Schneefelder durchquert. Nach knapp 4 km führt der Weg entlang des **Kaldaklofsfjöll** auf den Kamm des Jökultungur-Bergrückens. Oft machen scharfer Wind oder Nebel beim nun folgenden, sehr steilen Abstieg zu schaffen. Weiter führt der Weg durch ein Bachtal, in dem zum ersten Mal zusammenhängende Vegetation in Form von Heide angetroffen wird. Nach 1 km kann der Bach – an manchen Tagen trockenen Fußes von Stein zu Stein springend – überquert werden (besser mit Wanderstöcken). Noch einen kleinen Hügel gilt es zu überwinden, bevor man das Tal des Sees **Álftavatn** erreicht. Nach einiger Zeit fordert ein Wegweiser den Wanderer dazu auf, rechts abzubiegen. Nun sind es noch etwa 2 km bis zum Ende dieser Etappe.

3. Etappe: Álftavatn – Botnar (Emstrur) (ca. 16 km): Nach Überwindung des Höhenzuges im Süden der Hütte zwingt der Fluss an dessen Fuß, zum ersten Mal die Watschuhe zu benutzen. Die Pfähle leiten nun an den Hütten des grünen Tales **Hvanngil** vorbei zu einer Fußbrücke über einen reißenden Fluss. Nach der Überquerung steht in Nähe der Autofurt an einer Kreuzung mehrerer Pisten ein Wegweiser. Die Route geht auf der Piste mit der Bezeichnung F261 weiter. Nach kurzer Zeit kreuzt ein breiterer Fluss den Weg und zum zweiten Mal an diesem Tag kommen die Watschuhe zum Einsatz. Das Wasser ist je nach Wetterlage etwa knietief. Die Landschaft, die nun folgt, begleitet einen den ganzen Tag: eine graue Wüs-

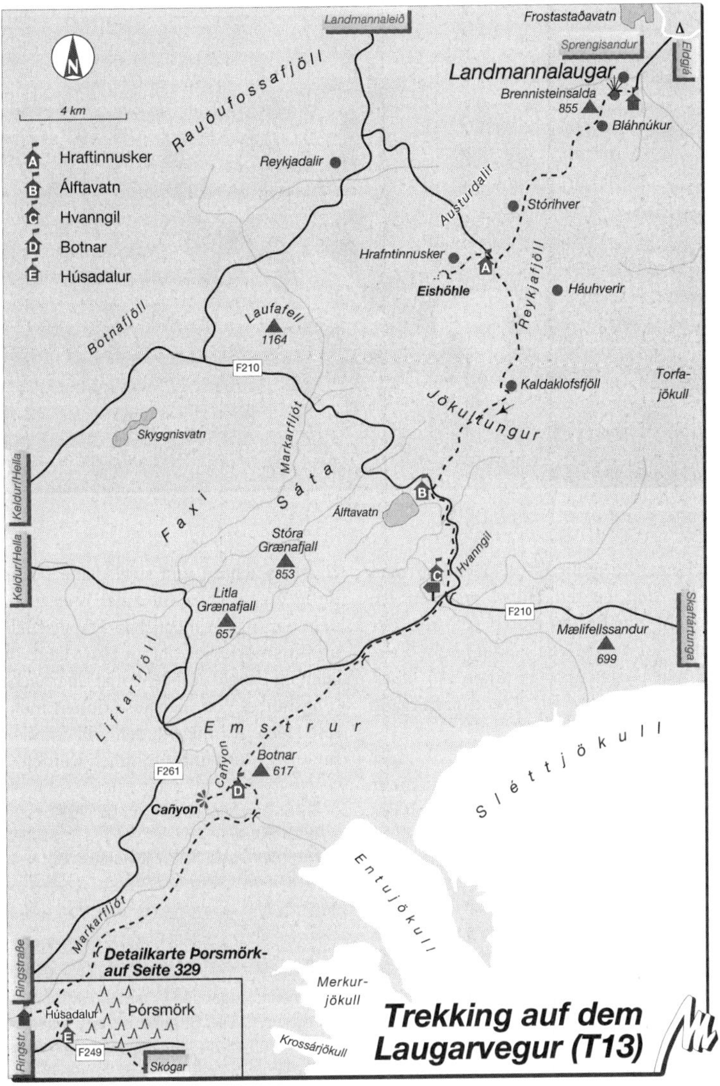

te groben Sandes, spärlich durchsetzt von gelben Grasbüscheln, eingerahmt von Bergen, auf denen leuchtend grünes Moos und Gräser wachsen und so für die einzige lebendige Farbe im tristen Panorama sorgen.

Nach Überquerung einer Brücke verlässt die Route die Piste in südwestlicher Richtung und läuft auf zwei Berge zu. Nachdem man die Talschlucht hinter sich gelassen hat, folgt wieder die graue Wüste, die sich noch ewig hinzuziehen

Rauchbrot oder Toastbrot?

scheint. Zu guter Letzt, nachdem man über den letzten Hügel gelaufen ist, taucht die **Botnar-Hütte** auf, von der man auf den Mýrdalsjökull blickt. Zeltmöglichkeiten gibt es unten am Fluss. Auch hier sollte ein Abendspaziergang eingeplant werden.

Genau westlich der Hütte, in weniger als 1 km Entfernung, verläuft der mehr als hundert Meter tiefe Flusscanyon des Markarfljót.

4. Etappe: Botnar – Þórsmörk (ca. 13 km): Nach 1 km führt eine Brücke über einen Seitencanyon. Stahlseile helfen auf dem Weg aus dem Canyon heraus. Nach einem kurzen Anstieg führt der Weg nun größtenteils bergab durch eine graue Steinlandschaft mit gelegentlichen Ausblicken auf den **Mýrdalsjökull**. Nach gut 7 km trifft man auf eine weitere Brücke, kurz danach, in einem Bachtal voller Flusskiesel, durchquert man zum letzten Mal einen schmalen, aber schnell fließenden Gletscherbach. Unvermittelt stehen auf den Hügeln Krüppelbirken. Durch diesen Birkenwald, in dem auch Farne und Gräser wachsen und sich kleine Bäche ihren Weg suchen, führt der Weg zu einem der beiden möglichen Etappenziele im **Þórsmörk**. Sowohl im Húsadalur als auch im Langidalur steht eine Übernachtungshütte. Von hier aus können mehrere kleine Ausflüge in den umliegenden Birkenwäldern unternommen werden.

GPS: Landmannalaugar 63°59'600" – 19°03'660"
Hrafntinnusker 63°55'840" – 19°09'700"
Ermstrur/Botnar 63°45'980" – 19°22'450"
Þórsmörk (Skagfjörðsskáli) 75 63°40'960" – 19°36'860"

- *Verbindung* Tägl. Busse von Reykjavík nach Landmannalaugar und Þórsmörk und zurück.
- *Anspruch* Die Strecke ist gut markiert. Sie fällt von Landmannalaugar gegen Þórsmörk allmählich ab. Die Entfernungen zwischen den Hütten erfordern 4–6 Std. Das schwierigste Stück ist der steile Abstieg ins Álftavatn-Tal. Ein nicht zu unterschätzender Faktor ist das Wetter, gerade auf den Höhenzügen kann es neblig und windig werden.
- *Ausrüstung* Mehrere knietiefe Gletscherbäche machen Watschuhe zur Pflicht. Wanderschuhe, Regenkleidung und warme Sachen verstehen sich von selbst.

• Kartenmaterial/Literatur Karte im Maßstab 1:100.000, die für diese Tour vollständig ausreicht. In Landmannalyugar ist eine gute Beschreibung auf Englisch erhältich, ISK 1.500.

• Übernachten Hütten des isländischen Wandervereins (ISK 1.500). Alle Hütten mit Kochgelegenheit. In Landmannalaugur, Álftavatn, Hvanngil und Þórsmörk Campingplätze (ISK 600). Die Hütten sollten besser in Reykjavík im BSÍ-Busterminal oder bei FÍ vorgebucht werden.

• Verpflegung einfache Einkaufsmöglichkeiten in Landmannalaugar und Þórsmörk.

Fjallabaksleið syðri/Mælifellsandur (F210/F261)

Nordzufahrt vom Hof Keldur (F210): Auf der 264 von Hella kommend, gelangt man kurz vor dem Hof Keldur zur Abzweigung der Hochlandpiste F210. Sie kämpft sich erst mitten durch das Lavafeld Skógshraun. Gut zu erkennen sind die *Hekla*, Islands aktivster Vulkan, und der Gletscher *Tindfjallajökull*, die die Piste die folgenden Kilometer begleiten. Die Landschaft wird immer schwärzer und wilder, denn vulkanische Aktivitäten vernichteten fast jegliche Vegetation. Nach einem Anstieg öffnet sich ein aschebedecktes Hochtal, umgeben von steilen Bergen. Über 10 km muss das schwarze Tal durchfahren werden, bis die Piste vor dem markanten Rhyolithberg Laufafell (1.164 m) rechts abbiegt.

Verbindung nach Landmannalaugar/zur F225: Vom Laufafell führt nach Norden eine Piste über das rauchende, imposante Reykjadalir zur Piste Landmannaleið. Nach wenigen Kilometern teilt sich diese auf. Es ist ratsam, die rechte Verbindung zu nehmen, denn diese ist markiert, zudem zweigt eine Stichstraße nach *Hrafntinnusker* ab, ein Gebiet mit Dampfquellen und einer Eishöhle.

Weiterfahrt auf der F210: Die Piste ändert nun fast völlig ihren Charakter: Sie windet sich stellenweise direkt in einem Flusslauf durch moosgrüne Berge. Bei km 46 wartet die sehr schwere Furt durch den reißenden Gletscherfluss *Markarfljót*. Im weiteren Verlauf öffnet sich immer wieder ein fantastischer Blick über leuchtend grüne Berge zum riesigen Gletscher Mýrdalsjökull. Nach Durchquerung einer weiteren Furt wird bei km 56 der von Bergen eingerahmte See *Álftavatn* ("Schwanensee") erreicht. Wenig später wird ein tief eingeschnittes Tal (Furt) durchquert und das grasbewachsene Tal von Hvanngil erreicht. Jetzt öffnet sich die schwarze Sandfläche des *Mælifellsandur*, doch unmittelbar vorher ist noch die nicht unproblematische Furt durch den Fluss Kaldaklofskvísl zu bewältigen, der für Wanderer überbrückt ist. Von Westen mündet die Piste F261 ein.

▶ **Südzufahrt vom Fljótsdalur (F261):** Mit herrlichem Blick über das Schotterbett des Markarfljót auf den Gletscher Eyjafjallajökull beginnt die Piste am Ende des Fljótsdalurs. Gleich zu Beginn erreicht man den ersten Gletscherfluss. Weiter geht es am Nordrand der aufgeschotterten Flussebene des *Markarfljóts* entlang. Bei km 9 wartet eine Furt durch die Gilsá, kurz darauf steigt die Piste in die Bergwelt der *Fauskheiði* an. Grüne Gras- und Mooslandschaft säumt die Piste. Markant erhebt sich links der Berg *Einhyrningur* ("Einhorn"), der beim weiteren Anstieg umfahren wird. Wenig später muss das tief eingeschnittene Tal des reißenden Gletscherflusses Markarfljót (zunächst Brücke, dann Furt) durchquert werden. Die Landschaft wird nun grauer und steiniger. Mehrere Flüsse durchziehen die folgende Vorebene des großen Gletschers und bei km 36 mündet diese Piste in die F210.

Karte S. 621

▸**Weiterfahrt auf der F210**: Gleich nach dem Abzweig zwingt ein Feld von scharfkantigen Lavaplatten zur Vorsicht. Nun beginnt die weite, schwarze Sandfläche des ca. 600 m hoch gelegenen *Mælifellsandurs*. Im starken Kontrast stehen die ihm näher kommenden Ausläufer des Gletschers *Mýrdalsjökull*. Zunächst säumen Steine die Piste, doch nach und nach treten sie in den Hintergrund, bis man schließlich nur noch vom dunklen Lavasand umgeben ist. Man fährt direkt auf den kegelförmigen Hyaloklastitberg Mælifell zu, dessen zartes Grün einen leuchtenden Farbtupfer bildet. Bevor dieser umfahren wird, müssen zwei verzweigte Gletscherflüsse gefurtet werden (meist problemlos). Näher kommt man nun dem Gletscher nicht mehr. Mächtig erhebt er sich nur knapp 2 km neben der Piste, sein Schwemmfächer mit mehreren kleinen, sich ständig verändernden Bachläufen muss im Folgenden durchfahren werden. Die Piste entfernt sich vom Mýrdalsjökull, schließlich wird nach 20 km der Sander wieder verlassen und langsam wird die Umgebung vegetationsreicher. Das letzte schwierige Hindernis der Hochlanddurchquerung ist die breite, meist klare Furt durch die *Hólmsá*. Nach 3 km lohnt ein Abstecher zum sehenswerten Wasserfall *Axlarfoss*, der von Basaltsäulen umgeben in eine Schlucht stürzt. Die Piste steigt nun kurz an und gibt bei gutem Wetter eine herrliche Sicht bis zum Meer frei. Begleitet durch einen beeindruckenden Blick über nun grüne Landschaft auf die mächtige Gletscherkappe des Mýrdalsjökulls, geht es im weiteren Verlauf mehrmals auf und ab, bis ein Schafsgatter das nahe Ende der Piste ankündigt, die wenig später steil hinab ins Tiefland fällt. Kurz darauf erreicht man *Snæbýli*, den ersten Hof. Auf befestigter Straße wird nun ein niedriger Bergrücken überwunden und bei der Kirche Gröf mündet sie in die Straße 208, die zur Ringstraße führt.

GPS: Álftavatn 63°51'470" – 19°13'640"
Ermstrur/Botnar 63°45'980" – 19°22'450"
Hraftinnusker 63°56'014" – 19°10'109"
Hvanngil 64°49'93" – 19°12'27"

• *Streckenlängen* Keldur-Mælifellsandur-Snæbýli (F210): 110 km, Fljótsdalur-Mælifell-sandur-Snæbýli (F261/F210): 99 km.

• *Durchschnittliche Eröffnung* 29.6.

• *Verbindung* mit Austurleið ca. 15.7.–20.8., Reykjavík – Eldgjá und zurück. Ca. ISK 8.700.

• *Furten* **F210** – mehrere schwierige Furten. Problematisch v. a. die Gletscherflüsse Markarfljót (ca. 1 m tief, stark strömend, 3 Arme, Hauptarm über 20 m breit), der Kaldaklofkvísl (stark strömend bis 80 cm) und die breite Holmsá (60–70 cm tief, stellenweise sandig).

Verbindung F210 mit der F225: zwei Furten, erste: über 50 cm tief, stark strömend; zweite: mehrere niedrige Flussarme.

F261: gleich zu Beginn Flussschotterfeld mit tieferen Furten (bis 60 cm, steinig), auch anschließend mehrere Furten (bis ca. 50 cm).

• *Pistenzustand* **F210/F 261** – kurz hinter Keldur Lavafeld mit spitzen Steinen, Mælifellsandur: bei großer Trockenheit Weichsand, bei Regenwetter glatt und gut zu befahren.

Verbindung F210 mit der Landmannaleið: selten befahren. Besonders im Frühsommer Altschneefelder, teilweise starke Steigungen.

• *Einkaufsmöglichkeiten* Kleiner Laden in der Hütte Langidalur in Þórsmörk und in Landmannalaugar.

• *Übernachten* **Hütte Álftavatn**, zu buchen (ratsam) bei FÍ, Anfang Juli–Ende Aug. mit Wärter, Hütte mit schönem Blick auf den See, oft sehr eng, Küche, WC außerhalb, Kaltwasser, ISK 1.500, einfacher **Zeltplatz** auf einer Wiese etwas unterhalb der Hütte, kein Windschutz.

Hütte Hvanngil (FÍ), 5 km vom Álftavatn entfernt in dem schönen Tal, ✆ 8539081 und 4875834, Anfang Juli–Ende Aug., geräumige, neue, holzverkleidete Hütte, Küche, WC, ISK 1.500, heiße Dusche ISK 150; alte Hütte nebenan, keine Küche, WC der anderen Hütte, ISK 600; schöner **Zeltplatz** auf Wiese, leicht geschützt durch umgebende Lavaplatten.

Weitere **Wanderhütten** abseits der Pisten: Emstrur/Botnar (ISK 1.500), Hrafntinnusker (ISK 1.500), zu buchen bei FÍ.

Herðubreið und Askja (F88/F910)

Schon von weitem imponiert nördlich des Vatnajökull-Eispanzers die fast kreisrunde Herðubreið, die "Breitschultrige" – Islands "Königin der Berge", zu deren Füßen eine wunderschöne Oase liegt. Senkrechte Felswände erheben sich aus steilen Geröllhalden. Durch regelrechte Mondlandschaft gelangt man anschließend zur großen Caldera Askja.

Die Herðubreið galt lange Zeit als unbezwingbar, war doch der Respekt vor dem ehrwürdigen Berg zu groß, der nicht nur als Hochsitz des Asengottes *Odin* dient, sondern die Manifestation der Götterburg *Asgard* selbst darstellt. Erst 1908 wurde er erstmals von dem Deutschen *Hans Reck* und dem Isländer *Sigurður Sumarliðason* bestiegen. Die erste nachgewiesene Begehung der Askja ist auf den 31. Juli 1838 datiert. Der isländische Kartograf *Björn Gunnlaugsson* verirrte sich bei einer Durchquerung der Missetäterwüste auf sie.

Streckeninfo: Fahren Sie nicht abseits der Piste – Die Strafen sind hoch, bis ISK 200.000.
Tipps für Radler: Die Piste ist unproblematisch, wenngleich teilweise steinig. Bei trockener Witterung müssen zwischen der Herðubreið und der Askja wenige kurze Sandpassagen durchschoben werden. Die ganze Strecke bis zur Askja steigt leicht an. Ein Sturm ist in der Bimssteinwüste nach der Herðubreið sehr unangenehm.

▸ **Die Strecke**: Beim ca. 10.000 Jahre alten Ringwallkrater *Hrossaborg* zweigt die Piste F88 zur Askja ab. Bestimmen anfänglich noch Grashügel das Bild, so werden diese ziemlich bald spärlicher, bis schließlich eine schwarze Sand- und Geröllwüste beginnt. Zeitweilig müssen Ausläufer der sich westlich erstreckenden, großen Lavaebene *Ódáðahraun* durchquert werden. Eindrucksvoll erhebt sich die Herðubreið über 1.000 m aus der Ebene empor; ihr Anblick lässt die triste Umgebung schnell vergessen. Etwa bei km 31 ändert sich das

Unterkunft der Geächteten – Ódáðahraun

Herðubreið und Askja liegen in oder am Rand von Islands größtem Lavafeld, dem Ódáðahraun, "Lavafeld der Missetäter". Es bedeckt etwa eine Fläche von 4500 qkm und ist das Ergebnis zahlreicher nacheiszeitlicher, wild übereinandergeschobener Lavaströme, die aus unzähligen Kratern und Spalten hervorquollen. Einer der mächtigsten Lavaströme stammt aus dem Schildvulkan *Trölladyngja*. Er ist über 100 km lang. Nur an ganz wenigen Stellen ist ein Anflug von Vegetation, z. B. Sandhafer oder halb verdorrte Moose, zu finden, denn das Wasser versickert sofort durch die zahllosen Löcher und Spalten in den Untergrund. Bedrückend und faszinierend zugleich wirken die Lavafelder. "Wie grimmige Riesen aus Sagazeiten, wie graue Göttergestalten der nordischen Vorwelt reckten sich dräuend die Gesteinsmassen", so beschrieb sie *Heinrich Erkes* 1909. Man mag es nicht glauben, aber es wurden Steinwarten gefunden, die auf einen alten Reitweg hinweisen. Seinen Namen erhielt das Lavafeld wegen der Vogelfreien, die hierher zogen, um vor Verfolgung sicher zu sein. Sie fristeten ein elendes Dasein und fielen nicht selten Schneestürmen oder dem Hunger zu Opfer.

Bild. Vor einer Erhebung wendet sich die Piste kurz nach links und es öffnet sich die teilweise bewachsene Flussebene der *Jökulsá á Fjöllum*. Hier beginnt auch das Naturschutzgebiet um die Herðubreið. Die Furt durch Grafarlandaá, ca. 8 km weiter, ist umgeben von saftiger Vegetation.

Doch nur kurz währt das Grün. Die Landschaft wird wieder grau und wenig später lässt einen die Lava spüren, was es heißt, sie durchqueren zu wollen. Nach knapp 4 km ist es geschafft, doch schon wartet die breite, für Radfahrer schwere Furt durch die Lindaá. Jetzt ist die Königin der Berge nahe und die Oase *Herðubreiðarlindir* mit der Wanderhütte wird erreicht. Hier tritt das Wasser, das zuvor in der porösen Lava versickerte, wieder hervor und ermöglicht eine vielfältige Tier- und Pflanzenwelt. Majestätisch erhebt sich dahinter die häufig mit einer Wolkenhaube bedeckte *Herðubreið*. In einer kleinen Lavahöhle unweit der Hütte soll der bekannte Geächtete *Fjalla-Eyvindur* den strengsten Winter (1774/75) verbracht haben.

Wanderungen an der Herðubreið (11)

Direkt hinter der Übernachtungshütte *Herðubreiðarlindir* beginnen vier markierte Wanderrouten. Die rot markierte und wohl interessanteste (1–1,5 Std.) umrundet einen klaren See, in dem ein Schwanenpärchen nistet. Oft entdeckt man auch das Odinshühnchen mit seinem roten Hals und dem grauen Körper. Die grüne (ca. 45 Min.) lässt besonders gut die Lavaformationen erkennen. Die blau markierte Strecke (1–1,5 Std.) führt am Lavarand entlang eines Flusses über einen kleinen Wasserfall und zurück über die Schotterebene. Wer nur zu der Behausung des Geächteten will, folgt den zunächst gemeinsamen grünen und blauen Markierungen (ca. 200 m).

Ausgangspunkt ist die Hütte in Herðubreiðarlindir. Die gelbe Stangenmarkierung führt durch das Lavafeld direkt zum Fuß des Berges und weiter im Bogen um die Nordseite der Herðubreið herum. Der markierte Weg führt am schnellsten zur Einstiegsstelle für die Besteigung, die man genau auf der Westseite der Herðubreið in 2,5–3 Std. erreicht. Kennzeichen des richtigen Ausgangspunktes für den Aufstieg sind ein kleiner Parkplatz, steinmannähnliche Haufen (in rot eingefärbte Netze verpackter Lavabrocken) und das rechtwinklige Abbiegen des markierten Wegs vom Berg weg nach Westen. Das immer wieder angeführte Kennzeichen der von unten deutlich sichtbaren torähnlichen Lücke in dem ansonsten den Zugang zum Gipfel versperrenden Felsenkranz ist nicht eindeutig und gerade auf dem hier beschriebenen Anmarschweg von Herðubreiðarlindir aus trügerisch. Der richtige, am Parkplatz beginnende Aufstieg führt über ein anfangs zügig durchschreitbares, später etwas beschwerliches Geröllfeld aufwärts, zunächst am Rand einer kleinen Rinne, dann über einen Rücken. Der recht markante Lavabuckel auf (scheinbar) halber Höhe, den man auf dem Anfangsstück ansteuern sollte, ist links haltend zu ersteigen. Bald danach erreicht man den Beginn des großen, steilen (!) Schneefelds, über das der Weg, teilweise durch Geröllstrecken unterbrochen, bis zum Hochplateau des Herðubreið führt (Helm, Steigeisen, Eispickel!). Auf dem flachen Hochplateau weiter im Schnee etwa Richtung Ostsüdost zu dem Schutthaufen, der den eigentlichen Gipfel bildet. Dauer für Auf- und Abstieg ab Parkplatz 5 Std., gesamte Tour 12 Std.

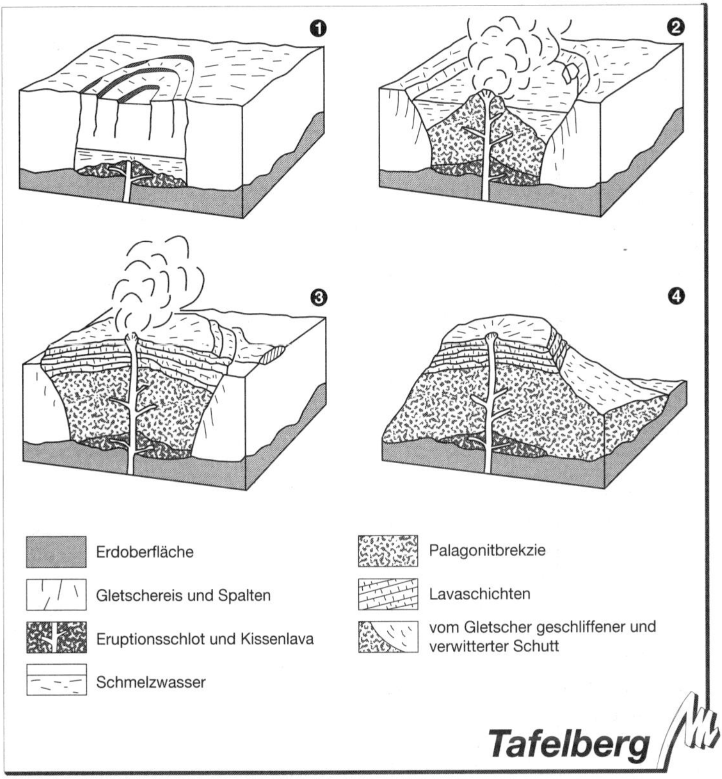

Entstanden unter dem Eis: der Tafelberg Herðubreið

Sie ist das beeindruckendste und schönste Beispiel eines Tafelberges, dessen Entstehung wie folgt abläuft: Unter dem dicken Eisschild bricht ein Vulkan aus und die Hitze lässt das Eis von unten her schmelzen. Die ausströmende Lava erstarrt sofort unter dem Druck des Schmelzwassers zu Kissenlava und bildet einen leichten Hügel. Hält nun die Eruption weiter an, nimmt mit zunehmender Höhe der Wasserdruck ab und vulkanische Gase und Wasserdampf können explosionsartig entweichen. Dabei wird die ausströmende Lava in feine Teile zertrümmert, die Palagonite, die sich um den Vulkanschlot anlagern. Hat dieser die Eisoberfläche erreicht und ist das Wasser abgeflossen, so fließt die Lava in gewöhnlichen Schichten über die Palagonite. In der Nacheiszeit schmilzt der Gletscher dann ab und gibt diese einmalige Bergform frei.

Das Hochland
Karte S. 621

Zur Askja

Wieder durch Lavafelder quält man sich die nächsten 6 km ab der Oase Herðubreiðarlindir. Lohnenswert ist ein kurzer Stopp ca. 500 m nach Ende des Naturschutzgebietes. Der reißende Gletscherfluss *Jökulsá á Fjöllum* stürzt, umrandet von abgerundeten Basaltformationen, in eine kleine Schlucht. Weiter bahnt sich die Piste durch Sand, Geröll und immer wieder Lava ihren Weg. Kurz vor dem Hyaloklastit-Bergrücken Herðubreiðartögl zweigt eine unmarkierte Piste zur Westseite der Herðubreið ab, wenige Kilometer später die F910. Helle Bimssteinwüste mit zahlreichen dunklen Lavasteinen bildet den Rahmen für den letzten Abschnitt zum *Dyngjufjöll-Massiv*. Direkt unterhalb der Bergwände befindet sich die Hütte *Dreki* nebst Zeltplatz, umgeben von einer unwirtlichen und vegetationslosen, aber gerade deswegen so beeindruckenden Landschaft. Unmittelbar hinter der Hütte beginnt die *Drekagil*, die Drachenschlucht. Schwarze, schroffe Felswände, die beiderseits wenige Meter entfernt aufragen: Sie trägt ihren Namen wahrlich zu Recht. Am Ende wartet ein sehenswerter Wasserfall (ca. 10 Min., Vorsicht vor herabfallenden Steinen).

Lebendige Riesen – das Dyngjufjöll-Massiv mit der Askja

Das ca. 600 qkm große Massiv entstand durch zahlreiche Vulkanausbrüche und ist bis heute aktiv. Der Lavastrom, der unweit der Hütte endet, stammt vom letzten größeren Ereignis im Jahre 1961. Die unzähligen schroffen Gipfel hielt man in der Sagenwelt für drohende Riesen. Wie einen Schatz scheinen sie die Askja und den Öskjuvatn zu beschützen. Die Caldera Askja ist ein ca. 45 qkm großes Rund, umgeben von bis zu 300 m höher aufragenden Bergen. Ihr Ursprung geht über 4.500 Jahren zurück. Eine unter ihr liegende Magmakammer entleerte sich, worauf der Boden absank. Bei einer gewaltigen Eruption entstand 1875 der Víti-Krater und eine Caldera in der Caldera senkte sich im Lauf der Zeit immer mehr ab und füllte sich mit Wasser: Das *Öskjuvatn*, der Askjasee, entstand. Heute ist er 11 qkm groß und mit 220 m Islands tiefster See. Der Ausbruch hatte verheerende Folgen, denn er begrub große Teile Ostislands unter einer Ascheschicht. Sogar im heutigen Polen ging noch Staub nieder.

▸ **Stichstraße zur Askja (894)**: Wie eine Festung umrahmen die aufragenden Berge die riesige Caldera der Askja. Doch wer sie bezwingt, der gelangt über eine mondähnliche Landschaft zum märchenhaften und doch furchterregenden Öskujavatn und dem kleinen, schwefligen Explosionskrater Víti kurz davor. Nur an einer Stelle lässt sich die Festung relativ gefahrlos betreten, an der Öffnung *Öskjuop*, der auch die Piste folgt. Steil steigt sie entlang schwarzer Felswände mitten durch einen schwarzen Lavastrom und endet zwischen dessen Eruptionskratern. Hier fand 1961 der letzte Ausbruch der Askja statt. Am Parkplatz beginnt ein etwa halbstündiger Fußmarsch durch das schwarz-braune, weite Rund der *Askja*. Die weißen Schneereste, die auf dieser Höhe von über 1.000 m bis tief in den Sommer hinein liegen bleiben, bilden einen starken Kontrast. Teilweise findet man in kleinen Eintiefungen altes Eis, das durch die darüberliegende Asche geschützt über hundert Jahre überdauert hat. Umgeben von steil abfallenden Wänden liegt der große, tiefe Calderasee *Öskjuvatn*. Wunderschön sind an ruhigen Tagen die Spiegelungen der schwarzen Bergwände mit den weißen Restschneefeldern in dem tiefblauen See.

Ein unvergessliches Erlebnis ist ein Bad in dem milchblauen Wasser des *Víti*. Doch Vorsicht: Der Abstieg ist steil und rutschig. Die Wassertemperatur im ca. 60 m tiefen und 100 m breiten Krater schwankt um 20–25 °C. Etwas westlich des kleinen Kraters erinnert ein Denkmal an das Schicksal der beiden deutschen Forscher *Walter von Knebel* und *Max Rudloff*. Im Rahmen einer Forschungsreise im Juli 1907 befuhren die beiden trotz vieler Warnungen das Öskjuvatn mit einem einfachen Segeltuchboot. Der Student *Hans Spethmann*, der nicht mitfuhr, wartete vergeblich auf ihre Rückkehr. Trotz mehrfacher Nachforschungen waren ein Ruder und ein Deckel die einzigen Teile, die gefunden wurden. Auch *Ina v. Grumbkov*, die Braut von W. v. Knebel, war bei ihrer Suche erfolglos. Zu Ehren der Verunglückten wird das Öskjuvatn auch "Knebelsee" und der Vítikrater "Rudloffkrater" genannt. Das gesamte Gebiet der Askja steht als Naturdenkmal unter Schutz. Zelten ist verboten.

GPS: Þorsteinskáli 65°11'56" – 16°13'39"
Dreki: 65°02'52" – 16°35'72"

- *Streckenlänge* Ringstraße-Herðubreið: 60 km, Herðubreið-Askja Dreki: 28 km, Askja Dreki-Parkplatz Askja: 8 km.
- *Durchschnittliche Eröffnung* 18.6., Stichstraße zum Askja-Parkplatz oft später.
- *Verbindung* Touren z. B. mit Destination/Iceland vom Mývatn aus. Unbedingt vorbuchen. 12–13 Std. hin und retour, Bad im Kratersee, 3- bis 7-mal/Woche ab 8 Uhr. Ca. ISK 13.000.
- *Furten* Drei – Grafarlandaá: ca. 40–60 cm tief, Lindaá: zwei Arme, ca. 50–70 cm tief, Untergrund aus kleinen losen Steinen, leichte Furt bei der Hütte am Herðubreið.
- *Pistenzustand* Streckenweise steinig und Wellblechuntergrund. Bei der Fahrt über die Lavafelder ist Vorsicht geboten.
- *Tanken/Einkaufen* Keine Möglichkeiten.
- *Übernachten* **Hütte Þorsteinskáli**, an der Oase Herðubreið, vorbuchen (sinnvoll!) unter ✆ 8549301 (Wanderverein Akureyri), Hütte mit Matratzenlager unterm Dach, kleine Küche, WC, heiße Dusche (ISK 200) außerhalb, ISK 1.200. Schöner, von Vegetation umgebener **Zeltplatz** auf einer Wiese in der Nähe der Hütte.

Hütte Dreki, von Ferðafélag Akureyrar an der Askja, ✆ 8532541, vorbuchen (sinnvoll) unter ✆ 4622720, einfache kleine Hütte, keine Küche, Toilette außerhalb. ISK 1.000. Um die Hütte **Zeltplatz** auf steinigem Untergrund, Zelt gut abspannen, da oft Stürme.

F910 nach Osten: Askja – Brú á Jökuldalur

Die Strecke bietet sich als Alternativroute von und zur der Askja an. Landschaftlich fasziniert v. a. die südliche Krepputunga mit Flussbasalt und herrlichem Blick auf die Herðubreið.

Zunächst führt die Strecke durch sandige Bimssteinwüste, übersät mit hervorstehenden Lavasteinen. Die sanften Formen der Ostseite des folgenden Bergmassivs *Upptyppingar* strahlen eine gewisse Ruhe aus, jäh unterbrochen vom Getöse des Gletscherflusses Jökulsá á Fjöllum, der glücklicherweise auf einer Brücke überquert werden kann (km 14). Kurz darauf zweigt die westliche Strecke zum Kverkfjöll ab, 3 km später die östliche. Die Piste, die nun die *Krepputungawüste* durchquert, wird sehr sandig, doch die umgebenden Basaltformationen gestalten die Landschaft abwechslungsreich.

Das Hochland
Karte S. 621

Tipps für Radler: Ab dem Abzweig von der Askjapiste bis wenige Kilometer vor der Brücke über die Kreppa muss mit bis zu 10 km Sandschieben gerechnet werden. Hier wünscht man sich Regenwetter, denn dann ist der Sand festgefahren und das mühselige Schieben wird verkürzt. Nicht zu unterschätzen ist ein Sturm, bei dem die leichten Bimssteine waagrecht durch die Luft sausen. Nach der Krepputunga besitzt die Piste keine größeren Schwierigkeiten mehr. Es sollte genügend Wasser mitgenommen werden.

Bei km 30 begeistert eine labyrinthartige Streckenführung durch "weiche", von den Gletscherflüssen abgerundete Basaltfelsen, hinter der sich eindrucksvoll die Herðubreið erhebt. Ist der Ausgang gefunden, wird die reißende *Kreppa* gequert. Nun ändert sich der Charakter der Landschaft. Hügelige, graue Bergketten flankieren die Piste und zwei Flüsse müssen gefurtet werden. Bei km 52 zweigt die F910 nach Osten ab. Auf der F905 gelangt man nach 20 km durch karges Land etwas südlich von *Möðrudalur* (Campingplatz, Cafeteria) auf die Ringstraße. Die F910 windet sich durch ein Tal, das sich später öffnet und dessen nördliches Ende vom recht großen See *Þríhyrningsvatn* eingenommen wird. Nun flankiert eine grüne Ebene die Piste, die wenig später ansteigt, um sich ihren Weg durch den lang gezogenen Bergrücken Þríhyrningsfjallgarður zu bahnen. Nach einem Quertal zweigt auf dem nächsten, wesentlich niedrigeren und flachen Bergrücken eine unmarkierte Piste in das einsame Tal *Hafrahvammagljúfur* ab. Weitere 3 km dahinter kann man entweder auf der Straße 907 nach 22 km zur Ringstraße gelangen oder steil hinab nach *Brú* fahren, wo das Hochland verlassen wird.Durch den tief eingeschnittenen Jökuldalur sind es noch 31 km bis zur Ringstraße.

- *Streckenlänge* 90 km.
- *Durchschnittliche Eröffnung* 21.6.
- *Einkaufsmöglichkeiten* Kiosk in Aðalból, 12 km südlich von Brú.
- *Furten* Gletscherflüsse Jökulsá á Fjöllum und Kreppá seit Mitte der achtziger Jahre überbrückt. Danach vier Flüsse, nur nach starkem Regen problematisch (ca. 30–50 cm).
- *Pistenzustand* Bis kurz vor der Brücke über die Kreppa ist die Piste stellenweise sehr sandig, später recht gute Qualität.
- *Tankmöglichkeit* Aðalból, täglich geöffnet.
- *Übernachten* Zeltmöglichkeit und SSU in Aðalból, ✆ 4712788.

Trekkingtour Öskjuvegur: durch das Ódáðahraun (T 14)

Faszinierende Lavaformationen, das weitgehend unbekannte Dyngjufjalladalur, das Dyngjufjöllmassiv mit der Askja und der majestätische Anblick der Herðubreið verleihen dieser sehr anspruchsvollen Wanderung durch die Lavawüste Ódáðahraun ihren Reiz.

Von der Hütte Þorsteinskáli führt eine gelb markierte Route um den Nordrand der Herðubreið zur **Bræðafell-Hütte** (17–19 km, 240 Höhenmeter, 5–6 Std.). Weiter Richtung Süden zur **Dreki-Hütte** an der Ostseite des Dyngjufjöll-Massives (18–20 km, 60 m, 6–7 Std.). Der Stichstraße folgen, vom Parkplatz quer über das Lavafeld nach Nordwesten über den Pass Jónsskarð (häufig Nebel) und wieder hinab in das sagenumwobene Dyngjufjalladalur (19–20 km, 500 m, 8–10 Std.). Nach Norden durch den Lavastrom Útbruni zur Hütte **Suðurárbotnar** (20 km, bergab, 6–7 Std.). Weiter am Fluss Suðurá zum **Hof Svartárkot** (15 km, bergab, 4 Std.). Es ist geplant, diese Wanderung vollständig zu

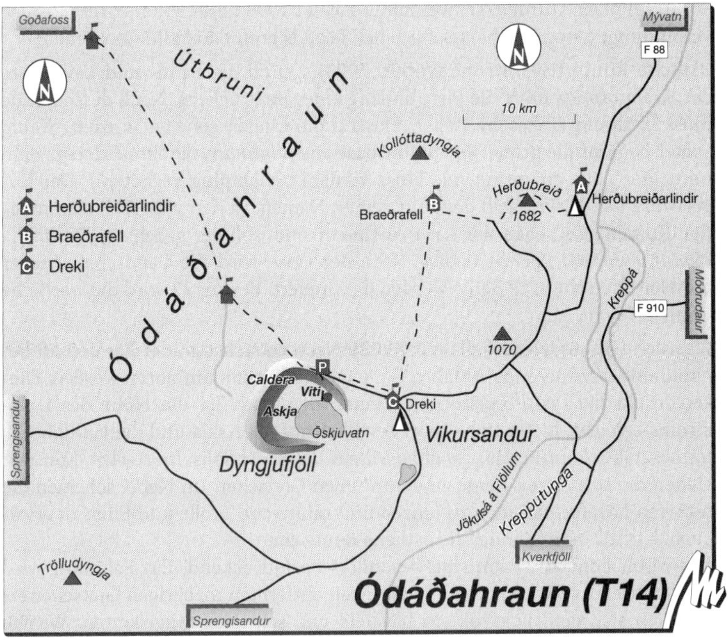

markieren und zum Mývatn fortzusetzen. Da sie selten gelaufen wird, ist im Notfall nicht mit schneller Hilfe zu rechnen. Wichtig ist, genügend Wasser mitzunehmen, denn zwischen den Hütten gibt es fast keines! Genauere Infos in der Hütte an der Herðubreið oder beim Ferðafélag Akureyrar unter ✆ 4622720, 📠 4627240.

Feuer und Eis: Kverkfjöll (F902/903)

Eishöhlen, brodelnde und fauchende heiße Quellen in unmittelbarer Nachbarschaft des ewigen Eises und rauschende Bäche aus einer gewaltigen Gletscherzunge machen diesen Abstecher zum Vatnajökull ausgesprochen reizvoll.

Bei den Kverkfjöll-Bergen (1929 m) befindet sich einer der größten und aktivsten Feuerherde unter dem Vatnajökull. Seine Energieleistung wird auf über 1.300 MW geschätzt. Gewaltige Wassermengen, die durch Ausbrüche

Tipps für Radler: Die östliche Strecke ist sehr viel abwechslungsreicher als die westliche. Zwar geht es auch hier durch Lava und Sand, doch muss nicht so lange geschoben werden (auf der südlichen Route etwa 2–3 km) und gleichsam als Belohnung führt die Ostroute in das grüne Tal Hvannalindir, eine Oase in der Wüste, durch die ein Fluss sprudelt. Dies ist zwar die einzige Wasserversorgung, doch gibt es auf der westlichen Strecke überhaupt kein Wasser. Zelten ist bis zum Kverkfjöll nicht nur verboten, es finden sich auch kaum geeignete Plätze.

Das Hochland
Karte S. 621

abgeschmolzen wurden, schwemmten zuletzt 1995 und 1996 mehrere Pistenverbindungen weg. Ein heißer Bach ließ Islands größte Eishöhle entstehen.

- **Östliche Route (Hvannalindavegur, F903)**: Durch die Sand- und Lavawüste der Krepputunga führt die Piste entlang eines Bergrückens. Nach dessen Ende muss in ihrem eingeschnittenen Flusstal die Lindaá gefurtet werden. Wenig später beginnt die grüne Vegetationsoase *Hvannalindir*, die ihre Existenz dem unter der Lava entspringende Fluss verdankt (Camping verboten!). Der Engelswurz (isl. *Hvönn*) gab dem Ort seinen Namen. In den von 1767 stammenden Ruinen, die neben der Lava zu finden sind, soll der geächtete *Fjalla-Eyvindur* kurzzeitig gelebt haben. Nach der Oase wird die Landschaft wieder dunkler und schwarze Berge werden durchquert. Bei km 27 wird die westliche Route erreicht.
- **Westliche Route (Kverkfjallaleið, F902)**: Nach zunächst grauer Landschaft beginnt eine faszinierende Anfahrt. Ein Lavastrom muss umfahren werden. Dieser drückt die Piste regelrecht an einen Berghang. Ist die Höhe des Lavastroms erreicht, bietet sich ein weiter Blick auf die Askja und die Herðubreið; immer näher kommt das gewaltige Massiv des Kverkfjölls. Im starken Kontrast stehen die schwarzen Berge zu dem weißen Gletscher. Im Nebel scheinen die bizarren Lavaformationen zu tanzen und zahlreiche Trolle und Elfen zu erwachen. Nach 24 km mündet die östliche Route ein.
  Die verbleibenden 17 km sind besonders beeindruckend. Ein Felsentor wird durchfahren und vor dem nicht mehr weit entfernten mächtigen Gletscher erstrecken sich eindrucksvoll ein Lavafeld und schwarze Hügelketten. Wenige Kilometer vor der Hütte beginnt eine steinige, graue Grundmoränenlandschaft. Im Westen sieht man eine riesige Gletscherzunge und ihre folgende Schwemmebene. Auf steiniger Piste muss noch ein weites Tal durchfahren werden, bis die Hütte erreicht wird.
- **Zu den Eishöhlen**: Durch heiße Quellen unter dem Gletscher wurden große Höhlen in das Eis geschmolzen, die jahrelang bis tief in den Gletscher hinein begehbar waren. Doch vulkanische Aktivitäten und Gletscherbewegungen ließen sie z. T. einstürzen und heute ist eine Begehung ausdrücklich verboten, da sich Eisbrocken von der Decke lösen können. Es wird sogar davon abgeraten, sich zu weit in die Nähe der Höhlen vorzuwagen. Die Piste dorthin beginnt bei der Hütte und erreicht nach 3 km durch steinige Grundmoränen einen Parkplatz. Die alte Piste, die näher an die Höhlen heranführte, wurde 1995 durch einen Gletscherlauf weggerissen. So ist noch ein ca. 40-minütiger Fußmarsch über Berge von Moränen und über das Ende einer Gletscherzunge erforderlich, ehe unterhalb einer gewaltigen Eiswand die größte Eishöhle auftaucht.

GPS: 64°44'850" – 16°37'850"

- *Streckenlänge* Westliche Route (F 902): 40 km, östliche Route (F 903): 43 km.
- *Durchschnittliche Eröffnung* 18.6.
- *Verbindung* 27.6.–31.8. (vor dem 5.7. und nach dem 15.8. nur auf Anfrage) geführte Tour. Start: Mo und Fr in Húsavík und Mývatn, Dauer: 3 Tage. ISK 10.000.
- *Furten* Westl. Route: keine; östl. Route: Lindaá zweimal zu durchqueren (20–30 cm).
- *Pistenzustand* Die westliche Piste ist teilweise sehr sandig, auch die östliche weist kurze sandige Stellen auf. V. a. nach dem Zusammentreffen der Pisten ragen Lavaspitzen hervor, wenige Kilometer vor der Hütte wird es sehr uneben und steinig.

• *Übernachten* Hütte **Sigurðurskáli am Kverkfjöll**, ✆ 8536236, zu buchen unter ✆ 4711433 oder bei FÍ, stilvoller, alter Schlafraum und ein neues Matratzenlager unterm Dach, heller großer Aufenthaltsraum und Küche, herrlicher Blick, WC, heiße Dusche (ISK 200) außerhalb, ISK 1.500. Zeltplatz bei der Hütte auf extra angelegten Rasenstücken.

Wanderung zu den heißen Quellen am Kverkfjöll (12)

Diese Wanderung führt über den Gletscher und ist nur bei guter Sicht und mit Gletschererfahrung zu empfehlen. Gefährlich ist der oft unvermutet auftauchende Nebel. Schon einige Personen haben sich verirrt! Erkundigen Sie sich an der Hütte nach dem Zustand des Gletschers. Besser ist es, sich einer geführten Tour anzuschließen.

Zunächst folgt man dem Weg zu den Eishöhlen, überquert dann die Eiszunge nicht, sondern steigt schräg nach rechts auf ihr hoch. Schmelzwasser und v. a. tiefe Löcher mahnen zur Vorsicht. Der Dampf der heißen Quellen ist oben am Berg zu erkennen. Um dorthin zu gelangen, muss nun ein schwieriger Abschnitt gemeistert werden. Auf dem Eis sind drei Erhebungen mit Gletscherspalten zu erkennen. Am besten ist es, zwischen der unteren und mittleren hindurchzulaufen. Nun kommt man in ein niedriges, U-förmiges Tal. Dieses steigt man hoch und weiter zwischen den folgenden eisfreien Erhebungen hindurch. Vorsicht: Viele Gletscherspalten! Immer vergewissern, dass der nächste Schritt auch sicher ist! Nun führt ein meist erkennbarer Pfad quer über den Gletscher auf den Dampf zu. Tief in das Eis eingeschnitten, steigt Schwefeldampf aus der Erde. Es bleibt jedoch nicht bei dem einen Feld. Folgt man dem oft schneefreien Bergrücken bis zum Ende, werden noch einige "Schlammtöpfe" und fauchende Quellen passiert. Den faszinierenden Schluss bildet das **Hveradalir**: Unterhalb von schroffen Lavaspitzen steigen unzählige Rauchwolken auf. Nicht weniger beeindruckend ist die weite Aussicht über den riesigen Gletscher und das weite Hochland. Askja, Trölladyngja, Herðubreið und sogar die leichte (tektonische) Senke der Grímsvötn, alle sind gut zu erkennen. Der Weg hin und zurück dauert **ca. 6 Std**.

Die Gletscherhöhle am Kverkfjöll (TB)

Der Vulkan Snæfell (F910/F909) ("sneifedl")

Der 1833 m hohe Vulkangipfel mit der Eiskappe lässt weit über Lavawüste und Eispanzer des Vatnajökull blicken und fordert zu einer Besteigung geradezu heraus.

Die Strecke Egilsstaðir – Snæfell – Brú á Jökuldalur führt über die leicht bewachsene, seenreiche Hochebene Fljótsdalsheiði direkt auf den von ewigem Eis bedeckten, markanten Berg Snæfell und den dahinter liegenden Vatnajökull zu. Dieses Gebiet ist zudem das Verbreitungsrevier der seit 1771 eingeführten Rentiere. Zum Kalben halten sich die Tiere im Sommer zum großen Teil beim Brúarjökull am Oberlauf der Jökulsá á Brú auf, während sie im Winter weiter nach Norden der Fljótsdalsheiði und zu den Fjorden bis in besiedelte Regionen vorstoßen. Dieses Gebiet steht unter Schutz und darf im Sommer nicht betreten werden. Durch ein großes Staudammprojekt läuft die Landschaft östlich des Snæfells Gefahr, zerstört zu werden. Zahlreiche aufgedammte Stichstraßen, die zu Untersuchungsgebieten führen, zerschneiden die Landschaft und machen die Orientierung etwas schwierig.

Tipps für Radler: Die frisch aufgedammte Piste zum Snæfell ist durch groben Kies streckenweise schwierig zu befahren. Wer zur Hütte unterhalb des Snæfell will, muss eine 14 km lange Sackgasse mit mehreren Furten in Kauf nehmen. Die steile Auf- und Abfahrt aus dem Fljótsdalur und später ins Hrafnkelsdalur kosten einige Mühen. Der Verkehr ist besonders im zweiten Abschnitt sehr gering.

▸ **Die Strecke**: Gleich zu Beginn steigt die gut befestigte Piste in Serpentinen den Hang des Seeufers über 500 Höhenmeter hinauf. Nach ca. 10 km ist mit einer Hügelspitze das Ende der Steigung erreicht. Weit lassen sich die Hochebene und das nun zu durchquerende, grüne, leicht hügelige und seenreiche (Feucht-) Gebiet überblicken. Imposant erhebt sich der Snæfell. Nach 35 km biegt man rechts ab (Schilder) und biegt nach 9 km links zur Hütte "Snæfellsskáli" ab (F909). Die Stichstraße steigt durch ein steiniges Tal bis zur Hütte leicht an. Wenig später fällt ein großer Steinmann ins Auge und das Tal weitet sich wieder. Die Landschaft wird noch karger und aufregender, vor dem Erreichen der Hütte müssen noch mehrere Flüsse gefurtet werden. Wer unmittelbar an den Rand des großen Gletschers gelangen will, folgt der Piste geradeaus weiter. Steile Anstiege und mehrere Flussdurchquerungen machen ab der Hütte einen Jeep unabdingbar.

▸ **Abstecher zum Hot Pot**: Etwa 34 km hinter dem See Lagarfljót führt eine Piste links kurz und steil hinunter nach *Laugarfell* zu drei Hütten mit einem warmen Hot Pot, der klassisch mit Steinplatten eingefasst ist (Wiese zeltgeeignet).

Besteigung des Snæfell (6)

(s. Karte S. 621)

Einige Meter südlich der Hütte sind links nach einer Furt Parkgelegenheiten (unmarkiert). Der relativ einfache Aufstieg ist markiert. Man steigt zunächst am Rand eines Tales auf und folgt später dem schneebedeckten Bergrücken auf den Gipfel. Das erste Wegstück führt durch unruhiges Moränengelände, das von giftgrün gesäumten Wasserläufen durchzogen ist. Es folgen

Abschnitte mit Gesteinsscherben (Frostsprengung!), Bodenfließen und Lavageröll. Nach dem ersten Wegstück in der Ebene steigt der Weg links steil an und führt dann auf höherem Niveau, weiterhin ansteigend, zurück in Richtung Hütte, bevor er sich nach links wendet. Hier ist die Markierung unzulänglich, sodass man sich rechts am Hang auf die Bergspitze zu bewegt. Nun beginnt leicht linker Hand der eigentliche Aufstieg über steile Partien und Schneefelder. Bei schönem Wetter ist der weite Rundblick vom Gipfel über die gewaltige Eislinse Vatnajökull und das Hochland mit der Herðubreið und Kverkfjöll unvergleichlich. Dauer: 5–6 Std.

- *Anspruch* 1.000 Höhenmeter sind zurückzulegen. Im oberen Bereich Schneefelder. Insgesamt problemlos machbar.
- *Ausrüstung:* Wanderschuhe reichen aus. Wasser mitnehmen.
- *Orientierung* Markierungspfähle in großzügigen Abständen, unten Pfähle, oben Steinhäufchen. Unbedingt vorher in der Hütte das Foto des Berges studieren, hier ist die Wanderroute eingezeichnet.
- *Zeit* Die gesamte Tour dauert 5–6 Std., wegen Auftauen der Schneefelder und Wolkenbildung am besten morgens starten.

Abstecher vom Snæfell zum Vatnajökull (18 km): Von der Hütte Snæfellsskáli, an der man sich bei Sonnenschein oberkörperfrei braten lassen kann, führt südwärts eine gut befahrbare Piste geradewegs in einen Kühlschrank, genauer: ins Gefrierfach. Nach mehreren Bachüberquerungen und dem Passieren einer ungeheuren, steilen Endmoräne steht man vor einer breiten Front aus Eis, die hier flach ausläuft. Da die schwarze Lava sich schneller erwärmt, entsteht vor dem Gletscher relativ zur Luft über dem hellen Eis eine starke Lufterwärmung; Luft steigt auf, sodass vom Gletscher eisig kalte Luft nach unten nachströmt.

Der Deutsche kommt...

Vier müde Bergsteiger, zwei Schweizer und zwei Deutsche blinzeln an der windgeschützten Hütte im Angesicht des Vulkans in die Nachmittagssonne. Ein bedrohliches Grollen nähert sich, anscheinend ein Lastwagen. Ein weißes Ungetüm von beachtlichen Ausmaßen rollt an. Mannshohe Reifen und glänzende Sandbleche zeugen von kompromissloser Kampfbereitschaft. Südamerika- und Afrikalandkarten an den Flanken des Allradtrucks verweisen auf Stätten vergangener Schlachten. Die beiden Schweizer blicken sich grinsend an: ein deutscher Abenteurer, klar, voll bepackt mit Ausrüstung. Die beiden sich sonnenden Deutschen werden – verständlich – nervös: wieder so ein angeber aus ihrer Heimat. Der Aufbau schaukelt souverän durch die letzte Furt. Aug' in Aug' mit dem Schlachtross löst sich die Anspannung des deutschen Bergsteigerpaares, denn jetzt erkennen sie das Nummernschild: CH-Solothurn.

Weiterfahrt vom Snæfell nach Brú (F910): Um nach Brú zu gelangen, wendet sich die Piste nach Nordwesten und durchquert einen Fluss. Recht karge, steinige Hochebene begleitet die nächsten Kilometer und 11 km nach dem Abzweig fällt die Piste fast ohne Kehren steil ins *Hrafnkelsdalur* hinunter. Die kommende Furt durch die Hrafnkelsá kurz von dem Hof Aðalból stellt das Ende der Hochlandpiste dar.

Das Hochland
Karte S. 621

GPS: 64°48'250" – 15°38'510"

• *Streckenlänge* Fljótsdalur-Snæfell: 56 km, Snæfell-Brú: 46 km. Fljótsdalur-Brú: 74 km.

• *Durchschnittliche Eröffnung* 1.7.

• *Verbindung* Zum **Snæfell** fährt in der Regel ein Bus von Egilsstaðir aus. Voraussetzung ist, dass mind. 3 Pers. mitfahren, daher kein Verlass, besser vorher anrufen: ✆ 8528933 (im Bus) oder 4711673.

• *Furten* **F910**: kurz nach dem Abzweig zum Snæfell (breit, ca. 30 cm tief); vor dem Ende der Piste bei Aðalból (breit und bis über 50 cm tief).

F909 zum Snæfell: mehrere, allerdings nicht sehr tiefe Furten.

• *Pistenzustand* Bis zum Abzweig zum Snæfell markiert und problemlos, danach v. a. wegen der Furten Allradfahrzeug sinnvoll, problematisch ist die sehr steile Abfahrt in den Hrafnkelsdalur.

• *Tanken* Aðalból, täglich geöffnet.

• *Übernachten* **Hütte Snæfellskáli (Ferðafélag Austurlands)**, ✆ 8539098, zu buchen unter ✆ 471200 und 4711585, Aufsicht Anfang Juli–Ende Aug., gemütliche, holzverkleidete Schlafräume im Erdgeschoss, ein größerer unterm Dach, Küche, warme Dusche (ISK 300), ISK 1.500, nebenan einfacher **Zeltplatz**, kein Windschutz, ISK 500.

Camping und SSU in Aðalból, ✆ 4712788.

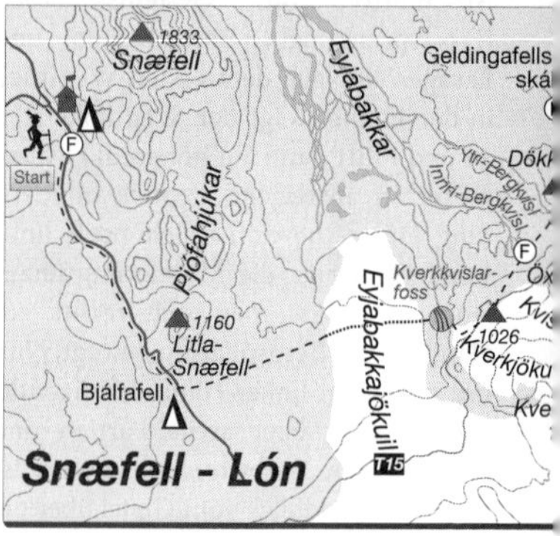

Mehrtagestour Snæfell-Lónsöræfi (T 15, mit GPS-Punkten)

Der majestätische Snæfell, weite Blicke über das Hochland, der mächtige Vatnajökull und als krönender Abschluss der Abstieg in die bunte Zauberwelt der Lónsöræfi – die faszinierende, anspruchsvolle und fast unmarkierte 3- bis 4-Tagestour ist der Geheimtipp für alle, die Islands raue Natur lieben.

• *Infomation* Infos über den Strecken- und Gletscherzustand in den Hütten am Snæfell und in der Lónsöræfi, bei Ferðafélag Egilstaðir (✆ 4711433) oder bei Tanni Travel in Egilstaðir, ✆ 8934936, ✆ 8528933 (im Bus) oder 4711673. tanni@eldhorn.is.

• *Verbindung* Tanni Travel organisiert Sa/So und Mi Fahrten von Egilstaðir (Campingplatz) zum Snæfell (ISK 4.200) und auf Wunsch weiter zum Bjálfafell (ISK 1.000) und zurück. Ungefähre Zeiten: 10 Uhr Egilstaðir, 12.30 Uhr Snæfell, 13 Uhr Bjálfafell, spätestens 15 Uhr Rückfahrt vom Snæfell. Vorbuchung dringend zu empfehlen, da keine Leerfahrten durchgeführt werden.

Die Strecke Höfn – Stafafell – Lónsöræfi (Illkambur) und zurück wird vom 15.6.–15.9. täglich gefahren (ISK 3.000 an Höfn und ISK 2.500 von Stafafell). Abfahrt Illkambur ca. 14 Uhr. Infos bei Guðbrandur Johannson, ✆ 4781799 oder 8541617.

• *Anforderungen* Diese Tour ist definitiv nichts für Ungeübte. Den richtigen Verlauf der Route zu finden erfordert Erfahrung im wegelosen Gelände. Auch die Wetterverhältnisse sorgen gern für Überraschungen. Die zu überquerenden Gletscherzungen haben wenig Spalten. Grödeln, zumindest aber griffige Schuhe und Wanderstöcke sind trotzdem dringend zu empfehlen. Das Gehen in dem oft morastigen Boden (oberflächliche Auftauschicht über Permafrost) erfordert viel Kraft. Der Abstieg in die Lónsöræfi und der Anstieg zum Illkambur sind sehr steil.

• *Ausrüstung* Gute Wanderausrüstung, Regenkleidung, Profilschuhe und Wanderstöcke oder Grödeln sind Pflicht für die Bewältigung dieser Wanderung.

• *Furten* Auf der Tour gibt es mehrere Flüsse, bei denen Watschuhe nötig sind. Teilweise kann man auf den Gletscher oder auf Schneebrücken ausweichen Die Wasserführung der zumeist Gletscherflüsse kann stark variieren.

• *Kartenmaterial* Die beste verfügbare Karte ist die Spezialkarte "Lónsöræfi" von

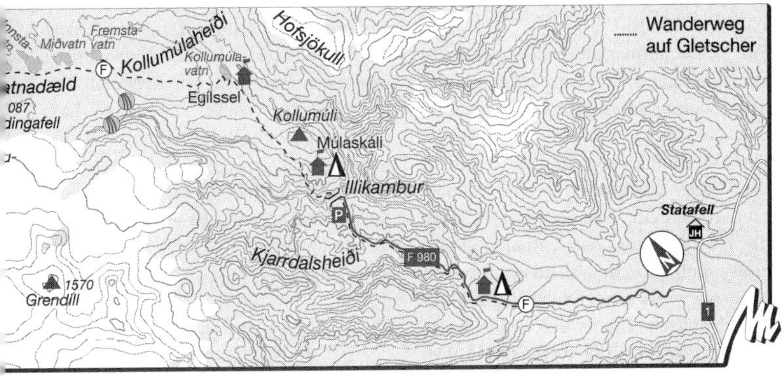

Mál og menning im Maßstab 1:100.000. Leider sind auf der topografisch weitgehend korrekten neuen Karte die Wanderstrecke und auch die Lage der Geldingafellhütte falsch eingezeichnet. Die verfügbaren Karten des Geodätischen Instituts (1:100.000, Nr. 95, 105 & 106) sind aufgrund teilweiser fehlerhafter Topografie nicht zu empfehlen.

- *Übernachten* Die Hütten am Snæfell und in der Lónsöræfi werden von Anf. Juli bis Ende Aug. durch einen Hüttenwirt beaufsichtigt. Die einfachen, aber gemütlichen Hütten Geldingafell und Egilssel sind nicht bewacht, aber unverschlossen. Neben den Hütten sind jeweils Zeltmöglichkeiten zu finden. Untergrund neben der Geldingafellhütte sehr steinig. Vorbuchung ratsam (Ferðafélag Egilstaðir, ✆ 4711433 oder FÍ), da teilweise durch Gruppen belegt.
- *Verpflegung* keine Einkaufsmöglichkeiten am Snæfell und in der Lónsöræfi

1. Etappe: Hütte Snæfellskáli – Bjálfafell, Þjofahjúkar (ca. 12 km, 3–4 Std.)

Um zum eigentlichen Beginn der Wanderung am Bjálfafell zu gelangen, wandert man entlang der Piste nach Süden, die mächtige Eiskappe des Vatnajökull ständig im Blickfeld. Nach knapp 2 km windet sich die Piste mehrere hundert Meter durch ein steiniges Flussbett mit einer 10–20 m breiten, normalerweise 20–30 cm tiefen Furt. Stetig steigt die Piste nun an und im Westen schweift der Blick über eine weite Moränenlandschaft auf die Massive des Kverkfjöll und der Askja. Eines Tages könnte sich hier ein großer See befinden, so denn das anvisierte Staudammprojekt zur Energiegewinnung realisiert wird. Die Piste führt schließlich direkt auf die Erhebung des *Bjálfafell* zu und nach einem stärkeren Anstieg weist ein Wegweiser auf das Ende des ersten Abschnittes hin. Ein weites Panorama öffnet sich. Im Osten gut zu sehen sind die folgende Feuchtebene und die zu überquerende Gletscherzunge des Eyjabakkajökull. Ein idealer Zeltplatz ist in dem steinigen Gelände nicht zu finden. Ein Weiterlaufen in Richtung der Gletscherzunge lohnt sich auch nur bedingt, da es immer feuchter wird. Eine Überlegung Wert ist es, sich diesen Abschnitt zu sparen und sich hierher fahren zu lassen. Neben der Tour mit Tanni Travel ergibt sich manchmal die Gelegenheit, von Touristen mitgenommen zu werden.

Alternativ bietet sich an, sich einen eigenen Weg durch die Bergkette der *Þjofahjukar* zur Geltscherzunge des Eyjabakkajökull zu suchen.

GPS-Punkte: Snæfellskáli: 64°48'24" – 15°38'51"
Bjálfafell: 64°43'11" – 15°41'05"

Das Hochland
Karte S. 621

2. Etappe: Bjálfafell-Geldingafell (ca. 20 km, 8–10 Std.)

Für diese unmarkierte Etappe sollte man genügend Zeit und Kraft einplanen, denn morastiger Untergrund, Gletscherüberquerungen, Anstiege, Flussdurchquerungen und nicht zuletzt das Wetter erschweren das Vorankommen ungemein. Der weite Blick über das Hochland und den Vatnajökull und eine abenteuerliche Urlandschaft bieten aber mehr als eine Entschädigung für die Strapazen. Die in der neuen Karte von Mal og menning verzeichnete Wegeführung ist nicht zu empfehlen. Stattdessen sollte man eine südlichere Route wählen. Die nachfolgend beschriebene Streckenführung orientiert sich an der am meisten begangenen Route. Veränderte Fluss-, Schnee- und Gletscherbedingungen können aber Abweichungen notwendig machen.

Nach der Bergkette des *Þjófahjúkar* wird die Piste Richtung Osten verlassen und man durchquert ein steiniges und morastiges Gebiet (oberflächliche Auftauschicht – darunter Eis!), um auf die Seitenmoräne der Gletscherzunge *Eyjarbakkajökull* zu gelangen. Als Orientierung dient der markante Berg *Kverkfell*. Auf der Seitenmoräne weist ein Steinmann den richtigen Weg. Knapp 100 Höhenmeter beträgt nun der Abstieg zum Gletscherrand und mit gebotener Vorsicht sollte das Eis betreten werden. Der Vatnajökull (Wassergletscher) macht seinem Namen alle Ehre: Überall gurgelt das Schmelzwasser über das oft blau schimmernde Eis, um anschließend donnernd in Strudellöchern in der Tiefe des Gletschers zu verschwinden. Umgehen Sie diese, ebenso wie die wenigen Gletscherspalten, in angemessenem Sicherheitsabstand! Ansonsten ist die Überquerung der nur flach gewölbten Gletscherzunge nicht wirklich problematisch; Grödeln oder zumindest Stöcke sind jedoch für einen besseren Halt dringend zu empfehlen. Auch bei der Gletscherüberquerung orientiert man sich am *Kverkfell*. Die Mittelmoräne sollte knapp oberhalb passiert werden. Beim Abstieg vom Eis ist aufgrund von wenigen Spalten wieder etwas Vorsicht geboten. Für die gesamte Überquerung ist etwa eine Stunde einzuplanen.

Nun steigt man einige Höhenmeter auf lockerem Grund steil nach oben. Die folgende Schlucht des *Kverkkvísl*, die auf der Karten des Isländischen Vermessungsamtes (Auflage 1998) nicht verzeichnet ist, umgeht man am besten auf der meist schneebedeckten Gletscherzunge des *Kverkjökull*. Man bewegt sich durch den feuchten Schnee schräg nach oben und hält direkt auf die im Sommer normalerweise schneefreie und mit 1.026 m höchste Erhebung der Tour zu. Weit reicht der Blick über das Hochland mit der Feuchtebene *Eyjabakkar*, einem wichtigen Brutgebiet der Kurzschnabelgans, und dem markanten *Snæfell*. Im Süden wartet das ewige Eis. Schräg steigt man nun den Hang wieder hinunter; ein Stück auch auf der nun folgenden meist mit Nassschnee bedeckten Zunge des *Kvíslarljökull*. Die z. T. mehrere Meter eingeschnittenen Flussläufe des *Innri-Bergkvísls* unterhalb der steilen Wände des *Öxls* stellen die nächsten zu überwindenden Hindernisse dar. Je nach Jahreszeit können einige auf Schneebrücken überquert werden. Sonst muss man etwas absteigen und die Flüsse im Auslauf furten. Auf dem folgenden niedrigen Bergrücken zeigt das Angesicht des Berges *Geldingafell*, dass das Etappenziel näher rückt. Dieser dient bei guter Sicht auch als Orientierungspunkt, auf den man zuhält. Wieder behindern flache Gletscherflüsse das Vorankommen. Besonders beim letzten empfiehlt es sich, auf die Gletscherzunge des Blöndujökull auszuweichen und so das Furten zu umgehen.

Hinter dem nächsten Bergrücken öffnet sich der Gletscheraustritt der *Blanda* mit der davor gelagerten, kleinen, mit Bachläufen durchzogenen Schwemmebene, die man am besten westlich umgeht. Dem sich nun immer tiefer einschneidenden Fluss folgt man am westlichen Ufer und ein mit einem Steinmann gezierter Berggipfel kann als zusätzliche Orientierung dienen. Der Fluss macht einen Knick und die Hütte wird sichtbar. Doch das scheinbar nahe Ende der Strapazen wird noch etwas herausgezögert, denn die reißende Blanda sollte hier noch nicht durchquert werden. Stattdessen steigt man, begleitet von tosenden Kaskaden, noch ca. 50 Höhenmeter ab, um den Fluss am Übergang zur Schwemmebene zu durchwaten. Auch hier erfordert das eiskalte, knietiefe Wasser etwas Biss. Pfosten markieren nun den letzten Anstieg zur gemütlichen *Geldingafellütte*, die sich östlich und nicht, wie in der Karte eingezeichnet, westlich des Flusses befindet. Der umgebende steinige Untergrund ist nicht ideal zum Zelten.

GPS-Punkte: Beginn Eyjarbakkajökull: 64°41'49" – 15°36'10"; Ende Eyjarbakkajökull: 64°40'91" – 15°32'20"; Höchster Punkt (1.026 m): 64°40'28" – 15°29'85"; Gletscheraustritt Blanda: 64°40'34" – 15°23'80"; Geldingafellhütte: 64°41'69" – 15°21'69"

3. Etappe: Geldingafell – Kollumulavatn (ca. 16 km, 6–7 Std.)

Von der Hütte wandert man auf steinigem Untergrund Richtung Südosten zwischen Fluss und Berghang leicht bergauf. Streckenweise ist ein Trampelpfad erkennbar. Verschiedene Bäche können meist problemlos überquert werden. Nach ca. 3 km ist eine 840 m hohe Anhöhe erreicht und die seenreiche Hochebene *Vatnadæld* beginnt. Die unmittelbar aufeinander folgenden vier größeren Seen dienen nun als Orientierung. Man wandert etwas oberhalb der südlichen Ufer über steinigen und streckenweise sumpfigen Untergrund. Kleine Bachläufe können meist ohne Watschuhe überquert werden; für den Ausfluss des letzten Sees *Fremstavatn* muss jedoch darauf zurückgegriffen werden. Ein Pfahl des Hydrologischen Institutes von Island markiert eine günstige Stelle. Die Furt ist etwas mehr als knietief und über 10 m breit. Der *Snæfell* kann noch einmal zurückblickend bewundert werden, während im Südosten die bunten Berge der *Lónsöræfi* begeistern. Nun folgt man dem Fluss am linken Ufer, bis er sich mit Getöse eine Basaltschlucht hinabstürzt. Weiter läuft man nach links am Hang entlang um wieder ca. 100 Höhenmeter schräg bergauf und dann recht eben bis zum Ende eines steilen Taleinschnittes zu laufen. Alternativ kann man auch der Hangkante folgen und anschließend vor der Schlucht aufsteigen (etwas länger). So oder so öffnen sich immer wieder herrliche Blicke auf moosbewachsene Täler, Wasserfälle und Gletscherzungen. Der Taleinschnitt wird oberhalb gequert und nun folgt ein etwas beschwerlicher Abstieg von über 200 Höhenmetern. Der grüne Berggipfel des *Töllakrókahnaus* und der erste im Tal liegende See können als Markierung dienen, auf die man zuhält. Im Tal angekommen, lässt man mit nun wieder leichter Steigung auch den zweiten See rechts liegen. Moosgrün ist die Landschaft wieder geworden. Eine Wohltat für das Auge nach den grauen Steinen der letzten Tage. Nah ist nun das Ziel und nach dem niedrigen Bergrücken folgt man dem Bachlauf zum *Kollomúlavatn*, oberhalb dessen die Egilsselhütte kauert. Der See wird am besten südlich umrundet. Kurz vor der Hütte überquert man von Stein zu Stein springend den Seeabfluss. Schöne Zeltmöglichkeiten befinden sich entweder am Seeufer oder hinter der Hütte; hier auch das Toilettenhäuschen.

GPS-Punkte: Furt Fremstaðvatn: 64°39'28" – 15°14'45"; Beginn Abstieg von der Kolomulaheiði: 64°38'02" – 15°12'64"; Kollumúlavatn: 64°36'68" – 15°08'75"

4. Etappe: Kollumulavatn-Mulaskáli (ca. 9 km, 3–4 Std.)

Leider ist dieser Weg in der erwähnten neuen Karte nicht verzeichnet, sondern nur unmarkierte Varianten.

Der nun folgende Abschnitt ist mit kurzen Pflöcken markiert und kinderleicht im Vergleich zu den Strapazen der letzten Tage. Doch zunächst muss noch einmal der Seeabfluss gemeistert und 100 Höhenmeter Anstieg auf die über 700 m hohe Hochfläche Kollomuli müssen bewältigt werden. Ein kleiner See wird passiert und ein alter Steinmann, der auf einen alten Verbindungsweg hinweist, markiert den Beginn des abenteuerlichen Abschnitts hinab in die farbigen Schluchten der *Lónsöræfi.* Das Auge schweift über tiefe Schluchten auf bunte Berge, hellgrünes Moos und markante Lavaformationen und nicht zuletzt auf mächtige Gletscherzungen. Der nun gut sichtbare Pfad biegt kurz darauf nach links ab, um sich wenig später mehrere hundert Höhenmeter steil in die Zauberwelt der Lónsöræfi hinabzuwinden.. Gut ist nun die Hütte, umgeben vom saftigen Grün der Wiesen, zu erkennen. Doch es wäre nicht Island, wenn nicht noch eine Herausforderung zu bestehen wäre: nicht die beiden Seitenflüsse (meist ohne Watschuhe) oder das ständige auf und ab, sondern *Brenniklettur,* ein Basaltgang muss noch gemeistert werden. Entweder über einen nur ein Fuß breiten Saumpfad oder einen steilen Geröllhang. Wer sich dies nicht zutraut, der greift auf die Watschuhe zurück: Die kleinen Seitenarme des Gletscherflusses *Jökullsá i Lóni* können zumeist gefurtet werden. Nun ist es wirklich ein Katzensprung zu der Hütte *Múlaskáli* in der atemberaubenden Umgebung der *Lónsöræfi.* Schöner Zeltplatz auf einer grünen, jedoch etwas buckligen Wiese.

GPS-Punkte: Hochfläche Kollomuli: 64°35'82" – 15°09'16"; Steinmann am Abstieg: 64°35'19" – 15°09'43"; Múlaskáli: 64°33'19" – 15°09'08"

5. Mulaskáli-Illkambur (2 km, 45 Min.) – Ringstraße

Gut zu erkennen ist der Parkplatz bei *Illkambur,* auf dem oft mehrere Geländewagen oberhalb eines Steilhanges thronen. Um hierhin zu gelangen, folgt man zunächst ein kurzes Stück dem tosenden Gletscherfluss aufwärts, um diesen dann auf einer schwankenden Hängebrücke zu überqueren und nach einem kurzen Steilanstieg (ein Seil hilft) mit einem gewissen Sicherheitsabstand wieder flussabwärts zu folgen. Nach 1 km bietet eine kleine Wiese mit einem Toilettenhäuschen eine kostenlose Zeltmöglichkeit. Wenig später quält man sich auf teilweise lockerem Geröll Schritt für Schritt steil bergan. Doch nicht weit ist der Parkplatz und so ist gewiss, dass die letzten Mühen nur von kurzer Dauer sein werden. Mit einer herrlichen Aussicht zurück über die Schluchten kann nun mit dem Bus die Zivilisation wieder erreicht werden. Doch auch die Busfahrt ist ein abenteuerliches Erlebnis: Mit viel Mühen quält sich der hochhackige Geländebus die schmale Piste noch einige hundert Höhenmeter auf die bis über 700 m hohe *Krajadalsheiði* bergauf, um anschließend in Serpentinen mit atemberaubender Aussicht in die weite, aufgeschotterte Ebene des *Jökulsá í Lóni* hinabzutauchen. Die Schotterflächen und der reißende Gletscherfluss werden durchquert. Ein Kinderspiel ist jetzt der letzte Abschnitt bis zur Ringstraße. Lohnenswert ist es auch, die Piste zu erwandern. Einen Zeltplatz findet man beim *Ásavatn* (ab Mulaskáli ca. 16 km) kurz vor der Flussebene. Hüten sollte man sich davor, den reißenden *Jökulsá* zu durchqueren: Die Furt ist mind. 1 m tief. Der tägliche Bus wird einen sicher hinüberbringen.

GPS-Punkte: Illkambur: 64°32'80" – 15°08'20"; Krajadalsheiði: 64°30'86" – 15°07'14"; Furt durch Jökullsa: 64°27'70" – 15°03'50"

Kaldidalur (F550)

"Hochland für Anfänger" wird der Weg manchmal genannt. Dies ist durchaus zutreffend, denn er bietet keine fahrtechnischen Schwierigkeiten und trotzdem eine beeindruckende Kulisse: Beiderseits der grauen Hochebene erheben sich eindrucksvolle Gletscherkappen, auf der östlichen Seite teilweise mit riesigen Ausmaßen

Früher führte hier ein oft benutzter Reitpfad zu den Þingversammlungen entlang, doch war der Weg durch den Kaldidalur eine echte Herausforderung. Schon der Name ("kaltes Tal") wirkt nicht sehr einladend. "Still wie das Grab und unheimlich schaurig ist diese Gegend. Pferdegerippe liegen hier und da am Wege." So schrieben W. Preyer und F. Zirkel 1860 bei ihrer Durchquerung des Kaldidalurs.

Tipps für Radler: Die Strecke bietet ein richtiges Hochlanderlebnis, weist aber bei gutem Wetter keine großen Schwierigkeiten auf. Trotzdem sollte der Weg nicht unterschätzt werden, denn zum einen müssen über 500 Höhenmeter gemeistert werden, zum anderen kann es empfindlich kalt werden. Bei Regen verwandelt sich die Straße zudem in eine schlammige Lehmpiste, die das Vorankommen ebenso erschweren kann wie der teilweise hier wütende Sturm. Auch diese Piste hat schon manchen Radwanderer zum Aufgeben gezwungen.

Die südliche Zufahrt zur Kaldidalurpiste erfolgt über die Straße 52 entweder von Bogarnes oder von Þingvellir. Über leicht hügelige, steinige und mit Moos bedeckte Landschaft steigt die Piste langsam auf die zu durchfahrenden Berge an. Westlich erhebt sich der wie ein Schild geformte, durch seine Eiskappe weithin sichtbare Schildvulkan *Ok*. Flankiert durch die weiß glitzernden Gletscher von Ok und *Þórisjökull* führt die Piste über hügelige, graue Grundmoränenlandschaft. Der mächtige, eisige *Langjökull* kommt zum Vorschein und bei ca. km 20 markieren Steinwarten die Passhöhe (727 m). Mit herrlicher Aussicht kann nun eine längere Abfahrt beginnen. Dann ist die grüne Talebene erreicht. Wie Balsam für Augen und Seele wirkt nach all dem Grau der Birkenwald, in dem die Kaldidalurpiste endet.

▸ **Gletscher-Abstecher**: Nach Durchquerung eines steinigen Abschnittes zweigt eine 7 km lange Piste ab, die direkt an die Gletscherzunge des *Langjökull* heranführt. Der Langjökull ("langer Gletscher") ist mit seiner Fläche von 953 qkm

Karte S. 621

der zweitgrößte Gletscher des Landes. Sehr eindrucksvoll sind die letzten 1,5 km dieses Abstechers. Durch das Rauschen der Gletscherbäche begleitet, klettert man inmitten von jungen Endmoränen direkt auf den Gletscher zu. Oben wartet ein herrlicher Ausblick über die weite Ebene. Zurück auf der Hauptroute folgt man dem Gletscherfluss Geitá, der stellenweise interessante Schluchten geformt hat.

- *Streckenlänge* 40 km.
- *Durchschnittliche Eröffnung* 12.6.
- *Verbindung* Keine Linienbusverbindung; 3-mal die Woche 9-stündige geführte Tour ab Reykjavík: am Hvalfjörður entlang, nach Reykholt, zu den Wasserfällen Hraunfossar und Barnafoss und über die Kaldidalur nach Þingvellir.
- *Furten* Keine.
- *Übernachten* Siehe Þingvellir oder Húsafell.
- *Pistenzustand* Gut, nur wenige steinige Stellen. Nach einer Schönwetterperiode ist die Strecke mit normalem Pkw zu befahren.
- *Tanken* Þingvellir/Húsafell.
- *Einkaufen* Einfacher Laden in Húsafell.
- *Tourenanbieter* Zum Beispiel Iceland Adventure, ✆ 5691000, 5691012, bietet Juni bis August 4-mal wöchentlich 4-stündige Touren auf den Gletscher mit "glacier truck", ab Hótel Geysir, ISK 8.900. Eine Tour auf den Langjökull mit Motorschlitten, Truck oder Hundeschlitten ist auch in der 3-mal die Woche angebotenen Tour zu verschiedenen Attraktionen des Südwestens enthalten, ISK 13.900. Weitere Angebote siehe Húsafell.

Arnarvatnsheiði (F578)

Die Arnarvatnsheiði bietet weite, seenreiche Heidelandschaft und ewige Steinwüsten, dazu fantastische Blicke auf den Tafelberg Eiríksjökull und den mächtigen Gletscher des Langjökull, die sich beide hier aus der Ebene erheben. Die gesamte Strecke ist ausschließlich mit einem Superjeep oder MTB zu bewältigen.

Die relativ flache Hochebene ist mit zahlreichen Seen durchsetzt, die von jeher bei Anglern sehr beliebt sind. Die Wiesen und die niedere Heidevegetation werden von den Bauern als Schafsweide genutzt. Früher führte über die Arnarvatnsheiði eine oft benutzte Verbindung aus dem Nordland in den Süden, denn sie war auch im Winter passierbar. Wegen des Fehlens markanter Anhöhen ist die Orientierung allerdings schwierig.

Vom Hof Kalmanstunga steigt die Piste F578 kurz an, um einen Bergrücken zu überwinden, dann beginnt die moosbedeckte Lavaebene Hallmundarhraun. Nach ca. 10 km werden die bekannten Lavahöhlen *Surtshellir* und *Stefánshellir* (siehe S. 518) passiert.

Tipps für Radler: Die Piste wird sehr selten befahren und ist nicht markiert. Die Orientierung ist sehr schwierig, die Gefahr, sich zu verirren, vor allem bei schlechtem Wetter sehr groß. Der Pistenverlauf mit seinen Abzweigungen in die westlichen Täler ist verwirrend, sodass es nicht ganz einfach ist, wieder zurück in das besiedelte Land zu finden. Gute Karten und Kompass, wenn nicht gar GPS, sind notwendig. Dem Tourenradler kann man von dieser Strecke nur abraten, für einen MTB-Freak ist sie eine echte Herausforderung. Trotzdem: Auf Schieben muss man sich einstellen und für den besonders anspruchsvollen, ca. 25 km langen Abschnitt zwischen den Abzweig zum Úlfsvatn und dem Arnarvatn sollte man ca. 5 Std. einplanen Bei Regenwetter kann das Fahrrad so verschlammen, dass man es ständig säubern muss, um überhaupt noch voranzukommen.

Das Hochland ist nur für hartgesottene Radler geeignet

Eine optimal aufgeschotterte Piste führt durch das Lavafeld Hallmundahraun. Verschiedene Abzweige enden an Angelseen. Eindrucksvoll erhebt sich der vergletscherte Tafelberg *Eiríksjökull* aus der Lavaebene, der mit seiner Höhe von 1675 m der höchste Berg des Westlandes ist. Ähnlich wie die Herðubreið ist er durch subglaziale Vulkanausbrüche entstanden. Gewaltig muss es unterm Eis gebrodelt haben, denn die Masse der Lava übersteigt um ein Vielfaches die des verheerenden Ausbruchs der Laki-Spalte.

Ab dem Abzweig zum See Úlfsvatn kommt man nur noch mit einem wirklich guten Jeep weiter, denn zahlreiche hohe Steine müssen nun überklettert werden. Hinter der tiefen und breiten Furt durch das Norðlingafljót, die für manchen als die härteste Furt von Island gilt, führt die Piste durch Wiese und Weidelandschaft. Je nach Witterung können die Bodenverhältnisse auf diesem feinen Lehmboden von optimal-fest bis hin zu aufgeweicht-schwammig reichen. Nach ca. 28 km wird der vor dem Eiríksjökull liegende See *Núpavatn* mit Reiterhütte und Stall erreicht. Dies ist wohl die schönste Stelle der gesamten Tour, denn hier bietet sich ein optimaler Blick auf beide Gletscher, den Eiríksjökull und den Langjökull. Die ausgeschilderte Hauptstrecke steigt nun vom See hinauf in immer steinigere Passagen. Die Piste wird immer schlechter, ähnelt oft eher einem Reitweg als einem Fahrweg. Große Steinbrocken machen die Weiterfahrt fast unmöglich. Zudem erschweren Verzweigungen der Autospuren auf der Suche des besten Weges die Fahrt. Ca. 5 km vor dem See *Arnavatn stóra* biegt die Piste F578 nach Aðalból ab, da der Abzweig nicht ausgeschildert ist, kann man ihn jedoch nur schwer erkennen. Mit etwas Glück können Pferdespuren bei der Orientierung helfen.

▶ **Weiterfahrt Richtung Nordwesten nach Aðalból**: Die F578 zum *Arnarvatn stóra* klettert steil den Hang hinunter, biegt an einer Art Metallsäule ab und

Karte S. 621

folgt dem Seeufer. Wenig später muss ein Schafsgatter geöffnet werden und kurz vor der Hütte beginnt eine wirklich erkennbare Piste. Herrlich ist der Blick über den großen See und die Hochebene auf die riesige Gletscherwelt.

Arnarvatn – Wo ist die Piste? (TB)

Von nun an ist die Piste wesentlich besser und deutlich zu verfolgen. Streckenweise auf einem Damm, führt sie durch die wellige, seenreiche, mit Moos und Wollgras bedeckte Landschaft Richtung Nordwest. Kurz vor der Abfahrt ins Tal wird mit leichter Steigung der 496 m hohe Berg *Tunga* erreicht. Vom Meer im Norden bis zu den Gletschern im Süden reicht das weite Panorama. Dann beginnt eine längere Abfahrt, kurz unterbrochen durch die Überquerung des tief eingeschnittenen, überbrückten Flusses *Austurá* (Brücke). Beim etwas zerfallenen Hof *Aðalból*, der in der Hrafnkellssaga beschrieben wird, endet die F578. Weiter folgt man dem Tal der *Austurá* und überwindet kurz darauf einen Bergrücken, an dessen Fuß endgültig bewohntes Gebiet erreicht wird. Auf guter Straße sind es noch 19 km bis nach Laugarbakki und zur Ringstraße.

- **Weiterfahrt Richtung Norden in die Täler Víðidalur und Vatnsdalur**: Die Piste ist sehr steinig, weist zwei kurze Steilstücke auf und ist streckenweise nur noch zu erahnen. An einer Stelle machen Steinblöcke die Weiterfahrt fast unmöglich. Ca. 1 km nach dem See Leggjabrótstjarnir (die Piste ist etwas angestiegen, so bietet sich ein herrlicher Blick über die nun relativ schwach bewachsene Hochebene auf die beiden Gletscher) muss der Weg zum Arnarvatn abbiegen. Geradeaus führt die Piste in die Täler Víðidalur und Vatnsdalur. Der Abzweig ist jedoch sehr schwer erkennbar, denn nur wenige Reifenspuren verraten den Pistenverlauf. Wenn man Glück hat, helfen Pferdespuren bei der Orientierung. Sollten rechter Hand Steinmännchen auftauchen, wurde der Abzweig bereits verpasst.
- **Weiterfahrt Richtung Nordosten in den Vatnsdalur oder Richtung Osten auf die Kjölur**: Hinter der Abzweigung gen Norden (s. o.) führt die Piste durch den *Stórisandur*, eine Steinwüste entlang des Langjökull. Weiterhin versperren große Steinbrocken den Weg. Auf der kaum befahrbaren Piste (Radler müssen immer wieder schieben) hat man zwei Möglichkeiten der Weiterfahrt, beide sind ausgeschildert: Durch die steinige *Grimstungaheiði* gelangt man in den Vatnsdalur und erreicht 20 km südlich von Blönduós die Ringstraße. Oder man hält sich östlich und gelangt auf einem etwa 45 km langen Jeeptrack zur

Heißer Pool

Kjölur (diese Piste ist in der Kartenreihe 1:300.000 eingezeichnet). Dabei geht es durch das etwa 10 km lange, unpräparierte Lavafeld Krákshraun, wo die Route – abgesehen von wenigen grün gefärbten Steinen – nicht markiert ist. Die Piste ist nicht zu sehen. Hinter dem Lavafeld befindet sich eine kleine Furt; dies ist die einzige Wasserstelle auf der Strecke. Die Piste mündet an der Schutzhütte nördlich des *Sandkúlufell* 15 km vor Hveravellir in die Kjölur.

- *Information* In Húsafell beim Zeltplatz.
- *Streckenlänge* Kalmannstunga-Arnavatn Stóra-Aðalból-Laugarbakki, F578/704: 88 km, davon ca. 60 km Hochlandpiste.
- *Durchschnittliche Eröffnung* 1.7.
- *Angellizenzen* Hof Kalmannstunga (Kleppavatn, Fiskivatn, Reykjavatn), ✆ 4351374; Seen Núpavatn und Úlfsvatn unter ✆ 4351140; Húsafell (sonstige Seen), ✆ 4351374.
- *Furten* Fluss Norðlingafljót 20–30 m breit, nach der Schneeschmelze bis zu 80 cm tief. Vorsicht, im Flussbett sind viele große Steine! Abfluss des Sees Leggjabrótstjarnir: flach, aber steinig. Die Alternativstrecken in die Täler Víðidalur und Vatnsdalur weisen noch mehrere Furten auf.
- *Einkaufsmöglichkeiten* In Húsafell.
- *Pistenzustand* Die unmarkierte Piste durch die Arnarvatnsheiði ist selbst mit einem Superjeep nur sehr schwer zu befahren. Die ersten 10 km zur Surtshellir sind guter Qualität, danach wird die Piste schlagartig schlechter und nach dem Abzweig zum Úlfsvatn ist die Streckenführung kaum noch zu erkennen. Zahlreiche, z. T. unmarkierte Pisten zu verschiedenen Seen zweigen ab. Vom Arnarvatn bis nach Aðalból ist die Piste wieder angelegt. Die Pisten vom Arnarvatn in die Täler Víðidalur und Vatnsdalur sind von sehr schlechter Qualität.
- *Tanken* Húsafell.
- *Übernachten* **Hütte Álftakrokur**, zu buchen unter ✆ 4351140, 📠 4351460, unverschlossen, einfache Hütte oberhalb vom See Núpavatn, Küche mit Gasherd, Solarstrom, WC innerhalb, ISK 1.000.

Hütte Arnarvatn Stóra, neue, gemütliche holzverschalte Hütte oberhalb des Sees, unverschlossen, herrliches Panorama aus großen Fenstern, WC, warme Dusche (Gas) verschlossen, Gasheizung, Solarstrom, ISK 1.000.

Hütte Úlfsvatn, zu buchen unter ✆ 4351140, 📠 4351460, unverschlossen, einfach, Küche, WC, fließendes Kaltwasser, ISK 1.000.

Das Hochland Karte S. 621

Etwas Isländisch

Die richtige Aussprache des Isländischen zu beherrschen ist keine leichte Aufgabe; die Abweichungen vom Schriftbild sind ziemlich stark. Eine weitere, aber nicht allzu große Hürde sind die beiden Buchstabenpaare ð/Ð und þ/Þ, eine isländische Besonderheit, die außerhalb Islands oder auf manchen Karten in der Umschrift "d" bzw. "th" auftauchen. Isländisch kommt einem aber wenigstens soweit entgegen, dass die Aussprache der Zeichen immer eindeutig ist. Die "Akzente" dienen nicht der Hervorhebung einer Silbe, sondern verändern die Aussprache des Vokals (im Altisländischen hingegen waren sie ein Längenzeichen). Die Betonung liegt immer auf der ersten Silbe.

Das Alphabet lautet A/a, Á/á, B/b, D/d, Ð/ð, E/e, É/é, F/f, G/g, H/h, I/i, Í/í, J/j, K/k, L/l, M/m, N/n, O/o, Ó/ó, P/p, R/r, S/s, T/t, U/u, Ú/ú, V/v, X/x, Y/y, Ý/ý, Þ/þ, Æ/æ und Ö/ö.

Ein unbedarftes und ahnungslosen Herangehen an isländische Wörter führt selten zur richtigen Aussprache; der isländische Muttersprachler kann allerdings erahnen, was man meint. Für den heimischen Dia-Abend ist es natürlich nicht von tragender Bedeutung, ob man nun am Gletscher "Vatnajökull" oder "Vatnajöküdl" war; allein aus Höflichkeit und Respekt vor dem Lande sollte man aber wenigstens einige Ausspracheregeln beherrschen – und dabei hoffentlich nicht dem viel zitierten Satz Winklers (1861) über die Sprache der Isländer zustimmen: "Aus tiefer Kehle gesprochen, mit den oft sich wiederholenden Endungen -ar, -ir, -um, klingt sie so altertümlich ernst, als ob sie aus dem Munde von Bewohnern des Unterberges oder des Kyffhäusers käme." Man möge sich sein Urteil selbst bilden – im Folgenden die wichtigsten Ausspracheregeln:

Vokale

a	"a", vor ng, nk "au", vor gi "ai"
á	dt. "au"
e	ähnlich dt. "ä", vor ng, nk, gi, gj "ei"
é	wie dt. "jä"
ý, í	sehr hohes "i"
y, i	zw. dt. "i" und "e"
o	"o"
ó	wie in engl. "so"
ö	"ö", vor ng, nk und gi wie in "Feuilleton"
u	"ü", vor ng, nk "u"
ú	"u"
au	wie dt. "öü"
æ	wie dt. "ei"
ei, ey	wie "ey" in engl. "grey"

Konsonanten

Doppelkonsonanten werden im Isländischen gedehnter ausgesprochen als im Deutschen. Manche Konsonanten werden behaucht ausgesprochen in bestimmten Lautumgebungen.

ð	stimmhaftes engl. "th", vor Konsonant stimmlos
f	am Wortanfang und vor k, s, t, k wie dt. "f", sonst wie dt. "w"
fl	wie dt. "bl"
fn	wie dt. "bn"/"pn"
g	ähnlich wie dt. "g", zwischen Vokalen einerseits und Vokalen (außer i) und ð, r weich wie g in Berlinerisch "Tage". Nach Vokal und vor i und j wie dt. "j", z. B. in Egill.
h	vor j, l, n und r stärker gehauchte Aussprache
hv	wie dt. "kw"
k	ähnlich wie im Dt., kk wie "hk", vor hellen Vokalen behaucht (Richtung "kch").
ll	Zwischen zwei Vokalen oder Vokal und n bzw. r wie dt. "dl"

nn	"dn" nach á, é, í, ó, ú, ý, æ, ei, ey und au	rl, rn	wie dt. "rdl" bzw. "rdn"
p	wie "f" vor t,k	v	wie dt. "w"
r	gerolltes "r"	þ	stimmloses englisches "th"

Die richtige Aussprache der Wörter "Landmannalaugar" (Landmannalöüchar), "Mývatn" (Miwa^{h}tn), "Geysir" (Geiesir), "Haukadalur" (Höükadalür), "Hella" (Hedla), "Laufás" (Löüwaus), "Látrabjarg" (Lautrabjarg), "Fjallabaksleið" (Fjadlabaksleieð), "Hestur" (Hestür), "Skál" (Skaul), "karlar" (kardlar), "sundlaug" (sündloich), "Eldgjá" (Eldgjau), "Hvolsvöllur" (Kwolsvödlür), "Helgafell" (Helgafedl), "Snæfell" (Sneifedl), "Höfn" (Höbn), "Hverabraut" (Kwerabröüt), "Árni" (Aurdni), "Öræfi" (Öreiwi), "Þórsmörk" (engl. Th!), "Sandur" (Sandür) und "Keflavík" (Keblawik) sollte so gerüstet nicht mehr allzu schwer fallen.

Selbst wenn ein Isländer zwinkernd verkündet, Isländisch zu sprechen sei ungefähr der Art, als wenn Engländer die Sprache der Shakespeare-Zeit sprächen, soll das nicht von der Beschäftigung mit der Sprache abschrecken; vielleicht ist damit ja auch ein Anreiz zum Erlernen der Sprache gegeben...

Elementare Verständigung

Ja	já	*Vielen Dank!*	Takk fyrir
Nein	nei	*Ich heiße...*	Ég heiti...
Ich	ég	*Auf Wiedersehen*	bless/bless bless
Du	þú	*Guten Morgen*	góðan daginn
Er/sie	hann/hún	*Guten Tag*	góðan daginn
Wie bitte?	Ha!	*Guten Abend*	góða kvöldið
Bitte	Gjörðu svo vel	*Entschuldigen Sie*	Afsakið
Danke	takk	*Wieviel kostet das?*	Hvað kostar þetta?
Hallo	Sæll! Pl.: Sælir/ Sælar	*Was kostet die Fahrt?*	Hvað kostar í rútuna?
		Gute Reise	Góða ferð

Praktisches

Geöffnet	opið	*Dame/Damen*	kona/konur
Geschlossen	lokað	*Kind*	barn
Frei	laust	*Junge/Mädchen*	drengur/stúlka
Besetzt	upptekið	*Erwachsener*	fullorðinn
Viel/wenig	mikið/lítið	*Müll*	rusl
Groß/klein	stór/lítill	*Heute/gestern/ morgen*	í dag/í gær/á morgun
Gut/schlecht	góður/vondur		
Herr/Herren	karl/karlar		

Unterkunft

Nothütte	neyðarskýli	*Doppelzimmer*	tveggja manna herbergi
Schlafsackunterkunft	svefnpokapláss	*Dusche*	sturta
Zimmer	herbergi	*Toilette*	Snyrting
Jugendherberge	Farfuglaheimili	*Ist ein Zimmer frei?*	Er laust herbergi?
Gästehaus	Gistiheimili	*Frühstück*	morgunmatur
Hotel	hótel	*Mittagessen*	hádegismatur
Sommerhaus	sumarhús	*Abendessen*	kvöldmatur

Zelt	tjald	*Könnten wir hier zelten?*	Megum við tjalda hér?
Schlafsack	svefnpoki		
Einzelzimmer	eins manns herbergi		

Wochentage und Zeit

Montag	mánudagur	*Mittag*	hádegi
Dienstag	þriðjudagur	*Nachmittag*	eftirmiðdagur
Mittwoch	miðvikudagur	*Abend*	kvöld
Donnerstag	fimmtudagur	*Stunde*	klukkustund
Freitag	föstudagur	*Tag*	dagur
Samstag	laugardagur	*Woche*	vika
Sonntag	sunnudagur	*Jahr*	ár
Vormittags	fyrir hádegi		

Zahlen

1	einn, ein, eitt	12	tólf	40	fjörutíu
2	tveir, tvær, tvö	13	þrettán	50	fimmtíu
3	þrír, þrjár, þrjú	14	fjórtán	60	sextíu
4	fórir, fjórar, fjögur	15	fimmtán	70	sjötíu
5	fimm	16	sextán	80	áttatíu
6	sex	17	sautján	90	níutíu
7	sjö	18	átján	100	hundrað
8	átta	19	nítján	200	tvö hundruð
9	níu	20	tuttugu	1000	þúsund
10	tíu	21	tuttugu og einn		
11	ellefu	30	þrjátíu		

Einfache Kommunikation

Ich bin Deutscher	Ég er Þjóðverji	*Ich studiere/lerne*	Ég er að læra
Wo ist ...?	Hvað er...?	*Was sind Sie von Beruf?*	Hvað starfar þú?
Ich brauche	Mig vantar	*Das ist schön.*	Það er fallegt.
Ich möchte	Ég ætla að fá	*Das gefällt mir.*	Þetta líkar mér.
Ich verstehe nicht.	Ég skil ekki.	*O.k.*	allt í lagi
Ich spreche kein Isländisch.	Ég tala ekki íslensku.	*Können Sie mir helfen?*	Getur þú hjálpað mér?
Wie heißt Du?	Hvað heitir þú?	*Kann ich das Zimmer sehen?*	Má ég sjá herbergið?
Was heißt das auf Isländisch?	Hvað þýðir það á íslensku?	*Ist das der Weg nach..?*	Er þetta leiðin til...?
Wie alt bist Du?	Hvað ert þú gamall (masc.)/gömul (fem.)?	*Darf ich hier zelten?*	Má ég tjalda hérna?
Wie geht's? – Danke, gut	Hvað segir þú? – Allt ágætt; Hvernig hefur þú það? – Ég hef það gott.		

Geografisches (Singular, Plural)

á, ár	*Fluss*	hver, hverir	*heiße Quelle*
bakki, bakkar	*Ufer*	hvoll, hvolir	*Hügel*
drangur, drangar	*Fels*	hæð, hæðir	*Anhöhe*
bjarg, björg	*Klippe*	höfn, hafnir	*Hafen*
brekka, brekkur	*Hang*	ís, ísar	*Eis*
bær, bæir	*Gehöft, Stadt*	jökulá, jökulár	*Gletscherfluss*
brú, brýr	*Brücke*	jökull, jöklar	*Gletscher*
dalur, dalir	*Tal*	kauptún	*Dorf*
djúpur,	*tief*	kaupstaður, kaupstaðir	*Stadt*
dyngja, dyngjur	*Kuppe, Schildvulkan*	klettur, klettar	*Felsen*
eldur, eldar	*Feuer*	kot	*kleiner Bauernhof*
eldfjall, eldfjöll	*Vulkan*	kvísl, kvíslar	*Nebenfluss*
engi	*Wiese*	laug, laugar	*warme Quelle*
ey, eyjar	*Insel*	lón	*Lagune*
eyri, eyrar	*Landenge*	lækur, lækir	*Bach*
fell	*kleiner Berg*	melur, melar	*Kies*
fjall, fjöll	*Berg*	mýri, mýrar	*Moor, Sumpf*
fjörður, firðir	*Fjord*	mörk	*bewaldetes Gebiet*
fljót	*Fluss, Strom*	nes	*Halbinsel*
flói, flóar	*Bucht*	núpur, núpar	*Bergspitze*
foss, fossar	*Wasserfall*	öræfi	*Wüste*
garður, garðar	*Garten*	reykur, reykir	*Rauch*
gígur, gígar	*Krater*	skagi, skagar	*Halbinsel*
gil	*Schlucht*	skarð, skörð	*Pass*
gjá, gjár	*Spalte*	skógur, skógar	*Wald*
gufa, gufur	*Dampf*	staður, staðir	*Ort, Platz*
haf, höf	*Meer*	strönd, strendur	*Strand, Küste*
háls, hálsar	*Bergsattel/-rücken*	sund	*Sund*
heiði, heiðar	*Hochebene, Heide*	sýsla, sýslur	*Kreis, Bezirk*
hellir, hellar	*Höhle*	tangi, tangar	*Landzunge*
helluhraun	*Stricklava*	tjörn, tjarnir	*Teich*
hnjúkur, hnjúkar	*Gipfel*	tún	*Hauswiese*
holt	*steinige Anhöhe*	vatn, vötn	*Wasser, Gewässer*
hóll, hólar	*Hügel*	vík, víkur	*Bucht*
hólmur, hólmar	*kleine Insel*	víti (wörtl: Hölle)	*Explosionskrater*
höfði, höfðar	*Kap*	vogur, vogar	*Bucht*
hraun	*Lava*	völlur, vellir	*Feld, Ebene*
hreppur, hreppar	*Gemeinde*	þvera, þverár	*Nebenfluss*
hús	*Haus*	ölkelda, ölkeldur	*Mineralquelle*

Himmelsrichtungen und Orientierung

Süden	suður	*Von/nach*	frá/til
Norden	norður	*Links/rechts*	vinstri/hægri
Osten	austur	*Geradeaus*	beint áfram
Westen	vestur	*Hier/dort*	hér/þar

Straßenverkehr

gata/braut/stræti	*Straße*	aðalbraut	*Vorfahrtsstraße*
stígur	*Gasse*	vegur	*Weg*
aðalgata	*Hauptstraße*	bifreiðastæði od. bílastæði	*Parkplatz*

Verkehrsschilder

Brú	Brücke	hætta	Gefahr
aðgangur bannaður	Durchfahrt verboten	blindhæð	Sichtbehinderung
Bannað	verboten	brekka	Gefälle
Lokað	gesperrt	vegarlykkja	Umleitung
Varúð	Vorsicht	einkavegur	Privatweg

Telefon und Post

Brief	bréf	*Postkarte*	póstkort
Paket	böggull	*Stempel*	stimpill
Telefon	sími	*Briefkasten*	póstkassi
Telefonbuch	símaskrá	*Luftpost*	flugpóstur
Briefmarke	frímerki	*Postamt*	pósthús

Medizinisches

Wo ist ein Krankenhaus?	Hvar er sjúkrahús?	*Ich brauche ein Mittel gegen ...*	Ég þarf lyf gegn ...
Ich habe Schmerzen.	Ég er með verki.	*Fieber*	hiti
Ich bin schwanger.	Ég er ófrísk.	*Verstopfung*	harðlífi
Ich habe eine Allergie.	Ég er með ofnæmi.	*Abszess*	ígerð
Kopfschmerzen	höfuðverkur	*Tablette*	tafla
Magenschmerzen	magaverkur	*Salbe*	krem
Halsschmerzen	hálsbólga	*Arznei*	meðal
Durchfall	niðurgangur	*Zäpfchen*	still
Zahnschmerzen	tannpína		

Essen und Trinken

Fische und Meeresfrüchte

Aal	áll	*Steinbutt*	sandhverfa
Seehase	rauðmagi	*Hering*	síld
Rotbarsch	karfi	*Forelle*	silungur
Lachs	lax	*Scholle*	skarkoli
Heilbutt	lúða	*Seezunge*	sólflúra
Makrele	makrill	*Seewolf*	steinbitur
Krabbe, Garnele	rækja	*Seelachs*	ufsi
Dorsch	þorskur	*Schellfisch*	ýsa
Kammmuschel	hörpuskel	*Seesaibling*	bleikja
Miesmuschel	kræklingur	*Hummer, Languste*	humar
Wellhornschnecke	beitukóngur	*Wal*	hvalur
		Robbe	selur

Vögel und Eier

Papageientaucher	lundi
Schneehuhn	rjúpa
Alk	svartfugl
Wildgans	villigæs
Pute	kalkúni
Wildente	villiönd
Hähnchen	kjúklingur
Hühnereier	hænuegg
Alkeneier	svartfuglsegg
Enteneier	andaregg
Gänseeier	gæsaregg

Fleisch

Rind	naut
Rentier	hreindýr
Fohlen	folald
Lamm	lamb
Steak	bauti
Kalbfleisch	kálfakjöt
Hammelfleisch	kindakjöt
Lammfleisch	lambakjöt
Rindfleisch	nautakjöt
Schweinefleisch	svínakjöt
Geräuchertes Lamm	hangikjöt
Schinken	skinka
Pökelfleisch	saltkjöt

Milchprodukte

Butter	smjör
Margarine	smjörlíki
Butteraufstrich	smjörvi
Hüttenkäse	kotasæla
Ähnelt Edamer	brauðostur
Ähnelt Emmentaler	óðalsostur
Schimmelkäse	gráðaostur
Streichkäse	smurostur
Sahne	rjómi
Skyr	skyr
Molkenkäse als Brotaufstrich	mysingur
Frucht-Skyr	ávaxtaskyr
Puddingdessert	smámál
Joghurt	jógúrt
Crème fraîche	sýrður rjómi
Eis	ís

Obst und Gemüse

Apfel	epli
Birne	pera
Banane	banani
Pfirsich	ferskja
Erdbeere	jarðarber
Weintraube	vínber
Zitrone	sítróna
Apfelsine	appelsína
Bohne	baun
Erbse	erta
Blumenkohl	blómkál
Karotten	gulrætur
Sauerkraut	súrkál
Tomate	tómatur
Weißkohl	hvítkál
Gurke	gúrka
Champignon	ætisveppur
Rübe	rófa

Getränke

Vollmilch	nýmjólk
fettarme Milch	léttmjólk
Dickmilch	súrmjólk
Magermilch	undanrenna
haltbare Milch	G-mjólk
Kaffee	kaffi
Tee	te
Wasser	vatn
Limonade	gosdrykkur
Saft	safi
Bier	öl, bjór
Wein	vín
Schnaps	brennivín

Rund ums Auto und ums Fahrrad

Auto

abschleppen	draga burt
einstellen	stilla
erneuern	endurnýja
kontrollieren	athuga
Achse	öxull
Bremse	bremsur
Getriebe	ganghjól

Lager	lega
Kupplung	kúpling
Lenkung	stýrishjól
Motor	vél
Öl	olía
Stoßdämpfer	dempari
Vergaser	blöndungur

Fahrrad

Achse	öxull
Bremse	hemill
Felge	felga
Gabel	gaffall
Gepäckträger	bögglaberi
Kette	keðja
Kettenblatt	tannhjól
Ritzel	aftur tannhjól
Lenker	stýri
Pedale	fótstig
Rad	hjól
Rahmen	stell
Reifen	dekk
Sattel	hnakkur
Schaltung	gírskipting
Schaltzug	gírvír
Schlauch	slanga
Schutzblech	aurbretti
Speiche	hjólteinn
Ständer	standari
Steuerkopf	stýrislega

Wer noch mehr wissen will...

Ríta Duppler und Astrid van Nahl, Langenscheidts praktisches Lehrbuch Isländisch. Berlin und München 2000.

Daniel Scholten, Einführung in die isländische Grammatik. München 2000.

Bruno Kress, Isländische Grammatik. München 1982.

Ari Páll Kristinsson, The Pronunciation of Modern Icelandic. Reykjavík 1988.

Langenscheidts Universalwörterbuch Isländisch. Berlin und München 2001.

Verlagsprogramm

Unsere Reisehandbücher im Überblick

Deutschland
- Allgäu
- Altmühltal
- Berlin & Umgebung
- Bodensee
- Franken
- Fränkische Schweiz
- Mainfranken
- *MM-City* Berlin
- Nürnberg, Fürth, Erlangen
- Oberbayerische Seen
- Ostseeküste – Holsteinische Schweiz
- Schwäbische Alb

Niederlande
- *MM-City* Amsterdam
- Niederlande
- Nordholland – Küste, IJsselmeer, Amsterdam

Nord(west)europa
- England
- Südengland
- *MM-City* London
- Schottland
- Irland
- Island
- Norwegen
- Südnorwegen
- Südschweden

Osteuropa
- Baltische Länder
- Polen
- *MM-City* Prag
- Westböhmen & Bäderdreieck
- Ungarn

Balkan
- Mittel- und Süddalmatien
- Kroatische Inseln & Küste
- Nordkroatien – Kvarner Bucht
- Slowenien & Istrien

Griechenland
- Amorgos & Kleine Ostkykladen
- Athen & Attika
- Chalkidiki
- Griechenland
- Griechische Inseln
- Karpathos
- Korfu & Ionische Inseln
- Kos
- Kreta
- Kreta – der Osten
- Kreta – der Westen
- Kreta Infokarte
- Kykladen
- Lesbos
- Naxos
- Nord- u. Mittelgriechenland
- Paros/Antiparos
- Peloponnes
- Rhodos
- Samos
- Samos, Chios, Lesbos, Ikaria
- Santorini
- Skiathos, Skopelos, Alonnisos, Skyros – Nördl. Sporaden
- Thassos, Samothraki
- Zakynthos

Türkei
- *MM-City* Istanbul
- Türkei – Mittelmeerküste
- Türkei – Südküste
- Türkei – Westküste
- Türkische Riviera – Kappadokien

Frankreich
- Bretagne
- Côte d'Azur
- Elsass
- Haute-Provence
- Korsika
- Languedoc-Roussillon
- *MM-City* Paris
- Provence & Côte d'Azur
- Provence Infokarte
- Südfrankreich
- Südwestfrankreich

Italien
- Apulien
- Chianti – Florenz, Siena
- Dolomiten – Südtirol Ost
- Elba
- Gardasee
- Golf von Neapel
- Italien
- Italienische Riviera & Cinque Terre
- Kalabrien & Basilikata
- Liparische Inseln
- Marken
- Oberitalien
- Oberitalienische Seen
- *MM-City* Rom
- Rom/Latium
- Sardinien
- Sizilien
- Südtoscana
- Toscana
- Toscana Infokarte
- Umbrien
- *MM-City* Venedig
- Venetien & Friaul

Nordafrika u. Vorderer Orient
- Sinai & Rotes Meer
- Tunesien

Spanien
- Andalusien
- Costa Brava
- Costa de la Luz
- Ibiza
- Katalonien
- Madrid & Umgebung
- Mallorca
- Mallorca Infokarte
- Nordspanien
- Spanien

Kanarische Inseln
- Gomera
- Gran Canaria
- *MM-Touring* Gran Canaria
- Lanzarote
- La Palma
- *MM-Touring* La Palma
- Teneriffa
- *MM-Touring* Teneriffa

Portugal
- Algarve
- Azoren
- Madeira
- *MM-City* Lissabon
- Lissabon & Umgebung
- Portugal

Lateinamerika
- Dominikanische Republik
- Ecuador

Österreich
- *MM-City* Wien

Schweiz
- Tessin

Malta
- Malta, Gozo, Comino

Zypern
- Zypern

Aktuelle Informationen zu allen Reiseführern finden Sie im Internet unter www.michael-mueller-verlag.de

Gerne schicken wir Ihnen auch das aktuelle Verlagsprogramm zu.

Michael Müller Verlag GmbH, Gerberei 19, 91054 Erlangen, Tel. 0 91 31 / 81 28 08-0; Fax 0 91 31 / 20 75 41; E-Mail: mmv@michael-mueller-verlag.de

Island
Ob individuell oder in der Gruppe, wir sind seit mehr als 12 Jahren Ihr Island-Spezialist.
• Mietwagenrundreisen
• Busrundreisen
• Wanderreisen
• Trekkingreisen
• Reittouren
• Skitouren
• Tagesausflüge
• Kombinationen mit Färöer Inseln
• Kombinationen mit Grönland
und vieles mehr…
Außerdem stellen wir Ihre Reise nach Ihren Wünschen individuell für Sie zusammen.
SET REISEN
Hertz
Car Rental
SET Reisen GmbH
Dauthendeystr. 2
81377 München
www.set-reisen.com
Tel. (089) 719 20 81
Fax (089) 716 167
info@set-reisen.com

Sach- und Personenregister

Geografisches Register

L

M

N

O

P/R

S

T/U

Herzlichen Dank für Tipps, Gespräche und uneigennützige Hilfe insbesondere an: Ferđamálaráđ Íslands, Erlingur Thoroddsen, Helgi Arngrímsson, Jón Illugasson, M. Blekkenhorst, Örlygur Kristfinnsson, Jón Halldór Jónasson, Finnur und Halla, E. Mätzler, B. Bugdahl, Ingibjörg und Sigrun aus Vík, Kristján Sæmundsson, J. Rapp, Jóhanna Kristjónsd., Jóhanna Ólafsd., Gunnar Örn, Jóhanna Ásgeirsd., Jón Jónsson, R. Zohlen, Johanna van Schalkwyk, A. Seibert, Kolbrún Haraldsd., Bergsveinn Ólafsson, Sveinn Jakobsson, Anna Gunnarsd., Einar Már Guđmundsson, J. Niederberger, S. Weisel, M. Frühwald, Ólafur Eggertsson, Luðvík Gustafsson, Sigga Dora sowie an Freunde, Autoren von Zuschriften und die vielen Isländer, ohne deren spontane Hilfsbereitschaft und Aufgeschlossenheit das Buch nie möglich gewesen wäre. Ein besonders herzlicher Dank geht an Jón Guðmundsson!

Was haben Sie entdeckt?

Können Sie ein schönes Hotel empfehlen oder haben Sie einen neuen Wanderweg entdeckt? Wenn Sie Informationen, Tipps, aber auch Kritikpunkte haben, lassen Sie es uns wissen.

Schreiben Sie an:

Christine Sadler/Jens Willhardt
Stichwort "Island"
c/o Michael Müller Verlag
Gerberei 19
91054 Erlangen
E-Mail: sadler.willhardt@michael-mueller-verlag.de

Straßenentfernungen

Entfernung in km	Reykjavík	Selfoss	Vík	Höfn í H.	Egilsstaðir	Akureyri	Ísafjörður	Borgarnes
Akureyri	389	432	561	512	265		567	315
Borgarnes	74	117	246	519	580	315	384	
Djúpivogur	554	497	368	103	146	411	979	614
Egilsstaðir	698	640	511	247		265	832	580
Höfn í H.	459	402	273		247	512	902	519
Húsavík	480	523	652	467	220	91	659	406
Ísafjörður	457	500	630	922	832	567		384
Raufarhöfn	634	677	781	517	270	245	812	560
Reykjavík		57	187	459	698	389	457	74
Selfoss	57		129	402	640	432	500	117
Siglufjörður	401	445	574	704	457	192	582	328
Stykkishólmur	172	215	345	617	628	363	390	98